2021

甘肃发展年鉴

GANSU DEVELOPMENT YEARBOOK

甘 肃 省 统 计 局
国家统计局甘肃调查总队 编

Compiled by
Gansu Provincial Bureau of Statistics
Survey Office of the National Bureau of Statistics in Gansu

中国统计出版社
China Statistics Press

图书在版编目（CIP）数据

甘肃发展年鉴. 2021 = Gansu Development Yearbook 2021 : 汉英对照 / 甘肃省统计局，国家统计局甘肃调查总队编. -- 北京 : 中国统计出版社，2021.11
ISBN 978-7-5037-9648-7

Ⅰ. ①甘… Ⅱ. ①甘… ②国… Ⅲ. ①区域经济发展－甘肃－2021－年鉴－汉、英②社会发展－甘肃－2021－年鉴－汉、英 Ⅳ. ①F127.42-54

中国版本图书馆 CIP 数据核字(2021)第 185174 号

甘肃发展年鉴－2021

作　　者/ 甘肃省统计局　国家统计局甘肃调查总队
责任编辑/ 钟钰
装帧设计/ 张冰
出版发行/ 中国统计出版社有限公司
地　　址/ 北京市丰台区西三环南路甲 6 号
邮政编码/ 100073
电　　话/ 邮购（010）63376909　书店（010）68783171
网　　址/ http://www.zgtjcbs.com
印　　刷/ 兰州银声印务有限公司
经　　销/ 新华书店
开　　本/ 890mm×1240mm　1/16
字　　数/ 1400 千字
印　　张/ 51.5
版　　别/ 2021 年 11 月第 1 版
版　　次/ 2021 年 11 月第 1 次印刷
定　　价/ 380.00 元　Price: 380.00yuan(RMB)

本书附同版本 CD-ROM 一张，光盘内容以书面文字为准。
如有印装差错，由本社发行部调换。

《甘肃发展年鉴—2021》

编委会和编辑工作人员

Gansu Development Yearbook 2021

Editorial Board and Staff

编者说明

一、《甘肃发展年鉴》是由甘肃省统计局和国家统计局甘肃调查总队编纂，中国统计出版社出版，国内外公开发行的大型综合性年刊。它以大量翔实可靠的资料，全面记载了甘肃经济社会发展情况，是各级党政领导、经济管理部门、企事业单位、科研部门和中外投资者了解省情、市情，进行科学决策、咨询和研究的重要工具书。

二、本年鉴是创刊以来的第十二卷，全部为中英文对照版并配有电子版，主要记载2020年甘肃经济社会发展情况，统计资料在时间上有所上溯。

三、本年鉴共分为两部分：第一部分共设9个篇目，包括特载、概况、国民经济、交通通信、财政金融、经济管理、社会事业、人民生活、地县及兰州新区概况；第二部分共设23个篇章，包括综合，人口，国民经济核算，就业和工资，价格，人民生活，财政和金融业，资源和环境，能源，固定资产投资，对外经济贸易，农业，工业，建筑业，批发和零售业，住宿、餐饮业和旅游业，运输和邮电，教育和科学技术，卫生、社会服务和社会保障，文化和体育，城市，民族自治地方，兰州新区。为方便读者使用资料，统计资料各篇前附有简要说明，篇末附有主要统计指标解释。

四、本年鉴的体例分为篇目、分目和条目三个层次，以条目为基本结构单元。条目标题均用黑体字加【 】。

五、与2020年版《甘肃发展年鉴》相比较，本年年鉴在内容上主要做了如下修订：第一部分中，“市州及兰州新区概况”改为“地县及兰州新区概况”，增加了86个地县概况内容，在第二部分中，“人口”部分，根据第七次全国人口普查资料增加“分地区户数、人口数、性别比和户规模（第七次全国人口普查）”等9张表，删除了“各地县总户数及总人口”（户籍人口）表；“价格”部分，删除了“固定资产投资价格指数”指标相关内容；“人民生活”部分，增加“全省居民人均收支情况”表；“财政和金融业”部分，“政府性基金收支情况”表中增加“抗疫特别国债安排的支出”指标；“固定资产投资”部分，增加“按产业分固定资产投资增长速度”表。

六、由于统计制度方法改革，有些统计指标的口径、包括范围和计算方法有所变化，使用时请注意。文稿中的数据由各单位提供，部分为初步统计数，如与统计表中不一致，以统计表为准。

七、依据第七次全国人口普查结果，对本年鉴中涉及“人均”的相关指标2011—2019年的数据进行了修订。

八、本年鉴中涉及的历史数据，均以最新出版的本年鉴数据为准；本年鉴中所使用的度量衡单位均采用国际统一标准计量单位；部分数据合计数或相对数由于单位取舍不同而产生的计算误差，均未做机械调整。

九、符号使用说明：年鉴各表中的“空格”表示该项统计指标数据不足本表最小单位数、数据不详或无该项数据；“#”表示其中的主要项。

本年鉴的编辑出版，得到省直各部门和有关企业事业单位的大力支持，我们对此表示诚挚的谢意！

编者

2021年10月

Preface

I.*Gansu Development Yearbook*, edited by the Gansu Provincial Bureau of Statistics and Survey Office of the National Bureau of Statistics in Gansu and published by china statistics press, is a large-scale domestic and international public offering comprehensive annual publication. It records comprehensively Gansu economic and social development situation by the large amount of reliable data, and is an important tool to understand the situation of the province, city and conduct a scientific decision-making, consult and research for every level party and government leaders, economic management department, enterprise and public institution, research departments and domestic and foreign investors.

II. The yearbook is the twelfth volume since founded, which is all the in Chinese-English and equipped with electronic version, records mainly Gansu economic and social development situation in 2020, but its statistics materials have traced back in time.

III. The yearbook contains the following two parts: The first part contains Featured Articles, Survey, National Economy, Traffic Communication, Government Finance and Financial, Economy & Management, Social Undertaking, People's Living Conditions, City & County and Lanzhou New Area Overview, total 9 chapters. The second part contains total 23 sections and chapters: General Survey; Population; National Accounts; Employment and Wages; Prices; People's Living Conditions; Government Finance and Financial Intermediation; Resources and Environment; Energy; Investment in Fixed Assets; Foreign Trade and Economic Cooperation; Agriculture; Industry; Construction; Wholesale and Retail Trades; Hotels, Catering Services and Tourism; Transport, Postal and Telecommunication Services; Education & Science and Technology; Public Health, Social Services and Social Security; Culture and Sports; City; Ethnic Minority Autonomous Area; Lanzhou New Area. For the convenience of using information for the readers, statistics have a brief introduction at the beginning of each part. In addition, explanatory notes on main statistical indicators are provided at the end of each part.

IV. The yearbook style is divided into contents, subhead and entry three levels, and entry as the basic structural unit. The entry titles are in bold and add 【 】.

V. In comparison with *Gansu Development Yearbook 2020*, following amendments were mainly made in content of this yearbook: In the first part,the chapter of "City & State and Lanzhou New Area Overview" is changed into "City & County and Lanzhou New Area Overview".In the second part, the chapter of "Population",9 tables including " Household, Population, Sex Ratio and Household Size by Region(The Seventh National Census) " are added according to the Seventh National Population Census data,table of "Total Household and Total Population by Region & County"(Household population) are deleted; the chapter of "Prices",deleted the relevant content of the "Price Index for Investment in Fixed Assets"; the chapter of "People's Living Conditions",table of "Per Capita Income and Consumption Expenditure of Gansu Residents " is added; the chapter of "Government Finance and Financial Intermediation ",indicator of"Expenditure of Special Treasury Bonds for Against COVID-19" is added in the table of " Revenue and Expenditure of Government Fund"; the chapter of "Investment in Fixed Assets",table of "Growth Rate of Investment in Fixed Assets by Industry" is added.

VI. As the methods of statistical system reform, some of the caliber of statistical indicators, including the scope and computational method change and please note that when used. The presentation data is provided by the units and some are preliminary statistics, if they does not accord with the statistical tables to tables shall prevail.

VII. According to the results of the Seventh National Population Census, the 2011-2019 data of indicators related to "per capita" involved in this yearbook are revised.

VIII. Please refer to the newly published version of the yearbook for updated historical data. The units of measurement used in this yearbook are internationally standard measurement units, statistical discrepancies on totals and relative figures due to rounding are not adjusted in the yearbook.

IX. Notations used in the yearbook: (blank space) indicates that the figure is not large enough to be measured with the smallest unit in the table, or data are unknown, or are not available; "#" indicates a major breakdown of the total.

The edit and publishing of the yearbook were strongly supported by the departments under the provincial leadership, relevant enterprises and public institutions. We express our sincere thanks!

Editor
October 2021

目 录

特 载
FEATURED ARTICLES

概 况
SURVEY

国民经济
NATIONAL ECONOMY

交通通信
TRANSPORTATION & TELECOMMUNICATION

统计资料
STATISTICS

一、综合
General Survey

二、人口
Population

三、国民经济核算
National Accounts

四、就业和工资
Employment and Wages

五、价格
Prices

六、人民生活
People's Living Conditions

七、财政和金融业
Government Finance and Financial Intermediation

八、资源和环境
Resources and Environment

九、能源
Energy

十、固定资产投资
Investment in Fixed Assets

十一、对外经济贸易
Foreign Trade and Economic Cooperation

十二、农业
Agriculture

十三、工业
Industry

十四、建筑业
Construction

十五、批发和零售业
Wholesale and Retail Trades

十六、住宿、餐饮业和旅游业
Hotels,Catering Services and Tourism

十七、运输和邮电
Transport,Postal and Telecommunication Services

十八、教育和科学技术
Education & Science and Technology

十九、卫生、社会服务和社会保障
Public Health, Social Services and Social Security

二十、文化和体育
Culture and Sports

二十一、城市
City

二十二、民族自治地方
Ethnic Minority Autonomous Area

二十三、兰州新区
Lanzhou New Area

特　载

甘肃省人民代表大会常务委员会工作报告

——2021年1月26日在甘肃省第十三届人民代表大会第四次会议上

各位代表：

受省人大常委会委托，我向大会报告工作，请予审议。

过去一年的主要工作

刚刚过去的2020年是极不平凡的一年。面对严峻复杂的国际国内形势和艰巨繁重的改革发展稳定任务，常委会在省委的坚强领导下，以习近平新时代中国特色社会主义思想为指导，深入学习贯彻党的十九大和十九届二中、三中、四中、五中全会精神，坚持党的领导、人民当家作主、依法治国有机统一，紧扣中央和省委决策部署，围绕全省中心大局，紧盯人民关心关切，主动担当作为，依法履职尽责，全年共审议地方性法规案26件，其中制定6件、修改8件、废止9件、初审3件，作出有关法规性问题和重大问题的决定2件，审查批准市州、自治县报批的法规21件，听取审议“一府两院”工作报告23项，开展执法检查8项、专题调研14项，作出决议9项，任免地方国家机关工作人员173人次，各项工作取得了新的成效。

一、提高政治站位，推动中央和省委决策部署落地落实

常委会旗帜鲜明讲政治，始终把党的领导贯穿人大工作全过程各方面，增强“四个意识”，坚定“四个自信”，做到“两个维护”。

（一）着力提高政治能力。把学习贯彻习近平新时代中国特色社会主义思想作为首要政治任务，作为常委会党组、常委会组成人员和代表学习培训的必修内容，采取多种形式，及时跟进学，联系实际学，推动学习走深走实走心，不断夯实依法履职的思想政治基础。认真学习贯彻习近平法治思想，通过集中学习、专题研讨等方式，深刻领会丰富内涵，准确把握精髓要义，对标对表提出落实意见。坚持把学习贯彻党的十九届四中、五中全会精神与习近平总书记关于坚持和完善人民代表大会制度的重要思想、对甘肃重要讲话和指示精神贯通起来，学思践悟，学用结合，把学习成效体现到依法履行职责、服务发展大局的具体实践中。

（二）坚持党的全面领导。把牢党领导下的政治机关定位，严格遵守政治纪律规矩，认真落实请示报告制度，筹备召开省人代会和常委会会议、制定年度工作要点及立法计划、制定修改重要地方性法规等履职中的重要事项，都及时向省委请示报告。深入贯彻省委人大工作会议精神，细化工作举措，加强调研指导，交流经验做法，推动省委关于加强新时代人大工作的部署要求落到实处。自觉接受党中央巡视，认真检视问题，研究推动整改。注重发挥常委会党组把方向、管大局、保落实的政治领导作用，认真履行全面从严治党主体责任和意识形态工作责任制，支持派驻机关纪检监察组工作。

（三）助力做好疫情防控。面对突如其来的新冠肺炎疫情，常委会深入学习领会习近平总书记关于统筹推进疫情防控和经济社会发展工作系列重要讲话精神，坚决贯彻中央和省委决策部署，切实扛起非常时期的责任担当，及时作出全面禁止非法野生动物交易、革除滥食野生动物陋习、保障人民群众生命健康安全的决定，支持相关部门依法实施疫情防控及应急处置措施，围绕传染病防治法、野生动物保护法和我省实施办法及相关决定开展全覆盖执法检查，并结合执法检查启动相关法规的修订工作，发挥了法治在疫情防控中的规范和保障作用。对全省农村公共卫生体系建设、复工复产政策落实情况开展调研，对就业促进法和我省就业促进条例执法检查整改落实情况进行跟踪监督，审查批准抗疫特别国债资金分配使用及省级预算调整方案，推动做好“六稳”工作、落实“六保”任务。动员全省各级人大代表践行初心使命，在各个领域、各自岗位发挥作用，为打赢疫情防控阻击战贡献了力量。

（四）助推决胜脱贫攻坚。2020年是脱贫攻坚决战决胜、全面收官之年。常委会紧盯目标任务，采取务实措施，加大监督力度，切实履行脱贫攻坚帮扶责任，助力打赢打好脱贫攻坚战。围绕脱贫攻坚兜底保障、贫困县乡镇寄宿制学校冬季供暖、全省特色农业产业发展等进行调研，持续监督检查全省财政扶贫专项资金分配使用，跟踪调研省政府及有关部门对常委会脱贫攻坚“两不愁三保障”政策落实、“两州一县”脱贫攻坚冲刺清零报告审议意见的办理情况，督促有关方面加强改进工作，解决存在问题，巩固提高脱贫攻坚成果。听取审议省政府关于脱贫攻坚工作情况的报告，就健全返贫监测与动态管理机制、推进巩固拓展脱贫攻坚成果同乡村振兴有效衔接等提出建议。

二、完善立法机制，不断提高立法质量

常委会主动适应全省改革发展和

民生需要，紧紧抓住立法质量这个关键，深入推进科学立法、民主立法、依法立法，努力做到以良法促发展、保善治。

（一）紧扣生态保护，打好立法“组合拳”。深入贯彻习近平生态文明思想，根据水生态保护要求，立足水资源短缺实际，统筹制定节约用水条例、水污染防治条例，修订实施水法办法，细化用水管理、节水措施、机制保障等内容，规范水污染防治标准、监督管理、应急处置等措施，做好法规之间的相互衔接，既突出单部法规的针对性和实效性，又注重同一领域法规的整体作用，为实现水资源可持续利用提供法治保障。着眼蓝天、碧水、净土保卫战地方立法全覆盖，持续推动污染防治立法，在制定大气、水污染防治条例的基础上，加快土壤污染防治条例立法进程，并已初审。同时，修订了辐射污染防治条例，审议了实施森林法办法，对修订废旧农膜回收利用条例等进行立法调研，切实加强生态环保立法。

（二）紧贴群众关切，加强民生领域立法。聚焦民生实事，回应群众诉求，研究确定立法项目，开展创制性立法，做到小切口、真管用、有特色。着眼人口老龄化问题，制定养老服务条例，对规划建设基础设施、健全完善服务体系、鼓励引导社会力量参与等作出规范，更好满足养老服务事业健康发展的需要。针对中小学生安全问题，制定中小学校安全条例，细化校园及周边安全管理措施，着力为学校创造稳定安全的良好环境。修订食品小作坊小经营店小摊点监督管理条例，规范生产经营行为，努力让人民群众吃得放心、吃得安全。开展中医药条例制定工作，细化具体规定，保障中医药事业发展。加强弘德立法，制定文明行为促进条例，把社会主义核心价值观融入法治建设之中，维护公序良俗、推动社会文明进步。

（三）维护法治统一，加大法规清理力度。深刻汲取祁连山国家级自然保护区管理条例立法教训，从强化政治意识、提高政治站位、落实政治责任、维护法治统一的高度再反思，认真研究部署，对生态环境保护、民营经济发展、食品药品安全、野生动物保护、民法典涉及法规等进行专项清理，并有序做好相关法规的修改废止工作。同时，对其他领域法规的全面清理作出安排，确保所有法规与上位法保持一致。结合“放管服”改革要求，修订建设行政执法条例、建筑市场管理条例、价格管理条例、道路交通安全条例，废止财政监督条例、企业负担监督管理条例等。加强备案审查，听取审议规范性文件备案审查工作报告，健全备案审查信息平台功能，依法对报备的95件规范性文件进行审查，及时督促纠正存在的问题。

（四）完善立法机制，提高精细化水平。面对立法任务更重、节奏更快、要求更高的形势，进一步加强和改进立法工作，健全完善党委领导、人大主导、政府依托、各方参与的工作格局，落实“始终坚持党的领导、切实提高政治站位、坚决维护法治统一、健全完善责任机制、不断推进精准立法、着力提高立法质量”的举措，形成了与我省立法实际和需求相适应的立法机制。适应地方立法工作新要求，修订地方立法条例，细化了法规立项、论证、起草、听证、评估、审议等方面的内容，完善了地方立法工作的机制和程序。适时调整立法规划，充实立法项目库，努力做到由“等米下锅”向“点菜上桌”转变。健全专委会和工作部门提前介入机制，加强问题研究，做好法规起草、审议等环节的衔接。坚持“开门立法”，发挥市县两级人大、人大代表、立法顾问和立法联系点的作用，完善法规草案公示征求意见机制，扩大公众对立法工作的有序参与。

（五）注重能力建设，加强市州立法指导。开展立法知识每月一讲，邀请相关专家学者授课，通过多种方式提高立法干部队伍的能力水平。制定审查指导市州地方性法规工作规范，做好立法项目统筹和省与市州之间立法计划的协调，对市州法规提前介入、提出意见，共同研究解决立法问题，依法批准市州有关城乡建设与管理、环境保护、历史文化保护等方面的法规，使市州立法更具特色、更有针对性和操作性。

三、服务发展大局，切实增强监督实效

常委会聚焦全省经济社会发展的重点领域，健全制度机制，创新方式方法，监督工作的高度、准度、力度、温度和实效不断增强。

（一）致力推动高质量发展。围绕“十四五”规划纲要编制，开展黄河上游陇中地区生态保护和高质量发展、重大交通基础设施项目建设、确保国家粮食安全和推动高标准农田建设、兰州白银国家自主创新示范区人才相关问题等专题调研，提出意见建议。听取审议省政府计划、预算、审计等工作报告，批准省级财政决算和预算调整方案、新增政府债务限额分配计划；听取审议国有资产管理情况综合报告及企业国有资产管理情况专项报告（不含金融企业），持续推动人大预算审查监督重点拓展等改革举措落实；听取审议全省法院充分发挥审判职能营造法治化营商环境保障和促进民营经济发展的报告、全省检察机关积极服务优化营商环境工作情况的报告，努力营造稳定公平透明的法治化营商环境。开展地方金融机构支持民营经济发展情况调研，配合全国人大常委会开展反不正当竞争法执法检查。

（二）依法推进生态文明建设。聚焦打好污染防治攻坚战，持续围绕大气、水、土壤污染防治3部法律实施情况开展链条式执法检查。积极配合全国人大开展土壤污染防治法执法检查，全面报告我省贯彻落实全国人大常委会决议、打好污染防治攻坚战的情况和黄河保护法议案相关情况，其做法成效得到全国人大的肯定。连续听取审议省政府年度环境状况和环境保护目标完成情况报告、全省防沙治沙工作情况报告，提出加强改进工作的意见建议。开展河道管理条例实施情况执法检查，对农村人居环境整治、国有林场改革发展进行调研，作出关于资源税适用税率等有关事项的决定。开展陇原环保世纪行活动。

（三）努力促进民生福祉改善。围绕全省职业教育发展开展专题调研，组织部分在甘全国人大代表进行集中视察，听取审议省政府职业教育事业发展情况的报告，举行联组会议进行专题询问，推动解决存在的困难和问题。针对电信网络诈骗新型违法犯罪发展蔓延快、受骗群众多、社会危害大的问题，组织代表对全省打击治理电信网络新型违法犯罪工作进行视察。开展安全生产工作调研，听取审议全省安全生产工作情况报告，提出构建安全生产责任体系、建立安全监督管理机制、修改完善相关法规制度等建议。对公证法实施开展执法检查，发挥公证制度为民服务的作用。着眼养老服务人才队伍建设进行调研，推动健全养老服务人才培养培训体系。开展“农产品质量安全监督陇上行”活动。重视信访事项转办督办工作，制定省人大常委会涉法涉诉信访信件处理办法。

（四）积极助力法治甘肃建设。持续推动宪法学习宣传和贯彻实施，深化拓展宪法联系点活动，落实宪法宣誓制度，组织选举、任命和决定任命的国家工作人员进行宪法宣誓，推动形成尊崇宪法、学习宪法、遵守宪法、维护宪法、运用宪法的良好氛围。听取审议省政府法治政府建设和全省公安机关执法规范化建设情况报告。围绕充分发挥检察机关法律监督职能作用，作出加强检察公益诉讼工作的决定。根据全国村“两委”换届与县乡换届同步进行的部署，作出调整全省第十次村民委员会和第七次城市居民委员会换届选举时间的决定。广泛开展民法典的学习宣传教育，推动法典精神、法治理念、法律规定走进基层、深入人心、落地见效。

四、突出主体地位，保障代表依法履职

常委会注重发挥代表来自人民、根植人民的优势，完善工作机制，搭建履职平台，做好服务保障，代表的履职成效不断增强，主体作用得到有效发挥。

（一）统筹谋划指导，完善代表工作机制。坚持把加强和改进代表工作作为推进地方人大创新发展的基础，召开加强和改进全省人大代表工作交流会，整体安排部署，出台重要举措，支持和保障代表依法履职。密切常委会、各专委会和工作部门与代表的联系，健全完善邀请基层代表列席常委会会议、常委会负责同志与列席代表座谈等机制，广泛听取意见建议。拓展代表联系人民群众工作平台和网络平台，依托人大代表之家、代表工作站（室）经常性开展活动，促进代表联系群众常态化。

（二）创新方式方法，丰富代表履职内容。围绕全省发展大局和群众关心关切，组织代表就脱贫攻坚、生态文明建设、乡村振兴、民营经济发展等领域的重点问题，开展集中视察和专题调研，发挥代表在倾听民声、汇聚民意、凝聚民力方面的作用。在注重发挥整体作用的同时，按照代表构成建立履职名册，分类编成专业小组，组织熟悉相关领域的代表参与立法修法、执法检查，参加教育医疗、食品安全、社会治理等方面的调研视察，使更多代表参与常委会、专委会和工作部门的工作，更好发挥在闭会期间的作用。

（三）积极沟通协调，形成建议办理合力。认真落实“内容高质量、办理高质量”要求，加强和改进代表建议办理工作，进一步提高办理质量。建立省委省政府主要领导督办机制，省委书记、省长就相关建议进行现场督办，发挥了示范带动作用。坚持常委会领导和各专委会督办重点建议制度，做好代表建议网上交办、办理、答复、测评等工作。听取审议“一府两院”办理情况报告，对省政府有关部门办理工作进行满意度测评。“一府两院”和有关方面重视办理工作，省十三届人大三次会议期间代表提出的610件建议全部办理答复完毕。

（四）加强监督管理，提升服务保障水平。根据疫情防控形势，统筹考虑代表履职需求，调整年度培训计划，科学设置学习内容，采取线上线下相结合的方式培训代表1200多人次，代表参加培训的积极性明显提高，培训效果进一步增强。落实代表履职登记制度，健全履职档案，加强履职管理，做好代表资格审查工作。支持在甘全国人大代表依法执行职务，为代表参加有关会议、专题培训、调研视察等活动做好服务保障。

五、加强自身建设，夯实人大履职基础

常委会着眼“两个机关”建设，坚持政治引领，加强能力建设，规范日常管理，倡导实干之风，以自身建设新成效推动人大工作新发展。

（一）提高能力素质，增强履职本领。巩固深化“不忘初心、牢记使命”主题教育成果，持续加强党性教育，推动形成了坚守初心使命、敢于担当作为的浓厚氛围。持续开展“大学习”，做实履职培训，组成人员和机关干部的能力水平有了新提升。健全常委会履职制度，坚持重点发言做法，发挥主任会议议事作用，常委会会议质量不断提高。完善工作机制，发挥专委会在加强地方立法、增强监督实效、支持代表履职等方面的作用。

（二）深化联动交流，发挥整体合力。加强与全国人大专委会、工作机构的联系和兄弟省区市人大的交流，积极争取全国人大的指导帮助，学习借鉴经验做法，促进工作提质增效。通过邀请市县人大常委会负责同志列席常委会会议、参加相关会议、开展业务培训等形式，采取省市县三级人大联动的方式开展执法检查，加强对市县人大工作的联系指导。组织开展专题调研、联合调研、委托调研，形成一批有价值的调研成果，及时上报省委并转交省政府，省委省政府主要领导同志多次作出批示，省委督查室跟踪督办，促进了成果转化。

（三）加强机关建设，推动工作落实。持续抓紧做实机关思想政治建设、制度机制完善和干部培养使用，努力提高服务效能。严格落实中央八项规定及其实施细则精神，坚决反对“四风”，防止和克服形式主义、官僚主义。根据疫情防控实际，统筹安排调研检查视察活动，切实减轻基层负担。完善重点任务分解、跟踪督查等机制，强化责任担当，促进工作落实。加快智慧人大建设。改进新闻宣传工作，丰富报道内容，讲好人大故事，扩大社会影响力。

各位代表！

过去一年取得的成绩，是习近平新时代中国特色社会主义思想指引的结果，是省委高度重视和坚强领导的结果，是常委会及各专委会组成人员、全体人大代表和各级人大组织共同努力的结果，是“一府一委两院”、省政协及社会各界积极配合和大力支持的结果。在此，我代表省人大常委会向各位代表、各有关方面表示衷心的感谢，并致以崇高的敬意！

我们也清醒认识到，面对新形势、新任务、新要求，常委会的工作还存在一些差距和不足：在适应立法需求、加强立法力量、提高立法质量效率上还需再下功夫；在突出监督重点、创新方式方法、推动问题解决上还需持续用力；在密切联系代表、丰富闭会期间履职活动、充分发挥代表主体作用上还需深化拓展；在提高履职能力、改进机关作风、推动工作落实上还需不断加强。我们将虚心听取各方面意见建议，认真研究改进。

2021年的主要任务

今年是我国现代化建设进程中具有特殊重要性的一年。省人大常委会工作的总体要求是：以习近平新时代中国特色社会主义思想为指导，全面贯彻落实党的十九大和十九届二中、三中、四中、五中全会精神，认真学习贯彻习近平法治思想、习近平总书记关于坚持和完善人民代表大会制度的重要思想，深入落实习近平总书记对甘肃重要讲话和指示精神，坚持党的领导、人民当家作主、依法治国有机统一，按照中央和省委决策部署，围绕准确把握新发展阶段、深入贯彻新发展理念、加快构建新发展格局、推动高质量发展，聚焦中心重点，聚集群众意愿，聚合代表力量，聚力依法履职，创造性地做好立法、监督等工作，为“十四五”开好局提供有力法治保障，以优异成绩庆祝中国共产党成立100周年。

*一是加强政治建设，牢牢把握正确方向。*深入学习贯彻习近平新时代中国特色社会主义思想，及时传达学习习近平总书记重要讲话和指示精神，召开学习贯彻习近平总书记关于坚持和完善人民代表大会制度重要思想交流会，做到学思用贯通、知信行统一，增强“四个意识”、坚定“四个自信”、做到“两个维护”。贯彻落实党的十九届五中全会和省委全会精神，依法开展各项工作，保障和推进“十四五”规划顺利开局。严格执行请示报告制度，保证人大工作始终在省委的坚强领导下依法推进。

*二是筑牢法治保障，提高立法质量效率。*按照法治中国建设规划要求，深入推进宪法宣传教育和贯彻实施，组织好宪法宣誓、国家宪法日等活动。进一步完善立法机制，加强人大对立法工作的组织协调，突出重点领域和新兴领域立法，制定修改高质量发展、生态环保、民生保障等方面的法规。选择涉及人民群众切身利益的民生事项开展创制性立法，以“小切口”“小快灵”立法，推动解决问题。对现行有效的地方性法规进行全面清理，适时修改或废止，加强备案审查工作，切实维护法治统一。加强立法指导，依法审批市州和自治县法规条例。

*三是紧扣中心大局，依法推进监督工作。*围绕高质量发展、“六稳”“六保”、生态环保、科技创新、民生保障、乡村振兴等领域重要问题，依法开展监督。听取审议省政府关于法治政府建设、稳就业保就业、环境保护等专项报告。深化人大预算审查监督，加强国有资产管理监督。听取审议省监察委员会专项工作报告和省法院、省检察院关于深化司法改革的相关报告。加大执法检查力度，推进相关法律法规有效实施。围绕统筹发展与安全、巩固拓展脱贫攻坚成果同乡村振兴有效衔接、黄河上游甘肃段生态保护和高质量发展、优化营商环境、社区养老服务设施建设等开展专题调研。

*四是丰富活动形式，更好发挥代表作用。*认真落实加强和改进全省人大代表工作交流会精神，通过履职培训和专题培训，增强针对性和实效性，不断提高代表履职能力。加强常委会同代表的联系，密切代表与人民群众的联系，深化拓展代表履职渠道，创新闭会期间履职活动，充分发挥代表主体作用。推进家站网建设，用好工作平台和网络平台，做好群众意见处理反馈，推动解决实际问题。健全完善代表议案建议提出、办理、答复、通报等工作机制，提高代表建议办理质量。加强代表思想作风建设和管理。指导做好县乡人大换届选举工作。

*五是提高能力素质，不断增强履职实效。*坚持把党的政治建设摆在首位，一体推进思想建设、组织建设、作风建设、纪律建设和制度建设，提高政治能力，夯实思想根基，推动全面从严治党主体责任落到实处。加强业务知识学习，分类举办立法、监督等培训班，进一步提高履职本领。精准选好课题，改进方式方法，做好调查研究，推进成果转化。开展模范机关建设，持续整治“四风”，规范运行管理，厉行勤俭节约，提高服务保障水平。

各位代表！

回首过去，我们秉承初心、砥砺奋进；展望未来，我们充满信心、笃定前行。让我们更加紧密地团结在以习近平同志为核心的党中央周围，高举中国特色社会主义伟大旗帜，在省委的坚强领导下，自觉担负起新时代赋予人大的历史使命，恪尽职守、勇于担当，真抓实干、奋发有为，为谱写加快建设幸福美好新甘肃、不断开创富民兴陇新局面的时代篇章作出新的更大贡献！

甘肃省政府工作报告

——2021 年 1 月 25 日在甘肃省第十三届人民代表大会第四次会议上

各位代表：

我代表省人民政府，向大会报告工作，请连同《甘肃省国民经济和社会发展第十四个五年规划和二〇三五年远景目标纲要（草案）》一并审议，并请省政协委员和其他列席人员提出意见。

“十三五”时期工作回顾

过去五年，是全省上下负重自强、顽强拼搏的五年，是陇原大地绿色转型、沧桑巨变的五年。在以习近平同志为核心的党中央坚强领导下，省委带领全省人民以习近平新时代中国特色社会主义思想为指导，全面贯彻党的十九大和十九届二中、三中、四中、五中全会精神，坚定不移沿着习近平总书记指引的方向奋力前行，决战脱贫攻坚取得决定性胜利，全面建成小康社会取得历史性成就，“十三五”规划目标任务总体完成，迈出了建设幸福美好新甘肃、开创富民兴陇新局面的坚实步伐。

（一）经济高质量发展成效显著。统筹稳增长、促改革、调结构、惠民生、防风险、保稳定各项工作，全省经济运行企稳向好、稳中有进。

综合实力大幅提升。全省地区生产总值由“十二五”末的 6557 亿元增加到 9017 亿元，年均增长 5.5%。一般公共预算收入比“十二五”增长 40.2%。存贷款余额均突破 2 万亿元。国有企业资产总额增加到 2.4 万亿元，增长 70.8%。上市企业数量从 28 家增加到 35 家。金川公司入围世界企业 500 强，公航旅集团、酒钢集团、建投集团、白银公司进入中国企业 500 强。兰州新区经济增速连续 4 年领跑国家级新区。

经济结构持续优化。三次产业结构调整为 13.3 ∶ 31.6 ∶ 55.1，三产比重上升 4.5 个百分点。十大生态产业增加值达到 2179 亿元，占地区生产总值比重达 24.2%。战略性新兴产业、高新技术产业工业增加值占规上工业比重分别达到 10.9% 和 5.7%。文化旅游业蓬勃发展，五年接待游客 13.2 亿人次、实现综合收入 8995 亿元，分别是“十二五”的 2.5 倍和 2.8 倍，张掖丹霞、炳灵寺石窟跻身 5A 级景区。

增长动能加快转换。获批建设兰白自创区、国家中医药产业发展综合试验区、国家新能源综合示范区、兰州新区绿色金融改革创新试验区。专利申请量从 5.11 万件增加到 13.25 万件，高新技术企业由 319 户增加到 1229 户，科技进步对经济增长贡献率达到 55.1%。兰州步入国家创新型城市行列。兰白综合性高技术、金昌新材料、酒泉新能源、天水装备制造、定西中医药等产业集群初成规模。榆中生态创新城、大敦煌文化旅游经济圈启动建设。

基础设施显著改善。新增高速及一级公路 2133 公里，铁路 1222 公里、其中高铁 626 公里，兰渝铁路、敦格铁路、宝兰高铁、银西高铁（甘肃段）建成通车，兰州进入“地铁时代”，全省首条自主投资的天水至陇南铁路开工建设。陇南成县机场、张掖丹霞通用机场建成，敦煌机场扩建工程完工，中川机场三期扩建项目开工建设，天水军民合用机场迁建项目获批启动实验段建设。全省具备条件的建制村全部通硬化路、通客车，贫困县所有村实现动力电全覆盖。兰州第二水源地、天水城区引洮供水工程建成通水，引洮二期骨干和配套城乡供水、中部生态移民扶贫开发供水、古浪黄花滩调蓄供水等工程进展顺利。民勤红崖山水库加高扩建工程全面建成，黄河甘肃段防洪工程基本完工。5G 网络实现所有市州主城区连续覆盖。

（二）脱贫攻坚取得决定性成就。举全省之力向绝对贫困发起总攻，75 个贫困县全部摘帽，7262 个贫困村全部退出，现行标准下农村贫困人口全部脱贫，特别是纳入全国“三区三州”的甘南、临夏及天祝等深度贫困地区面貌发生历史性变化。

“两不愁三保障”全面完成。累计投入财政专项扶贫资金 837.2 亿元，年均增长 24.5%。贫困家庭失学辍学学生应返尽返，乡村两级基本医疗“空白点”全面消除，建档立卡贫困人口参保全覆盖，动态新增危房改造全部完成，饮水安全问题历史性解决。49.9 万建档立卡贫困人口易地扶贫搬迁任务全面完成。教育精准扶贫国家级示范区建设成效明显。

产业扶贫体系逐步构建。“牛羊菜果薯药”六大特色产业增加值达到 753 亿元，占农业增加值的 60.9%，比“十二五”末提高 9.2 个百分点。农业产业化龙头企业达到 3096 家，农民专业合作社实现贫困村全覆盖。农业保险在产业扶贫中发挥了重要保障作用。2546 个扶贫车间、30.5 万个公益岗位让群众就业不出村、挣钱不离家。就业扶贫、消费扶贫、旅游扶贫、光伏扶贫、生态扶贫有力拓宽增收渠道，建档立卡贫困人口人均纯收入达到 8539 元，年均增长 22.2%。

农业农村发展稳定向好。粮食生产连年丰收，总产首次突破 240 亿斤。建成高标准农田 331 万亩、戈壁生态农业 28 万亩。成功创建 4 个国家级现代农业产业园和中以（酒泉）绿色生态产业园。“甘味”农产品走向全国。农村人居环境整治三年行动顺利完成，国家部委命名的各类美丽乡村（生态文明）示范村达到 212 个。

在艰苦卓绝的脱贫攻坚战中，东部协作 4 市和 36 家中央定点扶贫单位鼎力支持、无私援助，累计投入资金 112 亿元，实施协作项目 4931 个、帮助引进项目 1170 个；社会各界广泛参与、倾情助力，“光彩事业临夏行”“民企甘南行”“津企陇上行”“巾帼脱贫行动”“千企帮千村”等帮扶活动卓有成效；各级帮扶干部驻村入户、奋战一线，涌现出张小娟等胸怀大爱、忘我奉献的模范典型。千里陇原的山山水水，处处留下了牵手帮扶的动人场景，深深镌刻着聚力攻坚的奋斗足迹，精彩书写了伟大减贫事业的甘肃篇章！

（三）生态文明建设全面加强。深刻吸取祁连山生态环境破坏问题教训，动真碰硬抓整治，举一反三建机制。今天的甘肃，从黄河之滨到祁连之麓，从雪域高原到黄土大塬，一幅山川秀美的画卷正在徐徐展开。

祁连山生态治理“由乱到治大见成效”。整改任务按期完成，保护区内144宗矿业权全部分类退出，42座水电站全部分类处置，25个旅游设施项目全面完成整改，核心区农牧民全部搬迁。天空地一体化生态监管网络构建完善，自然保护区管理体制理顺优化。一度伤痕累累的祁连山开始恢复昔日的宁静、和谐、美丽，习近平总书记亲临视察给予充分肯定。

生态保护治理纵深推进。完成营造林2605万亩、退化草原治理7873万亩、水土流失治理4626万亩、沙化土地综合治理1030万亩。五级河（湖）长体系全面建立。祁连山、大熊猫国家公园体制试点任务顺利完成。黄河流域生态保护和高质量发展战略启动实施。八步沙“六老汉”三代人治沙造林先进群体成为时代楷模。平凉、张掖被命名为国家生态文明建设示范市。甘南被联合国人居环境发展促进会评为“中国最具民族特色旅游目的地和旅游胜地”，世界旅游联盟发布的100个“旅游减贫案例”中甘南荣获3席，生态文明小康村建设入选全国改革开放四十周年典型案例。

污染防治三年攻坚行动如期完成。蓝天、碧水、净土保卫战成效显著，全省空气质量平均优良天数比率达到93.7%，较“十二五”末提高5个百分点，14个市州细颗粒物年均浓度达到国家二级标准，“兰州蓝”由“浅蓝”走向“深蓝”。全省国控断面水质优良率达100%。土壤环境质量总体稳定。能耗强度和总量控制完成国家下达目标。

（四）改革开放深入推进。坚持以改革促发展，以开放拓空间，甘肃正以更具活力、更加自信的姿态呈现在世人面前。

重点领域改革不断深化。供给侧结构性改革深入推进，“三去一降一补”成效明显，降低企业成本1460多亿元，完成减税降费445亿元。省属企业混合所有制改革户数占比达到45%，十大产业集团加快发展。“放管服”改革升级增效，取消、调整、下放行政审批事项326项，省级97%政务服务事项实现“最多跑一次”，“不来即享”等服务机制让更多优惠政策直达企业，市场主体增加到187万户，比“十二五”末增长45.8%。农村“三变”改革辐射带动农户156.3万户。自然资源资产产权制度改革启动实施，争取城乡建设用地增减挂钩跨省域调剂指标6万亩、资金180亿元。投融资体制、社会事业、执法司法等领域改革有序推进。

开放平台功能不断强化。“三大陆港”“三大空港”扩容提质，开通5条国际货运班列线路、12条国际货运包机航线。海关指定监管场地、进口（整车）口岸达到10个。兰州、天水获批跨境电商综合试验区，西北首家铝期货指定交割仓库挂牌运营。在“一带一路”沿线国家和地区设立12个商务代表处，建立111个国际营销服务网点、海外仓和商品展示展销中心，贸易量占进出口总额43.9%。与40个国家的63个省州和城市建立友好关系。与10个省区市签署合作协议。兰洽会、“一会一节”、药博会等节会影响力不断扩大。

新型城镇化步伐加快。深化户籍制度改革，提前完成240万转移人口市民化目标，全省常住人口城镇化率达到50%。兰西、关中平原城市群建设积极推进。县城和特色城镇加快建设，公共设施和服务能力明显提升。兰州、金昌、嘉峪关荣获全国文明城市称号。

（五）民生福祉持续增进。民生支出占到财政总支出的80%，人民群众获得感、幸福感、安全感显著提升。

就业和社会保障得到强化。累计新增城镇就业205.6万人，输转城乡富余劳动力2625万人次。城乡居民人均可支配收入分别达到33822元和10344元，比“十二五”末提高42.3%和49.1%。城乡居民基本医疗保险跨省和省内异地就医直接结算全面实现。基本养老保险参保率达到98%，养老机构和服务设施覆盖所有县区。城乡低保标准分别提高52%和81.9%。完成城镇棚户区住房改造82.8万套，建成保障性安居工程61.3万套。

社会事业全面进步。基础教育普及均衡程度大幅提升，现代职业教育体系基本建立，高等教育创新服务能力明显增强。五级医疗卫生服务体系全面建立。体育馆或全民健身中心实现市级全覆盖。99%的行政村、92%的社区建成综合性文化服务中心。《敦煌盛典》《回道张掖》《天水千古秀》等优秀剧目精彩纷呈，《莫高窟与吴哥窟的对话》被评为优秀国产纪录片。夏河丹尼索瓦人研究入选2019世界十大考古发现。国防动员、人民防空、双拥共建工作不断加强，退役军人五级服务保障机构全面建立。重大国情国力普查取得重要成果。

社会治理水平显著提升。“七五”普法任务圆满完成。新型应急管理体系加快建立，安全生产形势稳定向好。“食安甘肃”建设成效明显。扫黑除恶专项斗争深入开展，市域社会治理现代化积极推进，人民群众对平安建设满意度位居全国第4。民族团结进步创建深入推进，中华民族共同体意识不断增强。深化宗教领域突出问题整改，宗教依法治理、依法管理水平不断提升。老龄、妇女儿童、青少年、残疾人、工会、红十字、慈善、关心下一代等事业取得新成效，统计调查、审计、信访、气象、地震、地方志、参事、文史、档案、外事、侨务、社科、供销等工作取得新进展。

刚刚过去的2020年，面对突如其来的新冠肺炎疫情和百年不遇的暴洪泥石流灾害叠加影响，全省上下坚决贯彻党中央、国务院决策部署，勠力同心、攻坚克难，特别之年特别作为，交出一份好于预期、可以载入史册的答卷。我们众志成城抗疫情。坚持人民至上、生命至上，第一时间启动应急响应，扎实做好“外防输入、内防反弹”工作，健全常态化防控机制，构建防护物资生产保障体系，组织调派796名优秀医护人员驰援湖北，圆满完成13架航班入境人员集中留观救治任务，疫情防控取得重大战略成果。我们精准调度稳增长。适时下调疫情防控响应级别，出台落实“六稳”“六保”一揽子政策措施，推动经济运行由降转升、企稳向好，多项指标增速实现历史性进位。全省地区生产总值增长3.9%，增幅居全国第4位；规上工业增加值增长6.5%，增幅居全国第4位；固定资产投资增长7.8%，增幅居全国第7位；社会消费品零售总额下降1.8%，增幅居全国第10位。举办中国节水论坛、“一带一路”美丽乡村论坛等活动，产生广泛影响。我们咬定目标抓脱贫。强化挂牌督战机制，实施“3+1”冲刺清零后续行动，开展“5+1”专项提升行动，优先组织贫困劳动力外出务工和返岗就业，贫困劳动力稳定务工就业189.9万人，有效对冲疫情灾情影响，为夺取脱贫攻坚战全面胜利发挥了决定性作用。我们用情用力保民生。11件为民实事全部办结。应届高校毕业生就业率达到92.5%。对符合条件的2.4万人落实相应救助，将受疫情影响导致基本生活困难的11.1万人纳入低保范围，对24.3万人实施临时救助。全力应对陇南等地暴洪灾害，妥善安置受灾群众，最大限度降低了灾害损失。我们持续加强政府自身建设，落实全面从严治党主体责任，推动“不忘初心、牢记使命”主题教育常态化制度化，政府效能不断提升。自觉接受省人大法律监督、工作监督和省政协民主监督，办理省人大代表意见建议574件、政协提案804件，提请省人大常委会制定、修改和废止地方性法规(案)21件。

五年的发展成就令人鼓舞，五年的艰辛历程让人难忘。面对任务最重、难度最大的脱贫硬仗，我们尽锐出战、敢死拼命，撕下了“苦甲天下”的历史标签；面对生态破坏、环境蒙尘的被动局面，我们知耻后勇、守正创新，蹚出了绿色崛起的转型路子；面对断崖下滑、低位徘徊的经济形势，我们克难奋进、爬坡过坎，实现了经济增长的提速进位。这些成绩的取得，是以习近平同志为核心的党中央亲切关怀的结果，是习近平新时代中国特色社会主义思想特别是习近平总书记对甘肃重要讲话和指示精神科学指引的结果，是省委团结带领全省人民苦干实干的结果。我谨代表省人民政府，向全省各族人民，向人大代表、政协委员、各民主党派、工商联、无党派人士、各人民团体，向驻甘人民解放军指战员、武警官兵、公安民警和中央在甘单位，向给予甘肃脱贫事业无私援助的东部协作省市和中央定点扶贫单位，向关心支持甘肃发展的各界人士和海内外朋友，表示最衷心的感谢和最崇高的敬意！

五年的发展实践，使我们深刻体会到，做好政府工作：必须旗帜鲜明讲政治，深学笃行习近平总书记对甘肃重要讲话和指示精神，把党的全面领导落实到经济社会发展各方面全过程；必须深入贯彻新发展理念，坚定不移走生态优先、绿色发展之路，加快推动高质量发展；必须坚持以人民为中心的发展思想，把人民利益放在最高位置，全心全意为陇原人民谋福祉；必须加强法治政府建设，严格依法行政、依规办事，使各项工作在法治轨道上规范运行；必须强化作风保障，一以贯之抓落实，一张蓝图绘到底。这些重要启示，需要我们长期坚持、不断发展。

成绩值得倍加珍惜，征途不容丝毫懈怠。我们要时刻谨记发展不平衡不充分仍是最大省情，时刻谨记完成脱贫任务不容易、巩固脱贫成果不轻松，时刻谨记人民群众对提高收入水平和生活品质充满热切期待。全省经济社会发展仍面临不少困难和问题，主要是：经济企稳向好基础尚不稳固，消费还没完全恢复。支撑发展的新动能还不强劲，战略性新兴产业和高新技术产业规模较小，科技成果转移转化率不高。城乡区域产业结构不尽合理，民营经济发展仍不充分，县域经济基础薄弱，财政收支矛盾突出。基础设施瓶颈亟待消除，综合运输通道和枢纽网络还不完善。生态环保任重道远，资源节约集约利用仍需加力。缺水问题尚未根本解决，水资源利用效益有待提升。政府职能转变还不到位，营商环境还需改善优化，等等。这些问题，重要而关键，现实又紧迫，我们要迎难而上、担当作为，下大力气加快解决。

“十四五”时期总体部署和奋斗目标

“十四五”时期是我国全面建成小康社会、实现第一个百年奋斗目标之后，乘势而上开启全面建设社会主义现代化国家新征程、向第二个百年奋斗目标进军的第一个五年。纵观国内外形势，当今世界正经历百年未有之大变局，中华民族伟大复兴正处于关键阶段，我国发展的重要战略机遇期没有改变，但机遇和挑战都有新的发展变化，危机并存、危中有机、危可转机。进入新发展阶段，贯彻新发展理念，党中央作出构建以国内大循环为主体、国内国际双循环相互促进的新发展格局战略部署，必将促使各种生产要素加速向西部流动，推动东部产业加快向西部转移。甘肃发展正迎来前所未有的历史性机遇。

习近平总书记对甘肃发展寄予厚望，“潜力和困难都比较突出、优势和劣势都比较明显”的省情论断精辟深刻，“八个着力”的重要指示历久弥新，“建设幸福美好新甘肃”的殷切嘱托语重心长，“开创富民兴陇新局面”的深切期许意蕴丰富，这是我们做好一切工作的根本遵循和行动指南。展望今后五年，我省处于多重发展机遇叠加期，深化改革开放攻坚期，弥补基础短板突破期，经济转型升级关键期，缩小发展差距窗口期。只要我们坚定信心、保持定力，坚决贯彻落实习近平总书记对甘肃重要讲话和指示精神，紧紧扭住发展第一要务不动摇，集中力量办好自己的事，完全能够拓展势能、增添动能、发挥潜能，开辟高质量发展新境界。

根据省委《关于制定国民经济和社会发展第十四个五年规划和二〇三五年远景目标的建议》，“十四五”时期全省经济社会发展的指导思想是：高举中国特色社会主义伟大旗帜，深入贯彻党的十九大和十九届二中、三中、四中、五中全会精神，坚持以马克思列宁主义、毛泽东思想、邓小平理论、“三个代表”重要思想、科学发展观、习近平新时代中国特色社会主义思想为指导，全面贯彻党的基本理论、基本路线、基本方略，深入落实习近平总书记对甘肃重要讲话和指示精神，统筹推进“五位一体”总体布局，协调推进“四个全面”战略布局，坚定不移贯彻新发展理念，坚持稳中求进工作总基调，以推动高质量发展为主题，以深化供给侧结构性改革为主线，以改革创新为根本动力，以满足人民日益增长的美好生活需要为根本目的，坚持系统观念，统筹经济和生态、城镇和乡村、发展和安全，加快构建以国内大循环为主体、国内国际双循环相互促进的新发展格局，更加注重生态优先，更加注重培植动能，更加注重提质增效，更加注重固强补弱，更加注重系统治理，朝着经济发展、山川秀美、民族团结、社会和谐的目标奋勇前进，努力谱写加快建设幸福美好新甘肃、不断开创富民兴陇新局面的时代篇章，为甘肃全面建设社会主义现代化开好局、起好步。

“十四五”时期的发展目标是：经济发展取得重要成效。以新发展理念为引领的高质量发展体系更加完善，创新发展能力、内需拉动能力显著增强，乡村振兴全面推进。改革开放迈出重大步伐。市场主体活力有效激发，开放型经济加快发展，全面构建新发展格局纵深推进。社会文明程度进一步提高。社会主义核心价值观融入社会发展各方面，人民思想道德素质、科学文化素质和身心健康素质明显提高。生态文明建设达到新水平。黄河流域生态保护和高质量发展战略深入实施，城乡人居环境更为整洁优美，国家西部生态安全屏障更加牢固。人民生活品质普遍改善。实现更加充分更高质量就业，基本公共服务均等化水平明显提高，人民对美好生活的向往得到更好实现。治理效能明显提升。全面依法治省迈出坚实步伐，民主法治更加健全，社会公平正义进一步彰显，共建共治共享的社会治理格局加快形成。

围绕上述指导思想和发展目标，聚力推动“七个新突破”：

（一）创新甘肃建设新突破。着眼全面塑造发展新优势，持续加大科技投入，以兰白自创区和兰白试验区提质增效为重点，着力打造一批重大科技创新载体，创建国家级创新平台。加强校地、院地互动融通，加快推动“政产学研用”协同创新。鼓励企业加大研发投入和技术改造力度，做强行业领军创新型企业，培育10家左右年主营业务收入超50亿元的科技创新型骨干企业。实行更加积极的人才政策，实施重点人才培育工程，激发各类人才创新创造内生动力。健全科技创新治理体系，畅通科技成果转移转化通道，优化科技生态环境，打造西部地区创新驱动发展新高地。

（二）产业竞争力提升新突破。坚持产业兴省、工业强省，强龙头、补链条、聚集群，推动制造业比重稳定、质效提升，夯实高质量发展基础。实施提升产业链水平攻坚行动，以石油化工、有色冶金、装备制造、能源电力等为重点，加快推进传统产业高端化、智能化、绿色化改造。抢抓国家优化区域产业链布局机遇，创造更好条件承接东部产业转移，助推产业基础高级化、产业链现代化。以特色农业、数字智能、生物医药、新能源、新材料、文旅康养等为重点，打造千亿级产业集群，建设百亿级园区。大力培育发展新业态新模式，促进现代服务业加快发展，积极打造“云上甘肃”“数字强省”。

（三）基础支撑强化新突破。坚持基础先行，加快完善现代化基础设施体系。落实交通强国战略，强化铁路、公路、航空等网络配套支撑，提高农村和边境地区交通通达深度，实现交通大提速、大升级、大畅通。坚持大中小水利并举，通过涵养水、抓节水、优配水、保供水、防洪水“五水共抓”，满足人民群众对优质水资源、健康水生态、宜居水环境、防洪保安全的需求。系统布局“新基建”，打造面向“一带一路”的通信枢纽、区域信息汇集中心和大数据服务输出地。用好碳达峰、碳中和机遇，推进能源革命，加快绿色综合能源基地建设，打造国家重要的现代能源综合生产基地、储备基地、输出基地和战略通道。

（四）绿色发展崛起新突破。深入践行绿水青山就是金山银山理念，推动经济社会发展全面绿色转型，加快构建现代环境治理体系和生态文明体系。坚持重在保护、要在治理，统筹推进黄河流域生态保护和高质量发展，提升黄河上游水源涵养功能，加强陇中陇东黄土高原水土保持，实施流域综合治理。开展大规模国土绿化行动，构建以祁连山、大熊猫、若尔盖（甘肃）国家公园为主体的自然保护地体系。强化土地沙化防治，建设民勤生态示范区。突出精准、科学、依法治污，巩固污染防治攻坚成果。坚持把生态产业作为转方式、调结构的主要抓手，推动产业生态化、生态产业化，促进生态价值向经济价值转化增值，加快发展绿色金融，全面提高绿色低碳发展水平。

（五）城乡融合发展新突破。以实施乡村振兴战略为总抓手，坚持“四化”同步发展，促进城乡要素平等交换、双向流动和公共资源合理配置，强化以工补农、以城带乡，推动形成工农互促、城乡互补、协调发展、共同繁荣的新型工农城乡关系。优先发展农业农村，实现巩固拓展脱贫攻坚成果同乡村振兴有效衔接，大力发展现代丝路寒旱农业，努力让农业更强、农民更富、农村更美。抢抓新一轮西部大开发机遇，打造以西陇海兰新线为主轴，以兰州为中心、其他地级市城区为支撑、多个经济强县城区为节点的新型城镇化发展格局，壮大区域经济增长极。突出县域经济发展的重要作用，建设一批生态大县、农业强县、工业富县、文旅名县。

（六）深化改革开放新突破。坚持以改革促开放、以开放促改革，加快打造活力甘肃、开放甘肃、诚信甘肃。把握有效市场和有为政府结合点，加快国资国企改革，深化“放管服”改革，优化营商环境，推进要素市场化配置改革，更大力度发展民营经济，激发各类市场主体活力。发挥我省承东启西、连南通北区位优势，更深层次参与共建“一带一路”，不断拓展对内对外开放空间，加快形成内外兼顾、陆海联动、向西为主、多向并进的开放新格局，打造新时代的“河西走廊”。

（七）民生品质改善新突破。紧扣“品质”二字，做实“品质”文章，将基本财力向民生领域倾斜，着力在提高城乡居民收入、促进共同富裕上取得实质性进展。实施就业优先政策，扩大就业容量，提升就业质量。坚持以文塑旅、以旅彰文，释放甘肃厚重多彩的文化魅力，打造文化兴、生态美、百姓富的文化旅游强省。强化普惠性、基础性、兜底性民生建设，提升公共服务水平。抓好多层次多支柱养老保险体系建设，提高社会保障能力。统筹发展和安全，推进更高水平的平安甘肃建设，促进社会和谐稳定。

各位代表！奋进“十四五”，迈向新征程，我们要牢记富民之责，厚植兴陇之势，以只争朝夕的紧迫感加快发展，以跳起摘桃的进取心争先进位，彰显新担当、展示新作为、书写新篇章。

2021 年工作任务

今年是现代化建设进程中具有特殊重要性的一年，迈好第一步，见到新气象。全省经济社会发展的主要预期目标是：地区生产总值增长 6.5%，在实际工作中力求取得更好结果。规上工业增加值增长 5%，固定资产投资增长 7%，社会消费品零售总额增长 7%，一般公共预算收入同口径增长 5%。居民消费价格指数涨幅控制在 3% 左右，城镇调查失业率控制在 6% 左右，城乡居民人均可支配收入分别增长 6.5% 和 8%。生态环境质量进一步改善，单位生产总值能耗、主要污染物排放控制在国家下达的目标之内。粮食产量保持在 240 亿斤。

开局起步任务重、挑战多、要求高。我们要突出重点、把握关键，着力抓好八个方面工作：

（一）贯彻新发展理念，坚定不移推动经济高质量发展。发展是解决一切问题的基础和关键。要在产业结构升级和创新驱动转型的突破点上精准发力，提高经济发展质量效益。

强化科技创新支撑能力。发挥中央在甘科研院所、科技型企业以及兰州大学等国家战略科技力量作用和省属院校、科研资源优势，争取建设兰州综合性国家科学中心。持续推进兰白自创区和兰白试验区建设，整合优化省级科技创新基地布局。强化企业创新主体地位，支持龙头企业联合高等院校、科研机构和上下游企业组建创新联合体。健全科技型企业梯次培育发展体系，建立高新技术企业培育库，高新技术企业突破 1300 家。实施科技项目“揭榜挂帅”，开展核心关键技术攻坚行动，研发具有较强竞争力的重大新产品。完善科技成果转移转化直通机制，提升兰州科技大市场创新服务能力。落实与国家知识产权局合作会商机制，建成中国（甘肃）知识产权保护中心。

以“三化”改造促进传统产业提质升级。实施产业基础再造工程及行动计划，推进 167 个生态产业领域重点工业项目建设，抓好 240 个“三化”改造项目。支持兰州石化打造黄河流域高质量发展示范企业。推动兰州石化乙烯、金川公司氯碱化工下游高端产品研发生产，推进庆阳石化减油增化转型升级，支持玉门油田发展清洁能源制氢。支持甘肃烟草工业公司产品结构转型升级行动。壮大天水电工电气、电子信息制造产业基地规模，增强酒泉、武威、定西等新能源和农机装备产业基地实力，提升冶金与化工、新材料等其他行业的耦合度。加快陇东能源基地煤电化一体开发。

发力壮大生态产业。抓好 300 个重大带动性工程建设，力争生态产业增加值占地区生产总值比重达到 27%。实施千亿产业集群和百亿园区突破行动，加快培育 2-3 个千亿级产业集群，打造 5-6 个百亿级园区。支持兰州新区绿色化工园区集聚发展。推进平凉智能光电产业园、张掖智能制造产业园、兰州新区大数据、金昌网络货运数字产业园和白银云创空间科创园建设。加快建设国家中医药产业发展综合试验区、陇东南国家中医药养生保健旅游创新区。推动武威钍基熔盐堆等项目建设。大力推进碳离子治疗系统产业化发展。壮大金昌、兰州、天水等新材料产业基地，推进白银东方钛业绿色循环产业项目建设。启动建设黄河上游大草原生态旅游经济圈、陇东南始祖文化旅游经济圈，创建张掖芦水湾国家级旅游度假区，争取铜奔马文化旅游景区、岐黄周祖文化旅游景区、黄河石林景区申报创建 5A 级景区，建设临夏世界地质公园。

大力发展数字经济。高起点编制“十四五”数字经济创新引领发展规划。加快数字产业化和产业数字化，发展培育大数据、云计算、人工智能、区块链等核心数字产业集群。抓好工业互联网平台培育工程，推进普惠性“上云用数赋智”服务。实施庆阳金山云西北总部、兰州鲲鹏计算、海康威视区域总部等重点数字产业项目。建设一批数字化车间和智能化工厂。提升丝绸之路“两港”建设运营水平，推广“城市大脑”、数字医疗、智慧城市和数据安全技术。

（二）落实扩大内需战略，全力抓投资促消费。充分发挥有效投资关键作用和消费基础性作用，增强经济发展支撑力、牵引力。

加快实施重大交通项目。计划投资 1140 亿元，加大交通基础设施补短板力度。建成平凉至天水、甜水堡至永和、通渭至定西、张掖至肃南等高速及一级公路 600 公里，新增 5 个县（市）通高速公路，建成国省干线及旅游公路 800 公里。加快景泰至礼县（陇南段）、康县至略阳、酒嘉绕城等高速公路建设。启动“环兰”骨干通道、省际出口路及河西走廊、兰西城市群、关中平原城市群等重点区域路网完善工程。实施天水绕城、临洮经康乐至广河、傅家窑至苦水等公路项目。抓好中卫至兰州、兰张三四线兰武段、西宁至成都甘肃段、兰州至合作、中川机场环线、天水至陇南等铁路续建项目，力争开工建设中卫经平凉至庆阳铁路。加快推进中川机场三期扩建工程，实施嘉峪关机场改扩建项目，争取临夏机场开工建设，积极推进平凉机场前期工作。谋划打造我省南向水上通道。

推进重大水利工程建设。计划投

资120亿元，实施一批骨干水网、民生水利、水生态保护和防洪抗旱减灾工程。建成引洮二期骨干、古浪黄花滩调蓄供水工程，加快引洮二期配套城乡供水、中部生态移民扶贫开发供水等重点工程建设进度。力争白龙江引水、引哈济党等工程前期工作取得实质进展。做好陇南国家油橄榄基地供水、引大入秦延伸增效、黄河干流防洪二期等工程前期工作。开工建设16处中型灌区续建配套与节水改造项目，改造面积40.58万亩。

加强新型基础设施建设。有序推进5G网络建设，推动5G技术在重点行业领域应用。启动全省一体化大数据中心体系建设，争取布局建设全国一体化大数据中心国家枢纽节点。开展“东数西算”工程试点，加快张掖、金昌、酒泉、庆阳、兰州新区等云计算大数据中心建设，争取布局建设区域智能计算中心。建成区块链信任基础设施平台。启动酒泉至湖南特高压直流输电工程配套200万千瓦风电项目建设，力争陇东至山东特高压直流输电工程开工建设，谋划实施河西第二条特高压直流输电工程和750千伏、330千伏等骨干电网项目。科学合理配建充电桩，大力推广新能源汽车。

挖掘释放消费潜力。推动城乡老旧市场转型升级，改造一批农产品大型交易市场、产地批发市场、县乡农贸市场，提升一批专业化、综合性大型批发市场。加快城乡冷链物流设施建设，扩大万吨以上冷库集散覆盖范围，提高果蔬、肉类、水产等重点农产品冷链流通比例。推进步行街改造提升，打造一批省级示范步行街。促进传统商业数字化、智能化改造，提升电商进农村综合水平。发展壮大仓储物流、人才服务、研发设计等生产性服务业，推进健康、养老、育幼、家政等生活性服务业向高品质和多样化升级。加快完善再生资源回收利用网络，促进机动车、家电、电子产品消费更新换代。

（三）全面推进乡村振兴，促进农业农村优先发展。坚持“三农”重中之重地位不动摇，加快提升农业农村现代化水平，促进农业高质高效、乡村宜居宜业、农民富裕富足。

巩固拓展脱贫攻坚成果。严格落实“四个不摘”要求，保持现有帮扶政策、资金支持、帮扶力量总体稳定。健全防止返贫动态监测和帮扶机制，持续跟踪收入变化和“两不愁三保障”巩固情况，定期核查、及时发现、精准帮扶、动态清零。建立农村低收入人口帮扶机制。强化易地扶贫搬迁后续扶持工作。加快推动陇南等地暴洪灾害住房重建和避让搬迁。做好脱贫人口稳岗就业。充分发挥农村社会保障和救助制度兜底作用，促进弱劳力、半劳力家庭就近就地就业。在脱贫县中集中支持一批乡村振兴重点帮扶县。加强扶贫项目资产管理和监督。促进扶贫车间向乡村就业工厂转型持续发展。做好东西部协作和中央定点帮扶对接工作。开展“千企兴千村”活动。

推进粮食稳产增效。落实“藏粮于地、藏粮于技”战略，实施“优质粮食工程”，着力提升产能、品质和效益。严防死守耕地保护红线，坚决遏制耕地“非农化”、防止“非粮化”，开展撂荒地整治和盐碱地治理。新建高标准农田350万亩，继续建设国家级旱作农业区，实施一批现代农业高效节水示范区，确保粮食播种面积稳定在4000万亩。放大张掖、定西、酒泉等国家级现代制种基地优势，抓好玉米、马铃薯、中药材、花卉、蔬菜、饲草及畜禽等种质资源保护、利用和开发，加快动植物良种“育繁推”一体化发展，推动种业大省向种业强省迈进，力争在国家“种业翻身仗”中作出甘肃贡献。

启动优势特色产业三年倍增行动计划。推进国家级和省级现代农业产业园建设，建好陇西中药材、安定马铃薯、民乐现代设施戈壁生态农业、环县肉羊、静宁苹果和武威生态奶等现代农业产业园。持续培育发展龙头企业、合作社、家庭农场、种养大户。积极发展农业生产托管，健全完善农业社会化服务体系。大力发展绿色循环农牧业，提升“厚道甘肃·地道甘味”品牌影响力。推动优势特色产业面积增加到3640万亩。促进一二三产业融合发展，把产业链留在县域，把增值收益留给农民。

实施乡村建设行动。强化乡村建设规划引领，以县为单位分类编制村庄建设规划。统筹实施路、水、电、气、通信、物流等基础设施，打造乡村建设示范村500个。有序开展农村燃气建设工作。实施农村人居环境整治提升五年行动，完善乡村垃圾收运体系，因地制宜建设乡村垃圾无害化处理设施，改建新建农村户用卫生厕所50万座以上。积极推进数字乡村建设。大力发展乡村旅游，着力打造西部知名乡村旅游目的地。

（四）加大生态环境保护治理力度，持续提升生态文明建设水平。深入贯彻习近平生态文明思想，持续发力治理环境，久久为功保护生态，让甘肃的天更蓝、山更绿、水更清。

抓好黄河流域生态保护。强化上游意识、担好上游责任，全面落实国家黄河流域生态保护和高质量发展规划纲要及我省规划。以祁连山生态保护、甘南黄河上游水源涵养区和陇中陇东黄土高原区水土治理为重点，统筹精准用好项目资金，推进水源涵养、污染防治、水土保持等重点项目建设，实施尕海湿地、黄河首曲湿地生态修复工程，推进黄河兰州白银段湿地保护，实施一批水土流失治理工程。推动合作市美仁、玛曲县阿万仓国家草原自然公园建设试点。开展环境污染和生态破坏问题排查整治。推进黑河、石羊河流域横向生态保护补偿试点，加快石羊河流域综合治理前期工作。

深化生态环境治理修复。加快编制省级国土空间生态修复规划。巩固祁连山生态环境问题整改成效，强化区域生态修复治理，抓好剩余10项长期任务落实。推进祁连山、大熊猫国家公园建设。加快自然保护地内矿业权分类退出，抓好历史遗留废弃矿山生态修复，全面推进绿色矿山建设。实施新一轮退耕还林还草、天然林保护、防护林体系建设、退化林修复、退牧还草等国家重点生态工程，加大防沙治沙力度。全面推行林长制。编制我省碳排放达峰行动方案。鼓励甘南开发碳汇项目，积极参与全国碳市场交易。健全完善全省环境权益交易平台。实施“三线一单”生态环境分区管控，对生态环境违法违规问题零容忍、严查处。

深入打好污染防治攻坚战。实施大气污染治理“八大工程”，重点抓好工业、燃煤、机动车和扬尘四类污染源治理，推进细颗粒物与臭氧协同治理。坚持水资源利用、水生态保护和水环境治理“三水”统筹，注重盘活城市水系，提升中水回用水平，持续巩固城市建成区黑臭水体整治成果，探索开展农村黑臭水体整治。紧盯受污染耕地和污染地块安全利用，开展重点监管企业规范化管理试点示范，构建行之有效的土壤污染防治工作体系。

（五）推进区域协调发展，整体提升发展能级和竞争力。发挥各地比较优势，促进错位互补发展，构筑高质量发展重要动力源。

优化区域发展格局。加快兰西城市群建设，打造甘青区域合作创新发展示范区。构建以兰州为中心，白银、定西、临夏为腹地，辐射周边地区的兰白经济圈，增强省会城市带动能力。支持天水、酒泉建设省域副中心城市。推动酒泉嘉峪关一体化发展，促进金昌武威组团发展，建设河西走廊生态经济带。加快陇东南协同发展，促进庆阳、平凉建设陕甘宁区域性中心城市。支持定西提升“中国薯都”“中国药都”发展水平。继续支持革命老区、民族地区加快发展。

培育壮大新兴增长点。鼓励兰州新区发挥先行先试优势，加大改革创新力度，强化现代产业支撑，更好发挥集聚辐射带动作用。高水平建设榆中生态创新城，推进航空航天产业园等重点项目，加快综合基础设施配套。实施大敦煌文化旅游经济圈标志性项目，打造兼具敦煌文化与现代时尚的旅游业态。加快培育壮大县域经济，逐步形成多点发力、多元支撑的县域经济发展局面。

加快新型城镇化建设。抓好榆中、敦煌国家新型城镇化示范县城建设。实施城市更新行动，加强老旧小区改造，加快停车场建设，完善生活垃圾分类处置系统，推进城市污水处理设施提标改造。强化实施保障性安居工程，完善住房保障体系，有效增加保障性住房供给，加快补齐租赁住房短板。落实“房住不炒”定位，因城施策促进房地产市场平稳健康发展。推进县城补短板强弱项，大力提升公共设施服务能力。突出城市文化品位，扩大敦煌、天水等历史文化名城影响力。加强城市精细化管理，提升“精致兰州”品位形象。

（六）着力深化重点领域改革，更大程度释放发展活力。下决心破除体制机制障碍，为市场主体添活力，为高质量发展增动力。

深化国资国企改革。加快推进国有资本布局优化和结构调整，增强配置效率和整体功能。深入实施国企改革三年行动，积极稳妥推进省属企业混合所有制改革。深化省属企业落实董事会职权试点，加快推行职业经理人制度。优化国资监管方式，提高监管效率。加快推进经营性国有资产集中统一监管。健全市场化经营机制，完善经营业绩考核评价体系，实行差异化分类考核。

推进要素市场化配置改革。深化财税体制改革，增强市县财政自给能力，充分调动市县发展壮大区域经济的积极性。支持符合条件的企业上市、发债融资，办好甘肃股权交易中心。推动承包地经营权规范有序流转。稳慎推进农村宅基地制度改革，探索宅基地所有权、资格权、使用权分置实现形式。稳步推进农村集体经营性建设用地入市。建立健全农村集体经济组织。完善自然资源资产交易平台，健全收益分配制度。有序放开竞争性环节电价，继续做好第二监管周期输配电价改革工作。

倾力支持民营经济发展。坚决落实“两个毫不动摇”，国企民企同等对待，惠企政策一体落实，为民营企业创造公平、透明、法治的发展环境。持续开展涉企遗留问题专项整治，依法平等保护民营企业和企业家合法权益。落实减税降费政策，用好“信易贷”服务平台，加大1000亿元中小微企业专项贷款投放力度，全力助企纾困。进一步放开市场准入，破除招投标隐性壁垒，鼓励民营企业参与重大战略重大项目实施。

打造一流营商环境。开展深化“放管服”改革优化营商环境提质提标年活动。统筹推进“数字政府”建设，完善“一网通办”，推行“一窗通办”，升级改造投资项目在线审批监管平台，推动公共资源交易全流程电子化。完善“双随机、一公开”监管、“互联网+”监管。把诚信政府建设作为营商环境的先手棋，坚持信为政基，坚决守信践诺，答应的一定做到，承诺的必须兑现，让企业家投资放心、创业安心、发展称心。

（七）持续抓好“一带一路”最大机遇，进一步拓展发展空间。坚持以开放畅循环、促发展，做深做实融入“一带一路”的举措抓手，加快建设向西开放的大通道、大枢纽、大节点。

增强通道枢纽能力。推动建设兰州国家物流枢纽，提升“4向5条”国际货运班列运营水平，争取兰州列入国家中欧班列集结中心（枢纽）建设工程。加快建设“空中丝绸之路”，提升航空货运质量效益。深度融入西部陆海新通道，常态化运营兰州至广西至东盟多式联运班列，优化国际物流集散、中转和分拨中心功能。扩大对外经贸“朋友圈”，促进外贸高质量发展。

提升开放平台功能。充分发挥空港、陆港和兰州新区综合保税区等平台功能作用，促进加工产业集聚。着力发展口岸经济，提升国家级经开区和海关指定监管场地、进口口岸运营水平。发挥兰州、天水跨境电商综合试验区功能作用，促进跨境电商高效发展。建设尼泊尔海外产业园和乌兹别克斯坦驻兰进出口产品海外仓。支持金川公司开展“保税混矿”业务。积极申建中国（甘肃）自由贸易试验区、金昌国家经开区B型保税物流中心，运营兰州国际港务区B型保税物流中心。

深化对外交流合作。把兰洽会、“一会一节”、药博会、公祭伏羲大典等节会办得更加务实精彩，拓展放大“一带一路”美丽乡村论坛综合效应。积极组织参加进博会、服贸会和广交会等展会，多元化开拓国际市场。加大招商引资力度，发挥优势、突出特色，开展精准招商、专题招商、产业链招商。推进丝绸之路“科技走廊”建设。办好外交部甘肃全球推介活动。

（八）做深做细民生工作，持续改善人民生活。坚持发展为民的价值取向，突出民生优先的实践导向，强化民意为重的评价指向，让人民群众获得感、幸福感、安全感更加充实、更有保障、更可持续。

提升就业和社会保障水平。多措并举稳定和扩大就业，大力开展就业援助，扩大公益性岗位安置，助力高校毕业生、零就业家庭成员、退役军人、残疾人就业。建立健全医疗保险基金监管长效机制。做好基本养老保险全国统筹，推动失业、工伤保险省级统筹。健全灵活就业人员社保制度和困难群众监测预警机制，推进基本生活、临时救助和专项救助等有效落实。统筹推进养老、托幼服务健康发展，健全残疾人、留守和困境妇女儿童关爱服务体系。依法维护农民工劳动报酬权益。

办好人民满意的教育。提升学前教育保教质量。扩大城镇学校学位供给，基本消除义务教育和普通高中大班额。大力推进“技能甘肃”建设，办强办优职业院校，发挥兰州新区职教园区集聚效应，深化产教融合、校企合作。实施新时代高等教育振兴计划，深入推进高校“双一流”特色建设工程，着力提升高校人才培养、科研创新和成果转移转化水平。启动高考综合改革。办好“一带一路”高校联盟。

强化公共文化服务。深化华夏文明传承创新区建设，打造敦煌研究院世界文化遗产保护典范和敦煌学研究高地。推进长城、长征、黄河国家文化公园和大地湾国家考古遗址公园、河西走廊国家遗产线路建设。倡导全民阅读，营造书香陇原，建设《读者》社区。建成简牍博物馆，实施省博物馆扩建工程，新建和政古动物化石研究和展示中心。强化非遗保护传承，建设非遗工坊。加强古树名木立法保护。推进基层文化服务阵地资源整合，提升文化惠民工程效能。支持会宁干部学院建设。促进智慧广电发展，构建现代化广播电视公共服务体系。

加快健康甘肃建设。改善省市县疾控基础条件，健全公共卫生应急救援体系，完善突发公共卫生事件检测预警处置机制，推进省人民医院、兰大二院重大疫情救治基地建设。加快构建紧密型医联体，推进县级5大急危重症救治中心建设，提高基层医疗机构疫情检测、医疗救治与公共卫生服务能力。全面推广“互联网＋医疗”服务。推动群众身边的公共体育设施建设，抓好临洮国家级体育训练基地二期工程、七里河体育场、兰州奥体中心等体育项目建设，做好第十四届全运会、东京奥运会备战工作，办好全国越野滑雪锦标赛和冠军赛等赛事活动。

慎终如始做好疫情防控。新冠肺炎疫情防控形势依然严峻复杂，务必时刻绷紧疫情防控这根弦。坚持常态化精准防控和局部应急处置有机结合，压紧压实“四方责任”，严格落实“四早”要求，严防聚集性疫情和散发病例传播扩散。坚持“人”“物”“环境”同防，全面落实入境人员闭环管控，严防进口货物输入风险，坚决守住“外防输入”重要关口。切实做好社区、农村地区、医疗机构和公共交通等重点场所、重点环节疫情防控。确保重点人群核酸检测应检尽检。强化春节前后疫情防控，引导群众合理有序出行。完善应急处置预案，精准调整应急措施。安全有序推进新冠病毒疫苗接种工作。

深入推进平安甘肃建设。坚持和发展新时代“枫桥经验”，完善社会矛盾纠纷多元预防、调处、化解综合机制。抓好市域社会治理现代化工作，提升社会治理科学化、智能化、精细化水平。以铸牢中华民族共同体意识为主线，纵深推进民族团结进步创建“一廊一区一带”行动。坚持我国宗教中国化方向，依法管理宗教事务，积极引导宗教与社会主义社会相适应。以产业项目实施等为重点，促进军民深度融合发展。加强新形势下国防教育、人民防空、民兵预备役和双拥优抚安置工作。提高应急管理和防灾减灾救灾能力，加快国家西北应急救援中心等自然灾害防治重点工程建设。落实“四个最严”要求，加强食品药品安全监管。推进扫黑除恶常态化机制化，严厉打击各类违法犯罪活动。坚持底线思维，统筹做好各领域风险防范化解工作。加大金融风险化解处置力度，更好发挥金融服务实体经济、服务民生作用。

全力办好为民实事。民生连着民心，民心凝聚民力。今年要继续统筹安排财力，办好10件为民实事：一是提高城乡居民省级基础养老金最低标准。从今年1月1日起，在原每人每月15元基础上增加5元，加中央财政基础养老金93元后，使我省基础养老金最低标准达到113元，进入全国中等水平行列。二是新建或改扩建通自然村道路1万公里以上。按照“四好农村路”标准，实现交通项目向村组倾斜，创建10个自然村组道路示范县，打造100条特色农村示范路。三是在全省农村义务教育中小学新建、改扩建食堂1000所，新建或改造重点帮扶县农村中小学教师周转宿舍900套。通过新建、改扩建、资源整合等方式，重点增补市州政府所在地城区义务教育中小学学位15000个。四是新增城镇就业32万人，落实1万名未就业普通高校毕业生到基层就业。五是按照平战结合原则，在14个市州和兰州新区改造建设重症医学传染病区域，在30个县级医院改建“三区两通道”传染病区，提高应对突发公共卫生事件能力。六是在全省启动建设保障性租赁住房6280套、共有产权住房3000套。七是在全省择优选择条件成熟的城市街道，新建或改造提升100个综合养老服务中心。八是对全省20万名33-64周岁城镇低收入妇女和农村妇女进行免费“两癌”检查。九是对具有甘肃户籍且被普通高校录取时为城乡低保（一、二类）家庭子女提供入学资助。录取到普通高校本科类的新生一次性补助1万元，录取到普通高校专科或高职、高专的一次性补助8000元。十是实施100处农村水源保障工程。新建和改造一批地表水截引、机电井、调蓄水池等项目，进一步提升供水水源稳定性和保障能力。

各位代表！初心如磐，重任在肩。全省政府系统将忠诚履职、锐意进取，以干部的“担当指数”提升富民兴陇的“发展指数”，以政府的“辛苦指数”换取人民群众的“幸福指数”。

我们要把政治忠诚作为首要品质。坚持以忠立命、以忠立心、以忠立业，持之以恒用习近平新时代中国特色社会主义思想解放思想、统一思想，增强“四个意识”，坚定“四个自信”，做到“两个维护”，全面锻造对党绝对忠诚的政治品格。始终胸怀“两个大局”、心系“国之大者”，自觉在全局中思考、大局下行动，谋事多想政治要求，干事多想政治影响，成事多想政治效果，切实提高政治判断力、政治领悟力、政治执行力，始终沿着习近平总书记指引的方向坚定前行。

我们要把依法行政作为履职准则。认真学习贯彻习近平法治思想，忠实履行宪法法律赋予的职责，全面推进法治政府建设。自觉接受人大法律监督、工作监督、接受政协民主监督，接受社会各方面监督，强化审计监督，深入推进政务公开，让权力在阳光下运行。坚持崇尚法治、敬畏法律，善于用法治思维和法治方式推动工作、解决问题，真正让厉行法治渗透进每一项具体行政行为，成为每一个政府工作人员的自觉习惯和主动追求。

我们要把精诚团结作为成事之道。“星多天空亮，心齐泰山移”，倍加珍惜来之不易的发展局面，坚决维护团结干事的良好氛围。坚持党对政府工作的全面领导，坚决执行省委决定，始终做到同心同力同向。自觉贯彻民主集中制，坚持科学、民主、依法决策，认真听取人大代表、政协委员意见，广泛听取民主党派、工商联、无党派人士和各人民团体意见建议，努力把各方面的“金点子”转化为推动发展的“真招数”。尊重基层和群众首创精神，充分激发和调动基层干部群众积极性、主动性、创造性，形成同频共振的干事合力。

我们要把真抓实干作为鲜明底色。始终知责于心、担责于身、履责于行，把全部心思用在干事创业上，把全部精力用在狠抓落实上。发扬“为民服务孺子牛、创新发展拓荒牛、艰苦奋斗老黄牛”精神，当事不推责、遇事不避难，尽心竭力为民谋利，锐意探索破解难题，脚踏实地埋头苦干。加强补课充电赋能，既熟悉“公共课”，又精通“专业课”，不断提高应对复杂局面、防范化解风险、创造性抓落实的能力，在变化变局中努力做到准确识变、科学应变、主动求变，以过硬本领育先机开新局。

我们要把廉洁从政作为永恒信条。深入贯彻全面从严治党要求，认真履行党风廉政建设“一岗双责”，守好重点领域、重要部门、关键岗位廉政底线，切实打造廉洁政府。坚持政府过紧日子，精打细算做好预算安排，强化支出管理，建设节约型机关，将更多财力用在保民生、补短板、促发展上。锲而不舍落实中央八项规定及其实施细则精神，力戒形式主义、官僚主义，落实为基层减负要求，永葆为民、务实、清廉的政治本色。

各位代表！开局关系全局，起势决定胜势。站在“两个一百年”奋斗目标的历史交汇点上，陇原大地苦甲不再，如意甘肃生机勃发。让我们更加紧密团结在以习近平同志为核心的党中央周围，在省委坚强领导下，发扬人一我十、人十我百的甘肃精神，汇聚感恩奋进、砥砺前行的磅礴力量，为谱写加快建设幸福美好新甘肃、不断开创富民兴陇新局面的时代篇章不懈奋斗，以优异成绩庆祝建党100周年！

关于甘肃省2020年国民经济和社会发展计划执行情况与2021年国民经济和社会发展计划草案的报告

——2021年1月25日在甘肃省第十三届人民代表大会第四次会议上

各位代表：

受省人民政府委托，现将全省2020年国民经济和社会发展计划执行情况与2021年国民经济和社会发展计划草案，提请省第十三届人大第四次会议审议，并请各位省政协委员和列席人员提出意见。

一、2020年经济社会发展计划执行情况

2020年，面对新冠肺炎疫情及暴雨洪涝灾害的严重冲击，在省委的坚强领导下，在省人大依法监督和全力推动下，在省政协民主监督和积极支持下，全省上下坚持以习近平新时代中国特色社会主义思想为指导，全面贯彻党的十九大和十九届二中、三中、四中、五中全会精神，深入贯彻落实习近平总书记对甘肃重要讲话和指示精神，科学统筹疫情防控和经济社会发展，扎实做好“六稳”工作，全面落实“六保”任务，较好完成了省十三届人大三次会议审议批准的2020年国民经济和社会发展计划，全省经济社会持续健康发展。根据地区生产总值统一核算结果，经初步核算，2020年，全省地区生产总值9016.7亿元，同比增长3.9%。固定资产投资增长7.8%，社会消费品零售总额下降1.8%，一般公共预算收入增长4.6%（同口径），城镇居民人均可支配收入增长4.6%，农村居民人均可支配收入增长7.4%，全省城镇新增就业35.68万人，城镇登记失业率3.27%，居民消费价格总水平上涨2.0%，主要污染物排放量和能耗“双控”指标完成国家下达的目标任务，剩余17.5万贫困人

口全部脱贫，贫困县全部摘帽。一年来，各项事业取得了长足发展。

（一）疫情防控形势总体平稳。一是迅即健全防控机制。及时建立由省委省政府主要领导担任双组长的疫情防控领导指挥系统，紧急启动重大突发公共卫生事件一级响应，实行省级领导包抓市州的分片督导责任制，迅速构建起省市县乡村五级联防联控机制。我省利用信息化助力疫情防控工作被人民日报评为全国十大医疗健康类数字化转型成功案例。落实中央预算内投资11亿元，支持67个县提升疫病救治能力。建设重大疫情救治基地2个。全面落实进口冷链食品提前报备、预防性消毒、核酸检测、追溯管理等措施，科学规范做好进口冷链食品疫情防控工作。二是精准落实防控措施。根据疫情形势变化，及时调整防控策略，应急战时阶段，迅速建立防护隔离网，果断遏制疫情爆发态势；分区分级防控阶段，科学调整应急响应级别，针对不同风险等级提出差异化防控措施；应对境外疫情输入阶段，严把入境关口，实行从国门到家门的闭环式全程管控；常态化防控阶段，坚持“外防输入、内防反弹”的防控策略，加强对重点场所、重点人群的疫情防控，持续巩固防控成果。全省264家医疗卫生机构具备核酸检测能力，实现所有三级综合医院、传染病专科医院和县域内至少1家县级医院具备核酸检测能力，单日最大检测量270936份，“八类人群”全部应检尽检，累计检测340.07万人次。在可防可控情况下，率先在全国将应急响应级别由一级下调至三级，有效促进复工复产。三是全力保障物资供应。疫情爆发初期，争取国家协调调拨我省口罩55.9万只，调配口罩生产设备2台、熔喷布4.5吨，支持疫情防控。开辟疫情防控用品应急审批绿色通道，实现医用防护用品生产能力从无到有的历史性突破，全省已建成消杀类产品生产企业35家，日产能250吨；已取证医用防护服生产企业5家，最大日产能1.26万件；额温计、护目镜生产企业7家；医用口罩企业20家，最大日产能533万个；熔喷布生产企业5家，日产能10万吨。及时启动突发公共事件应急价格监测预案，出动价格监测人员35562人次，上报《价格监测动态》175期。对疫情防控重点保障企业给予资金、税收政策支持，128户企业获得优惠贷款33.11亿元、财政贴息6561万元，59户企业享受生产设备一次性税前扣税优惠金额1.22亿元，167户企业享受增值税留抵退税8286万元。全面加强重要物资保供稳价工作，落实重要生活必需品储备规模，指导应急加工企业复工复产，全省粮油库存充裕、价格总体平稳。四是高效开展病患救治。向定点医疗机构紧急拨付医保专项预付金2.3亿元，及时出台救治费用报销政策，实行省级专家团队包案救治等有效措施提高治愈率，在疫情处于高点的2月份，全国确诊病例60人以上的省份中，我省治愈率稳居全国第一。坚决服从全国抗疫大局，高质量完成伊朗、沙特、俄罗斯、英国等国13架航班2943名入境人员集中留观救治任务，取得了零扩散、零感染、零病亡的优异成绩；先后派出796名防疫人员驰援武汉，取得了全队队员零感染、治疗患者零死亡的骄人战绩，以过硬的技术本领和纪律作风，展现了甘肃“援鄂铁军”良好形象。

（二）三大攻坚战取得积极进展。一是脱贫攻坚任务全面完成。中央脱贫攻坚专项巡视“回头看”反馈问题等纳入台账的73个问题已全部整改完成。制定落实“3+1”冲刺清零后续行动和“5+1”专项提升行动方案，加强8个未摘帽县省级挂牌督战，全省建档立卡贫困学生无失学辍学，县、乡、村医疗机构和人员“空白点”全面消除，建档立卡贫困人口参保全覆盖。产业扶贫取得了历史性成就，贫困地区特色产业实现了从零散状、碎片化到成链条、成体系的巨大转变。完成49.9万建档立卡贫困人口易地扶贫搬迁建设任务，10.3万户具备劳动能力且有就业意愿的搬迁贫困户家庭实现至少1人就业。建立防止返贫监测和帮扶机制，将存在返贫风险的14.9万脱贫不稳定人口和存在致贫风险的25.4万边缘易致贫人口纳入监测，开展针对性帮扶。贫困劳动力稳定务工就业189.9万人，2546个扶贫车间、30.5万个公益性岗位支撑贫困群众就业不出村、挣钱不离家。全省累计投放特色产业贷款1301亿元、农产品收购贷款542亿元，超额完成三年投放任务。消费扶贫产品销售额超过138亿元。争取城乡建设用地增减挂钩节余指标跨省域调剂补助资金65.4亿元，全部用于深度贫困县。充分发挥东西部协作、定点帮扶等工作机制，东部4市给予我省援助资金32.71亿元，中央单位投入帮扶资金5.9亿元，“深化东西扶贫协作提升帮扶工作成效”被作为典型经验在全国推广。建成并网的127.6万千瓦光伏扶贫项目成为农民增收、村组增利的稳定来源，切实增强了脱贫攻坚实效。二是生态环境质量持续改善。第一轮中央生态环保督察反馈的62项整改任务已完成58项，第二轮中央生态保护督察反馈问题整改正在积极推进。持续抓好祁连山国家级自然保护区生态环境问题整改，在2019年底完成18项整改任务的基础上，2020年的3项整改任务已基本完成，需长期整改的10项任务正在加快推进落实。保护区内探采矿、水电站、旅游设施等重点领域整改工作已全面完成。《祁连山生态保护与建设综合治理规划（2012—2020年）》投资及建设任务基本完成；渭河源区、“两江一水”生态规划分别完成投资44.6亿元、81.59亿元，区域生态环境不断改善。民勤生态建设示范区规划和古浪八步沙区域生态治理规划正式批复实施，积极争取国家将玛曲、迭部、卓尼、天祝、肃南5个县列为生态综合补偿试点县。全年造林468.5万亩，占全年350万亩计划任务的139%。扎实推进大气污染防治工作，全省14个市州细颗粒物年均浓度均达到国家空气质量二级标准，全省打赢蓝天保卫战三年行动计划圆满收官。开展黄河流域入河排污口排查整治，国控断面水质优良率达100%。全省环境质量持续改善，各项指标均优于2019年同期。三是重大风险防范有力有效。加强地方金融组织监管，金融领域风险防范化解工作取得阶段性成效。严格执行政府债务限额管理和预算管理制度，坚决制止违法违规融资担保行为和变相举债，全省债务风险总体可控。聚焦群众生命安全和重大设施安全，全力抓好地质灾害防治，支持陇南、甘南等地开展灾后重建。

（三）供给侧结构性改革稳步推进。一是深入推进“三去一降一补”。关闭退出煤矿10处、产能156万吨。全省商品住宅去化周期为15.45个月，处于正常周期。1—11月，全省累计新增减税降费159.56亿元，其中2020年新出台支持疫情防控和经济社会发展的税费优惠政策新增减税降费106.26亿元。企业宽带和专线平均资费降低15%以上。加大交通、水利、信息等基础设施补短板力度，全省基础设施投资同比增长12.2%。农村地区光纤宽带和4G网络覆盖率达到99%以上。二是大力发展十大生态产业。制定出台百名厅局长精准服务帮扶百家企业工作方案，梳理100家生态产业项目实施企业，由厅局长进行服务帮扶，推进重大项目落地见效。新兴绿色产业方面，兰州红古国家“城市矿产”示范基地建成并通过国家验收；2020年3月底国家发文解除我省风光电投资红色预警，通渭风电基地项目顺利推进，清洁能源产业发力势头正在显现。高端绿色产业方面，加快打造精细化工、集成电路、石化通用装备、炭素新材料、碳离子治疗装置等特色产业集群，全省规模以上工业战略性新兴产业、高技术产业、装备制造业增加值同比分别增长14.9%、22%和22%。启动甘肃“上云用数赋智”行动及“东数西算”试点工程，推动数字经济加速发展。加快推进传统产业高端化智能化绿色化改造，梳理240个“三化”改造项目，计划总投资128亿元，完成投资30.5亿元；新认定省级绿色工厂38个、绿色园区3个、绿色产品8个。特色绿色产业方面，临夏炳灵寺世界文化遗产旅游区晋升为国家5A级景区，嘉峪关市、平凉市崆峒区被认定为第二批国家全域旅游示范区；全省旅游人数达到2.13亿人次，旅游收入1455亿元，分别恢复至2019年水平的57%和54.3%；全省戈壁生态农业累计投入资金超过140亿元，建成千亩以上戈壁生态农业产业园53个，面积累计达28万亩；西北地区最大的医药物流园甘肃荣康医药物流园正式开园；中核甘肃核技术产业园、武威钍基熔盐堆核能系统等项目扎实推进。初步核算，十大生态产业增加值占生产总值比重达到24.2%。三是全力保市场主体。汇编并在线解读《支持中小企业政策摘编》，多措并举支持中小企业复工复产，为近2万家中小企业提供免费上云服务。5205户企业享受灵活性电价政策红利2.57亿元。82.05万户企业享受阶段性降电价政策，降低用电成本7.22亿元。5.78万户中小微企业缓缴电费1.5亿元。研究制定小微企业和个体工商户减免房租政策，减租近5亿元。指导各地自2020年2月22日起，提前执行非居民用气淡季价格政策，降低用气成本1.9亿元。加大力度清理拖欠民营企业中小企业账款，清偿账款98.59亿元，清偿比例91.29%。组织开展陇原金融稳企纾困专项行动，持续改善中小微企业贷款服务，全省中小微企业贷款余额8268亿元，比2020年初增加440亿元。“甘肃信易贷”平台于2020年11月20日正式上线运行，22家金融机构发布金融产品106个，3154户企业入驻平台，发布融资需求1293项、金额116.14亿元，141户中小微企业获得授信31.4亿元，放款24.51亿元。全省新设市场主体28.07万户，同比增长8.02%；累计达到186.72万户，同比增长9.32%。四是千方百计保产业链供应链稳定。成立省市县三级工作专班，规上工业企业驻企联络员实现全覆盖。建立工业企业产业链协调会商机制和跨省产业链协同机制，协调解决企业困难和问题2554项，组织多层次多形式产供销对接活动，促进上中下游、大中小企业、产供销环节协同复工复产。开发上线企业供应链服务平台，全省累计导入小微企业303315个，平台累计注册用户数2362户（含省外23户）。五是着力保粮食能源安全。抓紧抓实粮食生产，全省粮食面积3957.4万亩，比2019年增加85.7万亩，总产量1202.2万吨；加大粮食收购储备力度，收购粮食325.3万吨、同比增长25.5%，粮食供应基本有保障；生猪存栏620万头、出栏780万头以上，稳产保供取得突出成效。加强煤、电、油、气生产调度，全力保障能源供应，累计生产原煤3850万吨，从外省调入煤炭2350万吨；全省完成发电量1787.43亿千瓦时，同比增长7.91%，电力供应基本稳定；成品油产量1079.76万吨，中石油、中石化汽柴油销售量506.59万吨，管道天然气供应量34.01亿方，增长6.1%。

（四）促投资扩消费成效明显。一是加大项目储备和要素保障力度。制定重大项目谋划方案，编印重点投资项目、省列重大项目、重大前期项目“三个清单”，编制“两新一重”项目储备清单，制定出台强化要素跟着项目走保障机制的意见。争取中央预算内投资180.8亿元，较2019年增加20.7亿元。争取新增地方政府专项债券额度740亿元，较2019年增加372亿元，已发行专项债券614亿元。组织开展政银企对接暨百名行长联千家企业推进行动，全省累计开展各层次政银企对接会230多场，签约授信900多亿元，惠及3000多家企业。二是积极推进重大项目开复工。研究出台进一步深化投资审批制度改革的若干措施，为项目开复工提供政策保障。落实百个重大项目党政领导包抓推进工作机制，全省亿元及以上重大项目1650个，比2019年同期多122个。三是加快重点项目建设。交通方面，银川至西安铁路建成通车；柳园至敦煌、景泰至中川机场、张掖至扁都口等高速公路建成通车。中川机场三期扩建、西宁经合作至成都铁路、天水至陇南铁路、景泰至礼县高速陇南段等项目开工建设，中卫至兰州铁路、兰州至张掖三四线中川机场至武威段等项目加快推进，全年完成交通基础设施投资1116亿元。农林水利方面，争取中央预算内投资34.56亿元，加快推进甘肃中部生态移民扶贫开发供水、引洮供水二期、白银生态移民暨扶贫开发黄花滩调蓄供水等农林水利项目实施。社会事业方面，省妇女儿童医疗综合体、甘肃简牍博物馆、七里河体育场等重大项目加快建设。能源方面，酒湖直流工程配套100万千瓦风电、50万千瓦光伏发电项目加快建设；吐鲁矿区总体规划获国家批复；核桃峪、红沙岗二号井、赤城3个煤矿已进入联合试运转阶段，预计今年上半年建成投产。四是多措并举促消费。召开全省促消费扩内需工作推进会，印发《关于进一步促进消费扩大内需的实施意见和行动计划》以及农村道路、农村燃气、农村电网、全省水网、冷链物流、5G网络建设及应用、重大物资储备、城镇老旧小区改造8个专项实施方案。组织商务石油石化联手行、家用汽车促销、百亿家电促销等各类促销活动700余场次，带动消费近200亿元。举办全省第一届直播电商带货大赛。积极发展夜间经济和地摊经济，全省恢复和新增夜市160个左右，地摊集中区500处左右，带动近10万人就业。

（五）创新驱动发展纵深推进。一是优化创新环境。深入推进科技领域“放管服”工作，大力简化省级科技计划项目申报流程，通过全省科技管理信息系统公共服务平台，一站式受理各类省级科技计划项目5699项。扎实做好补贴中小企业研发成本工作，已按规定拨付补贴经费7740万元，对862家复工复产有显著带动作用的科技型中小企业进行扶持。投入财政资金3880万元，支持13项省级科技重大专项。组织申报科技部“科技助力经济2020”重点专项50项，获得国家支持资金3000万元。拨付科研资金1000万元启动应对新冠肺炎疫情科研攻关特别专项，开展疫情应急防治技术攻关、医疗服务，在“甘肃方剂”研究、心理防护等方面取得积极成果。2020年5月，我省被评为改善地方科研基础条件、优化科技创新环境、促进科技成果转化等成效较好的五个省份之一，受到国务院通报表扬。二是提升科技创新能力。积极推进丝绸之路国际知识产权港建设，着力构建知识产权全生命周期全产业链服务体系。加快推进兰州白银国家自主创新示范区和兰白科技创新改革试验区建设，积极培育建设兰州综合性国家科学中心，聚焦核物理、能源科学、生态保护等具有甘肃特色优势、关系国家科技安全的领域，争取布局建设重大科技基础设施，创建高水平国家创新平台。进一步健全完善省级实验室体系，组建了甘肃省同位素实验室、甘肃省敦煌文物保护研究中心、甘肃省黄河水环境重点实验室，为争取建设国家级科技创新基地奠定基础。全省共批准组建38个省级工程研究中心，认定新型研发机构24家、培育14家，着力打通产学研和资本的全链条通道，构建新型创新体系。三是积极打造“双创”升级版。启动我省社会服务领域“双创”带动就业示范活动，集中挖掘和培育一批“双创”带动就业示范项目，组织150多家社会服务领域中小微企业与58同城、京东、腾讯等互联网平台企业精准对接。张掖市甘州区成为国务院批准建设的第三批“双创”示范基地。鼓励科技人员下乡创新创业，从中央在甘及省属高校选派359名首批省级科技特派员，开展实用科技成果入乡转化。成功举办大众创业万众创新活动周，开展重点主题活动16场，13000余人次参加线下活动。加大“双创”金融支持力度，全省新发放创业担保贷款118.65亿元，发放总量是2019年的3.64倍，吸纳带动就业21.54万人。

（六）城乡区域协调发展扎实推进。一是推动黄河流域生态保护和高质量发展开局起步。把落实黄河流域生态保护和高质量发展国家战略摆在首位，研究出台省级规划，积极争取将若尔盖国家公园、甘青川毗邻地区国家生态旅游示范区、董志塬黄土高原固沟保塬工程、兰州经平凉庆阳至延安至北京高铁、兰州至汉中至十堰高铁、陇东至山东特高压直流输电工程、西路军西征路线红色旅游走廊建设、设立绿色发展银行、设立黄河流域生态保护和高质量发展基金、发展戈壁生态农业和寒旱农业等内容，列入国家规划纲要，为下一步争取项目和资金提供了有力支撑。二是深入推进新型城镇化和乡村振兴。召开全省推进新型城镇化和乡村振兴电视电话会议，出台《关于加快推进新型城镇化和城乡融合发展的若干政策措施》，启动《甘肃新型城镇化规划（2021-2035年）》编制工作，榆中县、敦煌市被国家列入新型城镇化建设示范名单。民乐县、凉州区、临夏县被国家认定为首批国家农村产业融合发展示范园，永登县、肃州区、天祝县被列为第二批创建单位。兰州市成功创建全国文明城市。稳步推进高台县、环县、积石山县三个国家级乡村治理体系建设示范县试点。争取国家安排我省地区振兴项目20个、总投资15.81亿元，协调天津市落实2020年对口支援我省藏区资金1.09亿元。三是加快培育区域发展增长极。公开发布了我省贯彻落实党中央新时代推进西部大开发形成新格局决策部署的实施意见，对重大政策重大事项细化实化为工作台账，推动工作落实落地。举行深化甘青合作推进兰西城市群高质量发展工作会议暨签约仪式，交通信息互联互通、生态环境联防联治、开放平台共建共享等领域项目有序推进。出台《关于支持兰州榆中生态创新城建设的若干意见》，全面启动实施《榆中生态创新城总体规划》。召开兰州新区规划建设协调推进领导小组会议，出台《关于进一步支持兰州新区深化改革创新推动高质量发展的实施意见》，加快兰州新区高质量发展步伐。兰州新区经济增速领跑19个国家级新区，连续两年获得“中国（区域）最具投资营商价值新区”。

（七）重大领域改革有序推进。一是深化“放管服”改革。大力推进网上办事、“不见面审批”，全省一体化政务服务平台与国家政务服务平台应接尽接，建设上线全省政务服务手机客户端“甘快办”APP和微信小程序，省市县三级政务服务事项应上尽上，网上可办率均达到90%以上。积极推进招投标全流程电子化。428项税收优惠政策实现“不来即享”，我省“不来即享”做法被国务院办公厅列入“放管服”改革十条经验在全国推广。全力推行“减证便民”，全省7209项证明事项实行告知承诺制。研究制定贯彻落实优化营商环境条例的若干措施、营造更好发展环境支持民营企业改革发展的实施意见和推进营商环境评价工作实施方案，组织开展市州营商环境评价工作。二是稳步推进国资国企改革。建立《2020年度省属企业混合所有制改革工作任务台账》，梳理确定32户企业121个混改项目。推动华龙证券首发上市、金川集团整体上市，统筹做好窑煤集团资产证券化和靖远煤电可转债发行。加快6户“双百行动”企业和54户“示范工程”综合改革企业改革进程。启动6户企业落实董事会职权试点。三是加快推进价格机制改革。出台《甘肃省深化燃煤发电上网电价形成机制改革实施方案》，取消煤电价格联动机制，执行“基准价+上下浮动”的市场化价格机制。全面放开符合产业、环保政策规定的大工业电力用户参与直购电交易，完成直购电交易电量534亿千瓦时，发电企业平均让利幅度2.97分/千瓦时，降低工业企业用电成本超15亿元。印发《甘肃省关于进一步深化水价形成机制改革的实施意见》，持续推进农业水价综合改革。四是继续推进其他领域改革。严格落实“全国一张清单”管理模式，推进“非禁即入”普遍落实。完善转供电收费政策，全面清理规范转供电环节不合理加价。出台《关于加快推进社会信用体系建设构建以信用为基础的新型监管机制的实施意见》，全省社会信用体系建设取得新进展。全面推开农村集体产权制度改革，累计完成产权制度改革集体经济组织1280个。143万户农户参与“三变”改革，获得入股分红11亿元。

（八）对外开放水平不断提升。一是高质量合作共建“一带一路”。深入开展与“一带一路”沿线国家的经贸合作，我省与“一带一路”沿线国家实现进出口149.4亿元，占全省外贸进出口总值的44.7%；对外实际投资2.99亿美元，同比增长31%。持续加强沿线跨省区合作，先后与青海省、陕西省签署合作协议。二是优化服务稳外贸稳外资。制定出台推进贸易高质量发展的实施意见。建立外贸企业“一对一”联系机制，指导帮助重点外贸企业纾困解难、复工营业。加大跨境电商主体培育，推动传统企业触网上线。支持出口企业转内销。甘肃（兰州）国际陆港汽车整车进口口岸建成运营。首发“中吉乌”公铁联运国际货运班列。三是创新推进招商引资。线上发布《2020年重点招商引资项目册》，举办招商引资项目线上推介会和特色产业线上招商推介会，开发“兰洽会在线”招商引资和投资贸易平台，开展“云招商”“云展览”“云促销”，一批重大项目在第26届兰洽会上成功签约。全省共实施省外招商引资项目1980个，到位资金2773.45亿元，同比增长22.42%。

（九）民生保障力度持续加大。一是就业形势总体平稳。认真落实保居民就业工作方案，综合运用援企稳岗、职业培训、开发公益性岗位等举措，支持退役军人、高校毕业生、农民工等群体创业就业。帮助14.68万名失业人员和5.2万名就业困难人员就业，输转城乡富余劳动力526.9万人，超出目标26万人，实现劳务收入1317.6亿元。二是保障力度不断加大。全面落实保基本民生工作方案，通过信息比对，开辟社会救助网上申请受理渠道，建立动态管理监测预警机制，及时将符合条件的2.4万人全部纳入救助范围。截至目前，已将受疫情影响导致基本生活困难的11.1万人纳入低保范围，对24.3万人实施了临时救助。落实国务院关于阶段性价格临时补贴提标扩面要求，从2020年3月到6月，阶段性提高每月价格临时补贴标准1倍，并将孤儿、事实无人抚养儿童以及领取失业补助金人员纳入补贴范围。全省累计发放价格临时补贴5.06亿元，惠及1776.44万人次。强化基本医保、大病保险、医疗救助三重保障，推进药品和医用耗材集中带量采购，群众就医负担进一步减轻。三是公共服务水平持续提升。落实中央预算内资金35.89亿元，安排省预算内基建资金1.57亿元，支持教育现代化推进、全民健康保障、文化旅游提升、社会服务兜底、公共体育普及等社会领域五大工程建设。印发实施《积极应对人口老龄化中长期规划》。出台支持大敦煌旅游经济圈建设19条政策措施。多渠道扩大普惠性学前教育资源，改善4169所义务教育薄弱学校办学条件，建设“两类学校”2029所，实现义务教育基本均衡发展目标的县占80.5%。义务教育56人以上大班额下降到0.44%、66人以上超大班额全部消除。部省合作打造“技能甘肃”启动实施，高等教育服务经济社会发展能力逐步增强。调整优化2020年卫生领域投资计划，重点向县级医院救治能力提升项目倾斜。进一步整合全省远程医学信息平台，共接入医疗机构1889家，累计开展远程会诊5202例。四是社会治理体系更趋完善。深入开展“平安甘肃”建设，累计打掉涉黑组织60个，破获电信网络诈骗案件16240起。严格落实安全生产责任制，扎实开展安全生产专项整治和专业化隐患排查治理，全省安全生产事故起数、死亡人数、受伤人数、直接经济损失同比分别下降15.15%、14.25%、12.28%、16.27%。加强和改进食品、药品安全监管，保障产品质量安全和市场供应。以铸牢中华民族共同体意识为主线，集中开展全省第17个民族团结进步宣传月活动，全面深入持久开展民族团结进步创建工作，创新推进“一廊一区一带”行动。加强和创新社会治理，化解涉疫矛盾纠纷2500余件。五是基层运转有效保障。严格落实保基层运转工作方案，加大省对市县转移支付力度，提高市县财政保障能力，省级下达市县转移支付达到2630.9亿元，财力下沉力度为历年最大，支持基层落实“六保”任务及脱贫攻坚等重点工作，确保基层运转不出问题。

尽管2020年全省经济社会发展总体平稳向好，但是发展不平衡不充分的矛盾依然突出，部分领域还存在一些短板弱项和突出问题。一是经济下行压力依然较大。受企业投资信心不足、资金筹措难度大等因素影响，投资持续回升基础尚不稳固。石化、烟草、煤炭等重点行业增量不足，工业持续较快增长支撑乏力。同时，受疫情影响，居民消费意愿有所下降，有效需求尚未完全释放，消费市场恢复低于预期。二是高质量发展短板较为突出。我省经济增长对资源能源工业依赖程度较高，传统产业“天花板”效应越来越突出。科技创新投入不足，基础研究、原始创新和核心技术攻关能力不强。战略性新兴产业和高技术产业规模较小，支撑发展的新动能还不强。三是融资能力还需提升。我省自身财力较弱，目前经济主要依靠投资拉动，除积极争取国家资金外，自身造血、融资能力还需进一步提升。四是基础设施瓶颈制约仍然比较明显。交通、水利、信息等基础设施滞后问题尚未消除，一些城市公共设施和农村水利设施老化，抗旱防洪排涝减灾能力亟待加强，城镇地下管网、农村污水垃圾处理设施仍存在短板，城乡基础设施互联互通、共建共享水平还比较低。这些问题需要我们采取有效措施，下功夫研究解决。

二、2021 年经济社会发展环境、总体要求、主要预期目标

2021 年，经济社会发展环境不稳定性因素依然较多，从全球看，当今世界正经历百年未有之大变局，国际力量对比深刻调整，地缘政治持续演变，但经济全球化的趋势不可逆转，和平与发展仍是时代主题。从全国看，我国发展仍处于重要战略机遇期，市场空间广阔，发展韧性强劲，经济长期向好发展具有多方面优势和条件。从全省看，尽管经济下行压力依然较大，城乡发展不平衡、区域发展不平衡、产业发展不平衡等问题亟待破解，但是随着“一带一路”、新时代西部大开发、黄河流域生态保护和高质量发展等国家战略的深入推进，我省发展机遇叠加、势头趋好、优势凸显、潜力巨大，只要守正创新、务实进取，集中力量办好自己的事，完全能够拓展势能、增添动能、发挥潜能，推动经济行稳致远，实现高质量发展。

2021 年，是中国共产党建党 100 周年，是“十四五”开局之年，我国将开启全面建设社会主义现代化国家新征程，向第二个百年奋斗目标进军，做好经济工作意义重大。根据中央精神和省委十三届十三次全会暨经济工作会议安排，全省经济社会发展的总体要求是：坚持以习近平新时代中国特色社会主义思想为指导，全面贯彻党的十九大和十九届二中、三中、四中、五中全会精神，认真学习贯彻中央经济工作会议和省委十三届十三次全会暨省委经济工作会议精神，深入落实习近平总书记对甘肃重要讲话和指示精神，坚持稳中求进工作总基调，立足新发展阶段，贯彻新发展理念，融入新发展格局，以推动高质量发展为主题，以深化供给侧结构性改革为主线，以改革创新为根本动力，以满足人民日益增长的美好生活需要为根本目的，坚持系统观念，巩固拓展疫情防控和经济社会发展成果，落实扩大内需战略，强化科技战略支撑，扩大高水平对外开放，更好统筹经济和生态、城镇和乡村、发展和安全，扎实做好“六稳”工作、全面落实“六保”任务，更加注重生态优先，更加注重培植动能，更加注重提质增效，更加注重固强补弱，更加注重系统治理，努力保持经济运行在合理区间，确保“十四五”开好局，以优异成绩庆祝建党 100 周年。

今年是现代化建设进程中具有特殊重要性的一年，“十四五”开局，新征程起步。全省经济社会发展的主要预期目标是：地区生产总值增长 6.5%，在实际工作中力求取得更好结果。规模以上工业增加值增长 5%，固定资产投资增长 7%，社会消费品零售总额增长 7%，一般公共预算收入同口径增长 5%。居民消费价格指数涨幅控制在 3% 左右，城镇调查失业率控制在 6% 左右，城乡居民人均可支配收入分别增长 6.5% 和 8%。生态环境质量进一步改善，单位生产总值能耗、主要污染物排放控制在国家下达的目标之内。粮食产量保持在 240 亿斤。

三、2021 年经济社会发展主要任务

（一）加快构建更具竞争力的产业格局。一是持续壮大生态产业。突出抓好 300 个重大带动性工程建设，力争完成年度投资 600 亿元以上，十大生态产业增加值占生产总值比重达到 27%。实施千亿产业集群和百亿园区突破行动，以数字智能、生物医药、文旅康养等产业为重点，加快培育 2—3 个千亿级产业集群，打造 5—6 个百亿级园区。二是培育壮大新兴产业。高起点编制“十四五”数字经济创新引领发展规划，促进互联网、大数据、人工智能等数字技术同实体经济深度融合。积极推进“东数西算”工程试点，优化数据中心布局，打造西部智算中心。加快以 5G 新一代信息技术为代表的新型基础设施建设，优化基础网络架构，推动 5G 在工业互联网等领域融合创新应用。依托产业基础、特色资源和优势企业，做大做强轨道交通、炭素新材料、碳离子治疗装置等特色产业。三是改造升级传统优势产业。加快推动石化、有色、钢铁、煤炭、建材等传统优势产业高端化、智能化、绿色化发展，拉伸延长石油化工装备、电工电气装备等传统装备制造产业链，增强兰州、酒泉、武威、金昌、定西等市新能源和农机装备产业基地实力。四是促进现代服务业加快发展。大力发展现代物流、现代金融、电子商务、信息服务、服务外包等产业，推动生产性服务业向高品质和多样化升级。加快发展健康、养老、育幼、家政、物业等生活性服务业，加强公益性、基础性服务业供给。推动老旧市场提升，改造已建农产品大型交易市场、产地批发市场、县乡农贸市场。进一步健全商贸流通体系，加快发展品牌连锁便利店，推进快递下乡进村，提升电商、快递进农村综合水平。支持传统商业加快数字化、智能化改造，加快发展商贸物流和现代供应链，促进降本增效。

（二）深入推进实施扩大内需战略。一是强化项目要素保障。加快推进落实要素跟着项目走保障机制，加强项目用能、用地等要素保障，促进项目顺利实施。用好各类项目资金，加快已发行债券使用，形成更多实物工作量，及时发挥投资效益。健全向民间资本推介项目长效机制，鼓励民间资本参与重点行业、重点领域项目建设，力促民间投资增长 7% 以上。二是抓实重点项目建设。继续落实重点项目省市领导包抓机制，协调解决未开工项目的难点、堵点和卡点问题，推动项目及早开工建设。交通领域，持续推进中卫至兰州、兰州至张掖三四线中川至武威段、兰州至合作、西宁经合作至成都、天水至陇南等铁路项目建设，有序推进国省高速公路拥堵路段改造和省际交界地区互联互通，加快推进中川机场三期扩建等项目建设，积极推动临夏、平凉机场前期工作。水利领域，加快推进引洮二期骨干、古浪县生态移民暨扶贫开发黄花滩调蓄供水工程建设，确保年内建成通水；加快白龙江引水工程、引哈济党工程前期工作，力争取得实质性进展。能源领域，建成投产核桃峪、甜水堡二号井、邵寨、赤城、红沙岗二号井等一批大中型现代化矿井，加快推进新庄、五举、白岩子等煤矿建设，积极推动红沙梁、马福川、唐家河等重点煤矿项目前期工作，力争年内开工建设；推动陇电入鲁工程核准实施，积极争取河西第二条特高压直流输电工程，推进750千伏、330千伏等骨干电网建设；启动酒湖直流工程配套外送风电项目，开工建设75.5万千瓦分散式风电项目，加快建设通渭风电基地，布局建设140万千瓦"光伏+储能"发电示范项目；力争开工建设玉门昌马抽水储能电站，加快推进庆阳至兰州天燃气管道项目前期工作，有序推进农村天燃气建设；争取2021年新增煤炭产量1000万吨、原油产量20万吨、天然气产量1亿立方米。产业领域，加大新基建和数字产业投资力度，继续推进兰州新区大数据国家新型工业化示范基地、张掖云计算大数据中心、同位素实验室一期项目，加快城市大脑、恒大新能源动力电池等高新技术产业项目前期工作。社会事业领域，加快省市县三级疾病预防控制体系建设，布局建设河西、南部、陇东三个省级区域医疗中心，推进省人民医院、兰大二院重大疫情救治基地建设；加快推进西北师大综合实验训练中心、兰州大学榆中校区工程科学组团、省博物馆扩建工程等项目；加快长城、长征、黄河三大国家文化公园建设。三是着力激发消费潜力。扎实推进5G建设、冷链物流、老旧小区改造等重点领域项目建设，充分发挥投资对拉动当前消费增长的关键作用。畅通资源循环利用，加快完善回收利用网络，推动机动车、家电和电子产品消费更新换代，促进消费更新。继续通过发放消费券、举办全民乐购、启动消费季等形式，挖掘消费潜力。积极培育新型消费，不断推进线上线下深度融合、商旅文体跨境融合，发展夜间经济，推动消费新业态新模式新场景加速普及应用。

（三）切实提升科技支撑发展能力。一是发挥创新平台载体作用。抢抓国家打造战略科技力量、组建国家实验室、重组国家重点实验室的机遇，突出核科学、生态保护、科技支撑黄河流域生态保护和高质量发展，争取国家层面创新平台在我省布局。推进省级科技创新平台建设，结合我省战略需求和不同类型创新平台功能定位，对现有省级科技创新平台进行分类梳理，通过撤、并、转等方式，进一步优化整合，提高创新体系效能。依托国家和省级"双创"示范基地，建设一批"双创"支撑平台，促进"双创"资源共享平台更加完善，市场化、专业化众创空间功能不断拓展。二是完善科技创新体制机制。建立完善顶层目标牵引、重大任务带动、创新能力支撑的省级科技项目组织模式，实现全省重点领域项目、基地、人才、资金一体化配置，构建功能完备、组织有效的省级科技创新体系。推动建立部门、区域协同科技创新机制，建立强有力的科技创新统筹协调机制和决策高效、响应快速的扁平化管理机制。完善科技创新服务体系，支持科技企业孵化器、大学科技园、众创空间等孵化机构到科研一线提供创新创业服务。加快中国（甘肃）知识产权保护中心建设，构建知识产权严保护、大保护、快保护、同保护工作机制。三是支持企业加大创新力度。强化企业创新主体地位，完善和落实促进企业技术创新的政策措施，支持各类企业建立研发机构、加大研发投入，促进技术进步、工艺更新和产品升级。围绕产业链部署创新链，支持龙头企业联合科研机构和上下游企业组建创新联合体，支持中小微企业成长为细分产品市场的"专精特新"企业，加强共性技术平台建设，推动产业链上下游、大中小企业协同融通创新。

（四）加快提升农业农村现代化水平。一是巩固拓展脱贫攻坚成果与乡村振兴有效衔接。在自然条件相对较差、经济发展基础薄弱、社会事业发展相对滞后的脱贫县中，确定一批乡村振兴重点帮扶县。做好易地扶贫搬迁后续扶持工作，巩固搬迁成果。坚持和完善东西部协作和对口支援、社会力量参与帮扶机制。加快推动陇南等地暴洪灾害住房重建和避让搬迁。大力发展乡村旅游，着力打造西部知名乡村旅游目的地。持续推进非遗工坊建设，加强非遗保护传承，助力乡村振兴。实施现代丝路寒旱农业三年倍增计划，大力创建以省级为主的现代农业产业园。加快发展设施农业、旱作农业、节水农业，提高"甘味"品牌影响力，努力实现群众增收、企业增利、财政增收。有效融合物流、电商、供销、邮政等各方面资源，完善城乡商贸流通网络，畅通农产品进城、工业品下乡双向流通渠道。推动农产品仓储保鲜冷链设施建设，积极申报创建国家骨干冷链物流基地。二是全力推进粮食稳产增效。平衡好粮食生产和发展特色优势产业的关系，继续加大撂荒地整治力度，重点落实好产粮大县奖励、制种大县奖励、农机具购置补贴等粮食生产优惠扶持政策，切实保护和调动农民种粮、县乡抓粮的积极性。制定永久基本农田重点用于粮食特别是口粮生产的保障措施，坚决制止耕地"非农化"行为，防止耕地"非粮化"。抓好玉米、马铃薯、花卉、蔬菜、饲草及畜禽等种质资源库建设，推动生物育种产业化应用。新建高标准农田350万亩，确保粮食播种面积稳定在4000万亩。优势特色产业面积增加到3640万亩。牛羊生猪存栏量达到3897万头（只）以上。三是全面推进乡村建设行动。基本完成县级国土空间规划编制，明确村庄分类布局，加快推进"多规合一"实用性村庄规划编制，借鉴江苏等省经验做法，建设500个示范村。实施农村人居环境整治提升五年行动，新改建农村卫生户厕50万座以上，农村生活污水处理和综合利用率达到22%，规模养殖场粪污处理设施装备配套率达到97%以上，废旧农膜回收率稳定在80%以上，农作物秸秆综合利用率稳定在85%以上。积极推进农村道路、供水、冷链物流、仓储、停车场、村庄照明等公共基础设施和村级服务中心、医疗卫生、教育、文体、养老等公共服务设施建设，统筹做好设施维修、管护。四是持续深化农村综合改革。发展多种形式适度规模经营，创新农业经营组织方式，推动承包地经营权规范有序流转。稳慎推进农村宅基地制度改革，探索宅基地所有权、资格权、使用权分置实现形式。基本完成农村集体产权制度改革试点工作。

（五）统筹推进城乡区域协调发展。一是统筹推进西部大开发各项政策落地见效。扎实推进省委省政府《贯彻落实党中央关于新时代推进西部大开发形成新格局决策部署的实施意见》落地实施。紧盯政策动向，积极对接争取，推进国家支持西部地区政策红利最大限度转化为高质量发展成效。二是优化区域发展格局。深化跨省区合作，认真落实好我省与相关省区市合作协议。积极推进兰西城市群建设，支持兰州新区加快发展。打造兰白都市经济圈，推动构建以兰州为中心的一小时经济圈。加快酒嘉等地区一体化发展，谋划建设河西走廊经济带。推动陇东南地区融入关中平原城市群和成渝双城经济圈。更加用力推动革命老区发展，加大项目、资金、政策、信息、人才等支持力度。三是加快新型城镇化建设步伐。坚持以产兴城、以城带产、产城融合，扎实推进国家新型城镇化综合试点，抓好榆中、敦煌国家新型城镇化示范县城建设。促进农村转移人口有序到城镇落户。实施城市更新行动，加快老旧小区改造、地下管廊、污水治理等项目，提升城市品质。构建以保障性租赁住房和共有产权住房为主体的保障性住房供给体系，积极解决青年职工等群体的住房困难问题。四是着力培育壮大县域经济。继续拉开架势构建县域产业体系，促进县域产业集群发展，逐步形成多点发力、多元支撑的县域经济发展局面。

（六）深化改革攻坚激发发展动力活力。一是深化“放管服”改革。完善“不来即享”机制，推动惠企政策落地。推进“证照分离”改革，年底前实现在我省全覆盖。进一步做好企业开办、投资项目审批、工程建设项目审批、不动产登记、减证便民等重点领域改革工作。推进政务服务标准化、规范化、便利化，完善政务大厅集中服务模式，推动更多政务服务事项“一件事一次办”。着力提升网上政务服务能力，推动高频电子证照标准化应用，在更大范围实现“一网通办”。加快推进高频政务服务事项“跨省通办”“省内通办”。积极推动政务服务网延伸覆盖所有乡镇、村（社区）；加快整合非紧急类政务服务热线。推进政务服务“好差评”，增强市场主体和群众的获得感、满意度。二是提升市场综合监管能力。健全公平竞争审查机制，继续深入实施市场准入负面清单制度和公平竞争审查制度，创新政府监管方式，赋予市场主体更多的主动权，加强反垄断和反不正当竞争执法，营造公平竞争的市场环境。持续推进“互联网+监管”系统建设，倾力、全速、高质量构建智慧市场监管新平台。全面推行“双随机、一公开”监管，大力实施协同监管和联合惩戒，营造良好信用环境。三是更好激发市场主体活力。完善促进中小微企业和个体工商户发展的政策体系，坚定不移支持民营经济发展壮大。充分保护和激发各类市场主体的积极性、创造性。健全完善电力市场交易机制，逐步实现企业用电价格完全由市场交易形成，充分发挥市场在资源配置中的决定性作用。四是加强重点领域改革。稳步推进财政事权和支出责任划分改革工作。建立健全行政性国有资产集中统一监管机制，开展不动产权属统一登记。支持兰州新区绿色金融改革创新试验区建设。在省属企业各层级全面推进混合所有制改革，推动建立灵活高效的市场化经营机制。清理取消高耗能行业优待类电价，继续做好第二监管周期输配电价改革工作。优化销售电价体系，调整峰谷分时电价政策，执行新版销售电价目录。指导各地合理核定独立城镇燃气配气价格，促进天然气产业持续健康发展。加快农村集体经营性建设用地入市，积极对接扩大土地指标跨省交易。

（七）着力打造对外开放新高地。一是切实增强通道枢纽能力。加强与“一带一路”沿线国家和地区交流合作，稳定运营中欧、中亚、南亚、西部陆海新通道国际班列，持续推进兰州、酒泉国家物流枢纽建设，加快推进兰州、天水跨境电商综合试验区建设，提升开放实效。加强移动冷链建设，打造海鲜、热带水果西北分销中心。加快省列物流通道产业重大带动性工程项目建设，启动运营通道物流产业基金，推进通道物流产业优化升级。二是不断提升开放平台功能。充分发挥“国际空港”“国际陆港”和兰州新区综合保税区等平台功能作用，促进加工产业集聚。着力发展口岸经济，提升兰州、天水、金昌、张掖4个国家级经开区、10个海关指定监管场地和1个汽车整车进口口岸运营水平。深入开展制造业“一带一路”拓展平台培育提升工作，带动行业企业和中小企业走出去。积极申建中国（甘肃）自由贸易试验区。三是着力深化对外交流合作。发挥节会平台效应，努力把兰洽会、“一会一节”、药博会、公祭伏羲大典等大型节会办得更加务实精彩。聚力办好外交部甘肃全球推介活动。积极参加进博会、服贸会和广交会等展会，充分发挥驻外商务代表处作用，促进市场多元化发展。坚持“引进来”“走出去”相结合，精准推介对接，开展专题招商，聚焦世界、全国、民营500强企业，选好商、招大商、引强企。加速推进丝绸之路“科技走廊”建设，促进产业技术创新与“一带一路”沿线融合互动。积极推进亚行贷款、新开行贷款在建项目，稳妥推进金川集团印度尼西亚红土镍矿、白银首信秘鲁尾矿综合利用等境外投资项目。

（八）积极构筑国家西部生态安全屏障。一是推进国家黄河流域生态保护和高质量发展战略实施。全面落实国家黄河流域生态保护和高质量发展规划纲要及我省规划，指导市州加快编制市级规划。加强与黄河流域省份交流合作，建设若尔盖国家公园，共同做好祁连山生态修复和冰川群保护，围绕共建国家生态旅游示范区和黄河流域水源涵养中心区等事项深入开展合作。二是持续改善生态环境质量。抓好祁连山生态环境问题整治和中央环保督察问题整改，以祁连山保护、甘南黄河上游水源涵养区和陇中陇东黄土高原水土治理为重点，谋划实施一批综合治理项目。推进大规模国土绿化行动，完成年度造林绿化任务260万亩以上。制定出台《甘肃省生态环境保护督察工作实施细则》，组织开展第二轮省级生态环境保护督察。重点治理工业、燃煤、机动车和扬尘四类污染源，持续巩固城市建成区黑臭水体整治成果，紧盯受污染耕地和污染地块安全利用，开展重点监管企业规范化管理试点示范，持续打好污染防治攻坚战。三是抓好节能降耗和循环经济工作。制定“十四五”节能减排综合工作方案，合理分解下达能耗双控指标，严格执行固定资产投资项目节能审查制度。引导“十四五”新增用能需求加速由高耗能、高排放、资源型产业向国计民生和绿色生态产业优化配置。强化重点用能单位管理，做好用能权交易基础工作。加快推进资源循环利用基地和大宗固废综合利用基地建设，切实发挥国家级平台作用，不断提升资源循环利用水平。全面推进“减塑”行动，积极争取国家加大污染治标和节能循环经济项目。推进节约型机关建设，发挥公共机构节能示范引领作用。

（九）下大力气改善人民生活品质。一是千方百计促进就业。健全就业公共服务体系，扩大公益性岗位安置，帮扶残疾人、零就业家庭成员就业。支持和规范发展新就业形态，健全就业需求调查和失业监测预警机制。建立健全返乡入乡创业工作机制，对工作成效明显的地区加大激励支持力度。继续建设一批公共实训基地，加大资金投入，发挥公共实训基地培养技能人才作用。二是推动教育高质量发展。深化教师管理综合改革，全面建设高素质专业化创新型教师队伍。启动高考综合改革，完善教育评价体系。推动学校基础能力建设、教育教学设备选配等办学条件实现标准化。加强民族教育发展。深入实施教育信息化2.0行动计划，推动数字校园建设，努力实现教育信息建设现代化。加强部省合作，全面落实打造“技能甘肃”的意见和三年行动计划，不断完善职业技术教育体系。推动高等教育振兴发展。三是扎实推进健康甘肃建设。严格落实“外防输入、内防反弹”的防控策略，抓实抓细疫情常态化防控。改革完善疾控体系，加强实验室检测网络建设，提升公立医院传染病救治能力。健全重大疫情防控和公共卫生应急管理体制机制。加强各级应急医疗物资储备。巩固健康扶贫成果，加强省市县医疗卫生机构体系建设，提高基础设施、医疗设备和医务人员配置水平，不断提高服务质量。加快紧密型医联体建设，实现检验检查结果互认，提高基层医疗机构服务能力。加大卫生健康高层次人才引进力度，倾斜支持县、乡级医疗卫生机构人才引进工作，充实基层服务力量。四是健全公共文化服务体系。积极支持文化场馆建设，广泛开展群众性文化活动，提高城乡公共文化服务一体化水平。打造兰州国家级文化产业示范园区等产业融合示范基地。培育文旅创意产品品牌。加快推进大敦煌文化旅游经济圈建设。积极创建国家4A级以上旅游景区、全域旅游示范区，持续放大文化旅游综合效应。实施革命文物保护利用工程，打造红色旅游经典景区和精品线路，讲好红色故事，传承红色基因。五是健全多层次社会保障体系。推进社保转移接续，配合做好基本养老保险全国统筹。加快失业保险、工伤保险省级统筹。完善灵活就业人员社保制度。健全社会救助部门协调联动机制，构建分层分类的社会救助体系。健全老年人、残疾人关爱服务体系，完善帮扶残疾人、孤儿等社会福利制度。六是提升公共体育服务水平。启动全民健身场地设施五年补短板行动计划，推进足球场地、健身步道建设，实施智慧化健身工程。筹办全省第十五届运动会，举办全省第三届全民健身运动会。推广“体育+”模式，丰富体育产品和体育供给，促进体育与文化、旅游、健康等融合发展。

（十）全面提升平安甘肃建设水平。一是坚决维护国家安全。坚持总体国家安全观，把维护国家政治安全放在第一位，坚定维护意识形态安全。坚持把安全发展贯穿经济社会发展各领域和全过程，健全风险防控机制，压实风险防控责任，提升安全发展能力。全面贯彻新时代党的治藏方略，确保涉藏州县长治久安。加强经济安全风险预警能力建设，持续强化经济运行监测调度，积极引导社会预期，保持经济持续向好发展势头。防范化解政府债务性风险，加大力度处置重点领域金融风险，守住不发生系统性金融风险底线。完善涉外投资风险防范机制。二是保障人民生命安全。深入推进安全生产专项整治三年行动，强化安全风险管控和重大问题攻坚，大力提升安全生产工作水平。加强基层执法队伍和检验检测队伍建设，抓好食品、药品、特种设备、工业产品“四大安全”监管工作，进一步加强进口冷链食品监管。加快实施国家西北应急救援中心等工程项目。稳步推进新型应急管理体系建设，加快实施自然灾害防治九大工程，积极应对处置各类事故灾害，切实保护人民群众生命财产安全。三是维护社会安全稳定。推动扫黑除恶长治长效，严厉打击电信诈骗，加大毒品贩卖打击整治力度。坚持和发展新时代“枫桥经验”，创新互联网时代群防群治机制，加快建设立体化社会治安防控网，以“百万警进千万家”等活动为载体，推动社区警务转型升级，进一步提高群众安全感和满意度。

各位代表，做好2021年经济社会发展工作任务繁重、责任重大。我们要更加紧密地团结在以习近平同志为核心的党中央周围，在省委的坚强领导下，自觉接受省人大的监督，虚心听取省政协的意见和建议，迎难而上、扎实进取，全力以赴实现全年目标任务，以开局之年的优异成绩迎接建党100周年。

关于2020年全省财政预算执行情况和2021年全省及省级财政预算草案的报告

——2021年1月25日在甘肃省第十三届人民代表大会第四次会议上

各位代表：

受省人民政府委托，现将2020年全省财政预算执行情况和2021年全省及省级财政预算草案提请省十三届人大四次会议审议，并请政协委员和列席人员提出意见。

一、2020年预算执行情况

2020年，面对新冠肺炎疫情冲击、经济形势复杂变化、暴洪灾害影响等严峻挑战，全省各级各部门在省委的坚强领导下，在各级人大及其常委会的监督指导下，坚持以习近平新时代中国特色社会主义思想为指导，深入学习贯彻党的十九大和十九届二中、三中、四中、五中全会精神，认真落实习近平总书记对甘肃重要讲话和指示精神，迎难而上，担当作为，统筹推进疫情防控和经济社会发展，扎实做好“六稳”工作、全面落实“六保”任务，有力地促进了全省经济社会平稳健康发展。全省各级财政部门在减收增支因素增多、收支矛盾异常突出的情况下，全面落实更加积极有为的积极财政政策，持续强化预算执行管理，集中财力保障疫情防控、脱贫攻坚以及县级“三保”等重点支出，全省财政运行总体平稳。

（一）全省预算执行情况

2020年，随着中央和省上出台的加强疫情防控、推动复工复产、改善营商环境等一揽子政策举措落地落实，全省经济二季度实现正增长，下半年呈现逆势向上、稳定向好的态势，主要经济指标增速由负转正、逐季攀升，带动财政收入止降回升。全省一般公共预算收入自5月份连续8个月当月正增长，从11月份起财政收支累计增速均由负转正。全年全省一般公共预算收入874.5亿元，同口径增长4.6%。其中：税收收入567.9亿元，下降1.7%；非税收入306.6亿元，增长12.5%。加上中央补助、政府一般债务收入、调入资金等，收入总量为4613.8亿元。支出4154.9亿元，增长5.1%。加上政府一般债务还本、补充预算稳定调节基金、上解中央支出等，支出总量为4511.6亿元。收支总量相抵，结转下年支出102.2亿元。

全省政府性基金预算收入649.2亿元，增长24.6%，加上上年结余、中央补助、政府专项债务收入等，收入总量为1511.7亿元。支出1189.9亿元，增长53.9%，加上政府专项债务还本支出、调出资金等，支出总量为1428.2亿元。收支总量相抵，结转下年支出83.5亿元。

全省国有资本经营预算收入11亿元，增长25.4%。加上上年结余、中央补助，收入总量为13.2亿元。支出4.2亿元，下降14.4%。加上调出资金6.4亿元，支出总量10.6亿元。收支总量相抵，结转下年支出2.6亿元。

全省社会保险基金预算收入1008.7亿元，下降6.2%，主要是落实社会保险缴费减免缓政策的结果。支出1091.1亿元，增长8.7%。当年结余-82.4亿元，年末滚存结余912.2亿元。

（二）省级预算执行情况

2020年，省级一般公共预算收入238.5亿元，同口径增长2%。其中：税收收入159.6亿元，下降4.1%；非税收入78.9亿元，增长11.9%。加上中央补助、政府一般债务收入、调入资金、市县上解收入等，收入总量为3850.8亿元。支出770.4亿元，下降7.4%。加上政府一般债务还本、上解中央支出、对市县转移支付、一般债券转贷市县等，支出总量为3818.5亿元。收支总量相抵，结转下年支出32.3亿元。省对市县转移支付2630.9亿元，其中：税收返还及一般性转移支付2248.1亿元，占省对市县转移支付总量的85.4%；专项转移支付382.8亿元。

省级政府性基金预算收入85.7亿元，下降11.4%。加上中央补助、上年结余、政府专项债务收入等，收入总量921.3亿元。支出284.3亿元，增长97.8%，主要是专项债券支持交通领域重大项目建设支出增加。加上政府专项债务还本、专项债券转贷市县支出、对市县转移支付等，支出总量913.5亿元。收支总量相抵，结转下年支出7.8亿元。

省级国有资本经营预算收入6.9亿元，增长63.9%。加上中央补助，收入总量7.2亿元。支出2.8亿元，下降3.1%。加上调出资金、对下补助等，支出总量6.6亿元。收支总量相抵，结转下年支出0.6亿元。

省级社会保险基金预算收入475.3亿元，增长15%，主要是中央调剂资金增加；支出584.6亿元，增长53.8%，增幅较高主要是从当年7月开始，全省企业职工养老保险实行省级统筹；当年结余-109.3亿元，年末滚存结余495.7亿元。

省级财政预算调整情况。2020年，省十三届人大常委会第十五次、十七次、十九次会议审查批准了当年新增政府债务限额分配计划和省级财政预算调整方案，省本级一般公共预算支出由年初预算705.6亿元调整为715.6亿元，增加10亿元；省对市县一般性转移支付由年初预算1823.1亿元调整为1833.6亿元，增加10.5亿元；省本级政府性基金预算支出由年初预算136.2亿元调整为297.5亿元，增加161.3亿元。省十三届人大常委会第二十次会议审查批准了当年抗疫特别国债资金分配使用及省级预算调整方案，省对市县政府性基金转移支付由19.9亿元调整为118.3亿元，增加98.4亿元；省本级政府性基金调入一般公共预算增加24.6亿元。另外，预算执行中，由于中央转移支付增加而引起省级支出正常变动，按照《预算法》有关规定，不属于预算调整范围。

（三）政府债务情况

政府债务限额余额情况。财政部核定2020年全省政府债务限额4351.8亿元（一般债务2198.3亿元，专项债务2153.5亿元），比上年新增968亿元（一般债券218.6亿元，专项债券740亿元，中央转贷地方外债9.4亿元）。2020年底全省政府债务余额初步统计为3941.9亿元（一般债务2101.9亿元，专项债务1840亿元），其中：省级1335.9亿元（一般债务976亿元，专项债务359.9亿元），市县2606亿元（一般债务1125.9亿元，专项债务1480.1亿元）。2020年政府债务余额决算数，待财政部核定后向省人大常委会报告。

政府债券发行情况。2020年，在省人大常委会批准的政府债务举债限额内，全省发行政府债券1123.4亿元，其中：一般债券431亿元，专项债券692.4亿元。按类别分，发行新增债券832.6亿元（一般债券218.6亿元，专项债券614亿元），其中：省级326.5亿元，市县506.1亿元；发行再融资债券290.8亿元（一般债券212.4亿元，专项债券78.4亿元），其中：省级131.8亿元，市县159亿元。当年债券平均发行利率3.5%。需要说明的是，在新增专项债务限额中包含的补充中小银行资本金债券额度126亿元，待国家银保监会等部门批准我省实施方案后，将按程序发行使用。

政府债务还本付息情况。2020年全省各级财政按照偿债计划，将债务还本付息支出列入预算。全省偿还政府债务本金328.1亿元，其中：省级132.3亿元，市县195.8亿元。支付政府债务利息117.3亿元，其中：省级41.2亿元，市县76.1亿元。

（四）预算稳定调节基金情况

根据各级人大批准的年度财政决算，2019年底，全省预算稳定调节基金规模为113.4亿元，其中：省级75.2亿元，市县38.2亿元。2020年全省动用预算稳定调节基金76.4亿元，其中省级动用48亿元，市县动用28.4亿元。预计2020年底全省预算稳定调节基金总规模142.5亿元，其中：省级89.6亿元，市县52.9亿元。

以上2020年相关数据为初步汇总数，决算后将根据实际情况做相应调整，届时再按程序向省人大常委会报告。具体情况详见《2020年全省财政预算执行情况和2021年全省及省级财政预算草案》。

二、2020年及“十三五”期间落实省人大决议和财政重点工作情况

2020年，全省财政部门严格执行《预算法》和《预算法实施条例》，全面落实省人大各项决议，创新实施资金直达机制，全力支持疫情防控、三大攻坚战等重点任务落实，为统筹推进疫情防控和经济社会发展、维护社会稳定大局提供了重要支撑。

（一）把握政策机遇，积极争取中央政策资金支持。始终将争取中央支持作为财政工作的重中之重。按照省委省政府确定的争取目标，各级各部门根据中央政策取向及预算安排情况，加大向中央部委的汇报衔接力度，积极反映我省减税降费、疫情防控、暴洪灾害等情况，大力争取中央支持。2020年中央下达我省一般公共预算各类补助3025.5亿元，增长12.9%。其中：均衡性转移支付801.1亿元，增长10.3%；县级基本财力保障机制奖补资金119.8亿元，增长11.9%；民族地区转移支付22.7亿元，增长14.3%；特殊转移支付95.6亿元；中央财政专项扶贫资金112.8亿元。财政部核定我省2020年新增政府债务限额968亿元。其中：一般债务228亿元，专项债务740亿元。中央下达抗疫特别国债123亿元。

（二）坚持生命至上，全力支持抗击新冠肺炎疫情。把疫情防控作为最重要、最紧迫的工作，千方百计筹措资金，全力支持疫情防控。一是强化疫情防控资金保障。按照特事特办、急事急办原则，统筹各类资金，加快拨付调度，持续做好疫情防控经费保障，确保人民群众不因担心费用问题而不敢就诊，确保各地不因资金问题而影响医疗救治和疫情防控。2020年全省疫情防控支出34.1亿元，为开展疫情防控相关工作提供了坚实支撑。二是强化应对疫情财税政策保障。全面落实中央和省委省政府关于补助患者个人负担医疗费用、提高疫情防治人员待遇、保障医疗防控物资供应等方面的政策措施。大力支持重大疫情防控救治体系和应急物资保障体系建设，提升公共卫生和医疗基础设施能力水平。三是强化疫情防控相关资金监管。健全资金监管机制，加强疫情防控相关资金拨付使用管理，做到既优先保障疫情防控资金需求，又切实把资金用在“刀刃”上，确保疫情防控资金精准配置和高效使用。

（三）精准聚焦发力，统筹保障打好三大攻坚战。坚持问题导向，完善制度机制，加大补短板、强弱项力度，跑好全面建成小康社会“最后一公里”。一是支持如期打赢脱贫攻坚战。聚焦深度贫困地区，坚持现行扶贫标准，完善资金和政策保障体系，全力支持决战决胜脱贫攻坚，最后8个贫困县全部脱贫摘帽。持续加大扶贫资金投入。2020年全省共筹措财政专项扶贫资金228.2亿元，其中地方财政安排115.4亿元，投入规模首次超过中央补助。同时，统筹城乡建设用地增减挂钩节余指标跨省域调剂资金、东西部扶贫协作资金、行业扶贫资金、政府一般债券资金以及中央补短板综合财力补助资金229.6亿元，支持巩固脱贫攻坚成果和实施乡村振兴战略。提高扶贫资金使用精准度。聚焦脱贫攻坚三年实施方案确定的任务，完善扶贫资金精准统筹使用方案，全面落实“3+1”冲刺清零后续行动、“5+1”专项提升行动等政策措施，确保脱贫攻坚任务不留资金缺口。因地制宜编制涉农资金整合实施方案，尽力实现“大类间打通”“跨类别使用”，提高资金使用效益。2020年省级下达可统筹财政涉农资金295.3亿元，贫困县统筹使用242.7亿元，统筹使用率达到80%。强化扶贫资金监管。靠实监管责任，严防扶贫资金被挤占挪用，确保扶贫资金规范高效使用。严肃查处扶贫资金管理使用中的违法违规问题，始终保持扶贫资金监管高压态势。按时完成了中央巡视回头看、国家扶贫成效考核反馈问题整改工作。二是积极防范政府债务风险。牢固树立风险意识、底线思维，健全政府债务管理机制，牢牢守住不发生系统性风险的底线。切实规范政府举债行为。按照“开正门、堵后门”的工作思路，严格执行政府债务限额管理和预算管理，健全“借、用、管、还”相统一的管理机制，坚决制止违法违规融资担保和变相举债行为。加强沟通衔接，加快债券发行使用进度，抢抓项目建设“黄金期”，充分发挥债券资金拉动经济作用。完善风险监测预警机制。深化跨部门监管协作，依托大数据监测平台，对各级债务情况进行实时监测。定期对债务风险情况进行测算评定，并将结果及时通报市县党委政府，做到风险事件早发现、早报告、早处置。稳妥化解隐性债务风险。严格落实化解政府隐性债务风险实施方案，靠实偿债主体责任，通过压减一般性支出、处置政府资产等措施筹措资金，完成全省年度化解隐性债务任务。强化监督问责。加大专项检查力度，坚决遏制隐性债务增量。对审计、专项检查发现的问题，细化实化整改措施，逐项整改到位；涉及违法违规的，按程序严肃追究相关单位和责任人责任。初步测算，截至2020年底，全省政府债务余额3941.9亿元，政府债务率88%，风险总体可控。三是支持打好污染防治攻坚战。深入贯彻习近平生态文明思想，完善生态保护长效投入机制，促进资金投入与保护治理任务相匹配。加强污染防治资金保障。省级财政积极调整优化支出结构，加大投入力度，实现污染防治投入稳步增长，2020年省级安排污染防治资金5.8亿元。统筹退耕还林还草、耕地轮作休耕、沙化土地封禁保护等资金，推动建立森林、草原、湿地等领域生态补偿机制。发挥重点生态功能区转移支付导向作用。完善转移支付管理办法，下达重点生态功能区转移支付66.8亿元，引导市县加大生态保护投入，支持实施植被恢复、防沙治沙等重大项目，推进祁连山冰川与水源涵养、石羊河下游生态保护等重点工程建设，促进生态系统良性循环。加强黄河流域生态保护治理。支持黄河流域生态保护修复、自然灾害防治、污染治理等工作，启动黄河干流及渭河流域入河口排污口排查整治，推动沿黄市州实施重点流域水污染治理、地质灾害防治项目建设，增强黄河上游水源涵养功能。筹措资金7.4亿元，支持黄河干流重大项目建设，推动建立横向生态补偿机制。

（四）加大政策对冲，积极促进经济企稳回升。加强财政经济运行分析，统筹谋划，突出重点，有力有效促进经济企稳回升。一是多措并举支持企业复工复产。积极筹措促消费扩内需、创业担保贷款贴息等资金，以及通过设立应急周转金、补贴中小企业研发成本、支持实施援企稳岗等措施，对冲疫情影响，力促经济平稳运行和生产生活秩序正常。全面落实减税降费政策，切实减轻实体经济负担，特别是减轻中小微企业、个体工商户税费负担。2020年全省新增减税降费预计超过180亿元。二是推动重大项目建设和重点区域发展。聚焦发展短板弱项，统筹中央转移支付和自有财力、政府债券、抗疫特别国债等资金，大力支持交通、水利、城市基础设施等重大项目建设，扩大有效投资，拉动经济增长。全面落实产业发展、转型升级等政策措施，积极推动兰州新区、榆中生态创新城等重点区域发展，着力培育壮大新增长点增长极增长带。三是支持实施乡村振兴战略。筹措产业发展资金11.6亿元，支持“牛羊菜果薯药”六大产业，推动戈壁生态农业、现代丝路寒旱农业发展，促进特色优势产业提质增效和转型升级。安排高标准农田建设资金26.5亿元，促进农业稳产高产、农民稳定增收。统筹安排3000万元以奖代补资金，支持农民专业合作社示范社做大做强，推动乡村产业融合发展。

（五）加大民生投入力度，不断增进民生福祉。坚持量力而行、尽力而为，保持民生投入只增不减，保障重大民生政策落地落实，不断提高人民群众的获得感、幸福感、安全感。2020年全省教育、卫生等11类民生支出3320.7亿元，占支出的80%。省委省政府确定的为民实事全部办结。民生支出中，教育支出663.1亿元，巩固城乡义务教育经费保障机制，提高生均义务教育公用经费补助标准，进一步减轻学校运转压力。实施薄弱环节改善与能力提升工程，投入资金近30亿元，加强“两类学校”建设，推动解决城镇“大班额”问题。支持高等教育内涵发展，促进职业教育加快发展。连续三年累计投入12亿元，支持实施温暖工程和教师周转宿舍项目，解决了深度贫困县1600多所农村中小学采暖和8000余名农村中小学教师住宿问题。社会保障和就业支出580.5亿元，落实退休人员养老金调标政策，企业和机关事业单位退休养老金分别提高5.5%和3.9%。坚持就业优先政策，筹措就业补助资金22.4亿元，落实乡村振兴公益性岗位补贴，促进高校毕业生、返乡农民工等重点群体就业创业。完善困难群众救助制度，筹措资金121.9亿元，落实城乡低保、特殊困难人员供养、临时救助等政策，保障困难群体生活。卫生健康支出370.3亿元，在支持做好抗疫防疫工作的同时，完善基本医疗保险制度，健全公共卫生服务体系，将城乡居民基本医疗保险和基本公共卫生服务财政补助标准提高到550元、74元。持续推动医疗卫生体制改革，落实公立医院取消药品加成财政补助政策，积极支持中医药传承与发展。

（六）完善制度机制，兜牢县级“三保”底线。坚持底线思维，把兜牢县级“三保”底线作为财政工作的硬任务，最大限度下沉财力，强化库款调度，确保县级“三保”不出问题。一是提高基层财政保障能力。统筹中央转移支付、政府一般债券及自有财力等，加大对市县转移支付力度，缓解市县财政困难，特别是增强财政困难地区的托底能力。2020年省对市县转移支付2630.9亿元，增长15.7%，增幅为近年来最高。二是坚决落实资金直达机制。按照直达资金直达基层、直接惠企利民的要求，省级财政坚持当好“过路财神”，精准制定分配方案，资金分配“一竿子插到底”。2020年省级下达市县直达资金359.3亿元。同时，加强资金监管，确保规范有效使用。三是建立健全“四个机制”。

完善县级“三保”支出预算审核机制，对预算安排存在缺口、影响基层正常运转的县区，督促及时调整补足。同时，健全工资专户管理机制，完善“定期报告＋重点关注”执行监控机制及风险防范和应急处置机制，及时研判可能出现的风险并提示预警，确保基本民生政策落实、机关事业单位工资发放和机构正常运转。

（七）深化财税改革，加快建立现代财政制度。积极应对财政收支困难，更加注重向内挖潜，着力推动财政管理改革，提升财政管理科学化、规范化水平。一是深化财税体制改革。认真落实教育、科技等领域各级政府支出责任和分担机制，出台公共文化、生态环境、自然资源、应急救援领域省与市县财政事权和支出责任划分改革方案，提高基本公共服务供给效率。制定我省资源税税率及相关税收优惠政策，推进非税收入划转税务部门征缴改革。二是完善预算管理制度。加强预算编制管理，制定《省级部门实施零基预算管理工作方案》，改进预算管理和控制方式，改变传统“基数＋增长”预算编制模式，打破支出结构固化僵化格局。完善基本支出定额标准体系，着力保障机构运转。深化政府采购制度改革，推进政府采购领域简政放权。认真落实过紧日子要求，印发《关于落实过紧日子要求进一步严格财政支出管理的通知》，推动建立党政机关过紧日子的长效机制。2020年全省“三公”经费支出下降10.7%。三是全面实施预算绩效管理。完善预算绩效管理制度，制定出台《甘肃省省级预算绩效管理办法》等6个办法及工作规程，着力推动预算绩效管理常态化、规范化。强化预算绩效源头管控，对部门提出的新增项目开展事前绩效评估。加强预算绩效目标管理，实现省级部门预算支出项目、省对市县转移支付项目以及部门整体支出绩效目标全覆盖。拓宽绩效评价广度和深度，通过单位自评、部门评价和重点评价相结合的方式，多层次开展绩效评价，提高事后绩效管理水平。完善绩效运行监控机制，强化绩效评价结果运用，将运行监控情况和评价结果作为预算安排的重要依据。四是自觉接受人大审查监督。深入贯彻落实《关于人大预算审查监督重点向支出预算和政策拓展的实施意见》和省人大有关要求，提高预决算草案编制质量，自觉接受审查监督。认真落实国有资产管理报告制度，按程序向省人大常委会报告国有资产管理情况。扎实落实省人大及其常委会有关决议，及时报告工作落实和进展情况。积极主动回应人大代表关切，做好解释说明工作；广泛听取吸纳意见建议，认真做好提案建议办理工作。

回顾过去的五年，面对多重任务叠加、多种挑战碰头的严峻形势，全省各级财政部门坚持财随政走、政令财行，积极发挥财政职能作用，加强财政收支管理，深入推进财税体制改革，着力保障重点支出，为全省经济社会高质量发展做出了积极贡献。

一是财政综合实力不断增强。“十三五”期间，伴随全省经济总量稳步增长，财政综合实力持续增强，为全省改革发展稳定大局提供了坚实的物质基础。全省一般公共预算收入由“十二五”末的743.9亿元增加到874.5亿元，年均增长3.3%。中央转移支付规模逐年增加，各级财政保障能力不断提高，中央补助由“十二五”末的1957亿元增加到3025.5亿元，年均增长9.1%；转移支付后，全省人均支出由“十二五”末的11380元增加到15694元，年均增长6.6%。财政支出保持较高强度，重点支出得到有效保障，全省一般公共预算支出由“十二五”末的2958.3亿元增加到4154.9亿元，年均增长7%。省对市县转移支付规模不断扩大，基层“三保”保障能力进一步提升，五年来省对市县转移支付由1704.3亿元增加到2630.9亿元，年均增长9.1%。

二是支持如期打赢脱贫攻坚战。把脱贫攻坚作为最大的政治任务，在财政收入增速放缓、收支矛盾十分突出的情况下，财政部门以“砸锅卖铁”的决心，通过调整支出结构、压减一般性支出等措施，保障脱贫攻坚资金需求，全力以赴支持脱贫攻坚政策和任务落实。“十三五”期间，全省累计安排财政专项扶贫资金857.2亿元，年均增长24.5%，其中地方投入398.2亿元，与中央补助达到0.9∶1。扎实推动涉农资金统筹整合，有效解决了资金“小”“散”“乱”问题，形成集中投入、重点推进新格局，真正把有限的资金用在了脱贫攻坚的短板弱项上，用在了老百姓最需要、最期盼、受益最大的事项上。全省累计整合使用财政涉农资金922.2亿元，整合率达到73.7%。同时，通过政府债券、土地增减挂钩节余指标跨省域调剂收入、东西部扶贫协作等资金，为全省脱贫攻坚取得决定性成果提供了可靠财力保障。全省75个贫困县全部摘帽，7262个贫困村全部退出，现行标准下农村贫困人口全部脱贫。“两不愁三保障”目标全面完成，49.9万易地扶贫搬迁建档立卡贫困人口应搬尽搬，产业扶贫体系逐步构建，农业农村发展稳步向好。

三是民生保障机制进一步健全。贯彻以人民为中心的发展思想，做好普惠性、基础性、兜底性民生保障。五年来全省民生支出累计达到1.46万亿元，占财政总支出的比重达八成。坚持教育优先，财政教育投入持续增长。统一城乡义务教育“两免一补”政策，义务教育均衡发展水平不断提高；覆盖所有教育阶段的学生资助政策体系进一步完善，各阶段家庭经济困难学生应助尽助；全面实施营养改善计划，改善中小学办学条件；扩大普惠性学前教育资源，有效缓解了“入园难、入园贵”问题。支持推动医疗卫生体制改革，公立医院综合改革初见成效，公共卫生服务体系逐步健全；实施县级医院薄弱学科、重点学科建设，基层医院医疗服务能力进一步提升；坚决支持打赢疫情防控的人民战争、总体战、阻击战。机关事业单位养老保险政策改革稳步实施，城乡居民养老保险参保全覆盖、待遇全享受。建立健全社会救助体系，着力推动残疾人事业发展，提升退役军人服务水平。大力支持生态文明建设，祁连山生态治理“由乱到治大见成效”，黄河流域生态保护和高质量发展战略启动实施，蓝天、碧水、净土保卫战成效显著，生态环境明显改善。

四是财政促发展作用更加凸显。全面落实减税降费政策，“十三五”期间，全省新增减税降费445亿元，在减轻企业负担、激发创新活力、促进居民消费和扩大就业等方面发挥了重要作用，有力支持了实体经济稳定发展。加大基础设施建设投资力度，五年累计争取中央预算内基建投资808.3亿元，依法依规发行政府新增专项债券1369亿元，统筹支持保障性安居工程、重大基础设施建设、节能环保等方面，有效发挥了稳投资、扩内需、补短板的积极作用。设立绿色生态产业发展基金，支持构建生态产业体系推动绿色发展崛起。加大财政资金统筹力度，支持抢占“五个制高点”。积极支持三大国际陆港建设，加快兰州新区、榆中生态创新城发展，促进老少边穷地区协调发展，打造区域发展新引擎。健全科技投入保障机制，推动科研领域“放管服”改革，全面落实科技创新奖补措施，促进科技成果转化。

五是财税管理改革纵深推进。深化预算管理改革，加强四本预算的统筹协调、有机衔接，提高国有资本经营预算调入一般公共预算的比例。建立跨年度预算平衡机制，实施中期财政规划管理，年度间政府预算的衔接与约束增强。全面落实支出经济分类科目改革要求，加大预决算公开力度，预算管理的透明度提升。推动税制改革取得重大进展，增值税、个人所得税、资源税改革稳步推进。制定我省环境保护税、耕地占用税税率及相关税收优惠政策，地方税收制度进一步完善。稳步推进财政事权和支出责任划分改革，医疗卫生等9个领域划分改革方案印发实施，政府间支出责任和分担机制进一步明确，基本公共服务供给质量和效率有效提升。完善省对市县转移支付制度，一般性转移支付比重不断提高，专项转移支付清理整合工作成效明显。政府债务管理制度更加健全，违规举债行为有效遏制，全省债务风险总体可控。预算绩效管理全面实施，预决算公开实现制度化、常态化。

近几年，我们在财政收支管理、保障重点支出等方面做了一些工作，“十三五”时期各项重点工作目标任务基本完成，但我们也清醒地认识到，当前财政运行管理中还存在一些不容忽视的困难和问题，如财政收入增收基础不牢固，收入增速持续放缓；财政支出增长刚性强，兑现“三保”政策增支多，重大基础设施建设、促进经济发展等保障任务繁重，财政收支平衡压力加大。部分市县政府债务还本付息进入高峰期，防范化解政府债务风险任务艰巨。预算绩效管理体系还需完善，一些绩效目标设定不够科学，绩效约束力不强，部门主体责任落实不够到位。这些问题我们将高度重视，积极采取措施加以改进。

三、2021年全省及省级财政预算草案编制情况

2021年是中国共产党成立100周年，是“十四五”规划开局之年，也是开启全面建成社会主义现代化国家新征程的关键之年，编制好2021年预算，统筹谋划好2021年财政工作，对贯彻落实党中央、国务院方针政策和省委、省政府工作部署，促进全省经济高质量发展和社会大局稳定，具有十分重要的意义。从积极因素看，国家深入实施“一带一路”建设、西部大开发形成新格局、黄河流域生态保护和高质量发展战略等重大决策部署，以及实施乡村振兴和扩大内需战略、推进“两新一重”建设等重大政策叠加，给我省经济社会发展带来了新的机遇。同时，省委、省政府谋划布局“十四五”时期“七个新突破”和今年着力抓好八个方面的工作部署，将进一步提升我省发展质量和效益，有力拉动全省经济快速增长。具体到财政上，今年财政收入有望实现恢复性增长，但中央降低赤字率、不再发行抗疫特别国债和安排特殊转移支付，以及各级财政盘活历年结转结余资金等一次性措施增加的收入大幅减少，财政实际可用财力总量增幅较低。与此同时，全省经济社会发展任务艰巨，保障和改善民生、巩固拓展脱贫攻坚成果同乡村振兴有效衔接、基础设施补短板、生态环保等方面资金需求大。省级及部分市县政府法定债务指标逼近警戒区间，举债空间收紧，一些市县偿债压力大。总体看，今年财政收支矛盾依然突出。

2021年预算编制的指导思想是：坚持以习近平新时代中国特色社会主义思想为指导，全面贯彻党的十九大和十九届二中、三中、四中、五中全会精神，深入落实习近平总书记对甘肃重要讲话和指示精神，全面落实党中央、国务院和省委、省政府各项决策部署，坚持稳中求进工作总基调，立足新发展阶段，贯彻新发展理念，融入新发展格局，以推动高质量发展为主题，以深化供给侧结构性改革为主线，以满足人民日益增长的美好生活需要为根本目的，坚持系统观念，巩固拓展疫情防控和经济社会发展成果，扎实做好“六稳”工作、全面落实“六保”任务，坚持扩大内需战略，强化科技战略支撑，努力保持经济运行在合理区间。落实提质增效、更可持续的积极财政政策，加强财政资源统筹，增强国家重大战略任务和省委省政府重点工作财力保障，坚持艰苦奋斗、勤俭节约、精打细算，全面落实政府过紧日子要求；加快建立现代财税体制，推进财政支出标准化，强化预算约束和绩效管理，努力提高财政支出效率；加强政府债务管理，积极防范化解政府隐性债务风险，确保“十四五”开好局，以优异成绩庆祝建党100周年。

根据经济形势和上述指导思想，2021年预算编制的总体思路是：坚决贯彻中央和省委决策部署，认真落实中央和省委经济工作会议、全国财政工作会议精神，深入研判财政经济形势，统筹考虑需要与可能、当前与长远的关系，更加注重结构调整，坚持突出重点，有保有压，提高财政资金使用效益，推动经济高质量发展和社会和谐稳定。收入预算坚持实事求是，科学预测，与经济社会发展新情况相适应，与积极财政政策相衔接。既充分考虑发展十大生态产业、推动黄河流域生态保护和高质量发展、实施乡村振兴、扩大内需战略等决策部署落地见效的有利因素，也充分考虑项目储备、疫情防控常态化等实际情况，以及部分企业经营困难等给财政增收带来的压力。支出预算要坚持应保尽保、可省尽省，强化零基预算理念运用，压实“三保”责任，严控“三公”经费等一般性支出，压减非急需非刚性项目支出，取消到期项目，优先保障重点领域支出，确保财政平稳可持续运行。

（一）2021年财政政策

2021年，坚决贯彻落实中央积极的财政政策，致力做到提质增效、更可持续。“提质增效”，主要是从优化支出结构和加强管理着手，切实提升政策效能和资金效益。落实常态化的财政资金直达机制，扩大直达资金范围，将直接用于基层财力保障的一般性转移支付、年初可直接分配的共同财政事权转移支付、具备条件的专项转移支付纳入直达范围，基本实现中央财政民生补助资金全覆盖，进一步提高财政支出效率，更好发挥积极的财政政策效能。在预算编制、执行中始终厉行勤俭节约，按照从严从紧、能压则压的原则，深入挖掘节支潜力，腾出资金用于改善基本民生和支持市场主体发展。同时，更加突出绩效导向，完善预算绩效管理体系，着力削减或取消低效无效支出。“更可持续”，主要是从防范风险和保障民生着手，进一步完善政策实施机制，增强财政的可持续性。坚持以稳为主、稳中求降的政策取向，把握好防风险和促发展之间的关系，合理适度发行政府债券，新增债券额度适当向财政实力较强、债务风险较低的地区倾斜，切实防范政府债务风险。坚决防范县级“三保”风险，严格落实“两个优先”要求，足额安排支出预算，切实兜牢“三保”底线。强化民生政策管理，健全民生支出保障体制，加强民生政策事前评估论证，清理规范超出国家政策标准和范围的民生政策，增强民生政策措施有效性和可持续性。落实好提质增效、更可持续的积极财政政策，主要体现在：一是加强财政资源统筹。在挖掘潜力、规范管理、提高效率、释放潜力上下功夫，把政府各类收入按规定全面纳入预算，建立健全同一领域不同渠道资金、财政拨款资金与非财政拨款资金、不同年度间财政资金的统筹机制，盘活存量，用好增量，增强对重大战略、重要任务、重点改革的财力保障。二是坚持过紧日子。将落实落细过紧日子要求作为预算管理长期坚持的基本方针，突出以收定支，严把预算支出关口，严格执行差旅、会议等经费标准。实施预算执行、预算评审、绩效评价结果与预算安排的挂钩机制，加强新增支出审核，确保把有限的财政资金用到关键处、花在刀刃上。三是持续推进减税降费。落实好国家继续实施的减税降费政策，用足用好国家新出台的支持科技创新和重要领域减税降费政策，把该减的税减到位、该降的费降到位，使企业切实享受到政策红利，激发市场活力，涵养培植税源，增强财政可持续发展能力。四是坚持财力下沉。落实财政资金直达机制，增加省对市县转移支付规模，缓解收入增长放缓对基层财政支出带来的压力，增强财政困难地区保基本民生、保工资、保运转的能力。五是积极防范政府债务风险。不断完善政府债务闭环管理制度体系，开好前门，建立健全规范的政府举债机制；严堵后门，坚决禁止违法违规举债，稳妥化解隐性债务存量。坚持“资金跟着项目走”，优化专项债券投向结构，完善项目储备和前期准备等工作机制，充分发挥政府专项债券作用。六是深化财税体制改革。对现行省与市县财政体制进行适当调整，增强市县调控能力，激励市县加大招商引资力度，充分调动市县发展壮大县域经济的积极性，进一步促进市县加快经济转型发展。

主要支出政策：

农业农村方面。推进巩固拓展脱贫攻坚成果同乡村振兴有效衔接，严格落实‘四个不摘’要求，保持财政支持政策和资金规模总体稳定，重点向巩固脱贫攻坚成果任务重、乡村振兴底子薄的地区倾斜。继续实施涉农资金统筹整合试点政策，发展壮大脱贫地区优势特色产业，促进产业提质增效。落实生态护林员、乡村公益性岗位等就业政策，支持群众就地就业、增加收入。落实扶贫小额贷款和易地扶贫搬迁贷款贴息政策。用好中央城乡建设用地增减挂钩节余指标跨省域调剂资金，支持脱贫县巩固脱贫攻坚成果。完善财政资金投入机制，提高农业综合生产能力，加快旱作农业、节水农业、设施农业、戈壁生态农业以及现代丝路寒旱农业发展，壮大新型农业经营主体，支持多种形式适度规模经营，促进小农户与现代农业有机衔接。加强高标准农田建设，加强土地整治与耕地保护，支持农业良种培育和种业发展，提高粮食和重要农副产品供给保障能力。深入推进政策性农业保险工作，加强农业生产防灾救灾工作，促进农业可持续发展。深入推进农村综合改革，加大农村公共服务和社会事业投入力度，支持实施农村人居环境整治提升五年行动。加强村级组织运转经费保障。

保障和改善民生方面。坚持经济发展与民生改善相协调，更加注重保障普惠性、基础性、兜底性民生政策落实，切实办好民生实事，努力实现人民对美好生活的向往。统筹运用就业补助资金、职业技能提升行动资金以及失业保险基金等，支持各项就业创业扶持政策落实，促进重点群体就业。优化教育经费结构，巩固城乡义务教育经费保障机制，支持发展学前教育，持续推进义务教育学校改善办学条件，统筹推进高水平大学和一流学科建设，支持职业教育发展，打造“技能甘肃”。健全多层次社会保障体系，完善社会保险基金预算制度，适度上调退休人员基本养老金发放水平。支持推进“健康甘肃”建设，持续落实各项常态化疫情防控措施，适当提高城乡居民基本医疗保险财政补助和个人缴费标准，继续提高基本公共卫生服务经费人均财政补助标准。推动提升基本公共文化服务水平，支持繁荣发展文化事业和文化产业，满足人民精神文化需求。推进自然灾害防治体系建设，支持灾后恢复重建，补齐防汛暴露的突出短板，增强防御水旱灾害能力。支持推进‘平安甘肃”建设，维护社会和谐稳定。统筹相关资金，办好10件为民实事。

生态环保方面。践行绿水青山就是金山银山理念，深入推进污染防治，持续支持打好蓝天、碧水、净土保卫战。落实《甘肃省黄河流域生态保护和高质量发展规划》，加快建立黄河流域横向生态补偿机制，推进黄河流域生态保护重大项目建设。统筹推进山水林田湖草综合治理、系统治理、源头治理，加强自然保护区能力建设，开展森林、草原植被保护与恢复和大规模国土绿化，实施退耕还林还草、天然林保护、退牧还草等国家重点生态工程项目，持续推进祁连山生态环境保护与修复，促进生态环境质量改善。支持开展沙化退化草原巩固治理工程，加快推进“四屏一廊”建设，实施祁连山、渭河源区、“两江一水”等重点区域流域生态治理，坚决防止生态恶化，提升生态服务功能。加大重点生态功能区转移支付力度，支持市县加强生态环境保护与修复，持续推动祁连山、大熊猫国家公园体制试点。支持尾菜处理、秸秆饲料化综合利用以及耕地轮作休耕试点，加强农村面源污染治理，推进黑臭水体专项整治，推动清洁生产。

促进经济发展方面。聚焦“双循环”新发展格局，着力支持经济高质量发展。发挥财政资金“四两拨千斤”的撬动作用，综合运用财政补贴、政府投资基金、贷款贴息等方式，支持壮大优势主导产业，培育战略性新兴产业。加快发展数字经济，支持打造云上甘肃、数字强省。支持增强创新驱动发展活力，完善科技创新投入体系，积极落实科技创新各项政策措施，加强基础研究投入，推动关键核心技术攻关，支持提高自主创新能力，促进科技创新成果转化，塑造经济发展新优势。推动科研经费管理改革，持续加大对科研机构、高校等科研平台以及重大科技成果转移转化、特色优势领域技术推广等重点方面的支持力度，激发创新主体活力。加快推进兰州新区、榆中生态创新城建设，支持老少边穷地区协调发展。加快培育壮大县域经济，培育县域特色优势产业，促进现代农业规模化、标准化、智能化发展。加强政府投资基金管理，健全投融资担保体系，落实招商引资若干措施，全面落实减税降费政策，支持实体经济加快发展。落实各类人才培养计划和人才津贴政策。用好地方政府债券，支持交通、水利等重大基础设施建设，加强新型基础设施建设。实施新增农 业转移人口市民化奖励政策，推进新型城镇化建设进程。

（二）2021 年全省代编财政收支情况

全省一般公共预算收入预计 906 亿元，同口径增长 5%。加上中央补助、上年结转、一般债务收入以及调入的预算稳定调节基金等，支出预计 4300 亿元左右。

全省政府性基金预算收入预计 595.3 亿元，加上中央提前下达补助、上年结转等，收入总计 682.8 亿元；安排当年支出 536 亿元，调入一般公共预算 72.1 亿元，安排专项债务还本 69.9 亿元，预计结转下年 4.8 亿元。

全省国有资本经营预算收入预计 10.7 亿元，加上中央提前下达补助、上年结转等，收入总计 13.6 亿元；安排当年支出 8.7 亿元，调入一般公共预算 4.9 亿元。

全省社会保险基金预算收入预计 1187 亿元，支出 1173.9 亿元，年末滚存结余 925.3 亿元。

需要说明的是：全省预算由省级预算和市县预算汇总形成，市县预算由市县人民政府编制，报同级人民代表大会批准。本报告中全省收入预计数和支出安排数均为省级财政代编。

（三）省级预算草案编制情况

省级一般公共预算收入预计为 240.9 亿元，同口径增长 4.5%。其中：税收收入 174.1 亿元，增长 9.1%；非税收入 66.8 亿元，下降 15.4%。加上中央提前下达补助、调入预算稳定调节基金、市县上解收入等，总收入 2811.5 亿元。

省级安排一般公共预算支出 2811.5 亿元，分本级支出、对市县税收返还和转移支付、上解中央支出、债务还本支出反映。本级支出 798.4 亿元；对市县税收返还和转移支付 1985.6 亿元，其中：税收返还 56.6 亿元，一般性转移支付 1790 亿元，专项转移支付 139 亿元；上解中央支出 21 亿元；债务还本支出 6.5 亿元（含到期债券还本 1.5 亿元）。

这样安排后，省级部门“三公”经费财政拨款汇总预算 3.2 亿元，同比下降 4.9%。

省本级一般公共预算支出中，基本支出 189.3 亿元，项目支出 601.1 亿元；预备费 8 亿元，占省级一般公共预算支出的 1%。

支出科目安排情况：一般公共服务支出 49.6 亿元；国防及公共安全支出 75 亿元；教育支出 85.3 亿元；科学技术支出 14.8 亿元；文化旅游体育与传媒支出 26 亿元；社会保障和就业支出 167.7 亿元；卫生健康支出 24.7 亿元；节能环保支出 15.2 亿元；城乡社区支出 2.2 亿元；农林水支出 44.2 亿元；交通运输支出 173.1 亿元；资源勘探工业信息等支出 22.1 亿元；商业服务业等支出 0.6 亿元；金融支出 20.1 亿元；自然资源海洋气象等支出 8.7 亿元；住房保障支出 7.9 亿元；粮油物资储备支出 5.4 亿元；灾害防治及应急管理支出 4.8 亿元；债务付息支出 40 亿元；债务发行费用支出 1.8 亿元；其他支出 1.2 亿元。

省级政府性基金预算收入预计 84.5 亿元，加上中央提前下达补助、上年结转等，收入总计 96.3 亿元。按照有关政策规定和收支平衡原则，调入一般公共预算 10 亿元，安排本级支出 72.4 亿元，对市县转移支付 13.9 亿元。

省级国有资本经营预算收入预计 5 亿元，加上中央提前下达补助、上年结转等，收入总计 5.9 亿元。按照有关政策规定和收支平衡原则，调入一般公共预算 1.7 亿元，安排本级支出 3.4 亿元，主要用于省属企业“三供一业”分离移交补助等，对市县转移支付 0.8 亿元，用于对国有企业退休人员社会化管理支出补助。

省级社会保险基金预算收入预计 591.8 亿元，支出 625.6 亿元，年末滚存结余 461.9 亿元。

需要说明的是：根据《预算法》规定，在省人民代表大会批准本预算草案前，可安排下列支出：上年度结转支出；参照上年同期的预算支出数额安排必须支出的本年度部门基本支出、项目支出，以及对下级政府的转移性支出；法律规定必须履行支付义务的支出，以及用于自然灾害等突发事件处理的支出。2021年省级一般公共预算支出和对市县转移支付中，中央补助只包括了提前通知部分，执行中随着中央转移支付增加将相应增加。

（四）省级政府债券还本付息情况

2021年省级到期债券本金129.1亿元，全部为一般债券。根据有关规定，计划通过发行再融资债券还本127.6亿元，预算安排还本1.5亿元。省级一般债券付息支出预计40亿元，主要包括2021年以前发行债券付息支出36亿元，预计2021年发行10年期及以上债券付息支出4亿元。专项债券付息支出预计14.2亿元。

四、2021年主要工作措施

2021年，我们将按照省委决策部署及人大决议要求，加强财政资源统筹，更加注重提质增效、更可持续，深化财税体制改革，强化财政收支管理，为全省"十四五"时期经济社会发展开好局提供有力支撑。

（一）严格财政收支管理。加强财政经济运行态势研判，依法依规组织财政收入，严禁虚增空转、收过头税等违规行为，切实提高收入质量。全面落实减税降费政策，应免则免、当减则减，支持实体经济发展，涵养培植税源，夯实财政可持续发展基础。加强汇报衔接，着力争取中央财政在均衡性、县级基本财力保障机制奖补等一般性转移支付方面给予更多支持。深入研究中央政策取向及预算安排情况，及时跟进，争取中央在乡村振兴、生态环保以及交通、水利、城市基础设施建设等方面给予倾斜支持。加强预算执行分析，及时掌握预算执行动态，跟进重大项目建设、重大民生政策落实等情况，督促加快支出进度，提高财政运行效率。

（二）集中财力保障重点。对标对表国家和我省"十四五"规划，细化财政工作思路和具体措施，科学编制全省财政发展规划，全面落实产业兴省、工业强省战略，促进群众增收、企业增利、财政增税。完善长效投入机制，在政策、资金和机制上，持续加强对脱贫地区的支持，巩固拓展脱贫攻坚成果，推动黄河流域生态保护和高质量发展。坚决落实财政资金直达机制，扩大对市县转移支付规模，提高基层"三保"能力。全面落实"四个机制"，确保"三保"支出足额保障、不出问题。加强财税政策研究，支持科技创新、绿色发展、产业发展等重点任务落实，推动甘肃融入国内大循环为主体、国内国际双循环相互促进的新发展格局。支持实施国企改革三年行动，积极稳妥推进省属企业混合所有制改革。

（三）加快推进财税体制改革。加强预算支出与各类存量资源的有机衔接，提高预算完整性和财政统筹能力。落实省与市县财政事权和支出责任划分改革方案，进一步明确省与市县政府事权和支出责任。完善省对市县转移支付制度，促进财政事权、支出责任与财力相适应。加快项目支出标准体系建设，推进财政支出标准化，加强基本支出定员定额管理，研究开展行业标准制定工作。完善契税、城市维护建设税等地方税收制度，推动涉税信息共享，提高地方税政管理能力。加强财政内控制度建设，强化自身约束。加快预算管理一体化系统建设，提高财政管理信息化水平。持续抓好政府采购制度改革工作。推动预算绩效管理提质增效，充分发挥预算绩效管理的引导作用。

（四）加强政府债务管理。严格执行政府债务限额管理和预算管理制度。完善债券项目安排协调机制，提高项目储备质量，优化新增债券资金投向，加快政府债券发行使用，加大对国家重大发展战略项目和省委省政府确定的重点领域项目支持力度。完善政府债务常态化监测和风险评估预警机制，健全各级政府债务风险等级评定制度，加强风险评估预警结果应用。大力推进政府债务信息公开透明，以公开促规范、防风险。规范隐性债务数据变动程序和报备手续，加强变动数据审核，坚决遏制隐性债务增量。加强日常监督管理，对违法违规举债融资行为，发现一起、问责一起、通报一起，终身问责、倒查责任。

（五）强化预算刚性约束。认真贯彻落实预算法及其实施条例，严格执行人大批准的预算，加强预算执行控制，强化预算执行动态监控，严禁超预算、无预算支出。坚持先有预算后有支出，除疫情防控、应急救灾外，严控预算追加事项，执行中不自行出台增支政策；确需新增支出的，通过部门预算现有资金调剂解决。加大存量资金盘活力度，对确无必要或无法执行的项目以及符合盘活规定的结余结转资金，及时清理收回，统筹用于亟待支持的领域。加大财政预决算、预算绩效、政府债务等信息公开力度，主动接受社会监督。

各位代表：做好2021年全省财政发展改革工作任务艰巨、责任重大。我们将在省委的坚强领导下，高举中国特色社会主义伟大旗帜，更加紧密地团结在以习近平同志为核心的党中央周围，全面贯彻党中央、国务院和省委、省政府决策部署，认真落实本次会议决议，履职尽责，真抓实干，努力做好各项财政工作，积极主动服务大局，为全省经济社会高质量发展，谱写加快建设幸福美好新甘肃、不断开创富民兴陇新局面的时代篇章做出积极贡献！

概 况

甘肃省情

【甘肃概况】甘肃取古甘州（今张掖）和古肃州（今酒泉）两地首字而得名，由于陇山在境内绵延又简称“陇”。位于中国西北地区，东通陕西，西达新疆，南瞰四川、青海，北扼宁夏、内蒙古，西北端与蒙古人民共和国接壤。介于北纬 32° 11′ ~42° 57′，东经 92° 13′ ~108° 46′之间，东西跨度 1480 公里，南北跨度 1132 公里，西北—东南方向最窄处仅有 76 公里，总面积 42.59 万平方千米。闻名中外的古丝绸之路和新亚欧大陆桥横贯全境，使甘肃成为西北地区连接中、东部地区的桥梁和纽带，成为贯通东亚与亚洲中部、西亚与欧洲之间的陆上交通通道。全省辖 12 个市、2 个自治州，86 个县（市、区），省会兰州是西北重要的交通通讯枢纽，陇海、兰新、包兰、兰青和兰渝铁路在此交汇，也是石油天然气管道运输枢纽、国家级西北商贸中心。甘肃是一个多民族省份，拥有汉、回、藏、东乡等 55 个民族，其中裕固、保安、东乡族是甘肃的独有民族。根据第七次全国人口普查结果，截至 2020 年 11 月 1 日零时，全省常住人口为 2501.98 万人，其中少数民族人口 265.64 万人。2020 年末，全省常住人口 2501.02 万人，城镇化率为 52.23%。

【自然环境】甘肃位于黄土高原、青藏高原、内蒙古高原三大高原和西北干旱区、青藏高寒区、东部季风区三大自然区域的交汇处。甘肃地域广阔，资源丰富，地貌复杂多样，山地、高原、平川、河谷、沙漠、戈壁交错分布、类型齐全；自然风光雄浑俊美，有大漠戈壁、森林草原、冰川雪峰、丹霞地貌、峡谷溶洞等，被地质学家称为最丰富的地质和地表特征博物馆。地形呈狭长状，地势自西南向东北倾斜，大致可分为陇南山地、陇中黄土高原、甘南高原、河西走廊、祁连山脉、河西走廊以北地带六大地形区域。大部分地区气候干燥，属大陆性很强的温带季风气候。2020 年，全省平均气温为 8.8℃。年平均降水量为 506.5 毫米；年日照时数为 2168 小时。甘肃是一个少林省份，据甘肃省第九次森林资源清查结果，全省森林覆盖率 11.33%。

【矿产资源】甘肃为我国重要的能源、原材料工业基地，拥有丰富的石油、天然气、有色金属、稀有金属等矿产资源。截至 2019 年底，全省已发现各类矿产 119 种（计算到亚矿种 180 种），其中，已查明资源储量 77 种（计算到亚矿种 114 种），占全省已发现矿种 65%。已查明矿产资源以非金属矿产为主，其次是金属矿产和能源矿产。列入《甘肃省矿产资源储量表》的固体矿产 99 种、矿产地 1477 处（含共伴生矿产）。根据《2019 年全国矿产资源储量占比排名》统计，全省资源储量居全国第 1 位的矿产有 11 种，分别是镍矿、钴矿、铂矿、钯矿、铱矿、锇矿、铑矿、钌矿、硒矿、铸型用粘土、凹凸棒石粘土；居前 5 位的有 32 种；居前 10 位的有 60 种。

【特色产业】甘肃土地面积广阔，居全国第七位；林草总面积占国土总面积的比例为 52.29%；光热资源充足且昼夜温差大，具有发展特色农业和优质高效农业的有利条件。许多特色农产品，无论是种植面积还是产量在全国都名列前茅，特别是玉米制种、啤酒原料、马铃薯、酿酒葡萄、油橄榄、食用百合、瓜果蔬菜和草食畜产品等特色产品，品质优良，发展前景良好。甘肃还是全国中药材主要产区之一，当归、黄（红）芪、党参、大黄、甘草等五种大宗中药材驰名中外。

甘肃是新中国成立后国家重点投资建设工业体系的区域之一。全省继续实施工业强省战略，推动传统产业智能化发展。加快转方式调结构，着力构建生态产业体系。遵循生态优先、绿色发展的总要求，大力发展节能环保、清洁生产、清洁能源、循环农业、中医中药、文化旅游、通道物流、数据信息、军民融合、先进制造等生态产业，建设以兰白地区为重点的中部绿色生态产业示范区、河西走廊和陇东南绿色生态产业经济带，建设一批绿色生态示范产业园，实施一批绿色生态示范重大工程。加快传统重化工业和制造业高新化、智能化、清洁化、绿色化改造，培育低碳环保新业态新产业，逐步让生态产业挑大梁、传统产业发新枝，构建发展活力足、竞争能力强、特色鲜明的生态产业体系，夯实实体经济根基，努力推动绿色发展崛起。

兰州新区，是继上海浦东新区、天津滨海新区、重庆两江新区、浙江舟山群岛新区后，国务院于 2012 年批复的第五个国家级新区。兰州新区位于兰州北部秦王川盆地，地处兰州、西宁、银川三个省会城市共生带的中间位置，距兰州市区 38.5 公里，距西宁 198 公里，距银川 420 公里，规划面积 806 平方公里。兰州新区是“丝绸之路经济带”上的重要节点，是甘肃对外开放的重要窗口，已建成运营综合保税区、中川国际航空港、中川北站铁路口岸，正在加快建设国际产业合作园、国际通信专用通道，“一区一港一园一口岸一通道”的开放平台作用日益凸显；兰州至中亚、南亚、欧洲的国际货运班列实现常态化运营，南亚班列被列为全国 16 个多式联运示范工程；即将开通兰州至瓜达尔港的国际货运班列，打造面向“一带一路”的国际物流中心和多式联运中心，引领全省对外开放实现新跨越。随着铁路口岸的建成，兰州新区中川北站加大园区配套项目建设，搭建综合物流运营平台，打造西北地区国际物流中心。2017年以来，积极抢抓“丝绸之路经济带”重大发展机遇，确定“建设大项目、打造大景区、构建大旅游、形成大品牌、促进大发展”的旅游产业发展思路，全力引进以“创意性、参与性、体验性”为主的精品文化旅游项目，努力将新区打造成为西北特色文化旅游基地。2017年10月16日，保税区进口汽车西北分拨中心与商投综超盛大开业，进口商品批发中心正式挂牌试营业，这标志着新区综合市场从开发建设开始向运营管理迈进。

【历史文化】甘肃是一个历史悠久、文化底蕴厚重的省份。商周之际，周秦部族先后在今甘肃东部崛起并向东发展，对国家政治生活产生过重大影响。汉武帝至昭帝间陆续设武威、张掖、敦煌、天水、安定、武都、金城诸郡。至元，全国创设省制，甘肃正式设省。至清朝乾隆年间，甘肃辖区除今省境外，尚辖西宁府、宁夏府及新疆东境一部。光绪十年（公元1884年），新疆建省。民国十八年（1929年）分置宁夏、青海省，其行政区域大体与今相同。甘肃是中华民族和华夏文化的重要发祥地之一。中华民族的人文始祖伏羲、女娲和黄帝相传诞生在甘肃，故有“羲轩桑梓”之称。周人崛起于庆阳，秦人肇基于天水。汉代的开边政策和张骞通西域成功开通了丝绸之路。隋唐时期，甘肃成为我国联系西域各国和欧洲的重要通道，武威、张掖、敦煌成为经济文化繁荣的国际性贸易城市，整个河陇地区农桑繁盛、士民殷富，《资治通鉴》有“天下称富庶者，无如陇右”的记载。海路开通后，随着全国政治经济文化重心的东移南迁，特别是由于气候和生态条件的变化，甘肃渐渐成为荒僻之地。一百多年前，左宗棠向清政府奏称“甘肃地处边陲，土旷人稀，瘠苦甲于天下。”

源远流长、底蕴深厚的甘肃历史文化，不断催生着时代精神，培育了《读者》《丝路花雨》《大梦敦煌》等一系列著名文化品牌。其中《读者》杂志成为全国发行量最大的期刊，被誉为“中国人的心灵读本”；舞剧《丝路花雨》《大梦敦煌》享誉全球。

甘肃先后出土简牍61000余枚，数量居全国之首，时代跨度大、内容广博、保存完好，备受历史和考古学界的重视。特别是汉简，内容涉及中国古代社会生活的各个方面。其中居延汉简的出土，与敦煌石窟藏经、殷墟王陵并称为二十世纪东方文明最伟大的发现。出土青铜器文物类型众多。由于农耕、游牧、骑猎三大文化圈在甘肃境内相互交融，甘肃青铜器类型多样、风格特异，是全国发现青铜文化类型最多的省份。史前、商代、西周、春秋战国、秦汉、魏晋青铜器多有发现，其中出土于东乡县马家窑文化遗址的青铜刀，是目前被确认的中国最早的一件青铜器，武威雷台出土的汉代铜奔马被确认为中国的旅游标志。

甘肃省“华夏文明传承创新区”建设于2013年获国务院正式批复。按照国家关于甘肃发展的战略定位和建设文化大省的总要求，甘肃确定了“华夏文明传承创新区”建设围绕“一带”，建设“三区”，打造“十三板块”的总体布局，简称“1313工程”。“一带”是丝绸之路文化发展带；“三区”是以始祖文化为核心的陇东南文化历史区、以敦煌文化为核心的河西走廊文化生态区和以黄河文化为核心的兰州都市圈文化产业区；“十三板块”是文物保护、大遗址保护、非物质文化遗产保护传承、历史文化名城名镇名村保护利用、民族文化传承、古籍整理出版、红色文化弘扬、城乡文化一体化发展、文化与旅游深度融合、文化产业发展、文化品牌打造、文化人才队伍建设、节庆赛事会展举办。“华夏文明传承创新区”是甘肃省继兰州新区之后，又一个摆到国家层面的战略平台。

2015年11月13日，甘肃举办丝绸之路（敦煌）国际文化博览会获得国家正式批复。丝绸之路（敦煌）国际文化博览会，简称敦煌文博会，是“一带一路”建设的重要载体，是丝绸之路沿线国家人文交流合作的战略平台，承载着重要的国家使命。博览会以“推动文化交流、共谋合作发展”为宗旨，以丝绸之路精神为纽带，以文明互鉴与文化交流合作为主题，以实现民心相通为目标，着力打造国际化、高端化、专业化的国家级文化博览会，成为中国与丝绸之路沿线国家开展文化交流合作的重要平台、推动中华文化走出去的重要窗口、丝绸之路经济带建设的重要支撑。经党中央、国务院批准，从2016年起，丝绸之路（敦煌）国际文化博览会将在甘肃省每年举办一次。首届已于2016年9月举办，受疫情影响，原定2020年举办的第五届敦煌文博会延期至2021年举办。

【革命历史文化】甘肃曾是陕甘宁边区的重要组成部分，红军长征的足迹几乎遍布甘肃全境，著名的西路军曾在河西浴血奋战。目前全省革命文物景点有300多处，各级博物馆收藏的革命文物近万件。甘肃被国家列入12个重点红色旅游区，会宁县红军长征纪念馆、迭部县腊子口战役遗址、宕昌县哈达铺红军长征纪念馆、岷县“岷州会议”遗址、通渭县榜罗镇革命遗址、八路军兰州办事处、华池县陕甘边区苏维埃政府旧址、高台县烈士陵园等8个景区，被列入“百个红色旅游经典景区名录”。

【民族民间文化】甘肃境内民族众多。各民族长期的交流融合、和平共处，形成了风情浓郁、独树一帜的民族民俗文化。夏河拉卜楞寺为藏传佛教格鲁派六大宗主寺之一，肃南县吐蕃贵族墓葬、天水后街清真寺、永登鲁土司衙门旧址、西和仇池国遗址等，都是我省民族文物的典型代表。敦煌古藏文写经、西夏木版画、西夏文木活字、元代八思巴文虎头银牌、元代玻璃托盏等都是海内孤品。此外，各民族的独特习俗、节会，如回族的古尔邦节、开斋节；藏族的正月十五晒佛节、五月采花节；哈萨克族的叼羊、“姑娘追”；土族的“纳顿”节、“二月二”跳神会等。甘肃饮食文化异彩纷呈。兰州牛肉面是最具特色的大众化经济小吃，声名远扬；以手抓羊肉为代表的清真风味食品，独特可口；糌粑、酸奶、奶茶、蕨麻米饭等藏族风味的食物，值得品尝；还有各种地方小吃，更是独具特色。甘肃民族歌舞多姿多彩。社火歌舞是广泛流传于甘肃民间的一种艺术，尤以兰州的太平鼓舞、武威的“滚鼓子”、张掖的顶腕舞、陇东的秧歌、天水一带的扇鼓舞、腊花等著称，还有莲花山花儿、二郎山花儿、河湟花儿、裕固族民歌等。此外，兰州微雕葫芦，平凉纸织画，庆阳牛皮影、香包、剪纸、刺绣，保安腰刀，天水雕漆漆器，酒泉夜光杯，卓尼洮砚，武威“铜奔马”等民间工艺品也久负盛名。

【旅游资源】甘肃的旅游资源既有石窟寺庙、长城关隘、塔碑楼阁、古城遗址、历史文物等文物古迹，又有青山绿水、高山草原、大漠戈壁、沙漠绿洲、丹霞奇观、冰川雪峰等独具特色的西部自然风光，还有以藏、回、裕固、保安、东乡等少数民族浓郁风情为特色的民族风情资源。丰富的文化遗产、独特的自然景观和多彩的民族风情，成为人们向往的旅游胜地，开发前景广阔。最具代表性的旅游景点：被联合国教科文组织列为世界文化遗产之一、被誉为“世界艺术宝库”和“世界现存佛教艺术最伟大宝库”的敦煌莫高窟，被称为“人文始祖”的羲皇故里——天水伏羲庙，“东方雕塑馆”之称的天水麦积山石窟，万里长城最西端的“天下第一雄关”——嘉峪关，中国彩陶之乡之称的临夏，中国藏传佛教格鲁派六大宗主寺之一的夏河拉卜楞寺，道教第一山崆峒山，中国的旅游标志——武威出土的汉代铜奔马，世界最大的室内卧佛寺——张掖大佛寺，泾川西王母宫、永靖炳灵寺石窟、永登鲁土司衙门旧址等构成了璀璨夺目的艺术长廊。近年发现的永靖恐龙足迹、和政古生物化石，是一、二千万年前中生代白垩纪的遗址。

国民经济运行

2020年，在省委省政府的坚强领导下，全省各级各部门以习近平新时代中国特色社会主义思想为指导，认真贯彻落实党中央、国务院决策部署，科学统筹疫情防控和经济社会发展，坚持稳中求进工作总基调，坚持新发展理念，坚持以供给侧结构性改革为主线，坚持推动高质量发展，坚决打好三大攻坚战，扎实做好“六稳”工作，全面落实“六保”任务，全力应对疫情冲击和经济下行压力，全省经济运行稳定恢复、持续向好。

随着一系列统筹疫情防控和经济社会发展政策持续见效，全省经济运行由降转升、企稳向好，经济增速逐季提高。全省地区生产总值一季度下降3.4%，上半年由负转正，增长1.5%，前三季度提升至增长2.8%。全年实现地区生产总值9016.7亿元，比上年增长3.9%。其中，第一产业增加值1198.1亿元，增长5.4%；第二产业增加值2852.0亿元，增长5.9%；第三产业增加值4966.5亿元，增长2.2%。

【就业民生有效保障，经济基本面保持稳定】

1. 就业形势总体稳定

2020年，全省全面落实就业优先政策，减负、稳岗、扩就业并举，促进重点群体就业创业，就业形势总体稳定。全年全省城镇新增就业35.68万人，完成年度任务的104.9%；城镇登记失业率3.27%。共输转城乡富余劳动力526.9万人，比上年增长1.6%，完成年计划的105.4%；创劳务收入1317.6亿元，增长12.8%，完成年计划的111.7%。

2. 居民消费价格涨幅回落

持续抓好重要民生商品保供稳价工作，市场供求总体稳定，全年居民消费价格比上年上涨2.0%，涨幅自2月份以来呈逐月回落态势。食品价格是主要影响因素，拉动居民消费价格上涨1.8个百分点，其中猪肉价格上涨41.0%，拉动居民消费价格上涨1.0个百分点。八大类商品和服务项目价格“六升二降”。其中，食品烟酒价格上涨6.4%，其他用品和服务上涨4.3%，教育文化和娱乐上涨1.2%，医疗保健上涨0.6%，生活用品及服务上涨0.3%，居住上涨0.1%；交通和通信下降2.6%，衣着下降0.6%。

3. 基本民生有力保障

2020年，全省全力落实稳企业保就业各项政策，做好兜底保障和社会救助，城乡居民收入稳步增长，增速逐季加快。全年全省城镇居民人均可支配收入33821.8元，比上年增长4.6%，增速比一季度提高2.7个百分点；农村居民人均可支配收入10344.3元，增长7.4%，增速提高3.7个百分点。

重点民生领域支出保障有力。2020年，全省强化财政管理，开源节流，优化结构，着力保障民生等重点领域支出。全年全省一般公共预算收入874.5亿元，比上年增长2.8%，增速自4月份以来连续9个月回升。其中，税收收入下降1.7%，非税收入增长12.5%。一般公共预算支出4154.9亿元，增长5.1%，连续两个月正增长。财政11类民生支出3320.7亿元，比上年增长4.3%；占一般公共预算支出的80%。其中，卫生健康、社会保障和就业、农林水、节能环保等支出分别增长13.5%、9.7%、8.2%和7.0%。

环境质量持续向好。2020年，全省空气质量平均优良天数比率为93.7%，比上年提高0.6个百分点；PM2.5浓度为26μg/m^3，与上年持平；38个地表水国家考核断面均达到或优于Ⅲ类，水质优良比例为100%，无劣Ⅴ类水体。

安全生产形势总体稳定。2020年，全省各类生产安全事故起数、死亡人数、受伤人数和直接经济损失全面下降，比上年分别下降15.15%、14.25%、12.28%和16.27%，未发生重特大生产安全事故。

4. 市场主体活力不断增强

市场主体持续增加。2020年，全省持续改善优化营商环境，落实落细惠企政策，推动“不来即享”举措，千方百计激发市场主体活力。全年全省新设立市场主体28.07万户，比上年增长8.02%；日均新设立企业221户，比上年多31户。

招商引资较快增长。全年全省共实施省外招商引资项目2064个，到位资金3052亿元，比上年增长17.7%，连续7个月正增长。

减税降费成效明显。全省累计新增减税降费185.58亿元，其中2020年新出台支持疫情防控和经济社会发展的税费优惠政策新增减税降费有效减轻了市场主体的负担。

企业利润保持增长。2020年，全省规模以上工业企业利润总额284.3亿元，比上年增长3.7%；营业收入7290.3亿元，增长7.2%。

【生产持续提升，三次产业稳中有进】

1.农业生产形势良好，粮食产量创历史新高

2020年，全省认真贯彻中央、省委农村工作会议精神，加大政策扶持和资金投入力度，大力发展现代丝路寒旱农业、设施农业和规模养殖业，推动农业高质量发展，农业经济保持良好发展势头。全省实现农林牧渔及农林牧渔服务业增加值1237.3亿元，比上年增长5.2%。

粮食产量创历史新高。2020年，全省粮食产量1202.2万吨，比上年增长3.4%。其中，夏粮产量321.3万吨，下降1.9%；秋粮产量880.9万吨，增长5.5%。

畜牧业稳步加快。全年全省猪存、出栏分别比上年增长29.5%和2.4%，增速分别比上年提高41.4和8.6个百分点，其中能繁殖母猪存栏增长1.6%；牛存栏增长5.2%，增速提高1.1个百分点，出栏增长6.4%，增速持平；羊存、出栏分别增长10.3%和12.2%，增速分别提高4.9和6.4个百分点；家禽存、出栏分别增长18.8%和48.9%，增速分别提高11.7和2.3个百分点。

2.工业生产稳定增长，中小微企业快速增长

2020年，全省全力实施各项援企惠企扶持政策，积极支持推动企业复工复产，推动工业生产稳定增长。规模以上工业增加值增速自4月份转正以来持续较快增长，全年规模以上工业增加值比上年增长6.5%，增速比年内最低的一季度回升10.9个百分点，比上年提高1.3个百分点。采矿业、制造业、电力热力燃气及水生产和供应业三大门类全面增长，增加值分别比上年增长3.3%、6.0%和12.5%。全省38个行业大类中，有27个行业增加值同比增长，增长面71.1%，其中14个行业两位数增长。

从重点行业看，12个支柱行业11增1降，其中电子、机械、医药、电力、纺织行业增加值两位数增长。从轻重工业看，重工业增加值增长7.1%，轻工业增长3.1%。

3.规上服务业稳步恢复，邮政电信较快增长

全省规上服务业经济运行逐月回暖，2020年实现营业收入1231.9亿元，比上年下降7.0%，降幅连续7个月收窄。邮政电信较快增长。全年邮政业务总量47.13亿元，比上年增长22.0%；电信业务总量2556.96亿元，增长30.5%。

旅游业降幅逐月收窄。2020年，全省共接待游客2.13亿人次，实现旅游综合收入1455亿元，比上年分别下降43%和45.7%，降幅呈逐月收窄态势；旅游市场接待规模恢复至上年水平的57%和54.3%，恢复水平比全国分别高9和15.3个百分点。

4.金融运行基本稳定，小微企业贷款较快增长

2020年，全省严格落实各项稳保金融政策，积极拓宽融资渠道，不断加大对小微企业支持力度，推动金融业持续健康发展，为全省高质量发展提供有力金融支持。年末，全省金融机构本外币存款余额20992.7亿元，比上年末增长6.2%，增速比上年末提高0.4个百分点。本外币贷款余额22159.4亿元，增长7.2%，增速提高0.5个百分点。其中，小微企业贷款余额5082.9亿元，增长7.3%，增速提高5.1个百分点；比年初增加279.3亿元，占各项贷款新增量的18.9%，比重比上年末提高2.8个百分点。

5.货运量保持增长，客运量降幅收窄

2020年，随着生产生活秩序的有序恢复，交通运输稳步恢复，货运量保持增长、客运量降幅持续收窄。全年铁路货运量5966.1万吨，比上年增长11.2%，增速自6月份以来持续较快增长；公路货运量6.1亿吨，增长5.2%，增速自6月份以来保持增长。铁路客运量4153.3万人次，下降30.4%，降幅自4月份以来持续收窄；公路客运量2.2亿人次，下降37.7%，降幅自5月份以来持续收窄。

【需求持续回暖，投资消费加快回升】

1.固定资产投资较快增长，重大项目建设支撑有力

随着统筹推进疫情防控和稳投资各项政策措施落地实施，全省固定资产投资持续向好，增速自5月份由负转正后逐月加快。全年固定资产投资比上年增长7.8%，增速分别比1—2月和上年提高19.3和1.2个百分点。其中，项目投资增长7.9%；房地产开发投资增长7.8%，商品房销售面积增长15.4%。三次产业投资全面增长，其中，第一产业投资增长37.0%，第二产业投资增长0.4%，第三产业投资增长8.0%。

基础设施投资较快增长。2020年，全省基础设施投资比上年增长12.2%，增速比1—2月提高33.7个百分点，连续4个月保持两位数增长；占全省投资的30.9%，比重比上年提高1.2个百分点。其中，道路运输业和水利管理业投资分别增长13.2%和30.0%，分别拉动基础设施投资增长8.2和2.2个百分点；航空运输业成倍增长，拉动基础设施投资增长3.1个百分点。

畜牧业投资成倍增长。全年畜牧业投资比上年增长1.2倍，拉动第一产业投资增长35.0个百分点；占第一产业投资的47.7%，比重比上年提高17.4个百分点。

重大项目支撑明显。2020年，全省亿元及以上重大项目1650个，比上年多166个，其中新开工项目比上年多122个；完成投资增长21.9%；占全省投资的52.4%，比重比上年提高6.0个百分点，拉动全省投资增长10.2个百分点。

2.消费市场较快恢复，市场销售持续升温

2020年，消费市场受到疫情较大冲击，1—2月全省社会消费品零售总额降幅达15.8%。随着活流通促消费政策措施持续见效，居民消费潜力不断释放，市场销售持续升温。全年社会消费品零售总额3632.4亿元，比上年下降1.8%，降幅比1—2月收窄14.0个百分点；月度增速自8月份以来连续5个月保持增长。其中，限额以上单位消费品零售额下降0.3%，比

1—2月收窄22.3个百分点，降幅自一季度以来持续收窄。限额以上单位23个商品类值中有10类商品零售额增长。

全年全省批发业销售额比上年增长7.0%，增速比一季度提高0.7个百分点；零售业销售额增长1.4%，增速回升18.3个百分点；住宿业营业额下降12.7%，降幅收窄39.0个百分点；餐饮业营业额下降8.5%，降幅收窄39.3个百分点。

3. 出口总值降幅收窄，进口总值较快增长

全年全省进出口总值372.8亿元，比上年下降2.0%，降幅比上年收窄1.9个百分点。其中，出口85.7亿元，下降34.8%，降幅自5月份以来呈收窄态势；进口287.1亿元，增长15.3%，保持较快增长。

4. 用电量稳定增长，外送电量快速增长

2020年，全省工业用电量增速自4月份转正以来保持在5.4%以上，呈持续稳定增长态势。全年工业用电量1026.1亿千瓦时，比上年增长6.7%，增速比一季度提高4.1个百分点。

全年全省外送电量520.1亿千瓦时，比上年增长23.2%，增速自4月份以来保持两位数增长。

【新兴领域发展壮大，新动能增势强劲】

新产业加快增长。全年规模以上工业战略性新兴产业、高技术产业、装备制造业增加值分别比上年增长14.9%、22.0%和22.0%，分别占全省规模以上工业的10.9%、5.7%和6.3%。现代服务业保持增长，2020年，全省规模以上服务业中，科学研究和技术服务业、信息传输软件和信息技术服务业营业收入分别增长10.8%和2.7%。

线上销售快速拓展。全年全省限额以上批零住餐企业通过公共网络实现零售额22.0亿元，比上年增长1.14倍。在互联网销售持续增长带动下，全省快递业务量增长33.3%。

新动能投入持续加大。全年全省高技术制造业投资比上年增长33.2%，保持两位数增长。其中，计算机及办公设备制造业、医疗仪器设备及仪器仪表制造业投资均成倍增长，医药制造业投资增长35.3%，电子及通信设备制造业投资增长27.8%。

绿色发展稳步推进。初步核算，全年全省十大生态产业增加值2179.4亿元，比上年增长5.8%，增速比地区生产总值高1.9个百分点；占全省地区生产总值的24.2%，比重比上年提高0.5个百分点。

民营经济稳定增长。全年全省规模以上工业民营经济增加值比上年增长8.8%，增速逐月加快，占全省规模以上工业的21.7%。民间投资增长6.1%，增速比上年提高1.3个百分点。

2021年，是“十四五”规划开局之年，也是我国现代化建设进程中具有特殊重要性的一年，做好经济工作意义重大。各级各部门要按照省委十三届十三次全会暨省委经济工作会议对2021年经济工作总体要求，坚持稳中求进工作总基调，立足新发展阶段，贯彻新发展理念，融入新发展格局，巩固拓展疫情防控和经济社会发展成果，扎实做好“六稳”工作、全面落实“六保”任务，努力保持经济运行在合理区间，确保“十四五”开好局。

（郑萍萍）

自然资源

【自然资源】自然资源调查监测。根据甘肃省第二次全国土地调查，2018年度土地变更调查，截至2018年12月31日，全省土地总面积4258.89万公顷（其中宁夏自治区飞地5322.53公顷）。全省主要地类及面积构成情况：耕地537.67万公顷（8065.01万亩），占12.62%；园地25.52万公顷（382.78万亩），占0.60%；林地609.58万公顷（9143.63万亩），占14.31%；草地1417.23万公顷（21258.43万亩），占33.28%；城镇村及工矿用地79.97万公顷（1199.54万亩），占1.88%；交通运输用地27.04万公顷（405.65万亩），占0.64%；水域及水利设施用地74.73万公顷（1120.96万亩），占1.75%；其他土地1487.16万公顷（22307.37万亩），占34.92%。第三次全国国土调查：已完成甘肃省第三次全国国土调查统一时点更新，成果通过国家检查，调查阶段工作基本完成。正在开展耕地资源质量分类、成果分析、报告编制、数据库建设及2020年度国土变更调查。

自然资源和不动产统一确权登记。自然资源确权登记，配合自然资源部完成祁连山、大熊猫国家公园自然资源确权登记。开展敦煌西湖国家级自然保护区、民勤连古城国家级自然保护区、莲花山国家级自然保护区等3个自然保护区确权登记，冶力关国家森林公园、莲花山国家森林公园、卧牛山省级森林公园、洮坪省级森林公园等4个森林公园确权登记，疏勒河1条河流水流确权登记和洮河生态建设局、滩歌林场、洮坪林场、黑虎林场4个林场森林资源确权登记。不动产登记，全省14个市（州）、兰州新区和86个县区全面上线“互联网+不动产登记”。全年颁发不动产权证书57.78万本、登记证明30.95万份（累计颁发不动产权证书217.16万本、登记证明140.33万份），办理抵押业务16.87万件、涉及抵押贷款金额2227.55亿元。农村不动产登记，全省共有宅基地508.11万宗，应登记发证416.01万宗，已登记发证388.18万宗；集体建设用地共8.66万宗，应登记发证5.67万宗，已登记发证5.33万宗。易地扶贫搬迁安置住房不动产登记，全省共有易地扶贫搬迁安置住房11.41万套，分布12个市（州）、71个县（区）。截至2020年底，登记发证3.63万套，推进容缺办理安置住房登记发证0.55万套，总登记发证4.18万套。

自然资源开发利用。2020年，全省供应国有建设用地2542宗，供地总面积9604.18公顷。以出让方式供地5067.82公顷（其中招标拍卖挂牌出让方式供地4135.86公顷，协议出让方式供地931.96公顷）；以划拨方式供地4462.96公顷；以租赁方式供地73.4公顷。按供地用途分，供应工矿仓储用地1778.74公顷、商服用地750.41公顷、住宅用地1930.66公顷、公共管理与公共服务用地1711.19公顷、交通运输用地2717.33公顷、其他用地（特殊用地、水域及水利设施用地、其他土地）

715.85 公顷。全省国有建设用地出让合同价款 587.82 亿元，其中，以招标拍卖挂牌方式出让成交价款 544.57 亿元；以协议方式出让成交价款 43.25 亿元。土地租赁收入 627.81 万元。严格落实建设用地“增存挂钩”机制，处置批而未供土地 3411.03 公顷，处置闲置土地 484.91 公顷，完成自然资源部下达的批而未供和闲置土地处置任务。印发《甘肃省国有建设用地供应管理规定》，有序推动土地二级市场建设，稳步推进集体经营性建设用地入市，指导武威市积极探索、先行先试，于 2020 年 11 月 30 日顺利敲响全省集体经营性建设用地入市交易“第一槌”。

自然资源改革。统一行使全民所有自然资源资产所有者职责、统一行使所有国土空间用途管制和生态保护修复职责，印发《甘肃省自然资源资产产权制度改革实施方案》，建立了省自然资源资产产权制度改革联席会议制度，全省自然资源统一调查监测评价、自然资源统一确权登记、国土空间生态修复、国家公园体制试点、自然资源资产报告和负债表编制、生态环境损害赔偿、生态保护补偿机制建设、保护地内矿业权退出、自然资源行政执法与行政检察衔接等方面取得积极进展。探索解决祁连山地区各类自然资源权属管理不顺、资源保护乏力、开发利用方式粗放、生态退化等问题，建立归属清晰、权责明确、流转顺畅、监管有效的自然资源资产产权制度体系。印发《肃南县自然资源资产产权制度改革试点实施方案》，自然资源调查监测评价、自然资源统一确权登记、自然资源资产产权体系、自然资源整体保护、自然资源资产集约开发利用、自然生态空间修复和合理补偿、自然资源资产监管体系等七个方面 19 项改革试点任务全部完成。通过肃南县自然资源资产产权制度改革试点，形成可复制、可推广、利工作的自然资源管理模式。

【国土空间】国土空间规划。成立甘肃省国土空间规划委员会，省委办公厅省政府办公厅印发《关于建立全省国土空间规划体系并监督实施的工作方案》。完成省级国土空间规划 22 个专题研究阶段性成果，指导 14 个市（州）及 86 县（区）启动国土空间规划编制。下达 10 县（市）国土空间规划编制转移支付资金 250 万。起草了《甘肃省乡村规划编制框架性纲要》《甘肃省自然资源厅关于进一步加强全省村庄规划编制工作的意见》《甘肃省村庄规划编制导则(试行)》。指导天水市、陇南市、武威市、定西市、甘南州 5 个市州 13 个村庄开展“多规合一”实用性村庄规划编制试点，下达专项转移支付经费 200 万元。在国家尚未出台相关划定标准规范情况下，指导兰州市、武威市、白银市、天水市、敦煌市初步完成城镇开发边界试划。报请省政府成立甘肃省生态保护红线评估调整领导小组，制定工作方案和技术规则，组建工作专班以县区为单元完成评估调整工作。

国土空间用途管制。全年共完成建设项目用地预选 76 个，计划总投资 3630.29 亿元，拟用地总面积 16164.3 公顷，其中农用地 8280.33 公顷（含耕地 5382.56 公顷），未利用地 7100.61 公顷，原有建设用地 783.36 公顷。省政府共审查审批建设用地 421 个，总面积 16910.51 公顷，其中农用地 8307.49 公顷（含耕地 6668.08 公顷），未利用地 6578.68 公顷，建设用地 2024.34 公顷。按用地类型分，单独选址建设项目用地 8378 公顷，批次建设用地 8532.51 公顷。全年耕地开垦费入库 4.68 亿元，新增建设用地有偿使用费入库 10.54 亿元。

国土空间生态修复。全年共安排国土综合整治项目资金 74227 万元。其中，土地整理复垦和耕地保护项目资金 10100 万元，实施土地整治项目 16 个，建设规模 4415.79 公顷，计划新增耕地 641.46 公顷；切块下达市（州）、县（市、区）国土综合整治资金 64127 万元。全年 45 个省级土地整治项目通过专家组验收，累计建设规模 17309.04 公顷，新增耕地 639.65 公顷。全年安排生态保护修复资金 5271 万元（中央资金 2771 万元，省级资金 2500 万元），共修复历史遗留工矿废弃地面积 228.4 公顷。争取 2021 年度中央财政矿山生态修复资金 5890 万元，预计修复历史遗留工矿废弃地面积 385 公顷。

耕地保护与监督。支持深度贫困地区脱贫攻坚，用足深度贫困地区、集中连片特困地区、国家扶贫开发重点县支持政策。强化占用永久基本农田监管，不符合国家政策要求的建设项目，一律不得占用永久基本农田；对经批准占用的，严把项目审查，优化项目设计，最大限度压减占用面积，并落实补划。《全国土地利用总体规划纲要（2006-2020 年）调整方案》确定全省永久基本农田保护面积 399 万公顷（5985 万亩），实际划定永久基本农田保护面积 399.24 万公顷（5988.53 万亩）。划定永久基本农田储备区 4.12 万公顷（61.77 万亩），平均耕地质量等别 12.6 等。严格按照“以补定占，先补后占，占优补优，占水田补水田”的要求，对建设项目耕地占补平衡进行严格审查把关，通过耕地占补平衡动态监管系统进行挂钩与核减，全省已连续 21 年实现耕地占补平衡。2020 年自然资源部确认全省承担国家统筹补充耕地任务 1393.33 公顷，资金 16.12 亿元，国务院已批准第一批经费 7.49 亿元，面积 242.51 公顷。为保障国家和全省重点项目建设，开展省域内易地占补平衡，协调占补平衡指标 3053.33 公顷。

【地质矿产】矿产资源现状。截至 2019 年底，全省已发现矿产 119 种（计算到亚矿种为 130 种），其中已查明资源储量的 77 种（计算到亚矿种为 114 种），占全省已发现矿种的 65%，未查明资源储量的 42 种（计算到亚矿种为 66 种）。在已查明矿产资源中，能源矿产 7 种、金属矿产 31 种（计算到亚矿种为 36 种）、非金属矿产 39 种（计算到亚矿种为 69 种）、水气矿产 2 种。列入《甘肃省矿产资源储量表》的固体矿产 99 种、矿产地 1477 处（含共伴生矿产，下同），其中固体燃料矿产地 218 处，黑色金属矿产地 177 处，有色金属矿产地 312 处，贵重金属矿产地 433 处，稀有稀土分散元素矿产地 34 处，化工原料非金属矿产地 102 处，冶金辅助原料非金属矿产地 51 处，建材及其它非金属矿产地 150 处；其中大型规模矿床 126 个、中型 197 个、小型 1079 个；勘查程度为普查阶段的 641 个、详查阶段560个、勘探阶段199个。据《2019年全国占比排名》统计，在已查明的矿产中，资源储量名列全国第1位的矿产有11种，分别为镍矿、钴矿、铂矿、钯矿、铱矿、锇矿、铑矿、钌矿、硒矿、铸型用粘土、凹凸棒石粘土；前5位的有32种，居前10位的有60种。截至2019年底，列入《甘肃省矿产资源储量表》的固体矿产99种（不含亚种），其中燃料矿产2种，金属矿产36种，非金属矿产61种。与2018年比较，51个矿种的资源储量没有发生变化，48个矿种的资源储量发生变化，其中资源储量增加的有24种，减少的有24种。推进矿业领域生态文明建设和矿业转型升级，实现资源开发与环境保护协调发展，已建成酒钢集团镜铁山矿、金川公司白家嘴子镍铜矿、窑煤公司海石湾煤矿、金徽矿业郭家沟铅锌矿等25座国家级绿色矿山和7座省级绿色矿山。编制完成煤矿、石油天然气、金属矿、非金属矿、砂石粘土矿5个矿种的省级绿色矿山建设地方标准。

地质勘查。2020年全省共投入地质勘查资金5.72亿元，其中中央财政资金1.6亿元，地方财政资金2.92亿元（含省级地质勘查基金1.2亿元），社会资金1.2亿元。全年开展基础地质调查项目54个，投入资金8641.64万元。其中，开展1：5万区域地质矿产调查项目11个；1：2.5万区域地质调查项目1个；1：25万区域地质调查项目1个，调查面积2834平方千米，完成1：25万专题地质填图20000平方千米；开展区域地球物理调查项目1个，调查面积22400平方千米；开展区域地球化学调查项目13个，调查面积70平方千米；开展区域遥感地质调查2个；开展1：5万矿产地质调查项目9个，调查面积4387平方千米；开展1：5万矿产远景调查项目16个，调查面积5233平方千米；开展“甘肃省永登县树屏及周边地区彩色丘陵调查与评价”旅游地质调查项目1个。开展水工环地质调查评价项目55个，投入资金8694.89万元。完成1：25万水文地质调查15000平方千米、1：5万环境地质调查与评估1530平方千米、1：5万地质灾害详细调查7600平方千米、1：1万地质灾害详细调查474平方千米。开展“祁连山国家公园甘肃省片区民乐段自然资源资产价值评估”等自然资源综合调查项目5个。开展“土壤钝化剂及土壤一地下水联合修复”等地质科技及其他项目100个，投入资金1亿元。安排地下水动态监测项目1个，下达资金360万元。全年安排基金项目26个，下达资金1.2亿元，以北山成矿带、张掖盆地为重点区域，聚焦钒、晶质石墨、氦气、地热、矿泉水等重点矿种，初步提交煤炭资源量4.5亿吨（其中2.9亿吨资源量已评审通过）、金金属量22.9吨（其中15.2吨资源量已评审通过）、晶质石墨矿物资源量780万吨、钒氧化物资源量73万吨、硅灰石资源量186万吨，萤石矿物资源量6万吨、饰面用花岗岩2100万立方米、石英岩2000万吨。开展矿产勘查项目132个，投入资金2.9亿元。全年完成钻探149090.8米、坑探16423米、槽探139772立方米、浅井182米。涉及主要矿种为煤炭、铀矿、铁矿、铅锌矿、铜矿、钨矿、钼矿和金矿。全年新发现矿产地13个，其中大型5个，中型7个，小型1个。完成阶段性勘查的矿产地共9个，其中大型3个，中型5个，小型1个。全年评审新增备案资源储量的主要矿种有煤炭、铁、铜、金、铅、锌、钒、晶质石墨、花岗岩等。其中新增煤炭资源储量13876万吨、铁矿石量2999万吨、铜金属量22096吨、金金属量24.9吨、铅金属量15.23万吨、锌金属量75.69万吨、钒氧化物资源量26万吨、晶质石墨矿物资源量210万吨、花岗岩1259万立方米、C级矿泉水允许开采量1782立方米/天。

矿业权管理。截至2020年12月31日，全省共设置非油气探矿权871宗，其中部级发证44宗，省级发证782宗、市级发证45宗。全省探矿权优势勘查矿种主要集中在金、铜、铁、铅锌等金属矿产。金矿勘查主要集中在酒泉、甘南、陇南、天水；铜矿主要集中在酒泉、张掖、陇南、天水；铅锌主要集中在陇南、酒泉；铁矿主要集中在酒泉、张掖。截至2019年底，全省共有各类非油气采矿权2331个。其中自然资源部发证19个，省自然资源厅发证345个，市（州）自然资源局发证457个，县级自然资源局发证1510个。2020年办理矿业权报件166宗。其中，探矿权117宗，采矿权49宗。共颁发采矿许可证38个。其中，新立4个，变更16个，延续18个，划定矿区范围6宗，注销采矿权5宗。共颁发勘查许可证96个。其中，新立4个，延续70个，保留18个，变更4个，非申请注销5宗，注销10宗，公告废止6宗。

矿产资源开发利用。截至2019年底，全省共开采8大矿类、80种矿产，矿山构成以建材和其它非金属矿产为主，占总数的78.16%。其中，属县级自然资源局发证的砖瓦用粘土矿836个，占总数的35.86%；建筑用砂矿243个，占总数的10.42%。从业人员中，能源矿产、建材和其它非金属矿产所占比重最大，分别为44.85%、27.83%。工业总产值中，能源矿产、有色金属矿产所占比重最大，分别为42.06%、28.44%。大中型矿山数量所占比重较低，小型矿山所占比重最大。大中型矿山中，建材、能源、贵重金属类所占比重最大。其中，能源矿产大型矿山18个、中型10个，黑色金属矿产大型4个、中型6个，有色金属矿产大型3个、中型11个，贵重金属矿产大型4个、中型22个，冶金辅助原料非金属矿产大型7个、中型8个，化工原料非金属矿产大型2个、中型3个，建材和其它非金属矿产大型矿山35个、中型76个。推进全省各级各类保护地内矿业权清理退出，各级各类保护地内536宗矿业权（探矿权342宗、采矿权194宗），已退出483宗（探矿权311宗、采矿权172宗）。祁连山国家公园内115宗矿业权已分类退出93宗，大熊猫国家公园内11宗矿业权已分类退出9宗。2020年，全省矿业权出让收益及使用费入库8.29亿元，其中采矿权出让收益8.23亿元，探矿权出让收益231.4万元，矿业权使用费收入324.29万元（含探矿权使用费214.43万元，采矿权使用费109.86万元）。

地质灾害防治。全省查明地质灾害隐患点19678处，威胁人口达241.94万人，威胁财产1105.70亿元。全年发生地质灾害1714起，造成11人死亡、5人受伤，直接经济损失15.54亿元，按灾害级别分，发生特大型地质灾害17起、大型39起、中型

292起和小型1366起，按灾害类型分，发生滑坡1099起，崩塌233起，泥石流229起，塌陷16起，地裂缝137起。发生的灾害数量是2015-2019年五年总和（650起）的2.64倍，因灾死亡人数较上年减少8人。

制作省级地质灾害气象风险预警56期，制作市级风险预警产品371期、县级2627期。自然资源部在陇南等重点县区安装80处运行普适性监测设备，建成运行182个专业监测点，发挥全省8364名群测群防员作用，全年成功预报地质灾害27起，避险转移2267人，避免伤亡1754人，避免直接经济损失1.43亿元。制定《甘肃省2020年度地质灾害防治方案》，印发《甘肃省陇南等地暴雨洪涝灾害灾后恢复重建规划地质灾害防治专项实施方案》。

组织开展省级群测群防宣传培训5次，参与621人次。开展“4.22”地球日、“5.12”防灾减灾日、舟曲“8.8”特大山洪泥石流十周年巡展，地质灾害大讲堂直播、大型地质灾害防灾减灾宣传活动，在6市州开展地质灾害综合防治巡展和3次省市县三级地质灾害避险演练，参与人员达15万人次，发放宣传册1.5万余册。

全年投入地质灾害防治专项资金12.32亿元。实施地质灾害治理工程项目76个，地质灾害排危除险项目244个，调查评价类项目113个，监测预警类项目30个，防治能力建设项目10个，避险搬迁7896户。提前下达2021年中央财政自然灾害防治体系建设补助资金2.67亿元，已完成实施方案和项目下达。

【测绘地理信息】基础测绘。甘肃省卫星导航定位连续运行基准站网运行稳定，全年为省内外数十个行业370多家单位、近2000个用户累计提供高精度位置定位服务12万小时。全年完成酒泉、临夏、定西及甘南1∶1万数字地形图测绘与更新4.28万平方千米（1709幅）。截至2020年，全省数字线划地图（DLG）覆盖面积约32.08万平方千米，覆盖率75.34%，数字高程模型（DEM）覆盖面积约39.84万平方千米，覆盖率93.58%，数字正射影像（DOM）覆盖面积42.58万平方千米，覆盖率100%。

测绘地理信息服务。共受理办结“法人或者其他组织需要利用属于国家秘密的基础测绘成果审批”689件，向178家行政机关和企事业单位提供涉密基础测绘成果58220幅（个）。累计提供专用政务用图保障150余次，编制专题图件41幅，提供各类地图1300余幅，政务图包30套，地图450幅，地图集（册）约2000册；为省联防联控领导小组办公室提供湖北省及武汉市漫入甘肃人员定位数据22万余条，制作专题图件15幅，报送每日专报76期。甘肃省地理信息公共服务平台“天地图•甘肃”公众版累计访问量约208万余次。完成定西市、临夏州两个地理信息资源目录服务系统市级子站建设。向受灾地区提供33个批次、约1503.12GB数据量的灾前灾后正射卫星影像。

测绘地理信息监管。全省共有测绘资质单位508家，其中国有企业80家，民营企业321家，事业单位107家，按等级分，甲级资质25家，乙级资质90家，丙级资质205家，丁级资质188家。省级抽检甲、乙、丙级测绘资质50家，抽检比例9.8%、合格率91.7%；抽检测绘项目质量30家，抽检比例5.9%、合格率89.7%。受理地图审核审批13件、共81GB。其中纸质地图11件、审核纸质地图535幅，互联网地图2件。予以行政许可核发审图号15个，不予行政许可1个。受兰州市、酒泉市自然资源局委托转办地图内容技术审查4件，审批拆迁永久性测量标志1个。对全省608家网站（其中自然资源系统网站38家、政府部门网站523家、新闻媒体网站47家）开展互联网地图监管，鉴定地图图片2839张，发现问题图片943张，已及时进行处置。

（刘志广）

防震减灾

【地震活动】2020年甘肃共发生2.0级以上地震69次。其中，2.0—2.9级57次，3.0—3.9级11次，4.0—4.9级1次，最大地震为1月30日酒泉市阿克塞县4.2级。2020年省内地震活动强度不高，主要呈现西强东弱的特点。空间上，2级以上地震分布特征不明显，3级以上地震中有8次集中分布于甘肃中西部地区，4次在甘肃东南部地区。时间上，8月份发生2级以上地震最多，共10次；9月份发生地震次数最少，共3次。另外，3级以上地震主要集中发生在前半年。

【地震监测预报】强化震情跟踪与研判。加强全省震情监视跟踪工作组织与协调，健全了省、市、县地震部门和地震台站紧密结合的震情跟踪工作机制，制定了《甘肃省震情监视跟踪和应急准备工作实施方案》；建立了南北地震带北段构造协作区震情监视跟踪工作机制，制定了《南北地震带北段构造协作区震情跟踪工作方案》；深化会商机制改革，进一步完善了测震和地球物理学科强震短临预报指标体系，组化了“全国震情会商技术方案”。完成了2020年全国“两会”、十九届五中全会及2020年国庆、中秋“两节”地震安全保障服务工作。

协调推进重大项目实施。全力推进“国家地震烈度速报与预警工程甘肃子项目”建设，完成预警项目一般站安装调试运行，并初步形成烈度速报能力。台站土建完成100%，完成设备采购；已办结91个新建基准站征地手续；完成100个新建基准站租地，主体完工新建基准站107个、基本站100个，改建基准站57个。为切实增强做好地震预警工作的主动性、紧迫性和责任感，进一步加强对地震预警工作的组织领导和统筹协调，成立了甘肃省地震局地震预警工作推进领导小组。

强化市县地震核心业务。优化市县地震台网建设，争取资金97万元，支持市县地震监测项目；在洪涝灾害期间，积极筹措经费65万元，下拨给陇南、甘南等市县地震部门用于灾害抢险；组织市县地震部门100余人次参加了监测预报业务各类培训。

【地震灾害防御】抗震设防要求。推进行政审批制度改革和“放管服”改革。理顺重大建设工程抗震设防要求监管机制和监管流程，认真落实建设工程地震安全性评价事前事中事后监管要求。持续对政府部门、企业开展第五代区划图宣贯工作。兰州新区地震小区划纳入甘肃省地方标准《建筑抗震设计规程》。开展建设工程地震安全监管检查。为全面加强建设工程抗震设防监管，摸清地震灾害风险底数，按照中国地震局要求，2020年3—7月，在全省范围内开展了地震安全监管检查工作，共完成2016年以来的重大工程94项，高层建筑58项；2009年以来学校建设工程5077项，医院建设工程723项，一般建设工程2749项。

地震安全性评价。开展地震安全性评价监管。按照中国地震局安排部署，2020年度内检查了省内5家地震安全性评价单位开展地震安全性评价情况，抽查了在甘肃省内开展的11项工程项目地震安全性评价报告，并按照中国地震局要求对抽查发现的不合格的安评报告责令进行整改；制定相关制度。印发了《甘肃省区域性地震安全性评价管理办法（暂行）》（甘震发〔2020〕40号）；组织区域性地震安全性评价报告技术审查。组织专家对华亭工业园区区域性地震安全性评价项目报告和兰州榆中生态创新城建设项目区评报告进行技术审查。陇南市地震小区划报告已通过中国地震局震害防御司组织的验收。

活动断层探测。采用地质地貌调查、条带状填图与地球物理探测、钻孔勘探、槽探等相结合的技术途径，开展武威市活动断层探测与地震危险性评价工作。本年度完成了区域地震构造环境专题报告及区域地震构造图编制，积极进行区域地震构造环境专题数据库入库检测及修改；补充进行了目标区活动断层鉴定野外工作，对野外断层推测点进行了电磁剖面试验性探测；编制了详勘设计实施方案。通过综合探测，查明武威市目标区内主要活动断层的地表准确位置、规模、活动性及地震危险性；提供标绘在1∶5万或1∶1万地形图上的主要活动断层分布图、地震危险性概率分布图和地震危害性评价图，使城市的新建工程，尤其是生命线工程和可能引起严重次生灾害的工程避开活动断层，提高城市发展和工程设施建设防御地震灾害的能力，增强政府对防震减灾的决策效能。

【应急保障】积极探索推进新形势下“全灾种、大应急”管理模式，在全力做好疫情防控的同时扎实做好地震应急准备，全面提升地震应急工作能力。坚持统筹谋划，积极落实防震减灾责任。召开省防震减灾工作领导小组（省抗震救灾指挥部）扩大会议，传达学习国务院防震减灾工作联席会议精神，总结全省防震减灾工作，分析研判地震活动趋势，安排部署防震减灾重点工作。协调省抗震救灾指挥部成员单位对年度地震重点危险区涉及的8个市州和部分县区开展地震灾害防范应对准备专项检查，督促推动各项准备工作落实到位。配合国务院抗震救灾指挥部办公室检查督导甘肃地震灾害防范应对工作，及时向省抗震救灾指挥部成单位和相关市州通报问题，制定印发整改方案，督导全面整改，向国务院抗震救灾指挥部报送整改落实情况。开展地震重点危险区调研，编制完成《2020年甘肃省地震重点危险区地震灾害预评估与应急处置要点报告》，组织专家评审后分送防震减灾工作领导小组主要成员单位和相关市州政府，为抗震救灾提供技术支撑。派出地震现场工作队参加宁夏海原西北片区纪念海原大地震100周年联合应急救援演练、协同开展2020年甘肃省重大灾害事故应急救援综合演、参加白银市地震灾害及危险化学品事故综合应急演练，检查了地震现场工作队实战工作能力。兰州国家陆地搜寻与救护基地迎合改革发展新要求，积极培养符合综合应急救援任务需求的专业技术骨干，2020年举办8期专业救援队伍培训班，培训综合性应急救援技术骨干300余人次。

推进重点项目实施，加强应急条件保障。全力推进搜救基地配套项目建设，年内协调完成了主体验收、室外管网设计和施工招标、供电设计手续办理等工作，积极为应急救援技术培训提供硬件保障。全面完成地震应急装备库建设，完成地震应急装备搬迁登记入库工作，强化地震应急设备装备保障。按照中国地震局要求，全力实施大震应急物资储备项目实施，完成统招分签和自行采购项目合同签订、验收入库工作。

【学术交流】2020年6月11日，中国科学院国家空间科学中心研究员等到甘肃省地震局开展调研和学术交流活动，共同研究探讨电磁学科的地震预测预报问题。8月31日，兰州理工大学教授应邀为甘肃省地震局专家和科技人员作题为《黄土工程新技术的研发和理论分析》的学术报告。兰州岩土地震研究所、预报中心和局科学技术处等单位的30余名科技人员参加交流。10月13日—14日，由白银市人民政府、甘肃省应急管理厅和甘肃省地震局共同在白银市举办了纪念海原地震100周年学术研讨会，来自中国科学院西北生态环境资源研究院、兰州大学、中山大学、中国地震局地震预测研究所、南京工业大学、兰州交通大学、上海市地震局等十余家学术单位的专家学者和全省14个市州地震部门代表100余人参会，邀请中国科学院西北生态环境资源研究院研究员、中国地震局兰州地震研究所研究员做了大会主题报告，与会专家学者围绕海原地震以及西部大震的发震机理、震灾风险防治、应急管理等领域进行交流研讨。

【法制建设和科普知识宣传】2020年，落实国务院、省委省政府和中国地震局“放管服”改革部署，动态调整省级地震部门权力和责任清单26项，涉及2项行政许可、8项行政处罚、1项行政奖励、15项其他行政权力。将一般建设工程抗震设防要求审批事项纳入全省并联审批系统，14个市州开展了行政审批，开展定期检查确保监管到位。对保留的2项行政审批事项实行目录化、编码化管理，编制了办事指南和工作流程。将依申请类的行政职权在甘肃政务网上公布行权，基本实现了政府系统行政审批和服务事项的“一站式”网上办理和“全流程”效能监管。依法履行防震减灾职能职责，落实省委、省政府领导批示54次；大力推进国家地震烈度速报与预警工程甘肃子项目建设；开展了年度地震重点危险区灾害风险预评估，联合省应急厅开展了地震应急准备工作检查；开展了引水工程、铁路、公路、隧道、机场等4项重大工程地震安全性评价服务；主动参与地震灾害风险调查和重点隐患排查工程、地震易发区房屋设施加固工程方案设计；深化机构改革，新成立了宣教部、兰州区域研究所；编制了局“三定”方案报中国地震局审核；联合省应急厅新创建综合减灾示范社区45个，组织认定防震减灾科普示范学校33所；组织法治科普专家队伍开展科普活动80余场；成立了甘肃省防震减灾“十四五”专项规划工作机构、开展了编制预研。

抓依法行政、决策部署、组织领导，主要负责同志严格履行第一责任人职责，着重抓住立法、执法、普法的关节环节，每年听取汇报3—4次，协调解决困难问题，保证防震减灾各项任务在法治框架内实施。近年来，落实习近平总书记以及应急管理部、中国地震局、省委省政府领导防震减灾指示批示80多件。主要负责同志全程参加全国人大对甘肃省落实防震减灾法执法检查，以甘肃防震减灾工作领导小组名义向44个成员单位、14个市州部署了整改任务分工，安排本行业内部整改任务，靠实责任、明确时限；全程参加省人大组织的《甘肃省防震减灾条例》立法后评估；严格执行述法制度，向中国地震局专题报告防震减灾法治建设开展情况。

（许丽萍）

气象

【气候概述】2020年全省平均气温8.8℃，较常年同期偏高0.6℃；降水量506.5毫米，偏多26%，为近17年第二多。暴雨日数偏多，范围广、影响大，陇东南受灾严重；夏季高温次数偏多、范围小、持续时间短；冰雹日数较常年偏少，但范围为近三年最大，局地受灾较重；大风、沙尘天气少；寒潮、强降温天气偏少，共出现3次区域性强降温天气过程。2020年总体气候条件较好，水资源评价为丰水年，人体舒适度较高，但区域气候事件和气象灾害对农牧业、生态环境、人体和水资源造成一定影响。

【气温概况】2020年，全省平均气温8.8℃，较常年同期偏高0.6℃，但为近6年最低。从各地平均气温看，张掖市南部、武威市南部和甘南州西部为1~5℃，酒泉市北部、武威市北部、白银市、兰州市中部、天水市、平凉市东部、庆阳市、甘南州东南部和陇南市北部为9~13℃，陇南市南部为13~16℃，省内其余地方为5~9℃；与常年同期相比，酒泉市南部、武威市和定西市西部、甘南州中北部、庆阳市和陇南市南部接近常年，其余地方偏高0.5~1.5℃。从全省各月平均气温与常年同期相比情况看，10和12月气温分别偏低0.1℃和1.2℃，其中10月为2008年以来最低，12月为2006年以来最低；1—3月均偏高1.6~2.1℃，均为近3年最高，其余月份偏高0.1~1℃。1—3月全省平均最高气温和最低气温偏高0.5~4℃，10月与12月平均最高气温偏低，11月平均最低气温偏高。

暖冬特征明显，多地最高气温创新高。2019/2020年冬季（2019年12月—2020年2月）全省平均气温-2.7℃，较常年同期偏高1.5℃，为近60年第二高，为暖冬年份。甘肃大部区域冬季平均气温偏高1.5~2.5℃，兰州等22县（区）为近60年第二高。全省冬季平均最高气温为5.1℃，偏高2.0℃，5县（区）平均最高气温破历史同期记录，13县（区）为近60年第二高。

全年日照时数1961年以来最少。全省年平均日照时数为2168小时，较常年同期偏少269小时，为1961年以来最少。与常年同期相比，全省年日照时数均偏少，其中55个县（区）偏少500小时以上，尤其夏、秋季日照明显偏少，致使部分作物生长期延长。

【降水概况】2020年全省平均降水量505.5毫米，较常年同期偏多25%，为近17年第二多（2018年，514.5毫米）。从各地降水量看，酒泉市北部为11~100毫米，酒泉市中南部、张掖市、武威市、兰州市和白银市为100~400毫米，甘南州东南部和陇南市东南部为800~1250毫米，省内其余地方为400~800毫米。与常年同期相比，白银市南部、定西市、甘南州、天水市、平凉市、庆阳市西部和陇南市偏多2~7成，酒泉市、张掖市西部和武威市东北部偏少2~8成，省内其余地方接近常年同期。从全省各月降水量与常年相比情况看，3、4和9月分别偏少32.3%、31%和27%，其余各月均偏多，8月偏多102.1%，为1961年以来最多，11月偏多25%，但为近3年最少，12月降水偏多44%，为近5年最多，其余各月降水量偏多8%~38%。

【主要气候事件】2020年主要的天气气候事件有暴雨、冰雹、高温、连阴雨、大风和沙尘。

暴雨洪涝偏多，局地受灾严重。2020年全省23县（区）出现暴雨，暴雨日数较常年偏多。暴雨主要出现在8月份的白银、定西、平凉、庆阳、天水、陇南和甘南7市（州）。暴雨引发山洪、滑坡和泥石流等灾害和城乡积涝，农经作物及基础设施损失巨大。年内10县出现极端日降水事件，较常年偏多。6月26日静宁县和8月17日文县日降水量破建站以来极值。8月暴雨连续侵袭陇东南，引发山洪泥石流灾害。8月1~20日白龙江、白水江、嘉陵江流域及周边地区连续出现3次暴雨天气，累积降水量均超过230毫米，较常年同期偏多3.2~4.5倍，均为历史同期最大。三流域各县（区）累积降雨量（除宕昌外）、降雨日数、大雨日数和暴雨日数均居1961年以来同期第1位。大范围暴雨致使陇东南发生严重的山洪、泥石流灾害。

冰雹偏少，局地受灾较重。2020年全省27县（区）出现冰雹天气，较常年同期偏少，但范围为近三年最大，局地冰雹灾害影响大，主要出现在兰州、定西、平凉、天水和甘南等市（州），尤以5月冰雹造成农经作物、基础设施等受灾较重。5月30日和31日，定西市通渭县两次遭遇风雹天气，最长降雹持续时间约30分钟，最大冰雹直径40

毫米；6月24日，平凉市崆峒区和崇信的部分乡（镇）遭受强冰雹袭击，最长降雹持续时间约20分钟，最大冰雹直径50毫米；冰雹使两地农作物、经济作物、林果业和设施农业损失惨重。

高温次数偏多、范围小、持续时间短。2020年全省共20县（区）出现35℃以上高温天气，较常年偏多，但为近5年最少。敦煌、瓜州、鼎新和文县4县（区）高温持续10~25天，其余地区1~8天。46县（区）出现32℃以上高温天气，较常年偏多。年内区域性高温出现在7月7日、7月27日、7月28日和8月26日。

大风、沙尘天气少。2020年全省大风、沙尘日数较常年偏少。5月3日民勤出现1次沙尘暴，分别有26、29县（区）出现扬沙、浮尘天气，均为1961年以来最少；59县（区）出现大风天气，较常年偏少，为2010年以来最少，主要出现在2月中旬、4、5月上旬和6月下旬的酒泉市、张掖市、武威市、兰州市、白银市、定西市和庆阳市，造成部分区域农作物受灾。

寒潮、强降温次数少，范围广。2020年全省寒潮、强降温较常年同期偏少。71县（区）出现寒潮天气，主要出现在1月上旬至6月上旬、9月中旬至12月下旬，其中2月15~16日9县（区）出现区域性特强寒潮，3月9~10日、11月21~22日和12月30日14县（区）出现特强寒潮，最低气温在-25~-10.2℃之间，24小时降温3.4~12.7℃，48小时降温6.9~16.1℃。年内共有34县（区）出现强降温天气，主要出现在2月上旬至3月下旬、5月上旬、6月上旬、11月中旬至12月下旬，其中2月13~16日、3月26~27日和12月28~30日出现区域性强降温天气过程，48小时降温5.4~15.1℃。4月4~5日、8日、11~12日和24~25日，全省73县（区）出现霜冻，为近10年最多；河西地区霜冻日数为11~26天，河东大部地区为6~19天。5月9-12日，庄浪、灵台、陇西、张家川、康县、徽县和两当等地出现寒潮，其中两当24小时降温达10.6℃，庄浪48小时降温高达11.7℃，酒泉、张掖、金昌、武威、白银、定西等市部分地方出现霜冻。

临夏州出现10月史上最强暴雪。10月26~27日，武威以东出现大范围雨雪，临夏州出现有气象记录以来的10月份最强暴雪，全州63个乡（镇）最大积雪深度达10厘米以上，最大积雪深度达33厘米（东乡县关卜乡）。此次降雪致使临夏州5县（区）出现雪灾。

【**气候专题影响评价**】2020年天气气候事件引发暴雨洪涝、冰雹、霜冻、大风、沙尘和干旱灾害，对农业、生态环境、旅游业和水资源造成一定影响。根据灾害影响分析和定量化评估，暴雨、冰雹和霜冻灾害造成的损失较大。

气候对农林牧业的影响：2020年气候条件较好，利于农业生产，但局地的冰雹、霜冻、暴雨等灾害对农业有一定影响。根据灾害发生时间与农作物关键生育期对照分析，定量评估气候条件和主要灾害对农业的影响，2020年气候条件对农牧业影响较大的区域主要为定西、甘南、平凉、天水、陇南等市州，尤其正值农作物和林果关键生育期，4、5月份出现了近10年最多的霜冻，并且强度和范围较大，5月份河西、定西和庆阳等地出现低温冻害，河东大部出现冰雹，灾害造成冬、春小麦和玉米及苹果、桃等受损；夏季降水偏多，虽有效缓解了前期旱情，但暴雨造成陇东南农作物受灾；秋季连阴雨过程多，利于小秋作物生长；冬季冬麦区大部降水偏多，封冻墒情良好，总体利于冬小麦返青和经济林果的萌芽。

气候对水资源的影响：2020年降水资源等级为异常丰水年，为2017年以来连续第四个丰水年，是1991年以来第三高。但降水分布不均匀，上半年河西降水偏少，酒泉部分水库干枯，而河东降水明显偏多，尤其是大雨以上日数偏多明显，区域性暴雨和连阴雨日数偏多，对黄河上游甘肃段各支流水系和水库蓄水有利，但同时也给防汛抗灾工作带来较大压力。

气候对生态环境的影响。2020年5—9月，全省中东部大部地区降水偏多、气温偏高，气候条件有利于植被生长，生长季（5—9月）全省平均植被指数NDVI为0.3284，较近20年同期平均偏高13.5%，为2000年以来历史同期第三高值，仅低于2018和2019年。植被指数越高表明植被长势越好，2020年生长季全省植被长势偏好，同时也反映出近20年甘肃植被长势为持续向好的态势。

气候对人体健康的影响：全省气候舒适日数为101天，接近常年同期，大部分区域人体舒适度较高。武威市南部、定西市北部和甘南州60天以下，酒泉市北部、张掖市北部、武威市北部、白银市、兰州市南部、天水市大部、陇南市北部、平凉市和庆阳市为100~160天，陇南市南部为160~200天。

（蔡元成）

水利

【**概述**】2020年，全省水利各项工作取得重要进展。脱贫攻坚农村饮水安全圆满收官，历史性解决了甘肃农村饮水安全问题。黄河流域治理保护水利规划体系初步建立。全年完成水利固定资产投资160亿元。引洮供水一期、民勤红崖山水库加高扩建、引洮会宁北部供水工程通过竣工验收。白龙江引水、引哈济党等重大项目前期工作进展顺利。水网规划建设取得阶段性进展，《甘肃省水安全保障规划》印发实施。甘肃省取水许可审批及电子证照应用系统上线运行。河湖治理管护持续发力，各级河湖长制“名实相副”。水治理体系和治理能力现代化持续推进，为加快建设幸福美好新甘肃、不断开创富民兴陇新局面提供了坚实的水利保障。

【**水资源**】2020年，全省总供水量109.89亿立方米。其中，地表水工程供水82.10亿立方米，地下水工程供水23.56亿立方米，其他水源供水4.23亿立方米。全省总用水量109.89亿立方米。其中，生产用水89.91亿立方米，生活用水9.27亿立方米，生态环境用水10.71亿立方米。万元地区生产总值用水量为121.9立方米，万元工业增加值用水量为27.3立方米，农田灌溉水有效利用系数为0.5703。

国家水资源监控能力二期项目8月通过水利部技术评估，形成《甘肃省水质监测基础方案》《甘肃省水资源监测体系建设工作调研报告》《甘肃省水文站网、取退水口、地下水监测站网调研报告》等成果报告。开展地下水超采治理，全年关闭机井1365眼，压减水量4.06亿立方米，超额完成3.22亿立方米治理目标。全省地下水取水许可核查全面完成，建立地下水位变化通报机制。积极推进重大项目水资源配置保障，甘肃省取水许可审批及电子证照应用系统于12月30日上线运行，同日颁发首张取水许可电子证照，标志着甘肃省取水许可迈入数字化电子证照时代。

【重大水利工程】在建重大水利项目共8项均已完成年度目标任务，其中引洮供水二期骨干工程完成投资11亿元、南阳渠提质增效工程完成投资6.04亿元、甘肃中部生态移民扶贫开发供水工程完成投资11亿元、引洮供水二期配套城乡供水工程完成投资16亿元、古浪县生态移民暨扶贫开发黄花滩调蓄供水工程完成投资3.01亿元、临泽县水系连通及农村水系综合整治项目完成投资1.13亿元、酒泉市洪水河水库完成投资1.5亿元。黄河干流甘肃段防洪工程全面完成建设任务，累计完成投资33.98亿元，治理河道总长262公里。民勤红崖山水库加高扩建工程全面建成并通过竣工验收，水库总库容由0.99亿立方米增加到1.48亿立方米，保障每年向青土湖输送3180万立方米生态水量。白龙江、引哈济党两工程已纳入国务院近3年实施的全国150项重点水利工程名录，水利部水规总院组织召开了白龙江引水工程可研审查会和引哈济党工程技术讨论会，前期工作取得重要进展。

【农村饮水安全】农村饮水安全现行标准全面达标。全省脱贫攻坚农村饮水安全冲刺清零后续建设任务于2020年6月底全部完成，巩固提升集中供水工程550处，改造冬季冻管3393公里，新建及改造老旧管网8316公里，改造水源283处，新增及维修调蓄水池966座，完成投资17.89亿元。全省农村饮水安全达到现行退出标准，农村集中供水率达到91%、自来水普及率达到88%，均高于全国平均水平，历史性解决了甘肃农村饮水安全问题。

农村饮用水水质：争取中央补助资金6.89亿元，在31个贫困县区实施121处“苦咸水”改水工程，166个乡镇934个行政村39.52万人的苦咸水问题得到解决。联合省卫健委、省生态环境厅制定印发《甘肃省农村饮用水水质提升意见的通知》，督促各地合力提升农村饮用水水质。分8期完成对86个县区水质检测中心160名检测人员业务实操培训。

农村供水管理：全省86个县（区）县级政府主体、水行政主管部门监管、供水单位运行管理“三个责任”全面落实，县级运行管理机构、办法、经费“三项制度”全部建立，水质检测设备、人员、经费“三个到位”保障有力，计量收费、投诉处理、应急抢修“三项机制”稳步推进。落实供水“最后一米”乡村两级管护责任，以县为单位组织开展水管员业务实操培训，全年共培训水管员2万余名。督促各地加强水费收缴，千人以上工程全部定价，水费收缴率达到95.38%，提前达到水利部年底达到90%要求。

【水旱灾害防御】2020年全省降水量较常年偏多，时空分布不均。黄河上游干流发生3次编号洪水，长江流域发生流域性大洪水，全省共17条河流发生71站次超警洪水。河东地区持续降雨，河道洪沟洪水泛滥，22个县（区）出现暴雨，累计243站次出现大雨，为1961年以来最多。全省因涝灾害造成11个市（州）、60个县（区）635个乡镇水利工程设施受灾，水利工程直接经济损失81.22亿元，为近年来最重。河西地区春夏连旱，降水偏少2~5成，局部地方旱情严重。因干旱灾害造成作物受旱面积50.11万亩，有2.12万人一度出现饮水困难，农业直接经济损失约6830万元。甘肃加强旱区水资源调度，采取“总量包干，按亩配方，分轮供给，超用不补”等措施，将河、库、井水统一列入配水计划。酒泉市、白银市等地投入抗旱资金2080万元、抗旱人力3.5万人次、抗旱设备2800多台套，确保群众生活不断水、农业受旱不减产。全年发布山洪预警88次、河流洪水预警125次。现场指导碧口水库开展防洪调度，削峰率18%，拦蓄洪水8.4亿立方米。定西市岷县遭受严重暴雨山洪，因预警及时，提前转移1635户7017人，有力避免了群死群伤。全年落实水利救灾资金19479万元用于水毁水利工程修复，组织各地抢修水毁水利工程设施。科学应对陇南市文县石鸡镇、康县周家坝镇、甘南州迭部县旺藏镇等地堰塞险情。

【水利规划】水安全保障规划：历时两年编制完成的《甘肃省水安全保障规划》于3月25日经省政府正式印发。立足省情、水情，从着力保障水资源安全、供水安全、生态安全、防洪安全出发，提出了涵养水、抓节水、优配水、保供水、防洪水“五水共抓”的总体思路，确定了“西控、南保、东调、中优”的水安全保障总体格局，建立了水资源高效利用、供水安全保障、水生态安全保障、防洪安全保障、现代水治理等“五大”水安全保障体系，谋划了打好安全清洁饮用水攻坚战、农业高效节水攻坚战、供水能力提升攻坚战、水生态修复与保护攻坚战、防洪减灾能力提升攻坚战、监管能力提升攻坚战等“六大”攻坚战。

水网规划建设：《甘肃省水网建设专项实施方案》于5月11日印发实施。编制完成《甘肃省“十四五”水利发展规划》待审。全省水利基础设施空间布局规划编制工作已形成初步成果并报水利部。提前完成中小河流治理、水库除险加固“十四五”专项规划，并上报水利部备案。

【黄河流域生态保护和高质量发展】黄河流域生态保护和高质量发展水利规划体系初步建立。按照省委省政府“先一步”安排部署，紧抓国家黄河流域生态保护和高质量发展重大国家战略机遇，初步建立“1+6+6+4+1”规划体系，完成1个水利规划报告、6个专项规划、6个专题研究、4个数据库、1个黄河流域涉水底数图的初步成果。“四库”管理系统平台已上线试运行。编制完成陇中陇东黄土高原区水土治理保护建设方案和甘南黄河上游水源涵养区治理保护建设方案。结合《甘肃省水安全保障规划》和“十四五”水利规划，梳理出黄河流域治理与保护重点争取项目18项，规划投资1146亿元。其中在建项目6个（甘肃中部生态移民扶贫开发供水、古浪县生态移民暨扶贫开发黄花滩调蓄供水、南阳渠提质增效、引洮二期骨干工程、引洮二期配套城乡供水、黄河干流甘肃段防洪治理），新开工建设2项（临泽县水系连通及农村水系综合整治试点、酒泉市洪水河水库）、拟开工1项（古浪黄花滩生态移民区供水景电二期总干渠改造），推进重大项目前期工作2项（白龙江引水、引哈济党），重点谋划项目7项（陇南国家油橄榄基地供水、引大入秦延伸增效、黄河干流防洪二期工程、渭河水生态综合治理、水土保持、临夏州供水保障生态保护水源置换工程、现代化灌区改造）。

【重点流域治理】黑河通过下游正义峡断面面向内蒙古额济纳旗下泄水量12.79亿立方米；石羊河蔡旗断面过水量为2.99亿立方米；疏勒河向敦煌市和西湖湿地调水1.25亿立方米；讨赖河全年渠首来水量6.04亿立方米。巩固提升流域治理成效，石羊河下游青土湖水面面积扩大到26.7平方公里，周边旱区湿地面积达到106平方公里，“甘肃石羊河流域重塑极度缺水地区生态”治水经验成功入选中国水利报2020基层治水十大经验。黑河年度东居延海实现连续16年不干涸。疏勒河再现“大河西流”，自2017年“哈拉奇”逐渐恢复开始，干涸消失300余年的终端湖“哈拉奇”重现。

【河湖长制】全面完成全省118条规模以上河流、7个规模以上湖泊和1191条规模以下河流的划界任务，河湖监管不断加强。河湖长履职：4月9日，签发省总河长第2号令，全面安排部署全省河湖长制工作。4月13日，召开全省河湖长制工作会议全面部署深化河湖长制、加强河湖管护工作。9月10日，省委、省政府组织召开全省河湖治理与生态保护工作现场推进会，通过现场观摩、互学互鉴，提升河湖治理保护水平。省总河长、各省级河长密集巡河，带头护河，履职尽责。2名省总河长全年共巡河12次，9名省级河长共巡河18次，全省五级河湖长累计巡河湖16万多人次。

建立制度机制。建立联系包抓制度、工作通报制度、“1+N”保障机制、有奖举报机制、河湖警长机制和联防联控机制等六项制度机制。落实省级专项奖励资金300万元用于激励社会公众踊跃举报反映河湖问题。推广洮河流域“河长＋警长”经验，在全省全面实施河湖警长制，共设置省市县乡四级警长1758名。与陕西、宁夏、青海、内蒙古等四省区签订《跨省界河流联防联控联治合作协议》，签署河湖治理协议，携手共管联防联控联治，为全国首创与所有跨省省份联动治理河湖的先例。

【水土保持】2020年，组织实施中央预算内投资坡耕地水土流失综合治理工程，中央水利发展资金国家水土保持重点工程、病险淤地坝除险加固、黄土高原塬面保护等工程。全年完成中央投资5.42亿元，治理水土流失面积649.35平方公里，完成了病险淤地坝除险加固51座，保护塬面面积186.12平方公里，除去整合资金，中央资金完成率95.39%，治理任务完成率98.42%，全面完成了水利部确定的“双90”目标。治理水土流失面积649.35平方公里，完成了病险淤地坝除险加固51座，保护塬面面积186.12平方公里，除去整合资金，中央资金完成率95.39%，治理任务完成率98.42%，全面完成了水利部确定的“双90”目标。

水土保持监管：全口径统计全省水土保持生态建设任务完成情况，完成2019年度《全国水土保持规划（2015-2030年）》实施情况省级自评工作，配合水利部国家级复核，评估结果为良好。联合省发展改革委、财政厅、自然资源厅、生态环境厅、农业农村厅、林业和草原局等6部门印发《甘肃省水土保持目标责任考核办法（试行）》，进一步夯实各级政府的主体责任。不断强化水土保持监管，全年审批省级生产建设项目水土保持方案48个，省级批复生产建设项目自主验收报备42个。全省2020年征收水土保持补偿费4.26亿元。

【民生水利】甘肃省2019年结转的剩余8处重点中型灌区节水改造项目建设任务已全面完成，2020年未安排中型灌区节水改造任务。编制完成《甘肃省中型灌区续建配套与节水改造省级建设方案（2021—2022）》。组织开展大中型灌区和大中型泵站标准化规范化管理，选取省景电、兰州三电、白银兴电、庆阳巴家咀等4处泵站先行先试实施标准化规范化创建工作，制定印发《甘肃省大中型灌区标准化规范化管理工作实施方案》《甘肃省大中型泵站标准化规范化管理试点方案》《大中型灌区标准化规范化管理实施细则（试行）》，指导各市州及灌区、泵站管理单位推进泵站、灌区标准化规范化管理工作。全省完成农业水价综合改革项目200.37万亩，占国家下达年度任务100.2%。积极争取下达移民后期扶持资金5.5亿元改善移民生产生活条件，完成临夏州永靖县、临夏市、东乡县和积石山县4县（市）2768户12234人水库移民避险解困试点工作，累计完成投资7.7亿元。

【水利改革】推动水利投融资改革。制定印发《甘肃省水利厅鼓励使用地方政府专项债券及政府与社会资本合作建设水利工程奖补办法》，全力争取地方债用于水利项目建设，全省水利项目共落实地方专项债84项60.16亿元，占全省发行专项债的9.8%。建立全省专项债券水利项目库。以PPP模式推进引洮二期配套农业灌溉工程前期工作，筹资方案已报省政府待批。庆阳市探索采用PPP模式，吸引社会资本参与固沟保塬开发治理。2020年4月，引洮供水二期配套城乡供水工程成功发行15亿元政府专项债券，由省水利厅转贷给省水务投资有限责任公司，转贷期限20年，省水务投资有限责任公司承担还本付息责任，这是甘肃省水利系统成功发行的首单大额政府专项债券。同时，争取甘肃省抗疫特别国债水利项目发行额度7.36亿元，有力保障全省水利项目建设资金需求。

【节约用水】实施国家节水行动。

持续推进《甘肃省节水行动实施方案》，建立由省水利厅主要负责人任召集人，省发展改革委、省水利厅分管负责人任副召集人，其他20个成员单位分管负责人为联席会议成员的省节约用水工作厅际联席会议制度。督导市（州）制定出台市级节水行动实施方案。全面落实规划和建设项目节水评价，建立省、市两级重点监控用水单位名录，开展节水监督考核。第二届中国节水论坛在兰州市成功举办。

修订完善节水法规标准。新修订的《甘肃省实施＜中华人民共和国水法＞办法》已由省十三届人大常委会第十七次会议审议通过于2020年8月1日起正式施行；《甘肃省节约用水条例》已由省第十三届人民代表大会常务委员会第十八次会议审议通过于2020年9月1日起正式施行；组织修订并报请省政府发布了《〈甘肃省行业用水定额（2017年版）〉修订条目》。

推进节水载体示范创建。坚持示范引领、典型带动，实施了39个县（区）县域节水型社会达标建设，其中20个县（区）入选水利部第三批节水型社会建设达标县、19个县（区）通过省级达标验收。打造行业节水标杆，积极开展水利行业节水型机关建设，完成6个市（州）、54个县（区）水利部门节水型机关验收。联合省工信厅开展节水型企业示范创建，综合评定省级工业节水型示范企业3家；联合省教育厅、省机关事务管理局开展节水型高校示范创建活动，验收评定节水型高校10所；以“世界水日”“中国水周”等时间节点为契机，深入开展节水宣传教育，大力营造全社会爱水、惜水、节水的良好风尚。

【水利建设管理】全力规范整顿水利建设市场秩序，指导市县查处9家违法串标围标施工企业，建立完善“甘肃省水利工程建设项目招标投标备案及企业信用信息管理系统”，实现了与“全国水利建设市场监管服务平台”“国家企业信用信息公示系统（甘肃）”“信用甘肃”等信用信息平台对接，已建立3290家企业、6.7万人信用信息档案，水利建设市场信用体系建设进一步健全。在水利部2020年度水利工程建设质量考核中，考核排名全国第19名，居西北五省首位；省级考核以“一市一单”方式反馈考核意见，督促整改。开展水利行业《保障农民工工资支付条例》宣贯工作，推广应用农民工工资支付管理公共服务平台，已录入水利项目424个、参建单位495个、农民工实名制信息11195人。指导成立甘肃省水利工程行业协会。

【水政】水利立法成效显著，新修订的《甘肃省实施＜中华人民共和国水法＞办法》已由省十三届人大常委会第十七次会议审议通过于2020年8月1日起正式施行；《甘肃省节约用水条例》已由省第十三届人民代表大会常务委员会第十八次会议审议通过于2020年9月1日起正式施行。结合法治政府建设，制定印发《甘肃省水利厅重大行政决策程序规定》《甘肃省水利厅以案释法工作制度》《甘肃省水利厅水行政执法监督检查办法（试行）》等，不断完善依法行政制度体系。在全省水利系统优选6家单位作为行政执法第一批示范单位创建和培育对象，典型示范。

完善权责清单：结合三定方案，全面梳理71项《甘肃省水利厅权责清单目录》其中行政许可17项、行政处罚52项、行政强制1项、行政征收1项。依托甘肃省一体化在线政务服务平台，编制了21项政务服务事项实施清单。全面梳理省水利厅确需保留行政审批中介服务事项，对确需保留的一项中介服务事项“河道管理范围内建设项目防洪评价报告评审、复核技术支撑”实行清单化管理。全面开展证明事项告知承诺制工作，完成水利工程质量监测单位乙级资质认定事项告知承诺。编制12项监管事项实施清单，推广“互联网＋监管”模式，持续加大监管信息化力度。

政务服务环境：政务服务事项在原有承诺时限基础上再压缩119个工作日，总体压缩比例由原有的21.2%提高至50.2%，“在大坝管理和保护范围内修建码头、渔塘许可”行政许可实现了“零跑路”。“十三五”以来，政务大厅水利厅窗口共受理3346件，其中行政许可受理459件，其他行政权力受理2887件，满意率达100%。

水政监察执法：东乡尕常公路违建和徽县刘明非法采砂两起尾留陈年积案全面清零。持续加强银西高铁、兰新高铁两大铁路沿线涉水隐患整治。在全省水利系统集中组织开展“平安之星”推选活动、农村人饮安全、河湖乱象专项整治行动和创建“法治水利、平安水利”争先创优活动。加强和规范水利行业事中事后监管。全面推行水行政执法公示和全过程记录制度，规范行政执法行为，各级水务部门共立案查处水事案件84件，结案75件，罚没数额为284.14万元，涉水违法行为得到有效遏制。

【水利科技】向省科技厅推荐申报了19项，向水利部推荐申报了1项；完成11项科研成果的登记，完成《农村雨水集蓄利用工程技术标准》的研制工作。水利系统共获得2020年度甘肃省科技进步奖4项，其中，由甘肃省水利科学研究院、中国农业大学、武威市水务局、甘肃省水利厅石羊河流域水资源局主持完成的“石羊河流域节水灌溉标准化技术体系规程研究”（2020—J2—042），由武威市水利技术综合服务中心、甘肃省农业科学院畜草与绿色农业研究所、甘肃农业大学、甘肃省水利水电勘测设计研究院有限责任公司、武威大禹节水有限责任公司、武威市水务局主持完成的“膜下滴灌与微润灌溉条件下作物节水机理与灌溉模式研究”（2020—J2—043）2项获得甘肃省科技进步奖二等奖；由甘肃省水文水资源局、甘肃省兰州水文水资源勘测局、兰州大学主持完成的“庄浪河流域水资源承载能力及水资源价值研究”（2020—J3—009），由甘肃省景泰川电力提灌管理局、华北水利水电大学、兰州理工大学、甘肃省治沙研究所主持完成的“高扬程灌区水盐运移监测与盐碱地可持续利用研究”（2020—J3—010）2项获甘肃省科技进步奖三等奖。

（解瑞）

国民经济

发展和改革工作

【新冠疫情防控】争取国家协调调拨甘肃口罩55.9万只，调配口罩生产设备2台、熔喷布4.5吨，支持疫情防控。对疫情防控重点保障企业给予资金、税收支持，128户企业获得优惠贷款33.11亿元、财政贴息6561万元，59户企业享受生产设备一次性税前扣税优惠金额1.22亿元，167户企业享受增值税留抵退税8286万元。落实中央预算内投资15.9亿元，建设重大疫情救治基地2处，支持67个县提升疫病救治能力。争取抗疫特别国债82.13亿元，支持建设583个公共卫生设施、应急物资储备等项目。指导各地加强粮油菜肉储备、调运、投放，确保市场供应不断档脱销。及时启动突发公共事件应急价格监测预案，出动价格监测人员35562人次，上报《价格监测动态》175期。

【规划政策制定】牵头开展全省"十四五"规划《纲要》编制工作。全面落实国家《黄河流域生态保护和高质量发展规划纲要》，研究出台省级规划，积极争取将若尔盖国家公园、甘青川毗邻地区国家生态旅游示范区、董志塬黄土高原固沟保塬工程、兰州经平凉庆阳至延安至北京高铁、兰州至汉中至十堰高铁、陇东至山东特高压直流输电工程、西路军西征路线红色旅游走廊建设、设立绿色发展银行、设立黄河流域生态保护和高质量发展基金、发展戈壁生态农业和寒旱农业等内容，列入国家规划纲要。出台《关于加快推进新型城镇化和城乡融合发展的若干政策措施》和8个专项方案，启动《甘肃新型城镇化规划（2021—2035年）》编制工作。公开发布全省《贯彻落实中央关于新时代推进西部大开发形成新格局决策部署的实施意见》。指导兰州市编制落实榆中生态创新城总体规划。报请省政府出台支持大敦煌文化旅游经济圈建设的若干意见、进一步支持兰州新区高质量发展的实施意见。

【产业结构调整】大力发展十大生态产业，动态调整生态产业重大带动性工程项目库，精选100个生态产业项目，由20个省直部门的厅局级领导一对一帮扶。2020年，全省十大生态产业增加值占地区生产总值的比重为24.2%，比上年提高0.5个百分点。深入推进"三去一降一补"，关闭退出煤矿10处、产能156万吨。加快推进兰州白银国家自主创新示范区和兰白科技创新改革试验区建设，积极培育建设兰州综合性国家科学中心，聚焦核物理、能源科学、生态保护等具有甘肃特色优势、关系国家科技安全的领域，争取布局建设重大科技基础设施，创建高水平国家创新平台。启动甘肃"上云用数赋智"行动及"东数西算"试点，数字经济加速发展。

【资金争取和投资管理】加大项目储备和要素保障力度，编印重点投资项目、省列重大项目、重大前期项目"三个清单"以及"两新一重"项目储备清单，共纳入新开工、续建、预备等各阶段投资项目7000多个，总投资约5万亿元。报请省政府出台"强化要素跟着项目走"保障机制的意见。争取中央预算内投资180.8亿元，比2019年增加20.7亿元；争取新增地方政府专项债券额度740亿元，比2019年增加372亿元。开展政银企对接暨百名行长联系千家企业推进行动，与在甘金融机构建立常态化对接机制，组织20家银行同208户企业签约金额2430亿元。积极推进重大项目开复工，研究出台进一步深化投资审批制度改革的若干措施，为项目开复工提供政策保障。落实"百个重大项目党政领导包抓推进工作机制"，158个省列重大项目累计完成投资1753.63亿元，比上年增长26.97%。

【农业生态建设】持续抓好祁连山保护区生态环境问题整改，在2019年底完成18项整改任务的基础上，2020年的3项整改任务已完成，剩余10项长期整改任务将持续推进落实。《祁连山生态保护与建设综合治理规划（2012—2020年）》投资及建设任务基本完成；渭河源区、"两江一水"生态规划分别完成投资44.6亿元、81.59亿元，区域生态环境不断改善。积极争取国家将玛曲、迭部、卓尼、天祝、肃南5个县列为生态综合补偿试点县。民乐县、凉州区、临夏县、肃州区、永登县、天祝县被认定为国家级农村产业融合发展示范园。加快推进甘肃中部生态移民扶贫开发供水、引洮供水二期、古浪生态移民暨扶贫开发黄花滩调蓄供水工程；启动实施《民勤生态建设示范区规划》和《古浪八步沙区域生态治理规划（2020-2025）》。

【交通能源项目建设】银川至西安铁路建成通车；柳园至敦煌、景泰至中川机场、张掖至扁都口等高速公路建成通车。中川机场三期扩建、西宁经合作至成都铁路、天水至陇南铁路、景泰至礼县高速陇南段等项目开工建设，中卫至兰州铁路、兰州至张掖三四线中川机场至武威段等项目加快推进，全年完成交通基础设施投资1116亿元。酒湖直流工程配套100万千瓦风电、50万千瓦光伏发电项目、通渭风电基地项目加快建设；国家首批光热发电示范项目中玉门鑫能、阿克塞甘肃光热 2 个项目积极推进；吐鲁矿区总体规划获国家批复；核桃峪、红沙岗二号井、赤城 3 个煤矿已进入联合试运转阶段。

【循环经济和节能减排】制定印发《甘肃省关于进一步加强塑料污染治理的实施方案》。开展全省塑料污染治理专项督导行动，积极督促指导市州开展塑料污染治理相关工作。完成对兰州红古“城市矿产”示范基地和嘉峪关工业园区循环化改造终期验收实地核查工作，并已通过国家终期验收。严格落实能耗“双控”制度，在保障重大项目用能需求的前提下，加强节能形势分析和跟踪预警调度，全省“十三五”能耗强度下降 17%，能耗总量控制在 8105 万吨标准煤，全面完成国家下达能耗“双控”目标任务。组织开展节能宣传周系列活动，积极营造良好社会氛围。

【重点领域改革】出台《进一步深化投资审批制度改革助力项目加快落地形成有效投资的若干措施》，全面推行企业项目承诺制等政策，为重大项目快开工、早落地提供政策保障。对除兰州以外的 13 个市州开展营商环境评价，组织兰州市和兰州新区参加国家新一轮营商环境评价。报请省委省政府出台《关于构建更加完善的要素市场化配置体制机制的若干措施》，深化土地、金融、国企改革，盘活要素资源，提高要素配置的灵活性和适应性。继续实施市场准入负面清单制度，推进“非禁即入”普遍落实。报请省政府出台《关于加快推进社会信用体系建设构建以信用为基础的新型监管机制的实施意见》，“甘肃信易贷”平台正式上线运行，141 户中小微企业获得贷款 24.51 亿元。

【扩大对外开放】制定印发《甘肃省 2020 年推进“一带一路”建设工作要点》《甘肃省关于推动中欧班列安全稳定高质量发展的实施意见》。加强跨省区合作，报请省政府与青海、陕西等省签署战略合作协议。积极谋划申报外贷项目，利用国外优惠贷款约 4.11 亿美元。金川集团收购印尼红土镍矿项目建成投产，白银集团分阶段收购南非第一黄金公司项目完成并购正常运营，华天科技有限公司实施并购马来西亚优尼森公司项目全面完成。酒泉中以产业园全年完成投资约 4.5 亿元，超额完成年度投资计划。

【价格调控监管】出台《甘肃省深化燃煤发电上网电价形成机制改革实施方案》，执行“基准价 + 上下浮动”的市场化价格机制，取消煤电价格联动机制。配合完成第二轮监管周期输配电价核定工作，年降低工业企业输电环节电费支出超 30 亿元。全面放开符合产业、环保政策规定的大工业电力用户参与直购电交易，完成直购电交易电量 534 亿千瓦时，发电企业平均让利幅度 2.97 分 / 千瓦时，降低工业企业用电成本超 15 亿元。制定印发《甘肃省关于进一步深化水价形成机制改革的实施意见》，推进实施城镇非居民用水超定额累进加价制度。认真落实社会救助和保障标准与物价上涨挂钩联动机制，按照国家规定阶段性提高每月价格临时补贴标准 1 倍，全省累计发放价格临时补贴 5.06 亿元，惠及 1776.44 万人次。

【民生改善保障】“十三五”期间 49.9 万建档立卡贫困人口已全部搬迁入住，符合条件的搬迁群众产业扶持政策实现全覆盖，10.3 万户具备劳动能力和就业意愿的建档立卡搬迁家庭实现至少 1 人就业。重新调整完善委脱贫攻坚指挥部，研究制定坚决打赢脱贫攻坚战总体工作方案和对口帮扶等“1+4”攻坚方案，委内对口帮扶任务全面完成，14 个帮扶村如期脱贫。岷漳地震灾后重建靖远县异地安置 6 个方面 23 项整改任务总体完成，取得预期效果。在农村基础设施建设领域推广以工代赈方式，吸纳 7000 多名农村群众就地就近参与工程建设。积极支持临夏、庆阳等地 17 个实训设施项目建设。省妇女儿童医疗综合体、甘肃简牍博物馆、七里河体育场等重大项目加快建设；敦煌莫高窟游客服务中心二期、省博物馆扩建工程等前期工作稳步推进。

（堵绍彤）

农业农村

【“三农”经济】2020 年，全省第一产业增加值 1198.1 亿元，比上年增长 5.4%。农民人均可支配收入达到 10344.3 元，增长 7.4%。全年粮食播种面积 3957.4 万亩，比上年增加 85.7 万亩；粮食总产量 1202.2 万吨，首次突破 1200 万吨，增长 3.4%，连续 8 年保持在 1100 万吨以上。其中，夏粮产量 321.3 万吨，下降 1.9%；秋粮产量 880.9 万吨，增长 5.5%。据行业统计，全年全省特色种植业面积达到 3510 万亩，比上年增加 64 万亩。其中，马铃薯面积 1030 万亩，总产量 1550 万吨；中药材面积 470 万亩，总产量 132 万吨；蔬菜（含百合和食用菌）面积 955 万亩，总产量 2838 万吨；水果面积 873 万亩（苹果 662 万亩），总产量 890 万吨。

全年猪牛羊禽肉总产量 108.9 万吨，比上年增长 8.3%。其中，猪肉产量 49.2 万吨，增长 2.5%；牛肉产量 24.9 万吨，增长 9.5%；羊肉产量 27.6 万吨，增长 10.4%；禽肉产量 7.2 万吨，增长 49.4%。禽蛋产量 19.8 万吨，增长 31.1%；牛奶产量 57.5 万吨，增长 30.4%。猪存栏增长 29.5%，出栏增长 2.4%，其中能繁殖母猪存栏增长 26.6%；牛存栏增长 5.2%，出栏增长 6.4%；羊存栏增长 10.3%，出栏增长 12.2%；家禽存栏增长 18.8%，出栏增长 48.9%。农业农村发展整体上保持政策好、人努力、天帮忙、市场旺、收入增、百姓喜的良好局面。

【疫情防控】认真学习贯彻习近平总书记关于统筹疫情防控和经济社会发展的重要讲话指示精神，按照省委省政府两手抓、两不误、两促进部署要求，扎实开展春耕生产、人工饲养野生动物摸排、动物疾病防控及“菜篮子”保供稳价工作，严格落实常态化疫情防控要求，防控工作扎实有序开展。一是着力确保农业生产正常秩序。先后下发了《甘肃省农业农村厅关于应对新型冠状病毒感染的肺炎疫情抓好蔬菜生产保障供给的紧急通知》，联合省交通运输厅、省公安厅下发了《关于确保“菜篮子”产品和农业生产资料正常流通秩序的紧急通知》，依法恢复流通秩序，确保饲料、种畜禽及仔畜雏禽运输畅通、供应有序。联合省供销社印发《关于切实做好节前农资储备调运和供应工作的紧急通知》，建立“点对点”农资紧急调运制度，维护农牧业正常生产，保障春耕生产需要。二是确保蔬菜等“菜篮子”产品有效供给。组织力量摸清全省蔬菜供需底数和省内在田蔬菜种类、面积、产量，准确掌握蔬菜市场供给和价格走势，及时协调供需关系，组织货源、协调调运，积极配合交通、公安等部门，畅通鲜活农产品“绿色通道”，提高运输效率，降低运输成本，促进蔬菜快速有序流通，确保进得了城、入得了店。疫情防控期间，全省蔬菜等重要农产品供给平稳有序。三是全力抓好重大动物疫病防控工作。紧急开展了人工饲养野生动物情况排查摸底工作，摸清全省人工饲养野生动物底数，强化疫源检测防控。持续做好非洲猪瘟等重大动物疫病防控各项工作，全面落实各项防控措施，保障全省畜牧业健康可持续发展。四是多措并举推动农业企业和项目复工复产。认真落实省上扶持政策，及时掌握企业贷款需求、员工返岗率、生产物资储备、销售订单、设备检修等情况，积极协调解决资金、原材料供应等方面存在的困难和问题，推动全省农业企业和建设项目全面复工复产。

【巩固提升产业扶贫成果】持续把产业扶贫摆在压倒性位置，聚焦贫困堡垒，实施挂牌督战，坚持不懈一手抓到户产业扶持，一手抓产业体系构建，巩固提升产业扶贫成果，圆满完成了产业扶贫任务。一是大力开展补栏补种补规模。坚持“五挂钩”原则，从严抓好到户资金管理，采取达标奖补、以奖代补等形式，引导贫困群众补种补栏补规模。75个县区共安排17.1亿元资金，对66.4万户贫困户补种补栏补规模给予了奖补，累计补种蔬菜、中药材、马铃薯等121万亩，补栏牛羊猪等48.5万头（只）。安排2.12亿元奖补资金和469.5万元小额信贷资金，扶持有意愿有能力的11.9万户贫困户发展了“五小”产业，积极拓宽贫困户增收渠道，确保贫困户收入达到4000元以上脱贫标准。二是持续推动合作社规范提升。启动实施了安定区、民乐县等5个国家级合作社质量提升整县试点和26个省级农民合作社质量提升整县推进试点，安排3000万元资金扶持322个农民合作社规范提升，贫困村33135家合作社中“运营规范”和“较规范”的占比达到了83.9%。引导各地按照有种养基地、有良种供给、有农业机械、有产销订单、有储藏或加工场地“五要素”办实办好农民合作社，不断提高对农户产前产中产后的服务能力和组织农户进市场的能力。三是完善龙头企业带贫益贫机制。坚持走“市场牵龙头，龙头带合作社，合作社联农户建基地”的路子，积极扶持壮大龙头企业，带动合作社和贫困户从生产到加工再到销售，全过程、全链条深度参与，对贫困户持续稳定增收起到了有力的带动作用。积极衔接金融机构落实国家和省上支农支小再贷款等政策，累计获得银行授信额度384.76亿元，获得银行贷款246.19亿元。争取中央财政安排省农担公司担保补助资金10989万元，累计担保业务21158笔，累计担保额84.92亿元，有效缓解了中小微农业企业融资难、融资贵问题。四是扎实推进农业保险工作。出台了《甘肃省加快农业保险高质量发展的实施意见》，积极推进农业保险工作。全省共实施保险品种96个，实现农险保费17.12亿元，参保农户193万户（其中：贫困户103万户），支付赔款14.2亿元，120.17万户次农户直接受益（其中贫困户受益72.68万户次、赔款5.76亿元）。同时，争取中央和省级财政补贴资金7623万元，在麦积区等25个县区开展了中央财政保险奖补试点工作，实施苹果价格指数保险、中药材收入保险、肉羊成本保险等。农业农村部在天水举办了全国农业保险座谈会，宣传推介了甘肃推进农业保险工作的经验和做法。五是加强冷链物流建设和产销对接。争取农业农村部扶持资金3.65亿元，市县配套资金2亿元，撬动社会投资13亿元，新建果蔬和马铃薯储藏库1050座，新增储藏能力60万吨，有效缓解了收获季节农产品滞销压价现象。举办了“甘味”农产品品牌发布会暨消费扶贫宣传推介活动、第三届甘肃特色农产品贸易洽谈会、中国马铃薯贸易洽谈会和甘肃省农产品产销协会营销家队伍培训班等一系列营销对接活动，政府市场两手并用开拓市场，全省主要特色农产品保持了价格坚挺、产销两旺的良好态势，其中花牛苹果产地出售价格每斤达到2.5—3元，比2019年每斤增加了1元，马铃薯市场平均价格每斤0.55元以上，为农民增产增收起到了关键作用。农业农村部在甘肃召开了全国冷链物流设施建设现场推进会，总结推广甘肃省经验做法。六是强化东西部产业扶贫协作。与天津等对口帮扶市积极开展产销对接活动，多渠道宣传推荐“甘味”特色农产品，东部协作市通过线上线下销售甘肃贫困地区农产品23.32亿元，同比增长30%以上。持续推动28个“津企陇上行”活动签约农业产业项目落地，引进159家东部企业在甘肃贫困地区投资兴业，投资额12.18亿元，带动4.16万建档立卡贫困人口增收。七是扎实做好农民培训。组织开展农民在线培训，全省约有26.5万农民在“云上智能”手机APP、甘肃农业信息网等网络媒体参加线上教育培训，仅“云上智农”手机APP一项，全省注册用户数达10.86万人，点击量达到903.84万人次。举办全省高素质农民培育师资培训班，认定53个省级农民教育示范基地，全面完成2万人的高素质农民培育任务和7.7万人的一户一个“科技明白人”培训任务。

【粮食生产】坚持把抓好粮食生产作为农业农村工作的首要任务，紧盯关键农时，精心组织春耕备耕、“三夏”“三秋”生产，强化粮食生产重大技术推广和重点项目实施，全省粮食面积比上年增加85.7万亩，总产量达到1202.2万吨，全面完成了国家下达的“面积3920万亩、产量1163万吨”的粮食生产目标任务。一是多措并举稳定粮食播种面积。印发《2020年全省稳定粮食生产行动方案》，将国家下达的粮食生产目标任务细化分解到市县，压实属地责任。召开春季农业生产视频调度会议等会议，督促各地切实抓好春播夏播、病虫害防治、防灾减灾、撂荒地复耕等工作。在确保全省小麦面积稳定在1000万亩以上的基础上，把发展全膜玉米和黑膜马铃薯等旱作农业作为粮食生产的突破口，玉米种植面积达到1500万亩、马铃薯种植面积达到1030万亩，为保障全省粮食安全提供了有力支撑。二是坚持不懈夯实粮食生产基础。坚持把扎实推进高标准农田建设与农机农艺技术集成应用、节水灌溉技术、绿色标准化生产基地建设、撂荒地复耕复垦等工作相结合，探索形成了“一户一块田”“一户一台地”“一企一基地”等成功模式，全省当年建成高标准农田286.56万亩，完成撂荒地复耕复垦160万亩，并配置优势突出的马铃薯等高效作物，配套新型旱作农业技术装备，走出了一条以高标准梯田建设为抓手，一体推进生态保护、粮食安全、产业升级的发展路子，有力地改善了粮食生产条件、拓展了粮食生产空间、提高了群众种粮效益。三是千方百计提高粮食单产。坚持不懈大面积推广全膜双垄沟播种植玉米抗旱增产技术、马铃薯抗旱增产综合配套技术，加大农机购置补贴力度，下达中央及省级农机购置补贴资金4.49亿元，全面推进耕种收全程机械化作业，农机总动力预计达到2289万千瓦，比上年增长5.3%，主要农作物耕种收综合机械化率预计达到61%以上。统筹安排资金1.72亿元，在10个市州51个旱作农业县市区实施旱作农业项目，共完成覆膜面积1507.54万亩，下达中央耕地地力保护补贴资金26.07亿元，支持和引导农民通过深松耕、增施有机肥、秸秆还田等措施开展“种地养地”，实现“藏粮于地”。四是不断强化农业防灾减灾。扎实开展农作物重大病虫害专业化统防统治和绿色防控工作，下达中央和省级重大病虫害防治资金7000万元，累计完成小麦、玉米和马铃薯主要病虫害防治5020万亩次，病虫危害损失率控制在5%以下，组织各地开展灾后田间管理663.62万亩次，挽回粮食产量损失198万吨以上。陇东南暴洪灾害发生后，先后13次派出专家组前往灾区核查灾情，指导灾后农业生产恢复，对绝收的13万亩全部进行了改种补种。

【生猪稳产保供】2020年，全省生猪存栏622万头、出栏664.3万头，超额完成国家下达的存栏620万头的目标任务，全年净调出生猪及产品折合达到70.9万头。一是认真落实生猪稳产保供各项政策。认真落实国家“17-2”生猪生产扶持政策，全力推动生猪养殖用地、环评承诺制度等扶持政策落地，将所有适用于生猪生产的农业机械机具品目全部纳入了省级补贴范围，发放生猪养殖场贷款补贴1800万元，开展了禁养区调整核查工作，禁养区面积缩小33%以上。二是大力引进大型生猪生产龙头企业。建立生猪生产承诺目标责制和厅级领导包抓重点生猪产业化项目责任制，积极协调解决用地、环评、洗消防疫设施、畜禽粪污资源化利用等建设中的困难，全力推动引进生猪产业化项目尽快投产达产。正大、新希望、唐人神、牧原、天兆等12家大型生猪龙头企业在全省11个市州17个县区投资建场，已经投产18个项目，养殖生猪45万头（其中基础母猪10万头），全部建成后可新增生猪产能600万头以上。三是严防死守抓好非洲猪瘟防控。始终坚持把抓好非洲猪瘟防控作为推动生猪产业健康发展的基础性工作和最大营商环境来抓，压实属地管理责任和部门监管责任，实行非洲猪瘟防控分片包村包场工作机制，建立了动物疫病信息周报告制度，严防死守抓好常态化防控。对从省外调入仔猪和基础母猪运输中传入的4起非洲猪瘟，采取全部宰杀灭源的果断处置措施，非洲猪瘟在甘肃省没有定殖。5月25日，胡春华副总理在《甘肃省兰州市永登县发生非洲猪瘟疫情》上作出了“甘肃省主动报告，积极妥善处理，要予以表扬”的批示。

【现代丝路寒旱农业】坚定不移走“寒旱农业－生态循环－绿色有机－甘味品牌”发展路子，坚持政府市场两手并用，不断开拓占领销端市场，强化加工贮藏，优化供给，全力打造“甘味”品牌，取得了积极性进展，呈现出了强劲的增长势头和明显效益。一是特色产业布局进一步优化，打造了一大批绿色化标准化规模化种养基地。积极推动绿色化标准化规模化生产基地建设，制定了《甘肃省绿色农产品标准化基地创建管理办法》，先后召开了全省中药材标准化示范基地建设现场会、全省马铃薯绿色标准化示范基地建设现场会。大力推广绿色化标准化综合技术规程，累计创建10个省级绿色农产品标准化生产基地，六大特色产业规模化、标准化、绿色化基地建设呈现集中连片、整乡整县推进趋势，对全省特色产业发展起到了有力地示范带动作用。“河西肉牛”“平凉红牛”育种创新取得积极进展，全省牛、羊、猪、鸡良种化率分别达到79%、81%、91%和97%。9月份，农业农村部在定西市安定区召开了全国马铃薯产业现场推进会，总结推广安定区马铃薯全产业链发展的经验做法，与会的部领导和兄弟省份代表给予了“全国马铃薯产业看甘肃，甘肃马铃薯产业看安定”的高度评价。二是产业链快速延伸，呈集群化发展态势。全省共新引进培育龙头企业228家，总数达到3096家，带动1.4万个合作社从生产到加工再到销售，全过程、全链条深度参与，带动标准化生产、规模化种养、产业化经营，总产值超过了千亿元，涌现出了中盛农牧、蓝天集团、前进牧业等带贫益贫突出的本地龙头企业和德青源、海升、圣农、新希望、牧原等一大批省外境外大型龙头企业，全省农产品加工转化率达到55%。在2019年成功创建安定、临洮两个国家级现代农业产业园基础上，2020年肃州现代种业和宁县苹果产业国家级现代农业产业园创建工作顺利通过了农业农村部验收，建成酒泉市肃州区、张掖市民乐县和临泽县3个戈壁生态农业产业园，正在组织创建的25个省级现代农业产业园进展顺利；开工建设金昌江南市场、崆峒肉牛市场等4个大型产地批发市场，打造了产业强镇7个，累计达到20个，形成集聚化发展格局，尽可能把产业链留在县域。做大做强县域主导产业，培育县域经济增长极。农业农村部把甘肃省肉羊产业作为首批国家级产业集群进行扶持。三是坚持生态循环发展路子，夯实“甘味”农产品绿色有机底色。大抓以有机肥为主攻方向的畜禽粪污资源化利用，大力推广有机肥替代化肥、水肥一体化、农药减量增效等措施，全省完成农作物病虫害绿色防控面积1320万亩次，完成主要农作物重点病虫害专业化统防统治2050万亩次，农药使用总量较2019年减少了87吨，农药利用率达到40.08%；全省畜禽粪污综合利用率达到78%，推广测土配方为主的科学施肥技术5520万亩，配方肥施用面积2400万亩左右，有机肥施用面积3300万亩以上，施用有机肥150万吨，化肥施用量较上年减少5.2万吨，肥料利用率达到了40%。将“粮改饲”政策实施范围扩大到农区所有牛羊养殖大县，完成粮改饲面积160万亩。全省“三品一标”产品2702个，其中绿色产品1618个，有机产品224个，地理标志农产品124个，无公害农产品736个。累计新建戈壁农业23万亩，总面积达到28万亩，对甘肃打造农业新的增长点发挥了重要示范引领作用。深入开展“中国渔政亮剑2020”专项执法行动，扎实开展长江流域禁捕工作。四是大力实施品牌营销战略，特色农业附加值明显提升。完成陇南橄榄油、兰州百合、天祝白牦牛等30个产品的品质评价工作，在新华网上持续推出《数说甘味》系列报道，浏览量达到6000多万。建立了全省农产品产地环境数据库，对20个产业重点县的产地环境优势进行科学系统评价。大力实施“甘味”农产品品牌营销战略，着力培育“甘味”公用品牌+市县区域品牌+企业商标品牌的“甘味”品牌体系，制作了“甘味”品牌广告片和专题宣传片，在南昌、重庆举办的中国国际农产品贸易会上进行了全面宣传推介，携手新华社“民族品牌工程”共同打造“甘味”品牌，并先后举办了“甘味”农产品品牌发布会暨消费扶贫宣传推介活动、“品甘味·游甘肃”2020长三角消费扶贫文旅周活动等一系列推介活动，取得了丰硕成果，有力地提升了“甘味”品牌影响力、市场竞争力和占有率。

【农村人居环境整治】全面完成农村人居环境整治目标任务，农村面貌发生很大改观，顺利通过国家验收。2020年10月，中央改革办专项督察甘肃省《农村人居环境整治三年行动方案》落实情况时明确指出，甘肃省委、省政府高度重视农村人居环境整治工作，对中央的决策和习近平总书记的意图把握非常准确到位，特别是在坚决贯彻落实中央决策部署的同时，立足省情实际，不搞一刀切，实事求是、追求实效，各部门协作配合，基层干部群众努力奋战，完成了三年行动目标任务，取得了扎扎实实的成果，成效显著。一是稳步推进农村厕所革命，总结符合各地实际、较为成熟的旱厕模式标准，在临洮县召开了全省农村卫生旱厕改造暨村容村貌整治现场推进会，总结交流各地经验做法，推广适宜我省干旱、高寒气候地理特征的卫生旱厕典型模式，全省改建新建农村户用卫生厕所58万座，加强后续监管机制建设，同步推进厕所粪污处理与资源化利用。二是持续推进农村风貌革命，以“干干净净迎小康”为主题，扎实开展村庄清洁行动，因地制宜优化拓展整治内容，引导群众转变不良卫生习惯，推动村庄清洁行动常态化、制度化、持续化。全省累计清理农村生活垃圾138.12万吨、村内水塘2.26万处、村内沟渠11.75万公里、畜禽养殖粪污等农业生产废弃物93.02万吨，465.5万人次群众参与村庄清洁行动，大部分村庄环境脏乱差问题得到有效整治，村容村貌发生明显变化。三是积极筹办2020“一带一路”美丽乡村论坛。积极邀请泰国、尼泊尔、巴基斯坦等10国驻华使节，联合国世界粮食计划署、上海合作组织等国际组织代表，农业农村部等国家部委领导，陕西、山东等12个省市代表和国内外有关专家学者、企业机构代表，共270余位嘉宾出席论坛。论坛充分展示了甘肃美丽乡村建设、对外合作交流的良好形象，彰显了“国际范、甘肃味、乡土情”，为推动共建“一带一路”、建设美丽乡村搭建了合作交流的平台，签约项目46个，金额达101.63亿元，赢得了社会各界的高度评价和一致认可。

【农村综合改革和乡村治理体系建设】持续深化农村“三变”改革，已在全省1226个乡镇、13238个村开展“三变”改革，辐射带动农户156.3万户，获得入股分红近11亿元。全面推开农村集体产权制度改革试点工作，截至2020年底，全省确认集体经济组织成员身份1918.21万人，占农业人口总数的90.99%；全省成立农村集体经济组织11323个（村级11288个、组级31个、乡镇级4个），占全省行政村总数的70.2%。推进农业综合行政执法改革，全省累计出动执法人员2.25万人次，查办各类涉农违法案件513起。持续推进“放管服”改革，推行不见面审批，办理各种行政许可事项批件3060件。加强对金川区、甘谷县两个国家级农村改革试验区工作指导，推荐陇西县、凉州区、康县为全国深化农村宅基地制度改革试点县并指导开展试点工作。指导高台县、环县、积石山县3个国家级乡村治理体系建设试点县开展试点示范，对22个国家级乡村治理示范村镇进行巩固提升，遴选红古区、嘉峪关市等15个省级试点单位开展试点工作。大力推广舟曲县党建引领产业发展、金川区党建引领“三治合一”等乡村治理模式，着力培育“邻里守望、家庭和睦、诚信重礼”文明乡风。持续推进农业行业领域扫黑除恶专项斗争，组织5轮18个专项调研组对14个市州扫黑除恶专项斗争开展情况进行检查督导调研，共接到和受理各类线索141条，全部办结或移交。

（张彦玉）

粮食和物资储备

【基本情况】2020年，全省收购粮食369.4万吨、销售392.6万吨，收购食用油57076吨、销售118733.3吨。年末，全省粮食综合库存357.2万吨，食用油综合库存52893.9吨。全省救灾物资储备210万件，主要包括帐篷、棉被褥、折叠床、棉衣裤、夹克衫、不锈钢餐具等35个品类。全省肉类储备规模10520吨，已基本落实到位。

【粮食安全省长责任制】省委、省政府高度重视粮食安全工作，始终把粮食安全省长责任制考核作为落实国家粮食安全战略、完善粮食安全保障体系的关键抓手，坚持问题导向、目标导向和结果导向，聚焦粮食安全重点难点问题，不断健全完善考核制度机制，注重强化考核“指挥棒”作用。省粮食和物资储备局会同省发展改革委、省农业农村厅共11个成员单位加强联合督导、定期会商，采取向市州政府发出通报、列出问题清单、督促整改等方式强化地方责任落实，各级党委、政府“重农抓粮”的积极性不断增强。全省粮食生产稳定、流通活跃、供给平稳，粮食安全保障能力有效提升，党政负总责、部门抓落实、生产保底线、储备保应急、流通保平衡的粮食安全责任体系日趋完善。

【地方粮食储备建设和管理】针对甘肃省口粮自给率低于50%、对省外粮源依赖性较强的实际，始终把粮食储备作为保障粮食安全的重中之重。不断充实数量，“十三五”市县级储备粮增储完成36.5万吨，超额9万吨，全省地方储备粮达到251.2万吨。逐步调优品种结构，2020年新增省级储备玉米10万吨，通过运费及利息补贴进口11.3万吨优质小麦补充省级储备轮换粮源，地方储备二等以上粮食占到99.2%。狠抓“一规定两守则”落实落地，紧盯政策性粮食库存数量和质量大清查问题整改，常态化开展春秋普查，不断健全制度、严格落实责任，确保了储备粮数量真实、质量良好、储存安全。

【物资储备管理】新一轮机构改革后，立足履行好物资储备管理职能，先后制定出台了大宗农产品、救灾物资和肉、糖、蔬菜等多项生活物资储备管理办法和预案，相关制度规定持续健全，管理体制机制进一步理顺，物资储备管理制度化、规范化水平不断提升。恢复并建立省级储备食糖3000吨，基本落实到位省市级储备肉10520吨，完成市级储备蔬菜27600吨，重要节日适时投放，发挥了民生保障作用。争取在甘肃省增储中央救灾物资33.9万件，获得自然灾害防治体系建设中央专项资金2.73亿元，专项用于基层救灾物资购置，有力增强了应急保障能力。在新冠肺炎疫情和汛期，及时启动应急物资调运联动机制，组织调拨中央救灾物资5000件、省级救灾物资25144件，有力支持了疫情防控和灾害救助。

【粮食市场供给】充分利用省内、省外两个市场，全力保障粮食供给，省内外优质粮源渠道稳步扩大，2020年全省粮食市场购销两旺，同比增幅均在20%以上。鼓励骨干企业开展订单种植收购50多万吨，积极落实成品应急储备规模9.3万吨，可满足全省11天市场供应量。依托好粮油项目，结合1000多个放心粮店升级改造，覆盖全省、线上线下融合的“陇上好粮油”新零售网络体系正在加快建设。特别在疫情初期，快速组织全省94户应急加工企业复工复产，推动加工、储运、配送、供应各环节正常运转、有效衔接，为疫情防控提供了基本保障。针对市场波动和局部抢购倾向，沉着应对、果断处置，及时研究出台针对性举措办法，有序保障了市场平稳运行。

【粮食储备安全管理体制机制改革】深入贯彻落实党中央、国务院关于改革完善粮食储备体制机制的部署要求，围绕建立健全功能互补、权责清晰、管理科学、运转高效、保障有力的粮食储备管理体系，如期完成年内改革任务。省委办公厅、省政府办公厅印发了《关于改革完善体制机制加强粮食储备安全管理的实施意见》，省政府办公厅印发了《甘肃省省级储备粮管理办法》《甘肃省省级储备成品粮管理办法》《甘肃省省级储备粮轮换管理办法》，省粮食和物资储备局会同国家粮食和物资储备局甘肃局、中储粮兰州分公司建立了地方与中央储备粮协同运作机制，其他改革任务正在有序推进。

【粮食产业发展】通过实施重点项目，培育骨干企业，推动粮食产业加快发展、转型升级。总投资14.12亿元的优质粮食工程、总投资3.64亿元的军民融合军粮供应工程，以及总投资21.26亿元的兰州、白银、天水、平凉4个粮食物流产业园区等重点项目进展顺利并开始发挥作用，骨干粮食企业紧盯“粮头食尾”“农头工尾”，优质粮食贸易不断扩大，“三链协同”“五优联动”逐步形成，集聚集约效应初步显现。

（贾峰）

林业和草原

【大规模国土绿化】贯彻省委、省政府《关于加快推进大规模国土绿化的实施意见》精神，依托天然林保护、“三北”防护林建设、新一轮退耕还林还草等重点生态工程，突出抓好城乡绿化、铁路、公路及河湖库区、旅游景区等造林绿化，组织动员全社会力量推进大规模国土绿化行动。全年争取落实各类林草项目资金93.19亿元，比上年净增24.91亿元，完成造林面积34.19万公顷，占年度目标任务的146.55%；参与义务植树人数1279.09万人次，义务植树8698.23万株，新建义务植树基地929个，平凉、金昌等市率先在全省开通市、县两级“全民义务植树网”；完成退化草原生态修复治理和生态种草24.26万公顷；新增沙化土地治理面积15.33万公顷。2020年底，全省森林覆盖率11.33%，村庄绿化覆盖率达16.31%，草原植被盖度53.02%，国土绿化成效逐年凸显，绿色空间不断扩大。

【森林资源保护】依法保护管理林地，不断规范林地审批程序，严格执行建设项目使用林地审核审批制度和限时办结制度，做好林地审核审批，保障各类建设项目依法依规使用林地。推进2020年森林督查暨森林资源管理“一张图”年度更新，全省违法违规项目数、面积比上年下降77%，违法违规采伐蓄积量下降82%。推进森林督查发现问题整改，对违法违规使用林地问题严重的5个县区在全省进行通报，并约谈相关负责人。组织编制

“十四五”期间年森林采伐限额建议指标 81.1 万立方米，报国家林草局审核同意后，由省政府印发执行。实施小陇山国家森林可持续经营试点，建设示范林 755.8 公顷。组织实施中央财政森林抚育项目 13.09 万公顷，补助资金 22342 万元。全面推行林长制工作.

【保护地体系建设】贯彻落实中办、国办《关于建立以国家公园为主体的自然保护地体系的指导意见》，印发实施《甘肃省关于建立以国家公园为主体的自然保护地体系的实施意见》。根据自然资源部、国家林草局有关要求，开展全省自然保护地整合优化预案编制工作。对中央第二轮环保督察反馈问题，制定整改方案，安排局领导分片包抓，跟踪抓好整改。累计完成自然保护区“绿盾”专项行动发现问题整改 1824 项，整改完成率 98.86%。

【林草改革发展】巩固和拓展国有林场改革成果，252 个国有林场全部定性为公益性事业单位，国有林场办社会职能彻底分离，4500 多名富余职工得到妥善安置，社会保障实现全覆盖。制定出台《甘肃省国有林场管理办法（试行）》和《甘肃省国有林场中长期发展规划（2019—2035 年）》等文件，全省国有林场长远发展制度体系基本形成。累计争取实施国有林场林区道路建设 2038.48 公里，补助资金 12.74 亿元。推进林权流转和林权抵押贷款，加快培育林业合作社、家庭林场、林业龙头企业和专业大户等新型经营主体，不断完善集体林权制度。全省累计办理林权抵押贷款 99.6 亿元，组建林业合作社 3785 个，认定登记家庭林场 1276 家，11 家林业企业被评定为国家林业重点龙头企业，林下经济年产值超过 70 亿元。全省栽植经济林果 150 万公顷，培育苗木 4.35 万公顷，种植花卉 1.6 万公顷。持续推进生态护林员、退耕还林还草、林果产业、生态效益补偿、帮扶力量精准到户和林草项目资金精准倾斜的“五个精准到户、一个精准倾斜”林草扶贫举措，全年兑现 6 类助力脱贫攻坚的林草项目资金 32.24 亿元，精准带动 29.21 万建档立卡贫困人口就业脱贫。

【服务能力建设】贯彻落实“六稳”“六保”要求，建立疫情期间错峰上下班制度，常态化开展局机关公共场所消毒、进出人员测体温等工作，有效降低新冠肺炎疫情影响。面对陇东南百年不遇的暴洪泥石流灾害，积极组织受灾市县和白水江保护局全力应对灾情，编制灾后恢复重建规划，将灾害损失降到最低。加强森林草原火灾和有害生物防治工作，全年未发生重特大森林草原火灾和行业安全生产事故，未发现松材线虫病和草原鼠虫害扩大蔓延现象。全省林草办公自动化系统正式上线运行。办结省委省政府督办件 190 件，人大建议 34 件，政协提案 46 件，群众信访件 194 件。深化“放管服”改革，在省直部门率先印发《全省林草系统 29 项“最多跑一次”事项目录》，率先实施第一批“证明事项告知承诺制”，全年办理林草行政许可事项 728 件，省林草局派驻省政府政务大厅办事窗口被评为“优秀服务窗口”。弘扬八步沙林场“六老汉”三代人治沙造林精神，积极宣传林业和草原“十三五”改革发展成效，讲好甘肃林草故事。

【森林城市和森林乡村创建】贯彻落实习近平总书记关于开展森林城市建设搞好城市内绿化等重要指示和省委、省政府《关于加快推进大规模国土绿化的实施意见》精神，省林草局先后修订完善《甘肃省省级森林城市森林小镇创建和评定管理办法（试行）》《甘肃省省级森林城市森林小镇评定指标（试行）》和《甘肃省省级森林小镇评定指标（试行）》，开展森林城市和森林乡村创建工作。2020 年，平凉市成功创建为省级森林城市，正在创建国家森林城市；庆阳、陇南、武威、天水 4 市及康县、两当、麦积、清水、秦州 5 县区正在创建省级森林城市；宁县盘克镇等 19 个乡镇已成功创建省级森林小镇，秦州区娘娘坝镇等 15 个乡镇正在创建省级森林小镇，皋兰县什川镇上车村等 159 个村先后被国家林草局评定为“国家森林乡村”，全省村庄绿化覆盖率达到 16.31%。

【湿地保护修复】以省林草局文件印发《2020 年湿地保护管理工作要点》，对 2020 年甘肃省湿地保护与管理工作进行全面安排。组织落实《甘肃省湿地保护修复制度实施方案》，编制印发 12 个技术规范、标准或办法。按照国家林草局《全国湿地保护“十四五”实施规划》编制要求，筛选上报全省“十四五”重点建设项目。制定下发《关于开展湿地生态监测工作的通知》，对全省 13 处湿地类型保护区和 13 处湿地公园开展生态监测。制定《甘肃省泥炭沼泽碳库调查工作方案》和《甘肃省泥炭沼泽碳库调查实施细则》。截至 2020 年底，已完成黄河上游、河西走廊、祁连山、敦煌片区、兰州白银片区的泥炭沼泽炭库调查，调查定点共计 10349 个，调查斑块数约 2900 个，调查面积 17.38 万公顷，占总任务量 99.9%。将进行数据整理，以形成全省泥炭沼泽碳库调查成果。

【野生动植物保护】贯彻落实全国人大常委会禁食野生动物《决定》精神，下发关于疫源疫病监测和疫情防控 1 个《倡议书》、1 个《告知书》和 11 个通知，周密安排疫情期间野生动物管控和疫情防控。代拟起草省人大常委会禁食野生动物的《决定》，配合省人大常委会办公厅开展《中华人民共和国野生动物保护法》等专项执法情况检查，联合省公安厅、省市场监管局加大对重点地区、重点部位野生动物管控的执法力度。严厉打击乱捕滥猎野生动物行为，全年开展野外巡护监测 6077 次，出动车辆 2982 台次，出动人员 40122 人次。开展禁食野生动物分类清查，对取得人工繁育许可证，以食用为目的的野生动物养殖主体，分三批撤销由省上核发的许可证或文书 49 份；对列入《畜禽遗传资源目录》等范围的 438 家养殖场（户），致函省农业农村厅纳入监管范围；对属于禁食范围但具有科研、药用、展示等非食用性合法用途的，由原发证部门依法做好许可证和文书的变更、换发；对属于禁食范围但其设施可用作养殖其他动物的，引导养殖场（户）调整养殖结构。按期完成禁食野生动物后续处置工作。

【退耕还林还草工程】组织相关市县全面完成2019年度1.94万公顷退耕还林还草任务。将国家下达的2020年度7.78万公顷退耕还林还草任务分解下达到具体市县。省林草局代表省政府与市（州）政府和省属有关单位签订《退耕还林责任书》，靠实退耕还林项目责任。组派三个调研组分赴10个重点贫困县区开展专题调研。对2019年耕地保护督查反馈占用基本农田退耕还林还草的问题，与省自然资源厅积极沟通整改，先后联合下发《关于对甘肃省耕地保护督察发现将永久基本农田纳入退耕范围有关问题的整改通知》和《关于加快将永久基本农田纳入退耕范围问题整改的通知》，督促县级林草部门完善退耕还林矢量数据，有序推进永久基本农田补划等整改。配合国家林草局西北调查规划设计院开展2020年度退耕还林国家级核查验收，完成17个工程县2016年退耕地还林面积1.46万公顷的核查验收。退耕还草县区草产业发展迅速，饲草供给能力有效提升，有效解决了草原禁牧、草畜平衡区农牧户饲草料短缺问题，加快了传统畜牧业向现代畜牧业转型升级。

【天然林保护工程】天保工程全年完成投资14.24亿元，其中：中央投资12.92亿元、省级财政投资1.32亿元。完成公益林建设任务26万亩，其中：人工造林11万亩、封山育林15万亩；完成国有中幼龄林抚育任务135.5万亩。以省天保工程领导小组文件印发《甘肃省贯彻落实<天然林保护修复制度方案>意见的通知》，组织开展县级实施单位全覆盖的省级复查，全面完成双审计整改相关工作任务。争取全球环境基金（GEF）第七增资期项目，并在小陇山林业实验局实施。完成天保工程人员机构和社会保障管理子系统、核查信息报送子系统、统计分析报表子系统的数据更新和应用，开展天保工程生态效益监测工作，信息化管理水平不断提升。

【“三北”防护林建设工程】全面完成2019年度“三北”工程建设任务8.06万公顷，其中乔木造林1.25万公顷，灌木造林0.05万公顷，封育5.29万公顷，退化林修复1.47万公顷。组织开展全省“三北”总规修编及六期规划编制工作，按时向国家规划院上报规划各项基础数据、规划文本初稿。开展“三北”五期工程评估，组织“三北”工程范围内的林草部门对全省“三北”五期工程建设，百万亩防护林基地建设、黄土高原综合治理林业示范项目、退化林修复改造、精准治沙等重点项目的建设管理、建设实效、建设政策与机制、建设技术等方面进行全面评估，形成工程总体评估报告和重点项目分项报告，为提升后续工程决策管理水平提供合理化建议。组织“三北”工程范围内的市县及时编报反映工程建设的动态信息，通过国家“三北”防护林建设网等门户网站累计发布信息384条，甘肃省获得““三北”防护林体系建设信息工作一等奖”。

【退牧还草工程】国家2020年下达甘肃省退牧还草工程草原围栏建设任务3.66万公顷，退化草原改良6.6万公顷，人工种草2.66万公顷，黑土滩治理2.32万公顷，毒害草治理2.33万公顷。工程建设任务重点向国家贫困县、“三区三州”深度贫困县、插花型贫困县和藏区实施，对58个贫困县安排资金23738万元。通过围栏封育、补播改良等措施，工程区草原植被和草地生产力明显提高。根据退牧还草工程实施县遥感监测，退牧还草工程实施后鲜草产量比实施前提高10.9%，工程区内平均植被盖度55.1%，比非工程区提高2个百分点，高度和鲜草产量分别为20.9厘米、3130千克/公顷，比非工程区分别提高4.5%、7.3%。围绕实施退牧还草工程，各地不断加快工程区草原围栏、人工饲草地等基础设施建设，开展良种引进、畜群结构调整及舍饲半舍饲养殖，加大后续产业培育，推进草原畜牧业向规模化、集约化方向发展。

【防沙治沙】全年完成沙化土地综合治理任务15.34万公顷，是年度目标责任的168.5%。国家投入规模化防沙治沙财政资金2亿元，省级财政配套3500万元，在全省4个市州的7个县进行先行试点。吸引社会资本参与防沙治沙，全年完成蚂蚁森林项目造林1.67万公顷2313.3万穴（株）。争取2021年蚂蚁森林项目造林计划8批17个项目，将在6个市州10个县市区开展项目建设。发展沙产业企业、基地1000多家，形成中药材、沙地林果、沙区产品加工、沙区特色种养殖、沙区生态旅游等5个特色优势产业，开发出药品、保健品、食品、饮料、果品等一大批沙产品。利用沙区风光热资源，新建风光热等清洁能源项目16处，在推动沙区生态建设和经济发展方面发挥积极作用。

【祁连山国家公园体制试点】在前两年试点工作基础上，依托省森林公安局祁连山分局、盐池湾分局组建张掖、酒泉两个综合执法局。在张掖、酒泉2个分局增设国家公园管理相关科室，增加科级干部职数，挂牌设立基层保护站，构建国家公园省级管理局、分局、保护站的三级管理模式。编制33个祁连山国家公园甘肃省片区相关规划、办法和方案，配合编制15个相关规划、办法和方案。2020年中央和省级财政共下达项目建设资金2.36亿元，用于自然资源智慧监测与管理物联网系统建设、森林草原植被恢复、国家公园保护站点建设与升级改造等相关建设项目。策划拍摄大型纪录片《祁连山国家公园》，在中央电视台播出。按照省政府印发的《祁连山国家公园体制试点甘肃省片区重点工作任务清单》，全面完成省政府、祁连山国家公园管理局安排的44项试点任务。根据国家公园体制试点第三方评估验收结果，祁连山国家公园体制试点成效明显，各项试点任务落实到位，整体上符合设立国家公园的条件。

【大熊猫国家公园体制试点】经省委编委批准，设立大熊猫祁连山国家公园甘肃省管理局裕河分局，依托省森林公安局白水江分局组建白水江综合执法局。在白水江分局增设国家公园管理相关科室，增加科级干部职数，挂牌设立基层保护站，构建国家公园省级管理局、分局、保护站的三级管理模式。编制29个大熊猫国家公园白水江片区相关规划、办法和方案，配合编制15个相关规划、办法和方案。

2020年中央及省级财政共下达项目建设资金9258万元，用于自然资源智慧监测与管理物联网系统建设、森林草原植被恢复、国家公园保护站点建设与升级改造等相关建设项目。按照省政府印发的《大熊猫国家公园体制试点白水江片区重点工作任务清单》，全面完成省政府、大熊猫国家公园管理局安排的39项试点任务。根据国家公园体制试点第三方评估验收结果，大熊猫国家公园体制试点成效明显，各项试点任务落实到位，整体上符合设立国家公园的条件。

【完善集体林权制度】贯彻落实省政府办公厅《关于完善集体林权制度的实施意见》精神，推进林权流转、抵押贷款、新型经营主体培育，深化集体林权制度改革。组织全省林草部门进一步完善集体林权制度改革电子文件档案，加快林权证登记信息数字化入库，推进集体林权管理与林权类不动产登记信息共享。对国家林草局2017年认定的4家国家林业重点龙头企业进行监测并及时报送监测结果。会同省委农工办等11个省直部门制定印发《关于开展农民合作社规范发展和质量提升行动的实施意见》，推动林业合作社高质量发展。上报5家林业合作社为国家级农民合作社示范社。通过不懈努力，全省集体林业发展活力持续增强，改革综合效益不断显现。截至2020年底，全省实现林下经济年产值70多亿元，累计办理林权抵押贷款99.6亿元，组建林业合作社3785个，认定登记家庭林场1276家，11家林业企业被国家林业和草原局认定为国家级林业重点龙头企业。

【国有林场改革】制定印发《甘肃省国有林场改革2020年工作要点》和《关于进一步巩固和提升国有林场改革成效的通知》，巩固和拓展国有林场改革成果。配合省人大常委会开展国有林场改革与发展工作调研，调研报告提交省十三届人大常委会第十九次会议审议，并向省委、省政府报送，督促相关部门落实解决存在的问题。争取国家下达2020年林区道路建设项目341个1833.33公里，补助资金11亿元。争取落实国有贫困林场扶贫资金2953万元，依据《国有贫困林场界定指标与方法》对全省252个国有林场进行调查摸底，建立国有林场扶贫资金项目库。

【林果产业】采取示范项目带动、培育新型经营主体、创建特色品牌、优化产业布局、促进一二三产业融合发展等举措，推进全省林果产业发展。截至2020年底，全省经济林果和木本油料栽植面积达157.33万公顷，实现产值490多亿元。协调省财政厅下达林果产业发展资金1000万元，为文县、武都等9个深度贫困县倾斜安排项目资金700万元。组织市县林草部门开展"全国采摘果园一张图"入图工作。向国家林草局推荐全国经济林咨询专家61名、林业产业重点投融资项目5个。组织相关林业企业入驻中国林业产业联合会西部特色林产品展示中心甘肃馆，打造甘肃特色林草产品展示窗口。组织起草全省核桃、花椒、油橄榄产业三年倍增计划。开展"首批中国林草产业关爱健康品牌"申报推荐和林草健康产业国家创新联盟征集成员单位工作，甘肃省3家企业林产品荣获"首批中国林草产业关爱健康品牌"称号，13家林业企业被认定为"中国林草产业5A级诚信企业"。

【林下经济】坚持以政策措施为引领，鼓励和引导各地在保护好生态环境前提下，充分挖掘林地林木资源潜力，大力发展林下种植、林下养殖、林产品采集加工和森林景观利用等为主的林下经济。坚持以创新模式为抓手，探索走出了林药、林菌、林禽、林畜、林蜂、林特、林果等多种模式共同发展的路子。坚持以经营主体为龙头，成功申报国家级林业重点龙头企业11家，认定登记家庭林场1276家，林业合作社3785个。坚持以深化改革为动力，推进林权流转、林权抵押贷款和果树经济林权属抵押贷款，把发展林下经济的贷款纳入林业贷款财政贴息范围，降低林农群众发展林下经济的融资成本。2020年全省实现林下经济产值超过70亿元，参与农户160多万人，取得了良好的经济、生态和社会效益。

【草产业】甘肃发展草产业历史悠久，是全国草产业大省，有牧草种类154科716属2129种，国家级草品种区域试验站6处，省级区域试验站13处。按照保护生态、绿色发展、产业带动的思路，坚持把发展草产业同保护草原生态有机结合，出台一系列推进草产业发展的政策措施，组织实施草产业相关项目，成立"甘肃省草产业技术创新战略联盟""甘肃省草产业协会""甘肃省草业标准化技术委员会"等技术创新平台，开辟草产品运输绿色通道，推广牧草良种、良法配套应用，着力推进草产业持续较快发展。全省人工种草面积稳定在160万公顷左右，形成了以河西为主的高端苜蓿商品草、定西为主的裹包青贮商品草、山丹为主的高端燕麦商品草三大草产业商品草生产基地，苜蓿、燕麦草以高产、优质享誉全国。

【森林旅游】全省有森林公园91处，其中国家级森林公园22处，省级森林公园69处。2020年，全省投入森林公园建设资金24122.92万元，其中国家投资8985.72万元、自筹资金15076.8万元、招商引资60.4万元，完成植树造林1254.64公顷，林相改造692.27公顷。督促指导全省91个森林公园开展勘界工作，及时上报整合优化预案。谋划秦岭国家森林公园步道和两个基地建设，挖掘甘肃森林资源丰富多元的独特优势，集中优势资源，打造特色旅游品牌。截至2020年底，全省有旅游步道1166.87公里、车船234辆（艘）、床位3939张、餐位8701个，职工和导游总数分别为2130人和120人，社会从业人员3601人。全年共接待国内外游客542.32万人次，森林公园总收入2.6亿元。

【种苗培育】对全省11个国家重点林木良种基地补贴和12个在建种苗工程项目进行督查考核，对天水、陇南、张掖、酒泉4市11个县（区）进行复查抽查，共抽查苗木生产和使用单位42个。调整省林木良种审定委员会组成人员，召开省第十届林木良种审定会议，审（认）定通过8个品种。组织修订《甘肃省草品种审定委员会章程》《甘肃省草品种区域试验站管理办法》，制订《甘肃省草品种审定办法》。组织召开甘肃省草品种审定委员会年度工作会议，建立区域试验站专家技术负责制度以及委员分工协作机制。依托省草品种审定委员会专家平台，组织完成省级草品种区域试验站考核评价，对兰州大洼山等7个符合建设标准的省级区域试验站进行挂牌。深化“放管服”改革，精简草种行政许可事项和条件，优化审批程序，提高草种行政审批效率。2020年共办理草种生产许可证30个，草种经营许可证54个，草种进口审批97批（次）。

【林草生态扶贫】贯彻落实中央和省委、省政府关于打赢打好脱贫攻坚战的决策部署，将生态扶贫作为“绿水青山就是金山银山”理念的具体实践，作为实现生态美、百姓富的有效途径，周密部署，精心组织。制定印发省林草局《2020年脱贫攻坚工作要点》和《2020年支持深度贫困地区脱贫攻坚工作方案》，稳步有序推进林草生态扶贫。全年共落实生态护林员等6类林草行业扶贫重点项目资金32.24亿元，其中生态护林员项目落实资金52829万元，选聘生态护林员66339名，精准带动29.21万贫困人口脱贫；新一轮退耕还林工程下达建设任务6.41万公顷，落实项目资金154480.1万元；新一轮退耕还草工程下达建设任务7.78万公顷，落实资金176964万元；森林生态效益补偿补助项目补偿面积400.79万公顷，补偿资金72509万元；天保工程区国家级公益林补助面积86.1万公顷，地方公益林补助面积42.21万公顷，补助资金26343万元；省级财政林果产业发展项目资金1000万元。全年协调争取东西部扶贫协助资金4671.21万元，较2019年增加83.91%，助力全省脱贫攻坚。

【秦安县帮扶】省林草局认真履行帮扶秦安县省直组长单位职责，全力推进秦安县脱贫攻坚帮扶工作。持续培育增收致富产业，筹措资金1200余万元，建成标准化花椒示范园6个，花椒品种园1处，无刺花椒示范园1处，全镇栽植花椒2266公顷以上，引导群众在椒园间作套种万寿菊、冬花等各类经济作物0.17万公顷。加大林草项目资金倾斜力度，帮扶工作开展以来，累计为秦安县倾斜安排林草建设资金1.03亿元，每年落实生态护林员项目资金724万元，选聘生态护林员905人，贫困户年增收8000元。2020年3月，经省政府批准，秦安县实现整县脱贫摘帽。省林草局帮扶的秦安县13个贫困村于2020年底全部按计划脱贫退出。在2020年省直和中央在甘单位帮扶工作考核中，省林草局被综合评价为“好”等次。省林草局帮扶秦安县“发挥优势点金果、林果产业富乡亲”的产业扶贫案例被国务院扶贫办在中国扶贫网报道，入选全国100个产业扶贫典型案例，并在全国产业扶贫现场会上进行交流。

【林草科技创新】组织各级林草科研院所、推广单位和高校申报国家、省级科技计划项目120项，获得立项80余项，落实经费3098万元。发挥大熊猫祁连山国家公园（甘肃片区）科技创新联盟科技资源聚集优势，落实300万元经费，对国家公园建设中的难点和问题开展科技攻关。向国家林业科技推广科技成果管理系统推荐90余项科技成果，依托中央、省级科技推广项目转化推广科技成果60余项。甘肃兴隆山森林生态系统国家定位观测研究站等2个生态站通过竣工验收，甘肃白龙江森林生态系统国家定位观测研究站建设进展顺利。选聘全省林业和草原科技特派员75名，全年举办各类技术培训班300场次，培训技术人员3000人次，林农5万人次，发放资料10多万份，3人入选国家林草局选聘乡土专家。评审出省林业科技进步奖31项，获得甘肃省科技进步奖二等奖1项，梁希科学技术奖三等奖2项，全国科普讲解大赛三等奖2项，1人获全国科普讲解大赛三等奖，省林草局获第二届全国林草行业创新创业大赛“优秀组织奖”。

【林草宣传】在甘肃林业网、《甘肃林业》杂志开设专栏，通过微信、微博公众号及时向局系统发布全省林草疫情防控动态。组织媒体宣传八步沙林场取得的新成效，八步沙林场第二代治沙带头人郭万刚获评2020年“全国劳动模范”。开展第三届“甘肃最美护林员（草管员）”评选活动，评选出最美护林员（草管员）10名。举办“讲林草高质量发展新故事”征文比赛、“生态陇原——野生动物摄影比赛”等生态文化活动，组织参加国家林业和草原局“绿水青山美丽中国”首届“原山杯”全国短视频大赛，省林草局获优秀组织奖，2项作品获优秀奖。开展“甘肃黄河流域生态保护和高质量发展”“甘肃草原生态保护”“省直部门落实脱贫攻坚专项责任纪实”“走向我们的小康生活”等系列宣传活动。面向全社会开展“植树节”“世界防治荒漠化与干旱日”“爱鸟周”“草原普法宣传月”和新修订《森林法》、文明单位创建等专题宣传活动，拍摄《绿色相伴文明司行》纪实片。全年累计在国家级媒体上刊发宣传稿件561篇，在省级媒体刊发308篇，在各种新媒体发布2388条，在甘肃林业网发布信息6283条，出版《甘肃林业》杂志6期，发布舆情简报42期。

【林草信息化建设】省林草局自动化办公系统和移动办公APP正式启用。推进局机关安可替代工程建设进度，强化局系统信息化应用的整合与集约化，开展全省林草信息化建设情况摸底调研，组织编制《全省林草管理云平台建设方案》，启动实施省局管理云平台建设。完成嘉峪关市林草局、三北局与省局视频会议系统对接，目前全省已有13个市州和27个局直单位接入省局视频会议系统，全年保障音视频会议117场次。完善网上办事服务功能，改版政府信息公开栏目，落实省政府办公厅关于全省政府网站集约化建设工作的部署要求，梳理迁移网站数据，将甘肃林业网纳入省政府集约化平台统一管理。在省政府办公厅关于每季度全省政府网站抽查情况的通报中全年零问题，全年未发生网络安全事故。

【林草外事合作】省林草局与世界自然基金会北京代表处签署战略合作框架协议，双方将在大熊猫、雪豹和生物多样性保护等方面开展合作与交流，2021年WWF计划支持甘肃省项目资金393万元。严格落实国家和省上关于外事管理各项规定，疫情期间随时了解掌握国家和省上最新规定，确保外事工作有序开展。争取实施UNDP-GEF“增强甘肃省保护地系统，加强保护具有全球重要意义的生物多样性项目”，向省财政厅申请610万元配套资金获得批准，项目管理队伍组建完成，并召开第一次工作会议，采购第一批办公设备，项目微网站和公众号建设完成并正式投入运行。亚行贷款丝绸之路沿线生态恢复和保护项目（亚行二期项目）启动项目业务技术援助，国内可研、社评、环评专家与亚行技援团专家已开展项目前期调研合作。欧投行黄河流域沙化土地可持续治理项目正式立项，拟申请欧投行贷款9千万欧元，国家发改委、财政部将项目列入2020—2022年备选项目规划。

【林草“放管服”改革】依托全省一体化政务服务平台建设，对省林草局14项行政许可事项名称及办理条件、编码、依据、类型等基本要素进行动态修改，实现“一网通办”和全省无差别化办理。根据疫情防控需要，推行不见面审批，依照“减时间、减要件、减环节”的原则，推出省林草局第一批“零跑动”事项，通过网上提交、邮寄、快递等方式实现“非接触式”服务，不见面审批，方便企业和群众办事。落实证明事项告知承诺制，在省直各厅局率先推出“第一批告知承诺制证明事项”，并将告知承诺与事中核查、事后监管有机结合。及时取消下放行政许可事项。对“林木种子质量检验机构资质认定”等6项取消的行政许可事项及时下放，并制定事中事后监管细则，帮助指导基层林草部门接得住、管得好。规范行政审批内部流程，将行政审核审批纳入省林草局自动化办公系统，理顺行政审批内部流程不规范的问题，实现无纸化审核审批。

【林草法治建设】学习贯彻习近平法治思想和中央、省委全面依法治国、依法治省战略部署，推进林草法治建设。废止《甘肃省林地保护条例》《甘肃安西极旱荒漠国家级自然保护区管理条例》2部地方性法规。开展涉及野生动物保护领域、生态环境、自然资源资产领域、民法典和营商运营环境领域的法规、规章专项清理工作。规范报备规范性文件8件，报备率100%。加强行政审批管理，2020年审核办理行政许可事项728件。制定《甘肃省林草行政执法与刑事司法衔接工作办法》，建立线索通报、案件移送、信息共享、信息发布等工作机制，形成分工协作、衔接紧密、齐抓共管林草违法犯罪行为的工作格局。强化行政执法监督，全面推行行政执法公示制度、执法全过程记录制度和重大执法决定法制审核制度。严格落实“谁执法谁普法”的普法责任制度，组织开展“法律八进”活动，营造良好法治氛围。举办全省基层林草行政执法培训班1期，培训行政执法业务骨干110人次，组织局系统干部职工参加网上学法用法480人次。

【森林草原防火】省林草局党组2020年先后8次专题研究会议和4次全省视频会议，部署推进森林草原防火工作。通过三大通信运营商向全省用户发送森林草原防火公益短信，在甘肃卫视黄金时段播放森林草原防火宣传片，加强森林草原防火宣传。组织全省林草系统330余人参加森林草原防火、防灾减灾和安全生产培训班。开展防火督查11次，在局系统开展野外火源治理专项行动和打击森林草原违法用火行为专项行动，共出动森林公安等执法人员6548人次，派出检查组754个、参与人数6043人次，制止和劝阻农事用火及祭祀用火483起。衔接推进林草系统和甘肃铁塔在防灾减灾、安全生产和森林草原防火方面的合作，已经安排在小陇山林业实验局开展试点。推进“互联网＋防火督查系统”“防火码”微信小程序并取得“防火码”卡口启用率和扫码量居全国第一的好成绩。成立风险普查领导小组办公室并印发试点方案，组织试点县（区）和单位100余人参加培训，稳步推进森林草原火灾风险普查。2020年全省未发生重特大森林草原火灾，较好的维护了全省森林草原资源安全和林区和谐稳定。

【林业草原有害生物防治】以松材线虫病、草原鼠虫害等林业草原有害生物防治为重点，健全防控体系，夯实防控基础，提升防治能力和水平。特别是甘肃作为松材线虫病预防区，省林草局及时制定下发《关于做好2020年松材线虫病防控工作的通知》和《关于切实做好松材线虫病春季专项普查工作的通知》，建立健全松材线虫病防控工作推进落实机制，确保松材线虫病疫情“零发生”。全年林业有害生物发生面积39.98万公顷，完成防治面积32.71万公顷、无公害防治面积31.31万公顷、防治作业面积42.32万公顷，成灾率控制在1.84‰，无公害防治率、测报准确率、种苗产地检疫率分别达到95.72%、96.62%、100%，全面完成国家林业和草原局下达甘肃省的林业有害生物防治“四率”目标管理指标，有效保护了森林草原资源安全。

（杨晋萍）

工业和信息化

【工业运行】2020年，全省工业经济持续恢复向好，全年规模以上工业增加值比上年增长6.5%，高于全国增速3.7个百分点，居全国第4位，取得了历史性的好成绩。统筹做好新冠疫情防控医疗物资保障和企业复工复产工作。实施战时机制，抓好医疗防控物资保障和生产。疫情发生后，全力承担起省联防联控领导小组物资保障工作组副组长单位职责，快速响应，制定联席会议、信息报送、运行监测等工作制度，建立医疗物资保障机制和甘肃省防控物资管理平台。落实“内部挤、自己产、外部购、上面调、各方捐”措施，组织采购防控医疗物资1144余万件，协调国家调拨55.9万件，统筹调配1065余万件，支持30多家企业新建或转产、改建防护类产品生产线，从无到有构建起医用口罩、防护服产业体系。下发《关于做好疫情防控复工复产派驻重点企业联络员的通知》，制定《推动工业企业复工复产“四包”实施方案》，建立分片包抓工作机制和重点企业派驻联络员制度，指导企业有序、分类、分级复工复产，7月底复工率、达产率恢复正常水平。强化协调调度，解决突出问题，推动工业经济企稳回升，4月份起，规模以上工业增加值持续正增长；5月份累计增速由负转正。全年行业安全生产形势平稳。

【保市场主体稳定、保产业链供应链稳定】印发《保市场主体工作方案》《保产业链供应链稳定工作方案》，扎实做好"六稳"工作，全面落实"六保"任务，认真推进工作开展。保市场主体稳定。建立惠企政策落实情况周报告周通报、旬问卷调查、月调度协调等制度，开展减轻企业负担和促进中小企业发展专项督查。变"企业找政策"为"政策找企业"，开发甘肃省涉企政策精准推送和"不来即享"服务系统，精准推送惠企政策2784万条，799类涉企事项实现在线办理。加快清欠工作进度，拖欠账款清偿比例达到91.29%，无分歧欠款实现100%清偿。促进中小企业加快发展，建立"规下转规上"动态培育库，每月对入库企业生产运行情况进行调度，新增入规企业55户。支持中小企业走"专精特新"发展之路，新认定省级"专精特新"企业41户，24户企业评为国家专精特新"小巨人"。保产业链供应链稳定。省、市工信部门共梳理91条重点产业链供应链和1352户龙头企业、核心配套企业，建立重点产业链供应链包抓体系。摸排产供销风险点3010个，建立需求问题清单，实行动态管理，"一企一策"协调解决94.71%。发挥龙头企业和重点项目带动作用，推进上下游大中小企业协同发展，组织多类型产供销对接活动，签约企业9888个、金额469亿元。

【先进制造、数据信息、清洁生产生态产业加快发展】完善项目包抓、工作例会、工作督查和信息报送等工作制度，召开2工作推进会（调度会）。先进制造、数据信息、清洁生产产业增加值分别比上年增长16.7%、7%和6.6%，均高于全省十大生态产业增加值5.8%的增速。491个总投资额1465亿元重点项目当年完成投资239亿元，累计完成投资532亿元。三个生态产业发展基金全部注册成立，清洁生产产业发展基金完成1.35亿元投资。

【"三化改造"】制定《工作要点》，建立工作体系，出台《甘肃省智能工厂、数字化车间认定管理办法（试行）》《甘肃省制造业企业智能化转型升级改造诊断咨询工作方案》《甘肃省绿色制造体系建设评价管理实施细则》。完善省、市州、县区三级层层落实包抓机制，建立智能制造专家库、重点项目库。209个总投资327亿元的"三化改造"重点项目当年完成投资79亿元，56个项目建成。完成33户企业智能化改造诊断咨询，认定6个省级智能工厂、13个数字化车间、38家绿色工厂、8种绿色产品、3家绿色园区，20家绿色工厂、6个绿色产品、2个绿色园区入选工信部第五批绿色制造名单。28户危化企业完成搬迁改造任务，评估认定15家化工产业集中区。

【信息化和信息产业发展】推进新型基础设施建设，2020年新建5G基站7802个，累计建成5G基站8509个，实现市（州）主城区5G网络深度覆盖。推进工业互联网建设，白银、兰州等地区域综合服务工业互联网平台搭建完成，"兰石云""酒钢云"等企业级工业互联网平台产品初具雏形，兰石集团铸锻大脑工业互联网项目上线发布。推动区块链场景落地，启动"数字甘肃·如意之链"建设，建成区块链信任基础设施平台，"甘肃省公共资源交易见证系统""基于区块链网上签约系统"完成上链。支持信息港公司发展，信息港公司现控（参）股12家公司，全年实现产值2.6亿元。引进"城市大脑"等信息化平台，制定4个地区"城市大脑"建设方案。电子信息制造业工业总产值增长14.2%。推动产业集聚发展，省政府与龙芯中科签署战略框架合作协议，华天电子科技园以集成电路封装测试为主导的集成电路产业快速发展，张掖智能制造产业园入驻企业28家，平凉智能终端光电产业园累计完成投资15亿元，兰州软件园集聚软件企业114家。

【新发展格局谋划】谋划甘肃工业和信息化"十四五"发展，制定《"十四五"规划及相关系列规划编制工作计划方案》，提出《甘肃省"十四五"工业和信息化发展规划编制分类及安排表》，27个省级规划、行业规划、实施方案完成初稿。"打好产业基础高级化产业链现代化攻坚战""1+N+X"政策体系完成制定并提交省政府。

【创新平台培育】加快技术创新平台建设，新认定省级企业技术中心14家、行业技术中心9家、产业技术创新联盟5家、技术创新示范企业8家，2家企业认定为国家技术创新示范企业。组织开展省级工业设计中心、生产性服务业功能示范区和示范企业培育认定工作，新增省级工业设计中心20家、生产性服务业功能示范区1户、生产性服务业示范企业11户。

【产业合作交流】完善与天津、内蒙古、广西等合作省份工信部门的定期互访沟通和信息交流机制，与青海、陕西、山西等省工信部门签订产业合作专项行动计划，在天津举办甘肃省消费品和新材料产业招商推介会。出台《甘肃省制造业"一带一路"拓展平台培育提升实施意见》，打造行业和中小企业"走出去"平台。续建、新建承接产业转移项目660项，总投资2681.38亿元，累计引进资金到位额1504亿元。

【行业发展】钢铁行业：2020年，全省钢铁行业完成工业总产值534.80亿元，比上年增长6.02%；利税22亿元。规模以上工业生铁产量782.29万吨，比上年增长18.69%，产量居全国第23位；粗钢产量1059.17万吨，增长20.67%，产量居全国第22位；钢材产量1102.65万吨，增长17.72%，产量居全国第22位；铁合金产量98.67万吨，下降1.56%，产量居全国第11位；炭素制品产量158.84万吨，增长17.13%。钢铁行业继续深入推进供给侧结构性改革，大力实施创新驱动，推动全行业高质量发展，较好完成了年度生产经营任务目标，行业运行总体平稳。节能减排方面，酒钢集团污染物排放达标率100%，环保设施有效运行率100%。科技创新方面，酒钢集团全年投入科技经费4.82亿元，开展科技项目159项，科技投入占主营业务收入比例为5.37%，科技成果转化率62%，专利申报数量258项，参与制定各类标准17项，其中国际标准1项、国家标准5项、行业标准10项、团体标准1项。产业结构调整方面，酒钢集团新产品开发试制及扩大试验计划24.5万吨，实际完成43.35万吨，完成年计划的176.6%。品种钢比例年计划22%，实际完成28.1%，较2019年品种钢比例提升6.1%，提品创效能力提升明显。炭素产业，方大炭素石墨烯复合功能性无纺布在第二十二届中国国际高新技术成果交易会上荣获"优秀产品奖"。铁合金产业，腾达西铁第四冶炼厂、第五冶炼厂短网补偿器成功实施改造；陇南万利铁合金公司攻克微碳微钛硅铁生产中产能低，碳、钛等有害元素合格率低下难题，成功生产低铝硅钙钡和超低碳硅铁。

有色行业：2020年，全省有色行业工业总产值634.80亿元，比上年增长6.02%；利税124.48亿元。全省完成精炼铜115.17万吨，比上年增长8.94%，产量居全国第6位；电解铝227.87万吨，下降11.46%，产量居全国第5位；铅3.23万吨，增长17.42%，产量居全国第17位；锌40.45万吨，增长13.33%，产量居全国第7位；镍产品产量15.01万吨，增长2.8%，产量居全国第1位；钴产品产量4221吨，下降6.82%，产量居全国第1位；单一稀土金属产量2294吨，下降20.90%。全省有色金属加工材产量191.40万吨，增长0.46%。镍钴产业方面，金川公司继续推进"优"镍战略布局，全面推进镍产业升级，产品结构由不锈钢一元产业为主体转向高温合金、特种合金、铸造合金、电镀、电池等多元、高端制造产业，先后组织公司采选业工艺优化及新产品开发等重大科技攻关和信息化建设项目40余项。获得省部级科技奖励7项，其中，一等奖1项，二等奖5项，三等奖1项。全年完成投资26.13亿元。铜产业方面，围绕铜系列新产品研发、复杂难处理资源综合回收、工艺流程优化及设备自动化水平提升，持续构建高质量发展战略体系。金川集团开展重点科研项目10余项，采用国内领先装备技术，成功开发出6-12μm铜箔产品，建成3000吨含99.5%的电镀高纯硫酸铜等项目；白银公司以基础类电缆和微细电磁线为主，完成2KM超导电磁线。铝产业方面，铝产业科技创新驱动发展取得成效，特别是酒钢东兴铝业、中铝连城铝业、西北铝加工等企业在产业科技进步、产品研发和专利授权、院企开发合作方面取得进展。酒钢东兴铝业公司通过"国家高新技术企业""国家知识产权优势企业"认定，获得3项甘肃省专利奖；连铝公司申请发明专利1项、获得授权实用新型专利1件，累计申请专利38件；西北铝完成C919大飞机用7055型材五轮次试制，申报甘肃省重大专项1项、重点研发项目3项、重点攻关项目4项、工业优秀新产品3项。铅锌产业，白银公司开展了"超大面积流态化锌焙烧高效节能新工艺的研发与产业化"等7项科技攻关和科技成果转化项目；宝徽集团完成洛坝矿山实施智能化改造等3项产业链延伸和技术改造项目。稀土产业。甘肃稀土开展了高性能烧结钕铁硼性能提升及产业化研究、白光LED用荧光粉产业化等研究。

建材行业：2020年，全省建材行业完成工业总产值843.31亿元，比上年增长3.86%，产业总体保持了稳定向好的态势。全省水泥产量4651.15万吨，增长5.48%。其中熟料产量3615.71万吨，增长2.46%。玻璃制品产量519.26万箱，下降6.69%。祁连山公司部分生产线实施了水泥生产能源管理系统等智能管理，利用15台水泥窑余热发电机组完成发电4.9亿千瓦时，获得2020年度建材行业"两化融合"示范企业称号、"资金管控体系的数字化转型与创新"荣获2020中国企业改革发展优秀成果一等奖，"智慧供应链建设"荣获中国水泥协会2020水泥行业集采供应链创新奖。金昌水泥公司两条水泥生产线全年消耗周边企业工业固体废渣废料，继续实施冬季错峰生产。

石化行业：2020年，全省石化行业运行保持了降中趋缓、缓中趋稳、稳中恢复的发展态势。年末全省规模以上工业石化企业208户，从业人员6.4万人，资产总计1547.9亿元；完成工业总产值1250.3亿元，实现营业务收入1265.9亿元，利润总额37.5亿元，上缴税金271.5亿元；进出口贸易总额39003万美元，其中，进口额28491万美元，出口额10512万美元。全省原油产量968.7万吨，天然气产量3.9亿立方米，原油加工量1467.5万吨，成品油产量1069.6万吨，乙烯产量69.7万吨，甲醇产量53.5万吨，电石产量81.4万吨，合成橡胶产量17.4万吨，生产农药3.7万吨，化肥17.5万吨。2020年全省石化行业在新冠病毒疫情和内外部各种因素影响下呈负增长，经济环境严峻复杂，下行压力明显加大，石化产品价格持续低位徘徊，行业利润进一步减少，行业面临的风险和不确定性明显上升。

装备制造业：2020年，甘肃装备制造业克服新冠肺炎疫情影响，全行业生产恢复快速，实现了稳中向好的强劲增长态势。行业发展经济指标比上年度有较大增长。规模以上工业装备制造业增加值比上年增长22%，占全省规模以上工业的6.3%，比重比上年提高1.1个百分点。企业数明显回升，比上年增长13.4%，占全省工业规模以上企业数的13%。行业盈利能力持续提高，全年实现利润总额20.3亿元，比上年增长9.4%。基建和技改项目投资加快增长，全年高技术制造业投资增长33.2%。张掖流体智能科技装备产业项目、兰州中车公司搬迁、510所真空装备产业园等项目的实施，为行业长期稳定发展注入了新的增长极。传统产业"三化"改造工作顺利，209个重点项目总投资327亿元，当年建成56个项目，完成投资79亿元。4户装备制造企业被评为智能化工厂，占全省的67%。

【中小企业发展】 2020年，全省中小企业和民营经济发展取得可喜成绩，实现了全省规上工业中小企业增加值、营业收入双双稳定增长、逐季回升。年末全省规模以上中小微工业企业1780家。其中，中型197家，小型1353家，微型230家。规模以上工业中小微企业增加值比上年增长13.4%，比全省规模以上工业增加值增速高6.9个百分点，对全省规模以上工业增长的贡献率达55.8%；实现增加值占全省规模以上工业的34.8%，营业收入占比为38.6%；全省规模以上工业民营经济企业数1330户，实现增加值比上年增长8.8%。2020年，中小微企业和民营经济履行社会责任是最大的亮点，以抗击疫情、有序复工复产、落实“六保”、做好“六稳”为己任，积极承担起脱贫攻坚、促进社会和谐、改善人民生活的主力军角色。具体表现为：一是经济运行企稳向好，逐季回升，企业效益不断改；二是协调机构整合完善，环境优化，企业数量稳定增加；三是“三化”改造有序推进，强化创新，企业信心增强；四是加大培育力度，落实政策，支持中小企业走“专精特新”发展之路；五是建立清欠机制，完成清偿任务，努力改善营商环境；六是加强统筹协调功能，完善机制，合力化解企业困难；七是多措并举缓解资金短缺，精准对接，助力中小企业做好融资服务；八是发挥公共服务平台功能，完善体系，服务中小企业。

住房和城乡建设

【依法行政】完成《甘肃省建筑市场管理条例》《甘肃省建设行政执法条例》的修订工作。制定印发《甘肃省住房和城乡建设厅学法用法制度》《2020年度普法依法治理工作计划》《省住建厅规范性文件管理办法》，制定《甘肃省住房和城乡建设厅行政处罚程序规定》、全省住建系统《行政处罚自由裁量权基准及其适用规则》《“减轻处罚”“从轻处罚”“不予处罚”事项清单》。

【放管服”改革】印发《关于进一步提升政务服务能力优化营商环境的通知》。申请取消9项不再办理事项，对4项未认领事项逐项说明原因报省政管办备案。全程网办事项新增55项共计63项，11项政务服务事项优化为即办件，18项政务服务事项实行证明事项告知承诺制，7项高频政务服务事项实现“省内通办”、3项高频政务服务事项实现“省内通办”。梳理住建系统监管事项目录清单113项，编制省级行政检查事项实施清单41项，制定《甘肃省住房和城乡建设厅随机抽查事项清单（2020年版）》，在省部门协同监管平台批量导入企业信息8156条，录入执法检查人员信息134条。

【房地产市场调控和监管】2020年，全省房地产开发投资1355.64亿元，比上年增长7.8%。房地产开发施工面积11328.26万㎡，增长3.2%。新开工面积3534.11万㎡，增长6.9%。竣工面积881.36万㎡，增长30.7%。全省商品房销售面积1967.92万㎡增长15.4%。截至年末，全省商品住宅累计可售面积2986.09万平方米，商品住宅去化周期16.22个月，全省平均商品住宅去化周期已进入正常阶段。全省累计发布房源586791套，其中公租房392901套，市场化房源发布193890套；实现房源交易10041笔；累计注册用户388986户。其中：本年新增社会化房源78455套，新增签约支付2175笔，新增注册用户147174户，新增监管备案38300笔。《中共甘肃省委办公厅甘肃省人民政府办公厅关于落实城市主体责任严格房地产市场调控评价考核工作的通知》于2020年3月印发执行。印发《甘肃省房地产市场调控工作协调小组办公室关于对全省房地产市场调控工作主体责任落实及评价体系建立情况实施考核的工作方案》《关于整顿规范住房租赁市场秩序的意见》（甘建房〔2020〕39号）。印发《甘肃省住房和城乡建设厅贯彻落实〈关于提升房屋网签备案服务效能的意见〉〈关于印发全国房屋网签备案业务数据标准的通知〉方案》《甘肃省住房和城乡建设厅等6部门关于贯彻落实〈关于加强房屋网签备案信息共享提升公共服务水平的通知〉的通知》等文件，实现全省新建商品房和存量房网签备案业务全覆盖。与自然资源等5部门联合印发《关于有效防范化解房地产行业金融风险实施方案》《关于进一步做好房地产领域疫情防控工作的通知》（甘建发电[2020]16号）、《关于贯彻落实<住建部办公厅关于印发房地产企业复工复产指南>的通知》（甘建房[2020]147号）。与省发展改革委等部门联合印发《关于整顿规范物业服务市场秩序的意见》，会同省财政厅联合出台了《甘肃省住宅专项维修资金管理办法》，制定出台了甘肃省《住宅小区物业服务导则》。

【住房保障】2020年，全省棚改计划新开工11.62万套，棚改基本建成4.86万套，发放住房租赁补贴4.05万户。全年全省共争取中央财政专项资金16.62亿元，中央预算内投资配套设施资金17.71亿元，落实省级财政配套资金3.33亿元，争取棚改专项债券资金47.09亿元。棚户区改造新开工11.67万套，开工率为100.5%；棚改基本建成5.73万套，完成率为118.1%；棚户区改造和保障性住房项目完成投资312.49亿元。发放城镇住房保障家庭租赁补贴4.14万户、14201万元，完成率为102.1%。兰州市作为中央补助支持新建筹集公租房的71个重点城市之一，2020年计划新筹集公租房2586套，已开工2586套，开工率为100%。制定印发《2020年住房保障工作要点》，印发《关于报送2020年第一批城镇棚户区改造实施计划的通知》，制定下发《甘肃省公租房信息系统建设实施方案》。

【公积金监管】2020年，全省住房公积金运行平稳。全年新增缴存额324.11亿元，比上年增长7.73%；新增提取额229.94亿元，增长10.35%。新增个人住房贷款发放额197.87亿元，增长1.75%；个人住房贷款率76.46%，比上年末减少1个百分点。2020年末，全省住房公积金缴存余额1145.49亿元，比上年末增长8.96%个人贷款余额875.92亿元，增长7.56%。下发《甘肃省住房和城乡建设厅关于进一步推进审计发现问题整改工作的通知》（甘建金[2020]128号），上报住建部住房公积金监管司关于《甘肃省住房和城乡建设厅关于妥善应对新冠肺炎疫情实施住房公积金阶段性支持政策实施效果的调研报告》。完成住房公积金年度报告披露。

【建设工程消防设计审查验收】全省全年共办理消防审批项目3408项，其中建设工程消防设计审查1369项（房建1084项，市政21项，其他类型工程264项），办理建设工程消防验收825项（房建655项，市政6项，其他类型工程164项），验收备案1214项（房建938项，市政25项，其他类型工程251项）。印发《关于进一步做好全省建设工程消防设计审查验收工作的通知》（甘建消〔2020〕32号）、《甘肃省建设工程消防设计审查验收管理实施细则（试行）》（甘建规范[2020]1号）、《甘肃省建设工程消防技术专家库管理办法（暂行）》《关于推进全省建设工程消防设计审查验收工作信息化建设的通知》（甘建消〔2020〕338号）。组织编制《甘肃省建设工程消防技术审查要点》《甘肃省建设工程消防设计审查验收管理文件资料汇编》。

【城市建设】截至2020年底，全省已开工建设污水管网950公里，开工率达到117.13%，其中建成管网866.64公里，任务完成率达到107.27%；全省93座城市（县城）生活污水处理厂中，已有54座达到一级A排放标准，占全省总数的58%。开展2020年城市黑臭水体环境保护专项行动，全省18条黑臭水体已完成整治工作达到长制久清整治效果；各市州所在城市建成区机械化清扫率达到81%，其他县市区建成区达到74%；全省各城市现有停车设施5026个，停车泊位97.17万个；全省城市供水漏损率达到10%以下，张掖市、金昌市、嘉峪关市、酒泉市、庆阳市、定西市已经达到国家节水型城市标准。"甘肃省城市市政基础设施建设监管平台"的搭建于2020年上半年启动。下发《关于做好2020年城市（县城）供水监管工作的通知》《关于做好城市（县城）节水降损工作的通知》《关于进一步做好城市（县城）污水处理设施建设运营监管工作的通知》，与省生态环境厅联合印发《关于加强城镇生活污水处理设施运行监管确保稳定达标排放的通知》，与省发展改革委联合印发《甘肃省城镇生活污水处理设施补短板强弱项实施方案》，印发《关于做好2020年城市（县城）污水处理及配套设施建设改造工作的通知》《解决城市环境治理问题专项方案》《进一步加强城市（县城）停车设施建设管理的指导意见》。

【市政公用行业管理】制定印发《甘肃省城市生活垃圾分类工作省级奖补资金管理办法》《甘肃省城市生活垃圾分类工作评价考核暂行办法》《全省城市生活垃圾分类工作2020年工作要点》。联合省财政厅组成联合检查组，进行了以"景观亮化过度化问题专项治理"为重点，涵盖城市排水防涝、老旧小区改造、污水处理设施提标改造、污水处理提质增效以及污水管网建设等城市建设管理方面的专项检查。在重点领域危险化学品安全风险进行全面摸排，完善供水安全应急保障措施，加强对供水企业使用药剂如液氯等危化品的管理，建立危化品使用台账。通报全省2019—2020年度供暖保供工作情况，要求各城市供热主管部门对辖区内供热设备、管网运行状况进行全面评估，科学统筹做好供热基础设施建设、设备安装的工作。

【老旧小区改造】2020年，全省共申报落实城镇老旧小区改造计划任务17.45万户、改造小区1020个，整合项目79个，计划总投资67.96亿元。争取中央财政补贴3批、配合省发展改革委争取中央预算内投资2批。共争取落实中央补助资金25.29亿元，其中补足2019年项目缺口资金4.08亿元，安排2020年改造项目21.21亿。截至2020年底，2019年改造项目（7.92万户、25个项目）有序推进、大部分已完工；2020年改造项目（17.45万户、79个项目）全部开工建设；两年的旧改项目已累计完成投资45.75亿元，在旧改项目中新增配套停车位11730个、加装充电桩等充电设施1735个，配套建设社区综合服务设施等公共服务设施60个。省政府办公厅印发《关于全面推进城镇老旧小区改造工作的实施意见》，省住建厅配套编制了《甘肃省城镇老旧小区改造技术导则（试行）》。

【历史文化名城名镇名村保护】截至2020年底，全省共划定历史文化街区26片，均由省政府发文公布。共确定历史建筑124处。印发《全省历史文化名城名镇名村保护近期工作要点》（甘建城〔2020〕193号），《关于加强历史文化名城名镇名村保护工作的指导意见》（甘建城〔2020〕376号）。

【农村危房改造】全省排查动态新增危房149户，已全面改造完成。下达2020年农村危房改造补助资金13.63亿元（中央12.86亿元、省级0.77亿元），由各地优先用于动态新增危房改造任务，剩余资金按涉农资金整合要求统筹使用。

【全域无垃圾专项治理】运用卫星遥感技术和无人机航拍技术对全省86个县（市、区）全面开展垃圾清理排查工作，全面排查清理整治各类垃圾堆积点43257处。联合省妇联在全省建立了600个"巾帼家美积分超市"示范点，以参加清理垃圾、清理环境进行积分的方式在超市兑换相应的生活物品。研究制定了《全省全域无垃圾三年专项治理行动工作成效考核评价方案》，委托第三方评价机构开展实地季度考核评价。

【传统村落保护】全省各地于2020年8月前采集录入完成了54个传统村落基础数据填报工作，更新完善了2个2019年入驻中国传统村落数字博物馆村落的基础信息。完成了甘肃省54个列入中国传统村落名录村落的挂牌保护，建设了2个中国传统村落数字博物馆甘肃省示范馆，已入驻中国传统村落数字博物馆精品馆。

【工程建设标准管理】下达了《装配式混凝土构件制作与验收技术规程》《村庄建设设计技术导则》《装配式混凝土建筑评价标准》《海绵城市专项规划编制导则》《健康节能建筑技术标准》等39项编制和修编计划，完成了《复合地基褥垫层技术规程》《绿色建材评价标准》《既有居住建筑新增电梯技术导则》《庆阳市海绵城市建设标准图集》《装配整体式混凝土结构节点构造图集》等35项工程建设标准和标准设计（22项工程建设标准、

13项标准设计）的审查、报批、备案工作。发布《既有建筑增设电梯技术导则》《既有居住建筑新增电梯构造》图集。

【工程造价监管】印发《甘肃省造价管理总站关于受新冠肺炎疫情影响调整建设工程计价有关事项的通知》（甘建价字〔2020〕5号）、《甘肃省住房和城乡建设厅关于受新冠肺炎疫情防控影响工程计价调整的指导意见》（甘建价〔2020〕145号）、《甘肃省住房和城乡建设厅甘肃省发展和改革委员会甘肃省财政厅关于在房屋建筑和市政基础设施工程中推行施工过程结算的实施意见》（甘建价〔2020〕214号）。制定了《甘肃省建设工程计价规则》。组织编制完成《甘肃省装配式建筑工程预算定额》《甘肃省住房和城乡建设厅关于发布〈甘肃省装配式建筑工程预算定额〉（试行）及地区基价的公告》（甘建公告[2020]62号）、《甘肃省建筑与装饰工程预算定额地区基价》《甘肃省安装工程预算定额地区基价》《甘肃省建设项目工程结算编制规程》（初稿），修编《甘肃省建筑抗震加固工程预算定额》《甘肃省建筑维修工程预算定额》，开展《甘肃省城市地下综合管廊工程预算定额》《甘肃省房屋修缮工程预算定额》编制。印发《甘肃省建设工程造价管理总站关于对现行定额水平及费用实际收支情况进行调研的通知》。完成二级造价工程师教材《建设工程计量与计价实务》（建筑工程、安装工程）编写，制定了甘肃省二级造价师注册管理办法。

【工程招标投标管理】所有招标投标业务在“甘肃省房屋建筑和市政基础设施工程电子招投标大数据系统”在线受理。2020年省招标办受理招投标项目179个，金额78.98亿元。整理出台了《甘肃省房屋建筑和市政基础设施工程总承包招标评标定标办法》（甘建建〔2020〕160号），根据《办法》编制了《甘肃省房屋建筑和市政基础设施项目标准工程总承包资格预审文件》《甘肃省房屋建筑和市政基础设施项目标准工程总承包招标文件（适用于资格预审）》《甘肃省房屋建筑和市政基础设施项目标准工程总承包招标文件（适用于资格后审）》。

【工程质量安全监管】2020年，全省各级住建部门累计监督房屋市政工程13397项，房屋建筑面积23085万平方米，市政工程总长度3470.9千米，工程总造价6420亿元。全年未发生质量事故，发生建筑施工安全事故23起、死亡26人，未发生较大及以上安全事故，质量安全形势总体平稳受控。全省共有36项工程被评选为甘肃省建设工程飞天奖（其中6项工程获飞天金奖），2项工程获国家优质工程奖，2项工程获中国建设工程鲁班奖。印发《甘肃省预拌混凝土质量管理办法》《建筑工程施工现场安全资料管理标准》《甘肃省住房和城乡建设厅房屋建筑和市政基础设施工程施工重大及以上质量安全事故应急预案》《甘肃省2020年房屋市政工程施工扬尘防治提升行动实施方案》《加强全省房屋市政工程施工企业本质安全体系建设的实施意见》《关于切实做好疫情防控积极组织房屋市政工程开工复工的工作指南》《甘肃省房屋市政工程施工涉及危险化学品使用安全工作指南》《关于加强城镇老旧小区改造工程质量安全管理的通知》《关于加强房屋市政工程施工现场食堂食品安全管理的通知》等文件。联合省发展改革委等11部门印发《关于完善质量保障体系提升建筑工程品质的若干措施》，编印《甘肃省工程质量安全手册实施细则》（共5册）《房屋市政工程质量常见问题防治手册》（共3册）。全省各级住建部门开展各类质量安全监督执法检查5344次，检查工程17781项，下发监督执法检查整改单8289份，行政处罚书454份，处罚单位337个，处罚人员127名，实施信用惩戒37起，曝光违法违规典型案例181起。关于安全事故查处，全年共实施行政处罚32次，其中暂扣企业安许证12家，暂扣或吊销人员安全证书22人，停止注册监理工程师执业7人。关于施工扬尘管控，全年省级住建部门开展督查3次，下发整改通知书11份、执法建议书10份，督促实施罚款处罚24.5万元；市县住建部门下发整改通知书1912份，行政处罚17起，罚款53.8万元。

【建筑市场监管】2020年，全省完成建筑业总产值1935亿元，比上年增长1%，实现增加值558.53亿元，增长1%，占全省GDP比重达6%。制定印发《甘肃省住房和城乡建设厅开展工程建设行业专项整治工作方案》《关于实行建筑业从业人员实名制管理工作的通知》（甘建建〔2020〕167号），修订《甘肃省建筑市场管理条例》。“甘肃省建筑业从业人员实名制管理平台”经多次迭代升级，已与省人社厅“甘肃省农民工工资支付管理公共服务平台”并库建设，平台已达到使用要求，通过了住建部平台测试审核。联合省人社厅印发《关于进一步做好根治房屋建筑和市政基础设施工程建设领域欠薪工作的通知》《关于贯彻落实住建部、国家发改委<房屋建筑和市政基础设施项目工程总承包管理办法>推行工程总承包的通知》，联合13个部门制定《关于推动智能建造与建筑工业化协同发展实施意见》。出台《甘肃省住房和城乡建设厅等部门关于推进房屋建筑和市政基础设施工程实行工程担保制度的实施意见》等纾困惠企政策，印发《甘肃省住房和城乡建设厅关于进一步推动工程担保制度落实的通知》（甘建建〔2020〕347号），会同甘肃省土木建筑学会制定《甘肃省工程担保管理办法（试行）》（甘土建会〔2020〕38号）及相应的担保行业规定。

【建筑节能与科技】印发《甘肃省绿色建筑创建行动实施方案》，修订《甘肃省民用建筑节能管理规定》。全省城镇新建建筑100%执行建筑节能强制性标准，完成既有居住建筑节能改造1208万平方米。关于装配式建筑。目前有经认定的国家装配式产业基地4个、省级产业基地12个，国家级装配式建筑示范项目1个、省级示范项目3个。颁布实施《装配式混凝土构件制作与验收标准》等5项地方标准。全省已建成装配式建筑123.8万平方米，在建装配式建筑项目122万平方米。“甘肃省建设科技项目管理系统”“甘肃省建设科技专家库管理系统”“甘肃省建筑节能绿色建筑月度统计报表系统”三个信息系统和“建设科技成果推广平台”通过两年的试运行，2020年通过了验收。全年共验收科技项目15个，结题25个。推荐并获立项住建部科技计划项目1项，推荐并获得省科技进步奖三等奖1项，2个项目获得国家绿色建筑创新奖三等奖。

【城市管理执法监督】截至2020年底，省会城市兰州市设置市城市管理委员会，嘉峪关市设置市城市管理执法局，均为市政府工作部门；其他12个市（州）在住建局加挂城市管理执法局牌子，承担城市管理执法职责。兰州、嘉峪关等10个市（州）完成了市级城市管理综合服务平台建设，9个市（州）实现了与省级和国家平台联网，提前完成了住建部平台联网任务。38个县（市、区）完成了平台建设，10个县（市、区）正在建设中。印发《关于改进城市街区商户门头牌匾设置管理工作方式的意见》《甘肃省城市户外广告设施设置审批事项管理措施》《甘肃省城市管理执法监督局关于开展对城市大型户外广告设施设置及在建筑物、设施上悬挂、张贴宣传品进行抽查的工作方案》《城市养犬管理专项治理工作方案》《关于做好城市管理执法领域新冠肺炎疫情防控工作的通知》《关于城市管理助力“地摊经济”增强城市活力的指导意见》《甘肃省城市管理执法队伍标准化和执法规范化建设的指导意见》。全省累计治理城市建成区存量违法建设面积1363.49万平方米，已全面按期完成全部存量治理任务。

【勘察设计】“甘肃省房屋建筑和市政基础设施审图管理系统”正式运行，并同住建部全国建筑市场公共服务平台对接。全省500部加装电梯已于2020年9月30日全面安装完成。联合省财政厅印发《关于推行以政府购买服务方式开展施工图审查工作的通知》（甘建设〔2020〕228号）《关于进一步做好施工图审查政府购买服务工作的通知》（甘建发电〔2020〕147号），修订《甘肃省优秀工程勘察设计奖评选办法（试行）》《甘肃省工程勘察设计大师评选办法（试行）》。截至2020年11月底，全省共完成施工图审查备案项目4011项。

【建设工程消防设计审查验收】2020年，全省共办理消防审批项目3408项，其中建设工程消防设计审查1369项（房建1084项，市政21项，其他类型工程264项），办理建设工程消防验收825项（房建655项，市政6项，其他类型工程164项），验收备案1214项（房建938项，市政25项，其他类型工程251项）。印发《甘肃省住房和城乡建设厅关于进一步做好全省建设工程消防设计审查验收工作的通知》（甘建消〔2020〕32号）、《甘肃省建设工程消防设计审查验收管理实施细则（试行）》（甘建规范[2020]1号）、《甘肃省住房和城乡建设厅关于推进全省建设工程消防设计审查验收工作信息化建设的通知》（甘建消〔2020〕338号）。制定了《甘肃省建设工程消防技术专家库管理办法（暂行）》。组织编制完成《甘肃省建设工程消防技术审查要点》《甘肃省建设工程消防设计审查验收管理文件资料汇编》。

（周静煊）

商务

【国内贸易】2020年，全省实现社会消费品零售总额3632.4亿元，比上年下降1.8%。按经营地统计，城镇消费品零售总额2991.2亿元，乡村消费品零售总额641.2亿元。按消费类型统计，商品零售额3214.2亿元，餐饮收入额418.2亿元。全省共有限额以上批发和零售贸易业、住宿和餐饮业法人企业2479家，从业人员平均人数145256人。其中，批发业法人企业763家，从业人员平均人数43139人；零售业法人企业977家，从业人员平均人数59365人；住宿业法人企业385家，从业人员平均人数22892人；餐饮业法人企业354家，从业人员平均人数19860人。全省批发业企业商品销售总额6509.4亿元，比上年增长7%；零售业企业商品销售总额2088亿元，增长1.4%。限额以上批发和零售业企业商品购进总额6119.9亿元，商品销售总额6451.7亿元，年末库存总额221亿元。

【市场体系建设】围绕“牛羊菜果薯药”六大特色产业高质量发展，加强市县乡三级市场体系建设，建成运营10个大型商品交易市场，年交易额260亿元；建成50个农产品产地批发市场、1173个县乡农贸市场，实现主要县区全覆盖和重点乡镇全覆盖。冷链库容达到1000万吨，万吨以上冷库超过180家。

【流通业发展】印发《关于推动我省品牌连锁便利店加快发展的实施意见》，指导各市州积极引进知名品牌连锁店，鼓励企业扩大连锁便利店规模，并积极向省内外拓展。推动商贸流通企业利用互联网，采取线上下单、同城配送、移动支付等模式，积极探索开展新模式、新业态。推动流通领域现代供应链体系建设项目试点，兰州市按期完成项目建设。推动再生资源回收体系建设，初步建成了回收网点、分拣中心和集散市场“三位一体”的再生资源回收利用体系。开展商务领域塑料污染治理工作，推动商贸流通企业做好一次性塑料制品使用回收报告工作。依据《拍卖法》《拍卖管理办法》及其他有关法律、行政法规、规章，对拍卖企业进行监督管理，督促企业依法依规开展经营活动。

【市场运行和消费促进】2020年召开全省促消费扩内需工作推进会，统筹各类专项资金7.04亿元（其中省级3.16亿元，市州县3.88亿元），实施八大促消费行动计划、十大促销活动，成功举办河西走廊有机葡萄美酒节、全省优质农特产品展示展销暨促消费活动和全国消费促进月甘肃促消费行动暨第三届“畅享兰州·乐购金城”消费月活动。全省举办各项促销活动1000余场，3000多家商贸服务企业优惠让利近5亿元，带动销售增长200亿元左右。加速培育新业态，举办全省第一届直播电商带货大赛，参加全国第二届“双品网购节”，在全省优选28家“中央厨房”推广“中央厨房

+N”经营模式。

【对外贸易】2020年，全省实现外贸进出口54.05亿美元，比上年下降2%。其中，出口总额12.43亿美元，下降34.8%；进口总额41.62亿美元，增长15.3%。机电高新产品、农产品、劳动密集型产品出口占全省出口总值的80%。资源型产品、机电高新产品占全省进口总值的75.8%。全年实现加工贸易进出口103.2亿元，增长2.1%，高于一般贸易增速7.8个百分点，占外贸总值的比重比上年提高1.1个百分点。对“一带一路”国家进出口额23.95亿美元，占全省外贸总值的44.3%。其中，进口20.44亿美元，比上年增长12.6%；出口3.51亿美元，下降54.7%。天水获批国家跨境电商综合试验区。2020年全省跨境电商实现进出口4.02亿元，比上年增长37%，成为外贸发展亮点和新的增长点。兰州综试区跨境电商线上公共服务平台入驻企业118家，两个线下产业园区入驻企业76家。出台《中国（天水）跨境电子商务综合试验区实施方案》，启动建设。第三届进口博览会全省619家企事业单位、1720人参会，与美国、俄罗斯、哈萨克斯坦、新加坡等28个国家和地区企业共达成进口采购项目105个，意向成交总额24.9亿美元。参展企业现场成交3.19亿美元，其中纳入进博会统计的1.54亿美元，较上届增长75.9%。成功举办“甘肃省进口贸易对接会暨现场签约仪式”，签订进口采购项目47个，总金额约16.8亿美元。截至2020年底，全省42家企业累计在境外设立111个国际营销服务网点，比上年增长19.4%。其中，境外分支机构35个、零售网点25个、批发中心17个、售后服务网点2个、海外仓31个、其他网点1个。主要分布在阿联酋、泰国、越南、哈萨克斯坦、美国、白俄罗斯等30个国家和地区。涉及行业主要有机电产品、特色农产品、中医药、石油钻采设备、食品等。2020年平凉市静宁县申报获批国家外贸转型升级基地（苹果）。目前，全省共有天水市（苹果）、河西地区（种子）、兰州市（新型材料）、兰州新区（石油装备）和平凉市静宁县（苹果）5个国家外贸转型升级基地。

【利用外资】2020年（2019年度），甘肃参报外商直接投资企业241家，销售收入501.96亿元人民币，利润总额2.13亿元人民币，出口额1291.4万美元，进口额3581.2万美元。

【对外投资和经济合作】2020年，全省新备案（增资）境外企业8家（比上年下降11.1%），协议投资总额1127.6万美元（比上年下降76.3%），中方协议投资额1097.6万美元（比上年下降70.7%）；新备案（增资）境外企业分布在尼泊尔、乌兹别克斯坦、菲律宾、韩国、俄罗斯、土耳其、德国、马拉维等国家。主要投资项目：方大炭素新材料科技股份有限公司在韩国、俄罗斯、土耳其、德国分别建立境外经营网络，开拓炭素、钢铁和机械设备领域市场；甘肃魔力豆豆国际贸易有限公司在尼泊尔建立现代化的水牛屠宰生产线、牛肉加工内销及出口企业项目；甘肃立兴信商贸有限公司在乌兹别克斯坦设立SMOOTHLICORICE外资企业有限责任公司，开展甘草酸粉加工生产项目；甘肃建投装备制造有限公司设立高漠国际菲律宾有限公司，主要从事供应链管理、机械设备及零配件销售和租赁等；华邦建投集团股份有限公司设立华邦建投集团股份有限公司马拉维公司，拟承接援马拉维首都机场M1公路升级改造项目和首都利隆圭东方商贸城项目。截至2020年底，全省累计对外实际投资64.2亿美元。截至年底，甘肃企业在印度尼西亚、马来西亚、白俄罗斯、哈萨克斯坦、阿联酋、柬埔寨等“一带一路”沿线国家非金融类直接投资累计投资额11亿美元，占全省对外累计实际投资总额的17%，投资涉及矿产资源开发、集成电路封装、农业开发、建筑工程、批发零售等行业。其中，2020年对“一带一路”沿线国家直接投资额1311万美元。全省对外承包工程企业共签订对外承包工程合同项目81个，合同金额48537万美元，比上年下降5.9%；完成营业额28598万美元，下降26.9%。全省对外劳务合作派出劳务人员730人，年末在外人数2034人，派往塞尔维亚237人、巴基斯坦135人、埃塞俄比亚84人、南非81人。当年新签劳务人员合同工资总额503万美元，劳务人员实际收入总额1422万美元。2020年，在“一带一路”沿线国家执行承包工程项目33项，完成营业额16309万美元，比上年下降36.9%。“一带一路”沿线执行的主要项目为中国电建甘肃能源公司承建的巴基斯坦卡西姆港燃煤电站项目、中铁二十一局承建的蒙古扎门乌德区域物流开发项目、中甘国际承建的白俄罗斯G.S明珠广场基地项目。

【开发区发展】组织召开全省国家级经开区高质量发展工作推进会，出台《关于推进全省国家级经济技术开发区高质量发展的实施意见》，推动国家级经开区创新提升高质量发展。2020年国家级经济技术开发区综合发展水平考核评价结果反馈，在全国218个国家级经济技术开发区中，兰州经开区提升38个位次，金昌经开区提升63个位次，天水经开区继续保持在150位以内，张掖经开区提升33个位次。全年4家经开区新设立外商投资企业8家，实际使用外资5797.3万美元，比上年增长97.6%，占全省实际利用外资比重达到65%。

【海关特殊监管区】口岸平台建设取得新突破，建成汽车整车进口口岸、兰州通渭美神进境种猪隔离检疫场、兰州正大食品有限公司进境种猪隔离检疫场等3个指定监管场地、进口口岸运营，口岸功能更加完善，全省指定监管场地、进口口岸增至8类10个。指定监管场地运营取得新突破，新建成的两个进境种猪隔离检疫场实现当年运营，进口3批次1825头种猪。国际航空货运取得新突破，新开兰州—金边—曼谷、丹麦比隆德—兰州、兰州—金边—拉合尔、法国巴黎瓦特里—兰州4条国际货运航线和兰州至乍得、尼日尔2条腹舱带货航线。进出口货物733吨，同比增长59%。优化口岸营商环境取得新突破，国际贸易“单一窗口”地方特色功能成功上线，95198本地呼叫中心开通，年实现业务申报近11万票，比上年增长50%，货物、舱单、运输工具等主要业务覆盖率达到 100%。

【商务洽谈会】第 26 届兰洽会首次移至云端举办,实现了“云展览”“云促销”，创造性地打造了永不落幕的兰洽会，成功签约合同项目 587 个，签约总额 2730 亿元。药博会共有 39 个大健康产业合同项目签约，签约金额 48.8 亿元。全省推进民营经济发展暨优化营商环境大会以视频会议形式开到县区，共签约项目 73 个，签约额 209 亿元，涉及装备制造、能源化工、通道物流、循环农业、文化旅游等多个领域。2020 津企陇上行，签约 60 多个协议项目，签约金额 206.59 亿元。举办美丽乡村论坛，签署农业、文旅项目合同 46 个,签约金额 101.58 亿元。

【招商引资】组织举办全省重大项目谋划暨招商引资大会、推进民营经济发展暨优化营商环境大会。2020 年，全省共实施省外招商引资项目 2064 个，到位资金 3052 亿元，比上年增长 17.7%。向 2 家招商引资项目单位兑现省级奖励，累计对 6 个招商引资项目企业各兑现奖励资金 1000 万元。共梳理涉企历史遗留问题 168 个，已化解 153 个。充分发挥省招商引资项目代办服务中心作用，对重点企业、重大项目提供“全程式、跟踪式、管家式”代办服务。

【通道物流】2020 年，全省通道物流产业实现营业收入 202.6 亿元，比上年增长 13.3%。调整落实省领导包抓的重大带动性工程项目 4 大类 26 个，项目总投资 750.4 亿元，累计完成投资 286.7 亿元。新开通“中吉乌”国际公铁联运线路，共运营中欧、中亚、南亚公铁联运、陆海新通道铁海联运、“中吉乌”新通道 4 向 5 条国际货运班列，2020 年共发运 371 列 12244 车，货重 21.4 万吨，货值 1.8 亿美元。其中，中欧班列开行 72 列，南亚班列共发运 13 列，中亚班列共发运 35 列，陆海新通道共发运 251 列。

【商务扶贫】扎实推进电商扶贫。全省 75 个贫困县县级电商公共服务中心全覆盖，有贫困村的乡镇电商服务站全覆盖，深度贫困村实现电商功能全覆盖。国家电子商务进农村综合示范项目累计争取 73 个，实现 58 个国扶贫困县全覆盖。2020 年，全省农产品网上销售 194 亿元，带动全省农民人均增收 400 元，比上年增长 19.8%。创新开展牛肉面扶贫。实施“千店万人”兰州牛肉拉面扶贫行动计划，累计带动全省 1.5 万人次线上线下接受兰州牛肉拉面技能培训，就业后月收入 4000 元左右，实现“一人就业，全家脱贫”。有效实施家政扶贫。深入开展“百城万村”家政扶贫活动，带动 30196 人线上线下参加家政服务培训，其中贫困人员 9402 名，培训的人员就业率达到 60% 以上。大力推动境外劳务扶贫。邀请外派劳务大省有实力的企业在省内举办“对外劳务扶贫对接招聘会”，累计提供建筑业、服务业、加工制造业等境外工作岗位。全年外派劳务人员 730 人，境外务工人员月收入达 1 万元以上。不断深化东西协作消费扶贫。在天津、青岛、福州、厦门东西部协作扶贫 5 个电商体验馆设立深度贫困县特色产品专区，打造东西协作扶贫“甘味窗口”，销售额达 8520 万元。在对口帮扶市举办东西协作陇货精品消费扶贫对接活动，拓宽销售渠道，全年年东部四市帮助甘肃贫困地区销售农产品 51 亿元。多渠道组织产销衔接扶贫。依托全省内贸企业联盟，加强与京津冀、珠三角、长三角、西南等市场开展产销对接，高原夏菜、牛羊肉等优质农产品已成为当地应季消费的主要品种。成功举办甘肃·陇西道地中药材线上产销对接会、甘肃省农特产品销售服务中心线上线下产销对接会，联合商务部举办 2020 年全国农产品产销对接扶贫行(甘肃)活动。全力帮扶靖远县脱贫攻坚。落实“四个不摘”要求，积极主动作为，充分发挥职能优势，落实农产品产销对接、电商扶贫、消费扶贫、牛肉面技能培训、家政培训、对外劳务等帮扶项目，巩固脱贫成果，取得了显著成效。

【新冠肺炎疫情防控】制定疫情保供应急预案，全省确定重点 10 个批发市场、15 个冷链仓储企业、50 个超市，作为主渠道、主要骨干力量保障市场供应，及时拨付项目资金 6950 万元，保障全省蔬菜、粮油、肉、蛋等生活必需品市场供应。制定生活必需品保供、复工复产、企业纾困和招商引资“四个联系清单”，组织开展助企纾困“四项行动”，厅领导分片包抓市州、69 名处级干部联系 391 家内外贸企业，落细疫情防控措施，协调解决急事难事，推动复工复产、复商复市。严防境外疫情输入，加强口岸监管；组织商贸、招商引资企业踊跃捐款捐物，协调建立绿色通道进口防疫用品，协同解决原种和大宗原料进口难题，为外贸企业出具不可抗力事实性证明、国际商事证明书。有效的应对措施、完善的商贸流通体系，为全省疫情防控提供坚强支撑。

（陈永兵）

兰州海关

【落实中央重大决策部署】坚决落实习近平总书记重要讲话、重要指示批示精神和中央重大决策部署，把“两个维护”体现在具体行动上。一是在新冠肺炎疫情防控中体现担当。第一时间建立应急指挥部工作机制，形成调度会议、现场指挥处置和 24 小时应急值守处置全链条工作机制。加强与地方政府相关部门的联系配合，形成口岸共同流调、联合采样、共同检测、结果共享互认的常态化境外疫情防控机制；严格落实口岸“三查三排一转运”，对重点航班实行“一机一策”，坚决落实“7 个 100%”，切实做到“外防输入，内防反弹”；全年查验进出境交通工具 538 架次、人员 43141 人次。检疫监管进境重点航班 12 架次，检疫入境机组人员 336 人次，检疫入境旅客 2941 人次，检出新型冠状病毒阳性 128 例，检出率 4.35%；加快防疫物资口岸验放，在中川机场采取“海关+红会”保障模式，开启“绿色通道”，先后验放进口防疫物资 38 批次 4220 件；坚持“人、物同防”，加强进口冷链食品新冠病毒核酸监测力度，采集环境样本 960 份，检测样品 560 份；以最严要求强化干部职工防护，严格人员外出管理，强化疫情防控综合保障，关区疫情防控真正做到了"零感染、打胜仗"。二是在精准脱贫攻坚中持续发力。扎实推进消费扶贫，建成消费扶贫售卖广场，设置农产品销售专柜15个，采取"以购代捐、以买代帮"形式与帮扶县签订10万元农产品采购协议，扶贫消费累计30余万元，帮助141名外出务工人员顺利返岗复工，支援帮扶县防疫物资2.4吨。兰州海关定点帮扶对象全部脱贫摘帽，圆满完成脱贫攻坚任务。三是在守护国门安全中亮出利剑。坚决贯彻落实习近平总书记对打私工作的重要指示批示精神，深入开展"国门利剑2020"行动和"蓝天2020"专项行动，坚决把"洋垃圾"拒于国门之外；重拳打击濒危物种及其制品走私，查获野生动物海马干4300余尾；破获"8.10象牙走私案"，缴获象牙23.7千克；首次查获新型毒品10.54克。全面贯彻落实总体国家安全观，完成进出口危化品检验977批，出口水果、饲料、活动物风险监控52次，开展病媒生物监测56次，以实际行动筑牢国门安全防线。四是在稳定外贸增长中凸显职能。积极落实党中央、国务院关于做好"六稳"工作，落实"六保"任务的决策部署，结合省情关情，出台支持地方经济发展，促进外贸稳增长，做好"六稳"工作、落实"六保"任务等60余条细化措施，充分发挥政策叠加效应，支持外贸企业复工复产达产。推动视频监管、网上核查等线上业务办理模式，探索"不来即享"海关政策精准推送，企业获得感、体验感大幅提升。全省全年进出口总值372.8亿元，比上年下降2%。其中，进口总值287.1亿元，增长15.3%；出口总值85.7亿元，下降34.8%。

【重点改革任务】持续推进"五个两"改革，关区"两步申报"应用率达到13.8%。制定《"两段准入"改革操作指引》，选取符合条件的商品试通3单。扎实开展"两轮驱动"改革，科学制定随机布控比例，加强人工分析，动态调整预定式布控规则141条。拓展兰州新区综合保税区功能，复制推广自贸区经验，"四自一简"、保税维修、委内加工等改革举措有力落实；集中汇总征税和税款保证保险制度深入推行，新增5家企业开通汇总征税，比上年增长1.2倍；企业应用税款担保总额15亿元，增长1倍；税款担保按时处理率100%；优化加工贸易监管模式，设立3个集中审核中心，取消13个加工贸易业务环节，有效落实出口转内销和内销选择性征收关税等改革举措；深化"双随机、一公开"监管改革，将关区涉及的14项行政检查全部纳入"双随机、一公开"事项；"多查合一"和"互联网+稽核查"改革顺利推进，全年开展线上核查35次，大幅减少实地核查次数，企业获得感进一步提升。

【开放平台发展】全力推动甘肃汽车整车进口口岸、进境粮食和木材指定监管场地建成并通过验收，关区监管场地增至7个，兰州新区进境粮食指定监管场新增4个粮食品种；全力保障甘肃"中吉乌"公铁联运国际货运班列成功首发，甘肃省对"一带一路"沿线国家进出口额达到165.2亿元；全力支持新贸易业态有效拓展，稳步推进省级储备粮保税仓和保税航煤出口监管仓建设，实现关区保税航煤出口1.2万吨，比上年增长40倍；全力跟进兰州国际邮件、快件、跨境电商三合一运营中心和兰州国际邮件互换局（交换站）申请设立前期准备工作。

【风险协防机制】建立涉证、涉税、打私、食品、濒危动植物、商品、固废等多层次全维度风险防控体系；加强与口岸联检单位情报信息共享和联合研判，牵头制定《甘肃省口岸安全风险联合防控工作方案》，向省公安厅移交案件线索3起；加强关区间协作配合，有效开展涉藏涉疆重大安全准入（准出）风险防控；与上海海关通力协作，成功拦截涉及侵犯甘肃知名企业知识产权情事。

【正面监管】审核报关单4419票，监管货运量110.9万吨，货值189.5亿元，实施现场查验71票，查获7票。严把进出口商品质量关，全年进出口商品检验不合格76批次，强化对大宗资源类货物进口矿产品的检验监管，全年共检验进口铜（锌）精矿1391批93.96万吨，有害元素经检测均符合国标及合同规定；持续加强后续监管，办结稽查作业27起，核查作业240起，专项稽查作业有效率88.2%，稽核查追补税款4.4亿元，移交走私违规案件线索4起；保持打击走私高压态势，全年共办理走私违法案件22起，刑事立案5起，行政立案17起，案值1.38亿元，涉税1310.76万元。抓获嫌疑人11名，上网追逃1人，逮捕7人。首次查获走私冻品案，案值7221.33万元，涉税1156.08万元，该案被列为海关总署二级挂牌督办案件。

【税收征管质量】持续推进属地纳税人管理制度，新建50家属地纳税人管理底账，总数达到80家；对关区重点属地纳税企业实行个性化指导，以优质服务涵养税源，税收实际入库16.78亿元，比上年增长14.21%；加工贸易内销征税入库7.59亿元，增长59.79%；强化职能监控，加强对进出口商品归类、价格的审核，及时准确处置67条事后验估指令，纠正归类差错19起，纠正减免税审批归类差错2起，纠正税率适用差错5起，退、补征税款及滞纳金33万元。对公式定价商品审价补税700宗，补征税款3647万元，税收征管质量有效提升。

【国门安全防线】加强进境动植物检疫，检出二类动物疫病7种3批次，检出植物检疫性有害生物4种17批次，检出其他有害生物13种13批次；严防非洲猪瘟、高致病性禽流感等重大动物疫情传入传出，有效保障关区3257头种畜进口和1894头供港澳活牛出口再创新高；加强进境种苗田间疫情监测，先后检出检疫性有害生物黄瓜绿斑驳花叶病毒、番茄溃疡病菌和番茄细菌性叶斑病菌，完成国门生物安全监测计划；严把进出口食品安全关，落实"四个最严"要求，对全关区进出境食用陆生动物、水果、饲料等52个样品开展安全风险监控，开展供港蔬菜种植基地联合专项核查17家次，完成出口动物源性食品安全风险监测和抽采样检测任务，相关工作获甘肃省食品安全工作评议考核A级等次。

【口岸营商环境】推进减税降费，出具减免税证明660份，减免税款 8341 万元，加工贸易免征缓税利息 300.2 万元，推动口岸整体收费下降 10% 以上；促进贸易便利化，推广国际贸易“单一窗口”一站式申报、电子化放行；释放政策红利，签发各类原产地证书 4901 份，比上年增长 17.6%，帮助出口企业享受税收优惠约 940 万美元；严控通关时效，进出口整体通关时间分别为 15.22 小时和 0.04 小时，较 2017 年基准值分别压缩 68.82% 和 99.96%，超额完成既定目标；简化企业注册登记和备案手续，推动企业协调员机制由高级认证企业扩展至一般认证企业；组织政策宣讲会 10 次，解答、解决企业经营问题 500 余个，组织各条线业务骨干开展在线访谈 1 次，点击量 129 万。

【调查研究分析】加强税政调研，报送政策建议 18 项，国务院税则委员会采用 5 项，为关区历年最多；立足甘肃特色优质产业产品，提出鼓励外商投资产业条目修改建议 5 项，采用 2 项；加强贸易监测预警分析，报送进出口监测预警分析 53 篇，同比增长 54%；加大统计研究分析外脑支持力度，建立政策研究合作“2+1”机制，开展关级课题 26 项，报送署级政研课题 4 项；聚焦疫情对外贸发展影响进行统计分析，1 篇统计分析报告经总署采编后上报中办，获得中央领导批示；围绕促进甘肃外贸发展，向省委省政府报送外贸研究报告 15 篇。

国网甘肃省电力公司

【疫情防控】公司奋力打好疫情防控人民战争、总体战、阻击战，实现了指挥机构、隔离医院、抗疫物资企业等重要场所“零故障”，4.4 万名干部职工始终保持“双零”，夺取了阶段性胜利。落实国家电网公司 7 批 59 项举措，争取调增电网投资 23.2 亿元，全部电网工程提前复工，减免用户电费 10.43 亿元，直购电交易降低企业用能成本 14.64 亿元，有力带动产业链复工达产，电力行业占全省规模以上工业增加值比重达 20%，带动规模以上工业增长 1.89 个百分点。公司服务“六稳”“六保”工作，得到各级党委政府和社会各界充分肯定，作为四家单位之一受到甘肃省政府通报表扬。

【中央决策落实】脱贫攻坚电网工程全面建成，“两率一户”指标达到国家脱贫标准。127.6 万千瓦光伏扶贫项目全部接网，每年产生稳定收益 7.6 亿元。119 个定点帮扶村全部脱贫出列，捐赠和消费扶贫 4503.75 万元。作为唯一央企被甘肃省推荐参评全国脱贫攻坚先进集体。新能源发电量 385.4 亿千瓦时，占全省发电量的 21.56%，居全国第 2 位，发电量比上年增长 9.35%。新能源利用率超过 95%。历史最好水平，助推甘肃新能源投资红色预警解除。电能替代 140 亿千瓦时，比上年增长 32%。二氧化碳减排 4938 万吨。所有市（州）办电业务进驻政务服务大厅。线上办电率达 94.05%。节约客户办电成本 3.56 亿元。扎实推进“行风建设年”活动，投诉比上年降低 50.47%。“获得电力”指数 99.54%，高于目标值 9.54 个百分点。

【安全生产】坚持安全为本，守牢安全生产“生命线”。顺利完成祁连换流站和天中、祁韶、吉泉直流线路年检。圆满完成 ±1100 千伏吉泉线带电作业。率先建立省管产业单位安全管理体系和监督机制。深入开展安全生产专项整治三年行动，2 项较大电网风险降为一般风险，治理重大隐患 1020 项。警企联合开展“飓风”行动，处理涉电案件 112 件，保密、信访保持稳定，平安甘肃建设考核居驻甘央企第 1 位。高质量完成触电防治“红线”指标。在全国“护网 2020”网络攻防演习中实现“零失分”。投入抢修队伍 3.6 万人次、车辆 8400 台次，有效应对陇东南暴雨洪涝、临夏定西暴雪等灾害，最短时间恢复供电。

【电网发展】坚持系统协调，当好经济发展“先行官”。主网规划形成“1+2+14”成果体系，配电网规划形成“1+3+13”成果体系。高位推动国家能源局出具会议纪要，同意陇东特高压工程纳入国家“十四五”电力规划，取得沿途五省支持性文件。兰临输变电、武胜至郭隆第三回线工程前期工作按计划推进，甘露等工程获得核准。青豫直流工程（甘肃段）在国网系统率先贯通。常乐电厂送出、银西高铁群体供电、马鬃山、定西通渭风电基地送出等工程建成投运。兰州新区能源互联网融创园初见成效。公司首批 41 套系统成功迁移上云。精准识别“空心村”电力大数据产品在全省推广。建成全省充电设施政府监管平台和福银高速 4 座充电站。

【电力运行】坚持稳中求进，跑出逆势增长“加速度”。深耕省内省外两个市场，多措并举稳存量、挖潜量、抢增量，实现直购电交易、自备电厂清洁替代全覆盖，直购电交易 534.83 亿千瓦时，比上年增长 57.47%；省内售电量 978.19 亿千瓦时，增速居国网系统第 1 位。争取农网中央资本金 1.2 亿元，国家电网公司东西帮扶基金 6 亿元，东西帮扶基金“债转股”13.26 亿元，跨省调拨物资 3951 万元，地方政府支持政策 80 项、23.39 亿元。国网首个超大型绿色数据中心对外运营，增效 3840 万元。

【改革创新】坚持改革创新，培育高质量发展“新动能”。配合完成第二监管周期输配电价核价。省内现货市场国内首家实现最长周期结算试运行。完成甘电通设计、思极飞天混合所有制改革。退休人员社会化管理、基本医疗和生育保险稳妥移交。“三供一业”分离移交圆满收官。省管产业单位深化改革和清产核资全面完成。完成职业经理人市场化选聘试点工作。撤销内设机构和事业部制改革在国网系统先行先试，完成市场营销事业部组建。第三批“放管服”改革全面完成。兰州新区供电机构完成优化调整。首次牵头荣获国家科技进步二等奖，获国家电网公司科技创新特殊贡献奖。成立“陇电科创联盟”。

【基础建设】坚持固强补弱，打好基础提升“持久战”。全面完成第一轮达标评价，县公司、供电所基本实现预定目标。实施临夏、甘南、陇南公司三年帮扶提升，组建全专业帮扶组织体系，梳理问题建档立卡3200项、整改2320项。健全“大培训”体系，完成4个实训基地建设，完成全员“应知应会”达标测评，承办全国水电厂水轮机运检大赛，举办9项省级技能大赛和3项重点工程劳动竞赛。新建供电所办公楼51座，建成职工公寓226套。建成18家职工服务中心、8个“国家电网爱心高原氧吧”。职工文体活动中心实现全覆盖。

【**合作发展**】坚持合作共赢，优化公司发展“生态圈”。两次促成省委省政府与国家电网公司主要领导会谈，并签署战略合作框架协议。获甘肃省推动高质量发展突出贡献奖，省级及以上领导批示肯定41次。与省公安厅签订战略合作框架协议，建立覆盖省市县乡各层级、各警种、各专业的警电合作体系，圆满完成“温暖工程”建设任务。与省委宣传部和中央主流媒体合作不断深化，签署媒企战略合作协议3项，省市联动举办新闻发布会66场次。发挥电网平台作用，扩大外送电源企业获利109.36亿元，全年降低用电成本74.93亿元，市场主体满意度调查连续三年达到100%。

【**党的建设**】坚持强根筑魂，把牢行稳致远“定盘星”。深入学习党的十九届四中、五中全会精神。扎实推进党建工作“十大工程”，深化党建与中心工作融合，1个案例入选《国有企业党建蓝皮书》。打造甘南格桑花、酒泉飞天等5支连心桥共产党员示范服务队。率先启动“青马工程”，团青工作排全省企事业单位第一。打造“4个课堂”，设立4个党建和廉政教育基地。建立并高效运转选题策划、新闻发布等5项工作机制，国网首批建成融媒体中心，三大权威媒体刊发报道175篇，人民日报头版头条刊发公司扶贫工作，获全国“责任信息披露卓越企业”称号。大力培养选拔使用年轻领导人员，提拔使用“80后”领导人员17人，40岁以下领导人员同比提高3.8个百分点。拓宽员工培养渠道，双向挂职19人、东部锻炼10人。2名职工分获全国劳动模范、科技助力扶贫先进个人。8名职工获甘肃省劳动模范。4个集体、14名职工获国网公司先进集体、工匠、劳动模范、先进个人、优秀共产党员等表彰。34个集体和个人获省级及以上共青团荣誉。

（黄洛）

交通通信

交通运输

【发展概况】2020年，全省交通运输系统坚持以习近平新时代中国特色社会主义思想为指引，全面贯彻落实党的十九大和十九届二中、三中、四中、五中全会精神，紧抓"一带一路"建设、新时代推进西部大开发形成新格局、黄河流域生态保护和高质量发展、西部陆海新通道、关中平原城市群发展等重大战略机遇，统筹推进疫情防控和交通运输发展，扎实做好"六稳"工作，全面落实"六保"任务，强化举措对冲疫情对交通运输经济运行带来的巨大冲击，分类有序推动交通重点项目复工开工，全力推进交通脱贫攻坚，积极推进行业改革发展，持续提升交通运输发展品质和服务水平，交通运输促投资稳增长成效明显，行业安全生产形势总体稳定。认真落实《交通强国建设纲要》，强化规划引领，加快《甘肃省推进交通强国建设方案》《交通强国建设甘肃省试点实施方案》等研究编制，申报第三批交通强国建设试点任务5项。"十四五"交通运输发展规划及全省综合立体交通网规划编制加快推进。全年累计完成公路水路固定资产投资929.98亿元，比上年增长13.5%，投资完成量居全国第11位，增速居全国第10位，为全省经济社会恢复、向好向上发展发挥了重要支撑作用。

【交通基础设施建设】公路方面。全年建成高速及一级公路990公里，G215线柳园至敦煌高速公路、G3011线敦煌至当金山高速公路、G1816线景泰至中川机场高速公路等10条708公里高速公路通车运营，新改建峰迭至代古寺等普通国省干线及旅游公路1011公里，新改建农村公路1.8万公里。10个综合客货运枢纽（物流园区）加快建设。截至2020年底，全省公路总里程达到15.6万公里，加上已建成的6.7万公里自然村组路，实际里程达到22.3万公里。其中，高速及一级公路突破6000公里，二级公路1.1万公里，农村公路及自然村组路19.2万公里。与周边省（区）公路省际出口达到73个，所有乡镇和重要农村经济节点都实现了普通国省道联通，所有4A级及以上旅游景区实现高等级公路相连，逐步形成了内通外联的公路快速网、干线网和基础网。

铁路方面。银西高铁甘肃段建成通车，中卫至兰州铁路、酒泉至额济纳铁路、兰州至张掖三四线铁路中川机场至武威段等续建项目加快推进，天水至陇南铁路（甘肃省首条自主投资建设铁路）、西宁经合作至成都铁路（甘肃段）铁路、兰州中川国际机场三期扩建工程综合交通枢纽环线铁路开工建设。截至2020年底，全省铁路网已覆盖12个市州，铁路营业里程达到5467公里，其中高速铁路1425公里，铁路网密度128.4公里/万平方公里。

机场方面。兰州中川国际机场三期扩建工程、天水军民合用机场迁建工程试验段工程分别于9月9日、9月26日开工建设。新建武威机场、临夏机场、嘉峪关机场改扩建工程以及庆阳华池、武威民勤等通用机场项目前期工作有序推进。

邮政方面。兰州中川智能化邮件处理中心建成投产。全省91个政务中心实现邮政综合服务平台建设全覆盖。快递电子运单使用率超过99%，投放包装废弃物回收箱1467个。完成"绿盾"工程安全监控中心建设和视频联网等任务。

【运输服务保障】2020年，全省交通运输综合服务水平持续提升。积极迎接全国"十三五"干线公路养护管理治理能力评价，全面加强公路日常养护管理。优质完成全国联网收费系统"费显"点亮和系统优化试点任务，为系统平稳运行贡献出甘肃方案和甘肃力量，得到交通运输部的充分肯定。新发行ETC卡20.02万张，全省ETC用户达到293万个，ETC发行及客服指标考核均居全国前列。改造高速公路和普通国省干线公路厕所80个。建成投运"司机之家"6个。开展了道路限高限宽设施和检查卡点专项整治工作。增发交通一卡通62.5万张，累计发卡量达到253.7万张，皋兰城乡交通运输一体化示范县创建工作通过交通运输部验收。全省道路货运车辆年审、年检和环检实现"三检合一"。12328交通运输服务监督电话服务质量考评保持全国前列，9月排名全国第一。加强运输组织和运力调度，圆满完成节假日和重要时段的旅客运输任务。中亚粮食回程班列成功首发，"中吉乌"国际货运班列双向贯通，东盟—兰州—南亚航空货运通道顺利启运，中欧、中亚、陆海新通道、南亚四条国际班列实现常态化运营。

2020年，全省公路客运量2.25亿人，旅客周转量140.76亿人公里，分别比上年下降37.71%和38.22%；公路货运量6.13亿吨，货物周转量1020.27亿吨公里，分别增长5.23%和4.16%；完成公路运输总周转量1034.35亿吨公里，增长3.19%。全年完成水路客运量55.28万人，旅客周转量855.15万人公里，分别下降30.68%和33.82%；完成水路货运量0.77万吨，水路货物周转量 12.39 万吨公里，分别下降 95.22% 和 95.41%。

2020 年，全省邮政行业业务收入（不包括邮政储蓄银行直接营业收入）51.50 亿元，比上年增长 18.43%；邮政行业业务总量 47.13 亿元，增长 21.99%。快递服务企业业务量 13823.52 万件，增长 33.29%；业务收入 29.79 亿元，增长 31.57%。

2020 年，全省民航航线航班加快恢复，旅客吞吐量、货邮吞吐量、起降架次降幅持续缩小。共保障完成运输起降 12.06 万架次，比上年下降 18.7%；旅客吞吐量 1363.26 万人次，下降 25.4%；货邮吞吐量 7.5 万吨，下降 0.8%。全省累计通航城市 119 座（其中，国际地区城市 18 座），执行客运航线 247 条（其中，国际地区客运航线 19 条），货运航线 7 条。兰州中川国际机场完成旅客吞吐量 1010.68 万人次，在全国千万级机场中居第 25 位，比 2019 年前移 2 位。

2020 年，全省铁路旅客运输量 4153.3 万人次，铁路货运量 5966.1 万吨。

【交通扶贫脱贫】紧抓交通脱贫攻坚不放手，多措并举巩固“两通”脱贫成果，整治“畅返不畅”路段 433 公里，省级统筹 15% 燃油补贴退坡资金支持建制村通客车工作，有效解决“通返不通”等问题。加快推进“四好农村路”建设，谋划实施 3 批 2.2 万公里自然村组路建设，各地也加大投入，新改建农村公路 1.8 万公里，其中，改造县乡道等 2547 公里，建成自然村组路 1.55 万公里；新增 8586 个自然村组通硬化路。完成县乡道安防工程 9547 公里，改造农村公路危桥 158 座；吸纳当地群众务工就业 5.7 万余人，其中贫困劳动力超过 2.5 万人。建成甘肃交通消费扶贫平台以及各类“扶贫车间（班组）”30 个，吸纳 1 万余名贫困群众实现就业。助力临夏、东乡等最后 8 个贫困县脱贫摘帽，群众对交通基础设施改善满意度评价高于 99%。

【行业治理体系建设】行业重点领域改革持续深化。省政府印发《甘肃省深化农村公路管理养护体制改革实施方案》，建成“六位一体”乡镇综合服务站 22 个，建立村级公益性设施共享共管制度，初步形成“县有路政员、乡有监管员、村有护路员”农村公路管养体系。推进邮政业安全体系建设，组建成立 12 个市州邮政业安全中心。积极拓展交通投融资渠道，抢抓国家政策机遇，加大汇报衔接力度，争取到位中央车购税等各类公路建设资金 400.61 亿元，为重点公路项目和农村公路建设养护提供了资金支持。加快推广“基于资源换资金的建养一体化”等投融资模式，累计实施“基于资源换资金的建养一体化”项目 36 个。大力推动公路 + 多产业融合发展，拓展了路衍经济产业发展路径。全面打好防范化解重大风险攻坚战，省政府印发《甘肃省公路省级存量债务风险化解方案》，完成了公路存量资产、债务的专项评估审计、公路存量资产债务移交等工作，全面推动《方案》深入实施，有效化解甘肃公路省级存量到期债务风险。继续推进交通运输综合行政执法改革，轮训执法人员 6200 余人次。开展为期半年的执法专项整治行动，高速公路超限率控制在 0.15%、普通国省干线超限率控制在 0.41% 以内。深入推进“放管服”改革，取消、下放行政许可 3 项，8 项高频政务服务事项实现省内通办，公路超限运输许可提前实现跨省通办。53 项省级政务服务事项实现移动端在线办理，全年网上办件总量 82974 件，好评率 99.98%。

【智慧交通绿色交通建设】持续推进智慧交通建设，大力提升行业科技创新能力。与甘肃省科技厅签订《关于科技创新驱动加快交通强国建设甘肃实践协同发展合作协议》，共同编制《甘肃省交通运输科技创新“十四五”发展规划》。组建成立甘肃公交建科技创新中心，设立甘肃省智慧交通重点实验室，西部首家网络货运数字产业园落地金昌。出台《甘肃省智慧交通建设工作方案》《甘肃省公路养护四新技术管理办法》《甘肃省“5G+ 智慧公路”示范项目建议书》，清傅公路“5G+ 智慧公路”试点项目和车路协同自动驾驶示范工程顺利推进。甘肃省湿陷性黄土地区公路修筑成套技术获中国公路学会科学技术一等奖，实现了甘肃在该奖项中“0”的突破。出台《关于在全省交通运输行业推进区块链技术应用的指导意见》，危货运输、交通产品检测等 2 个区块链应用试点项目有序推进。加快推进交通运输新型基础设施建设，甘肃省新基建智慧交通产业港项目建设工作积极推进。深入推进绿色交通建设，积极推进全省黄河流域交通运输生态保护和高质量发展，落实运输结构调整三年行动任务，推进大宗物资中长距离运输“公转铁”，加大柴油货车污染治理力度，全省新增新能源公交车 400 辆、新能源巡游出租汽车 882 辆。

【路衍经济发展】积极谋划路衍经济新业态，指导省公交建集团统筹交通主业与路衍经济产业融合发展。率先在全国成立甘肃路衍经济产业研究院。经过近两年的研究谋划，得到包括交通运输部、中国公路学会、科研机构和有关高校的广泛认同。省委《关于制定甘肃省国民经济和社会发展第十四个五年规划和二〇三五年远景目标的建议》，首次把“路衍经济”写入建议稿，明确要“推动形成路衍经济等千亿级产业集群”。《甘肃省国民经济和社会发展第十四个五年规划和二〇三五年远景目标纲要》，明确将“路衍经济产业集群”确定为“十四五”重点打造的千亿级产业集群之一。2020 年，甘肃路衍经济发展从“刚起步”迈向“稳推进”。省公交建集团组建成立甘肃新发展投资集团有限公司，着力打造路衍经济研究、开发、投资、运营全生命周期服务商，为路衍经济项目落地实施奠定坚实的基础。深入开展《基于文化挖掘与利用的交旅融合综合体开发建设研究——以大敦煌文化旅游经济圈交响丝路 1 号线悬泉置交旅融合综合体为例》和《甘肃省路衍经济战略规划及政策机制研究》课题研究，编制完成《省属企业发展路衍及临空经济规划》《大敦煌文化旅游经济圈交旅融合综合体项目交通强国试点方案》。推进总投资 44 亿元的大敦煌文化旅游经济圈“交响丝路 1 号线交旅融合综合体项目”，开工建设敦煌悬泉置世界遗产与现代服务区交旅融合项目。启动了G75兰海高速公路太石交旅融合和新发展城市快递分拨中心项目。组建成立甘肃交通精石矿业公司，为发展“白料”产业、形成品牌产品构建强力抓手。新建成武都服务区“绿橄榄”主体展馆、礼县服务区“三国文化”主题展馆，建成14个特色旅游商品和地方农特产品实体示范店，建成8个地方特色小吃店，4个旅游咨询服务中心，12处房车驿站，4个司机之家。路衍经济已成为推动甘肃交通运输高质量发展的亮丽名片。

【安全与应急】深入推进平安交通建设，编制完成《甘肃省交通运输行业安全生产风险分类、分级辨识评估管控指导手册》和《甘肃省交通运输行业生产安全事故隐患分类、分级排查治理指导手册》，梳理出致险因素8317个、风险事件1892个、安全隐患排查项5458个。在全省道路运输、工程建设领域积极开展本质安全建设试点6个。扎实开展安全生产专项整治三年行动，集中整治消除了一大批安全隐患，化解了一批安全风险。全力应对陇南等地特大暴洪灾害，统一调配37支应急抢险突击队，在最短时间内打通救灾“生命线”，目前灾后交通恢复重建工作有力推进。未发生较大以上生产安全责任事故，行业安全生产形势保持平稳。持续深化扫黑除恶专项斗争，核查办结各类线索583件。深化行业领域突出问题和乱点乱象治理，累计投入执法力量8.2万人次、出动执法车辆2.3万余台次，查处非法营运车辆6842辆，行政处罚3000余万元，取得较好震慑和治理效果。甘肃省交通运输厅被评为2019年度平安甘肃建设优秀单位。

【合作与交流】紧抓“一带一路”建设、新时代推进西部大开发形成新格局、黄河流域生态保护和高质量发展、西部陆海新通道、关中平原城市群发展等重大战略机遇，主动加强与陕西、青海等省交通运输厅交流合作，2020年5月，甘青两省签订《兰西城市群综合交通互联互通专项合作行动计划》，2020年7月，甘陕两省签订《交通运输合作专项行动计划》，合力助推省际公路通道和交通互联互通规划建设。积极加强与山东、天津、福建、云南等省市区之间交通基础设施发展合作，制定甘鲁、甘津、甘闽、甘滇等省市区交通基础设施合作专项行动计划。积极开展政校企合作，先后与兰州交通大学签订《关于加强产学研融合、推进全省交通运输科技创新协同发展战略合作协议》，与甘肃丝绸之路信息港股份有限公司签订《智慧交通共建协议》，与甘肃省文旅集团、中国交通通信信息中心签订《战略合作协议》，促进数据资源共享、交旅融合建设、智慧交通发展。

【交通运输疫情防控】深入贯彻落实中央关于疫情防控决策部署，按照交通运输部和甘肃省委、省政府防疫工作要求，认真履行甘肃省疫情联防联控领导小组交通检疫组职责，严格落实交通运输工具及“两站一场”防控要求，坚决有效防范疫情通过交通运输传播。及时启动应急响应，设置交通检疫站点，加强“两站一场”和交通运输工具防控，累计保障完成13个航班2943名从伊朗、沙特、俄罗斯等国外入境人员检疫转运工作。有力保障人员和物资流通，落实运输保障“一断三不断”部署要求，在高速公路设置应急运输“绿色通道”213条，对疫情防控应急物资、重要生产生活物资和返岗务工人员运输车辆，实行不停车、不检查、不收费、优先通行。有序支持复工复产，分区分级恢复各类交通运输服务，打通“大动脉”，畅通“微循环”，开行点对点直达客运包车4200多辆，运送返岗务工人员及返校学生8.4万余人。积极协调落地交通运输领域惠企政策23项，帮助企业纾困解难。甘肃省交通运输厅新冠肺炎疫情防控领导小组办公室荣获“全国交通运输系统抗击新冠肺炎疫情先进集体”称号。

【党的领导和党的建设】始终把政治建设放在首位，推行主体责任清单制，靠实全面从严治党工作责任，确保党中央和省委关于党的建设相关部署要求落到实处。举办交通强国建设、县处级领导干部读书培训班，以上率下积极宣贯党的十九届五中全会精神。扎实开展模范机关创建、示范党支部创建工作。完成厅党组第五轮巡察工作。“八棵树精神”和甘肃公路博物馆入选全国交通运输优秀文化品牌，5家单位被表彰为全国交通运输行业文明单位，4个集体被授予全国交通运输行业文明示范窗口。

（尉永强）

铁路

【基本概况】兰州局集团公司始建于1956年，地处西部铁路网的枢纽，是亚欧大陆桥在中国境内的重要区段。截至2020年底，兰州局营业里程6051.5公里，其中高铁1617.3公里；职工总人数77659人，机关职能管理机构26个，生产机构1个，附属机构25个，派驻机构2个，基层单位57个。管辖车站（线路所）318个，配属机车1325台（其中电力机车1159台、内燃机车166台）、客车1928辆、动车组77组（含14组CR200J动车组）。全局共运行旅客列车305.5对，其中高铁186.5对、普速119对。现管辖宝兰高铁、兰新客专、银兰客专、银西高铁4条高铁线，陇海、兰新、兰渝、兰青、包兰、宝中、干武、太中、定银、中川、西平、天华、敦煌、兰州北环线、周家庄联络线15条干线和其他（平汝、红会、嘉镜、玉门南线）4条支线，连接着甘、宁、青、新、蒙、陕、川等7省（区），是西北交通运输和经济建设的大动脉。

管辖范围：兰州局集团公司管内陇海线于社棠车站、天水车站间K1392+530处与西安局集团公司分界；兰新线于柳沟车站、安北车站间K985+500处与乌鲁木齐局集团公司分界；兰青线于水车湾车站、海石湾车站间K60+000处与青藏集团公司分界；包兰线于乌海西车站、惠农车站间K423+000处与呼和浩特局集团公司分界；宝中线于安口窑车站、崇信车站间K136+100处与西安局集团公司分界；西平线于长武车站、长庆桥车站间K172+740处与西安局集团公司分界；兰新客专于陈家湾西车站、民和南车站间K1726+500处，浩门车站、军马场车站间K1944+926处与青藏集团公司分界，于柳沟南车站、石板墩南车站间K2580+236处与乌鲁木齐局集团公司分界；天平（天华）线于青林车站、华亭车站间K114+694处与西安局集团公司分界；兰渝线于羊木车站、广元车站间K497+443处与成都局集团公司分界；徐兰高速（宝兰高铁）于宝鸡南车站、东岔车站间K1305+110处与西安局集团公司分界；敦煌线于苏干湖车站、马海车站间K412+835处与青藏集团公司分界；银西高铁（西银客专）于彬县东车站、宁县车站间K192+909处与西安局集团公司分界。

【基础设施】兰州局集团公司管辖线路延长总计12430.09公里，其中正线延长10057.90公里、站特线延长2372.19公里；集团公司道岔总计7536组；受委托管理的太中银铁路太中线、定银线，兰渝铁路兰州北环线、兰渝线，敦煌线，西平线、中川线、天平（天华）线等普速合资铁路延长2873.45公里，其中正线2278.40公里、站特岔线595.05公里；道岔总计1631组。受委托管理的徐兰高速（宝兰高铁）、兰新客专、银兰客专银川至中卫南段、银西高铁线路延长3447.00公里，其中正线3240.82公里、站特岔线206.18公里；道岔总计649组。集团公司运营铁路桥梁1821座10.86万米、隧道166座15.11万米、涵渠7083座15.72万横延米，桥隧涵合计32.10万换算米；路基设备长度总计5791.13公里。合资铁路桥梁总数为1405座81.31万米、隧道234座90.54万米、涵渠4136座10.28万横延米，桥隧涵合计115.74万换算米；路基本体长度2774.515公里。电气化铁路营业里程5783公里，占总营业里程的98%，接触网运营总里程5783公里（14784条公里），其中高铁接触网运营里程1668公里（4673条公里）；电力线路19659公里（高铁5348公里）；专用线206条、专用铁路24条。货运营业线路22条，营业里程4507公里，其中国铁2974公里，

【运输主要指标】精准实施“一日一图”，动态调整客运能力供给，时速250公里新型“复兴号”动车组首次在银西高铁上线运行，扩大“环西部火车游”产品影响力，所有普速站车开通电子客票业务。全年完成旅客发送量4153.3万人，旅客周转量237.9亿人公里。坚持稳货补客，实施“盯大户、稳大宗，公转铁、拓市场”策略，开发“公转铁”新项目，全年完成货物发送量5966.1万吨，货物周转量1496.4亿吨公里。深挖运输组织潜力，陇海线货物列车运行时速提高至90公里，单日卸车连续19次刷新历史记录。

【运输安全】2020年，全年发生铁路交通一般事故62件，比上年减少2件，降幅3.1%。行车安全：全年发生行车事故43件，减少1件，降幅2.3%。集团公司责任行车事故15件（D1事故1件、D9事故3件、D10事故4件、D21事故7件），增加6件，上升66.7%；非集团公司责任行车事故27件；非责任行车事故1件。劳动安全：未发生从业人员责任死亡事故，与上年持平；未发生从业人员责任重伤事故，与上年持平。路外安全：发生非责任路外伤亡事故19件，减少1件，降幅5%，其中死亡14人，减少2人，死亡人数控制在国铁集团下达的指标以内，未发生道口和责任路外伤亡事故。特种设备安全：杜绝了特种设备一般及以上责任事故。全年未发生C类及以上责任行车事故，杜绝了职工重伤及以上责任事故，杜绝了高铁客车D类及以上作业事故，截至2020年12月31日，实现安全生产2257天。

【列车运行图调整】全年完成4次国铁集团组织的运行图调整，分别是二季度、三季度、四季度和暑期调整图，通过调图新增兰州至贵阳、陇南至广元的动车组列车、兰州经天水至平凉的普速客车，兰新客专恢复运行开行24.5对动车组列车，此外天水口、定边口根据实际需要增加货车运行线。完成不少于12次的管内临时调整图，从年初疫情高峰时段减少客车开行对数，到下半年客流逐步恢复阶段及时增开客车实行动态调整，中川城际最低每日安排动车组6对，最高每日安排动车组36对，全力以赴做好节支降耗工作。预铺画年底西银客专开通运行图、2021年一季度调整运行图和2021年春运运行图。针对防洪工作优化调整列车运行图，按照主动避险原则，对涉及兰州局的3条线路6个重点防洪点段（合计36.6公里）限速纳入基础数据降速，4条线路24处曲线（合计13.362公里）调整标尺纳入基本图，为客运列车汛期安全有序运行提供基础支撑。7月1日起陇海线货物列车提速至90公里/小时，全年新增货物列车7对，分别是嘉峪关至格尔木摘挂列车2对、羊木口新增货物列车2对、海石湾口新增货物列车3对。全年调整中欧、中亚等快运班列6列次。

【投资完成】全年完成基本建设投资291.07亿元，其中兰州至重庆铁路（全线）完成投资60.6亿元，宝兰客专完成投资28.96亿元，银西铁路完成投资46.78亿元，吴忠至中卫铁路完成投资1.34亿元，新建敦煌至格尔木铁路完成投资5.26亿元，兰州至中川机场铁路完成投资4.63亿元，包头至银川铁路银川至惠农段完成投资12.5亿元，中卫至兰州铁路宁夏段完成投资9亿元，中卫至兰州铁路甘肃段完成投资75亿元，兰州至张掖三四线铁路中川机场至武威段完成投资35亿元，酒泉至额济纳铁路酒泉至东风段升级改造工程完成投资12亿元。

【人才支撑】深入推进“十百千人才”工程，选拔79名路局专业领军人物、专业带头人和拔尖人才。有序推进职称改革和专业技术人员晋升通道工作，下放36个基层单位工程系列初级评审权限。培训管理和专业技术人员8622人次，组织职工适应性培训49万人次。在第六届全国铁道行业职业技能大赛中，路局电务、供电系统均获得团体第一名，运输系统获得团体二等奖，共有24名选手取得优异成绩，国铁集团授予兰州局团体一等奖。评选“感动兰铁”年度人物15名，命名“兰铁工匠”10名，32名个人分别获得全国、甘宁两省区“劳动模范”

和全路“火车头奖章”“铁路青年五四奖章”荣誉称号，唯旗必夺、唯先必争的氛围更加浓郁。加大科技创新力度，4项课题获得中国铁道学会铁道科技奖，2项课题获得甘肃省职工优秀技术创新成果奖，11项课题获得全国铁路青年科技创新奖。

【民生工程】坚持让职工同享企业改革发展成果，克服重重困难，千方百计增加职工收入。改善职工生产生活条件三年行动计划圆满完成，“十件实事”高质量兑现，“兰铁青年安居工程”三年规划深入实施，全年分配职工住房3869套。投入3112.17万元完成覆盖19个站段、31个站区的“三线一场”建设任务。投入1.18亿元深化“幸福餐桌”建设，投入1564.45万元帮扶救助32912人次，投入4454万元安排职工健康体检72897人次。

【扶贫工作】2020年，向帮扶陇西县五个村投入资金400万元，分2批实施以提升既有村集体经济合作社成效、持续巩固脱贫成效为主的26个项目，受益贫困户1350户6129人。其中投入308.91万元，发展壮大“一村一品”村集体经济（合作社）产业项目，帮扶村集体经济（合作社）实现利润53.62万元，带动当地623户贫困户从事种养殖配套产业；向帮扶村投入5万元，开展贫困劳动力就业技能培训；投入39.1万元，提高贫困学生学习环境和条件；协调铁道团委申请助学金项目，资助3名贫困生每人5000元；投入26.46万元，持续推进农村精神文明建设；投入17万元解决搬迁户发展种植养殖产业困难，实现“搬得出、稳得住、能致富”的易地搬迁要求。深化建设扶贫，投资547亿元的西银客专（甘宁段）年底前开通运营；中兰铁路、兰张三四线铁路、酒额铁路累计完成投资116.17亿元；建设过程中协调参建单位选用当地劳务人员7498人次，修建永临结合道路46条，采购工程物料18.45亿元，租赁机械设备费用2.5亿元；驻村干部协调东西部协作单位福建连江县、劳动就业局等部门提供劳务输出109人次，实现劳务收入229.5万元；省内9对公益性“慢火车”成为沿线百姓的致富车。大力支持消费扶贫，集团公司累计购买陇西县农特产品649.4万元，购买省内挂牌督战贫困县农特产品50.64万元。

【疫情防控】聚焦铁路疫情防控三大目标任务，坚持外防输入、内防反弹，严把进站、车上、出站三道防控关口，共排查重点区域和境外来甘来宁旅客3.6万人次，向地方政府提供900余万条旅客行程信息，与公安边检部门共同筛查境外入境旅客2491起、向属地政府移交各时期重点区域来甘宁人员31277人、配合地方致函申请协查旅客信息25起、测温筛查7419.5万人次，候车室消毒6939万平方米、售票厅消毒666万平方米、动车车辆消毒8.7万辆次、普速车辆消毒27.9万辆次、客运机车消毒62.7万台次，完成铁路高风险重点人群接种疫苗1643人，免费为旅客办理退票508万张，处理旅客发热859起，有效切断了疫情在铁路的传播途径。全力保障防疫重点物资和人员运输，累计运送防疫和生活物资1.2万车、63.2万吨；开行“点对点”直达专列77列、办理返岗复工团体238批、运送旅客8.8万人。针对零星散发疫情和进口冷链食品疫情防控需要，健全应急处置工作机制，慎终如始做好常态化疫情防控。制定返岗职工防护措施，加强重点场所管控和主要行车工种人员健康保护，实现了旅客“全防控”、干部职工“零感染”的目标。

通信管理

【发展概况】2020年，全省完成电信业务总量2557.0亿元，比上年增长30.5%；电信业务收入190.8亿元，增长5.8%；完成固定资产投资62.7亿元（其中4G投资10.8亿元，5G投资18.5亿元），增长11.7%。全省电话用户达到2983.6户，下降3.2%，其中移动电话用户2673.8万户（含4G用户4175.4万户），下降2.8%。固定互联网宽带接入用户931.4万户，增长7.0%，FTTH/O用户占比达到96.3%；移动互联网用户达到2298.6万户。

【党的建设】巩固“不忘初心、牢记使命”主题教育。持续跟进学习习近平总书记重要讲话和指示批示精神，进一步深化对习近平新时代中国特色社会主义思想重大意义、科学体系、丰富内涵的学思践悟。制定《关于贯彻落实<关于巩固深化“不忘初心、牢记使命”主题教育成果的意见>的实施方案》，不断提高党员干部的思维能力、理论水平和实践素养。配合中纪委监委派驻工信部纪检监察组来甘开展省局政治生态调研及领导班子成员政治画像工作，引导党员干部旗帜鲜明讲政治。深入开展创建“让党中央放心、让人民群众满意的模范机关”活动，制定印发实施方案，从四个方面提出14项任务，通过搭建平台、创新载体，精心组织推动，争作“三个表率”，落实省直机关工委要求，建立并完善中央在甘单位党组（党委）工作沟通配合机制。深入推进“灯下黑”问题专项整治。贯彻落实习近平总书记在中央和国家机关党的建设工作会议上的重要讲话精神和《中共工业和信息化部党组关于印发“灯下黑”问题专项整治工作方案的通知》要求，围绕政治意识、党的领导、党建工作、责任落实等方面建立专项整治工作台账，明确具体问题的落实措施、时间进度和责任人，逐条对标对表，压实推进。按期推进17个问题43条措施。十九届中央第五轮巡视反馈问题整改落实。在中央第三巡视组巡视工业和信息化部党组工作动员会召开后，召开配合中央第三巡视组巡视动员部署会，主动开展自查，制定《巡视反馈问题整改落实方案》，建立问题台账，坚持逐一审核、逐一验收、逐一销号的原则，集中开展整改攻坚。对需要整改的问题，明确责任部门、责任领导、整改时限，由专人负责跟进整改全过程。截至目前，7个方面、18项、68个问题除房产出租收回需要持续整改外，其余整改工作已全部完成，取得阶段性成效。持续加强干部队伍建设统筹谋划。牢牢把握政治方向，围绕重点工作统一干部职工思想，推动落实全面从严治党主体责任、第一责任和一岗双责，落实党风廉政建设工作新规定、新要求，构建职责清晰、任务明确的工作体系，做到明责、知责、尽责，不断增强干部职工的纪律规矩意识，持续正风肃纪。贯彻落实部党组接受中央第五轮巡视的全面整改工作要求，研究提出进一步加强省局干部队伍建设统筹谋划一揽子建议方案，补齐配强相关处室负责人，建立年轻干部后备库，为年轻干部培养发展晋升预留空间。全年晋升一级主任科员1名，对3名试用期满处级干部进行转正考核。鼓励干部干事创业、创先争优。推进党建与中心工作的深度融合，围绕疫情防控、防汛救灾、脱贫攻坚等任务，树创先争优典型，凸显党员先锋模范作用，推动重点工作落实。2020年，甘肃省通信管理局信息通信发展处荣获工信部电信普遍服务试点工作成绩突出集体。

【5G组网建设推进】2020年，从营造良好发展环境破题，全面加快推进5G网络建设及应用，重点强化政策引领、项目储备、调度分析及“三难两高”问题解决。制定印发《甘肃省5G建设及应用专项实施方案》《甘肃省5G站址专项规划》等政策引领文件。省政府办公厅印发《甘肃省5G站址专项规划》，是全国首个由省政府印发的5G站址专项规划。在全国率先开展5G组网建设“三难两高”（入场难、选址难、审批难，场租高、电价高）问题专项整治，建立问题清单，由省政府点对点下发至相关市州政府及省直有关部门，督促整改清零。建立月调度统计分析制度，会同省工信厅每月调度全省5G网络建设及应用情况。截至12月底全省累计建成5G基站8509个，其中，2020年新建成7802个，提前完成全年新建成5G基站7000个的目标任务，5G网络人口覆盖率达到24%以上，实现全省所有市（州）主城区5G网络连续覆盖，部分县城重点区域5G网络覆盖。

【5G创新融合应用】建立总经理挂联工业企业制度，培育了甘肃移动西沟矿5G+智慧矿山、甘肃电信龙首矿5G——无人机车、华天电子5G+智慧车间以及甘肃联通兰临高速5G+无人机巡检系统等一批典型5G创新融合应用。特别是兰州市荣获工信部2020年度十大城市重点场所移动网络质量评测5G网络速率最佳城市、甘肃移动西沟矿5G+智慧矿山项目荣获工信部主办的第三届“绽放杯”5G应用征集大赛智慧园区专题赛一等奖、甘肃联通建成了我国首套5G+无人机高速无人自动巡检系统等成果，体现了甘肃省在5G网络建设及应用中取得的突出成效。

【电信普遍服务试点】以推进电信普遍服务试点项目为抓手，聚焦4G网络覆盖薄弱行政村，完成第四批电信普遍服务试点验收，完成第五批电信普遍服务试点建设，在农村地区建成4G基站519个。2020年争取第六批电信普遍服务试点项目，获得中央补贴资金1.17亿元，支持在全省399个行政村建设432个4G基站。开展了全省行政村网络覆盖拉网式排查，全省行政村光纤宽带和4G网络覆盖率均达到99%以上。电信普遍服务试点项目为打赢脱贫攻坚战贡献了力量。2020年10月，工信部表彰了全国电信普遍服务试点工作成绩突出个人和集体，甘肃省通信管理局信息通信发展处等5个集体和16名个人受表彰，是受到全国表彰名额最多的省份之一；陇南市网络扶贫的典型经验做法在工信部、国务院扶贫办主办的2020年网络扶贫论坛上专题发言。陇南市电商扶贫取得的显著成效，是电信普遍服务试点农村地区网络基础设施建设成效的重要体现。临夏州康乐县草滩乡苏河村党支部书记兼村委会主任王世岳作为全国“三区三州”电信网络助力脱贫攻坚的贫困村党支部书记代表做了交流发言，展示了甘肃省民族地区网络扶贫工作取得的突出成效。联合省教育厅开展学校联网攻坚行动，推动全省中小学校联网率达到99%以上。

【联防联控新冠疫情】2020年初新冠疫情出现以来，组织各基础电信企业全力保障各级卫生医疗机构通信需求、重点单位网站和网络云教育平台正常运行，确保网络安全。建成省级大数据综合平台，运用大数据手段加强疫情溯源和监测，通过数据统计精准分析漫出漫入人群态势，向省疫情联防联控相关部门提供参考数据，服务和支撑全省疫情联防联机制。助力打赢疫情防控人民战争、总体战、阻击战。根据疫情防控安排，通过一系列措施促进全省信息通信行业稳步复工复产，督促各基础电信企业从加强防疫物资保障、推行电子招标、做好物资储备等多方面推动重大工程项目有序复工复产；聚焦新建医院、改造的医疗收治点等场所的网络覆盖，优化工程建设流程、物资采购流程，建立绿色通道，提升网络及业务支撑能力。

【提升网络信息安全管理能力】强化行业主管部门监管责任，加强与政法委、网信、公安、维稳、反邪教、扫黑除恶及扫黄打非等部门的协同联动，协调全省各基础电信企业配合做好非法网站和网上非法出版物、有害信息处置等。强化网络基础设施网络安全防护能力，加大力度监督检查省内各基础电信企业和增值电信企业定级备案、安全防护措施、符合性评测和风险评估等工作情况，消除安全隐患，防范安全事件发生。按照省政法委统一部署，全面开展防范治理电信网络新型违法犯罪工作，部署信息通信行业“断卡”专项行动，通过升级系统功能、关停高危疑似号码、建立失信用户管理体系、严格渠道管理等多种方式，提升对新型违法犯罪活动的处理能力。完善技术手段建设，联合甘肃省工信厅，组织各基础电信企业、丝绸之路信息港股份有限公司、北京亚鸿世纪、兰州理工大学、北京理工大学联合体申报参加工信部“2020年工业互联网创新发展工程——省级工业互联网安全态势感知平台项目”，于10月30日成功中标。

【持续落实网络提速降费】2020年，甘肃省信息通信行业定向精准建档立卡贫困户、残疾人等特殊群体电信资费水平，助力脱贫攻坚；持续降低企业宽带平均资费，提前超额完成企业宽带和专线平均资费降低15%的目标任务。其中，甘肃电信企业宽带资费下降39.7%，专线资费下降27.7%；甘肃移动企业宽带资费下降

49.2%，专线资费下降 26.4%；甘肃联通企业宽带资费降低 18.6%，专线资费下降 55.2%。

【稳步实施携号转网措施】多次组织各基础电信企业召开会议，研究贯彻落实工信部携号转网工作电视电话会议精神具体措施，部署相关工作措施。要求树牢以人民为中心的发展思想，把携号转网作为一项政治责任，增强服务意识，坚持问题导向，建立情况通报制度，开展企业整改自查。针对工信部“携号转网”21 期通报，召开“携号转网”专题工作部署会议，通过聘请第三方机构明察暗访全省携号转网服务、用户申诉分析等方式及时掌握和解决用户反映的问题，对违反携号转网有关政策规定，违规设置携出障碍问题，严格执行有关处罚程序，统筹把握和运用联合惩戒、依法经营考核、安全责任考核等监督形式，严肃问责查处，强化监管作用。工信部分析报告显示，截至 12 月携号转网申请通过率居全国第 15 名，1 小时携号转网成功率 99% 以上。

【防汛救灾应急通信保障】汛期前，排查全省应急装备物资及汛期通信设施隐患，建立省、市（州）、县 3 级应急责任人联席机制。8 月中旬，甘肃省陇南、甘南等地区多地发生暴洪、泥石流、滑坡崩塌等严重灾害，导致多处道路阻断、通信线路设施损坏，部分乡（镇）通讯中断，防汛救灾形势异常严峻。甘肃省通信管理局落实部省工作要求，立即启动 III 级应急通信响应预案，调配全省通信行业应急队伍和设备赶赴受灾一线，全部抢通通信中断的 878 个行政村。截至 9 月 8 日 18 时，全省通信行业累计出动抢修人员 34750 人次，抢修车辆 13348 台次，发电油机 33775 台次，支援卫星电话 822 部次，累计抢修 6917.11 皮长公里，累计抢修恢复基站 24638 站次。落实省委省政府关于通信基础设施灾后重建要求，协调督促基础电信企业省公司系统谋划灾后重建重点项目，完成陇南、甘南、定西、天水等 4 个重、中度受灾市（州）通信基础设施灾后重建专项规划，全面加强共建共享和相关地区通信基础设施抗灾毁能力，高标准完成灾后通信基础设施重建。

【《甘肃省电信设施建设和保护条例》立法】集中骨干力量组成《条例》工作专班，收集有关法律法规和规范性文件，赴基层单位调研全省信息通信行业工作现状，广泛征求各基础电信企业、省政协、省司法厅等多方意见建议和工作要求，形成《条例（草案）》，并配合省人大力争将《条例》列入 2021 年全省立法计划，进一步强化对电信基础设施的建设和保护，促进电信行业与其他行业共建共治共享和谐有序发展。

（田卫国）

邮政管理

【行业发展】2020 年，全省邮政行业业务收入（不包括邮政储蓄银行直接营业收入）51.50 亿元，比上年增长 18.43%;邮政行业业务总量 47.13 亿元，增长 21.99%。全年全省快递服务企业业务量 13823.52 万件，增长 33.29%；业务收入 29.79 亿元，增长 31.57%。

【党建工作】着力落实党组全面从严治党主体责任和机关“三级五岗”抓党建工作责任。联系实际开展理论学习研讨，举办年轻干部读书活动。开展软弱涣散基层党组织摸排整顿和支部建设标准化提质增效行动，局机关带头规范支部组织生活，受到省委组织部通报表扬。推动非公党建指导工作下沉，指导组建和理顺基层非公党组织 13 个。举办建党 99 周年纪念活动，对全省邮政管理系统 3 个先进党组织和 16 名优秀共产党员进行表彰。局领导带队走进省广电总台“阳光在线”直播间，及时办结群众关切的 30 个问题。对全省系统党员干部开展廉政教育、警示教育和专题辅导培训，落实严格津贴补贴发放等 12 项措施，开展违规享受政策性住房等“四个专项整治”。大力弘扬社会主义核心价值观和“小蜜蜂”精神，开展形式多样的创建活动。积极参与“全国文明城市”创建活动，全面展示邮政快递业文明风貌。完成全国“两红两优”申报工作，全省邮政快递业共 20 名个人和 7 个集体获得了共青团系统的表彰和通报表扬，145 名快递员获得各级政府部门表彰奖励。定西、酒泉局晋升为省级文明单位。

【发展环境】承接省政府快递物流产业体系建设研究课题，“一主两辅”快递园区建设项目纳入全省“十四五”规划纲要。组织编制邮政强国建设行动纲要实施方案和邮政业“十四五”规划、综合立体交通网邮政专项规划。推进惠企政策落地见效，全省邮政快递业减税降费 6500 余万元。各市州政府出台文件 24 份、落实奖补资金 2528 万元，支持寄递服务升级。兰州中川智能化邮件处理中心投产，多家快递企业分拨中心扩能升级。持续推动快递与现代农业融合发展，培育农特产品项目 107 个，带动农产品销售额 40.7 亿元。联合省工信厅印发《关于促进快递业与制造业深度融合发展的实施意见》，快递与制造业融合的深度和广度不断拓展，运作服务制造业项目 24 个，寄递工业品 51 万件，产值 69 亿元。联合省发改、生态环境、财政等七部门印发《关于协同推进快递业环保治理工作的实施意见》，协同推进快递业环保治理工作。省发改、生态环境等部门联合印发《关于进一步加强塑料污染治理的实施意见》，将快递包装纳入治理范围。快递电子运单使用率超过 99%，近 90% 的电商快件不再二次包装，循环中转袋使用率达 90%，投放包装废弃物回收箱 1467 个。

【行业抗疫】加强与相关部门的协调协作，全力攻克邮件快件运输投递阻滞难关，多措并举纾解企业防疫物资短缺问题。疫情期间，邮政、顺丰、京东、苏宁等品牌企业保持服务不断，投送防控物资、生活必需品 1720 万件，运往重点地区的生活和防疫物资共计 52 车次、76.6 万件、52.7 吨。全年寄递服务从未间断、3 月底，全省 23 家品牌快递企业全面复工达产，行业员工零感染。

【脱贫攻坚】甘肃省邮政管理局和 9 个市州局定点帮扶的 10 个贫困村 906 户、4741 名群众实现稳定脱贫。鼓励邮政快递企业优先吸纳贫困人口就业，举办劳务输出培训班26期，完成劳务输转1316人，867名建档立卡贫困户实现劳务就业。邮政、顺丰、中通、圆通、申通、百世、韵达、京东、德邦、优速等企业累计筹集资金960万元，投入扶智、扶志和人居环境整治等项目建设。发运以"牛羊菜果薯药"为主导的农特产品3750万件，助力农民创收增收。动员行业力量购销扶贫产品27万元。

【服务质效】通过邮快合作、快递驿站等模式推进快递下乡进村，快递服务覆盖省内全部乡镇，快递进村率达到37.4%。邮快合作试点步伐加快，乡镇邮政局所投递业务量较上年提高30%以上。嘉峪关局探索邮快合作信息化建设工作，得到国家局肯定和推广。邮政综合服务平台建设进展明显，实现全省91个政务中心全覆盖。

【快递员关爱工程】深入实施快递人才素质提升工程，455名快递小哥再获工程系列技术职称，累计857人获得初、中、高级技术职称；联合人社和财政部门推动快递业务员技能培训，累计争取地方财政资金217万元，培训快递业务员8652人次。建立和完善行业工会组织36个、团组织59个、"爱心驿站"846个，组织开展关爱快递员"暖蜂行动"，为快递员提供公益体检、心理辅导和慰问活动103次，覆盖从业人员1.2万余人。

【行业安全】两轮机要通信专项检查发现的88个隐患问题全部清零，"专用信箱"服务保障工作得到中央第十五巡视组好评，全省寄递渠道"扫黄打非"成效良好，22.4万份高考录取通知书全部妥投。落实收寄验视、实名收寄和过机安检"三项制度"，查堵违禁物品300余件。积极推动实名收寄信息专项整治工作，立案查处36起，"实名不实""替代实名"问题得到有效遏制。联合省反恐办、省邮政业安全中心举办三期邮政快递业安检员岗位资格认证培训班，214名快递员取得岗位资格证书、持证上岗。举办多期行业安全工作培训班，对《邮政业寄递安全监督管理办法》等法律法规进行集中宣贯，营造安全用邮氛围。完成"绿盾"工程安全监控中心建设和视频联网等任务，寄递渠道安全风险监测监控和预测预警能力持续提升。健全完善邮政业突发事件应急体系，制定《甘肃省邮政业疫情防控工作专项预案》等6个专项预案并组织宣贯和演练。联合公安部门研判和防控行业稳定风险隐患，排查化解加盟纠纷、劳资纠纷等群体性事件13起，妥善处置智能快件箱收费等热点舆情，保持行业总体稳定。启动邮政快递业安全生产专项整治三年行动，杜绝了重大安全生产事故。

【监管体系建设】政务服务持续改善。快递业务经营许可作为高频服务事项纳入"跨省通办"清单，全程网办。包容审慎推进新业态监管，智能快件箱许可工作全面展开。依托全国一体化在线政务服务平台，推进政务服务和监管平台数据共享工作。制定和完善《行政执法三项制度》《邮政行政执法案卷评分细则》，组织开展"双随机一公开"执法和案卷评议评查，依法行政规范化、标准化水平进一步提高。组织开展行业统计检查，强化统计分析和应用，提高统计数据质量。升级改造邮政业消费者申诉受理中心，增加受理人员台席，消费者申诉接听和受理效率显著提高。定西、嘉峪关、酒泉、金昌、武威、白银、平凉、临夏、庆阳、张掖、甘南、陇南等12个市州邮政业安全中心相继获批，陇南市1区8县邮政管理职责全面落地，全省系统获得地方保障编制151名。邮政领域地方财政事权和支出责任落地取得突破，省局获得省财政厅省级事权补助资金；兰州、白银、酒泉、张掖、陇南、临夏、甘南等7个市州出台改革方案，定西、陇南等局获地方监管工作经费支持。完成7个市州局领导班子调整充实工作。有序开展职务与职级并行工作。建立并落实重点工作调度会议制度，聚焦专项工作按月调度推进，强化上下联动，推进重点工作落地见效。完成全省系统人才库（2020）建设。邮政监管体系和监管能力建设工作得到国家局充分肯定，相关经验在全系统交流。

财政金融

财政

【预算执行】2020年，全省财政决算一般公共预算收入4647.6亿元，其中，地方一般公共预算收入874.6亿元，为调整预算896.9亿元的97.5%，比上年增收24.1亿元，增长2.8%。中央财政补助收入3025.3亿元（返还性收入133亿元、一般性转移支付收入2594.3亿元、专项转移支付收入298亿元）；地方政府一般债务收入437.1亿元；动用预算稳定调节基金80亿元；调入资金191.3亿元；上年结余39.2亿元。全省一般公共预算支出4163.4亿元，为年末调整预算4267亿元的97.6%，比上年增支211.8亿元，增长5.4%。当年一般公共预算收入总计减一般公共预算支出4163.4亿元、上解中央支出22.9亿元、债务还本支出227.7亿元、国债转贷资金结余0.2亿元、安排预算稳定调节基金129.7亿元，年终结余为103.6亿元，全部结转下年使用。

2020年，全省政府性基金预算收入650.4亿元，为调整预算566.4亿元的114.8%，比上年增收129.6亿元，增长24.9%。全年全省政府性基金收入总计1512.3亿元。其中，地方债务收入692，4亿元，调入资金2亿元，上年结余34.6亿元。政府性基金支出1190.6亿元，比上年增支417.5亿元，增长54%。主要支出项目完成情况为：国有土地使用权出让收入安排的支出346.7亿元，增长37.8%；国有土地收益基金安排的支出2.4亿元，下降82.5%；城市基础设施配套费安排的支出17.4亿元，增长29.2%；污水处理费支出3.9亿元，增长53.5%；彩票公益金支出12.4亿元，下降29.6%；债务付息支出50亿元，增长57.8%。调出资金1145亿元，债务还本支出192.5亿元，当年政府性基金收入总计减政府性基金预算支出，年终结余为84.2亿元。

2020年，全省国有资本经营收入总计13.3亿元（当年收入11.1亿元、上级补助收入0.3亿元，上年结余1.9万元），比上年增收2.3亿元。全省国有资本经营预算支出4.3亿元，比上年减支0.6亿元，调出资金7.2亿元，年终结余为1.8亿元。

2020年度全省各项社会保险基金总收入1096.6亿元，增长1.9%。全省各项社会保险基金总支出1092.2亿元，增长8.8%。2020年末各项社会保险基金滚存结余998.5亿元，增长0.4%。

【一般公共预算收入】2020年，全省地方一般公共预算收入874.6亿元，为调整预算896.9亿元的97.5%。从收入结构看，全省税收收入567.9亿元，下降1.7%，占一般公共预算收入的64.9%；非税收入306.7亿元，增长12.5%，占一般公共预算收入的35.1%。从收入级次分析，省级收入238.5亿元，为调整预算的95.4%，增长0.7%，占全省一般公共预算收入的27.3%；市（州）本级280.3亿元，增长5.7%，占全省一般公共预算收入的32%；县(区)级355.8亿元，下降0.7%，占全省一般公共预算收入的40.7%。

【一般公共预算支出】2020年，全省一般公共预算支出4163.4亿元，为年末调整预算4267亿元的97.6%。从支出项目看，一般公共服务支出382.2亿元，增长2.3%；国防支出3亿元，增长17.4%；公共安全支出196.1亿元，增长2.5%；教育支出663亿元，增长4.2%；科学技术支出32.1亿元，增长9.1%；文化旅游体育与传媒支出88.4亿元，增长4.2%；社会保障和就业支出580.9亿元，增长9.8%；卫生健康支出370.2亿元，增长13.4%；节能环保支出114亿元，增长7%；城乡社区支出206.4亿元，下降6.5%；农林水支出775.8亿元，增长8.2%；交通运输支出323.3亿元，下降10.3%；资源勘探信息等支出49.6亿元，增长50.1%；商业服务业等支出14.1亿元，增长34.6%；金融支出12.2亿元，下降41.2%；自然资源海洋气象等支出37.3亿元，增长16%；住房保障支出139.6亿元，下降13.4%；粮油物资储备支出20.6亿元，增长28.2%；灾害防治及应急管理支出45.4亿元，增长77.4%；债务付息支出67.8亿元，增长14.7%；债务发行费用0.5亿元，增长5.6%。从支出级次看，省级支出770.6亿元，下降7.4%，占全省财政支出的18.5%；市（州）本级742.6亿元，增长22.8%，占全省财政支出的17.8%；县乡级2650.2亿元，增长5.4%，占全省财政支出的63.7%。

【资产负债】2020年度全省资产期末2781亿元，较期初增加282.6亿元，主要是国库存款增加172.4亿元、股权投资增加105亿元。负债期末4317.1亿元，较期初增加902.1亿元，主要是应付长期政府债券增加875.8亿元。净资产期末1536.1亿元，较期初减少619.3亿元，主要是待偿债净资产减少888亿元。

【政府债务】2019年末地方政府债务余额3116.6亿元，2020年度地方政府债务收入1129.5亿元，还本支出320.3亿元，采用其他方式化解债务本金-7.5亿元。年末债务余额3933.3亿元。其中，一般债务余额2094.1亿元，专项债务余额1839.2亿元。

【暂付暂存款项】截至2020年底，

全省暂付款项余额达到393.2亿元，比上年末增加6.3亿元。

【财政工作概况】把握政策机遇，积极争取中央政策资金支持。始终将争取中央支持作为财政工作的重中之重。按照省委省政府确定的争取目标，各级各部门根据中央政策取向及预算安排情况，加大向中央部委的汇报衔接力度，积极反映甘肃省减税降费、疫情防控、暴洪灾害等情况，大力争取中央支持。2020年中央下达甘肃一般公共预算各类补助3025.3亿元，增加344.6亿元，增长12.9%，增量为历年最高。财政部核定甘肃省2020年新增政府债务限额968亿元，比上年增加343亿元。其中，一般债务228亿元，专项债务740亿元。中央下达抗疫特别国债123亿元。

多措并举推动财政平稳运行。强化预算收入管理，加强重点税源监测分析，规范非税收入征收管理，积极盘活存量资源资产，努力做到应收尽收，全省一般公共预算收入自5月份连续8个月当月正增长，11月份财政收支累计增速均由负转正，实现了从年初下降到“V”型逐月回稳。严格财政支出管理，坚决贯彻过“紧日子”要求，报请省委省政府出台硬化预算约束、压减一般性支出等9项具体措施，大力优化财政支出结构，精打细算，开源节流，力争把每一笔钱都花在“刀刃上”。把牢守住资金“龙头”，对部门提出的新增支出事项，一律通过部门预算存量资金调剂解决。认真落实过紧日子要求，印发《关于落实过紧日子要求进一步严格财政支出管理的通知》，推动建立党政机关过紧日子的长效机制。严控部门“三公”经费预算，全省“三公经费”支出9.1亿元，较上年下降10.7%，其中省本级支出2亿元，下降19.8%。

坚持生命至上，全力支持抗击新冠肺炎疫情。把疫情防控作为最重要、最紧迫的工作，千方百计筹措资金，全力支持疫情防控。一是强化疫情防控资金保障。按照特事特办、急事急办原则，统筹各类资金，加快拨付调度，持续做好疫情防控经费保障，确保人民群众不因担心费用问题而不敢就诊，确保各地不因资金问题而影响医疗救治和疫情防控。2020年全省疫情防控支出34.1亿元，为开展疫情防控相关工作提供了坚实支撑。二是强化应对疫情财税政策保障。全面落实中央和省委省政府关于补助患者个人负担医疗费用、提高疫情防治人员待遇、保障医疗防控物资供应等方面的政策措施，大力支持重大疫情防控救治体系和应急物资保障体系建设，提升公共卫生和医疗基础设施能力水平。三是强化疫情防控相关资金监管。健全资金监管机制，加强疫情防控相关资金拨付使用管理，做到既优先保障疫情防控资金需求，又切实把资金用在“刀刃”上，确保疫情防控资金精准配置和高效使用。

精准聚焦发力，统筹保障打好三大攻坚战。坚持问题导向，完善制度机制，加大补短板、强弱项力度，跑好全面建成小康社会“最后一公里”。一是支持如期打赢脱贫攻坚战。聚焦深度贫困地区，坚持现行扶贫标准，完善资金和政策保障体系，全力支持决战决胜脱贫攻坚，最后8个贫困县全部脱贫摘帽。持续加大扶贫资金投入。2020年全省共筹措财政专项扶贫资金228.2亿元，其中地方财政安排115.4亿元，投入规模首次超过中央补助。同时，统筹城乡建设用地增减挂钩节余指标跨省域调剂资金、东西部扶贫协作资金、行业扶贫资金、政府一般债券资金以及中央补短板综合财力补助资金229.6亿元，支持巩固脱贫攻坚成果和实施乡村振兴战略。提高扶贫资金使用精准度。聚焦脱贫攻坚三年实施方案确定的任务，完善扶贫资金精准统筹使用方案，全面落实“3+1”冲刺清零后续行动、“5+1”专项提升行动等政策措施，确保脱贫攻坚任务不留资金缺口。因地制宜编制涉农资金整合实施方案，尽力实现“大类间打通”“跨类别使用”，提高资金使用效益。2020年省级下达可统筹财政涉农资金295.3亿元，贫困县统筹使用242.7亿元，统筹使用率达到80%。强化扶贫资金监管。靠实监管责任，严防扶贫资金被挤占挪用，确保扶贫资金规范高效使用。严肃查处扶贫资金管理使用中的违法违规问题，始终保持扶贫资金监管高压态势。按时完成了中央巡视回头看、国家扶贫成效考核反馈问题整改工作。二是积极防范政府债务风险。牢固树立风险意识、底线思维，健全政府债务管理机制，牢牢守住不发生系统性风险的底线。切实规范政府举债行为。按照“开正门、堵后门”的工作思路，严格执行政府债务限额管理和预算管理，健全“借、用、管、还”相统一的管理机制，坚决制止违法违规融资担保和变相举债行为。加强沟通衔接，加快债券发行使用进度，抢抓项目建设“黄金期”，充分发挥债券资金拉动经济作用。完善风险监测预警机制。深化跨部门监管协作，依托大数据监测平台，对各级债务情况进行实时监测。定期对债务风险情况进行测算评定，并将结果及时通报市县党委政府，做到风险事件早发现、早报告、早处置。稳妥化解隐性债务风险。严格落实化解政府隐性债务风险实施方案，靠实偿债主体责任，通过压减一般性支出、处置政府资产等措施筹措资金，完成全省年度化解隐性债务任务。强化监督问责。加大专项检查力度，坚决遏制隐性债务增量。对审计、专项检查发现的问题，细化实化整改措施，逐项整改到位，涉及违法违规的，按程序严肃追究相关单位和责任人责任。截至2020年底，全省政府债务余额3933.3亿元，政府债务率84.7%，风险总体可控。三是支持打好污染防治攻坚战。深入贯彻习近平生态文明思想，完善生态保护长效投入机制，促进资金投入与保护治理任务相匹配。加强污染防治资金保障。省级财政积极调整优化支出结构，加大投入力度，实现污染防治投入稳步增长，2020年省级安排污染防治资金5.8亿元。统筹退耕还林还草、耕地轮作休耕、沙化土地封禁保护等资金，推动建立森林、草原、湿地等领域生态补偿机制。发挥重点生态功能区转移支付导向作用。完善转移支付管理办法，下达重点生态功能区转移支付66.8亿元，引导市县加大生态保护投入，支持实施植被恢复、防沙治沙等重大项目，推进祁连山冰川与水源涵养、石羊河下游生态保护等重点工程建设，促进生态系统良性循环。加强黄河流域生态保护治理。支持黄河流域生态保护修复、自然灾害防治、污染治理等工作，启动黄河干流及渭河流域入河口排污口排查整治，推动沿黄市州实施重点流域水污染治理、地质灾害防治项目建设，增强黄河上游水源涵养功能。筹措资金7.4亿元，支持黄河干流重大项目建设，推动建立横向生态补偿机制。

加大政策对冲，积极促进经济企稳回升。加强财政经济运行分析，统筹谋划，突出重点，有力有效促进经济企稳回升。一是多措并举支持企业复工复产。积极筹措促消费扩内需、创业担保贷款贴息等资金，通过设立应急周转金、补贴中小企业研发成本、支持实施援企稳岗等措施，对冲疫情影响，力促经济平稳运行和生产生活秩序正常。全面落实减税降费政策，切实减轻实体经济负担，特别是减轻中小微企业、个体工商户税费负担。2020年全省新增减税降费超过180亿元。二是推动重大项目建设和重点区域发展。聚焦发展短板弱项，统筹中央转移支付和自有财力、政府债券、抗疫特别国债等资金，大力支持交通、水利、城市基础设施等重大项目建设，扩大有效投资，拉动经济增长。省财政出资设立十大生态产业基金，撬动社会资本，着力培育生态产业体系，推动绿色发展崛起。全面落实产业发展、转型升级等政策措施，积极推动兰州新区、榆中生态创新城等重点区域发展，着力培育壮大新增长点增长极增长带。三是支持实施乡村振兴战略。筹措产业发展资金11.6亿元，支持"牛羊菜果薯药"六大产业，推动戈壁生态农业、现代丝路寒旱农业发展，促进特色优势产业提质增效和转型升级。安排高标准农田建设资金26.5亿元，促进农业稳产高产、农民稳定增收。统筹安排3000万元以奖代补资金，支持农民专业合作社示范社做大做强，推动乡村产业融合发展。

加大民生投入力度，不断增进民生福祉。坚持量力而行、尽力而为，保持民生投入只增不减，保障重大民生政策落地落实，不断提高人民群众的获得感、幸福感、安全感。2020年全省教育、卫生等11类民生支出3327.7亿元，占支出的80%。省委省政府确定的为民办实事全部办结。民生支出中，教育支出663.1亿元，巩固城乡义务教育经费保障机制，提高生均义务教育公用经费补助标准，进一步减轻学校运转压力。社会保障和就业支出580.5亿元，落实退休人员养老金调标政策，企业和机关事业单位退休养老金分别提高5.5%和3.9%。坚持就业优先政策，筹措就业补助资金22.4亿元，落实乡村振兴公益性岗位补贴，促进高校毕业生、返乡农民工等重点群体就业创业。完善困难群众救助制度，筹措资金121.9亿元，落实城乡低保、特殊困难人员供养、临时救助等政策，保障困难群体生活。卫生健康支出370.3亿元，在支持做好抗疫防疫工作的同时，完善基本医疗保险制度，健全公共卫生服务体系，将城乡居民基本医疗保险和基本公共卫生服务财政补助标准提高到550元、74元。持续推动医疗卫生体制改革，落实公立医院取消药品加成财政补助政策，积极支持中医药传承与发展。积极筹措资金，加大公共安全投入，支持平安甘肃信息化平台建设，将扫黑除恶、反恐维稳、群防群治、重大活动安保等项目经费列入预算，有力保障平安甘肃建设支出需要。加强政府采购领域涉黑涉恶线索排摸，加大各类乱象整治力度，优化政府采购领域营商环境。建立完善厅机关安全工作机制，靠实工作责任，统筹落实国家安全、人民防线、机要保密、安全生产和网络安全等任务，不断强化人防物防技防措施，确保了安全万无一失。

完善制度机制，兜牢县级"三保"底线。坚持底线思维，把兜牢县级"三保"底线作为财政工作的硬任务，最大限度下沉财力，强化库款调度，确保县级"三保"不出问题。一是提高基层财政保障能力。统筹中央转移支付、政府一般债券及自有财力等，加大对市县转移支付力度，缓解市县财政困难，特别是增强财政困难地区的托底能力。2020年省对市县转移支付2634亿元，增长15.8%，增幅为近年来最高。二是坚决落实资金直达机制。按照直达资金直达基层、直接惠企利民的要求，省级财政坚持当好"过路财神"，精准制定分配方案，资金分配"一竿子插到底"。2020年省级下达市县直达资金359.3亿元。同时，加强资金监管，确保规范有效使用。三是建立健全"四个机制"。完善县级"三保"支出预算审核机制，对预算安排存在缺口、影响基层正常运转的县区，督促及时调整补足。同时，健全工资专户管理机制，完善"定期报告+重点关注"执行监控机制及风险防范和应急处置机制，及时研判可能出现的风险并提示预警，确保基本民生政策落实、机关事业单位工资发放和机构正常运转。

【财政改革】坚持把改革创新作为最有力的举措，强化管理推动财政提质增效。紧扣改革主线，突出法治引领，注重向内挖潜，不断提升财政管理科学化、规范化水平。

持续深化财税体制改革。紧紧围绕省委改革重点任务，细化工作方案，实行台账管理，加强协调联动，政府采购制度改革稳步推进，公共文化、生态环境、应急救援等分领域省与市县事权与支出责任划分改革方案印发实施，中央明确政策的14项牵头改革任务全部完成。加强预算编制管理，制定《省级部门实施零基预算管理工作方案》，改进预算管理和控制方式，改变传统"基数+增长"预算编制模式，完善基本支出定额标准体系，健全项目库滚动管理，打破支出结构固化僵化格局，强化财政资源统筹。制定我省资源税税率及相关税收优惠政策，推进非税收入划转税务部门征缴改革。完善基本支出定额标准体系，着力保障机构运转。深化政府采购制度改革，推进政府采购领域简政放权。

全面实施预算绩效管理。制定出台省级预算绩效管理一系列办法及工作规程，构建形成"1+1+5"制度体系。强化预算绩效源头管控，对部门提出的新增项目开展事前绩效评估。加强预算绩效目标管理，实现省级部门预算支出项目、省对市县转移支付项目以及部门整体支出绩效目标全覆盖，2020年省级部门共编报预算项目绩效目标1025个、涉及资金946.9亿元。拓宽绩效评价广度和深度，多层次开展绩效评价，提高事后绩效管理水平。完善绩效运行监控机制，强化绩效评价结果运用，将运行监控情况和评价结果作为预算安排的重要依据。

着力推进财政法治建设。调整完善财政法治建设领导小组，研究制定《甘肃省财政厅财政法治建设工作规则》，健全完善财政法治建设工作机制。持续加强财政法治宣传教育，采取集中学习、网络培训、专题讲座等多种形式，深入学习《预算法》及其实施条例等法律法规，组织开展宪法宣誓活动，提高财政干部依法行政、依法理财的自觉意识。深化“放管服”改革，完善财政部门权责清单，梳理依职权类行政权力事项49项、公共服务事项1项。持续提升政务服务效率，大幅压减办理时限、精简办事环节，7项依申请政务服务事项中4项实现全程网办、3项实现最多跑一次。推行证明事项告知承诺制，实行“双随机、一公开”监管，落实公平竞争审查制度，促进营商环境改善。

（王生国）

税务

【打赢疫情防控阻击战】建立完善疫情防控体制机制，第一时间成立全省税务系统疫情防控领导小组及其办公室，建立联席会议制度，统筹推进疫情防控工作。扎实开展办税服务厅和办公场所等重点区域防控工作，全省广大纳税人缴费人未发现确诊和疑似病例。主动服从地方政府安排做好联防联控、群防群控工作，全系统组建各类党员志愿服务队285个，参加社区24小时岗点值守等志愿服务活动17800人次，动员干部职工捐款170.95万元，赢得地方党委政府和社区群众好评。一批集体和个人被命名为全省疫情防控“优秀青年文明号”和“优秀志愿者”等称号。

【税费收入】全年累计完成各项税收收入1307.87亿元（含海关代征增值税、消费税，未扣减出口退税）。其中，税务部门组织收入1291.24亿元，剔除减税因素还原后同口径增长5.6%，增速高于全国平均水平；海关代征完成16.63亿元，增加1.94亿元，同比增长13.2%；办理出口退税4.8亿元，减少2.15亿元，同比下降30.9%，圆满完成了预算确定的税收收入任务，为平衡财政收支、促进经济社会事业发展提供了有力的财力保障。

【社会保险费和非税收入】坚持税费并重，强化社保费精细化规范化征管，畅通覆盖全险种、全人群的线上缴费渠道，城乡居民医保“清零”任务圆满完成，阶段性降低社保费政策全面落实。做实做细非税收入划转工作，在已征7项非税收入基础上，顺利完成新增10项非税收入划转工作。2020年全省社保基金收入完成589.83亿元。其中，养老保险基金完成357.07亿元；医疗保险基金完成218.62亿元；失业保险基金完成8.81亿元；工伤保险基金完成5.33亿元。非税收入完成68.78亿元。工会经费、职业年金等其他收入完成41.33亿元。

【减税降费】建立助力中小微企业战疫情渡难关联席会议制度，落实国家7批28项税费优惠政策，参与制定、全面落实省委省政府支持企业复工复产“55条”、支持中小微企业发展“36条”和促进消费扩大内需行动计划“24条”。印发18项助力疫情防控和20项支持复工复产政策措施，健全完善税费政策落实闭环管理体系。建立省局领导疫情防控和支持企业复工复产包片制度，开展“千名领导联系千户企业”活动，省局领导分组包抓15个市（州、区）的疫情防控和优惠政策落实工作，各级局党委委员联系服务企业1283户，为纳税人缴费人复工复产排忧解难。参加“阳光在线”直播节目，走访在甘全国人大代表和政协委员，召开民营企业座谈会，在宣讲政策的同时征询他们的意见建议。发挥电子税务局功能，向1800余户企业点对点推送行业优惠政策5400多条，向纳税人推送普惠性政策102万户次。不折不扣落实减税降费政策措施，依法办理延期税款136.42亿元；统一将个体双定户定额调减70%，减税约15亿元；落实延长社保医保缓费期限、阶段性减免社保医保费等各项政策，为缴费人纾忧解困。全省累计新增减税降费135.58亿元。

【税种管理】坚决落实个人所得税各项改革举措，强化政策解读宣传、业务培训指导、政策效应分析、数据质量管理和动态跟踪监控，狠抓全员全额扣缴申报管理，全力推动专项附加扣除等政策落地，稳妥推进个人所得税年度汇算清缴，全省145.41万名自然人纳税人完成年度汇算申报。进一步规范房产税、城镇土地使用税税种认定，规范明确契税缴纳期限，推进土地增值税清算审核工作，强化房地产税收管理平台建设，持续强化企业所得税、消费税、耕地占用税、环境保护税、车船税、资源税等税种管理，切实降低涉税风险。

【优化税收营商环境】发布205项“非接触式”办税事项清单，189项业务实现“全程网上办”。上线437个“纳税人端”功能和手机移动端第三方支付功能。通过网上申报、材料邮寄、网上咨询、电话咨询、结果寄达式办税，99%的一般纳税人实现网上申报。积极提供预约服务，科学安排错峰办理，减少办事群众在大厅内滞留时间，降低交叉感染风险。扎实开展“便民办税春风行动”，推出24项80条便民办税服务措施。不动产办税实现“一窗办”“网上办”，办税时间压缩了67%，正常出口退税的平均办理时间提速至2.3个工作日。积极发挥“银税互动”作用，为2.5万户企业发放贷款954.6亿元。深化拓展“项目管家”服务积极培植税源，主动上门为国家和全省4345个重点项目提供“一对一”全流程管家式服务。全面推行税费优惠“不来即享”，428项税收优惠实现“不来即享”，确保政策红利直达市场主体。“不来即享”入围2020年甘肃省“放管服”改革10大亮点，切实增加了纳税人缴费人的满意度和获得感。

【征收管理】全面实施《税收征管操作规程》，有序推进税收征管质量5C评价试点。深入推进行政执法“三项制度”，完成执法权责清单编制公布工作，出台全省首家《办理检察建议工作规程》，相关做法被写入省检察院工作报告，得到代表委员好评。全面简化提速出口退（免）税，扎实推进反避税工作，关联申报入库税款180.16万元。加强非居民税收征管，组织收入17426.20万元，减免税款933.73万元。助力“一带一路”建设，服务“走出去”企业97户，涉及境外项目154个。

【税务稽查】全年共组织自查和实施检查纳税人1800户，查补税款15.27亿元。扎实推进扫黑除恶专项斗争，深入推进“七查七摆”“六清行动”等重点工作，联合公安、银行、海关等部门侦办涉黑涉恶涉税案件，查补税款2.73亿元，得到中央第19督导组的肯定。联手开展打虚打骗两年专项行动，查补税款3310.62万元。结合防控疫情稳妥推进“双随机、一公开”监管，查补税款12.28亿元。扎实开展打击骗取疫情防控税收优惠专项工作，查补税款220.78万元。

【脱贫攻坚】深入贯彻习近平总书记在决战决胜脱贫攻坚座谈会上的重要讲话精神，坚决扛起脱贫攻坚政治责任，聚焦“两不愁三保障”突出问题，集中力量攻克深度贫困堡垒。全省税务系统共派出7335名干部，派驻243个驻村帮扶工作队，共对接帮扶290个村19431户建档立卡户，累计投入帮扶资金2.2亿元，协调帮扶资金1.5亿元，实施帮扶项目2600多个。目前，帮扶所有村社全部实现整村脱贫，全部建档立卡户也已实现了脱贫目标。省局坚决履行省直组长单位职责，建立并发挥好“挂牌督战前方指挥部”作用，组织协调7家成员单位，帮助解决帮扶县村重大扶贫建设项目资金、审批、建设和帮扶群众生产生活难题，助力帮扶县村如期完成脱贫攻坚帮扶任务。

【党建工作】始终把党的政治建设摆在首位，坚持以习近平新时代中国特色社会主义思想为统领，切实加强党对税务工作的全面领导，牢固树立“四个意识”，坚定“四个自信”，坚决做到“两个维护”。始终把学习贯彻习近平新时代中国特色社会主义思想摆在首位，采取党委中心组学习、专题研讨、辅导讲座等形式，第一时间学习传达习近平总书记最新重要讲话和指示批示精神，学习党的十九大和十九届二中、三中、四中、五中全会精神和习近平总书记对甘肃的指示批示精神，对标对表研究具体贯彻落实措施，坚决贯彻党中央重大决策部署。创新推出党员讲习所等特色载体，“线上”“线下”同步引导党员强化理论武装。严格落实党管意识形态原则，统筹整合各方平台和媒体资源开展税收宣传和舆情管控，引导党员干部更加自觉在思想上政治上行动上同以习近平同志为核心的党中央保持高度一致。

【基层组织建设】扎实开展“不忘初心、牢记使命”主题教育整改落实“回头看”，对照清单完成整改任务35项。深入落实“三个表率”要求，着力开展“让党中央放心、让人民群众满意的模范机关”创建活动。以健全“条主责、块双重，纵合力、横联通，齐心抓、党建兴”新纵合横通强党建工作机制为目标，健全完善党建工作领导小组成员单位统筹协作机制。主动融入地方党建工作大局，与地方党委及纪委监委、组织部、机关工委等建立常态化条块协同机制。扎实推进党支部建设标准化提质增效行动，开展“一局一品牌、一支部一工作法”创建活动，层层优化设置党支部746个，建立基层党建联系点681个，30个党支部被评为标准化建设示范党支部。推广实施“双培工程”，把共产党员培养成业务能手，把业务骨干发展为共产党员，实现党建与税收业务融合互促，人才培养与发展党员相得益彰。

【全面从严治党】认真贯彻《党委（党组）落实全面从严治党主体责任规定》，进一步细化落实全面从严治党主体责任和监督责任111项，严格落实中央八项规定及其实施细则精神，采取约谈提醒、巡察督查、内部审计、定期报告等方式抓好落实，实现管党治党责任全覆盖。对省局10个党支部进行巡察，市级局巡察覆盖率18.8%。对漠视侵害群众利益等问题开展专项整治，切实发挥巡察利剑作用。对68个项目进行了内部审计，对6个市县局主要领导实施了经济责任审计。旗帜鲜明支持纪检机构履行监督职责，建立党委与纪检组常态化会商机制，促进主体责任与监督责任贯通联动。上线廉政档案信息管理系统，实现省局机关科级党员干部廉政档案全覆盖。制定纪检工作闭环控制系统规程，税务总局王军局长批示“抓到了点子上”。对17个市级局监督检查实现“全覆盖”，延伸检查县级局22个。扎实做好纪检监察体制改革试点工作，成立领导小组和工作专班，制定《工作方案》，细化完善了改革时间表、路线图、任务书，明确了5大类25项具体改革事项。坚持挺纪在前，强化执纪问责，立案查处23件，处分51人。集中开展“户随人走”风险专项治理，追究执法过错71人次。认真抓好信访维稳、机要保密、税收舆情等工作，严格落实请示报告等制度。严明疫情期间“八个一律”要求，严肃查处并公开通报2起违反工作纪律的典型案例。落实过紧日子要求，大力压减非必要、非刚性支出，切实兜牢保基层运转底线。制定出台25条持续解决困扰基层形式主义问题措施清单，巩固拓展“基层减负年”成效。

【为基层减负】坚持标准不降、力度不减，紧盯老问题和新表现，研究出台新的“持续减负25条”，聚焦“六个只减不增”目标，坚持源头治理和制度建设并重、清单管理和督考结合并进，着力在巩固成果、深化拓展上下功夫、求实效，进一步破除困扰基层的形式主义顽疾，释放干事创业的热情和活力。今年以来，全省税务系统精文减会、精简便函、规范督查检查等减负指标得到较好落实，其中省局机关制发精简的三类文件152份、同比下降25%，召开全局性会议37次、同比下降28%，处室制发便函808份、同比下降19%。特别是充分运用视频会议方式大幅压减现场会议，有效节省基层来回跑路参会时间，得到基层税务机关的一致欢迎，基层的获得感和满意度进一步增强。

【人事管理】省局领导深入基层开展多轮调研和"面对面"谈心谈话，疏导干部情绪、解决干部难题。坚持正确的选人用人导向，坚持党管干部原则选拔任用优秀干部，稳妥推进职务与职级并行。畅通干部出口，向地方推荐提拔交流58名厅处科级优秀干部。完成了首轮职级晋升工作，全系统3791名干部晋升了职级，政策效应充分释放。实行"绩效管理抓班子、数字人事管干部"双轮驱动机制，既从严从实组织实施绩效考评，强化绩效管理的导向、激励、约束作用，又健全完善数字人事系统，将其作为年度考核、评先评优、选拔任用的重要参考，实现干部人事管理的日常化、数据化、可比化。以党建引领、岗位练兵、实践锻炼、精准培训四大平台为依托，开展干部素质能力提升工程，各类人才的数量、结构、质量进一步优化，全系统已培养出7名全国税务领军人才，5人荣获甘肃省"五一"劳动奖章，270名干部被表彰为甘肃省技术标兵和优秀选手。坚持"倾情带队，严管善待"，积极践行中国税务精神，有力提升了税务部门的社会认可度。全系统创建全国文明单位35个，省级文明单位覆盖面达到95%，1家单位荣获全国民族团结进步模范集体，1名干部连获"全国人民满意的公务员""全国先进工作者"称号，21个单位和个人获得省部级荣誉。

（何旻）

证券监管

【概述】2020年，甘肃证监局深入学习贯彻习近平总书记关于资本市场重要指示批示精神，坚持"四个敬畏、一个合力"监管理念，紧扣全面深化资本市场改革主题，沉着应对新冠肺炎疫情冲击，认真履行监管职责，一体推进促发展、提质量、化风险、保稳定等各项工作，取得积极成效。

【服务实体经济发展】面对新冠肺炎疫情对辖区市场主体生产经营活动造成的冲击，甘肃证监局迅速反应，沉着应对，实现辖区市场平稳开市，全力支持市场主体复工复产，努力将疫情带来的不利影响降至最低。坚持服务实体经济发展的根本方向，积极服务国家战略，全年甘肃资本市场通过股债融资和并购重组，合计支持实体经济86.94亿元。

【化解重大风险】坚持底线思维和风险导向，凝聚各方合力，针对暂停上市、主业停滞、资金占用、股票质押等上市公司风险，通过引进战略投资者、推动破产重整和资产置换、督促股东还款等方式，化解了5家公司风险，基本实现了市场平稳运行。做好信访工作，办理信访举报投诉86件。加大矛盾纠纷化解力度，指导行业协会成功调解各类纠纷26起，帮助投资者获得和解金23万元，其中3起获得司法确认。

【市场监管】努力提升科学监管、分类监管、专业监管、持续监管的能力，督促市场主体切实提高规范运作水平，严厉打击各类违法违规行为，持续净化辖区市场生态。共开展现场检查39次，采取行政监管措施8次，起到警示问题、促进规范的作用。查办违法案件4起，对2起信息披露违法案件作出行政处罚，罚没金额达236万元，震慑了违法行为，维护了法律权威。

【脱贫攻坚】统筹做好精准扶贫工作，从发挥市场功能、鼓励公益帮扶两个维度着力，多办一些管长远的实事好事，切实提高贫困户收入，改善乡村生产生活条件，巩固脱贫成果。在全省8个县区开展苹果"保险+期货"业务，为4.79万户贫困户赔付5745.37万元，增强果农抵御风险能力。支持3家公司发行扶贫专项公司债22亿元，拓宽了扶贫资金来源渠道。协调40余家市场主体积极投身精准扶贫，投入资金2.27亿元，在富民产业、基础设施、文化教育、医疗卫生、特困救济等方面实施了一大批好项目。按照"四个不摘"要求继续做好2个脱贫村的帮扶工作，多方筹措资金，为贫困村购置防疫物资，修建冷库设备管理房和电子商务室，翻修校舍，向贫困学生发放助学金。

（张红军）

金融监管

【概况】2020年，面对新冠肺炎疫情冲击和复杂严峻的国内外形势，全省金融业全力做好疫情防控和复工复产各项工作，金融业保持稳中有进、稳中向好的良好态势，为全省经济逆势上扬做出了积极贡献，实现了"十三五"圆满收官。2020年全省金融业实现增加值897.5亿元，比上年增长3.3%，占地区生产总值的9.95%，占第三产业的18.07%，金融业支柱产业的作用进一步增强。

年末全省金融机构本外币存贷款余额均超过2万亿元，其中，贷款余额22159.41亿元，较年初新增1481.48亿元，比上年末增长7.16%；存款余额20992.67亿元，较年初新增1224.21亿元，增长6.19%。全省金融机构存贷比105.56，高出全国23.36个百分点。

全省完成直接融资833.71亿元，比上年增长7.01%，连续两年突破750亿元。其中，股权市场融资215.87亿元，债券市场融资617.84亿元。截至2020年末，全省共有上市公司35家。其中，沪市主板16家，深市主板8家，中小板7家，创业板3家，H股2家（庄园牧场A-H）。"新三板"挂牌企业32家。甘肃股权交易中心挂牌展示企业2521家，登记托管企业4267家，实现股权融资50.52亿元。

全省保险业累计实现原保险保费收入485.19亿元，比上年增长9.2%。其中，产险公司实现166.70亿元，增长7.82%；寿险公司实现318.49亿元，增长9.94%。全省赔付支出169.31亿元，增长11.69%。全省"险资入甘"余额累计超过1000亿元，达到1009.76亿元，当年新增109.69亿元，连续五年突破100亿元。

全省有7类地方金融组织839家，其中，小贷公司423家、融资担保公司215家、典当行195家、融资租赁公司3家、商业保理公司0家、地方资产管理公司2家、区域性股权交易市场1家。

【金融支持疫情防控和经济社会发展】全省金融业围绕服务疫情防控和稳定经济社会发展，制定实施《甘肃省疫情防控重点保障企业专项贷款支持方案》《关于甘肃省金融支持防疫情保稳定促发展的实施意见》等针对性系列金融政策措施，通过畅通金融服务绿色通道，拓展线上服务渠道，创新信贷产品等方式积极满足疫情防控和复工复产金融需求。金融机构按照特事特办、急事急办的原则，对疫情防控重点保障企业执行信贷快速审批流程，提供最优贷款利率，合理设定贷款额度和期限，全力保障防疫物资生产与供应。创新推出“用工贷”“复工贷”等多款信贷产品，累计对636.8亿元到期企业贷款实施了延期，惠及1.3万户企业和个体工商户。政府性融资担保公司积极主动作为，取消反担保要求，降低担保费率，支持中小微企业渡过难关。2020年，全省中小微企业和防疫抗疫企业共申报担保需求2304户、127.52亿元，累计支持2227户、提供贷款担保额90.8亿元，占比分别达到96.7%和71.1%。

出台《甘肃省中小微企业专项贷款实施方案》，开展信用体系建设、首贷培植、应收账款融资、信用保证保险、应急周转金建设和银税互动等七个专项行动，通过建立风险补偿机制、完善考核激励政策等保障措施，确保3年内中小微企业贷款规模新增1000亿元，支持帮助企业缓解资金压力和降低融资成本。截至2020年末，全省中小微企业贷款余额8268亿元，当年新增440亿元。全年全省金融机构新发放小型企业贷款加权平均利率5.9%，比上年下降0.38个百分点；微型企业贷款加权平均利率6.21%，同比下降0.43个百分点。充分发挥政府性融资担保，积极支持小微企业融资增信，2020年，全省融资担保机构累计为22955户小微企业提供贷款担保165.6亿元，占全年新增融资担保额的47.9%；小微企业融资担保业务在保余额334.1亿元，较上年增长2.6%。

【金融扶贫】紧盯扶贫领域金融需求，持续加大金融产品和服务供给，金融精准扶贫工作取得积极成效。截至2020年末，全省金融机构涉农贷款余额6685.58亿元，占各项贷款余额的30.17%。扶贫领域专项贷款有力有序推进，截至2020年末，全省累计投放特色产业贷款1301亿元，累计投放农产品收购贷款542亿元，有力支持了一批农业龙头企业、农民专业合作社发展壮大，有效提升了产业扶贫能力；累计发放扶贫小额信贷146万户655亿元，当年发放14.3万户66.9亿元，满足了建档立卡贫困户生产、创业、就业、就学等贷款需求。“中央补贴品种、省级补贴品种、市县补贴品种”相互补充的风险保障体系更加完善，农业保险风险保障作用持续显现，截至2020年末，全省农业保险实现签单保费17.44亿元，已参保农户290.69万户（贫困户176.27万户）；当年已决赔款14.17亿元（贫困户5.71亿元），占总保费收入的81.25%，受益农户119.93万户次。“农产品+保险+期货”项目稳步扩大，2020年全省新增落地“苹果（玉米、鸡蛋、饲料）+保险+期货”保单61单，保费合计5163.12万元，提供风险保障近13.13亿元，受益农户11.78万户次。9月22日，由甘肃省地方金融监督管理局主办的甘肃省金融系统消费扶贫助力脱贫攻坚活动在兰州举行，省内12家金融机构、企事业单位分别与帮扶地签订了消费扶贫采购协议，签约金额超过3亿元。

【金融改革】绿色金融加快发展，绿色金融与黄河流域生态保护和高质量发展融合日益紧密。截至2020年末，全省绿色信贷余额2285.93亿元，较年初新增283.27亿元，占各项贷款余额的10.32%，生态产业正成为推动甘肃高质量绿色发展的新引擎。出台《兰州新区建设绿色金融改革创新实验区实施方案》，支持兰州新区加强绿色金融与新区产业规划衔接。制定《绿色金融五年发展规划》《建设绿色金融改革创新试验区实施细则》《绿色金融发展奖励政策》等系列措施，绿色金融可持续发展步伐明显加快。符合条件的金融机构通过发行绿色金融债券募集资金专项用于节能环保、污染防治、资源节约与循环利用等绿色项目，2020年，甘肃电投能源发展股份有限公司发行绿色中票5亿元。兰州新区通过金融科技赋能绿色金融发展，启动兰州新区“绿金通”综合服务平台建设，促进绿色项目银企对接。

【金融安全稳定】全省各金融监管部门和金融机构始终把防范化解金融风险作为核心目标，精准施策防范化解重点领域、重点行业、重点企业金融风险，部分地方法人银行机构风险、上市公司退市风险、大型企业债务风险得到有效化解，牢牢守住了不发生区域性系统性金融风险的底线。地方金融组织实现“减量增质”和规范健康发展，经过2年多的持续清理，全省地方金融组织数量从2018年初的981家减少至2020年末的839家，7类地方金融组织运行总体平稳。全省非法集资攻坚整治深入推进，跨部门跨区域联动力度持续加强，部分陈案积案得到有效处置，从全国来看，我省非法集资案件数、涉案金额和集资人数占比较低，属全国少发省份之一。同时，互联网金融风险专项整治深入开展，我省P2P网络借贷平台出清工作稳妥有序推进。

（马文骥）

中国人民银行兰州中心支行

【货币信贷】2020年，面对疫情影响和信贷增长压力加大的实际，中国人民银行兰州中心支行切实加大逆周期调控力度，引导金融机构积极对接重点项目、重点企业和受冲击严重的行业企业需求，促进全省信贷总量平稳增长。2020年末，全省各项贷款余额22159亿元，比上年末增长7.16%；新增贷款1481亿元，比上年多增256亿元。综合运用降准、下调超额准备金利率、再贷款、再贴现等政策工具，为实体经济提供各类低成本央行资金。在全国率先推出省级重点保障企业专项贷款政策，累计向128家企业发放33.11亿元优惠利率贷款。实施“陇原金融稳企纾困行动计划”，全省开展政银企对接会240余场，签约授信达900多亿元，惠及3000多家企业。推动5个市州建立首贷中心，近9000户中小微企业获得首贷。用足用好两项直达工具。6—12月，累计对636.8亿元到期贷款实施延期，惠及1.3万户企业和个体工商户；2020年末，全省普惠小微信用贷款余额137.74亿元，较年初增加近一倍。推动形成“财政金融协同、银证保联动”的大金融扶贫格局，“十三五”期间累计发放央行扶贫再贷款460多亿元，撬动银行投放扶贫贷款3746.9亿元。聚焦17个“三区三州”深度贫困县、8个未脱贫摘帽县和剩余未脱贫人口，引导银行机构创新“政、银、保、担、企、农”多位一体的扶贫信贷模式和产品，畅通直达贫困户的金融扶贫利益联结机制，助力攻克最后的“贫困堡垒”。一方面，将具备产业发展条件和有劳动能力的边缘人口纳入扶贫小额信贷支持范围；另一方面，将特色产业贷款和创业担保贷款作为金融支持贫困地区发展富民产业和贫困人口发展生产的重要抓手，扶持带动40多万人创业就业。全省投放扶贫小额信贷655.32亿元、惠及农户145.97万户。

【金融稳定】牵头成立金融委办公室地方协调机制（甘肃省），制定协调机制工作方案及配套制度，协调推动金融支持疫情防控及复工复产、稳企业保就业、风险防范化解等重点工作落地见效。全力推进重点领域和重点机构金融风险化解处置，深化金融改革，强化系统性金融风险管控，金融风险化解与金融改革取得阶段性成效，有效维护了全省金融安全稳定。强化金融风险监测预警。动态监测辖区法人金融机构风险情况，对全省法人银行业金融机构开展央行评级，并向被评级对象及相关部门反馈评级结果，预警提示风险；对全省法人银行机构开展压力测试并反馈测试结果，切实发挥压力测试在宏观审慎管理和防范系统性金融风险方面的重要作用。常态化开展存款保险制度宣传。建立存款保险宣传常态化工作机制，制定印发《甘肃省存款保险宣传工作实施方案》，组织开展《存款保险条例》施行5周年集中宣传活动，消除县乡镇和农村偏远地区宣传盲区，实现宣传全覆盖。顺利完成存款保险标识启用工作。组织召开全省存款保险标识启用工作会议，建立“三级联动、分级负责、属地管理”工作机制，组织全省人民银行开展存款保险标识启用现场巡查，全省127家机构4000多个网点全部按规定启用存款保险标识，社会反映正面积极。

【外汇管理】精准施策积极支持疫情防控和复工复产。出台《关于进一步强化外汇服务支持疫情防控工作的通知》，开辟外汇业务“绿色通道”，建立24小时在线咨询机制，引导市场主体“网上办”“邮寄办”“预约办”，督促银行“特事特办、急事速办”，共指导办理疫情防控外汇业务1619.93万美元，为13家企业办理跨境融资4.6亿美元，有力支持了疫情防控和复工复产。主动创新大力推进涉外经济高质量发展。申请获批成为首个开展贸易外汇收支便利化试点的西部省份，单笔跨境结算业务从1天缩短至20分钟。成功推动甘肃省成为全国第三个实施外汇薪酬结汇政策的省份。全面推广服务贸易税务备案电子化试点，顺利开展税务备案信息网上核验功能试运行。开展跨境金融区块链服务平台试点，企业办理出口应收账款质押融资78万美元。汇警协作紧密配合，集中全省外汇检查力量，严厉打击地下钱庄交易对手，有力震慑外汇违法违规行为。大力清理整治非法网络炒汇平台。强化监管坚决防范跨境资金流动风险。严格控制房地产和政府融资平台开展跨境融资，制作的防范跨境融资骗局宣传片被总局采用并向全国宣传推广。

【绿色金融】积极引导全省金融机构加强绿色金融产品与服务创新，加大对绿色项目和企业的信贷支持。截至2020年末，全省绿色贷款余额2285.93亿元，比年初增加283.27亿元。支持甘肃省电投能源发展股份有限公司成功发行绿色中期票据5亿元。积极推动绿色金融改革创新试点，配合省政府成立“甘肃省兰州新区绿色金融改革创新试验区工作领导小组”，建立绿色金融工作协调机制，协助政府部门制订《兰州新区绿色金融五年发展规划（2020—2024）》《兰州新区建设绿色金融改革创新试验区实施方案》《兰州新区绿色金融发展奖励政策（试行）》等政策方案。研究制定《兰州新区绿色企业认证及评级办法（试行）》《兰州新区绿色项目认证及评级办法（试行）》，筛选储备绿色项目169个。搭建“绿金通”金融服务平台，实现融资9.27亿元，有效促进银政企项目对接，推动兰州新区绿色金融改革创新试点有序推进。

【金融管理】多措并举，反洗钱监管效能进一步提升。与甘肃银保监局、证监局分别签署《反洗钱联合监管合作协议》，实施联合监管，取得积极成效。认真落实总行严监管要求，按照风险为本监管理念，对12家机构开展了反洗钱执法检查。主动协调，特定非金融行业反洗钱监管取得实质进展。联合特定非行业主管部门，持续推进房地产等特定非行业反洗钱数据报送。加强监测，线索移送和案件协查再创新高。积极配合涉恐、禁毒、反腐、地下钱庄等专项行动，协助破获多起案件。牵头组织11个相关部门开展甘肃省扫黑除恶金融放贷行业专项整治，联合打击金融放贷行业乱象。配合协作的4·11地下钱庄等重大案件顺利推进。督促金融机构监测发现涉嫌非法放贷等涉众型犯罪线索，推动全省首例涉黑洗钱罪立案起诉。加大拒收现金整治力度，建立省市两级假币鉴定中心3个，有效维护良好现金流通秩序。联合成立甘肃省金融纠纷调解中心，成功调解金融纠纷40起。

【金融服务】制定印发复工复产防疫工作指引，出台促进消费扩容提质“十条措施”，开展“千万豪礼惠金城”消费激励活动，发放电子消费券1.5亿元，撬动市场消费3.5亿多元。建成47个县级“云闪付之城”。开展“我是反诈达人”抖音挑战赛，播放量超过1亿人次。落实省委省政府十大生态产业工作部署，制定十大生态产业贷款调查制度。组织全省县域法人金融机构考核工作，协调省银保监局、地方金融监督管理局落实激励惩罚措施。开展形式多样的经理国库35周年宣传活动。建立高效财政直拨资金协调机制、定期对账机制和跟踪监督机制，全年共划拨直达资金13批、抗疫特别国债专项资金12批，金额合计364.98亿元。持续推动国库“点对点”直拨资金服务，150多项、超200亿元惠民补助资金直达受益主体。实现了非税收入直缴入库、退库业务电子化、跨省异地缴纳非现场交通违法罚款网上“一键办理”，全省电子缴税金额占比达到99.5%。为阻击疫情和助力企业复工复产提供高效的国库服务和资金保障，累计拨付疫情防控专项资金8598笔，金额13.85亿元。将存保宣传嵌入存取款等业务流程，实现了存保“一对一”宣传目的。稳步推进甘肃省农（牧）户信用信息管理系统应用。落实疫情防控常态化征信救济政策，指导金融机构建立疫情防控征信信息保护机制，累计为8090多家企业和2.88万户个人调整了还款计划或征信记录。发布《甘肃省金融科技发展白皮书》。指导建成甘肃省中小企业信用信息综合金融服务平台（陇信通），累计采集全省47.7万户企业、2400多万条信息，与23家省级银行机构的近200家分支机构完成对接，陆续发布100多款信贷产品，360多家企业完成平台注册，150多家企业通过平台申请融资19.36亿元，实现融资7.2亿元。创新供应链融资模式，成功推动金川集团、金泥集团、蓝天集团和兰州银行与中征应收账款融资平台实现系统直连，截至2020年末，全省应收账款融资服务平台累计注册用户3519家，促成融资交易753笔、948.44亿元。

（董雅丽）

银保监管

【概况】2020年末，全省银行业金融机构总资产30945.56亿元，比上年末增长7.45%；总负债29496.07亿元，增长6.88%；各项贷款余额22149.10亿元，增长6.57%；各项存款余额20465.80亿元，增长6.01%。全省共有各类银行业金融机构142家，其中，政策性银行3家、国有大型银行6家、股份制商业银行9家、城市商业银行2家、农村合作金融机构85家、村镇银行24家、农村资金互助社3家、企业集团财务公司3家、信托公司1家、金融租赁公司2家、资产管理公司4家。

2020年末，全省保险业资产总额1175.20亿元，较年初增长15.01%。累计实现原保险保费收入485.19亿元，比上年末增长9.2%。其中，产险公司累计实现原保险保费收入166.7亿元，增长7.82%；人身险公司累计实现原保险保费收入318.49亿元，增长9.94%。全省累计赔付支出169.31亿元，增长11.67%。其中，产险公司累计赔付支出98.52亿元，上升13.65%；人身险公司赔款及给付支出70.79亿元，上升9.07%。全省共有法人保险主体1家，省级保险主体32家，其中财产保险公司20家，人身保险公司12家；保险专业中介机构95家，兼业代理机构5314家。

【助力经济发展】一是加强疫情防控。坚决扛起疫情防控政治责任，全面落实联防联控机制，及时构建省局与分局、监管系统与银行保险机构条块清晰、双线贯通的网格式疫情防控体系，形成全天候全覆盖监测机制。截至2020年末，全局统筹研究系统疫情防控工作12次，制定疫情防控相关工作方案5项，印发支持疫情防控与复工复产文件60余份，汇总整理全辖银行保险系统及本系统疫情监测信息8000余条，处置疫情应急事项近40项，在疫情防控工作中有效发挥了监管引领和统筹推进作用。二是助力企业复工复产。全周期跟踪督导金融支持疫情防控和复工复产情况，应势发展离柜金融服务，倾斜做好受疫情影响严重领域的金融支持，全省银行保险机构率先于2月末实现全面复工。加大对在甘央企、国企等重要企业受疫情影响严重地区的金融支持力度，对受疫情影响较大的2.6万户批发零售、住宿餐饮、物流运输等行业企业发放贷款1944.5亿元，积极做好稳贷、增贷工作。统筹推进疫情防控和复工复产，支持疫情防控相关领域企业2627户，贷款92亿元。指导保险机构扩展复工企业保险责任范围，鼓励保险机构产品创新推出“复工保”“复业保”等产品，投保企业达1300余家；推出“地摊保”、食品安全等责任险，保额达230亿元。三是大力发展普惠金融服务。鼓励银行保险机构加大对小微企业的金融支持，强化产业链金融服务，主动落实临时性延期还本付息政策，为市场主体顺利渡过难关争取时间窗口。截至2020年末，全省银行业金融机构小微企业贷款余额6068.85亿元，比上年末增长7.91%，增速较年初提高10.05个百分点，高出各项贷款增速1.34个百分点；经审核实施延期还本的贷款本金余额为1169.61亿元，延期付息21.67亿元。聚焦全省产业发展，持续加大对粮油生产、农业龙头企业、新型经济主体的支持力度。截至2020年末，全省涉农贷款余额6675.84亿元，占全部贷款的30.14%。聚焦农业保险高质量发展要求，建立农业保险分县招标、分区域承保的新型经营模式，顺利完成全省87个县区新一轮经办机构招投标遴选，在“倒春寒”灾害发生前完成全省145.9万亩（株）春季开花作物签单承保，为计划任务的102.1%。完善生猪保险政策，将能繁母猪保险保额从1000元增加至1500元。截至2020年末，全省农业保险实现保费收入19.12亿元，比上年末增长14.55%，支付赔款15.72亿元，增长33.05%。四是加强重点领域金融服务。引领全省银行保险机构坚定“银、保、企”命运共同理论，扎实做好“六稳”“六保”工作，强化对重要领域、重点项目、重大企业的金融支持。截至2020年末，全省各项贷款余额22149.10亿元，其中中长期贷款占比68.80%；基础设施建设贷款6186.12亿元，比上年末增长15.18%，高于各项贷款增速8.61个百分点。主动对接地方主导产业和转型方向，着力培育经济增长新动能。截至2020年末，全省教育、卫生、文化、体育和娱乐业等贷款余额为297.37亿元，比上年末增长11.55%。对全省新基建发展情况进行摸排，探索金融助力全省经济发展新路径。发挥政策性、开发性金融优势，投放89.44亿元信贷资金用于黄河流域生态保护与高质量发展。支持保险机构大力拓展首台套保险业务，为全省8个重大科技项目提供保险保障服务。指导机构通过发放稳外贸专项贷款、扩展出口信用保险保障范围等措施，做好金融稳外贸、稳预期作用。

【打好脱贫攻坚战】一是管好用好扶贫小额信贷。组织召开全省金融扶贫推进会、扶贫小额信贷工作调度会，在全面细致安排部署扶贫小额信贷工作的基础上启动新一轮发放工作，将承贷机构由4家拓展到10家。紧密结合脱贫攻坚进展情况及贷款使用情况，抓好扶贫小额信贷政策机制的补充、优化和完善，督促机构做好贷款回收、展期、续贷工作。在全覆盖建档立卡贫困人口的基础上，将边缘人口纳入扶持范围，填补边缘人口扶贫小额信贷业务空白。截至2020年末，累计投放扶贫小额信贷655.32亿元，惠及建档立卡贫困户及边缘户145.98万户次，投放规模之大、覆盖之广均居全国前列。着力支持异地扶贫搬迁政策实施，截至2020年末，全省异地扶贫搬迁贷款余额达262.46亿元，惠及54万建档立卡搬迁户。完善扶贫小额信贷统计分析制度，建立县级审核、省级审批的风险补偿金使用机制，持续加强数据监测与分析研判。

二是构建全省保险扶贫体系。推动构建以农业保险和大病保险为核心的保险扶贫体系，强化农业保险扶贫保障功能。按照农业保险助推脱贫攻坚实施方案，拓宽兜底保障面，支持农业保险发挥“安全网”“防火墙”“稳定器”作用。截至2020年末，全省农业保险惠及建档立卡贫困户103.53万次，支付赔款15.72亿元，直接受益贫困户72.68万户次，支付赔款15.72亿元，直接受益贫困户72.68万户次，支付赔款15.72亿元，直接受益贫困户72.68万户次，达到历史最高水平。积极发挥健康专责组成员单位功能，推动建立大病保险扶贫机制，助力缓解贫困群众看病难题。截至2020年末，大病保险累计承保2228.37亿元，覆盖全省约85%的人口。同步指导机构结合实际开发“防贫保”“精准保”“政府防贫救助”等防贫保险产品，重点保障已脱贫建档立卡户、边缘易致贫户和脱贫不稳定户，以筑牢防贫“保护网”。

三是持续用力加强定点扶贫帮扶。继续按照“摘帽不摘帮扶”的要求，逐级制定2020年定点扶贫工作要点及支持意见，指导机构主动加强与定点扶贫县有关部门的沟通协作，聚焦基础设施建设、特色产业发展和异地扶贫搬迁、保障性安居工程成重大项目实施，通过合理调配信贷资源、建立专项服务机制、创新服务模式、积极参与消费扶贫与信用村建设等措施，巩固定点扶贫和精准帮扶工作成效。推进“多县一行”制村镇银行试点，探索“党建＋扶贫”扶贫新模式，为定点扶贫县、对口帮扶村脱贫攻坚与乡村振兴战略有机衔接奠定工作基础。2020年，甘肃银保监局多次深入银保监会临洮、和政两个扶贫县及帮扶村进行实地调研，要求相关部门及定西、临夏、平凉分局全力配合做好定点扶贫工作，积极开展普惠金融试点。

四是做好其他金融扶贫工作。继续加大在异地扶贫搬迁、农村基础设施建设、富民产业培育、教育扶贫等领域的资金投入，重点支持深度贫困地区扶贫项目发展，助力破解经济发展不平衡不充分难题。截至2020年末，全省累计投放易地扶贫搬迁贷款262.46亿元，惠及全省12个市州70个县区，有效改善了近54.08万贫困群众的居住环境；推动建成农村金融综合服务室1.58万个，布设助农取款服务点超过2.2万个，基本实现基础金融服务行政村全覆盖。开展信用乡镇、信用村、信用户创建，努力实现深度贫困地区建档立卡贫困户信用体系建设全覆盖。联合有关部门就保障性安居工程建设管理中存在的资金和住房闲置等问题，赴市县进行专项督导，推动问题整改。截至2020年末，全辖保障性住房贷款1415.42亿元，其中棚户区及垦区危房改造贷款1363.63亿元。特别针对受灾严重地区出台金融支持重建若干措施，对在“两州一县”设立保险分支机构的申请采取“即报即批”模式，保障金融资源供给。

【风险防控及处置】一是妥善处置重点机构风险。及时稳妥处置银行保险机构风险，积极推进中小银行深化改革与风险化解工作。压紧压实机构主体责任，特别针对个别机构出现的重点风险和舆情风险苗头，联合有关部门形成联合工作组，及时采取现场督导、风险提示、监管约谈等措施，制定重大突发事件应急预案，为处置重大突发事件提供有力指导。同步督促法人银行机构按要求提足拨备，全力压降大额授信，强化风险抵御能力。提请各级地方政府履行好风险防范化解处置属地管理责任，成立风险处置工作领导小组、出台风险化解意见。推动制定《甘肃银行风险处置化解工作方案》，积极推进中央专项借款用于甘肃银行不良资产剥离及增资扩股。稳妥有序推进天安财险甘肃分公司接托管工作，实现机构正常有序运转，业务经营和人员队伍稳定，目前接托管工作已转为非现场模式。持续做好安邦财险非寿险投资型产品风险监测工作，加强给付风险监督。

二是强化信用风险防控力度。持续跟踪监测辖内银行业金融机构不良贷款变动趋势及处置进展情况，及时研判不确定不稳定因素对信用风险的影响，尽早做好风险预案，压实银行机构风险控制主体责任，加强对流动性风险监测预警和风险排查，引导机构做实风险底数，合理确定处置规划及目标，用好用足各类优惠政策，拓宽风险处置渠道。通过向上争取政策、向内挖潜质效、向外协调联动，加大不良处置力度，确保处置总量不低于上年水平。截至2020年末，全省银行业共处置不良贷款802.21亿元，比上年多处置427.85亿元，相当于过去三年甘肃银行业不良贷款处置总和。同步督促法人银行机构加强数据治理，按要求提足拨备，全力压降大额授信，强化风险抵御能力。

三是推动构建合规体系。持续深化市场乱象治理，促进合规建设工作。聚焦宏观政策执行、股权与公司治理、信贷管理、影子银行、创新业务等重点领域，在信贷政策执行情况专项检查、车险改革市场市场秩序随机抽查、从业人员数据清核“回头看”等多项专项整治中嵌入市场乱象整治“回头看”监管检查，集中力量加大对机构违法违规行为的排查和纠改。截至2020年末，共开展现场检查206家次，发现问题1579个。对检查中发现的问题，严格按照要求启动行政处罚手续，增加违法违规成本。建立包含监管、自律、行业、公安的“四位一体”工作机制，重点对车险、农险和意外健康险开展反保险欺诈专项工作，2020年反欺诈中心完成对24905条疑似欺诈数据的集中筛查。持续深入推进扫黑除恶专项斗争，选取后进机构或者涉及问题较多的机构开展点穴式督导，确保扫黑除恶专项斗争稳步推进。按照标准统一、精简规范的原则，做好异地非持牌机构清理工作。

四是做好其他重点领域风险处置。持续做好案件风险、流动性风险、房地产风险、地方隐性债务风险、集中退保风险等重点风险防控工作。推动加强和改进机构案防及安保工作，主动应对保险行业格式化投诉，加大对案件高发重点业务领域及高管作案、内外勾结案件的督查督办。强化信息收集与共享，持续推进六类机构规范发展和网络借贷风险出清。督促全辖银行保险机构牢固树立审慎经营理念，严防影子银行问题死灰复燃。启动地方融资平台债务信息与银行比对共享，督促辖内相关银行机构做好地方政府隐性债务风险防范化解工作。按照“房住不炒”总基调，对房地产市场政策落实情况进行评估，开展房地产贷款集中度测算，督促超标银行制定合理的过渡期业务调整方案，稳妥有序做好压降安排，加强资金流向监测，严防信贷资金违规流入房地产行业。

【提升监管效能】一是持续推进监管能力建设。主动做好行政诉讼及复议工作，提升行政执法行为的规范性，下发通知完善查处分离审办分离机制，修订部分机构行政许可事项清单。印发《中国银保监会甘肃监管局办公室关于甘肃辖内法人财产保险机构监管职责分工的通知》，稳妥做好黄河财险股东股权、关联交易等工作的承接与监管。强化数据信息交流共享，对全辖数据质量专项治理工作进行规范和指导，补充完善保险中介机构基础数据，充分发挥监管数据辅助决策作用。强化科技赋能，实现银行数据全域视图分析功能，为跨行数据查询、资金流向分析提供便利。与人民银行兰州中心支行建立金融监管合作框架，不断加强监管合作和一致行动，推动实现宏观调控与金融监管全面合作的新突破。

二是稳妥做好供给测结构性改革。指导行业协会充分发挥职能作用，通过健全完善行业自律体系、落实联合授信管理办法、做好债权人委员会等工作，推动加强行业交流，构建良好的市场竞争环境及秩序。通过畅通投诉渠道、做好新制度落实、强化12378分中心管理、推进金融纠纷多元化解机制建设，提升消保工作质效，截至2020年末，共接待处理银行保险消费投诉事项4903件，比上年末增长58%，其中银行类投诉1301件，保险类投诉3602件。出台推动保险服务发展政策，丰富全省金融服务体系，平安银行兰州分行正式开业运营。

三是推动完善股权管理和公司治理。建立常态化股东履约监督评价机制，督促各机构通过开展关联方信息核查、建立关联交易存量问题整改台账、强化对股东资质以及授信的风险审查，深入推进股东股权和关联交易专项排查整治。积极协调有关部门建立沟通联动机制，推进辖内农村中小银行机构股权托管工作。引导机构结合自身实际，持续加强绩效考核机制建设。要求法人机构将党的领导有机融入公司治理各个环节，把党建工作要求纳入公司章程。主动依托公司治理监管评估系统，从公司治理的有效性、合规性及重大事项调降等方面，组织2家城商行、37家农村商业银行适时进行自评和问题整改。

四是抓好车险综合改革政策落实。印发加强车险远程出单点管控工作等文件，于5月1日上线商业车险和交强险电子保单，协调省交警总队实现交强险电子保单交警线上核查，夯实车险综合改革基础。结合全省实际审慎确定辖内车险相关监管指标差异化标准和要求，指导机构加强改革前后市场研判，提前做好应对举措。及时对各公司改革后车险数据进行监测，采取召开车险经理会议、个别沟通、监管约谈、下发风险提示函等方式，对发现问题进行反馈督导，推动规范市场秩序。结合车险市场运行实际，研究制定费率回溯标准，建立商业车险费率回溯和产品纠偏机制。自9月19日车险综合改革实施以来，全省车险市场运行平稳。

【强化党建引领】2020年是打赢脱贫攻坚战收官之年，也是抗击疫情、支持复工复产关键之年，全局深入学习贯彻党的十九大和十九届二中、三中、四中、五中全会精神，深入学习贯彻习近平总书记关于疫情防控和经济社会发展工作的系列重要讲话和指示精神，增强“四个意识”，坚定“四个自信”，做到“两个维护”，始终在思想上政治上行动上同以习近平同志为核心的党中央保持高度一致。深入推进党风廉政建设，坚决贯彻落实党中央、国务院、银保监会各项决策部署，以党委理论学习中心组学习为主体，发挥中心组学习引领作用，全年共开展中心组学习11次，专题研讨4次，党委会14次，制定机关各支部学习专题12次，制定出台《关于推进甘肃银保监局系统党的建设高质量发展的实施意见》，扎实推进全系统党的高质量建设。全面配合并做好巡视整改工作，认真开展常规巡察、重点工作落实情况督查。以党建为引领，切实担负起金融监管中心工作任务，扎实有效防范化解金融风险，为实现“十四五”规划和2035年远景目标不懈奋斗。

（罗敏）

经济管理

国资监管

【疫情防控】抗疫大考争当先锋，充分彰显了国有企业的责任担当。面对突如其来的新冠肺炎疫情，省属企业闻令而动，迅速建立了疫情防控体系和联防联控机制，实现了省属企业新冠肺炎零感染。不惜代价、不讲条件，发动各种力量从境外采购医用口罩、防护服等紧缺防疫物资，26户省属企业共采购价值4660多万元的防护物资，在防护物资紧缺阶段发挥了重要支撑作用。省建投集团通过人工带货方式，从境外采购的7000只口罩于1月31日运抵兰州捐赠省红十字会，成为全省第一批从国外采购的口罩，从境外紧急订购1套医用口罩生产线和4台防护服缝制机捐赠平凉市政府；金川集团、省科投集团兰州助剂厂、省农垦集团莫高股份、甘肃药业集团普安制药等企业加班加点满负荷生产消杀物资；省科投集团金创绿丰公司加大转运频次，全天候进行医废处置；省机场集团、省电投集团、省水投公司、省公航旅集团、省公交建集团等企业全力做好民生服务保障工作；金川集团、酒钢集团、八冶公司职工医院派出医护人员驰援武汉；金川集团、酒钢集团转产口罩和防护服；甘肃药业集团积极承担省级疫情防控物资储备任务；信息港公司迅速搭建覆盖全省党政机关、企事业单位的视频会议系统，开发了疫情防控、复工复产等17个应用信息平台。同时，省属企业认真做好分布在35个国家和地区的55个境外机构和项目疫情防控，没有出现中方员工感染。

【经济运行】经济运行逆势上扬，有效发挥了国有经济的支撑作用。全省国资国企系统坚持一手抓疫情防控、一手抓经济运行，主动克服困难，抢抓有利时机，分区分级复工复产，重点调度的143户省属工业企业2月3日全部复工，2月底省属企业复工率达98.35%，走在全国前列。按照省委、省政府确定的“一季度少下降、二季度正增长、三季度补欠账、四季度保目标”要求，两级国资监管机构及国有企业深入推进提质增效攻坚，想方设法拓存创增，多措并举弥补欠产，紧盯目标精准调度，尽最大努力将疫情带来的影响降到最低程度。2020年，省属企业完成固定资产投资1080.55亿元，比上年增长48.32%；实现工业总产值2498.91亿元，增长10.53%；实现营业总收入7210.60亿元，增长7.71%；实现利润总额100.83亿元，下降0.88%，各项指标好于预期，为全省经济稳增长做出了突出贡献。认真落实“六稳”“六保”要求，金川集团、酒钢集团、省物产集团、省公航旅集团、省公交建集团、省建投集团、甘肃电气集团等企业签订战略合作协议，围绕产品供需衔接、资源优势互补、科技联合攻关等开展战略合作；大力帮助中小企业渡难关，省属企业为6121户中小企业及个体工商户减免房租1.67亿元，与9743户中小微企业签订443.97亿元购销合同，为2369户中小微企业预付13.07亿元采购款，清欠民营企业中小企业账款68.67亿元，为中小微企业提供融资服务20多亿元，为保产业链供应链稳定发挥了重要作用。

【国企改革】国企改革纵深推进，重点领域关键环节取得重大突破。混合所有制改革成效显著。省属企业全年完成混改项目106个，吸引社会投资者159家，引进社会资本46.16亿元，混合所有制企业户数占比超过省政府年初确定的45%目标，白银集团、省国投集团引进非公资本设立的甘肃德福新材料等一批混合所有制企业经营机制加快转换，质量效益显著提升，有效提高了国有资本配置和运营效率，省属企业营业收入的64%、利润总额的72%来自混合所有制企业。综合改革示范效应逐步显现。纳入“双百行动”改革任务台账的293项已完成284项，占97%，金川集团、省国投集团、西北永新、甘肃工程咨询集团4户企业改革经验做法被国务院国资委改革简报刊载和入选国企改革案例集；省科投集团化工研究院、酒钢集团祁牧乳业2户企业纳入国家“科改示范工程”；7户混合所有制企业实施员工持股，甘肃工程咨询集团、省科投集团兰州助剂厂公司和色翼检测公司实施股权激励；5户落实董事会职权试点企业率先实施经理层成员任期制和契约化管理。通过综合改革，企业经营机制加快转换，活力动力不断增强，2020年甘肃省先后2次在全国交流改革经验做法。企业办社会职能分离移交基本完成。完成了19户中央下放企业204个职工家属区18.26万户“三供一业”的清算审核，21户省属企业85%的“三供一业”维修改造。完成了全省51.66万名国企退休人员社会化管理移交协议签订。两级国资监管机构和企业各级党组织牢固树立以人民为中心的政治立场，切实维护职工群众利益，确保了办社会职能分离移交的平稳推进。

【产业转型升级】布局结构不断优化，国有资本配置效率持续增强。传统产业转型升级步伐加快。省属企业全年完成传统产业改造升级项目投资71.96亿元。紧紧围绕主业延伸产业链，推动国有资本向产业链供应链价值链中高端集聚发展。金川集团基于5G平台打造矿山有轨运输电机车无人驾驶系统，实现了电机车无人驾驶和智能调度；酒钢集团7号高炉升级改造后，炼铁装备实现信息化智能化，人均年产铁量从7400吨提高到10900吨，劳动生产率提高47.3%；白银集团实现创新型“白银炉”与现代“闪速炉”优势互补，铜冶炼产能翻番，技术指标达到行业先进水平；兰石集团运用5G+工业互联网创新应用，能源装备智能制造水平有效提升。

【科技创新】科技创新战略不断深化。2020年，省属企业研发投入73.26亿元，比上年增长21.56%，研发投入经费占主营业务收入的比重达到2.37%，其中省科投集团、金川集团、酒钢集团、白银集团、甘肃电气集团、窑煤集团等6户企业达到2.5%以上。省属企业全年新增省部级以上产学研平台8个，完成新产品产值22.69亿元，增长5.78%。酒钢集团成功研发抗菌铁素体不锈钢，成为国内唯一具备批量生产该钢种的企业。省国投集团设立1亿元“科创基金”，助力科技成果转化。省属企业与中科院系统联合申报6项科研项目，争取中科院科研经费930万元，为省属企业科技创新提供支持。省属企业与中科院兰州“一院三所”、兰州大学等院所高校协同创新深入推进，全年开展科研、技术、咨询服务286项，合同额1.2亿元，一批关键技术攻关和科技成果转化得到应用推广。

【十大生态产业】十大生态产业带动效应不断增强。新组建产业集团发展规划和业务模式不断清晰，法人治理结构不断健全，规模实力不断壮大，质量效益不断提升，龙头作用逐步发挥，推动国有资本向先进制造、数据信息、文化旅游、中医中药等特色优势产业和现代服务业等新兴产业集中。25户省属骨干企业中，8户主业全部为十大生态产业，17户拥有1—2个新兴产业培育业务。2020年，省属企业十大生态产业等战略性新兴产业项目投资105.27亿元，比上年增长11.76%，通过资源资产变现和资产证券化等，筹集资金250.66亿元，主要投向十大生态产业和基础设施项目建设。9户产业集团资产总额增长21%，比同期省属企业增幅高10个百分点，营业收入增长22%，比同期省属企业增幅高18个百分点，呈现良好发展势头。

【党建工作】党的建设不断加强，高质量发展的政治基础逐步夯实。党的领导与公司治理进一步融合。省属企业全面完成了党建工作要求进章程，明确了党组织在法人治理结构中的法定地位，以及党组织在决策、执行、监督各环节的权责和工作方式，落实“双向进入、交叉任职”领导体制、党委前置研究讨论重大经营管理事项等制度逐步规范，33户省属企业中，32户实现了党委书记和董事长“一肩挑”，200余名党委委员进入董事会、经理层，靖煤集团、兰石集团、省水投公司等企业探索建立了党委前置研究讨论事项清单，省属企业各级领导人员抓党建的意识明显增强，党委把方向、管大局、保落实的领导作用不断加强。党建工作与生产经营进一步融合。省政府国资委落实管资本管党建责任，推动省属企业把提高效益、增强竞争力、实现国有资产保值增值作为党组织工作的出发点和落脚点，对省属企业党建责任制落实情况进行了考评，对党支部建设标准化工作进行了专项督导，对8个软弱涣散基层党组织进行了整顿提升。省属企业注重发挥基层党组织战斗堡垒和党员先锋模范作用，通过设立党员责任区、示范岗、突击队等方式，推动党建责任与生产经营责任联动，金川集团铜业公司党委、路桥集团五环公司党支部、中川机场地面服务部党支部等企业基层党组织融入生产经营的经验做法在国务院国企改革领导小组办公室对甘肃省督查中作了书面交流。全面从严治党责任不断落实。针对巡视指出省属企业违反中央八项规定精神、违规决策、违规薪酬分配三个方面的突出问题，1—3月，省政府国资委党委会同驻委纪检监察组开展了专项整治；6—8月，在省纪委监委的指导下，会同省委巡视办、省审计厅对22户省属企业巡视、审计、纪检监察、出资人监督等反馈的1190个问题整改落实情况进行了督改核查，问题整改率由督改前的82%提高到96%。9—11月，省政府国资委党委对7户委管班子企业开展了政治巡察，对2户企业进行了巡察“回头看”。加大监督执纪问责力度，会同驻委纪检监察组处理信访举报72件，立案3件9人，给予党纪政务处分5人。

【人才队伍建设】制定了《省属企业人才队伍建设发展规划（2020-2022年）》，不断健全人才引进培育、选拔使用、考核激励、服务保障等机制，着力抓好经营管理、专业技术、实用技能和党务工作等人才队伍建设。全年举办3场高校毕业生线上招聘会，组织企业参加全省选调高校毕业生网络宣介会，引进本科以上人才6573名，同比增加50%。采取专业培训、岗位锻炼等方式，培养经营管理人才2000余名，培训委管班子企业领导人员、财务总监、外派专职董事688人次，推荐入选省领军人才9人、甘肃省优秀专家6名，为省属企业598名高层次人才申领“陇原人才服务卡”。

【扶贫工作】全省国有企业充分发挥自身优势，大力开展产业扶贫、消费扶贫和就业扶贫，2020年省属企业投入帮扶资金1.67亿元，实施帮扶项目449个，吸纳和劳务输出2.57万余人，为全省如期实现贫困县全部摘帽、贫困村全部退出、贫困人口全部脱贫目标贡献了国资国企力量。

市场监督管理

【登记注册】2020年，甘肃省市场监督管理局推行市场主体登记注册全程“网上办、掌上办”，实施“不见面”注册登记，无纸全程电子化平均应用率达到65.94%。提出个体工商户“秒批”系统建设方案，该系统正式上线运行。启动运行全省企业开办“一网通办”服务平台，企业开办时间压缩至3个工作日以内，一天内办结率92.5%，两天内办结率5.8%。开展全省“证照分离”改革业务培训，累计办理总量

22513件，办理取消审批事项59件，办理备案事项19件，办理告知承诺事项10408件，办理优化准入服务事项12027件。截至年底，全省新设立市场主体28.07万户，累计达到186.72万户，注册资本达到4.4万亿元，分别比上年增长8.02%、9.32%、11.97%。全省个体工商户达到128.92万户，资金数额0.15万亿元；私营企业45.17万户，注册资本（金）3.02万亿元；农民专业合作社9.57万户，出资总额0.27万亿元，成员总数80.49万个。非公经济市场主体累计达到183.66万户，占市场主体总数的98.36%。全省累计登记注册外商及港、澳、台商投资企业2532户，注册资本185.16亿美元。

【信用监管】发挥联席会议和牵头部门作用，推动实现市场监管领域相关部门“双随机、一公开”监管全覆盖和地方各级人民政府市场监管领域部门联合“双随机、一公开”监管全覆盖常态化的目标。制定年度联合抽查计划1525个，抽查各类市场主体27326户。建成并上线运行甘肃“互联网+监管”系统，完成了监管事项目录清单、监管对象、监管行为、执法人员等信息库的数据对接，实现与国家“互联网+监管”系统的对接联通。系统开通省市县三级监管部门3301个，注册平台用户4.86万个，完成全省有关部门监管事项清单1085项，检查实施清单5.57万条，汇聚各类监管执法行为数据16.86万条。全省列入经营异常名录企业3632户次，移出经营异常名录企业6115户次，列入严重违法失信名单企业1105户次，市场监管部门累计对1279名失信被执行人进行了任职限制，通过双随机抽查立案85件，处罚金额544.81万元。2019年度全省企业年报公示率94.29%，农民专业合作社年报公示率96.35%，均高于上年水平，在全国名列前茅。

【市场法治建设】制定印发《甘肃省法治市场监督管理建设工作要点》等有关法规规章，完成《甘肃省小作坊小摊点小经营店监督管理条例》和《甘肃省价格监管条例》的修订工作，废止了《甘肃省实施盐业管理条例办法》《甘肃省植入性医疗器械监管暂行规定》，将《标准化条例》《计量监督管理条例》列入人大五年立法规划。完成《河道采砂管理条例》《甘肃省节约用水条例》等各类立法征求意见144件，合法性审核各类征求意见稿等110件，参加总局、地方立法论证会18次。按时完成“七五”普法工作，得到“七五”普法检查验收组和省委依法治省委员会的认可和肯定。开展全省市场监管系统行政执法案卷评查，对124件案卷评查并通报。审核处理113项有异议的权责清单事项；会同省司法厅完成省市场监管系统行政执法“三项制度”综合评定工作，确定兰州、酒泉市局为“三项制度”示范单位；审核行政处罚案件21件，审理行政复议案件38件，办理总局行政复议案件7件；应诉行政诉讼14件，民事诉讼4件。完成政务服务事项整改工作，审核政务系统基本目录928项；审核各类合同140件；配合处理各类投诉、信访案件45件。

【行政许可】制定《行政许可应急审批工作制度（试行）》，探索建立应急审批机制，及时总结疫情期间采取的绿色通道、特事特办等措施，对紧急重要事项的办理提供了制度保障。探索实施“容缺审批”工作机制，研究确定“容缺审批”的实施范围和模式，对部分许可事项现场评审结论仅有一般不符合项的，先行审批发证，整改材料容缺后补。修订许可评审管理制度，结合行政许可机制调整和工作实际的需求，全面修订甘肃省市场监督管理局《行政许可现场和技术审查管理办法》，就提升审查效率、落实主体责任、强化服务职能等作出详细规定。实施免评审换证，出台措施对特种设备、检验检测机构资质认定、计量标准器具核准、法定计量检定机构授权有效期满的，实行书面审查方式换证复证，免除技术评审。提升网上办事便捷度，创新性的在行政许可网上办理系统中增加申请材料“预审”模块，以不见面的方式实现许可申请指导和材料初审，切实方便企业办事。推行“一件事一次办”，依托全省一体化政务服务平台，整合许可内部办理流程，依法精简材料、统一表单、压缩时限，推动业务整合和流程再造，实现政务服务从“网上能办”走向“网上好办”。

【综合行政执法】联合相关部门制定《甘肃省市场监管轻微违法经营行为不予处罚清单2020版》等多项制度机制，组织开展“打击市场销售长江流域非法捕捞渔获物”等多项专项行动。截至2020年底，全省系统依法查处各类经济违法案件7077件、案件总值3865.28万元、罚没金额8302.07万元。积极发挥省疫情防控专责组和省局防控办牵头责任，制定《春季暨冬春季疫情防控工作方案》等文件，协同成员单位深入一线开展工作督导和专项抽查督查，查办涉疫案件779件，罚没金额486.43万元，公开曝光5批51起典型案件。按照“清、改、督、建”四位一体工作思路，统筹谋划，持续推进扫黑除恶专项斗争，全省系统核查线索2349件，向各级扫黑办移送线索211件，省局本级核查线索29件，已全部办结，实现了“线索清仓”“案件清零”。联合13部门制定《涉黑涉恶犯罪案件涉案财产处置工作机制》，健全完善了市场监管相关制度。对照平安建设各项考评内容评价标准逐条分解任务，明确标准，推进工作开展。组织单项指标牵头部门高标准、高质量完成考评工作。严格履行“双打”工作责任，深入开展“铁拳”“剑网”“秋风2020”等专项行动，查处假冒专利、商标侵权、盗版案件9206件，罚没款9254.62万元，捣毁“黑工厂”“黑窝点”161个。协调兰州海关签署《海关查获冻品移交保管处置备忘录》，完善了进出口商品质量安全风险预警和快速反应监管体系。组织开展“固边”“护苗”“清源”“净网”、禁毒、反邪教、反走私专项治理、非法集资、成品油市场整治等专项检查行动，推动平安建设取得实效。

【反垄断工作】制定下发《2020年全省反垄断工作要点》《关于深入推进反垄断和公平竞争审查工作进一步优化营商环境的通知》；制定印发《甘肃省公平竞争审查政策措施抽查制度（试行）》《甘肃省公平竞争审查投诉举报和处理回应制度（试行）》《甘肃省重大政策措施公平竞争审查会审制度

（试行）》三项制度。组织对2019年出台的政策措施公平竞争审查情况（不包括存量清理情况）进行统计，2019年，全省共审查文件39191份。配合省政府办公厅对涉及省局的47份文件进行清理，其中符合公平竞争审查标准37件，修订4件，废止6件。全省共清理政策措施99016件，其中废止620件，修订93件，适用例外规定继续保留32件。开展公平竞争审查省级市场监管部门网上交叉检查工作，梳理出贵州省5件违反公平竞争审查标准或涉嫌行政性垄断行为线索，上报国家市场监管总局。2020年，共接到涉嫌垄断行为线索7件。其中，立案调查行政性垄断案件2件，5件线索经核查不构成垄断行为。调查后对3户企业进行了行政约谈整改。

【价格监督检查和反不正当竞争】 全省市场监管部门共查处价格、收费、不正当竞争、传销案件399起，案值2357.13万元，实施经济制裁3664.41万元；督促相关主体和单位为企业减免或降低生产经营性成本费用近9.1亿元；受理并处理消费者价格、收费、不正当竞争和直销、传销方面的投诉举报6823件，为消费者挽回经济损失1000余万元。严厉打击囤积居奇、哄抬价格等违法行为，查办防疫物资包括生活必需品价格违法案件273件，实施经济制裁711.74万元，维护了防疫用品和生活必需品市场价格秩序。组织开展防疫物资产品质量和市场秩序专项整治行动，全力保障人民群众消费安全和合法权益。全面落实"六稳""六保"工作要求，与省发展改革委联合开展转供电环节加价专项整治行动，督促转供电主体严格落实电价政策，责令转供电主体退还应降价电费7922.96万元。开展涉企收费治理，加强商业银行、行业协会商会、行政审批中介服务机构、口岸、公路、铁路等领域收费监管，不断推动减费降费各项政策措施落实，降低企业负担，助力企业复工复产达产。开展反不正当竞争专项整治，严厉打击商业混淆、虚假宣传、商业贿赂、侵犯商业秘密、不正当有奖销售等违法行为。印发《关于进一步加强规范直销打击传销工作的通知》，与省政法委、省公安厅联合发布《警惕传销陷阱共建平安甘肃防范打击传销警示》，捣毁传销窝点11个，摧毁传销组织7个，遣返撤销人员196人，立案处理9人。

【网络交易监管】 开展"网剑"行动，围绕重点问题、重点违法违规行为，以放心消费环境建设为目标，在网络交易市场、合同行政监管、野生动物及其制品等领域开展专项整治行动，严打重惩违法行为。监测电商平台96个，网站14772个，网店11420个。对辖区内188个从事电子商务活动的综合性平台、商品交易平台、二手车交易平台、网络订餐平台以及社交电商平台开展了全面的检查整治。专项行动期间，共立案6起，罚没款2.44万元。开展对"长江野生鱼""野生江鲜"等长江流域非法捕捞渔获物、涉及军服的"军需""军服""军品"、网上"不平等条款""霸王条款"等相关信息和互联网"电子烟"信息的网上监测整治。深入开展放心消费创建活动，广泛开展"3·15"消费宣传、教育，全省放心消费创建单位达到4949家，经营者诚信度和消费者满意度不断提升，消费环境进一步优化。各级优化消费环境建设工作社会共治部门上升到10个，政府主导、社会共治局面基本形成。省市场监督管理局12315系统接收登记群众反映问题408784件，比上年增长59.45%，其中咨询304916件、投诉70776件、举报28963件、建议3961件、表扬167件、检举1件，为消费者挽回经济损失共计6690.95万元。电梯故障1523件，下降33.4%。全省系统共办理动产抵押登记3059份，抵押登记数额654.12亿元。开展了合同格式条款侵害消费者权益违法行为专项整治，共计约谈企业600户次，发出行政建议书33份，发出责令整改通知书36份，立案6起，罚没款4.54万元，切实维护了广大消费者的合法权益。

【广告监管】 开展清理整治含有"软色情"、网络直播行业、医疗美容、长江野生渔获物、移动端互联网、"特供""专供"、长江禁渔打非断链、电子烟市场以及规范公务员考试培训市场秩序等广告专项整治行动，共查处广告违法案件116件，罚没款420.79万元，其中，查处互联网等新兴媒体广告案件17件，罚没款34.54万元。组织监管人员核实广告监测平台线索内容，通过行政约谈、责令改正、线索移交等方式及时对涉嫌违法广告线索进行处理，共向执法办案机构移交案件线索9批次，涉及广告15条；向甘肃省广播电视总台下达《责令改正通知书》72份，整改广告162条。对全省126家媒体建立健全广告业务承接登记、审核、档案管理制度情况的"双随机、一公开"抽查工作。建立省级广告产业园区，"兰州岚沐文体旅创意产业园"为甘肃省首家广告产业园区。

【质量发展】 印发《关于2020年质量提升行动工作任务分解的通知》等文件，有针对性地开展质量提升行动，委托第三方机构开展全省农资行业重点产品质量状况调查分析，对生产化肥、地膜、农药、农机、种子等六大类产品的农资企业进行线上和线下调查，为改进提升全省农资行业质量提供决策依据。高标准完成国务院质量考核工作，周密部署省级政府质量工作考核。做好第七届甘肃省人民政府质量奖评选表彰工作。针对全省学生用双层床缺陷问题，按照《消费品召回管理暂行规定》等相关法律法规，对专项调查抽查中涉及省外18家生产企业通报生产企业所在地省级市场监管部门。在"质量月"期间，组织专家服务队分赴14个市州和兰州新区，行程4000多公里，先后深入全省60户企业"一对一"开展质量提升与帮扶活动。全省市场监管系统开展活动335场次，参与企业1587家次，参与一线员工数量13387人次，参与群众数量18.31万人次，并在《中国质量报》《甘肃日报》等媒体进行了报道，产生了广泛的影响力。

【产品质量安全监管】 组织开展了非医用口罩及疫情防控产品所需的原材料及食品用洗涤用品产品质量监督抽查，对可能危及人体健康和人身、财产安全的产品、影响国计民生的重要工业产品、环保产品以及消费者反映的质量问题产品开展重点监督抽查，完成72种工业产品3126批次监督抽查工作。全省市场监管部门派出2000余人次对企业进行检查、督促整改，已完成对144家生产经销企业不合格整改工作。完成安全帽等7种产品195批次产品质量安全风险监测工作。加大对生产许可证管理10类产品的监管力度，督促企业切实承担质量管理责任。加强对省内建筑用钢筋、水泥、建筑防水卷材、电线电缆等4类许可证获证企业的后续监管工作。重点整治棉花收购加工环节不按等级收购加工，虚标皮棉异性纤维含量以及非棉纤维质量标识等问题，完成羊毛公检264吨。依据有关食品安全国家标准，对全省范围内生产经营的32大类115475批次食品进行了监督抽检，检出不合格样品5061批次，总体不合格率为4.38%，相比2019年下降了0.67个百分点。薯类和膨化食品、蛋制品、保健食品、特殊膳食食品、婴幼儿配方食品、食品添加剂等食品安全状况良好，合格率为100%；餐饮食品、淀粉及淀粉制品、水果制品、蔬菜制品、炒货食品及坚果制品等食品不合格率较高，分别为9.37%、4.80%、3.48%、3.34%、3.02%。抽检结果及时通过省市场监管局网站和相关新闻媒体予以发布。

【食品安全监管】印发《2020年甘肃省食品安全重点工作安排》《2020年全省食品安全协调工作要点》，部署全省食品安全重点工作。强化部门之间食品安全风险交流，激发多元力量共同参与食品安全治理，营造社会共治氛围。全省食品生产企业共3064户，共有食品小作坊15548户。全省系统共出动执法人员37281人次，检查食品生产企业和小作坊41120户次。全面推进“互联网+透明车间”智慧监管平台加入应用，全省食品生产加工环节已有1853家食品生产加工主体加入该平台。督促食品生产企业全面应用食品安全追溯系统，及时录入追溯信息。组织召开全省连续抽检不合格生产企业约谈会，对17家企业法人和主要负责人进行了责任约谈。共检查食品经营主体753581户次，查处不符合食品安全标准的案件959件，案值106.02万元，涉案食品13705公斤，罚没金额546.79万元；查处不符合食品标准的食用农产品案件80件，案值4.05万元，涉案食用农产品4358.94公斤，罚没金额58.17万元；查处销售非食用物质及滥用食品添加剂案件14件，涉案食品添加剂57.46公斤，罚没金额14.35万余元；移送司法机关案件4件。推进“互联网+食品安全”智慧监管，对“甘肃省食品安全综合监管平台”进行升级改造，全面推进“阳光仓储”工作落实。全省食品仓储企业6331家，已接入“阳光仓储”智慧监管平台3914家，接入率达61%。完成食品安全追溯平台与省农业农村厅农产品追溯平台的数据对接工作，实现了食用农产品可追溯。全省共有“放心肉菜示范超市”国家级4个、省级90个已通过考核验收并命名。全省持证的餐饮服务单位105644家。全省餐饮服务单位持证率100%，加入电子追溯监管平台68456家。全省实施“明厨亮灶”98371家，实施率93%，其中视频式45357家，透明式40722家，开放式12292家，“互联网+明厨亮灶”25066家。全省餐饮环节食品违法案件立案596起，取缔无证经营79起，责令整改4812家，停业整顿58家，罚没款302.66万元，移交司法机关1起。全省网络餐饮证照持有公示合格率月监测值均达到98.5%以上，累计监测店铺数据917316条，网络餐饮证照公示合格率达到99.5%。全省农村集体聚餐登记备案19131起，流动厨师登记5259人，聚餐人次2258447人。在全省餐饮服务单位全面推进文明餐桌行动，主动引导消费者使用“公筷公勺公夹”取餐，有效防控食源性疾病传播。

【特种设备安全监察】全省累计检查特种设备生产经营使用单位17126家，检查特种设备71574台（套），发现并督促整改事故隐患9718处，下发监察指令书2186份，查处严重违法行为70起，责令停业整顿11家，查封扣押特种设备268台（套），实施经济处罚358.29万元，受理办结投诉举报492件。支持企业复工复产工作成效显著，全省系统共对6501台套特种设备、2668条压力管道实施检验费用减免，共计减免检验费用816万元，实施企业许可证延期换证和免评审换证9家，办理特种设备作业人员延期换证1980人。印发《甘肃省关于改进电梯维护保养模式和调整电梯检验检测方式试点工作实施方案》，全省已纳入应急处置平台的直梯71496台，进入率达到97.2%；全年累计实施电梯应急处置5071次，解救被困人员12257人，日均处置13.9次，30分钟内到达现场比率99.2%；电梯刷卡维保率达到85.3%；老旧住宅加装电梯累计办理500台，完成老旧电梯安全评价330台。两轮中央环保督察反馈违规注册燃煤锅炉整改工作全面完成，特种设备双重预防机制建设省级试点工作有序推进，妥善处置特种设备相关事故和突发事件，监管平台基础数据信息管理规范，作业人员考试机构监管不断加强，安全宣传教育持续深化，依法发布2019年度特种设备安全状况分析报告。

【计量工作】全省共建立涉及长度、力学、热工、电学、声学等十大类社会公用计量标准1132项，其中省级社会公用计量标准501项，市级社会公用计量标准365项，县级社会公用计量标准266项；计量技术机构一、二级注册计量师共372名。完成强制检定计量器具80余万台（件），同比增长10个百分点以上，确保了量值准确，保障了消费者合法权益。全省共抽查集贸市场814家，抽查在用计量器具25958台（件），抽查大型超市、商店5705家，抽查在用计量器具10665台（件），抽查加油（气）站583家，抽查在用加油（气）机2536台（件）。组织开展省级定量包装商品净含量和商品包装计量监督专项抽查，全省共抽查139家企业的500批次定量包装产品，标注合格484批次，合格率为96.8%，净含量检验合格483批次，合格率96.6%；全省共抽查94家企业的500批次商品过度包装，合格442批次，合格率为91.6%，严厉打击了侵害消费者权益的各种违法、违规行为。疫情期间，全省各级计量技术机构共出动4995人次，对14204家机场、车站、高速公路、学校等测温点，993家医疗机构开展免费检测服务，共检定（校准）测温类计量器具 19275 台（件），其它医疗类计量器具 16246 台（件），开展其他计量技术服务 36446 台（件），为疫情防控提供了坚实的计量基础保障。

【标准化工作】全年下达地方标准制修订计划 5 批 231 项，审批发布地方标准 212 项，废止 321 项地方标准，终止 49 项立项计划。全面实施企业产品标准自我公开声明和监督制度，全省共有 2892 家企业公开 10308 项标准，涵盖 19223 种产品，规模以上工业企业全部完成了企业产品标准自我声明公开。培育和发展团体标准，全省 15 家社会团体累计发布团体标准 43 项。加大标准实施力度，在农业、高端装备制造、现代服务以及社会事业等领域积极推进标准化试点示范项目建设，组织建设国家级项目 15 项，省级项目 22 项。批复筹建成立了甘肃省畜牧业、生态环境等 2 个标准化技术委员会。举办了全省市场监管系统标准化知识培训班，进一步增强了标准化管理人员的业务能力。组织各市州、各部门广泛开展第 51 届世界标准日系列宣传活动，通过世界标准日主题宣传和咨询服务及企业标准化培训等形式，传播标准化知识，宣传标准化理念。

【认证认可与检验检测监管】2020 年，全省新增和保持的各类认证证书 16227 张，涉及 5504 个组织，认证证书比上年度增加 18.4%。其中管理体系认证证书 10334 张，强制性产品认证书 1621 张，各类自愿性产品认证证书 4273 张。确定了 9 个省级有机产品认证示范创建县（区），推荐上报 4 个国家级创建县（区），获得有机产品认证证书 280 张。2019 年全省共有各类检验检测机构 1011 家，检测业务收入 29.57 亿元，向社会出具检验检测报告 563.47 万份，从业人员 23634 人，机构数比 2018 年增加 90 个，检测收入增加 4.06 亿。持续做好 3C 免办工作，共审核办理 31 张免办证书，审核发证 6 张。围绕丝绸之路经济带，支持兰州港务区建设，协调批准设立了进口机动车检测线，强化检验检测技术支撑。全面落实国家生产许可证转强制性认证管理制度，对电热毯、摩托车乘员头盔、电动自行车、防爆电气、燃气器具、标定容积 500L 以上大冰箱和汽车用制动器衬片 7 类产品由生产许可转为强制性认证（CCC 认证）管理，积极督促、协调认证机构依据强制性产品认证规则开展认证服务。印发《关于全省检验检测认证机构做好新型冠状病毒疫情防控工作有关事项的通知》《关于开展口罩、防护服等防疫用品领域认证活动专项整治行动的通知》，确保了防疫产品认证质量。开展 6.9“世界认可日”“全国质量月”“有机产品认证宣传周暨检验检测机构开放日”“认证在身边”宣传活动，不断提升认证认可影响力和知名度。

【知识产权保护运用】2020 年，国家知识产权局与甘肃省人民政府在兰州举行知识产权合作会商签约仪式暨第一次会商会议，签订《国家知识产权局甘肃省人民政府知识产权合作会商协定书》，国家知识产权局批复同意建设中国（甘肃）知识产权保护中心，是全国第八家省级知识产权保护中心，西北第一家面向全省服务的知识产权保护中心。建立了省市场监督管理局推进中国（甘肃）知识产权保护中心筹建工作联席会议机制。甘青两省市场监管局签署加强知识产权保护工作合作协议，开启两省加强知识产权保护工作的新篇章。开展 2020 年度甘肃省知识产权计划项目立项工作，最终确定立项 57 个项目，并按时下达项目资金。落实 2019 年度甘肃省专利权质押融资贴息补助、评估费补贴、担保费奖励资金共计 478.1 万元。全省新增专利质押融资 19 笔，质押专利 84 件，融资金额 3.98 亿元，比上年增长 185.3%。组织开展 2020 年度专利奖评审，产生建议授奖专利发明人 15 人；建议授奖专利 50 件（其中一等奖 5 件、二等奖 20 件、三等奖 25 件），公示完毕后已报请省政府常务会议审议。

【商标专利监管】全省专利申请 32280 件，比上年增长 16.8%；授权 20991 件，增长 40.94%；发明专利申请 5866 件，下降 3.14%；发明专利授权 1446 件，增长 25.3%；有效发明专利 8310 件，每万人口发明专利拥有量 3.14 件，PCT 国际专利申请 53 件。全省商标申请 44459 件，商标注册量 27215 件；全省累计商标有效注册量 123823 件，增长 25.16%，已提前完成省政府制定的“截至 2020 年有效商标注册量达到 10 万件”的任务目标；全省中国驰名商标达到 75 件；累计申请注册地理标志证明商标共计 147 件，2020 年新增 15 件。开展了甘青两省商标、地理标志品牌培育和宣传推介交流合作。全省实现商标质押登记 51 件，质押金额 2.1 亿元。通过知识产权计划项目对靖远、民勤和礼县给予 105 万资金支持。制定以地理标志产品资源库建设、省级知识产权服务业集聚发展示范区建设项目申报指南，经评审推荐立项 12 个，拟拨付项目资金 149 万元。对各市州初审上报的 6021 件专利资助申请进行核查，共有 4777 件专利符合资助条件，拟资助金额 460.71 万元。国家知识产权局专利局兰州代办处完成专利电子申请 67103 件，完成专利收费 37789 笔，共计 1794 万元。加强驰名商标认定保护力度，共向国家知识产权局上报驰名商标认定保护申请 1 件，回复商标投诉 2 件，指导天水、定西处理商标侵权案件 2 件。

【药品监管】2020 年，甘肃省药品监督管理局在疫情期间，及时启动应急审批程序，开通绿色通道，开展“一企一策”服务指导，许可医用防护用品生产企业 26 家，注册产品 89 个，日产能达到 487.9 万个（套、件），协同构建起以“甘肃造”为主体的医疗防护物资保障体系。对 540 批次疫情防控相关的药械进行质量抽检，合格率达到 100%。制定《甘肃省药品行政处罚裁量权适用规则》《行政处罚案件法制审核工作规则》等制度性文件，细化完善贯彻新法的执法流程和要求。持续宣贯“两法两条例”及相关配套规章制度，举办业务培训班 19 期，培训人员近 3000 余人次。开展全省执法监督检查活动，解决稽查执法中存在的问题 78 个，提升了执法的统一性、规范性。提请省委办公厅省政府办公厅印发《关于改革和完善疫苗管理体制的若干措施》，落实疫苗联席会议制度。开展疫苗国家监管体系（NRA）评估工作，完成《疫苗监督管理质量管理体系质量手册》和15个程序文件的制定。落实向疫苗生产企业派驻专职检查制度，加快推进疫苗电子追溯体系建设。持续强化特殊药品监管，累计向全国调拨药用罂粟壳1061.199吨，实现特殊药品流弊"零事件"，质量"零事故"，数量"零差错"。建立药品质量安全风险评估预警机制，常态化开展风险隐患排查和舆情监测。强化"碳离子"治疗系统上市后监管。开展对药品GMP、GSP符合性检查、飞行检查，组织开展中药质量安全、中药饮片以及执业药师挂证专项整治，医疗器械网络销售"清网"和化妆品"线上净网、线下清源"行动。加强不良反应监测和监督抽验，严厉打击药品违法行为，当年累计查办违法案件628件，移送司法机关9件，罚没款849.03万元。基本药物合格率生产环节为100%，流通环节为99.72%，中药材中药饮片合格率99.5%，化妆品合格率96.93%，全省未发生区域性、系统性安全事件。投资2.15亿元的甘肃省医疗器械检验检测机构能力建设项目获批，正在组织实施。全面推进国家药监局中药材及饮片质量控制研究重点实验室建设，加强省级药品检验机构疫苗批签发能力建设，与广药集团建立创新研发平台。建设生物制品批签发及检验检测研发平台，为企业和科研单位提供政策咨询、技术支撑和研发创新等服务。加快推进"智慧监管"，规划实施综合监管大数据平台、公共服务平台、追溯监管平台等信息化建设项目。深化"放管服"改革，91项政务服务事项的承诺办结时限压缩至法定时限的60%以上，实现100%在线办理和不见面审批，签发全省首张电子许可证。统筹推进机构改革和专业化职业化药品检查员队伍建设，全省设立6个区域性执法检查派出机构，在省药监局审核查验中心加挂甘肃省疫苗检查中心牌子，药品监管力量得到加强。组织安全用药月、医疗器械宣传周、化妆品安全科普宣传周等品牌科普活动累计50余场次，扩大了共建共治共享药品安全治理新格局。

（金光元　陈广宏）

统计

【党的建设】紧紧围绕习近平总书记对甘肃、对统计工作重要讲话和指示精神，以党的建设引领统计改革发展，深入推进"两学一做"学习教育常态化制度化，持续巩固深化精神文明建设成果。局党组组织召开27次扩大会，20次理论中心组学习会，集体研学党的十九大和十九届二中、三中、四中、五中全会精神，围绕《习近平新时代中国特色社会主义思想三十讲》《习近平治国理政（第三卷）》等内容进行专题学习研讨交流。认真抓好中央巡视问题整改，积极开展"四察四治"专项行动，坚持推进党组织标准化规范化建设，全体党员干部履职尽责的责任感、紧迫感和使命感不断增强，干事创业的精气神得到明显提升，为全省统计改革发展营造了风清气正的良好政治生态。

【统计服务】认真贯彻落实党中央和省委统筹推进疫情防控和经济社会发展决策部署，坚持以问题为导向，实时监测预判全省经济社会运行新变化、新情况和新问题。针对疫情影响和经济社会运行中的堵点、痛点和难点问题，深入企业、深入基层、深入重大投资项目开展调研，及时汇总各行业企业生产经营快速问卷调查结果，为省委省政府统筹推进疫情防控和经济社会发展建言献策。联合省发展改革委、省工信厅、甘肃调查总队等部门共商共研共判全省经济社会发展形势。围绕经济高质量发展评价、决战决胜脱贫攻坚、"三新"经济等重点，加强对政策措施效应的跟踪分析和深入研究；进一步修订完善甘肃全面建成小康社会统计监测指标体系，及时测算全面小康监测数据，高质量完成全省全面建成小康社会统计监测报告；与甘肃调查总队、省扶贫办、省农业农村厅联合开展、顺利完成了全省58个贫困县贫困人口退出收入验收工作；探索建立了《甘肃省区域发展指标评价体系》，研究制定了我省高质量发展综合绩效评价指标体系，起草了评价办法；配合国家局做好黄河流域生态保护和高质量发展统计监测工作；根据国家统计局和我省相关要求，做好疫情防控期间统计网络安全保障工作；及时发布经济运行情况，解读经济社会发展主要指标数据，有效引导预期；利用网站和微信公众号开展统计宣传；着力做好"十三五"规划收官和"十四五"规划编制相关数据的提供和测算工作。

【统计改革】积极跟进国家地区生产总值统一核算等各项重点统计改革；作为试点省份，全力抓好祁连山生态保护区、祁连山国家公园和大熊猫国家公园自然资源资产负债表编制工作；配合国家统计局开展石油天然气行业法人单位与产业活动单位并重统计和完善名录库动态维护更新机制改革试点工作。制定完善十大生态产业统计监测实施方案，扎实开展十大生态产业统计监测和增加值核算，为全省绿色崛起提供坚强的统计保障。充分发挥社情民意调查平台优势，组织实施我省群众安全感、公共生态环境满意度、消费者信心指数、公共服务满意度等重大调查。

【统计法治建设】持续推动中央关于深化统计体制改革系列文件精神在甘肃的落实，按照省委、省政府印发的《关于进一步加强新时代统计工作的意见》，建立健全统计执法机制，单设统计执法监督局；深入贯彻落实防范和惩治统计造假、弄虚作假主体责任，建立健全各专业、各部门数据质量责任制；积极配合做好国家统计督查工作，主动配合督察组对省委、省政府及省发改、工信、商务和统计部门开展的统计督察，对兰州市、张掖市、临夏州3个市州及6个县区开展的延伸督查；认真对照国家统计督察内容，积极主动开展自查自纠、立行立改；畅通统计违法案件举报渠道，加大统计执法检查和统计违法案件查处力度。积极开展统计执法"双随机"检查，把落实"三项制度"贯穿于统计法治工作的全过程。强化对地方各级党委政府和行业主管部门领导干部这一"关键少数"的统计法律意识。

【第七次全国人口普查】严格按照全国和我省第七次全国人口普查工作

领导小组的统一部署，科学谋划、精心组织我省第七次全国人口普查，积极参与人口普查综合试点、宣传动员、现场登记和督导检查等工作，有序推进我省第七次全国人口普查各阶段重点工作。各地各部门按照省第七次全国人口普查领导小组的统一部署，顺利完成了普查机构组建、经费物资保障、方案制定、区划绘图、户口整顿、宣传动员、“两员”选聘及培训、入户摸底、综合试点、现场登记和事后质量抽查等工作，全省14万名普查一线人员对全省人口进行了全面调查，汇集了丰富详实的普查基础数据，全省人口普查工作取得了重要阶段性进展。

【脱贫攻坚普查】充分发挥好脱贫攻坚普查领导小组成员单位的职能作用，全力配合甘肃调查总队完成了全省脱贫攻坚普查前期准备、综合试点、普查业务培训、数据审核、数据比对、普查督导及国家事后质量抽查工作，确保高质量完成脱贫攻坚普查任务。充分利用第三次农业普查成果和文件资料，进一步完善《甘肃省脱贫攻坚普查实施方案》；协助完成了全省普查指导员和普查员的业务培训工作；全程参与普查督导工作，完成对陇南、定西、临夏、甘南4市州的入户走访核实及现场督导工作；顺利完成剩余8个县的脱贫攻坚收入验收工作。全面认真总结前期普查工作经验，继续配合做好第二批普查现场登记工作。

【帮扶工作】一是建立完善制度机制。制定局帮扶工作计划、消费扶贫工作实施方案，梳理帮扶工作责任清单,科学制定“一户一策”计划238份，其中脱贫计划5份，巩固提升计划233份。二是组织开展入户帮扶。全年先后组织局领导15人次、局帮扶责任人190余人次对5个村进行全面走访。三是大力帮办实事。全年先后投入资金139万元用于帮扶村基础设施建设，购置煤炭、地膜、化肥等用品以及定期采购家畜、水果、土特产等方面。四是做好驻村帮扶工作队在经费、待遇、安全、食宿等方面服务保障。

【基础建设】着力推进局机关建设。加强局机关组织建设，极大增强了干部职工的政治素养和全局的凝聚力；及时成立局机关创建全国文明单位领导小组，深入实施公民道德建设工程，持续深化拓展群众性精神文明创建活动，局机关被中央文明委授予“第六届全国文明单位”荣誉称号。坚持工作经费向基层倾斜，切实为基层统计调查工作提供保障。大力推进统计信息化建设，提高统计工作效率。加大对基层和企业统计人员培训，提高统计人员综合素质。建立健全统计规章制度，推动基层依法依规开展统计工作。

（马文俊）

应急管理

【概述】2020年，全省共发生各类生产安全事故717起，同比下降15.15%；死亡608人，下降14.25%，受伤543人，下降12.28%，直接经济损失1.48亿元，下降16.27%。安全生产四项指标全面下降，未发生重大及以上生产安全事故。

【“8·13”陇东南暴洪灾害抢险救援】8月以来，甘肃省部分市州持续遭遇强降雨过程，造成严重洪涝灾害，点多面广、全面开花、全线冲击、全流域破坏。据初步统计，8月9日至30日21时40分，“8·13”陇东南暴洪灾害共造成全省10个市（州）的46个县（区）、134.46万人受灾；因灾遇难22人、失踪6人；紧急转移安置8.82万人;房屋倒塌3121户1.09万间，严重损坏1.16万户5.67万间，一般损坏2.3万户11.32万间;农作物受灾4.92万公顷，直接经济损失约294.69亿元，其中农业损失40.64亿元、工矿企业损失29.74亿元、基础设施损失183.56亿元、公益设施损失20.41亿元、家庭财产损失20.34亿元。

面对严重的灾情，在省委省政府的正确领导下，全力以赴投入抢险救灾。一是省级提升救灾应急响应，国家启动甘肃四级响应。省减灾委、省应急厅于8月13日16时30分启动省级Ⅳ救灾应急响应，随着灾情的加重，又先后将响应级别提升到Ⅲ级、Ⅱ级。应急响应启动后，省减灾委、省减灾办、省应急厅按照预案实施相关工作。省防指与减灾办会商并调集减灾委主要成员单位在应急指挥中心联合值班、共同调度。在陇南市成立省应急厅前方指挥部，厅主要负责同志第一时间赶赴灾区，坐镇现场指挥调度。二是组织抢险救援队伍，全力开展抢险排险。8月17日晚，针对陇东南暴洪灾害形势，考虑陇东南山大河多的地形特点，果断调派金汇通用航空公司2架直升机到陇南成县机场，8月18日凌晨，针对文县石鸡坝多名群众被困情况，立即调度直升机执行抢险救援任务，24小时内成功解救文县石鸡坝镇、舍书乡78名被困群众。三是紧急调拨救灾款物，妥善安置受灾群众。第一时间将争取应急部下达的1亿元和省政府安排的1.29亿元救灾资金下拨到受灾市县，确保抢险救灾工作顺利开展。按照“有饭吃、有衣穿、有干净水喝、有临时住处、有医疗服务”“五有”标准，紧急调集帐篷、被褥、面粉、矿泉水等生活物资送往灾区，指导受灾重点县区设置安置点369个，集中安置1.73万人。组织调集救灾物资，下拨救灾资金10.44亿元，指导编制完成灾后重建规划，出台了过渡安置、对口支援、住房重建等救助政策和资金筹措方案，确保了受灾群众基本生活，推动了灾后重建顺利开展。四是加强宣传引导舆情，有效维护灾区稳定。积极对接主流媒体，第一时间推送汛情灾情及救灾工作，宣传典型事迹。截至8月30日，央视新闻刊播新闻稿件145篇，新华社、中新社、人民日报人民号、中广网等中央媒体刊发稿件341篇。全网发布防汛救灾信息18万余条，累计阅读量近千万次，起到了稳定人心，传导正能量的作用。

【出台《关于进一步提升全省森林草原防灭火水平的意见》】为加强新形势下甘肃省森林草原防灭火工作，全面提高预防和处置森林草原火灾能力，2020年9月，甘肃省政府办公厅印发《关于进一步提升全省森林草原防灭火水平的意见》。《意见》要求各级政府要对本行政区范围内的森林草原防灭火工作负总责，要建立健全森林草原防灭火工作分级分类、分区分类的责任体系，完善“防”与“救”责任链条。针对各级政府森林草原防灭火责任，对落实行政首长负责制、强化政府属地管理责任、靠实火灾预防监管责任提出了要求。

《意见》进一步细化成员单位防灭火责任，重点对应急管理、林草、森林公安、自然资源四部门的职责进行规范，其中，为应急管理部门规范职责11条，为林草部门规范12条，着力解决体制调整改革后两部门职责仍有交叉重叠问题。着眼森林公安机构转隶，将森林公安在履行森林草原防灭火工作过程中与林草部门的关系及具体职责及时纳入《意见》明确范围。为无缝衔接森林草原灭火“先期”与“后期”各项工作，《意见》还对林草经营单位承担经营范围内森林草原防灭火主体责任进行了明确。为建立完善协调联动机制，理顺“防”与“救”两大关键环节，《意见》在明确各级森防指办公室发挥牵头抓总作用基础上，提出要建立健全森林草原防灭火工作会商研判、预警响应、执法衔接、信息报送、联防联控等五项工作机制。通过明确各部门各系统在配合工作中的主要任务和具体方法、手段、途径，进一步优化森林草原防灭火协调联动体系。甘肃省细化森林草原防灭火责任分工，明确协调联动，加强灭火救援队伍建设，出台《关于进一步提升全省森林草原防灭火水平的意见》，既是全面贯彻国家关于森林草原防灭火工作体制改革重大部署的基本要求，也是落实加快建设甘肃省新型应急管理体系重要任务的实际举措。

【组建成立自然灾害应急技术研究院】6月12日，省减灾委员会决定组建甘肃省自然灾害应急技术研究院，6月30日下午，研究院揭牌仪式在兰州举行。甘肃省自然灾害应急技术研究院由省应急管理厅、省地震局、省自然资源厅、省水利厅、省地矿局牵头，在不新设机构、不新增人员编制的基础上，依托兰州岩土地震研究所、省地质环境监测院、省水利科学研究院等专业机构联合组建，参与组建的3家科研机构共有150名专业技术人员，以研究院为平台，以科研项目和技术服务为纽带，组成技术团队为全省防灾减灾救灾提供技术支撑。成立甘肃省自然灾害应急技术研究院是我省应急管理体制机制改革的创新举措，是整合现有资源，实施跨部门联动协作，提升自然灾害防治科学化水平的有益探索。研究院将立足我省自然灾害频发多发实际，充分发掘和利用现有科研基础、科技支撑平台和人才队伍等资源优势，重点开展地质、洪涝、地震灾害隐患识别、风险调查、监测预警、抢险救援、应急处置、综合治理、调查评估等关键技术研究服务。

【高层建筑消防安全治理为民办实事项目】年初，省政府确定在全省范围内实施高层建筑消防安全治理，并将此项治理纳入省列2020年为民办实事项目。作为项目牵头实施单位的省应急管理厅、省消防救援总队，高度重视全省高层建筑消防安全治理，认真贯彻省政府此次为民办实事工作部署，立足自身职责，紧盯目标任务，全力推进实施。全省14个市州及兰州新区已全面完成装备器材配发任务和人员培训工作，共计投入经费约2.97亿元，为10万户高层住宅居民家庭配备了火灾应急器材箱和逃生缓降装置，为街道社区和高层建筑微型消防站配备了2000部调度指挥终端、2000套逃生气垫，为1392个街道社区微型消防站配齐配强了器材装备。同时，拟配备举高消防车的20个县区，均由应急部门或消防救援机构签订了采购合同，生产厂家正在进行车辆改装。为深入动员各级各相关部门坚持以人民为中心，积极推动高层建筑消防安全治理为民办实事办好办实，省应急管理厅、省消防救援总队根据省政府关于该项目的部署安排，进一步分解任务，细化措施，提出要求。在项目实施过程中，要求各级各相关部门想方设法克服财政困难，采取多种措施筹集经费。明确要统筹协调推动，尽全力减少疫情影响，全面推进项目实施。通过对该项目高站位部署，打造试点样板引导，坚持跟踪督导问效，特别是3次开展检查督导，深入各地分析项目进展形势，不断总结经验，注重发现和解决矛盾问题，及时督导协调解决，确保项目达到预期目标，全面提升全省高层建筑消防安全水平。

【设立全国首家公共应急频道】针对如何提升全民性安全宣传教育效果的问题，坚持“面向公众、服务社会，优势互补、共建共享，探索创新、融合发展”，与甘肃广播电视总台合作打造全国首个省级应急专业电视频道——甘肃电视台公共应急频道。经国家广电总局批准，2021年2月频道正式成立，5月11日正式开播。省委、省人大、省政府、省政协、省军区相关领导出席开播仪式，应急管理部发来贺信。截至目前，共开播《公共应急新闻》《问安陇原》《消防视线—蓝盾》《消防视线—火线》《守护者》等5档应急栏目，播出新闻165期，专题节目203期，合计总时长5520分钟，还将陆续推出《应急大讲堂》《对话新空间》《应急十八班》等专题栏目。频道电视网络传输信号覆盖全省95%以上城镇人口，收视率位居省内10个频道第1，全国93个频道第4，已成为甘肃地区覆盖最广、收视率最高、收视人群最多的省级电视媒体。入围国家广电总台“智慧广电示范案例”。

【深入开展安全生产专项整治三年行动】按照国家统一安排部署，指导印发《甘肃省安全生产专项整治三年行动计划》，在国家总体方案基础上增加了“安全生产‘强基固本’三年行动专题方案”；成立省级领导小组，组建工作专班，制定了联席会议、统计分析、监督检查、约谈通报、考核评价等五项工作制度；督促指导全省14个市州、兰州新区、86个县区和省住建、交通、工信、水利、文旅、市场监管等行业领域制定实施方案；组织3个督查组深入各地开展检查，抽查了6个市州的9个县区、42个生产经营单位。个人先后赴白银、金昌等地开展深度调研，指导市州、县区推进三年行动深入开展，从责任体系、整治措施、工作方法、长效机制等方面进行详尽的指导，要求各地要把三年行动当作基本功、下好先手棋，搞好行业“大合唱”。目前，专项整治三年行动已取得阶段性成效，正在全省上下持续深入开展之中。

【建立化工园区专家指导服务制度】深入实施专业化隐患排查治理，率先在全国建立化工园区及危化品重点县安全咨询专家组工作制度，聘请63名专家在化工园区、危化品重点县开展经常性技术指导、隐患排查和安全服务，在全面总结分析2019年安全咨询专家组指导服务工作的基础上，通过优化调整专家队伍，突出指导服务时效，加强安全咨询专家组制度建设、调度管理，先后制定出台了《甘肃省化工园区及危险化学品重点县安全咨询专家组管理办法（试行）》5份制度性文件，综合运用定期调度、跟踪指导、督办落实等方式，有力推进专家指导服务发现问题的及时整改，有力提升了企业自身安全管理水平。各地共组织安全咨询专家组指导服务159次，累计指导服务企业491家/次，开展培训46次，累计培训2867人次，检查发现问题5354个，目前完成整改3445个，指导服务取得了显著效果。委托第三方技术服务机构，对全省8个危险化学品重点地区的67家危化企业开展专家指导服务，共发现隐患4369项，其中重大隐患467项，发现问题及时向市县应急部门进行交办，督促企业整改。

【组织开展“两个意见”专项督查】着眼推进应急管理体系和能力建设现代化，甘肃省委省政府2019年出台了《关于加快建设全省新型应急管理体系的意见》和《关于全面加强自然灾害防治能力建设的意见》，提出了建设新型应急管理“六大体系”（专业化的安全生产隐患排查和风险防控体系、科学化的企业本质安全体系、标准化的事故灾害防护设施体系、实战化的应急指挥体系、专兼结合的应急救援力量体系、全民性的事故灾害防范教育体系）和实施自然灾害防治“九大工程”（灾害风险调查和重点隐患排查工程、重点生态功能区修复工程、地震易发区房屋设施加固工程、防汛抗旱水利提升工程、地质灾害综合治理和移民搬迁工程、应急救援中心建设工程、自然灾害预警信息化工程、自然灾害防治技术装备现代化工程、全民防灾减灾能力素质提升工程）的目标任务。

为推动各地工作开展，从整体上提升全省应急管理工作水平，2020年，甘肃省将“两个意见”贯彻落实情况督查纳入了省委省政府年度督查检查考核计划。省安委会省减灾委牵头组织对“两个意见”贯彻落实情况开展了专项督查，并对安全生产专项整治三年行动、高层建筑消防安全治理为民办实事项目开展情况进行了督查。此次督查在部署准备环节上，提前下发督查通知，明确督查内容、方式、要求等，督促各市州先行开展自查，发挥以督促干、以督促快的作用；在实地检查环节上，采取听取汇报、查阅资料、座谈交流、询问谈话、实地检查等多种方式，共检查了6个市州，抽查了9个县区、42个生产经营单位、消防安全重点单位和灾害防治相关项目，对其他市州进行了的书面督查；在总结提升环节上，召开专题会议，听取各组督查汇报，对发现的工作经验、突出问题进行系统梳理、深入研究，对运用好督查成果，有针对性地加强下一步工作提出要求。

（朱家旭）

社会事业

科技

【概况】2020年，全省科技进步对经济增长的贡献率达到55.1%。全年共登记科技成果2140项，比上年增长44.7%。共登记各类技术交易合同7403项，增长25.0%；技术合同成交额233.16亿元，增长18.7%。高新技术企业数量达到1229家，增长17.6%。面对新冠肺炎疫情的严重冲击，按照全省科技创新大会的谋篇布局，进一步落实新时代科技改革发展的战略部署，坚决贯彻落实一手抓新冠肺炎疫情防控、一手抓经济社会发展的总要求，深入实施创新驱动发展战略，聚焦科技生态环境建设和科技创新治理能力提升，紧盯全省中心工作，深耕科技创新创业，助力打赢脱贫攻坚战，促进科技成果转移转化，强化技术创新体系，加快提升企业技术创新能力，持续提升产业基础能力和产业链现代化水平，以高水平科技供给，有力支撑了全省经济社会高质量发展。

【国家政策支持】在科技部的大力支持下，平凉国家农业科技园区、兰州新区国家装备制造高新技术产业化基地、能源装备国家专业化众创空间等平台获批建设。为进一步争取国家倾斜支持，聚焦核产业发展、敦煌文物保护、黄河流域高质量发展，先行布局“预备队”，组建了甘肃省同位素实验室等3个面向国家战略需求的创新平台。

【科技创新生态】从科技政策供给入手，出台《关于进一步激发创新活力强化科技引领的意见》等政策措施，持续加大财政科技投入，加大对科技创新活动的激励力度。部门协同推进科技创新，省科技厅与省交通运输厅、省政府国资委分别签署科技合作协议，联动配置科技资源。面向国内外实行科研项目“揭榜挂帅”组织方式，开展核心关键技术攻坚行动。探索多元化科技成果转化模式，认定兰州大学白银产业技术研究院等24家新型研发机构。推进省级科技计划管理改革，按照“不来即享”的思路，调整省级科技计划项目管理流程，建立了“常年受理、定期评审、分批下达”的项目管理新模式，安排资金3.9亿元，组织实施科技重大专项等年度科技计划。改革省级科技奖励政策，增设特等奖。协调完成国家科技成果转化引导基金创业投资子基金—白银科键基金二期出资。首次开展“全省科技工作先进集体”“全省科技工作先进个人”评选，授予32家科技领域单位、87名科技工作者荣誉称号。

【区域创新高地】聚力推进“兰白两区”创新发展，组织开展“兰白两区”张江行活动，签订8项合作协议。会同上海张江在线举办首届“张江·兰白服务企业直通车暨兰白试验区、兰白自创区专场线上推介会”，线上参加近31万人（次）。举办第五届兰州科博会，签订科技成果转移转化与技术交易项目258项、金额19亿元，签订科技产业投资项目25个、金额46.7亿元。举办第九届中国创新创业大赛（甘肃），第五届中国创新挑战赛（兰州），签订产学研合作项目42项、金额3735万元。兰州、白银高新区申报的中央支持创新创业特色载体获得国家资金9700万元。兰州、白银高新区和庆阳农业科技园区参与“百城百园”行动，获得支持资金1200万元。督促全省9家高新区提升产业品质、优化营商环境，推进建设6个省级创新型县（市、区）。

【科技战疫】新冠肺炎疫情发生后，打破常规科技项目组织方式，紧急启动应对新冠肺炎疫情科研攻关特别专项，安排1000万元科研经费，组织34个课题，开展疫情应急防治技术攻关，在检测试剂盒研发、“甘肃方剂”研究、CT影像诊断技术标准、心理防护等方面取得积极成果，为打赢疫情防控阻击战贡献了甘肃科技力量。实施系列纾困举措，帮助科技型中小企业共克时艰。与财政、税务部门共同开展科技型中小企业研发成本补贴，积极帮助企业应对疫情冲击，对862家复工复产有显著带动作用的科技型中小企业，支持研发费用补助资金7740万元。优化管理方式，简化业务办理流程，推动20家创新创业孵化机构减免租金和孵化服务费554万元，加速入孵企业有序复工复产。组织申报科技部“科技助力经济2020”重点专项50项，获国家支持资金3000万元。

【脱贫攻坚】按照“一县一产业一项目”的模式，全覆盖支持58个集中连片特困县示范应用综合集成技术和先进实用技术成果，引进新品种70多个、推广示范先进实用技术170余项。设立东西部扶贫协作专题，通过双方合力支持，加大东部新技术、新成果在我省的承接和转移转化力度。在财政资金的杠杆撬动下，共吸引东部4市支持科技援甘项目44项、资金1.4亿元。协调抗疫物资，助力贫困地区打赢疫情防控阻击战。出台办法，遴选首批省级科技特派员359名。与东部省市联合认定东西部“双地”科技特派员254名，基层科技人才引进实现“不求所有，但求所用”。

【科技资源布局】从编报指南入手，联合省外优势科研团队，积极争取国家重大科技项目布局，获得各类国家科技计划项目（课题）798项，争取科研资金6.4亿元。围绕十大生态产业发展、寒旱农业、生态屏障保护等重点方向，组织实施科技攻关，布局13项科技重大专项，以科技创新驱动引领产业发展和生态文明建设。突出改善科研基础条件、优化科技创新环境目标，组织中央引导地方科技发展专项资金项目28项。构建科技型企业梯次发展体系，对省级科技企业孵化器、众创空间开展绩效评估。入库科技型中小企业1194家，较上年增长76.1%，入库企业享受研发费用加计扣除5.3亿元。在特色优势领域布局15家省级临床医学研究中心。联合6部门出台意见，实施科技创新支撑平安甘肃建设。推动省级文化和科技融合示范基地建设，支持建设"甘肃省非物质文化遗产传承保护创新坊"。压茬跟进兰白自创区创建国家科技成果转移转化示范区，兰州、白银、金昌、张掖、定西等省级示范区建设在路径选择和发展目标上形成示范。

【基础研究】加入国家区域创新发展联合基金，同位素国家重点实验室等创新基地创建工作取得积极进展。优化我省基础研究学科布局，建设12家省重点实验室，7家省野外科学观测研究站，首次启动建设3家省科学数据中心，建设甘肃应用数学中心，成立甘肃省同位素实验室事业单位。成立领导小组，制定管理办法，协同保障第二次青藏高原综合科学考察研究在我省行政区域内顺利实施。制定《甘肃省科技创新创业人才队伍建设规划（2021-2023年）》，6人入选国家创新领军人才计划，选聘生态产业特聘科技专家9名，遴选省拔尖领军人才20人。

【国际科技合作】推进"一带一路"技术制高点建设，制定《甘肃省加强创新能力开放合作实施意见》，推进以科技创新为核心的开放合作。立足"一带一路"区位优势，线上线下开展中俄科技创新年活动，承担国家科技援助项目和政府间合作项目7项，实施国列高端外专项目18项；新认定省级国际科技合作基地和引才引智基地各10家，搭建了国家、省、市（州）三级引智示范基地框架。我省科技创新及引才引智成果，荣获第18届中国国际人才交流大会最佳展示奖。优化外国人来华工作许可办理流程，扩大告知承诺制范围，采取不见面审批等方式，受理办结外国人来华工作许可423件。

（何建武）

教育

【概况】2020年，全省共有各级各类学校1.55万所，在校生534.8万人，教职工42.8万人，专任教师37.8万人。其中，幼儿园8089所，在园幼儿95.83万人，专任教师5.3万人；普通小学5252所，在校生200.91万人，专任教师15.1万人；普通初中1472所，在校生87.41万人，专任教师8.1万人；普通高中364所，在校生51.58万人，专任教师4.6万人；中等职业教育学校184所，在校生19.46万人，专任教师1.4万人；特殊教育学校44所，在校生2.15万人，专任教师1092人；普通高等学校50所，本专科在校生58.11万人，专任教师3.1万人；研究生培养机构（不计校数）14个，研究生4.85万人，专任教师104人；成人高等学校5所，成人本专科在校生6.44万人，专任教师386人；民办非学历教育机构32个，专任教师227人；其他各类高等学历教育在校生8.07万人。

【党建思政】甘肃省委教育工作领导小组召开2次全体会议，举办全省高校书记校长政治建设与能力提升专题培训班。制定《甘肃省教育系统党委（党组）意识形态工作责任制实施细则》，省委教育工委、省教育厅党组分别与32所省属高校、21个厅直属单位签订意识形态工作责任书。完成28所高校46个软弱涣散基层党组织整顿工作，在教育系统创建2788个标准化支部，13个高校党支部被列为全国党建工作样板支部。高校党支部书记"双带头人"配备比例达到92%。成立甘肃省大中小学思政课一体化建设委员会。

【教育脱贫攻坚】教育脱贫攻坚任务全面完成，实现"义务教育有保障"的目标。控辍保学实现动态清零，义务教育有保障社会满意度99.6%。职业教育形成"培训一人、脱贫一户"的技能扶贫模式。高等教育形成"一校一县"对口帮扶机制。农校对接试验区搭建起贫困地区农产品直供高校食堂的平台。建成乡村小规模学校1396所、乡镇寄宿制学校633所。完成省政府为民办实事"温暖工程"575个项目、"周转宿舍"47个项目建设任务。为每名建档立卡贫困大学生提供3个以上的就业岗位，2020届建档立卡贫困家庭大学毕业生初次就业率80.5%。2020年下达中央和省级财政学生资助补助经费36.1亿元、惠及240.1万名学生。

【教育综合改革】出台《甘肃教育现代化2035规划纲要》《甘肃省加快推进教育现代化实施方案（2020—2023年）》《甘肃省关于深化新时代教育督导体制机制改革的若干措施》《甘肃省深化教育教改革全面提高义务教育质量实施方案》《甘肃省关于新时代推进普通高中育人方式改革的实施意见》《甘肃省产教融合型试点建设实施方案》《甘肃省一流本科专业建设规划方案》《甘肃省一流本科课程建设实施方案》等一揽子改革政策，系统推进育人方式、办学模式、管理体制和保障机制改革。

【学前教育】全省学前三年毛入园率达到93%。完成423所城镇小区配套园治理。新增普惠性学位9万余个，普惠性幼儿园覆盖率达到91.2%。修订《普惠性民办园认定扶持管理办法》，完成186所无证园治理。评审认定省级示范性幼儿园21所，总数达到116所。开展首届原创幼儿故事绘本素材征集活动，形成甘肃特色"学前教育绘本"。

【义务教育】全省九年义务教育巩固率达到96.6%。实施学位扩优计划，全省义务教育阶段学校56人以上大班额比例下降到0.44%，66人以上超大班额全部消除。全省进城务工人员随迁子女在公办学校就读的比例达到

99%。留守儿童关爱服务体系不断健全。全省所有县市区全部实现均衡发展目标。

【高中阶段教育】全省高中阶段毛入学率达到95%。实施高中阶段教育普及攻坚计划，投入中央和省级补助资金4.2亿元，改善200所普通高中学校办学条件。省级示范性普通高中达到65所，普通高中特色实验校达到89所。省级中职示范校达到43所，国家级中职示范校达到23所。

【高等教育】全省高等教育毛入学率达到44%。教育部、甘肃省政府召开部省合作整省推进职业教育发展打造“技能甘肃”启动大会。3所高职院校进入国家“双高”建设计划。全省26个职教集团中3个被认定为国家首批示范性职教集团。教育部连续将甘肃省列为职教改革成效明显并予以支持的5个省份之一。省属本科高校8个学科排名进入全国同类学科前30%，获批国家级一流本科专业建设点67个、一流本科课程36门。新增博士硕士学位授权点80个。发布《甘肃省高校新文科建设“十项行动”》，2个基地获批国家基础学科拔尖人才培养基地，32个项目获批教育部新工科、新农科研究与改革实践项目，28个本科专业通过国家工科或医学专业认证评估。出台《甘肃省促进高校毕业生就业创业若干措施》，2020年全省高校毕业生初次就业率75.51%。

【民族教育】出台《甘肃省加强民族地区学校国家通用语言文字教育工作方案》和《甘肃省中小学三科统编教材“铸魂工程”实施方案》，全省民族地区义务教育阶段学校语文、历史、道德与法治三科全部使用统编教材，一年级和七年级其他学科全部使用国家通用语言文字版教材。在全省教育系统培育23个民族团结教育实践示范基地。甘肃民族师范学院等3所学校被评选为国家民族团结进步示范单位。

【民办教育】出台甘肃省加快支付学前教育减免保教费资金的政策，将非营利性民办幼儿园纳入房租减免、免征、减征和缓缴社会保险费等政策享受范围。完成5114所民办学校（含非学历教育培训机构）年检工作，其中年检优秀学校1018所、合格学校4003所，依法注销不合格学校72所。

【特殊教育】全省随班就读资源中心达到86个、随班就读资源教室196个，超过30万人口的县（市）独立设置特教学校目标实现。全省所有市州均成立了特殊教育指导中心，所有县区均成立残疾人教育专家委员会。全省残疾儿童少年义务教育入学率达96.8%。

【语言文字】实施推普脱贫攻坚和“学前学会普通话”行动。召开省属高校语言文字工作达标建设推进会。全省中小学、幼儿园、中职学校建成语言文字达标校14596所，省级语言文字规范化示范校达1206所，评选12个省级语言文字推广基地。2020年全省普通话普及率达到83.82%。

【教育合作交流】甘肃省政府与中国矿业大学签署省校战略合作协议，与甘肃省建立战略合作关系的国内一流大学达12个。省政府与国家铁路集团有限公司签署共建兰州交通大学协议。甘肃省教育厅与内蒙古、陕西、青海等省份签署教育合作专项行动计划。举办2020年度“一带一路”高校联盟论坛和第一届“一带一路”百校结好线上美术书法艺术展活动。召开全省教育外事工作会议。兰州理工大学与乌克兰文尼察国立技术大学共建孔子学院获批，全省高校在境外共建孔子学院数量达到7所。

【考试招生】制定规范民办中小学招生入学工作的政策，实行公办民办中小学同步招生。出台《甘肃省高考综合改革工作推进方案》《甘肃省关于进一步深化高考加分改革工作的实施方案》。召开全省高考综合改革工作推进会议，甘肃省高考综合改革2021年秋季启动。出台《甘肃普通高中学生综合素质评价实施办法》《甘肃省普通高中学业水平考试实施办法》。建立“文化素质+职业技能”的职业教育高考制度。2020年全省高考录取率达到85.2%。

【体育美育劳动教育】制定《甘肃省关于全面加强新时代大中小学劳动教育的若干措施》《甘肃省关于深化体教融合促进青少年健康发展的实施意见》，推动创建学校体育“健康知识+基本运动技能+专项运动技能”教学模式。新增全国青少年校园篮球特色学校52所（总数达到131所）、校园排球特色学校52所（总数52所）、校园冰雪特色学校37所（总数达到66所）、全国青少年校园足球特色学校140所（总数达到890所）、全国足球特色幼儿园114所（总数达到276所）、全国青少年校园足球试点县1个（总数达到6个）、全国青少年校园足球“满天星”训练营1个（总数达3个）、全国青少年校园篮球“满天星”训练营1个。

【教师队伍】全省小学、初中、高中专任教师合格率分别达到99.99%、99.95%、97.16%。出台《甘肃省中小学教师减负清单》。实施师德违规情况报告备案制度。出台《甘肃省省属师范类本科院校公费教育实施办法（试行）》，依托西北师范大学招收400名公费师范生。近16万乡村教师每月享受到不低于400元的生活补助。2020年培训教师11.8万人次。评选97名省特级教师（总数达到1359名），评选省级陇原名师16名（总数达到201名）、省级骨干教师104名（总数达到3000名）和省级农村骨干教师188名（总数达到10000名）。实施人才工作“五个一”计划，2020年全省拔尖人才评选教育系统占56%，高校人才流失引进比例由5年前的1∶3.3下降到1∶7。

【教育信息化】全省中小学互联网接入率达100%，实现数字教育资源全覆盖。召开全省教育信息化暨厅长突破项目推进会。在全省建设14个智慧教育示范区、84个智慧教育标杆校。

【教育投入】2020年全省一般公共预算教育经费（包括教育事业费，基本建设经费和教育费附加）达到662.99亿元。2020年中央财政累计下达我省教育专项经费113.75亿元。2020年共发行地方政府教育专项债券5.7亿元，支持11所省属本科和高职院校改善办学条件。下达省属高校政府债务救助和高校化债以奖代补专项资金30389万元。

【疫情防控】省政府组织召开全省教育系统应对疫情防控工作会议2次，成立全省教育系统应对新冠肺炎疫情防控领导小组，组建6个专责组，印发“一个意见四个方案”（应对新冠肺炎疫情做好开学工作的指导意见和高等学校、中小学校、托幼机构及校外培训机构指导方案），召开疫情防控工作领导小组会议17次。构建起医疗卫生机构、学校、家庭一体化防控体系，全省学校复学复课走在全国前列，全省校园未发生疫情。

【法治教育和学校安全稳定】出台《甘肃省专门学校建设方案》。全省法治副校长配备率达90.89%。甘肃省十三届人大常委会通过《甘肃省中小学安全条例》。出台《全省教育系统安全管理专项整治三年行动实施方案》《学校安全管理包抓机制工作方案》《全省教育领域专项整治实施方案》等一揽子维护教育系统安全稳定的政策措施。全省学校食堂实现100%“明厨亮灶”，专兼职保安员配备率达到77.2%、报警系统配备率达到81.02%、视频监控系统配备率达到94.12%，中小学、幼儿园校园封闭化管理基本实现100%的目标。

（张永华）

文化旅游

【总体概况】2020年，全省文化旅游行业按照习近平总书记“要利用独特的文化遗产和自然遗产优势，统筹旅游资源保护和开发，完善旅游设施和基础服务，放大文化旅游业综合效应”，以及“将敦煌研究院建设成为世界文化遗产保护典范和敦煌学研究高地”“铸就中华文化新辉煌”等重要指示精神，努力肩负起文化旅游服务“一带一路”、构筑新时代精神高地、建设文物保护传承典范的历史使命和时代责任，面对疫情迎难而上，围绕做好“六稳”工作、落实“六保”任务，推出一系列复工复产有效措施，着力推动文化旅游高质量发展。全年共接待游客2.13亿人次，实现旅游综合收入1455亿元。

【行业规模】2020年底，永靖炳灵寺世界文化遗产旅游区正式列入国家5A级旅游景区名单。截至2020年底，全省累计建成A级景区357家，其中，5A级景区6家，4A级景区107家，3A级及以下景区244家。共有星级饭店397家，旅行社747家，持证导游10862人。世界文化遗产7处、全国重点文物保护单位132处；公共图书馆103个、文化馆103个、乡镇综合文化站1228个，乡村舞台16865个；娱乐场所1545家、互联网服务场所1406家；国家级非遗项目68项，各类非遗扶贫就业工坊106家。

【文旅产业复工复产】坚持把疫情防控放在第一位，强化联防联控各项责任，及时组织暂退全省旅行社质保金1.2亿元。制定《甘肃省文旅行业疫情防控手册》、开展“陇上花开·乡约甘肃”乡村旅推介等活动、提前下达1亿元乡村旅游建设补助资金等，千方百计降低疫情对文化旅游业影响，全力支持乡村旅游率先复工复产。多次召开全省文旅企业疫情防控会议，先后向全省文旅企业发出《关于积极做好新型冠状病毒感染肺炎疫情防控工作的倡议书》《关于助力旅游企业渡过难关的倡议书》，征集《勇者无畏战“疫”有为—兰州创意文化产业园抗“疫”案例》等抗疫优秀案例，供各企业学习借鉴。坚持把文旅产业项目建设作为拓展存量、创造增量，推动复工复产的有力举措，在天水市组织召开全省文旅产业项目建设推进会，签约金额76.17亿元，融资授信额度达37.5亿元。组织召开全省文旅企业“六稳”“六保”座谈会、甘肃文旅企业家座谈会，对141家文旅企业开展调研，精心筛选兰州市榆中县生态创新城康养小镇建设项目等10个项目，先后联合人民银行兰州中心支行等金融机构，加大对文旅企业（项目）金融信贷支持，全力为中小微文旅企业保驾护航、纾困解难。

【宣传推广】坚持在常态化疫情防控前提下开展推广营销工作，采取优先启动省内旅游市场、灵活开拓周边客源市场与迅速恢复跨省游市场相结合的方式，创造性开展宣传营销活动。完成“你是人间四月天”—甘肃文旅致敬医务人员健康休养活动、“联通陆海丝·助推双循环”—甘肃文旅“环西部火车游”主题推广营销活动和“丰收了·游甘肃”冬春文化旅游惠民活动等三大主题推广营销活动，其中“丰收了·游甘肃”冬春文化旅游惠民活动入选2020年度中国旅游影响力品牌案例。积极参与“疫去春来·江山多娇”全国精品主题旅游线路征集展示活动，“大梦敦煌·丝路经典”“千里风情·黄河水韵”等4条主题旅游线入选全国百条精品旅游线路。优选读者杂志等8家省内外优质广告平台进行省市整合宣传，重点在文旅融合、乡村旅游、大型主题活动和常态化发布旅游产品线路等方面共同开展主题宣传，讲好甘肃文旅故事，传播甘肃文旅声音。与人民日报、新华社等省内外30多家媒体建立长期合作关系，大流量进行文化传播和旅游宣传推广，全年媒体发稿量达8000多篇（条）。组织开展甘肃文旅与携程集团“激发消费潜力·促进消费升级”合作，全方位共同开拓甘肃旅游市场；召开全省三大旅游联盟工作会议，促进联盟成员单位和全省重点文旅企业抱团发展；联合甘肃银行推出甘肃“城市印象”系列信用卡，开展吃、住、行、游、购、娱等优惠活动；授权第三方公司设计推出如意甘肃彩车系列文创产品，放大“交响丝路·如意甘肃”彩车的宣传效应；组织修订印发《“引客入甘”补贴实施办法》，充分激励各相关文旅企业创新方式方法开挖掘拓市场；邀请中央电视台科教频道《味道》栏目组制作播出“兰州美食”、《味道·我的家乡菜·定西篇》等专题节目。

【对外文化旅游交流】2020年初，组织全省6个艺术院团286名演职人员，组成7个艺术团组，分别赴美国、法国、荷兰等14国23个城市举办2020年“欢乐春节”活动，演出44场，现场观众达5万多人次，创甘肃文旅走出去新高。积极参加2020“中国文莱旅游年”和“中国马来西亚文化旅游年”开幕式及系列宣传推广活动，进一步巩固东南亚旅游客源市场。受疫情影响，及时调整对外文旅交流工作方式，相继推送抗疫题材宣传片《四海一家》、甘肃文旅宣传片、甘肃文旅图片展以及《丝路花雨》《相约千年》等经典剧目宣传片，在巴黎中国文化中心官网、推特、影格等新媒体上线。借助文旅部打造的“云游中国”品牌活动，策划推出“云享甘肃”品牌栏目，通过“畅游丝路”“陇原遗韵”“陇原食韵”“陇原艺韵”系列的展示，多维度地向我驻新加坡、泰国、德国等20多个国家使馆、中国文化中心、旅游办官网及FaceBook、Tiktok、YouTube等新媒体推广宣传并积极建立合作交流意向。做为主宾省在线参与“澳门世界旅游经济论坛”，参加“中国——阿联酋旅游线上合作论坛”“中阿文旅产品数字展”活动、海峡两岸旅游交流协会主办的2020台湾“美丽中华”线上系列——“陆上丝绸之路之旅”推广活动；委托西班牙甘肃商会、泰国甘肃商会参加2020西班牙国际旅游交易会和第26届泰国国际旅游展，大力开展甘肃文旅对外宣传工作。举办首届丝绸之路（甘肃）国际微视频展暨首届中国（甘肃）青年短视频创作精英挑战赛、首届“一带一路”百校结好美术书法艺术展活动、“纪念敦煌莫高窟藏经洞发现120周年国际书法邀请展”“上合组织成员国共同佛教遗产展”“一带一路美丽乡村论坛”，与日本秋田县县厅共同策划举办“走近丝绸之路上的明珠——魅力甘肃文化旅游图片展”，参与“2020中日旅游在线商洽会”、2020中国国际旅游交易会、东盟博览会、上海进博会等及其他在国内举办的国际文化旅游会展，有效提升“交响丝路如意甘肃”的海外影响力和知名度。积极申请加入“港澳青少年内地游学联盟”，推荐选送敦煌市莫高里工匠村——非遗保护传承基地“敦煌泥塑，敦煌壁画古法临摹体验”项目，入选2020年度港澳青少年内地游学产品。敦煌市成功入选2021年“东亚文化之都”。

【乡村旅游和文旅扶贫】成功举办全国乡村旅游与民宿工作现场会、“一带一路”美丽乡村国际论坛。2020年，完成268个乡村旅游示范村、10个乡村旅游样板村、30个乡村旅游重点村和新建150个乡村旅游合作社的建设任务。全省71个旅游扶贫村中44个村编制完成乡村旅游扶贫专项规划。根据《2018—2020年脱贫攻坚财政资金安排计划》，着力改善贫困地区乡村旅游基础设施和公共服务设施条件，累计发展乡村旅游专业村1053个、合作社301个，农（牧）家乐19165户，培训村干部和乡村旅游从业人员3.6万人次，通过发展乡村旅游带动55.46万贫困群众实现脱贫。在文旅部的支持下，联合相关省区市成立“三区三州旅游大环线宣传推广联盟”、中国银行“三区三州”支行，在跨省区旅游扶贫协作方面走在全国前列，“美丽战胜贫困”成为全省脱贫致富的生动样本。陇南花桥村、通渭悦心书画村、平凉西沟村、甘南尕秀村、敦煌月牙泉村、榆中浪街村等一批乡村旅游重点村或示范村发展势头良好。2020年，全省乡村旅游接待人数8000万人次，实现乡村旅游收入237亿元。

【全域旅游】完成嘉峪关市、平凉市崆峒区、张掖市肃南县第二批国家全域旅游示范区初审验收工作；启动第二批省级全域旅游示范区验收认定工作。配合省交通运输部门持续推进景区连通道路建设，2020年全省基本实现崆峒山、嘉峪关、麦积山、鸣沙山—月牙泉4个5A级景区以一级以上公路与高速公路相连，4A级景区以一级公路与主通道相连。全省累计建设自驾车旅居车营地44个，总投资约37.3亿元。

【红色旅游】全省三条线路入选全国100条红色旅游精品线路。协调指导红色南梁大景区开展5A级旅游景区创建工作。对俄界会议旧址红色经典景区纪念馆进行改造提升，组织文旅企业为俄界会议旧址研发系列红色文创产品。宣传推介“五一”“国庆中秋”及暑期全省红色旅游产品线路，进一步提升全省红色旅游品牌知名度。

【招商引资】认真贯彻全省重大项目谋划暨招商引资工作会议精神，全面落实《营商条例》和“放管服”“不来即享”改革政策，推出一批具有一定投资规模、市场前景好、落地条件较为成熟的招商引资项目。坚持招大引强，主动加强与新奥集团、复星集团、依文集团、泰康集团、华侨城集团等国内大型民营和国有企业联系，签订文化旅游战略合作协议71个，签约金额276亿元。新奥集团投资200亿元的“敦煌奇迹世界”项目正式签约。组织省内各文旅企业共同发起成立甘肃文旅企业家俱乐部，创办刊发专栏文章18期，坚持参与公益慈善事业，践行企业社会责任。

【文化旅游产业】建立健全全省文旅企业名录库，储存文旅企业3902家。发挥绿色生态文化旅游产业发展基金引导作用，储备全省文旅产业发展基金项目542个，总投资达到2820亿元。兰州创意文化产业园创建国家级文化产业示范园区工作已通过文旅部实地验收考评。全省已建成嘉峪关文化旅游产业区、兰州创意文化产业示范园、敦煌文化产业示范园等一批有影响的文化产业园区。敦煌文化旅游经济圈、“读者印象”精品街区等重点项目和省列文化旅游重大项目建设有序推进。制定《甘肃省文化旅游消费提升行动计划（2020年）》，推动实施文化消费创新行动等“十大”行动，指导推进兰州、张掖消费城市试点工作，积极争取2020年度文化和旅游消费升级项目，促进试点城市文旅体商融合发展。

【智慧文旅建设】策划开展“甘肃文旅杯”国际短视频展与微视频创作大赛，近100个国家2000多部作品参赛。疫情发生后，发起《宅家游丝路》《快拍丝路快游甘肃》两次快手大V培养计划，#宅家游丝路#宅家看甘肃好风景#宅家听甘肃好故事#快拍丝路快游甘肃”4个话题挑战活动，累计创作发布短视频超过14428个、播放总量超过10亿次，开展直播超过1800场、在线观看人次超过2200万。举办网络宣传暨短视频创作推广培训班，建办“如意甘肃”网红直播孵化基地，实现网络宣传不断线、有创新、有突破。积极融入新华社民族品牌工程、携程“BOSS 直播带货”等活动，“引客入甘”直播带货累计达到 973 万元，有效带动全省贫困地区土特产品售卖增收。

【文艺创作与活动】疫情常态化防控下，组织全省文艺工作者开展“艺术战疫”文艺创作活动，创作 3600 多部（幅）涵盖戏曲、曲艺、舞蹈、音乐、美术、书法、文学等抗疫文艺作品，全网浏览量超过 1500 万次。5 月以来，组织开展 43 场现场、云展播“春绿陇原”文艺展演活动。举办甘肃省器乐大赛。“春绿陇原・黄河之滨”惠民演出共举办 1000 多场演出，200 多万群众和游客共享文化盛宴。话剧《七先生》入选文化和旅游部“2020 年度国家舞台艺术精品创作扶持工程”全国舞台艺术重点创作剧目，舞剧《彩虹之路》入围第十二届中国舞蹈“荷花奖”终评剧目。舞剧《彩虹之路》《大梦敦煌》《丝路花雨》、小品《你笑起来真好看》入选“百年百部”计划。甘肃美术馆《丝路丹青——甘肃美术馆馆藏作品精品展》、甘肃天庆美术馆《寸笺之道——清末民初名人书信交流展》首次入选文化和旅游部全国美术馆馆藏精品展出季活动和全国美术馆青年策展人扶持计划。打造“花开敦煌”“大路西行”和“朝圣敦煌”三大陇原美术创作品牌活动以及敦煌系列、黄河系列、长城系列、民俗系列实景演艺项目，《天下雄关》《天水千古秀》《问道崆峒》等大型旅游演艺进一步丰富全省演艺市场。

【公共文化与服务】全省公共图书馆年流通 907 万人次，人均到馆 0.34 次，突破“十三五”规划到 2020 年 0.31 次的指标任务；全省文化馆（站）年服务 2303 万人次，人均参与文化活动 0.88 人次，突破“十三五”规划到 2020 年 0.55 次的指标任务。全省 20 个改革单位完成理事会组建、章程制定等规定“动作”。全省县级文化馆分馆覆盖 919 个乡镇、图书馆分馆覆盖 945 个乡镇。在陇南市举行由中央文明办、文化和旅游部、中央广播电视台联合主办的“央视频号文化志愿者专列”贫困地区文化旅游资源直播推介活动。全面完成旅游厕所管理新三年规划，2018—2020 年再新改建旅游厕所 2880 座，超额完成计划任务。全年共开展公共数字文化项目 32 项，戏曲进乡村演出 5988 场次，为基层 1760 个行政村（贫困）配置价值 3520 万元的文化器材，约 2.1 万件套，有效提升基层公共文化设施水平，丰富基层群众文化生活。

【非物质文化遗产保护】通过“陇上非遗”公众号、“陇非”抖音号、视频号和市（州）县（区）网站及微信公众号，用非遗作品宣传疫情防护知识、宣传抗疫一线医护人员等先典型。深度参与 2020 年“文化和自然遗产日”—“非遗购物节”相关活动。《甘肃非遗辞典》编纂工作完成。全省 106 家非遗扶贫就业工坊吸纳就业人口 5083 人，其中建档立卡贫困户 1255 户 2078 人。设计并细化的“交响丝路非遗之旅”和“涛涛黄河非遗之旅”2 条行程线路，均入选中国旅游报组织的“全国非遗主题旅游线路征集宣传活动”，成为全国唯一入选两条线路的省份。与腾讯云计算有限责任公司达成战略合作，共建甘肃省非物质文化遗产大数据平台；积极推动兰州文理学院加快丝绸之路非物质文化遗产博览中心建设工作。

【文化旅游商品】加强文化旅游商品研发力度，落实奖励扶持政策，全省文化旅游商品和文创产品达到 1500 种以上。组织省内 130 多家文旅企业分别参加青海 2020 文化产业和旅游产业融合发展高峰论坛、第二届中国（甘肃）中医药产业博览会、山东首届中国国际文化旅游博览会、2020 重庆国际文化旅游产业博览会和第 15 届中国义乌文化和旅游产品交易博览会等，展出文创产品、旅游商品 76 类 280 多个系列。嘉峪关“雄关万年历香薰拼接组合”获得 2020 中国旅游商品大赛银奖；甘肃华晨文化发展有限公司研发的“敦煌故事自在——旅行套装系列”获得铜奖，甘肃省文旅厅被大赛组委会授予突出贡献奖。在 2020 中国特色旅游商品大赛，荣获 2 金 6 银 4 铜和最佳贡献奖，甘肃省旅游协会被授予突出贡献奖。敦煌研究院已取得注册商标 108 个，省博物馆文创中心拥有注册商标 2 个。

【市场管理和安全生产】加大疫情防控措施检查力度，高频全覆盖防控排查筑牢全省文旅行业疫情防线。先后组织“雷霆行动-2”“暑期整顿”“利剑行动”“旅游市场专项整治”“市州交叉检查”等专项行动，对各地文化娱乐场所、互联网上网服务营业场所、A 级旅游景区、星级饭店以及出版物市场、演出市场、艺术考级等领域开展全覆盖排查整治。全省各级文化市场执法机构全年累计检查文旅经营单位 6.6 万家次；派出各类检查组 1500 余个，检查文化旅游经营单位 28000 余家次，强化隐患排查整治，在张掖市七彩丹霞景区举行全省文旅行业突发事件综合应急演练并开展安全生产培训，有力保障文旅产业健康有序发展。

【行业服务质量提升】结合全省旅游企业特点和行业信用综合评价需要，对全省 68 家经营出境旅游业务的旅行社、104 家 4A 级以上的景区、94 家四星级以上的星级饭店进行第三方信用等级评估，根据评定结果实施信用分级管理。举办文旅行业执法骨干能力提升专题培训班、全省星级饭店服务质量提升培训班、全省旅游监管服务平台使用培训、全省文旅行业行政审批培训班、全省导游员服务技能培训班，组织开展第六届全省导游员服务技能大赛，通过培训和竞赛有力提升旅游从业人员服务技能。

【文旅队伍建设】组织全省艺术系列职称评审成果展演和书画、摄影作品展览，集中展示近年来全省艺术人才培养取得的最新成果；组织“百名专家基层人才建设调研行”活动，开展基层文旅人才建设调研交流，进一步优化职称评审机制；全年共组织扶贫骨干、“三区计划”文化工作者等各类专项培训 50 期 6000 余人。

（张萌）

卫生健康

【概况】2020年，全省认真贯彻落实习近平总书记一系列重要讲话精神和省委省政府决策部署，把疫情防控当作压倒一切的政治任务来抓，采取超常规、强有力的防控措施，以快人一步的防控措施、科学精准的防控策略、全国领先的防控成效，有力有序有效阻击疫情扩散蔓延，疫情防控工作取得了决定性成效。在做好疫情防控工作的同时，紧紧围绕“优省市、强县区、活乡社、稳村组，优化体系链条”和“强管理、重规范、优服务、抓细节、补短板、提质量，优化服务链条”的总体思路，将健康扶贫作为工作的重中之重，圆满完成了基本医疗有保障的底线性任务，统筹兼顾，狠抓其他重点工作推动落实，卫生健康事业各项工作取得了积极进展。

【疫情防控】全力以赴、科学精准开展防控救治工作，以“快、先、准、实”的举措，全力阻断传播途径，有效遏制疫情扩散蔓延，全省未发生三代病例和社区传播，医疗机构和医护人员零感染。充分发挥中医药优势，成立101个中西医结合专家团队，创新实施中医药全程参与、省级专家会诊研判、重症“四集中”救治等救治措施，确诊患者治愈率达98.6%，长期全国领先，人均治疗费用、平均住院时间优于全国平均水平。2月21日，在全国率先下调应急响应级别，恢复正常生产生活秩序，为全省经济社会发展提供有力保障。全面公开信息的做法得到五星好评，利用信息化助力疫情防控工作被评为全国十大医疗健康类数字化转型成功案例。选派796名精兵强将出色完成驰援湖北任务，取得零感染、零扩散、零病亡的优异成绩。累计完成伊朗、沙特、俄罗斯、英国等国14架次入境航班；3208名入境人员隔离留观救治任务，取得了零扩散、零感染、零病亡的优异成绩。全省256家医疗卫生机构具备核酸检测能力，实现所有三级综合医院、传染病专科医院和县域内至少1家县级医院具备核酸检测能力。央视“新闻1+1”主持人白岩松与甘肃省连线采访，钟南山院士与甘肃省专家团队远程视频交流，都对甘肃防控成效给予点赞好评，得到了社会各界充分肯定和高度认可。

【健康扶贫】完成8个贫困县摘帽复核验收工作，甘肃省75个贫困县13995个村卫生室、1150所乡镇卫生院和75家县级医疗机构均达到分类建设标准并配备合格医生，实现贫困人口看病有地方、有医生的总体目标，全面完成脱贫攻坚底线性任务。为全省833所万人以上乡镇卫生院配备心电图机、生化分析仪、彩超和DR机。“实施四个一批计划，确保贫困县村村配备合格村医”“做活乡级、作稳村级，全面推进基层运行机制改革”相关经验做法得到国家卫生健康委肯定，作为健康扶贫典型案例全国推广。贫困人口大病专项救治覆盖率达99.78%，慢病签约服务管理率达98.86%。省内外三级医院对口帮扶63家贫困县县级医院，贫困县医疗服务能力得到长足提升。

【医疗服务】在优化医疗服务体系链条方面。2020年，甘肃省三级公立医院绩效考核排名全国第20位；县级医院医疗服务能力基本标准和推荐标准达标排名分别为全国第22名、第21名，贫困县县级医院服务能力基本标准和推荐标准达标排名均为全国第14名，省市县三级医疗机构服务能力从倒数跃居中游，实现历史性突破。开展省级医疗卫生重点学科和重点专业评审，确定省级重点学科174个、重点专业95个。新增30个专科联盟和15个技术联盟，共签约成员单位1052家。全省建成五个县域医学中心404个、五个县域急危重症救治中心271个，县级医院服务能力得到长足提升。国家基本公共卫生服务项目综合评价全国排名第十，得到国家卫生健康委肯定表扬并在全国作经验交流。全省绩效工资落实率达98.91%，乡村一体化管理率达98.98%，在岗村医养老保险购买率达95.57%，离岗村医养老补助发放率达99.88%，不断激发基层运行活力，从根本上稳住了农村卫生网底。在优化服务链条方面。全面落实预算管理、全成本核算等经济运营管理制度，17家委属委管医疗机构中有12家管理费用占比控制在国家要求的10.49%以内。全省公立医院绩效工资中用于激励的比例达到总量的60%以上。实现电子健康卡省市县乡村五级医疗机构应用全覆盖，为群众提供预约挂号、就医诊疗、支付结算、检验检查结果查询、健康管理等一体化服务，全省发卡2253万张。实现远程医学信息平台省市县乡四级全覆盖，共接入3710家医疗机构，累计开展远程会诊8578例，远程培训20.7万人次。三级医院优质护理服务覆盖率达100%，二级医院优质护理服务覆盖率达90%。全省新增8家三甲医院、5家三乙医院，省级质控中心数量达到62个，基本覆盖医疗、护理、医技各个专业。组织开展为期三年的甘肃省“民营医院管理年”活动，进一步规范民营医院执业行为。

【医药卫生体制改革】全面加强公立医院党的建设，研究制定《甘肃省公立医院党委会议事规则基本要求》《甘肃省公立医院党委书记和院长定期沟通制度基本要求》等政策文件，指导全省公立医院健全完善医院党委与行政领导班子议事决策规则。市、县卫生健康部门全部成立公立医院党建工作指导委员会，二级以上公立医院明确党委在医院管理中的领导地位，完善健全机构设置，87%的三级医院、61%的二级医院单独设立了党办，三级医院同步成立医院纪委，设置纪委书记。加快推进区域综合医改试点工作，指导白银市、庆阳市及陇西县、成县等7个县区扎实推进试点工作。协调出台远程诊察、远程会诊和远程监测三类6个医疗服务收费项目，支持试点市县开展远程心电、病理和影像服务。各试点地区通过直接投入、政府债券等形式，化解公立医院债务1879.2万元；出台提高公立医院床位补贴、提升地方财政补助标准的倾斜支持政策，推动区域综合医改取得实质成效。加快健全现代医院管理制度，全省所有公立医院全部完成章程制定工作，完善医院党委会议事规则、院长办公会议事规程、“三重一大”决策制度和党政领导班子议事规则；全面推进公立医院高质量发展；4家国家试点医院、45家省级试点医院全部设置总会计师岗位，实行全成本核算，改革成效逐步显现，医院管理走向科学化、规范化、精细化和信息化。推进紧密型县域医共体建设试点，制定印发22项县域医共体建设试点建设评判标准和监测体系，开发考核评价信息系统，实现医共体建设成效监管信息化，累计建成紧密型县域医共体59个，派驻县级业务骨干1534人、帮建基层专科157个、设置联合病房124个，推行基层卫生人才“县管乡用”“乡管村用”，不断推进县乡业务融合。

【中医药事业产业】推动中医药传承创新发展，甘肃省委省政府出台了《关于促进中医药传承创新发展的若干措施》，从推动中医药产业高质量发展、提升中医药事业发展水平等6个方面提出23条具体措施。组织专家起草《甘肃省中医药条例》并通过甘肃省人大第十三届第二十二次会议审定，自2021年7月1日起实施，从中医药服务体系建设、服务能力提升、人才队伍建设和中医药传统文化传承与发展等方面对中医药工作进行法律规范。提升中医药服务能力，争取国家中医医学中心、区域中医医疗中心和国家中医优势专科建设项目。持续加大中医药项目资金投入，下拨专项资金1.3亿元，用于基层中医药服务能力提升等15个项目。实施贫困地区县级中医院服务能力提升工程，加强32个贫困县中医医院服务能力建设。根据国家通报的全国三级公立医院绩效考核国家监测指标，甘肃三级公立中医类医院绩效考核排名全国第15名。开展中医药人才培训，启动县乡村三级中医适宜技术培训工作，全省所有县级中医医院参加不少于45项、乡卫生院不少于6类、村卫生室不少于4类中医适宜技术培训。实施15个中医药传承与创新百千万人才工程项目，组织完成第四批中医优秀人才培养研修和第六批国家中医药师承教育考核。评审确定2020年度甘肃省皇甫谧中医药科技奖56项，其中一等奖5项，二等奖25项，三等奖26项。促进中医中药产业做大做强，印发《2020年全省中医药产业发展工作要点》，确定省中药材种植面积稳定在465万亩左右，标准化率达到40%等主要发展指标。启动党参、黄芪、肉苁蓉等食药物质的生产经营试点工作。开展中医药产业发展综合试验区建设评估工作，编制《甘肃省中医药产业人才队伍建设规划（2020—2023年）》。成功举办第三届中国（甘肃）中医药产业博览会，搭建线上虚拟展馆23个，在线参与网络直播观众达500余万人次，签约招商引资合同项目39个，签约金额48.8亿元。

【卫生健康信息化】全面推进全民健康信息平台建设，建成涵盖公共卫生、医疗服务、医疗保障、药品管理、计划生育、综合管理六大业务系统的甘肃省全民健康信息平台。截至2020年底，全省272家二级（含）以上公立医院，1768所乡镇卫生院和社区卫生服务机构，15451所村卫生室全部接入全民健康信息平台。累计采集汇聚二级以上医疗机构门诊病历5695万份、住院病历约4621万份、人口信息2676万份，个人健康档案2722.66万份、孕产妇档案159.25.27万份、慢病患者档案350.77万份、预防接种个案510.3万条，接种记录8907.4万条。2020年，以省政府为民办实事为契机，在全省全面推行居民电子健康卡应用，全省累计发放电子健康卡2424.62万张，约占全省人口总数的90%。省市县乡村五级医疗机构实现电子健康卡应用全覆盖。通过电子健康卡在线挂号6576.07万次、检查3225.61万次、开方8457.60万次、取药5976.26万次、诊断6861.16万次、缴费6303.91万次，发卡应用比例居全国前列。2020年，国家卫生健康委将甘肃省全面推行居民电子健康应用列入全国互联网+医疗健康典型应用案例。建设甘肃省远程医学信息平台，实现远程医疗“一站会诊”。截至2020年底，甘肃省远程医学信息平台已全面覆盖省、市、县、乡四级医疗机构，共接入3683家公立医疗机构。广泛开展疑难病例远程会诊、远程影像、远程心电等诊断等应用。累计完成远程会诊7578例，远程培训1026次，开展远程心电诊断8637例、远程影像诊断2106例、远程超声诊断1369例、远程检验诊断2325例。建设全省医学影像等检查检验数据共享交换平台，方便区域内医生、患者共享调阅及远程协作。截至2020年底，已开展对接的医疗机构126家，其中三级医院28家，二级医院数98家，平台累计存储影像等各类检查检验数据184.4T。同时将影像等检查检验数据向医疗机构和患者有序开放。

【卫生健康人才】印发《关于进一步做好全省卫生健康人才引进工作的通知》，打破人才引进体制机制障碍，打通了医疗卫生单位高层次人才、急需紧缺人才引进通道。会同人社、教育部门共同举办卫生健康人才招聘会，发布全省各级医疗卫生用人岗位5288个。2020年，全省引进医学人才5441人，其中高层次人才和急需紧缺人才2300名，占引进人才的42.27%。采取柔性引进方式，吸引全国知名眼科专家葛坚、姚玉峰在兰州建立首个眼科高端人才工作站，国医大师唐祖宣、石学敏、李佃贵，全国名中医陈宝贵等在省内设立工作站和传承工作室。在全省遴选树立首批150名行业骨干人才和150名优秀青年人才，对入选人员给予优先安排出国进修、优先推荐评优，优先申报项目课题、优先经费补助等政策优惠。实施基层骨干人才和紧缺专业人才培养项目，招录农村订单定向医学生1100人，安排全科医生转岗培训500名，县级骨干专科医师培训200名，麻醉、康复、临床药师等紧缺专业人才培养394名。初步建成全省医师规范化培训体系，共设置各类规培基地23个，专业基地172个，累计招收培训学员8426名，培养各专业师资1547名。

【慢病管理】加快慢性病综合防控示范区建设。成功创建了张掖市甘州区、高台县，酒泉市敦煌市3个国家级示范区；白银市平川区、金昌市金川区、平凉市华亭市3个省级示范区。组织省市、县、乡、村4.5万名医疗专家和医务人员，为贫困人口精准制定“一人一策”“一病一方”健康帮扶措施，并通过“健康甘肃”手机APP动态监测工作进展、监管措施落实、评估签约帮扶质量。突出做好高血压、糖尿病、结核病、重性精神病等4种慢病为主的慢病签约管理工作，统一规范签约原则、服务方法等内容，加强绩效考核和绩效分配，强化省级专家对基层签约医生的业务帮扶和质量管控，为贫困人口提供个性化的健康指导、慢病管理和疾病随访服务，四种“慢病”签约管理率98.86%,实现“应签尽签”。

【医养结合】联合省民政厅等11部门印发《促进医养结合事业快速发展专项行动计划（2020-2022）》。依托医养结合与失能老年人评估指导项目，为居家老年人每年提供开展两次医养结合服务、一次免费体检、一次中医药体质辨识服务、至少一次失能评估与健康指导的“2111”式健康管理服务。依托省第三人民医院建立老年病专科联盟、医养结合专科联盟，成立省级医养结合质控中心，推动全省老年医学规范快速发展。评选兰州市第三人民医院老年护理院等31家单位为全国“敬老文明号”候选单位、49名个人为全国“敬老爱老助老模范人物”。新增兰州市七里河区为全国老年人失能（失智）预防干预试点地区，兰州市城关区靖远路街道为第四批智慧健康养老示范街道（乡镇），甘南藏族自治州为国家长期护理保险制度试点城市，加快建设6家全国老龄健康医养结合远程协同服务试点机构。省级及酒泉、兰州、嘉峪关等地开展医养结合工作情况入选全国医养结合典型经验案例。将综合医院老年医学科建设、公立医疗机构开设方便老年人就医绿色通道、医养结合机构服务管理等指标纳入信息平台监测主要内容，以信息化手段提升医养结合服务能力和水平。截至2020年底，系统在管的老年人389.67万人，医养结合服务机构达到86家；医疗机构与养老机构签约644对，医疗机构与日间照料中心建立合作关系593对，全部医疗机构开通老年人方便就医绿色通道，落实门诊诊查费优惠政策。

【健康甘肃行动】印发《甘肃省人民政府关于推进健康甘肃行动的实施意见》，明确了推进健康甘肃建设的具体目标、主要任务、工作措施等。成立健康甘肃行动推进委员会，统筹开展工作协调、监测评估、考核督导等工作。编制印发《健康甘肃行动（2020-2030年）》方案，结合甘肃实际，在健康中国行动15项重大行动基础上，增加“实施中医药促进健康行动”和“实施健康扶贫行动”，细化实化健康甘肃行动主要指标和目标任务。

【卫生应急保障】组织开展全流程、全要素各类疫情防控、应急医疗救治演练20余次。认真开展疫情常态化下的各项重大活动和重要会议的疫情防控、医疗卫生保障工作，圆满完成省“两会”、第26届“兰洽会”、第三届中国（甘肃）中医药产业博览会等重大活动保障10余次；有效开展“6.18”中储粮兰州库工地坍塌事故、“4.18”七里河区煤烟中毒事故、“10.5”定西市岷县重大交通事故等30多起交通事故和群体性中毒事件。抽调卫生防疫、卫生监督、心理干预等专家组成省级应急队伍，赴陇南市文县、武都区、康县、宕昌县实地指导灾后防疫工作。

【妇幼健康服务】开展母婴安全及妇幼健康重点项目交叉督导工作，坚持问题导向、目标导向，确保各地贯彻落实母婴安全保障制度和各项妇幼健康重点项目顺利实施。加强危重症救治中心建设，建立省市县三级危重孕产妇救治中心103个、危重新生儿救治中心104个，健全危重孕产妇和新生儿转诊救治网络，基本建成分级负责、上下联动、应对有序、运转高效的危重孕产妇和新生儿急救、会诊、转诊网络，确保母婴健康安全。认真落实《甘肃省人民政府办公厅关于促进3岁以下婴幼儿照护服务发展的实施意见》精神，指导各市州开展婴幼儿照护服务试点工作。印发《关于组织实施普惠托育服务专项行动的通知》《甘肃省托育机构登记和备案实施细则（试行）》，动员各方资源扩大普惠托育服务项目储备，规范托育机构登记和备案流程，鼓励社会和家庭参与婴幼儿照护服务工作。联合开展3岁以下婴幼儿照护服务调查，研究制定甘肃省托育服务机构设置标准及管理规范。积极协调相关部门持续推进公共场所母婴设施建设，全省机场、主要火车站（包括高铁站）已基本设置了符合标准母婴设施。

【地方病管理】制定《地方病患者管理服务规范和治疗管理办法》，建立完善大骨节病、克山病、氟骨症等确诊病例健康档案，进一步规范开展地方病患者治疗项目。加强全省基层布病实验室布病抗体检测水平，为14个市州和42个布病重点流行县区疾控中心配备荧光偏振仪、全自动血培养仪、生物安全柜等实验设备。全省累计实施6852例大骨节病患者、1096例氟骨症患者、410例慢型克山病患者药物治疗，80例大骨节病患者和11例氟骨症患者手术治疗。开展地方病防治专项三年攻坚行动终期评估工作，经过国家评估组现场评估，全省所有碘缺乏病、大骨节病、克山病和饮水型砷中毒病区县均达到了消除标准，达标率为100%。积极稳妥处置兰州兽研所布鲁氏菌抗体阳性事件。坚决贯彻省委省政府安排部署，第一时间成立事件处置专项工作组，邀请国家专家团队全程指导，配合开展事件溯源调查。多次修订完善形成国家版检查诊疗方案，指导开展检测诊疗工作。确定免费检测诊疗定点医院，开辟绿色通道，设立单独诊室和专门病区，组建全流程服务专班，坚持分类诊疗，确保有症状人员精准规范治疗，应检尽检、应治尽治、免费治疗、终身负责。指导兰州市全力做好检测流调、健康管理、健康问题咨询、科普解答和信息发布等工作。针对群众和媒体最关心的问题研究制定《布鲁氏菌抗体阳性事件有关问题解答（28条）》，组织相关专业人员与兰州市组成50个工作组逐户上门反馈健康评估结果，派遣56名专家在兰州市善后工作站轮值，一对一现场解读健康政策，消除群众疑虑。强化对定点医院、省市疾控机构、社区卫生服务中心的监督检查，确保检测、诊疗、健康管理和咨询等各项工作落实落细落好。截至2020年底，累计接受咨询93077人次、检测70671人、确认阳性11128人，全部建立健康档案，开展定期随访。

【职业健康】印发职业病监测方案及技术方案，对全省职业病监测与职业健康风险、职业性放射性疾病、医疗卫生机构医用辐射防护和非医疗机构放射性危害因素、工作场所职业病危害因素等内容实施监测。组织实施职业病危害现状调查，实际调查监测企事业单位5002家，任务完成率110%。将用人单位职业病危害申报、检测和劳动者职业健康检查、全员职业健康培训等纳入职业健康监管重点执法内容，全省监督检查重点行业用人单位1242家，下达执法文书1206份，督促职业病防控意识和防控措施落实到位。

（李宏民）

医疗保障

【概况】2020年，全省城镇职工基本医疗保险参保361.9万人，基金收入157.1亿元，支出123.5亿元，基金当期结余33.7亿元，基金累计结余198.2亿元；城乡居民基本医疗保险参保2228.5万人，基金收入183.9亿元，支出159亿元，当期结余24.9亿元，基金累计结余89.7亿元。

全省城镇职工享受待遇（不含药店购药）899万人次，政策范围内基本医保住院报销比例76.19%，经基本医保、职工大病保险和公务员补助报销后，政策范围内住院报销比例82.39%。城乡居民享受待遇人次共2575.1万人次，城乡居民基本医保政策范围内住院报销比例60.62%，经基本医保、大病报销后，政策范围内住院报销比例达72.21%。建档立卡贫困人口基本医保住院报销比例比普通群众高5个百分点；大病保险起付线为2500元（比普通群众低50%），分段报销比例为65%—85%（比普通群众提高5个百分点）；2020年建档立卡贫困人口经基本医保、大病保险、医疗救助报销后，政策范围内报销比例为89.33%。

【深化制度改革】2020年11月5日，省委、省政府印发《关于深化医疗保障制度改革的实施意见》，明确了全面建立多层次医疗保障制度体系的总体目标，从待遇保障、筹资运行、医保支付、基金监管、医药服务供给、医疗保障服务等6个方面细化了全省医疗保障制度改革任务，描绘出了未来10年全省医疗保障事业发展蓝图。

【疫情防控】印发《关于积极做好新型冠状病毒感染的肺炎疫情医疗保障的紧急通知》《关于做好新型冠状病毒感染的肺炎患者医疗费用结算工作的通知》等一系列政策文件，按照“两个确保”的要求，临时性扩大医保基金支付范围、拨付专项预付金、优化结算服务、保障防疫物资供应、延长缴费期限、推进医疗保障“六办”服务等措施，强化综合保障，确保患者不因费用问题影响就医，确保收治医院不因支付政策影响救治。全省各级医保部门拨付医保专项预付金合计2.3亿多元，累计结算治愈确诊和疑似患者203人，医疗总费用266.4万元，基本医保支付203.23万元，财政补助63.18万元，无个人负担金额；为全省37168家企业减征城镇职工医疗保险费12.36亿元；为316家企业缓征城镇职工医疗保险费6389.59万元。

【脱贫攻坚】全省医保系统紧盯医保扶贫硬任务，加强工作调度，统筹推进冲刺清零后续行动、挂牌督战、脱贫攻坚普查、脱贫攻坚问题检视清零等专项行动，逐村逐户逐人落实建档立卡贫困人口参保全覆盖、资助全落实、待遇全享受、“一站式”结算等4项硬指标，全省最后8个未摘帽县顺利通过了退出验收。全省574.95万建档立卡贫困人口实现全参保、全资助，全面落实“一站式”结算，政策范围内住院报销比例达到89.33%。

【基金监管】印发《推进医疗保障基金监管制度体系改革的实施意见》《甘肃省医疗保障基金监督检查管理规定》《甘肃省医疗保障基金社会监督员管理办法》等政策文件并积极宣传，全面提升基金监管规范化水平。开展打击欺诈骗保专项治理，2020年，全省共检查定点医药机构9690家，查处4338家，追罚基金约2.1亿元，曝光典型案例65起，有效遏制欺诈骗保势头，守护了参保群众的“保命钱”“救命钱”。

【市级统筹】甘肃省医疗保障局联合省财政厅、省税务局印发《甘肃省城乡居民基本医疗保险市级统筹实施意见》（甘医保发〔2019〕46号），全省城乡居民基本医疗保险从2020年开始，以市州行政区为统筹单位，建立覆盖范围、筹资政策、保障待遇、医保目录、定点管理、基金管理“六统一”的城乡居民基本医疗保险制度，彻底结束了全省城乡居民医疗保险县级统筹的历史，切实解决以往城乡居民医疗保险制度中存在的统筹层次低、政策不统一、基金池子小、抗风险能力弱等问题。

【门诊慢特病】印发《关于省直医疗保险新增严重精神障碍门诊慢特病补助管理工作的通知》，将5种严重精神障碍疾病病种纳入基本医疗保险门诊慢特病保障范围，使城乡居民门诊慢特病病种扩大到50种。推进城乡居民高血压糖尿病门诊用药保障工作落实，2020年，全省城乡居民参保人员享受“两病”门诊用药保障待遇16.99万人次，政策范围内报销比例达到50.3%。

【长期护理保险】根据国家医保局、财政部《关于扩大长期护理保险制度试点的指导意见》等有关文件精神，确定甘南州为我省城镇职工长期护理保险国家试点，积极探索建立适应我省经济发展水平和老龄化发展趋势的长期护理保险制度。

【集采和降价】积极推进国家组织集中带量采购三批112个中选药品、首批冠脉支架10个中选结果落地执行。中选药品价格平均降幅58%，最高降幅96%；396个同通用名药品主动降价，平均降幅30%以上。2020年三批带量采购药品实际节约费用超过10亿元。冠脉支架平均降幅93%，最高降幅96.79%，按照全省意向采购量计算，年可节约资金1.3亿元。积极参加省际联盟公立医疗机构跨区域联合人工晶体带量采购，中选的46个人工晶体在我省落地执行，平均降幅53.26%，最高降幅达到84.21%，年可节约资金1185.7万元。通过“挂网目录管理”“三色九段线价格管理”和“动态调整”的阳光挂网采购机制，降低了耗材虚高价格。2020年，全省高值医用耗材共有1500家企业的5.14万个产品挂网，累计采购金额85.76亿元；体外诊断试剂共有770家企业的2.1万个产品挂网，累计采购金额13.68亿元。

【医药管理】从2020年1月1日起，全省实施2019版国家《药品目录》。按照省级权限将有地方标准的44个中药饮片和27个民族药品调整纳入甘肃省医保支付范围，并对中药饮片全部实行“甲类”支付。同时，将谈判药品诊疗服务纳入医药机构服务协议管理范围，确定174家定点医疗机构和82家定点药店，畅通购药渠道，确保患者买得上国家谈判药品。2020年，全省使用谈判药品共16.1万人次，药品总费用为6.2亿元，医保基金报销达4.1亿元，人均报销比例达到66%以上。

【支付方式改革】继续推行按人头、按病种、总额预付等相结合的复合式付费方式。稳步推进庆阳市按疾病诊断相关分组（DRG）付费国家试点，已正式进入模拟运行阶段。确定金昌市、天水市开展DRG付费省级试点工作，与国家级试点城市共同形成示范带动效应。确定陇南市、武威市、定西市开展区域点数法总额预算和按病种分值付费（DIP）国家试点，按照国家部署探索推进试点工作。

【经办服务】印发《甘肃省医疗保障经办政务服务清单》《甘肃省医疗保障经办政务服务办事指南》，通过建立清单制度，统一办事指南等方式，规范甘肃省医疗保障经办政务服务。大力推进医疗保障行风建设，认真落实“好差评”制度，推行“承诺制”容缺办理，大幅压减材料、缩减流程、提高效率，实现基本医保、大病保险、医疗救助“一站式”结算和村卫生室即时结报，进一步提升了全省医保经办服务水平。

【信息化建设】对原有信息系统进行了全面升级改造，同时，对8个拟脱贫县2551家村卫生室开展全面核查，为各地配备PSAM卡10747张，购买、配发刷卡器共计3134多台，实现了全省定点医疗机构“一站式”结算和村卫生室即时结报。完成了医疗保障信息平台建设项目的审批、招标等工作，建设工作已于2020年10月全面开展。启动医保电子凭证试点工作，在全国率先实现了同时支持刷脸和刷二维码进行医保结算，被省政府列为2020年全省深化“放管服”优化营商环境改革十大亮点之一。截至2020年年底，医保电子凭证系统已接入定点医院120多家、定点零售药店1500多家，已有400多万参保群众激活医保电子凭证，开展医保直接结算50多万笔。

【政策宣传】充分发挥驻村工作队、乡村医务人员、经办服务3支队伍作用，通过入户宣传、网络和媒体宣传等多种手段，开展了“医保政策百日播报”“医保政策大宣讲”和“我身边的医保扶贫故事”专项活动，高频次、广覆盖、全方位地进行了政策宣传，进一步提升了广大干部群众的政策知晓率和满意度。全省共成立政策宣讲队263支、干部1053名，对乡镇医保专干、驻村工作队、村医等人员开展宣讲培训5211场次、32.77万人次；发放各类医保扶贫政策宣传资料600多万册，张贴海报2.8万余张，摆放展板、设置宣传专栏2.6万多个。

（伊欢）

民政

【概况】2020年，全省民政事业费共计支出135.78亿元，其中，社会救助资金105.68亿元、社会福利资金17.77亿元。

【社会救助】按照10%的比例继续提高城乡低保和特困供养省级指导标准。城市低保标准达到每人每年6924元（月标准577元），实行补差发放，年人均补助6012元（月人均501元）；农村低保标准达到每人每年4428元，一、二类对象年人均补助水平分别为4428元、4200元；城乡特困供养基本生活标准分别不低于年人均9012元、5760元，照料护理标准按照具备生活自理能力、部分丧失生活自理能力、丧失生活自理三档分别不低于每人每年1440元、2640元、3840元进行补助。通过社会救助政策性兜底保障，使完全或部分丧失劳动能力的农村低保一、二类对象和特困人员持续实现了收入上的政策性脱贫。联合扶贫办等7部门建立困难群众动态管理监测预警机制，对未脱贫建档立卡贫困人口、存在返贫风险的已脱贫人口、存在致贫风险的边缘人口、低保对象、特困人员、低收入家庭、登记失业人员中的大学生入学、残疾证办理、患病报销等10大类、413.7万人进行线上监测预警，各地根据预警信息及时开展入户调查，为符合条件的3.2万名城乡困难群众落实了相应救助。扎实开展兜底保障专项攻坚、挂牌督战、农村低保专项治理行动，切实做到了应保尽保、应兜尽兜，有力保障了全省142.0万农村低保对象和9.06万农村特困人员的基本生活。坚持精准救助，按照省委、省政府脱贫攻坚“5+1”专项提升行动安排部署，对所有困难群体进行排查，及时将符合条件的困难群众纳入救助范围。建立包抓责任制，赴深度贫困县开展调研督导，指导各地准确执行兜底保障各项政策，切实保障好困难群众基本生活。深化拓展农村低保专项治理，持续整治“错保”“漏保”问题，加大对信访举报问题的查处力度，推动社会救助工作全面规范落实。针对新冠疫情给群众生活造成的困扰，采取开通线上申请受理渠道、优化简化救助审核审批程序、拓展单人户认定条件、延长定期核查时限和渐退期、放宽户籍限制、当月审批当月发放等措施，适度扩大低保和临时救助范围，共将11.1万人纳入低保，对24.3万人实施临时救助。落实国务院关于阶段性价格临时补贴提标扩面要求，3至6月将价格临时补贴标准提高1倍，并将孤儿、事实无人抚养儿童纳入政策范围，累计向全省城乡低保对象、特困人员等困难群众发放1—9月价格临时补贴4.14亿元。全面推行“资金+物资+服务”的救助模式，通过靠实监护责任、统筹护理补贴购买服务、开发公益性岗位等方式，为分散供养特困人员定期提供“四个一”服务，发放生活必需品30余万件，支出资金1.91亿元，分散供养特困人员照料护理水平显著提升。

【养老服务】全省共有养老机构268个，床位2.9万张，其中养老机构护理型床位达到1.32万张；城乡社区养老服务设施超过1万个，覆盖95%的城市社区和55%的村；建成覆盖省市县的养老服务信息平台90个，年服务居家老年人1000万人次。推动养老服务制度建设，《甘肃省养老服务条例》于2020年7月1日起实施，标志着我省养老服务工作进入制度化法制化新阶段。建立甘肃省养老服务联席会议制度，建立健全统一的养老机构质量评价体系，出台《甘肃省养老机构等级评定管理办法》；省委省政府办公厅印发《甘肃省积极应对人口老龄化中长期规划（2020—2050年）》。持续推进养老院质量建设专项行动，联合省住建厅、省卫生健康委等部门印发《关于做好2020年养老院质量建设专项行动工作的通知》，开展重点安全隐患“回头看”工作，确保问题整改不反弹；会同省财政厅、省住建厅、省应急管理厅开展为期两年的民办养老机构消防安全达标提升工程，全省应改造的民办机构9个，已改造并通过验收的机构6个，改造达标率67%。实施特困供养机构升级改造工程，联合省发展改革委、财政厅开展特困供养机构服务设施改造提升，下拨彩票公益金7083万元，重点支持县级特困供养机构升级改造护理型床位，提高收住失能半失能人员服务能力。推进居家和社区养老服务，积极争取将白银市、临夏州列入全国第五批居家和社区养老服务改革试点城市范围；支持7个城市街道开展全省居家社区养老服务试点活动；联合发展改革委等8部门对3116户特殊困难老年人家庭居家适老化改造；积极开展养老服务人才培养工作，落实分级培训制度，共培训养老服务人才5500余人次，省级培训人次超过700人，比2019年增加了3.5倍。养老服务机构疫情防控成效明显，印发《甘肃省养老服务机构疫情防控指南》，按照“四早”要求不断完善防控措施，健全防控制度，分区分级精准防控，稳妥有序开展服务，确保了全省养老服务机构、城乡日间照料设施和市县居家社区养老服务中心零感染。

【社会组织管理】积极推动社会组织党建工作由“有形覆盖”向“有效覆盖”转变，在全省社会组织领域开展“四抓两整治”工作，社会组织党的组织做到“应建尽建”，党的工作做到“全覆盖”。动员引导全省社会组织，积极响应党和国家决策部署，充分发挥行业、专业优势，依法有序参与疫情防控工作。大力培育发展社区社会组织，持续加强社区社会组织扶持力度，全省登记备案的城市社区社会组织2951家、农村社会组织8726家。印发《关于强化社会组织党建引领助力打赢打好脱贫攻坚战的通知》，动员引导全省314余家社会组织与194个贫困村互结帮扶对子，全省各级各类社会组织参与脱贫攻坚捐赠款物1926.14万元。深化推进东西部扶贫协作社会组织帮扶，厦门、青岛、福州市社会组织累计投入帮扶款物4368.42万元。全面推开行业协会商会脱钩改革工作，全省1559家行业协会商会已完成脱钩1553家，完成率为99.62%。持续抓好行业协会商会收费清理规范工作，会同省发展改革委印发《关于组织开展行业协会商会收费信息集中公示的通知》，督促指导社会组织加强收费信息公示，自觉接受社会监督。进一步做好打击整治非法社会组织工作，全省打击整治非法社会组织20家；依法对183家社会组织实施行政处罚。申请中央财政支持社会组织参与社会服务项目5个、50万元。列支省级福彩公益金320万元，支持社会组织开展社区、养老、救助、助残“四个服务”。持续深化社会组织“放管服”改革，对社会组织行政许可事项进一步压缩优化，实现成立登记“跑一次”，变更、注销登记和章程核准实现“零跑腿”。

【基层政权建设与社区治理】扎实有序做好第十次村民委员会和第七次居民委员会换届工作。实施村民委员会能力提升专项行动，整顿提升村民委员会1007个，选树村级议事协商典型152个，挖掘优秀村规民约范本53篇，民政部对此做法充分肯定并印发全国学习。出台《村务公开规范》地方标准。报请省政府成立由分管副省长任组长的“甘肃省城乡社区治理工作领导小组”，召开全省城乡社区治理工作推进会。确定并指导16个县（市、区）开展省级城乡社区治理创新实验区创建工作。组织开展易地扶贫搬迁集中安置社区治理专题调研，印发安置社区治理工作方案。印发《关于改进和规范基层群众性自治组织出具证明工作的实施意见》。深入推进全省民政领域扫黑除恶专项斗争。

【区划地名管理】全面规范行政区划管理。研究制定《甘肃省设立镇标准》和《甘肃省设立街道标准》，报请省政府第113次常务会议审议通过，填补了甘肃没有街道标准的空白。印发《关于进一步规范行政区划调整工作的通知》《关于进一步加强政府驻地迁移管理工作的通知》《关于进一步做好行政区划管理有关工作的通知》，及时规范行政区划管理。举办全省行政区划管理工作培训班。指导张掖市完成甘州区新墩镇政府驻地迁移审核报批和兰州市红古区下窑街道变更事项。启动成县撤县改市和榆中县撤县改区工作。会同省发展改革委研究制定下发了《通过行业部门专业手段解决兰州新区无行政区划代码问题的工作方案》，有效克服了兰州新区多年来没有行政区划代码带来的瓶颈问题。持续推进地名普查成果转化。《甘肃省标准地名图集》《甘肃省标准地名录》《甘肃省标准地名词典》已完成审稿并取得出版书号，《甘肃省标准地名志》已进入编纂阶段。持续推进不规范地名的清理整治工作，对“洋地名”进行了重点摸底排查。在政务公开系统完善了地名命名、更名审批和地名核准2项业务办理流程。配合省公安厅提前完成了586万余块标准二维码门楼牌设置工作。加强区域界线管理，开展甘青两省行政区域界线第四轮联检工作，指导兰州、白银等9个市州开展县级行政区域界线联检工作，完成了甘青省界和省内40条县级界线联检任务。完成了祁连山国家公园酒泉、金昌、武威段界碑界桩设置工作。

【社会事务】进一步完善困难残疾人生活补贴和重度残疾人护理补贴补贴制度，共有70.4万人纳入残疾人两项补贴范围，发放补贴资金6亿元。兰州新区开展康复辅助器具社区租赁服务试点，为兜底保障对象、残疾人、老年人、伤病人累计租赁辅具867件，提供现场理疗服务4459人次。持续开展救助管理服务质量大提升专项行动，完善联席会议制度，明确成员单位职责，指导各地通过全面巡查、强化夜查、设置临时救助点等措施，全省共出动救助车辆5200多台次，发放食品、饮品、药品、衣物等救助物资28215件（箱），发放宣传彩页和救助引导卡25万余张，救助流浪乞讨人员16782人次。指导各地积极开展“大爱寻亲、温暖回家”主题活动。制定发布了《殡葬服务单位业务档案管理标准》《生态安葬服务规范》等2个行业标准。下拨9806万元，重点资助建设了一批殡葬服务设施。建立由省政府分管领导为总召集人的殡葬改革工作联席会议制度。开展安葬（放）设施违规建设经营专项摸排行动，全省共排查安葬（放）设施316个。升级完善婚姻登记管理信息系统，实现了电子证照应用，实现了婚姻登记数据实时共享和网上预约办理。加强婚姻登记机关行风建设，大力推进各地婚俗改革。组织实施“福彩圆梦·孤儿助学工程”，按照每人每年1万元的标准资助大中专院校在读孤儿1515人。继续实施“孤儿医疗康复明天计划”。依托平凉市儿童福利院举办全省儿童护理员职业技能培训。组织开展全省农村留守儿童和困境儿童关爱保护“政策宣讲进村居”6千余场次。认真实施儿童福利信息动态管理精准化提升年专项行动，农村留守儿童、困境儿童中纳入低保的33.9万人、纳入特困供养0.15万人、纳入残疾人两项补贴3.7万人；保障孤儿7388人、事实无人抚养儿童8780人，发放补助资金1.4亿元。

【慈善事业与社会工作】开设了以“汇集慈社专业力量，聚焦陇原脱贫攻坚”为主题的甘肃省慈社力量参与脱贫攻坚论坛。积极组织参与“中华慈善奖”评选，遴选和推荐了4家组织和个人。吸纳136家社工机构为会员单位成立甘肃省社会工作联合会，并组建全省社会工作专家库。依托敦煌文化学院建立省级社会工作专业人才培训基地。选派50名社会工作专业人才开展社会工作专业人才东西部交流工作。做好疫情防控期间重大慈善募捐监管工作。设立12条社会服务心理援助热线，引导100多家志愿组织、3万多名志愿者参与抗议。印发《甘肃省民政厅关于动员慈善力量依法有序参与新型冠状病毒感染的肺炎疫情防控工作的公告》，指导督促全省慈善组织、红十字会规范捐赠款物管理使用，全省慈善组织在疫情防控期间累计捐赠资金2.97亿元、物资761万件。组织开展“陇原社工·抗疫有我”主题征文活动，共收征文154篇，评出获奖作品50篇，总结和展现了甘肃社工在疫情防控中的专业风采。

体育

【综述】2020年，全省全面落实《甘肃省推进体育扶贫工程三年行动计划》，立足行业优势，积极开展扶贫工作，扎实推进体育场馆、体育赛事、体育彩票、体育明星、体育综合体、体育企业扶贫六大行动，先后为75个贫困县安排体育基础设施建设资金、体育赛事经费补助累计达到3.3亿元，全力助力全省脱贫攻坚大局，取得了丰硕成果。面对突然暴发的疫情，全体干部职工团结一心、勇于担当，共克时艰、不辱使命，积极组织开展“抗击疫情、居家健身”系列体育健身活动，加强疫情期间科学健身指导，利用甘肃体育官方微信平台连续发布30期“抗击疫情，甘肃体育在行动”居家科学健身视频教程。联合省教育厅、省广电总台举办“七彩童年”甘肃省2020年线上亲子体育活动，参与家庭达到9786组，参与人次29358人。疫情期间，全省体育网络赛事活动、主题示范活动、规模性赛事活动达1087项，累计489.8万人次参加，充分发挥了全民健身在抗击疫情工作中的积极作用。

【群众体育】认真贯彻省委省政府关于为民办实事项目的安排部署，落实《2016—2020全民健身计划》，努力推进基层体育设施建设，严把项目选址关、场地尺寸关、建设标准关、器材质量关、资金使用关，全年争取中央集中体彩公益金和本级体彩公益金10502万元，建成20个笼式足球场、616个行政村农民体育健身工程、100乡镇和社区体育健身中心，全省实施行政村农民体育健身工程总数达到16354个，占全省行政村总数的98%。支持补助全省46个大型体育场馆免费低收费开放，全省已建成各类体育场地70395个，人均体育场地达1.72平方米；持续推进丝绸之路体育健身长廊建设和不断实施“六边”工程，大力开展群众性健身活动，全年开展线下群众性社会体育健身赛事活动2000余次（场），全省经常参加体育锻炼人数达到900多万人，其中参与冰雪运动的人数达200多万人次；省级体育社团组织改革进展顺利，具有法人资格的社团组织发展到60多家，全部实现了脱钩运行。社会体育指导员队伍不断壮大，累计培养社会体育指导员3万余人；认真贯彻落实《国家体育总局教育部关于深化体教融合促进青少年健康发展的意见》，与省教育厅组织召开体教融合座谈会，联合成立专班力量起草我省《实施方案》。成功举办第六届陕甘宁革命老区青少年足球联赛，举办全省青少年体育俱乐部管理人员培训班。不断完善全省全民健身工作委员会的工作机制，促进工作常态化，努力促进全民健身公共服务体系不断提高质量、提高水平。

【竞技体育】贯彻落实体育总局“防疫情、保备战”要求，省级优秀运动队在做好疫情防控的同时不忘抓好正常训练，按照“体能是东京奥运会入场券”要求，组织开展体能达标测试，狠抓体能训练，恶补体能短板，确保运动队始终保持良好竞技状态。截至目前，甘肃运动队在2020年的各类各项全国比赛中，成年组共获得摔跤第一名2个、第二名1个、第三名8个；柔道第一名1个；跆拳道第二名2个；

拳击第三名1个；田径3000米障碍赛第二名1个；自行车第一名8个、第二名6个、第三名6个；射击第二名1个。认真备战第十四届全国运动会，组织召开专题会对备战工作进行再动员、再部署，提高竞技体育为国争光的能力。充分发挥品牌赛事的杠杆作用和示范引领作用，成功举办陇越骑联2020穿越丝绸之路国际山地自行车多日赛及线下传统品牌赛事。冬季项目的赛事全面启动，夏季替代项目、滑雪类项目、滑冰类项目有序展开，势头良好，前景诱人。品牌赛事宣传了"交响丝路·如意甘肃"的独特自然风光与厚重历史文化，取得了一举多得的经济效益和社会效应。认真贯彻落实习近平总书记对反兴奋剂工作系列重要指示批示精神，毫不松懈抓好反兴奋剂工作。在省委常委会上汇报我省反兴奋剂工作形势和打算，在省政府党组扩大会上汇报我省推进兴奋剂"零出现"全国示范工作推进情况。挂牌成立甘肃省反兴奋剂中心，召开全省反兴奋剂工作会议暨反兴奋剂业务培训班，充分发挥省级反兴奋剂组织体系承上启下的枢纽作用，周密部署下一阶段全省反兴奋剂工作各项重点任务。联合省直相关部门起草《关于进一步加强反兴奋剂工作的实施意见》并印发执行，配合省纪委监委制定了相应的监督检查办法，力争将甘肃打造成兴奋剂问题"零出现"的全国示范点。持续推进体教融合，不断加强青少年体育工作，为提升青少年身体素质，培养德智体全面发展的竞技体育后备人才营造健康的环境。探索竞技体育改革发展和体教融合新路子，与兰州文理学院签订"省队校办"羽毛球球队合作协议。不断完善竞技体育基础设施建设，全面改善训练条件，甘肃体育馆竣工验收，投入使用，七里河体育场、兰州体育馆改造工程、白银国家雪上训练基地项目推进顺利，临洮国家训练基地二期工程前期工作正式启动，已正式立项。

【体育产业】体育彩票逆市成长。受疫情影响，全省体育彩票网点销量和收入出现大幅下滑，各销售网点面临严峻形势。为提振市场信心、推进复工复产，做好体育领域"六稳""六保"工作，甘肃体彩市场恢复销售后，省体育局指导省体育彩票管理中心出台并执行了一系列针对体彩销售网点的相关利好政策，尽可能为基层网点排忧解难。尽管经历了长达47天的休市和开市后竞彩无法正常销售的影响，但复市以来，体彩销量持续恢复，市场积极向好，全年甘肃体彩总销量达到31.59亿元，全国排名第23，占全省彩票市场份额为53.92%，比上年增长3.9%。积极落实"放管服"改革要求，持续优化体育产业发展环境。全面推行体育审批许可"证照分离""一次办结"等制度，帮助企业享受国家和地方有关新冠肺炎疫情防控税收减免和恢复生产的支持政策，助力体育企业解忧脱困。经省政府审定，提请省政府办公厅印发《关于加快发展体育竞赛表演产业的实施意见》，为进一步提升我省体育竞赛表演产业水平，促进体育竞赛表演产业快速发展提供了遵循和依据。全力推动体育产业与文化、旅游、康复等产业深度融合发展，推动体育产业健康发展，为培育新的经济增长点和推动经济高质量发展作出了积极贡献。积极扩大群众体育消费，认真规划、落实国家体育总局确定的兰州市、白银市等国家体育消费试点城市的启动工作，以供给侧改革为抓手，以提升群众满意度为目标，积极引导和满足广大群众的体育消费需求。积极推进局系统重大投资项目建设进度，对七里河体育场、兰州体育馆、临洮体育训练基地二期等重点建设项目建立包抓责任制，确保如期高质量完成建设任务，实现防疫与发展"两不误"。甘肃省体育馆项目顺利通过竣工联合验收，移交工作正在有序推进。

【体育文化】以"培养健身意识，养成健身习惯；挖掘科学内涵，服务全民健身；探索项目内涵，助力竞技体育；弘扬拼搏精神，铸造民族之魂"为体育文化建设的基本工作目标，把体育文化工作做精、做实。一是充分利用重大赛事、大型群众性体育活动，加强中央媒体，省、市州、县区主流媒体以及每日甘肃网、网易、凤凰网等网络平台、新媒体的联系与合作，全方位、多层次、及时地开展体育宣传和项目推广工作；二是注重体育文化平台建设，甘肃省体育局门户网站进行了改版，2020年共发布稿件2586条，390余万字，图片12105张，总点击量为352769次；对甘肃体育官方微信平台进行了版面完善调整，制定了平台管理办法，注重提升版面内容质量；办好《甘肃体育视野》《甘肃体育文史》，全年发行8期，约80万字，图片1500多张；挖掘体育头条号功能，除推送新闻外，探索直播功能，全年直播11次。积极参加全国体育两博会，加大甘肃体育精品项目推介，其中有2项被评为中国体育文化精品项目，有5项被评为中国体育旅游精品项目，其中十佳2项。三是抓好体育文化的载体建设，配合群众体育活动，大型体育赛事开展体育书画，体育影视，体育摄影，体育会展等活动。四是加强体育文史工作，广泛团结体育集邮、体育文物收藏爱好者，组织开展征集收集、整理研究工作，并借助大型体育赛事活动开展体育藏品展示活动。五是加强体育哲学、社会科学理论建设，探究群众体育和运动项目的文化内涵和文化特征，全年共组织结项体育社科类课题20余项，为群众健身、竞技项目发展、体育法治建设提供理论支撑；六是建设省体育局，建立省、市、县三级体育部门宣传文化工作合作机制，注意发挥社会体育组织的作用，加强体育文化人才队伍建设，打造了一支以体育记者为核心、以省局平台通讯员为主力的体育宣传文化队伍。

（刘志忠）

广播电视

【舆论宣传】全省广播电视系统深入实施"舆论引导能力提升"工程，持续深化广播电视媒体"头条"建设和视听新媒体"首页首屏首条"建设，深度阐释习近平新时代中国特色社会主义思想。精心组织"决胜全面小康、决战脱贫攻坚”重大主题宣传，省、市两级广播电视台播出“脱贫攻坚”新闻4000余条，开办“决战决胜脱贫攻坚”专栏44个，制作播出公益广告44条、专题片（纪录片）79部、网络视听作品82部，甘肃卫视《扶贫第一线》栏目获总局通报表扬并给予资金扶持。高质量完成全国“两会”、十九届五中全会等重要会议和重大纪念活动、生态环境保护等宣传报道任务，形成了新时代的舆论宣传大合唱。充分发挥广电主流媒体和应急广播、乡村大喇叭作用，及时发布权威消息和警示信息，极大地凝聚起了全省人民战胜疫情灾害的信心和决心。开通了甘肃电视台公共应急频道，有力提升了甘肃应急新闻报道水平。

【疫情防控】指导全省各级广电部门加强疫情防控新闻宣传，全面落实联防联控措施，精心推出疫情防控专题专栏和公益广告。协调甘肃表是文化公司向湖北省各级电视台无偿捐赠电视剧《陇原英雄传》地面播放权。全省广电部门启动应急广播县级平台40个、乡镇平台506个、村级平台6742个，启用音柱10994个、大喇叭28752个，在打赢新冠疫情防控阻击战中发挥了重要作用。

【深化改革】及时对省委下达甘肃省广播电视局牵头的2项全面深化改革任务进行了分解，印发了《甘肃省广播电视局党组2020年全面深化改革工作要点》。制定了《甘肃省广播电视局2020年深化“放管服”改革优化营商环境工作要点》。认真履行省有线电视网络整合推进领导小组办公室职责，全面贯彻落实中宣部等九部委印发的《全国有线电视网络整合发展实施方案》和总局各项部署要求，圆满完成了省广电网络公司股权归集划转、发起人确立、出资实缴等工作。认真落实加快“如意甘肃·智慧广电”工程建设、应急广播体系建设等全面深化改革任务。持续深化“放管服”改革，积极推行“全程网办”“不见面审批”，42项政务服务事项全部实现“零跑腿”，认真开展“证照分离”改革、“减证便民”行动，甘肃省广播电视局成为全省首家实现网上审批系统核验电子营业执照功能的单位，积极承接总局下放的行政审批事项，为2家市级新闻单位、69家县级融媒体中心核发了《信息网络传播视听节目许可证》。

【公共文化服务体系建设】制定印发了《关于加强全省广播电视公共服务体系建设的实施意见》。争取中央财政1.65亿元，持续推进36个贫困县应急广播工程建设。争取中央广播电视节目无线覆盖和少数民族工程台站运维经费1.26亿元。向省财政争取专项资金2453.14万元，全力推动甘肃卫视高清信号上星项目全面开工。争取甘南夏河实验台护坡加固维修资金900万元，有效化解了台站安全隐患。7个县级广播电视播出机构制播能力建设项目、11个县无线发射台基础设施改造项目、卓尼和夏河实验台等重点项目全面完成。指导甘肃民族语译制中心完成40余部科教片、120余部故事片的藏语译制和电影纪录片《裕固人》的裕固语译制、电影《天将雄师》的哈萨克语译制。协调相关影视机构向我省8个脱贫攻坚挂牌督战县捐赠了总价值达185万元的优质电视节目。进一步加大脱贫攻坚帮扶力度，全年投入帮扶资金76.8万元。

【精品创作】深入实施“新时代精品”工程，纪录片《莫高窟与吴哥窟的对话》、电视文艺作品《永远的经典—经典民族舞剧“丝路花雨”创演40年文艺晚会》获得第26届“星光奖”最佳提名奖。纪录片《静静的湿地》《四十城四十年—兰州造》获得首届中国广播电视大奖。《穿越丝路的花雨》等10余部纪录片在央视播出。电视剧《陇原英雄传》荣获“创新榜”2020年度广播影视业最受观众青睐节目。电视剧《英雄的旗帜》荣获国家广电总局2020年度电视剧引导扶持专项资金剧本扶持项目资助，并入围第三批2018—2022年重点电视剧选题规划目录。《灵草小战士（第一季）》等2部本土动画片获发行许可，填补了近年甘肃动画片制作发行的空白。网络纪录片《西北孔道》被总局表彰为2019年度优秀网络视听作品。公益广告《英雄不老薪火相传》《文化自信—我的飞天梦》入围第二届北京国际公益广告大会创意征集大赛，甘肃省荣获总局2019年度公益广告5项扶持奖励。深入实施“视听中国”播映工程，《敦煌乐器》《八坊十三巷》等纪录片在海外播出。

【行业监管】深入实施“管理优化”工程，严格落实意识形态工作责任制，督导全省各级广播电视台、网络视听节目服务机构和IPTV分平台，严格执行节目播前三级审查和重播重审制度，坚决封堵“三俗”等有害节目传播渠道。共监评省、市广播电视台自办栏目180个，巡查网站121家，编发《广播电视节目评议通报》203期、《广播电视广告通报》24期。加强网络电影规划备案和上线备案管理，先后审查网络电影剧本44部、网络电影成片18部。全年组织开展卫星电视传播秩序专项督查4次，对全省14个市州、甘肃矿区及32个县区的播出机构、网络传输机构、企业广播电视站进行了督导检查。严格境外卫星电视落地、卫星地面接收设施和境外节目引进播出管理。IPTV规范对接工作取得重大进展，400多万用户纳入甘肃IPTV集成播控分平台集中统一管理。组织开展了广告播出无时长提示专项清理整顿、非法集资广告专项排查整治、保健食品行业广告专项清理整治行动和中秋、国庆双节期间虚假违法广告集中清理整顿等专项行动。

【安全播出保障】深入实施“安全播出”工程，坚持每季召开1次安全播出电视电话会，及时发布预警信息和抽查值班值守情况，适时组织开展安全播出检查和应急演练，为遭受洪涝灾害的台站打通受损道路、恢复市电，确保了重大活动、重点时段、重要节目的安全播出、网络安全和设施安全。全省广播电视和网络视听新媒体省级监管平台建设有序推进。积极推进700兆赫频率迁移工作，按期关停全省地面模拟电视信号发射机217部。协调相关部门和单位，有效解决了5G干扰广播电视卫星下行信号问题。

【智慧广电建设】牢固树立局、台、网“一盘棋”思想，积极推进“如意甘肃·智慧广电”工程建设。省广电总台实施了“融合媒体高清、超高清移动制播系统”“甘肃省全流程媒体融合飞天云平台”项目。省广电网络公司开发的“甘小果”产品已上线运营。各市州、县区广电媒体紧跟时代发展趋势，在移动直播、短视频等方面聚焦发力，融合传播取得良好效果，靖远县融媒体中心“融媒体＋网格化”项目入围总局广播电视媒体融合成长项目。甘肃卫视和兰州、天水、酒泉、嘉峪关市台电视频道获批高标清同播。积极推进700兆赫频率迁移工作，按期关停全省地面模拟电视信号发射机217部。省局《基于IP数字微波网的智慧广电工程》和省广电总台《公共应急频道建设项目》入选国家总局智慧广电建设优秀案例。由省局主持完成的“甘肃省中央广播电视节目无线数字化覆盖工程”项目荣获甘肃省科学技术进步奖三等奖。高清信号上星传输项目完成第二阶段主用设备安装建设，加快推进了广播电视技术发展。省广电总台“6讯道4K超高清转播车系统”，投入使用以来，已完成多次超高清、高清节目录制与直播，开创了全省4K超高清转播的产业格局，使甘肃具备了4K电视转播和录制能力。

（李函珂）

生态环境保护

【概况】2020年，全省$PM_{2.5}$（细颗粒物）年均浓度为26微克/立方米，14个市州$PM_{2.5}$首次全部达到国家空气质量二级标准；优良天数比率为93.7%。38个地表水国考断面水质优良比例为100%，无劣Ⅴ类水体。

【生态环境问题整治】祁连山生态环境问题阶段性整改任务按期完成，由乱到治，大见成效。第一轮中央环保督察反馈的62项整改任务已完成58项，转办的1984件信访问题已办结1982件；制定印发《甘肃省贯彻落实中央生态环境保护督察反馈问题整改方案》，第二轮督察反馈的51项整改任务正在持续推进，转办的2643件信访问题已办结2487件。全省“绿盾”自然保护地强化监督自查发现的1845个问题已整改1824个，自然保护区内新增人类活动疑似问题点位和面积呈现出“双下降”趋势。针对重点领域、重点行业开展“4+1”专项执法行动，会同“公检法”系统开展打击黄河流域和危险废物环境违法犯罪行为联合行动，形成有效震慑。

【污染防治攻坚战】坚持以改善环境质量为核心，聚焦重点问题、关键领域及薄弱环节，强化工作调度、督办及考核，推动蓝天碧水净土保卫战攻坚任务全面落实。中央对各省（自治区、直辖市）2019年度污染防治攻坚战成效考核，甘肃省取得“优秀”等次。一是蓝天保卫战成效显著。累计完成43台1516.5万千瓦火电机组超低排放改造；整治“散乱污”企业1072家；完成13065台、57219蒸吨燃煤锅炉综合整治；建成运行煤炭集中配送一级市场108个、二级配送网点2900个；建成113个省级环境空气质量监测点和14个地级城市空气质量微测网；完成全省道路货运车辆“三检合一”、汽车排放检验与维护电子化闭环管理机制建设，打通“天地车人”一体化监控网络系统；建立大气污染治理“网格化”监管体系，“兰州蓝”已成为“常态蓝”。二是碧水保卫战稳中提质。持续推进“千吨万人”集中式饮用水水源地专项行动，完成203个“千吨万人”饮用水水源地保护区划定。18条地级城市建成区黑臭水体全部完成整治并达到“无黑臭”等级。全省城市、县城污水处理率及地级城市污泥无害化处理处置率明显提升，142个国家重点镇中133个建成污水收集处理设施。与相邻省区签订《跨界流域水污染联防联控框架协议》，完成14个市州及兰州新区省级环境应急物资储备库及救援队伍建设。三是净土保卫战深入推进。完成全省耕地质量类别划分，实施农用地分类管理，安全利用受污染耕地6.71万亩、严格管控受污染耕地1.53万亩。完成重点行业企业用地土壤污染状况调查，更新发布《甘肃省2020年度疑似污染地块清单和污染地块名单》《甘肃省建设用地土壤污染风险管控和修复名录》。建成全省土壤环境监测网络，实现所有县市区全覆盖。有序推进农村人居环境整治，农村地区生态环境持续改善。

【黄河流域污染防治】认真履行黄河流域生态保护和高质量发展污染防治专责组工作职责，强化上游意识、担好上游责任，立足将黄河打造成幸福河的目标，系统谋划黄河流域污染防治新篇章。研究制定我省黄河流域生态保护和高质量发展污染防治基本思路、污染防治实施方案，在全国范围内较早启动黄河流域生态环境及污染现状调查工作，完成黄河流域4个水系36条重要干支流排污口排查工作。初步建成黄河流域生态环境基础数据库和成果展示系统，形成“2+4”成果报告(《工作报告》《技术报告》《水资源调查报告》《水功能区水质达标状况调查报告》《生态环境现状调查评估报告》《环境风险调查评估报告》)，被生态环境部列为黄河流域入河排污口排查整治三个试点省份（甘肃、青海、山西）之一。组织编制《甘肃省黄河流域生态保护和高质量发展环境保护与污染治理专项实施方案》，积极谋划黄河流域生态环境保护及污染治理重点工程项目。

【生态环境风险】以集中式饮用水源地环境安全、道路交通运输环境安全和重大环境风险企业安全为重点，组织开展全省生态环境风险隐患大排查。有序推进行政区域突发环境事件风险评估和重点流域环境风险评估。组织编制《甘肃省危险货品道路运输突发环境事件应急管理办法》，进一步明确各级各部门职责。推进化工园区有毒有害气体环境风险预警体系建设试点。积极与四川省联合开展长江流域环境应急演练。全面摸排伴生放射性矿开发利用企业运营情况，督促企业做好辐射环境监测与信息公开。积极开展危险废物产生、利用处置能力和设施运行情况评估，先后开展遏制固体废物非法转移倾倒、固体废物堆存场所整治、化工行业工业固体废物隐患排查整治、危险废物三年专项整治、危险废物“三个能力提升”等专项行动，着力防范生态环境风险。

【生态环保法规制度体系】先后制定了《甘肃省大气污染防治条例》《甘肃省水污染防治条例》，修订了《甘肃省自然保护区条例》《甘肃省石油勘探开发生态环境保护条例》《甘肃省环境保护条例》《甘肃省辐射污染防治条例》，《甘肃省土壤污染防治条例》通过省人大常委会一审，基本形成了覆盖主要环境要素的地方法规体系。制定《甘肃省省级有关部门和单位生态环境保护责任清单》，建立健全覆盖党委、人大、政府、政协等54个部门和单位的生态环境保护责任体系。制定《甘肃省关于构建现代环境治理体系的若干措施》，推动形成党委领导、政府主导、企业主体、社会组织和公众共同参与的环境治理新格局。制定《关于实施“三线一单”生态环境分区管控的意见》，对全省实施生态环境分区管控等工作做出安排。

【生态环境领域改革】统筹推进生态环境损害赔偿制度落实，出台损害调查、鉴定评估等6项配套制度，开展13件生态环境损害赔偿案例。深入推进全省生态环境监测网络建设，初步建立“天空地”一体化生态环境质量监测网络。积极推进生态环境监测监察执法垂直管理制度改革，成立了省、市、县三个层级的生态环境保护委员会，理顺了市县生态环境机构管理体制，完善了生态环境保护督察体系，调整了生态环境监测管理体制。完善行政执法与刑事司法衔接机制，建立生态环境执法正面清单，构建以排污许可制为核心的固定污染源监管模式。积极推进生态文明示范创建，崇信县、迭部县被生态环境部授予第四批“国家生态文明建设示范县”称号，华池县南梁镇过获得第四批“绿水青山就是金山银山”实践创新基地称号；古浪县八步沙林场“六老汉”三代人治沙造林先进群体获得“2018—2019绿色中国年度人物”。

【助力经济高质量发展】深入推进“放管服”改革，持续优化营商环境，梳理编制“不来即享”政策清单，支持民营企业健康发展，落实重大项目“四百机制”，积极做好省列重大项目环评服务保障。深入推进“双随机、一公开”执法监管，进一步规范自由裁量权，加强执法与重点监管、信用监管的深度融合，实施分类监管。出台支持坚决打赢新冠肺炎疫情防控阻击战4个方面12条措施，制定进一步支持企业平稳健康发展的5个方面26条措施，全力做好“六稳”工作，落实“六保”任务。

民族事务管理

【民族团结进步创建工作】坚持把铸牢中华民族共同体意识作为指导思想、主要任务、评价标准和实践要求，纵深推进全省民族团结进步创建工作。

全面实施民族团结进步创建“一廊一区一带”行动。指导各片区牵头市制定出台联创共建工作实施方案、工作制度和活动计划，成立协调推进领导小组，建立联席会议、互观互检、联络沟通等联创共建机制。编印《甘肃民族》特刊《民族团结进步创建“一廊一区一带”行动进行时》，启动拍摄创建工作宣传纪录片，集中展示联创共建工作典型做法。召开全省民族宗教工作现场推进会，部署推动创建工作。联创共建工作有序推进，取得阶段性成效，甘肃省“谋划实施‘一廊一区一带’行动，着力打造创建工作甘肃品牌”的经验做法，在全国民族团结进步创建经验交流现场会上作了介绍，得到了中央领导和兄弟省市的认可和肯定。

深入开展民族团结进步宣传教育。部署开展全省第17个民族团结进步宣传月活动，突出了重点，丰富了形式，体现了特色，增强了实效，使宣传月真正成了“民族工作月”。省委统战部、省民委组织开展民族宗教理论政策下基层“百场万人”大宣讲活动36场次，覆盖3万多人次，教育引导各族干部群众牢固树立“三个离不开”和“五个认同”思想。切实用好新媒体平台，开展“融媒体+民族团结”系列宣传活动，委门户网站刊发稿件1804篇，微信公众号信息送达量达150万人次，甘肃民族政务头条号信息展现量达131.2万人次，首次开通“石榴籽”官方抖音号，单条最高点击量突破60万人次，营造了浓厚的民族团结氛围。充分发挥《甘肃民族》宣传政策的引导作用，赠阅份数由2950本增加到6000本。

着力提升创建工作水平。赴青海、四川、西藏等省区就民族团结进步创建等工作交换意见，并就在藏甘肃籍少数民族流动人口服务管理等工作与西藏自治区相关方面签订协议。制定出台民族团结进步示范区示范单位命名办法和教育基地命名办法，即将出台示范区示范单位‘3+7’测评指标体系和创建工作指南，首次对申请创建全国全省民族团结进步示范区的市、县（市、区）开展第三方评估，推动创建工作制度化、规范化。注重培育不同类型的示范典型，国家民委拟命名甘肃省全国民族团结进步示范区示范单位8个，兰州市七里河区被评为“全国第四批少数民族流动人口服务管理示范城市”。命名第七批全省民族团结进步示范区20个、示范单位50个，首次命名5个省级国家机关直属单位为全省示范单位，真正实现了“七进”全覆盖。

【民族地区脱贫攻坚】紧盯全面实现小康少数民族一个都不能少这条底线，在助力加快发展上精准发力。

全面落实脱贫攻坚工作任务。制定落实《关于2020年持续加大支持力度促进民族地区全面高质量打赢脱贫攻坚战工作方案》，加强财政专项扶贫资金（少数民族发展支出方向）使用与管理，下达2020年资金36537万元、增幅13.4%，完成提前下达2021年中央财政专项扶贫资金19119万元，支持民族地区脱贫攻坚。修订《甘肃省民族乡发展资金管理办法》，下达民族乡发展资金3600万元。深入开展财政专项扶贫资金和民族乡发展资金使用情况检查等工作，提高资金使用精准度和效益。民族地区贫困县市已全部实现脱贫摘帽。

全力助推民族地区经济社会发展。推动落实民族领域“十三五”相关专项规划，全面总结评估实施情况，形成专题评估报告。深入推进兴边富民行动，印发落实《甘肃省2020年兴边富民行动工作要点》，明确省兴边富民行动领导小组成员，协调有关部门拟从财政转移支付、水利基础设施建设、旅游景区建设、风光电开发自主权、兴边富民资金方面支持肃北县发展。有序推进少数民族特色村镇保护与发展工作，推荐30个村申报第四批中国少数民族特色村寨。认真落实民贸民品优惠政策，配合省财政厅落实民贸民品引导资金3689万元。坚持和完善民委委员制度，衔接争取相关单位为少数民族和民族地区帮办实事好事131件。

扎实开展帮扶工作。先后2次召开委系统帮扶工作推进会，组织机关干部8批140人次深入帮扶村入户走访。争取省脱贫攻坚领导小组扶贫资金向张家川县增加专项2000万元，疫情防控期间捐赠3万元防疫物资和5个帮扶村1000个口罩60瓶乙醇消毒液。深入开展消费扶贫，购买价值42000元的扶贫产品，协调省民族歌舞团食堂采购5600元的农特产品。

【少数民族文化事业】坚持把构建各民族共有精神家园作为战略任务来抓，积极搭建各民族文化交流互鉴平台，着力增进各族群众对中华文化的认同。

组织开展“石榴杯”甘肃省民族团结进步创建“一廊一区一带”行动文艺巡演。历时4个月巡演18场次，累计吸引14万多人次现场观看，网络点击量达162.81万人次，成为常态化疫情防控下全省规模最大、持续时间最长、演出场次最多的群众性文艺活动，深受各族群众喜爱，取得较好反响。省民族歌舞团成为省属文艺院团中最早复工复产的演出单位。

推动少数民族文化繁荣发展。加强少数民族文化事业发展专项资金使用管理，完成2019年度资金绩效评价工作，及时拨付2020年度资金1200万元，促进各民族文化创造性转化和创新性发展。全面启动庆祝建党100周年“石榴杯”甘肃省民族书画摄影展、第六届全国少数民族文艺会演组团参演、甘肃省第六届少数民族文学奖评奖活动等筹备工作。创拍播出甘肃少数民族文化纪录片《陇原芬芳》之保安族、哈萨克族、裕固族、蒙古族篇，正在谋划创拍少数民族非物质文化遗产传承纪录片《丝路拾遗》。配合做好国家通用语言文字教育工作，促进各族学生语言相通、人心相融。立项研究河西走廊民族团结和历史文化课题，正在开展相关专题研究。

深入推进少数民族语言文字和古籍整理工作。首次开展民族语文和古籍整理工作调研，形成了专题调研报告。编纂出版了《白马藏语方言词典》，制定印发了《〈甘肃少数民族古籍丛书〉出版资助管理规定》和《〈甘肃少数民族语言文字保护丛书〉出版资助管理规定》，即将出版《卓尼扎巴协珠文集》《甘肃藏文古籍文献总目录》和《肃北蒙古族民间故事集》3部古籍文献，少数民族语言文字和古籍整理工作取得新进展。

【依法治理民族事务】牢牢守住依法治理这个红线，着力推进民族事务治理体系和治理能力现代化。一是认真贯彻民族区域自治制度。以铸牢中华民族共同体意识为衡量标准，对不利于铸牢中华民族共同体意识、妨碍各民族交往交流交融的政策法规进行了初步梳理。深入开展坚持和完善民族区域自治制度相关情况调研，形成专题研究报告，总结经验做法，不断改进工作。指导天祝、肃北、东乡3个自治县成功举办70周年庆祝活动，在厉行勤俭节约、全面压缩各项开支的情况下，协调省财政首次为3个自治县各安排专项补助资金1500万元，用于解决急需的民生项目并形成制度化措施。以贯彻实施民族区域自治法为重点，深入实施民族领域“七五”普法工作，整理编印民族政策法律法规选编，共计405页20万字。二是严格依法处理民族事务。认真做好涉及民族事务公开出版物审核工作，全年共受理审核涉及民族事务公开出版物17件，有效避免了民族出版领域可能出现的不稳定因素。严格落实《甘肃省公民民族成分登记管理实施细则》，加强对基层的培训指导，及时答疑解惑、纠正偏差。依法做好少数民族流动人口服务管理工作，与河北、湖北、西藏签订做好少数民族流动人口服务管理工作协议书，建立“西部十省（区、建设兵团）”跨区域联动协作机制，进一步完善了少数民族流动人口服务管理“双向对接”工作机制，兰州市七里河区被评为“全国第四批少数民族流动人口服务管理示范城市”。三是加强清真食品服务管理。在开展“清真”概念泛化“清零”行动基础上，坚持问题导向，成立专项调研督导组，先后深入8个市州、16个县市区的69个点调研督导治理工作，帮助各地发现和纠正盲区死角，持续加大工作力度，推进治理工作制度化、规范化、常态化。四是切实维护民族领域意识形态安全。充分运用新媒体新技术，采取制作微海报、短视频，开设专栏、专题等形式，开展“融媒体＋民族团结”系列宣传活动，委门户网站刊发稿件1804篇，微信公众号信息送达量达150万人次，甘肃民族政务头条号信息展现量达131.2万人次，首次开通“石榴籽”官方抖音号，单条最高点击量突破60万人次，营造了浓厚的民族团结氛围，营造了良好的网络舆论环境。

（闫国栋）

人民生活

城镇居民

【城镇居民收入】2020年，全省城镇居民人均可支配收入33821.8元，比上年增加1498.4元，增长4.6%，疫情影响下，全年增速低开高走，持续稳步回升。全省各级政府以保障和改善民生为重点，多点发力，大力开辟居民增收新途径，城镇居民收入四大项呈全面增长态势。

就业形势总体稳定，工资性收入稳中有升。全年全省城镇居民人均工资性收入22903.6元，比上年增长5.5%，增速高于城镇居民可支配收入0.9个百分点，占人均可支配收入的67.7%，对收入增长的贡献率达到79.8%，拉动收入增长3.7个百分点，仍是城镇居民收入的主要支撑。一是稳就业，为城镇居民收入提供充沛动力。2020年，面对新冠肺炎疫情影响，省委省政府全面贯彻落实党中央、国务院“六稳”“六保”决策部署，出台一系列稳就业保就业政策措施，全力推进《关于保居民就业的工作方案》落实，重点从促进经济发展拉动就业、加大减负稳岗稳定就业、突出重点群体保障就业、扶持创新创业带动就业、优化服务促进就业等方面入手，狠抓各项就业创业政策落实落地，保持了全省就业形势总体稳定，促进了工资收入的回升。据省人社厅数据，2020年全年城镇新增就业35.68万人，完成全年目标的104.9%。二是政策性增资机制发挥效应。2020年全省积极落实机关事业单位工作人员正常晋升工资；稳定企业职工工资和企业增资政策，部分企业月工资标准上调；部分市州提标发放考核奖等，多举措全力拉动城镇居民工资性收入增长。

复工复产有力有序，经营净收入由降转升。2020年，全省上下在科学抓好疫情防控的基础上，及时打出组合拳，出台“硬核”措施助力企业复工复产。相继出台《关于坚决打赢新冠肺炎疫情防控阻击战促进经济持续健康发展的若干意见》、复工复产等11个方面的55条政策，加快落实保市场主体各项政策，深入推进减税降费，强化金融支持政策，降低融资成本和房屋租金等，帮扶中小企业和个体工商户有效应对疫情不利影响，提高企业生存和发展能力，推动城镇居民家庭经营状况持续好转。全年全省城镇居民人均经营净收入2489.1元，比上年增长0.2%，实现由负转正，占人均可支配收入的7.4%。但2020年受疫情影响，三大产业特别是二、三产业受到较大冲击，对经营净收入影响依然存在。

财产净收入增长缓慢，增长潜力较。疫情期间大部分企业停产停业，人员流动性放缓等，导致出租房屋收入下降。同时，随着房地产调控和减息政策的实施，存款利息下降、理财收益下降，个人消费信贷增多，房贷、车贷等生活消费利息支出增多，使财产性收入增长放缓。2020年，全省城镇居民人均财产净收入2627.4元，比上年增长3.5%，占人均可支配收入的7.8%，对收入增长的贡献率达5.9%，拉动收入增长0.3个百分点。

民生政策成效显著，转移净收入稳步增。2020年，城镇居民人均转移净收入5801.8元，比上年增长3.7%，占人均可支配收入的17.2%，对收入增长的贡献率达到13.9%，拉动收入增长0.6个百分点。得益于保底政策的落实，转移净收入对在疫情冲击下城镇居民收入增长发挥了重要的“稳定器”作用。一是在疫情期间，省委、省政府保证了离退休人员养老金的按时发放，这一部分人员工资基本不受疫情影响。二是全省上调养老金和离退休金标准。全省企业退休人员月人均增加养老金约144元，机关事业单位退休人员月人均增加养老金约194元，并按时发放到位。三是继续完善城乡社会保障制度，提高城乡低保补助标准，及时启动价格补贴联动机制，加大社会救济、临时救助，促进转移性收入稳步增长。

增速快于全国平均水，但收入差距依旧很大。2020年，全国城镇居民人均可支配收入43834元，比上年增长3.5%，甘肃城镇居民收入增速比全国高1.1个百分点。在全国31个省（区、市）中居第10位　收入在全国31个省（区、市）中居29位，相当于全国平均水平的77%，与全国平均水平相差10012元，尽管差距比上年缩小24元，但依旧很大，城镇居民增收工作依然任重道远。

增速居西北五省中间位置，收入差距明显。从增速看，2020年，甘肃城镇居民人均可支配收入增速居西北五省第3位，低于陕西、青海省，高于新疆、宁夏。从收入看，甘肃城镇居民可支配收入居西北五省末位，且收入差距较大　比陕西低4046元，比新疆低1016元，比宁夏低1898元，比青海低1684元。

城镇高低收入户收入差距缩小。据住户调查五等分组资料显示：2020年，甘肃20%城镇居民高收入户人均可支配收入为70625元，20%低收入户人均可支配收入为11883元，高低收入户人均可支配收入比为5.9：1，优于2019年的6.3：1。

如期完成“十三五”规划目标任务。

2020年是“十三五”规划的收官之年，《甘肃省国民经济和社会发展第十三个五年规划纲要》中提出，“十三五”期间全省城镇居民人均可支配收入要实现33000元，年均增长7%的目标。2020年，全省城镇居民人均可支配收入达到33822元，年均增长7.3%，高于预期目标822元，如期实现规划目标任务和年均增长速度。

【城镇居民消费】随着新冠肺炎疫情得到有效控制，经济社会秩序加快恢复，甘肃城镇居民消费增速有所回升。2020年，全省城镇居民人均生活消费支出24614.6元，比上年增长0.7%，增速由前三季度下降7.7%转为增长0.7%。支出居全国第14位，增速居全国第5位。从消费结构上看，2020年受新冠肺炎疫情影响，八大类生活消费支出增幅呈现出“五升三降”态势。其中，生活用品及服务增长较快，增速达14.2%；居住、其他用品及服务、食品烟酒、交通通信支出略增，分别增长2.9%、1.3%、1.0%和1.0%；医疗保健、教育文化娱乐和衣着支出消费均有不同程度的下降，分别下降6.0%、5.0%和3.2%。

基本生活消费支出占比仍为最大。2020年，全省城镇居民吃、穿、住基本生活消费占生活消费总支出的59.8%。其中占消费总支出28.7%的食品烟酒支出7068.2元，比上年增长1.0%，在消费支出中仍位居榜首；衣着消费支出1859.4元，下降3.2%。疫情对全省城镇居民食品、居住刚性消费需求的影响相对较小，同时居民更加注重饮食健康，对食品质量要求更高，需求增加，成为城镇居民消费支出增长的主要动力。

教育文化娱乐消费有所恢复。2020年，全省城镇居民教育文化娱乐支出2426.7元，比上年下降5.0%，降幅比前三季度收窄12.2个百分点。随着疫情防控转入常态化，居民生活恢复正常，甘肃旅游已经重启，但因一季度疫情防控导致娱乐休闲场所、景区等均为停业、半停业状态，全年城镇居民文化娱乐消费支出仍受影响，另外，疫情防控进入常态化以来，虽然学校已正常开学，但部分培训机构招生比例减少，以及居民消费缺乏安全感等因素影响，教育文化娱乐消费仍小幅下降。

健康、网购等新型消费热点突出。在常态化疫情防控条件下，健康和线上购物、直播带货、在线诊疗、在线教育等新型消费快速发展，居民消费升级趋势日益明显。2020年，全省人均通信消费支出达865元，比上年增长16.7%。其中，通信工具、通信服务消费支出分别达308.2元、556.4元，分别增长38.3%、7.5%。通信消费支出的较快增长，为网购、网课、网医新型消费等提供了基础支撑，也印证了其快速发展的趋势。

（黄馨仪）

农村居民

【农村居民收入】2020年甘肃省农村居民人均可支配收入10344.3元，较2019年增加715.4元，增长7.4%，保持较快增长，首次跨上万元台阶。从收入来源看，收入四大项呈现全部增长的特点。

工资性收入增长最快。2020年，全省各级党委政府高度重视居民就业工作，积极出台疫情期间稳就业“硬核”政策措施，全面强化稳就业举措，坚持减负、稳岗、扩就业并举，加强对接培育促进劳务输转，加大劳务品牌培训力度，多渠道带动本地就业，开发乡村公益性岗位帮助农村困难群体就业等措施，有力促进农村居民就业，带动农民工资性收入增长。全年农村居民人均工资性收入2985.9元，比上年增长7.8%，增速最快，占到人均可支配收入的28.9%，对收入增长的贡献率达到30.3%，拉动收入增长2.3个百分点。

经营净收入贡献最大。2020年，甘肃严格落实粮食安全省长责任制，严守耕地红线，全面落实各项强农惠农政策，加上雨水合节，粮食总产量首次突破1200万吨大关，创历史新高，不但填实了群众的“米袋子”，也鼓起了群众的“钱袋子”。全面落实17条生猪生产扶持政策，调动养殖场户的积极性，生猪稳产保供成效显著。坚持把现代丝路寒旱农业作为乡村产业振兴的总抓手，大力发展“牛羊菜果蔬药”六大特色产业为主，地方优势产品和“五小”产业为补充的扶贫产业，农业产业扶贫取得决定性进展。全年农村居民人均经营净收入4650.5元，比上年增长7.6%，占人均可支配收入的45.0%，仍是农村居民收入的主要来源，贡献率达到45.9%，拉动收入增长3.4个百分点，是拉动农村居民收入增长的主要动力。

财产净收入空间较大。2020年，全省农村居民人均财产净收入135.3元，比上年增长4.5%，占人均可支配收入的1.3%，贡献率仅0.8%，拉动收入增长0.1个百分点，但增长潜力较大，需持续加劲提升。

转移净收入稳定增长。2020年，甘肃精准扶贫政策不断巩固提高，社会救助和补助大幅度提标，农村低保、养老金和报销医疗费等支付力度持续加大，及时兑现耕地地力保护补贴和农机具购置补贴，多因素助推转移净收入增长。全年农村居民人均转移净收入2572.6元，比上年增长6.8%，占人均可支配收入的24.9%，贡献率为23.0%，拉动可支配收入增长1.7个百分点。

城乡差距进一步缩小。2020年，全省城镇居民人均可支配收入33821.8元，比上年增长4.6%，慢于农村居民收入增速2.8个百分点。城乡居民人均收入比为3.27，比上年缩小0.09，城乡收入比差距继续缩小。

收入跑赢GDP增速。2020年，全省农村居民人均可支配收入增长7.4%，扣除价格因素实际增长5.2%，比地区生产总值增速（3.9%）高1.3个百分点，居民收入增长速度跑赢经济增长速度。“十三五”时期，扣除价格因素，甘肃农村居民人均可支配收入实际年均增长6.3%，比地区生产总值年均5.5%的增速高0.8个百分点。

增速快于全国平均。2020年，全省农村居民人均可支配收入增速快于全国增速0.5个百分点，增速居全国第18位，比上年前移一位。甘肃农村居民人均可支配收入继续垫底，与贵州相差1298元，差距继续拉大；与全国平均水平相比，相差6787元。

“十三五”规划目标任务完成。“十三五”期间，全省农村居民人均可支配收入由2015年的6936元增长到2020年的10344元，增加3408元，累计增长49.1%，年均增长8.3%。甘肃“十三五”规划中，农村居民人均可支配收入2020年预期10000元，2020年实际达到10344元，高于预期344元。翻番目标提前一年实现。扣除价格因素后，2019年全省农村居民人均可支配收入比2010年实际增长1.04倍，提前一年完成翻番目标。2020年收入比2010年增长1.14倍，年均实际增长7.9%。

【农村居民消费】2020年，全省农村居民人均消费支出9922.9元，比上年增长2.4%，农村居民消费持续恢复，年内实现由降转升。农村居民消费增长快于城镇居民1.7个百分点。

消费八大项呈现“六增二减”的特点。其中，食品烟酒、衣着、居住、生活用品及服务、交通通信及其他用品和服务人均支出分别比上年增长8.4%、10.2%、2.1%、1.9%、3.3%和4.4%；教育文化娱乐和医疗保健人均支出分别下降9.0%和3.6%。

食品烟酒支出比重有所回升。2020年，全省农村居民食品烟酒支出3065.4元，比上年增长8.4%，占消费支出的30.9%，仍居八大类消费支出之首。其中，人均蔬菜类、肉类、禽类和蛋类支出分别增长13.8%、22.5%、14.8%和11.4%。2016—2019年，全省农村居民食品烟酒支出在消费支出的占比持续下降，但受疫情影响，2020年食品烟酒消费支出比重有所升高，下降趋势出现转折，从2019年的29.2%上升到2020年的30.9%。

衣着、交通通信、生活用品及服务、其他用品和服务及居住支出比重小幅调整。其中，衣着支出608.1元，比上年增长10.2%，占消费支出的6.1%，比重比2019年提高0.4个百分点；居民居家时间增加，通信需求明显增多，交通通信支出1234.4元，增长3.3%，占消费支出的12.4%，占比提高0.1个百分点，其中通信消费支出增长25.8%。生活用品及服务支出588.8元，增长1.9%，占消费支出的5.9%，占比基本持平；其他用品和服务支出168.6元，增长4.4%，占消费支出的1.7%，占比持平。居住消费支出1905.8元，增长2.1%，占消费支出的19.2%，占比下降0.1个百分点。

医疗保健和教育文化娱乐支出降幅持续收窄。全年医疗保健支出1140.4元，比上年下降3.6%，增速比前三季度收窄6.1个百分点；教育文化娱乐支出1211.4元，下降9.0%，降幅收窄28.4个百分点。疫情推动消费升级的趋势日益明显，在线诊疗、在线教育等新型消费逆势上扬，助推医疗和教育消费支出回升，降幅持续收窄。

（杨万里）

人力资源和社会保障

【就业创业】2020年，全省城镇新增就业35.68万人，完成年度任务的104.9%。城镇登记失业率3.27%，控制在4.5%的年度目标以内。输转城乡富余劳动力526.9万人，超额完成年度任务，实现劳务收入1317.6亿元，完成年度任务的112%。应届高校毕业生就业率92.5%。

完善就业政策体系。面对突如其来的新冠肺炎疫情和经济下行压力影响，坚决落实中央和省委、省政府“六稳”“六保”决策部署，制定出台了《关于积极应对新冠肺炎疫情影响切实做好稳就业工作若干措施的通知》《保居民就业方案》《甘肃省人民政府办公厅关于进一步支持多渠道灵活就业的通知》等含金量高、针对性强的政策措施，全省就业局势保持总体稳定。

减负稳岗政策有序落实。全面落实社保费“免减缓返”政策，累计为企业减免、缓交、返还资金97.11亿元，有效减轻了企业负担，为稳定就业岗位发挥了积极作用。发放鼓励企业吸纳就业奖补和务工补贴13.1亿元，受益生产经营主体2687个，受益务工人员88.03万人次。

重点群体就业不断推进。统筹实施“三支一扶”“特岗教师”“西部计划基层服务”项目，共招募基层服务人员7477名。引导万名高校毕业生到企业就业。推动事业单位专项招聘高校毕业生9993人。加大青年就业见习工作力度，实际到岗1.17万人。向6.1万名困难家庭毕业生发放求职创业补贴0.61亿元。举办针对退役军人及现役军人家属、女性、残疾人的线上线下专场招聘会9场，提供就业岗位5.7万个。加大对就业困难人员帮扶力度，帮助14.68万名失业人员和5.2万名就业困难人员就业。推进失业保险扩围，强化失业人员生活保障，发放失业补助金2.3亿元。

创业带动就业成效显著。落实创业担保贷款贴息新政策，全省发放创业担保贷款118.65亿元，是2019年3.64倍，吸纳带动就业21.54万人。新认定省级创业就业孵化示范基地11家，累计建成138家，其中国家级创业孵化示范基地3家。开展第四届“中国创翼”创业创新大赛甘肃省选拔赛，推荐5个优秀项目参加全国比赛，并获得二等奖、三等奖各1个，其它3个项目获得“创翼之星”称号。

公共就业服务不断优化。举办“百日千万”网络招聘专项行动271场，共发布用工岗位50万个，达成用人意向8万人。开展民营企业招聘月活动，共举办招聘活动257次，提供就业岗位9.5万个，签订意向性就业协议2万份。优化“12333”人社服务热线功能，累计提供咨询服务120万人次。

【城镇居民收入】2020年，全省城镇居民人均可支配收入达33822元，比上年增长4.6%，全省城镇居民收入增长与经济增长基本同步。

完善事业单位工资分配制度。全面落实新冠肺炎疫情防控期间甘肃省疫情防控一线医务人员薪酬待遇。出台了《关于优化省属事业单位绩效工资管理有关问题的通知》，优化省属事业单位绩效工资管理。推进试点在甘肃提高中央在甘高校科研院所科技人员工资待遇工作。全面落实中央关于提高义务教育教师工资待遇各项政策。调整全省部分县区艰苦边远地区津贴类别，机关单位工作人员和事业单位工作月人均增资 80 元。

着力增加转移性收入。提高全省城镇机关企事业单位退休人员的养老金标准，平均约提高 5%，企业退休人员月人均增加养老金约 144 元，机关事业单位退休人员月人均增加养老金约 194 元。职业年金投资运行工作全面启动，正在嘉峪关、酒泉、武威市进行试点，首批投资运营资金 2.2 亿元。

推动经营净收入和财产净收入稳定增长。大力发展特色服务业，优化发展环境，激活创业主体，带动居民经营净收入增长；加强体制机制改革，激发创新活力，充分利用各类资源、资产和资金，增加居民财产净收入。比照 2018 年、2019 年经营净收入和财产净收入平均增幅，全年增加城镇居民收入约 65 亿元。

【人社扶贫】精准对接促进向外输转。疫情期间联合公安、交通、卫健等部门，“点对点、一站式”运送务工人员 11 万人。与 15 个省市区建立劳务协作机制，坚持稳东扩西双管齐下，努力将甘肃贫困劳动力稳在企业、稳在岗位、稳在务工地。与北京市人社局签订《京甘家政服务劳务协作协议》，向京甘 15 所家政服务基地授牌，与北京市建立了长期稳定的合作关系。加强与对口帮扶的天津、青岛、厦门、福州等市的合作，向东部四市输转贫困劳动力 1.03 万人，东部四市帮助就近就地就业贫困劳动力 6.13 万人，帮助输出到第三地就业贫困劳动力 5.99 万人，超额完成东西部扶贫协作目标任务。

深挖潜力就近就地开发岗位。鼓励各类市场主体建设扶贫车间 2546 家，吸纳劳动力就业 10.3 万人，其中贫困劳动力超过 4.2 万人。进一步加强对公益性岗位的规范化管理，全省累计开发乡村公益性岗位 10.3 万个，特别是新增设爱心理发员岗位 1.17 万个，专门为本村 60 岁以上的老年人、农村特困供养人员、残疾人等免费提供理发服务。

创新方式推动技能培训提质增效。开展“嵌入式”、订单式培训，探索运用“电子培训券”，努力提升培训质量，全省完成精准扶贫劳动力培训 42.98 万人，完成年计划的 165.3%，其中建档立卡劳动力 22.38 万人，完成年计划的 248.7%。

社保扶贫人才扶贫工作全面完成任务。印发了《2020 年全省社会保险扶贫工作推进方案》，推进各类困难群体参加城乡居民基本养老保险，全省实际参保 550.18 万人，代缴 434.65 万人（含建档立卡贫困人口 340.42 万人），实际享受待遇 115.54 万人。紧贴贫困地区人才需求，先后组织 9 个专家服务团、90 余名省内外专家赴贫困地区开展服务活动。

甘肃省就业扶贫工作 2020 年先后 5 次在全国有关会上交流经验，并作为全国人社系统唯一代表在国务院新闻发布会介绍经验。

【社会保障】2020 年，全省基本养老保险、失业保险、工伤保险分别参保 1872.68 万人、187.36 万人、264.6 万人。社会保险基金累计结余 710.64 亿元。企业职工养老保险省级统筹顺利推进，以基金统收统支为核心的“七统一”基本完成；及时调整提高养老金待遇水平，企业职工人均基本养老金达到 2835 元／月，城乡居民基础养老金月最低标准达到 108 元；职业年金投资运行工作全面启动，在嘉峪关、酒泉、武威市开展试点，首批投资运营资金 2.2 亿元。工伤保险实现调剂金模式省级统筹，年调剂基金 1.02 亿元；继续提高全省工伤人员伤残津贴、生活护理费和工亡职工供养亲属抚恤金三项待遇水平，调整后月人均水平达到 3068 元，生活护理费人均达到 2580 元，供养亲属抚恤金达到 1413 元；甘肃省工伤医疗救治和经济补偿、工伤预防、职业康复“三位一体”的工伤保险体系基本形成。失业保险办理全面实现“即来即办”“应享尽享”；全省失业保险金发放标准最高达到 1458 元／月，最低标准为 1323 元／月，平均标准为 1390 元／月，失业人员领取失业金期间死亡一次性丧葬补助金和抚恤金提高到 7352 元和 3676 元；全省落实失业补助金 8.2 万人，收益率达 4.66%，全国排名第 11 位。

【人才人事】加快发展技能人才。研究起草了《甘肃省技能人才队伍建设规划（2021-2023 年）》，明确了今后三年技能人才发展的目标任务。建成国家和省级技能大师工作室、省级高技能人才培训基地 21 个。积极参加国家第一届职业技能大赛，5 个项目入选国家集训队，12 个项目获优胜奖，1 名选手获“西部之星”荣誉称号。积极推进职业资格制度改革，分批取消 45 个技能人员水平类职业资格。组织实施国家和省级高级研修班 7 项，培训专业技术人才 500 余人。

努力提高人才引进服务水平。紧盯兰白科技创新区、兰州新区、“一带一路”产业园、陇东能源等重要战略实施和重大项目建设，为引进经济、科技、文化、农业等方面高层次人才提供优质服务。推荐 2 人入选“百千万人才工程”、42 人为享受政府特殊津贴专家候选人，授予 100 人“甘肃省优秀专家”称号，确定领军人才新选拔人选 130 人，完成聘期考核工作，推荐 58 名博士后科研人员获 508 万元资金支持。全面推行陇原人才服务卡制度，从就医保障、安家补贴、子女入学等 9 个方面为高层次人才开辟绿色通道。发布事业单位招聘公告 254 期，招聘结果备案 7889 人。

深化事业单位人事改革。在事业单位工资分配方面，实行“四下放、两提高”，下放了事业单位绩效工资分配权限、总量审核权限、符合国家政策规定的高出部分审核权限、绩效工资管理权限，提高了公立医院绩效工资在个人收入中的比重和公立医院人员支出占业务支出的比重；在事业单位岗位设置方面，实行“两单列、一特设”，对入选国家级甘肃省人才计划的高层次人才、工作 30 年以上的乡村教师和艰苦边远地区乡村专业技术人才聘为高级职称的单列岗位，对引进的高层次人才、急需紧缺人才和符合条件的高技能人才设置特设岗位。全省事业单位专业技术正高级岗位在 2019 年 5747 个基础上增加了 4009 个，增量占比达到 77%。持续开展特殊人才职称评审，214 人获得高级职称。表彰工作规范化水平不断提升，全年共组织国家级表彰人选推荐2项、国家部委表彰人选推荐11项，会同主办（承办）部门组织开展省级表彰项目6项、省级工作部门表彰项目20项。各项考试任务圆满完成，共组织人事考试49次，报考人数达46.77万人。

【劳动关系】根治欠薪取得积极成效。认真组织宣传贯彻《保障农民工工资支付条例》，深入推进无欠薪攻坚年行动。开发使用“陇明公”省级工资支付管理公共服务平台，对“五项制度”落实等情况进行动态监管和分析研判，实施“冬病夏治”，对苗头性问题早预防、早发现、早处置，实现案件“两清零”。2020年全省各级人社部门共检查用人单位1.78万户，受理拖欠农民工工资案件352件，结案率100%，共为3625名农民工追回工资4429.19万元，全省在建工程项目总包代发工资、农民工实名制管理、工资保证金、农民工工资专用账户管理、劳动合同签订等“五项制度”覆盖率达到99%以上，未发生50人以上因欠薪引发的群体性事件和极端事件。

和谐劳动关系更加巩固。严格规范省国有企业管理人员薪酬水平，深化协调劳动关系三方协商协调机制改革。劳动人事争议案件调解仲裁依法开展，全省共受理劳动人事争议仲裁案件7574件，案件结案率达98.9%，调解率达61.9%。人社信访工作水平不断提升，省级共受理信访事项799件，办结率93.5%。

【行风建设】聚焦问题狠抓作风转变。认真汲取制约高层次人才引进被问责的惨痛教训，统筹推进“作风建设年”活动、扶贫领域腐败和作风问题专项治理、人社系统行风建设，着力破解惯性思维和习惯做法，着力锤炼塑造“强本领、树形象，抓落实、争一流”人社部门精神，人社部门实现了由“权力部门”向“民生部门”、由“审批部门”向“服务部门”的蜕变，全省人社系统作风实现根本好转。

高质量推进信息化建设。有序推进“一网通办”工作，升级改造人社网上办事大厅，实现“统一用户登录、统一事项名称、统一办件反馈”，全年网上办事大厅省本级共开通128个行政审批和公共服务类事项网上办理，各市州子站共开通449个事项，省本级受理办件2235件，各市州受理办件3.8万件；推进社会保障卡“一卡通”应用，初步形成社保卡线上线下一体化服务模式，社会保障卡广泛发行应用，全省持卡人数2647.26万人，累计签发电子社保卡409.6万张，提前完成年度发卡任务。“甘肃人社微信大厅”上线运行，实现就业创业、社会保险等5大项人社服务移动端办理，截至年底，关注度超过30万人次，累计服务217.47万人。

高水平提升人社服务质效。积极推动高频政务服务事项“跨省通办”“一件事一次办”，在甘肃政务服务网设置专栏并在省社保经办大厅设置办事专窗。持续推进人社“不来即享”服务，厅系统67项公共服务事项实现“不来即享”，32项事项实现“最多跑一次”。实施政务服务事项“好差评”，113项依托全省一体化在线政务平台开展线上评价。组织全省人社系统练兵比武活动，切实提升综合业务能力素质，窗口单位展现出新形象、新气象。坚持上门服务，深入省直行政事业单位、高校、医院、企业等行业部门，送政策、送服务，询工作、解难题，先后收到省外省内、各行各业单位及个人感谢信40多份。

【全面从严治党】始终坚持旗帜鲜明讲政治。突出人社部门政治属性，把加强党的政治建设摆在首位，严守党的政治纪律和政治规矩，坚决维护习近平总书记党中央的核心、全党的核心地位，坚决维护党中央权威和集中统一领导，一以贯之地把习近平总书记对甘肃重要讲话和指示精神作为全部工作的统揽和主线，坚决贯彻执行中央和省委省政府各项决策部署，坚定不移沿着正确政治方向前进。

加强党组对各项工作的全面领导。坚持把方向、管大局、保落实，有效发挥党组领导作用，不断提升管党治党能力和水平。全年召开厅党组会43次，其中，涉及全面从严治党的13次，3次专题研究党建工作，2次专题研究意识形态工作，10次研究作风建设工作。党组主要负责同志严格落实“第一责任人”责任，将党建与业务同部署、同督促、同落实，党组班子成员认真履行“一岗双责”，逐级传导压力，层层落实责任，实现了主体责任全覆盖。

全力推动党支部建设提质增效。选优配强基层党组织领导班子，召开了第三次党员代表大会，选举产生了新一届厅直属机关党委、机关纪委，结合人员变动和岗位变动，严格按照规定程序对16个书记空缺的党支部进行了补选。严肃党内政治生活，指导督促党支部全面落实“三会一课”、主题党日等各项组织生活制度，厅党组成员和厅级干部以普通党员身份参加组织生活。建立了日常考评体系，设置了55项考评指标，引导各党支部把党建工作做实做细做规范。

严格规范选人用人。先后组织干部到东西部扶贫协作省市加强交流、学习调研，举办厅系统干部培训活动，促进干部队伍素质提升。注重在疫情防控、脱贫攻坚等重大任务中锻炼干部、考察识别干部，严格按照规定程序完成了31名处级领导干部选拔任用、60人职级晋升、33名处级干部轮岗交流。配合省委组织部完成了6名二级巡视员的晋升工作。推动建立了机关工青妇组织，将党的关怀和温暖送到驻村干部家属、在抗疫一线的干部家属、困难职工等身边，筑牢群众基础。

持续推动作风转变。制定印发《党员干部使用网络新媒体若干规定》《处务会管理规定》《值班制度》《值班人员守则》等一系列规章制度，持续推进工作规范化水平提升。严格落实“精文减会”要求，全年压减“三公”经费支出59.93%；会议费支出59.65万元，压减64.06%；培训费支出139.78万元，压减48.21%。从严控制发文数量，全年文件压缩30%。利用“陇政钉”开视频会、开短会。清理规范督查考核，压减率达到40%。

认真履行党风廉政建设责任制。厅党组带头遵守廉洁自律各项规定，督促党支部书记认真履行全面从严治党责任，督促全体党员干部严守政治纪律和政治规矩，把纪律和规矩牢牢刻印在心上，坚决做到令行禁止，永葆清廉本色。持续开展党纪党规警示教育，引导党员干部牢固树立“底线”意识和“红线”意识。落实省纪委监委派驻厅纪检监察组全程参加厅党组会、厅务会制度，主动接受省纪委监委派驻厅纪检监察组对厅党组研究决策“三重一大”事项进行监督。

（李军岐）

扶贫开发

【概述】2020年，面对新冠肺炎疫情严重冲击和历史罕见的特大暴洪泥石流灾害两道“加试题”，甘肃省委、省政府坚持以习近平新时代中国特色社会主义思想为指导，全面落实习近平总书记对甘肃重要讲话和指示精神，树牢“全国脱贫看甘肃”的大局意识，始终把打赢打好脱贫攻坚战作为首要政治任务和头等大事来抓，坚持疫情防控和脱贫攻坚两手抓两手硬，从攻坚、巩固、提升、兜底、整改5个方面强力推进，动员和带领全省上下向绝对贫困发起“背水一战”的总攻，75个贫困县全部摘帽，7262个贫困村全部退出，现行标准下农村贫困人口全部脱贫，撕下了千百年来“苦甲天下”的历史标签，特别是纳入全国“三区三州”的甘南州、临夏州及天祝县等深度贫困地区面貌发生历史性变化。

【扶贫资金投入】2020年投入财政专项扶贫资金228.18亿元，其中，中央专项资金112.79亿元，省、市、县专项资金115.39亿元（首次超过中央专项资金）。加大对挂牌督战县倾斜支持力度，投入镇原县、通渭县、岷县、宕昌县、西和县、礼县、临夏县、东乡县等8个未摘帽县财政专项扶贫资金49.44亿元、占全省21.67%。2016—2020年，累计投入财政专项扶贫资金837.2亿元、年均增长24.5%，其中省级安排230.75亿元、年均增长46.62%，占中央到省资金的52.56%。累计整合涉农资金922.18亿元，整合率达73.74%。

【扶贫资金管理】围绕年度脱贫攻坚任务，紧盯“项目安排精准”和“资金使用精准”，及早下达中央和省级财政专项扶贫资金，重点支持深度贫困县和挂牌督战县脱贫攻坚。开展脱贫攻坚项目库业务培训，对项目库进行动态调整，2020年入库项目4.3万个，投资总额754亿元。对75个贫困县涉农资金整合方案开展“一对一”“面对面”联合审查，基本做到了“因需而整”“应整尽整”。开展财政专项扶贫资金使用管理中期绩效评价，主动接受社会和群众监督。加强扶贫项目资产管理，对2016年以来扶贫资产进行登记造册，建立了台账。

【挂牌督战】8名省级领导督战剩余8个贫困县，省级分管负责同志督战重点领域，市州督战贫困发生率超过10%的104个贫困村，县市区包抓剩余17.5万贫困人口，形成了“省负总责、上下联动、条块结合，横向到边、纵向到底”的督战体系，较真碰硬督，凝心聚力战。实行月调度机制，建立作战清单和工作台账，分别由省直督战部门和帮扶组长单位包抓落实，逐村逐户、逐人逐项落实脱贫攻坚政策措施，限期销号清零。2020年摘帽的8个县群众认可度比上年高近1个百分点。

【深度贫困地区攻坚】投入深度贫困地区财政专项扶贫资金、一般债券可用于脱贫攻坚部分、财政扶贫专项以外的其他涉农整合资金、土地指标跨省域调剂收入、东西部扶贫协作资金等5项可直接用于脱贫攻坚的财政资金329.06亿元，深度贫困地区脱贫攻坚补短板综合财力补助资金24.94亿元，重点用于支持挂牌督战县、村，支持易地扶贫搬迁后续扶持，支持贫困劳动力就业和产销对接，支持解决“苦咸水”问题。深度贫困地区剩余的13.7万人、370个村、8个县全部实现脱贫退出。

【“3+1”冲刺清零后续行动】在2019年开展义务教育、基本医疗、住房安全和饮水安全“3+1”冲刺清零专项行动的基础上，开展“3+1”冲刺清零后续行动，全面消除遗漏隐患。义务教育方面，抓好防控辍反弹、防入学坐不住、防两类学校不达标“三防”工作，2029所“两类学校”中小规模学校全部竣工并投入使用，乡村寄宿制学校全部完成主体建设。基本医疗方面，抓好改场所不达标、改村医不稳定、改能力不够强“三改”工作，完成贫困县乡村医疗卫生标准化建设，政策范围内住院医疗费用报销比例达到89.33%。住房安全方面，持续开展农村危房动态监测和改造，排查解决“不漏户”“不准确”“不到位”“不保险”的问题，确保无盲区死角。饮水安全方面，抓好保水源稳定、保水管畅通、保水质达标“三保”工作，全面排查入户农村供水设施运行情况，提升了21万户、89.89万群众饮水保障水平。

【“5+1”专项提升行动】开展产业扶贫、就业扶贫、易地搬迁、村组道路、东西协作和定点扶贫以及兜底保障“5+1”专项提升行动。采取达标奖补、以奖代补方式建立到户产业奖补清单，对66.4万户补种补栏补规模的贫困户给予生产奖补，扶持11.9万户贫困户发展“五小”产业。优先组织贫困劳动力外出务工和返岗就业，务工就业实现逆势增长，贫困劳动力稳定务工就业189.9万人，2546个扶贫车间、30.5万个公益岗位让群众就业不出村、挣钱不离家。加强易地扶贫搬迁后续扶持，基本实现产业扶持全覆盖，10.3万户有劳动能力和就业意愿的建档立卡搬迁家庭至少1人实现就业。统筹使用政府一般债券、土地指标跨省域调剂收入以及整合涉农资金等，硬化村组道路1.56万公里，进一步改善了群众出行条件。深化拓展扶贫协作，东部4市投入财政援助资金32.71亿元，比协议目标增加34.4%，帮助输转到东部协作地区、其他地区和就地就近就业人数分别是2019年的1.5倍、1.6倍和1.2倍，引进企业237家，投资23.66亿元，互派专技人员5891人，东部和省内175家企业、228个社会组织对纳入国家挂牌督战的104个深度贫困村实现“双重”结对帮扶全覆盖。36家中央单位直接投入帮扶资金5.9亿元、实施帮扶项目502个，帮助引进资金8.2亿元、项目694个，分别是2019年的1.5倍、2倍、

1.2倍、2.8倍。对符合条件的2.4万人落实相应救助，将受疫情影响导致基本生活困难的11.1万人纳入低保范围，对24.3万人实施临时救助。

【防止返贫监测帮扶】建立防止返贫监测和帮扶机制，制定出台《关于建立防止返贫监测和帮扶机制的实施办法》，将脱贫不稳定人口、边缘易致贫人口以及因疫情、灾情或其他原因收入骤减或支出骤增户纳入防止返贫监测和动态帮扶范围。全面排摸2014年以来脱贫人口，动态识别标注边缘易致贫和脱贫不稳定人口，坚持事前预防和事后帮扶相结合，因户因人施策，通过有针对性给予产业、就业、兜底等帮扶措施，40.3万监测人口中88.5%基本消除返贫致贫风险。

【特色产业扶贫】以"牛羊菜果薯药"六大产业为主攻方向，拉开架势培育壮大富民产业，"牛羊菜果薯药"六大特色产业增加值达到753亿元，占农业增加值的60.9%，农业产业化龙头企业达到3096家，农民专业合作社实现贫困村全覆盖，农业保险补贴品种扩大到96个，发放特色产业贷款1270亿元、农产品收购贷款526亿元，甘肃省高原夏菜产量居全国第一，中药材、马铃薯、苹果产量居全国第二，肉羊存栏量居全国第三，肉牛存栏量居全国第九，"甘味"农产品走向全国，200多万农户嵌入产业链条，带动群众人均增收超过4000元。

【消费扶贫】采取省内与省外、线上与线下、传统与现代、政府采购与市场营销、条条与块块等"五个相结合"的办法，主动对接东部协作市和京津冀、长三角、粤港澳等消费市场，组织扶贫产品进机关、进社区、进商场、进高校、进医院、进车站（机场），推进消费扶贫专柜、专馆、专区和全国消费扶贫第四方平台社会扶贫网"三专一平台"建设，开展消费扶贫月活动，持续推进以"甘味"品牌为主的扶贫产品销售，销售扶贫产品138.4亿元，比计划任务增长38%。

【光伏扶贫】建成并网光伏扶贫电站127.6万千瓦，其中，村级光伏扶贫电站92.1万千瓦，有110.6万千瓦电站规模纳入国家财政补贴目录。将光伏扶贫收益的80%用于贫困人口承担公益岗位任务的工资和参加村级公益事业建设的劳务费用支出，带动5.5万个贫困家庭实现稳定脱贫。

【扶贫小额信贷】紧盯"四类人群"，对有贷款需求且符合条件的贫困群众"应贷尽贷"，新增扶贫小额信贷12.93万户60.52亿元，贷款余额户数占贫困户数比重居全国第二，累计为145.13万贫困群众发放扶贫小额贷款651.41亿元，居全国第一。

【创业致富带头人培育】推广"能人大户＋贫困户""电商＋合作社＋贫困户""龙头企业＋贫困村＋贫困户"等带贫模式，培育扶持带动能力较强的龙头企业、合作社和能人大户，建立健全贫困村创业致富带头人推荐培训、创业指导、政策扶持、带贫益贫机制。培育贫困村创业致富带头人3.3万人，创办产业项目2.6万个，受益贫困户28.5万户。

【驻村帮扶】甘肃省1.1万个帮扶单位结对帮扶1.3万个村，36万名帮扶责任人结对帮扶136万户贫困户，驻村帮扶工作队员达2.2万名，每个驻村工作队县以上单位选派干部不少于3人。多形式、多层次宣传政策18.5万场次，解决群众就医、上学等急事难事22.5万件。编发《脱贫攻坚重点政策二十问》，举办决战决胜脱贫攻坚培训班、开播网络直播课等培训各级帮扶干部169万人次。

【基础设施建设】农村饮水安全项目累计完成投资17.89亿元，实施巩固提升集中供水工程550处，改造冻管3393公里，农村集中供水率和自来水普及率分别达到91%和88%。所有乡镇和具备条件的建制村100%通硬化路、通客车。行政村光纤宽带和4G网络覆盖率均超过99%。动力电供电能力累计完成投资18.13亿元，农网供电可靠率达到99.84%、综合电压合格率达到99.7%，户均配变容量提升至2.15千伏安，6220个建档立卡贫困村实现动力电全覆盖。

【以工代赈】投入以工代赈资金6.62亿元，其中，中央财政预算内以工代赈资金4.16亿元，以工代赈示范工程中央预算内投资2亿元，省级财政配套资金0.46亿元，明确劳务报酬占比不低于15%。实施以工代赈项目236个，累计新建基本农田5000亩；新增和改善农田灌溉面积6878亩；修建乡村道路638公里；修建桥梁43座；建设堤防34公里。吸纳7400多名群众就近参与工程建设，发放劳务报酬8500多万元。

【社会扶贫】截至2020年底，"中国社会扶贫网"甘肃省累计注册爱心人士7.12万人，贫困户44.4万人，发布需求2586项，对接成功781项，受捐金额62.59万元。"千企帮千村"民营企业达到2550家，投入资金56.13亿元，帮扶村5508个，帮扶贫困户104.3万人。东部149家民营企业、103个社会组织，对甘肃省104个国家挂牌督战村实施结对帮扶全覆盖，投入资金5980万元，捐物折款419万元。甘肃省内26家民营企业、125个社会组织"加持"帮扶，实现对395个剩余贫困村结对帮扶全覆盖。

【扶贫宣传】开展脱贫攻坚先进典型评树，1人获全国脱贫攻坚楷模荣誉称号、72个集体和97名个人获全国脱贫攻坚先进集体和先进个人，1个集体和4名个人获2020年全国脱贫攻坚奖，涌现出牺牲在扶贫一线的全国优秀共产党员、全国脱贫攻坚楷模张小娟等一批先进人物和感人事迹。开展"10·17"扶贫日系列宣传活动，编发《甘肃省脱贫攻坚专报》93期、《甘肃脱贫攻坚动态》91期，《新闻联播》等中外媒体多次对甘肃脱贫攻坚工作进行报道，营造了全省上下齐心协力决战决胜脱贫攻坚的浓厚氛围。

（冯宝元）

地县及兰州新区概况

兰州市

【基本情况】兰州市是甘肃省省会，地处中国陆域版图的几何中心，是西部地区重要的区域中心城市，是丝绸之路经济带核心节点城市，也是西陇海兰新线经济带的重要支撑点和辐射源，新亚欧大陆桥通往中亚、西亚和欧洲的国际大通道和陆路口岸。市区东西黄河穿城而过，南北群山环抱，属中温带大陆性气候，享有“丝路重镇”“黄河明珠”“西部夏宫”“水车之都”“瓜果名城”等美誉。现辖城关、七里河、西固、安宁、红古5个区和永登、皋兰、榆中3个县，以及国家级兰州新区、高新区和经济区，有40个镇、21个乡、53个街道，730个村、405个社区，地域总面积1.31万平方公里，市区面积1631.6平方公里，主城区建成区面积225.84平方公里。2020年末，全市常住人口437.18万人，城镇化率为83.10%。

【资源优势】兰州境内已发现和查明矿产地共274处，主要有黑色金属、有色金属、贵金属、稀土等37个矿种。兰州水力资源丰富，是黄河上游最大的水力发电中心，现已建成刘家峡、八盘峡、盐锅峡和大峡等水电站。中华民族的母亲河黄河从兰州穿城而过，使兰州成为与黄河最亲近的城市，黄河流经兰州市域150.7公里，其中市区近50公里。沿河而建的兰州水车形成了独特的壮丽景观。兰州中山铁桥史称“天下黄河第一桥”，是黄河上第一座真正意义的现代桥梁。黄河母亲雕塑是黄河文化和中华民族母亲形象的代表，是全国最美的城市雕塑之一。百里黄河风情线是全国最长的市内滨河公园和最大的城市带状公园。黄河给兰州带来丰富的特产，白凤桃、白兰瓜、软儿梨、冬果梨等瓜果和百合、玫瑰、高原夏菜、黑瓜子、水烟等特产蜚声中外。《读者》杂志被誉为“中国人的心灵读本”，是“中国期刊第一品牌”。兰州非物质文化遗产特色浓郁，太平鼓、高高跷、黄河水车制作技艺、兰州鼓子是国家级非物质文化遗产保护项目。兰州饮食文化独具魅力，牛肉面享誉“中华第一面”，酿皮、灰豆、凉面、浆水面、甜醅子、热冬果等自成特色。兰州是丝绸之路大旅游区的中心，东有天水麦积山、平凉崆峒山，西有永靖炳灵寺，南有夏河拉卜楞寺，北有敦煌莫高窟。市域内有我国保存最为完好的土司衙门—鲁土司衙门，有“陇右第一名山”—兴隆山，有国家级森林公园—吐鲁沟、石佛沟、徐家山。

【国民经济】2020年，兰州市实现地区生产总值2886.74亿元，比上年增长2.4%。其中，第一产业增加值57.43亿元，增长5.0%；第二产业增加值933.42亿元，增长3.7%；第三产业增加值1895.90亿元，增长1.5%。三次产业结构比为1.99 ∶ 32.33 ∶ 65.68。规模以上工业增加值增长3.2%；固定资产投资增长3.4%；社会消费品零售总额1641.24亿元，下降1.8%；一般公共预算收入247.13亿元，增长6.0%；一般公共预算支出485.73亿元，增长6.4%。

【供给侧结构性改革】积极发展十大生态产业，大力改旧育新、拓存创增，调整优化产业结构，加快构建现代产业体系。实施创新驱动发展战略，全面推进兰白国家自主创新示范区和兰白科技创新改革试验区建设，大力实施“六个一百”技术创新工程，推动科技创新向设计、生产、市场等各环节渗透，新培育高新技术企业131家、累计达到657家，入库科技型中小企业419家，兰州和盛堂企业主荣获全省唯一一个优秀科技创新企业家奖。成功举办第五届兰州科技成果博览会，签订成果转移转化与技术交易项目258项，签约金额19亿元，增长18%和11%。着力振兴“兰州制造”，宝方10万吨超高功率石墨电极等项目建成投产，恒大新能源电池等项目有序推进，石油化工、生物医药、新材料、有色冶金等产业蓬勃发展。积极推动“东数西算”国家试点，引进落地鲲鹏计算产业、中软国际兰州数字经济创新基地等项目。加快产业绿色化转型、信息化赋能、智能化升级，稳步推进39户重点企业“三化”改造提升，建成运营全省第一家市级工业互联网平台，创建市级智能工厂、数字车间33户。通过全国两化融合管理体系贯标评定企业23户，永登祁连山水泥获第五批工信部“绿色工厂”称号。开展城乡高效配送专项行动，建成兰州苏宁等配送中心和门店1万多家。统筹布局多元消费商圈，兰州富力城开工建设，兰州老街、杉杉奥特莱斯等开业运营。引导百盛、亚欧等传统商贸企业加快线上线下融合，开拓网上交易、网上服务和“无接触”服务。成功承办全国乡村旅游民宿工作现场会，举办第十届兰州黄河文化旅游节，水墨丹霞等旅游景区建成运营，兰州创意文化产业园创建成为国家级文化产业示范园，兰州成为疫情后全国旅游市场复苏幅度领先城市和2020中国旅游产业影响力年度夜游城市，入选第一批国家文化和旅游消费试点城市。

【乡村振兴】坚持农业农村优先发展，保持项目、资金、政策的连续性，积极推动脱贫攻坚和乡村振兴有序衔接。脱贫攻坚战取得全面胜利，投入财政专项扶贫资金9.53亿元，多措并举冲刺清零，剩余0.38万贫困人口全部达标退出，农村义务教育巩固率、建制村水泥路通达率、农村饮水安全覆盖率均达到100%，农村四类重点对象存量危房全部“清零”。在中国防贫效率“百高县”排名中，永登、皋兰、榆中分别位列第1、第13和第18位。加快发展都市农业，打造现代都市农业发展“兰州模式”，实施乡村产业发展计划，新引进培育农业企业13家，认定市级农业产业化龙头企业15家，市级以上农民合作社示范社64家，永登县获批国家农村产业融合发展示范园，苦水镇被列入国家2020年农业产业强镇建设名单，永登县武胜驿镇、西固区西柳沟街道张家大坪村被认定为全国“一村一品”示范村镇，农业产业基础更加坚实。新建高标准农田3.14万亩，新增特色农产品种植面积4.5万亩，全市农作物播种面积累计达到125.04万亩，增长6.48%，全年粮食产量33.64万吨，肉类产量4.57万吨，蔬菜产量191.8万吨，园林水果产量13.25万吨，中药材产量3.69万吨，有力保障了本地农产品供应稳定。深入推进农村厕所、垃圾、风貌“三大革命”，开展农村生活污水治理、农村四好路建设等专项行动，新改造户厕3.79万座，卫生厕所普及率达到80%，创建清洁村庄78个，新启动建设美丽乡村15个，加快打造美丽乡村示范带，持续改善农村环境。

【项目建设】紧盯国家政策导向，围绕新一轮西部大开发、黄河流域生态保护和高质量发展、兰西城市群建设等国家战略，谋划储备重大项目604个，总投资2万亿元。制定“三个清单”，实施市列重大项目100个，重大前期项目95个。申报国家“十四五”规划项目10个，新基建项目130个，争取到中央预算内资金项目42个，2020年专项债券项目68个，新增中央投资项目176个。深入开展“招商引资攻坚年”活动，通过“线上”“线下”相结合的方式，成功举办第26届兰洽会。开展产业链招商、以商招商和信息化招商，全年签约引进海康威视、联东U谷等项目241个，总额1220亿元；省外到位资金971.78亿元，增长12.27%。宝方超高功率石墨电极、杉杉奥特莱斯城市综合体等一批重大项目建成投产运营。城区主干道恢复工程全面推进，轨道交通1号线一期省政府站投入运营，2号线一期工程加快建设，打通和政路等疏解路6条，新建停车泊位6300个。完成151条道路线缆入地、下转和清除，城区线缆入地三年行动圆满收官。建成5G基站3968个，主城区及重点应用区域5G网络实现全覆盖，被评为5G网络速率最佳城市。获批建设国家陆港型物流枢纽，建成保税物流中心项目，启动运营汽车整车进口口岸。国内首趟“中吉乌”公铁联运国际货运班列成功开行，累计发运“兰州号”国际班列（含内贸班列）327列9937车，货值11.96亿元。加快跨境电子商务综合试验区建设，新入驻跨境电商公共服务平台企业21家。深化兰西城市群建设，强化区域内城市对接联系，谋划凝练重大合作项目107个，总投资8494亿元。成功举办兰西城市群高质量发展研讨会，与西宁达成制造业战略合作协议。

【城市建设】兰州成功创建全国文明城市，坚持“讲文明聚众力、战疫情促创建”工作思路，全市动员、全民行动、共建共享，经过全市上下15年的拼搏奋斗，成功荣获全国文明城市荣誉称号，极大的增强了全市人民的获得感和自豪感。落实黄河流域生态保护和高质量发展国家战略，加快提档升级黄河风情线和南北两山生态景观，黄河流域兰州白塔山段综合提升改造项目开工建设，“读者印象”精品街区、百合婚庆园等项目稳步推进，黄河楼、兰州老街、水墨丹霞景区建成运营，黄河风情线核心段20公里健身步道全线贯通，“黄河之滨也很美”理念深入人心。开展黄河之滨音乐展演等系列活动1000多场次，兰州跻身“中国最美夜游景观旅游城市”和“中国最具文旅投资价值城市”行列，荣获“2020中国最佳表现城市”。持续开展“提升城市品质、打造精致兰州”三年行动，坚持和完善“一心两翼多点”城市发展布局，强化规划引领，统筹生产、生活、生态空间，市县两级国土空间总体规划编制全面开展，生态保护红线、永久基本农田、城镇开发边界三条控制线基本划定，主城区78个“15分钟生活圈”初步划分，为城市长远发展提供遵循。提高城市治理水平。深入开展“十大精致项目”创建活动，实施城市市容市貌及公共设施问题治理行动，改造老旧小区416个，老旧住宅加装电梯304部。深化推进垃圾分类工作，城区生活垃圾无害化处理率达到100%，垃圾回收利用率达到35.45%。加快智慧城市建设，进一步健全完善智慧城市运行监管系统，推进数据资源整合共享，荣获“中国营商环境政务环境创新奖”。

【人民生活】全年全市城镇居民人均可支配收入40152元，比上年增长5.4%；农村居民人均可支配收入14652元，增长7.7%。城乡居民收入比为2.74，比上年缩小0.06。农村居民收入增速快于城镇居民2.3个百分点，城乡居民收入增速均跑赢GDP，人民获得感持续提升。全年全市城镇居民人均消费支出25892元，比上年下降4.2%，恩格尔系数为30.2%；农村居民人均消费支出11551元，增长2.7%，恩格尔系数为30.8%。年末广播综合人口覆盖率99.76%，比上年末提高0.02个百分点。

【环境保护】全面打好污染防治攻坚战。坚决扛起“在保持黄河水体健康方面先发力、带好头”的政治责任，压实压紧各级河湖长责任，着力深化河湖“清四乱”专项行动，扎实推进污水处理厂提标扩容，水环境质量不断改善。实施工业窑炉、“散乱污”企业、重点行业挥发性有机物及重点行业无组织排放综合整治，持续改善环境空气质量，空气优良天数历史性突破300天，达到312天，创国家实行新标评价以来最好成绩。扎实抓好土壤污染防治，积极推进土壤污染治理修复试点工作，超额完成受污染耕地安全利用任务，农药化肥使用量实现“零增长”。扩大“国家园林城市”创建成果，完成营造林12万亩，累计新增、改造城市绿地95.47公顷，新建改造小游园8个，建成精致游园公园13个。实施“省门第一道”及绿博园陡削坡治理项目，打造两山魅力景观带，实施南山提升改造项目7个，完成绿化面积2189亩，城市绿量不断增加，绿色生态供给更加充分。全年全市空气质量优良天数比率为85.2%，比上年提高4.1个百分点。全年平均气温为11.1℃，比上年偏低0.1℃。年日照2096.1小时数小时，比上年偏多7.8小时。年降水量341.2毫米，比上年偏少26.7毫米。

【社会保障】民生保障水平不断提

升。市级财政民生支出164亿元，占财政总支出的80.5%。9件省列和10件市列为民办实事全部完成。千方百计稳就业保就业，城镇新增就业8.24万人，城镇登记失业率3.06%。兰州人力资源服务产业园建成开园。实施扩大教育资源促进教育优质均衡发展专项行动，北京八中兰州分校等项目加快推进，兰州二中雁滩分校、兰州十一中教学楼拆除重建等项目建成，新增学位2.34万个，多渠道补充教师1715人。加快改善医疗卫生基础设施，市一院医疗业务综合楼、市三院医养结合项目建成投用，省妇女儿童医疗综合体、市中医医院异地新建项目主体完工，市妇幼保健院、市口腔医院异地新建项目启动建设，市二院升格为三甲医院。发放各类补助救助资金4.97亿元，全力保障受疫情影响等特殊困难群体基本生活。深化“平安兰州”建设，开展市域社会治理现代化试点工作，积极排查化解各类矛盾纠纷，严厉打击电信诈骗等违法犯罪活动，着力净化社会环境，人民群众安全感更有保障。

【社会事业】督促落实《兰州市扩大教育资源促进教育优质均衡发展专项行动计划（2019—2022年）》工作任务，着力推进“公平普惠、优质均衡、开放共享、特色鲜明”的现代教育体系建设，2020年扩大教育资源项目完成建设21个，主体完工18个，正在建设20个，已投入使用20个。92所两类学校建设项目已全部完成，827个义务教育学校薄弱环节改善与能力提升项目完成。小区配套幼儿园完成移交77所，在建55所，公办园在园幼儿占比50.03%，普惠性幼儿园覆盖率为94.58%。义务教育阶段超大班额全部消除，大班额比例下降至5.13%。学龄儿童入学率为100%，九年义务教育巩固率为99.87%，高中阶段入学率为99.7%。全市共有国家工程技术研究中心3个。全年登记市级科技成果1555项，其中基础理论594项，应用技术类成果932项，软科学29项。专利申请量14050件，比上年增长2.35%；专利授权量9289件，增长46.1%，其中发明专利授权量1165件，增长38.69%。有效发明专利5618件，每万人口发明专利拥有量14.82件。共签订技术合同5477项，增长17.71%；技术合同成交金额81.45亿元，增长21.24%。年末全市共有医疗卫生机构2245个，其中，医院116个，卫生院67个，妇幼保健院（所、站）10个，专科疾病防治院（所、站）2个，社区卫生服务中心（站）249个，诊所、卫生所、医务室913个。卫生技术人员4.15万人，其中执业医师和执业助理医师1.49万人，注册护士2.05万人。疾病预防控制中心（防疫站）10个，疾病预防控制中心（防疫站）卫生技术人员594人；卫生监督所（中心）10个，卫生监督所（中心）卫生技术人员277人。乡镇卫生院65个，乡镇卫生院卫生技术人员0.15万人。医疗卫生机构拥有床位数3.22万张，其中医院2.85万张，卫生院0.11万张。全年总诊疗人次2221.56万人次，出院人数83.78万人。电视综合人口覆盖率99.99%，比上年提高0.24个百分点。全年累计接待国内外游客4821.4万人次，实现旅游总收入421.4亿元。全年全市体育共获得国家级金牌1枚、银牌1枚、铜牌2枚。

（王立杰）

城关区

【基本情况】城关区是甘肃省省会兰州市的政治、经济、文化和商贸中心，位于甘肃省中东部，依山傍水，气候宜人，属中温带半干旱型气候。经济实力居全省86个区县之首，2020年跻身为中国城区高质量发展水平百强区第58位，中国营商环境百强区第51位。土地总面积208.01平方公里，其中建城区面积65.16平方公里，行政管辖25个街道和154个社区、18个行政村。居住着汉、回、满、蒙古、藏、维吾尔等53个民族。2020年末，全区常住人口148.74万人，城镇化率为98.76%。

【资源优势】一条河——黄河，兰州是黄河唯一穿城而过的省会城市，为兰州带来了全国最长的市内滨河公园和最大的城市带状公园黄河风情线，赋予了兰州“黄河之都”的美誉；一座桥——中山铁桥，是兰州历史最悠久的古桥，也是5464公里黄河上第一座真正意义上的桥梁，因而有“天下黄河第一桥”之称；一轮车——黄河水车，兰州是国内水车遗迹最多和保存最完整的城市，被誉为“水车之都”；一碗面——兰州牛肉面，2016年获评“中华第一面”，沉淀了满满的历史记忆；两本书——《四库全书》和《读者》，九州台文溯阁陈列的《四库全书》具有极高的历史、文物和学术研究价值，《读者》杂志，年发行量居综合性期刊中国和亚洲第一、世界第四位，被誉为“中国人的心灵读本”。

【国民经济】2020年，全区实现地区生产总值1061.2亿元，比上年增长2%。其中，第一产业增加值0.6亿元，增长1.1%；第二产业增加值155.3亿元，增长7%；第三产业增加值905.3亿元，增长1.1%。三次产业结构比为0.06 ：14.63 ：85.31。固定资产投资下降18.6%；社会消费品零售总额884.1亿元，下降4.1%；一般公共预算收入37.3亿元，下降0.7%。

【“三农”工作】全年实现农林牧渔业增加值6852万元，比上年增长1.6%，其中，农林牧渔服务业增加值364万元，增长6.8%。农作物产量良好，粮食作物播种面积947.2亩，产量328.3吨，增产12.6%；经济作物播种面积7060.7亩，产量7912.6吨，增产27.4%。美丽乡村建设有序推进，建成投用青白石上坪、刘家坪区域生活污水处理项目，加快推进皋兰山农村饮水提升、天然气管网建设，实现乡村垃圾收集转运和无害化处理全覆盖，新建改建厕所200座，打造美丽乡村2个。大力发展富民乡村产业，打造青白石“一园三区”现代农业示范基地。

【项目建设】全区深入开展“五比五拼”“千企万商大走访”活动，组建项目服务团队65个，推行四色挂图作战模式，实施重点项目272个，开工建设135个项目，竣工投用25个项目。采取“三上三下”工作法，谋划凝练总投资2890亿元的项目145个，申报中央投资、地方政府债券等各类项目58个。区医院改扩建等3个项目已获批，争取到位专项债券9700万元；华富小区等63处老旧小区改造基础设施项目争取到位中央预算内资金1.24亿元，城关区综合福利院等4个项目争取到位市级重大前期项目经费470万元。

【优势产业】全区抢抓“一带一路”建设、新一轮西部大开发、新基建、丝绸之路信息港建设等重大战略和政策机遇，加快发展以大数据、互联网、人工智能为代表的数字经济，着力培育新的经济增长点，大力推进楼宇经济、地铁经济、电子商务、会展经济、现代金融、数据信息等六新经济。由省、市、区各级政府共同打造的集大数据、互联网、物联网、融媒体、文化创意、智能制造、云计算、电竞娱乐等产业为一体的兰州科技创新园落户城关，目前已引进兰州网易联合创新中心、中软国际兰州数字经济创新基地等50余家知名企业入驻，成为全省数字经济的标杆园区和创新高地，推动全区高质量发展。

【人民生活】2020年，全区城镇居民人均可支配收入45233元，比上年增长5.4%；农村居民人均可支配收入28948元，增长7.3%，城乡居民人均可支配收入比值为1.56，比上年缩小0.03。城镇居民人均消费支出28063元，下降8.2%，恩格尔系数为29.6%；农村居民人均消费支出22555元，增长17.4%，恩格尔系数为25.4%。

【环境保护】坚决打赢污染防治攻坚战，“兰州蓝”成果进一步巩固。出台《兰山区域整体工作协调推进实施方案》，加快兰山生态修复步伐。严格落实河湖长制，持续推进“清四乱”专项行动，完成侵占河道整治，清淤疏浚石门沟等河洪道8条。全年空气质量达标天数321天，较上年增加16天，达标率87.7%。

【社会保障】2020年末，全区参加城镇职工基本养老保险人数17.84万人，比上年末增加0.31万人。参加城乡居民基本养老保险人数2.08万人，增加0.05万人。参加基本医疗保险人数60.45万人，增加4.31万人。参加失业保险人数9.59万人，增加1.86万人。深化拓展“民生就业360”品牌内涵，全年举办“春风行动”等线上线下招聘活动46场，发放稳岗补贴6168万元，组织职业技能提升培训3.7万人次。城乡低保标准提高10%，接收国企退休社会化管理人员9.5万人，减免养老等保险金3亿元。发放各类救助金和公租房补贴1.12亿元，惠及群众3.2万人。养老服务体系日臻完善。启动建设区综合福利院，新建医养托健中心11家，新增日间照料中心10家、养老床位300张，荣获“全国第三批智慧健康养老示范基地”称号。完成虚拟养老院加盟服务企业的重新入围招标工作，入围养老餐厅28家，家政服务机构13家。

【社会事业】科技创新取得新突破。2020年，全区科学技术支出5424万元，占财政支出的0.98%，较上年提升0.24百分点。专利申请量6000件，比上年增长29.31%；专利授权量4165件，增长122.97%。每万人口发明专利拥有量24.6件。签订技术合同1561项，技术合同成交金额45.63亿元。作为全省唯一的国家区域双创示范基地，累计培育各类孵化平台62家，引进高科技企业41家，培训众创空间10家，众创企业21家，扶持科技项目44个，创业带动就业近5.5万人。均衡优质教育加快构建。制定基础教育学位扩增三年行动计划，建成方家湾等小学2所，新开办海亮实验学校等4所，组建教育集团3个，引进教师346名，增加学位8700个，妥善解决2000名新增生源入学矛盾，“大班额”基本消除。年末拥有普通中学49所，在校生52509人；普通小学74所，在校生80610人；职业中学20所，在校生13641人；特教学校2所，在校生312人；幼儿园270所，在园幼儿40728人。学前三年毛入园率96.01%、九年义务教育巩固率99.98%，高中阶段毛入学率99.54%。文体服务水平不断提升。加快推进文体项目有机更新，不断提升服务形象和服务能力。新建基层综合文化服务中心4个，启用兰州市首个智慧图书馆，完成1个街道、3个社区综合性文化服务中心达标建设，建成全民健身路径40条及5个休闲健身园，举办“华彩夜金城”“兰山跑嗨”等文体活动200余场次。全区共有国有艺术表演团体14个，艺术表演场馆3个，图书馆2所，博物馆2所，文化馆3所，文化站25个。年末广播节目和电视节目综合人口覆盖率均为100%。公共卫生基础不断夯实。着力提升医疗服务水平，开工建设区医院、市口腔医院、市妇幼保健院等重点项目，实施区妇幼保健院标准化建设，建成投用骨伤科医院综合大楼，打造社区分级诊疗机构3家。年末全区共有医疗卫生机构480个，卫生技术人员19724人，医疗卫生机构床位14044张。全年总诊疗人次960.85万人次，出院人数39.34万人。五岁以下儿童死亡率3.16‰，婴儿死亡率2.57‰。

（丁巨丽）

七里河区

【基本情况】七里河区地处兰州市中南部，东至雷坛河，与城关区接壤；南与定西市临洮县为邻；东南至铁冶，与榆中县银山乡相邻；西南至七道梁、摩云关、湖滩，与临洮县、临夏州永靖县交界，西至彭家坪、崔家大滩、深沟桥，与西固区毗邻；北濒黄河，与安宁区和城关区靖远路街道徐家湾隔河相望。距兰州市人民政府驻地5公里。全区总面积397.25平方千米，黄河流经区内15千米，地表及地下水年经流量300多亿立方米。电力资源充足，森林覆盖率26.24%。年平均降水量350毫米，年平均气温10.5℃，全年日照时数平均2446小时，无霜期在180天以上，冬无严寒，夏无酷暑。现辖1个乡、5个镇、9个街道，有汉族、回族等45个民族。2020年末，全区常住人口71.48万人，城镇化率为87.66%。

【资源优势】七里河区境内有煤炭、石英石、石灰石、坩土、沙石、路标石以及地热等7种资源。阿干镇煤矿可开采的煤炭剩余0.0348亿吨。另有石灰石储量0.04亿吨，砂子2亿立方米，天然卵石约1亿立方米，路标石0.5亿立方米，坩泥0.2亿吨，石英矿储藏量1亿吨。探明瓜州路有地热，井深2300米，水温63.5度，富含偏硅酸、氟、铁、偏硼酸等多种微量元素。天然林资源保护森林面积7.21万亩，国家重点公益林管护面积9.025万亩。

【基础设施】2020年七里河区新建11项农村公路项目，共计里程37.344公里。完成马滩片区规划道路建设2.6

公里，完成彭家坪片区规划道路建设19公里，完成对华阳街、文体巷、西湖西街、西湖东街4条小街巷的综合整治。新建成阿干镇马泉垃圾填埋场，完成黄峪镇垃圾填埋场项目中生产生活辅助区和辅助工程污水调节池建设。完成八里镇污水处理厂项目中深度处理车间主体结构混凝土浇筑及配套机房建设及设备安装。完成石关子民宿旅游区建设项目中整村地下管线铺设、边坡防护、村内旅游线路基础铺设等配套设施施工，完成特色民宿院落主体建设75%的总工程量。完成马嵬驿兰州老家项目中国防光缆、移动、广电线路、电路迁出施工，整村外立面美化升级改造及村内综合管沟、小吃街、作坊街、民俗四合院的建设。2020年实施改造14个老旧小区，总面积78.17万平方米，涉及住户9698户，改造资金2.6亿元，改造后受益群众达到3.4万人左右。完成老旧住宅小区加装电梯任务50部。新增蓝海佳园一台警报点，新建阿干镇石门沟社区、西园街道华林坪社区等5个社区人防工作站。新增兰州西站二期北广场、兰州供电局七里河棚户区改造项目等6家单位，开发利用人防平战结合工事面积30218.65平方米，为社会提供就业岗位60个。

【国民经济】2020年，全区实现地区生产总值492.06亿元，比上年增长0.01%。其中，第一产业增加值6.28亿元，增长0.9%，第二产业增加值173.35亿元，下降1.2%，第三产业增加值312.43亿元，增长0.8%。建筑业总产值311.34亿元，增长0.7%，建筑业增加值38.34亿元，下降3.1%。三次产业结构由2019年的1.21 : 37.18 : 61.61，调整为1.28 : 35.23 : 63.49。一般公共预算收入15.95亿元，下降8.9%。一般公共预算支出33.66亿元，增长5.7%。年末人民币存款余额934.73亿元，比上年末增长5.7%；人民币贷款余额865.15亿元，增长4.6%。

【脱贫攻坚】2020年，七里河区全年脱贫攻坚项目库入库项目235个，涉及资金1.74亿元。投入财政扶贫资金1.54亿元，涉及产业发展、就业培训、安全饮水、河洪道治理、道路建设、人居环境改善、金融等建设项目209个，项目资金拨付率达到98.76%。完成通村道路和村组道路141条210.83公里，修建板桥2座，硬化村内小街巷36万平方米，通村、村组道路和村内小街巷实现100%硬化；新建改建各类饮水安全工程76项，其中整合资金6900万元实施农村饮水安全巩固提升工程，在8个自然村安装水质净化设施297户，在3个镇11个村实施自来水入户工程，新建各类蓄水池30座，全区农村饮水安全覆盖率达到100%，自来水入户率达到99.14%；建设户厕8086座、公厕27座，完成率100%；整治残垣断壁22万平方米，新建文化广场48个，修建文化长廊、文化墙1.07万米，清理农村沟渠62.5公里，建成省市区级美丽乡村示范村24个，清洁村庄43个；发放产业扶持资金3587.46万元，建成堡子村千亩百合省级现代农业示范基地1个，爽口源、甜甜、欣海百合组培扩繁中心3个，“兰州百合”荣获农业农村部农产品地理标志认证，七里河区成功创建为“省级农业科技园区”。发展省、市林下经济示范点13家，建设林业科技示范园4个，家庭林场5个，种植苹果、核桃、花椒等经济林6825亩，种植各类中药材4000亩，完成生态林种植1000亩，生态修复提升改造2448亩。对符合产业扶持条件且自身有发展意愿的5户给予产业扶持，就业扶持8户，对符合条件的63户纳入兜底保障。开展精准扶贫劳动力培训709人，其中建档立卡劳动力培训160人。全区9家扶贫车间吸纳就业360人，其中建档立卡贫困劳动力136人。2020年新开发乡村公益性岗位129个，安置无力外出就业、无业可扶的建档立卡贫困劳动力家门口就业。输转建档立卡劳动力796人，创劳务收入1015.24万元；改造老旧房屋50户；发放精准扶贫小额贷款30户，续贷11户；易地扶贫搬迁建档立卡贫困户入住率达到100%。全区适龄儿童入学率达到100%，义务教育均衡发展实现全覆盖。标准化卫生室建设和家庭签约服务全面落实，医疗保险、大病保险、医疗救助实现全覆盖。8个贫困村、31个涉贫村产业发展、基础设施和基本公共服务等指标均达到了脱贫标准，区级各项指标达到脱贫要求。经市区验收七里河区2020年实现稳定脱贫70户206人，全区贫困发生率降为零。

【“三农”工作】2020年，全年完成农林牧渔业服务业增加值0.62亿元，比上年增长5.4%。农作物播种面积13.97万亩，增长2.28%。其中：粮食播种面积1.33万亩，粮食产量3588吨；蔬菜种植面积达到12.4万亩，蔬菜产量完成23.36万吨。特色百合产业稳步增长，百合种植面积达到5.5万亩，增长7.35%，百合产量4.73万吨，增长22.3%。生猪和羊养殖稳步增长，生猪出栏2.17万头，增长7.84%；生猪存栏1.6万头，增长10.48%；羊出栏7695只，增长5.09%；羊存栏1.72万只，增长1.97%。2020年全区天然林资源保护工程二期有效管护森林面积7.21万亩，国家级公益林管护面积6.4816万亩，管护合格率达95%以上。完成新增造林项目7个，营造生态林1500亩，经济林1625.7亩，投入资金798万元。全年实现林下经济发展产值3001万元。其中：林下养殖完成产值1361万元；林下种植完成产值480万元；森林旅游农家乐、森林人家约70家，年产值1160万元。新增家庭林场1家，现有林业专业合作社林下经济示范点13个，家庭林场7个。

【项目建设】2020年全区完成招商引资到位资金210.78亿元，是全年目标的108%，市列19个重点推进项目中，已开工项目16个，到位资金286.48亿元，项目开工率和资金到位率分别为84.21%和52.85%。全年引进签约项目10个，总投资额162亿元，引进保利大都汇等投资10亿元以上项目5个，引进颐高集团等“三个500强”和行业龙头企业投资项目5个。第26届兰洽会省市专场签约项目7个，总投资额142亿元，分别是陇浙（颐高）数字经济产业园项目、东郊学校华润分校项目、芙瑞商务港项目、河畔映巷项目、万达城一期项目、万达酒店项目、保利大都汇项目等。总投资75亿元的万达茂项目于12月12日主体封顶。总投资54.14亿元的奥体中心项目于11月28日主体封顶。总投资1.5亿元的达尔健康复医院项目实现当年签约、当年开工、当年建成并投入运营。

【优势产业】百合产业提质增效，深化拓展堡子村百合试验示范基地，加大优质母籽繁育力度，特别是百合鳞片扦插集成技术的推广应用，大力实施百合品种提纯复壮、产品提质增量工程，加快塑造天然、绿色、高档、多功能保健品的高端定位，推动百合品质和档次有较大提升。新引进6条百合加工生产线，推进初级加工、精深加工、综合利用加工协调发展。区委区政府联合阿里巴巴天猫共同举办了“阿里丰收购物节兰州百合天猫正宗原产地”新闻发布会，2020年兰州百合品牌测算价值高达53.39亿元。汽车、钢材、医药等传统商贸产业数字化转型升级步伐加快，丰泰里时尚街区项目完成供地，保利集团成功签约西北物资市场提升改造，小西坪医药产业园项目推进顺利。黄河楼灯光首秀闪耀黄河之滨，万达茂、简牍博物馆主体封顶，奥体中心体育场钢结构合龙，华夏文化博览园加快建设，石佛沟景区成功创建国家4A级景区。全年引进芙瑞商务港等总部企业5家，全区楼宇企业达到2065家，成为全区产业升级新的增长极。

【人民生活】城乡居民收入持续增加，生活水平进一步改善。2020年全区城镇居民人均可支配收入达到38550元，比上年增长5.7%，其中人均工资性收入27208元，增长16.21%，城镇居民家庭恩格尔系数为29.9%；农村居民人均可支配收入21941元，增长7.9%，其中人均工资性收入10663元，增长5.12%，农村居民家庭恩格尔系数为29.2%。

【环境保护】2020年七里河区空气质量优良天数321天，达标率87.7%。比上年增加23天。可吸入颗粒物年日均值为69微克/立方米，比上年上升1.5%；细颗粒物年日均值为33微克/立方米，上升3.1%。水环境质量：包兰桥段面地表水质稳定达到《地表水环境质量标准》Ⅲ类标准，达标率为100%。两个地下水国考监测点位水质保持稳定。完成2020年主要污染物总量减排指标，二氧化硫、氮氧化物、化学需氧量、氨氮等主要污染物排放指标均控制在市政府下达的范围内。

【社会保障】2020年全区城镇新增就业16187人，是年任务的104%；城镇登记失业率控制在2.86%；安置困难群体就业2184人；培训各类劳动力12130人,失业人员实现再就业4656人；输转劳动力1.77万人，创劳务收入4.46亿元。2020年城乡居民养老保险参保率（续保率）达到99.82%，发放率达到100%。全区有参保企业3613家，参保人数53609人,新增参保企业2579家，新增参保缴费人数4733人。全区输转城乡富余劳动力17741人，其中有组织输转13689人。为1704人次发放进企业服务生活补贴255.9万元。为4474名困难毕业生发放求职创业补贴447.4万元。发放个人贷款223笔、4040万元，带动727人就业。

【社会事业】2020年七里河区新增国家级众创空间1家，新增省级众创空间2家，新增市级众创空间1家，认定区级众创空间2家。通过认定的高新技术企业58家，科技小巨人企业3家，科技型中小企业当年入库40家，市级科技企业孵化器总数达到4家。新增省级企业技术中心1家，新增兰州市产学研合作成果转化基地2家。1家企业获科技部“科技助力经济2020”项目支持；农业科技园区考核验收为“优秀省级园区”；1家单位获“兰州市十大科技创新项目”支持；9家单位获“2020年度兰州市人才创新创业项目”支持；技术市场合同交易额完成9.52亿元。全区有学校108所(中学22所,完全小学61所，教学点25所)。辖区在校学生55689人，专职教师1436人，保育员692人。辖区幼儿园153所，在园幼儿21021人，教职工2128人。七里河区属学校92所（不含幼儿园），小学85所，普通中学7所（完全中学1所，独立初中3所，九年一贯制学校3所）。区属学校在校生37644人（不含幼儿园），区属学校专任教师2736人。2020年底，公办园入园率50.78%，普惠园覆盖率84.66%。义务教育阶段全区实际招生7121人(含民办小学)，其中本区适龄儿童4066人，随迁子女3055人，平稳有序划拨5718名小学毕业生（含区外104名）到辖区17所初中学校就读。全区民办培训机构登记在册100所，其中取得《中华人民共和国民办学校办学许可证》84所。2020年高考报名2860人，本科录取1564人（录取率54.69%），专科录取803人，共计录取2367人，本专科录取率82.76%。全区共有卫生机构425个，其中：区级医院9所，乡镇卫生院7个,私人开办达310个,其它机构99个。全部卫生机构拥有床位数6972个，卫生技术人员7665人，执业（助理）医师2663人。建成16家虚拟养老服务中心，构建生活照料、医疗保健等11大类75项的居家养老服务体系。全面落实“先诊疗、后付费”政策，城乡居民基本医疗保险、大病保险、医疗救助实现“一站式”即时结报服务。扎实开展危化、建筑、消防、道路交通、特种设备、食品药品等领域安全专项整治，深入推进全国禁毒示范城市创建和扫黑除恶专项斗争，严厉打击非法集资、金融诈骗等违法犯罪行为，安全生产形势和社会大局保持稳定。第七次全国人口普查取得阶段性成果。七里河区被国家民委命名为“全国少数民族流动人口服务管理示范城市”。群众的幸福感、获得感、安全感进一步提升。

（魏本研）

西固区

【基本情况】西固区位于兰州市西郊，东与七里河区接壤，南连永靖县，西邻红古区，北与永登县、皋兰县、安宁区毗邻，黄河由西向东横穿全境。西固是甘肃省和兰州市的核心工业区、中国西部最大的石油化工基地，素以“西部石化明珠”“石化工业摇篮”闻名遐迩。地处国家“一带一路”倡议重要节点，位属全国城镇体系9大综合交通枢纽、21个物流节点、18个铁路集装箱中心站之列，是向西辐射青海、新疆、西藏的重要接力站和中转站。陇海、兰新、兰渝等10个方向19条铁路穿域而过，与G109国道、G312国道、兰海高速、南绕城高速等构建了方便快捷的交通路网，形成了“承东启西、连南贯北”的西北公铁联运中心。全区总面积385.3平方公里，辖5个镇、1个乡、7个街道，40个行政村、70个社区。2020年末，全区常住人口 40.77 万人，城镇化率为 91.81%。

【资源优势】西固区配合省市实施了中川高铁、城市轨道交通、古浪路跨线大桥、寺儿沟南北通道等一大批畅交通项目，“三横三纵四桥”的路网框架基本构建。依托陆港平台优势，积极做好产业链延伸和功能承接文章，努力打造外向型经济开放发展大平台。位于西固的甘肃（兰州）国际陆港位列全国九大物流区域、十大物流通道，国家铁路一级物流基地，在全国大物流格局中具有重要地理优势。国际陆港拥有的兰州铁路口岸被国务院正式批复为汽车整车进口口岸，东川铁路物流中心功能齐全，保税物流中心（B 型）即将封关运营，多式联运物流中心、国际陆港物流信息中心全面推进，陆港五大核心功能持续完善。中欧、中亚、南亚和国际陆海贸易新通道实现高效双向发运，与天津港、钦州港、果园港等 9 家海港、陆港的紧密合作，有力促进了国际国内资源要素流动和区域经济快速发展。西固历史悠久，文化旅游资源丰富。曾是郡县驻地，古西秦国都所在地，公元前 121 年，汉将军李息临黄河筑城，设置金城县。境内旧石器、马家窑、古渡口等文化遗产星罗棋布，是黄河上游最富人文内涵的城市之一。自然风光绝美，境内金城公园、河口古镇、三江口湿地等旅游佳地不胜枚举，是兰州及周边最具旅游发展活力的区域之一。西固区围绕黄河生态文明建设，加快全域旅游基础设施建设及景观提升改造，倾力打造东西两大片区旅游经济带，相继实施了金城公园（二期）、河口古镇等核心项目，举办了迎春灯会、西固之夏、草莓音乐节等特色文化节会，文化旅游产业蓬勃发展。西固教育资源丰富，名校云集、名师荟萃，区内兰州市第五十八中学、第五十九学、第六十一中学属省级示范性高中，兰州市第六中学、第二十八中学、第五十中学、第六十三中学、第六十四中学属市级示范性高中，兰州市第六十中学属特色高中，师资力量雄厚，教学质量卓越。西固区着眼打造“西部教育名区”，全面深化教育综合改革，大力改善办学条件，加快提升管理水平，不断优化教育资源布局，高考一本、二本上线率连续多年名列全省前列。

【国民经济】2020 年，全区实现地区生产总值 391.46 亿元，比上年下降 2.1%。其中，第一产业增加值 2.91 亿元，下降 6.6%；第二产业增加值 214.53 亿元，下降 2.2%；第三产业增加值 174.02 亿元，下降 1.8%。三次产业结构比为 0.74 ∶ 54.8 ∶ 44.46。固定资产投资下降 38.4%；社会消费品零售总额 143.36 亿元，增长 1.3%；城镇居民人均可支配收入 44360 元，增长 5.5%；农村居民人均可支配收入 21816 元，增长 7.7%。

【项目建设】扎实开展“招商引资攻坚年”和“重大项目百日攻坚”行动，签约引进重大项目 25 个，总投资达 521 亿元。石化全产业链加快形成，24 万吨 / 年乙烯产能恢复项目，90 万吨 / 年柴油加氢改质装置开车一次成功；代家河湾医疗防护产业园启动实施，蓝星公司年产 50K 大束碳纤维 1138 吨、原丝 2865 吨。国际贸易后劲勃发，绿地全球贸易港项目实现“当年签约、当年供地、当年开工”；以龙湖金城光年为核心的陈官营高品质商圈全面启动建设；虹盛 · 假日熊猫购物公园、金时光美食广场投入营业，华奥全球商品直销中心、汇金智慧汽车城、城市运动广场加快建设。文旅产业全面提质，金城公园（二期）对外开放，金城游乐园开工建设，西戎 · 袋鼠体育中心、河口古镇喀啰川文化广场建成投用。

【脱贫攻坚】深入开展“3+1”冲刺清零后续行动和“5+1”专项提升行动，制定出台困难群众就学、就业、就医兜底保障政策，“两不愁、三保障”6 项主要指标全面达标，贫困人口退出验收核查和脱贫攻坚成果检视工作通过省级验收；持续深入开展定点帮扶，助力东乡县退出国家贫困县序列。小康短板加快补齐，完成改厕 794 户，拆危治乱 90 处，农村危旧房实现全清零。深入实施“乡村振兴”战略，行政村股权量化和股证颁发工作全面完成，马家山田园综合体投入运营，张家大坪村入选第十批全国“一村一品”示范村镇。

【优势产业】“一五”期间，国家在西固投资建设石油、化工等重点项目，奠定了雄厚的工业基础，经过长期发展，逐步形成了以石油化工等产业为支柱的工业体系。2020 年，全区工业企业完成工业增加值 196.87 亿元。西固区围绕石化产业，全力支持服务兰州石化改造提升老基地，充分发挥兰州石化人才优势、产业链上游优势和资源优势，积极拓展石化下游产业链，争取具有自主知识产权和高附加值的战略新兴产业，推动“大炼油”向“大化工”转型。

【社会保障】稳就业政策更加精准，发放创业担保贷款 4025 万元、援企稳岗补贴 1103 万元，新增城镇就业 10885 人。加大社会救助力度，发放各类救助金 3972 万元。大力实施“十百千”文化惠民工程，成功举办黄河文化艺术周等活动。全面完成为民兴办 10 件实事。

【城市建设】城市更新稳步推进，文化小区等 4 个项目交付使用，总投资 51.5 亿元的 8 个棚改项目开工建设，14# 街区征拆进展顺利；102 个老旧小区改造全速推进。基础设施加快建设，柴家峡黄河大桥成功合龙，临洮街、兰棉厂涵洞提升改造项目破土动工，83 个小区“三供一业”完成改造。开展“百日百街百院”专项整治，清理脏源点 760 处，拆除违建 1.9 万平方米，销号 77 处普铁外部环境隐患，建成 7 处“口袋公园”。启动实施“再造一个关山森林”工程，高效完成黄胶泥沟环境隐患治理，元托岇沟生态环境整治成为全市样板工程，白天鹅落户三江口“黄河天池”。

【社会事业】新建临洮街学校投用在即，福利东路学校项目启动实施，二十八中地下体育馆开工建设，9 所石化幼儿园移交接收顺利完成，率先在全省试点学生午餐配餐服务，区幼儿园升级为省级示范园，达川中心校入选教育部第一批乡村温馨校园建设典型案例。区中医院、妇保院投入使用，宝石花医院晋级“三甲”。筑牢多元解纷“最后防线”，成立诉调对接人民调解委员会，民商事立案率下降 5.8%；群众来信来访下降 42%，群体性事件同比减少 10%，实现重要节会期间“零非访”。重拳打击违法犯罪，“两抢一盗”、治安案件分别下降 39%、24%，率先在全市成立反电诈大队，电诈破案率全市第一。全区安全生产形势明显改观，四项指标“三降一升”，国家食品安全示范城市创建稳步推进。深入推进“放管服”

改革，政务服务事项办事大厅进驻率达到95%，新增市场主体2405户；落实减税降费政策3.95亿元；大力推行“不来即享”、容缺受理、帮办代办等措施，审批各类项目250余个。集中化解历史遗留问题，民营企业中小企业清欠目标全面完成，35个项目近3万户居民即将取得“房本子”。基本完成286家、55045名国有企业退休人员社会化管理移交工作。

（刘英）

安宁区

【基本情况】安宁区是甘肃省会兰州市主城区之一，位于黄河北岸，东接城关区，南临黄河与七里河区、西固区隔河相望，西至虎头崖与西固区相接，北与皋兰县接壤。区名源自明代军事城堡安宁堡，取“安宁无患、不受侵害”之意，是古丝绸之路的必经地之一，有“金城西北之门户，河西五部之咽喉”之说。1953年建区，区域总面积82.33平方公里。东西长19.6千米，南北宽2.7至7千米。境内依山傍河，东西两侧高，中间低缓，呈马鞍形，形成狭长河谷平原—安宁平原。海拔1517.3米至2067.2米，相对高差550米。内陆性气候特征明显，日光充足，气候宜人。年降水量349.9毫米，年蒸发量1664毫米。年平均气温8.9摄氏度。年日照2476.4小时，无霜期172天。全区现辖8个街道、60个社区。2020年末，全区常住人口44.21万人，城镇化率100%。有回、蒙古、满、藏等29个少数民族。

【资源优势】安宁区内环境优美，三季有花，四季常青，绿化覆盖率达到42.98%，人均绿化面积14.59平方米，位居全市首位，获“全国绿化模范县区”称号。是甘肃省第一个完全撤销乡镇和村级建制的城区。区内有西北师范大学等17所大中专院校、有农科院等2所科研机构，有各类科技人才3万余人。仁寿山景区顺利通过国家4A级景区评定；黄河风情线西段纵贯安宁区全境，有天斧砂宫、仁寿山、银滩湿地公园、兰州植物园、安宁生态文化园、九州台、文溯阁《四库全书》、兰州国学馆等自然、人文景观。是全国四大蜜桃之一“白凤桃”原产地，素有“十里桃乡”之称。先后荣获“2020年中国最美乡村百佳县市”“2020年中国综合投资热力百佳县市”“2020中国未来投资潜力百佳县市”等荣誉称号。

【国民经济】2020年全区实现地区生产总值240.75亿元，比上年增长5.8%。其中，第一产业增加值0.11亿元，下降8.4；第二产业增加值73.13亿元，增长10.1%；第三产业增加值167.51亿元，增长3.8%。三次产业比重为0.05 ：30.38 ：69.58。实现工业增加值59.55亿元，增长11%，其中规模以上工业增加值增长12.5%。全社会固定资产投资增长15.5%。实现社会消费品零售总额168.3亿元，增长1.9%。完成一般公共预算收入9.92亿元，增长5.2%。城镇居民人均可支配收入40669元，增长5.5%。

【环境保护】绿色空间不断拓展，栽植白凤桃60亩，北山面山补植造林1685亩，完成远景山绿化景观（一期、二期）提升改造、桃林路北段匝道东西两侧空地绿化美化和青石沟垃圾场生态修复治理。完成线缆入地三年行动，建成线廊67条81.9公里。拆除沿街私搭乱建1.83万平方米；消除存量违法建设220处268万平方米，完成五年治理总量的93.7%；排摸桃园内违法建设及私搭乱建40万平方米，拆除13万平方米。全年加大燃煤小火炉取缔改造力度，累计改造居民小火炉9533户16442台。大气污染物二氧化硫下降92.16吨，氮氧化物下降49.92吨。实施以莫高大道为代表的门头提升改造，规范引导“门头牌匾”。环卫作业模式由“扫”向“洗”转变，机械化洗扫覆盖率达100%。“马路办公”取得明显成效。开展保护母亲河“清四乱”专项行动，完成22条洪道及黄河沿线各类排水口清查整治。加强建筑工地监管，严格落实扬尘管控措施，对施工现场围挡、物料堆放、出入车辆冲洗、地面硬化、拆迁工地和土方外运湿法作业、渣土车辆密闭运输等做到“六个百分百”要求。全区地表水水质达标率100%，黄河干流安宁段断面监测达到Ⅱ类水质标准；空气质量达标天数294天，比上年增加27天，取得国家实行新标以来最好成绩，城市管理规范化执法工作列入省级执法示范区。

【供给侧结构性改革】持续深化供给侧结构性改革，培育发展十大生态产业，进一步优化存量、扩大增量、提升质量。制造业不断转型升级，中车兰州机车高端轨道装备制造基地一期项目建成试运营、雪花啤酒12万听装进口啤酒线提前三个月建成投产。长风智能机器人、兰飞智能电动伺服控制系统产业化等军民融合项目稳步推进。现代服务业加速聚集，鼎泰·中汇广场、中海环宇城建成运营，众邦国贸中心、荣光·陇汇广场等大型商业综合体顺利实施。兰州富力城、安宁吾悦广场实现当年土地出让、当年开工建设，刷新项目建设新速度。立达医药物流产业园全面运营，1家入驻企业成功上市，15家限上医药批发企业完成销售额59.84亿元。电子商务蓬勃发展，新增本地自建电商平台3个，电商企业10家，交易额突破1亿元。猪八戒网甘肃总部园区注册企业94家，招商入驻率85%。文化旅游业特色鲜明，仁寿山、天斧砂宫、九州台等景区吸引力显著提升，桃花旅游节、蟠桃会等节会知名度不断扩大，全年接待旅游人数520.2万人次，旅游综合收入达到37.45亿元。持续开展“千企万商大走访”活动，实行服务承诺“四办四清单”管理制度，有效激发非公经济发展活力，新增市场主体2662户。荣获“中国未来投资潜力百佳县市”“中国综合投资热力百佳县市”。

【项目建设】坚持把项目建设作为推动发展的第一引擎，以有效投资推动经济社会高质量发展。全面谋划现有城市空间和土地资源综合开发利用，迎门滩商务集中区首批7宗279.5亩土地实现出让，兰州富力城、吾悦广场等重大项目成功落地，兰西城市群标志性商务商业中心区建设正式启幕。加快接续土地梯次供应，11宗400.3亩土地达到供地条件，有针对性的召开专题招商推介会，全力引进500强企业参与开发，片区整体开发、产业集中培育、城市开放崛起的夙愿正式开启落实。创新项目推进举措，全面实行项目“承诺制”，采取容缺受理机制，开通审批“绿色通道”，安宁碧桂园、佛慈教育城等 80 个新建续建项目全部开工复工。坚持“两真四有”精准招商，借助兰洽会等平台，全方位对接国内外 500 强企业，签约项目 10 个，省外到位资金 90.65 亿元。

【民生保障】在减税降费和疫情影响双重压力下，全区民生投入只增不减，占一般公共预算支出 73%。落实就业优先政策，城镇新增就业 8298 人，困难人员再就业 913 人，城镇登记失业率 4.13%。引进急需紧缺人才 30 人。扩大优质教育资源，北京八中兰州分校初中部、沙井驿学校三馆一厅一广场快速推进。治理小区配套幼儿园 39 所，新增学位 1800 个，普惠率 93.99%，公办园在园幼儿占比达到 50.13%，全面完成市列目标任务。深化“健康安宁”建设，有效整合辖区医疗资源，省妇女儿童医疗综合体、区人民医院翻建工程稳步实施，妥善解决兰飞医院移交问题，新增床位 2568 张。全面推行医养结合、分级诊疗模式，家庭医生签约 6.7 万人，医联体实现全覆盖。扎实开展扶困帮困助困“春风行动”，投入各类救助资金 1781 万元，受助群众 3.21 万人。特困供养对象及城市低保对象补助标准分别提标到 12215 元 / 人 / 年、783 元 / 人 / 月。落实拥军优抚政策，第八次荣获全省双拥模范城称号。

【社会事业】不断加强社区治理，优化调整社区规模，撤销社区 11 个，成立社区 7 个，有序推进社区“两委”班子换届选举。全面开展第七次全国人口普查。圆满完成“七五”普法工作。强化食品药品等重点领域监管，舌尖上的安全保障更加有力。深入排查整治安全隐患，全年未发生较大及以上生产安全事故。消防工作在全省率先应用消防站智能管理平台，获得应急部“教育实践活动创新成果一等奖”。纵深推进“扫黑除恶”“两抢一盗”、禁毒整治等专项行动，刑事案件、治安案件明显下降。不断开创民族宗教工作新局面，成功创建全省民族团结进步示范区。坚持和发展新时代“枫桥经验”，健全完善网上信访和领导干部公开接访制度，及时化解社会矛盾纠纷，社会大局更加和谐稳定。

（邵志成）

红古区

【基本情况】红古区是兰州市的远郊区，是亚洲第一龙——马门溪龙化石出土的地方，是齐家文化、马家窑文化的发祥地之一，因境内享堂峡以东的红古川而得名。1960 年建区，总面积 567.66 平方公里。红古是青海、西藏与祖国内地联络的黄金通道，也是丝绸之路经济带上的黄金节点，境内交通路网四通八达，109 国道、京藏高速、兰青铁路、兰新高铁贯穿全境，连接兰州中川机场、西宁曹家堡机场，航线覆盖全国各地，东抵兰州西达西宁，具有承东启西的区位优势。现辖 4 个镇 3 个街道，34 个行政村、18 个社区。2020 年末，全区常住人口 14.39 万人，城镇化率为 76.01%。有回、满、东乡、藏、蒙古等 18 个少数民族。

【自然资源】全区水力资源充沛，大通河、湟水河贯穿全境，四条自流灌渠形成完善配套的灌溉体系，浇灌着 8.2 万亩耕地，面积达 9.7 万亩的 47 个坪台地开发潜力巨大，农业生产条件得天独厚。境内已查明的矿藏有煤、石油、黑色金属、有色金属、贵金属、非金属等矿产资源，素有“八宝川”“冶金谷”之称。煤炭地质储量为 5.31 亿吨，工业储量 3.83 亿吨，可采储量 2.37 亿吨。丰富的硅石、石灰石和硅矿石为本地生产水泥、硅系列产品提供了优质原料，是发展电力、冶金、建材、陶瓷及相关产业的良好地区。

【国民经济】全区科学统筹推进疫情防控和经济社会发展，扎实做好“六稳”工作，全面落实“六保”任务，努力推进现代产业体系建设，加快补齐民生发展短板，经济总体平稳运行。2020 年，全区完成地区生产总值 100.01 亿元，第一产业增加值 5.95 亿元，第二产业增加值 52.42 亿元，第三产业增加值 41.64 亿元。固定资产投资额增长 9.1%，社会消费品零售总额 26.72 亿元，比上年增长 1.2%。

【脱贫攻坚】全区扎实开展“3+1”冲刺清零后续行动和“5+1”专项提升行动，全区 665 户 2025 人建档立卡贫困人口稳定脱贫，消除边缘易致贫人口 9 户 34 人。累计投入省市区级扶贫资金 1500 万元，大力发展特色种养、乡村旅游、农村电商等扶贫产业，创新打造“扶贫直通车”“扶贫生产线”“扶贫生产车间”，健全“支部 + 公司 + 合作社 + 贫困户”“企业 + 基地 + 农户”等扶贫机制，有力拓展了贫困户增收空间，脱贫攻坚工作顺利通过验收，为全面建成小康社会取得决定性胜利奠定了坚实基础。

【“三农”工作】全区全面贯彻落实乡村振兴战略，扎实推进农村“三变”改革，以农业产业化、规模化、市场化为重点，着力抓规模育特色，紧紧依托乡村振兴战略，积极争取政策资金，鼓励和引导辖区农户发展设施农业，在红古镇、花庄镇、平安镇大力推广“寿光模式”第六代标准化日光温室建设。同时改造提升青土坡千亩设施农业及新技术示范推广基地，启动王家庄村、洞子村、柳家村“寿光模式”温室蔬菜种植基地建设，打造连片示范的设施蔬菜种植基地。大力发展蔬菜产业，形成了春季大棚菜、夏季常茬菜、秋季复种菜、冬季温室菜常年供应、四季均衡上市的生产格局。全区设施农业发展势头良好，设施农业面积已达到 4200 多亩，其中 2020 年新增设施农业 400 亩。投入 387.9 万元资金改造农村户用卫生厕所 1200 余户，改善农村人居环境整治。完成农村“三改”1793 户，拆除危旧房屋 71 户，新建改造提升农村公路 60 公里，建成美丽乡村示范村 2 个。加强农业基础建设，建成高标准基本农田 5000 亩，完成谷丰渠农业水价综合改革计量计控建设工程，改造干渠 7.9 公里，认证“三品一标”企业 7 家、农产品 19 个。

【项目建设】全面加强兰西城市群重要节点城市建设，在争取市委市政府出台《关于支持红古区打造兰西城市群重要节点的意见》的基础上，制定 6 个方面 20 项具体措施，协同民和县先后编制完成《红古区打造兰西城市群节点城市发展规划》《甘青区域合作（民和—红古）示范区发展规划》，谋划了 6 大领域 117 个合作共建项目。全年实施总投资 139 亿元的重点项目 66 个，其中：红安纸业废黄纸二期、伊利A3奶制品生产线等36个项目按期建成，窑煤维简及更新改造等30个项目进展顺利，经济止滑企稳的基础进一步夯实。投资27亿元的甘肃工业废弃物资源化利用及无害化处置项目正在进行基础垫层浇筑，投资25亿元的宝方10万吨超高功率石墨电极国产线负荷试车，窑街煤电三矿洗煤厂等7个工业项目建成投产，蓝天浮法玻璃节能安全新材料二期等14个工业项目进展顺利，16个“城市矿产”示范基地项目全部建成并通过国家验收。依托兰洽会等省市招商平台和重大推介活动，新引进16个总投资高达54.5亿元的带动强、质量高、效益佳的项目，落实到位资金41.43亿元，连续两年引进省列重大招商引资项目，为经济高质量发展注入了新动力。

【优势产业】建成国家级工厂化育苗中心、陇海园艺、甘肃奶牛中心、伊利乳业生物科技园等一批特色基地，金砂台、罗金台两个大型绿色农业科技示范园初具规模，形成以精细蔬菜、优质果品、高效养殖、林木种苗、牧草花卉、农副产品储运加工为主的农业产业体系，是兰州市重要的有机蔬菜生产基地、西北重要的“高原夏菜”生产基地。工业发展势头强劲，涩—宁—兰天然气管道穿越全区，区内有兰州铝业、窑街煤电集团公司、方大炭素新材料科技股份有限公司、蓝天浮法玻璃、甘肃阿敏生物科技有限公司等大中型企业，以及伊利乳业、新希望等多家国内知名企业，基本形成了以兰州经济技术开发区红古园区、兰州连海开发区红古园区、兰州清真生物科技产业园为支撑，以煤基循环、“城市矿产”、有色冶金、高端炭素、清真生物、新型建材、火力水力发电等为主的工业产业体系，建成全国首个清真明胶生产基地、国家级“城市矿产”示范基地、亚洲最大的炭素生产基地、甘肃省重要的煤炭和电解铝生产基地。

【人民生活】2020年，全区城镇居民人均可支配收入34611元，比上年增长5%；恩格尔系数为21%。农村居民人均可支配收入22689元，增长7.5%；恩格尔系数为19.8%。坚持以人民为中心的发展理念，不断增强人民群众的幸福感和获得感。加快补齐城乡居民基础设施建设短板，海石湾北区幼儿园、平安中心幼儿园建成使用，南区独立高中加快建设，龙源路小学实现正常招生办学，有效解决了海石湾城区入学难问题；团结桥、川海大桥与滨河路连接线、大通路等9个路桥、4条供排管网和17个老旧小区改造工程全部建成，5个十字路口优化和铁路隧道景观墙改造、平安镇自来水厂改扩建全部完工。完成华龙广场景观改造和平安路夜景亮化工程，新建垃圾分类示范小区10个，打造精品街巷10条，依法拆除城镇违法建筑面积5000平方米，规范设置停车位2100多个，人民生活秩序和城市形象明显提升。民族团结进步示范区创建工作成功通过省级验收，积极在兰州市参评“全国文明城市”时期做好各项志愿服务和改善人居环境等文明城市创建活动，为全面建成小康社会提供了强大精神动力和思想保证。

【环境保护】实施最严格的耕地保护、水资源管理、环境保护制度，加强大通河-湟水河下游地区生态修复和环境保护，统筹推进大规模国土绿化、农村污水治理和大气污染防治，积极开展节能机关、绿色生活创建活动，生态环境质量、生态空间规模和资源利用效率显著提升，生态安全屏障更加牢固。全区建立“河长+检察长+警长”治河联动机制，建成青土坡农村生活污水治理、湟水河水质自动监测站和窑街沉陷区生态治理三期、四期工程，完成61条洪道划界、工业排污口排查和“三线一单”编制工作，新增国土绿化3800亩，空气质量优良天数达346天。深入开展全域无垃圾治理，在全省率先推行城乡环卫一体化，建成了24个美丽乡村和生态村，治理矿山地质环境550亩，美丽红古建设取得明显成效。

【社会保障】实施“就业优先，创业带动就业”战略，全年城镇新增就业3332人，城镇登记失业率控制在3.86%以内，职业技能提升培训5100人次，劳务输转10087人，实现劳务创收2.95亿元；发放创业担保贷款164笔3002万元，新增创业企业240家，创业带动就业605人，创建省市创业示范基地3家，引导高校毕业生到企业就业40人，新认定青年就业见习基地9家；累计减免养老、工伤、失业三项社会保险费用7440万元；完成38家国有企业14879名退休人员社会化管理移交工作，解决了373名退役士兵社保断缴问题。城乡基本养老保险、基本医疗保险参保率分别达98%和99%。年末全区共有9166人享受城镇居民最低生活保障，1677人享受农村居民最低生活保障，39人享受城市特困人员救助供养，93人享受农村特困人员救助供养。全区社区日间照料中心22个，农村互助老人幸福院34个，区级养老院1个（红古区社会福利救助中心），社会保障体系进一步完善。

【社会事业】持续完善基础教育和医疗卫生设施建设，年末全区共有医疗卫生机构101个，其中区属医院合计7个，妇幼保健院1个，疾控中心1个，乡镇卫生院4个。卫生技术人员1396人，其中医师271人，护士164人，药剂、检验人员69人，其他技师58人。医疗卫生机构拥有床位数1206张，其中区属医院拥有床位数364张。深入推进红古区120急救中心设施提升改造和兰州市第五医院改扩建工程，区医院迁建、中医院新建项目已完成前期手续办理；北山公园健身步道投入使用，建成镇级健身中心2个，“河湟之旅红古半程马拉松赛暨健康中国马拉松系列赛”获得中国田径协会最美赛道特色赛事和铜牌赛事荣誉；建成方大炭素国家级企业技术中心，产学研合作基地2个，成功申报省级农业科技园区1个，第五届兰州科技博览会获金银铜奖各1个，科技合作与成果交易额达5000万元，科技进步贡献率提高1个百分点。全面加快构建城乡公共文化体育旅游服务体系一体化进程，文化馆、图书馆、博物馆、体育馆免费（低收费）开放水平不断提升，文体中心会议厅正常有序运行。图书馆征订报刊120余种，新增书籍9500册，新增50台盲文读书机，编目上架新书2054册。全年组织开展了文化进万家活动、非遗宣传、灯谜竞猜、“4·23世界读书日”知识挑战赢礼活动、传统节日微信展、文物“四进”和“百姓大舞台”演出（9场）等活动。成功举办了2020年“发现乡村领读员”全省农家书屋阅读讲演比赛红古区选拔赛、河湟龙城·红古地方文献展、第三届广场舞大赛、第二届红古区牡丹文化旅游节和第四届菊花节暨高原黄菊品鉴会等活动。2020年，全区累计旅游接待人数70.26万人次(其中乡村旅游人数为43.714万人次)，旅游综合总收入4.86亿元，新增民营文化旅游企业16家，比上年增长5.3%。

（石成梅）

永登县

【基本情况】永登县位于甘肃省中部、兰州市西北部。海拔高度在1500--3200米，2020年年均气温6.5℃，年总降水量282.8毫米，年日照时数2247.2小时，无霜期156天。早在新石器时代，永登地区就有远古居民繁衍生息，是马家窑文化、半坡文化的重要发祥地，享有“彩陶之乡”的美誉。自汉武帝元狩二年（公元前121年），骠骑将军霍去病始筑令居塞，距今已有2100多年。现辖3个乡、13个镇，11个社区、200个行政村。2020年末，全县常住人口28.33万人，城镇化率48.64%，主要有汉、回、满、藏、蒙、土、东乡等18个民族。

【资源优势】永登是古丝绸之路和亚欧大陆桥的要冲，是河西走廊的东部门户。县城距兰州中心城区110公里，处于都市1小时经济圈内。中川国际机场坐落境内，兰新铁路、城际铁路、312国道、G30高速公路纵贯全境，省道、县乡公路纵横交错，形成了以国道和省道为骨架、以县乡公路为支线，连接城乡、辐射四周、四通八达的公路运输网。境内主要有黄河一级支流庄浪河和二级支流大通河，引大入秦工程年引流量4.43亿立方米。已探明矿产25种，石灰岩、石英岩、大理石、煤和水泥配料用黄土等矿产资源储量丰富，品位高，易开采。境内旅游资源极其丰富，拥有国内连片分布面积最广、规模最宏大、离省会城市最近的树屏丹霞地貌，有全国规模最大、历史最悠久、保存最完整，素有西北“小故宫”之称的官衙式建筑群鲁土司衙门，有国家十大标兵森林公园之一的吐鲁沟4A级国家森林公园，有“陇上都江堰、地上银河”之称的引大入秦工程，还有药水沟温泉等风格独特的自然资源和人文景观10多处。满城汉墓，汉、明长城遗址，宋代摩崖石刻等历史文物遗迹30多处。苦水高高跷、太平鼓被列为国家级非物质文化遗产，苦水下二调、铁芯子、玫瑰栽培技术等7个项目被列入省市级非物质文化遗产。

【国民经济】2020年，全县实现地区生产总值112.61亿元，比上年增长1.8%。其中,第一产业增加值14.46亿元，增长7.1%;第二产业增加值29.37亿元，增长7.1%;第三产业增加值68.78亿元，下降1.7%。固定资产投资增长12.6%。社会消费品零售总额30.87亿元，增长0.2%。一般预算收入4.67亿元,增长5%;一般预算支出29.37亿元，增长5.8%。

【脱贫攻坚】全县紧盯全面小康目标，汇聚全县之力，脱贫攻坚战取得全面胜利，现行标准下19991户73800名贫困人口全部脱贫，102个贫困村全部退出，2019年实现整县脱贫摘帽。建档立卡贫困户无一人因贫失学辍学。农村贫困人口基本医保、大病保险参保率达到100%，乡镇卫生院建设全部达标，村级标准化卫生室实现全覆盖。2020年持续开展“3+1”“5+1”巩固提升行动，改造提升村卫生室12个，建成公益周转房287套，实施农村饮水安全改造项目4项。拆除农村闲置危房2300户、残垣断壁11.3万平方米。永登县荣获甘肃省2019年度脱贫攻坚先进集体称号，荣登2020年度中国防贫效率“百高县”榜首。

【“三农”工作】全年培育县级龙头企业8家，创建县级示范合作社34家，申报无公害农产品认证5个，绿色产品2个，有机农产品1个，地理标志农产品2个。“苦水玫瑰”区域品牌进入中国区域品牌（地理标志产品）百强榜，位列第88位。做强战略性主导产业。在庄浪河灌区发展露地蔬菜种植，在民乐、武胜驿、坪城突出冷凉绿色蔬菜种植，逐步建成特色鲜明、优势互补的高原夏菜产业示范基地。高原特色蔬菜绿色生产关键技术与应用荣获“2020年度甘肃省科技进步奖二等奖”、高原夏菜绿色防控技术研究与集成推广荣获“甘肃省农牧渔业丰收奖三等奖”、高原夏菜肥水耦合一体化技术集成研究及示范推广荣获“2020年度甘肃省科技进步奖三等奖”。做大区域性优势产业。在七山、通远、民乐等乡镇发展全膜双垄玉米产业；在民乐、武胜驿、坪城、上川等乡镇发展优质马铃薯、中药材产业；在民乐、武胜驿、坪城、七山、通远等西北片山区发展草食畜产业。做优地方性特色产业。在国道312沿线发展玫瑰产业；在满秦公路沿线发展红提葡萄产业；在城关、柳树、龙泉、苦水等乡镇发展鲑鳟鱼等水产养殖，并结合乡村旅游业发展，逐步打造集休闲、娱乐、度假、餐饮于一体的地方性特色产业综合示范基地。大力发展肉驴、马铃薯北繁南种、山楂、草莓、藜麦、樱桃、菊花、鲜切花等新型特色种养产业，取得良好的经济效益和社会效益。2020年，永登县水产站荣获“全省渔业技术推广系统先进单位”、永登“一月红提”提质增效栽培管理技术研究与推广荣获“甘肃省农牧渔业丰收奖三等奖”。

【项目建设】全年固定资产投资比上年增长12.6%。按三次产业分，第一产业投资增长247.32%；第二产业投资下降53.01%，其中工业投资下降52.47%；第三产业投资增长56.55%。按投资类型分，项目投资增长1.28%，房地产开发投资增长160.91%。投资近10亿元，完成庄浪河立交桥、小康路、纬十一路等一批重点市政道路建设，幸福大道、胜利街延伸段等项目进展顺利。青龙山、仁寿山公园完成提升改造。城区清洁能源供热改造、城乡供水补充水源工程、建筑垃圾场等民生项目建成投运。建成永登城市公交、城际城乡公交枢纽站，86台新能源公交车上线运营。马秦、徐树、满秦、中坪、龙中公路升等改造全面完成。兰张三四线加快推进。

【优势产业】依托丰富的矿产资源和区位优势，先后建成了祁连山水泥、连铝、腾达西铁等一大批大中型骨干企业，基本形成了采矿、冶金、化工、建材、水电开发为支柱的工业产业格局，素有“冶金谷”“建材乡”之称。苦水玫瑰、高原夏菜、红提葡萄、冷水鳟鱼、七山肉羊等十大优势特色产业发展势头强劲。特别是苦水玫瑰，是世界上稀有的高原富硒玫瑰品种，种植规模和鲜花产量均占全国的40%以上，1984年苦水玫瑰被确定为兰州市市花，享有“中国玫瑰之乡”的美誉。百里玫瑰川、十里葡萄沟、万亩药材谷、高原夏菜绿色长廊、七山泉碱肉羊天然牧场等农牧业生产基地全面形成，产品畅销全国各地。其中，苦水玫瑰已顺利完成农产品地理标志登记，《甘肃永登苦水玫瑰农作系统》被农业农村部确定为中国重要农业文化遗产。

【环境保护】全年空气质量达标天数351天，较去年同期增加4天。六项污染物均达标；综合质量指数4.05，未发生人为因素导致的中度及以上污染天气。治理工业炉窑37家、挥发性有机物企业30家，整治散乱污企业6家。对10蒸吨及以下燃煤锅炉进行淘汰取缔，全县共16台110蒸吨已全部完成。同时开展淘汰改造县城建成区经营性燃煤炉灶工作，已关闭经营性燃煤炉灶23家27台（套），改造清洁能源104家116台套。积极谋划黄河流域高质量发展流域治理重大项目38项，已完成项目可研编制。清理农村生活垃圾15350吨、农业生产废弃物3692吨，拆除乱搭乱建、废弃厂房棚舍等5653处。基本实现医疗废物“全收集”“全处置”。生态建设方面，完成封山育林7.6万亩、营造林5.72万亩。完成植树绿化102.6万株、面积1.04万亩。

【人民生活与社会保障】全年城镇居民人均可支配收入26763元，比上年增长5.1%；城镇居民人均消费支出为17396元。农村居民人均可支配收入12602元，增长7.8%；农村居民人均消费支出为11154元。年末住户存款120.83亿元，比上年末增长10.38%。全年城镇新增就业2672人，其中失业人员再就业1862人；困难人员再就业288人。城镇登记失业率4.39%。输转城乡富余劳动力8.9万人，创劳务经济收入21.76亿元。贫困劳动力输转人数3.3万人。深入推进东西部扶贫协作项目落实，向天津宝坻区有组织输转建档立卡贫困劳动力23名，发放务工补助10.14万元，并落实“七免一落户”政策补助1.2万元。累计发放社会救助资金7548.36万元。其中，保障城乡低保对象7124户16638人，发放保障金4576.54万元；城乡特困供养对象1093户1173人，发放补贴821.5万元；残疾人“两项”补贴11418人，发放资金1082.56万元；城乡孤儿39人，发放资金126.44万元；为全县特殊困难群体发放物价临时补贴413.22万元。全年共救助城乡临时救助对象999户3530人，发放临时救助金742.54万元。

【社会事业】借助融媒体矩阵，开展乡村文化旅游节会，“2020中国玫瑰之乡·兰州网络玫瑰节”“永登林隐清泉·河畔农庄开业暨橙色油菜花旅游节”“2020年玫瑰之乡首届传统武术邀请赛暨第九届土司文化节”等节会，通过线上线下以及自媒体的宣传，实现永登旅游宣传新突破。协调做好兰州水墨丹霞旅游景区项目开发；树屏小镇山居别墅旅游度假村二期工程建设项目正常推进。认定普惠性民办幼儿园45所，建成市级标准化幼儿园3所。普通高中招生1872人。高中阶段毛入学率98.57%。参加高考3811人，本科录取1534人，本专科共录取2946人。录用教师197名。专任教师学历小学合格率100%，大专以上占93.03%；初中合格率100%，本科占89.2%；普通高中合格率94.6%，研究生占6.18%；职业中学合格率100%，“双师型”教师占36.8%。培训教师3820人次。赴天津市宝坻区挂职、交流学习135人。永登县人民医院门诊综合楼已完成主体建设，并验收合格，其他辅助工程正在有序推进。共计投入111万元，新建村卫生室7所，维修村卫生室36所；县人民医院已建成检验、心电、影像、病理、消毒供应5个县域医学中心；建成卒中救治中心、孕产妇救治中心和新生儿和儿童救治中心，胸疼救治中心和创伤救治中心已申请省级验收中。投资80万元为14个乡镇卫生院配备DR，组织技术人员进行集中培训，提升基层医疗机构服务能力。全县所有乡镇卫生院和200个村卫生室工作人员业务能力提升培训第一阶段平台培训任务全面完成。国培项目97人，完成率100%。2020年招录引进人才22人。全年共开展流行病学调查136人次，采集新冠肺炎样本3324份，终末消毒10176平方米。组织开展“世界防治结核病日”“精神卫生”“世界艾滋病日”等各类主题日宣传活动12次，为全县各基层医疗机构共计开展420人次业务培训，并组织开展了1次新冠肺炎疫情防控“疾控大培训”。

（钱陆成）

皋兰县

【基本情况】皋兰县地处甘肃省中部、兰州市东北部。公元前121年设立金城县，素有“名著自古皋兰”之称。为丝路重镇，陇西要冲。东临白银市和榆中县，南接兰州市区，西连永登县，北依景泰县。县域距离兰州35公里、白银29公里、兰州新区23公里，是兰州新老城区的关联带、兰白都市经济圈和环兰州城市群的重要节点。皋兰属温带半干旱气候，2020年年均气温8.1℃，年平均降水量222.5毫米，年蒸发量高达1675.6毫米，年均日照2768小时，无霜期144天。黄河流经皋兰县境内，年均流量311亿立方米。地形属黄土高原丘陵沟壑区，多为黄土梁峁、沟谷和小川台地等类型，地势北高南低、西高东低，呈西北向东南倾斜，山脉多为南北走向，海拔在1459.2米—2445.2米之间。2020年末，皋兰县总面积2136.69平方公里，现辖6个镇。2020年末，全县常住人口12.50万人，城镇化率为56.53%。

【资源优势】皋兰县矿藏资源丰富，金属矿有金、银、锌、铜等，非金属矿有石英砂、大理石、花岗岩、粘土等，具有较高的开采价值。水电资源充足，引大入秦、西岔电力提灌、大砂沟电力提灌三大水利工程覆盖全县，拥有调蓄水库五座、自来水厂四座，安全饮用水管网覆盖全县。拥有装机23万千瓦的小峡水电站和330KV变电站一座、220KV变电所一座、110KV变电所三座。特色农产品高原夏菜、兰州白兰瓜、旱砂西瓜、红砂洋芋、优质林果软儿梨久负盛名。旅游资源得天独厚。东南部什川镇有“世外梨园”之美誉，被吉尼斯认证为“世界第一古梨园”，被农业农村部命名为“国家首批重要农业文化遗产”，被生态环境部授予“国家级生态乡镇”称号，2014年被评为国家4A级旅游景区；中部石洞镇有远近闻名的石洞寺；西南部九合镇有“万亩桃园”“天斧沙宫”丹霞自然景观；北部黑石镇地域广阔，有独特的高原风光。2009年5月20日，皋兰县被国家文化和旅游部命名为“中国民间文化艺术之乡”，太平鼓、兰州鼓子、魏振皆书法成为辖区三张亮丽文化名片，其中太平鼓和兰州鼓子被列为国家级非物质文化遗产。

【国民经济】2020年，皋兰县实现地区生产总值81亿元，比上年增长8.6%。其中，第一产业增加值8.9亿元，增长4.2%；第二产业增加值34亿元，增长9.8%；第三产业增加值38.1亿元，增长8.4%。社会消费品零售总额47.1亿元，增长1.2%；固定资产投资增长11.3%；一般公共预算收入7.5亿元，增长8.2%；城镇居民人均可支配收入25651元，增长5.3%；农村居民人均可支配收入12730元，增长7.8%。

【供给侧结构性改革】全面落实能源消耗“双控”，分别对兰鑫钢铁、鸿丰电石、宏鼎磨料等8家重点用能企业基础管理、能耗限额执行、淘汰落后机电等工作进行监督监察。持续推进房地产去库存，办理商品房网签备案32390套（件）、371万平方米。严格落实国家减费降税政策，累计减税4953万元。扎实推进政府清欠账款工作，2020年纳入台账欠款5597.3万元，年度偿还任务全面完成。

【脱贫攻坚】全县建档立卡贫困人口“两不愁三保障”全部达标，高质量完成国家脱贫攻坚普查验收，实现现行标准下贫困人口全部脱贫。严格落实“四个不摘”要求，紧盯“三类户”进行挂牌作战和动态监测，全县投入财政专项扶贫资金2.3亿元，以“3+1”冲刺清零后续行动、“5+1”专项提升行动为重点，围绕“攻坚、巩固、提升、兜底、整改”五个方面，实施扶贫项目275个，全力补齐短板，巩固脱贫成效。2018年7月，通过国家贫困县退出专项评估检查，9月省政府正式批准皋兰县退出贫困县序列，实现整县摘帽退出，成为全省第一批、全市第一个脱贫摘帽的县区。

【“三农”工作】全力做好农作物及家禽稳产保供，完成农作物播种面积25.2万亩，比上年增长5.34%。加快畜牧业发展，畜禽养殖量达49.5万头（只），肉蛋奶总产量达1.5万吨，增长25.7%。大力开展撂荒地整治专项行动，复耕撂荒地17万亩。特色产业规模持续扩大，新增农业标准化生产基地1000亩，改造提升设施农业500亩，新增钙果特色种植1000亩。投资4300万元，建成万头猪场2个、60万只标准化养鸡场等8个农业重点项目。加快推进农产品贮藏保鲜体系建设进度，建成果蔬保鲜库5座，储藏能力达4700吨。大力实施“三个一批”龙头企业提升工程，培育龙头企业1家、示范社5家，规范县级以上示范社10家。强化人才支撑和良种、良法运用，培训职业农民100人，推广测土施肥面积29万亩、沼肥施用面积1000多亩，建成草地贪夜蛾病害监测点100个。高标准农田建设有序推进，投资1442万元，建成高标准农田1万亩。强力推进农业基础设施建设。投资3483.81万元，完成金沙村高位水池、黑石镇上三村农村饮水安全巩固提升工程等重点水利项目5个。持续开展水土流失治理。投资430万元，治理水土流失面积11.62Km^2。投资659.58万元，完成涝池村至水阜镇段河道综合治理工程。投资178.23万元，维修加固渠道泵站11处。完成2018、2019年度农业水价综合改革项目。统筹推进农村人居环境整治“三大革命”，投资2667.6万元，完成改厕5588座，新建村内卫生公厕17座，完成改炕350个。投资5020万元，建成蔡河、北庄、砂岗等6个美丽乡村示范村。扎实开展村庄清洁行动，投资401.7万元，拆除闲置危旧房屋1356户。有效开展农业面源污染治理，建成农膜回收网点57个，回收废旧农膜280吨，废旧农膜回收利用率和秸秆综合利用率均达80%以上。扎实开展全域无垃圾专项治理行动，清理垃圾约32万吨，清理乱堆乱放点1630处，治理河洪道251.5公里。

【项目建设】千方百计引项目建项目，持续扩大有效投资。深入落实“两真四有”工作要求，多渠道开展招商引资，全年共引进招商项目18个，总投资达到155亿元。落实新建项目前期手续“三级清单”制度和重大项目“一企一策一团队”推进模式，组建重点项目建设管理团队15个。遴选德安建材新型切割装配板材、年产120万吨超微粉胶凝材料及200万立方米环保商砼生产线等4个项目参加全市项目建设五比五拼活动，示范引领全县项目建设。深入开展项目建设“百日攻坚”和“五比五拼”活动，及时解决项目推进中的“堵点”“难点”问题，年内全县实施90个重点投资项目开工建设88项，完成投资86亿元。

【优势产业】积极发挥十大生态产业带动支撑作用，实施十大生态产业项目31项，完成投资11.42亿元。有序推进工业项目建设。投资5.1亿元，实施盈德气体15000标立方空分扩建项目、德安新型切割装配板材厂、冀丰标准厂房等重点工业项目8个（其中德安新型切割装配板材厂建设项目、泛植制药甘草提取项目、甘肃润秉建材等3个项目建成投产）。加强政企、银企对接，全力推广应用“信易贷”“不来即享”平台，有效破解企业融资难题。不断提高企业核心竞争力，康顺石化、泛植药业认定为市级产学研科技合作基地，三鑫源门业、天恩重工认定为高新技术企业。全力振兴制造业，编制印发《皋兰县振兴制造业行动方案（2019—2025年）》，切实推动县域制造业高质量发展。

【环境保护】全力实施生态环境提升工程，投资1111万元，完成省门第一道景观提升工程。投资1500万元的北龙口环境整治生态修复项目完成苗木补植、种草复绿区域土地平整、土壤改良等工作。投资1.29亿元的蔡家河湿地生态修复项目正在进行基础建设。做好20.31万亩天然林资源和24.83万亩国家级公益林管护任务。持续开展大规模国土绿化，完成义务植树20万株。加大良种苗木培育力度，累计建成育苗基地2300亩，完成育苗1400万余株。全县森林覆盖率达14%。严格落实严禁“四烧”、燃煤管控，高污染企业限停产等管控措施，严控大气污染。县域空气质量达标天数达335天。全力打好碧水保卫战。投资9715万元，完成污水处理厂提标改造及中水回用工程。投资7500万元，完成皋兰县城区、水阜、什川生活垃圾集中处理一期工程。投资

5532.54万元，完成忠和镇生活污水治理、泛植制药污水处理站升级改造、什川镇农村生活污水治理等项目。扎实推进净土保卫战，编制印发《皋兰县耕地土壤类别划分实施方案》，科学划定管控类耕地范围和面积。完成黄金尾矿砂土壤污染治理与修复项目场地调查及风险评估编制，认真开展重点行业企业土壤污染治理。加强塑料污染治理，有序禁止、限制部分塑料制品生产、销售和使用，积极推广替代品，规范塑料废弃物回收利用。有序推进低碳社会建设，公交车电动率达92.3%。全力推进垃圾分类减量，配齐生活垃圾分类容器，组织举办节能宣传周、生活垃圾分类知识竞赛、QQ低碳竞走比赛、节能征文比赛等活动。

【社会保障】农村低保实现提标扩面，一、二类低保由每月335元、318元提高到369元、350元，发放农村低保5286人1698.64万元，发放临时救助1434人467.75万元，发放农村特困供养救助资金260人216.87万元，发放困难残疾人生活和护理补贴3526人370.56万元。发放孤儿生活补助资金16人31.55万元。养老服务体系建设不断加快，县综合福利院与县医院探索推出医养结合养老模式，提供老年人健康咨询285人次。着力推动居家社区机构融合发展，投资13亿元的忠恒太阳城康养小镇一期工程开工建设。投资2.06亿元的甘肃鼎尊什川颐养中心二期工程完成主体建设。通过购买服务等方式，为全县1008名老年人提供居家和社区养老服务。每千名老年人拥有床位数达50张以上，基本实现老有所居、住有所养。大力提升应急保障能力，投资300万元，完成救灾物资储备库。

【社会事业】县级财政民生支出15亿元，占财政总支出的75%。完成魏家庄小学扩建、忠和幼儿园等9项教育基建项目，兰州市中医院异地新建、县医院住院部、县妇幼保健院综合业务楼等项目加快推进，建成6个镇级标准化文化馆分馆和13个图书馆分馆，全县社会事业不断进步。加大城乡低保、医疗保险等保障力度，城乡低保标准提高10%，城乡居民医保基金支付8846万元。加强就业创业服务，审核发放创业担保贷款211笔3632万元，实现城镇新增就业1341人。新时代文明实践中心全国试点县建设取得新进展，《音乐公开课——走进新时代文明实践中心（甘肃皋兰）》节目在央视国庆档播出，皋兰县被评为全省新时代文明实践中心建设试点工作优秀县。深化“平安皋兰”建设，高标准建成6个镇综治中心，积极排查化解各类矛盾纠纷，深入开展“扫黑除恶”专项斗争，严厉打击电信诈骗等违法犯罪活动，人民群众安全感进一步提升。

（张晶）

榆中县

【基本情况】榆中县地处甘肃省中部、省会兰州东郊，东接定西市安定区和白银市会宁县、靖远县，西靠兰州市城关区、七里河区，南与定西市临洮县毗邻，北与皋兰县、白银市白银区、靖远县相望，区位优势明显。全县总面积3301.62平方公里，现有耕地166.21万亩，其中有效灌溉面积35.53万亩。全县海拔在1432—3671米之间，2020年年平均气温7.4℃，年降水量428.5mm。现辖11个镇、9个乡，4个城镇社区、2个农村社区、268个行政村。2020年末，全县常住人口47.45万人，城镇化率49.23%。

【资源优势】境内有兴隆山、马啣山、官滩沟、青城古建民居等旅游风景名胜区。兴隆山景区为国家4A级风景名胜区，位于县城西南5千米，被誉为“陇右第一名山”“甘肃之名山、兰郡之胜景”，年接待游客60多万人次。官滩沟景区、石门度假村、青城景区、老家·浪街（位于小康营乡）为“国家AAA级旅游景区”、李家庄田园综合体以及兴隆山烈士陵园、张一悟纪念馆（甘肃省爱国主义教育基地）、张一悟故居、张一悟墓等红色景点吸引了众多游客前来旅游观光。境内312国道、109国道及宝兰铁路、兰渝铁路通过，道路交通发达。真正把榆中县建设成为兰州城市东拓的承载区、全省商贸物流的聚集区、生态旅游的富集区、新兴优势产业的示范区、人居环境理想的居住区，进一步加快建设现代化中心城市副中心、生态创新城，全力打造“品质榆中”。

【国民经济】2020年，全县实现地区生产总值171.74亿元，上年增长11.2%。其中，第一产业增加值16.28亿元，增长6.9%；第二产业增加值82.97亿元，增长19.4%；第三产业增加值72.49亿元，增长2.4%。三次产业结构比为9.5 ∶ 48.3 ∶ 42.2。固定资产投资增长13.3%。一般公共预算收入8.04亿元，增长2.7%。

【脱贫攻坚】榆中是国家六盘山连片特困地区扶贫县，也是兰州市唯一的国家扶贫工作重点县，2019年4月，经省政府宣布脱贫摘帽。至2020年，全县累计脱贫22255户83816人，其中2020年脱贫1008户2986人，贫困发生率从21.3%下降至0%，识别脱贫监测户138户495人、边缘户259户397人，114个贫困村全部出列。全县自来水普及率达92.19%，饮水安全率稳定在100%；危房改造和安全住房率100%；建制村全部通硬化路；自然村动力电和光纤宽带实现全覆盖；农村人居环境整治成效明显，达到干净整洁标准。适龄儿童入学率、小学在校生巩固率、小学毕业生升学率均达到100%，九年义务教育巩固率达99.63%，高中阶段毛入学率98.2%，县域义务教育均衡发展持续达标；贫困村标准化卫生室建设和家庭医生签约服务全面落实；贫困人口基本医疗保险、大病保险、养老保险实现全覆盖，最低生活保障做到了应保尽保。

【“三农”工作】2020年，农林牧渔业增加值17.18亿元，比上年增长6.7%；农作物总播种95.92万亩，其中粮食播种面积44.69万亩，秋粮34.15万亩。粮食总产量13.49万吨，其中夏粮2.77万吨、秋粮10.72万吨。油料4.61万亩，产量0.69万吨。高原夏菜种植33.3万亩、新增2.8万亩，总产量69.57万吨，实现总产值15亿元，带动6万户农户参与产业发展。建立示范试验基地105亩，示范种植300亩，引进新品种1200个，培育筛选畅销蔬菜10个种类、40个适合当地种植的蔬菜品种；认证粤港澳大湾区“菜篮子”备案基地4个、市级以上龙头企业认证9家、甘肃康源高原夏菜省级联合体1个。新增设施农业0.25万亩。高原夏菜收购、加工、冷藏、物流等服务业带动2.3万人就业，创造务工收入4.6亿元以上。畜禽饲养量230万头只，其中生猪存栏12.8万头、出栏生猪21.5万头，肉羊存栏18.9万只、出栏肉羊11.96万只，禽类存栏101.6万只、出栏肉用家禽71万只，牛存栏1.91万头、出栏肉牛4700头，奶牛存栏4000头，其他大家畜存栏1.44万头；禽蛋产量8700吨，肉类产量2.2万吨，牛奶产量1.38万吨。有各类规模养殖场（户）550余家，其中生猪规模养殖场（户）150家，奶牛养殖场户63家，肉牛养殖场户45家，肉羊养殖场户165家，家禽养殖场户145家。被农业农村部确定为“互联网+”农产品出村进城工程试点县，全国县域数字农业农村发展水平评价先进县，被确定为2019年全国农民培育发展“十大宣介”活动全国农民培育培训发展典型案例，被认定为甘肃省现代农业产业园。李家庄田园综合体项目建成设施农业、千亩花海、水上餐厅、裸眼3D影院、作坊一条街、生态停车场、亲子体验区等15个项目，建成投入运营。栖云特色小镇、西坡民宿、民俗小吃城、农耕博览馆、民俗窑洞、养生养老、生态循环农业等项目有序推进。加快康源现代都市农业园、三角城县级农业示范园、小康营“老家·浪街”、青城镇魏家坪现代农业示范园、和平镇沁园春等5个田园综合体建设。

【项目建设】全年固定资产投资项目共156个，其中续建项目62个，复工率100%；新建项目94个，手续办结项目93个，开工项目93个，办结率和开工率均为100%；开工项目入库91个，入库率98%，投资额同比增长13.3%。全年共引进招商引资项目24个，总投资159.53亿元。其中5亿元以上项目10个，即投资50亿元的鹏博士兰州5G大数据产业园、投资20亿元的和平镇政府片区城市更新改造建设项目、投资17亿元的卧龙新能源汽车产业园项目、投资10亿元的韵达甘青宁新（兰州）快递电商总部基地项目、投资10亿元的新能源（醇基燃料）生产基地项目、投资8亿元的北京音乐舞蹈学校（兰州校区）项目、投资6.6亿元的甘肃榆中正大宏植博园项目、投资5.7亿元的榆中县第二热源厂清洁能源集中供热项目、投资5亿元的兰州东区新能源汽车产业服务基地项目、投资5亿元的甘肃省军粮综合保障基地项目。

【城市建设】全县全年投资149.66亿元，实施29条81.42公里市政道路建设，建成榆中县周前一二社棚改配套道路、环城西路棚改配套道路工程（二期）项目、经5-1路（兴隆山大道—纬六西路段）新建工程、环城东路、榆定路一标段、兴隆山大道等7条18.29公里。投资1812.47万元完成榆中县太白路雨污水改造3.9公里雨水管网铺设。投资879万元，实施榆中县中心城区天然气供气工程（二期）管道工程，建设中压天然气管道8.79公里。投资240万元，在县城建设公厕24座，其中固定公厕14座，移动公厕10座，有效解决了县城公共厕所数量不足的问题。投资300万元完成文成中路等6条市政道路路灯改造393盏。投资2851.15万元实施老旧小区改造（一期），共改造18个小区32幢1104户建筑面积9.94万平方米，其中争取中央财政补助资金和中央预算内投资补助资金2084万元。投资7.78亿元新建生态创新城2个集中安置点，建设安置房37.6万平方米。

【人民生活】2020年，全县城镇居民人均可支配收入27138元，比上年增长5.2%；农村居民人均可支配收入12423元，增长8%。至2020年底，累计投入4377.7万元，建成5个县域医学中心和5个县域急危重症救治中心、完成9个省级重点专科、152所村卫生室、11家卫生院中医馆、4家卫生院业务用房建设和卫生院能力提升项目，合理配置医疗设备和合格医务人员；累计投资14.96亿元，建成集中供水工程90项，分散工程7273处，共涉及268个行政村99908户，37.9万人，全县饮水安全率100%，自来水普及率92.19%。投资近3亿元用于农村办学条件改善，全县中小学教学仪器配齐率100%，兰州市标准化学校建设完成率100%。累计完成农村危（旧）房改造23846户，发放危改补助资金约24424.68万元。实施榆中城乡公交一体化改制工作，先后投放更新新能源公交车126辆，建设3处充电场站及28个充电桩，开通9条城际公交和23条城乡公交线路，开通5条微公交线路，与开通的城乡公交形成互补互赢的公交体系。建设“通村村”服务平台，先期试点建设客货运综合服务县级调度中心1个、村级服务站50个。

【环境保护】全年空气优良天数达到332天，优良天数比例90.7%；全县空气质量综合质量指数为3.60，比上年下降2.8%。空气质量优良天数及六项污染物均完成市上下达目标任务。空气质量为近年来最好成绩，位于全市前列。水环境质量，黄河流域榆中段考核断面水质稳定达到考核要求，达标率为100%。集中式饮用水源地水质达标率稳定保持在100%。全县未发生重大环境污染事件及核与辐射安全事件，无严重环境违法行为。累计投资28231.74万元，实施了引洮榆中北部山区供水工程等30项巩固提升及冲刺清零工程。

【社会保障】2020年，全县城镇新增就业人数1713人，完成目标任务的107%，城镇登记失业率为3.57%。输转农村富余劳动力8.58万人，创劳务经济23.96亿元。发放创业担保贷款561笔8357万元，扶持创业带动就业1417人。全县企业职工养老保险参保单位843家38047人；机关事业单位养老保险参保人数11361人；城乡居民养老保险参保237747人，失业保险参保单位869家17495人。全县贫困人员输转就业32148人，较上年净增6972人，创劳务收入6.28亿元，疫情防控期间审核发放贫困劳动力劳务输转补贴4006人1288.14万元，审核发放26家生产经营主体吸纳贫困劳动力就业奖补资金84.9万元。全年职工基本医疗保险参保人数24705人，城乡居民参加2020年度基本医疗保险人数389795人。城镇职工大额医疗保险参保人数13847人，城镇职工公务员医疗补助参保人数13568人。年末共有城乡低保对象0.53万户1.28万人，累计发放低保金4296.02万元；城乡特困供养人员1558户1604人，累计发放特困供养金1268.4万余元；临时救助对象1628户3917人，累计发放临时救助金783.2万元。

【社会事业】全县有医疗卫生机构

395个，其中县属医疗卫生单位7个，乡镇卫生院21个，社区卫生服务站4个，村卫生室268个，厂矿、学校医务室10个，民营医院3个，个体诊所82个。县乡两级医疗机构实际开放床位2346张，专业技术人员2528名，其中正高8名，副高176名，中级391名，初级及以下1771名。有各级各类学校242所，其中幼儿园75所、教学点50所、小学89所、九年制学校10所、独立初中10所、特教学校1所、完全中学3所、高级中学2所、中等职业学校2所。在校学生49537人，其中幼儿园11270人、小学20684人、初中9716人、普通高中5832人、中等职业学校1999人、特教学校36人。教职工4107人，其中专任教师3937人。专任教师中幼儿园324人、小学1876人、初中945人、特教学校6人、普通高中742人、中等职业学校44人。

（金冉冉）

嘉峪关市

【基本情况】嘉峪关市位于甘肃省西北部，河西走廊中部，东临河西重镇酒泉市，距省会兰州776公里；西连石油城玉门市，至新疆哈密650公里；南倚终年积雪的祁连山与肃南裕固族自治县接壤，与青海相距300余公里；北枕色如铸铜的黑山，与酒泉金塔县、酒泉卫星发射基地和内蒙古额济纳旗相连接，中部为酒泉绿洲西缘。嘉峪关市因关得名，因企设市。是1958年依托国家“一五”计划重点项目“酒泉钢铁公司”的建设而新兴的工业城市。嘉峪关市1965年建市，1971年经国务院批准为省辖市。嘉峪关是长城文化和丝路文化的交汇点，拥有世界历史文化遗产地—嘉峪关关城、世界一流的国际滑翔基地、国家重点文物保护单位魏晋墓群、“西部八达岭”之称的悬壁长城、万里长城第一墩、讨赖河大峡谷、长城博物馆、迎宾湖旅游园区、东湖生态旅游景区和方特欢乐世界、方特丝路神画等旅游资源，是中国优秀旅游城市。嘉峪关市还是中国铁人三项运动训练基地和专业赛场，是国际铁人三项赛和全国汽车场地越野赛重要举办地，有西北一流的体育场馆，是举办国际、国内重大体育赛事的理想城市。2020年末，嘉峪关市常住人口31.40万人，城镇化率为94.43%。

【国民经济】2020年，全市地区生产总值281.6亿元，比上年增长4.3%。其中，第一产业增加值5.4亿元，增长4.2%；第二产业增加值179.2亿元，增长6.7%；第三产业增加值97亿元，下降1%。三次产业结构由上年的1.6 ： 63.6 ： 34.8调整为1.9 ： 63.6 ： 34.5。全年工业增加值173.5亿元，增长7.8%；规模以上工业增加值增长10.6%，其中市属规模以上工业企业增加值增长20.9%。规模以上工业企业产品产销率100.7%，比上年增长0.6个百分点。全年规模以上工业企业实现利润总额28.7亿元，增长134.4%；营业收入利润率3.5%。全年社会消费品零售总额下降4.7%，其中，限额以上单位石油及其制品类零售额5.2亿元，下降16.1%;汽车类零售额4.3亿元，下降4.3%；中西药品类零售额0.3亿元，增长23.3%;烟酒类零售额1.8亿元，下降2.7%。

【脱贫攻坚】嘉峪关市把“双促双增”精准帮扶行动作为全面贯彻落实中央和省委关于实施乡村振兴战略总体部署的有力抓手，统筹谋划破解农民持续增收难题，精准施策开展驻村帮扶，有力推动农业提质增效、农民持续增收、乡村全面振兴。全年多方筹措资金2156万元，帮办实事1403件，谋划实施农业产业项目147个。围绕“整村发展、一户一策、环境整治”三大任务，以增强农民内生动力为支撑，积极开展资金、项目、科技、劳务输转等帮扶工作。分类施策，加快脱困致富步伐。培育产业，壮大现代农业优势。坚持“围绕城市发展农村、服务城市富裕农民”发展理念，推动一二三产业深度融合，将农村打造成“城市的后花园、市民的休闲园、农村的好田园”。创新模式，助力拓宽增收渠道。建立健全农产品对接销售长效机制，有计划、有组织、有针对性地帮助农户对接认购销售农产品，引导农户开展订单生产，从根本上解决农户销售难的问题。夯实基础，补齐人居环境短板。将农村人居环境整治作为“双促双增”精准帮扶行动的突破口，加快补齐农村基础设施和公共服务短板。

【农业经济】加大主导产业培育。充分发挥优势资源，集中统筹涉农发展资金，加大科技示范、产业发展扶持力度，积极推进“6+1”战略性农业产业发展，争取省级现代丝路寒旱农业建设资金385万元。推进现代都市休闲农业产业园创建，投资3.9亿元，按照‘一园三区多点”空间布局，重点实施‘一产提升、二产增值、三产增收、产业服务、基础设施支撑”五项工程32个项目。谋划建设粤港澳大湾区“菜篮子”生产基地3万亩。大力实施休闲农业和乡村旅游精品工程，新建戈壁农业1000亩，建设特色产业示范园和生产基地6个、乡村振兴示范点5个，举办乡村旅游品牌节会15场。保证农产品有效供给。高标准农田规模达到6万亩，占全市耕地总面积的59.1%。引进筛选粮食优良品种29个、瓜类新品种6个、蔬菜新品种64个，发展瓜菜基地5个，落实优质瓜菜2.5万亩。蔬菜产量达到13.7万吨。强化劳动力培训和转移就业。完成劳动力输转7192人，劳务收入1.9亿元；培训家政服务、绿化保洁等14个工种987人。发展壮大新型经营主体。发展市级以上重点龙头企业7家，实现销售收入28981万元，同比增长0.4%。充分发挥龙头企业辐射带动作用，采用“龙头企业+合作社+农户”的发展模式，带动发展农户1600余户。全市现注册农民专业合作社274家，入社农户4500户，组织化率84%。完成省级示范社申报4家，现有国家级示范社6家，省级示范社21家，市级示范社38家。发展培育家庭农场14家，新认定家庭农场7家，新型经营主体规模进一步扩大。打造“甘味”农产品品牌。全市认证‘三品一标”农产品15个，农产品注册商标158件，认证“三品一标”农产品种植面积8.5万亩，创建万亩绿色食品标准化生产基地1个，全年瓜菜产量20余万吨。围绕主导产业，建设2万平方米农产品产地批发市场1个，正大肥猪、种猪销售中心2个。新建果蔬保鲜库3座，新增农产品储藏能力2500吨。建立健全生产主体监管名录，纳入试行农产品合格证制度监管主体名录71家。

【环境整治】全市从事环保工作人员59人；一年内空气质量达标天数336天，比上年增加5天。全市气象雷达观测站点1个，卫星云图接收站点1个，年平均气温9.2度，与上年持平，年平均降水量65.1毫米，比上年下降62.4%。全年完成人工造林面积67公顷，开展全民义务植树41.6万株。“清洁村庄”成效显著。大力实施乡村振兴战略和农村人居环境整治三年行动，累计投资2.1亿元，项目全部竣工并投入使用。全市17个行政村均达到省级“清洁村庄”创建标准，“洁净庭院”达到5503户，占农村总农户的98.6%以上。“厕所革命”稳步推进。完成农村户用厕所改造5481户，无害化卫生厕所覆盖率达到全市农村常住户的96%，建设农村公共厕所25座，实现农村景区、农业园区和各行政村公厕全覆盖。购置三轮式吸污车6台，为农村水冲厕所的正常运行和维护提供保障。“垃圾革命”全域推进。实施农村生活垃圾分类清运处理配套设施建设项目，建成农村生活垃圾压缩站4个，太阳能阳光堆肥房3个，配备生活垃圾收集斗234个，垃圾压缩收集车4辆，实现农村生活垃圾收集转运处理设施全覆盖。“风貌革命”压茬推进。建成污水处理站11座、污水收集管网52.3公里，安装排水检查井2249座，具备处理条件的污水实现全部处理。清除农村生活垃圾、村内淤泥、畜禽养殖粪污、农业生产废弃物及积存垃圾等共计11万余吨，清理村内沟渠750余公里，依法拆除清理乱搭乱建、烂房烂墙烂圈、废弃厂房棚舍等1000余处，整齐堆放秸秆、柴草、农机具等生产生活资料1.4万处。将农村公交运行服务纳入城市公交运行服务体系，建成3个公交车转运站，实现村村通公交。“面源污染”有效治理。建立耕地质量监测点10个，开展化肥肥效试验4个，监测化肥利用率达到40%以上；组建农业机防队3个，推广机动喷雾器、无人机等新型植保机械60多台套，开展农作物病虫害统防统治和绿色防控，农药利用率达到40%以上；实施废旧农膜“以旧换新”政策，推广堆肥发酵就地就近消纳、还田利用、集中处理等技术模式，开展农作物秸秆“三贮一化”技术推广应用，废旧农膜回收率达到83%以上，畜禽粪污资源化综合利用率达到87.5%，秸秆总利用率86.4%，全部实现治理达标。

【项目建设】2020年，嘉峪关市投资1000万元以上市列重点建设项目共计116个，总投资规模253亿元，年度计划投资73.8亿元。其中，续建项目43个，计划新建项目73个。全年116个市列重点建设项目共复工开工86个，其中43个续建项目复工42个。73个新建项目开工44个，其中嘉文路提升改造、规划西环路提升改造、峪泉镇卫生院、南市区医院医疗设备购置、城区人民法院西楼维修改造、2019年双拥路两侧供热工程、铁路生活区老旧小区改造工程、南湖国际住宅小区A区二期等项目已基本完成建设任务。

【人民生活】全年全市城镇居民人均可支配收入44774元，比上年增长5.1%；人均生活消费支出30863元，增长2.3%；恩格尔系数32%。农村居民人均可支配收入22478元，增长6.9%；人均生活消费支出16447元，增长5.6%；恩格尔系数30%。

【社会保障】年末，全市参加城镇职工基本养老保险12.9万人，比上年增长1.2%，其中职工9.2万人，增长1.1%，离退休人员3.7万人，增长1.2%；参加城乡居民基本医疗保险11.5万人，增长0.1%；参加职工医疗保险11.4万人，增长6.2%；参加失业保险6.6万人，增长0.5%；参加工伤保险7.3万人，其中参保农民工0.9万人，参加生育保险6.9万人；参加城乡居民基本养老保险2.2万人。城镇居民得到政府最低生活保障18531人，农村居民得到政府最低生活保障2404人；城乡医疗救助1983人次；各类收养性社会福利单位收养385人，下降5%；市慈善协会接受社会募捐216.2万元，增长43%。年末共有提供住宿的社会服务机构2个，养老服务机构9个。社会服务机构床位20张，养老服务机构床位717张。年末共有社区服务中心31个。

【社会事业】全年全市中等职业教育招生1095人，比上年增长38%；普通高中招生2038人，初中学校招生2593人，普通小学招生3319人，特殊教育招生12人，在校66人；幼儿园在园幼儿11779人，学前3年毛入园率98.5%。年末全市共有文化馆1个，公共图书馆2个，广播电视台1座，电视综合人口覆盖率100%。有线电视用户2.4万户。年末全市共有医疗卫生机构129个，比上年增长0.8%；其中医院、卫生院13个，妇幼保健院（所、站）1个，社区卫生服务中心（站）19个，疾病预防控制中心（防疫站）1个。医院、卫生院床位数2227张，卫生技术人员3010人，其中执业医师和执业助理医师1179人；注册护士1758人，疾病预防控制中心（防疫站）卫生技术人员31人。乡镇卫生院3个，乡镇卫生院床位65张，乡镇卫生院卫生技术人员87人，报告甲、乙类传染病发病人数352例。全年举办体育竞赛活动31次；参加比赛人数15007人；参加省级及以上比赛13次。获得省级及以上各类奖牌33枚，其中金牌12枚，银牌12枚，铜牌9枚。

（李巍　王亚琪）

金昌市

【基本情况】金昌市于1981年建市，缘矿兴企、因企设市，因盛产镍被誉为“祖国的镍都”。地处甘肃省河西走廊东段，祁连山北麓，阿拉善台地南缘，位于东经101° 04′ 35″ ~102° 43′ 40″，北纬37° 47′ 10″ ~39° 00′ 30″。北、东与民勤县相连，东南与武威市相毗，南与肃南裕固族自治县相接，西南与青海省门源回族自治县搭界，西与张掖市山丹、民乐县接壤，西北与内蒙古自治区阿拉善右旗毗邻。全市国土总面积9600平方公里。金昌自古以来自然条件较为严酷，区域年均蒸发量是降水量的18倍。金昌市“以人为本、生态立市”，突出“活力镍都·戈壁绿城”主题，以节水型城市园林绿化为重点的生态环境建设工作取得明显成效。2013年，中国社科院发布“2013年城市竞争力报告”，金昌进入全国宜居城市百强行列，排名第77位；2014年，被国家城乡建设部命名为“国家园林城市”；2015年，被中央文明委评选为全国文明城市，2017年、2020年又连续成功蝉联。金昌市下辖永昌县、金川区，有12个乡（镇）、6个街道办事处，金昌市人民政府驻金川区。2020年末，全市常住人口43.76万，人口城镇化率77.40%。

【资源优势】金昌横跨两个地质构造单元，漫长复杂的地质演化造就了优越的成矿条件，矿产资源丰富。境内已探明矿种38种，以镍、铜、钴和铂族贵金属为主的金川硫化铜镍矿床，在世界同类矿床中镍储量居世界第三，亚洲第一；与镍铜伴生的铂、钯、铱、钌、铑等稀贵金属储量居全国之首，铜、钴矿产储量居全国第二。驻金昌的国有省属企业金川集团公司是全球知名的采、选、冶配套大型有色冶金和化工联合企业，是全国最大的镍钴铂族金属生产企业和第三大铜生产企业，是甘肃省唯一进入“世界500强”的企业。

【国民经济】2020年，全市地区生产总值358.62亿元，比上年增长8.7%。其中，第一产业增加值29.09亿元，增长5.2%；第二产业增加值227.43亿元，增长10.9%；第三产业增加值102.1亿元，增长3.8%。规模以上工业增加值增长14.2%；固定资产投资增长9.8%；社会消费品零售总额100.62亿元，下降1.3%；大口径财政收入59.1亿元，增长14.2%；一般公共预算收入22.47亿元，增长7.9%；进出口贸易总额131.5亿元，下降7.3%；居民消费价格上涨2.4%。

【脱贫攻坚】脱贫攻坚圆满收官。把脱贫攻坚作为首要政治任务和第一民生工程，聚焦“两不愁、三保障”和贫困人口持续增收，因户施策、精准发力，响鼓重槌、尽锐出战，永昌县“插花型”贫困县摘帽，15个建档立卡贫困村全部退出，建档立卡贫困人口全部脱贫。农村人居环境整治行动持续推进，拆除破旧房屋1698院，实施风貌改造274户，新改建农宅1216套、农村户厕9472座，建成农村卫生公厕23座，创建“清洁村庄”46个，行政村卫生公厕、清洁村庄、乡镇生活垃圾收运设施覆盖率均达到100%。

【“三农”工作】金昌市聚力打造菜草畜高品质现代特色农业示范区，实施现代丝路寒旱农业示范项目40个，江楠集团农产品加工冷链物流园、20万亩食葵种植农旅产业园、瑞嘉万头奶牛养殖等重点农业项目顺利实施。新认定市级示范性农民合作社16家，市级以上重点农业龙头企业达54家。农产品加工转化率75%，培育形成了金昌高原蔬菜、“丝路花雨”牧草、元生绵羊奶等“金”字品牌，建成粤港澳大湾区“菜篮子”基地5个、农产品产地批发市场4个，永昌县成为国家农产品质量安全县和全国率先基本实现主要农作物生产全程机械化示范县，我市被认定为省级农产品质量安全市。全年全市粮食种植面积91.16万亩，比上年增加7.03万亩。油料种植面积4.17万亩，蔬菜种植面积20.19万亩。果园面积1.75万亩。全年全市粮食产量44.64万吨，增产9.8%；蔬菜产量74.52万吨，油料产量1.1万吨，中药材产量0.84万吨。肉类产量1.4万吨，牛奶产量5.93万吨。年末大牲畜存栏5.35万头（只），其中牛存栏5.9万头；大牲畜出栏1.95万头（只），其中牛出栏1.85万头。羊存栏82.10万只，羊出栏50.72万只。生猪存栏9.39万头，增长1.87倍；生猪出栏4.77万头，增长7%。

【优势产业】金昌市毫不动摇推进工业强市，深化市企融合一体化高质量发展，镍铜钴有色金属、“三酸两碱”、新能源资源优势进一步显现，带动全市主导产业平稳较快增长。2020年，全市工业增加值比上年增长11.6%，对全市地区生产总值增长贡献率超过90%。企业效益总体良好，全年实现主营业务收入1534.42亿元，增长24.6%；利润总额38.7亿元。转型发展步伐明显加快，十大生态产业发展体系基本形成，2020年，全市实现十大生态产业增加值97.73亿元，占地区生产总值比重27.3%，比上年提高6.2个百分点。为加快推动服务业复工复产，先后出台了支持中小微企业共渡难关20条措施、促进经济持续健康发展43条措施和促消费扩内需等政策，现代服务业稳步发展。全年接待国内游客313.4万人次，国内旅游收入18.3亿元。

【项目建设】2020年，全市固定资产投资比上年增长9.8%，其中：第一产业投资增长140.1%，第二产业投资增长14.6%，第三产业投资下降8.7%。民间固定资产投资增长49.2%。项目投资增长12.7%。项目建设取得成效。建立完善项目策划招引、评估决策、推进落地等制度机制，向上争取资金43.8亿元。认真落实项目清单管理制度，大力推行代办制、服务专员、项目管家、容缺受理等工作机制，先后4次集中开工总投资160亿元的重点项目59个，2.75万吨精细化工一期、贵金属一二次资源综合回收利用等项目建成，羰基镍及铂族金属原料制备二期、新希望万头奶牛场等项目进展顺利，韩家峡水库等项目开工建设。招商引资工作取得新突破，全年招商引资到位资金130亿元，增长51.4%。市企联合、干群联动全员招商，与西安增材、山东港口等企业签订合作协议20多项，外资食品加工全产业链项目落户金昌。

【人民生活】2020年，全市城镇居民人均可支配收入42662元，比上年增长5.2%。城镇居民人均生活消费支出28411元，恩格尔系数为31%。农村居民人均可支配收入16789元，增长6.8%。农村居民人均生活消费支出11860元，恩格尔系数为29.6%。城乡居民收入比由2018年的2.58 ：1进一步缩小为2.54 ：1。2020年末，全市注册机动车总量122936辆，比上年末增加7103辆，其中：个人汽车保有量84374辆，增加7114辆。年末全市固定电话用户5.17万户；移动电话用户54.4万户，其中：3G用户3.08万户、4G用户44.41万户、5G用户9.89万户。全市宽带互联网用户19.89万户，增长3.65%。全市广播综合人口覆盖率99.13%，电视综合人口覆盖率99.09%。

【环境保护】坚决打赢打好“蓝天、碧水、净土”三大保卫战，持续抓好祁连山生态环境保护，扎实推进中央第二轮环保督察、党政主要领导干部自然资源资产审计、耕地保护督察等各类反馈问题整改。严格落实河湖长制，积极推进河湖“清四乱”，完成河湖及水域岸线划界任务，实施工业企业污染源治理升级改造和集中式饮用水水源地保护项目，扎实开展国土绿化和防沙治沙。在全省率先以地方立法形式确立“祁连山生态修复义务植树周”，永昌县、金川区被水利部命名为节水型社会建设达标县区。全市地表水考核断面水环境质量排名全国第三、全省第一，市区空气质量综合指数排名全省第三，土壤环境安全可控。2020 年，全市空气质量优良天数比率为 95.1%，比上年提高 0.9 个百分点。全市自然保护区 2 个，其中国家级自然保护区 1 个。省级地质公园 1 个，省级地质遗迹保护区 1 个（同地质公园）；市内 4 个地表水监测断面中，达到或优于Ⅲ类断面比例为 100%。

【社会保障】2020 年，全市城镇新增就业 13056 人；城镇登记失业率 3.2%；失业人员实现再就业 12670 人；就业困难人员实现就业 1757 人。困难群众基本生活保障水平持续提升，特困供养和临时救助力度不断加大。2020 年，全市城镇棚户区住房改造开工 3342 套，棚户区改造基本建成 4963 套。全市共有 8182 人享受城市居民最低生活保障，6041 人享受农村居民最低生活保障，815 人享受农村特困人员救助供养。全市共有社区服务机构和设施 350 个，社区服务指导中心 1 个，城乡社区服务中心 18 个，城乡服务站 182 个，城市社区日间照料中心 31 所，农村互助老人幸福院 118 所。

【社会事业】科技创新能力不断增强。2020 年末全市共有国家工程技术研究中心 1 个。全年登记市级科技成果 102 项，其中，应用技术类成果 95 项。专利申请量 1052 件，比上年增长 15.6%；专利授权量 815 件，增长 46.22%，其中发明专利授权量 42 件，下降 4.5%。有效发明专利 403 件，每万人口发明专利拥有量 8.8 件。教育事业蓬勃发展。城区集团化办学和城乡教育联盟加快推进，永昌县第四幼儿园和第四小学建成投用，金川总校二高、八冶一小完成搬迁，龙门学校迁建项目进展顺利，金川区第一幼儿园开工建设，市区教育布局更趋合理，中小学生课外负担重、择校热、大班额等突出问题有效缓解。全年全市中等职业教育招生 1036 人，在校生 2775 人，毕业生 931 人。普通高中招生 2988 人，在校生 9065 人，毕业生 3537 人。初中招生 4234 人，在校生 13822 人，毕业生 4884 人。普通小学招生 3741 人，在校生 23928 人，毕业生 4285 人。特殊教育招生 15 人，在校生 119 人。幼儿园在园幼儿 10932 人。学前三年毛入园率为 99.17%，九年义务教育巩固率为 99.55%，高中阶段入学率为 99.78%。医药卫生体制改革稳步推进，基层医疗服务体系不断健全。金昌市人民医院迁建项目竣工验收，金昌市中心医院住院部综合大楼、永昌县中医院迁建等项目建成投用，八冶康颐、市第一人民医院、市中西医结合医院被命名为全省第一批医养结合示范单位。年末全市共有各级各类医疗卫生机构 536 家，其中：医院 16 家，城市社区卫生服务机构 33 家，乡镇卫生院 12 家，疾病预防控制中心 3 家，卫生计生监督机构 2 家，妇幼保健机构 3 家，采供血机构 1 家，村卫生室 138 家，诊所 313 家，其他机构 15 家。卫生机构实际开放床位数 3345 张，每千常住人口拥有床位 7.3 张。卫生专业技术人员 4833 人，其中，执业（助理）医师 1897 人，每千常住人口拥有执业（助理）医师 4.14 人；注册护士 2248 人，每千常住人口拥有执业护士 4.91 人。

（马忠旺）

金川区

【基本情况】金川区系金昌市人民政府所在地，是全市政治、经济、文化和社会活动中心，是新兴的工业城市，又是我国最大的镍钴生产基地和铂族元素提炼中心。东邻民勤，西靠山丹，南接永昌，北连内蒙古阿拉善右旗。全区总面积 3019 平方公里，辖 2 个镇、6 个街道办事处，27 个行政村、26 个社区居委会。属于典型的温带大陆性气候，光照充足。2020 年末全区常住人口 26.09 万人，人口城镇化率为 91.38%。

【国民经济】2020 年，金川区完成地区生产总值 271.41 亿元，比上年增长 9.2%，其中：第一产业增加值 7.12 亿元，增长 5.1%；第二产业增加值 203.79 亿元，增长 10.8%；第三产业增加值 60.5 亿元，增长 3.1%。财政一般公共预算收入 3.99 亿元，下降 7.5%；全社会完成固定资产投资增长 5.26%，其中：区级完成投资增长 21.2%；实现社会消费品零售总额 67.68 亿元，下降 3.1%。年末金融机构本外币各项存款余额 336.89 亿元，比上年末增长 9.34%；金融机构本外币各项贷款余额 222.83 亿元，增长 3.7%。

【脱贫攻坚】持续落实县级领导包镇抓村帮户、区直单位包村帮户、驻村工作队驻村入户、干部结对帮扶的帮扶机制，始终保持攻坚态势。聚焦“两不愁三保障”，扎实开展“3+1”冲刺清零后续行动，深入推进产业、就业扶贫和兜底保障专项行动，开展电焊、手工编织、家政服务等适合建档立卡劳动力就业的技能培训，实施雨露计划、危房改造、产业扶贫、人饮工程等建设项目，脱贫成效不断提升。认真对照各类检视反馈问题，逐人逐项“回头看”“过筛子”，全区 811 户、1915 名建档立卡贫困人口人均纯收入均高于国家既定标准，“两不愁三保障”稳定达标，脱贫攻坚工作顺利通过国家和省级考核验收。

【“三农”工作】全面完成粮食功能区划定工作，不断调整优化农业生产布局，2020 年全区农作物播种面积 28.73 万亩，粮食总产量 10.21 万吨，蔬菜总产量 21.37 万吨，肉、蛋、奶产量分别达到 0.3 万吨、0.09 万吨和 4.25 万吨，农业供给持续保障。建成高原夏菜基地 6 个、规模以上畜牧龙头企业 12 家、省部级标准化养殖示范场 9 个，申报获评市级农民专业合作社 7 家，颁布实施地方标准 5 个，培育认证绿色食品 7 个，引进特色蔬菜作物新品种 125 个，农业标准化水平持续加强。以“三大革命”“六项行动”为重点，扎实开展农村人居环境整治百日大会战，拆除危旧房屋 283 户，建成高标准农宅 125 套，改造户厕 4329 户，清理残垣断壁 1521 处，村容村貌持续改善。

【项目建设】全力推进项目建设，全区 48 项重大重点项目已全部开（复）工，完成年度投资计划。储源盛肉牛养殖、2020 年蚂蚁森林金川区梭梭造林、农村学校煤改电、金川区电商产业园等 11 个项目已建成投用；2020 年老旧小区和棚户区改造、医疗废弃物集中处置中心升级改造、城区餐厨废弃物综合处理利用 PPP、农垦天牧现代化规模奶牛养殖建设二期、瑞嘉牧业万头奶牛养殖等37个项目进展顺利。金川区独立工矿区改造提升工程纳入中央预算内投资支持范围。招商引资力度不断加大，严格落实项目专员服务制和代办制，江楠农产品加工冷链物流园、金葵生态农旅产业园项目落地建设。全年共实施招商引资项目51项，累计到位资金17.22亿元，增长87.38%。

【优势产业】金川区作为中国最大的镍钴生产和第三大铜生产基地，拥有世界第三大硫化铜镍矿床，主产品涉及镍系列、铜系列、钴系列、贵金属系列和化工产品系列产品等。形成了以矿业和金属为主业，采、选、冶、化、深加工联合配套，相关产业共同发展，工贸并举，产融结合的金川集团公司。全区工业增加值比上年增长11.6%，其中规模以上工业企业实现增加值增长14.5%，电解镍、精炼铜的产量分别为15.01万吨和48万吨。

【人民生活】2020年，全区城镇居民人均可支配收入47565元，比上年增长4.8%，恩格尔系数为30.3%；农村居民人均可支配收入20928元，增长5.9%，恩格尔系数为25.5%。年末金融机构住户储蓄存款214.15亿元，增长13.57%。坚持以大众创业、万众创新为导向，以扩大和稳定就业为目标，全年新增就业8005人，失业人员再就业7867人，就业困难人员再就业536人，城镇登记失业率为3.18%。全年培训城乡劳动力4044人，输转1.81万人（次），实现劳务收入4.7亿元。

【社会保障】2020年末，全区区级单位参加城镇职工养老保险的人数为25813人，参加失业保险人数13675人。加强社会保障工作，全区城乡居民养老保险参保率98.5%、医疗保险参保率99.43%，社会保障水平稳步提高。加大社会救助工作力度，累计发放救助补助资金4649.46万元，农村低保标准由4020元/年/人提高到4428元/年/人，特困供养人员照料护理标准每人每年提高240元，配租、配售公租房447套，发放租赁补贴128万元，城市住房困难群体应保尽保，社会救助水平不断提升。

【环境保护】加快推进国土绿化、防沙治沙等工作，完成人工造林4.4万亩、植被恢复0.65万亩、村庄绿化供苗3万多株，林草资源总量持续巩固扩大。坚决打好污染防控攻坚战，顺利完成生态红线划定、河湖及水域岸线划界任务。深入推进大气污染治理，加大重点行业涉VOCs排放企业整治，推进城乡居民土炕清洁能源改造任务，市区空气质量优良天数达标率94.9%。全面落实河湖长制，完成八一农场、西坡生产区二期饮水安全巩固提升工程和金川区2020年农村人饮管护维修项目，全区9个乡镇集中式饮用水水源地水质监测覆盖率和达标率均为100%。实施金川区农村生活污水收集处理PPP项目，推进金川区土壤污染治理与修复技术应用试点项目和城市生活垃圾分类工作，开工建设城区餐厨废弃物综合处理利用项目和城乡垃圾分类体系分拣处置中心项目，建立废旧地膜回收企业2家、标准化回收网点3个，废旧农膜回收利用率达到80.1%。

【社会事业】深化义务教育管理体制改革，巩固联合办学成果，全面接管市属11所义务教育学校，区第一幼儿园项目建设顺利推进，教育资源更加优质均衡。深入实施健康中国行动，完善国民健康促进政策，实行医疗、医保、医药联动，建立覆盖城乡的基本医疗卫生制度。有序推进异地就医结算，实现全区城乡居民和城镇职工全国范围内就医备案后直接结算，累计报销医疗费用987.77万元。全面落实民政部第四批居家和社区养老服务试点项目，建成50个城乡养老服务站和6个新型农村互助老人幸福院，发放高龄老人生活补贴236.11万元，养老服务体系持续完善。加强群众性文体活动，开展“活力金川·百姓文化大舞台”“庆丰收·迎小康”农民篮球联谊赛和全民健身等系列文体活动60余场次，群众文体活动氛围日益浓厚。完成三角城村社区等3个体育健身惠民工程，推进陈家沟村综合文化服务中心建设项目，实现各行政村“乡村舞台”全覆盖。巩固扩大省级全域旅游示范区创建成果，开展“激情五月·畅游金川”等全域旅游系列活动，推进野狐湾、大漠营盘、文昌园水上乐园等乡村旅游休闲体验项目，文昌园、野狐湾获评国家AA级景区，龙景村获评省级优秀乡村旅游示范村。2020年全区共接待游客152.56万人次，实现旅游收入9.34亿元。推进农业电商公共服务项目建设，金川区电商产业园和金川区电商综合服务中心建成并投入运营，初步形成园区规模效应。开辟主播带货销售渠道，积极推介、宣传全区旅游、美食、农特产品，特色产品网货转化率逐步提高。2020年全区共登记在册电子商务企业210家，上线农特产品70多款，实现电商销售额2.19亿元，增长46%。

（王江龙）

永昌县

【基本情况】永昌县地处河西走廊东部，祁连山北麓，阿拉善台地南缘，位于东经101°04′35″～102°43′37″，北纬37°47′21″～38°39′58″之间，东邻民勤、武威，西迎山丹，南依肃南、青海门源县，北与金川区接壤。县城距金昌市区50公里。境内地形以山地高原为主，山地、平川、戈壁、绿洲相连，属大陆性季风气候，平均海拔1950米，年平均气温5.9℃，全年降水量227.3毫米，全年无霜期203天，干燥多风，昼夜温差大，春季回暖慢。境内文物古迹较多，有新石器时代的鸳鸯池、二坝遗址；有西汉时期的骊靬遗址、汉明长城以及为数众多的汉墓群；有唐代圣容寺塔；有被誉为“河西中天一柱”的明代永昌钟鼓楼；有以北海子塔为主的古建筑群和骊靬城、骊靬公园，成为旅游休闲的好去处。全县总面积7439平方公里，辖9个镇、1个乡，17个社区、112个村民委员会。2020年末常住人口17.67万人，人口城镇化率56.90%。

【国民经济】2020年，永昌县地区生产总值87.2亿元，比上年增长6.8%。其中，第一产业增加值21.97亿元，增长5.3%；第二产业增加值23.63亿元，增长11.3%；第三产业增加值41.6亿元，增长4.7%。一般公共预算收入达到2.73亿元，增长1.2%；社会消费品零售总额32.95亿元，增长2.5%；城镇居民人均可支配收入和农村居民人均可支配收入分别达到32785元和15604元，分别增长5.3%和6.9%。

【项目建设】全年固定资产投资比上年增长21.8%。实施项目投资167项，完成投资增长22.4%。61项重点项目开复工57项；狠抓招商引资项目，签约招商引资项目78项，落实到位资金约24.7亿元；新开工项目101项，本年投产项目34项。其中，制造业投资增长70.3%；水利、环境和公共设施管理业投资增长67.3%；交通运输、仓储和邮政业投资增长43.9%；电力、热力、燃气及水生产和供应业投资下降77.3%。全年房地产开发投资增长6.8%，其中，住宅投资增长15.9%。抢抓国家加大重点领域投资力度的政策机遇，争取中央预算内资金1.25亿元；申报债券项目6项，落实专项债券2亿元；申报抗疫特别国债用于基础设施建设项目3项，落实抗疫特别国债0.74亿元；全年共向上争取各类资金12.6亿元。

【脱贫攻坚】聚焦脱贫攻坚“一号工程”，投入资金3.34亿元，大力开展精细精确精微的“绣花式”扶贫，贫困人口全部稳定脱贫，建档立卡贫困村全部退出，“插花型”贫困县顺利摘帽。发展“五小”产业547户，415户贫困人口与新型农业经营主体建立利益联结，稳定获得产业增值收益。完成易地扶贫搬迁94户331人，巩固提升人饮工程54处，实施光伏扶贫项目16项，发展扶贫车间11个，解决1.38万户农户住房安全问题，全县义务教育阶段无辍学学生，三级医疗卫生机构均达到基本医疗保障要求，医疗救助和参保资助政策有效落实，“两不愁三保障”目标全面实现，脱贫攻坚取得决定性成就。

【“三农”工作】农业发展良好。全年农作物播种面积102.1万亩，比上年增加6.42万亩，增长6.7%。其中，粮食作物播种面积72.11万亩，增长9.6%。小麦播种面积31.36万亩，大麦播种面积10.81万亩，玉米播种面积19.51万亩，薯类播种面积10.24万亩，油料播种面积3.23万亩，中药材播种面积0.78万亩。蔬菜播种面积13.13万亩，其他作物播种面积12.79万亩。加快发展现代丝路寒旱农业，“双百亿”祁连山现代丝路寒旱农业示范区启动建设，高原夏菜、优质牧草种植面积分别达到21万亩、22.3万亩，新增“三品一标”农产品13个。粮食产量连续五年稳定在31万吨以上，菜草畜主导产业稳步发展，奶绵羊、红辣椒等特色产业持续壮大，建成高标准农田33.65万亩、冷链贮藏设施59万立方米，新增农业产业化龙头企业66家、示范性家庭农场243家、农民专业合作社314家，“三品一标”农产品达到90个。畜牧业持续发展。全县畜禽总饲养量达到200.55万头（只），其中，羊饲养量113.06万只，猪饲养量10.88万头，牛饲养量4.81万头，家禽饲养量68.77万只。

【人民生活】2020年全县城镇居民人均可支配收入32785元，比上年增加1640元，增长5.3%；人均生活消费性支出19773元，增长4.2%；恩格尔系数为29.2%；城镇居民人均住宅建筑面积34.7平方米。农村居民人均可支配收入15604元，增加1002元，增长6.9%；农民人均生活消费性支出10635元，增长2.2%；恩格尔系数为31.4%；农村居民人均住房面积77.2平方米。

【环境保护】全面完成祁连山自然保护区生态环境问题整改，配合开展国家公园体制试点和生态红线划定，组织实施水源涵养林建设，祁连山生态保护大见成效。蓝天、碧水、净土三大保卫战全面打响，全年完成环境治理项目2项，投入资金190万元。全县工业二氧化硫排放量942.98吨，化学需氧量排放总量1342.56吨，工业固体废物产生量177.35万吨，工业固体废物综合利用率达到31.81%。全县单位GDP能耗同比下降2.68%。城区环境空气质量良好，县城空气质量优良天数比率达到96%。地表水和地下水优良率达到100%，废旧地膜、畜禽养殖废弃物、尾菜综合利用率分别达到81%、76%、44%。大力实施重点生态工程，建成区绿化覆盖率达到37.3%，县城建成区绿地率31.45%。城市污水处理率94%；县城生活垃圾无害化处理率100%；森林覆盖率达到19.12%。扎实推进城乡人居环境整治和全域无垃圾治理，拆除废旧房屋1415院，风貌改造274户，新建农宅1091院；创建省级美丽乡村示范村8个，创建清洁村庄46个；实施县城旧住宅区改造3409套、棚户区改造1634套，化解空置公租房1395套；新改建完成自然村组道路128公里。

【社会保障】全年全县城镇新增就业5051人，失业人员再就业4803人，就业困难人员实现就业1221人，城镇年末登记失业人员1175人，城镇登记失业率3.25%。完成职业技能培训5115人，输转62395人（次），实现劳务收入15.64亿元。全县参加城镇企业职工基本养老保险19999人，参加失业保险13325人，参加工伤保险16051人。参加城乡居民基本养老保险117719人，参保率98.22%，待遇享受31025人。参加城镇职工基本医疗保险25856人，参加城镇职工生育保险15122人。参加城乡居民基本医疗保险189369人，全县基本医疗保险参保率98.32%。2020年城市低保标准人均每月674元，年末全县城市低保对象2234户4127人，共发放低保金2215.14万元；年末全县农村低保对象2445户4833人，共发放低保金2478.88万元。年末全县特困供养对象615户634人，共发放特困供养金535.47万元。发放残疾人补贴377.84万元。建成互助老人幸福院41个，城市日间照料中心14个，乡镇老年活动中心3个。

【社会事业】以加强社会建设，加快完善基本公共服务体系，促进社会和谐共享为重点，社会各项事业协调发展。全年县财政列支科技三项费42万元；持续推动高原夏菜和食用菌2项院地科技合作项目，年内新建科技示范点8个，引进蔬菜、食用菌新品种98个，推广实用技术11项，建立科技示范基地3个。认定高新技术企业7家，市级科技型企业2家、市级工程技术研究中心2家、市级农业科技示范园区2家，新培育市级农业科技示范村3个、农业科技示范户5户。教育基础设施更加完善，“县管校聘”改革顺利实施，教育教学质量提升工程扎实推进。县域医共体启动建设，食药安全保障能力不断提高，每千人拥有病床提高到3.72张，完善公共服务体系建设，建成PCR核酸检测实验室2个，有效提升应对突发公共卫生事件。保供稳价、城乡低保、特困供养、临时救助等兜底政策有效落实，困难群众、低收入家庭、特殊人群基本生活充分保障，妇女儿童发展及老龄事业不断进步，残疾人事业健康发展，防震减灾工作进一步加强，安全生产形势稳定向好，扫黑除恶专项斗争不断深化，社会管理综合治理稳步推进，社会保持和谐稳定，人民群众获得感幸福感安全感持续提升。文化旅游事业持续发展，骊靬文化产业园发展逐步规范，北海子国家湿地公园保护修复取得实效，建成A级景区3个、省级乡村旅游示范村5个，“一体两翼多点”的旅游发展格局初见成效。已报批国家级非遗项目1项、省级9项、市级38项、县级48项；建成乡镇非物质文化遗产传习所4个；“历史再现”博物馆8个。实施体育惠民工程1项，建成农民健身工程26个。全县共有国家4A级景区1个、3A级景区1个、2A级景区1个，旅行社2家、旅行社营业部9家、星级宾馆10家，旅游商品研发企业20家，建成省级乡村旅游示范村5个，星级农家乐8家，乡村旅游品牌农家乐20家。全年接待游客160.88万人次，实现旅游综合收入9.2亿元。

（姚林　李雪琴）

白银市

【基本情况】 白银地处黄河上游、甘肃中部，因矿得名，因企设市。1956年11月设市，1958年4月升格为地级市，1963年10月撤销，1985年8月恢复建市。是全国唯一以贵金属命名的城市，是丝绸之路的枢纽要地、兰白都市圈的核心之地、藏金聚宝的资源富地、享誉全国的工业重地、绿色高效的农业基地、绚丽多彩的旅游胜地。东西跨147.75公里，南北长249.25公里。黄河自南向北呈S形流经白银区、靖远县、平川区、景泰县，全长258千米，流域面积14710平方千米。境内海拔最高3321米、最低1275米。年平均气温9.7℃，年平均降水量316.2毫米，其分布由北向南逐渐增多。年日照时数2165—2485小时，由北向南逐渐减少。无霜期168天。白银市辖会宁、靖远、景泰三县和白银、平川两区，有53个镇、16个乡、9个街道。辖区总面积2.12万平方公里。2020年末，全市常住人口150.88万人，城镇化率56.56%。

【国民经济】 2020年，全市地区生产总值497.27亿元，比上年增长2.8%。其中，第一产业增加值增长6.0%，第二产业增加值增长0.1%，第三产业增加值增长4.1%。三次产业结构比由2019年的18.00 ∶ 37.43 ∶ 44.57调整为20.21 ∶ 34.25 ∶ 45.54。规模以上工业增加值增长0.1%；固定资产投资增长16.02%；社会消费品零售总额实现165.28亿元，增长1.5%；一般公共预算收入33.38亿元，同口径增长7.25%；居民消费价格总水平上涨2.3%；城镇居民人均可支配收入33103元，增长4.2%；农村居民人均可支配收入10711元，增长7.9%。

【脱贫攻坚】 持续巩固拓展脱贫成果，全市剩余0.34万户1.06万贫困人口和6个贫困村全部脱贫退出。大力开展产业、就业和消费扶贫，贫困户依托十大特色产业人均实现收入3165元，小杂粮等19个产品入选国家扶贫产品名录，累计开发乡村公益性岗位8592个，建成扶贫车间137个、消费扶贫专馆19个，通过线上线下平台销售农产品6.95亿元。扎实开展“四抓四促”环境整治等行动，有效消除农村“视觉贫困”，创建五星级乡村50个，为全面推进乡村振兴奠定了坚实基础。

【农业经济】 现代农业加快发展，紧盯现代丝路寒旱农业综合示范区建设，成功引进牧原、新希望、中天羊业、润丰、阿西娅等大型龙头企业25家，全市农业龙头企业、合作社、家庭农场分别达到443家，合作社7575家，家庭农场2425家，农产品加工转化率达到59%，累计认证“三品一标”农产品232个，会宁亚麻籽油等48个农产品荣获国家和省级金奖，靖远县获批全省首个国家地理标志保护产品示范区，景泰县被评选为全国率先基本实现主要农作物生产全程机械化示范县，白银区被农业农村部列为“互联网+”农产品出村进城工程试点县。

【工业经济】 工业强市战略深入实施，传统产业加快升级，战略性新兴产业持续壮大。白银公司锌冶炼资源综合利用、东方钛业钛白粉、昌元化工重铬酸钠、皓天化学原料药生产基地等工业项目建成投产，银光聚银公司、中材水泥等12家企业入选国家和省上绿色工厂，高新区等3个化工产业集中区承载能力通过省级评估认定。白银市被列为国家循环经济示范城市、国家工业资源综合利用基地，战略性新兴产业增加值占规模以上工业增加值比重达到17.2%。“一区六园”建成面积达到82.94平方公里，入驻企业704家，白银高新区、银西生态产业园入选国家绿色园区。

【第三产业】 现代服务业提档升级，大力实施会师旧址景区改造提升、黄河石林国际滑雪场等文化旅游项目108个，黄河湿地公园、红军长征胜利景园晋升为国家4A级旅游景区。全市各级各类市场达到132个，年交易额近80亿元。白银综合物流园、邦农物流园、忠恒商贸中心等建成投运，会宁、靖远、景泰三县入列国家电子商务进农村综合示范县，“民营500强”企业红星美凯龙入驻白银，数字经济井喷式增长，全年全市实现网络零售额14.2亿元，比上年增长47.7%。第三产业增加值占全市地区生产总值的比重达到45.54%。

【项目建设】 下大力气破解项目融资难题，争取中央省预算内投资和地方政府专项债券资金40.91亿元。开展重点项目集中开工活动，实施500万元以上投资项目506个。白银至青城旅游公路建成通车，白银通用机场完成主体工程，靖远金滩黄河大桥顺利合龙，高铁南站、南环路地下综合管廊及道路工程等项目加快推进。坚持精准招商，设立北京、上海、广州招商中心，引进青海金座、东方希望等实力企业，实施招商引资项目110个，到位资金146.25亿元。

【园区建设】 兰白国家自创区和兰白试验区建设加快推进，新增省级科技企业孵化器1家、高新技术企业16家、省级科技型中小企业评价入库企业43家、市级科技型企业32家、省级技术转移示范机构2家、省级工程研究中心1家、企业技术中心2家。白银科技企业孵化器连续4年获评优秀国家级科技企业孵化器，累计孵化企业219家，毕业出孵企业26家，在孵企业开发项目427项，拥有专利289件。全年完成技术市场交易额5.85亿元，登记省、市科技成果46项，获得省科学技术奖7项。

科技对经济增长的贡献率达到53.8%。“两区四基地”建设加快推进，编制完成《白银市黄河流域生态保护和高质量发展规划》。积极推进新希望、牧原、润丰等全产业链项目，建成水肥一体化高标准农田10万亩，会宁牛羊、靖远肉羊基地列入省级现代农业园区。靖远煤电清洁高效气化气综合利用等一批延链补链项目加快推进，全球单体规模最大的钛白粉生产基地项目落户白银，甘肃省煤炭交易中心白银分中心挂牌运营。地下综合管廊项目获得中国建设工程“鲁班奖”，平川陶瓷喜获中国国际展会金奖。白银数字经济发展中心、全国网红培训基地等建成投运，唐道城市综合体、黄河·白银云小镇等项目启动实施，成功举办“黄河水乡”邂逅“江南水乡”文化旅游推介会等系列活动，全年实现旅游综合收入60.8亿元。

【环境治理】加快推进黄河上游生态环境综合治理创新试验区建设，绿色发展理念深入人心。蓝天保卫战成效明显，率先在全省开展燃煤机组超低排放改造，完成白银公司烟化炉烟气治理等大气污染治理项目35个，整治燃煤锅炉635台，淘汰老旧机动车2.4万辆，全年空气质量优良天数达到344天，优良天数比例比2015年提高8个百分点。碧水保卫战扎实推进，黄河干流白银段、祖厉河会宁城区段等综合治理工程全面建成，高新区、银西生物医药产业园、平川陶瓷建材产业园及11个重点镇污水处理设施建成投用，完成稀土公司酸性含油废水治理等水污染治理项目，金沟河等河道治理工程成为全省样板，黄河白银段水质和饮用水水源地水质连续达标。净土保卫战取得积极进展，有效解决了东大沟河道重金属污染等问题，土壤环境质量总体稳定。生态建设持续加强，累计治理水土流失1181平方公里，完成营造林175万亩，全市森林覆盖率达到13.62%。以十大生态产业为重点，推进新旧动能转换，全年全市十大生态产业增加值130.26亿元，占地区生产总值的比重为26.2%，比上年提高1.2个百分点。全市共有自然保护区5个，保护区面积26552公顷。

【城乡建设】全面启动创建国家园林城市，新增绿地面积210.04公顷，绿地率达到33.42%，绿化覆盖率达到37.83%，人均公园绿地面积达到11.14平方米；新建城市道路14条30公里；白银区109国道大峡电厂段、工农路西村十字2处易涝点整治工作已完成。集中打造8个全域无垃圾专项治理示范村，以点带面，推动城乡环境整治工作规范化、常态化、长效化，累计配备垃圾收集车790辆、转运车辆478辆，保洁人员6009人，701个村庄均建立了保洁队伍。垃圾分类工作全面启动，白银区人民路街道建立2个、平川区兴平路街道沁川社区建立3个生活垃圾分类示范小区。

【社会事业】省列11件、市列10件民生实事全部办结。全年全市城镇新增就业3.17万人，城镇登记失业率控制在4%以内，共输转城乡富余劳动力29.22万人，创劳务收入68.33亿元。实施乡镇寄宿制、小规模学校项目173个，义务教育、普通高中大班额分别降至0.74%、0.52%，高考一本上线率达到26.15%，创历史新高。“互联网+医疗健康”持续发展，建成城市医联体2家、县域医共体13家。全市160栋3897户老旧小区改造任务已全面开工，完成投资2.9亿元。10部城市老旧住宅小区电梯已全部投入使用。安全生产形势总体稳定，各类生产安全事故下降22.2%。社保体系更加完善，医疗服务不断提升。城乡低保标准提高10%，社保卡就医结算全面启用。城乡养老服务设施明显改善，白银市被列为全国居家和社区养老服务改革试点城市。医疗卫生服务水平不断提升，市第一人民医院住院部、市疾控中心实验楼等建成投用，新建市第三人民医院，市医疗集团组建运行，2家医院通过三级甲等综合医院评审。文化体育事业繁荣发展，成功创建国家第三批公共文化服务体系示范区，平川区小川瓷窑遗址被列为国家重点文物保护单位，《黄河之上·多彩白银》等文艺剧目深受群众好评；全市体育场馆、场地达到3000余个，人均场地健身面积达到1.8平方米，白银市被确定为国家体育消费试点城市。“平安白银”建设持续深化，“七五”普法任务圆满完成，扫黑除恶专项斗争取得重大成果，打掉黑社会性质犯罪组织7个、恶势力犯罪集团团伙45个，刑事、治安案件发案连续5年下降，社会大局保持和谐稳定。防震减灾工作连续8年获得省级考核一等奖。4名同志被授予全国助残先进个人、自强模范、劳动模范荣誉称号。白银市被命名为全国民族团结进步示范市，连续5次荣获“全国双拥模范城”荣誉称号。

（张志宏）

白银区

【基本情况】白银区位于甘肃中部、白银市西部，黄河上游中段，地处陇西黄土高原西北边缘，地形总趋势西北高，东南低，平均海拔1946.5米。西与兰州市皋兰县接壤；南临黄河，与榆中县青城乡及靖远县平堡乡隔河相望；东与靖远县刘川乡毗邻；北与景泰县中泉乡为界。辖区东西长约47公里，南北宽约60公里，总面积1350平方公里。属于中温带大陆性干旱、半荒漠气候区，总的气候特点是四季分明，光照充足，干旱多风，降雨稀少。年平均气温8.07℃，年均降水量198毫米，年均蒸发量1997.1毫米，年平均大风日数51.6天，年均无霜期183.8天。现辖2个乡、3个镇和5个街道办事处，有45个行政村、44个社区居委会。白银区是汉族聚居、少数民族散杂居的地区，有汉、回、满、蒙、土家、苗等27个民族。2020年末，全区常住人口33.84万人，城镇化率90.81%。

【国民经济】2020年，全区地区生产总值完成211.42亿元，比上年增长0.6%。其中，第一产业增加值5.49亿元，增长5.65%；第二产业增加值95.62亿元，下降3.2%；第三产业增加值110.31亿元，增长5.2%。规模以上工业增加值下降2.46%。固定资产投资增长9.78%。社会消费品零售总额90.38亿元，增长0.8%。城镇居民人均可支配收入达到40152元，增长4.1%；农村居民人均可支配收入达到16930元，增长7.9%。一般公共预算收入完成8.71亿元，增长11.66%。

【“三农”工作】引进西瓜、金丝

皇菊、火龙果等新品种42个，示范种植高原夏菜品种9大类728个品种。全区蔬菜面积达到2.23万亩，产量达到10.12万吨。加强畜禽良种覆盖率，引进良种猪580头、奶牛288头、肉牛124头、蛋鸡32万只，引进盘锦河蟹2万只20亩、澳洲龙虾1万尾。进一步落实生猪稳产保供“菜篮子”负责制，完成生猪稳产保供承诺目标。全年猪、牛、羊、鸡的饲养量分别达到23万头、1万头、15万只、117万羽。强化动物基础免疫工作，加强非洲猪瘟、禽流感、口蹄疫等重大动物疫情监测，设置检疫申报点13个，全年共检疫生猪7.8705万头、羊81只、牛490头、禽类14.80万羽，屠宰检疫生猪产品1780.80吨、羊肉产品48.29吨，牛肉产品0.7吨，达到100%检疫出证。引导鼓励贫困户发展种养产业及“五小”产业，落实“五小”产业奖补资金57户10.34万元、落实种养产业奖补资金28户2.85万元。开设农业保险品种17个，贫困户种植业、养殖业承保率均达到100%，做到了“应保尽保、愿保必保”和“三个”全覆盖。完成新改建农村户厕3643座。建成农村垃圾收集点315个，村庄垃圾收集车辆、收集点覆盖率达到100%，45个村垃圾无害化处理率达100%。加大美丽乡村示范村创建力度，投资465万元，打造水川、强湾、武川人居环境整治示范点5个，创建省级清洁村庄20个。积极推进禽养殖废弃物无害化处理，畜禽养殖废弃物资源化利用率达到77.48%；废旧农膜回收率达到81.7%、废旧农膜资源化利用率达到85.56%以上；积极推进尾菜无害化处理和资源化利用及秸秆综合利用，尾菜处理利用率和秸秆综合利用率分别达到45.03%、86.52%；受污染耕地土壤环境质量类别初步划分、核心试验区建设任务超额完成，受污染耕地安全利用任务完成率达到137.16%、严格管控任务完成率达到101.04%；化肥农药零增长目标全面完成，化肥农药使用量分别比上年下降1.1%、1.9%；持续推进农村清洁能源综合利用示范村创建及土炕改造，投资299.36万元，完成农村土炕改造3742铺；投资76万余元，安装太阳能供热系统23户。全区农村土地规模经营100亩以上的23家，总规模经营面积为11485亩；全区农村土地承包经营权流转面积达13972.95亩。引导农民合作社按照“五有”标准办实合作社，指导合作社规范运行。全区运营的合作社208家。持续加大龙头企业引培力度，培育引进龙头企业4家，新增省级龙头企2家，新增省级产业化联合体2家。为14家农业经营主体落实贷款贴息30万余元。推进村集体经济发展，明确时间节点、细化改革任务，全区5乡镇42个村全面完成本级清产核资。全区7个贫困村村集体经济收入均达到2万元以上。

【项目建设】2020年，白银区共实施基本建设项目160个，完成投资66.87亿元，投资完成率96%。其中，56个投资清单项目完成投资64.35亿元，投资完成率128%；40个市区列重点项目完成投资52.26亿元，投资完成率108%。争取中央预算、地方政府专项债权等项目资金8.2亿元，有力保障棚户区改造、金沟河生态治理、水系连通工程、大坪田园综合体等项目建设实施。加强项目谋划，包装储备十大生态产业项目125个、黄河流域和高质量发展项目143个、“十四五”重大项目265个。

【优势产业】有色金属深加工产业以白银有色集团股份有限公司为重点，以有色金属矿产资源和废旧有色金属拆解回收利用为核心，着重提高矿石回采率、原矿回收率、冶炼回收率、加工材成品率等利用水平，逐步形成铜、铝、铅、锌、锂、稀土及精细化工一体化产业链，有色金属粉体材料、高纯金属、高附加值压延加工产品、贵金属产品得到了有效发展，再生铜、再生铅等的高值利用得到了大幅提高。建材产业以中材甘肃水泥有限责任公司、一刀玻璃有限责任公司等企业为重点，加速淘汰小水泥、小玻璃、实心粘土砖等落后工艺和产品，通过推广应用新型干法窑外分解、窑尾余热发电及利用工业废弃物和生活垃圾等工艺技术，高强煤粉灰砖、高强承重砌块、建筑保温材料等利用工业固体废弃物生产新型墙体材料和新型“生态水泥”得到了有效推广。装备设备制造产业以中科宇能、亿维电器、一刀玻璃、中集华骏、甘肃柯登等已有一定基础的装备制造企业引入数字化、智能化与网络化技术，促进信息化与工业化“两化”深度融合，实现从生产型制造到服务型制造的改造升级。精细化工产业以银光公司TDI为核心，整合区内化工资源，开发聚碳酸酯、碳纤维、锂材料、电池材料、氟材料高纯氢氟酸（PC）、MDI、PVC、DNT、民爆产品，扩大HDI、PC、PVC建设规模，通过延伸上下游产业链，促进上下游配套，建设醋酸、甲醇、涂料和化肥等生产线，精细化工产品的比重不断提高，形成了白银特色精细化工支柱产业。生物医药产业依托银西生物医药园和白银科技企业孵化器，实施化学原料药、中药、医疗设备与器械、酶制剂、生物基础材料等重点工程建设，着力发展基础、前导、特色、辅助等四大产业，建设西北知名的生物医药中间体基地。农畜产品加工产业依托雨润肉制品、鑫昊乳业、盼盼食品、德福祥面粉等知名企业，发挥区域农产品质量优良、特色明显的优势，形成了以蔬菜、瓜果为主的特色种植业，以养牛、养羊为主的畜禽养殖业，以特种畜产品生产、加工为主的产业体系。

【脱贫攻坚】截至2020年底，全区累计脱贫2309户7439人，贫困人口实现全部脱贫退出，贫困发生率下降至零。2020年省市区共安排专项扶贫资金6531万元（中央资金1415万元、省级资金1318万元、市级资金108万元、区级配套资金3690万元），实施的52个财政专项扶贫资金项目基本建设完工，拨付资金5200万元，拨付率97%。建档立卡贫困劳动力外出务工3654人，比上年超出400人，实现有输转务工就业意愿的贫困劳动力应转尽转，劳务收入稳中有增。按照省市贫困退出验收和脱贫成果全面检视工作要求，对剩余202户548人贫困人口全部开展验收，对2107户6891人已脱贫人口、7个已退出贫困村脱贫成果和16户26人边缘人口开展检视。全区7个贫困村选派驻村帮扶干部24人，35个非贫困村选派驻村帮扶工作干部114人。92家单位选派1585名帮扶干部联系帮扶全区2284户贫困户。2020年全区举办各类脱贫攻坚政策培训17期，培训扶贫干部1243人次，其中驻村帮扶干部385

人次。

【环境保护】全年城郊大环境绿化面积5000亩。其中城西北郊1800亩，北城区500亩，封育面积2700亩。维修扩建蓄水池1座；更换水泵机组1套；铺设干管1条，支管21条，分支管221条，辅管442条，毛管9429条；栽植各类苗木26万余株。完成森林抚育1万亩。开展乡村绿化美化，完成村庄绿化点31处，庭院绿化753户，乡村道路绿化提升18.5公里，建设经济林500亩。全年城区污水处理1610万立方米。处理生活垃圾8.65万吨、建筑垃圾93万吨、医疗垃圾430吨。城区可吸入颗粒物（PM_{10}）平均浓度为74微克/立方米；细颗粒物（$PM_{2.5}$）平均浓度为29微克/立方米。城区空气质量二级以上优良天数达到344天，占全年天数的94%。

【人民生活】2020年，全区城镇居民人均可支配收入40152元，比上年增长4.1%；人均消费支出25469元，增长14.81%；恩格尔系数（即居民家庭食品消费支出占家庭消费支出的比重）30.55%。农村居民人均可支配收入16930元，比上年增长7.9%；人均消费支出9779元，增长7.7%；恩格尔系数32.16%。

【社会保障】全年全区城镇新增就业11027人，城镇登记失业率为2.48%。失业人员再就业4627人，就业困难人员再就业1463人，发放创业贷款292笔7342万元，开展各类职业培训7593人，全区完成劳务输转1.96万人，劳务收入4.85亿元。全年实施棚改项目12个，7066套（户），完成签约5577户；改造城区老旧小区楼栋1232栋52325户，建筑面积392.35万平方米；分离移交“三供一业”住宅楼27片1508栋6.26万户，建筑面积471.37万平方米，累计完成投资9.02亿元；棚改搬迁安置公租房租赁补贴累计发放962户、262.3万元。排查安全隐患楼房180栋4329户28.07万平方米；配合办理不动产产权总证5060本，办理发放易地扶贫搬迁户不动产产权分证1082户；配备公共机构各类垃圾桶960个，清理整治无人机航拍垃圾点311处，卫星遥感非正规垃圾点34处，新建沿黄重点村镇污水处理站2座。全区企业职工养老保险参保18911人，征缴养老保险费8864万元；机关事业单位养老保险参保9982人，工伤保险参保19766人，失业保险参保18279人，城乡居民基本养老保险参保57766人。全年发放最低生活保障资金1.42亿元，惠及城镇居民8990户、2.04万人；农村居民20738户、4215人。保障特困供养人员257户273人。实施临时救助4703户11535人，发放临时救助1830.04万元；发放困难残疾人生活补贴资金265.18万元，发放重度护理补贴的残疾人补贴资金192.42万元。

【社会事业】年末全区拥有各类学校123所（含教学点8所），在校学生59491人，教职工人数5165人，校舍建筑面积94.16万平方米。学前三年毛入学率95.8%；小学入学率100%；初中入学率100%；高中阶段毛入学率96.3%。全区普通高校录取人数（包含中职生）达到2964人。全年专利申请量476件，PCT（国际专利）申请量1件，有效发明专利129件，每万人口发明专利拥有量268件；争取省市区科技创新奖励资金292.6万元，其中省科技创新奖励资金155万元，市科技创新奖励资金34.1万元，区级科技创新奖励资金103.5万元。全年征订期刊200余种，共办理借阅证400余张，接待读者4万余人次，建立乡镇街道图书馆分馆10个、学校图书馆分馆22个。开展文化进万家活动31场次。白银区现存不可移动文物46处。配套健身路径34套。全年接待游客255.24万人次，旅游综合总收入16.21亿元，其中，乡村旅游接待游客115.36万人，乡村旅游收入2.64亿元。新增旅游就业人数723人。年末全区拥有卫生机构212个。其中，医院6个，基层医疗卫生机构178个，专业公共卫生机构27个。各类卫生机构拥有床位2474张，卫生技术人员3583人，其中执业（助理）医师1188人。

（张宸豪）

平川区

【基本情况】平川区是1985年随白银恢复建市而成立的市辖区，地处甘肃中部、黄河上游，是丝绸之路东段北线的黄金路段。位于白银市中部偏北，东与会宁县及宁夏回族自治区海原县接壤，南、北部均与靖远县相连，西与景泰县为邻。有秦汉鹑阴城、柳州古城、明长城、汉墓、黄河岩画、福寿山摩崖石刻等历史人文遗迹以及原生态的丹霞石林绿洲和海原大地震遗址等地质景观。平川区在欧亚大陆的中心腹地，东北有六盘山、东南有秦岭作屏障，东南暖湿气流不易到达，降水量少，气候干燥。北近腾格里大沙漠，地域开阔，无高山阻隔，西伯利亚寒流易于入侵，冬季寒冷且长，风沙霜冻危害频繁。境内光热资源丰富，气温日差较大、干旱多风。年平均温度8.2℃，无霜期平均为143天。现辖4个街道、5个镇、2个乡，辖区总面积2126平方公里。2020年末，全区常住人口20.10万人，城镇化率73.54%。

【资源优势】平川是甘肃重要的能源基地。因煤设企，因企设区，境内有靖远煤业集团、国电靖远发电有限公司、靖远第二发电有限公司、捡财塘风电场等大中型企业，2020年产原煤901万吨；火电装机容量220万千瓦，风电9.45万千瓦。风能、太阳能资源相对富集，可开发风能超过50万千瓦。平川是西北最大的陶瓷建材生产基地。国家文物保护单位小川磁窑制陶文化传承千年。陶土储量40亿吨以上，现有各类陶瓷企业9家，建筑陶瓷产能达到1000万平方米，日用陶瓷产能达到300万件。成功举办五届西部（白银·平川）陶瓷峰会暨平川陶瓷文化节，陶瓷小镇成功入围全省“工业+旅游”精品线路，被中国陶瓷工业协会授予中国陶瓷产业转移示范基地。平川是初具规模的装备制造生产基地。以容和集团和国鼎集团为代表的矿山装备制造企业，生产制造矿用重型及超重型刮板输送机、转载机、皮带运输机、各类液压支架、防爆电器、防爆变频器等百余种产品。容和商标已被认定为“中国驰名商标”，实现了全市“中国驰名商标”零突破。平川是快速发展的高新技术孵化区。充分发挥平川经济开发区省级开发区的平台聚集功能，以创新驱动为引领，大象能源科技有限公司、德宝新材料有限公司、赛诺生物科技有限公司等高新技术企业蓬勃发展，已成为平川经济新的增长点。平川是独具特色的农副产品深加工区。依托区内及周边丰富的农产品资源，发展菁润生物、赛诺生物等农业产业化龙头企业80家，其中省市级23家。“平川甜瓜”“平川山羊肉”“平川黑驴”“平川苹果”获得国家农产品地理标志认证，“赛诺生物科技”商标被评为“甘肃省著名商标”。平川是兰白核心经济区中的重要节点城市。区位优势明显，处于甘肃与宁夏边界相接的枢纽地带，沿黄经济带和刘白高速经济带交汇位置，自古以来就是丝绸之路北线通往河西走廊的要道。京藏高速、国道109线、省道308线、包兰铁路穿境而过，区乡公路四通八达，中卫至兰州铁路客运专线开工在建，平川设立6000平方米站点，为工农业产品运输、销售和发展现代物流业提供了良好条件，是发展通道经济最具潜力的工商港。

【国民经济】2020年，全年实现地区生产总值75.68亿元，比上年增长4.3%。其中，第一产业增加值6.24亿元，增长5.79%；第二产业增加值41.05亿元，增长5%；第三产业增加值28.4亿元，增长3.1%）。三次产业结构为8.2 ∶ 54.2 ∶ 37.6。规模以上工业增加值增长1.6%；固定资产投资增长25.9%；社会消费品零售总额15.6亿元，增长2.6%。城镇居民人均可支配收入38852元，增长4.2%；农村居民人均可支配收入11521元，增长7.8%。年末全区金融机构各项存贷款余额分别为167.9亿元和97.5亿元，比上年分别增长17.85%、6.55%。

【脱贫攻坚】平川区是省上确定的17个“插花型”贫困县之一，有建档立卡贫困村15个，其中深度贫困村10个，2013年底建档立卡贫困人口19603人，贫困发生率20.34%。开展脱贫攻坚工作以来，全区上下深入贯彻落实习近平总书记关于扶贫工作的重要论述，严格按照“三落实”和“四不摘”要求，全力以赴补短板，千方百计提弱项，倾心尽力惠民生，脱贫攻坚取得了显著成效。2018年度15个贫困村全部退出，2019年3月份通过省级第三方专项评估检查验收，2019年4月份经省政府批准退出贫困县序列，2020年剩余160户609人实现稳定脱贫。

【“三农”工作】全力推进平川现代丝路寒旱农业产业园、东方希望百万头生猪全产业链、万头黑毛驴生态养殖产业园建设。持续加大农业招商引资力度，集中签约特色养殖、精细加工、乡村旅游项目10个，投资总额21.2亿元。持续调整农业产业结构，全年种植粮食作物22.91万亩、经济作物8.67万亩、蔬菜1.41万亩、青贮饲料0.93万亩，粮食产量达到5.35万吨，比上年增长7.5%；积极发展订单农业，种植食葵1万亩、菊芋5000亩。新增规模养殖户21户，大牲畜存栏1.57万头。持续加强农业品牌建设，累计认证“三品一标”农产品46个，注册涉农商标25个，获国家绿色食品认证18个，培育农产品地理标志4个，“丰嘉晟”“成丰”商标进入“甘味”农产品品牌目录。不断壮大农业新型经营主体规模，新增产业化龙头企业1家，新注册农民合作社27家，规范提升合作社190家，创建“一乡一农机”试点合作社7家、省级“平安农机”示范合作社4家。不断加强环卫基础建设，水泉镇水泉村生活污水处理站投入使用，共和镇生活污水处理站建成主体工程。加强农村村级公益设施共管共享工作，开发乡村振兴公益岗61个。深入开展“四抓四促”城乡环境专项整治行动，拆除破旧房屋2386处24.88万平方米、残垣断壁1553处9.52万平方米，规整农户庭院1029处，实施村庄绿化383处7383.6亩，治理农村生活污水166处，清理河塘沟渠290.12公里，新建卫生厕所3943座，创建清洁村庄43个，有效消除了村庄“视觉贫困”。扎实推进大规模国土绿化行动，完成国土绿化2.43万亩，建成交通主干道绿色通道70公里。高标准建成响泉村、陡城村、小黄湾村、黄沙湾村4个美丽乡村示范点，打造乡村振兴示范样板。成功举办电商农特产展馆启动暨“大美平川·全民乐购·助推脱贫”、网络直播带货等系列活动，发放惠民消费补贴100万元，激发市场消费活力；建成农特产品展销服务中心并投入运营，全区实现网上交易1.6亿元。忠恒商贸中心、3000吨果蔬气调库等项目建成。强化人才支撑，深入推进新型职业农民培训工程，累计开展各类农村人才技能培训1610人、岗位培训2520人、创业培训800人。

【工业经济】在全市率先设立500万元工业发展奖励资金，制定《平川区推动工业经济高质量发展实施意见》，召开了工业经济高质量发展暨民营企业表彰大会。建立一企一策工作机制，为132家企业解决各类难题323个。完成平川经济开发区电力余热循环化再利用、南区供水等工程，解决了园区用气、用水难题。在全市率先开发工业地产，投资8013万元，建成总占地114亩的工业标准化厂房6栋，引进落户工业企业5家；投资2.1亿元，占地290亩的工业地产二期开工建设，园区承载能力明显增强。积极融入“两区四基地”建设，甘肃煤炭交易中心白银分中心挂牌运营；年产200万吨型煤生产线、6家年产60万吨煤炭洗选加工项目加快建设；多方协调、争取启动了12家年产30万吨地方煤矿提升改造，已有2家正常生产。诺尔达硅酸钙板生产线、顺银轻钢装配式加工基地等项目建成投产。下气力盘活熙瑞公司，实现重整脱困、产销两旺。全年培育新增小升规企业8家，区属工业规模不断壮大，工业增加值占全区规模以上工业增加值的11.8%，比上年提高6.05个百分点。

【项目建设】2020年，平川区建立重点项目“日报告、周调度、月通报”制度，安排500万元项目前期经费，靠实跟办帮办责任，强化挂牌督战机制，全力破解项目用地、环评、融资等难题，192项区列重点项目完成投资52.66亿元，比上年增长34%。中国铁建、中国建筑、中煤集团等17家央企来平川考察交流。全年签约招商引资项目16项36.2亿元，在建招商项目15项，到位资金25.39亿元，增长66.4%。编制完成“十四五”发展规划、乡村振兴战略规划、黄河流域生态保护和高质量发展规划等，论证谋划重点项目568项、总投资1091亿元。

【疫情防控】2020年，面对突如其来的新冠肺炎疫情，平川区快速科学应对，坚决落实“四早四集中”措施，全面推行网格化管理，共同防控、共筑防线。安排疫情防控资金1515万元，社会各界捐款捐物748.18万元，建成市中心医院、疾控中心PCR标准实验室2个，有力保障了疫情防控需求。持续加强重点人员排查管控，扎实做好常态化疫情防控，积极开展疫苗接种工作，有效巩固“零疫情”防控成果。选派6批次11名医务骨干驰援湖北，展现了非常时期的平川担当。扎实推进复工复产，全力帮助企业纾困解难，减免市场主体税费1.29亿元，协调发放企业贷款27.07亿元，清偿民营企业中小企业账款2818.37万元。

【城乡建设】2020年，全区集中开展“四抓四促”城乡环境专项整治行动，清理垃圾17.8万吨，拆除老旧公交站亭65座、过街拱门63座、广告牌匾2576处、破旧房屋和违章建筑46万平方米。举全区之力开展“城市建设攻坚年”行动，统筹实施“六个一、六条路、五改造”建设。启动编制国土空间规划，中兰客专平川站站前广场及市政配套设施建设项目入选财政部PPP项目库，沁川湖南北扩容改造加快推进，完成北山造林绿化2000亩，建成高压绿廊1万平方米。投资1.51亿元，打通共和路、忠恒路、凯宾路等8条城市道路，杨柳、龙华、国泰3座过街天桥建成使用，环城北路、陶瓷路和兴平北路延伸段加快建设，城市交通更加通畅。实施棚户区改造10个片区2787户，78个老旧小区改造和“三供一业”维修改造加快推进，累计完成投资9.36亿元；提升改造人民广场和铁路广场，鹳阴新街主体建成。新增环卫设施750台(套)，城区机械化清扫率达到85%以上。硬化村组道路54.9公里，完成农村户厕改造提升3943座，打造社区生活垃圾分类示范点1个，城乡环境明显改善。

【环境治理】2020年，平川区持续打好减煤、控车、抑尘、治源、禁燃、增绿组合拳，淘汰整治炉窑3座、燃煤锅炉13台，完成小火炉、土炕改造3021户，实施中煤靖远二电5、6号机组超低排放改造，空气质量指标PM_{10}、$PM_{2.5}$浓度实现双降，全年优良天数达到307天。新建共和镇和水泉镇水泉村污水处理站，巩固县级集中式饮用水水源地环境保护专项整治成果，开展千吨万人集中式水源地环境保护专项行动，全面完成黄河流域平川段污染现状调查，水环境质量持续改善。加快推进平川公园三期和响泉公园建设，完成大水头矿路、地质南路、电厂路、共和路4条道路绿化。红土梁、响泉沙河综合治理工程开工建设。投资1.02亿元，实施采煤沉陷区植被恢复绿化、黄河流域平川段生态治理等工程，完成国土绿化2.48万亩，打造交通干线道路景观绿化100公里，建成大水头公园和6个小游园，小黄湾被评为国家森林乡村。

【社会事业】2020年，平川区落实十二件惠民实事，完成投资3.64亿元。聚焦聚力全面小康，16类218项具体问题整改清零见底，160户609人建档立卡贫困人口脱贫退出，脱贫成果持续巩固。创建国家级特色学校13所，荣获全省未成年人思想道德建设工作先进县区称号。招引教育、卫生专业人才134名。下大气力解决了区外两地干部分居问题，全年共调入干部48人。市中心医院成功晋级三甲医院、易地迁建项目启动建设。各级医疗机构全部接入甘肃省远程会诊平台，建成影像、心电等五大区域医学中心，有效提升了医疗服务水平。城乡居民基本医疗和养老保险参保率达到99.53%、99.8%，医保基金安全平稳运行。制定了《平川区投资项目容缺审批实施方案》《平川区优化营商环境二十条意见》等一系列政策措施，持续破解阻碍发展的难点堵点痛点问题。新增市场主体2651户，增长23.77%。容和集团获科技部“科技助力经济2020”重点专项支持，白银赛诺获省科技厅“企业承接高校院所科技成果转化”奖励。容和矿用、大象能源被认定为国家、省级绿色工厂。陶瓷小镇、陶都花苑成功创建国家3A级景区，黑釉剔花富贵瓶荣获第九届“大地奖”金奖，铁红金圈结晶釉茶碗获得甘肃省文化旅游大赛银奖。

（展润琴）

靖远县

【基本情况】靖远县位于黄河中上游，地处甘肃省中东部，白银市腹地，东西长120公里，南北宽135公里。东临宁夏海原县，西接白银区，南邻会宁县，北与景泰县、宁夏中卫市毗邻。全县总面积5595.36平方公里，属黄土高原丘陵沟壑区和干旱草原区，地势东高西低，由南向北倾斜，分为川区、山塬区和黄河谷地三类地形，平均海拔1398米。属温带半干旱气候，2020年，全年最高气温35.3℃，最低气温-16.6℃，平均气温10.4℃，年无霜期203天，年降雨量227.7毫米，年日照时间2479.5小时，四季分明，日照充足。现辖13个镇、5个乡，177个村民委员会、15个居民委员会。全县有汉、回、满等9个民族。2020年末，全县常住人口37.17万人，城镇化率39.45%。

【旅游资源】靖远是闻名陇上的西部历史文化名城和全省有名的文化大县。五千年前就有先民在这里生息繁衍，西汉武帝元鼎三年（前114年）始置县，有着2100多年的县级行政建置历史。境内有各级文物保护单位235处，其中国家级文保单位1处（北城滩明长城）、省级文保单位11处（法泉寺石窟、寺儿湾石窟、钟鼓楼、黑城子古城堡、潘育龙将军墓、北城滩古城遗址磨子沟三角城、仁和张氏民居、芦沟堡、屈吴山潮云寺、靖远黄河铁桥），境内红色旅游资源丰富，为继承和发扬红色文化奠定了良好基础。中国百大名寺法泉寺同陕西法门寺一脉相承，其石窟艺术与敦煌莫高窟极为相似，被评为国家3A级旅游景区和省级森林公园。154公里黄河风情线上，高山、峡谷等自然景观星罗棋布，黄河风情、名胜古迹、人文遗址、科技园区、森林公园、田园风光交相辉映，“农家乐”悄然兴起。以法泉寺、寺儿湾为主的石窟文化游，以乌金峡、河心岛为主的黄河风情游，以平堡特色观光、东湾现代高效农业示范园为主的观光农业游，以虎豹口红西路军强渡黄河遗址为主的红色文化游，以哈思山、泰和山、屈吴山为主的森林生态游，以北城滩、黑城子为主的历史文化游等旅游线路极具开发价值，发展黄河文化旅游产业潜力巨大，前景广阔。2020年，全县进一步加快文旅融合发展，大力推进旅游基础建设和经营机制创新，水韵独石、“稻香村·瓜园”、东湾现代高效农业示范园、虎豹山庄等近郊旅游热度攀升，枸杞爱心采摘节、大庙梨花节、文冠花观赏节等品牌节会亮点纷呈，全年接待游客117万人次，实现旅游综合收入7.05亿元。

【资源优势】靖远自古以来就是丝路商贸重镇，地处新丝绸之路经济带必经地段和“兰白核心经济区”开发重点区域，公路、铁路和黄河航运条件便利。黄河流经县境10个乡镇、154公里，流域面积100.49平方公里，拥有水能开发资源300万千瓦以上，风能、太阳能可开发面积150平方公里以上。煤炭、有色金属、石灰石、高岭土、坡缕石等矿产资源储量丰富，坡缕石储量达10亿吨，开发前景广阔。靖远距兰州150公里、白银67公里，白宝铁路、G025（刘白高速）、G109线、S207线、S308线及正在规划建设的包兰铁路复线贯穿全境。京呼银兰光缆横贯全县，已建成交换程控化、传输数字化、有线和无线相结合的现代化信息通信网络，邮电通讯事业发展迅速，交通通讯十分便捷。

【国民经济】2020年，全县地区生产总值75.71亿元，比上年增长4.7%。其中，第一产业增加值38.66亿元，增长6.1%；第二产业增加值10.09亿元，增长3.9%；第三产业增加值26.96亿元，增长3.3%。三次产业结构比调整为51.07∶13.33∶35.6。全年全县大口径财政收入为8.01亿元，比上年下降12.35%；一般公共预算收入4.46亿元，增长2.49%。其中，税收收入2.20亿元，下降10.28%；非税收入22601万元，增长18.97%。一般公共预算支出42.26亿元，下降0.69%。年末全县金融机构各项存款余额122.51亿元，比上年增长14.66%，各项贷款余额10.28亿元，下降14.98%。

【经济建设】以三大园区建设为重点，以项目建设为抓手，把“三大园区”作为产业集聚的重要载体和招商引资的主战场，充分利用好和发挥好刘川工业园、银三角中小工业园、金三角生态农业科技创业园“三大园区”凸显的技术优势、产业优势和政策叠加优势。新增规模以上工业企业6户，实现规模以上工业增加值比上年增长15.5%。全力提升商贸市场流通，通过对国内外市场经济形势分析，引导企业抢抓“一带一路”“互联网+”战略机遇，适应新常态，找准新方向，开拓新市场，有效拓宽企业进出口渠道。借助对口帮扶区消费市场、销售渠道等优势，主动对接，大力推进农特产品进入天津等发达省市市场。全年全区社会消费品零售总额比上年增长1.77%，年末全县限额以上批零住餐企业共32家，其中，批发业6家、零售业20家、餐饮业2家。批零住餐个体户共4家。

【脱贫攻坚】面对决战脱贫攻坚时间紧、任务重的现实，始终把脱贫攻坚作为首要政治任务和第一民生工程来抓，坚持“不获全胜、决不收兵”，剩余的北湾镇富坪、新坪和石门乡路庄3个未脱贫村、1303户4208人未脱贫户摘帽退出，实现全县所有贫困村和贫困人口脱贫清零。277户1265人脱贫监测户和356户1345人边缘户巩固提升措施全部落实到位，返致贫风险全部消除。顺利通过了国家脱贫攻坚普查验收，成功举办靖远县“脱贫攻坚宣传周”发布活动暨脱贫攻坚主题成就展，顺利通过全省脱贫攻坚成效考核实地核查评估及国家东西部扶贫协作考核验收。

【农业经济】坚持“外引”“自建”结合，大力培育新型农业经营主体，新引进培育了新希望、阿西娅、仁博药业等21家龙头企业。扶持金杞福源、陇源农林、鼎鑫农业、大西北、汇勤生物等一批本土企业加快发展，新型经营主体的快速发展，有效带动了蔬菜、肉羊、枸杞、中药材等特色优势产业高质量发展。2020年，全县农作物播种面积160.81万亩，其中粮食播种面积79.13万亩，粮食总产量达到21.1万吨；蔬菜种植面积14.74万亩，蔬菜总产量达72.16万吨；肉类总产量26452.16吨，禽蛋产量9042吨，水产品产量936吨。

【项目建设】全县坚持把项目建设作为稳增长的重要抓手，全力以赴抓开工、促进度、扩投资，有效促进了固定资产投资较快增长。2020年，全县共组织实施固定资产项目个数122个，其中新建项目67个，续建项目55个，固定资产投资比上年增长24.83%。不断创新工作思路，改进招商方式，拓展招商领域，狠抓责任落实，着力改善和优化投资环境，密切对接农发行、省建投等机构平台，多渠道撬动金融、社会资本参与项目建设。全年共实施招商引资项目30项，到位资金28.97亿元。其中新开工项目20个，续建项目10个。

【城乡建设】牢固树立“绿水青山就是金山银山”的发展理念，围绕“畅通、宜居、文明”的目标定位，加大规划建设力度，城乡面貌在建管并举中得到新改善。大力实施城市基础设施建设工程，靖远县金三角环路，南起县道322县，东至东环南路，已完成路基建设；圆满完成市级下达的3.5公里污水管网建设任务。2020年，森林覆盖率达到14.13%，城市污水处理率达到94.62%，城市生活垃圾无害化处理率100%。

【人民生活】城乡居民收入继续增长，全年城镇居民人均可支配收入28324元，比上年增长4.33%。农村居民人均可支配收入11307元，增长7.74%。大力支持高校毕业生、残疾人、返乡人员等重点群体创业就业，全年新增城镇就业5215人，共有2231名下岗失业人员通过各种渠道实现了再就业，年末城镇登记失业率3.63%。城乡居民基本养老保险参保率达到97%，全年发放城镇居民最低生活保证金2380万元，发放农村居民最低生活保障金5774万元。

【社会事业】不断提升卫生健康服务水平，县妇幼保健院二甲评审工作顺利通过省卫健委专家的复评，达到二甲等妇幼保健院的标准，成为白银市唯一通过评审的县级妇幼机构。县人民医院创建三级乙等医院已通过省级评审验收，心血管内科、神经内科通过了省卫健委组织绩效考核，胸痛中心被列为全国县级胸痛中心500强之一，城乡居民医疗保险参保率达到96.33%。年末全县医疗卫生计生机构达到546个，其中县级综合医院、中医医院、疾病预防控制、妇幼保健、卫生监督和计生服务机构各1家，民营专科医院1家；社区卫生服务中心1家，卫生服务站2家，乡镇卫生院20家，村卫生室177所，个体医疗网点339家。医疗卫生机构实有床位1689张。卫生计生机构共有在职职工2474人，共有卫技人员2331人。

积极开展科技计划项目实施工作。组织推荐省级科技计划项目8项、市级科技计划项目3项。促进科技成果快速转化，围绕枸杞深加工产业的发展能力提升，进一步延伸枸杞产业链条，依托甘肃金久杞特生物科技有限责任公司、甘肃昊地农业科技有限公司成功转化年产2万吨枸杞酒技术、中药材金银花寒旱地区丰产栽培技术等2项重大科技成果，自主研发的“猴元帅牌”枸杞辣椒酱、“陇上钙果片”“汇勤牌”肉苁蓉饮片和“汇勤牌”苁蓉酒已成功上市。全年财政科学技术经费支出4586万元，共实施科技计划项目2项，其中省列项目1项，市列项目1项。全县共申请专利258件，授权专利162件，拥有有效发明专利33件，万人口拥有量达到0.71件。全县交通运输邮政仓储业加值10082万元。客运量163.6万人，客运周转量12270万人公里，货运量455.5万吨，货运周转量59215万吨公里。本地固定电话年末用户达到5.64万户；移动电话用户年末达到35.1万户；互联网年末用户达到10.74万户。深化教育综合改革，全力改善办学条件，2020年9月靖远县与湖南优迪教育科技发展有限公司签约合作办学合同，在同一园区搬迁新建靖远县第三中学，并建办一所9年一贯制民办公助性质的高标准学校，积极落实亚行贷款白银城市综合开发职业技术教育与培训子项目，建成综合培训楼1幢，县职专顺利通过“省级中等职业教育改革发展示范学校”市级评估验收。年末全县共有各类学校214所，共有幼儿园103所，在校学生人数54627人，全县教师总数6564人，2020年全县大中专院校录取人数4874人，普通高校招生考试二本上线总人数2927人（二、三本合并）。

（吴明）

会宁县

【基本情况】会宁县位于甘肃中部，白银市南端，东与静宁、西吉、海原三县接壤，南同通渭县毗邻，西连定西、榆中两县，北靠靖远县、平川区。南北长约140公里，北部东西宽约90公里，南部宽约50公里，总面积6439平方公里。312国道和平定高速公路穿越县城，将会宁融入兰州1小时经济圈，具有丰富的土地资源、劳动力资源和近靠兰州的区位优势。县境群山连绵，梁峁交错，沟壑纵横，可概括为“七川八塬九道梁”，属典型的黄土高原丘陵沟壑区。水资源短缺，地表水大部分苦咸，干旱是主要自然灾害。四季气候特征明显，春寒雨少刮风多，夏多冰雹不炎热，秋凉阴雨多早霜，冬月干燥少落雪。平均海拔2025米，县城海拔1723米。年降水量498.1毫米，年平均气温8.4℃，年均无霜期173天。现辖24个镇4个乡，317个村（居）委会。2020年末，全县常住人口39.93万人，城镇化率35.34%。

【旅游资源】会宁历史文化丰富。汉唐时期，会宁是古丝绸之路中西商旅要道，现存大量的历史文化遗迹。牛门洞新石器遗址出土的彩陶、磨制石器等文物，是甘肃仰韶文化马家窑类型、半山类型和齐家文化共存的见证；境内有古城遗址和以汉墓群为代表的古人类墓葬20多处，其中最具代表性的是筑于金代的郭哈蟆城和宋代的西宁城，属省级文物保护单位。省级森林公园铁木山，集文化遗产、人文景观和自然景观为一体，现存多处石窟和庙宇古建筑，地貌独特，森林葱郁，有“旱塬秀峰”之称。会宁有光荣的革命传统。1936年10月，中国红军一二四方面军三大主力在会宁胜利会师，是中国革命史上的一个新转折点。会宁被列为全国30条红色旅游精品线路、100个红色旅游经典景区和20个重点红色旅游城市之一，成为享誉全国的红色旅游圣地。先后建成以“万分之一时间走完万分之一长征路”为主题，再现二万五千里长征艰辛悲壮情景的红军长征胜利景园，建成了目前国内规模最大、唯一全面反映长征历史的红军长征胜利纪念馆，会师圣地有邓小平同志亲笔题名的“中国工农红军一二四方面军会师纪念塔”和由120多名将军题词的“将帅碑林”。会师旧址是全国首批百个爱国主义教育示范基地之一，是全国4A级旅游景区。会师楼被评为“大国印记：1949-2009中国60大地标”之一。2010年4月，会宁在上海“迎世博2010中国文化旅游主题年高峰论坛”上又被评为“中国十大文化休闲旅游县”。全年接待游客331.16万人次，实现旅游综合收入20.2亿元。

【国民经济】2020年，全县地区生产总值72.47亿元，比上年增长4.3%。其中，第一产业增加值30.55亿元，增长6.2%；第二产业增加值6.90亿元，增长3.4%；第三产业增加值35.01亿元，增长3.2%。三次产业结构比由上年的37.5 ：15.6 ：46.9调整为42.2 ：9.5 ：48.3。粮食总产量达到49.39万吨，增长5.64%。工业增加值增长0.3%。全年实现社会消费品零售总额22.32亿元，增长2.87%。固定资产投资增长21.18%。一般公共预算收入3.29亿元，增长15.5%；一般公共预算支出46.40亿元，下降2.16%。年末全县金融机构本外币存款余额121.48亿元，比上年末增长11.08%；金融机构本外币贷款余额97.93亿元，增长5.78%。

【名优特产】会宁有独具特色的绿色产业，海拔适中、光照充足、无污染，发展绿色产业具有得天独厚的优势。经过多年的发展，培育形成了马铃薯、草畜、小杂粮、籽瓜、杏等特色产业，“懿隆”荞麦米，“三利”荞麦挂面、良谷米、胡麻油，“万里缘”杏仁露，“祁连雪”马铃薯淀粉等产品获得国家绿色食品认证，会宁被中国特产之乡委员会命名为“中国小杂粮之乡”和“中国肉羊之乡”，绿色产业开发具有坚实的基础和广阔的市场前景。

【社会保障】年末全县7676名城镇企业职工参加了基本养老保险，征缴养老保险费3671万元，为3962名离退休人员发放养老金10716.5万元，增长7.3%；机关事业单位参保人员17926人，其中在职13829人，退休4097人，征缴养老保险费2.29亿元，发放养老金2.62亿元；全县城乡居民315936人参加了养老保险，征缴养老保险费5481.84万元，为符合待遇领取条件的8.8万名60周岁以上城乡居民发放养老金12650.58万元；为804名村干部办理了养老保险，征缴养老保险费80.4万元，发放村干部养老金219人13.53万元。全县473464人参加城乡居民医疗保险，参保率为97.79%；建档立卡贫人口有

169291人，本地参保157287人，异地参保11989人，参保率为100%。参加失业保险人数为4108人，征缴失业保险费122万元（不含减免52万元），支出失业保险194万元。参加工伤保险人数为20382人，征缴工伤保险费371.6万元（不含减免91万元），支出工伤保险322.2万元。全年全县共有城市低保对象2745户7525人，发放保障资金4695.7万元；农村低保对象11558户36748人，发放保障资金9713.6万元；享受农村特困救助供养1726人，发放供养资金1313.7万元。年末全县共有养老服务设施209个。其中，社区服务指导中心1个，社区养老机构和设施31个（包括日间照料中心），农村互助型养老设施178个（包括农村幸福互助院）。

【人民生活】2020年，全县城镇居民人均可支配收入20818.91元，比上年增长4.42%；人均消费支出15032.78元，增长1.14%；恩格尔系数为32.06%，比上年提高1.64个百分点。全年农村居民人均可支配收入8858.43元，增长8.03%；人均生活消费支出7079.29元，增长2.52%；恩格尔系数为34.7%，比上年提高3.4个百分点。实现了100%的乡镇通沥青路，100%的行政村通公路、通汽车。110千伏输变电线路拉通。乡、村、社通电率均为100%。全县284个行政村中254个行政村实现了有线宽带/WLAN全覆盖，乡镇通纤率和村级电话入户率均达到100%。宽带用户达到11.25万户，本地电话用户年末达到5.53万户，年末移动电话用户达到46.56万户，互联网ADSL、FTTH宽带用户年末达到11.25万户。

【社会事业】会宁是当今全国闻名的“西北高考状元县”。至今，这里还流传着“家有千石粮，不如一人在书房”的说法。会宁自古崇文修德、尊师重教。仅明清两代就有进士20人、文武举人137人、贡生400余人。自恢复高考以来，已向全国输送大学生15.86万余人，形成了领导苦抓、家长苦供、社会苦帮、教师乐教、学生乐学的“三苦两乐”会宁教育精神，获得“西北教育名县”的赞誉。全县共有学校316所，其中普通中学45所（含普通高中5所、九年制学校2所），小学208所（含教学点120个），幼儿园58所（含民办幼儿园21所），职业学校4所，特殊教育学校1所。在校学生75398人，比上年减少648人。教职工总数8192人，其中专任教师7985人。适龄儿童入学率100%。2020年高考录取5491人，其中本科3195人，专科（含高职）2296人。年末全县共有卫生机构37个（不含个体诊所），床位2330张，卫生技术人员1264人。年内门诊就诊112.58万人次，出院人数3.95万人，治愈率89.8%，好转率96.5%，住院危重病人抢救成功率98.3%。卡介苗接种率100%、麻苗接种率99.95%、糖丸接种率99.95%、百白破接种率99.95%；乙肝疫苗首针及时接种率98.97%、乙肝疫苗全程接种率为99.97%。5岁以下儿童死亡率为4.86‰，婴儿死亡率为3.2‰，孕产妇住院分娩比例达100%。健康教育覆盖率以村为单位达到100%。境内公路总里程达到5212.3公里，其中国道330公里，省道578公里，县道101公里，乡道275公里，村道3928.3公里。

（牛红红）

景泰县

【基本情况】景泰县位于甘肃省中部，东临黄河，西接武威，南邻白银、兰州，北依宁夏、内蒙古，地处黄土高原与腾格里沙漠过渡地带，为河西走廊东端门户。海拔1274—3321米。属温带大陆干旱气候，年均气温9.7℃，无霜期在236天左右。年总日照2518小时，年降水量为125.8毫米。全县总面积5483平方公里，总耕地面积100.07万亩，有天然草场522.8万亩。主要农产品有小麦、玉米、啤酒大麦、洋芋等；主要畜牧产品有羊肉、猪肉；特色产品有沙漠枸杞、大红枣、蜜瓜、蜂蜜、甘草、大接杏、早酥梨等。主要工业产品有水泥、石膏、石膏粉、石膏板、原煤、硅铁、电石、啤酒麦芽、面粉、配混合饲料等。现辖8个镇、3个乡，136个行政村、7个社区。2020年末，全县常住人口19.85万人，城镇化率56.22%。

【资源优势】境内交通便利。包兰（包头—兰州）、甘武（甘塘—武威）两条铁路在境内有11个火车站。公路以县城为中心，省道201线贯穿全境，308线西上武威至河西走廊，217线南通白银市。电力充足，有220千伏输电线路1条，110千伏输电线路14条，35千伏输电线路8条，330变电所2座，年供电量60亿千瓦以上。已建成火电、风电、光伏电站等电力总装机容量188.5万千瓦（其中，火电132万千瓦，风电45万千瓦，光电11.5万千瓦）。黄河流经县境112公里，黄河黑山峡景泰段是其上游建设大型水利枢纽工程的理想河段，可供开发电力资源200万千瓦。全县已探明金属和非金属矿35种，石膏储量3.85亿吨（居全国第二）、石灰石8亿吨、煤3.8亿吨、石英石2000多万吨、铜200多万吨，主要工业产品有水泥、铁合金、石膏粉、纸面石膏板、啤酒麦芽等，其中水泥、电石、铁合金产能均占全省总量的10%左右，纸面石膏板居全省首位，形成了以建材工业为龙头，能源、冶炼、化工、轻纺、食品为依托的地方工业体系。

【旅游资源】景泰旅游资源奇特壮观，境内有“中华自然奇观”国家地质公园黄河石林4A级景区，“沙漠绿色宝岛”寿鹿山国家森林公园3A级景区，建于明万历年间的全国文物保护单位永泰古城，始建于北魏时期的五佛沿寺石窟，国内唯一的敦煌体裁省级影视拍摄基地大敦煌影视城，以及红军西路军组建和征战留下的红色遗迹等自然、人文景观和历史遗迹。《神话》《大敦煌》等百余部影视剧取景拍摄。柏林山庄、大水·石头部落成功创建为国家3A级景区。全国越野滑雪锦标赛、冠军赛、第四届黄河风情文化旅游节、第三届黄河石林百公里越野赛暨山地马拉松赛等重大旅游节会和体育赛事圆满举办。2020年，全县旅游人数达210.01万人（次），旅游收入13.26亿元。

【国民经济】2020年，全县地区生产总值61.98亿元，比上年增长5.9%。其中，第一产业增加值19.57亿元，增长5.88%；第二产业增加值16.66亿元，增长13.5%；第三产业增加值25.75亿元，增长2.3%。全县固定资产投资增长10.7%。完成大口径财政收入8.26亿元，增长 0.34%；地方一般公共预算收入 3.21 亿元，增长 43.24%。规模以上工业增加值增长 7.04%。城镇、农村居民人均可支配收入分别为 29395 元、12670 元，分别增长 4%、8.11%。实现社会消费品零售总额 15.95 亿元，增长 1.69%；万元生产总值能耗、化学需氧量和二氧化硫排放量严格控制在指标以内。

【项目建设】实施 500 万元以上重点项目 168 个，年内完成投资 46.8 亿元。争取债券资金 4.66 亿元，项目融资难题得到有效破解。农村苦咸水改水、景电二期泵站改造、万吨有机肥加工厂等项目如期建成，县污水系统改造 PPP 项目、东环路拓宽改造等工程加快推进。实施招商引资项目 34 个，当年到位资金 28.53 亿元，资金到位率 86.14%。围绕黄河流域生态保护和高质量发展，谋划储备水源涵养、生态修复、水利建设、污染治理和黄河文化保护传承弘扬等项目 183 个，总投资 85 亿元。

【工业经济】完成“一园一区”天然气管道敷设，实施大唐工业区污水处理厂、集中供热等项目，园区新入驻企业 7 家。酒龙公司高精度建筑砌块生产线、中海新能源加气混凝土砌块等新型建材项目建成投产，金源面业“中国好粮油”示范工程、泰昌工贸多孔砖智能化生产线等项目稳步推进，靖煤集团白岩子矿井及选煤厂开工建设，淘汰落后铁合金生产线 3 条、轮窑制砖生产线 7 条，建材、煤炭等传统产业加快改造升级。实施“小升规”重点培养计划，新增规模以上企业 3 家。

【特色农业】完成农作物播种面积 96.11 万亩，粮食总产量 20.78 万吨。全年肉类总产量 1.89 万吨。牛、猪、羊、鸡存栏量分别达到 1.28 万头、10.85 万头、61.49 万只、77.62 万只；出栏量分别达到 0.27 万头、12.89 万头、57.03 万只、50.81 万只。实施海升钢构玻璃大棚、海景洲盐碱渔业养殖示范园区等农业项目 14 个，建成果蔬保鲜库 22 座，新增果蔬储藏能力 7300 吨。申报省级产业化联合体 2 个，新增省级龙头企业 4 家。全力打造“景字号”甘味品牌，“三品一标”农产品认证面积达 30 万亩，获证企业 36 家，农产品加工转化率 55% 以上，市场竞争力和品牌效益日益凸显。

【脱贫攻坚】脱贫基础更加稳固。深入推进“3+1”“5+1”等系列行动，持续巩固拓展脱贫成果。农村自来水入户率 98%，集中供水率 99%。提升改造农村住房 330 户，所有易地扶贫搬迁安置点公共设施和后续产业全部配套到位，寺滩乡疃庄安置点被列入“十三五”时期全国易地扶贫搬迁美丽搬迁安置区典型。义务教育阶段贫困家庭学生“零辍学”，行政村标准化卫生室及合格村医全覆盖，贫困人口基本医保、大病保险、养老保险参保率均达 100%。产业带动成效凸显。致力“6+6”产业达标提档，持续巩固提升 72 个脱贫产业园、79 个特色产业园，健全完善利益联结机制，保障群众稳定长效增收。发展“五小”产业 507 户，开发乡村公益性岗位 418 个，累计选聘生态护林员 657 名，建成扶贫车间 25 家。落实东西部扶贫协作帮扶资金 3699 万元，实施扶贫项目 26 个。深化拓展“消费扶贫”，鼓励机关单位带头认购、线上线下展示销售，全面拓宽销售渠道，在北京、天津等地设立农产品展销馆 10 个，一批优特产品入驻“扶贫 832”平台，累计实现交易额 2.6 亿元，带动贫困户 2643 户 9772 人。乡村振兴有序衔接。筑牢兜底保障网络，构建边缘户、监测户防止返贫监测机制，边缘户人口收入稳定超过脱贫标准。高质量完成脱贫攻坚普查。以创建金融服务乡村振兴示范县、打造乡村治理体系建设试点为契机，积极创评“星级乡村”，累计创建星级乡村 135 个，自治、法治、德治“三治结合”的乡村治理体系加快构筑，乡村文明新风尚加速形成。持续升级美丽乡村，创建省级清洁村庄 65 个、人居环境示范点 3 个，大水磅村、龙湾村分别入选国家级最美休闲乡村和全国乡村治理示范村。

【环境治理】深入推进大规模国土绿化，狠抓农田林网建设、特色林果产业培育、生态脆弱区综合修复治理等工程，累计造林 5 万亩。持续强化“五源”管控，大力整治“散乱污”企业，全面完成第二次污染源普查。扎实开展道路扬尘管控、“六个百分百”等专项治理行动，全县城区环境空气质量优良天数 334 天，比上年增加 22 天，优良率 92%。着力抓好矿区生态环境恢复治理、农村乱占耕地建房问题专项整治，加强耕地土壤环境质量类别划定及安全利用，全县生态环境质量持续向好。统筹推进市政设施建设和管理水平提升，维修车行道 3700 平方米、人行道 5770 平方米，新建给排水管网 7.6 公里、换热站 4 座，建成北山公园，扩大小龙山公园绿化面积，新增绿地 150 余亩，改造棚户区 3 个片区 476 户，处理违章建筑 60 处 2.1 万平方米，城市建管更加精细化、常态化。深入推进“四抓四促”、厕所革命、占新拆旧等专项行动，新改建农村卫生厕所 6743 座，拆除农村废旧房屋、残垣断壁 6770 处 60 万平方米，危旧房拆旧复垦复绿率 100%，乡村面貌大为改观，成功入选 2020 中国最美乡村百佳县榜单。

【社会事业】省市县惠民实事全面落实。全年财政民生支出 21.35 亿元，占一般公共预算支出的 86.5%。城镇新增就业 4161 人，登记失业率 4.21%，安置转业退役士兵 19 名。城区四幼、五幼、六幼、七幼、八小开工建设，义务教育优质均衡发展，中考成绩连续三年名列全市第一，高考二本上线率稳居全市第二。中医医院搬迁投用，被评为全省中医药工作先进集体，群众先诊疗后付费、“一站式”结报全覆盖，全民卫生健康水平不断提升。城乡低保、特困供养等政策标准逐步提高，累计发放救助、优抚等资金 1.02 亿元。寺滩至县城公交正式通车，新能源公交线路增至 14 条，“城乡公交 + 财政补助”景泰模式全省推行。社区管理网格化全面推开，小区物业管理更趋规范。深入推进扫黑除恶专项斗争，办结涉黑涉恶线索 642 条。扎实开展安全生产专项整治三年行动，防灾减灾救灾新机制逐步健全，全县安全生产形势保持平稳。

（李丽）

天水市

【基本情况】天水，因“天河注水”的传说而得名，位于甘肃省东南部，居陕、甘、川三省之要冲，自古以来就是西北的咽喉通道、陇东南的交通枢纽和物流中心。地处黄土高原与西秦岭山脉结合地带，横跨长江、黄河两大流域，属暖温带半湿润半干旱气候。境内有小陇山、关山、西秦岭三大林区，素有“陇上江南”之美誉，是西部最佳宜居环境城市。天水是中华民族的重要发祥地之一，早在八千年前就有人类繁衍生息，有史可稽的建置史达2600多年，1992年江泽民同志视察天水时亲笔题词“羲皇故里”。境内有全国最大的明代建筑群伏羲庙和伏羲创画八卦的遗址卦台山，是全球华人寻根祭祖的圣地。飞将军李广、三国名将姜维、陇上铁汉安维峻、爱国名将邓宝珊等众多历史名人都诞生在天水，以伏羲文化、大地湾文化、秦早期文化、麦积山石窟文化、三国古战场文化为代表的五大文化源远流长、积淀深厚，构成了天水独具特色的历史文化。全市现辖秦州、麦积两区和甘谷、武山、秦安、清水、张家川回族自治县五县，总面积1.44万平方公里，2020年末常住人口298.00万人，城镇化率45.57%。

【自然资源】天水气候温和适宜，农林资源丰富。境内有粮食作物10多种、经济作物20多种，是西北农作物生长最适宜的地区之一，也是我国北方最佳水果和蔬菜生产基地之一；苹果、桃、梨核桃、花椒、辣椒、韭菜等果品和蔬菜产量大、品质优，特别是“花牛”苹果在海内外市场享有盛誉；野生植物资源丰富，有林木资源2500多种，有木本植物87科224属804种，天野生药用植物660多种，野生动物30多种，是西北最大的天然林基地之一。矿产资源丰富。已发现的矿种有金、铁、锰、铜、铅、锌、银、钼、钨、镍、镁、白云岩、蛇纹岩、透辉石、地热等40多个；另外还存在着大量的矿化点、多条成矿带及物化探异常区。旅游资源丰富。风光秀丽，历史悠久，是中国优秀旅游城市和中国历史文化名城，古民居、古建筑、古墓群、古战场、古石窟等名胜古迹众多，伏羲庙、玉泉观、南郭寺被评为国家4A级旅游景区，大地湾、卦台山、大象山、水帘洞等景区景点特色鲜明，特别是中国四大石窟之一的麦积山石窟，被誉为“东方雕塑艺术陈列馆”，魅力独具、闻名遐迩。

【国民经济】2020年，全市地区生产总值666.90亿元，比上年增长5.2%。其中第一产业增加值126.01亿元，增长5.6%；第二产业增加值161.82亿元，增长4.9%；第三产业增加值379.06亿元，增长5.1%。三次产业结构比为18.9 ∶ 24.3 ∶ 56.8。规模以上工业增加值增长8.6%。规模以上工业企业实现利润总额20.1亿元，增长91%。营业收入237.5亿元，增长5.1%。规模以上工业企业产品产销率95.2%。社会消费品零售总额270.92亿元，增长0.3%。固定资产投资增长13.6%。按三次产业分，第一产业投资下降2.8%，第二产业投资增长7.9%，第三产业投资增长15%。项目投资增长4.9%。房地产开发投资增长29.7%。一般公共预算收入53.91亿元，增长7.06%；一般公共预算支出351.93亿元，增长13.01%。全市金融机构人民币各项存款余额1612.01亿元，增长8.86%；金融机构人民币各项贷款余额1243.52亿元，增长15.04%。

【脱贫攻坚】深入贯彻落实习近平总书记关于“对工作难度大的县和村挂牌督战”的重要指示精神，紧紧围绕“两不愁三保障”脱贫标准，紧盯攻克深度贫困堡垒，细化实化攻坚举措，扎实推进工作任务落实，全市未退出的29个贫困村、2.1万贫困人口实现脱贫。对未脱贫人口和脱贫监测人口，由乡镇干部、贫困村第一书记和驻村帮扶工作队员进行“一对一”包抓督战，对边缘人口，由乡镇干部、村干部经常入户、动态监测，积极排除致贫风险。“两类学校”累计开工466个，开工率、竣工率均达到了100%，义务教育阶段无失辍学生。贫困人口基本医保累计报销11.52万人次，贫困人口大病保险报销3.43万人次，建档立卡贫困人口参保率达到100%。已建行政村卫生室2350个，建设完成率100%。实施农村饮水巩固提升工程37处。解决贫困人口6.39万人，落实贫困户到户产业扶持资金1.79亿元，占年度计划的147.2%；累计投入“五小”产业扶持资金991.9万元。培育“五小”产业7709个。落实各类劳务输转奖补8.89万人次1.04亿元。输转贫困劳动力36.4万人，其中省外务工15.92万人，省内县外务工7.02万人，县内务工12.97万人。5.25万人建档立卡贫困人口已全部搬迁入住，易地扶贫搬迁入住率、拆旧率达到100%。完成自然村组道路硬化工程任务1663.2公里，完成率101%；完成第三批追加硬化路项目任务204.1公里，完成率130%。严格按照政策落实农村低保户保障26.38万人，农村特困供养保障8990人，累计发放农村低保和特困供养金6.13亿元，做到了应兜尽兜、应保尽保。

【农业经济】2020年，全市粮食作物播种面积480.13万亩。油料播种面积85.89万亩，比上年减少3.67万亩。蔬菜播种面积89.53万亩，增加4.85万亩。中药材播种面积24.04万亩，增加0.93万亩。油料产量11.46万吨，比下降1.6%。蔬菜产量214万吨，增长6.58%。中药材产量5.03万吨，增长5.02%。水果产量153.29万吨，增长11.18%。粮食产量127.85万吨，增产3.8%。其中小麦产量41.91万吨，增长4.35%；玉米产量54.37万吨，增长1.7%。肉类产量6.29万吨，增长5.11%。禽蛋产量1.67万吨，增长10.16%。生猪出栏65.04万头，增长3.8%；牛出栏9.12万头，增长6.46%；羊出栏17.97万只，增长8.14%。

【项目建设】多措并举建项目扩投资，改善城乡基础设施。2020年，有轨电车示范线工程（一期）、三峡新能源清水白驼60兆瓦风力发电、天水大剧院、岷山生态公园、甘肃成纪药业公司医用口罩生产线、藉河二期、海洋钻井平台电控系统装置生产线技术改造项目等已建成投用；工业博物馆、中航天飞祁连山生态修复无人机增雨项目建成；有轨电车示范线工程（二期）、南北两山基础设施、江南市场等开工建设；三阳川隧道及引线工程、S25静天高速天水段等24个项目超额完成年度投资计划。30个重大前期项目中，军民合用机场迁建项目试验段工程、武山县医院异地迁建项目已启动实施。创新项目建设的方式方法，进一步拓宽融资渠道，实施了一批事关当前和长远发展的重大项目。武山县、张家川县积极探索PPP项目，启动实施了武山县医院迁建、张家川北川热源厂和污水处理等项目；经开区成为天水工业转型升级的桥头堡，发挥了承接东部产业转移和扶持本地中小企业孵化壮大的重要作用，成功引进东旭集团新材料项目落地建设，填补了新材料产业空白。

【优势产业】持之以恒调结构促转型，特色优势产业提质增效。坚持“一产调结构、二产扩总量、三产强基础”，三次产业结构优化。实施“工业强市”战略，华天电子科技园、长城电工产业园、星火数控重型机床制造基地、电科院电工产品综合检测试验研究基地等项目全面建成，经开区“扩区增容”和企业搬迁改造持续加快，工业经济高质量发展基础进一步夯实。推进文化旅游首位产业发展，提升旅游品牌，完善文化旅游基础设施，天水大剧院、青鹃山旅游度假区等项目建成投用。完善商贸流通体系，天水商贸城建成投用，天水国际陆港、天水粮食仓储生态物流园项目有序推进。

【人民生活】2020年，全市城镇居民人均可支配收入30056.8元，比上年增长4.7%；农村居民人均可支配收入9072.1元，增长7.5%。城镇居民人均消费支出16183.5元，增长3.5%；农村居民人均消费支出10238.2元，增长7.6%。城镇居民恩格尔系数26.8%，农村居民恩格尔系数29.2%。

【环境保护】2020年，全市环境空气质量综合指数3.45。优良天数354天，占监测总天数的97%。细颗粒物（$PM_{2.5}$）年平均浓度27微克/立方米，渭河葡萄园国控出境断面水质综合评价结果为II类。城市环境功能区水质达标率100%，地表水质达标率100%，饮用水质达标率100%。秦州、甘谷、张家川、武山、清水热源厂建成投用。中节能天水循环产业园垃圾焚烧发电项目投入运营，垃圾资源化利用水平显著提升。全域无垃圾三年专项治理目标顺利实现。

【社会保障】2020年末，全市参加机关事业单位养老保险、城镇职工基本养老保险、城乡居民社会养老保险、工伤保险、失业保险和生育社会保险分别为9.89万人、25.42万人、203.84万人、18.89万人、12.08万人和18.63万人。参加城镇职工基本医疗29.01万人。离退休人员10.97万人，养老保险基金支出34.66亿元。企业劳动合同签订率94.3%，集体劳动合同签订率87.3%。共有城市最低生活保障对象1.94万户、4.78万人，累计发放低保补助资金2.56亿元；农村最低生活保障对象7.97万户、26.39万人，累计发放低保补助资金6.15亿元。农村临时救助38.82万人次。城镇新增就业5万人，其中失业人员再就业1.39万人。城镇登记失业率4%。组织劳务输转71.5万人，创劳务收入179.69亿元。

【社会事业】2020年，全市登记市级科技成果191项。其中基础理论2项，应用技术类成果149项，软科学40项。专利申请量1563件。专利授权量956件，其中发明专利授权量28件。签订技术合同223项，技术合同成交金额29.27亿元。省级工程技术研究中心16家。重点实验室8家，其中国家级1家、省级7家。省级科技创新型企业10家，高新技术企业64家。中等职业教育招生1.04万人，在校生2.33万人，毕业生0.48万人。普通高中招生2.64万人，在校生8.05万人，毕业生2.58万人。初中招生3.69万人，在校生12.34万人，毕业生4.33万人。普通小学招生4.34万人，在校生26.16万人，毕业生3.7万人。特殊教育招生0.05万人，在校生0.29万人。幼儿园在园幼儿10.54万人。九年义务教育巩固率99.63%，高中阶段教育毛入学率95%。共有文化艺术表演团体26个，文化馆8个，乡镇综合文化站113个，公共图书馆8个，各类藏书82万册，广播、电视人口覆盖率分别达99.48%和99.46%，有线数字电视用户10.2万户。市妇幼保健院、市中心血站完成搬迁。共有医疗卫生机构3500个，其中医院116个，医院中有综合医院62个，中医医院21个，中西医结合医院1个，专科医院32个。基层医疗卫生机构3355个，其中社区卫生服务中心（站）87个，卫生院136个，村卫生室2597个。专业公共卫生机构27个，其中疾病预防控制中心8个，妇幼保健院（所、站）8个，卫生监督所（中心）6个，计划生育技术服务机构3个。卫生技术人员20303人，其中执业医师和执业助理医师6586人，注册护士9377人。医疗卫生机构床位20312张，其中医院15873张，卫生院3116张。总诊疗人次1262.47万人次，出院人数44.66万人。共有全民健身点265个，经常参加体育锻炼的约150万人，在省级以上各类比赛中共获得金牌59枚、银牌45枚、铜牌43枚。高水平举办公祭伏羲大典暨天水伏羲文化旅游节、麦积山论坛、全国山地自行车公开赛、中国龙舟公开赛、“李广杯”国际传统射箭锦标赛等节会和赛事，麦积区荣获“全国体育先进县区”。

（张颖）

秦州区

【基本情况】秦州区位于甘肃省东南部，是天水市政治、经济和文化中心，有汉、回、蒙、藏等10个民族，地理位置独特，区位优势明显。扼陕甘川之要道，自古为陇右门户、战略要冲和商贸中心，古往今来，这里人流物聚，商贾云集，是陇东南最大的交通枢纽和商品物资集散地，受西安、兰州俩大城市的双向辐射，是联系西北与中原、西南的交通枢纽。国道310、316线，宝鸡—天水、天水—定西、湖北十堰—天水高速公路，宝鸡—兰州铁路客运专线横贯境内，东西连接、南北畅通的立体化现代交通网络日趋完善，交通枢纽地位更加凸显。秦人的发祥地，区域内文物古迹众多，人文始祖伏羲就诞生在这里，故有“羲皇故里”之称。现辖7个街道办事处、16个镇，47个社区居委会、420个村民委员会和2个镇辖居委会。总面积2442平方公里，2020年末常住人口65.69万人，城镇化率65.61%。

【资源优势】秦州历史悠久，文化渊深，山川秀丽，景色宜人，旅游资源十分丰富，是中华民族和中华文明的发祥地之一，位列“三皇之首”的人文始祖伏羲就诞生地，是海内外炎黄子孙瞻仰伏羲、寻根祭祖的圣地。是我国最早设置的郡县之一，已有2700年的建城史，漫长的历史演变，形成了伏羲文化、秦宗文化、三国文化、明清建筑文化和民俗风情文化五大文化旅游景观，文化源远流长，是中国历史文化名城。自然人文景观灿烂，名胜古迹众多，现有全国重点文物保护单位4处，省级、县级文化保护单位59处，国家4A级旅游景区3处，著名的伏羲庙、玉泉观、南郭寺、文庙、南北宅子等人文景观和李子园、齐寿山、太阳山自然生态景观交相辉映，是中国优秀旅游城市。地跨黄河、长江两大流域，集南秀北雄于一体，风景优美，气候温润，素有“陇上江南”的美誉，是陇上最佳宜居环境城市。

【国民经济】2020年，全区地区生产总值206.2亿元，比上年增长5.1%。其中第一产业增加值17.7亿元，增长5.5%；第二产业增加值62亿元，增长4.8%；第三产业增加值126.4亿元，增长5.2%。三次产业结构比为8.6 ：30.1 ：61.3。规模以上工业企业增加值增长14.7%。规模以上工业企业实现利润总额15.3亿元，增长74.6%。规模以上工业企业产品产销率94.8%。社会消费品零售总额87.3亿元，增长0.4%。固定资产投资增长8.6%。按三次产业分，第一产业投资下降29.8%，第二产业投资增长76.6%，第三产业投资增长20.7%。项目投资增长23.6%。房地产开发投资下降4.9%。一般公共预算收入11.1亿元，增长8.0%；一般公共预算支出52.2亿元，增长17.4%。金融：金融机构人民币各项存款余额673.9亿元，增长6.9%；金融机构人民币各项贷款余额602.3亿元，增长10.3%。

【脱贫攻坚】贫困发生率实现归零，脱贫攻坚取得决定性胜利。2.6万户、12.66万人彻底告别贫困，147个贫困村全部退出。积极落实到位各类政专项扶贫资金3.7亿元，完成农村自来水入户2210户。建成安置点60个，累计搬迁农户9034户4.2万人。贫困户C、D级危房全面消除。实施自然村通硬化路项目120条273.8公里，通畅率78.1%，实现了16镇通柏油路、420个行政村通水泥路。贫困人口家庭医生签约率100%。高效推进挂牌作战，为4个挂牌作战村整合落实扶贫资金2434万元，实施入户路硬化、农村人居环境整治、巷道硬化等项目，全面补齐基础设施短板，彻底改善人居环境面貌。

【农业经济】2020年，全区粮食作物播种面积110.8万亩，油料播种面积22.4万亩，蔬菜播种面积10万亩，中药材播种面积4.8万亩。油料产量3.3万吨，比上年增长2.3%；蔬菜产量22.3万吨，增长6.3%；中药材产量0.9万吨，增长9%。粮食总产量21.8万吨，增产2.4%。其中小麦产量7.4万吨，增长3.9%；玉米产量10.3万吨，增长0.3%。肉类产量0.5万吨，增长24.2%。生猪出栏5.4万头，增长32%；牛出栏0.3万头，增长0.5%；羊出栏1.9万只，增长30.7%。

【项目建设】实施招商引资项目27个，完成到位资金95.8亿元。其中新建项目14个，续建项目13个。省级重大招商引资活动签约项目15个，签约总额321.7亿元，资金到位66.3亿元，开工项目13个。储备招商引资项目库入库项目13个，投资138.1亿元。其中文化旅游项目1个，中药材项目2个，工业类项目2个，农业产业化项目1个，商贸流通类项目2个，新基建项目5个。大力实施“4+2”农业产业振兴计划，积极发展“短平快”增收项目和“五小”产业，君高复本、丰缘蛋鸡等项目建成投产，唐人神等一批重大畜牧养殖项目落地建设。

【优势产业】高标准建成以杨家寺镇为核心的8大设施蔬菜基地，探索形成高寒冷凉山区培育蔬菜产业助推脱贫攻坚的新路子。天水红苹果等多种农产品先后通过国家品牌认证，“秦州大樱桃”被农业农村部评定为全国农产品地理标志。深入推进电子商务“5111”行动计划，先后创建省级优秀电子商务企业5个、优秀网店5个。天水装配式建筑产业园实现PS和PC构件试生产，华天电子、天光半导体、天水二一三等工业企业技术升级改造重点项目稳步实施，秦州建材市场、电子商务孵化中心、报废汽车拆解及废旧物品回收综合利用等商贸流通项目进展顺利，电子信息、电工电器、机械制造、医药食品、建筑建材“五大工业主导产业”已初步形成。加快培育和发展战略性新兴产业，有华天微电子、岐黄药业、铁路电缆等3家企业列入甘肃省关于加快培育和发展战略性新兴产业规划及试点企业，依托华天电子集团，发展新一代信息技术产业，打造集成电路封装测试基地。

【人民生活】2020年，全区城镇居民人均可支配收入32757.7元，比上年增长4.9%；农村居民人均可支配收入10488.8元，增长7.5%。城镇居民人均消费支出25051.5元，下降3.4%；农村居民人均消费支出11159.5元，增长2.1%。城镇居民恩格尔系数24%，农村居民恩格尔系数23.6%。

【环境保护】国控点空气优良天数353天，省控点空气优良天数347天。紧盯“抑尘、严管、减排、压煤、管车”等关键环节，狠抓建筑施工扬尘管控、渣土车、商砼车等车辆车容车貌管控、燃煤锅炉淘汰治理、燃煤煤质管控、VOCs专项行动、餐饮油烟、“四烧”问题防控，持续强化大气污染防治。结合土壤污染状况详查成果数据，完成重点行业企业用地调查、土壤污染重点监管单位管控等，有效维护土壤环境安全。全力推进污染减排，落实环境监管措施，强化宣传教育，有力打击了各类环境污染违法行为。

【社会保障】2020年，全区城镇新增就业14877人。城镇登记失业率3.95%。失业人员再就业3930人，就业困难人员再就业1838人。城镇公益性岗位1035人，乡村公益性岗位3670人。年末全区纳入城乡居民社会养老保险31.2万人，参保率96.4%，续保率98.1%。为5.7万名符合待遇享受条件的60周岁以上参保人员发放养老金8594万元。为符合条件的154名村干部发放养老保险待遇11万元。参加企业职工养老保险33642人，机关事业单位养老保险参保19088人，失业保险参保10080人。城镇职工基本医疗保险参保27647人，城乡居民基本医疗保险参保47.4万人，生育保险参保19794人。企业职工基本养老保险基金征缴1.28亿元，失业保险基金征缴20万元，工伤保险基金征缴924万元。劳务输转11.6万人，实现劳务收入29.3亿元。

【社会事业】2020年，全区实施各级各类科技项目137项，其中省级8项、市级50项、区级79项。组织鉴定验收科技成果50项。举办各类科技培训班150多期，培训农民1.2万多人次，印发科技资料1万多份。共有区属（含市直）公办幼儿园、中小学校262所，其中公办幼儿园130所，小学95所（另有教学点170所），初中27所（含初级中学19所、九年一贯制8所），高中10所（含完全中学8所、高级中学1所、十二年一贯制中学1所）。专任教师6658人，其中幼儿园专任教师331人、小学专任教师3393人，初中2121人，高中813人。在校学生数94478人，其中幼儿园6843人，小学在校学生50831人，初中在校学生23229人，高中在校学生13575人。高考上线2428人，上线率53.2%。共有区属医疗机构48家（不含民营医院），区级综合医疗1个，疾控机构1家，妇幼保健机构1家，专科医院2个，镇卫生院20所（中心卫生院7所、镇卫生院9所、分院4所），社区卫生服务机构23个（社区卫生服务中心9个、服务站14个）。民营医院33家。床位数2358张（含民营医院）。专业技术人员692人，其中具有高级职称的50人，中级职称的238人，初级职称的404人。

（崔保春）

麦积区

【基本情况】麦积区位于甘肃省东南部，秦岭西端北麓，是天水市的“东大门”，是甘肃陇东南地区交通枢纽和商贸、物流中心。陇海铁路、G30高速公路和310国道横贯东西，天水机场与天津、杭州、南京、重庆、西安等城市实现直飞，天平铁路建成通车，宝兰客专开通运营，与关中—天水经济区城市间联系更为紧密，天平高速、（天水）国际陆港枢纽启动建设，丝绸之路经济带甘肃段次核心城市区位优势凸显。现辖17个镇、3个街道，379个行政村、35个社区。总面积0.35万平方公里，2020年末常住人口55.61万人，城镇化率57.91%。

【资源优势】麦积区是中华文明的重要发祥地、中华人文始祖伏羲故里，也是全球华人寻根祭祖圣地，以伏羲文化、秦早期文化、麦积山石窟文化等构成了麦积丰富的历史文化资源，尤其以“东方艺术雕塑馆”之称的国家5A级景区、世界文化遗产麦积山石窟最为著名。境内旅游资源丰富，既是中外游客观光旅游的理想境地，也是西北最佳森林旅游避暑胜地。麦积区先后被评为全国休闲农业与乡村旅游示范区、全国体育先进县区、中国优秀生态文化旅游区、中国深呼吸小城百佳城市、全国法治创建活动先进单位，也是全国新型城镇化试点区和国家全域旅游示范区。

【国民经济】2020年，全区地区生产总值168.8亿元，比上年增长3.1%。其中第一产业增加值18.1亿元，增长5.6%；第二产业增加值67.3亿元，增长2.9%；第三产业增加值83.4亿元，增长2.7%。规模以上工业企业增加值增长2.7%。规模以上工业企业实现利润总额1.4亿元，增长217.2%。社会消费品零售总额72.3亿元，增长1.3%。城镇消费品零售额增长0.2%，乡村消费品零售额增长7.3%。商品零售额增长4.8%，餐饮收入额下降29%。固定资产投资增长16.6%。按三次产业分，第一产业投资下降80%，第二产业投资下降37.86%，第三产业投资增长23.8%。项目投资下降4.46%，房地产开发投资增长106.59%。一般公共预算收入6.7亿元，增长7.4%；一般公共预算支出48.9亿元，增长9.6%。年末金融机构人民币各项存款余额310.4亿元，增长8.3%；金融机构人民币各项贷款余额267.7亿元，增长18.0%。

【脱贫攻坚】脱贫攻坚实行挂牌作战，深入开展脱贫攻坚“3+1”冲刺清零后续行动和“5+1”专项提升行动，剩余651户2137人贫困人口全部脱贫、11个贫困村全部退出。统筹整合财政涉农资金4.9亿元，完成脱贫攻坚农村饮水巩固提升工程17处、农村供水维修改造45处、乡村小规模学校建设138个、农村住房视觉差改造1.09万户，硬化自然村道路354.3公里、小巷道428公里，维修水毁道路70.2公里，建成贫困村果蔬保鲜库46座。落实区级财政救灾资金1060万元，兑付农业保险理赔资金4414万元。落实西青区帮扶资金7046万元、中车帮扶资金355万元，五龙镇周山10万只蛋鸡标准化养殖场等一批帮扶项目建成投产。

【农业经济】2020年，全区粮食作物播种面积63.8万亩，油料播种面积10.6万亩，蔬菜播种面积7.1万亩，中药材播种面积1.1万亩。油料产量1.66万吨，比上年增长0.9%；蔬菜产量18.63万吨，增长6.5%；中药材产量0.37万吨，增长2.55%。粮食总产量19万吨，增产5.21%。其中小麦产量6.99万吨，增长10.3%；玉米产量9.96万吨，增长0.6%。肉类产量0.98万吨，增长10.8%。生猪出栏11.78万头，增长8.1%；牛出栏0.36万头，增长2.8%；羊出栏1.28万只，下降4.4%。农业基础设施不断改善，实施甘泉等4镇高标准农田建设项目，维修改造农田灌溉工程16处，新修高标准农田10.75万亩，新增高效节水灌溉面积6.8万亩。实施农业重点项目97个，完成投资21.54亿元，麦积花椒产业园落地建设，建成高标准农田1.5万亩，新增高效节水灌溉面积9300亩，新建果品基地6128亩、设施蔬菜1000亩，新改建标准化养殖场14个。“麦积花椒”“麦积核桃”“麦积山花蜜”通过农业农村部地理标志认证。麦积区成功入选全国农村一二三产业融合发展先导区，被评为全国农产品特色优势区。

【项目建设】争取各类项目270个。实施招商引资项目47个，新签约保利·堂悦、恒顺粮食深加工及中央厨房等项目11个。宝兰高铁和天水南站、东岔站、天平铁路、天水南站动车组存车线、有轨电车示范线（一期）等建成运营，麦甘公路、成纪大道、麦积山大道、东柯大道、什铺大桥、天秀桥等建成通车，天水大剧院、市体育中心、天水火车站站房改扩建、藉河生态环境治理(二期)、成纪新城地下净水厂等建成投入使用，引洮供水工程实现麦积通水，天平高速、陇海铁路改线、景区旅游公路等项目即将建成，静天高速、天水市乡村振兴南北两山片区基础设施、有轨电车（二期）、曲溪城乡供水、三阳川城市隧道及引线等项目加快建设，天陇铁路、有轨电车三号线、S03天水北绕城高速、渭河三号桥、麦积热源厂等项目前期工作有序推进。

【优势产业】麦积区是甘肃省和天水市的优质绿色农产品生产基地，是全国“农业标准化示范区”“优质葡萄生产基地”“优质苹果生产重点县区”和“中国果品产业龙头县区”。农林土特产品质优品繁，已形成林果、畜牧、蔬菜三大农业支柱产业，天水三个国家级园区（景区）麦积山5A级景区、天水经济技术开发区、天水国家农业科技园区和甘肃（天水）国际陆港均在麦积区布局。国家经济技术开发区社棠工业园、天水高新技术工业园、甘铺工业园、东柯河工业园初具规模，锻压大型数控机床和数控端面车床、风动凿岩机、羲皇牌金针菇等产品在国内享有较高声誉，天水锻压机床有限公司技术中心、天水风动机械有限责任公司技术中心被国家发改委认定为国家级技术中心。

【人民生活】2020年，全区城镇居民人均可支配收入30505.2元，比上年增长4.6%；农村居民人均可支配收入9093.2元，增长7.9%。城镇居民人均消费支出16246.8元，增长3.0%；农村居民人均消费支出13315.8元，增长6.1%。城镇居民恩格尔系数27.0%，农村居民恩格尔系数27.5%。

【环境保护】坚决打好大气、水、土壤污染防治“三大战役”，中央环保督察反馈和突出问题整改按期办结，东部水源地、渭河城区段及董家沟、罗家沟、唐家沟等河渠沟道综合治理全面完成，调整乡镇水源地16处，实施农村“三改一补”3万户，拆除土小企业85家。扎实推进农村人居环境整治和全域无垃圾综合治理，改造农村户用卫生厕所2.3万户、城区露天垃圾池26座，建成镇村公厕406座、垃圾焚烧站5座、垃圾中转站8座、污水处理站26座，铺设污水处理管网97.8公里，配置垃圾压缩车清运车53辆。扎实开展“两违”“大棚房”、违建别墅等清查整治。拆除“空心院”6500户，创建省级清洁村庄195个、市级人居环境示范村5个，打造省级美丽乡村12个、市级美丽乡村15个。全面推行“河湖长制”，设立区、镇、村三级河湖长608名，深入开展河湖“清四乱”等行动，拆除河道违法建筑18处，清运河道垃圾2.2万余吨，清理平整河道150公里，完成8条区级河流河湖划界。

【社会保障】2020年，全区新增城镇就业人口1.23万人，发放创业贷款2.46亿元。输转城乡劳动力11.15万人，创劳务收入28.03亿元。发放城镇住房租赁补贴1825户、418万元、城乡低保金1.16亿元、城乡特困供养金819万元、残疾人“两项补贴”1915万元、临时救助3561万元。城乡居民医保参保49.42万人，落实补助15.9万人次、1811万元，大病医疗救助1.38万人次、1.28亿元。城乡居民养老保险参保率98.07%，发放养老金5.82亿元、工伤保险待遇580万元，为200家企业发放稳岗返还资金176万元，为502家企业减免养老保险费用3362万元。完成897名退役士兵社保接续工作，发放补助资金1311万元。安置转业士官37名，发放抚恤补助资金2211万元。

【社会事业】2020年，全区共有国家工程技术研究中心5个，登记区级科技成果22项。专利申请量512件，其中发明专利授权量8件。有效发明专利83件。中等职业教育招生1066人，在校生2466人，毕业生360人。普通高中招生4514人，在校生13610人，毕业生4277人。初中招生5867人，在校生19970人，毕业生6491人。普通小学招生7558人，在校生43714人，毕业生5667人。幼儿园在园幼儿20182人。九年义务教育巩固率99.64%，高中阶段毛入学率95.02%。共有文化艺术表演团体21个，文化馆1个，乡镇综合文化站17个，公共图书馆1个，各类藏书19.51万册，广播综合人口覆盖率99.74%，电视节目综合人口覆盖率99.3%。共有医疗卫生机构626个。其中医院、卫生院62个，疾病预防控制中心（防疫站）1个，妇幼保健院（所、站）1个，专科疾病防治院（所、站）1个，社区卫生服务中心（站）25个，个体办诊所（有资质）147个，村卫生室386个，厂矿医院、医务室3个。卫生机构职工人数3872人，其中公立医院1303人，民营医院1492人。床位数4108张。其中医院床位数3555张，卫生院、社区床位数553张。中医药服务覆盖率100%。共举办区级以上体育赛事4次，体育场地数720个，人均体育场所面积1.8平方米。

（李泽昊）

清水县

【基本情况】清水县位于甘肃省东南部，天水市东北、陇山西南麓渭河支流牛头河流域，东界陕西省陇县、宝鸡，南连麦积、秦州两区，西接秦安，北临张家川回族自治县，距陇海铁路天水站40公里。古称上邽，以“清泉四注”而得县名，历史悠久，人杰地灵。系中原与西北的古通道，素有陇上要冲，关中屏障之称。早在五千多年前，人类先祖就在这里生息繁衍。县境内发现马家窑——齐家文化古遗址30多处，出土珍贵文物3000多件。是中华人文初祖轩辕黄帝的诞生之地、秦统一全国的发祥地、西汉名将赵充国的桑梓故里。北逐匈奴、西击诸羌的战斗号角，秦先祖非子、一代天骄成吉思汗等历史人物都在这片土地上留下足迹。汤浴温泉为全国十三大名泉之一。庞公玉石被誉为“中国一绝”。轩辕文化、先秦文化、汉唐文化、宋金文化交融聚汇，汤浴温泉、三皇谷森林公园、万紫山、石洞山等陇上名胜独树一帜，使清水成为陇坂脚下的一方人文厚土，炎黄子孙寻根问祖、观光旅游的一方胜地。少数民族有回、藏、东乡、土、苗等。现辖15镇、3乡，260个村民委员会、4个社区居委会。总面积2012平方公里，2020年末常住人口24.02万人，城镇化率32.90%。

【自然资源】清水县气候温和，四季分明，适宜多种农作物和果类生长。有粮食、经济及近缘野生植物三大类群农作物8大类、15科、46属、56种、419个品种。清水大麻栽培悠久，有地方历史特色，是全省的大麻基地。树种有35科，54属、120种；其中乔木85种、灌木29种。果树有6科、12属、15种、75个品种。药材有262种、栽培种12个。动物家禽家畜13种、52个品种。野生动物百余种，可定名的鸟类52种。矿产资源丰富，已发现的有铁、锰、铜、铅、钼、白云石、大理岩钾长石等14种。旅游资源较丰富，见闻于记载和群众中流传的有霞洞悬珠、月台云影、宝盖朝岚、青岩暮雨、红崖晚照、清泉烟柳、玉屏拱翠、汤浴温泉清水八景。庞公仙境、高岭飞泉、驼眠白石、牛卧悬崖、击鼓深潭、八狼遗迹、悬石古洞、五龙胜景八奇。位于县城南28公里处的花石崖，相传为唐玄奘取经途中大战黄木狼的万紫山、有黄木狼洞遗址，林木苍郁、岩石嶙峋、寺庙兀立、有峻险之美，集人文景观和自然景观于一身，为观光旅游之胜境。位于县城东8公里处的清水温泉，为全国十三大名泉之一，自宋明以来已为陇上胜迹，以水质优良而名扬国内。

【国民经济】2020年，全县地区生产总值36.86亿元，比上年增长4.7%。其中第一产业增加值13.17亿元，增长5.6%；第二产业增加值1.95亿元，增长7.4%；第三产业增加值21.74亿元，增长3.9%。三次产业结构比为35.7 ∶ 5.3 ∶ 59。规模以上工业增加值增长17.6%，规模以上工业企业产品产销率96.7%。社会消费品零售总额9.78亿元，下降0.12%。城镇消费品零售额增长3.02%，商品零售额增长4.5%。固定资产投资增长24.9%。项目投资增长15.24%。房地产开发投资增长3.31倍。一般公共预算收入2.13亿元，增长8.1%；一般公共预算支出25.53亿元，增长0.1%。年末金融机构人民币各项存款余额77.53亿元，增长12.01%；金融机构人民币各项贷款余额50.45亿元，增长24.94%。

【脱贫攻坚】紧盯最后的贫困堡垒，强力开展挂牌作战，整合扶贫资金4.75亿元，其中县财政安排1.09亿元，扎实推进"3+1"冲刺清零后续行动、"5+1"专项提升行动。"两不愁三保障"短板弱项全面补齐，603户监测户和1141户边缘户稳定增收不返贫，6个未脱贫村、670户2569名未脱贫人口高质量脱贫退出，贫困发生率降至零。

【农业经济】2020年，全县粮食作物播种面积67.4万亩，油料播种面积12.3万亩，蔬菜播种面积9.1万亩，中药材播种面积2.54万亩。油料产量2.06万吨，比上年下降3.09%；蔬菜产量10.67万吨，增长9.06%；中药材产量0.96万吨，增长1.16%。粮食总产量18.03万吨，增产3.56%。其中小麦产量5.45万吨，增长4.36%；玉米产量8.32万吨，增长1.67%。肉类产量1.16万吨，增长7.34%。生猪出栏11.21万头，增长0.02%；牛出栏2.24万头，增长4.68%；羊出栏2.55万只，增长7.11%。

【项目建设】抢抓中央投资、抗疫专项国债、"两新一重"和省上"十大生态产业"建设等机遇，实施静天高速清水段、白驼60兆瓦风电等重点建设项目157个，竣工145个，完成投资48.8亿元。为企业发放贷款4.42亿元，发放创业担保贷款9010万元，减免税费6820万元。实施城区道路提升改造、污水管网延伸等市政工程19个，启动久鼎清源小镇、明昊和府等房地产开发新续建项目16个。

【优势产业】聚力发展干鲜果产业，干鲜果园总面积63.5万亩，人均实现2亩园。大力发展猪牛羊及中蜂养殖产业，贫困村畜禽饲养量19.5万头（只），养殖中蜂8300箱。年均种植蔬菜11万亩、半夏等中药材5万亩。光伏、风电产业扶贫带动1.19万户贫困户年增收3000元左右，新型能源产业建设规模、扶贫效益分别位居全省第二、全市第一。实现了"村村有主导产业，户户有当家产业"的目标。

【人民生活】2020年，全县城镇居民人均可支配收入28405.6元，比上年增长4.7%；农村居民人均可支配收入8252元，增长7.4%。城镇居民人均消费支出13993元，下降1.97%；农村居民人均消费支出9956元，增长16.26%。城镇居民恩格尔系数26.2%，农村居民恩格尔系数26.9%。

【环境保护】坚持把生态环境保护作为历史责任和底线任务，树牢"两山"理念，坚决整治突出环境问题，生态环境质量不断提升。严格落实河长制，扎实开展河道联合执法，牛头河流域断面水质达到Ⅲ类水体标准。全面推进大规模国土绿化行动，完成各类造林4.27万亩。完成"三改一补"6047户，拆除10蒸吨以下燃煤锅炉2台，城区燃煤锅炉改造实现"清零"，空气优良率97.2%。投资4360万元完成水源地标准化建设工程。新建乡镇垃圾焚烧站5个，改造厕所15571户，拆除危房4734座，硬化庭院2254户、小巷道46.13万平方米。清水县被评为"全国村庄清洁行动先进县"。

【社会保障】坚持"抓项目、保民生、解难题、促发展"，加大民生投入力度，实施26个民生项目，解决了上学、就医、供热、供水、供电、住房、出行、人居环境八个方面的民生问题。新增一二类低保对象1033户2746人，实现了应兜尽兜。创新"互联网＋协会＋市场＋劳务站"劳务输转模式，落实各类补贴1729万元，输转劳动力8.11万人，实现劳务收入20.3亿元。实现城镇新增就业4233人，失业人员再就业971人。西华路小学、县三幼分园、西部新城区幼儿园开工建设。引进医疗专业技术人才40名。新建城镇保障性住房300套。城乡居民基本养老保险参保19.49万人，失业保险参保2532人，城镇职工基本医疗保险参保1.28万人，城乡居民基本医疗保险参保29.75万人，生育保险参保8878人。城市居民最低生活保障3111人，农村居民最低生活保障2.8万人。

【社会事业】2020年，全县引进新品种21个，推广新技术33项，科技示范水平不断提高。投资3660万元实施新城中学等"两类"学校建设项目33个，办学条件持续改善。西关小学被评为"全国文明校园"。高考本科上线率61%，教育教学质量稳步提升。大力实施"健康清水"战略，县医院重点专科建设取得突破性进展，核酸检测实验室建成投用，公共卫生服务应急保障能力大幅提升。开展惠民文化演出174场（次），县博物馆被评为"国家三级博物馆"。白沙110千伏电站建成运行，城区供电实现了"双回路"。加强精神文明建设，荣获全省"第四届未成年人思想道德建设工作先进县区"、被列入"全国新时代文明实践试点县"。

（王智国）

秦安县

【基本情况】秦安县位于甘肃省东南部，渭河支流葫芦河下游，属陇中黄土高原西部梁峁沟壑区，山多川少，梁峁起伏，沟壑纵横，基岩出露少，河谷多呈葫芦状，蜿蜒曲折，地势西北高而东南低。最大河流葫芦河由四大支流清水河、南小河、显清河、西小河等河流汇成，自北而南，纵贯秦安中部。秦安东接清水县和张家川回族自治县，南邻麦积区，西连通渭县、甘谷县，北靠庄浪县、静宁县。现辖17镇，428个村民委员会、8个社区居委会。总面积1604平方公里，2020年末常住户人口41.47万人，城镇化率33.77%。

【资源优势】 秦安古称成纪，素有“羲里娲乡”之称。县内有大地湾、兴国寺、文庙大成殿等3处国家重点文物保护单位，已发现仰韶、马家窑、齐家文化等新石器时代文化遗址68处，省、市、县级文物保护单位72处。秦安历史上就是古“丝绸之路”的要冲，三国时期的街亭战场就在县内陇城一带。这里名人辈出，飞将军李广，前秦王苻坚，诗仙李白，明朝山东巡抚、著名书法家胡缵宗，清代“陇上铁汉”安维峻祖籍或出生地都在秦安。县内主要有大地湾、何湾桃花景观、兴国寺、女娲祠、文庙等9处旅游景点。全年共接待旅游游客94.14万人（次），实现旅游综合收入2.8亿元。经济作物有胡麻、油菜籽、向日葵、蔬菜、瓜果等。粮食作物以冬小麦、玉米、洋芋三大作物为主，其次为高粱、谷子、糜子、荞麦、洋麦、莜麦、豆类等。药材资源较为丰富，药用植物靠人工栽培，以党参为主，其次是大黄、当归、茴香、附子等。野生药物有甘草、冬花、半夏、地骨皮、柴胡、陈皮、黄岑、土沙参、五加皮等。矿物类药物有龙骨、石膏等。林木均为人工栽植。人工栽培的草类主要有紫花苜蓿、草木樨、草高粱和零星种植的红豆草、沙打旺、聚合草、箭舌豌豆等。名优特产有鲜桃、西瓜、白脆、苹果和梨，品种多、历史久、口感好、产量高。秦安蜜桃、秦安花椒、秦安苹果获国家地理标志产品保护。秦安县先后被命名为中国名特优经济林桃之乡、中国苹果之乡、中国花椒之乡、全国经济林建设先进县、全国经济林产业示范县、中国果业发展百强优质示范县。

【国民经济】 2020年，全县地区生产总值79.38亿元，比上年增长6.5%。其中第一产业增加值20.84亿元，增长5.7%；第二产业增加值8.1亿元，增长8.7%；第三产业增加值50.44亿元，增长6.5%。三次产业结构为26.2 ：10.2 ：63.6。规模以上工业增加值增长2.9%。规模以上工业企业产品产销率107.2%。社会消费品零售总额35.54亿元，下降0.5%。城镇消费品零售额增长1.1%，乡村消费品零售额下降2.2%。固定资产投资增长9.13%。按三次产业分，第一产业投资增长39.94%，第二产业投资增长48.53%，第三产业投资增长5.23%。项目投资下降22.49%。房地产开发投资增长112.81%。一般公共预算收入2.76亿元，增长6%；一般公共预算支出40.86亿元，增长3.3%。年末金融机构人民币各项存款余额174.68亿元，增长11.8%；金融机构人民币各项贷款余额121.52亿元，增长18.3%。

【农业经济】 2020年，全县粮食作物播种面积84.21万亩，油料播种面积11.14万亩，蔬菜播种面积9.16万亩，中药材播种面积4.17万亩。粮食总产量21.63万吨，比上年增产3.01%。其中小麦产量6.4万吨，增长0.85%；玉米产量7.86万吨，增长0.68%。肉类产量1.2万吨，增长253.8%。油料产量1.14万吨，下降16.51%；蔬菜产量18.07万吨，增长8%；中药材产量0.25万吨，增长9.7%。生猪出栏3.74万头，增长0.03%；牛出栏0.12万头，增长0.81%；羊出栏0.72万只，下降45.2%。

【项目建设】 2020年，全县已开工复工项目84个，完成投资45.91亿元。其中续建项目48个，完成投资32.71亿元；新开工项目36个，完成投资13.2亿元。天水市秦安县大地湾陇城古镇上关明清古街文化旅游景区建设项取得重大进展。79个县列重点项目中，城南棚户区改造五期、2020年10千伏及以下农网改造升级、凤山景区旅游基础设施等33个续建项目已建成10个，引洮供水二期秦安县城乡供水配套工程、黄河中上游葫芦河秦安段水质保障及生态修复工程等其余23个项目正在加快推进，城北片区棚户区改造安置小区项目、王尹镇尹川村至兴丰镇褚湾村公路改建工程、邢泉小学建设项目等36个新建项目已开工33个，10个预备项目进展顺利。

【人民生活】 2020年，全县城镇居民人均可支配收入29637.7元，比上年增长4.5%；农村居民人均可支配收入9212.2元，增长7.6%。城镇居民人均消费支出15450.7元，增长4.7%；农村居民人均消费支出9108元，下降11.1%。城镇居民恩格尔系数29%，农村居民恩格尔系数29.6%。2020年，全县农村贫困人口人均可支配收入9437.88元。全县脱贫摘帽，193个贫困村全部退出，现行标准下农村贫困人口全部实现脱贫。

【环境保护】 2020年，有效监测空气质量307天，优良天数279天，优良率90.9%。PM_{10}浓度均值为57微克/立方米，比上年下降9.84%；$PM_{2.5}$浓度均值为27微克/立方米，下降12.9%；二氧化硫均值为11微克/立方米、二氧化氮均值为14微克/立方米；一氧化碳均值为1.9微克/立方米，上升35.71%；臭氧均值为129微克/立方米，上升5.74%；综合环境空气质量指数3.4。葫芦河一号桥断面、清水河莲花桥断面水质均达到国家地表水三类水质标准，提前完成“十三五”消除劣五类水质要求。

【社会保障】 2020年末，全县城镇新增就业6425人，开展职业技能培训3028人，创业能力培训1300人，城镇登记失业率3.08%。基本养老保险参保7998人，征缴企业职工基本养老保险费7803万元。为7589名离退休人员发放基本养老金1.7亿元。参加城乡居民养老保险35.57万人，参保缴费7092万元。已享受城乡居民养老保险待遇8.36万人，发放养老资金1.19亿元。城镇职工参加医疗保险19658人，保费收入9877万元，报销医药费3757万元。城乡居民参加医疗保险50.37万人，保费收入1.26亿元，报销医药费2.23亿元。工伤保险14028人，保费收入65.56亿元，报销医药费57.58亿元。

【社会事业】 2020年末，全县共有学校304所。其中高级中学4所（含民办高级中学1所），完全中学3所，中等职业学校1所，农职业中学1所，初级中学21所，一贯制学校9所，小学66所（不含186个教学点），特教学校1所，公办幼儿园167所，民办幼儿园31所。中小学生60973人（公办学校

59316人），其中小学29045人，初中15731人，高中12612人（公办10955人），农职中3522人，特教63人。有在园幼儿12331人（其中公办8190人），学前班幼儿331人。公办教职工6478人，其中小学2658人，初中1929人，高中936人，农职中275人，特教15人，其他教育等99人，幼儿园566人。民办高中47人，民办幼儿园412人。普及初等教育的入学率100%，毕业率100%，升学率100%。学前三年毛入学率95.32%。九年义务教育巩固率99.73%。普及初级中等教育的入学率100%，毕业率100%。普通高中升学率64.56%。高中阶段毛入学率97.33%。二本及以上上线人数3117人，上线率54.72%。

（张振林）

甘谷县

【基本情况】甘谷县位于甘肃省东南部，渭河上游，东邻天水市秦安县、麦积区，南接天水市秦州区、陇南市礼县，西与天水市武山县接壤，北与定西市通渭县相连。南北长60公里，东西宽49公里。境内地表形态主要为山地、丘陵、河谷，渭河自西向东横贯全境，中部为断陷河谷，地势平坦，南部为秦岭山脉西延石质山区，海拔较高，北部为六盘山余脉黄土梁峁沟壑区，山势较低。人口以汉族为主，居住着汉、回、藏、维吾尔等多个民族。属温带气候，气候类型为大陆性季风气候，四季分明，光照充足，雨量偏少。境内河流主要有渭河、散渡河、古坡河、西小河四条，属黄河支流渭河水系，河流总长131.1公里。现辖13镇、2乡，10个社区、405个行政村。总面积1582.2平方公里。2020年末常住人口50.59万人，城镇化率36.26%。

【资源优势】甘谷县域光、热、水、土条件较好，树种资源较为丰富，全县天然林和常用造林树种有32科44属107种81个品种，其中包括经济果种7科101属37种。天然林主要分布在南部古坡镇、武家河镇、磐安镇，境内其它各地均有零星落叶阔叶林、常绿阔叶林分布。县域文化旅游资源丰富，有"华夏第一县"黄金品牌、"姜维故里"经典品牌、"大像山石窟"文化品牌、"生态古坡"绿色品牌。实施文化创新和文化遗产保护工程，对毛家坪遗址开发加大保护力度，推动大像山、华盖寺、姜维墓等重点景区晋等升级，打造精品旅游线路。加快推进旅游与农业、文化、康养等产业深度融合，落实景区景点门票优惠和"引客入甘"政策。矿产资源有石灰石、花岗岩、磷矿、赤铁矿等二十多种。

【国民经济】2020年，全县地区生产总值79.31亿元，比上年增长7.4%。其中第一产业增加值21.42亿元，增长5.5%；第二产业增加值12.83亿元，增长9.8%；第三产业增加值45.06亿元，增长7.7%。三次产业结构比为27∶16∶57。规模以上工业增加值增长12.2%。规模以上工业企业实现利润总额1.01亿元。规模以上工业企业产品产销率97.8%。社会消费品零售总额30.26亿元，增长0.1%。城镇消费品零售额增长1.7%，乡村消费品零售额下降1.9%。固定资产投资增长17.4%。一般公共预算收入3.78亿元，增长7.4%；一般公共预算支出37.93亿元，增长15.5%。年末金融机构人民币各项存款余额161.25亿元，增长14.7%；金融机构人民币各项贷款余额84.72亿元，增长35.8%。

【脱贫攻坚】脱贫攻坚取得决定性胜利。剩余3个深度贫困村和4545名贫困人口全部达标退出。严格落实"四个不摘"要求，紧盯目标补短板、紧盯问题抓整改，扎实开展"3+1"后续清零和"5+1"专项提升行动，全年投入资金15.6亿元，改造饮水安全工程管网44公里，硬化村组道路284公里、巷道55万平方米，222户新增危房全部建成入住，92户因灾受损危房全面完工，落实教育资助金1.12亿元，贫困人口医疗保险参保率、资助率100%，"两不愁三保障"问题全部清零。新发放精准扶贫专项贷款2.7亿元，有需求的贫困群众实现应贷尽贷。新开发公益性岗位940个，输转贫困劳动力5.7万人，有需求贫困劳动力实现全部就业。深入开展扶贫消费，168个扶贫产品入驻"832"平台，布设扶贫专柜150个、专区17个、专馆8处，消费扶贫总额突破7亿元。圆满完成国家脱贫攻坚普查。

【农业经济】2020年，全县粮食作物播种面积75.66万亩，油料播种面积12.78万亩，蔬菜播种面积18.44万亩，中药材播种面积6.81万亩。油料产量1.33万吨，比上年下降3.8%；蔬菜产量42.67万吨，增长6.3%；中药材产量0.98万吨，增长5.6%。粮食总产量19.83万吨，增产4%。其中小麦产量7.42万吨，增长3.2%；玉米产量7.65万吨，增长2.4%。肉类产量2.84万吨，增长163%。生猪出栏15.53万头，增长13.6%；牛出栏0.33万头，增长2.4%；羊出栏2.59万只，增长127%。牢守粮食安全底线，防止耕地"非农化""非粮化"，保总量、扩增量，全力打造东北片5万亩粮油生产示范区。加快高标准农田建设，新修标准化梯田10万亩以上，稳定提高粮食综合生产能力。提升改造渭济灌区节水设施。打造全膜玉米千亩示范点2个，马铃薯千亩示范点1个，建成小麦、玉米、马铃薯规模化种植点22个。建成渭河川道区高质高效蔬菜示范基地1万亩，新发展高原夏菜15万亩，打造辣椒千亩示范点2个、500亩示范点3个。实施果园提质改造工程4万亩，建成标准花椒、高山樱桃、甘谷黑梨和短枝富士示范园4500亩，建设反季节蜜桃、设施葡萄、矮化密植苹果等7处1000亩高效设施果树示范区。创建千亩黄芩示范点，千亩贝母示范点，全年中药材面积达到10万亩。

【项目建设】2020年，全县实施重点项目171项，总投资162.2亿元，完成投资63.5亿元。福泽华庭二期、新城路提升改造、古坡敬老院等73个项目全面建成，引洮二期配套城乡供水工程、西城区九年制学校、五金机电城等98个项目完成年度任务。县医院门急诊楼、六中学生宿舍楼、车场街片区棚户区改造等争取到中央预算内投资项目17项，项目资金到位6.4亿元。计划实施的131个重点项目，坚持主要精力向项目集中、工作重心向项目集聚、资源要素向项目集结，认真落实重大项目包抓责任，严格执行"三个清单"管理制度。加快推进脊兽产业园、姚庄片区棚户区改造、福泽雅居一期、仿古文化街西区、新安大道一期、礼辛卫生院业务楼等45个续建项目。

【优势产业】突出质量效益，坚持调结构、促转型，大力发展十大生态产业，县域特色优势产业提质增效。新发展蔬菜1.5万亩、果椒2.2万亩、辣椒2.1万亩，中药材1.2万亩，新增果库库容1.5万吨。扶持发展养殖企业14家，新增畜禽饲养量10万头（只）。全方位开展农产品产销对接，举办CCTV-2《走村直播看脱贫》、辣椒节、花椒节等宣传推介活动11场次，甘谷辣椒入选“甘味”区域公用品牌目录，甘谷苹果荣获中国苹果产业高质量发展大会金奖，甘谷手工麻鞋入选全国乡村特色产品。

【人民生活与社会保障】2020年，全县城镇居民人均可支配收入29381.1元，比上年增长4.3%；农村居民人均可支配收入9096.9元，增长7.7%。城镇居民人均消费支出12698元，增长7.4%；农村居民人均消费支出9571.5元，增长12.6%。城镇居民恩格尔系数30.7%，农村居民恩格尔系数34.2%。年末全县参加城乡居民医疗保险56.65万人，征费及收入3.15亿元。城镇职工医疗保险2.38万人，征费及收入2.1亿元。工伤保险1.51万人，征费及收入482万元。城镇新增就业6843人。失业人员再就业人数2346人。就业困难人员再就业人数724人。发放创业贷款8250万元。就业技能培训2510人，岗位技能提升培训2100人，创业培训1400人。农村特困人员1358人，特困供养金890万元。临时救助2.19万人，发放救助金3064万元。残疾人两项补贴对象共1.36万人，重度残疾人护理补贴6633人，困难残疾人生活补贴6988人。发放就业担保贷款8010万元，落实奖补资金600万元。发放各类社会救助金2.37亿元。

【环境保护】巩固提升污染防治攻坚战成效，持续推进大气、水、土壤污染防治。加快城镇污水处理设施建设和扩容提标改造，加强农村生活污水、河道沟渠综合治理，促进水环境持续向好。全面落实土壤污染防治行动，推进重金属污染风险管控与土壤修复，加大畜禽养殖污染防治力度，健全完善废旧农膜回收利用体系，农药化肥使用实现零增长。加快渭河流域生态保护和高质量发展，认真实施天然林资源保护、三北防护林、草原保护与修复等生态治理工程，完成各类造林5.58万亩。抓好天门山至南塔段、磐安东坪、磐谢公路绿化美化，巩固提升310国道生态绿廊成效。加强劣质散煤、道路扬尘、餐饮油烟、“四烧”等综合整治，实施“三改一补”6000户，空气质量持续改善。实施坡耕地水土流失综合治理礼辛镇清溪河、散渡河新兴段防洪治理项目。严格落实河长制，加大县乡村三级河长巡河力度，分类治理排污口10个，加大污水收集管网建设力度，有效治理农村黑臭水体。

【社会事业】2020年，全县登记市级科技成果191项。其中基础理论2项，应用技术类成果149项，软科学40项。专利申请量1563件。专利授权量956件，其中发明专利授权量28件。共签订技术合同223项，技术合同成交金额29.27亿元。省级工程技术研究中心16家。重点实验室8家，其中国家级1家、省级7家。省级科技创新型企业10家，高新技术企业64家。共有中小学384所，其中公办高中3所、民办高中2所、完全中学3所、职业中等专业学校1所、独立初中22所、九年制学校24所、小学99所、教学点229个、特教学校1所。公民办幼儿园298所，小学附设学前班114个，在园（班）幼儿总数16892人。在校中小学生94014人，其中高中17010人、职校4155人。教职工7735人，其中高中1426人、职校191人。共举办展览33次，剧团演出365次，图书馆藏书6.85万册。乡镇文化站15个。共有医疗卫生机构441个，其中县级卫生机构2个。乡镇卫生院17个，其中中心卫生院6个。疾病预防控制中心1个，妇幼保健院1个，卫生监督所1个，计划生育技术服务机构1个。卫生技术人员1700人，医疗卫生机构床位1560张。共参加县级运动会4.1万人次，举办专项比赛8次。参加省、市比赛10次，获得国家、省、市级荣誉9项，其中金牌3项、银牌2项、铜牌4项。向省、市输送运动员20人。

（王媛媛）

武山县

【基本概况】武山县位于甘肃省东南部，地处渭河上游，属秦岭西北坡与陇中黄土高原西南边缘复合地带。鸳鸯镇大林山出土的“武山人”头骨化石证明，远在3.8万年前武山就有人类繁衍生息。秦汉时期县境大部属豲道，东汉中平五年（公元188年）置新兴县，宋为宁远县，元属陕西行中书省巩昌府，明系巩昌府宁远县，民国初属甘肃省第四区行政督查专员公署，民国3年以县城西南有武城山横亘绵延而改称武山县，已有1800多年的建县历史。现辖13镇、2乡，344个行政村、11个社区。总面积2011平方公里。2020年末常住人口36.25万人，城镇化率35.91%。

【资源优势】境内水资源丰富，渭河及其5条支流横穿全境。有分布在渭水南北的仰韶、马家窑和齐家文化遗址达36处，有水帘洞、木梯寺、狼叫山等国家级文物保护单位3处，省级文物保护单位6处，有4A级景区水帘洞拉梢寺、3A级景区木梯寺、卧牛山省级森林公园、武山县蔬菜产业科技示范园区。水帘洞拉梢寺摩崖浮雕大佛高42.3米，为世界最大的佛教摩崖浮雕，“祈福圣地·大福武山”已成为享誉陇上的特色旅游品牌。武山旋鼓列入国家级非物质文化遗产名录，武山夜光杯、木雕、唢呐、砖雕、柳编、道情被列入省级非物质文化遗产名录。境内已探明蛇纹岩（鸳鸯玉）、石灰石、大理石、花岗岩等非金属矿产十余种，蛇纹岩储藏量达3.2亿立方米，石灰岩储量达15亿吨，金属矿主要有钼、铁、铜、铬、金等，其中钼矿已探明储量100万吨以上。

【国民经济】2020年，全县地区生产总值65.4亿元，比上年增长6.7%。其中第一产业增加值24.8亿元，增长5.8%；第二产业增加值7.4亿元，增长17.5%；第三产业增加值33.2亿元，增长5.2%。三次产业结构比为37.9∶11.3∶50.8。规模以上工业增加值增长89.6%。规模以上工业企业实现利润总额1.27亿元，增长219.6%。规模以上工业企业产品产销率101.03%。社会消费品零售总额26.33亿元，下降

1.3%。按经营地统计，城镇消费品零售额下降4.3%，乡村消费品零售额增长7.1%。按消费形态统计，商品零售额增长2.4%，餐饮收入额下降8.4%。固定资产投资增长16.58%。项目投资增长26.8%，房地产开发投资增长3.91%。一般公共预算收入2.48亿元，增长5.95%；一般公共预算支出31.41亿元，增长8.79%。年末金融机构人民币各项存款余额124.4亿元，比上年末增长7.11%；金融机构人民币各项贷款余额72.7亿元，增长5.24%。

【脱贫攻坚】2020年，紧盯“两不愁三保障”目标，严格落实“四不摘”要求，举全县之力，集中攻克最后贫困堡垒。3514名剩余贫困人口全部脱贫，脱贫成果顺利通过国家普查验收和成效考核，脱贫攻坚取得决定性胜利。深入开展“3+1”冲刺清零后续行动和“5+1”专项提升行动，补短板、强弱项，扶产业、促增收，当年发放扶贫小额信贷1875户9246万元，投入产业扶贫资金5000多万元，扶持群众发展豆角5.3万亩、中药材6.5万亩，发展“五小”产业403户。创办扶贫车间5家，输转贫困劳动力5.26万人。建成消费扶贫生活馆8个，消费扶贫总额达到1.53亿元。实施农村安全饮水巩固工程20处、改造农村旧房1489户，完成农村人居环境整治3142户，为贫困群众报销医药费6710万元，义务教育巩固率达到99.6%。争取落实帮扶资金4033万元，协调社会力量帮办实事1776件。

【农业经济】2020年，全县粮食作物播种面积108.7万亩，油料播种面积9.74万亩，蔬菜播种面积30.35万亩，中药材播种面积4.21万亩。油料产量1.45万吨，上年增长7.3%；蔬菜产量89.67万吨，增长6.3%;中药材产量1.42万吨，增长2.24%。粮食总产量14.5万吨，增产3.86%。其中小麦产量4.48万吨，增长3.23%；玉米产量5.42万吨，增长4.02%。肉类产量1.56万吨，增长18.8%。生猪出栏15.37万头，增长0.05%;牛出栏1.12万头，增长0.13%；羊出栏5.57万只，增长12.5%。完成造林面积4.21万亩，增长7.95%。

【项目建设】2020年，全县实施各类投资项目103个，总投资90.2亿元，完成固定资产投资比上年增长16.5%。污水处理厂异地迁建工程、省道225线武山县城至陇西直沟公路升级改造、洛门渭河大桥拆除重建、330千伏输变电工程等51个项目建成使用。县一中迁建、西梁灌区高效节水灌溉、县道308线四门至龙台段灾后恢复重建和提升改造、北部7乡镇引洮供水配套城乡供水工程、城区CNG加气站建设等27个重点项目加快建设。唐人神集团武山年产100万头生猪绿色养殖全产业链项目、重庆金地集团四门三衙农业采摘观光基地、鑫兆建材年产350万吨骨石料、国家级洛门蔬菜批发市场1.5万吨冷链物流等一批产业化项目加快建设。武山耕地提质改造（旱地改水稻地）、福建泉州康运鞋业制造等一批招商引资项目落地建设。

【优势产业】“武山韭菜”成功入选“甘味农产品”品牌目录。完成了武山韭菜、武山甘蓝、武山西葫芦、武山水萝卜四个产品的绿色A级食品认证，申报成功并开展实施“武山县省级现代农业产业园（蔬菜）”创建项目。坚持绿色、科技、安全的蔬菜产业发展理念，建成了全省一流的武山蔬菜产业科技示范园区，注册蔬菜商标25个，18类蔬菜30个产品被认定为A级绿色食品和有机食品，“武山韭菜”“武山蒜苗”“武山豆角”成功注册国家地理标志证明商标。引进了欧洲防风、四季豆、螺丝椒、沙沃萝卜、娃娃菜等特优蔬菜品种和韭菜、甘蓝等蔬菜新品种共计30多个。

【人民生活与社会保障】2020年，全县城镇居民人均可支配收入28090.7元，比上年增长4.4%；农村居民人均可支配收入9463.6元，增长7.8%。城镇居民人均消费支出10196.4元，下降0.3%；农村居民人均消费支出8993.3元，增长13.8%。城镇居民恩格尔系数29.2%，农村居民恩格尔系数28.5%。年末，全县城镇新增就业人数6588人，城镇居民登记失业率3.2%。失业人员再就业1411人，就业困难人员再就业536人。创业担保贷款发放6031万元，职业技能培训7939人。完成劳务输转10.96万人，创劳务收入27.51亿元。企业职工基本养老保险基金支出1.44亿元，基金收入5973万元。机关事业单位养老保险基金支出1.8亿元。工伤保险农民工参保率98.4%。失业保险缴费78.95%，基金支出146万元。城乡居民基本养老保险贫困人口覆盖率100%。城市低保对象1680户3879人，农村低保对象1.17万户4.1万人，发放城乡低保资金1.02亿元。特困供养对象1730户1795人，临时救助7393户3.43万人，为1427名经济困难老年人拨付生活补贴资金。

【环境保护】持续推进黄河流域渭河支流生态保护和高质量发展，坚决打好蓝天碧水净土三大保卫战。认真落实河（湖）长制，全面加强水资源开发利用与保护，铁腕清理整治河道“四乱”问题，对25个排污口全面开展排查整治，完成马力镇武家河5处“千吨万人”水源地保护区划定，城区水源地水质各项指标全部合格。全面加强煤炭市场管理，取缔无证煤炭经营摊点51个，城区燃煤小锅炉全面“清零”。完成清洁能源土炕改造4000户，推广居民天然气供暖1000户，空气优良天数328天。洛门镇蓼阳村和滩歌镇漆湾新村污水处理站建成运行，杨河等乡镇垃圾焚烧站建成使用。

【社会事业】2020年，全县新增县列科技项目14项。中等职业教育招生1217人，在校生2376人，毕业生131人。普通高中招生3891人，在校生11985人，毕业生3839人。初中招生6240人，在校生17738人，毕业生6313人。普通小学招生5856人，在校生37514人，毕业生6251人。特殊教育招生1人，在校生84人，毕业生16人。幼儿园在园幼儿15101人。共有医疗卫生机构366个，乡镇卫生院15个，社区卫生服务中心1个，村卫生室344个。民营医院10个，个体诊所48个。每千人口拥有病床数4.3张，每千人拥有卫生技术人员1.99人，每千人拥有执业医师1.65人，每千人拥有注册护士2.23人。定点医疗机构基本实现医保、大病医疗保险和医疗救助“一站式”即时结报，为参保群众报销医药费2.38亿元。万元以上设备1742台（件）、10万元以上医疗设备457台(件)，救护车26辆。

（张雷）

张家川回族自治县

【基本概况】张家川回族自治县位于甘肃东南部，陇山西麓，东依陕西陇县，南邻清水县，西接秦安县，北与华亭、庄浪两县接壤。境内自然景观和文化遗址较多，主要景观有五龙山、老龙潭、斩蛇崖、小麦积、五指山、青石崖、石人峰等，主要文化遗址有五龙山云风寺遗址、佛爷崖太极八卦图、二郎神脚印石、栓马桩以及宣化岗拱北、清真寺、正觉寺、花果山石窟、摩崖石刻、老庵寺、街亭古战场遗址、秦亭遗址、马家塬战国古墓遗址等。地势由东北向西南倾斜，东西长62公里，南北宽48公里。现辖3个镇、12个乡，255个行政村，县人民政府驻张家川镇。总面积1311.8平方公里。2020年末常住人口24.37万人，城镇化率29.94%。

【资源优势】境内植物有木本、草本、观赏和药用4大类，600多种。乔木类主要集中在东北部天然林区，有21目，32科，46属，84种，灌木类主要集中在东北部关山区，种类繁多。野生草本植物比较常见的有240多种，有31科、106属154种。观赏植物有70多种。中药材已达38科，124种，其中野生药材112种，栽种药材12种。珍贵动物9种，均属国家一、二、三级保护动物。铁、铜、铅、锌、水晶、长石、大理石、花岗岩等20多种矿产资源，储量丰富。

【国民经济】2020年，全县地区生产总值30.9亿元，比上年增长6.5%。其中第一产业增加值9.95亿元，增长5.4%；第二产业增加值2.2亿元，增长0.3%；第三产业增加值18.75亿元，增长7.8%。三次产业结构比为32.2∶7.2∶60.6。规模以上工业增加值增长6.2%，规模以上工业企业产品产销率66.7%。社会消费品零售总额9.45亿元，增长0.8%。按经营地统计，城镇消费品零售额增长1.8%，乡村消费品零售额下降0.9%。按消费形态统计，商品零售额增长0.9%，餐饮收入额下降0.2%。固定资产投资增长10.3%。按三次产业分，第一产业投资增长10.15%，第二产业投资下降23.11%，第三产业投资增长15.2%。一般公共预算收入1.15亿元，增长6.7%；一般公共预算支出32.5亿元，增长9.3%。年末金融机构人民币各项存款余额89.85亿元，比上年末增长9.9%；金融机构人民币各项贷款余额44.2亿元，增长32.8%。

【脱贫攻坚】严格落实“四个不摘”要求，全力推进攻坚、巩固、提升、兜底工作，全县733户2775人贫困人口实现脱贫。投入扶贫资金4.43亿元，大力发展富民产业，有效带动了贫困人口持续增收、稳定脱贫。大力促进消费扶贫，加强“三专两平台”建设，实现消费扶贫收入1.96亿元。争取到基础设施补短板、村组道路建设等重大项目67项，到位国家和省市投资7.91亿元。深入推进全域无垃圾、“八差”问题集中治理,拆除“空心危房”1282户，拆旧复垦1479户，打造省市级示范村93个，农村人居环境明显改善。全面落实强农惠农政策，及时排查化解矛盾纠纷，贫困治理能力不断提升。

【农业经济】2020年，全县粮食作物播种面积52.3万亩，油料播种面积7.02万亩，蔬菜播种面积5.37万亩，中药材播种面积0.41万亩。油料产量0.55万吨，比上年下降4.48%；蔬菜产量11.96万吨，增长6.03%；中药材产量0.13万吨，增长43.51%。粮食总产量13.07万吨，增产3.02%。其中小麦产量3.83万吨，增长4.35%；玉米产量4.83万吨，增长4.72%。肉类产量0.9万吨，增长16.78%。生猪出栏3.26万头，增长10.98%；牛出栏5.01万头，增长18.67%；羊出栏4.8万只，增长18.97%。强力推进餐饮服务、规模养殖、劳务输出富民产业发展，建成专业养殖村110个，发展规模养殖户1.26万户，全县畜牧业产值达到19.5亿元。发展餐饮经营店1.89万家、宾馆2000家；年均输转农村劳动力6.5万人以上，创劳务收入20亿元以上。持续深化农业综合改革，村级集体经济不断壮大，完成农村承包地确权登记颁证61.3万亩，土地流转11.42万亩，集体林地确权3.2万亩，天然草原承包到户5.1万亩。着力改善农业基础条件和生态环境，新增造林8529亩，道路绿化209公里，新修梯田5200亩，建成堤防15.8公里，治理水土流失面积11.62平方公里。

【项目建设】2020年，后川河中小河流治理、农村供水巩固提升、城区南北河截污工程等项目按期建成，东城片区棚户区改造、北山森林公园等项目扎实推进。综合农贸市场、县城西出口、中城路等改造提升工程全面建成，西城片区建设积极推进，县城建成区面积达到7.2平方公里。大力开展拆违治乱专项治理，加强市场监管，落实网格化、精准化管理责任，城市品位明显提升。深入推进农村道路建设，硬化村组道路109条130公里。污染防治力度持续加强，河道“四乱”和“散乱污”企业排查整治常态化开展。城区污水处理厂提标改造工程全面完工，胡川镇等9个污水处理站、刘堡镇等13个垃圾焚烧站进展顺利，城乡基础设施更加完善。

【优势产业】全力扶持优势产业发展，全面落实国家各项减税降费政策，减轻企业税费负担3057万元。圣慈药业中药材加工、星月食品现代化生产线等项目顺利实施。强化经济开发区服务管理，启动实施出域入园企业3户。新签约招商引资项目2项，总投资21.6亿元，实施各类招商引资项目7项，到位资金15.4亿元。加快旅游业发展，建成马鹿镇花园村等标准化农家乐60家，旅游业发展步伐不断加快。实施电子商务进农村综合示范项目，电子商务服务体系不断健全。

【人民生活与社会保障】2020年，全县城镇居民人均可支配收入27700.5元，比上年增长4.8%；农村居民人均可支配收入8197.8元，增长7.4%。城镇居民人均消费支出11201.7元，增长9.25%；农村居民人均消费支出9929.5元，增长22.07%。城镇居民恩格尔系数26.7%，农村居民恩格尔系数30.6%。年末全县参加机关事业单位养老保险、城镇职工基本养老保险、城乡居民社会养老保险、工伤保险、失业保险分别为9182人、3751人、19.18万人、1.7万人、0.47万人。离退休人员2097人，养老保险基金支出2.43亿元。企业劳动合同签订率94.2%，集体劳动合同签订率90%。城市低保652户1283人，月发564万元；农村低保8772户2.77万人，月发550万元。严格落实兜底保障政策，加大生活困难群众救助，发放农村低保金5389万元、城市低保金745万元、特困供养金611万元、临时救助金3862万元、残疾人“两项补贴”930万元。创业补贴、小额担保贷款等优惠政策全面落实，就业创业渠道不断拓宽，新增高校毕业生、城镇失业人员就业3535人。新开发公益性岗位552个。

【环境保护】污染防治攻坚战三年行动目标如期完成。扬尘治理、煤质管控等取得明显成效，淘汰治理燃煤锅炉25台，完成“三改一补”9000户，取缔关停“土小”企业25家，废旧农膜回收利用率达到81%，秸秆综合利用率达到85%，空气质量优良天数比例在93%以上，全面落实“河湖长”制，加大流域水体治理力度，城区生活污水处理厂除油改造全面完成，城区污水处理率达到85%。完成城区生活垃圾填埋场改造工程，龙山、马关生活垃圾填埋场投入使用，垃圾处理设施覆盖率达到75%。

【社会事业】全年为80101名建档立卡贫困群众、残疾人、计生两女户、低保对象及特困人员，按照每人100元的代缴标准，代缴城乡居民养老保险费801.01万元，为17381名60岁到龄贫困群众发放养老金，实现贫困人员基本养老保险应保尽保，应发尽发，应代尽代；落实党中央对60周岁以上待遇领取人员上涨5元基础养老金的政策；县财政为60岁以上待遇领取人员增发5元县级基础养老金；年末全县社会保障卡持卡人数为349186人，覆盖全县98%人口，其中建档立卡贫困人口持卡率100%。全面落实“六稳六保”社保政策，对64家企业进行划型，减免养老保险费558.4万元，减免失业保险费35.6万元，减免工伤保险费25.2万元。为32家企业拨付稳岗返还失业保险费68.7万元，为3家经营困难且恢复有望企业拨付稳岗返还失业保险费108万元。发放失业补助金359人，月发放金额38万元。实施“企业职工技能提升行动”专项计划，对18家企业员工进行建筑、食品加工、电子产品加工等技能培训，切实减轻了企业社保负担，增强了企业复工复产能力。

（马渊文）

武威市

【基本情况】武威位于甘肃省中部、河西走廊东端，是中国旅游标志—马踏飞燕的出土地。1986年被国务院命名为全国历史文化名城和对外开放城市，2001年5月经国务院批准撤地设市，2005年被命名为中国优秀旅游城市，2012年10月被命名为中国葡萄酒城。现辖凉州区、民勤县、古浪县和天祝藏族自治县，总面积3.23万平方公里，有93个乡镇、1112个村民委员会、9个街道办事处。2020年末常住人口145.91万人，城镇化率47.01%。

【资源优势】武威物产丰富，自古就是“人烟朴地桑柘稠”的富饶之地，地势平坦，风能、光热资源丰富。农业资源得天独厚，是全省瓜果及肉类生产基地，也是绿色食品最佳产区之一，更是酿酒葡萄的绝佳产地，日光温室蔬菜、肉蛋奶以及特色林果等发展优势明显。全市矿产资源赋存丰富。矿产资源主要以煤炭和非金属类矿产为主。已发现煤炭、铁、钛、铜、金、稀土、石墨、芒硝、石膏、重晶石、普通萤石、建筑用砂、建筑用石料和砖瓦用粘土等各类矿产44种；重要和优势矿产为煤炭、油页岩、铁、钛、稀土、石墨、芒硝、石膏、普通萤石、水泥用灰岩等。

【国民经济】2020年，全市地区生产总值526.4亿元，比上年增长4.3%。其中，第一产业增加值161.7亿元、增长5.7%，第二产业增加值85.1亿元、增长3.6%，第三产业增加值279.6亿元、增长3.9%，三次产业结构比为30.7 ∶ 16.2 ∶ 53.1。全部工业增加值增长4.6%，其中规模以上工业增加值增长8.4%。固定资产投资增长13.4%。社会消费品零售总额143.8亿元，下降0.5%。一般公共预算收入32亿元，增长12.8%，一般公共预算支出217.1亿元，增长6.1%。城镇居民人均可支配收入31580元，增长5.1%；农村居民人均可支配收入13471元，增长7.2%。招商引资到位资金215.4亿元，增长12.3%。年末金融机构本外币存款余额1023.1亿元，比上年末增长7.6%，本外币贷款余额886.5亿元，增长4.5%。

【脱贫攻坚】举全市之力向绝对贫困发起总攻，4个县区全部摘帽，339个贫困村全部退出，累计减贫13.71万人，现行标准下农村贫困人口全部脱贫。沿山沿川沿沙“三大特色产业带”、牛羊猪禽果菜菌草“8+N”优势主导产业格局初步形成，贫困村、贫困户实现特色产业全覆盖。建成古浪黄花滩、天祝南阳山、凉州邓马营湖等集中安置区，5.96万高深山区群众挪穷窝、改穷业、拔穷根，带动以人为核心的新型城镇化，促进祁连山自然保护区生态恢复。“两不愁三保障”目标全面实现，中小学“改薄”任务全面完成，县乡村医疗卫生机构全部达标，农村危房应改尽改，安全饮水工程实现全覆盖。具备条件的建制村全部通硬化路、通客车，贫困村实现动力电、宽带网络全覆盖，贫困地区面貌发生翻天覆地的变化。积极发展电商扶贫、消费扶贫，实现网销额12.28亿元。优先组织贫困劳动力外出务工、返岗就业，输转贫困劳动力14.46万人；建成扶贫车间195家，就近就业9056人。加大易地扶贫搬迁后续扶持，黄花滩移民区新增4504万方取水指标，建成1130万方调蓄水池，发展用水问题得到历史性解决。

【“三农”工作】坚持以高效节水为方向，以结构调整为主线，大力发展“8+N”优势主导产业，引进实施了牧原生猪、海升现代农业、德青源金鸡、优然牧业、金宇浩睿、长兴湖羊、兴盛种羊、华中农业、众兴菌业、远达藜麦等一批扎根落地的大项目好项目，龙头企业达到169家，农民合作社达到6637家，家庭农场达到2855家，冷链仓储能力达到61.8万吨。猪羊鸡牛存栏量、肉类、设施蔬菜、食用菌、藜麦产量均居全省前列。饲草面积达到85万亩。新增“三品一标”农产品28个、累计达到349个，新增地理标志商标4件，“凉州农鲜”“民清源”“原味古浪”“天祝原生”区域公用品牌效应不断扩大。2020年农林牧渔业增加值达到164.6亿元，比上年增长5.5%，牛羊猪禽果菜菌草8大优势主导产业产值占农业总产值的比重达到67.7%。

【项目建设】根据立地条件和资源禀赋，大力发展现代农业、生态工业、文化旅游产业和生态环保产业，谋划实施244个高质量发展重大项目，“亮底晒单”推进，“百日会战”攻坚，一、二、三产融合发展的格局加速形成，区域经济发展的“四梁八柱”初步构建。2020年，全市固定资产投资比上年增长13.4%，实施500万元及以上项目621项，其中5000万元及以上项目173项。在500万元及以上项目中：第一产业在建项目114项，完成投资增长90.06%；第二产业在建项目123项，完成投资增长0.37%；第三产业在建项目384项，完成投资增长18.37%。雷台文化旅游综合体、伊利绿色生产及智能制造示范应用、古浪现代丝路寒旱农业示范基地、黄花滩调蓄供水工程、凉州区生活垃圾焚烧发电等29个项目工程进展良好，全年完成投资量均超亿元，完成投资占5000万元及以上项目投资量的66.78%，支撑带动作用显著。

【人民生活】认真办好民生实事，着力提升群众的获得感、幸福感和安全感。全年输转城乡富余劳动力40.09万人，其中省外输转18.88万人，内输转21.21万人。年末城镇登记失业率为3.32%。全年城镇居民人均可支配收入31580元，比上年增长5.1%；城镇居民人均消费支出23703元，增长5.7%。农村居民人均可支配收入13471元，增长7.2%；农村居民人均消费支出10948元，增长6.6%。年末有福利院1所，在院人数184人；民办养老机构8所，拥有床位1668张；农村敬老院14个。年末各类养老机构拥有床位数5231张，在院人数3089人。

以创建全国文明城市为总揽，扎实开展“三整治、三提升”专项行动，改造棚户区2527户、老旧小区117个，建成市政道路34条，改造供排水管网93公里，建设停车场8个，新增停车泊位3364个。积极推进城市生活垃圾分类，拆除老旧小区煤房、旱厕，着力消除公共卫生安全隐患，新增城市和县城绿地226万平方米，是计划目标的2倍，开窗见绿、出门入园成为市民生活新常态，烟头不落地、礼让斑马线成为城市文明新风尚。

【环境保护】祁连山国家公园体制试点改革任务全面完成。实施绿地倍增行动，完成人工造林30.53万亩，是省下达计划的3.9倍；封育35万亩，治理退化草原21.12万亩，创建国家森林乡村24个、省级森林小镇2个。加大污染防治攻坚力度，蓝天、碧水、净土保卫战取得新成效。据气象监测，沙尘暴天数为近7年来最少，大气降尘量为近16年来最少。深入推进国家节水行动，水权水价和基层水管体制改革取得突破性进展，推广农业高效节水面积252万亩，再生水利用率达到41%。在大旱之年首次启动西营河专用输水渠冬季调水，蔡旗断面过水量达到2.99亿立方米，稳定实现石羊河流域重点治理约束性目标。石羊河全国示范河湖建设通过水利部验收，为干旱缺水区河湖生态治理与保护提供了样板。

【社会保障】提升公共服务水平，增进民生福祉。城乡低保标准分别达到人均每月577元、每年4428元，比“十二五”末分别提高51.8%、81.9%。全年城镇居民最低生活保障救济人数1.93万人，农村最低生活保障救济人数5.08万人，农村五保供养0.57万人。年末企业职工基本养老保险参保人数17.55万人，其中离退休人员5.39万人；机关事业单位工作人员养老保险参保6.97万人，其中离退休人员1.92万人；城乡居民基本养老保险参保人数90.54万人，其中领取养老保险待遇人数24万人。城镇职工基本医疗保险参保人数15.65万人，城乡基本医疗保险参保人数为167.22万人。失业保险参保人数10.66万人，领取失业金人数954人。工伤保险参保人数16.14万人，其中农民工参保3.54万人，享受工伤保险待遇人数1378人。

【社会事业】持续加大民生领域投入，着力解决群众急难愁盼问题，民生支出占到一般公共预算支出的85.8%。落实援企稳岗扩就业政策，新增城镇就业2.06万人，超目标任务14.4个百分点。武威六中成功搬迁，武威一中提升扩建、古浪职教中心迁建项目顺利推进，市二幼、凉州牌楼小学、古浪大靖三小等建成投用，新增中小学学位4280个、公立幼儿园园位2520个，大班额、入园难等问题得到缓解。凉州医院启动搬迁，武威市核酸检测基地和民勤、古浪县医院业务综合楼建成投用，公共卫生服务体系不断完善。

（刘锦莲　朱多璋）

凉州区

【基本情况】凉州区位于甘肃省中部，河西走廊东端，是中国旅游标志—马踏飞燕的出土地，是武威市政府所在地。1986年被国务院命名为全国历史文化名城和对外开放城市，2001年撤销县级武威市设立凉州区，2005年被命名为中国优秀旅游城市，2012年被命名为中国葡萄酒城。全区总面积4907平方公里，现辖37镇、2个生态建设指挥部、9个街道办事处，共有442个村民委员会、39个社区居委会，聚居着汉、藏、回、蒙等38个民族。2020年末常住人口88.32万人，城镇化率52.83%。

【国民经济】2020年，全区实现生产总值335.11亿元，比上年增长4.2%。其中：第一产业增加值84.97亿元，增长5.5%；第二产业增加值59.04亿元，增长2.2%；第三产业增加值191.10亿元，增长4.3%。全部工业增加值增长4.5%，其中，规模以上工业增加值增长8%。固定资产投资增长19.66%；社会消费品零售总额86.38亿元，下降0.4%；完成大口径财政收入32.14亿元，增长5.06%；一般公共预算收入14亿元，同比增长9.93%。

【脱贫攻坚】全面落实中央和省市脱贫攻坚决策部署，紧盯总攻目标，坚持脱贫标准，凝心聚力、真抓实干、尽锐出战、攻坚克难，抓重点、堵漏洞、补短板、强弱项，脱贫攻坚取得决定性成就。全区上下紧盯“到2020年我国现行标准下农村贫困人口实现脱贫、贫困县全部摘帽、解决区域性整体贫困”的目标任务，坚持“六个精准”，完善工作机制，全面实施“五个一批”措施，落实落细脱贫攻坚责任、政策和工作，持续开展精细精确精微的“绣花式”扶贫，集中投入人力物力财力解决贫困村、贫困户脱贫退出存在的短板弱项和突出问题，增强发展后劲。全区85个贫困村（其中深度贫困村7个）全部达到退出标准，11.39万建档立卡贫困人口全部实现脱贫。

【“三农”工作】全年实现农业增加值86.17亿元，比上年增长5.4%。全年农作物播种面积157.33万亩，下降2.41%。其中：粮食作物总播种面积107.48万亩，下降9.02%，经济作物播种面积49.84万亩，增长15.7%。全年粮食总产量59.91万吨，下降2.13%。其中，夏粮产量10.75万吨，秋粮产量49.15万吨。农业经济规模和质量显著提升，使用无公害、绿色、有机食品和地理标志的产品达到153个，农产品质量检测合格率保持在98%以上；农民合作社2564家，成员4.18万人；积极培育家庭农场142家，经营耕地1.33万亩。牛羊猪禽果菜菌薯药草十大产业产值占农业总产值的比重达到79.6%，比上年提高1.9个百分点。

【项目建设】全区实施500万元及以上在建项目168项，比上年增加15项；计划总投资391.38亿元，增加52.26亿元。其中亿元以上项目62项，增加10项。全年固定资产投资比上年增长19.66%。其中，第一产业完成投资增长75.48%；第二产业增长17.27%；第三产业增长18.46%。500万元及以上项目完成投资增长44.92%。工业固定资产投资增长17.27%。

【优势产业】凉州区是中国历史文化名城和全国优秀旅游城市，历史悠久，人文荟萃，史有“五凉古都，河西都会”之美称，以其“通一线于广漠，控五郡之咽喉”的军事战略要地和“车马相交错，歌吹日纵横”的商埠重镇为世人所瞩目。区境内有可供游览、观光、考古、研究的古建筑群、古遗址、古墓葬等160多处，馆藏文物4万多件，有举世闻名的珍贵国宝西夏碑、被称为陇右学宫之冠的文庙、始建于北凉时期被称为石窟之祖的天梯山石窟、西藏正式纳入中国版图的历史见证地白塔寺、中国旅游标志铜奔马的出土地雷台汉墓等一批国家级重点文物保护单位。

【人民生活】积极做好就业创业工作，2020年全区城镇新增就业11105人，职业技能提升行动培训11416人，年末城镇登记失业率为3.87%，输转城乡富余劳动力21.07万人。凉州区被评为省级农民工返乡创业示范县区。稳步推进健康凉州建设，凉州医院异地迁建项目建成启动搬迁，武威市传染病医院服务能力提升、凉州区疫情留观及紧急医疗救援中心等项目建成投用。全区城镇居民人均可支配收入33531元，比上年增长5.2%，净增1657元；农村居民人均可支配收入16473元，比上年增长7.1%，净增1092元。坚持“区不漏房、房不漏户、户不漏人、人不漏项”原则，有序完成第七次全国人口普查现场登记等工作任务。

【环境保护】全区有环境监测站1个，环境监测人员有15人，地表水考核断面水质达标比例为100%；城市集中式饮用水水源地水质达标率100%；农村集中式饮用水水源地水质达标率100%；地下水水质达标比例为100%。剔除沙尘影响后，PM_{10}平均浓度67微克/立方米，$PM_{2.5}$平均浓度35微克/立方米，优良天数323天，优良天数比例为88.3%。

【社会保障】2020年，民生福祉持续增进。年末全区城镇职工和城乡居民基本医疗保险参保人数分别达53833人、825416人。全区企业职工、机关事业单位、城乡居民基本养老保险参保人数分别达98579人、23770人、442047人。参加失业和工伤保险人员分别达48880人、66021人。全区保障城市低保对象3727户8868人，保障农村低保对象9215户20702人，全年共发放各类城乡低保资金11132.95万元；保障农村特困供养对象2365人（其中：农村2313人，城市52人。分散供养1664人，集中供养701人），全年累计发放资金1726.5586万元。全区共有养老机构11所，床位2816张。大力推进“书香凉州”建设，村级文化大舞台、健身场所实现全覆盖。

【社会事业】2020年，认定国家高新技术企业6家；争取国家和省、市级科技项目77项，项目资金621万元。争取省、市、区科技创新扶持资金1055万元；完成技术合同交易额7.84亿元，比上年增加44.6%。选派科技特派员101名、法人科技特派员27名，累计开展培训12场次，培训农民1.2万人以上。年末共有各类学校和幼儿园413所，比上年减少2所，在校（园）学生（幼儿）157793人，增加2804人。其中：中等职业学校9所，在校学生8803人，增加1040人；中学76所，在校学生48776人，减少1408人；特殊教育学校1所；小学158所，在校学生66524人，增加1826人；幼儿园169所，减少2所，在园幼儿33581人，增加1355人。小学学龄儿童入学率、巩固率、毕业率均达100%；初中入学率、巩固率、毕业率均达100%；初中毕业生升入高中阶段的比率为95.03%（其中，升入普通高中比率54.16%，升入中等职业学校和中等专业学校比率40.87%）。九年义务教育巩固率达100%。全区共有文化馆1个，公共图书馆1个，乡镇文化站38个。数字有线电视入户率和广播电视无线覆盖率分别达到89%和100%。全区共有卫生机构958个，其中医院、卫生院45个，社区卫生服务中心（站）11个。全区拥有床位7435张，卫生技术人员9233人。全区有各类运动场所2431个，室外全民健身路径73条，新建成农民体育健身工程行政村32个；全年经常性体育锻炼人数达到46万人次。

（张颖）

民勤县

【基本情况】民勤县地处河西走廊东北部，石羊河流域下游，南临凉州区，西南与金昌市连接，东西北三面被巴丹吉林和腾格里两大沙漠包围，属温带大陆性干旱气候区。全县土地总面积1.58万平方公里，东西长206公里，南北宽156公里。现辖18个镇，248个村民委员会、28个社区居民委员会。2020年末常住人口17.74万人，城镇化率40.12%。

【资源优势】民勤境内光、热、水、土资源组合优越，具有发展绿色有机农业得天独厚的自然条件，蜜瓜、茴香、蔬菜、葡萄、红枣、枸杞等特色农产品质优量大，是农业农村部认定的“全国蔬菜产业大县”，被中国食品工业协会誉名为“中国肉羊之乡”、被世界中餐业联合会授予“中华苏武沙羊美食之乡”，属甘肃省首批“有机产品认证示范区”。2020年9月，被中国蔬菜流通协会授予“中国蜜瓜之乡”“中国茴香之乡”“中国人参果之乡”等3个“国字号”誉名。“民勤蜜瓜”成功注册国家地理标志证明商标，“民勤茴香”地理标志申报通过专家现场验收。民勤肉羊、民勤蜜瓜入选“甘味”农产品——好中优产品名录。全县旅游资源富集而独特，有亚洲最大的沙漠水库红崖山水库、石羊河国家湿地公园、青土湖、“西部庄园之最”瑞安堡，腾格里和巴丹吉林两大沙漠相交一县，造就了“沙海绿洲、绿洲碧海”的奇观。太阳能、风能资源丰富，具有良好的光电、风电等新能源产业发展条件。

【国民经济】2020年，全县实现生产总值81.34亿元，比上年增长3.7%。其中，第一产业增加值39.10亿元，增长5.6%；第二产业增加值9.13亿元，增长1.6%；第三产业增加值33.12亿元，增长2.6%。三次产业结构比为48.1∶11.2∶40.7。全年全部工业增加值增长2.7%，其中规模以上工业增加值增长1.2%。固定资产投资下降4.88%。全年共实施招商引资项目59项，落实到位资金37.21亿元，增长6.01%。大口径财政收入5.87亿元，同口径下降0.54%，其中，一般公共财政预算收入3.96亿元，增长2.41%。社会消费品零售总额18.86亿元，下降0.8%。年末全县金融机构人民币各项存款余额138.54亿元，各项贷款余额152.64亿元。

【脱贫攻坚】扎实开展“3+1”冲刺清零后续行动和“5+1”专项提升、检视清零行动。重点领域主要指标全部清零达标，“两不愁三保障”补短板任务全部完成，完成“两类学校”改造19所，新识别超期服役且因雨等地质灾害影响容易降低安全等级而致危的老旧住房102户。投入资金2286万元，完成14个镇209个社的自建饮水改造提升工程。坚持把产业培育和劳动力稳定务工就业作为根本之策，共输送贫困劳动力外出务工1.46万人。开发公益性岗位2017个，安置建档立卡贫困劳动力1382人。扶贫领域各类问题全面整改。顺利通过国家脱贫攻坚普查验收、省级脱贫攻坚成效交叉考核和国家第三方评估。全县建档立卡户人均可支配收入13172元，比上年增长20%。

【优势产业】立足民勤自然资源禀赋，紧紧围绕蜜瓜、茴香、果蔬和苏武沙羊“3+1”主导产业，坚持“一镇一业”“一村一品”，在民武路沿线、水质条件较好的苏武等8个镇，重点发展果蔬产业；沿边沿沙、养羊规模较大的红沙梁等5个镇，重点发展苏武沙羊产业；收成镇、东湖镇分别发展蜜瓜产业、茴香产业。实施苏武沙羊“五个一”工程，湖羊种羊繁育场建成投运，改造提升种羊扩繁场7个，培育养羊专业村29个、发展羔羊繁育户2585户，培育万只育肥小区34个。大力发展绿色品牌农业。2020年引进新优特品种130个，开展新品种试验示范42项，新技术试验示范27项。制定有机茴香、有机甜瓜及日光温室有机乳瓜等生产技术规程19项。采取网络直播、县长代言、专题培训、开发APP等措施，“民清源”区域公用品牌渐行渐响，市场占有率、消费者知晓率大幅提升。培育壮大村集体经济，培育新型经营主体750个。认定县级示范性合作社38家，累计创建各级示范社达308个，其中国家级13个、省级41个、市级43个、县级211个。

【农业经济】2020年，全县农作物播种面积85.76万亩，比上年下降1.44%。其中，粮食作物播种面积35.88万亩，下降6.37%；经济作物播种面积45.10万亩，增长4.16%。蔬菜种植面积11.14万亩，增长5.21%。瓜类种植面积10.99万亩，增长41.04%。茴香种植面积7.05万亩，增长20.79%。全年蔬菜产量47.13万吨，比上年增长0.12%；瓜类产量40.07万吨，增长23.53%；茴香产量2.18万吨，增长22.52%。水果产量4.38万吨，下降15.52%；药材产量1.36万吨，增长12.83%。蜜瓜、果蔬、茴香三大主导产业产值占种植业总产值的65.7%。全年肉类总产量2.43万吨，比上年增长4.58%。年末牛出栏1.39万头，羊出栏96.02万只，增长5.04%，猪出栏9.35万头，鸡出栏131.7万只，增长2.65%。

【项目建设】全力推进项目建设高质量发展，积极实行项目清单制管理，强化重大项目“三性”论证，优化政府投资项目管理，简化企业投资项目审批，畅通项目审批绿色通道。全年实施500万元及以上投资项目和房地产开发项目136个，其中5000万元及以上项目26个。城区集中供热第二热源厂及管网、污水处理厂一期提标改造、污水处理厂至苏武沙漠戈壁农业示范园供水工程、沙漠雕塑艺术公园等5个项目得到专项债券资金支持。县医院救治能力提升、农网改造升级、人居环境整治、三北防护林五期工程、医疗废物处理等18个重点项目下达中央和省预算内资金。县医院门急诊医技综合大楼、蜜瓜产业园道路、民勤职专实训楼等100个项目建成投用。规模化防沙治沙试点、文化体育中心等36个项目加快推进。全年实施招商引资项目59项，落实到位资金37.21亿元。

【人民生活】全年城镇新增就业3082人，其中失业人员再就业1120人。年内开发城镇公益性岗位200个，其中开发安置城镇公益性岗位269人。发放创业担保贷款8740万元，扶持创业543人。岗位技能提升培训7376人，输转城乡富余劳动力6.0135万人。年末城镇登记失业率3.12%。城乡居民收入稳步增加，全年城镇居民人均可支配收入27197元，比上年增长5.0%；城镇居民人均消费支出22312元，增长7.52%。农村居民人均可支配收入15466元，增长7.3%；农村居民人均消费支出14289元，增长8.12%。城乡居民人均可支配收入比值为1.76，比上年缩小0.03。持续推进“厕所革命”，改造农户卫生厕所3165座，农村卫生厕所普及率87.09%。着力实施村庄亮化工程，安装太阳能路灯702盏。

【环境保护】全力推进国家节水行动，按照“以水定规模、以水定产业、以水定结构、以水布局经济社会发展”的总体要求，严格水权管理，坚守用水红线。蔡旗断面过站总径流29895万立方米，全县用水总量35888万方，民勤盆地地下水开采量连续控制在0.86亿立方米以内。强化河长湖长履职尽责，持续深化河湖“清四乱”专项行动，突出抓好石羊河全国示范河湖建设，河湖长制工作取得了显著成效。石羊河全国示范河湖顺利通过水利部验收，民勤县被水利部确定为全国第三批县域节水型社会达标县。国土绿化倍增行动成效显著。城区集中供热第二热源厂及管网建设工程顺利开工建设，城区集中供热质量稳步提升。污水处理厂中水综合利用暨生态修复工程和城区供水改扩建工程（一期）输水主管线改迁工程全部完工，污水一期提标改造工程主体工程基本完工，城市污水处理率达 96%，城区给排水保障能力进一步加强。全年完成国土绿化(含人工造林)面积 4.53 万亩，通道绿化 150 公里，义务植树 235 万株，退化草原治理 1.5 万亩，草原植被盖度 18.65%。完成森林公园、朗福生态文化旅游区、街道绿及机关单位庭院绿化面积 74.7 万平方米。完成山水林田湖草生态保护修复、退耕还林等重点生态工程补植补造 7.2 万亩。稳步推进大气污染防治，县城建成区 20 蒸吨以下燃煤锅炉实现“清零”目标；8 台 20 蒸吨及以上燃煤锅炉，均建设安装了脱硫脱硝高效除尘及自动在线监控设施，并与市监控平台联网。全年城市空气质量优良天数 289 天，优良天数比率为 79%。

【社会保障】坚持民生为本，不断增进人民福祉。全年用于教育、卫生、社会保障和就业、农林水事务等重点民生支出 23.76 亿元，占一般公共预算支出的 83.25%。社会保障和救助体系进一步完善，年末全县参加城镇职工基本养老保险人数 2.16 万人，参加城乡居民基本养老保险人数 13.02 万人，参加基本医疗保险人数 21.30 万人，其中参加城镇职工基本医疗保险人数 1.61 万人；参加城乡居民基本医疗保险人数 19.69 万人。参加失业保险人数 1.21 万人，参加工伤保险人数 2.23 万人，参加生育保险人数 1.12 万人。年末全县共有 5650 人享受城市居民最低生活保障,6104 人享受农村居民最低生活保障，1008 人享受农村特困救助供养。全年救助医疗对象 11690 人次；救助城乡困难家庭 3683 户。积极探索“互联网 +”养老服务模式，完成智慧养老信息平台建设图纸初设工作，坝区中心敬老院建成投入使用。年末全县共有公办养老机构 3 所，民办养老机构 2 所，设置床位 546 张，在院人数 370 人。日间照料中心 152 个。

【社会事业】统筹城乡教育发展，深化教育体制改革，各类教育全面发展。年末全县共有各级各类学校和幼儿园 49 所，其中普通中学 12 所，中等职业中专 1 所，小学 14 所，幼儿园 21 所，特殊教育学校 1 所，在校（园）学生（幼儿）21140 人。全面提升医疗机构服务能力。县人民医院门急诊医技综合大楼、重症医学科、县域医学影像中心 PACS 系统、创伤中心和新生儿重症监护病房和产房、手术室、ICU 净化项目建成并投入运行。全面落实分级诊疗制度，县级 260 种和乡级 55 种分级诊疗病种，全部实行单病种定额付费制管理。落实基层医疗卫生机构运行改革制度，全县 224 个村卫生所全部进行行政、业务、人员、药械、财务、绩效“六统一”管理。文化体育事业和旅游业进一步发展。成功举办第三届沙漠雕塑国际创作营、民俗民间文艺大奖赛、广场舞大赛、第六届民勤端阳节赛诗会及“美丽民勤”诗歌大赛、首届乒乓球邀请赛、第三届万人徒步、2020 年腾格里（民勤）沙漠半程马拉松赛等文化旅游体育赛事活动。举办以“读万卷书、行万里路”为主题的第 25 个世界读书日、2020 年“文化和自然遗产日”宣传活动,开展以“沙井文化、汉代民勤、镇国宝藏、馆藏集萃”为主题的历史文物展。

（许晓伟）

古浪县

【基本情况】古浪，系藏语古尔浪哇的简称，意为黄羊出没的地方。古浪县地处河西走廊东端，为古丝绸之路要冲。全县国土总面积 5046 平方公里，东南分别与白银市景泰县和武威市天祝县相连，西北与武威市凉州区接壤，北邻腾格里沙漠，是青藏、蒙新、黄土三大高原交汇地带。县境内享誉古今的“金关银锁”古浪峡，“扼甘肃之咽喉，控走廊之要塞”，自古就以“驿路通三辅，峡门控五凉”的重要地理位置而闻名。境内区域类别多，自然条件差异大，地势南高北低，海拔 1550 ~ 3469m，平均气温 5.6℃，年降水量 300 毫米左右，蒸发量 2300 毫米以上，日照时数 2852.3h，无霜期 140 天左右。全县辖 4 个乡、15 个镇、1 个街道，251 个村（居）委会。境内居住汉、回、藏、蒙等 10 多个民族。2020 年末常住人口 24.79 万人，城镇化率 31.71%。

【资源优势】古浪县境内主要矿产资源有石灰石、煤炭、石膏、花岗岩、重晶石等，其中石灰石储量达 12.4 亿吨，具有较高的开采价值。境内道路通畅、交通便捷，交通路网四通八达。历史文化悠久，境内有仰韶、马家窑、齐家沙井等多处文化遗址，存有彩陶、汉代青铜器、唐代鎏金佛、宋元瓷器等文物，尤以明清水陆画和《甘珠尔》大藏经最为著名。人文景观荟萃，国家级自然保护区昌灵山，素有“西北小武当”之称，是世界上距沙漠最近的原始次生林带；汉、明长城相互交汇，至今雄风犹存；南部山区石门峡、香林寺、寺洼冰峡等自然风光是夏季绝佳的森林避暑胜地；大靖财神阁，土门三义殿、山陕会馆、罗汉楼、玉皇殿等许多古代建筑遗迹，具有厚重的文化底蕴；红军西路军古浪战役纪念馆是华夏文明传承创新区“红色文化弘扬”板块红西路军“一综十二专”纪念馆之一，是省、市、县爱国主义、国防教育和党史教育基地。

【国民经济】2020 年，全县实现地区生产总值 61.11 亿元，比上年增长 5.9%。其中：第一产业增加值 24.49 亿元，增长 6.6%；第二产业增加值 6.04 亿元，下降 22.1%；第三产业增加值 30.59 亿元，增长 2.7%。三次产业结构比为 40.07 ∶ 9.88 ∶ 50.05。全年全县十大生态产业增加值 23.36 亿元，增长 20.29%，占全县地区生产总值的 38.23%，占比较上年提高 3.73 个百分点。固定资产投资增长 9.49%。招商引资到位资金 35.7 亿元，增长 7.66%。社会消费品零售总额 18.85 亿元，下降 0.7%。大口径财政收入 4.49 亿元，增长 15.33%;公共财政预算收入 2.13 亿元，增长 7.65%。城镇居民人均可支配收入 25661 元，增长 4.9%；农村居民人均可支配收入 8121 元，增长 7.4%。

【脱贫攻坚】2020 年 2 月，经省政府批准，古浪县整体退出贫困县序列，历史性地告别了绝对贫困。2019年剩余64户、232人未脱贫人口全部达标并脱贫退出。2014年至今累计减贫14.23万人，贫困人口全部达到现行标准下脱贫退出标准。坚持把脱贫攻坚作为“一号工程”，以脱贫攻坚统揽经济社会发展全局，扎实推进“3+1”冲刺清零行动，逐村逐户逐人逐项“过筛子”，下功夫补齐短板弱项，义务教育、基本医疗、住房安全、饮水安全全部达标。举全县之力实施黄花滩生态移民易地扶贫搬迁工程，相继建成12个移民新村和绿洲小城镇，搬迁南部高海拔山区11个乡镇73个贫困村1.53万户6.24万人，实现3个乡镇整乡搬迁、58个贫困村整村搬迁。有针对性地对2465户、9013名“边缘人口”和“脱贫监测人口”落实产业扶贫、就业扶贫、经营主体带贫、光伏扶贫补助、公益性岗位安置等措施，返贫致贫风险消除标注率100%。

【“三农”工作】提升设施农牧业高效发展，做优做强特色优势产业，现代农业建设取得显著成效。2020年，全县实现农林牧业增加值24.91亿元，比上年增长6.3%。着力打造沿山沿川沿沙“三大特色产业带”，大力发展“10＋N”区域特色优势产业。全县累计建成日光温室1.5万座、养殖暖棚19.37万座，蔬菜产量达到55万吨，牛羊鸡鸽存栏量分别达到8.4万头、224.6万只、228.1万只、17.4万只。统筹整合财政涉农资金7.04亿元，安排专项扶贫资金8500万元，协调发放特色产业发展贷款5.57亿元、扶贫小额信贷1.41亿元、富民产业贷款3.21亿元。出台产业发展奖补政策，落实补助资金7364万元，扶持2.03万户贫困群众发展自种自养产业。整合资金18.97亿元实施重点农业项目115项，新建千头牛场7个、万只羊场15个。4504万方黄河取水指标获批，370万方调蓄水池完成主体，移民区缺水瓶颈制约得到破解。

【项目建设】谋划储备新时代推进西部大开发项目448项、总投资560.9亿元，黄河流域生态保护和高质量发展项目33项、总投资116.03亿元，县城城镇化化补短板强弱项项目43项、总投资18.28亿元，“十四五”重点项目462项、总投资582.4亿元。2020年，共实施招商引资项目48项，完成到位资金35.72亿元，比上年增长7.62%。赴外省开展项目对接和招商洽谈14次，主动邀请100多批次客商来古考察，同巴州海德、西安品糊涂、上海安肃、甘肃天保绿源、甘肃保罗服饰等企业签约项目32项，总投资36.99亿元。第26届兰洽会签约项目8项，协议总投资24.02亿元，金宇浩睿2万头奶牛养殖项目被认定为省级重大招商引资项目。武威伊利乳业公司与9家生态奶牛养殖企业签订奶源发展战略合作协议。全省推进民营经济发展暨优化营商环境大会签约项目2项，协议总投资2亿元。第十届有机葡萄美酒节签约项目1项，协议总投资1亿元。

【产业培育】着力培育发展现代农业、生态工业、新能源、文化旅游等生态产业，产业发展迈上新台阶。培育发展“10+N”优势主导产业，重点打造移民区万亩戈壁农业、万只种羊繁育、万头肉牛、万头奶牛产业园等高标准示范基地，全县规模化养殖场达到802个，设施蔬菜年产量达到12万吨。2020年，全县粮食作物播种面积55.86万亩，粮食产量20.79万吨，比上年增长3.79%；发展旱作马铃薯8万亩、露地蔬菜12万亩、优质饲草16.3万亩、畦栽食用菌7.1万平方米、投袋1006万袋。实现农业增加值24.91亿元，增长6.3%。县境内风能、太阳能资源丰富，风电和光伏装机规模达到29.89万千瓦，年均发电量达到5亿千瓦时。

【文化旅游】借助八步沙“六老汉”时代楷模知名度，加快推进古浪县八步沙“两山”实践创新基地建设。持续推进古丰镇、黑松驿镇特色旅游小镇基础设施建设和阳光新村特色旅游示范村建设。古丰镇花海经济、黑松驿镇丝路驿站和房车露营地、黄羊川镇华硕牡丹产业园建设深入推进。西靖镇金水源丝路驿站，建成接待大厅、民俗馆、沙漠卡丁车赛道、儿童游乐园、民俗窑洞等旅游设施，AAA级旅游景区创建完成初评。组织市级“非遗”扶贫项目“栀子面”和手工刺绣等5个“非遗”代表、20余个品种、128件“非遗”展品参加全市2020年“非遗”展演展示活动。开展“美丽乡村游长城徒步走”全民健身活动，举办古浪县2020年“开启新征程·健步奔小康”全民健身环城赛，有效推动全民健身常态化。扶持发展农家乐60家，武威市长城保护利用设施建设项目完成建设。多层次、全方位、立体式开展对外宣传，打响“丝路要塞·红色古浪”旅游品牌，古浪战役纪念馆累计接待参观游客56.3万余人次。组织参加敦煌文博会、兰洽会、凉州论坛、葡萄酒节等各类大型节庆活动，大力培育新兴文旅产业，串联县内各旅游景点，基本形成红色经典研学游、乡村旅游体验游、沙漠风情生态游等5条旅游精品线路。积极拓展旅游消费市场，设计制作文创产品12种，全年全县旅游产业接待游客达到84.35万人次，实现旅游综合收入5.05亿元。

【生态环保】坚决彻底整改中央和省市环保督察反馈问题，深入实施大气、水、土壤污染防治行动计划，环境质量不断改善。3个地表水监测市级控断面水质全部达标，地表水断面水质均达到地表水环境质量Ⅲ类标准；县级集中式饮用水水源地水质达标率均为100%，全县空气优良率91%。严厉打击非法排污、倾倒垃圾、侵占水域岸线和非法采砂等行为，完成县级河道、水库管理范围划界。严控畜禽养殖污染，全县32家大型规模养殖场均建有粪污处理设施，畜禽粪污资源化利用率达到87%。初步建立废旧农膜县级补贴、乡镇回收、企业清运加工回收模式，共建成专业化废旧农膜回收网点10个，废旧农膜可收率82.9%。全面取缔劣质煤销售点，建成一级煤炭配送中心2家，二级煤炭销售网点57家，基本建成覆盖全县各乡镇的煤炭市场集中配送体系。全面推行绿色出行方式，县城运营的251辆出租车全部改装使用天然气，在县城投运蜜果电动车600辆、松果电动车240辆，在减少机动车乘车频次的同时有效减少污染物排放量。持续推进“烟头不落地”“遵守红绿灯”“礼让斑马线”活动，城市文明形象和市民文明素质不断提升。

【人民生活与社会保障】2020年，全县城镇居民人均可支配收入25561元，比上年增长4.9%；人均消费支出

16958元，增长8.22%。农村居民人均可支配收入8121元，增长7.4%；人均消费支出11995元，增长30.82%。全县城乡居民医疗保险参保人数302893人，参保率98.23%。城乡居民医疗保险筹集总额24231万元，共为参保居民报销医疗费用21665万元。当年城乡医保基金使用率为99.19%。城镇职工基本养老保险参保人数12634人，工伤保险参保人数15291人，失业保险参保人数10172人。农村社会养老保险参保人数217126人，参保率为98.5%。农村特困供养1423人，享受农村最低生活保障16813人，享受城镇居民最低生活保障2225人，全县有敬老院4所，集中供养特困对象558人。累计建成156个城乡社区老年人日间照料中心。

（胡东山）

天祝藏族自治县

【基本情况】 天祝，藏语称华锐，意为英雄之地，地处甘肃省中部、武威市南部、祁连山东端，素有河西走廊“门户”之称，1936年，以境内天堂寺、祝贡寺首字“天祝”命名。1950年设立天祝自治区（县级），1955年改为天祝藏族自治县，是周恩来总理命名的全国第一个少数民族自治县，是中国高原藜麦之都、中国白牦牛之乡、中国高原食用菌之乡、中国高原夏菜之乡、中国高原走马之乡。境内海拔2040—4874米，年平均气温0.3℃，年降水量407.4毫米。全县辖14个镇、5个乡，178个行政村、20个居委会，有藏、汉、土、回、蒙古等28个民族。2020年末常住人口15.06万人，城镇化率46.37%。

【自然资源】 天祝区位优越，南接兰州，东靠景泰，北邻古浪，西邻青海，西北与肃南县接壤，距省城兰州140公里，距中川机场100公里。位于县境中部的乌鞘岭横亘东西，是古丝绸之路咽喉要塞，兰新铁路、G30高速、G312国道和正在建设的兰张三四线高铁贯穿全境。天祝生态地位十分重要，是石羊河流域6条内陆河（金塔河、杂木河、黄羊河、古浪河、大靖河、西营河）和黄河流域2条外流河（大通河、金强河）的重要水源涵养区和水源补给区。天祝文化底蕴深厚，夏至汉初先后为羌戎、月氏、匈奴等民族驻牧地，自汉武帝时归入汉王朝版图，唐代后逐步形成以吐蕃（今藏族）为主体民族的多民族聚居地，明至清初实行千百户制度，清乾隆时期设庄浪茶马厅。境内有乌鞘岭长城、松山古城、栗家庄汉墓群、祁连岔山唐代吐谷浑王族成员墓群、岔口驿古堡等古迹，其中乌鞘岭长城是万里长城中海拔最高的一段，属省级文物保护单位。

【国民经济】 2020年，全县地区生产总值48.9亿元，比上年增长5.4%，其中：第一产业增加值13.2亿元，增长5.3%；第二产业增加值10.9亿元，增长9.8%，全部工业增加值增长12.2%，规模以上工业增加值增长17.4%；第三产业增加值24.8亿元，增长3.8%。三次产业结构比为26.93∶22.33∶50.74。固定资产投资增长14.3%。社会消费品零售总额19.8亿元，下降0.5%。一般公共预算收入3.4亿元，下降12.2%。一般公共预算支出48.8亿元，增长7.7%。城镇居民人均年可支配收入27736元，增长5.3%。农村居民人均可支配收入8844元，增长7%。

【脱贫攻坚】 尽锐出战、攻坚克难，坚决打赢打好脱贫攻坚战。“八大产业”发展势头良好，实现特色产业对贫困村、贫困户的全覆盖。兴办扶贫车间62家，开发乡村公益性岗位6981个，建成32.3兆瓦光伏扶贫电站，构建县乡村三级电商服务体系，带动贫困户稳定增收，贫困群众人均可支配收入由2015年的2580元增加到2020年的8210元，年均增长26.05%。“两不愁三保障”全面实现，义务教育阶段无辍学学生，九年义务教育巩固率达到100%；标准化村卫生室和合格村医实现全覆盖，大病集中救治率、贫困人口参保率均达到100%；兜底保障实现应保尽保；改造提升农村住房4769户，贫困户危房全面消除；农村饮水水质达标率100%、自来水入户率96%。易地扶贫搬迁工程3878户15114人全部搬迁入住，基本实现了搬得出、稳得住、能致富、可持续。农村公路达2094公里，比2015年增加812公里，具备条件的建制村全部通上了硬化路、客运班车。自然村动力电和光纤宽带网络全覆盖。累计投入各类扶贫资金40.47亿元，全县累计减贫5.45万人，86个贫困村全部脱贫出列，贫困发生率从2014年初的33.8%下降为零，实现整县脱贫摘帽，绝对贫困问题得到历史性解决。

【“三农”工作】 围绕打造沿山、沿川、沿沙“三大特色产业带”，培育壮大“八大产业”，扶持发展“五小产业”。特色农业种植面积达64.2万亩，特色养殖量达307.43万头只。建成纯洁高原藜麦扶贫产业园等12个特色产业园区，培育农业龙头企业37家、农民专业合作社1042家、家庭农场1860家。累计认证“三品一标”农产品79个，注册农特产品商标241个，天祝白牦牛、天祝藜麦入选“甘味”知名农产品目录，“一年一穗”“藏乡富盛”等4个品牌入选“甘味”知名企业商标品牌，成功申报天祝藜麦、天祝土豆等地理标志。全力推进农业标准化建设，发布天祝白牦牛、岔口驿马2个国家行业标准，推出天祝白牦牛肉等3个甘肃省地方标准。打柴沟镇被认定为第十批全国“一村一品”示范村镇，天祝县成功入选第二批国家农村产业融合发展示范园。

【项目建设】 厚植发展优势，持续争项目扩投资，不断破解发展难题，加快补齐基础设施短板。累计投资300多亿元，实施项目700多项；落实涉藏专项资金35.3亿元，实施项目140项。兰张三四线加快推进，G338线天祝段和炭赛、南旦、高祁等普通国道、省道先后建成投运。实施安全生命防护工程1458公里，改造危旧桥28座，新建乡村停靠站135个，全县公路总里程达2542公里。建成二道墩水库、石门河调蓄引水、金强川灌区水源保障、城区供水二期及供水管网延伸等重大工程。新建35千伏输电线路19.78公里，新建改造10千伏及以下线路759.29公里，11座村级光伏电站并网发电。敷设天然气管网49公里，城区居民小区和住宅楼全覆盖。建成4G通信基站625个、5G基站23个，行政村通信网络全覆盖。

【优势产业】 全域旅游、全季旅游、全产业链旅游全面推进，天堂民俗文化村、乌鞘岭国际滑雪场等旅游项目建成投运，五大景区加快建设，华藏景区旅游基础设施、天堂景区旅游基础设施改造提升等项目顺利实施。打造天堂镇天堂村、石门镇大塘村等藏土民俗文化村和民俗文化旅游接待点，开发文创产品30多种。冰沟河景区创建为省级旅游度假区和国家4A级旅游景区，天堂村、大红沟村入选全国乡村旅游重点村。全面提升“青藏之眼·绿色天祝”文化旅游新形象，举办赛马会、乡村旅游节等系列节会和省内外宣传推介会。实施传统产业改造提升，金强工业集中区升级为省级工业园区，组建碳化硅产业集团公司。宇邦建材新型防水材料、中钢耐火高性能耐火制品、宏氟锂业锂电池电解质等一批战略新兴项目建成投运；天美白牦牛肉产业开发、祁连中藏药材加工、高原净土中药材产业园等生态产业不断拓展。

【环境保护】生态环境质量持续好转。祁连山自然保护区有关问题全部完成整改并通过省级复核，祁连山国家公园体制改革试点有序推进，山水林田湖草生态保护修复工程顺利实施，完成祁连山自然保护区核心区生态移民59户、矿山恢复治理112处、复绿废旧宅基地1.5万亩、治理水土流失458.78平方公里。坚决打好污染防治攻坚战，建成14个乡镇集中供热设施，10吨以下小散燃煤锅炉整治清零，改造农村土炕1.45万户、碳化硅企业烟气治理16户。2020年城区空气质量优良天数338天，优良率92.3%。全面落实河湖长制，完成58条河流及7座水库管理范围划界，新建改造污水处理厂5座，实施饮用水水源地保护项目71处，水生态环境质量持续改善；尾矿、废弃化学品、医疗废物等危险废弃物安全处置，废旧农膜回收率达80%以上，尾菜利用率达到68.4%，均高于省上指标。大规模开展国土绿化倍增行动，县城绿地率、绿化覆盖率分别达26%、30.5%，森林覆盖率达34.38%，天然草原综合植被盖度达94.54%。天堂镇那威村、赛什斯镇先明峡村等4个村被认定为国家森林乡村。

【城乡建设】全面启动国土空间规划编制，完成县城4个片区控制性详细规划和城市色彩、城市风貌等专项规划以及17个乡镇总体规划、152个村庄规划，统一明细的规划体系框架基本建立。县城规划区面积由14平方公里拓展到23.25平方公里，建成区面积由3.32平方公里拓展到5.45平方公里。实施城区防洪工程、集中供热工程、团结路延伸段公铁立交桥等项目，建成跨河大桥5座、人行过街天桥2座，改造主次干道4条，新建改建市政道路16条，打通“断头路”6条，改造提升背街小巷18条，修建公园广场3处，建成停车场10个，新增停车位4061个，新建改建城市公厕25座，道路机械化清扫率提高到75%。完成棚户区改造4836套，改造老旧小区92个、住宅楼150栋，推广装配式和轻钢结构绿色建筑691户，城乡居民住房条件显著改善，县城人均居住面积达到36平方米。实施厕所、垃圾、风貌“三大革命”，改造农村卫生厕所2.11万座，安装乡村路灯1.74万盏，创建清洁村庄102个。

【社会事业】持续加大民生领域投入，民生支出占一般公共预算支出的83.27%。实施积极的就业政策，建成县就业创业服务超市，新增城镇就业1.93万人，城镇登记失业率控制在4%以内；发放创业担保贷款2.37亿元，带动5000余人（次）创业就业。统筹推进城乡教育一体化发展，新建改建城北初中等125所学校，新华中学整体搬迁至城北新区，城关小学、城关二小设立南北校区，县域义务教育发展实现基本均衡。城乡居民养老保险、医疗保险参保率分别达98.5%、98.6%。建成县医院内科住院楼、藏医院业务综合楼、藏研所、妇计中心等项目，乡镇卫生院、村卫生室标准化建设实现全覆盖，城乡医疗卫生服务功能更加完善。城乡低保、特困人员供养标准持续提高，落实最低生活保障、特困人员救助供养、孤儿基本生活保障补助资金6.62亿元。不断完善养老服务设施，智慧养老信息中心建成投运，残疾人“两项补贴”全面落实，托养照护服务逐步推进。成功发掘并保护利用祁连岔山唐代吐谷浑王族成员墓葬，大型民族歌舞剧《千年华锐》创编演出，编纂出版《华锐民歌系列丛书》《华锐山水颂》等5本国家级非遗民文类书籍，古籍整理、非物质文化遗产取得新成果。天祝县被评为全省最具社会保障竞争力县。

（韩海军）

张掖市

【基本情况】张掖，古称甘州，西汉以“张国臂掖，以通西域”而得名，位于青藏高原和蒙古高原交汇的河西走廊中部，自古以来就是丝绸之路商贾重镇和咽喉要道，素有“塞上江南”“金张掖”之美誉。境内祁连山水源涵养区、黑河绿洲、荒漠戈壁三大生态系统交错衔接，雪山冰川、森林草原、七彩丹霞、田畴沃野、湿地候鸟、荒漠沙丘等地貌交相辉映，使张掖成为坐落在祁连山、黑河湿地两个国家级自然保护区之上的城市，被国家列为生态文明示范工程试点市。全市总面积3.86万平方公里，辖甘州区、临泽县、高台县、山丹县、民乐县、肃南县一区五县。2020年末全市常住人口112.99万人，城镇人口57.95万人，城镇化率51.29%，境内有汉、裕固、藏、蒙、回等38个民族，其中分布于祁连山区的裕固族是甘肃独有的少数民族。

【资源优势】境内河流众多，阳光充足，土地肥沃，灌溉便利，是国家现代农业示范区，是全国最大的玉米制种区和重要的粮食、蔬菜、瓜果、油料和牛羊生产基地。也是甘肃省以钨钼、铜、金、铁、煤、粘土、钾盐等矿种为主的金属、非金属矿产集中区和水能、光能、风能开发区。张掖既有“半城芦苇”的自然美景，也有“兰城塔影”的历史风貌，文化沉积深厚，人文景观丰富，是国家级历史文化名城和中国优秀旅游城市。这里有中国最美之一的祁连山草原、张掖丹霞、黑河湿地、黑河峡谷和平山湖大峡谷，有全国最大的山丹马场、保存最完整的汉明长城、历史文化名山焉支山、名城骆驼城，有距城市最近的七一冰川、沙漠公园，有全国最大的室内泥塑卧佛张掖大佛、坐佛山丹大佛，有与敦煌莫高窟同时代的马蹄寺石窟群，还有红西路军烈士陵园和独特的裕固族、蒙古族、藏族风情等。

【国民经济】2020年，全市实现地区生产总值467.05亿元，比上年增长3.6%。其中，第一产业增加值128.62亿元，增长5.3%；第二产业增加值86.99亿元，增长4.1%；第三产业增加值251.45亿元，增长2.6%。三次产业结构比为27.54 ∶ 18.62 ∶ 53.84。完成十大生态产业增加值128.01亿元，占全市地区生产总值的27.4%，比重比上年提升0.9个百分点。全部工业增加值比上年增长9.9%，其中规模以上工业增加值增长9.8%。社会消费品零售总额201.06亿元，下降2.8%。一般公共预算收入完成26.95亿元，增长0.11%；一般公共预算支出179.58亿元，增长16.42%。

【脱贫攻坚】2020年，全市全面贯彻落实党中央、国务院决策部署和省委、省政府工作安排，坚持精准策略、聚焦重点任务、保持攻坚态势、强化责任落实，持续巩固拓展脱贫成果，高质量打赢打好脱贫攻坚战各项目标任务全面完成。2020年共安排落实中央、省、市、县资金共3.52亿元，“插花型”贫困县安排专项扶贫资金1.35亿元。“十三五”期间计划搬迁的3846户13247名建档立卡贫困户已全部搬迁入住。65个建档立卡贫困村六大特色产业面积10.1万亩，贫困村特色产业面积连续多年稳定在总种植面积的60%以上。输转建档立卡贫困劳动力16479人，共培训建档立卡贫困劳动力1868人。累计建成扶贫车间69个，吸纳建档立卡劳动力881人。开发爱心理发公岗678个、防疫消杀、保洁公岗765个，安置贫困劳动力1585人。共评审上报消费扶贫产品102个，建立消费扶贫专馆13个，线下消费扶贫专区19个，布放消费扶贫专柜296个。2014年全市有5个“插花型”贫困县区，65个贫困村，1.64万户5.3万贫困人口。2017年,5个“插花型”贫困县区全部摘帽退出，2018年65个贫困村退出贫困村序列；2019年，最后的3925户10553名贫困人口全部脱贫摘帽。

【农业经济】全年全市粮食种植面积330.15万亩，比上年增加26.14万亩。油料种植面积16.48万亩，减少18.31万亩。蔬菜种植面积41.98万亩，增加4.68万亩。中药材种植面积29.01万亩，增加1.74万亩。果园面积10.45万亩，增加0.02万亩。粮食产量144.53万吨，增长4.05%。其中，夏粮产量44.87万吨，增长3.89%；秋粮产量99.66万吨，增长4.14%。蔬菜产量132.13万吨，增长14.09%。园林水果产量6.57万吨，下降2.56%。中药材产量10.96万吨，增长6.44%。肉类产量12.6万吨，增长8.06%。牛奶产量8.07万吨，增长15.95%。年末牛存栏57.63万头，增长8%；牛出栏27.24万头，增长8.31%。羊存栏313.28万只，增长6.5%；羊出栏268.23万只，增长4.79%。生猪存栏45.84万头，增长6.91%；生猪出栏66.12万头，增长4.64%。

【项目建设】全年全市固定资产投资比上年增长8.24%。按三次产业分，第一产业投资增长67.94%，第二产业投资下降28.53%，第三产业投资增长15.29%。基础设施投资增长36.14%。全年项目投资增长20.75%。全年房地产开发投资比上年下降34.21%。房屋施工面积298.29万平方米，下降46.77%。房屋竣工面积43.7万平方米，下降58.42%。商品房销售面积117.35万平方米，下降7.98%，其中住宅销售面积107.68万平方米，下降5.36%。城镇棚户区住房改造开工8664套，棚户区改造基本建成3167套。农村危房改造261户，其中农村地区建档立卡贫困户危房改造84户。

【人民生活】2020年，全市城镇新增就业2.1万人，城镇登记失业率为2.9%。全年输转城乡富余劳动力29.45万人，其中，市外输转10.6万人，市内输转18.85万人。城乡居民收入稳步增长。全年城镇居民人均可支配收入28976元，比上年增长5.5%；城镇居民人均消费支出22079元，增长0.5%；城镇居民家庭恩格尔系数为28.15%。农村居民人均可支配收入16020元，增长7.2%；农村居民人均消费支出14381元，增长6.9%；农村居民家庭恩格尔系数为28.57%。

【社会保障】五大社会保险参保人数稳步增加。年末全市参加城镇职工基本养老保险人数13.42万人，参加城乡居民基本养老保险人数68.67万人，参加城镇职工基本医疗保险人数13.83万人，参加城乡居民基本医疗保险人数107.44万人，参加失业保险人数8.89万人，参加工伤保险人数12.0万人，其中参加工伤保险的农民工3.96万人。全年保险公司保费收入40.89亿元，支付各类赔款及给付8.36亿元。年末城镇居民最低生活保障人数1.79万人，农村居民最低生活保障人数4.65万人。

【环境保护】全年全市总用水量19.93亿立方米，比上年下降3.47%。其中，生活用水量0.47亿立方米，增长1.22%；工业用水量0.19亿立方米，下降14.59%；农业用水量19.02亿立方米，下降2.61%。市内12个地表水监测断面中，达到或优于Ⅲ类断面比例为91.7%。空气质量优良天数比率为93.4%，提高0.8个百分点。城市区域声环境评价（昼间）总体较好，城市区域声环境质量等级为二级。全年平均气温为7.4℃，下降0.1℃。年日照小时数2912.9小时，增加4.4小时。年降水量182.4毫米，减少81.1毫米。

【社会事业】科技事业有新进展。全年登记市级科技成果7项，其中，应用技术类成果7项。获得奖励3项。专利申请量2916件，比上年增长30.88%；专利授权量2192件，增长13.58%，其中发明专利授权量30件，下降11.7%。有效发明专利302件，每万人口发明专利拥有量2.45件。共签订技术合同399项，增长81.36%；技术合同成交金额24.51亿元,下降3.47%。教育事业稳步推进。普通本专科招生0.61万人，在校生1.96万人，毕业生0.49万人。中等职业教育招生0.46万人，在校生1.11万人，毕业生0.31万人。普通高中招生0.73万人,在校生2.08万人，毕业生0.75万人。初中招生1.18万人，在校生3.76万人，毕业生1.24万人。普通小学招生1.2万人，在校生7.62万人，毕业生1.18万人。特殊教育招生12人，在校生199人。幼儿园在园幼儿3.73万人。文体旅游事业健康发展。年末全市广播节目综合人口覆盖率99.89%,比上年末提高0.45个百分点;电视节目综合人口覆盖率99.9%，提高0.22个百分点。全市共有体育场地4731个，体育场地面积288.13万平方米。

全年体育获得各类奖牌50枚，其中金牌22枚。全年接待国内游客2983万人次，比上年下降29.6%；国内旅游收入185.09亿元，下降33.7%。医疗卫生条件持续改善。年末全市共有医疗卫生机构877个。其中医院45个，医院中有综合医院22个，中医医院7个，专科医院16个；基层医疗卫生机构812个，其中，社区卫生服务中心（站）30个，卫生院83个，村卫生室699个；专业公共卫生机构20个，其中，疾病预防控制中心7个，妇幼保健院（所、站）7个，卫生监督所（中心）6个。年末卫生技术人员1.02万人。其中，执业医师和执业助理医师0.38万人，注册护士0.47万人。医疗卫生机构床位1.03万张。其中，医院0.82万张，卫生院0.21万张。

（朱堃）

甘州区

【基本情况】甘州区是张掖市的政治、经济、文化中心，位于古“丝绸之路”南北两线和“居延古道”交汇点上，南依祁连山，北邻内蒙古阿拉善右旗，东连镍都金昌，西接古郡酒泉，历来为河西走廊重镇，兵家必争、商旅必经之地。地处甘肃省河西走廊中段，位于东经100°6′—100°52′，北纬38°32′—39°24′之间，平均海拔1474米，属典型的温带大陆性气候。古甘州历史悠久，人文荟萃，据文字记载，已有5000年历史。从夏商到春秋战国时期，先后有羌、戎、狄等少数民族居住，北凉沮渠蒙逊建郡至西魏废帝三年改为甘州，因甘泉清洌而得名，甘州之称自此开始。1936年冬中国工农红军西路军西渡黄河，进入河西走廊，设立了“甘州中心县委”，1949年9月19日张掖解放。中华人民共和国成立后，先后在张掖设专区、地级市，1961年恢复县制，1985年成立县级张掖市，2002年3月1日撤市设甘州区。全区国土总面积3661平方公里，辖18个乡镇、5个街道办事处，245个行政村，26个社区，2020年末全区常住人口51.93万人，城镇化率53.57%，有汉、回、蒙、裕固等22个民族。

【资源优势】甘州区地势平坦，土地肥沃，水源丰富，日照充足，气候温和，年平均降水量113-120毫米，日照时数2932-3085小时，无霜期138-179天。境内河流年径流量24亿立方米，水能蕴藏量达2.2亿千瓦，地下水储量10亿立方米。境内野生动物有雪豹、雪鸡、盘羊、马鹿及黄羊、青羊等。甘州旅游资源丰富，雪山、草原、绿洲、沙漠纵横交错，湿地、河流、戈壁、峡谷点缀其间，融南国秀色与西部风光为一体，自然景色旖旎，名胜古迹众多，人文景观奇特。以黑河湿地、平山湖丹霞奇观、东大山原始森林为代表的自然生态景观绚丽多彩，汉、蒙、回、裕固等民族风情异彩纷呈。因具有良好的生态环境和区位优势，被誉为山青、水秀、天蓝、地绿的“塞上江南”，宜居、宜游、宜学的“湿地之城”，明净、清新、亮丽的“清凉之都”，文明、和谐、繁荣的“戈壁水乡”。黑河湿地国家级自然保护区、甘肃张掖国家湿地公园、张掖城北国家城市湿地公园、张掖绿洲现代农业试验示范区、国家级张掖经济技术开发区坐落其中，芦水湾景区创建为省级度假区，屋兰古镇升级为4A级景区，是国务院公布的中国历史文化名城和中国优秀旅游城市。创建4A级景区5个、3A景区6个，打造特色餐饮企业100多家，发展星级宾馆21家，旅游接待床位近2万张，成功创建为全国旅游标准化试点城市、首批国家文化和旅游消费试点城市，被评为“最美中国旅游城市”。

【国民经济】2020年，全区实现地区生产总值202.2亿元，比上年增长2.6%。其中，第一产业增加值44.62亿元，增长5.3%；第二产业增加值33.57亿元，增长0.3%；第三产业增加值124亿元，增长2.6%。三次产业结构调整为22.1∶16.6∶61.3。规模以上工业增加值增长5.6%；固定资产投资增长9.03%；社会消费品零售总额111.42亿元；一般公共预算收入和支出分别完成8.63亿元和38.34亿元。全年居民消费价格总水平上涨1.9%；商品零售价格上涨1.6%；工业生产者出厂价格下降6.1%；工业生产者购进价格上涨5.9%。

【脱贫攻坚】紧盯“两不愁、三保障”目标，全力推动义务教育、基本医疗、住房安全、安全饮水、兜底保障等重点领域任务清零达标。落实“三合一”帮扶机制，培育壮大主导产业，加速打造绿色蔬菜、优质肉牛“两个百亿级”产业体系，发展蔬菜、奶肉牛养殖、特色林果，建成供京津沪、供粤港澳蔬菜基地，带动贫困村70%建档立卡贫困户参与产业化经营。大力发展“五小”产业，全面落实“扶贫车间”奖补政策，申报认定“扶贫车间”15家，吸纳农村劳动力1557人就近就地就业，带动164户建档立卡贫困家庭人均增收2280元以上。2018年顺利退出“插花型”贫困县序列，12个贫困村全部摘帽，2019年693户2282人建档立卡贫困人口全部实现脱贫，建档立卡贫困户人均可支配收入达到14632元。2020年，1户3人边缘易致贫人口和1户4人脱贫监测人口致贫返贫风险全面消除。高标准打造张肃公路、张民公路两条乡村振兴示范带，实施土地整理、产业培育、造林绿化等项目69项，秺侯驿文化产业园、双塔村特色民宿等项目建成运营。甘州水驿、靖安整乡改造等项目加快建设，5个边远乡镇提速发展，全区产业发展典型案例初步入选2020年全国乡村振兴优秀案例。

【“三农”工作】种植业结构持续优化调整。2020年全区农作物播种面积116.27万亩，比上年增加7.17万亩，粮食作物播种面积94.07万亩，增加0.94万亩，粮食总产量49.17万吨。种植制种玉米57.66万亩大力发展现代丝路寒旱农业，打造巴吉滩、明永滩等3个现代农业产业园，发展供港、供澳、供京沪蔬菜，全年蔬菜种植面积16.22万亩，增长37.9%；蔬菜产量543150吨，增长32.2%。“甘州娃娃菜”入选“甘味”农产品区域公用品牌。全年大牲畜存栏22.54万头，增长9.1%。猪饲养量34.17万头，增长4.4%；牛饲养量31.69万头，增长9.8%；羊饲养量151.09万只，增长7.4%；家禽饲养量781.31万只，增长7.8%。猪出栏19.89万头，增长4.3%；牛出栏10.29万头，增长7.7%；羊出栏66.69万只，增长9.5%；家禽出栏482.9万只，增长5.8%。全年肉产量4.24万吨，增长 6.5%；禽蛋产量 1.04 万吨，增长 11.1%；牛奶产量 5.49 万吨，增长 4.1 倍。2020 年建成农业产业化基地面积 85.3 万亩，国家、省、市级以上农业产业化重点龙头企业达到 87 家，农民专业合作社达到 2450 家。制种玉米种植面积稳定在 57.7 万亩，新建高标准智能日光温室 8000 多亩。现代畜牧业全产业建设加快，建成规模奶肉牛养殖场 140 个，祁连牧歌、万禾草畜等龙头企业不断长大，前进牧业、黑河农牧等大型牧场效益凸显，神农菇业二期、3 万头肉牛智慧牧场等项目加快推进，入选全国首批畜禽粪污资源化利用整县推进试点，被确定为全省农民专业合作社质量提升整县推进试点。

【项目建设】2020 年全区固定资产投资比上年增长 9.03%。其中，500 万元以上项目投资增长 34.04%；开发投资同比下降 34.28%。城区水生态环境修复治理保护、酥油口下库、旅游大通道等重大项目开复工建设。常态化赴外常态化赴外集中招商，兰洽会、绿色生态产业（深圳）招商推介会签约 294 亿元，愿景仓等 63 个项目落地建设，落实到位资金 68.3 亿元。积极向上沟通对接，争取专项债券 8.9 亿元、抗疫特别国债 2.1 亿元、专项资金 12.4 亿元。开工建设重点工业项目 241 项，华西能源、兰标生物等项目建成投产，张掖智能制造产业园建成投用，华为大数据产业园、中云科技电子信息产业园加快建设，昆仑生化等 4 户企业完成搬迁改造，富汇达建材等 28 个项目建成投产，众合一联石英基新材料等 15 个项目开工建设。

【优势产业】甘州区是典型的绿洲农业和大型灌溉农业区，是全国重点商品粮基地县（区）和全国“西菜东运”五大基地之一，也是全国最大的县级玉米种子生产基地，被国内外专家称之为“天然玉米种子生产王国”，农业的整体发展水平处于全国一熟制地区的先进行列。农业产业化发展态势良好，已形成了制种玉米、蔬菜、中药材、食用菌、肉牛、奶牛等特色优势产业。全域全季全时段生态旅游加快推进，芦水湾创建为省级旅游度假区，屋兰古镇升级为 4A 级景区，省文旅集团入股平山湖大峡谷，成功举办首届张掖黑河生态马拉松赛，全年接待游客 850 万人次，实现旅游综合收入 48 亿元。现代物流产业体系加快构建，绿洲物流园区基础设施配套进一步完善。

【人民生活】2020 年，城镇居民人均可支配收入 29685 元，比上年增加 1579 元，增长 5.6%；城镇居民人均消费支出 21359 元，下降 2.1%；城镇居民家庭恩格尔系数为 28.14%。农村居民人均可支配收入 16843 元，增加 1123 元，增长 7.1%；农村居民人均生活消费支出 13883 元，增长 2.7%；农村居民家庭恩格尔系数为 26.5%。积极落实“稳就业”政策，输转城乡富余劳动力 8.44 万人，完成职业技能培训 1 万人，发放创业担保贷款 6195 万元；城镇就业人员 96338 人，城镇新增就业 8715 人，城镇登记失业率 2.9%。

【环境保护】2020 年全区总用水量 6.81 亿立方米，万元国内生产总值用水量 366.24 立方米，万元工业增加值用水量 33.51 立方米。全区空气可吸入颗粒物年日均值 77ug/m^3，二氧化硫年日均值 11ug/m^3，二氧化氮年日均值 24ug/m^3，空气质量优良天数为 342 天，优良天数比例为 93.4%。城镇集中式饮用水源达标率 100%；黑河干流张掖段各监测断面水质达标率 100%，水质均达到相应水域标准。农膜、尾菜、秸秆、畜禽粪污、生活污水等农村废弃物处理体系基本形成，农村人居环境面貌显著改善，马站村获评全国乡村治理示范村，靖安乡入选国家卫生乡镇，甘州区上榜中国最美乡村百佳县。

【社会保障】2020 年全区参加城乡居民基本养老保险 249805 人；参加城镇职工养老保险 25269 人；参加机关事业单位养老保险 11362 人。参加城乡居民基本医疗保险 418474 人；参加城镇职工基本医疗保险 31637 人；参加生育保险 22516 人；参加失业保险 19950 人；参加工伤保险 29330 人，其中，参加工伤保险的农民工 10850 人。全区享受城市最低生活保障的居民 5206 人，比上年减少 1418 人，发放城市最低生活保障资金 2727 万元，减少 113 万元；享受农村最低生活保障的居民 11761 人，增加 292 人，发放农村最低生活保障资金 3795 万元，比上年增加 684 万元。

【社会事业】科技创新驱动增强。2020 年末，全区拥有科研机构 4 个，全年科学技术支出 1803 万元，比上年增长 59.9%。共取得市级以上科技成果 15 项，其中市级 15 项。申请专利 752 件，授权专利 866 件，有效发明专利 114 件。全年共签订技术合同 93 项，比上年增加 3 项，技术合同成交金额 8.26 亿元，增长 3%。教育改革稳步推进。全区职业教育在校生 3305 人；普通高中在校生 8702 人；初中学校在校生 15433 人；普通小学在校生 31791 人；特殊教育在校生 199 人；幼儿园在园幼儿 16996 人。学龄儿童入学率达到 100%，初中入学率达到 100%。2020 年向全国各类高、中等专业院校输送新生 4794 人，高考录取率达到 97.64%。文化事业健康发展。全区共有艺术表演团体 16 个，文化馆 2 个，公共图书馆 1 个，博物馆 2 个，档案馆 2 个，乡镇文化站 23 个。年末广播节目综合人口覆盖率 100%，电视节目综合人口覆盖率 100%。有线数字电视用户 5.65 万户。医疗卫生条件持续改善。全区共有各类医疗卫生机构 581 个，其中综合医院 14 家，中医医院 2 家、专科医院 12 家，疾病预防控制中心（防疫站）2 个，妇幼保健院（所、站）2 个，乡镇卫生院 22 个，社区卫生服务中心（站）23 个。卫生技术人员 5821 人，卫生机构拥有床位 4700 张。

（张富　高彩花）

肃南裕固族自治县

【基本情况】肃南裕固族自治县成立于 1954 年，因地处肃州（酒泉）以南而得名，是全国唯一的裕固族自治县。地处河西走廊中部，祁连山北麓一线，东西长 650 公里，南北宽 120—200 公里，总面积 23887 平方公里，东邻天祝藏族自治县，西接肃北蒙古族自治县，南与青海省相邻，北与武威、永昌、山丹、民乐、张掖、临泽、高台、酒泉、嘉峪关、玉门等甘青 2 省 7 个市州 15 个县（市）区接壤。平均海拔约 3200 米。全年平均气温 4.4℃，日照时数 2849.8 小时，无霜期83天左右。辖3个镇、5个乡，102个村委会、3个社区，是个多民族聚居的少数民族县，境内居有裕固、藏、蒙古、回及少量的满、东乡、保安等共19个民族。2020年末全县常住人口2.77万人，城镇化率39.33%。

【资源优势】县境内草原广袤、土地肥沃、森林茂密、河流纵横、矿藏丰富。祁连山主峰素珠莲及著名的“七·一冰川”即在境内。全县森林覆盖率达到22.6%。动植物资源除原始森林和种类繁多的优质牧草外，还有100多种中药材和19种主要珍贵野生动物，植物84科499属1044种。有白唇鹿、雪豹、蓝马鸡、藏雪鸡等国家重点保护的一、二类野生动物59种，盛产雪莲、冬虫夏草、大黄、锁阳等100多种中药材。境内水资源十分丰富。主要河流分布有石羊河、疏勒河、黑河三大水系，总流域面积为2.15万平方公里，水能蕴藏量达204万千瓦时，冰川蓄藏量约159亿立方米，共有大小河流33条，年径流总量约43.11亿立方米，是河西绿洲灌溉的主要水源。境内矿产资源丰富。截至到2020年底，已探明的矿产27种，分布在228处。已探明的主要金属矿产有煤炭、铜、铁、钨、铬、锰等。非金属矿有萤石、石灰岩、石英沙、硫、粘土、石膏等16种32处。其中已探明的钨矿储藏量在全国单个矿山储藏量中排名前5位，储藏量达46万吨。

【国民经济】2020年，全县实现地区生产总值30.25亿元，比上年增长5.4%。其中：第一产业增加值7.89亿元，增长5.12%；第二产业增加值10.6亿元，增长8.6%；第三产业增加值11.76亿元，增长2.3%。三次产业结构由上年的26.11 ∶ 29.86 ∶ 44.03调整为26.09 ∶ 35.04 ∶ 38.87。完成工业增加值增长7.2%；其中规模以上工业增加值增长8.9%。固定资产投资增长12.04%。社会消费品零售总额完成5.49亿元。一般公共预算收入完成2.56亿元，增长1.29%。大口径财政收入4.63亿元，下降3.3%。财政支出23.57亿元，增长61%，一般公共预算支出21.96亿元，增长51.7%。

【全域旅游】肃南有得天独厚的旅游资源优势。既有建于北魏时期的马蹄寺、文殊寺、金塔寺等历史文化遗迹，又有裕固族等独特的民族风情和历史文化；既有可与敦煌莫高窟相媲美的石窟壁画艺术，又有博大精深的藏传、汉传佛教等宗教文化。既有雪山冰川、又有大漠戈壁；既有草原森林，又有河流瀑布；既有幽谷深涧，又有绿洲平原。加快推进以景区带动、特色集镇和乡村旅游为支撑的全域旅游示范区建设，不断夯实重点景区旅游基础设施和配套设施，文化旅游融合发展水平不断提升，荣获“全国避暑休闲百佳县”“最美中国榜旅游目的地”“特色魅力旅游城市”等称号，游客接待和旅游收入实现五年翻番，年均分别增长17.34%和28.89%。

【生态保护】积极践行“绿水青山就是金山银山”的理念，全方位、全地域、全过程统筹加强祁连山生态环境整治修复保护，稳步有序推进祁连山国家公园体制试点，投资9600多万元实施森林有害生物防治、草原生态治理修复等工程。肃南县被列入全国生态综合补偿试点县，试点方案已上报国家发改委审批，率先试点流域横向补偿，生态功能区转移支付资金8663万元。全面推行河（湖）长制，严厉打击河道非法违法采砂行为，持续强化水生态环境保护监管。加强散煤网点配送和质量管控，完成耕地土壤质量类别划分，强化牲畜定点屠宰、集中检疫，畜禽粪污综合利用率达到89.3%。

【脱贫攻坚】聚力补齐“两不愁三保障”短板弱项，全面实施“3+1”冲刺清零后续行动、五大专项提升行动、“百日攻坚”行动。安排财政专项资金5494万元，用于扶贫产业发展、提升公共服务等58个固强补弱项目建设，健全完善防止脱贫人口返贫保险机制，系统整治“视觉贫困”问题，全力巩固提升脱贫攻坚成果，大力促进脱贫攻坚与乡村振兴有效衔接，中央、省、市各类脱贫攻坚专项巡视、督导检查、考核反馈等各项问题整改率达到100%，提高脱贫的质量和成色。以张肃公路乡村振兴示范带建设为重点，突出地域、民族、文化等特色，以点带面纵深推进乡村振兴。精心培育以榆木庄村、许三湾村为代表的一批裕固族特色村寨，以文殊村、东顶村为代表的一批藏族特色村寨，以东牛毛村、白银村为代表的一批蒙古族特色村寨，以圈坡村、西柳沟村为代表的一批农耕文化特色村寨。加快实施乡村振兴战略，祁丰、皇城污水厂和康乐镇垃圾填埋场建成投入运营，全县各乡（镇）生活污水全部实现统一管理、统一处理、达标排放，31个“清洁村庄”创建任务全面完成，新改建卫生厕所1046座，栽植绿化美化苗木11.99万株、花卉9.14万株，农牧村人居环境不断改善。松木滩村、西柳沟村、东顶村被命名为全国少数民族特色村寨，榆木庄村被命名为全省优秀乡村旅游示范村和全国乡村旅游重点村。

【项目建设】实行重点建设项目清单式管理和县级领导联系包抓机制，全面落实“不来即享”“好差评”“电子发票”“主附税种合并申报”“一枚印章管审批”等行政审批改革和便民服务措施，为项目推进清障除障、架桥铺路、创优环境。G213肃祁二级公路、S18张肃一级公路张掖至康乐段等重点项目工程加快建设，祁连山自然生态博物馆、大明现代农牧业产业园等开工建设，白石头口子三、四级水电站及联鑫钨尾矿综合回收利用等建成投产，西沟绿色智能矿山、冀陇重晶石采选等项目有序推进，外星谷、巴尔斯景区等特色旅游资源开发稳步实施。2020年，全县开工建设项目50个，完成投资12.23亿元。突出绿色畜牧业基础地位，以绿色有机为导向，积极推广“少养精养”和舍饲养殖+天然放牧相结合转变，建成养殖小区44个，养殖暖棚4985座，全县舍饲半舍饲养殖率达到75%以上。大力发展甘肃高山细毛羊、高原牦牛、肉牛等多品种经营，绿色畜牧业成为带动农牧民持续增收的主导产业。

【人民生活】城乡居民收入继续增加，生活水平进一步提高。全年城镇居民人均可支配收入31197元，比上年增加1610元，增长5.4%；城镇居民人均消费性支出42649元，增长5%；城镇居民家庭恩格尔系数为28.9%，下降0.5个百分点。农村居民人均可支配收入19801元，增加1283元，增长6.9%；农村居民人均生活消费支出21268元，增长5.6%；农村居民家庭恩格尔系数为29.3%，上升0.5个百分点。

【民生保障】立足疫情防控形势推进社会保障扩面提标，2973人纳入低保范围，发放低保金1208万元，对9166人实施临时救助，发放临时救助金1613万元。深化养老保险制度改革破难攻坚，发放养老金1.38亿元。坚持就业优先，全年通过公务员和事业单位招录等实现大学生就业215人，疫情期间新开发259个公益性岗位，全年实现城镇新增就业630人，失业人员再就业540人，就业困难人员再就业67人，城镇登记失业率2.9%。农牧村劳动力转移就业3998人，实现劳务收入1亿元。

【社会事业】大力完善公共文化服务体系，建成新时代文明实践中心114个，开展各类群众性精神文化活动70余场次。县域学前教育普及普惠发展率先通过省级督导评估，成功创建全省首批社区教育实验区。为乡镇配套一批医疗设备，医疗卫生短板加快补齐。建成祁丰卫生院职工公寓楼等。争取落实抗疫特别国债资金5970万元，为县医院、民族医院和乡镇中心卫生院等医疗机构配备负压救护车9台，DR设备5台，建成核酸检测实验室2个。大力推进以全国文明城市为引领的"多城联创"活动，实施县城基础设施补短板工程，对22幢既有建筑实施风貌改造，县城内6条主干道和5条背街小巷全部进行铺油改造，加快隆畅河县城段维护加固和防护栏更新，改造提升神鹿广场、民族公园等公共设施，改造各类地下管网4.2公里，所有通讯、电力等网线全部入地，建成智慧城市管理平台，县城面貌大为改观。投资1380多万元实施"雪亮工程"，积极推进公共区域监控全覆盖。加快县城集中供热和风貌改造，县城建成区面积达到2.15平方公里，绿化覆盖率为46.6%。开工建设乡（镇）污水处理厂、垃圾填埋场等项目，康乐镇完成撤乡设镇，行政村垃圾收集车覆盖率达到95%，公厕覆盖率达到100%，农牧村户用卫生厕所覆盖率达到53.4%，污水处理率为99%，再生水利用率为35%，生活垃圾无害化处理率为100%。肃南县城、康乐镇分别被命名为"国家卫生县城"和"国家卫生乡镇"。

（王生忠）

民乐县

【基本情况】民乐县地处祁连山北麓、河西走廊中段，属祁连山水源涵养区，是黑河水资源可持续利用和永续补给的绿色生态屏障。全境海拔由北至南在1589—5027米之间，地势南高北低，地形分山地和倾斜高平原两大类。平均日照时数2592—2997小时，年均降水量155—501毫米、无霜期78—188天，属大陆性荒漠草原气候。全县总面积3687平方公里，辖10个镇、1个城市社区管理委员会，有汉、回、藏等14个民族。2020年末常住人口19.20万人，城镇化率46.70%。

【资源优势】民乐县独特的地理和水土光热条件是培育天然绿色农产品的理想之地，主要农作物紫皮大蒜、中药材、马铃薯等以品质优良而闻名，是河西走廊重要的中药材生产加工、马铃薯脱毒种薯繁育及种植加工、油菜和蔬菜制种基地，被确定为国家农业标准化马铃薯种植示范区、全省首批有机产品认证示范区、优质中药材标准化生产示范县和板蓝根优势种植区。紫皮大蒜、马铃薯入选全国名特优新农产品目录，先后荣获"中国板蓝根之乡""全省肉羊产业大县建设先进县"等称号。"大斗拔谷"扁都口、"金色奇观"油菜花、国道227线七彩丝路休闲农业观光带、"一山一寺一园一河"生态景观等自然美景和人文景观交相辉映，乡村旅游和休闲观光农业蓬勃发展，全域旅游、全线旅游基本成型。圣天寺景区创建为国家3 A级旅游景区，滨河酒文化产业园成功创建国家4A级旅游景区，方舟温泉水世界、金阳光生态农业观光园创建为3A级旅游景区，扁都口景区晋升为国家4 A级旅游景区，扁都口油菜花景观获评"中国美丽田园"称号，被确定为全省休闲农业示范县。

【国民经济】2020年，全县实现地区生产总值60.0亿元，比上年增长4.5%，其中：第一产业增加值20.4亿元，增长5.5%；第二产业增加值10.3亿元，增长4.1%；第三产业增加值29.3亿元，增长4.2%。实现全部工业增加值增长4.2%，其中规模以上工业增加值增长6.6%。固定资产投资增长12.8%；社会消费品零售总额完成23.3亿元，下降4.1%。大口径财政收入完成78927万元，同口径增长26.32%，其中一般公共预算收入完成29918万元，同口径增长4.05%。年末金融机构各项存款余额882654万元，比上年末增长8.16%；各项贷款余额822103万元，增长8.8%。

【脱贫攻坚】坚持把脱贫攻坚作为"一号工程"，累计投入各类扶贫资金4.78亿元，落实精准扶贫专项贷款及小额信贷1.78亿元，"两不愁三保障"目标全面完成，"插花型"贫困县顺利摘帽，19个贫困村脱贫退出，1.95万名贫困群众全部脱贫，民乐历史上首次消除了"绝对贫困"，获评全省脱贫攻坚先进集体、全省电商扶贫先行先试县，健康扶贫工作获国家卫健委、国务院扶贫办通报表扬。

【"三农"工作】"六大"特色产业规模持续壮大，产业质量效益明显提升，国内单体规模最大、种植技术聚集度最高、节能环保领先的海升一期20万平方米智能温室投产达效，二期23万平方米智能温室建成运营。建设高标准农田33.4万亩，建成水肥一体化示范基地10.3万亩，农产品加工转化率达60%。"民乐紫皮大蒜"注册为国家地理标志证明商标，获评全国基本实现主要农作物生产全程机械化示范县，被确定为全国农民专业合作社质量提升整县推进试点县、第二批省级农产品质量安全创建试点县。统筹推进城乡融合发展，完成农村危房改造2187户、风貌改造4620户，城乡光纤到户率、4G网络覆盖率均达100%。建立快递物流综合服务平台，实现物流配送城乡全覆盖。完成108个村3.28万户饮水安全巩固提升工程，改造农村电网423公里，建成农村公路447公里，获评"四好农村路"全国示范县。

【项目建设】谋划实施重点项目90项，其中亿元以上27项，生态宜居搬迁工程列入省列重点项目。高标准推进国家农村产业融合发展示范园建设，生态宜居小镇一二期住宅全面完工，交通客运枢纽、商业街等项目有序实施，现代丝路寒旱农业产业园加快建设。全力推进现代丝路田园综合体示范区建设，花卉产业园、文化展览馆、“一院三馆”等项目加快推进，集镇一二期住宅、老旧楼风貌改造、文化广场、中心公园全面完工，民俗文化村启动运营。大力推进城乡统筹发展示范区建设，实施棚户区改造3400套，新建张扁高速公路连接线、公园路等道路4.5公里，建成5G基站20个，城东公园等5个公园、西关市场等5个市场建成运营。扎实推进城市精细化管理“十大专项整治”行动，智慧城市运营管理中心建成投用，城市管理水平不断提升。

【人民生活】2020年，全县城镇居民人均可支配收入26563元，比上年增长5.2%；城镇居民人均可支配收入13779元，增长7.4%。统筹推进社会事业发展，文化产业园小学及幼儿园等项目加快实施，职教中心学校公寓楼、生态工业园区学校建成投用，国家义务教育质量监测位居全省第一、全国前列。普通高考再创佳绩，全省文科状元落户民乐，职教中心获评省级中等职业教育改革与发展示范学校。第二人民医院开工建设，残疾人托养中心全面完工。建成县域医学中心5个、急危重症救治中心5个、核酸检测实验室3个。落实就业补助资金1736万元，返还企业稳岗补贴1108万元，发放创业担保贷款4676万元，3414名失业人员、740名高校毕业生、365名就业困难人员实现就业。着力提升社会保障水平，城乡低保、特困供养、孤儿基本生活补助、残疾人“两项补贴”、妇女“两癌”免费筛查等民生政策全面落实，发放各类救助资金1.09亿元。政府承诺为民所办10件实事全面完成。扎实开展第七次全国人口普查，深化平安民乐建设，县镇村“三中心一网格”全部建成，新增城市社区4个，“雪亮工程”实现三级平台联网共享。启动实施安全生产专项整治三年行动，纵深推进扫黑除恶专项斗争，社会大局保持和谐稳定。

【环境保护】深入实施山水林田湖草生态保护修复、“一园三带”生态示范等项目，完成营造林8.3万亩、草原生态治理修复36万亩、退化草地治理1.5万亩、有害生物防治15.8万亩。坚决打赢污染防治攻坚战，持续强化扬尘防控、煤质管控、炉烟炕烟治理和秸秆垃圾禁烧，全年空气质量优良天数比例达94%。全面落实河湖长制和河湖警长制，编制完成农村生活污水治理十年专项规划，饮用水水源地水质达标率保持在100%。深入开展农药化肥地膜减量化和土壤污染治理，化肥使用量增幅低于国家控制指标，废旧农膜回收利用率达82.2%，畜禽粪污综合利用率达87.8%，原铬盐厂旧厂区铬污染场地及铬渣场土壤修复全面完成，全域生态环境质量明显改善。

【社会事业】持续加大民生投入力度，财政民生支出达97.33亿元，占一般公共预算支出的83.3%。积极争创“六个一流”社会事业，思源实验学校、县医院门急诊大楼、老年养护中心、残疾人康复中心等一批重大民生项目建成投用。顺利通过国家义务教育基本均衡县验收，获评国家级农村职业教育和成人教育示范县。公立医院全部达到二级以上医疗水平，县域内就诊率保持在90%以上，获评全国妇幼健康优质服务示范县。医疗保障体系更加完善，带量采购药品价格大幅下降，群众就医用药负担明显减轻。新“三馆”、文化产业园建设加快推进，建成体育健身工程37项，广播电视事业日新月异，融媒体中心成立运行。全县有效发明专利每万人拥有2.69件，被认定为国家知识产权强县工程示范县。就业创业政策全面落实，城镇新增就业1.9万人。连续五年提高低保及特困供养保障标准，累计发放各类救助资金4.4亿元。扎实做好优抚安置和双拥共建工作，获评全省双拥模范县。“七五”普法全面实施，市场监管水平不断提升，安全生产形势持续向好，扫黑除恶专项斗争扎实有效，人民群众获得感幸福感安全感不断提升。

（马玉新）

临泽县

【基本情况】临泽县地处河西走廊中段，东经99°51′—100°30′、北纬38°57′—39°42′之间。县境东邻张掖市甘州区，经武威、兰州与内地相连，西接高台县，过嘉峪关通新疆，南依祁连山与肃南裕固族自治县接壤，出梨园口可达青藏高原，北毗内蒙古自治区阿拉善右旗，越合黎山可抵蒙古大漠，为历代兵家必争、商旅必经之地。境内国家重要交通线密集，兰新铁路、兰新复线、兰新高铁、312国道、G30高速公路自东向西穿境而过，2016年建成全省首家通用航空机场，拥有立体化的交通网络。全县总面积2729平方公里，辖7个镇，71个行政村和5个社区，2020年末常住人口12.54万人，有汉、回、藏、蒙古、裕固等11个民族，城镇化率51.10%。

【资源优势】矿产资源丰富。已探明的矿种主要有锰、铁、铜、金、煤、凹凸棒、海泡石、石膏、石英石、矿泉水等，其中，凹凸棒石探明储量13.6亿吨，储量占全世界已探明储量的74%，储量全球第一。有甘肃融万科技、鼎丰源、奋君矿业和甘肃惠临等6家企业从事凹凸棒石开采、加工、销售和研发，形成年产50万吨栽培基质、15万吨有机肥、1万吨反刍动物营养砖生产能力。以打造特色旅游文化强县为目标，精心打造中国枣乡、种业大县、丹霞奇观、戈壁天堂、红色圣地“五张名片”。七彩丹霞景区为国家5A级景区和世界地质公园。临泽县被确定为“2020中国县域旅游发展潜力百强县市”、省级全域旅游示范区。

【国民经济】2020年，全县实现地区生产总值57.45亿元，比上年增长3.7%，其中：第一产业增加值20.81亿元，增长5.43%；第二产业增加值8.45亿元，增长1.9%；第三产业增加值28.19亿元，增长3.2%。三次产业比重为36.2∶1.7∶49.1。十大生态产业增加值17.64亿元，占地区生产总值比重为30.7%，比上年提升1.55个百分点。实现全部工业增加值增长3.2%，其中规模以上工业增加值增长9.4%。固定资产投资增长10.14%。实现社会消费品零售总额19.33亿元，增长0.3%。全县大口径财政收入4.41亿元，下降2.58%，其中一般公共预算收入1.88亿元，下降9.85%。一般公共财政预算支出17.5亿元，增长9.39%。年末金融机构各项存款余额83.11亿元，比上年末增长 12.38%；各项贷款余额 68.93 亿元，增长 3.78%。

【脱贫攻坚】把打赢打好脱贫攻坚战作为首要政治工作和底线任务，严格落实“四个不摘”要求，扎实开展“3+1”冲刺清零后续行动、“5+1”专项提升行动，持续巩固提升全县 2975 户 7823 名已脱贫人口脱贫质量和成色，顺利通过国家脱贫攻坚普查验收和全省 2020 年扶贫开发成效考核实地交叉核查。

【“三农”工作】连续第 13 年出台促农增收 1 号文件，整合涉农资金 1.14 亿元，加快绿色生态农业发展，着力提升现代农业规模化、产业化经营水平，主导产业效益质量不断提高，现代丝路寒旱农业产业园跻身省级现代农业产业园行列。2020 年，全年农作物总播种面积 48.48 万亩，粮食作物播种面积 37.39 万亩，其中小麦面积 0.47 万亩，玉米面积 36.18 万亩，种植各类蔬菜 6.02 万亩。全县粮食总产量 165681 吨。年末牛饲养量 22 万头，比上年增长 6.3%，出栏 8.23 万头，增长 4.72%。猪饲养量 16.02 万头，增长 3.1%，出栏 10.59 万头，增长 1.94%。羊饲养量 38.87 万只，增长 14.9%，出栏 17.77 万只，增长 19.74%。家禽饲养量 64.62 万只，下降 2.5%，出栏 34.78 万只，下降 17.64%。全年肉类总产量 1.9 万吨，增长 8.78%；禽蛋产量 0.10 万吨，增长 23.99%；牛奶产量 1.54 万吨，减少 50.25%。被评为“2020 中国乡村振兴百佳示范县”。

【项目建设】制定招商引资项目建设规程，提供“保姆式”“代办制”服务，大力推进以商招商、小分队招商，利用年会、论坛借力招商，争取到位资金 8.18 亿元，招商引资资金到位率比上年增长 11%。全年谋划储备各类项目 7 批 381 项，其中 5000 万元以上项目 124 项。开工建设重点项目 89 项，其中全县城区棚户区（城中村）改造、水系连通及农村水系综合整治试点县项目、临泽县清洁能源供热供电项目、通航产业园基础设施建设、14 万亩公益林生态供水工程、S218 线临泽县城至平川镇改建工程、丹霞轨道交通、S18 张肃公路、现代丝路寒旱产业园基础设施建设、高标准农田建设和高质量住房建设等一大批大项目建设规模快速提升，有力拉动全县固定资产投资稳步增长。全年全县固定资产投资比上年增长 10.14%。按三次产业分，第一产业投资增长 62.63%，第二产业投资下降 19.12%，第三产业投资增长 8.11%。

【优势产业】玉米制种。加强和规范国家级玉米制种基地监管，全县准入玉米制种企业 28 家，落实玉米制种基地 24.3 万亩，玉米制种产量达 11.25 万吨。奶肉牛。全县累计建成标准化养殖场（区）143 个。其中：肉牛养殖场区 74 个，奶牛养殖场（区）7 个，牛饲养量达 22.01 万头。通用航空。全省首个通航机场落地临泽，通航产业园被确定为省级军民融合产业园示范区，航天九院大中型无人机组装、调试常态化开展，县救灾物资储备库建成投运，泛美、金汇低空旅游、飞行培训、空警巡查等业务正常运营。凹凸棒石。设立凹凸棒石研发基金，并以国家绿色催化智库、中科院兰州化物所团队为技术引领，强力推进新产品研发推广，6 户企业建成投产，省矿物功能材料研发工程中心、技术创新研究院建成运行。特色旅游。张掖七彩丹霞景区总面积 50 平方公里，其色彩之缤纷、观赏性之强冠绝全国，有“中国最美的七大丹霞”“世界十大神奇地理奇观”“全球最刻骨铭心的二十二处风景之一”的美誉。

【人民生活】2020 年，全县城镇居民人均可支配收入 28191.4 元，比上年增加 1500.1 元，增长 5.6%；城镇居民人均生活消费支出 19727.5 元，下降 5.4%；城镇居民家庭食品消费支出占消费支出的比重为 28.6%，下降 1 个百分点。农村居民人均可支配收入 17101.2 元，增加 1169.4 元，增长 7.3%；农村居民人均生活消费支出 14831.2 元，增长 9.9%；农村居民家庭食品消费支出占消费总支出的比重为 29.9%，降低 0.3 个百分点。

【环境保护】全县森林面积 45471.97 公顷，森林覆盖率达 16.66%，森林蓄积量 37.23 万立方米。全县绿化面积达 244.43 万平方米，城区绿化覆盖率达 41.2%，绿地率达 37.1%。认定省级林业产业化重点龙头企业 2 家、省级农业产业化重点龙头企业 5 家。全年城区空气质量优良天数 314 天，优良比例 88.7%，扣除沙尘天气后，可吸入颗粒物（PM_{10}）浓度值 68 微克 / 立方米，细颗粒物（$PM_{2.5}$）浓度值 32 微克 / 立方米。城区和乡镇集中式饮用水源水质达标率为 100%。全县回收废旧地膜 1868.8 吨（折纯）吨，废旧地膜回收率达 84.68%，处理尾菜 23.55 万吨，综合处理利用率达 80.65%，综合利用秸秆 20.8 万吨，综合利用率达 89.59%，新（改）建户用卫生厕所 5034 户，农村卫生厕所覆盖率达 58.03%，新创建清洁村庄 47 个，全县 71 个行政村全部创建为清洁村庄，被评为首批“省级村庄清洁行动先进县”。

【社会保障】2020 年，全县新增城镇就业 2730 人，498 名高校毕业生实现了就业，年末城镇登记失业率为 2.9%。年内输转劳动力 3 万人，其中有组织输出 2.41 万人，实现劳务收入 7.5 亿元，增长 22.1%。年末城镇居民最低生活保障人数 1573 人，农村居民最低生活保障人数 5479 人，全县 98.8% 的适龄城乡居民纳入城乡居民社会养老保险范围，发放养老金 3477.63 万元，参加企业职工养老保险 5280 人，参加失业保险 7680 人，参加工伤保险 12064 人，参加城乡居民医疗保险 124392 人，参保率 99.71%。

【社会事业】2020 年，全年引进新品种 127 个、新技术 14 项，全社会研发经费支出 7282.7 万元，占地区生产总值比重达 1.33%。全县有科技示范点 20 个，认定高新技术企业 12 家，累计 26 家，入库科技型中小企业 37 家，省级科技企业孵化器 1 家，省级众创空间 2 家，省级技术转移示范机构 1 家。兑现科技创新奖补资金 1098.88 万元，新建院地、院企合作关系 10 家。转化科技成果 32 项，科技进步贡献率 55%，技术合同交易额 4.01 亿元。现有普通高中 1 所，在校学生 1897 人；职业中学 1 所，在校学生 1276 人；初级中学 3 所，在校学生 3580 人；普通小学 78 所（含教学点 67 个），在校学生 7321 人；幼儿园 72 所，在园幼儿 3677 人。学前三年毛入园率 99.92%；小学适龄儿童入学率、初中适龄少年入学率均达 100%，九年义务教育巩固率达 99.92%；高中阶段毛入学率 96.04%。高考一本上线率 69.71%，二本上线率97.52%，110多名学生被“双一流”大学录取。全县有文化馆、图书馆、博物馆各1个，村级文化广场70个。全年举办各类大型节庆和民俗文化体育活动40余场次，开展“送戏下乡”等文化惠民演出活动90余场次。全县有广播电视台1座、微波台1座，中央广播电视节目无线数字化覆盖工程基站2座，广播电视覆盖率100%；网络双向化改造达75%，有线数字电视用户19165户，入户率63.34%；宽带用户3994户，入户率20.84%。全县有各级各类医疗卫生机构127家，其中二级甲等综合医院1家，二级甲等中医医院1家，中心卫生院4所，一般卫生院4所，村卫生室84个，个体诊所30所。医疗机构在职职工836人，其中卫生专业技术人员766人。拥有床位1015张，其中县医院拥有床位405张、中医院拥有床位260张、卫生院拥有床位230张。全县共有各类体育场地369个，其中城市社区居民体育健身场所53个，镇村体育健身场所316个，人均体育场地面积2.0㎡。举办健康中国马拉松系列赛暨2020张掖临泽生态马拉松赛等品牌赛事活动6场次。

（史晓玲）

高台县

【基本情况】高台县位于河西走廊中部，北纬39°04′17″～39°53′19″，东经98°57′30″～100°06′50″之间。东接临泽县，南靠肃南裕固族自治县，西与肃南县明花乡及酒泉市相邻，北与金塔县、阿拉善右旗接壤。县城位于黑河南岸。高台属张掖绿洲一部，南为祁连山北麓，北为合黎山，两山夹峙，中为绿洲平原。地势南北高，中间低，黑河纵贯全境，形若马鞍。地形地貌复杂，由祁连山北麓冲积洪积平原、黑河沿岸冲积平原、沙砾戈壁、中部平原、洪积细土平原、合黎山地、沙漠盐沼平积平原、黑河湿地构成。海拔介于1260—3140米。年平均气温8.1℃，温差15—20℃，日照3088小时，年均降水量112.3毫米，蒸发量1996.2毫米，全年无霜期150天左右。全县总面积4346.61平方公里。全县辖9个镇，9个城镇社区、136个行政村。2020年末常住人口12.54万人，城镇化率51.10%。有回族、裕固族、土族、藏族、蒙古族、东乡族等16个少数民族

【资源优势】自然条件优越，县境内有黑河、摆浪河、大河、水关河、石灰关河、红沙河6条主要河流，中小型水库20座，总库容4988万立方米，地下水允许开采量1.32亿立方米。风能、太阳能资源丰富，县境内已探明的矿种主要有芒硝、原盐、萤石、硅石、铁、锰等20多种，其中芒硝储量约1101.28万吨，原盐储量195万吨，钾盐26万吨，为全省最大产盐地。旅游资源丰富。境内有国家级文物保护单位汉明长城、骆驼城遗址、许三湾城及墓群3处，省级文物保护单位5处，县级文物保护单位47处。全县馆藏文物4161件，其中国家一级文物132件。许三湾古墓群是全国分布最密集、保存最完好的特大古墓群。非物质文化遗产有13大项、38类、2818个子项。乐善秦剧团有上百年传承史，秦腔獠牙特技表演、高台民歌、通背捶、八虎棍、黄河灯阵被列入省级非物质文化遗产保护名录。市级非物质文化遗产22项。高台博物馆为国家三级博物馆，图书馆为国家一级图书馆。有国家AAAA级景区3个、国家AAA级景区1个。

【国民经济】2020年，全县地区生产总值55.41亿元，比上年增长2%。其中：第一产业增加值19.82亿元，增长5.54%；第二产业增加值8.58亿元，下降1.8%；第三产业增加值27.01亿元，增长1.6%。三次产业占地区生产总值的比重由上年的33.5∶17∶49.5调整为35.8∶15.5∶48.7。全年实施重点项目88项，固定资产投资下降9.24%。规模以上工业增加值增长7.2%。社会消费品零售总额完成17.21亿元，下降7.2%。一般公共预算收入完成2.3亿元，增长2.5%。城镇居民人均可支配收入28057元，增长5.3%；农村居民人均可支配收入16202元，增长7.5%。

【脱贫攻坚】认真落实“一对一”挂牌督战攻坚责任，扎实推进“3+1”冲刺清零后续行动和5项专项提升行动，健全完善防返贫监测和帮扶机制，动态调整“一户一策”巩固提高计划，强化财政专项扶贫资金管理，持续抓好脱贫攻坚反馈问题整改，着力补齐短板弱项，全面提升脱贫攻坚质量，进一步巩固了“现行标准下农村贫困人口全部脱贫、贫困村整体出列、贫困县退出摘帽”的脱贫成效，实现了贫困人口持续稳步增收的目标。贫困人口人均可支配收入由2014年的3706元增加到13845元，高质量完成了脱贫攻坚目标任务。

【“三农”工作】坚持以绿色、有机、循环为导向，带动全县发展蔬菜产业17万亩，玉米、瓜菜制种13.4万亩。构建种养结合、农牧循环发展模式，引进推广“五新”技术15项，累计认证“三品一标”农产品65个，高台辣椒干、胭脂鸡等4个农产品获国家地理标志认证。引进果蔬新品种40个，推广标准化栽培等新技术15项，建成各类农业科技示范点31个。现代农业提质增效，粤港澳大湾区绿色蔬菜种植基地带动效应明显，现代农业产业园跻身省级示范园，上海特石、香港文汇蔬菜种植基地相继建成，茂庄现代农业产业园开工建设。持续完善农业产业化经营体系，发展农业产业化龙头企业、农民合作社、家庭农场1075家，龙头企业55家，农产品加工转化率达到64%，合作社中运营较规范以上比例达79.81%，合作社年销售收入2.23亿元，带动农户2.5万户。全县农业增加值完成19.98亿元，粮食总产量达到14.2万吨、增长11.6%。稳步推进全国农村一二三产业融合发展先导区建设，建成休闲农业示范基地5个、省级乡村旅游示范村2个。高台县获评“全国农业绿色发展综合试点县”“国家农业可持续发展试验示范区”“全省农民专业合作社质量提升整县推进试点”。开展乡村振兴示范建设，统筹推进农村人居环境改善和全域无垃圾行动，创建清洁村庄87个，建成东联、南岔等示范点36个。建成太安、贞号、明水、红山等农村人居环境改善示范点28个；完成农村饮水安全巩固提升工程5个，建设高标准农田8万亩，新（改）建农村道路75公里，改造电网37公里，敷设污水管网13公里。

【项目建设】全年开工建设各类项

目89项。全年新建、续建计划投资亿元以上项目13项，完成投资同比增长20.06%，占全县投资比重为46.36%，较上年提升7.6个百分点。全年建成完工项目78项，其中以恒业二期、泽右二期、耀邦二期等为主的化工项目，以高阿路、高标准农田、解放南北路等为主的基础设施项目，以特石供港蔬菜、众一、汇欣、三清牛羊等为主的农业生态项目，以全民健身中心、义务教育改薄、血战高台原景复原等为主的社会事业项目都已完工，逐步投入使用。

【优势产业】坚持“小规模、大群体”与规模化养殖并举，现代畜牧业扩容增量，共裕国家核心肉牛育种场、梧桐庭院养殖优势凸显。新建10万头生猪养殖繁育基地2个，新改建标准化养殖场区22个，全县畜禽饲养总量达到237万头（只、匹），牛、羊饲养量分别达10.64万头、73.51万只。农机具补贴政策全面落实，农业机械化综合作业水平达80.5%。构建农副产品加工、新型能源、矿产品加工、精细化工为重点的生态工业体系，十大生态产业实现增加值15.67亿元，占地区生产总值的比重达28.28%。实施“十强双百”企业振兴计划，支持企业扩能升级，年内升规入库企业4户，全县工业企业达到149户，其中规上工业企业23户。加强金融支持企业力度，全县各银行业机构为企业发放贷款6.82亿元，县担保公司为企业担保贷款86笔2.25亿元。积极谋划产业项目100多项，为“十四五”期间工业经济高质量发展奠定基础。高台工业园区在2019年度省级开发区考核评价中位居第3名，盐池和南华化工产业集中区通过省级承载能力评估认定。

【人民生活】2020年，全县城镇居民人均可支配收入28057元，比上年增加1423元，增长5.3%；人均消费性支出23149元，增长10.2%，恩格尔系数为29.6%。农村居民人均可支配收入16202元，增加1136元，增长7.5%；人均生活消费支出15209元，增长14.3%，恩格尔系数31.7%。

【环境保护】牢固树立“绿水青山就是金山银山”理念，组织实施黑河湿地修复保护等生态项目，完成造林2.2万亩，新增城市绿化面积1.1万平方米，全县森林覆盖率达12.9%。新坝镇被评为甘肃特色气候小镇，九坝、十坝村被命名为国家级“森林乡村”。推进水、气、土污染防治计划，开展河湖“清四乱”行动，强化综合整治，农村污水处理站规范运营，规模养殖场环保设施配套率达95%，完成工矿废弃地生态修复1889亩。黑河流域上下游横向生态补偿机制试点工作扎实推进，石炭沟综合治理工程投入使用，建成镇垃圾中转站、填埋场5个。强化退耕还湿、生态补水、围栏封育等措施，黑河湿地鸟类种群数量不断增加。“河湖长制”全面落实，城市机械化湿扫、洒水抑尘常态化开展，全县空气质量优良率达83.2%。城市集中式生活饮用水源水质达标率100%，创建为“全国节水型社会建设达标县城”。出台秸秆置换有机肥、农膜以旧换新等政策，农业废弃物资源化利用率不断提高，高台被确定为“全国农膜回收区域补偿制度试点县”。统筹推进农业面源污染防治和农业废弃物资源化利用，深入实施化肥、农药使用量零增长行动，畜禽粪污、废旧农膜资源化利用率分别88.6%、90.83%。建成清洁村庄41个、乡村公厕44座、户用卫生厕所3771座。全县生活垃圾无害化处理率100%。

【社会事业】全面落实就业创业“三大计划”，发放创业担保贷款5680万元，完成职业技能培训5138人，输转劳务3.15万人次，建成创业孵化基地8个，城镇登记失业率控制在4%以内，全力保障农民工工资兑付。全民参保登记率达99.4%。城乡低保、特困供养、基本养老、孤残补贴全面提标。县养老中心养护楼、新坝养老中心投入使用，发展社会养老机构3家，建成村（社区）日间照料中心71个、残疾人康复站14个。不断改善办学条件，实施46所学校5大类60个项目，新建校舍1.5万平方米，运动场3.6万平方米，高台一中教学楼、八一小学投入使用，西苑幼儿园开园招生。创建省级示范性幼儿园3所，九年义务教育巩固率达100%，高考升学率位居全市前列，高台创建为“国家级农村职业教育和成人教育示范县”，被评为“2020中国职业教育百佳县”。城乡医疗条件持续改善，县医院医技综合楼投入使用，妇幼保健院完成迁建，新（改）建村卫生室30个。职工医保和生育保险合并实施，创建为“全国健康促进县”“国家慢性病综合防控示范区”。创建全国文明单位（村）2个、省级文明单位（村）6个，2人获评全省道德模范。全县安全生产形势总体平稳。探索建立多元调解机制，推进扫黑除恶专项斗争，打击违法犯罪行为，平安高台建设成效显著，高台县入选“2020中国最具幸福感百佳县市”。落实粮食安全责任制，老百姓“菜篮子”“米袋子”供应充足。深化职工关爱行动，建成户外劳动者爱心驿站5个。落实科技成果转移转化扶持政策，培育国家级科技孵化器1家、国家备案众创空间2家，获评“2020中国城市创新百佳示范县”。推进“七五”普法，被评为“全国法治县创建先进单位”。

（李建荣）

山丹县

【基本情况】山丹县地处河西走廊中部，东靠永昌，西邻张掖、民乐，北过龙首山与内蒙古阿拉善右旗接壤，南以祁连山和青海省为界。县域地形波状起伏，山川交错。三面环山，南面有祁连山，东南有大黄山，北部有龙首山，西南是丘陵地带。海拔最高点在祁连山为4441米，最低点在东乐乡西屯沙河为1550米，东西89公里，南北148公里，交通方便，兰新铁路、312国道横贯全县4镇1乡。全县总面积5402.43平方公里，人口密度27.8人/平方公里。下辖6个镇、2个乡，6个居民委员会、111个村民委员会。2020年末全县常住人口为14.98万人，城镇化率为55.11%。

【资源优势】山丹历史悠久，文化灿烂，旅游资源丰富。南部有亚洲最大的马场——山丹军马场，景色别致，是领略草原风光的好去处，也是有名的影视外景拍摄基地。中部有被称为“丝路绿宝石”的焉支山，这里因西汉名将霍去病大败匈奴和隋炀帝西巡接见西域27国王公使而载入史册。东部有全省保存最完整的汉、明长城，被称之为“露天长城博物馆”。西部有大佛寺，为全国最大的室内泥胎坐佛。北部有著名新西兰国际友人路易·艾黎的陵园和捐赠文物陈列馆。县内有95876部队、中牧公司山丹马场、山丹农场、山丹培黎学校等省、市驻丹企业和单位。

【国民经济】2020年，全县实现地区生产总值61.7亿元，比上年增长6.1%。其中：第一产业增加值15.10亿元，增长5.2%；第二产业增加值15.44亿元，增长15.4%，其中，工业增加值9.48亿元，增长29.8%；建筑业增加值6.06亿元，下降5.3%。第三产业增加值31.19亿元，增长1.9%。三次产业结构比由上年的25.3 ∶ 21 ∶ 53.7调整为24.5 ∶ 25 ∶ 50.5。固定资产投资增长12.77%。实现社会消费品零售总额24.29亿元，增长0.1%。一般公共预算收入完成3.20亿元，增长6.66%。一般公共预算支出完成20.98亿元，增长5.1%。

【脱贫攻坚】“十三五”时期全县累计在脱贫攻坚和乡村振兴方面投入财政专项资金14.08亿元，筹措县级配套扶持资金2.99亿元，发放扶贫小额信贷2.1亿元，现代农业建设取得重大进展，乡村振兴实现良好开局。全县新时代脱贫攻坚目标任务如期完成，在现行标准下4478户13760名贫困人口全部稳定脱贫，“两不愁三保障”全面实现，13个重点贫困村全部退出贫困村序列，山丹作为省级“插花型”贫困县整体实现脱贫摘帽，贫困发生率从建档立卡时的9.29%下降到0，脱贫攻坚取得决定性成果。

【“三农”工作】扎实有效开展农村人居环境整治三年行动。建成美丽乡村（生态文明）示范村28个，全县67.6%的行政村创建为清洁村庄。新建生态宜居村庄6个，开工建设生态宜居房348套、农村公租房214套。开展“三大革命”“六大行动”，新建卫生户厕4448户，改造农村土炕6950户，实施风貌改造39户，农膜回收、尾菜处理、养殖废弃物利用、秸秆资源化利用等完成省市下达指标。深入实施农村精神文明建设“八个一”示范工程，创建省市级文明村镇30个；持续治理高价彩礼、大操大办、厚葬薄养等陈规陋习，大力整治“三沿六区”周边生态环境，乡村文明程度明显提升。创新党建引领“五治三团”融合治理模式，百姓参政团、道德评判团、百事服务团在乡风文明建设中发挥重要作用。

【项目建设】争取地方政府专项债券6.31亿元、抗疫特别国债0.83亿元、特殊性转移支付资金0.8亿元。扎实开展“百日攻坚”行动，全面落实项目推进“三大工作机制”，开复工项目117个，X018清泉至民联公路等89个项目建成投用，张掖LNG储备中心等28个项目顺利推进。全力抓好“十四五”项目谋划工作，精心谋划储备重点项目289个、总投资685亿元，其中投资上亿元项目99个。积极组团参加进博会、兰洽会等重大节会，与日昌昇集团、人健药业公司等大型企业签约引进项目17个，落实到位资金28.57亿元，比上年增长12.61%，增幅位居全市第一。

【优势产业】优化提升现代农业。大力发展马铃薯、油菜、优质牧草、中药材、食用菌、肉羊肉牛“六大区域特色产业”，建成万亩以上种植基地6个，特色产业面积达到25.3万亩，牛羊饲养量达到139.5万头（只）。建成高标准农田4.5万亩，落实水肥一体化等农业科技创新示范基地33个。规范培育农民专业合作社973家，带动流转土地34.4万亩。“三品一标”认证达到44个，“焉支山”羊羔肉、“菇东东”佐饭酱等5个产品入选“甘味”农产品品牌目录，丹马菜籽油、耀汉子黑小米等8个特色农产品荣获全国绿色有机博览会金奖。培育壮大生态工业。谋划建设花草滩氢能产业示范基地，与华能集团签订“风光火氢醇”绿色循环经济产业园战略合作协议，“光伏制氢＋耦合煤制甲醇”零碳排放、河北焰中49.5兆瓦光伏发电等一批新能源项目签约或开工建设；推进高新技术企业孵化园项目，与西安龙德科技等4家公司达成入驻意向。创新发展现代服务业。张掖国际物流园入园项目8项，公路物流港完成控制性详细规划编制和设计方案优化。培育同城电商、“直播经济”等新业态，利用京东商城（中国特产·张掖馆）、张掖农特产品供应分销平台和同城网销平台，扩大销售规模，产品销售额达到9000多万元。

【人民生活】全年全县城镇居民人均可支配收入28838.9元，比上年增长5.8%；城镇居民人均消费支出22993.6元，增长1.5%，城镇居民家庭恩格尔系数为26%。农村居民人均可支配收入15447.2元，增长6.8%；农村居民人均消费支出12885.6元，增长6.3%，农村居民家庭恩格尔系数为30.4%。全年城镇新增就业3045人，登记失业率控制在2.9%以内。输转劳动力6.28万人，增加0.02万人。劳务收入达到14.86亿元，增长10.2%。

【环境保护】推进生态环境综合治理，组织实施“一园三带”、重点防护林和沙化土地封禁保护区建设等项目，新增人工造林面积1.23万亩，封山育林27.15万亩，森林覆盖率达到21.22%。扎实推进山丹河城区段、国道312线绕城段、G30高速西出口、祁连西路等重点地段造林绿化项目，城市建成区绿地率达到30.2%。实行最严格的水资源管理制度，大力推进地下水超采治理，关闭城区取水井3眼。城区空气质量优良天数达到319天，优良率90.9%，比上年提高0.5个百分点，空气质量稳定达到国家二级标准；城市集中式饮用水水源地水质稳定达标；耕地土壤全部为优先保护类，土壤环境质量总体保持稳定。建推行生态环境“全链条”监管模式和“双随机、一公开”制度，畅通“12369”环保热线等举报投诉渠道，常态化开展巡察和执法检查，各类生态环境信访投诉纠纷办结率100%，环境监管实现全方位覆盖、无缝隙对接。

【社会保障】全县全年各项社会保险基金征缴收入2.15亿元，比上年下降33.23%；各项社会保险基金总支出3.74亿元，增长11.64%。年末企业职工基本养老保险参保人数8169人，机关事业单位养老保险参保人数7653人，城乡居民基本养老保险参保人数101613人，失业保险参保人数9399人，工伤保险参保人数14358人。城镇职工基本医疗保险参保人数21414人，城乡居民基本医疗保险参保人数164248人，职工生育保险参保人数11431人。全县城镇居民得到政府最低生活保障的人数4952人，下降7.69%。农村居民得到政府最低生活保障的人数6451人，增长7.02%。1209人享受城乡特困人员救助供养，全年临时救助1.72万人次。年末拥有敬老院5所，床位数720张，收养人数382人。

【社会事业】教育事业稳步发展。全县拥有高等专业学校1所，中等专业学校1所，高级中学1所，普通中学5所（其中：初中2所，九年一贯制2所，十二年一贯制1所），小学18所。小学学龄儿童入学率达100%；初中入学率达100%。2020年，全县向全国各类高等专业院校输送新生1691名，高考录取率达99.35%；向中等专业学校输送新生712名。在校学生体育达标率达98.70%。幼儿园在园幼儿4786人。文化事业欣欣向荣。全县共有艺术表演团体22个，文化馆1个，文化馆分馆5个，公共图书馆1个，图书馆分馆5个，博物馆2个，广播电台1座，电视台1座。广播和电视综合人口覆盖率分别为99.4%和99.45%。有线电视用户1.71万户。规划建设艾黎精神传承教育基地、焉支山景区提升改造等文旅项目20项，谋划山丹长城国家文化公园（甘凉咽喉风景道示范段）建设项目，培育全国和省级乡村旅游重点村、示范村4个、星级农家乐6家、乡村旅游合作社12家，新增文旅企业15家，成功举办陇越骑联2020穿越丝绸之路（国际）山地自行车多日赛（张掖站）、全国轮滑青少年体育俱乐部联赛（张掖山丹站）暨甘肃省第三届青少年速度轮滑锦标赛等节会赛事20多场次，全年接待游客380.75万人次，实现旅游综合收入22.6亿元，成功创建为"省级全域旅游示范区"。卫生事业健康发展。全县共设置各级各类医疗卫生机构183个，其中，二级甲等综合医院1个、二级甲等中医医院1个、一级甲等妇幼保健院1个，乡镇卫生院9所（包括中心卫生院4所，一般卫生院4所，卫生院分院1所），民营综合医院1所。年末全县卫生技术人员1432人，其中执业（助理）医师509人，注册护士653人，药师（士）40人，技师（士）60人，其他卫生技术人员170人。医疗卫生机构实有床位1435张，其中乡镇卫生院实有床位255张。

（杨玲）

平凉市

【基本情况】平凉市位于甘肃东部，是古"丝绸之路"西出长安"第一城"，关中平原城市群的重要节点城市，素有"陇上旱码头"之称。2002年撤地设市，地处陕、甘、宁三省（区）交汇处，东邻陕西咸阳，西连甘肃定西、白银，南接陕西宝鸡、甘肃天水，北倚宁夏固原、甘肃庆阳，是甘肃东部重要的区域性中心城市和承接中东部省区产业转移与开放开发的"东大门"。西平铁路及青兰、福银高速和312国道横穿东西，宝中铁路、天平铁路纵贯南北。全市辖崆峒、华亭和泾川、灵台、崇信、庄浪、静宁7县（市、区、），总面积1.1万平方公里，有汉、回、蒙等民族，2020年末常住人口184.49万人，城镇化率44.77%。

【历史文化】平凉是中华民族和华夏文明的重要发祥地之一。历史上曾经演绎了黄帝问道、文王伐密、秦皇祭天、汉武西巡等流传千古的动人故事，孕育出了世界针灸医学鼻祖皇甫谧，南宋抗金名将吴玠、吴璘，明代"嘉靖八才子"之一赵时春等彪炳史册的杰出人物。公元376年，前秦大将军苻坚进攻前凉，置平凉郡，取"平定凉国"之意，平凉由此得名。境内历史文化遗存众多，现已发现仰韶、齐家等各个时期的文化遗址2252处，有全国重点文物保护单位12个，省级重点文物保护单位65个，馆藏文物4万多件，其中国家一级文物222套。崆峒山道源文化、古成纪伏羲文化、西王母远古文化、皇甫谧医学文化独具魅力，出土的佛舍利金银棺、西周青铜器和南宋货币银盒子等文物，被誉为"中华之最"。与少林、武当、峨眉齐名的崆峒派武术等10多项民俗民间文化被列入省级非物质文化遗产保护名录。深厚的文化积淀与现代文明的有机结合，形成了多元、厚重、包容、开放的区域文化特色。

【国民经济】2020年，全市地区生产总值476.16亿元，比上年增长3.5%。其中，第一产业增加值109.85亿元，增长5.6%；第二产业增加值116.70亿元，增长1.2%；第三产业增加值249.61亿元，增长4.0%。三次产业结构由上年的20.2 ：27.4 ：52.3调整为2020年的23.1 ：24.5 ：52.4。全年居民消费价格比上年上涨1.5%。全市全部工业增加值85.14亿元，增长0.1%；其中规模以上工业增加值82.69亿元，增长3.6%。全年交通运输、仓储和邮政业增加值8.15亿元，增长6.2%。社会消费品零售总额165.68亿元，下降1.1%。全年共接待国内游客2496.3万人次，比上年下降14.11%。国内旅游收入123.62亿元，下降28.86%。全年大口径财政收入63.19亿元，下降4.0%。公共财政预算收入32.83亿元，同口径增长0.9%。财政支出242.36亿元，增长0.2%。年末，全市金融机构本外币各项存款余额1017.98亿元，增长11.07%；金融机构本外币各项贷款余额697.13亿元，增长6.2%。

【脱贫攻坚】"十三五"期间，全市累计投入财政专项扶贫资金71.3亿元，统筹整合涉农资金34.7亿元，实施"九大冲刺行动"集中攻坚，7县（市、区）脱贫摘帽，748个贫困村全部退出，40.6万建档立卡贫困人口全部脱贫。坚持"远抓苹果近抓牛、当年脱贫抓劳务"，培育市级以上龙头企业200个、农民合作社5691个、扶贫车间236个，做到了村有增收产业、户有增收项目，贫困村集体经济收入均达到2万元以上。紧扣"三保障"补短板，教育精准扶贫国家级示范区建设先行先试工作深入推进，贫困家庭失辍学学生应返尽返；乡村基本医疗"空白点"全面消除，贫困人口基本医疗保险、大病保险和医疗救助全覆盖；农村危房改造动态清零，易地扶贫搬迁9538户3.85万人；饮水安全问题历史性解决；自然村全部通动力电。实行市级领导联县包乡抓村工作机制，落实省市县帮扶单位887个，选派第一书记和帮扶队员2272人，贫困村贫困户帮扶工作全覆盖，累计投入各类帮扶资金3.88亿元；深化东西部扶贫协作和中央单位定点帮扶，衔接落实财政援助资金7.28亿元，实施帮扶项目449个。

【农业经济】全年农林牧渔业增加值110.81亿元，增长5.5%。农作物播种面积524.03万亩，增长0.5%。粮食作物播种面积426.92万亩，增长2.23%。

粮食总产量110.61万吨，增长5.7%。其中，夏粮产量32.57万吨，增长1.03%；秋粮产量78.04万吨，增长7.77%。蔬菜种植面积37.47万亩，增长6.3%。蔬菜产量57.59万吨，增长8.87%。水果产量156.81万吨，增长13.39%。中药材种植面积6.53万亩，增长11.84%。中药材产量2.54万吨，增长14.87%。全年肉类总产量7.23万吨，比上年增长8.07%。禽蛋产量1.13万吨，增长7.62%。牛奶产量2.81万吨，增长7.66%。年末大牲畜存栏47.35万头，增长8.45%。牛存栏45.87万头，增长8.75%；牛出栏35.59万头，增长11.78%。猪存栏38.97万头，增长4.87%；猪出栏43.71万头，增长3.28%。羊存栏18.11万只，增长10.9%；羊出栏15.23万只，增长14.6%。鸡存栏376.65万只，增长7.29%；鸡出栏291.94万只，增长10.9%。

【项目建设】 全年500万元以上和房地产项目608个，完成固定资产投资比上年增长14.3%。分产业看，第一产业投资下降29.62%，第二产业投资增长61.62%，第三产业投资增长8.36%。基础设施投资下降13.33%，民间固定资产投资增长28.7%。全年500万元以上投资项目（不含房地产）492项，比上年增加51项，完成投资增长10.76%。房屋施工面积762.04万平方米，增长38.65%。商品房销售面积166.95万平方米，增长23.24%。年城镇棚户区改造开工2836户。农村危房改造3092户，其中建档立卡贫困户危房改造174户。

【人民生活】 全年全市城镇居民人均可支配收入31096.3元，比上年增加1452元，增长4.9%。城镇居民人均消费性支出19203.8元，下降1.9%。农村居民人均可支配收入9755.7元，增加672元，增长7.4%。农村居民人均消费性支出9206.7元，增长6.1%。城乡居民收入比为3.19，比上年缩小0.07。

【生态环境】 全年全市环境空气质量优良天数为354天，达标率为96.7%。细颗粒物（$PM_{2.5}$）年均浓度为22微克/立方米，比上年下降8.3%。大气环境可吸入颗粒物（PM_{10}）年均浓度为55微克/立方米，下降1.8%。二氧化硫（SO_2）年均浓度为8微克/立方米，下降11.1%。二氧化氮（NO_2）年均浓度为33微克/立方米，下降5.7%。全市地表水断面水质优良比例为100%，其中泾河、汭河、水洛河、葫芦河全年水质综合评价达到国家Ⅲ类水质标准要求，达溪河全年水质综合评价达到国家Ⅱ类水质标准要求。城市集中式饮用水水源地水质达标率均为100%，地下水质量考核点位水质达标率100%。区域环境噪声53.7分贝，交通干线噪声平均值65.3分贝。

【社会保障】 年末全市共有社区服务机构和设施2542个，其中社会服务中心105个，社区服务站1537个，社区养老机构和设施65个，社区互助型养老设施799个。年末全市城镇从业人员32.36万人，其中本年新增城镇就业3.16万人，下岗失业人员再就业1.06万人。城镇登记失业率3.7%。全年输转劳动力48.41万人。年末全市参加城镇职工基本养老保险人数22.20万人，比上年末增加7273人。参加城乡居民基本养老保险人数130.68万人，增加1.43万人。参加基本医疗保险人数206.76万人，减少6393人。参加失业保险人数10.79万人，增加17658人。参加工伤保险人数15.54万人，增加2.8万人，其中参加工伤保险的农民工3.62万人，增加1.23万人。参加生育保险11.47万人，增加1.65万人。各项社会保险基金总收入40.46亿元，各项社会保险基金总支出34.59亿元。全市共有3.2万城镇居民和13.44万农村居民享受政府最低生活保障，6840人享受农村特困人员救助供养，全年临时救助20.4万人次。国家抚恤、补助退役军人和其他优抚对象1.43万人。

【社会事业】 全年全市科技、教育、文化、广播、卫生健康等社会事业取得新成就。全市争取国家和省上科技项目20项，其中国家项目2项。安排实施市列科技项目28项。年末全市有各级各类学校1759所。其中幼儿园866所，特教学校4所，小学715所，初中109所，九年制学校26所，完全中学14所，中等职业学校8所，独立高中15所，普通高校2所。全年普通高校招生5674人，在校生17141人。中等职业学校招生8079人，在校生22457人。普通高中招生13977人，在校生41637人。初中招生23002人，在校生72991人。各类学校在校学生37.48万人。学前教育三年毛入园率93.7%，九年义务教育巩固率97.79%，高中阶段毛入学率95.08%。全市参加高考考生17290人，上线人数12860人，上线率74.4%。重点本科上线4835人，上线率28.0%，比上年提高3.9个百分点。全市有各种艺术表演团体8个，公共图书馆8个，博物馆（含纪念馆）14个。全年发行《平凉日报》360期，1098万份。全市有广播电台8座，广播电视卫星转收站10座。年末全市广播节目综合人口覆盖率99.28%，电视节目综合人口覆盖率98.42%。有线电视用户6.06万户。年末全市共有医疗卫生机构（包括村卫生室、诊所）2436个。卫生技术人员14325人。其中，执业医师和执业助理医师5600人，注册护士6023人。医院、卫生院实有床位1.38万张，全年总诊疗949.11万人次，出院人数38.85万人次。全市共有体育场地7808个，体育场地面积353.95万平方米。全市运动员参加省级以上各类赛事获得奖牌30枚，其中金牌10枚，银牌6枚，铜牌14枚。

【安全生产】 全年全市共发生各类生产安全事故44起，死亡49人。亿元生产总值生产安全事故死亡人数0.09人，煤矿百万吨死亡人数0.25人。全年发生道路交通事故138起，死亡77人，受伤115人，直接经济损失48.65万元，道路交通万车死亡人数1人。

（雷振东）

崆峒区

【基本情况】 崆峒区以国家风景名胜区崆峒山而得名。地处甘肃东部，六盘山东麓，东邻泾川、镇原，南依华亭、崇信，西与宁夏回族自治区泾源、原州区接壤，北与彭阳、镇原县毗邻，历史上为丝绸古道西进北上甘凉的第一座关隘重镇，亦为陕甘宁三省交通要塞和陇东传统商品集散地，素有“旱码头”之称，现为平凉市政治、经济、文化中心。区域属陇东黄土高原丘陵沟壑区，西北高峻多山，东南丘陵起伏，中部河谷密布，平均海拔1540米。气候属半干旱、半湿润季风型大陆性气候。全区辖17个乡镇、3个街道办事处和1个大景区，有252个村、19个城市社区，总面积1930平方公里。2020年末全区常住人口50.42万人，城镇化率65.92%。

【资源优势】崆峒区矿产资源较为丰富，主要分布在中南部，境内矿藏有石油、天然气、地热、煤、铁、铜、磷、石灰岩、白云岩、陶土、粘土、耐火粘土、石膏等16种，其中石灰岩品位较高，储量达8.68亿多吨，白云岩1.2亿吨，煤炭资源储量0.77亿吨。地表水可利用量1.1亿立方米，地下水储量12亿立方米。植物资源1300多种，动物资源50多种。境内发掘出仰韶、齐家和商周文化遗址150多处，重点文物保护单位40余处，珍藏文物1300多件。有国家5A级风景名胜区、国家级地质公园、道源圣地崆峒山等旅游景点。

【国民经济】2020年，全区地区生产总值151.73亿元，比上年增长4.2%。其中，第一产业增加值15.2亿元，增长5.1%；第二产业增加值36.66亿元，增长6.6%；第三产业增加值99.87亿元，增长3.2%。三次产业结构比为10.02 ∶ 24.16 ∶ 65.82。全部工业增加值22.1亿元，增长7.6%。规模以上工业增加值增长14.6%。全年建筑业增加值14.6亿元，增长4.6%。固定资产投资增长14.34%。基础设施投资增长42.49%。民间固定资产投资增长12.18%。社会消费品零售总额79.58亿元，下降1.1%。交通运输、仓储和邮政业增加值3.63亿元，增长3.2%。一般公共预算收入7.2亿元，增长20.9%；一般公共预算支出35.35亿元，下降10.8%。全区金融机构本外币各项存款余额417.8亿元，增长12.36%；本外币各项贷款余额311.8亿元，增长9.69%。

【供给侧结构性改革】供给侧结构性改革深入开展，全面深化“放管服”和审批制度五项改革，积极推行“1+4+X”和“串联＋并联”模块化新模式，投资项目审批时限压缩至120个工作日以内。建设现代化经济体系实施意见、深化水价形成机制改革实施意见等改革措施落地实施。持续推进水价形成机制改革，居民自来水阶梯水价制度和非居民用水价格累进加价制度全面落实；阶段性降低企业用电成本，一般工商业、大工业电价的电力用户按原电价95%结算。全不断优化营商环境，放宽登记注册条件，全区新增注册各类市场主体6285户，累计达到41205户，较上年增长5551户。加快推进公车改革，国有企事业单位车改全面完成。

【脱贫攻坚】全面实行挂牌作战，扎实推进“3+1”冲刺清零后续行动和“5+1”专项提升行动，“两不愁”水平明显提升，义务教育、基本医疗、安全住房、饮水保障全部达标，产业扶贫、就业扶贫、消费扶贫、易地扶贫搬迁、村组道路建设、东西部扶贫协作成效明显，贫困人口人均可支配收入达到7575元，同比增长21.9%，下剩的448户1505名贫困人口全部脱贫退出。扎实开展脱贫成果检视，建立了返贫监测预警和稳定帮扶机制，脱贫质量不断提升，我区顺利通过国家普查验收。

【“三农”工作】农村综合改革不断深入，编制完成了《崆峒区乡村建设规划》。建立了农村土地承包经营权登记颁证信息管理系统，共完成确权承包地50.43万块88.94万亩，颁证农户60311户；建立“四联一保”运行模式，全区共234个村开展“三变”改革，实现了贫困村全覆盖。全区农村土地流转面积累计17.6万亩，发展壮大农业产业化龙头企业27家，省级农业产业化龙头企业8家；累计发展农民专业合作社974个。选聘公益性岗位人员1076人。接续推进农村人居环境整治，全年完成户用改厕11162座，创建“清洁村庄”100个，“美丽庭院”1260个，建成运行安国等5个乡镇污水处理站，乡村面貌焕发靓丽新姿。

【项目建设】全区实施重点建设项目181项，其中：在建项目151项（续建57项，新建94项），前期项目30项，总投资364.31亿元，当年计划完成投资97.53亿元。其中：新型工业化发展项目21、现代农业发展项目53项、城市规划建设管理项目74项、交通基础设施项目9项、旅游产业开发项目15项、民计民生项目5项、社会治理项目4项。截至12月底，在建项目开工建设147项，开工率为97.4%，占年度投资计划的91%，项目开工率和投资完成率较往年均有所提升。

【优势产业】突出市场引导、龙头带动和品牌推广，培育新型农业经营主体90家，建成暖棚牛舍659座、设施蔬菜2570亩，新植果树经济林7652亩，平凉红牛荣获“首届中国牛·优质牛肉品鉴大会品质特别奖和最具风味奖”，“崆峒苹果”“崆峒胡麻”被评为国家农产品地理标志。认真落实减税降费、援企稳岗、保畅促销等纾困措施，工业企业快速复工达产，源丰建材、盛通砂石2户企业实现“小升规”，辖区工业增加值增长7.6%。积极推动消费回补和潜力释放，创新开展东西部协作电商产业节、新媒体网上交易、网络直播带货等促消费活动，乡村旅游、四季旅游持续升温，第三产业增加值达到99.87亿元。

【旅游文化】深挖文化资源，打造旅游品牌，促进全域旅游发展，成功创建国家全域旅游示范区。文化产业大厦、平东工委革命遗址恢复保护等项目建成投入运营，海寨沟景区、白庙虎山生态园项目完成年度建设任务。举办和承办2020平凉崆峒文化旅游节、2020年春节文艺晚会、2021年平凉冬春文化旅游季暨崆峒第五届冰雪文化旅游节启动仪式、全国业余围棋公开赛、元旦环城赛、万人太极拳展演等大型文化旅游体育活动。全区全年接待国内游客710万人次，比上年下降0.2%；旅游收入36.15亿元，恢复至2019年的65.23%。

【人民生活】全年全区城镇居民人均可支配收入31123.6元，比上年增长5.2%；农村居民人均可支配收入12156.5元，增长7.2%。全年全区城镇居民人均消费支出21427元,增长0.9%；农村居民人均消费支出9000.3元，增长12.1%。城镇居民恩格尔系数为33.1%，农村居民恩格尔系数为29.8%。全年居民消费价格比上年上涨1.5%。其中，食品及烟酒上涨8.8%，居住上涨0.5%，其他用品和服务上涨2.5%，衣着下降9.2%，生活用品及服务下降3.2%，交通和通讯下降4.6%，教育文化和娱乐下降1.1%，医疗保健下降0.4%。

【环境保护】整流域、大规模推进国土绿化，黄河流域林草生态扶贫项目启动实施，全区森林覆盖率提高到24.89%。大力实施“蓝天碧水净土”工程，畜禽粪污资源化利用整县推进、泾河流域水环境综合治理、黑臭水体治理等环保项目快速推进，河湖“四乱”、农村面源污染和固危废污染等专项治理行动持续深化，道路扬尘、餐饮油烟、散煤管控和饮用水水源地监管等措施常态化落实，污水、垃圾、固危废弃物收集处理能力大幅提升，中心城区空气质量优良天数比率达到96.7%，集中式饮用水水源地、国家地下水监测点位水质达标率均达到100%。

【社会保障】倾心尽力措办民生实事，平凉七中教学楼、花所中心敬老院等民生项目如期建成，城乡低保、特困供养全面提标，特殊困难群体救助精准有力，财政支出的69.2%写入了民生“账本”。全面落实减免企业社会保险费、担保贷款等就业创业扶持政策，持续加大企事业单位招聘、公益性岗位开发、“点对点、一站式”劳务输出力度，全年新增城镇就业7632人，就业形势总体稳定。深入开展平安崆峒建设，扫黑除恶专项斗争纵深推进，社会治安防控全面加强，道路交通、安全生产、食品药品监管水平明显提升。

【社会事业】科技、教育、文化、卫生、广播等社会事业取得新成就。专利申请量313件，专利授权量116件，有效授权发明专利2件。共有各类学校357所，在校生共计85905名，全区九年义务教育巩固率97.89%。共有体育场地1353个，体育场地面积79.353万平方米。体育获得各类奖牌109枚，其中金牌33枚。共有医疗卫生机构363个，公立医院5个，基层医疗卫生机构355个，专业公共卫生机构3个。卫生技术人员1728人，医疗卫生机构床位2133张。全年总诊疗人次53.86万人次，住院人数42803人。全区有各种艺术表演团体13个，公共图书馆2个，纪念馆6个。年末有线电视用户3.65万户，广播节目综合人口覆盖率99.4%；电视节目综合人口覆盖率97.7%。

（鲍莹）

泾川县

【基本情况】泾川县位于甘肃省东部、陕甘交界处，人文历史悠久，泾川是古人类重要发祥地之一，县内有早期旧石器时代文化遗存和晚期智人头盖骨化石，西汉设安定县，北魏建泾州，隋代置安定郡，金大定七年改名泾川县，建州置郡设县历时2100多年。区位优势独特，泾川是丝绸古道西出长安的门户重镇，国道312线、福银高速、西长凤高速及西平铁路横贯全境，是西兰银三大中心城市交汇处和陇东重要交通枢纽。属暖温带亚湿润区，境内海拔930-1460米。总面积1409.3平方公里（不含张老寺农场）。现辖14个乡镇，1个城市社区，212个行政村。2020年末全县常住人口22.22万人，城镇化率39.14%。

【自然资源】泾川县自然条件优越，森林覆盖率47.33%，水土保持治理程度82.4%。泾河县内流长58公里，流域面积743平方公里；汭河县内流长18公里，流域面积105平方公里。先后荣获“甘肃省实现绿化第一县”“全国生态林业建设先进县”“全国水土保持先进县”等称号。文化底蕴深厚，是西王母文化发祥地，始建于西汉元封年间的王母宫被誉为“天下王母第一宫”，是甘肃省唯一的“海峡两岸交流基地”。1964年以来先后三次出土佛舍利，被誉为“华夏佛宝圣地”“世界佛舍利供养中心”。旅游资源丰富，大云寺·王母宫大景区为甘肃省19个重点建设大景区之一，吴焕先烈士纪念馆为全省爱国主义教育基地，王母宫石窟、南石窟寺为国家级文物保护单位，现有国家4A级旅游景区2个，3A级旅游景区6个。产业资源富集，培育形成果品、畜牧、蔬菜等特色产业，探明煤炭资源量21.7亿吨、石油储量1.8亿吨，是陇东能源化工基地核心区域。

【国民经济】2020年，全县地区生产总值40.36亿元，比上年增长3.4%，其中，第一产业增加值11.2亿元，增长6%；第二产业增加值4.89亿元，下降4.3%；第三产业增加值24.27亿元，增长4.9%。社会消费品零售总额11.44亿元，下降1.2%。规模以上工业增加值3096万元，下降27.3%。地方财政收入21611万元，下降1.1%。年末全县金融机构各项存款余额106.04亿元，贷款余额69.6亿元。

【供给侧结构性改革】坚持以供给侧结构性改革为主线，统筹推进财税金融、国有企业、事业单位、文化旅游、医疗康养、生态环境等关键领域改革，民生、司法、党建等领域改革红利持续释放。规范农村宅基地审批，促进农村土地资源优化配置。扎实开展农村集体产权制度改革，所有行政村均成立股份经济合作社，完成登记赋码、证书颁发和挂牌等工作。纵深推进农村“三变”改革，多方培育壮大市场主体，健全完善“企业+基地+合作社+贫困户”利益联结机制，农村发展活力明显增强。深化“放管服”改革，推广使用“一网通办”服务平台，优化办事流程，提升服务效能，实现了“数据多跑路、群众少跑腿”。全面落实援企稳岗、减税降费等政策，积极搭建政银企合作平台，建立“普惠金融+智慧县域”工作协调机制，为124户中小微企业协调贷款4亿元，新增非公经济市场主体1639户，营造了开放公平的市场环境。

【脱贫攻坚】始终把脱贫攻坚作为头等大事，深入开展“3+1”冲刺清零、“5+1”专项提升等行动，全力以赴冲刺清零，坚决攻克最后堡垒。全县91个贫困村和6.62万贫困人口全部脱贫退出。王村镇朱家涧村脱贫事迹被中央电视台《朝闻天下》栏目深度宣传报道。统筹推进产业培育、劳务输转、消费扶贫等增收措施，累计投入扶贫资金2.16亿元，实施各类项目252个。采取“七个一批”方式输转就业7.4万人，依托扶贫车间、公益性岗位、产业园区等就近就业1.5万人。扎实推进“三专一平台”建设，借助天津消费扶贫展销会、“武清味道”等平台，实现消费扶贫1.2亿元。集中开展窑洞危房清零，扎实整改各级巡视巡察、督查检查反馈问题，顺利通过国家脱贫攻坚普查验收、东西部扶贫协作考核和省级脱贫成效考核，为接续推进乡村振兴打下了坚实基础。

【“三农”工作】坚持示范引领，落实耕地地力保护、测土配方等措施，积极推广旱作农业，农业生产持续稳定。2020年全县农作物播种面积53.9万亩，其中：粮食作物播种面积42.51万亩，粮食产量10.58万吨。全力实施"菜篮子"工程，健全完善农产品运输"绿色通道"、能繁母猪补贴等扶持政策。全年种植蔬菜3.43万亩，蔬菜产量2.6万吨；种植油料3.5万亩，产量0.71万吨；瓜类面积2.29万亩，产量7.93万吨；药材面积0.79万亩，产量0.28万吨。挂果果园面积17.43万亩，水果产量19.19万吨。牛、猪、羊、鸡饲养量分别为3.91万头、12.9万口、3.87万只、166.16万只。年末牛存栏2.11万头、猪存栏6.72万口、羊存栏2.51万只、鸡存栏98.7万只。全年新注册农民专业合作社11家。全县农业机械总动力19.91万千瓦。开展村庄清洁行动和全域无垃圾治理。坚持建管并重，开展"厕所革命"攻坚战，实现行政村卫生公厕全覆盖。

【项目建设】全力以赴抓项目、扩投资、育产业、增动能，项目建设有序推进。坚持争建并举、大小齐抓，落实重大项目"三个一"包抓责任制和"三个清单"管理措施，312国道改扩建工程建成通车，泾河流域水环境综合治理一期等项目全面竣工，汽车客运站等一批重点项目加快实施。全年固定资产投资比上年增长0.12%。其中：第一产业增长731.5%；第二产业下降1.4%；第三产业下降8.2%。

【优势产业】坚持牛果菜产业融合推进、全链发展，"泾川苹果"通过国家地理标志认证，富原红果品公司荣获中国苹果产业榜样100品牌。新栽补植果园1.24万亩，建成设施蔬菜园区6处，发展设施蔬菜4300亩，种植设施西瓜2.1万亩，川区瓜菜种植基本实现全覆盖。加快建设平凉红牛全产业链核心区，牛产业在种质资源开发利用上取得了新突破。旭康公司生产的平凉红牛雪花牛肉在首届中国牛优质牛肉品鉴大会上被授予全国"最具风味奖"和"品质特别奖"。新建标准化肉牛养殖小区3个，建成"平凉红牛"良种中心、鼎惠公司万吨果蔬保鲜库、高平原尚万头生猪养殖场，农村特色产业发展水平进一步提升。成功创建省级全域旅游示范区，吴焕先烈士纪念馆、王村知青记忆园晋升为国家3A级旅游景区，汭丰郑家沟入选全国乡村旅游重点村。

【人民生活】全年城镇居民人均可支配收入28341.3元，比上年增长4.4%。城镇居民人均消费支出16154.2元，增长1.1%。农村居民人均可支配收入11286.8元，增长7.7%。农村居民人均消费支出9090.9元，比上年增长3.1%。始终把保民生作为重中之重，优先保障民生投入，全县民生支出占到一般公共预算支出的2/3以上。

【环境保护】深入开展全域无垃圾专项治理，统筹推进"三大革命""六项行动"，农村改厕、改灶、改炕扎实推进，飞云、玉都2个乡镇垃圾处理站建成投用，乡村垃圾收集处理实现全覆盖。大力实施国土绿化行动，完成荒山造林3.72万亩、黄土高原塬面保护15平方公里，新建道路林网310公里。切实强化大气、水、土壤污染防治。全年可吸入颗粒物（PM_{10}）平均浓度为63微克/立方米，可吸入细粒物（$PM_{2.5}$）平均浓度为36微克/立方米，二氧化硫平均浓度7微克/立方米，二氧化氮平均浓度21微克/立方米，臭氧平均浓度74微克/立方米，一氧化碳平均浓度1.1毫克/立方米，除$PM_{2.5}$外其余5项污染物浓度考核指标均达到国家年二级标准。列入国家考核的泾河泾川段出境断面地表水水质综合评价达到Ⅲ类水质标准，水质达标率100%；列入省、市考核的汭河泾川段水质达到Ⅲ类水质标准，全县城乡集中式饮用水源水质达标率100%。

【社会事业】全面落实"稳就业""保就业"各项措施，积极扩大城镇就业，年末城镇登记失业人员1226人，登记失业率3.52%。安置高校毕业生320人。结合脱贫攻坚，多方整合项目资金，加快完善水、电、路、气、房、网等基础设施，大力实施易地扶贫搬迁、农村危房改造、农村天然气入户等工程，自然村通动力电、自来水实现全覆盖，城乡基础设施和群众生产生活条件持续改善。社会事业统筹发展，义务教育学校薄改与能力提升项目加快实施，新建、改扩建校舍1.51万平方米，高考一本上线率比上年提高19.6%。统筹推进文化、科技、体育等社会事业，扎实开展科技文化卫生"三下乡"活动，公共服务能力持续提升。社会保障更加有力。严格落实城乡低保、特困供养、临时救助、双拥优抚等政策，高度关注特殊困难群体，健全完善医疗救助、救灾救济、养老服务等社会救助体系。

（王海峰）

灵台县

【基本情况】灵台县位于陇东黄土高原南缘，地势西北高、东南低，海拔在890～1520米之间，其中县城海拔966.8米；地处东经107° 00′—107° 57′，北纬34° 54′—35° 14′；年平均气温10.1℃；年降水量622mm；年日照总时数1777.9小时，全年无霜期189天。境内有一塬（什字塬）一山（南部山区）两道川（达溪河、黑河川区），全境东西长78公里，南北宽40公里，总流域面积1975.9平方公里，属黄土高原沟壑区。东南与陕西长武、彬县、麟游、千阳、陇县接壤，西北与本省崇信、泾川县毗邻。全县辖9个镇、4个乡，6个居委会、186个行政村。2020年末，全县常住人口15.62万人，城镇化率34.49%。

【脱贫攻坚】剩余建档立卡贫困人口全部实现稳定脱贫，消除了绝对贫困。国家脱贫攻坚普查全县建档立卡贫困户"两不愁三保障"指标全面达标。扎实推进财政专项扶贫资金项目实施，安排财政扶贫资金1.97亿元，共实施重点扶贫项目10类416个。深化东西扶贫协作工作，引导天津企业来灵台投资兴业，先后引进津瑞菌业有限公司、灵台君晟源发展有限公司等4家企业落户。建成消费扶贫专馆6个，认定扶贫产品44类价值总量8.7亿元，实现消费扶贫9486万元，带动建档立卡贫困人口2494人。成功引进"葛沽萝卜""津南实芹"等优良蔬菜品种，有效拓宽贫困群众致富增收门路。落实津南区财政援助资金3759万元，实施饮水安全提升、易地扶贫搬迁等5大类39个项目，使建档立卡贫困人口79146人（次）受益。全面落实建档立卡贫困人口"脱贫不脱政策”“先诊疗后付费”“一站式报销”、提高报销比例等特惠政策，对建档立卡贫困人口落实“基本医保＋大病保险＋医疗救助”三重保障机制。全年建档立卡贫困户住院11961人次，总费用6202万元，三重报销比例达到87.17%。

【国民经济】2020年，全县实现地区生产总值33.56亿元，比上年增长6.7%。其中，第一产业增加值11.55亿元，增长6.1%；第二产业增加值2.90亿元，增长34.0%；第三产业增加值19.11亿元，增长3.4%。三次产业结构比为34.4：8.7：56.9。全县固定资产投资增长67.8%，实现社会消费品零售总额8.38亿元，下降4%。全县大口径财政收入完成2.00亿元，增长10.9%，一般公共财政收入1.14亿元，增长5.1%。全县年末金融机构各项存款余额73.67亿元，增长12.5%，各项贷款余额44.53亿元，下降1.5%。

【供给侧结构性改革】邵寨煤矿年内完成投资10.2亿元，提前6个月实现投产。全力争取“陇电入鲁”电力外送通道工程重点项目落地，送端换流站有望落户灵台，完成了备选站址地上附着物清理登记；注册成立了山东能源灵台火力发电有限公司，完成了灵台电厂项目可研评审。百里煤田启动试验性勘探。蓝康医疗器械公司产品供销省内外，出口欧洲多国，完成产值2.4亿元。

【“三农”工作】围绕特色优势产业，积极构建以农业产业化重点龙头企业、农民合作社、家庭农场、种养大户为主的多层次新型农业经营主体重点，全县农业龙头企业累计达到35户；新注册家庭农场16家，累计达到154家；新注册合作社22家，合作社总量达到774家，贫困村合作社规范运营比例达到60.43%。全年完成农作物播种面积88.2万亩，粮食作物播种面积77.2万亩，粮食总产量达到19.4万吨，实现“十七年连续丰收”。坚持“粮饲通用、草畜配套、以养带种、农牧互促”的循环农业发展思路，种植粮饲兼用玉米、紫花苜蓿等优质牧草7.8万亩，青贮饲草33.3万吨，其中高精青贮10万吨，秸秆饲料化利用率达到85%以上。累计完成各类造林绿化工程71285亩，栽植各类绿化苗木988.6万株。牛饲养量达11.7万头，出栏5.1万头，猪饲养量达4.8万头，出栏2.6万头，羊饲养量达5.2万只，出栏2.1万只，鸡饲养量达17.6万只，出栏8万只，全年猪牛羊禽肉产量7312.2吨，禽蛋产量285.5吨，牛奶产量3100吨。年内实施农业重点项目完成投资0.7亿元，建设高标准农田3万亩，建成西屯镇30000吨生物质燃料加工厂一处，落实机具补贴579台（套），受益群众达到587户。聚力推进“三大革命”落实“六大行动”，新建改建卫生户厕8050户。

【项目建设】紧紧围绕绿色生态发展等重点领域，谋划储备黄河流域生态环境保护和高质量发展项目46项、总投资347亿元，十大生态产业项目86项、总投资256.9亿元，“新基建”项目18项、总投资33.62亿元，公共卫生应急体系和能力提升项目12项、总投资1.97亿元。抢抓国省政策机遇，论证申报专项债券项目19项、总投资14.3亿元，中央预算内投资项目12项、总投资0.45亿元，新增中央投资项目56项、总投资122亿元，省重大项目前期费项目3项、总投资3.58亿元。年内实施投资500万元以上重点项目108项，完成投资38.24亿元，市列“三个一”包抓的3个重大项目完成投资11亿元。争取到位国省投资10.1亿元，招商引资到位资金16.5亿元。

【优势产业】以平凉红牛“扩量增繁”为重点，采取冻配改良、自繁自育和新购红牛等方式，新增“平凉红牛”3137头。利用38处冻配点改良肉牛1.82万头，肉牛改良率达到80%以上；划定粮食功能区40万亩，建成“一轴三带一基地两核心”为主线的灵台县绿色冬小麦发展优势区10万亩。年内新植苹果园1.6万亩，苹果产量达到9.6万吨。获批实施国家矮砧苹果种植标准化示范区，建成了西北农林科技大学灵台苹果试验示范中心，荣获“全国现代矮砧苹果新技术示范县”。建成设施蔬菜生产小区3处，新建日光温室大棚71座，钢架大棚394座。引进推广丰力系列线椒、金棚系列番茄、博耐黄瓜、羊角蜜甜瓜等新品种25个，全县蔬菜新品种应用率达到100%，推广集约化穴盘育苗，多层覆膜，膜下滴灌，病虫害绿色防控等先进技术12项，建办了中台西川集约化育苗等示范点12个。

【人民生活】积极应对疫情冲击，多方输转就业5.3万人，发放创业担保贷款4705万元。清欠民营企业账款9817万元。安置高校毕业生308名、退役士兵6名，招录公安辅警、专职消防员和社区工作者60名，新增城镇就业3007人。全县城镇居民人均可支配收入达到25231.4元，比上年增长4.5%，人均消费支出达到14857.1元，增长0.1%；农村居民人均可支配收入达到9762.9元，增长7.6%，人均生活消费支出达到6660.7元，下降5.5%；城乡居民储蓄存款余额为63.53亿元，增长12.5%，人均储蓄存款达到27952元，增长9.6%。

【环境保护】牢固树立绿水青山就是金山银山的生态文明新理念，将绿色发展贯穿到全县经济社会发展全过程。投入各类资金集中实施了县域集中供热、污水收集处理、燃煤锅炉综合治理、工业企业环保设施改造升级、垃圾处理设施建设等一批环保基础设施工程。加强乡镇集中式水源地保护，累计完成乡镇集中式饮用水水源地规范化保护23处。县城生活污水处理厂污泥无害化处置和中水回用建设工程通过竣工验收。县城区污水收集管网覆盖率达到了95%以上。建立了“乡管理县运营”污水处理站运行管理模式，6个重点乡镇生活污水管网覆盖率达到65%以上。规模化养殖场粪污处理设施配套率达到了95%，畜禽养殖粪污资源化综合利用率达到了75%。实施农药零增长行动，病虫害绿色防控覆盖率达到了30%以上。实施废旧农膜回收行动，建成重点回收加工企业3个，建成废旧地膜回收网点6处，发展地膜回收社会化服务组织12个，全年回收废旧农膜2000吨左右，加工销售聚乙烯颗粒400吨，回收利用率达到了80%。

【社会保障】全县累计发放各类救助资金7404万元。其中为全县5954户13169人农村低保对象、552户1105人城市低保对象分别发放低保金4325.57万元、623.08万元。救助“两癌”患病妇女57人25.6万元，资助困难家庭应届大学生221人92.5万元。城乡居民和城镇职工医疗报销审核、异地就医备案、门诊特慢病基本实现了医疗报销费用按月兑付。年内城乡居民住院33610人次，基本医保报销9042万元，大病保险报销6457人（次）1647万元，医疗救助13900人（次）1386万元；特慢病门诊、“两病”门诊报销1889万元；城镇职工住院报销2946人次、1895万元，门诊报销296278人次，报销2464万元。

【社会事业】全年对21所学校进行改扩建，新建、改建校舍1.28万平方米，对4所乡镇寄宿制学校和6所乡村小规模学校进行扩建、维修，新建校舍2061平方米，维修改造校舍3279平方米。新建了城东幼儿园，建成职业中专综合教学楼、学生宿舍楼、教师公寓建设项目，改善了全县普通高中办学条件。九年义务教育巩固率达到98.8%，学前教育三年幼儿入园（班）率达到93.8%。全县普通高考一本上线410人，上线率30.2%；二本以上上线1068人，上线率78.8%，高考质量综合考核位居全市第三位。职业中专“三校生”高考二本以上上线43人，上线率20.9%，总体质量位居全市第一，其中护理专业上线率位居全省第一。全县万人以上乡镇卫生院DR机、彩超配备率达到100%。乡镇卫生院基本药物达到250种以上，村卫生室基本药物达到80种以上，所有乡镇卫生院科室设置及村卫生室面积、布局均达到标准化要求。共建成13个乡镇综合文化站，11个社区体育健身中心，2个社区综合性文化服务中心，186个农家书屋，186处村级农民体育健身工程，186个村级综合文化服务中心，为全县13个乡镇文化站和58个村级综合性文化服务中心配送了公共文化一体机等数字文化设备，为47个贫困村配备了音响、戏服等文化活动器材，公共文化服务基础条件得到了极大的改善。

（李德文）

崇信县

【基本情况】崇信县位于甘肃省平凉市东部，关山东麓，泾河之南。东靠泾川、灵台两县，西与华亭市相连，北接崆峒区，南与陕西省陇县毗邻，地处北纬35° 1′—35° 25′，东经106° 50′—107° 10′之间。全县辖4镇2乡，1个工业集中区，79个行政村。2020年末，全县常住人口8.18万人，城镇化率43.02%。

【资源优势】县域内自然资源丰富，主要矿藏有煤炭、陶土、坩泥、石灰石、石英砂、矿泉水等，尤以煤炭资源最为丰富，已探明储煤面积102平方公里，储量约18.8亿吨，属全省大型煤炭工业基地和全国100个重点产煤县之一，有煤炭生产企业12家，煤电化产业开发前景广阔，资源开发潜力巨大。川区地势宽阔平坦，土质肥沃，具有发展现代农业的独特优势。水资源丰富，泾河的主要支流汭河、黑河自西向东贯穿全境，年径流量近2亿立方米。县内西南山区天然次生林区植被良好，森林植被覆盖度达到了90%以上，有植被29科42属69种，境内野生动物共16目44科118种。历史文化悠久灿烂，周人的先祖公刘定居芮鞫，发展农耕文化，影响深远；唐贞元四年（公元788年），陇右节度使武康郡王李元谅筑崇信城，取“尊崇诚信”之意，建县于北宋建隆四年（公元963年），距今已有1057年的历史。境内有国家AAAA级旅游景区龙泉寺、国家AAA级旅游景区华夏古槐王、省级风景名胜区五龙山、省级森林公园唐帽山等众多人文自然景观，“山水龙泉·养生崇信”声名远播。建成A级景区2个，省级乡村旅游示范村2个，打造乡村旅游示范点8个，乡镇综合文化站7个，村级文化广场65个，农家书屋79个。成功申报“陇东民歌”“山梁走唱”“顶灯说唱”“点灯背猴”4个省级“非遗”项目，“弦子腔”等50个市级“非遗”项目，“根雕”等60个县级“非遗”项目，并在全县挂牌成立了11个“非遗”传承基地。

【国民经济】2020年，全县地区生产总值39.63亿元，比上年增长1.1%。其中，第一产业增加值9.03亿元，增长5.5%；第二产业增加值17.99亿元，下降2.1%；第三产业增加值12.6亿元，增长4.1%。全县全部工业增加值16.88亿元，下降2.8%，规模以上工业增加值下降0.5%；全年社会消费品零售总额4.53亿元，下降0.5%；全年一般公共财政预算收入2.79亿元，下降2.3%；一般公共财政预算支出12.94亿元，增长8.4%。年末全县银行业金融机构各项存款余额45.82亿元，比上年末增长7.42%；各项贷款余额34.43亿元，增长21.07%。

【供给侧结构性改革】深入推进供给侧结构性改革，扎实推进“三去一降一补”，着力改善发展环境，积极引导企业加快技术改造，提升产业基础能力和产业链现代化水平，不断提高产业经营效益，稳步提升工业发展质量，融合推进文化旅游产业，全力推动牛果菜产业扩量提质，不断降低实体经济企业成本。三次产业结构比为22.8 ：45.4 ：31.8。

【脱贫攻坚】扎实开展“3+1”冲刺清零后续行动、“5+1”专项提升行动和脱贫攻坚挂牌作战，实施产业培育、基础设施建设、人居环境改善等扶贫项目71项，引导1575户贫困群众发展牛果菜劳和“五小”产业，边缘户、监测户全面消除返贫致贫风险，现行标准下贫困人口实现动态清零。强化资金扶持，落实产业扶贫资金1525.365万元，实施产业扶贫项目35项。各级督查反馈问题全部整改，顺利通过了省委脱贫攻坚专项巡视、全省贫困县党委和政府扶贫开发成效考核。

【“三农”工作】2020年，全县农林牧渔业增加值9.19亿元，比上年增长5.4%。全县农作物播种面积40.4万亩；粮食作物播种面积27.03万亩，增长10.2%。全年粮食产量6.14万吨，比上年增长6.8%；蔬菜产量9.39万吨，增长7.7%。中药材产量0.19万吨，增长0.75%。园林水果产量3.08万吨，增长13.2%。全年猪牛羊禽肉产量1.02万吨，增长2.4%。牛奶产量58.6吨。年末猪、牛、羊存栏分别达到3.04万头、4.39万头、2.98万只。大力推广测土配方、全膜双垄沟播、病虫害综合防治等新技术，引进推广了先玉335、均隆1217、富友968等粮食新品种，全力保障粮食生产安全。紧盯“塬果川菜整县牛”产业三个全覆盖目标要求，全力实施“牛扩量、果转型、菜提质”工程，着力推进特色优势产业扩量提质创牌增效。持续扎实开展农民专业合作社质量提升行动，年末全县登记注册农民专业合作社342个，规范率达到83.6%。全年共开办政策性农业保险品种13个，签单保费772.93万元，占计划任务的100.6%。建成高标准梯田1万亩，累计培训农民3200人（次）。

【项目建设】紧紧围绕项目生成“四个渠道”和“八个一批”要求，抢抓政策机遇，强化衔接争取，加大推进力度，争取中央预算内投资项目10项、地方政府专项债券项目15项、抗疫特别国债项目6项，实施招商项目49项。全年全县固定资产投资项目55个，完成投资比上年增长34.69%。其中5000万元及以上项目10个，完成投资增长20.58%；500-5000万元项目42个，完成投资增长3.02%；房地产开发项目完成投资增长129.95%。按三次产业分，第一产业投资增长213.85%；第二产业投资下降17.46%；第三产业投资增长96.69%，三次产业投资结构比为：1.6 ：33.7 ：64.7。

【优势产业】大力推进工业强县战略，赤城煤矿建设基本完成，已开展联合试运转；煤炭、电力生产稳步提高，全年生产原煤564.5万吨，发电60.9亿度。加快推进农业产业开发。鼓励各类经营主体发展壮大红牛产业，累计建成标准化养殖场（区）41个，修建养畜暖棚341座，发展10头以上养殖大户2400多户。新建设施蔬菜大棚4513座2050亩，建成了枣林菌类产业园，种植蔬菜5.9万亩，产量9.8万吨。深入挖掘文化旅游资源，统筹推进规划建设，持续扩大宣传营销，加快文化旅游产业融合发展，全县有文化旅游企业57家，从业人数600多人，建成特色文化旅游街区1条、旅行社及分社6家，文创产品生产企业4家，开发文旅产品3000多件。全年接待游客198.27万人次，实现旅游综合收入103172万元，比上年分别增长4.56%和5.42%。

【人民生活】全县城镇居民人均可支配收入37157元，比上年增长4.7%；农村居民人均可支配收入9371元，增长7.5%。城镇居民人均消费支出19953元，下降2.7%；农村居民人均消费支出8817元，增长4.1%。实施南滨河路、政法基础设施、世纪花园C区建设等城镇化项目32项，天然气入户5189户，新增商品房面积15.7万平方米。完成杜家塬、下河桥危桥改造，李家沟、五马沟汭河桥和史家山至葛家崾岘公路建成通车。深入推进人居环境综合整治创建美丽庭院2000户，城乡居民人居环境得到明显改善。

【环境保护】积极践行绿水青山就是金山银山理念，有序推进国土空间规划编制，五龙山森林公园优化调整通过国家评审。完成造林绿化4.6万亩，建设景观廊道76公里。部署开展“两慎两不两禁两无”专项整治行动，大柳、百贯沟煤矿等6个封闭式储煤棚加快建设，工业集中区污水处理厂、黄寨污水处理站投入试运行，地表水和集中式饮用水水源地水质稳定达标。全年环境空气质量优良天数达标率为95.2%，全县地表水断面水质优良比例为100%。细颗粒物（$PM_{2.5}$）年均浓度为26微克/立方米，比上年下降3.7%。大气环境可吸入颗粒物（PM_{10}）年均浓度为56微克/立方米，下降11.1%。二氧化硫（SO_2）年均浓度为9微克/立方米，与上年持平。二氧化氮（NO_2）年均浓度为11微克/立方米，下降15.4%。

【社会保障】积极落实稳就业措施，全年新增城镇就业2119人，失业人员再就业771人，城镇登记失业率3.62%。全县机关事业单位养老保险参保4344人，企业职工养老保险参保2959人，城乡居民养老保险参保58917人。参加基本医疗保险人数90828人，其中，参加职工基本医疗保险人数7047人，参加城乡居民基本医疗保险人数83781人。工伤保险参保8073人，生育保险参保5898人。积极发展普惠性养老和互助性养老，完善帮扶残疾人、孤儿等社会福利制度，残疾人托养补贴、老年人免费体检等22项惠民实事全部兑现，老年养护院启动运营。全县共有2127户5434名农村困难群众享受农村低保，有605户1395名城镇困难居民享受城市低保，城乡特困供养人员240人。

【社会事业】持续健全服务体系，改善人民生活，不断提高社会建设水平。加快教育布局调整，落实住宅小区配套幼儿园政策，促进城镇学校扩容增位，推动学前教育普惠发展、义务教育均衡发展、高中教育多元发展、职业教育实用高效发展，完成高年小学、柏家沟小学迁建。2020年全县共有学校108所，各类学校在校学生15810人，有教职工1349人，二本及以上线率79.5%，一本上线率30.24%。深化健康崇信建设，完成县乡医疗机构提质升级，新建中医产业基地、中医医院康复中心和公共卫生应急管理服务中心，县医院医技综合楼投入使用。完善公共卫生应急处置机制，提高应对突发公共卫生事件能力。全县共有各级各类医疗机构137个，有医生274人，护士399人，各医疗机构共设病床640张。实施文明创建行动，繁荣发展文化体育事业和文化产业，争创全国文明城市、国家园林县城和国家“绿水青山就是金山银山”实践创新基地，县体育公园全面建成。全县电视覆盖率99.2%，广播覆盖率99.02%，组织各类文化活动60多场（次）。

（杨欣）

庄浪县

【基本情况】庄浪县位于甘肃中东部，六盘山西麓，属黄土高原丘陵沟壑区。境内海拔在1405—2857米之间，无霜期205天，年平均气温8.6℃，近十年年均降水量530毫米左右。从20世纪60年代开始，全县广大干部群众经过34年坚持不懈地努力，建成了百万亩水平梯田，1998年被水利部命名为全国第一个“梯田化模范县”，铸造了“实事求是，崇尚科学，自强不息，艰苦创业”的庄浪精神，成为“甘肃精神”的重要组成部分。在中央电视台纪录片频道播出的《航拍中国》甘肃篇、新闻频道播出的《共和国发展成就巡礼·甘肃篇》、综合频道播出的《中国粮的奇迹》等节目中，分别对庄浪梯田和生态建设作了专门介绍。全县辖18个乡镇、1个城市社区、293个行政村，总面积1553平方公里。2020年末，全县常住人口33.49万人，城镇化率28.42%。

【国民经济】2020年，全县地区生产总值68.28亿元，比上年增长6%。

其中，第一产业增加值25.17亿元，增长5.4%；第二产业增加值6.28亿元，增长10.8%；第三产业增加值36.84亿元，增长5.5%。三次产业结构比由上年的35.5 ：9.17 ：55.33调整为36.86 ：9.2 ：53.95。全县规模以上工业增加值增长68.8%；固定资产投资增长2.16%;社会消费品零总额20.71亿元，下降0.36%。

【供给侧结构性改革】近年来，全县上下把握改革方向，坚定不移推进供给侧结构性改革各项工作，"三去、一降、一补"有效推进。整合升级去产能，强力推动煤炭、水泥、砖瓦等传统产业改造升级。积极推进房地产去库存，2020年商品房销售面积32.38万平方米，比上年多销售6.38万平方米。盘活企业去杠杆，结合扶贫贷款政策用活信贷资金，发放小额扶贫信贷资金，有效缓解小微企业的融资难题，帮助企业发展壮大。着力帮助企业降成本，全面落实现有惠企政策和营改增政策，优化企业经济发展环境。加快推进了天平高速、庄静高速、紫荆路沿线建设、梁河水库等一批重大基础设施项目，努力补齐基础设施建设和全面小康的短板。

【脱贫攻坚】纵深推进农村"三变"改革，探索创新的"党组织＋国有公司＋专业合作组织＋贫困群众"产业扶贫模式,被省委、省政府总结为"庄浪模式"在全省大力推广，庄浪县被确定为全国农村集体产权制度改革试点县，全国农民专业合作社整县规范提升试点县，全省、全市"三变"改革试点县。全面落实产业扶贫到户政策，累计投入产业扶贫资金11.2亿元，就业扶贫资金5000万元，为贫困户投放基础母牛5.7万头，培育农民专业合作社651个。就业扶贫、电商扶贫、光伏扶贫、旅游扶贫、金融扶贫为贫困群众增收注入了新动能，建办"扶贫车间"83家，开发公益性岗位1.38万个，发放扶贫小额信贷11.9亿元。全力推进"九大冲刺行动""3+1"冲刺清零行动和"5+1"专项提升行动，全县累计整合涉农资金26.48亿元，全力补齐贫困村户路、水、电、房基础短板，改造危房11973户，硬化道路904公里、巷道36万平方米，易地扶贫搬迁任务全面完成，实现了农村危房全清零、安全饮水全保障、通村道路全硬化、动力电全覆盖。全面落实教育扶贫、健康扶贫政策，农村低保、特困供养人员实现了应保尽保，农村民生显著改善。2019年如期实现了整县脱贫摘帽的目标。3.16万户13.64万人实现稳定脱贫，贫困发生率由32.73%降至为零。

【"三农"工作】2020年新建果园3.45万亩，全县苹果面积达到65万亩，组织果园管理技术培训300多场（次）、培训果农3.5万人（次）。续建肉牛养殖场2处，累计建成规模养殖场118个，完成肉牛授配5.2万头。全县牛、猪、鸡、羊饲养量预计分别达到11.56万头、21万头、176.1万只和2.3万只，出栏量分别达到3.3万头、9.8万头、70.7万只和0.9万只，肉蛋奶总产量2.1万吨。推广旱作农业技术70万亩，播种粮食80.45万亩。栽培马铃薯雾培法脱毒种薯瓶苗930多万株，生产原原种1620多万粒，建成马铃薯脱毒种薯基地25万亩，带动全县种植马铃薯35.98万亩。新建塑料大棚800亩带动种植蔬菜7.67万亩、中药材1.2万亩，农业保险签单保费3378.1万元，完成率100.3%（贫困户完成率103.1%），完成理赔745.9万元，受益农户12134户。输转农村劳动力11万人（次），创劳务收入28.36亿元。

【项目建设】2020年，全县共组织实施500万元及以上重点建设项目139个，总投资222.77亿元，当年计划投资70.74亿元。截至2020年底，开工建设131个，建成77个，完成投资75.94亿元，占计划的107.35%。庄静高速建成通车，天平高速即将建成开通，庄天高速全面开工，S220鱼池至莲花段、S521南坪至马关公路、刘庙至董湾等公路建成投用，硬化村社道路1262公里，基本形成高速公路中心枢纽、国省道路总量提升、各级路网互联互通的交通建设新格局。全面打通紫荆路、高标准推进紫荆路沿线项目建设，有序拉开南北滨河路延伸工程，实施县城至高速公路出入口快速通道建设，建成了如意大桥、四中人行天桥等一批基础设施项目，推进棚户区拆迁和老旧小区改造、安居保障、增绿添亮等城建工程，实施了县职教中心整体迁建和县医院异地扩建项目，建成了县中医院住院综合楼和医技综合楼、思源学校、南湖二小、县第六幼儿园等一批民生工程，推动城乡面貌发生显著变化。

【优势产业】创建省级绿色食品原料（苹果）标准化生产基地30万亩，全县果园面积达到65万亩，挂果园面积35.9万亩，全县果品总产量达到46万吨、总产值23亿元，阳川镇孙王村（苹果）入选第十批全国"一村一品"示范村镇。"庄浪马铃薯"荣获国家农产品地理标志。庄浪县荣获全国平安农机示范县。"庄浪苹果""庄浪红牛""庄薯系列"品牌效应为农民增收注入了强劲动力。大力发展全域旅游和乡村旅游，全年接待游客100万人（次），旅游综合收入达到4亿元。

【人民生活】全年全县城镇居民人均可支配收入30861元，比上年增长4.8%；城镇居民人均生活消费支出17066元，下降13.8%。农民人均可支配收入7934元，增长7.3%。农村居民人均生活消费支出9074.6元，增长21.7%。城镇居民恩格尔系数为26.2%，农村居民恩格尔系数为27.5%。完成城乡居民清洁取暖改造10300户，创建清洁村庄127个，农村户用卫生厕所、行政村公厕覆盖率分别达到22.8%和100%。圆满完成了年初承诺的"十件实事"，省市重点民生实事项目全面达标。组织实施了县级公共体育场所和体育惠民工程。完成陈家洞石窟唐代残塔和南湖关帝庙戏楼修缮工程。建成图书馆和文化馆两个总馆及18个乡镇和城市社区分馆。

【环境保护】牢固树立"绿水青山就是金山银山"的理念，全力推进生态文明建设，大规模开展国土造林绿化行动，城乡造林以每年10万亩的规模持续推进，累计完成生态造林39.8万亩，绿化乡村道路2368公里，治理水土流失123.7平方公里，新建淤地坝1座、除险加固19座，封禁45.1平方公里，新修梯田产业道路3450公里，绿化覆盖率达到34.7%。坚持标本兼治，持续加力治污染，严格落实河长制、湖长制工作责任，扎实开展河湖"清四乱"专项整治行动和全域无垃圾治理，乡镇及县城集中饮用水水源地水质达标率均为100%，水质综合评价达标率达到了Ⅲ类标准。可吸入颗粒物PM_{10}年均值、$PM_{2.5}$年均值均控制在市政府下达的目标值内，空气质量优良天数达标率达到了85.3%以上。投入7.8亿元，建成了工业园区污水处理厂、11个乡镇污水处理设施、17个乡镇垃圾处理设施。城区生活垃圾无害化处理率大于90%，城区生活污水处理率达85%，工业固体废物综合利用率达98%。新增矿山地质环境治理恢复面积1292亩，新增土地复垦面积1031亩。

【社会保障】为城乡居民发放各类政策性惠农资金5.94亿元、养老金3.6亿元、救济救助资金2.32亿元，报销医药费用2.48亿元，落实大病医疗救助资金6058万元。签约引进医学本科毕业生28名、教育本科毕业生17名，考录安置高校毕业生426名，招考公安辅警60名、政府专职消防员30名，新增城镇就业人员4145人，阳光安置退役军人61名。

【社会事业】教育事业稳步发展。全面启动县职教中心整体迁建二期工程，县第六幼儿园、南湖第二小学建成招生。学前三年毛入园率达到93.41%，九年义务教育巩固率达到97.46%，高中阶段毛入学率达到96.30%，中职毕业生就业率保持在98.6%以上。全县高考重点本科上线860人，上线率22.4%，比上年增加1.6个百分点，本科以上总上线2700多人，实现了高考重本上线和高分人数双提升。发放各类助学金和资助金3160万元，资助学生5.38万人（次）。健康服务全面优化。全力开展脱贫攻坚“九大冲刺行动”和清零整改工作，贫困人口免费体检率均达到98%以上，国家25种大病患者救治率均达到95%以上，贫困人口高血压等慢性病规范管理率均保持在85%以上。新建和改扩建标准化村卫生室9个，配备乡村医生13名，全县标准化村卫生室和合格村医实现了全覆盖。建成数字化接种门诊6个，免疫规划疫苗接种率平均达到97.55%。持续加强城乡居民健康管理，建立居民健康档案34.6万份，规范建档率25.2%；管理重点人群10.4万人，规范管理率72.1%。深入推进基层医疗体制改革，县医院成功晋升为三级乙等医院，县中医院住院综合楼和医技综合即将投用，县医院异地扩建工程建成主体，公共卫生健康服务能力不断提升。县级公共体育场全面开工，群众性文化体育活动广泛开展。文旅事业健康发展。实施文旅项目7个，完成投资2219万元。建成了包括县级指挥中心、18个乡镇乡级平台，293个行政村和160个自然村村级平台的应急广播体系建设项目。

（魏娟）

静宁县

【基本情况】静宁县位于甘肃省东部，平凉市西部。地处黄土高原中部，六盘山西麓，黄河支流渭河上游的葫芦河流域。东经105°34′～106°05′，北纬35°01′～35°75′。北与宁夏回族自治区隆德、西吉县接壤，西北与会宁县为邻，东南同庄浪县相依，西、南与甘肃省通渭、秦安县毗连。县境南北长81公里，东西宽68.8公里，总面积2193.9平方公里，海拔1300-2245米。现辖17个镇、7个乡、1个城市社区管委会，333个村民委员会、9个居民委员会。2020年末，全县常住人口36.56万人，城镇化率30.9%。主要有汉、回两个民族，人口密度166人/平方公里。

【自然资源】县境内已发现的非金属矿产有石灰石、煤、高岭土、火山岩棉、硅石、粘土；金属矿产有铅锌矿、钒钛磁铁矿、黄铁矿、铁锰矿。其中石灰石储量较大，分布集中，品位高，易开采。全年平均气温8.4℃，年降水量649.3毫米，年降雨天数154天，全年日照总时数1882.8小时；空气质量有效监测天数350天，优良天数337天，优良率96.3%。

【脱贫攻坚】深入开展“3+1”冲刺清零后续行动和“5+1”专项提升行动，逐村逐户逐人逐项查漏补缺，下剩的贫困人口全部脱贫。持续强化扶贫产业体系构建，规范运行专业合作社1124个，落实产业奖补资金1.05亿元，输转贫困劳动力4.2万人。多方筹措资金，解决新增及“四有人员”住人危房3928户，实现了“危房不住人、住人无危房”。建成投用脱贫攻坚饮水安全和苦咸水改造工程，改造冬季冻管687公里。2020年2月，省脱贫攻坚领导小组办公室公示，静宁县拟退出贫困县序列。教育扶贫、健康扶贫、兜底保障等各项工作扎实推进，各级督查反馈问题全部整改到位，圆满完成脱贫攻坚普查，顺利通过国家事后质量抽查。

【国民经济】2020年，全县地区生产总值达76.98亿元，比上年增长4.1%；一、二、三次产业分别实现增加值31.38亿元、10.45亿元、35.15亿元，分别增长5.6%、7.0%、2.1%。三次产业结构由上年的37.9∶14.6∶47.5调整为40.8∶13.6∶45.6。全部工业增加值3.23亿元，增长10.0%；其中，规模以上工业增加值增长53.0%；建筑增加值7.22亿元，增长5.4%。固定资产投资比上年增长17.6%；社会消费品零售总额26.76亿元，增长0.5%；交通运输、仓储和邮政业完成增加值1.68亿元，增长4.1%；货物运输总量336.18万吨，下降13.3%；客运量466.62万次，下降17.6%；邮政业务总量2306.94万元，增长5.6%。大口径财政收入6.14亿元，增长1.8%；一般公共预算收入3.69亿元，下降5.2%；年末金融机构本外币各项存款余额130.94亿元，增长9.5%；其中储蓄存款余额102.89亿元，增长13.1%；金融机构本外币各项贷款余额91.88亿元，增长5.1%。

【“三农”工作】特色现代农业提质增效。坚持以现代旱作农业为统揽，以绿色循环发展为导向，以果、牛、旱作农业、小杂粮为重点，以规模化、集约化、产业化为方向，着力打造“一园六区”现代农业产业布局。完成农作物播种面积120.82万亩，播种蔬菜6.93万亩，全年粮食产量达26.56万吨。新建果蔬保鲜库31座，农业机械总动力达到25.68万千瓦。食用菌扶贫产业园建成投产。畜牧养殖快速扩张。积极推行“补助建棚、贷款养牛、母牛补贴、新增奖补”四项扶持政策，以实施平凉红牛标准化养殖示范基地建设为抓手，补贴基础母牛2.1万头，全县牛饲养量13.8万头，出栏量4.2万头。猪、鸡饲养量分别达到18.4万头、113.7万只。人居环境整治成效明显。新建改造卫生户厕8192座、村级公厕93座，创建“清洁村庄”83个。加快推进甘沟、界石铺等小城镇建设，集中实施街路改造、绿化美化、垃圾污水处理工程，重点小城镇形象明显改观。跟进强化土地承包管理。巩固完善农村土地确权登记颁证成果，规范有序推进农村土地承包经营权流转，全县土地流转面积累计达到29.4万亩。

【项目建设】全面推行重点项目“三个一”包抓责任制，2020年全县固定资产投资项目104个，计划总投资110.41亿元，完成投资比上年增长17.6%。其中5000万元及以上项目15个，完成投资下降16.7%；500-5000万元项目67个，完成投资增长15.5%；房地产开发项目22个，完成投资增长89.3%。县级财政安排8000万元，实施“八个千万工程”，发展后劲不断增强。聚力推进棚改清零行动，完成历年片区土地房屋征收欠账175户、拆迁405户、安置777户，改造3个片区旧住宅楼27幢，配建安置房20.6万平方米，2014年以来所有安置房全部开工，棚改工作取得决定性成效。引洮供水二期静宁城乡供水配套工程完成全部主体工程建设。天平、静庄高速建设加速推进，静庄高速年底建成通车。新开续建西环路、崇德路等城市道路6条4.95公里，建成绿地休闲广场，文屏书院、人防应急指挥中心完成主体，公共服务功能不断完善。深入推进精细化管理，县城秩序和卫生得到进一步加强。扎实开展“百日攻坚”行动，拆除乱搭乱建9170处。

【优势产业】静宁苹果产业经过30多年的不懈发展，已初步成为县域经济发展的区域首位产业。近年来，静宁县委、县政府紧紧围绕建设苹果强县目标，坚持特色农业、地方工业、文化旅游三大产业互促互推、整体提升发展思路，在苗木繁育、生资供应、贮藏加工、物流配送、市场营销、乡村旅游等领域进行全产业链开发，促进形成一、二、三产业融合发展态势。全县建成国家级标准园2500亩、省级标准园5000亩、县级示范园32万亩；标准化管理面积60万亩，认证基地面积59.5万亩；良种苗木繁育基地2000亩；161家贮藏营销企业，贮藏量60万吨；18家加工包装企业，加工转换能力12万吨，生产纸箱3.1亿平方米，产值10亿元；246家电子商务网店；1个静宁苹果地理标志商标，品牌价值158.95亿元；134个企业商标（德美、红六福、陇原红、常津等）；28家直营店，9家出口企业，创汇19.9亿元。2020年，成功举办首届“甘味”苹果产销对接会暨第六届静宁苹果节，“静宁苹果”荣获中国苹果区域公用品牌十强，进入首批中国100个地理标志受欧盟保护名单。2020年，全县苹果园面积达到60.83万亩，产量70.09万吨，产值33.9亿元。

【旅游文化】静宁县是羲皇故里，华夏文明的发祥地之一。境内有大地湾文化、仰韶文化、马家窑文化、齐家文化等各类文化遗址284处，其中古文化遗址146处，古墓群49处，古城址9处，古堡6处，烽火土6处，古寺院5处，化石点6处。这些遗址中有5处省级文物保护单位，12处县级文物保护单位。有国宝级文物“玉琮”，省级重点文物保护单位成纪故城遗址和保存完整的明代文庙、界石铺红军长征纪念馆等人文景点，有五台山、九龙山、珍珠林、仙人峡等自然景点。有秦汉建筑风格的成纪文化城和仿古式成纪文化街，气势恢宏，规模宏大，内涵丰富。民间艺术主要有社火、歌谣、剪纸、刺绣等。名优特产主要有静宁苹果、烧鸡、大饼。立足地域优势，注重挖掘历史文化、红色文化、苹果文化等地方文化旅游资源，精心征集储备推介项目，抢抓兰洽会、崆峒文化旅游节等重要节会的有利时机，推荐静宁曹务老味道、静宁掐丝画、静宁县博艺玻璃等6家企业参加文博会文化精品长廊展示。积极谋划招商引资项目储备情况，推选阿阳故城文化创意产业园项目、国家红色长征文化公园界石铺景区建设项目、35°苹果谷景区建设项目、城川镇靳寺村乡村旅游“样板村”建设项目等8个项目进入全市文旅重点招商引资项目库。

【人民生活】2020年，全力推进重点民生项目，一中实验楼、疾控中心检验检测业务楼全面建成，同乐幼儿园、文惠小学按期招生。打好稳就业保民生“组合拳”，落实创业担保贷款7180万元，新增城镇就业5102人，全县城镇登记失业率3.8%，发放各类社会救助资金2.64亿元。全县城镇居民人均可支配收入28437.3元，增长5.0%；城镇居民人均消费支出17902.4元，增长0.1%。农村居民人均可支配收入8919.6元，增长7.1%；农村居民人均消费支出10471.5元，下降2.1%。

【社会保障】全年用于民生方面的支出达到39.1亿元，占总支出的81.0%。省市县列实事有效落实，城乡社保提标扩面，发放各类保障资金4.8亿元，受益群众8.3万人次。年末全县共有城镇居民7378人和农村居民4.03万人享受政府最低生活保障，1989人享受农村特困人员救助供养，全年临时救助3.24万人次。国家抚恤、补助退役军人和其他优抚对象3439人。年末全县参加城镇职工基本养老保险人数28119人，比上年末增加828人。参加城乡居民基本养老保险人数28.13万人。参加基本医疗保险人数42.31万人，增加3715人。其中，参加职工基本医疗保险人数2.22万人，参加城乡居民基本医疗保险人数40.09万人。参加失业保险人数1.59万人，增加3534人。年末全县领取失业保险金人数270人。参加工伤保险人数2.20万人，增加4901人，其中参加工伤保险的农民工6368人，增加2521人。

【社会事业】全县有各级各类学校478所，其中小学250所，初中30所，完全中学5所，独立高中4所，幼儿园195所，中等职业学校1所，特殊教育学校1所，各级各类学校公办教职工6961人，各级各类在校学生7.12万名，高考二本上线率达到75.1%。全县有综合性科研机构3家，高新技术企业3家，科技型中小企业7家，产业技术创新联盟1家；有正高级职称和享受政府津贴的专家型人才13人，入选平凉市“222”创新人才工程13人，“平凉市领军人才”11人。全县共有医疗卫生机构563个，其中县级医院3个、乡镇卫生院25个、村卫生室376个、厂校医务室等其他医疗机构6个、民营医院4个、个体诊所146个。卫生专业技术人员2076人，核磁、CT等大型医疗设备100余台（件），病床2994张，平均每千人拥有病床 5.2 张。县医院、妇幼保健院成功创建三级乙等综合医院和二级甲等妇幼保健院，县中医院已通过市级二级评审，24 个乡镇卫生院按照乡级标准全部设置了规定的临床和医技科室，配备了必需的医疗设备。全县共有公共图书馆、博物馆、文化馆各 1 个，乡（镇）文化站 24 个，村文化室 333 个。全县广播综合人口覆盖率为 99.3%，电视综合人口覆盖率为 98.6%，有线电视传输干线网络总长 3380 公里，有线电视用户 12000 户。

（郜维新）

华亭市

【基本情况】华亭市位于甘肃省东部、关山东麓，东临崇信县，西连庄浪县和宁夏回族自治区泾源县，南接张家川回族自治县和陕西省陇县，地处陕甘宁三省（区）交汇处。华亭历史悠久，北魏普泰二年立华亭镇，因皇甫麓有华尖山亭而得名。隋大业元年（公元 605 年）置华亭县。中华人民共和国成立后仍置华亭县。1958 年 12 月撤县并入平凉市，1962 年恢复华亭县，2018 年 12 月 18 日，华亭撤县设市。现辖 7 镇、3 乡、1 个城市社区、1 个省级工业园区，101 个行政村，26 个社区，总面积 1183 平方公里。2020 年末全市常住人口 18.23 万人，城镇化率 60.67%。

【自然资源】华亭市自然资源富集，生态环境良好，属黄土高原丘陵沟壑区、温带湿润性气候，境内山川兼有，气候宜人，年平均气温 8.5℃，降雨量 723.3 毫米，海拔 1226 米—2748 米，河流交叉纵横，汧河、汭河、黑河 3 大水系源于本县，多年平均总径流量 2.075 亿立方米。境内林丰草茂，植被良好，关山林区有 40 万亩原始森林，森林覆盖率达到 38.24%。旅游资源丰富，国家 4A 级森林公园莲花台和国家 3A 级莲花湖公园、双凤山公园和米家沟生态园，风光绮丽的五台山、规模宏大的石佛群和石拱寺、神奇的海龙洞、药王洞、仙姑山等景区风景秀丽，交通便捷，开发前景广阔。人文古迹众多，境内现存古人类遗址、古墓葬群、石窟石雕、古城堡遗址和古动物化石点 106 处，馆藏珍贵文物近 1000 件，曲子戏、传统打击乐表演等民间艺术跻身全国“非遗”项目。

【资源优势】华亭市先后荣获“全国文明县城”“全国园林县城”“国家级生态文明建设示范县”“中国中小城市科学发展百强”“中国最具投资潜力中小城市百强”“中国最具区域带动力中小城市百强”“全国人民满意城市”“全国民间文化艺术之乡”“全省首批新型城镇化试点县”“全省基层医疗卫生机构综合改革先进示范县”“甘肃省民族团结进步示范区”等荣誉称号。境内煤炭储量丰富，所产煤炭具有“三高三低”（高挥发性、高化学活性、高发热量，低灰、低硫、低磷）的优良品质，是优质的动力、气化和化工用煤。交通便利，宝平、天平铁路、省道 304、203 线及在建的彭大、天平、泾华、华崇灵高速、平华一级公路穿境而过，境内铁路总里程 68.8 公里、公路 1118 公里，实现了乡乡通油路、村村通水泥路和城乡客运站点全覆盖。工业基础雄厚，工业体系完备，形成了以煤电、煤化工为龙头，陶瓷、建材、冶金、装备制造等多业并举、规模优势突出的地方工业体系，全市有年产 60 万吨甲醇、7200 万平方米建筑陶瓷、1000 吨 PE、PPR 管材、煤矿等规模以上工业企业 15 户。粮食作物以小麦、玉米为主，盛产核桃、大黄、独活，是全省优势农产品产业带重点开发区域之一，被列为甘肃优质肉牛生产基地和中药材、干果生产基地。“华亭大黄”“华亭独活”“华亭核桃”地理商标通过国家核准注册，建成全国核桃种植标准化示范县。

【脱贫攻坚】坚持问题导向补短板、促提升、固成果，扎实开展“3+1”冲刺清零和“5+1”专项提升行动，整合项目资金 1.32 亿元。2020 年争取中、省专项扶贫资金 0.6 亿元、市专项扶贫资金 0.11 亿元，本级财政预算安排扶贫专项资金 0.59 亿元。贫困村水、电、路、房、网等基础设施全面达标，“两不愁三保障”问题全部解决，全年减贫 29 户 127 人，实现了现行标准下贫困人口全部脱贫。

【国民经济】2020 年，全年全市地区生产总值 65.62 亿元，比上年增长 3%。其中，第一产业增加值 6.32 亿元，增长 5.8%；第二产业增加值 37.54 亿元，增长 0.4%；第三产业增加值 21.76 亿元，增长 8.3%。三次产业结构比为 9.63 ∶ 57.21 ∶ 33.16。工业增加值增长 0.4%，规模以上工业企业营业收入增长 6.6%。社会消费品零售总额完成 14.29 亿元，下降 3.8%。全年一般公共预算收入完成 5.68 亿元，下降 14.6%；一般公共预算支出 20.01 亿元，增长 0.6%。年末，全市金融机构各项存款余额 115.02 亿元，增长 4%；金融机构各项贷款余额 70.53 亿元，增长 0.9%。

【供给侧结构性改革】2020 年，在市委的坚强领导下，全市上下认真贯彻习近平新时代中国特色社会主义思想，按照“聚焦高质量，决胜总收官、开启新征程”的总体思路，坚持稳中求进工作总基调，深入推进供给侧结构性改革，全力抓好稳增长、促改革、调结构、惠民生、防风险、保稳定各项工作，全市经济社会呈现转型步伐加快、质量不断提升、活力明显增强、民生持续改善的良好态势。围绕保市场主体，全面落实减税降费、减租减息、信贷展期、援企稳岗等一系列直达市场主体的纾困政策，为各类中小微企业协调贷款 11.5 亿元，减免税费 1.3 亿元，全年新增市场主体 1929 户。

【“三农”工作】2020 年，全市坚持以市场导向为切入点、以农民增收为核心，立足特色产业开发，从体制机制创新上发力，加快构建华亭现代农业体系。建成全国核桃种植标准化示范县，全市牛出栏 3.95 万头，核桃挂果面积 2.64 万亩，药材种植面积 2.9 万亩，蔬菜种植面积 3.07 万亩。创新运营机制促进消费回补，成功签约低空飞行观光旅游项目，开工建设蔺莲公路，开发乡村旅游线路 6 条，培育乡村旅游示范村 7 个。全市农业增加值达到 5.78 亿元，农业规模化、集约化、市场化水平不断提升。

【项目建设】2020 年，全市组织实施以高等级公路建设、煤化工延链补链、绿色生态产业发展等为重点的 500 万元以上项目 83 个，仪州大道和河南街道路改造提升、北汭河污水主管网建设项目如期建成投用，20万吨聚丙烯、安口南集配站改扩建、中小企业创业园等项目进展顺利，华崇灵高速加快实施。4条高等级公路项目接近尾声，重大交通设施建设实现历史性突破。招商引资省外到位资金17.26亿元，比上年增长38.86%。

【优势产业】2020年，工业是全市经济发展的优势产业，第二产业占比达到57.21%。全年煤炭产量1470.18万吨，甲醇产量53万吨，发电量15.47亿千瓦时。加快结构调整步伐，统筹推进新型工业、现代农业和旅游商贸“三业”协调发展。支持重点企业实施接续产业项目，20万吨聚丙烯项目加快建设，甲醇、卫生洁具、西瓦等非煤产品产量大幅增长。推动农业产业提质增效，大力培育“一村一品、一域一业”特色产业，芍药、草莓、金银花和鹿、麝等种养业多点开花，带动全市农业增加值增长6.2%。完善文化旅游三产发展要素，加快培育“诗画关山・山水华亭”旅游品牌，大型原创古装曲子戏传奇剧《关山千古情》荣获莲花台文艺奖戏剧类一等奖，荣获崆峒文艺奖剧目类二等奖；创编改编的曲子戏《十唱莲花台》、秦腔《梨园荟萃》、快板《夸华亭》赢得广泛好评；东华镇黎明川芍药观赏、安口镇朱家坡果蔬采摘、砚峡乡东沟小渔村和策底镇大南峪等乡村旅游大力发展。全市共接待游客160.97万人次，旅游综合收入达7.35亿元。

【人民生活】2020年，全市公共服务水平稳步提升，人民生活幸福指数明显提高。城镇居民人均可支配收入36787.7元，增长5.1%；农村居民人均可支配收入10460.4元，增长7%。全市用于民生事业支出15.6亿元，省、市列为民实事全部落实。坚持教育优先发展战略，持续优化教育布局，开建九年一贯制学校等教育基础设施提升项目5个，尽力消除“大班额”，促进教育均衡优质发展。大力推进健康华亭建设，建成市人民医院急救医技综合服务楼、发热门诊、中医院公共卫生防控救治能力提升项目，深入推进分级诊疗、支付方式改革和医师多点执业。大力实施文化体育惠民工程，建成西城区健身步道，广泛开展全民健身运动，着力满足广大城乡群众精神文化需求。深化社会治安综合治理，积极开展社会治理现代化试点，严厉打击各类违法犯罪活动，着力巩固“平安华亭”建设成果。扎实开展煤矿、非煤矿山、危化品、道路交通等重点领域安全隐患排查整治，全力确保社会安定有序、人民安居乐业。

【环境保护】2020年，全年环境空气质量优良天数为327天，比上年增加45天。细颗粒物（$PM_{2.5}$）年均浓度为33微克/立方米，比上年下降17.5%。大气环境可吸入颗粒物（PM_{10}）年均浓度为59微克/立方米，下降10.6%。二氧化硫（SO_2）、二氧化氮（NO_2）年均浓度分别为8微克/立方米和14微克/立方米，均达到国家二级排放标准。全市地表水断面水质优良比例为100%，汭河全年水质综合评价、城市集中式饮用水水源地水质达标Ⅲ类、地下水质量考核点位水质达标率均达到国家Ⅲ类标准要求。紧扣突出环境问题整改，不断强化源头防范和综合治理，河长制全面推开，完成城乡造林绿化5.32万亩，市域内燃煤锅炉整治全部完成、商户餐饮油烟清洁改造全部达标，挥发性有机物综合治理全面完成。

【社会保障】2020年，聚焦增进福祉，编密织牢民生保障安全网。城乡养老、低保、特困供养标准逐年提高，社会保险、困难救助做到应保尽保、应发尽发，全年累计享受城镇居民最低生活保障3.68万人次，享受农村居民最低生活保障7.15万人次，享受农村特困人员救助供养0.57万人次。继续把稳就业摆在优先位置，全面落实稳岗就业措施，发放稳岗资金233万元，新增城镇就业3927人，输转城乡劳动力3.52万人，实现劳务创收9.26亿元，城镇登记失业率控制在4%以内。“五险合一”信息系统全面建成，城乡居民基本医保并轨运行，异地就医实现全国联网即时直接结算，全民参保登记率达到98.6%。养老服务中心项目进展顺利，敬老院改造提升、城乡日间照料中心建设任务全面完成，居家养老服务平台正常运营。再就业、城乡居民社会养老保险等社会保障覆盖范围不断扩大，民生保障全面提升。

【社会事业】2020年，建成西郊小学综合楼、西塬小学教学楼、马峡初中学生宿舍楼和上关中心幼儿园等6个新续建项目，持续改善办学条件，着力解决好入园难、大班额等突出问题。九年义务教育巩固率97.22%。依托开展紧密型医共体试点市建设，加快建设马峡、河西卫生院业务用房等7个医养项目，推动医疗卫生资源下沉。广泛开展文化下乡活动，不断丰富群众精神文化生活。积极开展财税金融改革，实现政银企对接常态化，全市金融机构贷款累计达到70.53亿元，增长0.9%。继续深入推进“七五”普法和法律“八进”活动，广大干部群众依法化解矛盾、维护稳定和解决问题的能力不断提升。有中小水库4座，年供水能力2475.94万立方米，在全市率先实施了饮用水水质改善工程，建成了农村饮水安全工程示范县、自来水化县。电力通讯发达，农村畅通工程实现行政村全覆盖，光纤宽带传输网络辐射城乡，移动通讯、宽带上网等数字化通信网实现乡镇全覆盖。有线数字电视用户2.24万户，固定互联网宽带接入用户7.37万户。严格落实安全生产“一岗双责”，持续加强企业矿山、公共消防、道路交通等重点领域安全监管，全市经济社会发展大局和谐稳定。

（王颖）

酒泉市

【基本情况】酒泉地处河西走廊西端，南接青海，西邻新疆，北界内蒙古并与蒙古国接壤，总面积16.8万平方公里，年日照时数2763-3147小时，年平均气温6.9-10.9摄氏度，年降水量83.1-298.8毫米，属典型的温带大陆性气候。境内和周边分布着玉门石油管理局、酒泉钢铁公司、四〇四核工业城等一批国有重点大中型企业。酒泉历史悠久，文化积淀浓厚，是敦煌艺术的故乡、中国航天事业的摇篮、全国首座千万千瓦级风电基地、我国石油工业和核工业的发祥地、铁人王进喜故乡和“铁人精神”发源地。全市辖1区2市4县，分别为肃州区、玉门市、敦煌市、金塔县、瓜州县、肃北县和阿克塞县，共有68个乡镇、8个街道办事处，438个村，68个社区。2020年末，全市常住人口105.50万人，城镇化率为64.20%，境内聚居着汉、回、蒙、哈萨克、裕固等43个民族。

【资源优势】酒泉有丰富的风能和太阳能，境内的瓜州、玉门素有“世界风库”和“世界风口”之称。据评估，酒泉市风能资源的理论总储量为1.5亿千瓦，可开发量4000万千瓦以上；风能资源可开发利用面积近1万平方公里，占全市总面积的6%；10米高度风功率密度均在每平方米250—310瓦以上，年平均风速5.7米/秒以上，年有效风速达6300小时以上，具有建设大型风电场的良好资源条件。年平均日照时数3000小时以上，是全国最具开发潜力的清洁能源基地，2020年末，全市发电装机容量1648.5万千瓦，其中风电装机容量965万千瓦，光伏发电装机容量270万千瓦，太阳能热发电装机容量16万千瓦，生物质发电装机容量3万千瓦。有丰饶富庶、开发便利的水土资源，水资源可利用量29.2亿立方米。光热条件优越，农副产品种类多，粮食、棉花、蔬菜资源丰富，建成有5000余种种子的3个种植资源库，是全国、全省的商品粮棉基地，也是全国最大的瓜菜、花卉制种基地和全省重要的玉米制种基地。矿藏种类多、储量大、品位高，有5个成矿带共有矿点572处，构成矿床92处，矿种48个。旅游资源得天独厚，境内已查明的文物景点1393处，其中国家级文物景点20处、省级75处，目前已开发利用98处。敦煌莫高窟、月牙泉、西汉胜迹、酒泉卫星发射中心等景区成为国内外游客向往的旅游目的地，敦煌文化、边塞文化和航天科技享誉海内外，酒泉曾被评为“最具人气的西部名城”，是中国优秀旅游城市。

【疫情防控】疫情防控有力有效。2020年初，面对突如其来的新冠肺炎疫情的重大考验，酒泉市第一时间启动一级响应，筹措资金2.4亿元全力保障物资储备和工作经费，严格落实社区管控、预检分诊等措施，常态化开展“两站一场”防控和“四类”人员摸排，严密防范外部疫情输入。争取抗疫特别国债5.9亿元，启动建设市医院搬迁和传染病医院，建成核酸检测实验室16个，全覆盖开展重点人群核酸检测，免费接种新冠疫苗4177人，取得了“零疫情”防控成果。主动服从服务全国大局，调拨防护服等物资2.2万件支援武汉、兰州抗疫，选派4批次24名医务骨干驰援武汉。

【国民经济】2020年，全市地区生产总值657.7亿元，比上年增长6.3%。其中，第一产业增加值113.3亿元，增长6.2%；第二产业增加值271.2亿元，增长11.1%；第三产业增加值273.3亿元，增长1.3%。三次产业结构比为17.2 ：41.2 ：41.6。财政总收入102.6亿元，比上年下降2.3%，其中一般公共预算收入36.2亿元，下降2.3%。一般公共预算支出153.9亿元，下降2.3%。规模以上工业增加值增长17.3%；固定资产投资增长12.1%；社会消费品零售总额243.9亿元，下降4.6%。居民消费价格比上年上涨2.2%。

【脱贫攻坚】酒泉市是全省“两西”农业建设和省内中东部贫困移民安置的重点地区。2020年，全市上下紧盯防返贫、固脱贫、保民生和抓“六稳”促“六保”重点工作任务，深入推进“3+1”冲刺清零后续行动和“5+1”专项行动，全力补短板、强弱项，脱贫攻坚成果持续巩固提升。共落实到位中央、省、市、县四级财政专项扶贫资金21188万元，比上年增加1564万元。安排落实稳岗就业扶贫资金1016万元，完成贫困劳动力务工输转23042人，比上年净增4255人，新增公益性岗位1132个，累计达到1344个。完成“雨露计划”培训补助1739人、442.95万元，做到了应补尽补无遗漏。109个清零村卫生室全部达标，75家乡镇卫生院住院医疗“一站式”结算实现全覆盖，建档立卡贫困人口实现了参保全覆盖、资助全享受、待遇全落实。持续开展农村住房安全保障动态监测，改造提升住房2881户，完成建档立卡户住房安全保障信息核验19901户。全市农村集中供水率实现100%，自来水普及率达到99%以上。全市现有建档立卡贫困人口“两不愁三保障”脱贫标准全部达标，脱贫巩固率达到100%，脱贫攻坚年度目标任务全面完成。

【供给侧结构性改革】2020年末，全市商品房待售面积88.7万平方米，比上年末减少1.5万平方米。其中，商品住宅待售面积56.9万平方米，减少5.5万平方米。规模以上工业企业实现营业收入364.1亿元，增长12.7%；每百元营业收入中的成本74.76元，比上年减少6.94元；营业收入利润率2.46%，比上年提高6.5个百分点。“放管服”改革持续深化，微观主体活力不断增强。全年新登记市场主体1.77万户，年末市场主体总数达11.8万户。营商环境持续优化。一体化政务服务平台建成，“酒事快”APP上线运行，“一网通办”“不来即享”全面推开，审批事项办理时限压减67.7%，获批国家行政审批服务标准化试点，公共服务质量和营商环境评价调查均居全省第二。工程建设领域审批管理系统建成，86%的审批事项下放县市，项目选址、用地预审时限压减60%，公共资源交易率先在全省实现网上不见面开标和远程异地评标。小微企业首贷中心挂牌，中小微企业贷款增长9.9%。强力推进酒泉经开区改革，制定改革创新高质量发展“1+7”系列政策，项目审批、人事薪酬等改革措施落地见效，产业孵化器建设加速推进，发展活力显著增强，规模以上工业增加值、固定资产投资、一般公共预算收入、招商引资到位资金分别增长53.3%、32.2%、29.6%和35%。坚持高位推动科技创新工作，财政投入科技经费8417万元。全市建成国家级工程技术研究中心2个、省级重点实验室和工程技术研究中心14个、高新技术企业71户。全年登记新技术成果73项，申请专利1637项，有效发明专利拥有量214项，每万人口发明专利拥有量1.89项。

【农村经济】2020年，全市农作物播种面积309.1万亩，比上年增长3.7%。粮食种植面积90.9万亩，增长3.7%，其中夏粮面积30.5万亩，增长5.8%；秋粮面积60.4万亩，增长2.6%。蔬菜种植面积48.1万亩，增长1.5%；药材种植面积41.8万亩，增长2.4%；瓜类、香料作物种植面积31.9万亩，增长17%；果园面积18.6万亩，增长5.2%。全年粮食产量48.7万吨，比上年增产

5.6%。其中夏粮产量14万吨，增产7.5%；秋粮产量34.7万吨，增产4.9%。蔬菜产量145万吨，增产4.7%；水果产量27万吨，增产6.2%；药材产量9.2万吨，增产5.9%。全市牛饲养量25.1万头，比上年增长9%，其中出栏12.2万头，增长8.1%。羊饲养量606.1万只，增长9.4%，其中出栏298.3万只，增长11.6%。生猪饲养量48万头，增长5%，其中存栏20.3万头，增长7.1%；出栏27.7万头，增长3.4%。全年肉类总产量8.5万吨，增长8.7%。牛奶产量1.9万吨，增长2.1%。年末农业机械总动力247万千瓦，增长3%。农用拖拉机11.8万台，增长1%。全年化肥施用量17.9万吨，下降1.3%。农村用电量4.2亿千瓦时，增长1.7%。保灌面积308.1万亩，增加2.8万亩。

【项目建设】坚持把抓项目扩投资作为"六稳""六保"的重要抓手。2020年，全市开工建设项目（含房地产）1103个。完成固定资产投资比上年增长12.1%。从投资构成看，5000万元及以上项目271个，完成投资增长13.3%，占投资总额的66.7%；5000万元以下项目746个，完成投资增长11.4%，占投资总额的19.7%。分产业看，第一产业投资增长48.5%，第二产业投资增长7.2%，第三产业投资增长12.5%。基础设施投资下降1.2%，占固定资产投资的比重为25.1%。民间投资增长17.9%，占固定资产投资的比重为53.2%。从严从细落实项目包抓责任制，形成条块结合、齐抓共推的项目工作机制，全市项目建设顺利推进，常乐电厂一期建成点火运营，G215线柳园至敦煌公路、浩海200万吨焦炭及资源综合利用循环经济项目、肃北至沙枣园一级公路、750千伏河西电网加强工程、肃州区新能源微电网示范项目等重大项目建成投产；柳格高速敦煌至当金山公路、G215线马鬃山至桥湾公路、马鬃山第一风电场400兆瓦项目、玉门七墩滩第一风电场400兆瓦项目等建设顺利推进。举全市之力打好招商引资攻坚战，组建43个小分队精准招商，市县两级尽锐出战，签约落地招商项目658个，省外到位资金增长65.2%。

【"三农"工作】落实最严格的耕地保护制度，坚决整治乱占耕地建房问题。新建高标准农田17.3万亩，大力发展现代丝路寒旱农业，制种、蔬菜、中药材等特色产业达到218万亩。肃州国家现代农业（种业）产业园通过验收，山东水发等23个项目落地中以（酒泉）绿色生态产业园，剥离敦煌种业非主业资产组建寒旱投资集团，全市新增戈壁农业2.35万亩，累计达到11.7万亩，酒泉成为全国最大的戈壁生态农业示范区。肉羊饲养量达到583万只，新希望30万头生猪种养项目开工，瓜州10万头生猪养殖一期项目建成，肉类总产量增长8.7%。培育壮大新型经营主体，新增省级以上龙头企业15家，创建国家和省级专业合作社174家。新认证绿色食品30个、有机农产品10个，13家企业纳入"甘味"企业商标品牌目录，4个区域公用品牌入选"甘味"知名农产品目录，认证"三品一标"产品182个，敦煌李广杏等9个产品荣获绿博会金奖，农产品地理标志认证量位居全省第一。大力推进基础设施向农村延伸、公共服务向农村覆盖、农村人口向城镇转移，深入实施"三大革命""六大行动"，新改建农村道路325公里、卫生户厕3.24万座，创建"清洁村庄"226个，农村危房改造和饮水安全整治实现"清零"，行政村通村道路硬化率达100%，40.6%的农户用上了卫生户厕，94.1%的乡镇建成污水处理设施，农村污水处理率达到30.4%。金塔县红光村入选"中国美丽休闲乡村"，瓜州县西湖村、敦煌市月牙泉村入选全国乡村特色产业亿元村名单，玉门市金湾村被评为第十批全国"一村一品"示范村镇。

【环境治理】酒泉城区空气质量优良天数329天，空气优良天数比率90.2%。细颗粒物（$PM_{2.5}$）年平均浓度24微克/立方米，细颗粒物（PM_{10}）年平均浓度65微克/立方米，空气质量综合指数3.27%。地表水质达标率100%，饮用水质达标率100%。国土空间总体规划编制有序推进，签署酒嘉战略合作框架协议，酒嘉绕城高速开工。酒泉新城区三期启动建设，土地征收、主干路网加快推进，老城区四大街风貌提升和公园路、春光路等32条道路改造完成，金泉南路、北滨河路东段等道路建成，铺设中水回用和雨水排泄管网45.4公里，北苑热源厂、应急备用水源建成投运。全市改造棚户区1.1万套、老旧小区58个，新增城镇公共绿地75万平方米。云计算（大数据）中心一期项目建成，智慧交通、智慧城管有序推进，七县市区主城区和重点旅游景区实现5G网络全覆盖。敦煌列入国家新型城镇化试点。年末城市污水日处理能力17.25万立方米，城市生活污水集中处理率98.46%，生活垃圾无害化处理率100%。集中供热面积2672万平方米。燃气普及率100%。城市建成区绿化覆盖率39.02%。人均公园绿地面积15.95平方米。

【人民生活】全年城镇居民人均可支配收入40070元，比上年增长4.8%；人均生活消费支出27477元，增长2.4%；恩格尔系数28.5%，比上年降低0.6个百分点。农村居民人均可支配收入19912元，增长7%；人均生活消费支出14454元，比上年增长4.6%；恩格尔系数29%，与上年持平。践行以人民为中心的发展思想，全年全市投入民生资金118.1亿元，占一般公共预算支出的76.7%，老旧住宅加装电梯等省列惠民实事全面完成。落实就业优先政策，发放就业创业贷款3.5亿元，全年城镇新增就业1.8万人，安置下岗失业人员再就业7086人，转移农村劳动力就业15万人。新建公办幼儿园5所，义务教育大班额全面消除，金塔、玉门、瓜州学校搬迁项目进度加快，博睿思高级中学引进落地，职业教育产教融合示范区建设稳步推进，酒泉被列入国家优秀教学成果应用示范区和师德师风涵养示范基地。市中医院综合大楼、市中心血站等项目进展顺利，基本公共卫生服务考核居全省第一。酒泉老年大学建成投用。

【社会保障】全市基本养老保险参保人数64.9万人，比上年末增加1.17万人，参保率96.2%。城乡居民基本医疗保险参保人数78.4万人，参保率95.1%。生育保险参保人数11.5万人，增加2.57万人。失业保险参保人数10.62万人，增加1.54万人。工伤保险参保人数13.34万人，增加1.05万人，其中农民工参保人数3.81万人，增加

1.18 万人。城乡低保标准提高 10%，年内全市共有 3.82 万城乡居民享受最低生活保障，发放最低生活保障金 1.83 亿元。安全生产形势稳定，食品药品安全有效保障。扫黑除恶专项斗争持续深入，打掉恶势力犯罪团伙 12 个，刑事案件发案率下降 18.8%，破获电信诈骗案件 377 起，贷款诈骗预警处置工作受到公安部通报表扬。

【社会事业】2020 年，全市有各类学校 372 所。其中，普通高校 1 所，普通中等专业学校 10 所，普通小学 108 所，幼儿园 196 所，特殊教育学校 2 所；普通中学 55 所，其中完全中学 4 所、高级中学 10 所、初级中学 40 所、十二年一贯制学校 1 所。各类学校占地面积 828 万平方米，其中普通中小学占地 558 万平方米。体育运动场面积 180 万平方米，图书藏量 497 万册。九年义务教育巩固率为 99.62%。高中阶段教育毛入学率 96.68%。普通高校考生本科上线率 69.92%，普通高校录取学生总数 9365 人，总录取率 86.99%。全市共有艺术表演团体 3 个，剧场、影剧院 18 个，文化馆 8 个，各类博物馆、纪念馆 45 个，体育场馆 16 个，公共图书馆 8 个。全市共有调频、电视转播发射台 15 座，广播电视台 8 个，广播人口和电视综合人口覆盖率 100%。全市有线电视网络总长 21197 公里。全市共有医疗卫生机构 1007 个，卫生技术人员 8723 人，卫生机构床位 7830 张。全市共有卫生防疫防治机构 8 个，卫生技术人员 256 人。妇幼卫生机构 8 个，卫生技术人员 184 人。乡村医生和卫生员 596 人，农村有医疗点的村占总村数的 99%。全市有社会福利院 14 个，福利院床位 1104 张。各类养老机构 28 个，住宿型床位 3100 张。年末共有社区服务中心 80 个，每百户居民服务设施面积不低于 30 平方米的社区服务站 440 个。

（杨琴）

肃州区

【基本情况】肃州区位于甘肃省西部，河西走廊西段，是古丝绸之路上的重要历史文化名城，是国家实施“一带一路”战略甘肃段上的黄金节点城市，与现代驰名世界的中国航天城—酒泉卫星发射中心、世界闻名的敦煌莫高窟、“天下第一雄关”嘉峪关、中国最早的石油工业基地玉门油田、国家重要的核工业基地四〇四厂、西北最大的钢铁基地酒泉钢铁公司接壤紧邻。海拔高度 1340 — 2200 米，年平均气温 8.4℃，年降水量 220.9 毫米，年日照时数 3031.7 小时。近年来，肃州区以推进经济高质量发展为目标，认真落实中央和省市各项决策部署，聚力打造“三区两城一中心”，加快建设幸福美丽新肃州，经济社会呈现出蓬勃发展的良好局面。现有国家现代农业产业园、第二批国家农村产业融合发展示范园、全国农村一二三产业融合发展先导区、全国社区治理和服务创新实验区、陆港型国家物流枢纽承载城市、全国商贸流通重要节点城市、“高铁枢纽”城市、电子商务示范基地等国家级发展平台。全区辖 14 个建制镇、1 个民族乡，21 个城市社区居委会，总面积 3353 平方公里，是酒泉市人民政府所在地。2020 年末，全区常住人口 45.61 万人，城镇化率为 71.88%。

【资源优势】境内有北大河、洪水河、讨赖河等大小河流 17 条，年平均径流量 12.3 亿立方米，地下水补给量 8.5 亿立方米。全区农作物总播种面积 83.5 万亩，玉米、蔬菜、花卉制种享誉国内外，是全国重要的对外制种基地；盛产小麦、玉米、洋葱、蔬菜、瓜果、啤酒花等 200 多种农产品和奶牛、肉牛、肉羊、肉鸡、猪等大宗畜禽产品，是全国有名的洋葱生产集散中心和畜禽养殖中心。区内风力、光热资源充足，风能资源总储量达 2 亿千瓦，可开发利用 8000 万千瓦以上；年平均日照时数在 3000 小时以上，仅次于西藏地区，东洞滩百万千瓦级光电产业园区持续完善建设中。区内石油、花岗岩、祁连玉等矿藏与粘土、石膏、石灰石、沙石等建筑材料资源分布广、储量丰富。旅游资源丰富，境内已发现的文物古迹 266 处，4A 级旅游名胜西汉酒泉胜迹、酒泉古泉、四坝文化遗迹、西河滩文化遗迹、东晋壁画墓、西凉李镐墓、钟鼓楼、晋城门等名胜古迹闻名全国；肃州清泉绿洲、大漠孤烟、长河落日、祁连雪峰、海市蜃楼等独具魅力的独特自然景观，使肃州成为丝绸之路上绚丽多彩的旅游观光胜地。

【国民经济】2020 年，全区经济发展加快恢复，地区生产总值首次突破 200 亿元大关，达到 203.7 亿元，比上年增长 6.8%。其中，第一产业增加值 35.2 亿元，增长 6.4%；第二产业增加值 49.6 亿元，增长 15.9%；第三产业增加值 118.9 亿元，增长 3.3%。三次产业结构比为 17.2 ： 24.4 ： 58.4。十大生态产业增加值占全区生产总值的比重为 25.3%，比上年提高 3 个百分点。规模以上工业增加值比上年增长 32.4%；建筑业增加值 21.2 亿元，增长 1.2%。固定资产投资增长 20.0%。社会消费品零售总额 118.4 亿元，下降 2.1%。财政总收入 24.4 亿元，比上年增长 7.2%，其中一般公共预算收入 9.0 亿元，增长 6.2%；财政总支出 44.9 亿元，下降 7.9%。年末全区金融机构本外币各项存款余额 502.3 亿元，比年初增长 7.4%；各项贷款余额 378.5 亿元，增长 4.0%。

【供给侧结构性改革】2020 年，肃州区积极落实中央关于供给侧结构性改革工作部署，去产能、去杠杆、去库存、降成本效果显现。规模以上工业企业产成品库存降至 3.7 亿元，比上年减少 0.9 亿元，下降 18.0%。商品房销售较快增长，库存面积下降，全年商品房销售面积达到 72.11 万平方米，增长 11.4%。商品房待售面积为 58.53 万平方米，下降 12.2%。补短板投入持续加大。一般公共预算支出中节能环保、社保就业、城乡社区、住房保障等支出增长较快。

【脱贫攻坚】2020 年，肃州区把坚决打赢“三大攻坚战”作为全面建成小康社会的首要政治任务，聚焦“两不愁三保障”，深入开展“3+1”冲刺清零和“5+1”专项行动，投入资金 2200 万元，举全区之力解决安全饮水问题，980 户农户结束了饮用“水窖水”的历史。投入资金 6730 万元，新建、修缮农村住房 6200 户，有效解决安全住房问题。发放扶贫小额贷款 8595 万元，全力支持贫困群众发展产业，如期实现脱贫目标。选派 50 名干部赴岷县开展异地扶贫，帮扶成效得到省市充分肯定。

【“三农”工作】2020年，肃州区大力实施乡村振兴战略，加快推进农业现代化建设，农业农村经济保持平稳增长。全年全区农林牧渔业增加值41.3亿元，比上年增长6.4%。戈壁生态农业发展质量不断提高。中以（酒泉）绿色生态产业园建设加快推进，23个戈壁农业项目开工建设，建成连栋智能温室10万平方米，新建戈壁日光温室2283亩、钢架拱棚6500亩。全区蔬菜面积达到21.5万亩，增长5.6%，蔬菜产量62.5万吨，增长7.1%。全面落实粮食安全“行政首长责任制”，粮食种植面积和产量稳中有增，全年粮食作物面积41.2万亩，增长3.5%，粮食总产量达到22.2万吨，增长3.8%。畜牧业发展平稳，主要畜禽饲养量达到912.1万头（只），增长5.9%，存栏327.2万头（只），增长5.8%，出栏584.9万头（只），增长5.9%，出栏率为64%。新认证绿色食品22个，“秾园鲜品”番茄、“冰川珍珠”小米入选“甘味”农产品品牌目录。国家现代农业产业园顺利通过考核认定，第三届酒泉现代种业博览会、全省高标准农田建设现场推进会在肃州区成功召开，肃州区入围国家农村产业融合发展示范园，泉湖镇永久村入选全国乡村旅游重点村，5个村被命名为省级优秀乡村旅游示范村。

【项目建设】始终把项目建设作为经济发展的主引擎，建立精准谋划、动态调整、靶向攻坚的项目谋划储备机制，形成谋划、招引、落地、包抓环环相扣的“九个一”项目推进机制。全年全区固定资产投资比上年增长20%，其中区本级完成投资增长19.0%，酒泉经开区完成投资增长32.2%。按三次产业分，第一产业投资增长39.4%，第二产业投资增长29.7%，第三产业投资增长14.2%。全年房地产开发项目完成投资增长9.0%。紧盯“三个500强”和行业前10强企业，大力开展招商引资集中攻坚行动，招引建设千禧广场、博睿思双语高级中学、空中应急救援基地等项目。新建光伏发电项目5个217兆瓦，光伏发电装机达到660兆瓦。装配式建筑产业园、建筑垃圾循环经济产业园、光热智能生产等项目开工建设，垃圾焚烧发电、水处理剂生产、新能源微电网等项目建成投产，应急水源地互联互通工程建成投运，北苑热源厂点火启动，全省生活垃圾分类试点在24个居民小区全面推开。上亿西部商贸城、酒泉互联网商品贸易中心建成运营，酒泉智慧物流园加快建设，六分西湖湿地、“1969”文化艺术创意园开门迎客，天锣城沙漠公园、国际赛车城破土动工。

【优势产业】现代农业十大产业园区初具规模，蔬菜、制种、草畜等产业竞相发展。2020年，以建设国家现代农业产业园和国家区域性蔬菜良种繁育基地为依托，引导扩大蔬菜花卉高效经作制种面积，全区玉米、瓜菜、花卉各类良种繁育面积为29.28万亩，比上年增加5.34万亩，增长22.3%；制种面积占到种植面积的35%，比重上升5.2个百分点。东洞滩光电示范园区成功晋级为全市三大光伏园区之首，引进建成新能源装备制造龙头骨干企业24户，形成了风电装备、光伏发电、新型建材三大产业体系，新兴产业与传统产业齐头并进，文化旅游商贸融合发展。循环农业、先进制造、文化旅游等十大生态产业发力见效，初步形成了以农产品精深加工、清洁能源、装备制造为代表的产业集群。

【人民生活】坚持办实事、惠民生，人民福祉不断增进。2020年，肃州区城镇居民人均可支配收入达到42785元，比上年增长4.9%；人均生活消费支出30494元，增长0.1%。农村居民人均可支配收入达到19634元，增长7.2%；人均生活消费支出16964元，增长0.2%。居民消费价格比上年上涨2.2%。

【环境保护】坚决打好污染防治攻坚战，加快燃煤锅炉淘汰和扬尘治理，全面落实河长制，地表水、地下水水质持续改善，集中式饮用水全部达标，土壤环境质量保持稳定，全年空气质量优良天数达330天。深入推进农村人居环境整治三年行动，创建“清洁村庄”75个。第一、第二污水处理厂完成提标改造，污水处理率达到98.7%，建成农村污水处理站35座，集镇污水处理设施实现全覆盖。全区建成区绿化覆盖面积2095公顷，公共绿地面积1778公顷，其中公园绿地面积528公顷，建成区绿化覆盖率达到37.9%，生态安全屏障更加牢固。城市供水综合生产能力21.2万立方米/天（含自备水源），城市生活垃圾无害化处理率达到100%。

【社会保障】全年全区新开发就业岗位11981个，城镇新增就业5415人，年末城镇登记失业人员3420人，城镇登记失业率3.2%。组织培训城乡劳动力5770人。输转农村劳动力4.9万人，实现劳务收入14.1亿元。年末全区城镇职工基本养老保险参保人数为5.5万人，其中在岗职工4.0万人，离退休人员1.5万人。城乡居民基本养老保险参保人数15.3万人，其中城镇1.6万人、农村13.8万人。基本医疗保险参保人数40.4万人，其中职工基本医疗保险参保人数10.4万人，城乡居民基本医疗保险参保人数30.0万人。年末参加失业保险人数为2.8万人，参加工伤保险人数为4.4万人，参加生育保险人数为2.0万人。年末全区共有8990人享受城镇居民最低生活保障，6369人享受农村居民最低生活保障，734人享受农村特困供养。养老服务机构10个，城市日间照料中心26个，乡镇老年人活动中心4个，农村互助老人幸福院77个，养老服务机构床位数达到3197张。

【社会事业】辖区内有普通高校1所，在校学生12991人，教职工575人；中专（中职）学校5所，在校学生7538人，教职工378人；中学23所，在校学生23757人，教职工2180人；小学32所，在校学生25490人，教职工1814人；特殊教育学校1所，在校学生107人，教职工44人；幼儿园97所，在园幼儿14789人，教职工1465人。年内改、扩建城乡中小学14所，第六幼儿园建设顺利推进，第八幼儿园建成招生，教育布局和城乡办学条件进一步改善。年内广播电视台播发广播、电视、新媒体新闻7530条，播出公益广告30268条。《在你身后》等5件原创抗疫作品在省市获奖。新建乡镇体育健身中心3个、组文化室100个，组织惠民演出50场次，年内举办迎新欢乐跑、丝路信使酒泉自行车赛酒泉·肃州分站赛等体育赛事17项，城乡群众文化生活日益丰富。全区有国家级工程技术中心1个，省级工程中心7个，省级重点实验室4个，市级工程技术研究中心31个，市级技术研发示范中心44个，市级技术创新中心6个；省级众创空间3户，市级众创空间16户，区级众创空间14户。全区国家级高新技术企业44户。年内有5项科技成果荣获甘肃省科学技术奖，万人发明专利拥有量达到2.3件。辖区内有医疗卫生机构392个，其中医院20个、卫生院20个。年末卫生技术人员4545人，其中执业医师和助理医师1748人，注册护士2161人。医疗卫生机构床位数4271张。年内肃州区人民医院综合大楼建成投用，大型医疗设备升级更新，电子健康卡全面普及，互联网医院加快建设。

（吴晓霞）

金塔县

【基本情况】金塔县位于河西走廊中端北部边缘，古丝绸之路沿线，是连接两省（甘肃、内蒙古）三市（酒泉、嘉峪关、张掖）重要通道，举世闻名的酒泉卫星发射中心坐落于县境内。县域内地形开阔，地势平坦，源于祁连山冰川群中的黑河、讨赖河流经全境，多年平均径流量达到14.5亿立方米，境内有鸳鸯池、解放村等水库14座，总库容量达1.8亿立方米，灌溉着金塔、鼎新两大绿洲。金塔县历史悠久、文化灿烂，旅游资源丰富，境内有国家级文物保护单位汉代大湾城、地湾城、肩水金关、长城烽燧等古城堡遗迹。省道214线、酒航公路、肃航一级高速公路贯横南北与国道312相连，嘉策铁路、清绿铁路和在建酒航铁路贯穿全境，百公里内有通往全国各地的鼎新、嘉峪关和下河清三个机场，外进内出十分便利。通信网络覆盖城乡，设施完善；文化、教育、卫生、金融、商贸服务功能健全，经济发展保障有力。辖区总面积1.88万平方公里，其中绿洲面积180万亩，现辖7个镇、2个乡、1个城市社区管委会。2020年末，全县常住人口12.13万人，城镇化率为50.12%。

【资源优势】金塔县水土条件优越，黑河、讨赖河流经全境，绿洲面积2400平方公里，耕地58万亩，是“全国商品粮基地县”、甘肃农区养羊大县、“全国三大对外制种基地”之一。光热资源富集，年平均日照时数3321小时，年有效风能时数超过4000小时，累计获批新能源指标690兆瓦，光伏并网发电538兆瓦。矿产储量丰富，已探明矿产有八大类30多个品种，储量达20亿吨以上。旅游资源得天独厚，有自然人文景观200多处，航天摇篮、万亩胡杨、居延汉简三张名片久负盛名，其中国家沙漠胡杨森林公园于2017年创建为AAAA级景区。

【国民经济】2020年，全县地区生产总值65.7亿元，比上年增长9.4%。其中，第一产业增加值27.2亿元，增长6.8%；第二产业增加值15.2亿元，增长16.7%；第三产业增加值23.3亿元，增长7.2%。固定资产投资增长13.4%；实现社会消费品零售总额16.6亿元，增长3.6%；财政总收入5.5亿元，下降4.8%。

【脱贫攻坚】金塔县脱贫攻坚工作顺利通过了省脱贫攻坚成效考核组实地核查验收。全县共有建档立卡贫困户2207户7287人，建档立卡贫困人口人均纯收入稳定超过脱贫监测线5000元以上，达到13996元，“两不愁三保障”全面清零达标。全县各单位落实帮扶资金、物资336万元，帮助群众解决三春生产、农产品销售、光伏电站管护等方面难题6000余个。积极引导贫困户发展设施瓜菜、特色林果、高效制种等特色产业4074亩、畜禽1.8万只（头），贫困户特色产业收入占到总收入的33.8%以上；扶持发展小庭院、小家禽、小手工、小买卖、小作坊等“五小”产业1870户，户均年收入增加430元，确保了贫困户持续增收。有针对性地组织开展农村劳动技能培训2182人，其中建档立卡贫困劳动力248人，落实各类培训补贴282万元，着力提高务工人员的技能素质和收入水平。输转贫困劳动力3028人，实现劳务收入1.2亿元。应对新冠肺炎疫情影响，投入209.4万元开发乡村临时性公益岗位487个，人均增收4300元；扶持建立2家就业“扶贫车间”，吸纳28名贫困人口转移就业，贫困群众实现了“家门口就业”；筹资131.8万元对245名贫困劳动力和“扶贫车间”实行奖策补助，鼓励“能出尽出”，有效拓宽了贫困群众增收渠道。2020年以来，贫困户光伏电站平均发电量达到9500度，户均增收5510元，贫困群众稳定增收基础更加稳固；20个村级分布式光伏电站，年发电总量超过100万度，村均增加集体经济收入2万元以上。发放教育补助资金1991.7万元；筹资125万元，为建档立卡贫困户在校大学生发放每月300元、为期2年的在校生活补助，实现了建档立卡贫困学生资助全覆盖。发放医疗补助资金367.2万元，因病返贫风险大幅降低。投资1亿元，实施了城乡一体化供水工程，惠及沿线5个乡镇群众6.6万人，其中建档立卡贫困户935户2990人。改造提升住房786户，拆除废弃房屋337户，统一制作悬挂安全住房等级标识牌，农村住房安全率达到100%。全覆盖发放建档立卡贫困户过冬取暖补助，按照人均1000元的标准为461名贫困残疾人发放了救助金，做到了“应保尽保”“应兜尽兜”。

【“三农”工作】依托戈壁生态农业和现代丝路寒旱农业大平台，持续发展优势特色产业集群发展，加快农业农村现代化发展，促进农业高质高效、乡村宜居宜业、农民富裕富足。2020年，全县农村经济蓬勃发展，农民收入稳步增长。种植结构进一步优化，全县农作物播种面积64.2万亩。其中，粮食面积21.5万亩，棉花面积0.6万亩，油料面积3.4万亩，蔬菜及园艺面积13.5万亩，制种7.3万亩，孜然、瓜类、药材面积11.1万亩。养殖业发展势头良好，当年猪、鸡、牛、羊饲养量分别达到12.7万头、151.4万只、1.1万头、144.9万只。大力发展劳务经济，全年培训机构开展职业技能培训2182人，累计输转劳动力26550人，实现劳务收入7.6亿元。深入开展农村人居环境整治行动，新改建农村户厕8178户，推进整村改厕村35个，创建“清洁村庄”55个；累计发动干部群众1.6万人次，动用机械780台次，清理垃圾柴草7600余吨，清理重点路段680公里，农村人居环境大幅改善。

【项目建设】全县开工建设各类项

目128个，其中，5000万元以上项目36项，完成投资比上年增长26.8%；5000万元以下项目92项，完成投资下降8.2%。从投资结构看，第一产业投资增长79.1%，第二产业投资增长49.7%，第三产业投资下降18.5%。金塔县海拓化工有限公司，大漠农林生态产业股份公司、金塔聚航新材料科技有限公司、甘肃金缘泰新材料有限公司、金塔县晶能光伏发电有限公司等一批大项目陆续落地开工，大部分已建成投产。

【优势产业】金塔县地形开阔，地势平坦，县内光热资源、矿产资源、土地资源非常丰富。矿产资源县内已探明的主要有铜、铁、铅、锌、金、镁、钨、煤炭、芒硝、石膏、花岗岩、硅、红柱石等8大类50多个品种，总储量达20多亿吨。特别是煤炭、菱镁石、花岗岩等资源富集，发展煤化工、金属采选冶炼和花岗岩板材等高载能产业有着得天独厚的优势。以“建设三大产业基地、培育三大百亿级产业链、创建三大省级示范区”产业布局为抓手，放大资源优势、突出区位优势、集成发展优势。坚持工业强县战略不动摇，累计开工建设工业能源项目286项，完成投资216亿元，农副产品精深加工、新能源、矿产品采选加工、精细化工、建筑建材、装备制造“六大产业”初具规模。煤化工产业初见规模，海拓化工、晋泰森科技、金缘泰新材料等25个化工项目落地建设。累计培育杨氏宏图、闽兴石材等石材企业19户。粤水电、正泰光伏等项目相继建成并网，装机总量达538兆瓦，累计发电量31亿千瓦时。强力推进园区平台建设，工业集中区升格为省级开发区，北河湾循环经济产业园化工集中区获批全省首批化工园区之一，园区总规划面积达到126平方公里，入驻各类企业158户。

【人民生活】全年全县城镇居民人均可支配收入37695元，比上年增长4.5%；人均消费支出25181元，增长3.9%。农村居民人均可支配收入20120元，增长7%；人均生活消费支出13458元，增长9.5%。城镇居民家庭恩格尔系数为27.2%，回落1.4个百分点；农村居民家庭恩格尔系数为34.6%，提高2.7个百分点。全县城镇居民人均住房面积34.2平方米，农村居民人均住房面积36.9平方米。

【环境保护】全年全县环保投资6494万元。全年空气质量优良率86.9%，达到了国家二级标准和市上下达任务指标。城市集中式饮用水水质达标率为100%，地表水断面水质达标率为100%，水环境质量稳中有升。城区生活垃圾集中处理（填埋）率达100%；集中供热面积175万平方米，建成区绿化覆盖率达到43.7%，比上年提高0.1个百分点；城市人均公共绿化面积22平方米。

【社会保障】年末全县参加城乡居民基本养老保险的人数为78974人，参加失业保险的人数为6731人，参加工伤保险的人数为13667人。全年社会保障部门共筹措基本养老保险金32918万元，失业保险金516万元，工伤保险金1121万元。年末全县城乡居民医保参保人数为125436人，参保率98.4%。全年各级共筹集城乡居民医保基金10038万元，报销医疗费7936万元。为城乡医疗救助对象发放救助金765万元，其中县财政补助367万元。城镇居民最低生活保障对象实现应保尽保，全年为保障对象1843人发放保障金1116万元；农村低保全面实施，全年为被确定的“低保”对象2170人，发放低保金661.1万元；为“五保”对象536人，发放五保供养经费542.5万元。全年确定冬春生活救助对象484户、1147人，发放补助资金8万元。

【社会事业】组织实施各类科技项目21项，取得科技成果1项。科技对经济增长的贡献率56.5%，企业技术合同交易额2.5亿元。全县农作物新品种、新技术覆盖率95%以上，农业科技进步贡献率59.4%。全县科技特派员人数114人，下派服务率90%以上。全县普通高中在校生2511人，职业中专在校生1632人，普通初中在校生3988人，普通小学在校生5760人，幼儿园（班）幼儿2641人。全县学前三年毛入园率98.7%，义务教育阶段小学入学率、巩固率、普及率均保持在100%，初中入学率、巩固率、普及率分别达到100%、99.6%、100%。高中阶段毛入学率达到96.6%。金塔县中学高校招生二批以上上线率86.6%。年末全县有文化馆1个，公共图书馆1个，博物馆1个，档案馆1个。广播电视台1座，千瓦以上电视发射及转播台1座，广播和电视综合人口覆盖率分别达到100%和100%。馆藏图书7.8万册，流通量0.5万册次，流通人数6.5万人次，馆藏文物6443件。年末全县共有卫生机构138个，其中，医院4个，卫生院12个，疾病预防控制中心1个，卫生监督所1个，妇计中心1个，社区卫生服务中心1个，其他卫生机构120个。卫生机构病床床位753张，其中，城镇569张，农村184张。卫生技术人员1025人，其中，城镇722人，农村303人，全县100%的村拥有医疗点。

（王建兴）

瓜州县

【基本情况】瓜州县东临玉门市，西通敦煌市，南北与肃北蒙古族自治县相连，西北与新疆维吾尔自治区哈密市接壤。是连接甘肃、新疆、青海、西藏四省区交通枢纽。1949年10月，安西县人民政府成立。2006年8月更（复）县名为瓜州县。县城位于甘肃省河西走廊西端，地处东经94° 45′—97° 00′，北纬39° 52′—41° 53′之间。县境东西长185千米，南北宽220千米，面积2.4万平方千米，一般海拔1150～2000米。瓜州是移民大县，全县10镇5乡中整建制移民乡镇6个（民族乡镇4个），移民人口8.2万人。2020年末，全县常住人口12.90万人，城镇化率为39.96%。

【资源优势】境内矿产资源居全国前列，探明矿藏42种，140个产地，矿产资源潜在经济价值1000亿元，开发利用度较高矿产有铅、锌、金、铁、花岗岩、石英石等。主要矿冶产品有黄金、白银、贵金属、电解铅、锌精粉、铁矿石、铁精粉、铁球团、花岗石板材、大理石板材、高纯硅等。瓜州风能资源丰富，素有“世界风库”之称。风能密度174瓦/平方米，日平均风速不低于3米/秒，可利用天数年均百天以上，年有限风能时间6000小时以上，风能资源利用前景广阔。境内有文物古迹465处，其中，世界文化遗产点2处（汉长城遗址、锁阳城遗址），国家级重点文物保护单位10处。著名的有榆林窟、锁阳城遗址、东千佛洞、桥湾城等。瓜州又是汉代大书法家草圣张芝的故乡，被命名为“全省书法家创作基地”。是唐玄奘西行求经九死一生之地，是红西路军最后征战的地方。瓜州是中国西北地区典型荒漠绿洲灌溉农业区。已实现由传统农业向特色农业的转变。棉花、蜜瓜、枸杞、中药材成为农村重点产业，素有“中国蜜瓜之乡”“中国锁阳之乡”之美称。

【国民经济】2020年，全县地区生产总值96.7亿元，比上年增长9.7%。三次产业结构由上年的15 ∶ 46 ∶ 39调整为17 ∶ 46 ∶ 37。财政总收入7.75亿元，下降14.5%；工业增加值42.57亿元，增长16.03%，其中规模以上工业增加值增长18.3%；固定资产投资增长13.3%；社会消费品零售总额33.75亿元，增长1.9%；居民储蓄存款余额55.14亿元，增长9.1%。

【脱贫攻坚】瓜州县是甘肃省的移民大县，全县始终把脱贫攻坚作为最大政治责任，持续巩固“两不愁、三保障”成果，严格落实“四不摘”要求，深入实施“3+1”冲刺清零后续行动、“5+1”专项提升行动。全年整合资金2.6亿元，实施产业培育、基础提升、技能培训项目236项，发展特色产业5.2万亩、“五小”产业1020户，调引良种基础母牛6577头，建成现代扶贫产业示范园18个、扶贫车间10个，自主脱贫能力不断增强。衬砌渠道448公里，架设输电线路33公里、输水管网208公里，改造农村道路120公里，实施生命安全防护工程266公里，农村基础条件持续改善。深入推进消费扶贫，推广认定扶贫产品22个，扶贫专馆线上销售1300余万元。扎实开展就业扶贫，开发公益性岗位849个，技能培训1200人次，输转劳动力1万人次，发放就业补贴835万元，实现劳务收入2.7亿元，获评2020年省级农民工返乡创业示范县。顺利通过国家和省级抽检验收，绝对贫困在瓜州大地彻底消除。

【“三农”工作】坚持“龙头带动、政府推动、市场驱动、农民联动”发展思路，加快推进农业标准化、产业化、品牌化发展，现代农业产业体系更加完善。全年投入“三农”资金1亿元，制定出台蜜瓜、枸杞等特色产业高质量发展规划和扶持办法，建成高标准农田6.9万亩，发展设施农业1.8万亩，新增饲草、制种、果蔬等特色经济作物9万亩，建成蜜瓜、枸杞绿色标准化基地45个，标准化养殖场19个，牛羊饲养量72.2万头只，生猪饲养量3.5万头，产业布局不断优化，成功创建省级现代农业产业园。着力提升农产品质量，“三品一标”认证49万亩，无公害产品产地认证33个。坚持线上线下协同发力，注重产品与市场精准对接，第八届蜜瓜枸杞展销会成功举办，与海升集团等知名企业达成战略合作，发展订单农业13万亩，全县90%的蜜瓜、80%的枸杞实现了订单销售。扎实推进农村集体产权制度改革，清产核资全面完成，村级股份经济合作社实现全覆盖。培育省市级示范社31家，新增省级龙头企业3家，引导54家龙头企业、合作社参与“三变”改革，“龙头企业+合作社+基地+农户”经营模式全面推广。病虫害综合防治成效明显，农业保险提标扩面，农业机械化率达到93%。西湖村入选全国乡村特色产业亿元村，“瓜州蜜瓜、红枣”荣获第21届中国绿色食品博览会金奖，“瓜州枸杞”荣登中国区域品牌百强榜。

【项目建设】全年开工建设各类项目229个，完成固定资产投资比上年增长13.3%。常乐电厂一期、风电二期二批50万千瓦、中能智慧储能、恒瑞新特种硅材料、圣锦元生物科技、德品金麦10万头生猪养殖等一批重大项目建成投产；七瓜路、马桥路等交旅融合项目快速推进。柳沟园区道路、供电供水、污水处理、蒸汽供应等一期配套设施项目全面建成，顺利通过省化工产业集中区承载能力评估认定，引进精细化工和煤化工项目53个，开工建设22个，建成试生产项目2个，柳沟园区后发优势逐步释放。瓜州戈壁国际雕塑长廊建设顺利推进，“戈壁方舟”“汉武雄风”“大地之子”等5座大型房外雕塑建成。6个老旧小区改造、14个“五小”便民工程、“智慧城管”“雪亮工程”等项目完成年度任务。

【优势产业】瓜州素有“世界风库”之称，风能资源量大质优，年风能有效利用时数达2300小时以上，风能储量超过4000万千瓦，是全国风能储量最大的地区之一。瓜州太阳能资源丰富，光照强度大、日照时间长，全年日照时间达3360小时，位居全国前列，具备发展风电、光电产业的优越条件，已建成正负800千伏换流站1座，750千伏变电站2座，330千伏变电站（升压站）15座，110千伏变电站（升压站）11座，35千伏变电站18座，先后引进40户新能源企业，建成新能源发电场站45个，装机并网规模达到665.7万千瓦，其中风电650万千瓦，光电16.7万千瓦，成为“全国风电装机第一县”“中国新能源产业百强县”和“千万千瓦级新能源示范县”。全县抢抓酒泉风电二期二批项目启动建设和后续项目核准开发重要机遇，风电二期二批140万千瓦项目开工建设，西北最大调峰电源常乐电厂1、2号两台1000兆瓦级调峰火电项目和中能智慧240兆瓦时电网侧化学储能调峰项目建成投运，常乐电厂3、4号1000兆瓦级机组全面动工建设，项目的实施将有力推动全市乃至全省新能源及各项产业的融合升级和地方经济的健康可持续发展。

【人民生活】全年全县城镇居民人均可支配收入35611元，比上年增长5.2%；人均生活消费支出21417元，增长4.2%；恩格尔系数29.8%，比上年回落0.3个百分点。农村居民人均可支配收入19394元，增长7.1%；人均生活消费支出11743元，增长5.1%；恩格尔系数29.9%，比上年回落0.2个百分点。全年城镇新增就业人员3560人，比上年增加290人，新增就业岗位1065个，年末城镇登记失业率为2.94%。星级公厕、公园广场、停车场、集中供热等公共服务条件显著提升，城市的活力、魅力、承载力实现了质的飞跃。

【环境保护】年内建成环境污染治理项目3个，完成环境保护总投资1810.15万元。瓜州县城区区域噪声适用标准区划面积11.01平方公里，达标区面积11.01平方公里。地表水质达到国家Ⅱ类标准，饮用水质达标率

86.4%。城区空气质量优良天数 307 天，空气优良率 84.8%。年末城市污水日处理能力 0.65 万吨，污水处理率达到 90.9%；生活垃圾无害化处理率 100%，集中供热面积 280 万平方米。城市建成区绿化覆盖率 41.21%。人均公园绿地面积 15.13 平方米。卫生厕所覆盖率达到 64%，清洁村庄创建实现全覆盖，成功创建国家农村生活垃圾分类和资源化利用示范县。

【社会保障】社会保障体系持续完善，全县社会保障支出 2.36 亿元，比上年增长 32%。年末全县城镇基本养老保险参保人数 1.13 万人，参保率 98%；城乡居民养老保险参保人数 6.95 万人，参保率 98%。城乡居民基本医疗保险参保人数 11.55 万人，参保率 99.1%。失业保险参保人数 7018 人。工伤保险参保人数 1.02 万人，其中农民工参保人数 1270 人。生育保险参保人数 9785 人。年末全县共有 1559 人享受城市居民最低生活保障，4109 人享受农村居民最低生活保障。全年发放最低生活保障金 2352.66 万元。

【社会事业】全县教育、卫生、文化、体育、就业等社会事业全面发展。瓜州一中建设项目顺利推进，全市中考状元、高考理科状元落户瓜州，群众对教育工作的满意度不断提高。九年义务教育巩固率为 99.56%。高中阶段教育毛入学率 96.2%。初中毕业生升学率 96.22%。普通高中考生本科上线率 74.6%，普通高校录取学生总数 979 人，总录取率 100%。学龄儿童入学率 100%；巩固率 100%。小学毕业生升学率 100%。深入推进“健康瓜州”建设，传染病区项目建设有序进展，中医院建成投运，公共卫生应急管理体系和医疗服务能力再上新台阶。县乡村三级诊疗体系全面建立，乡村医生和卫生员 67 人，农村有医疗点的村占总村数的 100%。妇女常见病定期筛查率达到 96.5%，居民基本医疗报销比例提高到 55% 以上。公共文化服务水平不断提高，全民健身运动蓬勃发展，荣获全国综治领域最高奖—“长安杯”，成功创建全国民族团结进步示范县、省级文明县和双拥模范县。全县共有艺术团体 8 个；剧场、影剧院 1 个；文化馆 1 个；公共图书馆 1 个；各类博物馆 12 个；公共图书馆图书总藏量 16.6 万册。年末全县共有档案馆 1 个，馆藏档案 5.4042 万卷，全年开放各类档案 0.9945 万卷。年内向各类大专院校输送体育人才 25 名，全县举办运动赛会 15 次，参加人数 1.1 万人。第十五届玄奘之路商学院戈壁挑战赛（戈十五）圆满举办。

（陈芳）

肃北蒙古族自治县

【基本情况】肃北县地处河西走廊西段，是甘肃省唯一以蒙古族为主体的少数民族自治县，也是甘肃省唯一的边防县。肃北县周边与 1 个国家（蒙古国）、3 个省区（新疆、青海、内蒙古）、10 个县市接壤，县总面积 55263 平方公里，是甘肃省面积最大的县。辖地分南北两部分，南部祁连山区，平均海拔 3000 米以上；北部马鬃山区，平均海拔 2000 米左右。县辖 4 个乡镇，26 个行政村、2 个社区。2020 年末，全县常住人口 1.51 万人，城镇化率为 65.81%。

【资源优势】肃北地理位置独特，南部地区在祁连山北麓，这里有冰川、雪山、河流、湿地、草原、峡谷等多样的地形地貌，是祁连山国家公园的重要区域，河西走廊重要的生态屏障，敦煌、瓜州、肃北、阿克塞四县（市）水源地主要涵养区。疏勒河、党河、石油河、榆林河 4 条内陆河流均发源于肃北域内，年径流量达 14.25 亿立方米。矿产资源得天独厚，已探明的矿种有 39 个，优势矿种有黄金、铁、铜、铬、钨、镍、菱镁、铅锌、煤、重晶石等。有富集的清洁能源，风能总储量达 2000 万千瓦，可开发量 1000 万千瓦以上。年平均日照时数 3300 小时以上，年太阳总辐射量稳定在每平方米 6200 到 6900 兆焦耳之间。

【国民经济】2020 年，全县地区生产总值 16.9 亿元，比上年增长 7.8%。其中，第一产业增加值 1.2 亿元，增长 5.6%；第二产业增加值 7.4 亿元，增长 14.6%；第三产业增加值 8.3 亿元，增长 1.6%。社会消费品零售总额 3.05 亿元，下降 4.3%；固定资产投资增长 51.2%；一般公共预算收入 3 亿元，增长 30.3%。十大生态产业增加值 4.9 亿元，占本地区生产总值比重达 28.8%，占比提升 8.3 个百分点。

【疫情防控】2020 年，面对突如其来的新冠肺炎疫情，全县上下凝心聚力、众志成城，全面落实疫情防控各项措施，保持了“零确诊”“零疑似”的防控成果。年初在 8 个主要路口全面设卡检查，配备工作人员 77 名，抽调志愿者 437 名，组建“志愿服务队”37 个，设立小区楼院检查岗 44 个，守牢疫情输入第一道关口。拨付防疫经费 660 万元，用于采购各类防护物资，确保全县防控工作有序进行。为降低疫情对民生和经济的影响，安排抗疫特别国债资金 400 万元，用于保障民生、带动消费、缓解企业压力，拉动消费约 4000 万元。对受疫情影响较大的交通运输、批发零售、住宿餐饮、文化娱乐等行业小微企业贷款实行延期还息政策，下调贷款利率，年内新增投放小微企业贷款 89 笔 9923 万元，做到了疫情防控与经济社会发展“两手抓、两手硬”。

【项目建设】抢抓新时代推进西部大开发、守边固边、兴边富民行动等有利机遇，争取中央和省级预算内投资项目 16 项 9971 万元、各类债券资金 1.2 亿元。围绕十大生态产业体系，谋划确定重点项目 53 项，其中续建项目 17 项、新建项目 36 项，开工 41 项，开工率 77.36%。招商引资成效显著，制定了《肃北县招商引资及重大项目奖励办法》，组织招商活动 11 次，签约项目 17 个，落地开工 3 个，签约金额 131.5 亿元，全年到位资金 22.79 亿元，比上年增长 93.46%，招商引资对全县经济发展的带动作用充分发挥。

【工业经济】积极筹建肃北马鬃山经济开发区，7 月份顺利挂牌成立，园区规划修编和供水、会展等基础设施建设已完成，在服务企业、招商引资、矿区整顿等方面取得了实效。全力克服疫情冲击，强化工业经济运行调度，重点对停产减产企业进行“一企一策”精准帮扶，新培育银鑫矿业等规模以上企业 5 户，全县 18 户规模以上企业效益持续好转，全县规模以上工业增加值比上年增长20%，增速比上年提高11.1个百分点。分三大门类看，采矿业增加值增长29.87%，制造业增长18.91%，电力业下降5.19%。

【"三农"工作】全面落实乡村振兴战略。积极调整农业种植业结构，加快特色产业发展，农作物种植1.88万亩，粮食总产量4678吨，畜禽饲养总量40万头只。稳步推进牧农村"三变"改革，牧农村集体产权制度改革工作任务全面完成。农业保险投保农户1396户，累计理赔牛羊1709头（只），赔付资金274万元，受益农户615户。农业经济新型主体稳步发展，现有专业合作社58个。强化疫病防控，免疫各类动物55.34万头（只），保证了畜牧业健康发展。

【文化旅游】主动融入大敦煌文化旅游经济圈，持续打造"游敦煌莫高窟、住雪山蒙古包""祁连圣地·大美肃北"文化旅游品牌。全面落实"引客入肃"旅游奖补办法，引进广州露云娜美对紫亭湖千亩花海生态景区、党河峡谷民族风情园景区进行了提档改造，紫亭湖千亩花海生态景区成功创建为国家3A级旅游景区。五个庙石窟保护利用设施建设主体完工，县级融媒体中心建设启动实施，肃北客运中心（游客集散中心）投入运行，申报肃北至德令哈、南部大通道2个项目为交通强国试点项目。扎实开展非物质文化遗产保护工作，肃北蒙古族《祝赞词》入选国家级非物质文化遗产代表性项目名录，"肃北蒙古族服饰"代表性传承人入选"中国非遗年度人物"候选名单，申报审批县级非物质文化遗产26项、传承人86名。

【环境保护】认真开展山水林田湖草沙保护与修复，坚决扛起保护祁连山生态安全屏障的政治责任，181项生态环境问题全部整改完成。坚决打赢蓝天保卫战，空气优良天数达270天。持续打好碧水保卫战，地表水、地下水达标率100%。扎实推进净土保卫战，涉及全县154项重点工作持续巩固，全国第二次污染源普查工作顺利完成，开展了2015—2020年生态变化核查工作。"河湖长+河湖警长"体系全面建立，河湖"清四乱"常态化开展，85宗矿业权矿山环境恢复治理、34条河流和2个湖库范围划定全面完成，党河城区段防洪治理加快推进。国土绿化义务植树182亩，封沙育林4.6万亩，禁牧休牧、有害生物防治、森林防火、野生动植物管理、地质灾害防治等各项工作进展顺利。

【城乡建设】坚持"民生城建、生态城建、精致城建"理念，城乡一体化建设有序推进。党河东岸市政基础设施、城区路面改造、城区38栋楼粉刷及亮化、城关村城乡一体化示范项目及区域道路建设等14个城建项目全面完成。城市净化水厂二期、污水处理厂提标、集中供热锅炉除尘脱硝、乡镇污水处理站和垃圾处理场等环保减排项目建成投入使用。深入推进全域无垃圾农村人居环境整治工作，东山村整体搬迁有序推进，改建户厕398座，成功创建省级"清洁村庄"9个，改造提升"三沿一部"土坯房222户，投入1865万元改造老旧小区住宅楼42栋，"视觉危房"排查整改工作全面完成。城建执法规范有力，"地摊经济"活力初显，城市精细化管理水平不断提升。

【人民生活】不遗余力推动保障和改善民生各项工作，2020年县政府承诺的十件惠民实事全部完成。全年全县城镇居民人均可支配收入41874元，增长4.6%；农村居民人均可支配收入28888元，增长6.9%；全年城镇新增就业102人，输转劳动力1003人（次），创劳务收入2170万元。发放创业担保贷款600万元，返还稳岗资金70.8万元。农民工工作机制不断健全，农民工合法权益得到有效保障。城市低保标准提高10%，农村一、二类保障对象分别提高34元、32元，城乡散居孤儿基本生活费保障标准提高至1500元/人/月，70岁以上老年人取暖补助标准提高至600元/人/年。班主任津贴、医务人员增资政策全面落实，建档立卡困难家庭、留守儿童、困难退役军人等特殊群体各类补助足额发放。全民参保计划高质量实施，职工基本养老保险、城乡居民养老保险参保率达100%。投入学前教育资金550万元，完成旧幼儿园改造项目。招聘教育、卫生等工作人员40名，录用社区专职工作者14人，落实中高级职称专业技术人才补助，正高级每人每月1000元，副高级每人每月600元。医药卫生体制改革稳步推进，人民医院综合业务楼投入使用，疾控中心业务用房完成主体建设，鼠疫防控扎实开展，基本公共卫生服务水平进一步提高。

（祁霞）

阿克塞哈萨克族自治县

【基本情况】阿克塞哈萨克族自治县位于甘肃省酒泉市最西端，介于甘肃、青海、新疆三省（区）交界处。东与肃北蒙古族自治县接壤，北与敦煌市毗邻，南与青海省相连。西与新疆维吾尔族自治区相望。是一个以哈萨克族为主体，汉、回、维、藏、土、裕固、萨拉等十三个民族共同居住的少数民族自治县。阿克塞县于1954年8月建县，县辖三乡一镇11个行政村；总土地面积2.91万平方公里，其中天然草场面积98.64万公顷，占总面积的29.47%。城市道路硬化率、天然气入户率、自来水入户率、供电供热普及率、有线电视普及率均达到100%。县城绿化覆盖率达53.12%，人均公共绿地面积达45平方米。2020年末，全县常住人口1.10万人，城镇化率为93.26%。

【国民经济】2020年，全县地区生产总值10.2亿元，比上年增长0.5%。其中，第一产业增加值1.1亿元，增长6.2%；第二产业增加值3亿元，下降0.7%；第三产业增加值6.2亿元，增长0.4%。三次产业结构比为10.4∶29.4∶60.2。固定资产投资增长34.2%；社会消费品零售总额2.9亿元，下降7.6%；财政总收入2.2亿元，增长17.5%。

【脱贫攻坚】实施"七个一批"精准帮扶措施，引导和支持有劳动能力的贫困人口依靠劳动增收，贫困发生率连续五年保持在0.01%以下。全县建档立卡户人均可支配收入由2015年的12339元，提高到2020年的25149元，增长104%。实现就业上岗61人，户均2人，占全县建档立卡总人数的59%，有输转意愿建档立卡贫困劳动力输转比例达到100%。落实各类教育政策，建档立卡贫困户中的14个家庭20名子女均在中小学、幼儿园和中高等学校就读，全部享受十五年免费教育政策，做到了无辍学家庭。落实各类社会保障政策，全县建档立卡户做到了应保尽保。养老保险、医疗保险和兜底保险覆盖率均达到100%，取暖补助、草原奖补资金、合作社分红等普惠政策全面覆盖，符合享受低保条件的14户29人全部纳入社会保障兜底，11名残疾人全部落实了困难残疾人生活补贴、护理补助、燃油补贴、托养补贴等补贴政策。

【"三农"工作】多渠道保障三农资金投入，投资4450万元实施农牧村道路、水利、通讯等基础设施项目28项，抗旱应急备用供水项目、红柳湾灌区水土保持综合治理项目、多坝沟人饮水厂工程、县域内水毁及隐患道路加固等项目建成投用，村组道路互联互通，发展的基础不断夯实。进一步优化农业种养殖结构和区域布局，推广种养平衡、立体种养、农牧结合生态养殖模式，粮经草比例达到30∶22∶48。大力发展设施养殖业，实施了牛羊标准化养殖基地项目，设施养殖规模达到4万头只。持续放大"哈尔腾羊肉""阿克塞骆驼"等品牌效应，成立县级供销社，组建越盛农牧业有限公司，哈尔腾千万亩高原有机专属牧场、红柳湾村集体经济试点、有机羊肉屠宰冷链加工等项目进展顺利。培育新型经营主体，扶持发展各类合作社、家庭农场33家，带动农牧户403户，11个村集体经济全部实现了"空壳清零"。农村人居环境三年整治顺利通过省市验收。有序开展"三清一改"村庄清洁和消除"视觉贫困"专项行动，累计清除"视觉贫困"危旧房、土坯房、断壁残垣约4万平方米，改造安置无安全住房户11户。

【项目建设】全年开工建设项目（含房地产）44个，完成固定资产投资比上年增长34.21%。从投资构成看，5000万元及以上项目9个，完成投资增长34.5%，占全县投资总额的93%，5000万元以下项目32个，完成投资增长68%，占投资总额的6%。房屋施工面积2.8万平方米，其中住宅1.9万平方米。商业营业用房0.6万平方米，其他0.4万平方米。商品房销售面积0.6万平方米，商品房销售金额1939万元。

【人民生活】随着一系列惠民政策的全面落实，城乡居民收入稳步增长。全年全县城镇居民人均可支配收入43420元，比上年增长4.7%，人均消费性支出31131元，增长7.5%，人均居住面积37.3平方米；恩格尔系数27.4%，比上年回落1.3个百分点。农村居民人均可支配收入达到31145元，增长6.8%。人均消费性支出25424元，增长7.6%；人均居住面积55.15平方米；恩格尔系数29%，比上年回落4.5个百分点。

【环境保护】环境空气质量综合指数3.47%，空气质量优良天数为290天，优良率为88%；可吸入颗粒物（PM_{10}）93.95微克每立方米；细颗粒物（$PM_{2.5}$）31.75微克每立方米；二氧化硫（SO_2）、氮氧化物（NO_2）、臭氧（O_3）、一氧化碳（CO）等四项指标均达到国家环境空气质量二级标准；全县境内地表水市控断面水质均达到考核目标要求，水质达标率100%，优良比例达到Ⅲ类标准，达标率85%以上，地表水省考断面水质均达到国家重点监管水源地水质Ⅲ类标准，地下水环境质量保持稳定。

【社会保障】全县城镇基本养老保险参保人数2846人，比上年增加370人，参保率95%；农村社会养老保险参保人数1692人，参保率98%；城乡居民基本医疗保险参保人数9568人，参保率101.5%。其中居民医疗保险参保5373人，职工医疗保险参保4195人。失业保险参保人数2788人，增加459人。工伤保险参保人数3788人，比上年减少238人，其中农民工参保人数347人，增加71人。生育保险参保人数3359人，增加15人。城乡低保标准由495元提高至535元，提高8%，人均补差由443元提高到472元，提高6.6%。农村特困供养集中供养基本生活标准由11120元提高至12936元，分散供养对象基本生活标准由8446元提高至9417元，保障标准高于全省平均水平。累计发放城乡低保资金207.61万元，特困供养资金12.67万元，残疾人两项补贴资金15.6万元，孤儿生活补助资金2.1万元，累计救助690余人次，救助经费94.8万余元。

【社会事业】全年有完全中、小学各1所，幼儿园1所，在校在园的学生和幼儿共1920名，其中中学724名、小学743名、幼儿园453名；少数民族学生827名，占学生总数的42.8%；教职工总数为176人，有专任教师160名，少数民族专任教师44名，占专任教师的27.5%。高中阶段教育毛入学率99.03%，初中教育入学率100%，初中毕业生升学率99.03%，学龄儿童入学率100%，学前三年教育普及率100%，适龄残疾儿童、少年入学率100%，进城务工人员和流动人口子女入学率100%，本、专科总录取率95.87%，比上年提高2.28个百分点。全县共有医疗卫生机构11个。其中,综合医院1所、保健机构1所、防疫机构1所、其他卫生机构5个，个体办诊所3所。卫生技术人员117人；病床总数82张，每千人拥有床位9张。居民健康档案建档率92.7%，老年人健康管理率84.9%，高血压管理率93.5%，Ⅱ型糖尿病管理率91.6%，老年人健康体检率56.1%。重型精神疾病患者管理率96.6%。全县拥有集文化、图书、博物为一体的综合文化馆一个，总藏书6.2万册。年末广播综合人口覆盖率、电视综合人口覆盖率均达到100%。开展全民健身长跑、首届青少年五人制足球赛、"21天健身打卡"、羽毛球联赛、职工球类比赛、拔河比赛、自行车比赛等各类群众性体育活动82场次，参与群众达到1000余人。组建球类、自行车、跆拳道等运动俱乐部11个。

（闫玲）

玉门市

【基本情况】玉门市位于甘肃省西北部，河西走廊西部，东连嘉峪关市和金塔县，西接瓜州县，南北与肃北蒙古族自治县为邻，国道312线、连霍高速公路、兰新铁路、兰新高铁横贯全境，是通往新疆、青海、西藏和连接蒙古、中亚、欧洲的重要通道。东西长114公里，南北宽112.5公里，总面积1.35万平方公里。玉门因油而兴、依矿而建市，是中国石油工业的摇篮、“铁人”王进喜的故乡，全国重要的新能源基地，国家园林城市，国家卫生城市，获得“全国文明城市”提名资格，成功入选“2020年中国西部百强县”。现辖新老2个市区、3个工业园区、12个乡镇、3个街道办，有汉族、回族、蒙古族、藏族、东乡族等29个少数民族。2020年末，玉门市常住人口13.74万人，城镇化率为63.56%。

【资源优势】玉门风光资源丰富，是国家一类光资源区和二类风资源区，70米高度平均风速达7.9米/秒，年日照时数3300小时以上，风光电可开发量5000万千瓦以上，可用来开发新能源的土地面积达4000平方公里，发展新能源产业具有得天独厚的资源优势。境内汉玉门关遗址、汉长城、昌马石窟、魔山地质公园、火烧沟遗址等文化遗产丰富，先后被命名为“省级全域旅游示范区”，成功入选“2020中国县域旅游发展潜力百强县市”。玉门农业是典型的绿洲农业，大漠戈壁创造了富含钙、硒、硅等元素的优质土壤，具有发展绿色有机农业的独特优势。已培育出了枸杞、韭菜、人参果、蜜瓜、辣椒、昌马羊肉等一批优质特色农产品，被授予“中国人参果之乡”“中国韭菜之乡”“中国蜜瓜之乡”“中国黑枸杞之乡”。

【国民经济】2020年，玉门市地区生产总值186.8亿元，比上年增8.3%。其中，第一产业增加值21.1亿元，增长8.1%；第二产业增加值133.8亿元，增长9.6%；第三产业增加值31.9亿元，增长2.6%。三次产业结构比由上年的9.8∶72.9∶17.3调整为11.3∶71.6∶17.1。实现工业增加值130.68亿元，增长9.9%，其中规模以上工业增加值增长13.7%。固定资产投资增长8.5%。社会消费品零售总额24.5亿元，下降2.1%。一般公共预算收入4.2亿元，下降6.9%。

【脱贫攻坚】始终把脱贫攻坚作为最大的政治责任、最大的民生工程，持续巩固提升脱贫摘帽成果，健全动态监测帮扶机制，扎实推进“3+1”冲刺清零后续行动和“5+1”专项提升行动，全面完成各级专项巡视、督导反馈的问题整改，顺利通过省级脱贫攻坚成效考核和第三方评估验收。全年统筹各类资金2.9亿元，实施扶贫重点项目51个，新改建贫困户住房539户，引导贫困户种植枸杞9371亩、高效田9318亩，新建养殖圈舍355座，落实到户养殖增量（猪、牛、羊）2.47万只，落实饲草补助1358户，发展“五小”产业852处，贫困群众生产生活条件明显改善。新改建农村公路980公里，维修衬砌贫困乡村和移民乡村农田渠道685公里，实施土地治理改造3.8万亩，累计营造生态防护林1.7万亩，农村基础设施不断健全完善。稳步推进就业扶贫。全市共完成技能培训859人，其中，建档立卡贫困劳动力311人；输转贫困劳动力3682人；累计创建“扶贫车间”6家，共吸纳建档立卡贫困劳动力135人，带动就业2614人。2020年贫困人口人均纯收入9989元，是2013年的4.25倍，年均增长22.96%。

【“三农”工作】坚持以产业振兴引领乡村振兴，持续推动瓜、果、菜、猪、羊、草六大主导产业提质扩量增效。新增高标准农田4.4万亩，发展设施农业面积达到2.2万亩，建成枸杞基地13万亩、蔬菜8.2万亩，优质蜜瓜4万亩，人参果1500亩，优质高效作物种植比重提升至70%；全市肉羊饲养量达到110.7万只，生猪饲养量达到9.1万头，产业布局不断优化，成功创建省级现代农业产业园。纵深推进农业下游畅通，成功举办第三届农产品订货交易会、“央广助中国行·玉门珍好”扶贫直播促销等活动，签约农产品订单金额4.6亿元，全市70%的农产品实现了订单化种植和销售，被中国农产品流通经纪人协会授予“中国农产品流通创新示范市”称号。加快农产品品牌创建，认证“三品一标”农产品43个，认证面积42.25万亩。4个乡镇荣获中国特色之乡誉名称号，1个基地入选国家农村创新企业园区，被评为全国农村创新创业典型县。新型经营主体加快培育，省、市、县级农业产业化重点龙头企业达到32家，建成国家级示范社4个，省级示范社26个，酒泉市级示范社77个，各级示范社累计达到152家。农村综合改革纵深推进，先行在9个行政村开展农村“三变”改革试点，为全市农村综合改革积累了经验；探索光伏生财、资产经营、资源开发等发展模式，发展村级集体经济300余万元。同时，坚持农旅融合发展，打造出了黄闸湾“桃源小镇”、柳河“红田园”、昌马“梨花水寨”、清泉千亩人参果观光园、赤金铁人新村等一批富有活力的特色小镇和田园综合体。

【项目建设】加快推进项目建设，全年开工建设项目233个，其中重点项目116个，22个重点项目建成投用。抢抓东中部产业转移机遇，组建18个招商工作组、5个招商攻坚组，分赴20个省市开展季度招商会战和“百日攻坚行动”，举办县域经济论坛年会、2020年西部煤化工产业发展高峰论坛，全年签约合同项目97个，落实招商引资到位资金93.3亿元，增长37%。准确把握国家战略机遇和产业投资导向，争取中央预算、特殊转移支付、抗疫特别国债等各类资金20.1亿元，27个项目获得中央、省级资金支持，项目资金争取创历年新高。在太阳能光热和光伏发电用聚光材料及深加工、玉门市七墩滩第一风电场AB区400兆瓦项目、芳纶产业链项目、玉门志远学校建设等重大项目拉动下，5000万元及以上项目完成投资增长4.3%，拉动作用明显，全年固定资产投资比上年增长8.5%。

【优势产业】玉门工业基础较为完善，现有经济开发区、石油化工、建材化工3个工业园区，总规划面积近100平方公里，现已初步培育形成石油化工、煤化工及精细化工、新能源及装备制造等支柱产业，全年培育新增规模以上工业企业12户。全市规模以上工业中，石油化工、煤化工及精细化工、新能源及装备制造等支柱产业工业增加值占规模以上工业增加值的96.3%，增长15.6%。全力支持玉门油田转型升级，可再生能源制氢项目通过专家评审，原油生产加工分别达到49万吨和200.6万吨。持续壮大煤化工和精细化工产业集群，浩海公司二期100万吨焦化、老市区化工工业园热源厂等66个项目加速推进，西部天成荧光增白剂、盛诺医药中间体等13个项目建成投产，煤化工及精细化工产业产值达到37.1亿元。

抢抓新能源投资红色预警解除机遇，启动昌马120万千瓦抽水蓄能电站项目可研编制，凯盛大明太阳能聚光材料等11个项目加快建设，玉门至八O三330千伏输电线路等5个项目建成投用，新能源及装备制造业产值分别达到16.7亿元和7.4亿元。被授予"国家绿色能源示范县"称号，连续三年被评为"中国新能源产业百强县"，新能源产业在全国领先。

【人民生活】坚持以人民为中心，优先稳就业，全力保民生，一般公共预算民生支出占比达到81%，加快完善城市服务功能，改造棚户区1026套，老旧小区4648户，净化水厂二期、如意湖公园等30个城建项目建成投用，市容市貌明显改善，精细化服务水平持续提升，成功创建为国家卫生城市。积极落实就业创业扶持政策，补贴稳岗资金9135万元，担保创业贷款7953万元，新增城镇就业3290人，就业创业形势稳中向好，年末城镇登记失业率1.87%，比上年下降1.18个百分点。全年全市城镇居民人均可支配收入36984元，增长4.8%；人均消费支出22857元，增长5.4%；恩格尔系数30.8%，比上年回落2个百分点。农村居民人均可支配收入19930元，增长7.3%；人均消费支出12013元，增长6.8%；恩格尔系数28.3%，回落1.7个百分点。

【环境保护】全市有自然保护区3个，保护区面积19.29万公顷。新市区污水处理率95.2%，城市生活垃圾无害化处理率100%；年末森林面积8.77万公顷，森林覆盖率7.24%；草原植被盖度18.8%。城市绿化覆盖率37.3%；人均公园绿地面积24.98平方米。农村常住人口卫生户厕普及率达到60%，卫生公厕实现了行政村全覆盖。城市优良天数比率超过84%，地表水和城市饮用水水源地达标率100%，"蓝天、碧水、净土"保卫战取得阶段性胜利。玉门被命名为"全国生态文明建设典范城市""国家园林城市"和"全省绿化模范市"，获得"全国文明城市"提名资格。目前，正在加快创建全国文明城市和国家生态文明城市。

【社会保障】全年全市社会保障和就业支出2.64亿元，比上年增长3.1%。年末全市基本养老保险参保人数10.24万人，增加0.54万人。其中，城镇职工养老保险参保人数3.05万人，城乡居民养老保险参保人数7.19万人。养老金和失业金社会化发放率均达到100%；全市基本医疗保险参保人数13.65万人，参保率99.7%。其中，城乡居民基本医疗保险参保人数11.03万人。免除2578名18岁以下青少年儿童住院医疗费用。社会救助、城乡低保、特困供养提标10%，年末全市共有城市低保户2627户、4795人，发放低保金2956万元；农村低保户1780户、4055人，发放低保金942.4万元。

【社会事业】优先发展教育事业，实施教育基础设施项目34个，酒泉市级以上骨干教师和学科带头人177人，中小学教师学历合格率100%，高考二本以上上线率90.4%，石油中专"三校生"高考上线率100%，适龄幼儿学前三年教育毛入学率达到98.57%，义务教育巩固率达到99.61%，高中阶段教育入学率达到96.57%，全市教育教学质量稳居酒嘉地区前列，成功创建"第五批国家级农村职业教育和成人教育示范县""省级智慧教育示范区"。加快健康玉门建设，实施医疗卫生项目6个，"名医名科名院"工程加快推进，全市副高级以上职称84人，中级职称186人，执业（助理）医师420人；第一人民医院创建为二级甲等综合医院，全市公共卫生和医疗服务水平跻身全省前列。全市共有文化、旅游市场经营主体235家，其中国家4A级旅游景区3家、3A级旅游景区4家、旅行社6家、省级乡村旅游示范村5个，全年旅游接待人数达到302万人，实现旅游总收入26.8亿元，成功入选"2020年中国县域旅游发展潜力百强县市"。社会治理能力稳步提升，入选"2020中国社会治理百强市"。持续开展扫黑除恶专项斗争，刑事案件、治安案件下降26%和32%，平安玉门成果进一步巩固，安全形势持续向好，食品药品有效保障，双拥共建稳步提升，社会大局和谐稳定，成功创建省级民族团结示范市。

（杨超）

敦煌市

【基本情况】敦煌市位于甘肃河西走廊最西端，是甘肃、青海、新疆三省（区）交汇地。年平均降水量42.2毫米，蒸发量2505毫米，年平均气温9.9℃，最高气温41.7℃，最低气温—30.5℃。年平均无霜期152天，属典型的暖温带干旱性气候。总面积3.12万平方公里，绿洲面积约1400平方公里。平均海拔1139米，发源于祁连山的党河是敦煌重要的水利命脉，全长390公里，流域面积1.68万平方公里，年径流量4.05亿立方米。全市辖9个镇，8个城市社区居民委员会，56个村民委员会。2020年末，敦煌市常住人口18.52万人，城镇化率为70.10%。

【资源优势】光能、矿产等自然资源丰富。全年日照时数3199.8小时，年太阳辐射量6687.72兆焦耳/平方米。矿产资源已探明有金、银、钒、铁、磷、硫、石棉、芒硝等26个品种。其中，已探明钒资源储量153.86万吨，位居全国第四。旅游资源得天独厚，境内现存各类文物景点265处，有3处世界文化遗产，分别是莫高窟、玉门关遗址、悬泉置遗址；全国重点文物保护单位4处，分别是莫高窟、玉门关遗址、悬泉置遗址、敦煌境内长城；省级文物保护单位12处；市级文物保护单位1处；县级文物保护单位47处。5A级景点1处（鸣沙山·月牙泉），4A级景点2处（阳关和雅丹国家地质公园），3A级景点8处（敦煌影视城、三危山景区、敦煌夜市、敦煌同舟岛、敦煌雷音寺、敦煌光电博览园、党河生态公园和千年敦煌月牙泉小镇民俗文化旅游景区），1A级景点1处（白马塔）。

【国民经济】2020年，全市地区生产总值77.8亿元，比上年下降4.9%。其中，第一产业增加值10.8亿元，增长2.4%；第二产业增加值17.5亿元，下降1.9%；第三产业增加值49.4亿元，下降7.5%，三次产业结构为13.9：22.5：63.6。财政总收入9.5亿元，下降15.0%；税收收入5.9亿元，下降23%。工业增加值16亿元，增长3.9%；固定资产投资下降18.5%；社会消费品零售总额44.7亿元，下降17.7%。个人存款余额182.9亿元，增长7.6%。

【全面深化改革】推进“政事分离、事企分离”，调整理顺事业单位行政职能1113项，完成良种场等4家单位转企改革。组建成立莫高鸿杰研学、敦谷绿源农业、广至传媒会展、龙勒建设投资等国有企业，优化明晰文旅集团、清洁能源等国企主营业务，永盛热力等国企完成分立重组。机关后勤财务中心成立运行，“零基预算”全面推开，盘活存量资金1.25亿元。组建综合行政执法中心，“多方联动、协同监管”的执法格局初步形成。出台优化营商环境38条，率先在全省建成国家一体化在线政务服务平台，镇村（社区）便民政务服务实现全覆盖，政务服务“好差评”满意度全省第一。

【脱贫攻坚】坚决打赢脱贫攻坚战，紧盯“两不愁三保障”，扎实开展“3+1”冲刺清零和“5+1”专项提升行动，1887户6405人建档立卡贫困人口全部脱贫，基本医疗参保率、义务教育巩固率均达到100%，困难群众住院报销比例达到85%以上。敦煌市国扶系统建档立卡户，人均纯收入达到11124元，全部高于国家脱贫标准，稳定实现“一超过、两不愁、三保障”，“六个清零”全部达标，无新识别贫困人口和返贫人口，脱贫攻坚成果得到了全面巩固提升。

【疫情防控】坚决贯彻落实中央和省市疫情防控各项部署，争取特别国债8280万元，实施市医院传染病救治能力提升等项目，建成核酸检测实验室3个，严格来敦人员闭环管控，加强“两站一场”检测筛查，免费接种新冠疫苗5500人，取得了“零疫情”防控成果。全面落实“六稳”“六保”政策，清退缓收农民工工资保证金3000余万元，清偿民营企业账款1.46亿元，退还旅游服务质保金1548万元，减免涉企税费、租金等3.53亿元，提供涉企金融支持18.74亿元。投入1700万元开展“消费促进月”活动，支持“地摊经济”“夜间经济”发展，全市重点企业复工复产、复商复市率达到94.2%，最大限度对冲疫情影响。

【“三农”工作】国家现代农业示范区中心园区拉开建设框架，祁连牧业、浩泽农业等项目加快实施，全年农作物播种面积17.94万亩，其中，蔬菜、瓜类高效特色产业播种面积达到4.18万亩，粮食产量3.04万吨，棉花产量0.41万吨，蔬菜产量5.83万吨。新增特色林果3.16万亩，水果产量17.52万吨。畜禽饲养总量达到103.7万头（只）。引进瓜菜新品种169个，推广天牛防控等新技术20项。“敦煌葡萄”等入列“甘味”品牌目录，“敦煌李广杏”荣获中国绿色食品博览会金奖。组建成立农产品流通服务中心，培育壮大新型经营主体32家。“三大革命”“六大行动”成效显著，新改建农村道路85公里，改造清洁电暖炕4400户，创建“清洁村庄”23个，农村人居环境整治三年行动顺利通过省级验收。

【项目建设】探索实行产业链链长负责制，围绕“两推三招两争取”分类建成项目库，紧盯“十四五”规划、西部大开发、城镇化补短板强弱项等政策利好，谋划储备项目500个，全年开工项目72个，招商引资到位资金43.76亿元。开展“发展提速、改革到位、调研深化”百日行动，梳理产业链重点建设、招商、融资项目256个，其中78个项目入列国家、省市投资项目库。大成50兆瓦光热发电示范项目建成并网，地下水源地置换工程并网供水，多能互补新能源示范基地规划加快编制，敦格铁路建成，柳敦高速通车，钒资源、石材开发等产业转型升级，祁连牧业、东驿—敦煌艺术城等项目加快推进，天然气应急储气等项目建成投运。组建优化招商中心，外出招商115批次，举办推介活动165场次，签约敦煌奇迹世界等项目41个。

【优势产业】深度挖掘敦煌文化，打响敦煌研学、敦煌会展、敦煌服、敦煌舞等品牌。实施“莫高窟窟内文物窟外看”智能化虚拟体验项目，设立韩国敦煌文化旅游推广中心，成功举办2020中国长城论坛、2020敦煌论坛：纪念藏经洞发现120周年学术研讨会暨中国敦煌吐鲁番学会会员代表大会、文化遗产保护管理与传承创新研讨会，以及“敦煌石窟艺术展”“莫高精神展”等展览，申办2021年中国世界遗产旅游推广联盟大会，当选2021年“东亚文化之都”城市，“云游敦煌”获2020年度中华文物全媒体传播精品推介项目。加大文物保护力度，申报建立国家文物保护利用示范区，加强与敦煌研究院对接协作，玉门关文物保护规划通过省级评审，悬泉置遗址保护开发、玉门关及长城烽燧遗址保护展示利用项目启动实施。坚持向优秀者学习同强者合作，引进中国人民大学、东华大学等战略合作者，挂牌成立敦煌文化学院，开设敦煌大讲堂、莫高讲堂，加快建设南仓和北台等历史文化街区。建立文创研发中心和新媒体营销中心，持续扩大敦煌文创产品影响力。新奥“敦煌奇迹世界”成功签约，鸣沙山月牙泉景区基础设施提升、莫高里工匠文化村二期、乡村精品民宿等项目有序推进，大敦煌文化旅游经济圈建设稳步推进。

【人民生活】全年全市城镇居民人均可支配收入37352元，比上年增长4.52%；农村居民人均可支配收入20102元，增长6.63%。城镇居民人均消费支出25884元，增长6.07%，恩格尔系数为27.84%；农村居民人均消费支出14810元，增长7.09%，恩格尔系数为26.26%。年末城镇居民人均住宅建筑面积36.03平方米，农村居民人均住房面积46.74平方米。老旧楼院基础设施提升项目和南仓、北台历史文化街区建设加快推进；完成棚户区改造2100户；建成户用卫生厕所5129座，改造土坯房355户；4村8组农村生活污水处理工程建成投用，392户人饮改造工程全面完成；城市地下水源地置换工程并网供水，后备水源地开工建设。

【环境保护】坚决打好蓝天、碧水、净土保卫战，中央、省市生态环保督察反馈问题整改率达到96.6%。河湖长制全面落实，党河水库除险加固项目即将完工，自然保护地整合优化和生态红线评估调整顺利推进。持续开展国土绿化行动，生态造林5675亩，封滩育林4000亩，义务植树64万株。全市地表水、地下水和城市集中式用水达标率均为100%，城区空气优良率达到88.5%，土壤环境安全可控。全年全市能源消费总量62.08万吨标准煤，比上年增长0.26%；万元地区生产总值能耗下降1.27%。

【社会保障】全年全市民生支出

13.99 亿元，占一般公共预算支出的 82%。严格落实就业优先政策，发放创业就业贷款 6718 万元，新开发公益性岗位 71 个，新增就业 2852 人，城镇登记失业率控制在 3.15%。年末全市基本养老保险参保人数 9.63 万人，参加失业保险人数为 0.98 万人，参加工伤保险人数为 1.57 万人，参加生育保险人数为 1.47 万人，参加医疗保险人口 13.91 万人。全年各项医疗保险基金总收入 20678 万元，城乡居民医疗救助资金收入 820 万元。全市有社会福利院 1 所，农村敬老院 2 个，民办养老机构 2 个，城市流浪乞讨人员救助站 1 所，城市社区老年人日间照料中心 12 个，农村互助老人幸福院 22 个。全年救助城乡特困供养对象 4092 人次、城市低保对象 1.61 万人次、农村低保对象 2.70 万人次、孤儿 228 人次，临时救助 1.01 万人次，发放各类救助资金 3830.55 万元。全年筹集社会福利资金 0.8 万元，直接接受社会捐赠现金 0.6 万元；各类物资 30 余件，折合人民币 0.2 万余元。全市共有老年人口养老床位 945 张。建成全省首个县级市社会工作专业人才培训基地，打造全省首个新型智慧养老信息平台和旅居养老示范基地。

【社会事业】教育、文化、卫生、科技等各项事业协调发展。"县管校聘"等教育改革持续推进，第二、第三幼儿园挂牌成立，成功入选"国家级信息化教学实验区"。高中阶段教育毛入学率 97.32%，初中教育入学率 100%，初中毕业生升学率 97.8%，学龄儿童入学率 100%，学前三年教育普及率 99.18%。适龄残疾儿童、少年入学率 100%，进城务工人员和流动人口子女入学率 100%。高考上线率、本科（二批次）上线率、重点（一批次）上线率分别达 98%、64.2% 和 21.4%。全年举办各类群众文艺演出 40 场次、展览展出 18 场次、体育赛事活动 209 项次。建成黄渠镇、郭家堡镇、沙州镇文化馆图书馆分馆 3 个。成功举办第十届龙舟大赛、如意甘肃·骑游行、大海道越野拉力赛、戈十五挑战赛、中国长城论坛、丝路文脉研学旅行高峰论坛等大型活动。公共图书馆图书总藏量 27.6 万册。广播、电视人口覆盖率均达 99%。全市共有医疗卫生机构 179 个，卫生技术人员 1468 人，执业医师和执业助理医师 505 人，医疗卫生机构床位 960 张，全年总诊疗 53.7 万人次。建立"基本医疗 + 大病医保 + 医疗救助"三重保障制度，"一站式"结报等医保政策全面落实，急危重症救治中心、县域医学中心建成投用，65 个村卫生室全部达标。完成 2618 名农村妇女"两癌"免费检查，"两病"门诊用药报销政策全面落实，居民电子健康卡全面推行。全市获批省科技项目 6 项、酒泉市科技项目 3 项，获批资金 252 万元。获批酒泉市级众创空间 2 家，新增省级科技型中小企业 4 家，新增高新技术企业 1 家。新建成 8 个科技特派员工作站，组建镇级服务团队 8 个，村级服务小分队 33 个。举办了 2020 年全国科普日"中国飞天梦"科普中国万里行活动，我市被确定为甘肃巡展首站，新增酒泉市科普示范社区 3 家。年末全市共有档案馆 1 个，馆藏档案 3805 卷 / 盒，馆藏资料 55 册，照片档案 550 张，实物档案 7 件。档案馆总建筑面积 4177 平方米。

（贾瑶）

庆阳市

【基本情况】庆阳市位于甘肃省东部，地处东经 106° 20′ 至 108° 45′ 与北纬 35° 15′ 至 37° 10′ 之间，习称"陇东"。东接陕西省延安市、铜川市；南与陕西省咸阳市及本省平凉市相连；西与宁夏固原市接壤；北邻陕西榆林市及宁夏盐池县；南北长 207 公里，东西跨 208 公里，总面积 27119 平方公里。地形北高南低，海拔在 885—2082 米之间，中南部为黄土高原沟壑区，北部为黄土丘陵沟壑区，东部为黄土丘陵区。境内山、川、塬兼有，沟、峁、梁相间，高原风貌雄浑独特。银西高铁南北贯穿全境，境内设站 6 个。辖庆城、环县、华池、合水、正宁、宁县、镇原 7 县和西峰区，有 116 个乡（镇），3 个街道办事处、79 个社区。2020 年末，全市常住人口 217.91 万人，城镇化率 41.89%。

【自然资源】庆阳全市有董志、早胜、宫河、平泉、新集、孟坝、屯字、西华池、盘克、临泾、春荣、永和等 12 条较大塬面，塬地总面积 27 万公顷，是农作物主产区。董志塬面积为 136.47 万亩，平均海拔 1421 米，横跨四个县区，是世界上面积最大、土层最厚、保存最完整的黄土塬面，堪称"天下黄土第一塬"。地处东南部的子午岭，林木茂密，水草丰盛，其 470 多万亩次生林，为植被最好的水源涵养林。甜永高速、二车一级公路完成主体工程。有"天然水库"之美誉。全年降水量 557.9 毫米，比上年减少 111.4 毫米。全年平均气温 9.7℃。年日照小时数 2194.5 小时，比上年减少 14.9 小时。五台山水库建成投用，小盘河、莲花寺水库基本竣工，海绵城市"三湖、三沟道、两大道"等重点项目陆续拉开，基础条件持续改善。

【资源优势】庆阳能源富集。是甘肃的石油天然气化工基地、长庆油田的主产区。已探明石油总资源量 59.74 亿吨，占鄂尔多斯盆地总资源量的 40%，石油地质储量 17.96 亿吨；已探明天然气总资源量 2 万亿立方米，占鄂尔多斯盆地总资源量的 10%，天然气地质储量 318.6 亿立方米。2020 年原油产量 917.7 万吨，加工量 355.6 万吨。庆阳气田庆探 1 区块建成产能 3 亿方，在建产能 4 亿方，庆阳瑞华天然气一期、永欣石化两个石油石化产业链项目建成投用，庆阳瑞华天然气二期、庆阳宏大化工科等项目正在加快推进。庆阳物产丰富。素有"陇东粮仓"之美誉，盛产小麦、玉米、油料；荞麦、小米、燕麦、黄豆、紫苏等特色小杂粮久负盛名，庆阳黄花菜、环县羊羔肉、曹杏、黄柑桃、九龙金枣等地方特产倍受消费者青睐，以晚熟红富士苹果为最。庆阳地处全国优质红富士苹果最佳适生区，是农业农村部确定的中国优质苹果栽培的最佳优生带。第十七届中国国际农产品交易会上，"庆阳苹果"品牌入选 2019 首批中国农业品牌目录。庆阳是甘肃优质农畜产品生产基地，早胜牛、环县滩羊、陇东黑山羊、羊毛绒等大宗优质农牧产品享誉国内外。庆阳是全国规模最大的白瓜籽仁加工出口和杏制品加工基地，是全国品质最优、发展面积最大的黄花菜基地，是国家有关部门和单位命名的"中国优质苹果之乡”“中国黄花菜之乡”“中国小杂粮之乡”和“中国杏乡”。庆阳还是中医药之乡，产有甘草、黄芪、麻黄、穿地龙、柴胡等300多种中草药，其中69种已列入《中华人民共和国药典》。

【国民经济】2020年，全市完成地区生产总值754.7亿元，比上年增长4.3%。其中，第一产业增加值完成97.6亿元，增长5.5%；第二产业增加值完成356.4亿元，增长5.6%；第三产业增加值完成300.8亿元，增长1.9%。三次产业对经济增长的贡献率分别为13.3%、71.7%和16.0%。完成规模以上工业增加值增长6.2%；固定资产投资增长26.7%；实现社会消费品零售总额177.0亿元，下降2.8%。

【脱贫攻坚】2020年全市脱贫攻坚取得决定性成就，全年投入各类扶贫资金43.1亿元。全面落实挂牌作战措施，深入推进“3+1”冲刺清零后续行动和“5+1”专项提升行动，8个贫困县（区）全部摘帽，570个贫困村全部退出，现行标准下61.05万农村贫困人口全部脱贫，消除了千百年来的绝对贫困和区域性整体贫困，乡村面貌发生了历史性巨变。全市义务教育阶段学校办学条件均达到国家标准，九年义务教育巩固率达到99.53%。村村建成标准化卫生室，贫困群众医疗保险、慢性病签约服务实现全覆盖。改造农村危房（窑）12.37万户，易地搬迁1.57万户。建设农村大中型集中供水工程593处，农户安全住房、安全饮水保障率均达到100%。培育农业企业331家，建成家庭农场1030家、合作社7903个、扶贫车间79家，新型经营主体带贫15万户，分红1.43亿元。“331+”产业扶贫模式入选“改革开放40年地方创新40案例”。农业保险覆盖主要种养业。开发公益性岗位和生态护林员岗位1.4万个。消费扶贫、旅游扶贫、光伏扶贫、生态扶贫有力拓宽群众增收渠道。引进中盛、圣农、正大、东方希望、海升等大型龙头企业，初步形成肉羊、肉鸡、生猪、苹果、饲草等现代农业集群，形成以全产业链、全循环链、全价值链为特征的宁县苹果、环县肉羊产业发展模式。

【“三农”工作】2020年，庆阳市完成农业增加值99.5亿元，比上年增长5.6%。粮食生产喜获丰收。新建高标准农田22.4万亩。全年粮食总产量147.5万吨，增长1.4%，平均亩产255.3公斤，增长0.1%。其中，夏粮产量35.2万吨，下降12.6%；秋粮产量112.3万吨，增长6.7%。特色产业效益趋好。全年蔬菜产量50.5万吨，增长10.3%；水果产量54万吨，增长13.3%；中药材产量7.5万吨，增长41.7%。畜牧业加快发展。季末大牲畜存栏37.5万头，增长5.6%。猪牛羊禽出栏分别增长4.5%、8.5%、11.1%和3.2倍，肉类产量、鲜蛋产量和牛奶产量分别增长29.5%、84.6%和13.7%。

【项目建设】2020年，庆阳市重大项目较快推进，投资总额从2月下降42.4%、3月下降1.5%、4月由负转正后明显提升，全年保持快速增长势头，增长26.7%。新入库项目个数明显增加。全市在库固定资产投资项目510个，当年新进库311个。其中5000万元以上项目149个，完成投资额增长48.6%；5000万元以下项目361个，完成投资额下降13.5%。一产投资回升明显、三产投资增势强劲。第一产业投资额增长2.3%；第三产业投资额增长38.3%，其中交通运输业增长58.7%，教育增长42.9%，水利、环境和公共设施管理业增长1.7倍。项目到位资金保障有力。5000万元以上项目到位资金增长70.1%。全年房地产开发投资额增长2.3%，商品房销售面积增长27.9%。

【优势产业】能源开发迈出新步伐，发现储量10亿吨级庆城大油田。2020年原油产量917.7万吨，原油加工量355.6万吨，天然气产量3.6亿方。庆阳瑞华二期天然气加工项目得到核准，天然气提氦项目成功落地。核桃峪矿井开展联合试运转，甜水堡二号矿取得采矿许可证。陇东—山东±800千伏特高压直流外送工程列入“十四五”电力发展规划，配套电源建设项目正宁电厂二期工程已具备核准条件。十大生态产业加快发展，增加值占地区生产总值比重达到25.7%。中盛肉羊、圣农肉鸡、正大生猪和海升苹果、天士力中药材等循环农业集群化推进。引进建办各类龙头企业17家，东方希望200万头生猪现代养殖项目当年签约、当年开工。肉羊、肉蛋鸡和生猪饲养量分别达到779万只、3546万只和104万头。新栽苹果11.9万亩，新植一年生牧草106万亩。宁县国家级现代农业产业园通过认定，建成了全国最大的苹果矮化自根砧基地。“庆阳苹果”入选中国最具影响力的十大苹果区域品牌。“环县羔羊肉”被中国畜牧业协会评为全国十佳羊肉品牌。南梁、北石窟驿、药王洞养生小镇等重点景区功能不断完善，新创建省级乡村旅游示范村5个、全国乡村旅游重点村1个，全年接待游客763万人次，旅游综合收入43.6亿元。

【人民生活】2020年，全市城镇居民人均可支配收入33616元，比上年增加1509元，增长4.7%；农村居民人均可支配收入10422元，增加735元，增长7.6%。全年居民消费价格总指数（CPI）101.9%，商品零售价格总指数101.3%，农业生产资料价格指数101.6%。推进“三大革命”，改造户厕8.35万户，卫生厕所普及率24.2%。配齐城乡垃圾收集转运处理设施，村庄生活垃圾收集处理率达到90%以上。创建清洁村庄864个，建成美丽示范村345个。

【环境保护】全力打好蓝天、碧水、净土保卫战，全市建成区10蒸吨以下628台锅炉全部淘汰，强制报废老旧汽车1.2万辆。实施马莲河蒲河流域水污染防治攻坚行动，累计建成乡镇污水处理厂站94座、在建8座，新建氧化塘、生态湿地60处65万平方米，建成5个工业集中区污水处理工程，提标改造9座城区污水处理厂，敷设雨污分流管网37公里，启动建设污水处理厂站、河流断面和水源地在线监测系统。马莲河水质由上年Ⅳ类达到Ⅲ类，蒲河水质稳定在Ⅲ类，均达到国家考核目标。市区优良天数达到350天，优良天气率95.6%，比上年提高5.2个百分点。持续加强农业面源污染治理、土壤污染防治，95%的规模养殖场配套粪污资源化利用设施。深入实施“再造一个子午岭”和“固沟保塬”工程，国土绿化105万亩，治理流域650平方公里。华池县南梁镇获得国家“绿水青山就是金山银山”实践创新基地称号。5个乡镇被命名为省级森林小镇，23个村被命名为国家森林乡村。

【社会保障】年末全市参加城乡居民养老保险人数1543786人。其中，参保职工57208人，参保离退休人员32839人。参加机关事业养老保险人数92215人，其中，在职64327人，退休27888人。参加城镇职工基本医疗保险人数15.89万人。参加失业保险人数12万人。参加工伤保险人数11.7万人，增加1.38万人。参加生育保险人数11.09万人，增加0.55万人。参加城乡居民基本医疗保险人数222.89万人，参保率稳定保持在95%以上。全年筹集城乡居民医保基金182681万元，基金支出共计172839万元，基金累计结余35401万元。全市城市低保11397户26483人，比上年末减少887户、减少2244人；农村低保55751户166487人，减少2222户、减少5675人。年末全市共有各类社区服务机构和设施2406个。其中，社区服务中心119个，社区服务站1331个，社区养老照料机构和设施65个，社区互助型养老设施891个。

【社会事业】社会事业呈现服务加强、全面进步的新气象。科技推广成效显著。全市事业单位各类专业技术人员45198人，其中高级技术人员4505人。全年共组织实施农业、工业、医疗卫生和社会公益事业等各类国家、省、市科技计划项目33项，共投入科技经费903万元。教育事业全面发展。全市普通高等学校招生6727人，在校学生22922人，毕业5319人；中等职业学校招生7588人，在校学生17018人，毕业3758人；普通高中招生16829人，在校学生50133人，毕业16229人。九年义务教育巩固率达到99.53%。全市大专以上高考录取人数15168人，比上年减少771人，下降4.84%；录取率82.99%，比上年提高0.18个百分点。文化事业蓬勃开展。全市共有专业国有文化艺术表演团体9个，全年演出1478场（次），观众142万人（次）；年末共有公共图书馆9个，藏书87.2万册；博物馆、纪念馆19个，文物藏量31397件；综合性档案馆9个，馆藏各类档案57.91万卷、75.94万件，资料9.8万册，照片2.63万张；文化站12个。全市有线电视用户增加到270.22万户，有线电视人口覆盖率达到100%。广播人口覆盖率达到100%。全年《陇东报》出版366期，发行1209.26万份。医疗保障不断完善。全市医疗卫生机构总数2065个，比上年增加7个。年末实有医疗床位13757张，比上年净增1364张，增长9.9%。共有卫生技术人员19757人，净增900人，增长4.7%。乡村医生和卫生员数1833人，增加331人，增长18.1%。竞技体育水平保持稳定。全市共有体育场地396个，体育场地面积398.96万平方米。全市举办县以上运动会10次，参加运动员13676人次。在省级以上运动会上体育健儿共夺得3枚金牌，7枚银牌，9枚铜牌。

（何蕊蕊）

西峰区

【基本情况】西峰地处甘肃省东部，泾河上游，位于董志塬腹地，处在东经107° 27′ 42″ ~107° 52′ 48″和北纬35° 25′ 55″ ~35° 5′ 11″之间，北靠庆城县，南接宁县，西和镇原县毗邻，东与合水县相望。属陕、甘、宁三省区金三角地带，是庆阳市政治、经济、文化、交通和商贸流通中心。新中国成立初期，陇东分区改名为庆阳分区，区署设西峰，遂成立西峰市，1950年6月西峰市撤销，划归庆阳县管辖，1954年改市为区，1955年改区为镇。1985年5月，经国务院批准设立西峰市（县级），2002年西峰撤市设区。2020年全区共辖5个镇、2个乡和6个街道办事处，100个行政村，36个社区，总土地面积999.31平方公里。年末常住人口51.61万人，城镇化率61.94%。

【资源优势】西峰系黄土高塬沟壑区，海拔1421.0米，地势由东北向西南倾斜。地形呈一扇状，南北长约47.7公里，东西宽约34.8公里，属半干旱大陆性气候，具有季风及黄土高塬气候的双重特点，冬春多干旱，夏秋雨水较多。主要农作物以小麦、玉米为主，并盛产谷子、糜子、胡麻、洋芋、黄豆、油菜等，苹果栽培处于最佳纬度区。什社小米以其色泽黄亮、营养丰富而成为具有地方特色的珍品，黄花菜被国家经贸委认定为“西北特级金针菜”。主要旅游资源有发掘多处的新石器时代仰韶文化、齐家文化遗址，北魏永平二年开凿的北石窟寺，二十世纪六十年代建设的巴家咀水库大坝，肖金宋代金城寺砖塔、小崆峒山、南小河沟等自然景观以及以周祖农耕文化为主线的公刘庙、老洞山等历史遗迹。民俗文化绚丽多彩，皮影、剪纸、刺绣、陇东道情被誉为“陇东四绝”。

【国民经济】2020年，西峰区实现地区生产总值248.5亿元，比上年增长5.1%。其中，第一产业增加值7.1亿元，增长4.1%；第二产业增加值115亿元，增长6.5%；第三产业增加值126.4亿元，增长3.7%。全部工业实现增加值98.8亿元，增长3.3%，建筑业实现增加值18.8亿元，增长27.7%，三次产业结构比由上年的的2.8 ∶ 47.8 ∶ 49.4调整为2.9 ∶ 46.2 ∶ 50.9。全年全区十大生态产业实现增加值95.7亿元，占全区地区生产总值的38.5%。全年全区财政收入21.18亿元，增长3.5%。一般公共预算收入10.2亿元，增长1%；财政支出30.86亿元，下降5.2%。全区金融机构人民币存款余额达到502.1亿元，增长12.4%；各项贷款余额319.8亿元，增长3.2%。

【供给侧改革】2020年，西峰区围绕“产业兴旺、生态宜居、乡风文明、治理有效、生活富裕”总要求，以农业供给侧结构性改革为主线，精心培育产业，全力打造乡村振兴的“西峰样板”。在“放管服”方面，全年累计承接、取消、下放、调整审批事项252项，严格财政资金审计管理，坚决杜绝超预算、超规模投资建设，累计核减项目投资4236万元，压缩“三公”经费1420万元，化解政府存量债务27.83亿元。“降成本”方面，精准落实惠企利民政策，减免税费2.79亿元，清偿企业账款3.8亿元，对接发放贷款5.1亿元，协调减免租金1798万元，帮助解决用工1700多人，739户中小企业稳产达产。“补短板”方面，全区聚焦“产业上水平”，按照“龙头带动、规模经营、连片开发”的思路，组团发展“东果、南菜、北畜、西游”四大支柱产业，以正大集团为龙头，成立庆阳康峰富民农业发展有限责任公司，按照正大三定模式，在全区建办“331+”标准化生猪养殖合作社97个，当年投产生猪养殖场13处82个单元。

【脱贫攻坚】2020年，全区脱贫攻坚取得决定性胜利，5千多户贫困户全部脱贫。“十三五”期间累计投入资金20.3亿元，实施扶贫项目455个，改造提升农房10016户，新修改造村组道路1226公里，建成安全饮水工程458处，改造农电线路635公里，实现公共服务设施“十二个全覆盖”，农村基础条件发生翻天覆地的变化。通过合作社配股分红、支持发展“五小”产业、建办扶贫车间、输转贫困劳动力等多种途径，全面夯实贫困群众增收基础，建档立卡贫困人口人均可支配收入超出脱贫线5317元，贫困发生率由“十二五”末的7.14%降至0，取得了整区脱贫摘帽的决定性成就。

【“三农”工作】2020年，西峰区按照“苹果为主，多果并举”的工作思路，大力实施整村、整乡、整区域推进战略，全年栽植林果7160亩。居立果业在董志镇寺里田建成无病毒优质大苗基地100亩以上，年出圃矮化苗木11万株。通过“挖、改、换”等技术措施，完成老果园提质改造2万亩。采取生物防控、增施有机肥等手段有效提升果品质量，全年完成有机肥替代化肥1万亩，建成有机苹果基地8000亩，果品商品率达87%以上，优果率达75%以上。建成生猪产业信息中心，推动生猪产业向信息化、数字化、智能化迈进。由正大集团牵线，通过“以商招商”，上海贝格曼公司在肖金镇纸坊村、广州恒博公司在肖金镇芮岭村建设2400头种猪繁育场各1处，正大集团投资2亿元，在北部工业园区建设年30万头生猪屠宰加工线、正大肉食品加工线及洗消中心。建成集中瓜菜育苗点2个，年育苗1000万株；建成肖金设施蔬菜基地、纸坊西甜瓜基地和脱坳西甜瓜基地，显胜毛寺和蒲河等设施蔬菜基地12处；建成露地蔬菜百亩点2个；依托“肖金幸福小镇”田园综合体建设项目，完成大棚改造330座。招引通渭清凉源金银花农业产业公司，建成集金银花种植、产品加工、中药材购销等为一体的产业基地，带动建立中药材种植示范基地3个，全区种植柴胡、金银花、万寿菊等中药材共1.5万亩。

【项目建设】2020年全区固定资产投资总额比上年增长11.7%，其中5000万以上项目49个，增长28.9%，完成投资增长18.8%；500-5000万元项目37个，下降22.9%，完成投资下降40.7%。按构成分，建筑安装工程完成投资增长23.2%；设备工器具购置完成投资下降11.3%；其他费用完成投资下降27%。按三次产业分，第一产业投资增长214.4%；第二产业投资增长38.8%，其中工业投资下降26.8%；第三产业投资下降2%。民间投资增长37.9%。全年项目投资下降4.4%。其中，制造业投资增长5.9%，电力、热力、燃气及水生产和供应业投资增长48.7%，交通运输、仓储和邮政业投资增长127.4%，水利、环境和公共设施管理业投资增长79.9%。

【优势产业】立足地域资源优势，按照“一村一品”的发展思路，聚焦果畜兴农，按照“发挥比较优势，聚焦主导产业，打造产业集群，推进乡村振兴”的思路，突出果品、生猪产业。2020年全区投资建成全市首家电子商务服务中心，统筹服务全区电商发展；引进申通、圆通、韵达、顺丰等快递企业18家，新增乡镇物流配送代办点30多个。建成农业科技园，入驻企业21家，着力打造蔬菜、食用菌、特色水果等六大特色品系，成功培育“庆阳苹果”“陇东杂粮”“毛寺地方旅游”等特色品牌14个，“陇清”“陇宝”特色品牌畅销国内外市场。建成了西北规模最大、标准最高的正大18万头生猪繁育基地，带动发展千头以上生猪养殖基地26个，畜禽饲养量达到100万头（只）以上，畜牧业产值达到2.6亿元。引进粮油作物新品种14个、瓜菜新品种4个、渔业新品种4个，引进农业新技术6项。嘉鑫国际建材城、东方丽晶茂等专业市场和商业综合体建成运营，华为云计算大数据中心、“金山云”等高新技术企业先后落户，现代物流、电子商务等新兴产业迅猛发展。

【人民生活】2020年，全区城镇居民人均可支配收入35384元，比上年增长5%。农村居民人均可支配收入11700元，增长7.5%。城镇居民人均生活消费支出21351元，增长7%。农村居民人均生活消费支出11573元，下降4.2%。城镇居民恩格尔系数27.8%，农村居民恩格尔系数32.6%。全年城镇新增就业7669人，其中失业人员再就业2855人。城镇登记失业率为3.67%。全年劳务输转5.85万人，其中，区外输转3.76万人，区内输转2.09万人。实现劳务收入17.48亿元。

【环境保护】2020年西峰城区空气质量优良天数共349天，优良天气率95.6%，区内1个省考地表水监测断面中，达到或优于Ⅲ类断面比例为100%。区内监测的区域声环境评价（昼间）总体较好，区域声环境质量等级均为二级。全年全区平均气温10.3℃，比上年增长0.1℃。年日照小时数2053.7小时，减少59.8小时。年降水量580.7毫米，减少87.8毫米。全区气象雷达观测站点1个，卫星云图接收站点1个。

【社会保障】2020年末，全区城乡居民基本医疗保险参保人数279105人，其中：城镇居民基本医疗保险参保人数44471人，农村居民基本医疗保险参保人数234634人。城镇职工基本医疗保险参保人数16991人；城镇职工生育保险参保人数13577人；年末城乡居民基本养老保险参保人数176501人。城镇职工基本养老保险参保人数14671人；失业保险参保人数15067人；工伤保险参保人数32454人。年末全区共有7986人享受城市居民最低生活保障，12412人享受农村居民最低生活保障，688人享受农村特困人员救助供养。全区共有各类社区养老机构和设施15个。其中，社区服务指导中心6个，社区服务中心3个，社区服务站18个，社区养老照料机构和设施15个，社区互助型养老设施15个。

【社会事业】2020年，全区共受理专利申请615件，授权533件。其中，授权发明类9件，实用新型技术类455件，外观设计类69件。全区共有各类学校250所，中等职业学校5所，中学24所，特殊教育学校1所，普通小学95所，幼儿园125所。各类学校共有教职工9883人，其中专任教师8494人，在校学生115462人，全年毕业学生26627人，招生人数31099人。辖区现有专业剧团2个，文化（艺术）馆2

个，图书馆2个，博物馆2个，画院1个，文化站10个，村（社区）文化室115个，农家书屋121个，露天剧场35个。年末全区共有医疗卫生机构358个。其中医院17个，基层医疗卫生机构334个，专业公共卫生机构7个，计划生育技术服务机构1个。辖区共有体育场地数850个，举办县级以上运动会14场（次），参加县级以上运动会运动员人数20676人。年末等级运动员37人，等级教练员13人，等级裁判员70人，体育事业经费支出600万元。全年累计接待国内外游客224.76万人（次），比上年下降39.8%，旅游综合收入达11.34亿元，比上年下降39.6%，旅游人均花费504.5元。

（左展宇）

庆城县

【基本情况】庆城县位于甘肃省东部、泾河上游，地处陕甘宁三省区交汇地带，东邻合水，西濒黑河，与镇原县相望，南与西峰毗邻，北与环县、华池接壤。位于兰州至青岛、福州至银川、银川至百色、延安至九寨沟高速公路和西安至银川铁路交汇处，国道309线、211线，省道202线贯通全境，距离庆阳机场40公里，是庆阳北三县的交通枢纽，是西安、银川经济圈的重要节点。庆城是一座千年古城，古属雍州，隋置庆州，唐宋元明清时期一直为州府县所在地。县城三面环山，两水绕城，形似"飞凤"，又称凤城。县辖9个镇、6个乡，总土地面积2692.6平方公里，山川塬兼有。2020年末全县常住人口23.47万人，城镇化率40.57%。

【资源优势】庆城历史悠久，资源富集，基本特点可用"黄、绿、红、黑"来概括。"黄"，就是5000多年的岐黄中医药文化。中医鼻祖岐伯诞生于庆城，并在此与轩辕黄帝谈医论道，成就中华医学巨著《黄帝内经》，形成了独树一帜的岐黄中医药文化，被中国社科院确定为世界非物质文化遗产。"绿"，就是4000多年的周祖农耕文化。夏太康年间，周先祖率族人迁徙于此，教民稼穑，削土筑城，开创了华夏农耕文明的先河。庆城是农业农村部确定的全国绿色无公害农产品示范县和首批无公害苹果示范基地，现已形成以苹果、肉羊两大产业为主导，中药材、小杂粮、瓜菜等特色产业为补充的农业产业体系。"红"，就是近百年的红色革命文化。庆城是原陕甘宁边区的重要组成部分。1932年，刘志丹、习仲勋、谢子长等老一辈无产阶级革命家在庆城建立武装组织，开辟红色革命根据地。1937年1月建立中共庆阳县委，蔡畅同志为第一任书记。抗战时期，作为拱卫延安党中央的西大门和陇东地区政治军事指挥中心，王维舟、耿飚率领八路军129师三八五旅驻防庆城达八年之久。1940年，毛泽东同志亲笔为陇东中学题写了校名。"黑"，就是50多年的石油工业文化。庆城是长庆油田的发源地和原油主产区，1970年钻出第一口油井（庆一井），经过50多年的发展壮大，长庆油田目前已成为全国第一大油气田，油田作业区已遍布庆城县，境内探明石油储量4.3亿吨，有油井4100多口，年产原油140万吨以上，天然气储量818亿立方米。

【国民经济】2020年，庆城县实现地区生产总值78.9亿元，比上年增长6%，其中，第一产业增加值11亿元，增长4.4%；第二产业增加值44.7亿元，增长9%；第三产业增加值23.2亿元，与上年持平，三次产业结构比由2019年的11.7 ∶ 58 ∶ 30.3调整为13.9 ∶ 56.7 ∶ 29.4。全年固定资产投资增长19.2%；社会消费品零售总额完成16.5亿元，下降3%；大、小口径财政收入分别完成7.4亿元、3.7亿元。年末金融机构各项存款余额126.56亿元，增长3.2%；各项贷款余额112.79亿元，增长7.1%。

【供给侧改革】2020年，庆城县扎实推进全面深化改革，突出深化重点领域和关键环节改革，不折不扣完成各项改革任务。着力推进简政放权，持续深化"放管服"改革，全面推进"三张清单一张网"建设，取消、调整、下放、承接行政审批事项110多项。积极构建高效便民政务服务体系，完善市场信用公示体系，开展农村土地"三权分置"工作，建成了县、乡、村三级土地流转服务中心（站、点），为群众提供政策、法规、流程、监督指导等服务便利。启动实施自主改革和"微改革"事项17项，保障改革红利群众共享。

【脱贫攻坚】脱贫攻坚取得了全面胜利。实行挂牌督战，加大产业培育，新建千只湖羊合作社35个、万只育肥场4个，羊存栏突破85万只；新栽苹果1.2万亩，产量20万吨，产值9亿元，创历史新高；补齐基础短板，更新供水管网410公里，升级农电线路170公里，改造加固危房530户，新修农村道路23公里。以补齐农村饮水工程短板、改造冬季"冻管"、改善水质、强化日常管理为重点，解决了2000多户群众安全饮水问题。探索创新消费扶贫模式，累计销售农产品2.25亿元。创新推行"一户一策"扶持项目菜单，充实到10大类64项，扶持8511户贫困户发展各类产业。争取天津南开区东西部扶贫协作帮扶资金4080万元。通过县乡村三级联动、"二对一"双帮扶和动态监测，实现了950户"三类"重点户稳定脱贫。2020年2月甘肃省政府批准庆城县正式退出贫困县序列。

【"三农"工作】打好农业产业增收"持久战"。草畜产业在已建成81个"331+"合作社的基础上，新建千只湖羊示范社35个、万只肉羊育肥场及肉牛繁育和育肥场8个，种植紫花苜蓿、粮饲兼用玉米12万亩，实现了草畜一体化发展。苹果产业完成果树栽植、郁闭园间伐改造各1.2万亩，果园面积累计达到43万亩，年产值超过9亿元，农民人均果业收入占纯收入的三分之一以上。依托果业公司和合作社，带动1260户果农托管果园1.5万亩，实现了小农户与大市场的有机衔接。特色产业持续加大对嘉辉食品、智合农业等农字号企业的扶持培育力度，不断扩大生产规模，带动发展白瓜籽、万寿菊、中药材、西甜瓜等5万多亩，夯实了群众增收基础。深入推进全域无垃圾治理，持续推进垃圾、厕所、风貌"三大革命"，高质量完成7100多座户厕建设和110个清洁村庄创建任务，城乡人居环境明显改善。

【项目建设】全年全县实施500万元以上项目91个。银西高铁建成通车，引黄入庆、气化庆城管网入户、陇东中学和县医院整体搬迁等项目顺利建成。稳步推进西河河道综合治理、育才路贯通、县城北出口改造等项目，进一步提升了承载功能。全年共实施招商引资项目32个，到位资金29.89亿元。其中县本级实施项目26个，到位资金25.6亿元；驿马工业集中区实施项目1个，到位资金1.82亿元；西川工业集中区实施项目5个，到位资金2.47亿元。

【优势产业】全市第一个省级高新产业开发区——庆城高新技术产业开发区成功获批。全年招引各类项目29个，到位资金20.36亿元。实施的庆州凤和杏汁饮料生产、黎美农业特色农产品加工等项目，延伸了产业化发展新链条。扶持华胜达压裂砂、禹天昊精细化工等扩能生产，提升了发展效益。创办的银泽化工硅酸钠、智仑小分子水凝胶等项目，开辟了工业节能环保新起点。坚持把文化旅游作为推动经济转型升级的有力抓手，周旧邦牌坊广场、东城墙游步道、西城墙加固保护、镇朔楼恢复重建等项目有序推进，建成陕甘宁边区陇东分区纪念馆、陇东中学校史馆、兰香旧居等红色革命教育基地，精心打造长庆石油大会战纪念馆、虹之彩花卉园、黑河大峡谷等乡村旅游景点，全域全景旅游的要素更加完备、内涵更加丰富。全年接待游客260多万人（次），综合收入达到13亿元。

【人民生活】2020年，庆城县城镇居民人均可支配收入达到33656元，比上年增长4.8%；城镇居民人均消费支出27326元，增长13.6%。农村居民人均可支配收入达到10080元，增长7.6%；农村居民人均生活消费支出10939元，增长10.1%。全年新增城镇就业人员4280人，年末城镇登记失业率3.94%，控制在预期目标以内。全面落实稳就业各项政策，通过“点对点、一对一”集中输送、建设性工程吸纳、公益性岗位和本地企业安置等方式，输转城乡富余劳动力4.24万人，实现劳务收入11.7亿元。

【环境保护】2020年，城区空气质量优良天数327天，优良天气率达95.3%，较“十二五末”提升了10.3个百分点。紧紧围绕生态环境质量改善目标，启动实施县城北出口改造工程，持续推进大规模国土绿化行动，完成绿化面积16.22万亩。全面落实河（湖）长制，创新开展“清河行动”，完成县污水处理厂提标改造，建设生态湿地11处，出境断面水质稳定达标。扎实开展大气污染和燃煤锅炉整治行动，加快推进庆化老厂区、马岭炼厂土壤污染修复项目，一批影响生态环境的突出问题得到有效解决。公众对生态环境改善质量满意度达到90.8%。

【社会保障】2020年，庆城县城市居民最低生活保障人数为3045人，全年发放城市低保资金2020.77万元，农村最低生活保障人数为4570人，全年发放农村低保资金3431.38万元，农村特困救助人数763人，其中集中供养171人，老年福利事业得到重视和加强，全县共有福利机构1个，床位180张。企业职工基本养老保险征缴基金7246万元，参保缴费3710人，发放养老保险金5260万元；失业保险参保缴费6700人。参保缴费率、工伤保险农民工参保率、新开工项目参保率都分别达到100%。机关事业单位养老保险征缴基金11629万元，职业年金1876万元，发放养老金14198万元，参保6128人，缴费6006人，参保缴费率达98%。

【社会事业】年末全县有卫生健康单位29个，其中县直卫生健康单位8个，基层卫生计生单位21个。共设病床1014张，每千人拥有病床3.77张。全年共发放《出生医学证明》1739份，辖区为医疗机构出生新生儿1656例。抓好疫情防控工作，建成县人民医院、县疾控中心核酸检测实验室。年末全县有完中2所、高中1所、职中1所、初中10所、九年制学校6所、完全小学28所、教学点107所、幼儿园65所、特教学校1所。完成21所农村“两类学校”改造项目，新增城区小学学位400多个。学前三年教育毛入园率达到98.8%，九年义务教育阶段巩固率为99.85%。全县一本进线率29.69%，本科进线率78.35%，总录取率92.52%，均位居全市县区第一名。成功创建全市首个省级高新技术产业开发区，培育国家高新技术企业1个，省级众创空间1个，市级星创天地1个，科技型中小企业3户。培育创建市级科技示范村3个，组织实施科技示范村建设项目3个。全县共有文化馆总馆1个，分馆17个，群众书画交流培训服务中心一处。挖掘非遗项目达到56项，传承人达到134人。图书馆藏书量164059册，年接待读者8666人次。有博物馆1个，艺术表演团体1个，全年公益性演出120场。2020年建成乡镇体育健身中心2个，五人制笼式足球场1个。全县行政村健身广场覆盖率达到95%以上，人均体育场地占地面积达到1.97平方米。成功举办健身抗疫“云”上万步行活动、第六届庆阳周祖“岐黄杯”登山比赛暨“李宁杯”职工运动会、国民体质监测、庆城“中晶杯”乒乓球邀请赛等大型群体活动。组队参加了2020“薪火传承·中国健康跑”庆阳南梁站活动、2020年庆阳市滑雪培训班暨第四届大众高山滑雪比赛、全市县区职工篮球赛等活动。

（樊良忠）

环县

【基本情况】环县踞陕、甘、宁三省（区）之交界，鄂尔多斯盆地之腹中，大西北经济圈之中枢，银（川）—（长）武大动脉纵贯全境，神府、宁东、华亭、彬长四大煤田分布四周，中石化、中石油、延长油矿开采区块均有分布。环县是红色教育的传播地，传统光荣，民风淳朴；是1936年解放的革命老区，红军长征途经之地。原陕甘宁省委、省政府驻地，是陕甘宁根据地的重要组成部分、中国人民解放战争的总后方。第二次国内革命战争最后一战山城堡战役就发生在环县境内。习仲勋同志为第一任县委书记。境内海拔高度在1200—2089米之间，2020年年均气温9.7℃，全年降雨量426.3毫米，全年日照总时数2291.3小时。全县辖20个乡镇、251个行政村，总土地面积9236平方公里。2020年末全县常住人口30.47万人，城镇化率42.15%。

【资源优势】环县是绿色杂粮的原产地，品质优良，物美价廉。环县盛产荞麦、糜子、谷子、洋芋、燕麦等小杂粮和胡麻、葵花、黄豆、中药材等多种经济作物，质优品良，属绿色无公害产品。其中小杂粮产量居全省之首，被命名为“中国小杂粮之乡”。全县羊只饲养量居甘肃省第二，是西北羊绒、羊毛、皮张和各种肉食品的主产地之一。环县矿产资源丰富，境内有石油、天然气、石灰岩、煤炭、白云岩等多种矿藏。石油地质储量达5亿多吨，是长庆油田的主产区之一；优质石灰岩储量达2000多万吨，正在开发利用；白云岩储量达18亿吨，属特优品位；全县煤炭预测储量684亿吨，其中千米以浅整状煤田预测储量51亿吨，煤层气预测储量3480亿立方米。现已探明千米以浅整状煤田储量达22亿吨，构造简单，煤质优良，煤炭开发全方位展开。

【国民经济】2020年，全县完成地区生产总值109.6亿元，比上年增长6.1%。其中，第一产业增加值16.7亿元，增长5.4%；第二产业增加值56.9亿元，增长8.4%；第三产业增加值36亿元，增长1.3%。500万元及以上固定资产投资额增长99.0%；社会消费品零售总额16.2亿元，下降1.8%；大口径财政收入10.3亿元，增长35.5%，一般公共预算收入6.3亿元，增长47.8%。

【脱贫攻坚】全县215个贫困村全部退出，3.26万户14.05万农村贫困人口现行标准全部脱贫。“两不愁三保障”如期实现。累计投入扶贫资金37.9亿元，政策性融资18亿元，投放扶贫贷款30亿元。完成贫困劳动力培训4.87万人，年均输转劳务6万人以上。全县义务教育阶段无因贫失学辍学学生，义务教育巩固率达到99.01%。标准化卫生室全覆盖，贫困人口全部享受医保资助，县内就诊率达到88.78%，贫困人口政策范围内住院平均报销比例达到89.8%，高于全省平均水平。实施易地扶贫搬迁5169户24562人，被评为全国易地扶贫搬迁成效明显县；完成农村危旧房改造17262户，受到国务院通报表扬，搬迁改造户占到全县在家农户的40%以上。新建维修水窖及小电井2.6万处，安装窖水净化器2.2万套，建成甜水堡30万方、五里屯108万方调蓄水库，新增集中供水工程167处，延伸扬黄供水管线近4000公里，全县15个乡镇92个行政村21.82万人喝上了黄河水，自来水入户率由27%提高到52%，安全饮水保障能力进一步提升。

【优势产业】坚持走“三羊开泰、共发羊财”的绿色发展之路，推动全产业链、全价值链、全循环链发展。全县优质牧草种植面积五年时间扩大了5倍，达到82.4万亩；饲料加工从无到有，年产能达到18万吨。引进培育国省级龙头企业4家，扶持建办合作社368个，创建专业乡8个、专业村26个，全县2.84万户贫困户嵌入到产业链上，每年分红7000万元以上。建成庆环肉羊制种基地，调引扩繁湖羊50万只，大力推行纯种繁育、杂交生产、集中育肥“三级二元”良繁模式。环县羊产业实现了由肉羊为主向肉奶羊并重多元增收，由自然杂繁向二元杂交改良增效，由卖肉羊向卖羊肉加工增值的“三大转变”。2020年全县羊只饲养量达到220.3万只，中盛食品厂销售额位居全国第六，草羊业产值超过30亿元，农民人均来自羊产业收入达到5200元，占据了农民收入的半壁江山。环县被列为国家级羊产业集群县、省级现代农业产业园，成功举办了全省扶贫产业体系建设现场会、第八届全国草产业高质量发展大会。肉羊新品种培育项目获得“中央引导地方科技发展专项支持”，李国智团队被农业农村部授予“技术扶贫先进团队”称号。“环县羊羔肉”4次登上全国羊肉行业权威品牌榜。通过实施大学生养羊“三年千人计划”，燃起了打造“一懂两爱”新型三农工作队伍的星星之火，被新华社等权威媒体专题报道。

【“三农”工作】农村电商加快壮大，累计完成网络零售额6.36亿元。环县被评为中国产业互联网区域公用品牌突出县、优势县，环县电商扶贫入选商务部“十大电商扶贫案例”，先后在全省、全国进行经验交流，被商务部点名表扬。中央电视台先后10次对环县产业扶贫、电商扶贫进行报道，“环县羊羔肉”“中盛环有”“山童牧歌”“万佳欣禾”等四个品牌被列入“甘味”农产品上榜品牌。基础条件逐步改善。新修农村硬化路1225公里，全县油路总里程达到3673公里，较“十二五”末增加了50%。实施农电改造3849公里，实现了自然村动力电和行政村宽带网络全覆盖，行路难、用电难、通信难等问题得到逐步缓解。新修梯田58万亩，全县梯田总面积达到232万亩，人均7.2亩。扎实推进“三大革命”，创建清洁村庄115个，建设公共卫生厕所83座，改造户厕7282户，生产生活条件明显改善。

【项目建设】2020年，全县500万元及以上固定资产投资总额比上年增长99%。其中：房地产开发项目投资增长273.8%；5000万元及以上项目17个，增长451.9%，500万元至5000万元项目34个，增长16.3%。甜永高速环县段完成投资额下降11%。全县拥有资质以内建筑业企业6户，完成总产值3.2亿元，全年平均从业人数0.2万人。全年建筑业增加值1.7亿元。

【资源开发】玉门油田、延长油田落户环县，生产原油1015万吨，占到全市的1/4。刘园子和甜水堡煤矿生产原煤506万吨，风光电总装机容量达到67万千瓦，累计发电64亿度，煤风光资源开发产值达到31.67亿元，上缴税金9377万元。

【城乡发展】银西高铁建成通车，圆了环县人民的百年梦想；甜永高速和341国道即将通车，对外交通瓶颈加快破解。甜水堡915万方调蓄水库开工建设。新型城镇化步伐加快，县城建成区面积扩大了30%。棚户区改造完成征拆38.6万平方米，新建安置小区10个，4261户居民告别旧居、搬入新房。完成东山公园、体育场、滨河路健身步道提升改造，更换主街道渗水砖4.8万平方米，增加城市绿地21.2万平方米、公厕28座，购置新能源公交车41辆，宜居水平提高。

【人民生活】2020年，全县城镇居民人均可支配收入33127.7元，比上年增长4.4%。农村居民人均可支配收入10032.2元，增长8.1%。全年输转劳动力6.8万人，创收17.3亿元，其中，贫困劳动力输转4万人，创收9.5亿元。城镇累计新就业3669人，新增就业33442人，城镇登记失业率3.6%。

【环境保护】坚持标本兼治，持续加大投入，完成县城污水处理厂提标改造，建成20个乡镇（村）污水处理厂，日收处能力达到2.02万方，城镇污水处理全部达到一级 A 标准。新建淤地坝 13 座，完成植树造林 79 万亩，废旧农膜回收率保持在 80% 以上。拆除燃煤锅炉 27 座，建成南湫、秦团庄 2 乡镇和县城南区、旧城区集中供热工程，基本实现县城建成区集中供热全覆盖。全面落实抑尘、禁燃等治理措施，$PM_{2.5}$ 等五项指标实现达标，城区优良天气率达到 88.9%。

【社会保障】城乡低保标准分别提高了 34% 和 77%，养老保险、医疗保险实现全覆盖，累计发放基础养老金、社会救助金、助学贷款及物资 22 亿元，报销医疗费用 9.85 亿元，惠及群众 240 多万人次。建成县残疾人康复托养中心，农村养老服务设施逐步配套。安全生产形势稳中向好，社会治理体系更加完善，建成覆盖城乡的"雪亮工程"，深入开展扫黑除恶专项斗争，社会大局和谐稳定。

【社会事业】新建公办幼儿园 6 所，村小学全部附设幼儿班，改造薄弱学校 257 所，完成 195 所学校改扩建和 169 所农村中小学供暖工程，义务教育均衡发展、职业教育质量规模居全省前列，高中阶段毛入学率达到 94%。完成县中医医院整体搬迁，县医院与全国 13 家三甲医院结成医联体和专科联盟，医疗服务水平进一步提升。文化事业、文旅产业协同发展，建成秦腔戏苑、皮影戏苑等 7 处群众文化活动中心，以环江 30 里民俗文化风情线为代表的群众文化活动方兴未艾，开展了多场国内外皮影、戏曲、书法、美术交流展演活动，环县城乡的文艺气息越来越浓厚。全面落实助企解困政策，累计减税 5.82 亿元、降费 3928 万元，激发了市场活力。

（李晓成）

华池县

【基本情况】华池县位于甘肃省东部，庆阳市北部，地处东经 107° 29′~108° 33′，北纬 36° 07′~36° 51′之间。东、北与陕西省志丹、吴旗、定边县接壤，西、南与环县、庆城、合水为邻，县境南北长 37 ~ 110 公里，东西宽 27~84 公里，地形北高南低，海拔在 1100—1780 米之间。华池古属雍州，1934 年，陕甘边区苏维埃政府成立，同时成立华池县。1958 年至 1961 年合并于庆阳县。1962 年恢复华池县至今。全县现辖 6 个镇、9 个乡，6 个社区、111 个行政村，总土地面积 3791 平方公里。2020 年末全县常住人口 11.93 万人，城镇化率 42.15%。

【资源优势】华池属黄土高原丘陵沟壑区，境内梁峁相间，沟壑纵横。境内有元城河、柔远河、城壕河、二将川河四条主要河流，年总流径量 10834.2 万立方米。石油蕴藏面积 2200 平方公里，储量 10.2 亿吨，初步预测悦乐矿区（含庆城、环县）储煤面积约 2364 平方公里，预测储量约 80 亿吨。横跨县境东端的天然屏障子午岭林区原始次森林面积达 150 多万亩；土地资源丰富，土层深厚，光照充足，适生作物品种繁多。白瓜籽、黄花菜、黑木耳、小杂粮等土特产品驰名陇上。黄豆、荞麦深受国内保健食品原料市场的青睐。沙棘原浆口服液、白瓜籽等走出国门，销往美国、东南亚等地。

【国民经济】2020 年全县实现地区生产总值 96.8 亿元，比上年增长 2.1%，其中：第一产业增加值 6.1 亿元，增长 4.4%；第二产业增加值 75.0 亿元，增长 2.4%；第三产业增加值 15.6 亿元，下降 0.3%。三次产业结构比由上年的 5.8 ：78.5 ：15.7 调整为 6.3 ：77.5 ：16.2。地方工业增加值增长 36.4%；500 万元以上固定资产投资增长 9.4%。社会消费品零售总额完成 8.0 亿元，下降 2.4%。城镇居民人均可支配收入 34484 元，增长 4.2%，农村居民人均可支配收入 10044 元，增长 7.9%。

【供给侧改革】2020 年，华池县扎实开展"不忘初心、牢记使命"主题教育，深入推进修复净化党内政治生态，干群一心、风清气正的发展环境逐步形成。政府机构改革、"放管服"改革稳步推进，取消、调整、承接行政审批事项 389 项，政务服务事项"一网通办"率达到 99% 以上，营商环境进一步优化。全力促消费、扩内需，有序发展地摊经济、夜市经济，为全县中小微企业减免社会保险费 924.5 万元，发放电子消费券 100 万元、安排抗疫特别国债 200 万元促进消费，实现消费扶贫销售额 7052 万元，居民消费持续回升。积极争取抗疫特别国债等转移支付资金 2.6 亿元，落实各类扶贫资金 3.92 亿元，偿还企业欠款 4.14 亿元，保障了基层运转和重点工作开展。"331+"产业发展模式全面推广，引进培育中盛农牧、恒烽药业等龙头企业 20 家，山庄湖羊养殖基地、恒烽中药材产业园等 20 多个农业产业化项目建成投运。建办各类合作社、养殖场 213 家，创建市级以上示范社 77 家，培育规模养殖户 1 万户。企业、合作社、贫困户三方利益联结机制逐步建立，带贫能力显著提升。牛、羊、药、草产业规模不断扩大。

【脱贫攻坚】摘掉了贫困县的帽子，累计减贫 9242 户 35645 人，56 个贫困村全部脱贫，脱贫任务高质量完成。累计投入扶贫资金 36.5 亿元，落实"一户一策"，下足"绣花功夫"，10.6 万人喝上了"安全水"，6229 户群众圆了"安居梦"，6600 户群众用上了动力电，所有行政村都通上了硬化路；教育扶贫、健康扶贫、社会兜底等各项保障政策全面落实，贫困群众"两不愁三保障"目标全部实现。天津北辰区、中国化学工程集团倾心帮扶，累计落实帮扶资金 1.3 亿元，恒大集团等社会企业和各界爱心人士积极行动，为贫困群众帮办了一大批实事好事。

【"三农"工作】农业结构调整步伐加快。2020 年全县农林牧渔服务业总产值 10.4 亿元，其中：农、林、牧、渔和服务业分别为 7.4 亿元、1.0 亿元、1.7 亿元、8.6 万元和 0.3 亿元。农林牧渔服务业增加值 6.2 亿元。林业生产形势良好。全县造林面积 20 万亩，封山（沙）育林面积 29.8 万亩，育苗面积 1.7 万亩，全年苗木产量 36269 万株，果园面积 1.0 万亩，水果产量 1.3 万吨，林木蓄积量 252 万 m^3，森林覆盖率 30.75%。牧业平稳增长。年末大家畜存栏 1.6 万头，比上年增长 19.8%。牛存栏 1.2 万头，增长 27.7%，牛出栏 0.6 万头，增长 6.9%；猪存栏 3.0 万头，增长 15.11%，猪出栏 2.7 万头，增长 4.0%；羊存栏 15.5 万只，增长 10.6%，羊出栏 4.8 万只，增长 19.5%。家禽存栏 28.1 万只，增长 19.6%，当年出栏 13.0 万只，增长40.2%。肉类总产量5676.6吨，增长64.4%，牛奶产量1406吨，增长182%，鲜蛋产量151.3吨，下降78.7%。农业机械化水平提高。年末全县水平梯田面积66.2万亩；有效灌溉面积8.0万亩，保证灌溉面积6.2万亩。棚膜覆盖面积0.3万亩，下降8.0%，日光温室410亩。年末农业机械总动力18.3万千瓦。拖拉机2657台，脱粒机6708台，草料加工机械11190台。

【项目建设】2020年全县500万元以上固定资产投资比上年增长9.4%，其中：5000万元以上项目投资下降6.3%；5000万元以下项目投资增长38.6%；房地产投资增长17.6%。充分发挥项目建设拉动投资导向、带动经济走向、牵动发展方向的“引擎”作用，重点项目建设进度全面加快。实施重大项目140个，基础短板进一步补齐。实施各类城乡建设项目50个，改造提升棚户区10个片区2890户，新建居民小区6个，实施了华吴路、教育路、建材路拓宽改造工程，县城区面积扩展到8.29平方公里。建成重点水利工程35处，延伸电网线路764公里。实施道路交通工程94条796.5公里，华池通用机场开工建设，交通条件持续改善。

【优势产业】按照“旅游兴县、能源强县”战略，全力助推资源优势向经济优势转化。“红色南梁”品牌效益凸显。南梁红色景区建设稳步推进，“红色之路·长征赛”“薪火传承·中国健康跑”等大型活动精彩纷呈，红色南梁品牌效益日益凸显。红色旅游产业开发带动特色民俗文化产品开发、物流仓储、交通运输、旅店餐饮、信息咨询等新型服务业发展提速、比重提高、水平提升。建成了全县农村电子商务运营体系、县乡村三级物流体系和农产品深度溯源体系，新建4G基站520余座、5G基站31座。电商物流业稳步发展，顺利通过全国电子商务示范县验收。企地共建实现“双优化”。积极克服能源开发市场低迷的不利影响，全力支持长庆油田扩能上产，加大页岩油开发力度，原油产量达到319万吨，净增101万吨。全面实行“一企一策”，累计实施工业项目25个，规上企业达到31户。2020年全县工业增加值（含油田）比上年增长12.1%，其中油田工业增长12.0%。工业主要产品产量中，商品混凝土11.9万立方米、食醋4210吨。

【人民生活】2020年，全县城镇居民人均可支配收入34484元，比上年增长4.2%；农村居民人均可支配收入10044元，增长7.9%。城乡收入比为3.43 ∶ 1。城乡居民恩格尔系数分别为29.89%和35.81%。城乡居民人均住房面积分别为30.9平方米和24.2平方米。2020年末机关事业单位在岗职工人数5896人，年人均工资9.7万元。全年城镇新增就业1569人，其中失业人员再就业565人。城镇登记失业率为3.08%。全年输转城乡富余劳动力3.11万人，其中有组织输出2.34万人；劳务总收入达到11.89亿元。

【财税保险】2020年全县一般公共预算收入2.88亿元，比上年下降3.9%。其中，税收收入1.03亿元，下降25.9%；非税收入1.85亿元，增长14.91%。一般公共预算支出20.73亿元，增长2.5%。其中，民生支出11.85亿元，增长5.5%。年末全县金融机构人民币各项存款余额55.27亿元，比上年末下降1.5%；金融机构人民币各项贷款余额27.27亿元，下降6.0%。存贷差为28亿元，存贷比为2 ∶ 1。全年保费总收入1.58亿元，增长22.7%。支付各类赔款及给付4798.53万元，增长14.1%。

【环境保护】2020年环境空气质量监测结果达到和好于二级的天数343天，优良天气率为97.2%，全县2条河流考核断面中，水质为优的1个（葫芦河林镇断面），水质为良1个（新堡大桥断面），水质达标率为100%，水质优良（达到或好于Ⅲ类）比例为100%。全县开展监测的2处县级集中式饮用水源地中，华池县鸭儿洼集中式饮用水源地剔除地质因素影响后达到地表水（地下水）Ⅲ类水质标准，华池县柔远东沟达到地表水（地下水）Ⅲ类水质标准。全县声环境质量Ⅰ类、Ⅱ类、Ⅲ类、Ⅳ类功能区昼间、夜间等效声级均达标。全年全县平均气温为8.4℃，比上年减少0.1℃。年日照小时数2275.3小时，减少21.9小时。年降水量490.7毫米，减少123.2毫米。年平均相对湿度64%，下降1个百分点。无霜期269天，增加13天。

【社会保障】全力推进实事惠民、科教育民、文化乐民、卫生健民、就业安民、保障亲民“六大惠民工程”，深入开展“五项安全”和“一项维稳”工作，人民安居乐业、社会安定有序。全年全县参加城乡居民养老保险人数82674人，参加企业养老保险人数2557人，参加机关事业养老保险人数6084人。全县参加城乡居民医疗保险117691人，参合率99.4%，其中：农村居民111599人；城镇居民6092人。参加城镇职工基本医疗保险人数9113人。参加失业保险人数5148人。参加工伤保险人数6226人，参加生育保险人数6619人。城市低保1020户2300人，农村低保3909户11346人。年末全县共有各类社区服务机构和设施208个。其中，社区服务中心15个，社区服务站116个，社区养老照料机构和设施77个。

【社会事业】全年全县专利申请量96件，比上年增长104.2%；专利授权量43件，增长13.2%。有效发明专利13件,每万人口发明专利拥有量0.93件。全县共有各类学校140所，其中，高级中学1所，职业中专1所，十二年一贯制1所，九年一贯制学校3所，独立初中8所，完全小学41所，教学点54所，标准化幼儿园31所（含民办4所）。教职员工2152人，在校学生23875人，招生6467人。全县共有专业国有文化艺术表演团体1个，乡镇文化站15个，广播电视机构1个，调频转播台1座，卫星地面接收站1座。全县医疗卫生机构总数151个。其中，医院2个，乡镇卫生院15个，社区卫生服务中心（站）5个，村卫生室111个，诊所14个，妇幼保健院（站）1个，疾病预防控制中心1个，卫生监督所（中心）1个，地方病防治机构1个。全县共有体育场地1个，举办县以上运动会15次，参加运动员3000人次，获奖120人次。

（胡俊伟）

合水县

【基本情况】合水县位于甘肃省

东部，地处陇东黄土高原，位于东经 107° 51′~108° 42′，北纬 35° 38′~36° 36′之间，东邻陕西省富县，西连庆城县，南接宁县，北靠华池县及陕西省志丹县，东西长 138 公里，南北宽 80 公里。境内地势山川相间，东北高，西南低，子午岭纵贯南北，将县分为东西两大部分，呈现出东水东流，西水西去之势，岭上有穿境而过的“秦直道”被誉为古代中国的高速公路。国道 309、211 和青兰高速交错过境，西合二级公路全线贯通。属温带大陆性气候，光照充足，雨量充沛，四季分明，气候宜人，年平均气温 9.6℃。全县总土地面积 2933.37 平方公里。现辖 8 个镇、4 个乡，80 个行政村、5 个社区。2020 年末常住人口 13.57 万人，城镇化率 39.64%。

【资源优势】合水县内物华天宝，沃野千里，资源丰富，主要盛产小麦、玉米、马铃薯、黄豆、油料等特色小杂粮品质优良；瓜菜、苹果、白瓜籽、黑木耳、鹿茸等优质土特产品久负盛名；甘草、麻黄、柴胡、远志、枣仁等 150 多种名贵中药材及核桃仁、花椒、槐米、稻米等土特产品倍受客商青睐。200 多万亩森林中栖息有梅花鹿、狐、黄羊、野猪等 140 余种野生动物。石油、煤炭等矿产资源丰富，已探明石油储量 2.7 亿吨，煤炭总储量 71.3 亿吨，最优煤层厚度 12.75 米，开发潜力巨大。境内发掘文化遗址及文物点 654 处，其中列为省级保护的 10 处，地、县级保护的 31 处，馆藏各类文物 3000 余件。境内发现的黄河剑齿象化石是世界上发现最早、骨骼最大、个体保存最完整的剑齿象化石。国家 AAA 级旅游景点陇东古石刻艺术博物馆被誉为“可移动的敦煌莫高窟”。主要民俗文化有剪纸、香包、刺绣、根雕、皮影、面塑、石雕等。《合水面塑风俗》《合水石雕艺术》《合水编结技艺》《合水民谣》被列入省级非物质文化遗产名录，《合水唢呐》《合水香包刺绣》被列入市级非物质文化遗产名录，被命名为省级“面塑之乡”。合水是南梁根据地和陕甘宁边区的重要组成部分，境内发生刘志丹太白起义（1930 年 9 月）、包家寨子会议（1933 年 11 月）、倒水湾整编（1931 年 9 月）等历史事件，为中国革命做出了巨大贡献。包家寨子革命纪念馆和陕甘红军纪念园面向社会免费开放。

【国民经济】2020 年，全县实现地区生产总值 57.7 亿元，比上年增长 3.8%。其中，第一产业增加值 6.7 亿元，增长 4.5%；第二产业增加值 35.1 亿元，增长 5%；第三产业增加值 15.8 亿元，与上年持平。三次产业结构由上年的 10.6 ∶ 63.2 ∶ 26.2 调整为 11.9 ∶ 60.7 ∶ 27.4。规模以上工业增加值下降 17.7%；固定资产投资增长 13%；大口径财政收入 3.00 亿元，增长 11.2%；一般公共预算收入 1.92 亿元，增长 18.78%；城镇居民人均可支配收入 32338 元，增长 4.12%；农村居民人均可支配收入 10290 元，增长 8%；社会消费品零售总额 9.3 亿元，下降 1.7%。单位生产总值能耗和主要污染物排放均在控制目标以内。

【扶贫攻坚】2020 年，全县针对剩余的 108 户 386 人贫困人口和 984 户 3568 人脱贫监测户、边缘易致贫户，扎实开展“3+1”冲刺清零后续行动和“5+1”巩固提升专项行动，顺利通过国家脱贫攻坚普查验收。落实扶贫资金 2.9 亿元，其中县本级 5959 万元面巩固。贫困人口全部参保，享受资助 575.36 万元，家庭医生签约率 100%，慢性四病签约率 98%。搬迁窑洞 1461 户，改造危房 117 户，除险加固 122 户。发放扶贫小额贷款 3582 万元，解决了 782 户贫困群众发展产业所需。铺设供水管道 178 公里，自来水入户率达到 90% 以上。硬化村组道路 17 条 59 公里，在全市率先完成 50 户以上的组通硬化路建设。开发乡村公益性岗位 478 个，4 座村级光伏电站收益惠及 1604 户贫困户。持续深化协作帮扶，协调落实天津红桥区、国投集团、团省委等中央、省市帮扶资金 6730 万元，实施帮扶项目 51 个，帮办实事 10348 件。

【“三农”工作】2020 年，全县完成农林牧渔业增加值 6.96 亿元，比上年增长 4.5%。粮食播种面积 22.39 万亩，下降 3.1%，粮食产量 7.42 万吨，下降 3.38%。蔬菜园艺类播种面积 5.62 万亩，增长 3.2%，蔬菜产量 5.92 万吨，增长 31.67%。大牲畜存栏 2.58 万头，增长 4.26%，其中，牛存栏 2.4 万头，增长 4.98%，牛出栏 1.[illegible]6 万头，增长 4.92%。猪存栏 3.58 万头，增长 14.99%，猪出栏 3.36 万头，增长 11.19%；羊存栏 19.04 万只，增长 2.29%，羊出栏 14.22 万只，增长 6%；鸡出栏 9.96 万只，以上年持平，鸡存栏 27.47 万只，增长 3.78%。肉类总产量 6337.69 吨，其中猪肉 2916.9 吨，牛肉 1392.48 吨，羊肉 2274.79 吨，禽肉 105.16 吨。鲜蛋产量 842.1 吨。造林总面积 9 万亩，下降 0.24%；育苗总面积 4.7 万亩，增长 77.09%。水产品产量 48.14 吨，增长 18.86%。

【项目建设】2020 年，全县固定资产投资比上年增长 11.3%，增长态势良好。从项目投资看：全县在库 500 万元以上投资项目 69 个。其中，5000 万元以上项目 16 个，增长 13.6%；5000 万元以下项目 44 个，增长 25.7%；房地产项目 9 个，下降 9.1%。从三次产业来看：第一产业固定资产投资增长 33.3%；第二产业下降 60%；第三产业增长 21.3%，其中交通运输仓储和邮政业增长 34.1%，水利环境和公共设施增长 77.9%，教育增长 6.6 倍，文化体育和娱乐业增长 4 倍。5000 万元以上项目到位资金下降 60.35%。至 12 月底房地产开发投资额下降 9.1%，商品房销售面积增长 33.5%。

【优势产业】推动林果、瓜菜、草畜向规模化、集约化、标准化方向发展。推广全膜双垄沟播技术 10 万亩，新栽苹果 1 万亩，种植各类瓜菜 7.59 万亩，新建改建规模养殖场 39 个，青贮秸秆 20 万吨，奶山羊存栏 2.2 万只，招引海升、顶乐 2 家龙头企业入驻，千亩矮化苹果示范园、千头肉牛扩繁养殖基地项目落地实施。新打油水井 152 口，新增产能 32.4 万吨，实现原油产量 138 万吨完成石油税收 2043 万元，争取油田支地资金 5463 万元。花溪谷景区建设加快推进，成功举办首届（庆阳·合水）生态康养旅游节消费季系列活动，2 个旅游专业村、1 个省级示范村投入运营，接待游客 40 万人次，实现旅游收入 3 亿元。创建县域电商公共品牌“合山乐水”，“直播带货”开辟农特产品销售新路，引进聚合宏程、圣威科技落户合水，陇象网货加工中心建成投用，带动外贸出口509万元，电商交易额达2.8亿元。

【人民生活】2020年，全县城镇居民人均可支配收入32338元，比上年增长4.1%。城镇居民人均生活消费性支出18656元，增长5.0%；恩格尔系数29.2%。全年农村居民人均可支配收入为10290元，增长8%。农村居民人均生活消费支出6414.6元，增长2.4%；恩格尔系数是35.5%。收入倍差3.14，比上年缩小0.12个百分点。

【环境保护】坚决打好打赢“蓝天、碧水、净土”保卫战，深入实施大气污染防治攻坚行动，全县空气质量优良天数比例达到94.1%。全面启动黄河流域生态环境及污染现状调查，严格落实河（湖）长制要求，持续加强水体综合治理，县城污水处理厂提标改造全面完成，沿河6乡镇7座污水处理站达标运行。实施人工生态湿地净化项目5个，完成4条主干河流和6座水库河湖管理保护范围划定，市、县监测考核断面水质全面达标。强化危废无害化管理，处置油污泥9874吨。完成国土绿化5.9万亩，治理水土流失600公顷，天然草原综合植被覆盖率达到82.2%。实施城区“一街两巷九路”延伸拓宽改造10.3公里，建成通行10条。建成工业集中区污水处理站，新改建雨污管线19.6公里，实现城区全覆盖。建成乡级标准化垃圾填埋场1处、生活垃圾转运站10座，四分类垃圾收集点72处，投放垃圾分类设施设备1557件。完成省级乡村治理示范县创建工作，实施农户改厕4861座，建成绿树花廊景观带500公里、文化长廊15公里，复垦复绿1215亩，创建示范乡镇2个、智慧村庄1个、清洁村庄40个、示范村20个。

【社会保障】2020年，全县城镇企业职工基本养老保险参保人数为3738人，全县现有企业退休职工2153人，机关事业单位退休职工1969人。失业保险参保人数为4940人，工伤保险参保人数为5722人。年末全县城乡居民社会养老保险参保人数为105966人，参保率为99.03%。60岁以上已享受待遇人数为22415人，养老保险待遇发放率为100%。年末全县城镇职工基本医疗保险参保人数为9040人。全年城乡居民医保基金支出总额为8792.96万元，累计受益10.23万人次。发放各类救助资金7732万元，农村低保对象、特困供养人员、残疾人等困难群众最低生活保障全面落实。年末全县保障城市低保对象863户1788人，保障农村低保对象3902户10734人。年末全县新增城镇就业1920人，城镇登记失业率3.56%。

【社会事业】年末全县内共有各类学校173所，其中：普通高级1所，职业中学1所，独立初中2所，九年制学校5所，小学71所，幼儿园93所；共有教职工数2237人。年末在校学生数28388人；其中高中在校学生数2313人，初中在校学生数5518人，职专在校学生数565人，小学在校学生数13752人，幼儿园在校学生数6240人。学前教育毛入学率为98.87%，九年义务教育巩固率99.77%。全县二本以上院校高考录取人数376人。现有文化馆、图书馆、博物馆各1所，文联组织1个，藏书7.3万册，文物藏量3291件。电视台、广播电台各1座，电视和广播人口覆盖率达到100%，全县拥有有线数字电视用户4012户。乡镇文化站12个，建成乡村舞台80个、文化集市7处，农家书屋80个。生产香包、刺绣等民俗文化产品21万件，文化企业达到75户。拥有卫生机构144个，设置卫生床位数980张。卫生技术人员989人，其中，执业助理医师326人，注册护士387人。年末医疗机构共接诊门诊患者27.35万人次，住院21.65万人次。2020年省列7件、市列5件、县列8件民生实事全面完成。实施教育项目43个，新改扩建校舍4万平方米。确定定点救治医院、后备医院，完成发热门诊和隔离病区“三区两通道”改造，设立集中医学观察点5处，建成核酸检测实验室2个，基本药物制度和零差率政策全面落实。“陇东佛韵-陇东佛教艺术展”对外开放，县级公共体育场田径跑道和足球场投入使用，组织群众体育赛事5场次。创建全国示范性退役军人服务站7个。职业技能培训2336人次，输转劳动力4.4万人次，实现劳务收入12.3亿元。严格落实安全生产责任制，扫黑除恶专项斗争高质量收官。

（张东林）

正宁县

【基本情况】正宁县位于甘肃省庆阳市东南部、子午岭西麓，属陇东黄土高塬沟壑区，东与陕西省黄陵县以子午岭为界，南与陕西省旬邑县、西南与陕西省彬州市相邻，西与陕西省长武县以泾河为界，北与本市宁县相接。地处东经107° 56′ 2″ ~108° 38′ 8″，北纬35° 14′ 40″ ~35° 36′ 18″。地形东高西低、东宽西窄，略呈三角形，东部为子午岭林区，中西部为平原沟谷宜农区。境内被支党河、嘉峪河、四郎河分割为“四塬三川”，平均海拔1460米，年平均气温9.4℃，年降水量687毫米，无霜期173天左右。全县辖8个镇、2个乡，94个行政村、7个社区居委会。县域总面积1319.5平方公里，耕地43万亩。2020年末全县常住人口17.31万人，城镇化率41.22%。

【资源优势】正宁气候湿润、土壤肥沃，物产富饶，是天然的绿色农产品生产基地，素有“陇东粮仓”之称，“陇蜜”苹果、“宫河”大葱、罗川旱烟享誉陇原，形成了“塬面烟果、川区蔬菜、林缘草畜、全县劳务”的特色产业格局。正宁煤炭资源富集，是庆阳作为“东翼”主战场和建设亿吨级大煤田的主要组成部分，已探明煤炭储量19亿多吨，其中宁正煤田探明煤炭储量18.48亿吨，由中国华能集团公司投资开发，核桃峪800万吨矿井正在建设，随着4×66万千瓦电厂、煤田供水工程等重大项目顺利实施，罗川煤田正待开发，石油、天然气储量也比较丰富，潜力巨大，前景广阔。

【国民经济】2020年，全县地区生产总值24.7亿元，比上年增长2.0%。其中，第一、二、三产业增加值分别完成5.6亿元、1.9亿元、17.2亿元，分别增长4.5%、3.2%、0.8%；固定资产投资增长9.1%。年末全县金融机构人民币各项存款余额84.1亿元，比上年末增长11.2%，金融机构人民币各项贷款余额32.2亿元、增长5.2%；社会消费品零售总额110145.8万元，下降3.5%；全城镇居民人均可支配收入31874.9元，增长4.5%；农村居民人均可支配收入11309.2元，增长7.2%。全年全县一般公共预算收入 11328 万元，下降 25.2%。一般公共预算支出 173314 万元，下降 4.4%。年末全县金融机构人民币各项存款余额 84.09 亿元，比上年末增长 11.23%。金融机构人民币各项贷款余额 32.17 亿元，增长 5.18%。

【脱贫攻坚】圆满完成 2020 年度减贫任务。全县剩余的 199 户 746 人贫困人口达到退出标准，实现“一超出两不愁三保障”，贫困发生率由年初 0.35% 降至 0。对全县 3.8 万人贫困人口、19 个贫困村以及 2020 年剩余贫困人口脱贫情况进行了全面检视，全县所有已脱贫人口、19 个贫困村产业发展、基础设施和基本公共服务均达到 2020 年脱贫验收标准，并顺利通过国家普查和全省 2020 年党委和政府脱贫攻坚成效考核验收。

【“三农”工作】全年全县农林牧渔业增加值完成 5.8 亿元，比上年增长 4.7%。其中，一产增加值 5.6 亿元，增长 4.5%；农林牧渔服务业增加值 0.2 万元，增长 8.4%。全年粮食作物播种面积 11.5 万亩，蔬菜种植面积 3.3 万亩，瓜类种植面积 1955 亩。果园面积 11.9 万亩，中药材面积 2 万亩。粮食总产量 4.6 万吨，粮食平均亩产 405.2 公斤，增长 0.9%。蔬菜产量 3.6 万吨，增长 50.3%。水果产量 7.3 万吨，增长 9.8%。瓜类产量 6144.5 吨，增长 148.4%。中药材产量 9346 吨，增长 71.6%。肉类产量 4111.7 吨，增长 4.4%。奶类产量 168.2 吨，下降 41.3%。牛存栏 1.2 万头，增长 150.1%；猪存栏 7 万头，增长 63.3%；家禽存栏 24.5 万只，增长 7.3%。全年造林面积 60000 亩，四旁（零星）植树 44 万株。育苗面积 1.4 万亩，其中新增育苗面积 2500 亩。

【项目建设】2020 年，全县固定资产投资比上年增长 9.1%，其中 5000 万以上项目 13 个，增长 8.3%；500—5000 万元项目 43 个，下降 6.5%。在城市建设上，全年共开工各类建设工程 41 处，总投资 5.9 亿元。其中县城建设项目 16 个、小城镇建设项目 25 处，累计完成投资 2.7 亿元，在县城建设上，累计组织实施市政项目 9 个，其中县城集中供热二期工程已完成换热站、一二级管网、锅炉、脱硫、除尘及脱销等内容建设。轩辕大道西口排水下沟工程已完成钢筋混凝土管道铺设，检查井 7 座，跌水井 3 座，消力池 1 座。聚财路北段道路工程已完成全部建设内容并投入使用。宫河路拓宽改造工程（一期）建设内容基本完成。污水处理厂提标改造项目已完成全部建设内容并投入使用。县城环城路部分路段排污管网敷设工程已完成污水管网 1200 米。山河路消火栓敷设工程已完成管网 500 米。平安路道路工程已完成路面油罩。南、北沟污水提升泵站工程建设内容新建泵站 2 座，日提升污水 1200 立方米，已建成移交并投入运行。组织实施了组织实施小城镇环境整治、基础设施项目、便民服务等项目 25 个。全县 94 个行政村完成卫生旱厕 51 个、水冲厕所 43 个，卫生厕所达标率 100%。

【人民生活】全年全县城镇居民人均可支配收入 31874.9 元，比上年增长 4.5%；农村居民人均可支配收入 11309.2 元，增长 7.2%。全年全县城镇居民人均生活消费支出 22395.5 元，增长 1.4%；农村居民人均生活消费支出 7818.4 元，增长 7.8%。城镇居民恩格尔系数为 30.3%，农村居民恩格尔系数为 33.1%。全年城镇新增就业 2398 人，城镇登记失业率为 3.33%，失业人员再就业 798 人，就业困难人员再就业 323 人，精准扶贫劳动力培训 2044 人，劳务输转 5.12 万人。

【环境保护】全年有效监测天数 345 天，优良天数为 330 天，优良率为 95.6%，高于年度控制目标 10.6 个百分点。PM_{10} 年均值为 51μg/m^3，低于年度控制目标 11 个百分点，$PM_{2.5}$ 年均值为 23μg/m^3，低于年度控制目标 12 个百分点，全面完成了省市的控制标准。省控四郎河罗川断面地表水质为Ⅲ类，达标率 75%，水质有所下降。市环境监测站对庵里水库集中式饮用水源地水质监测的各项指标，均达到国家饮用水源地Ⅲ类水质标准，水质良好，水质达标率 100%。

【社会保障】全县保障城乡低保 5504 户 14973 人次，特困供养对象 537 人；残疾人“两项补贴”5081 人；全年发放各类救助资金 9151.2 万元。全年城镇企业职工养老保险参保 2083 人，基金收入 2912 万元，基金支出 7411 万元，缴费人数增长率 3%；机关事业单位养老保险参保 6936 人，基金收入 8749 万元，基金支出 13926 万元，参保人员缴费率 93%；工伤保险参保 8301 人，基金收入 173 万元，基金支出 119 万元；农民工参保 905 人，参保率 100%；失业保险参保 5449 人，基金收入 54 万元；城乡居民基本养老保险参保 141069 人，征缴基金 3047 万元，基金支出 7659 万元，发放率 100%，贫困人口覆盖率 100%。全年城乡居民基本医疗参保 203760 人，参保率 99.4%，全年累计保障城乡居民基本医疗 22.5 万人次，补偿支出 12058.9 万元；城镇职工参保 11860 人，基本医保基金收入 5698 万元，基金支出 3544.5 万元；大病医保基金收入 195.4 万元，基金支出 121.8 万元。

【社会事业】年末全县共有各级各类学校 141 所。其中，幼儿园 29 所，教学点 16 所，小学 79 所，九年制学校 5 所，初中 8 所，完全中学 2 所，独立高中 1 所，职专 1 所。组织开展了“花开疫散·舞比健康”全县首届线上太极拳广场舞大赛，吸引全县各乡镇 45 个文化社团的 1240 人参加了比赛；组织开展“戏曲进乡村”文艺轻骑兵公益演出 80 场，文化志愿者进乡村（社区）活动 20 场；成功举办庆祝 2020 年“中国农民丰收节”文艺演出、“生态康养胜景·活力炫彩正宁”2020 年甘肃正宁第二届森林马拉松暨萌马乐跑徒步赛。年末全县广播节目综合人口覆盖率 100%，电视节目综合人口覆盖率 100%。全县共有医疗卫生机构 16 个，床位 1008 张，在职职工 1074 人，卫生技术人员 884 人。其中，执业医师 225 人，执业助理医师 50 人，注册护士 443 人，药师 16 人，检验技师 35 人，影像技师 41 人，卫生监督员 17 人。全县公路总里程 941.88 公里。年末实有客车 108 辆，其中：城市公交 8 辆，年末实有出租车 60 辆。全县 94 个建制村，已通客车建制村 94 个，行政村通客车率达到 100%。全年共论证储备科技项目 6 个。引进西门塔尔、安格斯肉牛、板栗南瓜、天贵糯 932 粉黛佳人鲜食玉米等种植、养殖优良新品种 68 个，推广测土配方施肥、营养钵育苗、标准化圈舍养殖等实用技术 6 项。

（曹金锋）

宁县

【基本情况】宁县位于甘肃省庆阳市东南部，东倚子午岭，南通陕西，西临泾河和蒲河，北与庆阳市合水、西峰接壤，扼甘、陕、宁三省之要冲，是三省结合部人流、物流、信息流、资金流的窗口，具有显著的区位优势。年降水量 543.5 ㎜，年平均气温 10.2℃，无霜期 229 天，属典型大陆性季风气候。境内历史文化遗址众多，黄土地域文化深厚，香包、刺绣、剪纸、石雕等民俗文化产品享誉陇上。全县总土地面积 2653.7 平方公里，确权耕地面积 90 万亩。全县辖 18 个乡镇，257 个行政村、13 个社区，2 个工业园区。2020 年末常住人口 33.52 万人，城镇化率 32.34%。

【资源优势】宁县境内海拔 860—1760 米，境内主要有九龙河，马莲河、泾河、蒲河等 9 条河流，土壤以黑垆土、黄绵土为主，是小麦、玉米、油料、黄豆等作物的主产区，素有"陇东粮仓"之美称，是中华民族最早开拓的区域之一。矿产资源主要有煤、石油、煤层气、建筑用砂（沙）石、石灰石、矿泉水等，砖瓦用黏土矿遍布境内。其中，煤炭、石油、天然气等矿产资源储量丰富。煤炭预测储量 1027 亿吨。其中，千米以内浅储量 77 亿吨，探明储量 102 亿吨；石油预测储量 2 亿吨，煤层气预测储量 2150 亿立方米。据测算，每平方米有煤 38.6 吨、石油 0.08 吨、煤层气 81 立方米。铜矿基本出露于政平北山岩层，含量甚少。

【国民经济】2020 年全县实现地区生产总值 59.6 亿元，比上年增长 2.3%。其中，第一产业增加值 18.8 亿元，增长 4.5%；第二产业增加值 9.1 亿元，增长 0.5%；第三产业增加值 31.7 亿元，增长 2.0%。三次产业结构由上年的 27.87 ∶ 19.14 ∶ 52.98 调整为 31.6 ∶ 15.2 ∶ 53.2。固定资产投资总额增长 12.3%。规模以上工业完成增加值 4.47 亿元，增长 10.1%；完成社会消费品零售总额 21.5 亿元下降 2.8%，完成大口径财政收入 3.9 亿元，增长 11.7%；公共财政预算收入完成 2.5 亿元，增长 27%。城镇居民可支配收入 33491.6 元，增长 4.9%。

【供给侧结构性改革】政府机构改革按期完成。"放管服"改革不断深化，整合公安、税务、不动产、公积金等 48 个单位 830 项政务服务事项，进驻政务大厅集中办理，群众和企业办事实现"只进一扇门"。98% 的政务服务事项实现"最多跑一次"，县级 100 项高频事项实现"一网通办"。减证便民、行政审批等措施落实到位，整体办事效率提高 40%。建成"12345"政务热线平台，及时办理网民留言，政民互动更加高效便捷。农村集体产权制度改革扎实推进，土地承包经营权确权登记顺利完成。公立医院综合改革创出新路子，分级诊疗、医联体、双向转诊等制度落实见效。财税改革持续加强，减税降费政策全面落实，市场活力明显增强。

【脱贫攻坚】2020 年，举全县之力决战脱贫攻坚，累计完成易地搬迁 1891 户、危房改造 9190 户、安全饮水工程 2215 处、动力电工程 1323 个，建成网络基站 1235 个，硬化村组道路 813 公里，贫困群众住上了安全房，吃上了放心水，用上了动力电，通上了硬化路，接上了宽带网。探索推广"331+"产业扶贫模式，积极构建"龙头企业 + 合作社 + 贫困户"利益联结机制，带动分红 8086 万元，村均集体经济收入 8 万元以上，贫困户人均可支配收入达到 9479 元。义务教育适龄儿童入学率、贫困人口医疗参保率均达到 100%，困难群众基本生活实现应兜尽兜。全县 60 个贫困村全部摘帽，11.3 万贫困人口全部脱贫，消除了千百年来的绝对贫困和区域性整体贫困，书写了整县脱贫的壮丽篇章。6800 多名帮扶干部扎根一线、苦干实干，攻克了一个又一个贫困堡垒，贫困村发展条件实现历史性变化，脱贫群众精神面貌焕然一新。

【"三农"工作】2020 年，宁县坚持以发展现代高效农业、促进农民稳定增收为目标，持续推进产业结构调整。立足资源优势，坚持专业化布局，加快发展高效特色农业。全年全县实现农林牧渔增加值 19.1 亿元，比上年增长 5%。农作物播种面积 102 万亩，增加 2.5 万亩；粮食播种面积 71.8 万亩，增加 1.1 万亩；粮食总产量达到 22.6 万吨，增长 2.4%。蔬菜播种面积 6.1 万亩，蔬菜产量 6.4 万吨。瓜类播种面积 5.4 万亩，产量达到 18.4 万吨。以宁县富士苹果，曹杏，九龙金枣，黄干桃，核桃等为主的经济果园面积 14.2 万亩，水果产量 11.1 万吨。林业建设稳步推进，生态环境日益优化，年末造林面积 17 万亩，实有封山（沙）育林面积 6.9 万亩，育苗面积 3.7 万亩，当年苗木产量 1.51 亿株。年末大牲畜存栏 6.3 万头，增长 1.7%。其中，牛存栏 6.1 万头，增长 1.9%；牛出栏 4.3 万头，增长 4.6%；猪存栏 15.1 万头，增长 19%；猪出栏 12.6 万头，增长 3.8%；羊存栏 13 万只，增长 17.2%；羊出栏 8.7 万只，增长 8.8%。

【环境保护】全年水环境质量达到近年最优，马莲河国考断面综合评价达到Ⅳ类，其中 1、2 月份水质达到Ⅱ类、4、9 月份水质达到了Ⅲ类标准，出现了优于Ⅲ类水质标准的月份，与去年相比水环境质量提升显著。全年空气质量幅度改善明显，县城空气优良天数 334 天，优良天气率为 95.5%，6 项（二氧化硫、二氧化碳、一氧化碳、臭氧化物、细颗粒物、可吸入颗粒物）指标浓度均比去年同期均有所下降，优良天数较 2019 年度增加 53 天。

【项目建设】全年共实施 500 万元以上项目 126 个。银西高铁通车运营；联通陕甘宁三省区的甜永高速进入试运行阶段；重大水资源配置工程小盘河水库基本建成；高铁站及站前广场、县城至高铁站连接线、县城 110KV 变电站、早长公路改扩建等基础设施项目建成投运。县城新区开发步伐加快，亿联商贸城、生态公园、金都宁苑等一批重点项目持续推进。小城镇建设不断加强，春荣、新庄等 11 个乡镇完成街区改造，和盛、早胜被认定为全国重点镇，美丽乡村、清洁村庄建设顺利推进，农村人居环境整治扎实有效，城乡面貌持续改善。

【优势产业】2020 年，宁县立足地域资源优势，产业发展持续壮大，新庄煤矿建设取得重大进展，主井 35KV 变电所土建及安装工程完成室外土方回填，矿井主排水泵房和中央变电所设备安装工程完成。原油年产量达到18.6万吨。建成全国最大的矮化自根砧苹果基地，带动栽植优质苹果45万亩、苗木4000亩，“人类第四个苹果”入选中国农业品牌目录，国家现代农业产业园顺利通过评估验收，现代苹果产业“宁县模式”走向全国。草畜产业快速发展，建成瓦斜信合肉羊、新兴旺早胜牛、东方希望生猪等规模养殖场。新建标准化奶牛场1个、生态牧场2处，引进澳大利亚荷斯坦奶牛600头。建成千亩中药材基地3个，种植中药材6.68万亩。建成印象义渠·莲花池、义渠百花园等一批景区景点，瓦斜永吉村、湘乐莲池村分别入选全国乡村旅游重点村、全省乡村旅游示范村。

【人民生活】全年输转劳动力12.9万人，劳务总收入38.1亿元，城镇登记失业率3.2%。城乡居民收入不断增加，全县城镇居民可支配收入33491.6元，比上年增长4.9%；农村居民人均可支配收入10378.1元，增长7.7%。教育教学环境持续优化，实施了金村初中教学楼等19个教育提升改造项目。医疗服务水平持续提升，健全完善覆盖城乡的公共卫生服务体系，乡镇卫生院、村卫生室全面达标。

【社会保障】2020年全县参加城镇职工基本养老保险人数1.1万人，参加城镇职工基本医疗保险人数1.8万人。参加失业保险人数1.1万人。全县城乡居民参保人数47.1万人，参保率98%；城乡居民住院8.2万人，报销住院费用24212.1万元，职工住院0.3万人，报销住院费用1532.3万元，惠及群众47万余人。全年审批农村低保对象1.2万户、3.4万人，发放资金8572.6万元；城市低保对象0.2万户、0.5万人，发放资金3217.3万元；特困供养人员0.1万户、0.2万人，发放资金1463.9万元；残疾人“两项”补贴对象1.5万人，发放资金1371.9万元；经济困难老年人0.1万名，发放资金153.3万元。

【社会事业】全年各类教育项目持续推进，长庆桥开发区中学、和盛园区小学、长庆桥小学、早胜第二小学、县城新区第二幼儿园建成投用，全县D级校舍全面消除；顺利通过国家义务教育均衡验收。实施县医院门诊楼、住院楼等各类卫生项目21个；3所县级医院通过二甲评审，建成特色科室21个；乡镇卫生院配齐了彩超、DR、心电图、全自动生化分析仪等主要设备，接入远程医学信息平台；257个村卫生室规范达标，基本实现“小病不出乡、大病不出县”目标。建成乡村舞台126个、非遗传习所6个，行政村文体广场实现全覆盖，开展文化体育活动460多场（次）。辑宁楼、凝寿寺塔维修保护全面完成，石家墓群发掘保护顺利推进，遇村遗址被认定为全国重点文物保护单位。儿童幸福乐园、县二院康养中心建设加快推进。“七五”普法、社会治安、安全生产和扫黑除恶专项斗争深入推进，人民群众获得感、幸福感和安全感不断增强。

（王志超）

镇原县

【基本情况】镇原县地处甘肃省东部，庆阳市西南部，东临革命圣地延安，南眺十三朝古都西安，西望省会兰州，北界塞上明珠银川，是陕甘宁革命老区的重要组成部分。属于黄土高原沟壑区，境内山川塬兼有，沟峁梁相间，地势西北高东南低，平均海拔1456米，平均气温10.4℃，年均降水量589.1毫米，无霜期175天左右。镇原历史源远流长，人文底蕴厚重，文化资源丰富，自然景观独特，民俗产业多彩，在陇上久负盛名。镇原县以陇东“文化大县”闻名，2010年被中书协命名为“中国书法之乡”；剪纸、香包、刺绣独具特色，被文化和旅游部命名为“中国民间文化艺术之乡”。全县辖13个镇、6个乡，215个行政村、5个社区；南北长91.2公里，东西宽78.3公里，总面积3506平方公里，耕地228.48万亩，居全市第一。2020年末全县常住人口36.03万人，城镇化率28.91%。

【资源优势】镇原县矿产储备丰富。境内探明石油、天然气、煤炭、石英砂、黏土等矿产资源富集，初步探明石油储量2.6亿吨，年产原油60万吨，煤炭储量193亿吨，开发前景广阔，在全市率先实现了“气化镇原”，是陇东能源化工基地的重要组成部分。旅游资源丰富。境内北石窟寺、石空寺、玉山寺规模宏大，造像生动，是北魏、唐宋石窟艺术的经典代表。镇原曾为陕甘宁边区的重要组成部分，三岔红军长征纪念馆、援西军纪念馆等红色旅游资源引人注目。“关陇丝路第一驿”——北石窟驿景区，融丝路、石窟、民俗文化于一城。已初步形成以北石窟大景区为龙头，有效串联彭阳古城、三山寺、“三池”、石空寺、潜夫山、书画产业基地、胡氏文化产业园等景点的茹河川区文化旅游黄金圈和庆阳、平凉、固原三市文化旅游的重要接续区。

【“三农”工作】镇原县域经济以农业为主，盛产小麦、玉米、高粱等多种农作物，荞麦、小米、黄豆等特色小杂粮久负盛名，红杏、苹果、忘忧草等农产品享誉国内外，是陇东主要粮油和瓜菜生产基地之一，素有“陇东粮仓”“中国杏乡”的美誉，曾被命名为“全国黄花菜基地县、优质瓜果生产基地重点县、粮食生产先进县”。近年来，按照“因地制宜、突出效益，龙头带动、订单生产，政府扶持、保险托底”的思路，大力培育特色产业，成功引进了圣农集团、天士力集团、正大集团、海升集团、中盛农牧、广州立达尔、天津物宗园等大型农业产业化龙头企业23家，带动年均种植全膜粮食100万亩、瓜菜22万亩、小杂粮20万亩，培育苗林15万亩；肉牛、肉羊、生猪、肉鸡饲养量分别达到26万头、105万只、23万头和3000万羽；栽植林果18万亩、中药材10万亩、万寿菊7.5万亩，已形成“草畜、林果、瓜菜”三大主导产业和“中药材、万寿菊、文冠果、小杂粮”四大特色优势产业，实现了助农增收和“产业兴县”的华丽转身。农村综合改革深入推进，土地确权颁证全面完成，累计流转土地36.7万亩，宅基地登记发证率90.6%。

【国民经济】2020年，全县完成地区生产总值79亿元，比上年增长2.2%。规模以上工业增加值增长5.7%；固定资产投资增长13.7%；社会消费品零售总额21.8亿元，下降2.3%；一般公共预算收入2.3亿元，下降7.4%。城镇居民人均可支配收入32184元，增长4.7%；农村人均可支配收入10122元，增长7.4%。

【供给侧结构性改革】“放管服”改革成效明显，取消、下放行审批事项425项，“指尖办”“快递办”“集成办”“手机办”加速推进，“不来即享”服务向更多行业领域推广，51项高频事项初步实现跨省通办，60项高频事项实现省内通办。857项事项实现“最多跑一次”，占驻厅事项的87.2%；96%的政务服务事项进驻政务大厅办理，90%以上政务服务事项实现在线办理。“证照分离”“多证合一”改革纵深推进，行政许可时限缩减了64%，企业开办时间压缩至3个工作日以内，市场主体由“十二五”末的7525户增加到16973户。政府机构改革全面完成。事业单位、供销体制、国有企业、医疗体制、药品和医疗服务价格等改革工作顺利推进。招商引资成效明显，积极参加“兰洽会”等重点节会招商，大力开展定点招商、以商招商、代理招商，实施招商引资项目144个，到位资金235亿元，是“十二五”时期的1.8倍。

【脱贫攻坚】坚持不懈聚合力、打硬仗，精准扶贫成效显著。累计投入各类扶贫资金119.2亿元，紧扣“两不愁三保障”和“六个精准”“五个一批”要求，坚持分类指导，落实“一户一策”，大力开展“绣花式”扶贫，基本实现了贫困群众“户户有发展依托、家家有致富产业”的目标。就业扶贫、消费扶贫成效显著，累计培训劳动力5.6万人次，9个扶贫车间、1268个合作社、3094个公益岗位支撑贫困群众就业不出村、挣钱不离家，带动全县农民人均可支配收入从2014年的5898元增长到2020年的10122元。高标准开展了“3+1”冲刺清零、“5+1”专项提升行动，深层次开展“十问十推进”“走千村进万户抓落实”和“六查三问一细化、一强化、一提升”等阶段性攻势行动，全县贫困家庭无一人失学辍学，九年义务教育巩固率达到99%；村村建成标准化卫生室，贫困群众医疗保险、慢病签约服务实现全覆盖；农户安全住房、安全饮水保障率均达到100%，全县群众稳定实现“两不愁三保障”，现行标准下17.23万贫困人口全部脱贫，120个贫困村全部出列，千百年来困扰镇原人民的绝对贫困问题得到历史性解决。

【项目建设】坚持不懈夯基础、破瓶颈，发展难题有效破解。五年来，累计实施项目1192个，完成投资391亿元。新型城镇化步伐加快，县城东、西、南三个新区加快开发，建成区由9平方公里扩大到12平方公里；孟坝、平泉、三岔、屯字等小城镇新区建设步伐加快，区域中心带动效应显著增强；在各乡镇实施了排污排洪、文化广场、街区三化等一大批建设项目，新增天然气入户6191户，城镇化率达到32.6%。城区基础建设步伐加快，五年累计实施棚户区改造1564户、新建市政道路8.1公里、开发房地产面积84万平方米；完成了供热供水、文化广场、学校医院、宾馆商场、社会福利中心等重大市政工程和民生项目建设。完成国道309、327改造提升，出入境通达性进一步提升；新建改造三级公路4条163公里；新建通村路、产业路1964公里，实现行政村通硬化路全覆盖，为推进乡村振兴奠定了坚实基础，全县每百平方公里路网密度由2015年的49公里提高至73公里。累计投入5.7亿元，完成了农村饮水安全、水库除险加固、灌溉配套改造、中小河流治理等一批重点水利工程，新修河堤护岸43公里，新增高效节水灌溉面积6.4万亩，全县安全饮水普及率达到100%。改造农电线路2096公里，治理低电压卡脖子自然村1158个，供电保障能力增强，实现自然村动力电全覆盖。

【产业开发】农业产业集群化发展，丝路寒旱农业技术推广成效明显，农业自动化、智能化程度持续提升，年均粮食产量稳定在35万吨。先后引进天士力、福建圣农、正大集团、海升集团等大型龙头企业23家，初步形成了肉鸡、肉牛、苹果、中药材等全产业链现代农业产业集群，“331+”产业扶贫模式入选“改革开放40年地方创新40案例”。肉鸡、肉牛、肉羊、生猪饲养量达到3256万只、29万头、120万只、28万头；肉鸡日屠宰量达到12万只，肉牛、肉羊年屠宰量分别达到5万头和30万只。年均种植中药材4.3万亩、瓜菜23万亩、饲草50万亩以上。“三品一标”获证产品19个，比“十二五”末增长271%。工业经济转型化发展。累计实施新建技改项目20个。金龙工业集中区开发面积由1180亩拓展到1780亩，新增入园企业12家。全县规模以上企业达11户，培育了圣越农牧、中盛中有、解语花等省级名牌5个、著名商标6个，地方工业整体实力明显增强。油气开发再上台阶，五年累计开采原油312万吨，是“十二五”时期的1.7倍。第三产业快速化发展。建成北石窟驿、聚德小镇、亚美花海、书画基地等乡村旅游景区6处，创建3A级景区2个、省级乡村旅游示范村8个，累计接待游客170万人次，实现旅游综合收入5亿元；北石窟驿景区被评为“全国百佳旅游目的地”。县乡村三级电商服务网络基本形成，电商交易额累计达到30亿元，镇原县被列入国家电子商务进农村综合示范县。

【环境保护】全力打好碧水、蓝天、净土保卫战，全面落实“河（湖）长制”，完成了巴家咀库区移民搬迁和耕地退出工作，建成县城生活和工业污水处理厂，新建乡镇污水处理站11座，创建清洁村庄130个，改造户厕10427户，境内地表水考核断面全部达标。深入开展扬尘、燃煤锅炉、餐饮油烟、机动车污染综合治理，建成了优质煤炭集中配送体系，全面加强煤质管控，年均空气优良天数达290天以上。深入推进“再造一个子午岭”和“固沟保塬”工程，完成造林绿化108万亩，全县森林覆盖率达到14.1%，治理流域面积106平方公里；纵深推进全域无垃圾和农村面源污染治理，建成标准化垃圾填埋场3个，配置垃圾收集设施2803个，农村人居环境明显改善。

【社会事业】坚持以人民为中心的发展思想，70%以上财力投向民生领域。5年投入资金6.7亿元，办理民生实事39件。改造“两类学校”58所、新建改建幼儿园169所、提升义务教育阶段学校335所，新增校舍13.9万平方米，顺利通过义务教育均衡验收省级初评，全县高中阶段毛入学率、高考本科进线率达到95%、61%，分别提高14.8和27.3个百分点。“三馆一站一屋”免费开放，基层综合性文化服务中心、农民健身工程实现行政村全覆盖。医疗卫生条件持续改善，五年新增医疗业务用房2.28万平方米；分级诊疗制度全面落实，电子健康卡全面推行。科技培训、推广、运用更加广泛。社会保障不断加强。新增城镇就业37059人，支持高校毕业生到企业就业502人，招考安置高校毕业生624人，城镇登记失业率控制在4%以内。城乡居民基本养老保险、老年人高龄补贴、基本医疗保险实现“应保尽保”；城乡低保、特困人员、优抚对象、残疾人等补助标准持续提高，累计发放惠农资金32.3亿元。社会大局保持稳定。建成“雪亮工程”示范项目，刑事治安案件持续下降。严格落实安全生产责任制，深化源头治理、系统治理和综合治理，全县安全生产形势持续向好。

（赵蕊）

定西市

【基本情况】定西市位于甘肃中部，通称“陇中”，地处黄土高原、青藏高原和西秦岭交汇地带。境内有以国家4A级旅游景区漳县贵清山、遮阳山和渭河源大景区为代表的自然景观，以红军长征通渭“榜罗会议”、岷县“岷州会议”纪念馆为代表的红色旅游景点。陇海铁路、兰渝铁路、宝兰高铁和G30连霍高速、G22青兰高速、G75兰海高速公路穿境而过，通定、定临、陇漳、S10凤合高速马坞至西寨段一期等4条地方高速建设项目有效推进，综合交通运输体系加快构建。定西是国家中医药产业发展综合试验区核心区和全国首批区域性马铃薯良种繁育基地，正在全力打造“中国药都”“中国薯都”“中国西部草都”和全国特色种子种业基地。陇西县、岷县、渭源县分别被命名为“中国黄芪之乡”“中国当归之乡”“中国党参之乡”。总面积1.96万平方公里，总耕地1210.37万亩，农民人均4.5亩。现辖1区6县，32个乡、87个镇、3个街道办事处，78个居民委员会、1886个村民委员会。2020年末，全市常住人口252.11万人，城镇化率38.39%。

【国民经济】2020年，全市实现地区生产总值441.36亿元，比上年增长4.4%。第一产业增加值88.47亿元，增长5.9%；第二产业增加值70.11亿元，增长5.9%；第三产业增加值和282.78亿元，增长3.5%。三次产业结构比为20.0 ： 15.9 ： 64.1，对经济增长的贡献率分别为26.5%、22.6%、50.9%。全年固定资产投资增长15.8%，规模以上工业增加值增长8%；实现社会消费品零售总额159.2亿元，下降0.5%。完成一般公共预算收入25.7亿元，增长4.1%；一般公共预算支出288.2亿元，增长10.8%。

【工业经济】全年实现工业增加值35.9亿元，比上年增长4.3%。规模以上工业增加值增长8%。其中，电力、热力生产和供应业增加值增长15.5%，有色金属冶炼和压延加工业增长10.3%，非金属矿物制品业增长7.9%，医药制造业增长1.2%，农副食品加工业下降16.5%。规模以上工业企业实现营业收入159.85亿元，增长7.5%；实现利润总额1.25亿元，下降76.7%；营业成本138.78亿元，增长8%；每百元营业收入中的成本为86.82元，比上年增加0.34元。全年发电量24.97亿千瓦时，比上年增长4.5%；生产铝材28.35万吨，下降1.6%；水泥455.18万吨，下降3.2%；中成药0.22万吨，下降8.7%。

【脱贫攻坚】2020年末，全市84.24万贫困人口全部脱贫，1101个贫困村全部退出，7县区全部脱贫摘帽，脱贫攻坚全面收官。坚持一手抓摘帽清零、一手抓巩固提升，建立挂牌督战机制，落实各类扶贫资金61.55亿元，全力以赴促脱贫、防返贫、阻致贫。贫困家庭失学辍学学生应返尽返，农村供水不稳定问题全部解决，通渭、临洮“三镇六村”脱贫攻坚巩固提升成效明显。完善“551”产业发展模式，持续健全“7+X”产业全覆盖体系，因地制宜发展8个新型扶贫业态，建成高标准农田13.6万亩。龙头企业、农民专业合作社带贫能力持续提升，贫困户产业收入占到全部收入的六成以上。新开发农村公益性岗位1.5万个，新建扶贫车间94个，30.8万贫困人口实现外出或就近就业。“三专一平台”等消费扶贫平台建设深入推进，带动销售农特产品10.28亿元。中央单位定点帮扶、福定东西扶贫协作力度持续加大，投入帮扶资金7.51亿元，实施项目375个。安定、陇西、临洮、渭源、漳县脱贫成果得到进一步巩固，通渭、岷县整体脱贫摘帽。定西从此摒掉了“陇中苦瘠甲于天下”的标签。

【“三农”工作】全年种植各类农作物814.6万亩，比上年增长3.5%。其中粮食作物588.45万亩，增长0.6%；经济作物212.55万亩，增长10.2%。马铃薯、中药材、蔬菜等特色优势产业种植面积分别达到263.33、131.28和46.3万亩，分别增长3.5%、8.1%和26.2%。全年粮食总产量159.44万吨，增长4.6%。年末大牲畜存栏46.84万头，比上年末增长14.2%。猪、牛、羊、家禽存栏分别为79.12万头、39.83万头、123万只和530.81万只，出栏分别为51.06万头、10.82万头、80.24万只和393.11万只。全年肉类总产量6.57万吨，增长12.1%；鲜蛋产量1.78万吨，增长68.6%；牛奶产量1.31万吨，增长58.1%。“三变”改革成效凸显，全市通过农村“三变”改革入股耕地14.54万亩，入股林草地、水域、‘四荒地’4.75万亩，入股房屋、机械设备等固定资产2402万元；各类财政资金投入“三变”改革17.48亿元，农户获得入股分红1.07亿元，村集体获益4467.27万元。全市农民专业合作社达到1.22万个，农民专业合作社联合社157个，家庭农场590家。发展休闲观光、乡村民宿、健康养生、农家乐等乡村旅游经营主体570个。机耕、机播、机收面积分别达到688.66万亩、230.94万亩和300.6万亩，全市农作物耕种收综合机械化水平首次超过50%，达到52.94%。

【优势产业】定西紧紧围绕打造“中国薯都”“中国药都”“中国西部草都”，以中医药、马铃薯、草牧等产业培育为重点，以果蔬、食用菌等特色产业为补充，持续大力发展特色优势产业。马铃薯、草牧、果蔬标准化种植水平不断提高，新认证“三品一标”农产品55个。建成马铃薯标准化示范基地139.14万亩，生产原原种10.03亿粒，建立原种繁育基地10.3万亩、一级种繁育基地91.4万亩，马铃薯年贮藏窖贮藏能力达到360万吨。建成中药材标准化示范基地76.3万亩，中药材静态仓储能力达到80万吨、年仓储周转量达100万吨。建成蔬菜标准化示范基地19.5万亩，培育蔬菜冷链物流企业20多家，蔬菜静态保鲜贮藏能力达到20万吨以上。

【项目建设】渭武高速定西段除木寨岭隧道外全线通车，通定等三条省级地方高速完成投资95亿元，S10凤合高速马坞至西寨段一期工程开工建设。兰汉十、兰平庆高铁纳入国家黄河流域生态保护和高质量发展规划。引洮一期和二期配套、重点河道治理等36个水利项目顺利实施。“一城两港两中心”规划编制完成，甘肃（岷州）国际陆港启动建设，碲化镉薄膜太阳能电池生产线落地实施。2020年实施500万元以上项目746个，完成固定资产投资额比上年增长15.8%，其中项目投资增长16.3%，房地产开发投资增长14.2%。按三次产业分，第一产业投资下降48.1%，第二产业投资下降4.9%，第三产业投资增长23.5%，占固定资产投资的比重分别为2.4%、11.6%和86.1%。按行业分，电力、热力、燃气及水的生产和供应业投资增长16.4%，交通运输、仓储和邮政业投资增长49.9%，卫生和社会工作投资增长16.6%。全年基础设施投资增长47.3%，占全部投资的比重为48%，比重比上年提高10.3个百分点。

【城乡建设】全市国土空间总体规划编制有序推进，定西中心城区风貌规划等11个专项规划批复实施。240个“十大城建工程”项目进展顺利，中华路市民公园、智慧农贸市场、定西综合客运枢纽、大碱沟治理工程及北岸生态公园等项目基本建成，定西现代科技产业园、市会务中心、万达广场等项目完成主体，渭源街人民公园、关川九年制学校等项目顺利推进。建成5G基站713个，定西联合大数据中心加快建设，“i定西i定西”陇码公共服务平台投入运行。

【人民生活】2020年，全市财政用于民生领域支出238亿元，比上年增长9.5%。省市10件实事全部办结。新增城镇就业1.7万人，输转城乡劳动力65.3万人，实现劳务收入147.5亿元。全年城镇居民人均可支配收入27612元，比上年增长5.3%；人均消费支出19217元，增长1.7%；恩格尔系数29.8%，比上年回落0.6个百分点。农村居民人均可支配收入8843元，比上年增长7.5%；人均生活消费支出8960元，增长2.5%；恩格尔系数33.3%，比上年提高1.3个百分点。

【环境治理】生态环境显著改善。实施大规模国土绿化行动，完成林业重点生态工程43.95万亩，全民义务植树1571万株，面山绿化17.45万亩；渭河源林草生态扶贫巩固提升项目一期工程开工建设，首创多渠道融资、大规模推进林业生态建设新模式。统筹推进城市绿化，实施城市生态加密和景观提升工程，栽植各类苗木376万株。加强水土保持综合治理，严守耕地红线，新修梯田12万亩，除险加固病险淤地坝19座，治理水土流失面积330平方公里。完成保护地矿业权退出及矿山恢复治理39宗。坚决打好蓝天、碧水、净土保卫战，空气优良天数超过98%；河湖长制全面落实，河湖“清四乱”常态化开展，“五河共治”持续加强，输送引洮生态水7200多万方，关川河、东峪沟、秦祁河全年未断流，地下水、水源地及河湖水质全部达标；“三清一改”专项行动成效明显，面源污染综合防治全面完成。创建清洁村庄654个，垃圾收运和无害化处理体系覆盖所有行政村。全年剔除输入性沙尘天气后，空气可吸入颗粒物（PM_{10}）年平均浓度为53ug/m^3，细颗粒物（$PM_{2.5}$）年平均浓度25ug/m^3，二氧化硫年平均浓度为8mg/m^3，二氧化氮年平均浓度为24mg/m^3；区域噪声昼间平均值52.7[dB（A）]，交通噪声昼间平均值67.2[dB（A）]。地表水国考省考断面水质达标率100%，县级以上城市饮用水水源地水质达标率100%。

【社会保障】年末全市企业职工养老保险参保人数11.05万人，比上年增长2.2%；机关事业单位养老保险参保人数11.15万人，增长1.5%；失业保险参保人数10.48万人，增长8.8%；工伤保险参保人数13.04万人，增长3.9%；城乡居民基本养老保险实际参保166.16万人，增长0.4%；生育保险参保人数12.58万人，增长5.9%；全年城镇职工基本医疗保险参保人数17.19万人，增长3%；城乡居民基本医疗保险参保人数255.15万人，下降0.3%。城乡居民基本医疗保险基金支出总额16.7亿元，下降16.1%；累计享受待遇278.21万人次。全年享受城市最低生活保障的居民2.79万人，共发放城市低保金1.34亿元；享受农村最低生活保障的居民19.38万人，共发放农村低保金5.58亿元。全市城乡特困供养人数1.38万人，发放特困供养金10535万元；发放孤儿基本生活保障金854万元，共保障孤儿630人；发放临时救助资金20017万元，救助城乡困难群众21.32万人；落实困难残疾人生活补贴和重度残疾人护理补贴79622人，共发放补贴资金6471万元；落实经济困难老人补贴6857人，共发放补贴资金926万元。

【社会事业】年末全市共有各级各类学校2015所。其中，成人高校1所，高级中学23所，完全中学10所，初中108所，九年制学校108所，小学587所，幼儿园1154所，职业学校18所，特教学校6所。在校（册）学生47.74万人。全市共有教职工40800人，其中专任教师38080人。学前教育三年毛入园率98.56%，九年义务教育巩固率为99.82%，高中阶段毛入学率为96.49%。向全国各类高等院校输送新生24898人，高考录取率达到81.8%，比上年提高1.3个百分点。全年落实义务教育保障经费5.16亿元。其中，公用经费3亿元，家庭经济困难寄宿生生活补助5115万元，营养改善计划专项资金1.48亿元。为9.02万名农村义务教育阶段学生家庭贫困寄宿生补助了生活费，为29.06万名学生发放了免费教科书，为18.67万名农村中小学生提供了营养餐。落实学前教育免（补）保教费资金1.47亿元，下达普惠性民办幼儿园奖补资金195万元。

（张剑　杨虎）

安定区

【基本情况】安定区位于甘肃省中部偏南，东面和东北面与会宁县接壤，西面和北面与榆中县毗邻，西南面和临洮县交界，南面与渭源、陇西二县相连，东南面和通渭县邻接。陇海铁路，巉柳、平定、天定高速公路，312、310国道穿境而过，距省会兰州仅100千米，因而被称为“兰州门户、甘肃咽喉”。安定区气候属中温带干旱、半干旱区，大陆性季风气候显著。正常年降水量400毫米左右，多集中在秋季，蒸发量高达1500多毫米，是一个干旱、冰雹、霜冻、低温等自然灾害频繁的农业区。耕地241.69万亩，是“中国马铃薯之乡”。安定区是定西市委、市政府所在地，是全市政治、经济、文化中心，全区辖12个镇、7个乡和3个街道办事处，2020年末，全区常住人口42.24万人，城镇化率52.65%。

【国民经济】2020年，全区地区生产总值114.8亿元，比上年增长4.3%。其中，第一产业增加值17.6亿元，增长6%；第二产业增加值20.3亿元，增长6.5%；第三产业增加值77亿元，增长3.3%，三次产业结构比为15.3∶17.7∶67.0。固定资产投资增长16.7%。完成一般公共预算收入4.4亿元，增长3.3%。社会消费品零售总额60亿元，下降0.9%。年末全区各类金融机构人民币存、贷款余额分别达到299.23亿元和226.4亿元，分别比上年末增长9.1%和10.7%，金融助力经济发展的能力不断提高。

【脱贫攻坚】截至2020年末，全区176个贫困村全部退出，现行标准下农村贫困人口全部实现脱贫。全年共扶持1.9万户贫困户和边缘户发展富民增收产业，贫困群众持续稳定增收。大力实施就业扶贫，落实交通、劳务等奖补资金7400万元，精准培训贫困劳动力6355人，开发村级公益岗位934个，扶贫车间、建设项目等吸纳8381名贫困群众就地就近就业，“点对点、一站式”输转贫困劳动力3.93万人。安排资金2000万元，全面补齐66个易地搬迁安置点基础设施短板，多措并举扶持后续产业发展，实现搬迁农户基本稳定入住。农村供水巉鲁复线工程建成使用，改造维修干支管180公里、增设调蓄水池79座，农村供水安全稳定，改造配电线路160公里，硬化村组道路和产业道路265公里，建立农村危房动态监测机制，432户新增危房全部改造，脱贫致富基础条件持续改善。适龄儿童义务教育“零辍学”，村级基本医疗服务全面加强，1.3万名农村一二类低保和特困供养对象全部纳入兜底保障。争取中央单位定点扶贫和东西部扶贫协作帮扶资金1.12亿元，弥补基础和产业短板，强化政府采购、农特馆促销、“三专一平台”建设，实现消费扶贫2亿元。

【农业生产】2020年，全区实现农林牧渔业增加值17.7亿元，比上年增长5.9%。全区种植各类农作物180.0万亩。其中，粮食作物145.4万亩，经济作物28.4万亩，其他作物6.2万亩。全年粮食产量40.9万吨，油料产量0.9万吨，蔬菜产量29.4万吨，中药材产量0.7万吨，园林水果产量3431.1吨。年末牛存栏6.9万头，增长33.9%；牛出栏2.0万头，增长60.4%。羊存栏35.5万只，增长19.4%；羊出栏24.2万只，增长17.9%。生猪存栏13.7万头，增长37.2%；生猪出栏6.6万头，增长4.7%。

【项目建设】2020年，安定区坚持以项目稳增长、以投资补欠收，争取中央预算内投资、财政专项、政府债券、抗疫特别国债等政策性项目122个，到位资金19.4亿元；开展招商引资“面上宣传推介、点上集中攻坚”行动，19个招商引资项目有序实施，全年分四批，集中开复工项目162个，带动固定资产投资比上年增长16.7%。

【优势产业】安定区持续发展以马铃薯、草牧、高原夏菜为代表的特色产业，是促进地方经济发展，提高农民收入的重要保障。其中，马铃薯种植面积82.3万亩，产量23.2万吨。实施种薯产业升级工程，推广标准化制种技术，建立原种扩繁基地3.8万亩、一级种扩繁基地36万亩，生产微型薯5.5亿粒。新建马铃薯贮藏库115座、仓储能力达88万吨，精深加工链条不断延伸，生产精淀粉、全粉及各类粉制品14.4万吨，成功举办全国马铃薯产业现场推进会暨2020年中国马铃薯大会。草牧产业，新建牧草良种繁育基地5000亩，提升改造优质牧草基地10万亩，实施草品加工生产线升级改造，加工草产品50万吨。新建规模养殖场31家，隆兴农牧千头肉牛繁育基地、新江越5000头种猪养殖场建成投产，宏图农牧肉羊育繁推一体化示范基地加快建设，成功举办第二届中国草牧业发展论坛，草牧业生态循环经济试验示范区加快建设。高原夏菜产业，种植面积达到18.5万亩，开展蔬菜新品种、种植新模式试验示范25项，新建塑料大棚和日光温室1000亩，完善冷链仓储和配送设施，蔬菜价格保持高位运行，安定蔬菜畅销全国。

【人民生活】全年全区城镇新增就业4176人。其中，失业人员实现再就业1035人；就业困难人员实现就业373人。城镇登记失业率为3.4%。全年城镇居民人均可支配收入28935元，比上年增长5.6%；人均消费支出18711元，增长0.5%；恩格尔系数29.8%。全年农村居民人均可支配收入9205元，增长7.6%；人均消费支出8582元，下降2.7%；恩格尔系数36.2%。

【环境保护】全年全区新增造林绿化5.1万亩，提升改造城区面山绿化2.9万亩，完成水土流失治理40平方公里。深入推进污染防治攻坚行动，淘汰10蒸吨及以下燃煤锅炉17台，完成土炕、土灶、小火炉清洁能源改造5142户。煤炭交易市场建成使用，二级煤炭配送网点规范运营，常态化开展扬尘污染、秸秆焚烧、尾气排放整治，PM_{10}、$PM_{2.5}$控制在目标值以内，市区空气优良天数比例达到98.1%、创有监测记录以来最好水平。2座污水处理厂完成提标改造，地下水、水源地水质全部达标。改造户厕9986座、行政村公厕实现全覆盖，创建清洁村庄120个，农村垃圾收集、转运、处理体系基本建成，农村人居环境持续改善。

【社会事业】全年对1258名符合条件创业人员发放创业担保贷款18700万元。城镇职工基本医疗保险参保2.8万人。城乡居民基本医疗保险参保37.13万人，城乡居民基本医疗保险基金支出总额2.5亿元，累计受益50.01万人次。有乡镇（街道）便民服务中心22个；村（社区）服务站331个；建成各类养老服务机构137个。民生领域支出39.3亿元，占一般公共预算支出的87%。新建、改扩建校舍3.7万平方米。新老城区教育布局进一步优化，城区新增学（园）位4635个，中小学平均班额分别控制在50人和53人。引进35名教育紧缺人才，致力提高教育教学质量。高考本科上线率、重点上线率分别提高25.5个和3.4个百分点，创历史新高。网上预约诊疗、移动支付、报告查询、在线咨询的“智慧医院”建设步伐加快。

成功创建“县级全国基层中医药工作先进单位”。广泛开展“双百千万”文化惠民和“全民阅读”活动。博物馆馆藏文物完成保护修复。高质量完成秋季征兵工作，成功创建新一轮省级“双拥模范城”。持续开展重点行业领域隐患排查治理，安全生产形势保持稳定。食品药品和质量安全监管水平不断提升。深入开展“扫黑除恶”专项斗争，群众安全感和满意度明显提升。

（邵继刚）

通渭县

【基本情况】通渭县位于甘肃省东南部，定西市东侧，总面积2908.5平方公里。东南、南分别与秦安、甘谷县接壤，西南、西分别与武山、陇西县相邻，西北、北、东北分别与安定、会宁和静宁县毗连。全县的矿藏资源主要有温泉地热、花岗岩、大理岩、安山岩、硅铁矿、高岭土等。通渭历史悠久。距县城8公里处有一温泉，山幽泉雅，可供人们治病、疗养、休闲。通渭温泉日泛水量6000吨以上，地下200米处恒温113℃，地表水温53.9℃，富含钾、钠、锂、锶、硼、钙、铁、碘、硼酸、硫酸、氟、氡等32种元素和化合物，属国内少见的复合型富质高热矿泉；花岗岩仅露地可采储量29.4亿立方米，大理岩总储量约900万立方米，安山岩总储量约10亿立方米。县内建有榜罗红军长征纪念馆、义岗红军烈士陵园、红军长征纪念碑等革命纪念建筑。全县现辖14个镇、4个乡，332个村民委员会、10个社区居委会。2020年末，全县常住人口32.32万人，城镇化率27.09%。

【国民经济】2020年，全县实现地区生产总值54.73亿元，比上年增长4.3%。其中，第一产业增加值10.86亿元，增长5.7%；第二产业增加值7.13亿元，增长7.8%；第三产业增加值36.74亿元，增长3.3%。三次产业结构比为19.8 ：13.0 ：67.2。固定资产投资增长23.4%;社会消费品零售总额12.44亿元，增长0.5%；完成一般公共预算收入2.21亿元，增长6.1%；完成一般公共预算支出42.87亿元，增长12.7%。

【农业经济】2020年，全县农作物播种面积157.77万亩，比上年增长2.21%，其中粮食作物播种面积130.4万亩，增长1.5%。粮食总产量37.23万吨，增长5.7%。其中，夏粮7.84万吨，增长9.8%;秋粮29.39万吨，增长4.6%。粮食单产285.4公斤，增长5.7%。油料种植面积13.99万亩，增长2.9%；油料产量1.71万吨，增长2.9%。全年肉类总产量0.9万吨，增长6.8%。

【工业经济】全年15户规模以上工业企业实现工业总产值8.3亿元，比上年增长2.1%；实现工业销售产值7.9亿元，增长4%；产销率达95.8%。规模以上工业增加值增长8.8%。从轻重工业看，6家重工业企业实现增加值增长16.8%，占全县规模以上工业增加值的59.6%；9家轻工业企业实现增加值增长1.4%，占比为40.4%。从主要产品产量看，生产小麦粉3.37万吨，饲料1.3万吨，乳制品1.3万吨，塑料制品1.2万吨，商品混凝土10.2万立方米，发电量67164.81万千瓦时。

【脱贫攻坚】2020年，全县实行挂牌作战，安排资金15.2亿元，举力攻克最后的贫困堡垒，落实产业扶贫资金1.6亿元，实施贫困户产业覆盖达标增效工程2.1万户。输转贫困劳动力5.5万人，兑现就业奖补1亿元。完成消费扶贫3.3亿元，贫困群众收入稳定增长。改善农村“两类学校”41所，改建村卫生室75个、配齐乡村医疗设备，改造自然新增危房1433户，新建调蓄水池202座、埋设供水管线120公里，完成易地扶贫搬迁后续工程，实施兜底保障2.35万人。年底,现行标准下农村3.01万户13.69万建档立卡贫困人口全部脱贫，198个建档立卡贫困村全部退出，贫困发生率下降到零，脱贫攻坚决胜收官，全县经省政府批准退出贫困县序列，绝对贫困和整体贫困问题得到历史性解决。

【优势产业】全力打造特色产业全面升级，种植金银花3万亩、道地中药材6万亩，建成果蔬保鲜库17座、总贮藏能力达3500吨，政策性农业保险覆盖农户7万户。百万头生猪全产业链绿色养殖项目建成进境种猪隔离场、完成引种1500头，1万头种苗繁育场开工建设。投资12.2亿元实施工业新动能培育和技改项目8个、完成投资4亿元，探越服饰双通道一次性口罩生产线建成投产，新培育规模以上企业2家。

【城乡建设】坚持“五城”融合引领城市发展，新建市政道路5.1公里、桥梁3座，特别是克服困难筹资1.1亿元、建成总长4.2公里的滨河大道，开辟了城市发展新的增长带。东城、南街和车站路周边棚户区改造项目开工建设，温泉景区旅游基础设施全面建成，智慧城市运营管理中心、智慧公交系统正式启用，投放新能源公交车20辆、共享单车800辆。马营至华岭乡村旅游公路建成通车，硬化村组道路408公里、巷道及入户路78万平方米。完成造林绿化11.8万亩、南屏山生态加密和景观提升1500亩，治理水土流失面积56平方公里，渭河源林草生态扶贫巩固提升通渭一期工程启动实施，城乡发展环境更加优越。

【环境保护】2020年，剔除输入性沙尘天气后，全市空气可吸入颗粒物（PM_{10}）年平均浓度为60ug/m^3，细颗粒物（$PM_{2.5}$）年平均浓度28ug/m^3，二氧化硫年平均浓度为14ug/m^3，二氧化氮年平均浓度为21ug/m^3；地表水国考断面水质达标率58.3%，县级以上城市饮用水水源地水质达标率100%。

【人民生活与社会保障】全年全县城镇居民人均可支配收入26071元，比上年增长5.4%；人均住房建筑面积26平方米；恩格尔系数28.9%。农村居民人均可支配收入7973元，增长7.6%；人均住房建筑面积23.4平方米；恩格尔系数29.6%。开展线上线下招聘服务活动，转移城乡劳动力9.9万人，新增城镇就业2431人。全县农村低保34038人，发放人口保障资金7541.49万元；农村五保户人数2038人，发放保障资金1220.65万元；累计发放城镇低保资金3516.34万元,保障对象达到9089人。

【社会事业】年末，全县共有独立高中3所，独立初中6所，九年一贯制学校36所，在校学生中普通高中7006人，职业生1070人，初中生7749人；小学29所，在校学生9795人，其中特教1所，在校学生136人；幼儿园168

所，在园幼儿10492人。小学适龄儿童入学率达到100%，小学毕业升学率100%。年末全县共有卫生医疗机构390个，其中医院4所，床位数1465张；卫生机构人员数2173人，卫生技术人员1859人。有疾控中心、妇幼保健站各1个，食品药品监督机构1个，卫生社区服务中心1个。乡镇卫生院18所，床位数350张。举办县级各类群体竞赛活动21项，共有0.96万人/次参市级上级比赛11项（次）。共有文化相关产业机构158个，共有艺术表演团体80个，文化馆1个，公共图书馆1个（被文化和旅游部评为“国家三级图书馆”），博物馆1个，影剧院1个，美术馆1个。全年接待游客121.54万人次，国内旅游收入5.11亿元。投资4.1亿元实施文旅体项目11个、完成投资4829万元，成功举办第十届书画文化艺术节，榜罗红色小镇、马营梯田古镇、常河山楂小镇、华岭雾凇冰雪乡村旅游活动异彩纷呈。承办全省“你是人间四月天”健康休养活动，通渭温泉接待抗疫医务人员200余人。

（赵亮亮）

陇西县

【基本情况】陇西县位于甘肃省东南部，定西市中部，渭河上游。地处陇中黄土高原中部，东接通渭县，南连武山、漳县，西邻渭源县，北靠安定区，东西宽52公里，南北长46公里，总面积2408平方公里。境内有“陇西堂”“李家龙宫”“李贺墓”等多处李氏文化遗址遗迹，是中华民族传统文化的重要组成部分。现辖12个镇、5个乡，215个行政村、11个社区，居住着汉、回、满等13个民族。2020年末，全县常住人口42.69万人，城镇化率51.27%。

【资源优势】陇西县种植中药材历史悠久，有“千年药乡”“天下药仓”美称。2020年，在省农业农村厅和定西市政府的支持推动下，陇西县建成中药材生态有机示范基地1000亩，绿色标准化基地2万亩，带动全县中药材标准化种植面积达到20万亩。标准化种植理念的引入，改变了以往粗放型的种植管理模式。陇西产药材通过标准化种植实现了道地化、良种化、绿色化、机械化、信息化、品牌化、集约化、法制化，达到了源头可溯、质量可控的科学管理效果。

【国民经济】2020年，全县完成地区生产总值76.88亿元，比上年增长4%。一、二、三产增加值分别为14.51亿元、13.61亿元、48.76亿元，分别增长5.9%、4.6%和3.4%。固定资产投资增长16.4%；社会消费品零售总额28.1亿元，下降1%；一般公共财政预算收入5.23亿元，增长3.1%；城镇、农村居民人均可支配收入分别达到26893元和9781元，分别增长5.2%和7.5%；年末金融机构人民币存贷款余额分别达到192.92亿元和183.86亿元，分别比上年末增长11.89%和9.01%。

【农业生产】2020年全县共播种各类农作物131.63万亩，其中粮食作物94.17万亩，经济作物36.03万亩，夏秋比和粮经比分别为21.7∶78.3和71.5∶28.5。中药材、草牧、马铃薯、蔬菜是农村的主导产业。全县已普查到的中药材品种310种，在全国统一普查的363个主要品种中，陇西有96种，占全国的26.4%；常用的130多个品种中，陇西有93种，占全国的72%。2020年中药材种植面积28.56万亩，总产量9.03万吨。陇西是“中国腊肉之乡”，畜产品加工具有悠久的历史，千吨以上肉制品加工企业7家，年加工各类肉制品近1.5万吨，金钱肉、口条、火腿被誉为“陇原三绝”，“陇原情”“足赤”腓肉制品为地方名优产品，驰名陇上。

【工业发展】全县现有各类工业企业322户（其中规模以上企业24户）。2020年，全县实现工业增加值7.98亿元；24户规模以上工业企业实现产值62.74亿元。目前，全县已形成了中医药加工、铝冶炼及制品、装备制造、特色农产品加工、化工建材、新型包装等六大工业体系，工业内部结构不断优化，总量不断扩充。中医药加工方面，全县有较大规模的中药材加工企业53家，其中省级龙头企业10家，通过新版GMP认证的企业24家，个体加工户3800多户，年加工转化各类中药材10万吨，产值达到30亿元，基本实现了由初级切片向饮片炮制、有效成分提取、成药制造、保健品开发全产业链的拓展延伸。铝冶炼及制品方面，全县有各类铝冶炼及加工企业8家，加工生产能力85万吨。产能在10万吨以上铝冶炼加工企业4家，其中西北铝业公司以国防军工、航空航天、核工业和汽车用品等高附加值铝合金产品生产为主。甘肃东兴铝业陇西分公司是全县唯一一家生产电解铝的上游企业；甘肃顺泰铝业公司和甘肃中盛铝业有限公司主要以铝棒和型材加工为主，2020年实现产值31.84亿元。

【脱贫攻坚】聚焦“六个精准”，主攻“五个一批”，积极构建大扶贫格局，累计投入扶贫资金52亿元，实施扶贫项目305个。改造农村危房6904户，易地扶贫搬迁3253户1.39万人，自来水入户9万户，村组道路建设2024公里，农网改造1058公里，接通140个行政村和1034个自然村有线宽带，被评为全国100个“十三五”易地扶贫搬迁成效明显县之一。义务教育阶段贫困家庭学生实现“零辍学”，义务教育基本均衡达标通过国家评估，行政村标准化村卫生室实现全覆盖。东西部扶贫协作和中央单位定点扶贫持续深化拓展，累计到位各类帮扶资金1.93亿元，实施帮扶项目191个，受益贫困户2.7万户。“两不愁三保障”全面实现，现行标准下14.63万贫困人口全部脱贫，134个建档立卡贫困村全部退出，如期打赢脱贫攻坚战实现了整县脱贫摘帽。

【项目建设】充分发挥有效投资的关键作用，“十三五”期间争取国家投资项目130个、到位资金13.39亿元；引进各类招商引资项目67个、到位资金136.63亿元；实施千万元以上重点项目411个，完成固定资产投资406亿元，年均增幅保持在10%以上，年均拉动经济增长6.7个百分点。投入资金348亿元完善城乡基础设施，城镇建成区面积达到35.9平方公里

【人民生活】全年全县城镇居民人均可支配收入26893元，比上年增长5.2%；农村居民人均可支配收入9781元，增长7.5%。输转劳动力12.93万人，创劳务收入29.2亿元。城镇登记失业率为3.51%。供水供气、污水处理等市

政公共设施更加完善，城市规划区供水普及率、燃气普及率、污水处理率、生活垃圾无害化处理率分别达到99.7%、90%、96.2%和100%。农村面貌发生历史性变迁，“四好农村公路”助力促农增收和脱贫攻坚，等级公路达到1922公里，乡镇硬化路通达率、行政村道路硬化率均达到100%。农村居民用水用电等生活条件大幅改善，以“厕所革命”、全域无垃圾治理为重点的农村人居环境整治取得显著成效，12个村建设为省级美丽乡村示范村。

【环境治理】牢固树立“绿水青山就是金山银山”的生态发展理念，加大生态修复保护力度，扎实开展大规模国土绿化行动，实施山水林田草系统综合治理，“十三五”期间完成义务植树1260万株，造林绿化14.74万亩，治理水土流失面积240平方公里。持续打好污染防治攻坚战，“河长制”和最严格水资源管理制度全面落实，入河排污口专项整治、河道“四乱”问题整治、地下水超采区治理有序推进，渭河陇西城区段河道生态综合治理规划启动实施，开发区内所有工业企业废水实现集中处理、达标排放。城市道路和建筑工地扬尘治理、机动车尾气和柴油货车污染治理扎实开展，煤质管控措施严格落实，提标改造和并网取缔燃煤锅炉115台，改造土灶和小火炉清洁能源16000户，县内建筑施工、城区拆迁和道路工程场地全部落实防尘措施并实现在线监测。农业面源污染综合治理持续强化，工业废弃物污染风险管控和历史遗留污染区域治理全面加强，废旧农膜和畜禽废弃物资源化利用率达到82%。

【社会保障】全县纳入城市低保2684人，月人均补差402元，纳入农村低保28867人，月人均补差227元；基本医疗保险参保人数45.6万人，其中城镇职工基本医疗保险参保人数3.5万人；城乡居民基本养老保险参保人数达26.1万人，参保率99.5%；基本医疗保险在职职工人数3.5万人；工伤保险参保人数2.6万人，享受工伤待遇108人；参加生育保险人数2.3万人，享受生育保险待遇755人；参加失业保险人数19820人，领取失业保险金986人次。

【社会事业】全县现有中小学276所，其中，中等职业技术学校1所、职业教育中心1所、高级中学4所（含民办1所）、完全中学3所、初级中学21所、九年制学校18所、小学100所、幼儿园127所、特殊教育学校1所。教职工7563人；在校学生86214人，其中中职学校2296人、普通高中9042人。县级文化馆、图书馆、博物馆、美术馆（书画院）分别设立，全县建有乡镇文化站17所，农家书屋和文化资源共享工程215家，“四馆一站”全部免费开放。全县共有各级各类医疗卫生机构336家，其中县级综合医院3家，乡镇卫生院及分院17家，村卫生室209家，县乡两级医疗卫生机构共有床位3405张。

（张力）

渭源县

【基本情况】渭源县位于甘肃省中部，定西市西南部，北靠定西市安定区和临洮县，东接陇西县，南连漳县，西与甘南藏族自治州的卓尼、临潭和临夏回族自治州的康乐县接壤，距省会兰州市174公里。是中国古丝绸南路和唐蕃古道的必经之地，以古老渭河的发源地而得名。地处西秦岭末端向北部黄土高原过渡区，地形地貌复杂多样，自然风光绮丽秀美，旅游资源得天独厚。处古雍州之地，境内融汇了仰韶文化、马家窑文化、齐家文化等三大古代文化，积淀形成了以“大禹导渭”“秦长城”等为代表的渭河源文化，是黄河上游古文化发祥地之一。是“中国马铃薯良种之乡”“中国党参之乡”，是国家级城市群“兰州—西宁城市群”重要节点城市，交通上位于中国陇海和兰渝两大铁路经济带的交汇处，G30连霍高速、G75兰海高速和国道212、310线穿境而过，兰渝铁路在此设站，渭武高速全面通车，使渭源形成集铁路、高速、公路于一体的交通网。2020年末，全县常住人口27.68万人，城镇化率28.49%。

【国民经济】2020年，全县实现地区生产总值40.08亿元，比上年增长4.6%。第一、二、三产业增加值分别为14.07亿元、3.27亿元、22.75亿元，分别增长5.7%、6.4%、3.6%。三次产业结构比为35.1 ∶ 8.1 ∶ 56.8，对经济增长的贡献率分别为44.7%、11.8%、43.5%。全年十大生态产业增加值11.25亿元，增长2.3%，占全县地区生产总值的28.1%。固定资产投资增长15.5%；社会消费品零售总额9.23亿元，增长0.8%。一般公共预算收入1.62亿元，增长5.6%；一般公共预算支出31.29亿元，增长0.3%。年末全县金融机构人民币各项存款余额81.34亿元，比上年末增长10.84%，贷款余额56.92亿元，增长4.51%。

【农业经济】全年全县农作物种植面积110.52万亩，比上年增长0.54%。粮食作物播种面积71.84万亩，粮食总产量18.41万吨。其中夏粮播种面积28.23万亩，产量4.88万吨；折粮薯类（马铃薯）播种面积29.49万亩，产量8.23万吨。油料播种面积4.43万亩，产量0.71万吨。蔬菜播种面积1.52万亩，产量1.04万吨。中草药材播种面积31.68万亩，产量8.74万吨。

【工业经济】全年全县工业增加值1.32亿元，比上年增长3.5%。年末共有规模以上工业企业9户，规模以上工业增加值增长7.5%。其中，农副食品加工业增长23.3%，中药饮片加工业增长10.3%，饮料制造业下降40.2%。规模以上工业企业全年实现营业收入41667.4万元，增长12.65%；利润总额1809.5万元，营业收入利润率4.49%。截至2020年底，全县运营的光伏发电总装机规模60.25兆瓦，全年发电量8107.67万度，实现售电收入2529.56万元。

【脱贫攻坚】2020年，全县现行标准下年内共减少农村贫困人口368户1382人，建档立卡贫困户全部实现脱贫。2020年2月，省政府批准渭源县整县脱贫摘帽，10月，渭源县荣获“全国脱贫攻坚奖组织创新奖”，被确定为“全国脱贫攻坚交流基地”，元古堆村级光伏电站建设运营做法、田园牧歌养殖专业合作社带贫模式入选“全球最佳减贫案例”。

【优势产业】开展马铃薯新品种试验试种和优质品种推广，繁育能力逐步提高，年产脱毒瓶苗4.8亿株、原原种5亿粒、种薯80万吨。建设中药材标准化基地10.3万亩、集约化育苗基地483亩，中药材溯源大数据平台基本建成，“渭源白条党参”企业质量标准即将颁布，实施佛慈红日等一批中药饮片加工、配方颗粒生产项目，中药材年加工能力达到7万多吨。金鸡、顶乐、陇玥等现代畜牧业全产业链项目迅速壮大，草牧业从粗放型转向集约型增长，蔬菜、食用菌、花卉标准化种植总面积达到8.2万亩，81座村级光伏电站建成并网，光伏电站总装机容量达到60.25兆瓦。

【文化旅游】渭河源、渭河东源游客中心基本建成，罗家磨“百美村宿”全国乡村旅游扶贫示范项目顺利推进，元古堆、南谷新村成功创建为AAA级和AA级景区。全县共有AAAA级景区2个、AAA级景区2个、AA级景区2个，举办了第三届渭水文化旅游节、渭源县冰雪旅游活动，开展了首届“丝路古韵·渭水流歌”旅游文化周活动，全年接待国内外游客154.13万人次，比上年增长2.4%，实现旅游综合收入7.53亿元，增长5.4%。

【城乡建设】国道310县城过境段、禹河治理等35个城市建设项目顺利实施，学府路等5条市政道路投入使用，完成城市危旧楼房改造1121套，县城集中供水工程建成通水。与市水投集团公司合作全面铺开，组建渭源城镇建设投资集团有限公司，启动了渭河小镇项目。实施县城区生态景观加密提升工程，新增城市绿地2.4万平方米。县城至渭河源景区旅游公路建成通车，朱韩路改造工程全面完成，新建村组道路308公里，完成“畅返不畅”和水毁灾损道路整治40.22公里。实施总投资4.5亿元的会川镇集中供热、渭武高速连接线等小城镇项目11项，中心城镇带动效应进一步显现。扎实开展农村人居环境治理，整治农村残垣断壁、私搭乱建成效明显，行政村卫生公厕实现全覆盖。14座垃圾低温磁化热解站和会川镇污水处理厂建成使用。创建清洁村庄137个。

【环境保护】当年全县造林封育面积5.27万亩，森林面积3.28万公顷，森林蓄积量176.26万立方米，森林覆盖率16.0%。有水源地保护区3个，保护面积339.16公顷。城镇生活污水处理率100%，工业废水处理14.58万吨，工业固体废物综合利用率100%。全年水资源总量40.58亿立方米。总用水量2923立方米，其中，生活用水量1276.3万立方米，工业用水量112.2万立方米，农业用水量748.8万立方米。全年平均气温6.6℃，年日照时数1929.5小时，年总降水量649.6毫米，全年无霜期178天。

【社会保障】年末全县城镇最低生活保障446户844人，农村居民最低生活保障9033户25067人；城镇特困供养11人，农村特困供养2241人。年末机关事业单位养老保险参保人数0.91万人，城镇职工养老保险参保人数0.35万人，城乡居民养老保险参保人数21.60万人。工伤保险参保人数1.18万人，失业保险参保人数1.0万人。年末城乡居民医疗保险参保人数29.76万人，收缴保险费7438.93万元；城镇职工医疗保险参保人数1.35万人，收缴保险费6014.22万元。

【人民生活】全年全县城镇居民人均可支配收入26562元，比上年增长5.3%；农村居民人均可支配收入8815元，增长7.4%。城乡居民收入比为3.01，比上年缩小0.06。城镇居民人均消费支出19498元，增长4.1%；农村居民人均消费支出8871元，增长3.6%。全年城镇新增就业2348人，失业人员实现再就业475人。年末城镇登记失业人数129人，城镇登记失业率2.96%。年末共有公益性岗位就业人员923人，其中本年安排265人。全年累计劳务输转7.01万人，增长17.03%，其中组织化输转6.45万人。实现劳务收入15.32亿元，增长18.39%。劳务品牌培训838人，东西部协作“晋渭”劳务输转711人，赴疆转移就业安置132户215人。

【社会事业】全县共有普通高中4所，专任教师752人，年末在校学生6413人；初级中学16所，专任教师832人，年末在校学生6440人；小学151所，专任教师1425人，年末在校学生18069人；九年制学校8所，专任教师330人，年末在校学生3485人；中等职业教育学校1所，专任教师146人，年末在校学生1299人；特殊教育学校1所，专任教师22人，年末在校生85人；各类幼儿园159所，在园幼儿10797人。年末全县共有医疗卫生机构333个。其中，医院6个，乡镇卫生院18个，村卫生室217个，社区卫生服务中心（站）1个，诊所、卫生所、医务室88个，专业公共卫生机构3个。医疗卫生机构卫生技术人员797人。其中，执业医师（含助理）452人，注册护士234人，乡村医生、卫生员220人，医疗卫生机构床位数1586张。全县共有体育场馆2个，公共体育场地面积63.24万平方米，群众健身点54个，社会体育指导员1073人，专职教练员6人，在训队员20人，等级裁判员32人，各类体育协会、俱乐部14个。为省、市体育专业机构输送优秀体育后备人才6人次，获批全省首个县级自行车比赛训练基地，承办省级赛事4项，组织参加了定西市第二届运动会，取得19金25银28铜共72枚奖牌，举办了2020渭河源露营大会。

（朱增贵）

临洮县

【基本情况】临洮，古称狄道，位于甘肃中部、定西西部，是国家扶贫开发工作重点县和六盘山片区连片特困地区之一。是省会兰州的南大门，县城距兰州市区80公里，是南向通道经济带上重要节点城市。兰临、临康、临渭高速和国道G212及省道S309、S311线穿境而过，城乡道路纵横交错，四通八达，是连接甘肃中南部与临夏、甘南两个少数民族地区的必经之地和欧亚大陆桥经济带辐射圈内重点县区。随着定临高速、临洮机场军民合用改扩建、兰州至汉中高速铁路、兰州“大三环”高速等重大项目的规划实施，临洮的交通条件将更加便利。全县总面积2851平方公里，共有18个乡（镇），323个村、12个社区，2020年末，全县常住人口47.97万人，城镇化率39.30%。

【国民经济】2020年，全县地区生产总值79.36亿元，比上年增长4%；规模以上工业增加值增长8%；固定资产投资增长 15.5%；社会消费品零售总额 23.55 亿元，下降 0.6%。完成一般公共预算收入 4.0 亿元，增长 4.9%。年末全县金融机构人民币各项存、贷款余额分别达到 201.26 亿元和 136.26 亿元，比上年末增长 8.63% 和 6.1%，金融助力经济发展的能力不断提高。全年县内旅游人数 158.9 万人（次），增长 3.5%，旅游收入 8.01 亿元，比上年增长 4.2%。

【脱贫攻坚】2020 年，全县退出贫困村 2 个，减少贫困人口 3380 人，现行标准下 11.29 万贫困人口全部脱贫，187 个贫困村全部退出，省人民政府于 2020 年 2 月 28 日正式宣布临洮县脱贫摘帽。积极组织开展“四巩固六提升五促进”行动，全面消除短板弱项。全县义务教育阶段适龄儿童无 1 人失学辍学，贫困人口参保率达到 100%，331 户新增危房全部竣工，接通自来水 1676 户，落实到户产业奖补 3254.21 万元，输转城乡劳动力 10.88 万人，累计开发公益性岗位 8667 个，完成村组道路建设 371 公里，“十三五”易地扶贫搬迁拆旧复垦率 100%，纳入兜底保障对象 1.02 万户 2.4 万人，发放社会救助资金 1.2 亿元，完成农村改厕任务 10443 户，创建清洁村庄 110 个，清理农村生产生活垃圾 14902.4 吨，拆违治乱 4008 处，187 个贫困村集体经济年收益均达到 20 万元左右，农网新增、改造升级工程全面完成。争取东西部扶贫协作帮扶资金 9444.95 万元，安排实施项目 68 个，带动贫困人口稳定增收，新引进企业 3 家，帮助销售农特产品 1.176 亿元。争取中央单位定点扶贫帮扶资金 595 万元，引进帮扶资金 2.24 亿元，帮助销售农特产品 1255 万元。

【农业生产】2020 年，全县农林牧渔业增加值 15.7 亿元，比上年增长 6.0%。农作物播种面积 124.08 万亩，比上年增加 9.51 万亩。其中，粮食作物播种面积 88.69 万亩，经济作物播种面积 34.41 万亩，粮经比为 72 ∶ 28。粮食总产量达到 24.10 万吨，增长 3.73%；粮食单产 271.73 公斤，比上年增加 9.63 公斤。年末大牲畜存栏 6.71 万头，比上年末增长 11.26%；猪存栏 22.54 万头，增长 74.44%，牛存栏 6.57 万头，增长 12.48%；羊存栏 25.10 万只，增长 10.66%；鸡存栏 86.19 万只，增长 9.42%。全年实现畜牧业增加值 50682 万元，占农业增加值的 24.37%。

【项目建设】2020 年，全县始终把项目建设作为稳投资促发展的强大引擎，安排前期费 1309 万元，高质量编制完成“十四五”规划，论证储备重点项目 482 个、总投资 1713 亿元，尤其是精心谋划的 44 个十亿元以上重大带动性项目，为临洮长远发展奠定了坚实基础。坚持向上抓争取与对内抓融资双线发力，115 个项目下达投资计划，争取专项资金 14.4 亿元、债券资金 4 亿元。深入开展“十大生态产业招商攻坚年”行动，签约引进一带一路·润泽智惠产业创新城等项目 20 个、资金 62.1 亿元，累计到位资金 21.4 亿元。大力推行“1+1 托 5”机制，分四批开工建设重点项目 142 个、完成投资 67 亿元，特别是奇正藏药医药产业基地、光大生活垃圾焚烧发电等一批重点生态产业项目的落地建设，带动固定资产投资增速达到 15.5%，为经济高质量发展注入了强劲动力。

【人民生活】2020 年，全县城镇新增就业人口 4165 人，城镇登记失业率为 3.01%。全年城镇居民人均可支配收入 27597 元，比上年增长 5%；人均消费支出 20909 元，增长 0.1%。农村居民人均可支配收入 9295 元，增长 7.5%；人均生活消费支出 9262 元，增长 5.5%。

【环境治理】2020 年全县严守环境质量只能变好、不能变差的底线，持续推进退耕还林等重点林业工程，深入开展全民绿化行动，完成人工造林 7.24 万亩，马啣山贫困片区生态修复工程成为全省重要的高原生态保护示范点。有序开展重点区域水土保持综合治理，治理水土流失面积 50.5 平方公里、坡耕地 1.1 万亩。洮河国家湿地公园重点功能区基本建成，成为重要的山水湿地绿色体验区。全面打好污染防治攻坚战，清洁化改造土炕土灶小火炉 5000 户，燃煤小锅炉全部“清零”，临洮“气质”进一步提升。系统开展洮河保护治理，对 14 个入河排污口进行了规范整治，城区污水处理厂提标改造等 4 个污水处理项目建成运行，地表水水质稳定达标。强化重点企业污染风险点跟踪监测，土壤环境持续改善。压茬推进生态环境问题整改，中央和省市环保督察反馈交办的 124 个问题全部办结销号，全县生态环境质量明显提升。

【社会保障】2020 年，临洮县坚持教育优先发展，投资 1.32 亿元实施教育项目 38 个，新建改扩建校舍 7.7 万平方米，在城区建成椒山小学和椒山、岳麓、万纪 3 所幼儿园。高考应届生文化课一本、二本上线率分别达 42.71%、86.08%，稳居全市第一，3 名学生被清华、北大录取，优秀生培养取得重大突破，临洮教育事业迈入了高质量发展的快车道。大力发展医疗卫生事业，县中医院康复中心建成投用，县级医院建成卒中中心等重点专科 17 个，智慧医疗平台全面上线运行，县乡村三级医疗服务体系更加完善，县人民医院跻身全国县级医院“300 强”。不遗余力加强社会保障，发放各类保障金 9.3 亿元、创业贷款 1.13 亿元，报销医疗费用 4.5 亿元，多渠道安置高校毕业生 3567 人，满足了群众基础性兜底性民生需求。高质量办结年初承诺的 10 件 14 项民生实事，认真办理人大代表意见建议 109 件、政协委员提案 114 件，一批群众最关心、最急需、最期盼的民生问题得到有效解决。

（陈海霞）

漳县

【基本情况】漳县位于甘肃省东南部、定西市南部，总面积 2164.4 平方公里，海拔 1640 米—3941 米，年平均气温 7.4℃，无霜期 161 天，降雨量 500 毫米，属湿润半湿润气候，境内地形地貌复杂，光热垂直分布，富含负氧离子，气候立体多样，资源禀赋优越。现辖 10 个镇、3 个乡，135 个行政村。2020 年末，全县常住人口 16.69 万人，城镇化率 33.83%。

【资源优势】漳县自然旅游资源绚丽多彩、人文旅游资源积淀深厚、红色旅游资源较为丰富、乡村生态旅游日渐成型，逐步形成了旅游资源的“六张名片”。贵清山 1997 年被命名为国家森林公园，2005 年被评定为国家 4A 级旅游景区。国家攀岩队训练基地遮阳山，是国家4A级旅游景区、国家森林公园，是西北首屈一指的自然山水风景名胜区，2005年被国家体育总局命名为国家攀岩队训练基地。境内中药材、蚕豆、沙棘等特色产业资源丰富、品质优良。沙棘资源充足、分布广泛，有沙棘林30万亩，其中天然林20万亩、人工林10万亩，挂果面积达到20余万亩，年产量6万吨左右，2011年6月漳县被中国特产之乡推荐暨宣传活动组织委员会命名为“中国沙棘之乡”。

【国民经济】2020年，全县地区生产总值24.37亿元，比上年增长4.8%。其中，第一产业增加值5.58亿元，增长5.8%；第二产业增加值4.85亿元，增长4.9%；第三产业增加值13.94亿元，增长4.2%。三次产业结构比为22.9 ∶ 19.9 ∶ 57.2，对经济增长的贡献率分别为27.7%、20.5%、51.8%。全年十大生态产业增加值7.5亿元，比上年增长9.5%，占全县地区生产总值的30.9%，比重比上年提高9.52个百分点。工业增加值3.98亿元，增长4.2%。建筑业增加值0.87万元，增长9.1%。资质建筑业企业全年实现利润512万元，增长30.1%。固定资产投资增长5%。社会消费品零售总额5.7亿元，增长0.2%。一般公共预算收入1.65亿元，增长5.1%；一般公共预算支出18.41亿元，增长8.9%。

【脱贫攻坚】2020年，全县389户1413人、85个贫困村全部脱贫。投资3892万元实施教育扶贫项目11个；全面落实“两免一补”、营养餐补助和寄宿制学生生活补助等政策，累计发放资助金2547.92万元，全县无义务教育阶段辍学学生。全面落实健康扶贫政策，贫困人口参合率、资助率均达到100%，基本医疗保险、大病保险、医疗救助实现全覆盖；135个村卫生室全部达到标准化建设要求，配备合格村医199名；家庭医生签约服务实现全覆盖，符合条件的贫困户慢特病卡持有率达到100%。严格落实动态监测机制，做到发现一户、销号一户，累计拨付补助资金60万元，对排查发现的31户新增危房进行改造，并全部发放了住房安全等级鉴定认定表。投资691.6万元实施安全饮水巩固提升工程78处。目前，全县农村自来水管网覆盖135个村，实现供水入户38839户，自来水总入户率达到96%，农村安全饮水保障率达到100%。同时，健全运行管护机制，制定了《漳县农村饮用水工程运行管理办法》，切实保障饮水安全。统筹安排各类资金3.1亿元，用于产业发展1.61亿元，占51.94%。其中，投入资金8023万元，扶持1.4万户贫困户和有需求的边缘户发展中药材、高原夏菜和畜牧养殖等产业；投入资金64万元,扶持221户贫困户发展“五小”产业；投入资金4920万元，扶持壮大村集体经济；投入资金3250万元，发展农业产业基础设施建设项目。

【项目建设】全年全县共谋划储备中央投资项目76个，总投资28亿元；储备地方政府专项债券项目23个，总投资28.8亿元，争取到专项债券2.7亿元；规划暴雨洪涝灾害灾后恢复重建项目75个，重点推进前期项目50个。2020年新开工项目28个，计划总投资11.02亿元，累计完成投资4.17亿元，其中县内5000万元以上的项目有5个，计划总投资7.76亿元，累计完成投资1.93亿元；续建项目8个，累计完成投资22.25亿元。

【工业建设】2020年，全县规模以上工业总产值9.17亿元，增长9%；规模以上工业增加值增长9%；规模以上工业企业主营业务收入利润率34.5%。加大5G基站建设力度，铁塔公司正在统筹编制5G基站规划，即将进入评审，2020年全县已完成5G基站25个，开通使用16个。重点项目成效显著。甘肃高原洁净煤业科技发展有限公司漳县年产100万吨洁净环保型煤项目(一期)总投资3000万元，已建成投产，主要生产洁净环保型煤，产品可覆盖定西、天水、兰州等市州，为群众使用环保型煤创造了便利条件。甘肃翊申文化服饰科技有限责任公司年产30万件服装加工生产线项目总投资1020万元，已建成并投产，该公司可吸纳100多人就业，已成功创建扶贫车间。漳县艾康沙棘系列产品综合开发项目二期工程总投资3100万元,目前已完成建设并投入生产，该项目的建成对全县沙棘产业的发展具有重要意义。

【城市建设】坚持规划、建设、管理并重，不断拉大城区框架，完善服务功能，提升城市品位。积极筹措建设资金，全面开工建设的重点项目有：总投资6000万元、污水处理能力达到0.6万m^3/d，出水达到一级A标准的漳县城区生活污水处理厂提标扩建及改造工程；总投资16001.94万元，供热能力提升到105吨的漳县城区集中供热近期工程；总投资700万元，长600米，宽24米的漳县文苑北路道路工程；总投资1.5亿元，改造老旧住宅楼128户的漳县老旧住宅楼棚户区改造建设项目；总投资为2667万元的漳县城区贵清路商贸街城中村市政管网改造等市政基础设施建设工程。

【环境治理】全面开展大气污染防治、河道污染治理、农村环境连片整治，全县环境质量有效改善。大气环境质量中总悬浮微粒年日均值控制在国家标准之内，二氧化硫、氮氧化物年日均值控制在国家一级标准之内。城镇、农村饮用水水质达标率继续保持在100%。区域环境噪声和交通干线噪声均控制在国家规定的排放限值之内。全年完成水土流失综合治理面积6万亩。全力开展节能减排,全县GDP综合能耗下降2.76%。

【人民生活与社会保障】全年全县城镇居民人均可支配收入26775元，比上年增长5.5%;人均消费支出16729元，增长6.5%。农村居民人均可支配收入8329元，增长7.2%；人均生活消费支出9139元，增长9.6%。全县职工养老保险参保2632人，失业保险参保4842人，工伤保险参保7163人，城镇职工基本医疗保险参保9410人，大额医保参保6877人，职工意外伤害保险参保人数9373人，生育保险参保6877人；城乡居民基本养老保险当年缴费11.48万人，参保人数达到13.88万人，参保率98%,发放养老金、丧葬费、高龄补贴、个人账户共计3082.39万元；城乡居民医疗保险参保17.46万人。全县享受城市最低生活保障的居民1797人，共发放城市低保金811.54万元；全县享受农村最低生活保障的居民12621人，共发放农村低保金3845.59万元；全县特困供养人数731人，发放特困供养金568.44万元。

【社会事业】大力发展社会各项事业，努力提高公共服务水平。稳步推进教育事业发展，投入项目（采购）资金7945万元改善办学条件，全县校舍面积达到392378.87平方米。县一中、县二中、职业中专等7所学校完成整体搬迁，新改扩建幼儿园37所。扎实开展教育质量攻坚年和提升年活动，以优异成绩顺利通过省政府教育督导评估。全面实行免费义务教育，设立并规范运行教育人才发展基金。高考文化课二本以上上线612人，上线率达到66.02%，一本上线人数达到135人。发放城乡班主任津贴和乡村教师生活补助807万元，落实义务教育阶段困难学生生活补助759.83125万元。年末全县共有医疗卫生机构154个，其中，医院2个，乡镇卫生院13个，社区卫生服务中心（站）1个，村卫生室134个，疾病预防控制中心1个，妇幼保健院1个，卫生监督所1个，计划生育技术服务机构1个。卫生技术人员481人，其中副主任医师和主治医师75人。医疗卫生机构床位655张（含社区卫生服务），其中，医院520张（综合医院270张，中医院250张），乡镇卫生院39张，中心卫生院96张。全县共有文化馆1个，公共读书馆1个，博物馆1个，档案馆1个。

（蔡雷）

岷县

【基本情况】岷县位于甘肃省定西市南部，全县总面积3578平方公里，水域面积22万亩，森林面积97万亩，草场面积390万亩，森林覆盖率13.7%。岷县盛产当归，红芪、黄芪、党参、大黄、贝母等中药材238种，种植面积达35万亩，素有“当归之乡”“千年药乡”之称，尤以“岷归”驰名中外，被欧洲人誉为“中国妇科人参”，是重点外贸产品。岷县水资源丰富，境内水系分长江、黄河两大流域，3个水系。有大小河流22条，年平均径流量42.09亿立方米。地下水总储量2.36亿立方米。水能蕴藏量32.56万千瓦，年发电量28.5亿度。黄河上游最大的支流洮河流经县内13个乡镇83.5公里。可开发梯级电站6座，总装机容量可达10万千瓦。现辖15个镇、3个乡，358个村（居）委会。2020年末，全县常住人口42.52万人，城镇化率27.14%。

【国民经济】2020年全县地区生产总值51.17亿元，比上年增长4.2%。其中，第一产业增加值10.7亿元，增长6.0%；第二产业增加值5.17亿元，增长6.4%；第三产业增加值35.3亿元，增长3.2%。三次产业结构比为22.4 ：10.2 ：67.4。工业增加值2亿元，增长3.3%。规模以上工业增加值增长7.7%。建筑业增加值3.17亿元，增长8.6%。固定资产投资增长16.1%。社会消费品零售总额完成20.16亿元，增长0.2%。一般公共预算收入2.26亿元，增长5.5%；一般公共预算支出44.58亿元，增长21.7%。金融机构人民币各项存款余额128.34亿元，比上年末增长13.5%；各项贷款余额117.35亿元，增长13.9%。城镇居民人均可支配收入27014元，比上年增长5.3%；农村居民人均可支配收入8348元，增长7.7%。

【脱贫攻坚】聚焦“两不愁三保障”，认真开展挂牌作战，扎实开展“3+1”冲刺清零后续行动、“5+1”专项提升行动，所有贫困村和贫困户都达到了退出验收标准，所有边缘户和监测户全面消除了致贫返贫风险。年内投入各类扶贫资金11.72亿元，用于产业发展、安全饮水、就业奖补、易地扶贫搬迁等项目，90%以上的建档立卡贫困人口得到了产业扶贫政策支持。全县中药材种植面积稳定在60万亩左右，产值约40亿元；蜂存栏10万箱左右，产值约1.5亿元；猫尾草种植面积达10万亩，产值约3.6亿元。采取“一户一策、一人一案”等措施，组织贫困劳动力外出务工，输转劳动力6.16万人，实现劳务收入10.85亿元；就近就地吸纳劳动力1.83万人，新开发公益性岗位3195个，有效拓宽了贫困户增收渠道。加大产销对接力度，电商销售总额达到2.99亿元，网购金额3.32亿元，东西部消费扶贫1.21亿元。经国家和省市逐级考核验收，经省政府批准，岷县于2020年11月21日退出贫困县序列，岷州儿女彻底告别了延续千年的绝对贫困。

【“三农”工作】全域推进中药材绿色标准化种植，建成3个万亩中药材标准化绿色示范基地，建成带贫核心示范区33个。“岷县当归”入选“甘味”农产品目录，狼渡滩野生草莓酒荣获第二十一届中国绿色食品博览会暨第十四届中国国际有机食品博览会金奖，梅川镇被农业农村部认定为第十批全国“一村一品”示范村镇。不断推动蜂产业向支柱产业、销量导向型、集约化经营方式转变。与中国农科院蜂蜜研究所签订科技合作协议，打造蜂产业绿色发展岷县样本。注册成立养蜂合作社280多个，建成蜂蜜生产“扶贫车间”6个，岷县被中国蜂产业协会授予“蜂产业扶贫先进县”。着力打造国家级特色优质牧草种籽繁育基地、种植基地和精深加工基地，发展草产业合作社（企业）78个。投入4744.84万元、扶持1.6万户建档立卡贫困户发展“五小”产业。《中国影像方志岷县篇》《味道》等在央视播出，麻子川镇吴纳村等3个村荣获甘肃省乡村旅游示范村。

【项目建设】始终把项目建设作为稳投资促发展的强大引擎，进一步加大项目谋划力度，加快项目前期进度，加强项目实施监管，确保全年固定资产投资快速增长。安排前期费1585万元，高质量编制完成“十四五”规划，论证储备重点项目651个、总投资1418亿元，为岷县长远发展奠定了坚实基础。持续深化投资审批体制改革，加快新谋划项目审批进度。全县通过在线审批平台审批（备案）各类重点项目155项，总投资达到123.4亿元，审批项目数同比翻了一番。认真落实“1+1托5工作机制”和县级领导包抓重点项目责任制，确定县级重点建设项目100个，总投资达334.7亿元。74个投资清单项目参加了全市五批次项目集中开（复）工活动，总投资达到133亿元。不断加大预算内投资项目和政府专项债券项目争取力度，共争取到位预算内项目资金12.9亿元，增长16.6%；争取到位地方政府债券资金3.58亿元。深入开展招商引资行动，全年实施招商引资项目32项，当年到位资金47.46亿元，增长30.28%。

【优势产业】依托资源优势，培育

特色产业。在做大做强中药材主导产业的同时，培育了蜂、草绿色新兴产业，形成了“脱贫攻坚三大宝、药材蜂蜜猫尾草”的扶贫产业体系。2020年，全县投入蜂产业发展资金4070.75万元，建成蜂蜜生产“扶贫车间”6个，全县养蜂农户达1.2万户，蜂存栏10万箱，带动10217户贫困群众稳定增收，年产蜂蜜约1250吨，总产值1.5亿元。2018年11月，通过国家农业农村部绿色食品中心“岷县蜂蜜”农产品地理标志认证。投入草产业发展资金1061.95万元，全县种植岷县猫尾草10万亩，产量6万吨，总产值3.6亿元，在寺沟、闾井、蒲麻等乡镇建成牧草种植加工“扶贫车间”5处，累计带动7823户贫困户稳定增收。“岷县猫尾草”地理标志认证已通过国家商标局初审。全县围绕中药材、蜂、草三大产业，分别挂牌成立了3个县级合作总社，51个乡级分社，政府主导组建村级合作社653家，其中，中药材产业合作社300家、蜂产业合作社280家、草产业合作社73家，实现了行政村全覆盖。目前，创建国家级示范社2个、省级示范社50个、市级示范社44个、县级示范社244个。

【环境保护】持续加强生态文明建设，筑牢生态安全屏障，完成城乡面山和村庄绿化1.5万亩，建设绿色长廊447公里，全民义务植树220万株。有序开展重点区域水土保持综合治理，完成治理面积50平方公里。全面履行生态环境保护主体责任，强力开展燃煤锅炉、煤质管控、扬尘污染、餐饮油烟和高排放机动车专项整治，清理取缔城区餐饮燃煤小火炉，完成清洁能源改造3747户。三级河长巡河6540余人次，长效整治河湖“四乱”问题。系统开展洮河保护治理，对入河排污口进行了规范整治，完成8家水电站环境影响后评价备案，地表水水质稳定达标。强化重点企业污染风险点跟踪监测，土壤环境持续改善。扎实开展危险废物专项排查整治，持续巩固污染防治成效。加强自然资源保护，彻底排查整治农村乱占耕地建房问题，守牢耕地保护利用红线。全面加强农药、化肥、农膜及废弃包装物使用监管，畜禽养殖污染、废旧农膜回收利用取得积极进展。压茬推进生态环境问题整改，全县生态环境质量明显提升。

【社会保障】全年全县企业参保人数5936人，比上年增长6.97%；机关事业单位养老保险参保人数10988人，增长2.9%；失业保险参保人数12720人，增长50.78%；工伤保险参保人数13125人，增长2.54%；城乡居民基本养老保险实际参保33.54万人，增长2%；生育保险参保人数1.43万人，增长15.49%；城镇职工基本医疗保险参保人数1.80万人，增长12.21%；城乡居民基本医疗保险参保人数44.52万人，下降0.1%。城乡居民基本医疗保险基金支出总额2.54亿元，下降23.94%；累计享受待遇39.59万人次。全年享受城市最低生活保障的居民3012人，共发放城市低保金1624.63万元；享受农村最低生活保障的居民38284人，共发放农村低保金13833.14万元。城乡特困供养人数2265人，发放特困供养金1839.11万元；发放孤儿基本生活保障金95万元，共保障孤儿79人；发放临时救助资金4485.98万元，救助城乡困难群众62353人；落实困难残疾人生活补贴和重度残疾人护理补贴9657人，共发放补贴资金1058.23万元；落实经济困难老人补贴781人，共发放补贴资87.18万元。

【社会事业】坚持教育优先发展，投资1.49亿元实施教育项目74个，新建各类校舍3.71万平方米、改造活动场地3.28万平方米。县三中创建为市级示范性高中，县一中省级示范性高中创建工作进展顺利。高考文化课二本上线率69.8%，44名学生考入全国双一流大学。新招引教育、卫生等紧缺人才154人，回引人才22人。办理慢特病特殊门诊40050人，居民健康档案建档率达96.21%。全市首家社区医院在岷县岷阳中心卫生院挂牌成立。推动医疗卫生与养老服务融合发展，在岷县社区医院、清水中心卫生院建立了集多功能于一体的康养中心。科技创新引领转型发展取得新成效，全县高新技术企业达到4家。农村妇女“两癌”检查2162人次。基层文化设施不断完善，开展文化下乡活动185场次。

（包建科）

陇南市

【基本情况】陇南市位于甘肃南部，东邻陕西，南接四川，地处中国大陆二级阶梯向三级阶梯的过渡地带，位于秦巴山区、青藏高原、黄土高原三大地形交汇区域，西部向青藏高原边缘过渡，北部向陇中黄土高原过渡，东部与西秦岭和汉中盆地连接，南部向四川盆地过渡，整个地形西北高东南低，西秦岭和岷山两大山系分别从东西两方伸入全境，境内形成了高山峻岭与峡谷盆地相间的复杂地形，是甘肃省唯一的长江流域地区。境内辖一区八县，全市共195个乡镇，其中55个乡（含4个民族乡）、140个镇，3160个村委会，其中119个社区。2020年末，全市常住人口240.46万人，城镇化率36.18%。全市分布着汉、回、藏、蒙等29个民族。总面积2.8万平方公里，其中耕地面积829.5万亩。陇南处于北亚热带向暖温带的过渡地区，年平均气温10—15℃，年降雨量400—1000毫米之间，无霜期120—260天。海拔在550—4187米之间。境内地貌俊秀，气候宜人，雨量充沛，光照充足，森林覆盖率高，素有“陇上江南”之美称。

【资源优势】陇南由于特殊的地理位置，复杂的地质地貌，多样的气候条件等诸要素的多种组合，造就了其丰富的生物资源，境内自然生长的树种有1300多种，其中有花椒、核桃、油橄榄、茶叶、银杏等经济树种400多种，是甘肃唯一产茶区和全国油橄榄最佳适生区；有中药材1300多种，其中名贵中药材300多种，《本草纲目》中的党参、当归、红芪、大黄、甘草等五大药材中，四种产于陇南，而且以量大质优闻名于国内外。自公元505年，宕昌国王梁帝贡献当归，距今已有1500多年历史，素有“天然药库”“千年药乡”之称誉。有可利用天然草场990万亩，加之荒山荒坡、退耕地人工种草和大量的农作物秸秆，发展草食畜牧业具有优厚的资源；境内有山珍、食用菌100多种。这种复杂自然禀赋构成了资源的多样性，适宜多种动植物生长，天然地形成了发展经济林果、畜牧养殖、蔬菜、中药材、食用菌等农业特色产业得天独厚的优势和条件。矿产资源富集。有铅、锌、锑、铜、锰、金、硅、重晶石、煤等金属和非金属矿34种，其中西成铅锌矿带为我国第二大矿体，已探明储量2400万吨；锑为我国第三大矿体，已探明金属储量14.9万吨；文县阳山金矿已探明储量300吨以上，是我国特大型金矿之一。水力资源丰富。市内河流纵横交错，有嘉陵江、白龙江、白水江、西汉水四大水系，大小河流3900多条，年径流量279亿立方米，人均用水占有量远远高于全国全省平均水平。水电开发潜力较大，目前的开发量极为有限，水电能源产业有很大的发展空间。

【国民经济】2020年，全市实现地区生产总值451.8亿元，比上年增长2.9%。其中,第一产业增加值82.4亿元，增长4.3%；第二产业增加值102.9亿元，增长1.1%；第三产业增加值266.5亿元，增长3.2%。第一、二、三产业对生产总值的贡献率分别为26.9%、9.6%和63.5%，第三产业成为拉动经济增长的主要动力。三次产业结构比为18.2 ∶ 22.8 ∶ 59.0，与上年相比，第一产业比重上升0.5个百分点，第二产业比重下降1.2个百分点，第三产业比重上升0.7个百分点。全部工业增加值增长1.6%，其中规模以上工业增加值增长4.9%。固定资产投资下降26.8%。社会消费品零售总额139.5亿元，下降4.9%。进出口总额20000万元，增长5.3%。其中，出口总额19909万元，增长5.3%。一般公共预算收入23.2亿元，下降1.7%;一般公共预算支出335亿元，增长20.3%。年末全市金融机构人民币各项存款余额1085.1亿元，比上年末增长11.2%；各项贷款余额708.8亿元，增长1.5%。

【脱贫攻坚】陇南市始终把脱贫攻坚作为首要政治任务和“一号工程”，统揽经济社会发展全局。全市上下紧盯“两不愁三保障”，深化东西扶贫协作，强化中央定点帮扶，探索出易地搬迁片区扶贫、产业扶贫、电商扶贫、旅游扶贫、金融扶贫、社会扶贫等多条具有陇南特色的扶贫路子，现行标准下83.94万建档立卡贫困人口脱贫，1707个贫困村退出，9个贫困县全部摘帽，历史性解决了全市绝对贫困问题。陇南先后荣获“全国电商扶贫示范市”“十佳精准扶贫创新城市”等称号，全球减贫伙伴研讨会、全国电商精准扶贫现场会、全国产业扶贫工作推进会等多个高规格会议在陇南召开，持续扩大对外宣传，全方位、多角度展示美丽陇南取得新成就。

【“三农”工作】2020年，陇南市认真贯彻落实国家及省市农业农村工作会议精神，积极推进特色农业产业化经营，全面落实国家各项强农惠农政策，进一步做大做强花椒、核桃、苹果、油橄榄四棵“摇钱树”，做精做优中药材、食用菌、苗木、茶叶四个“特别特”，做好做实牛、猪、鸡、蜂四个“特色养”等长线产业，农村经济保持良好发展态势。全年粮食种植面积为350.3万亩，比上年增长0.6%；油料种植面积42.3万亩，增长1.5%；蔬菜种植面积52.4万亩，增长2.8%。全年粮食总产量82.8万吨，下降3.1%。其中，夏粮31.9万吨，增长1.2%；秋粮50.8万吨，下降5.6%。

【项目建设】2020年，陇南市强力抓项目扩投资，持续改善基础设施。谋划实施500万元以上项目671个，总投资1351.8亿元、年内完成投资253.5亿元，实施省列重大项目8个、亿元以上市列重点项目77个，完成投资137亿元。扎实推进项目建设年活动，组织开展重点项目集中开工行动，“一带一路”美丽乡村论坛主会馆等273个重点项目建成投用，两当县红色教育培训基地等382个新建项目进展良好。天水至陇南铁路、景礼高速陇南段、康县望关至白河沟段高速开工建设，武九高速加快推进，硬化自然村组道路2434公里。加大“三江一水”综合治理，实施水利重点工程43项，完成投资4.68亿元。青豫特高压直流输电工程（陇南段）建成投运，建设开通5G基站475个，行政村有线宽带实现全覆盖。基础设施支撑保障能力不断提升，人民群众交通出行条件越来越方便快捷。

【优势产业】2020年，陇南市大力发展生态产业，推动产业优化升级。发展循环农业示范基地50万亩，建设提升现代农业示范园区10个，田园综合体、现代丝路寒旱农业项目有序推进。中药材绿色标准化种植率46%，实施省级中医药项目8个，国药公司、广药集团等项目进展顺利，建成省级中医药重点专科15个。实施旅游建设项目78个，官鹅沟通过国家5A级旅游景区景观评审，建成国家乡村旅游重点村3个、省级乡村旅游示范村8个，乞巧女儿节等节会如期举办，全市接待游客1446万人，实现旅游综合收入73.5亿元。全市物流企业达到296家。大数据运营体验中心和云计算第二中心建成运行，工业互联网试点取得积极成效。全市农产品电商销售45.27亿元，陇南电商平台实现销售1.6亿元，培育销售额亿元以上的电商企业5个、千万元以上的电商企业101个。十大生态产业增加值占GDP比重达到23%，绿色发展的路子越走越好。

【人民生活】2020年，陇南市城镇居民人均可支配收入26791元，比上年增长4.6%；农村居民人均可支配收入8376元，增长8.3%。实施市政建设项目74个，完成投资11.5亿元，建成汉王一号环路、福津南路等重点工程，各县城区供气供热、污水垃圾处理、供排水、公园绿地、停车场等配套功能更加完善，城市管理水平有了新提升。城市“双修”和绿化亮化成效明显，打造了一批特色夜市街区。建设了安化镇、盐官镇、哈达铺镇、长坝镇等一批精品小镇。加大保障性安居工程建设，实施棚户区改造1013套、老旧小区改造8325户，建设房地产项目108个，完成投资50.25亿元。加快推进乡村振兴，扎实开展农村人居环境整治，建成户用卫生厕所5.6万座，创建清洁村庄796个，所有行政村生活垃圾得到有效治理，康县被国务院评为全国村庄清洁行动先进县，越来越多的乡村变为美丽新农村。

【环境保护】坚持系统修复治理，有效改善生态环境。蓝天碧水净土保卫战取得积极进展，整治“散乱污”企业75家，全市空气质量优良天数比率98.2%，空气质量综合指数排名全省第二。重点流域综合治理有序推进，工业、城镇生活废水得到有效治理，各县城区污水处理率95.7%，县级以上水源地水质达标率100%。实施土壤污染治理项目16项。完成人工造林31.4万亩、退耕还林7.3万亩、义务植树1015万株，重点流域、重点区域植被恢复良好，水土流失治理率75%。全面完成大熊猫国家公园体制试点任务，建成国家森林乡村25个、省级森林城市3个、森林小镇8个。坚决整改突出生态环境问题，与汉中、广元联合开展环境执法，严厉打击环境违法行为，天蓝地绿水清的生态环境成为陇南的靓丽名片。

【社会保障和社会事业】2020年，陇南市民生支出占财政总支出的84.5%，增长21.9%。11件省列和12件市列民生实事全面办结。新建农村“两类学校”146所、农村幼儿园127所。设立“市长教育奖学金”，教育教学质量稳步提升，全市本科上线率55.2%。医疗卫生服务水平逐步提高，市人民医院创建为三甲医院，疾病预防控制和卫生防疫体系不断健全。文化事业繁荣发展，创作推出了一批优秀文化文艺作品，建设“历史再现”工程博物馆4个，两当干部学院建成投用。新建乡村体育健身中心96个。困难群众生活得到更好保障，城乡低保标准提高10%，保障城乡低保20.9万人，特困供养1.8万人，临时救助26.6万人。残疾人和儿童福利事业健康发展。排查化解矛盾纠纷2300多件，“扫黑除恶”专项斗争深入推进，防范化解重大风险工作扎实有序，安全生产总体平稳，社会大局和谐稳定，人民群众的获得感、幸福感、安全感显著提升。

（王蘅）

武都区

【基本情况】武都区地处长江流域嘉陵江水系白龙江上游，秦巴山系结合部，素有“巴蜀咽喉、秦陇锁钥”之称。全区辖36个乡镇、4个街道，650个村、59个社区，总人口60万。武都历史悠久，先秦时期就有道（县）建置，西汉元鼎六年（公元前111年）设武都郡，唐景福元年（公元892年）武州更名为阶州，历来为镇、郡、州、地、市所在地，2004年1月撤县设区，现为陇南市委、市政府所在地。全区幅员面积4683平方公里，耕地134.46万亩，有林地和疏林地190多万亩，境内山大沟深、沟壑纵横，海拔667—3600米，年均气温14.9℃，年日照时数1872小时，无霜期210—240天，年降水量460毫米左右，气候温和，四季分明，生物垂直分布明显，资源品种多样富集，素有“陇上江南”之称。年末，全区常住人口54.65万人，城镇化率44.55%。

【国民经济】2020年，面对新冠肺炎疫情和“8.12”特大暴洪泥石流灾害，在区委、区政府的坚强领导下，全区上下坚持以习近平新时代中国特色社会主义思想为指导，认真贯彻党的十九大和十九届二中、三中、四中、五中全会精神，坚决落实中央和省市各项决策部署，统筹推进疫情防控、抢险救灾和经济社会发展，全面落实“六稳”“六保”任务，深化落实“433”重点工作，经济社会发展稳中向好，“十三五”规划目标任务总体完成。全年完成地区生产总值137.27亿元，比上年增长2.5%；固定资产投资下降9.14%；大口径财政收入13.27亿元，下降0.5%；社会消费品零售总额67.28亿元，下降5%；城镇居民人均可支配收入28677元，增长5.2%；农村居民人均可支配收入8761元，增长8.4%。

【资源优势】自然资源丰富，油橄榄和花椒种植面积、产量、产值、品质均居全国首位，油橄榄可与地中海沿岸媲美，“大红袍”花椒享誉全国，是“中国油橄榄之乡”和“中国花椒之乡”；“米仓红芪”饮誉中外，是“中国红芪之乡”，有“千年药乡”之美誉；栗香毛尖、仁和绿茶和金陇红茶色润清香，倍受青睐；有水杉、红豆杉和大熊猫、金丝猴等国家级保护动植物。矿产资源富集，被著名地质学家李四光称为“复杂的宝贝地带”，已发现和探明的矿产有17种、矿产地（包括矿化点）79处，尤其是石灰岩、白云岩、硅石、石膏最为丰富。水力资源潜力巨大，有白龙江、广坪河、西汉水三大嘉陵江一级支流，年径流量53.7亿立方米，水能蕴藏总量70.6万千瓦，可发展利用的29.5万千瓦。旅游资源丰富，开发前景广阔，万象洞为国家4A级风景区，享有“华夏第一洞”盛誉；水帘洞、朝阳洞绚丽多姿、美妙神奇，千坝草原、裕河保护区等佳景奇迹遍布全区，与四川九寨沟、天水麦积山、甘南腊子口连成一条旅游热线。

【脱贫攻坚】脱贫攻坚取得决定性胜利。严格实行挂牌作战，认真落实“四个不摘”，扎实开展“3+1”冲刺清零后续行动、“5+1”专项提升行动、“百日决胜收官”集中行动，全力补齐基础设施和公共服务短板，改造提升农村住房1169户，巩固提升安全饮水工程208项，硬化自然村组道路219条486.8公里。下达资金2.03亿元实施产业扶贫项目24个。剩余9个贫困村、726户2379人稳定退出贫困序列，实现了现行标准下贫困人口全部脱贫。全省深度贫困地区脱贫攻坚现场会、全国产业扶贫工作推进会相继在武都成功召开，产业扶贫成效得到国务院扶贫办领导的充分肯定。

【供给侧结构性改革】坚持稳中求进工作总基调，深化供给侧结构性改革，全力应对疫情灾情冲击和经济下行压力，推动经济运行克难趋稳、稳中向好。农业特色产业稳步发展，花椒、油橄榄面积稳定在100万亩、28万亩，新增有机食品认证2个、绿色食品认证5个，武都花椒获得地理标志证明商标，祥宇油橄榄公司获“国家级绿色工厂”称号。认真落实省市应对疫情支持中小企业政策措施，分区分级分行业推进复工复产，康大集团肉兔养殖项目建成投用，龙沟煤矿改造项目加快建设，工业经济企稳回升。规模以上工业增加值达到3.53亿元，培育规上工业企业1户。第三产业加快发展，全区旅游标识标牌导视系统建成投用，“2020魅力陇南乡村旅游月”成功举办，全年共接待游客220.55万人次，旅游综合收入11.54亿元。把激活消费作为主攻重点，组织开展了网络“直播带货”、首届美食文化旅游节等活动，发放电子消费券1200万元，推动消费市场全面复苏。电商物流协同发展，建成吉石坝东盛物流园区仓储物流配送中心，18家物流快递企业入驻园区。陇南电商平台武都端建成运营，实现交易额3165万元，居全市第一。全区有效运营网店2077家，实现销售额18.2亿元。

【项目建设】坚持项目带动、扩大投资，全年实施重点项目87个（其中续建39个、新建48个），完成投资

43.52 亿元。南长江大道改造、白龙江廊桥等 30 个项目建成，武九高速、裕河至两河口段公路改造等重大项目加快推进，天陇铁路等一批重点项目开工建设。紧盯上级产业政策和投资导向，加大项目资金争取力度，论证申报政府债券、抗疫特别国债等项目 97 个，争取到位资金 10.73 亿元。签约招商引资项目 8 个，签约资金 15.1 亿元。科学编制全区特大暴洪泥石流灾后恢复重建规划，谋划灾后恢复重建项目 118 个 41.87 亿元。

【人民生活和社会保障】全年全区城镇居民人均可支配收入 28677.1 元，比上年增长 5.2%；农村居民人均可支配收入 8761.6 元，增长 8.4%。年末全区企业职工参加基本养老保险 8569 人，征收养老保险费 8865 万元，参加失业保险 7480 人，征收失业保险金 226 万元；城乡居民参加基本养老保险 32.52 万人，征收养老保险费 6620 万元；城镇职工参加医疗保险 2.26 万人，征收职工医疗保险费 8333 万元；城镇居民参加医疗保险 5.24 万人，征收保险费 14680.54 万元；城镇居民发放低保金 7295.49 万元；农村居民发放低保金 12716.17 万元；供养特困人员 4830 人，发放特困供养金 3586.04 万元。

【民生事业】在区财政十分困难的情况下，民生支出只增不减，全年民生支出达到 29.5 亿元，比上年增加 12 亿元。严格落实就业奖补政策，发放创业担保贷款 2350 万元，新增城镇就业 3534 人。全年输转劳动力 13.6 万人，实现劳务收入 29.73 亿元，发放劳务奖补资金 5657 万元。全年新增城镇就业 3792 人，城镇登记失业率保持在 3.7% 以内。组织输转城乡富余劳动力 13.49 万人，创劳务收入 28.2 亿元，当年减少贫困人口 2379 人，贫困发生率下降至 0.55%。优先发展教育事业，高标准建成了武都实验中学，新设立小学 3 所，城区"上学难""大班额"问题基本缓解。高考本科上线 2447 人，上线率 56.3%，教育教学质量明显提升。加快发展"互联网 + 医疗健康"，区、乡两级远程医疗服务网络平台建成运营，区第一人民医院、区中医院纳入全国跨省异地就医直接结算系统。"平安武都"建设深入推进，"七五"普法和第七次全国人口普查任务圆满完成，食品药品、安全生产工作持续加强，扫黑除恶专项斗争深入开展，社会大局和谐稳定。基本养老保险、基本医疗保险参保率稳步提升，城乡低保、优抚对象、残疾人补助等标准持续提高。

【环境保护】坚持生态优先、绿色发展，环境质量明显改善。强化生态建设和环境保护，实施人工造林 8.61 万亩，建成绿色通道 42 公里，城区南北两山栽植绿化树种 182 万株，全区森林覆盖率达到 30.91%。裕河镇获得"甘肃森林小镇"和"甘肃特色气候小镇"称号。坚决打好大气、水、土壤污染防治三大战役，深入开展河湖"清四乱"专项整治行动，认真落实长江流域全面禁捕措施，实施了北山滑坡体综合治理等一批生态治理修复工程，建成了北峪河监测预警示范区和 6 个地质灾害专业监测点。全区空气优良天数达到 345 天，空气质量居全省第二。中央和省级环保督察反馈问题基本整改到位。积极推进"全域无垃圾""拆危治乱"和农村人居环境整治行动，拆除危旧房 10411 间，建成户用卫生厕所 9443 座、公厕 195 座，创建"清洁村庄"103 个，城乡人居环境不断改善。

【疫情防控】坚持人民至上、生命至上，第一时间快速反应，果断出击，启动应急响应，建立联防联控机制，靠实四方责任，强化网格化管理，加强重点人群、重点区域管控，有效遏制了疫情输入扩散。努力克服财政困难，千方百计筹措物资，投入防控资金 3165 万元，筹集防疫物资 500 余万件，保障了防控工作正常开展。注重防控能力建设，在区疾控中心和区第一人民医院建成核酸检测实验室，累计开展核酸检测 67322 余份，排查 60120 人，留观重点人员 695 人，没有发现一例确诊或疑似病例。

【"8.12"特大爆洪泥石流灾害】面对百年一遇的暴洪泥石流灾害，加强监测预警，紧急安排部署，及时成立了抗洪救灾指挥部，先后启动防汛Ⅲ级、Ⅰ级应急响应，最短时间内抢通了水电路网等灾损基础设施，有序组织开展查灾排险、抢险修复、清淤疏浚等应急处置工作，最大限度降低了人民群众生命财产损失。紧急疏散转移和临时安置受灾群众 5105 户 18255 人，及时下拨应急抢险资金 2857 万元，按照"五有"标准全力保障受灾群众基本生活。积极汇报争取灾后恢复重建政策和项目资金支持，水毁农田、道路交通、水利设施、地质灾害治理等一批灾后恢复重建项目有序开工实施。

（宗春荣）

成县

【基本情况】成县位于甘肃省南部的陇南市，东北与徽县接壤，西与西和县相邻，南以西汉水为界与康县相望，东南与陕西省略阳县毗邻。属西秦岭余脉，地势呈西北高，东南低，海拔在 750—2377 米之间，境内多高山峡谷，地貌特征南北为山地，中部为丘陵，县境东西长 52 公里，南北宽 55 公里，为嘉陵江流域，呈暖温带半湿润气候，四季分明，冷暖适度，年均气温 13.3℃。无霜期 212 天，年日照时数 1692 小时。年均降雨量 563.6 毫米左右，相对湿度 69%。境内有犀牛江、东河、南河、洛河等"一江三河"丰富的水资源。土地总面积 1676.54 平方公里，其中耕地 40.57 万亩，林地 118.65 万亩，森林覆盖率达 48.5%，天然草场 15.5 万亩。全县辖 14 镇 3 乡，15 个居民委员会，245 个村民委员会，1472 个合作社。常住人口为 24.16 万人，城镇化率 50.14%。

【资源优势】成县自然资源丰富。境内四季分明，气候宜人，生态良好，土地肥沃。县内已知植物种类 1958 种，动物种类 54 种。特色产业主要有核桃、畜牧、油用牡丹、蜂蜜、烤烟、中药材等。目前，全县农业特色产业面积达到 78 万亩，其中核桃实现适宜区全覆盖 50 万亩、1100 万株。成县矿产资源富集。境内已发现矿产 23 种，金属矿藏主要有铅、锌、金、银、铜、铁等，非金属矿藏主要有大理石、花岗岩、石英石、冰洲石等。其中，铅锌地质储量约 1100 万金属吨，是国内第二大铅锌矿，品位高，储藏浅，易开采，成为继白银、金川之后甘肃第三个有色金属工业生产基地，目前已形成了年产铅锌原矿320万吨、冶炼10万吨、白酒6000吨、水泥320万吨的生产规模，发展壮大和基本形成了“一主导”（铅锌）、“两优势”（建材、白酒）、“三补充”的工业产业格局；全县大理石储藏量92亿吨，品类齐全，质地细腻，花纹艳丽，居全省首位。成县历史悠久，文化底蕴厚重。先秦设道，东汉置郡，唐、宋、元设州，治同谷县，明初降州为县，始称成县，相沿至今。县域生态环境良好，自然景观奇特，文化胜迹众多，风光秀丽，山水有致。国家级重点保护文物汉隶《西狭颂》摩崖石刻为全国仅存“汉三赋”中保存最完整，历史研究价值极高，古西汉栈道，风光峻奇、环境优美；诗圣杜甫流寓同谷纪念地“杜少陵祠”，合山环水，景幽文蕴；南宋抗金名将吴挺陵园，历史蕴藏丰富；以及国家级森林公园鸡峰山和唐韵遗风裴公莲沼等人文景观和五龙山红色旅游景区，是处于麦积山、九寨沟、西安、汉中等多条黄金旅游链上的重要“驿站”。

【国民经济】2020年，面对突如其来的新冠肺炎疫情、“8·12”暴洪泥石流灾害、持续的经济下行压力以及艰巨繁重的改革发展稳定任务，在县委、县政府的坚强领导下，全县上下坚持以习近平新时代中国特色社会主义思想为指导，顽强拼搏，攻坚克难，紧扣全面建成小康社会奋斗目标，统筹推进疫情防控和经济社会发展，扎实做好“六稳”工作，全面落实“六保”任务，全县经济运行逐步恢复常态，且稳中有增。脱贫攻坚取得全面胜利，“十三五”规划目标任务总体完成，谱写了成县发展新篇章。全县完成生产总值65.6亿元，比上年增长2.5%。其中，第一产业增加值增长5.4%；第二产业增加值增长2.0%；第三产业增加值增长2.4%。一般公共预算收入3.3亿元；规模以上工业增加值增长0.22%；社会消费品零售总额完成14.3亿元，下降3.5%；城镇居民人均可支配收入26272.9元，增长4.7%；农村居民人均可支配收入10064.6元，增长8.2%；“十大生态产业”增加值4.8亿元。年末，金融机构各项存款余额129.7亿元，比上年末增长12.22%；贷款余额80亿元，增长4.8%。

【抗疫抗洪】疫情发生后，坚持把人民群众健康和生命安全放在首位，迅速行动、严防死守、阻断传播；全县干部群众上下一心、众志成城、坚守一线、设点检疫、阻击疫情；广大企业和爱心人士齐心协力、应声而动、积极捐助，共抗疫情；医疗机构累计开展核酸检测8.26万余例，集中医学观察290人；6名医护人员主动请缨、逆行征战武汉，50名医疗检测人员千里驰援城阳，全县医务人员冲锋在前，广大群众主动配合、支持防疫措施落实，生动展现了人间大爱和干部群众的坚韧品格。县妇幼保健院荣获“全国最美妇幼抗疫英雄先进集体”称号。面对60年之最的特大暴洪自然灾害，及时启动防汛抗洪Ⅰ级响应，各级领导干部坚守一线、沉着应对，紧急组建县、乡、村、组四级党员突击队和应急队伍1421支，全面细致排查险情隐患，及时转移隐患点群众，把灾害损失降到了最低。

【农村经济】全县核桃产量达到3.62万吨，发展订单产业万寿菊2万亩、辣椒1.2万亩，保险机构赔付群众因灾受损资金3603.31万元。实施高标农田建设1万亩，启动了8.5万亩水毁农田修复项目建设，“三品一标”认证产品种植业面积达到51.18万亩。同城配送业务在战“疫”中逆势壮大，在全市领先推出“手机里的菜篮子工程”；率先在青岛城阳区建成全市首个双向配送中心，全年实现电商销售额6.5亿元。

【工业发展】不断强化服务意识，深入推进“一企一策”，全年完成规模以上工业增加值16.48亿元，工业企业实现利税7.21亿元，规上工业营业收入利润率达25.29%，陇南利和萃取生产效益稳定，甘肃暖山农业叶黄素萃取项目实现试产。落实“产业贷”5.06亿元，新增减税降费0.93亿元，新培育小微企业42户，建设5G基站68个。

【旅游产业】文旅融合发展深入推进，完成了景区旅游服务环境整治，全年接待游客192.6万人次，实现旅游收入9.6亿元加速文旅融合，实施了27项乡村旅游服务项目，旅游综合创收9.56亿元；成功举办了“四城”联动旅游推介会；非遗文创产品红川小镇白酒荣获2020中国特色旅游商品大赛银奖。

【脱贫攻坚】整合筹措各类资金3.2亿元，全力补齐短板弱项。实施了12个乡镇49个非贫困村道路硬化提升工程，新建3个乡镇低温垃圾处理设施；完成了9个乡镇27个村农村饮水安全维修改造工程。深度落实核桃树综合管护措施，健全完善“龙头企业+合作社+贫困户”发展模式和利益联结机制，建成消费扶贫体验中心并设立56个电商消费扶贫专区、专柜。深入推进“陇货入青”“成货入城”活动，累计购买、帮助销售农特产品7653.24万元。应邀参加了中韩城市发展联盟第二次会议。高质量完成了国家脱贫攻坚普查。

【项目建设】全年实施500万元以上投资项目95项。调整优化了旧城区和北坝、南坝、河东片区控制性详细规划，铺装改造城区人行道11条7.7公里；完成棚户区改造775户，北关、南坝、十字街、原县旋路工信局片区及粮食局家属楼等5处棚户区开工建设，10个商住地产开发项目主体竣工，房地产投资同比增长248.5%。成县客运中心即将建成运行，完成了王磨镇陈庄至二郎乡武坝、镡河乡卢沟门至鸡峰镇草滩、李武至龙峡、青崖至毕家山公路等重点交通项目建设；祁连山水泥年产120万吨机制骨料项目建成投产；小川、黄渚等重点镇污水处理项目基本建成；妇幼保健院迁建和杨立强艺术馆项目主体完工。陇南经济开发区成县园区“五路三桥”项目开工建设，标准化厂房项目快速推进。深入整治城区环境秩序，东西出口综合整治工作成效明显，全域无垃圾创建顺利通过省级验收；陈院镇梁楼村被命名为“全国文明村镇”。

【优化发展环境】坚持在破解难题中防风险，持续优化发展环境。深入开展污染防治攻坚战，下大力气做好环保安全隐患防范和治理，全年优良天数比率达到93.7%，空气质量综合指数排名全省前列；饮用水水源地监测均达到国家标准。完成中央和省级环保督察反馈问题整改55项，办结第二轮生态环保督察信访交办问题19件；对病险尾矿库进行了综合治理。全面开展了农村乱占耕地建房问题专项排摸，拆除违法建筑44宗、恢复土地41宗。组织开展了债务清查、信贷清收专项工作，净化民间借贷市场。深入开展矛盾纠纷排查，有效化解信访积案。常态化开展隐患问题整改，安全生产形势稳定。铲除黑社会性质组织犯罪团伙1个、恶势力犯罪团伙3个、村霸1个，移送起诉80人，促进了治安秩序持续好转，社会和谐稳定。

【民生保障】全年城镇居民人均可支配收入26272.9元，比上年增长4.7%；农村居民人均可支配收入达到10064.6元，增长8.2%。年末城乡居民储蓄存款余额达到98.1亿元，比上年末增长13.4%。全年民生支出达20.4亿元，占一般公共预算支出的82.3%。投资3193万元实施"两类学校"和薄改项目10项；葆真小学建成投用；出台了"十四条"激励教育教学的具体措施，落实各类教育补助资金2649.67万元；高考本科上线率达到68.87%，荣获全市初中、高中教育教学质量先进县称号。深入开展"政协委员问村医"活动，紧密型医共体成员单位增加到5家，居民电子健康卡使用率达到100%，建成沙坝等3家中医综合服务区（中医馆）。城乡居民基本医疗保险参保率98.87%。全县劳务收入达到14.51亿元，新增城镇就业1989人，失业率控制在3.6%以内。承办了全省退役军人服务中心主任培训会、全市退役军人事务"三项活动"暨服务保障体系建设工作现场观摩会。

【简政放权】整合优化基层审批事项和执法力量，赋予乡镇经济社会管理权限179项，梳理公布实行证明事项告知承诺制政务服务事项62项，"不见面"审批服务事项36项，"秒批"事项113项，编制乡镇、村（社区）政务服务事项38项。完成了乡镇机构改革；全县农村集体产权制度改革试点任务圆满完成，共配置股权2.5亿元。全县在线审批平台申报项目210个，按期办结率100%。持续优化营商环境，开展了行政审批部门营商环境评议，不断加强政银企合作，持续推进减税降费，全年签约招商引资项目6个7.15亿元，累计到位资金8.56亿元。

【民办实事】围绕撤县设市目标，持续完善城市规划，攻坚城乡建设，强弱项、补短板，强化规划执行和风貌管控，推进建设提速、管理升级。认真落实了向全县人民承诺的12件民生实事：一是建成城区公厕2座，新建和改造农村公厕75座、农村户厕6357座。二是新建城关南坝蔬菜批发零售市场项目，目前进展顺利。三是复耕复种撂荒地、废弃耕地1.98万亩。四是完成了城区破损人行道升级改造项目。五是完成了2020年第一批10千伏电网基建工程。六是创建"清洁村庄"96个，省级"清洁村庄行动先进县"创建工作加快推进。七是建成了全民健身中心东河体育公园。八是完成了风吹寺桥、尹寨桥、胡寨桥等3座危桥改造，实施农村公路安防工程118公里，硬化自然村组道路137公里。九是青泥河黄渚茨坝至王磨王坪段治理工程基本完成。十是为特殊困难群众提供法律援助164件，挽回经济损失100余万元。十一是为农村30397名60周岁以上老人和790名留守儿童购买了意外伤害保险。十二是多方筹资落实公务人员医疗补助1644.95万元，全县干部职工医疗保险水平进一步提升。

（刘传钧）

文县

【基本情况】文县位于甘肃南陲，坐落在甘、川、陕三省交界处，地处秦巴山地，素有"陇上江南""甘肃西双版纳""大熊猫故乡"之美誉，既有北国之雄奇，又有南疆之灵秀，年平均气温15.6℃，无霜期293天，总雨量726毫米，海拔550米至4187米。总土地面积5002平方公里，耕地面积32万亩，其中水田1.5万亩，旱地30.5万亩，在旱地中有水浇地7.5万亩。粮食作物主要以小麦、水稻、玉米、薯类为主，经济作物及林果产品以蔬菜、纹党、花椒、核桃、茶叶、油橄榄为主。全县辖14镇6乡，305个村民委员会，7个社区。年末常住人口19.65万人，城镇化率32.50%。

【资源优势】文县境内有"两江八河"和360多条溪流，年径流总量90多亿立方米，水能理论蕴藏量303万千瓦，其中可开发利用的达210万千瓦，目前已开发利用96.5万千瓦，占到可开发利用水能的46%。金属和非金属矿藏达20多种，种类多，储量大，品位高，已探明黄金储量300余吨，硅矿1亿多吨，铜金属储量5万多吨，重晶石矿3200多万吨，锰矿储量119万吨。有洋汤天池、白马藏族民俗村、阴平古道、碧口景区、白水江自然保护区等一批旅游景点，发展旅游业前景广阔，可与九寨沟、黄龙连成一条黄金旅游线。

【国民经济】2020年，全县地区生产总值比上年增长2.5%，其中，第一产业增加值下降2.1%，第二产业增加值增长4.1%，第三产业增加值增长1.7%。规模以上工业增加值增长4.7%；社会消费品零售总额达到6.1亿元，下降5.1%；一般公共预算收入2亿元，增长1.4%；一般公共预算支出31.5亿元，增长24.6%。年末全县金融机构各项存款余额为87.8亿元，比年初增长10.9%；居民储蓄存款65.4亿元，增长17.7%；贷款余额53.7亿元，下降2.7%。城镇居民可支配收入达到25008元，增长3.6%；农村居民可支配收入达到7693元，增长7.9%。

【"三农"工作】全县围绕经济林果、蔬菜、中药材、畜牧养殖，形成"东南茶叶、西北药材、半山干果、川坝蔬菜、库区水产"的农业特色产业框架。全年农业总产值11.59亿元。农作物播种面积达到38.2万亩，其中粮食作物播种面积达到20.1万亩，粮食总产量达到30839吨；蔬菜产量达到101256吨，中药材产量达到10062吨；核桃产量达到6328吨，花椒产量达到4394吨，油橄榄产量达到697吨，茶叶产量达到659吨；大牲畜存栏达到17513头，猪存栏达到50464头，羊存栏达到18556只，家禽存栏达到32.87万只，肉类总产量达到4317吨;水产品总产量达到775吨。

【脱贫攻坚】坚持把脱贫攻坚作为必须担好的政治责任、底线任务和历史使命，坚持靶心不偏、焦点不散，探索实施新的扶贫模式，争分夺秒推进脱贫攻坚各项工作。深入实施富民产业培育、易地扶贫搬迁、公共服务巩固、能力素质提升、金融资金支持、政策兜底保障、"互联网+"精准扶贫行动，扎实开展脱贫攻坚冲刺清零后续行动和专项巩固提升行动，严格落实挂牌督战机制，集中人力、物力、财力进行精准帮扶，精准扶贫精准脱贫成果进一步巩固扩大。始终聚焦“两不愁三保障”标准，整合项目资金，下足绣花功夫，举全县之力打响一场前所未有的脱贫攻坚战，集中攻坚、清零冲刺、压茬推进、巩固提升，一年一个新变化。全面完成144户442名未脱贫人口的贫困退出验收，1522户4891名脱贫监测人口的返贫风险消除，1554户4432名边缘人口的消除致贫风险任务；完成4个未脱贫村的乡村自评、县级初审、市级验收工作。全县未脱贫户全部脱贫，贫困发生率降为0%，未脱贫村全部脱贫退出，脱贫监测户全部消除返贫风险，边缘户全部消除致贫风险，全面完成脱贫攻坚挂牌作战任务。

【项目建设】坚持把项目建设作为加快发展的重要载体来抓，紧扣国家产业政策和投资导向，千方百计争取项目，全力以赴实施项目，强化项目管理，全县项目数量、投资规模大幅度增加，全面加快了基础设施建设项目步伐，项目建设成效显著。全年实施500万元以上项目53个（其中5000万元以上项目7个），完成固定资产投资31.7亿元。完成了文县一中、中寨中学、文县四中、范坝小学、余家湾小学改善办学条件和综合教学楼等工程建设；完成了梨坪镇、堡子坝镇、碧口镇、石鸡坝镇等水毁道路修复工程；完成了铁楼乡、口头坝乡地质灾害治理工程；完成了文县城区基础设施建设工程；武九高速公路项目进展顺利，文广高速公路余凡段前期工作有序推进，冷梨、屈口公路改建工程开工建设。

【环境保护】牢固树立“绿水青山就是金山银山”的理念，以陇南市建设全国生态文明示范市为契机，围绕构建长江上游生态屏障目标，大力实施生态修复、水源地保护、小流域综合治理工程，重点流域、重点区域植被恢复良好；集中开展河湖“清四乱”专项整治，持续推进全域无垃圾行动，完成第三次国土调查，划定全县粮食生产功能区，划定生态保护红线；持续整改环保督察反馈问题，拆除白水江自然保护区内3座水电站、3家工矿企业，取缔非法采矿点7个，拆旧复垦土地729亩，生态环境问题得到有效整改。五年来，污染防治三年攻坚计划如期完成，蓝天、碧水、净土保卫战目标要求实现，空气质量和水环境质量持续改善，全县森林覆盖率达到47.3%，城区污水综合处理率达90%，全年空气优良天数比达到91%以上。

【社会保障】坚持以人民为中心的发展理念，民生领域投入占财政支出的比重始终保持在80%以上，教育质量稳步提升，全面落实“两免一补”、助学贷款等教育优惠政策，“大班额”“择校热”等问题得到初步缓解，2020年全县本科上线率44.9%；幼儿园48个，小学152所，中学24所，其中高中5所。全县幼儿园在园人数7449人，小学在校学生数15070人，初中在校学生数5677人，高中在校学生数4590人。全县有医院9所，疾控中心1所，卫生院24所，病床数1157张，执业医生207人，注册护士95人。全县城乡居民养老保险参保人数144139人，其中城镇居民养老保险参保人数5583人，乡村居民养老保险参保人数138556人；参加失业保险的人数为3415人；城镇居民最低生活保障人数3998人，农村居民最低生活保障人数12214人，五保户供养人数1609人；参加城乡居民基本医疗保险的人数207788人。

（杜敏）

宕昌县

【基本情况】宕昌县位于甘肃南部，陇南地区西北部，东接礼县，南连武都，西邻舟曲，北靠岷县，地处西秦岭、青藏高原、黄土高原交汇的复杂构造带。地势由西北向东南倾斜，地形由山地、丘陵、河谷三大单元构成，南部多深山峡谷，北部多黄土梁峁。县境海拔在1138—4154米之间，年平均气温10.0℃，年平均无霜期180天，年平均降水量635.5毫米，年蒸发量1180.9毫米，年平均日照时数2085.1小时，年太阳辐射量119.5千卡/cm^2，境内气候温和，光照充足，冬无严寒，夏无酷暑，属大陆温带季风气候区。全县辖14个乡、11个镇、336个行政村，幅员3331平方公里。2020年末，全县常住人口25.46万人，城镇化率27.31%。

【资源优势】有当归、大黄、党参、红芪、丹参、柴胡等636种中药材，尤以当归、党参、红芪、大黄四大药材质优量大，远销中外。已探明的矿产有锑、铜、铅、锌、金、铁等金属，石灰石、石膏、重晶石、煤、泥、炭、玛瑙等非金属。有珍稀动物金钱豹、香獐、鹿、熊、狐等。林副特产主要有野生蕨菜、松花蜂蜜、生漆、羊肚菌、花椒、核桃、柳编工艺品、手工地毯等。旅游资源丰富，主要旅游景点有：哈达铺红军长征纪念馆、素有“小九寨沟”之称的国家AAAA级风景区官鹅沟、南阳牛头寺、宕昌古国遗址、高肩山公园等。宕昌先后被国家有关行业协会评为“中国绿色名县”“中国最佳文化生态旅游目的地”“中国低碳旅游示范县”“中国红色经典旅游胜地”。

【国民经济】把收好官作为主要目标，根据疫情态势调整工作措施，力促经济运行企稳回升。全年完成地区生产总值30.78亿元，比上年1.6%。坚持抗疫不误农时，大力推进特色产业稳产提质，第一产业增加值增长4.3%；把复工复产作为重大任务，为各类工商经营户减税降费2437万元，优惠电费66.43万元，协调6家金融机构与14户企业签订2.21亿元的信贷协议，新增中小微企业355家，第三产业增加值增长1.9%。规模以上工业增加值0.18亿元，下降13.9%。大口径财政收入2.83亿元，下降15.7%；财政支出40.4亿元，增长18.4%。突出稳就业保民生，新开发农村公益性岗位2905个，输转劳动力9.14万人次，农村居民可支配收入7665.9元，增长8.6%；城镇居民可支配收入25661.1元，增长4.5%。把激活消费作为重点，举办“提振消费信心、释放消费潜力”等优惠补贴购物活动，发展夜间经济摊位420处，开展“直播带货”36场次，消费市场全面复苏，社会消费品零售总额11.83亿元，下降3.8%。

【精准扶贫】紧盯整县脱贫摘帽目标，严格挂牌作战，扎实开展“3+1”冲刺清零后续行动、“5+1”专项提升行动，精准落实“一户一策”“一村一方案”；着眼提升脱贫质量，压茬推进“百日冲刺攻坚”“百日巩固提升”“百日决胜收官”三个集中行动，反复细致过筛子、查问题、抓整改。控辍保学成果持续巩固，村卫生室全部达到分类建设标准，慢病卡应办尽办，动态新增危房全部改造，硬化农户庭院 105 个村。村办合作社联合控股富民公司的产业扶贫机制作用发挥明显，“两不愁三保障”指标全面达标，防返贫监测帮扶工作扎实开展，东西部扶贫协作、中央定点单位帮扶和社会帮扶关系不断深入，年初剩余的 0.7 万贫困人口全部脱贫、35 个贫困村全部退出，脱贫攻坚全面胜利。

【疫情防控】新冠肺炎疫情发生后，坚持人民至上、生命至上，及时启动重大突发公共卫生事件一级响应，迅速建立联防联控工作机制，认真落实“四早”“四集中”要求，严格网格化管理，设立县、乡、村三级疫情防控检疫站点 461 个，投入资金 2218 万元采购储备防疫物资，建成了县人民医院、县中医院、县疾控中心 3 处核酸检测实验室，开展核酸检测 7.24 万人次。选派 2 名医护人员驰援武汉。坚持外防输入、内防扩散，落实分级分区精准防控要求，加强重点人群和火车站、汽车站及冷链物流等环节领域常态化管控，引导群众科学做好防护，经济社会秩序保持稳定，疫情防控取得阶段性胜利。

【“三农”工作】充分发挥特色优势，积极转变生产经营方式，提升产业品牌效益。突出中药材主导产业，拉路梁万亩中药材绿色标准化核心种植基地建设不断完善。坚持抗疫不误农时，大力推进特色产业稳产提质，第一产业增加值增长 4.3%。新开发农村公益性岗位 2905 个，输转劳动力 9.14 万人次。特色农业集约发展。拉路梁中药材绿色标准化生产基地被认定为国家现代农业科技示范展示基地，德青源金鸡产业扶贫项目达到 120 万只满产规模。

【旅游开发】全县紧抓旅游“双创”（创建国家全域旅游示范区，创建国家 5A 级景区）机遇，以官鹅沟大景区建设为核心，强化景区基础设施建设，完善提升了旅游景点，全县成立旅行社 5 家；农家乐 65 家，农家客栈及民宿 68 家；组建旅游服务农民专业合作社 3 家，宾馆饭店达到了 183 家，床位 9950 张，全年官鹅沟景区共接待游客 18.16 万人次，实现旅游收入 1647.4 万元；2020 年 12 月 9 日官鹅沟通过国家 5A 级景区景观资源质量评审，顺利拿到国家 5A 级景区创建入场券。

【项目建设】紧紧扭住项目建设“主引擎”，强化推进管理。投资 1.3 亿元官鹅沟草药谷旅游度假村项目落地实施，自驾游帐篷营地等项目进展有序，官鹅沟通过国家 5A 级景区景观资源质量评审，哈达铺干部学院挂牌成立。实施建设项目 81 项，新建自然村组道路 65 公里，建成 5G 网络基站 46 座，白龙江沙湾段堤防工程、城区和哈达铺镇区供水管网改造工程等重点项目建成使用。全省首个县级电商直播基地建成开播，打造“宕昌黄芪”“宕昌香菇”2 个县域品牌，陇南电商同城平台宕昌端配送达到 7 万多单。

【生态文明】绿色发展屏障不断筑牢。完成荒山造林 2.4 万亩、经济林 1.4 万亩，治理水土流失面积 65 平方公里，清理整治河道（沟道）46 公里，重点领域环保突出问题扎实整改，河（湖）长制有效落实，蓝天碧水净土保卫战有力推进。抗洪救灾取得重大胜利，面对多轮暴洪泥石流灾害，科学应对，成立 52 个专业抢险队、375 个抢险救灾突击队，迅速开展隐患排查，转移危险地带群众 4602 人，下拨应急资金 6349 万元，快速抢通路、水、电、网等受损设施，妥善安置受灾群众。编制灾后恢复重建规划，积极动员受灾群众移民搬迁，在应对重大自然灾害过程中，完善了应急管理体系，提升了应急处置能力，提高了安全发展水平。

【社会事业】省市重点民生实事全面完成。招录事业单位工作人员 315 人，城镇新增就业 1806 人。成立富昌劳务产业发展有限公司，落实劳务奖补资金 8000 余万元。认真做好城乡居民基本医疗和养老保险工作，为 60 岁以下 22 万农村人口购买了无责任方事故救助保险，全年发放各类社会救助资金 2.36 亿元。提高了乡村教师班主任岗位津贴，实施计子川小学改扩建等教育建设项目 42 项，高考一本上线 281 人。招录引进医疗人才 20 人，实现 90% 常见病、多发病和部分大病不出县的目标。第七次人口普查顺利推进。新时代文明实践创建活动不断深化。纵深推进扫黑除恶专项斗争，开展道路交通“减量控大”集中行动，强化市场监督管理，平安宕昌建设取得新成效。

（韩黎明）

康县

【基本情况】康县位于甘肃省东南部，陕甘川三省交汇地带，东邻陕西略阳县，南接陕西宁强县，西邻武都区，北隔西汉水（犀牛江）同成县相望，总面积 2967.95 平方公里，耕地总面积 69 万亩。地质构造为昆仑秦岭地槽褶邹地带，地势西高东低，起伏大，中部高，南北低；最高海拔 2484.8 米，最低海拔 560 米。境内气候属亚热带向暖温带过渡区域，雨量充沛，气候湿润，光照充足，年总降水量 1255.6mm，年均气温 11.3℃，年总日照时数 1302.9 小时，无霜期 238 天。全县共有 21 个乡镇（18 个镇 3 个乡）、350 个村、9 个社区居委会。2020 年末，全县常住人口 16.21 万人，城镇人口 30.35%；有回、满、壮、藏、蒙、瑶、维吾尔等少数民族。

【资源优势】物产优势，康县素有“万宝山”之称，境内有高等植物 172 科 1400 余种，有香果、红椿、香樟、红豆杉、楠木等珍贵稀有树种 28 种；有银耳、木耳、天麻、猴头、灵芝等林木真菌 96 种；有天麻、杜仲等野生药材 576 种；生存栖息着各类野生动物 600 多种，其中有国列一、二级重点保护的金丝猴、林麝、猕猴、大鲵等野生动物 14 种。康县享有“中国核桃之乡”“中国有机茶之乡”“中国黑木耳之乡”“中国西北蚕桑重点基地县”“全国经济林建设先进县”“全国食用菌行业先进县”。生态优势，境内青山绿水，现有森林约 338.29 万亩，活立木蓄积量 1252.72 多万立方米，全县森林覆盖率达到 67.4%，林木绿化率高达 74.3%，是一块难得的绿色净土，是西北地区生态环境最好的县之一，拥有“中国绿色名县”和“陇上江南”之美称。矿产资源，康县地处秦岭西南段，属陕南、陇南、川北“金三角”的一部分，境内已发现的主要矿种有金、铜、铁等金属矿产，金矿是县内优势资源，黄金储量丰富，岩金矿在县境内大部分地区均有分布。铜矿主要分布在康南的阳坝—太平一带地区，已探明铜矿石资源储量448.8万吨。水利资源，全县共有一江十四河，水能蕴藏量（理论）9.98万千瓦，可开发量约占3.68万千瓦。人力资源，全县城乡劳动力资源总数14.21万人，其中乡村劳动力12.15万人；当年输转劳动力5.74万人，创劳务收入14.95亿元。

【国民经济】2020年，全县实现地区生产总值233877万元，比上年增长2.1%。其中，第一产业增加值43107万元，增长4.9%；第二产业增加值34318万元，下降2.9%；第三产业增加值156452万元，增长2.7%。第一、二、三产业结构比为18.43 ∶ 14.67 ∶ 66.9。全年实现社会消费品零售总额65064.2万元，下降5.4%；固定资产投资增长20.7%。城镇居民人均可支配收入25614.7元，增长4.8%；农村居民人均可支配收入7797.3元，增长7.7%。一般公共预算收入11595万元，增长18.7%。年末各项存款余额622688万元，比年初增长8%；各项贷款余额349324万元，下降5%。

【供给侧结构性改革】康县始终把产业结构调整作为转型升级的重要抓手，传统产业加快转型升级，现代医药制造、农特产品深加工、电子商务、乡村生态旅游等产业蓬勃发展，经济发展呈现新格局。以金融、邮政快递外卖、演艺广告服务、电子商务、乡村旅游等为主体的现代服务业快速发展，经济结构实现持续优化。2020年末，全县累计共有市场主体11441户。其中，个体工商户8929户，私营企业1346户，农民专业合作社1136户。全县非公经济增加值14.15亿元，占GDP的比重达到60.5%。

【脱贫攻坚】2020年，持续坚持精细精确精微开展“绣花式”扶贫，紧扣“两不愁，三保障”脱贫标准，举全县之力向绝对贫困发起总攻，大力推进“七个一批”，着力确保“六个精准”，“1+17”措施各项任务高标准完成，在就业扶贫、消费扶贫、旅游扶贫、生态扶贫等方面累计投入财政专项扶贫资金6.88亿元，提前实现了整县脱贫退出摘帽，全县203个贫困村全部退出，现行标准下农村贫困人口全部脱贫，贫困发生率为零。农民专业合作社实现贫困村全覆盖，建成扶贫车间36个，提供公益就业岗位3561个。贫困家庭失学辍学学生应返尽返，乡村两级基本医疗“空白点”全面消除，饮水安全问题全部解决。农村建档立卡贫困人口参保全覆盖，动态新增危房改造任务全面完成，农户住房安全覆盖率达到100%。贫困人口易地扶贫搬迁全面完成。

【“三农”工作】坚持转方式、调结构、提质量、增效益。大力推进产业示范基地、示范园区、整流域产业发展带建设，规范提升农民专业合作社980家，创办产业扶贫示范点101个、扶贫车间36个和10多个跨村专业联合社。大力发展种养殖业和林下经济，全县特色农林产业面积达110多万亩，创建特色产业提质增效示范点113个，发展林业专业合作社163个、林业大户4124户，年培育食用菌1200多万袋，实现林下经济总产值4.13亿元。2020年，全县农特产品产量高速增长，核桃8494吨、花椒780吨、食用菌1951.6吨（其中黑木耳产量711.2吨，“康县黑木耳”成为全国食用菌行业“实施品牌战略，推创行业品牌”上榜品牌）、加工茶叶770吨、精选天麻2538吨、养蜂10万箱产蜜361吨，建成兴源、龙神、满福等10多家林特产品龙头企业，打造了“康耳”“翠竹”等一批“康字号”名优农特产品，有力地促进农业增效、农民增收。全面实施商标品牌战略，着力提高产品竞争力，太平鸡、土蜂蜜地理标志认证工作进展顺利，累计认证“三品一标”农产品28个。田园综合体建设已具雏型，联盟经济和“三变”改革成效显著，康县获批为国家农村产业融合发展试点示范县。全面落实粮食安全责任制，粮食总产量达到36271.04吨。

【项目建设】全县围绕抓重点补短板、强弱项，积极谋划重点项目，坚持把项目建设作为夯基础、稳增长的重要举措，大力实施项目带动战略。全力落实项目在线审批和并联审批，项目审批服务不断优化。扎实推进重大产业、基础设施、民生和生态环境项目等各类重点项目300多项。实施了城市“双修”、城镇建设、城区管网供水改造、民用天然气入户等项目59项，建成廉住房、经济适用房2981套，县体育场项目、城西孙家院和食用菌中心片区1471套棚户区改造工程进展顺利。推进康县工业园区孵化园项目7个，“一带一路”美丽乡村论坛会址建成投用，S44康略高速开工建设，县城至玄麻湾市政道路、食用菌片区环线道路建成通车。

【优势产业】生态旅游资源丰富，全县从南到北无山不青、无水不秀，风光旖旎，景色迷人。茶园、竹海、灵山、秀水、幽谷、茂林、飞瀑、流泉、构成了康县独具特色自然生态风光，这里山川秀美，千峰叠翠，万峡溢绿，悬泉飞瀑，百鸟争鸣，是西北天然生物园和野生动物园，已成为西北地区较有名的生态旅游胜地和享誉省内外的生态旅游名县。旅游景点主要有白云山森林公园、梅园沟、幽梦谷、海棠谷、龙神沟、红豆谷、清河、响水泉、白马关古城遗址、托河溶洞等等，县内有近百处自然和人文景观。美丽乡村建设实现350个行政村和1642个自然村全覆盖，已有2镇和16村被评为“中国最美村镇”，建成4个国家4A级景区和2个3A级旅游景区，康县长坝花桥旅游示范村和阳坝自然风景区，已成为省内黄金旅游线路，其风光具有“陇上版纳”之赞誉，其中的房车露营地、菩提广场、梅园沟、红豆谷、清河原始森林更是景区之精华。近年来，依托美丽乡村打造全域乡村旅游大景区，实施了“十村百户千床”乡村旅游示范工程，建成了70多个以长坝镇花桥村、长坝镇福坝村、城关镇凤凰谷村、王坝镇大水沟村、阳坝镇宋沟村、阳坝珍爱茶山村、岸门口镇朱家沟村等为典型的乡村旅游示范村和农家客栈317户、乡村宾馆12家，不断提升康县旅游的美誉度和知名度，全县已初步打造成了“不要门票的生态旅游大景区”。康县已荣获“国家全域旅游示范县”“中国最佳生态宜居宜旅游目的地”“中国最美绿色生态旅游名县”及“全国休闲农业和乡村旅游示范县”“中国最美康养文旅度假县”等荣誉称号。“一带一路”美丽乡村论坛主会址项目全面完工并如期顺利召开。全县全年接待游客285.72万人次，实现旅游综合收入12.66亿元。

【环境保护】持续加强生态文明建设，着力构建生态安全屏障，重点生态县环境质量考核全面达标，全县化学需氧量排放总量控制在847.08吨以内，氨氮排放总量控制在140.45吨以内，二氧化硫排放总量控制在465.61吨以内，氮氧化物排放总量控制在75.28吨以内，单位GDP二氧化碳排放量较2015年下降14%。城区和18个乡镇集中式饮用水水源地水质全年均达到Ⅲ类水质标准，达标率为100%；重点生态功能县域环境质量考核断面城区上下游水质全年均达到Ⅲ类水质标准，达标率100%。全县范围内无黑臭水体和不符合水环境功能质量标准水体，燕子河省控托河断面全年达到Ⅱ类水质，达标率100%。环境空气质量（二氧化硫、二氧化氮、一氧化碳、臭氧、PM_{10}、$PM_{2.5}$）浓度平均值和各季度值均达到《环境空气质量标准（GB3095—2012）》二级标准。康县的人居环境整治工作已经走在了全国前列，康县人居环境整治工作经验被全国推介。

【社会保障及社会事业】全县始终坚持保基本、兜底线、补短板、惠民生，不断增进民生福祉，基本实现了养老、医疗、失业、工伤和生育保险全覆盖。城乡居民养老保险参保人数130632人，参保率98.52%，其中，城镇居民养老保险参保2682人，农村居民养老保险参保127950人；城镇企业职工养老保险参保职工人数3576人，工伤保险2785人，机关事业单位职工参加养老保险6861人，参加失业保险人数2515人；城乡居民基本医疗保险参加人数179921人，城乡居民参合率达99%，其中，农村居民参加医疗保险169969人，城镇居民参加医疗保险9952人；城镇职工基本医疗保险参保9500人，城镇居民最低生活保障709人，发放低保金446万元；农村低保11141人，发放低保金4347万元；农村五保对象1705名，发放供养资金1284万元。城镇新增就业1517人，年末城镇登记失业率0.65%。财政用于教育的支出累计达14.87亿元，新建行政村幼儿园16所，利用教学点校舍改扩建幼儿园56所，建成城西新区幼儿园，公办日托幼儿园增加到2所，批准设立民办幼儿园10所，学前三年毛入园率达到97.43%，全县小学毛入学率100%，初中毛入学率100%，义务教育年辍学率控制在0.3%以内，九年义务教育巩固率达97.1%，2020年全县小学毕业会考三科合格率69.3%，初中毕业会考六科合格率19.9%，位列全市第一，高考本科上线率66.67%，与“十二五”末相比，提高了42.91个百分点。义务教育学校标准化建设全面完成，义务教育课后延时服务启动实施。兜底保障基本实现应保尽保、应兜尽兜。全县农家书屋、文化活动室、新时代文明实践（所）站等公共服务的文化场所覆盖率达到80%。村村都配套了服务中心、村史馆、小广场、健身工程、卫生室、乡村戏楼、文化小广场等公共服务设施。

（郝明）

西和县

【基本情况】西和县位于甘肃省东南部、陇南市北端，地处长江流域西汉水上游。辖16镇4乡、384个行政村、10个社区居委会。总面积1861平方公里，其中农地确权面积73.55万亩。境内平均海拔1692米，2020年年均气温9.9℃、无霜期174天、降水量754.1毫米，城镇化率27.88%。西和历史悠久、资源丰富，是人文始祖伏羲的诞生地、仇池国的故土和中国乞巧文化之乡，2006年12月，西和县被中国民间文艺家协会命名为“中国乞巧文化之乡”，2008年6月，七夕节（乞巧节）被列入国家首批非物质文化遗产保护名录，2014年，经文化和旅游部评审命名为“中国民间文化艺术之乡”（乞巧民俗）。2020年末，全县常住人口35.04万人，城镇化率27.88%。

金属矿产资源丰富，有色金属有铅、锌、金、铜铁等。县境东南部属全国铅锌矿第二大矿产带的西成矿带，探明储量521.7万吨，金属量14.93万吨；黄金矿散布全县。非金属矿产有大理石、冰洲石、陶土等。农产品有马铃薯、半夏、花椒苹果核桃等，是甘肃省最适宜马铃薯生长的地区之一。野生药材有柴胡西贝母、淫阳霍等，是久负盛名的“中国半夏之乡”。加工业产品有亚麻、粉条、粉丝等，手工艺品有泥塑、根雕及剪纸、刺绣等。西和县绚丽别致的自然景观十分诱人，有仇池胜境、有“圭峰秋月”之称的八佛崖、旅游景点晚霞湖，湖光山色，景色宜人，被国家评为4A级旅游景区。仰韶文化、寺洼文化、齐家文化交辉映；晋魏时仇池立国四百余年，称雄一时；如今成功开发了仇池石、绣花保健枕、西和麻纸等系列文化旅游产品。

【国民经济】2020年全县实现地区生产总值336356万元，比上年增长3.4%。其中，第一产业增加值76795万元，增长5.6%；第二产业增加值51784万元，增长3.9%；第三产业增加值207778万元，增长2.5%。三次产业结构比为23 ：15 ：62。一般公共预算收入19399万元，增长1.06%；一般公共预算支出440515万元，增长1.15%。社会消费品零售总额81423万元，下降4.5%。城镇居民人均可支配收25904.9元，增长7.8%；农村居民人均可支配收入7205元，增长10.0%。

【“三农”工作】对照2020年整县脱贫目标，科学分析形势，深入研判任务，一切为扶贫开道让路。政府投入57.12亿元，聚焦“两不愁三保障”，落实“六个精准”，实施“五个一批”，探索形成“统筹配置、各展所长，优势互补、集中发力”西和帮扶模式，建工作机制，抓重点工作，补短板弱项，促群众增收，223个贫困村全部退出，3.57万户16.2万名贫困人口全部脱贫，历史性消除绝对贫困。坚持把“三农”工作摆在重中之重，推动农业增效、农民增收、农村发展。全县耕地保有量85.86万亩，永久基本农田保护面积65.7万亩，高标准农田建设5万亩，完成粮食生产功能区划定。农地确权登记73.55万亩，全面完成国家级农村承包土地经营权抵押贷款试点任务。全年粮食种植面积为56.02万亩，比上年增长1.56%；油料种植面积5.38万亩，增长2.3%；蔬菜种植面积5.25万亩，增长3.12%。全年粮食总产量15.15万吨，增长2.68%。有效灌溉面积9.36万亩；农业机械总动力23.9万千瓦，增长4.5%。

【项目建设】城乡统筹总体规划，实现城乡建设一张蓝图绘到底。实施城市道路、市政管网等重大项目63项，完成投资8.33亿元，城区综合承载能力和公共服务能力明显提升。城北新城拔地而起，实施“七路一街三桥”工程，城南新建“四路两街”改造工程，城区路网由“两纵五横”发展到“三纵十七横”，城市道路达到73公里，道路面积108万平方米，安装路灯1705盏，城区绿化绿地209万平方米。建成伏羲公馆、向阳人家等一批大型商业住宅小区，建设棚户区改造安置楼20栋1810套。建成城南、城北两座供热站，供热面积达到231万平方米，实现城区集中供热全覆盖。天然气接入国家管网，供气覆盖2.3万户，清洁能源运用取得历史性进步。

基础设施不断完善。全县硬化公路总里程1855公里，乡村全部通硬化路，以国省干线为骨架、县乡道路为脉络、乡村道路纵横交错的路网格局日趋完善，2020年被确定为全国深化农村公路管理养护体制改革试点县。改造维修危房1.48万户，实施易地搬迁1656户，实现户户有安全住房。建成调蓄水池758个、水源工程457个、小型集中供水工程272处、规模化水厂14个，设置集中供水点226个，埋设管网7140公里，农村安全饮水全面解决。新建农村电网704公里、网络通讯基站1019个，实现自然村通动力电、行政村通网络全覆盖。新建堤防87公里，新修梯田5万亩，完成水土流失综合治理257平方公里。扎实开展“拆危治乱”，拆除危房8.2万间、废弃圈舍1564处、残垣断壁15万平方米，完成“黑房子”治理3046户、庭院硬化1.5万户、厕所改造1万户，农村面貌发生脱胎换骨变化。

【环境保护】坚决守住安全生产红线和生态环保底线。全面落实安全生产工作责任制，组建11个县级安委会，修订完善各类应急预案，加强应急救援队伍建设，全面推行安全风险分级管控和隐患排查治理“双重”预防机制，全县未发生重特大安全生产事故。完成全县生态红线划定，深入推进蓝天、碧水、净土保卫战，依法淘汰落后产能，强化散煤市场管控，规范危险废弃物管理，加强矿山企业、集中水源地生态监管，全县环境质量稳步提升。完成退耕还林8.5万亩，绿色通道建设250公里，全民义务植树650万株，森林覆盖率达到38.15%。2020年全年城区空气质量优良以上350天。主要污染物总量减排指标（二氧化硫、氮氧化物、化学需氧量、氨氮）均控制在污染减排计划指标以内。污水处理厂1个，垃圾处理站1个，城区垃圾无公害处理率100%。

【防灾防疫】坚持预防为主、防治结合，健全防灾减灾体系，建强应急处突队伍，有效应对自然灾害，全力保障人民群众生命财产安全。2020年“8.12”特大暴洪泥石流发生后，快速反应、科学救灾，组织全县干部群众全力应急抢险，及时开展“四抢两保”，全县无一人因灾伤亡，将灾情造成的损失降到了最低。

2020年，面对突如其来的新冠肺炎疫情，坚持外防输入，集中各方面防控力量，压实网格化防控责任，落实最严密防控措施，累计排查返西来西人员13.12万人次，核酸检测4.45万人次、市场及食品样本1135份，取得了全县无病例的成效。

【“六保”任务落实】2020年落实奖补资金1.91亿元，劳务就业12.24万人次，其中贫困劳动力6.45万人，比2019年增长41.4%。城镇新增就业2559人，失业再就业586人，就业困难人员再就业356人，城镇登记失业率2.92%。新增市场主体2767家、同比增长22.37%，企业总户数达到3836户。储备县级应急成品粮1510吨、应急成品油151吨，清洁燃煤、用电、天然气供应稳定。1.9万余家市场主体正常生产经营，全县生产生活秩序稳定有序。严格执行财政预算管理，争取财力性转移支付增量1.6亿元、特殊转移支付1.6亿元、一次性财力补助3500万元，兜牢“三保”底线。补齐干部职工乡镇津贴、养老保险、医疗补助等配套、补助资金，相关人员安监、防疫岗位津贴及时落实。金融机构存贷款余额分别达到129亿元、66亿元，较年初分别增长11.47%、5.51%。全部行政村建立农金室，连续五年荣获“市长金融奖”。

【社会保障】推进低保和扶贫相结合。现有城乡低保3.53万人、特困供养1726人。累计发放低保金5.71亿元、特困供养金5423万元、临时救助金1.96亿元、城乡居民养老金3.27亿元、企业职工养老金4.1亿元、残疾人两项补贴2966万元。落实城乡居民基本医疗保险参保缴费补助1851万元，投入323万元为农村老年人、留守儿童购买意外伤害保险，为3083户城镇住房困难家庭发放租赁补贴206万元。补助1216万元，妥善化解失地农民养老保险历史遗留问题。连续三年为全县4.4万名贫困妇女购买“两癌”保险，为7.63万名0—100岁贫困女性购买高中教育保险和大病救助保险，对鳏寡孤独和“四类妇女”等特殊困难群体持续开展“十查十有”行动。完成全国示范型退役军人服务中心（站）创建任务，为2702名优抚对象发放优抚金1138万元，为94名退役士兵发放兵役优待金563万元，妥善安置三期以上退役士官10名，第一批退役军人社保接续工作全面完成。

【社会事业】社会事业协调发展。培育“巧嫂巧妹巧汉子”劳务品牌，年输转劳动力保持在10万人次以上，年均新增城镇就业3000人以上，创建扶贫车间54家，开发农村公益性岗位8810个。建成二级标准县汽车站和7个乡镇客运站，开通三条公交线路。2020年全县学校总数468所，教职工4776人，在校学生数78849人。学前三年毛入园率96.92%，九年义务教育巩固率98.18%，高中阶段毛入学率95.13%。年末有艺术表演团体5个，文化馆1个，博物馆1个，公共图书馆1个、美术馆1个，文化广场264个，公共图书馆图书藏量10.3万册，电视综合覆盖率98.88%，其中城区有线电视有效用户2935户。拥有体育综合训练场1座，室内体育馆1座，公共健身设施完善。全县共有医疗卫生机构897个，其中：县级医院2个、乡级卫生院23个，诊所863个（其中村卫生室384个）、私营医院6个、妇幼保健站1个，疾控中心1个，社区卫生服务中心 1 个；医疗卫生机构技术人员 1218 人，其中：具有资格职业医师 323 人，职业助理医师 588 人。

深化“平安西和”建设，深入推进扫黑除恶专项斗争，社会大局保持和谐稳定。深入开展扫黑除恶专项斗争，依法推进“黄赌毒”“盗抢骗”“三反一查”等专项治理，严厉打击各类违法犯罪行为。严格落实安全生产工作责任制，建立安全生产工作责任清单，加强安全监管执法、隐患排查治理、基层基础建设和安全宣传教育，持续深入开展“双查双整”专项行动，全县安全生产形势总体稳定。坚持法治信访和依法治访，严格落实县级领导周四定期接访、带案下访和重点信访案件包抓化解制度，高度重视网络舆情，及时回应网民诉求，信访秩序不断好转。深入开展法治宣传教育，扎实推进“七五”普法，依法治县进程明显加快。

（姜流洋）

礼县

【基本情况】礼县地处甘肃省东南部、陇南市西北部、长江流域嘉陵江水系西汉水上游，东邻天水、西和，西接宕昌、岷县，南连武都，北与武山、甘谷接壤。幅员面积 4263.58 平方公里，辖 29 乡镇 568 个行政村 11 个社区。境内海拔最高 3312 米，最低 1080 米，年均气温 10.6℃，年降水量 714.8 毫米，全年日照 1495.7 小时，年无霜期 224 天。礼县是国家扶贫开发工作重点县，也是全省集中连片特困县和深度贫困县之一，有农村人口 47.81 万人，2020 年初剩余的 1.21 万贫困人口全部脱贫，43 个贫困村全部退出，实现了整县摘帽退出目标，历史性解决了全县绝对贫困问题。礼县是全国苹果重点生产县、全省无公害苹果生产基地、牛羊产业大县和梯田建设大县，是省财政直管县和全省“双拥”模范县，被列为全国“110”网络扶贫创新活动核心示范县。2020 年末，全县常住人口 42.36 万人，城镇化率 30.23%。以汉族人口为主，另外还有回、藏、满、蒙、苗、彝等 6 个少数民族。

【资源优势】礼县矿产资源丰富，主要矿藏有金、锑、铅、锌和花岗岩等，已探明黄金储量 230 吨、远景储量 400 吨以上，花岗岩大理石地质储量 400 万立方米，远景储量 1200 万立方米以上。礼县畜牧产业开发优势得天独厚，有天然草场 144 万亩，载畜量达 80 多万个羊单位。礼县经济林果优势明显，现有苹果 60.3 万亩、核桃 50.4 万亩、花椒 20.0 万亩，产业初具规模。礼县境内生物资源丰富，有大黄、当归、红芪、党参、半夏等中药材 534 种，大黄出口量曾占全国的 56%，被誉为“中国铨黄”。旅游开发前景广阔，礼县是先秦文化与中华原生文明的摇篮，素有“秦皇故里，三国胜地”之美誉，境内不仅有秦皇湖、大香山和上坪草原等自然景观，以秦人第一陵园大堡子山秦西垂陵园（国家重点文物保护单位）、诸葛亮“六出祁山”遗址祁山武侯祠（全国五大武侯祠之一）、发祥于周代的卤城古盐井为代表的先秦、三国等历史遗存珍贵，开发文化旅游产业潜力巨大。

【国民经济】2020 年，全县实现地区生产总值 43.32 亿元，比上年增长 3.3%。其中，第一产业增加值 11.06 亿元，增长 5.5%；第二产业增加值 4.86 亿元，增长 3.3%；第三产业增加值 27.39 亿元，增长 2.4%。社会消费品零售总额 13.17 亿元，下降 5.9%。一般公共预算收入 1.61 亿元，下降 14.9%；一般公共预算支出 49.71 亿元，增长 10.7%。年末各项存款余额 142.25 亿元，比年初增长 12.3%；各项贷款余额 75.86 亿元，增长 8.4%。

【供给侧结构性改革】坚持以供给侧结构性改革为主线，持续优化调整产业结构，三产结构调整为 25.54 ∶ 11.23 ∶ 63.23，与上年相比，第一、二产业所占比重分别上升 0.54 个百分点和 0.34 个百分点，第三产业比重下降 0.88 个个百分点，经济结构更趋合理。创新制定“一扶一带”产业扶贫机制，成立了礼县大黄研究院，创建农业产业示范点 1112 个，开展农业科技培训 46.3 万人次，全县经济林果达到 130 万亩，中药材、蔬菜面积分别达到 12 万亩、10.8 万亩，建成养殖小区 31 个、规模养殖场 514 个、发展养殖大户 1068 户，投资 2.5 亿元的金鸡产业扶贫项目建成投产，投资 3 亿元的礼县大黄产业园项目一期工程即将竣工。实施重点工业项目 59 个，加大工业企业协调服务力度，2020 年规上工业增加值较上年大幅增长，工业经济实现企稳回升。商贸流通持续活跃，文化旅游融合推进，电子商务高速发展，累计实现电商交易额 24.1 亿元（线上交易 9 亿元），礼县被确定为全国电商脱贫样板县，在全国网络扶贫暨数字乡村发展工作现场会上作了交流发言，全省电商扶贫经验交流会在礼县召开。

【脱贫攻坚】全面打响“百日攻坚”“百日提升”“百日收官”三大战役，持续开展“十查十清零”，高位推进收官大决战，高质量完成了脱贫攻坚任务，年初剩余的 1.21 万贫困人口全部脱贫，43 个贫困村全部退出，实现了整县摘帽退出目标，历史性解决了全县绝对贫困问题。义务教育、基本医疗、安全住房、饮水安全等各项指标全部达标，“十三五”1470 户易地扶贫搬迁任务全面完成。大抓就业扶贫，制定奖补政策，加强技能培训，贫困劳动力稳定务工就业 6.5 万人，增长 42.2%；创收 13.7 亿元，增长 51.7%。大抓产业扶贫，完善“一扶一带”机制，扶持发展“五小产业”36283 户，建设农作物晾晒场 16413 户、养殖业圈舍 4660 户、集中圈棚 286 座，消费扶贫销售农产品 4.1 亿元，有力保障了贫困群众稳定增收。东西扶贫协作和中央定点帮扶成效明显，社会帮扶的深度广度不断拓展。创新设立防返贫保险，开展脱贫攻坚兜底保障专项行动，兜底保障覆盖面由 3% 提高到 5.6%，织牢织密了兜底保障网，礼县在全国社会救助兜底脱贫工作会议上作了经验交流。

【“三农”工作】2020 年，全县实现农业增加值 110624 万元，比上年增长 5.5%。粮食总产量 150300 吨，增长 2.3%。分作物看，小麦总产量 77650.6 吨，增长 3.1%；玉米总产量 45687.5 吨，增长 2.9%；洋芋总产量 18600 吨，下降 2.2%，其余各种作物均较上年有所增长。苹果产量达 135020 吨，增长 7.4%；花椒产量 3917 吨，增长 15.5%；

核桃产量达14976吨，增长15.4%，林果产业成为农民增收的重要支柱。劳务经济稳定增长，全县输转劳务12.4万人，实现劳务收入30.7亿元，有力促进了农民增收。农村居民人均可支配收入7789.3元，比上年增加610.3元，增长8.5%。

【项目建设】2020年，全县固定资产投资比上年增长9.3%。实施重点建设项目146项。景礼高速公路开工建设，建成X514上坪至牛尾公路35公里，实施农村公路水毁维修及畅返不畅治理项目262公里，改造危桥4座，建设生命安防工程475公里，建制村通客车目标全面实现。实施农村饮水安全巩固提升工程53处，解决了9.5万人饮水不稳定问题；新建永坪水厂及输水管网工程，缓解了城区供水压力。加快推进农网改造，全县户均容量达到2.2千伏安，供电可靠率达到99.8%。建成开通5G基站50个。实施城镇建设项目23项，建成北城区滨河沿路、东城区地下人防通道，开工建设北城片区棚户区改造320套，开发商住小区12个，实施城区道路和市政设施维修工程，持续推进城市提质扩容。实施永坪等乡镇小城镇基础设施建设，扎实开展农村人居环境整治，深入推进“拆危治乱”，新建户用卫生厕所6917户，行政村卫生公厕实现全覆盖，城乡人居环境焕然一新。

【产业发展】全力落实中央、省市出台的一系列稳增长、促消费、保就业的政策措施，千方百计抓项目、扩投资、抓产业、促增长，推动经济运行由降转升、企稳向好，打好了经济增长的翻身仗。新建农业产业示范点372个，新发展经济林果2.7万亩、乌龙头3.71万亩，种植中药材12万亩、蔬菜10.8万亩，成功注册“礼县苹果”“礼县大黄”地理标志证明商标，推动了特色农业产业提质增效。着力落实“一企一策”协调服务措施，力促工业企业及早复工复产，陇南紫金李坝金矿10000t/d采选工程建成投产，全年规模以上工业企业实现总产值65402万元，实现工业销售产值70491万元，在主要工业产品产量中，天然花岗石建筑板材产量553600平方米，比上年增长4.1%，岩石改性铵油炸药9016.7吨，增长38.4%。推进文化旅游产业融合发展，全年接待游客30.2万人次，实现旅游综合收入3.6亿元。加大电商投入力度，大力发展同城配送、直播带货等电商新业态，实现电商交易5.9亿元，为脱贫攻坚和经济发展注入了强劲动力。

【城乡建设】实施重点建设项目146项，完成投资47.8亿元。景礼高速公路开工建设，建成X514上坪至牛尾公路35公里，实施农村公路水毁维修及畅返不畅治理项目262公里，改造危桥4座，建设生命安防工程475公里，建制村通客车目标全面实现。实施农村饮水安全巩固提升工程53处，解决了9.5万人饮水不稳定问题；新建永坪水厂及输水管网工程，缓解了城区供水压力。加快推进农网改造，全县户均容量达到2.2千伏安，供电可靠率达到99.8%。建成开通5G基站50个。实施城镇建设项目23项，建成北城区滨河沿路、东城区地下人防通道，开工建设北城片区棚户区改造320套，开发商住小区12个，实施城区道路和市政设施维修工程，持续推进城市提质扩容。实施永坪等乡镇小城镇基础设施建设，扎实开展农村人居环境整治，深入推进“拆危治乱”。新建户用卫生厕所6917户，行政村卫生公厕实现全覆盖，城乡人居环境焕然一新。

【生态环境】实施新一轮退耕还林补植9.2万亩，义务植树170万株，完成水土流失综合治理6.3平方公里，治理清水江白家河段2.2公里，全面完成生态红线划定工作。全力打好蓝天碧水净土保卫战，加强环境质量监测，空气优良天数比例达到98.9%，高于全市平均比率0.7个百分点，水质监测达标率均为100%，全县环境质量不断改善。城区生活污水处理厂二期改扩建项目投入使用，并增设了污泥无害化处置设施，盐官、白河污水处理厂完成主体工程。全面落实河长制、湖长制，水资源保护、水域岸线管理、水污染防治、水环境治理等各项工作深入推进。第二轮中央环保督察和省级环保督察反馈问题整改任务即将全面完成。切实加强灾害监测预警、应急救援等体系建设，防灾减灾救灾能力得到进一步提高。

【人民生活】全面落实各类惠民政策和就业创业政策，社会保障和救助水平进一步提升，养老服务体系逐步完善。2020年农村最低生活保障人数达34348人，城镇最低生活保障人数达8042人，参加基本养老保险人数达325259人，参加农村合作医疗保险人数达460202人。城镇居民人均可支配收入24896.3元，比上年增长4.6%。

【社会事业】坚持教育优先发展，实施礼县一中初中部、礼县二中教学综合楼、礼县三中、三峪九年制等校舍工程20个，建设中小学温暖工程28个、教师周转宿舍项目3个，完成县一中宿舍楼维修工程，办学条件进一步改善。普通高考二本上线率达到58.5%，‘中职生”高考成绩居全市第一。加强科技创新，2个科研项目荣获甘肃省科技进步三等奖。加大医疗基础设施建设力度，县一院内科综合大楼完成主体，县中医院急诊门诊医技综合楼开工建设。积极推进文化惠民，完成甘肃秦文化博物馆、县图书馆维修改造，建成“历史再现”工程博物馆2个、乡镇农民健身中心2个。第二轮《礼县志》出版发行。第七次全国人口普查工作圆满完成。省、市列民生实事全部办结，各类惠民政策全面落实。发放创业担保贷款8020万元，有力支持了创业就业。全面落实各类优抚优待政策，妥善安置转业士官30人。“扫黑除恶”专项斗争纵深推进，矛盾纠纷排查化解取得实效，社会大局持续稳定。加强应急管理和安全监管，营造了安全稳定的发展环境。

（苏麟）

徽县

【基本情况】徽县位于甘肃省东南部，西秦岭南麓，嘉陵江上游，东邻秦川，南通巴蜀，素有‘陇上江南”之美誉。境内海拔在700—2500米之间，南北为山地，中部为浅山丘陵，属北暖温带向亚热带过渡性气候。年均气温12.1℃，无霜期192天，全年降雨量586.7毫米。国道316线、省道江武公路、十天高速及宝成铁路从县境内穿过。全县辖15个乡镇、213个村民委员会，12个居民委员会，总面积2699平方公里，耕地面积50.6万亩。2020年末，全县常住人口18.97万人，城镇化率41.70%。主要有汉族、回族、藏族、蒙古族、壮族、锡伯族、满族、畲族、土家族、苗族10个民族，少数民族以回族为主。

【资源优势】徽县自然资源丰富。全县森林面积189万亩，森林覆盖率46%。境内有大小河流600多条，属长江流域嘉陵江水系，年径流量19.86亿立方米，水能资源蕴藏量14.76万千瓦，可开发量8.46万千瓦。现已探明的矿藏有铅、锌、铁、金、铜、汞、硫、砩石、大理石、石灰石等4大类22种矿产资源，储量丰富。全县主产小麦、玉米、大豆、油菜籽、稻米等粮油作物，盛产核桃、银杏、板栗、柿子、生漆、狼牙蜜等林副产品，出产杜仲、柴胡、黄芩、金银花、天麻等400多种野生中药材。全县有各类野生植物250多种，百年以上银杏树遍布全县。有野生动物200多种，其中有羚牛、红腹锦鸡、白唇鹿、长臂猿、梅花鹿、大鲵等珍贵动物10多种。

【国民经济】全县经济整体呈现平稳增长态势。全年完成地区生产总值51亿元，比上年增长2.9%。其中，第一产业增加值10.5亿元，增长4%；第二产业增加值16.9亿元，增长1.3%；第三产业增加值23.7亿元，增长3.7%。三次产业结构由上年的20.2∶34.9∶44.8调整为20.6∶33∶46.4，三次产业结构在合理区间内运行。固定资产投资下降41.1%。

【农业发展】年末实有耕地面积50.6万亩。粮食生产发展平稳。全县农作物播种面积63.8万亩，比上年增长2.2%。粮食作物播种面积46.3万亩，增长2%。其中，小麦面积13.6万亩，下降1.7%；玉米面积21.9万亩，增长3.9%；豆类面积5.6万亩，下降0.6%；薯类面积5万亩，增长8.8%。粮食总产量14.6万吨，增长0.01%。

【工业发展】全县规模以上工业企业比上年增长4.8%。其中，轻工业工业增加值下降7%，重工业增加值增长14.1%。按行业分，有色金属矿（铅锌）采选行业增加值增长19.6%，占全县规上工业增加值的43.4%；饮料制造业增加值8亿元，下降7.3%，占全县规上工业增加值的46.5%；有色金属冶炼加工业增加值下降3.4%，占全县规上工业增加值的7.2%；水泥类似制品业增加值下降7.8%，占全县规上工业增加值的1.8%。

【财政与金融】财政实现收支平衡。全县大口径财政收入8.5亿元，同比增长8.7%。其中，本级收入3.1亿元，增长10.5%。财政支出21.1亿元，比上年增长8.9%。

金融运行基本平稳。年末全县金融机构各项存款余额93.7亿元，比上年末增长9.2%；各项贷款余额为62.8亿元，下降6.5%。

【人民生活】城乡居民生活水平明显提高。全县城镇居民人均可支配收入26068.4元，比上年增长4.1%；农村居民人均可支配收入10147.6元，增长8.2%。居民消费价格保持稳定。全年居民消费品价格总水平比上年上涨2.6%。构成居民消费品价格的八大类指数呈现"五增一降两持平"态势。其中，食品烟酒类价格上涨5.1%，衣着类上涨3.5%，居住类上涨1.4%，生活用品及服务类上涨2.8%，其他用品和服务类上涨4.8%；交通和通信类下降0.7%；教育文化和娱乐类、医疗保健类与上年持平。

【社会保障】社会保障覆盖面进一步扩大。年末全县参加基本养老保险人数151163人。其中，城镇职工基本养老保险参保人数8098人，机关事业单位养老保险参保人数10120人，城乡居民基本养老保险参保人数132945人；工伤保险参保人数12915人；失业保险参保人数6328人。社会救助稳步推进。农村低保3236户7343人，累计发放保障金2980.8万元；抚恤补助金737万元；社会临时救济金3431.6万元；特困供养金730.1万元，其中城镇15.7万元、农村714.4万元。

【社会事业】科技工作取得新进步。2020年推出科研成果16项，科技进步贡献率达到55%、科技成果转化率达到58%。

教育事业成果显著。县委、县政府不断加大教育投入，积极改善办学条件，努力优化教育资源配置，深入推进教育改革，全面实施素质教育，不断促进办学水平的整体提高，全县教育事业呈现出良好的发展态势，形成了幼教、普教、职教、成教全面协调发展的格局。2020年全年适龄儿童入学率和初中入学率均达到100%，全县高考录取人数达到1494人，录取率达到92.6%。

文化、广播电视工作快步发展。全县有文化机构86个，从业人员1263人（含个体户）。全县电视人口覆盖率达到99%，城区有线电视节目增至186套，城区有线电视用户9879户，城乡人民文化生活水平显著提高。

医疗卫生条件不断改善。年末全县共有医疗机构30个（不含个体诊所），其中县级医疗机构3个、民营医疗机构10个、乡镇卫生院17个。有病床1466张，卫生技术人员1116人，其中执业医师542人（含助理医师）。每千人拥有卫生技术人员4.9人，拥有病床6.5张，村卫生室覆盖率达100%。

体育事业健康发展。积极开展全民健身运动，中老年健身活动广泛开展，广场舞健身运动蓬勃发展，增强了全民健身意识，提高了体育事业发展水平。全县共举办各类群众运动会58次，参加运动员3.05万人次。

（马亮）

两当县

【基本情况】两当县位于甘肃省东南部，地处陕甘川交界的秦岭山区，属长江上游嘉陵江水系。北靠天水，西邻徽县，东南二面与陕西宝鸡、汉中相连。全县辖6镇，6乡，116个行政村，5个社区。2020年末，全县常住人口3.96万人，城镇化率为45.46%。全县分布着汉、回、蒙古、苗、彝、满、土家族等7个民族。全县总面积1408.73平方公里，总耕地面积152968.04亩，永久性基本农田6313.33公顷。年平均气温11.3℃，无霜期193天，雨量充沛，日照充足，森林覆盖率高，气候宜人，素有"养生胜地"之称。两当县先后被评为全国休闲农业与乡村旅游示范县、全国红色旅游经典景区县、全国园林县城、全国绿化模范县、中国绿色名县、中国候鸟旅居县、国家生态文明建设示范县，入选中国首批“美丽中国·深呼吸小城高质量发展实验区”名单，连续五年跻身“中国百佳深呼吸小城榜”，成功创建为首批省级全域旅游示范区。

【资源优势】县境内有丰富的矿产资源，已探明的有金、银、铜、煤炭、陶土、大理石等10多种；有羚羊、獐子、水獭、大鲵、麝、锦鸡等珍稀动物；有红豆杉、铁杉、银杏、香樟、合欢、白皮松等珍稀树种；有油松、华山松、落叶松、红桦等用柴树种；出产鹿茸、麝香、猪苓、五灵脂、天麻、杜仲、黄姜等中药材400多种。生态良好，森林覆盖率达69.45%，林木绿化率达84.55%。

【国民经济】2020年，面对新冠肺炎疫情、经济下行压力加大和70年一遇的特大暴洪灾害等严峻考验，全县人民万众一心，负重前行，统筹推进疫情防控、脱贫攻坚、抗洪抢险，保持了经济社会持续健康发展。全年完成地区生产总值11.08亿元，比上年增长1.6%。其中，第一产业增加值3.55亿元，增长5.3%；第二产业增加值0.37亿元，下降5.0%；第三产业增加值7.17亿元，增长0.4%。固定资产投资下降57.55%。社会消费品零售总额1.35亿元，下降6.0%。城镇居民人均可支配收入27578.3元，增长5.0%；农村居民人均可支配收入7699.5元，增长8.0%。

【农业农村工作】以农业供给侧结构性改革为主线，以稳定粮食生产为基础，以发展特色产业作为群众稳定增收的治本之策，全力推动“三养一药”产业振兴，努力实现农业增效、农民增收。2020年实现农林牧渔业总产值6.07亿元，比上年增长1.11%。全县农作物种植面积205327.2亩，粮食产量26049.87吨，下降9.98%；蔬菜种植面积25060.53亩，蔬菜总产量34159.03吨；食用菌产量2078.23吨；种植中药材62341.97亩，产量19025.45吨；养牛6864头，羊存栏7707头，猪存栏21319头，生态放养鸡存栏40.6万羽，出栏97.49万羽；中华蜂养殖40215箱；水产品产量30.59吨。引进和培育龙头企业16家（省级3家、市级6家、县级7家），全县共有合作社329家。成立中蜂、土鸡农民专业合作社联合社2个，被评为国家级示范社1个，省级示范社11个，市级示范社8个，县级示范社31个；建成县级农产品追溯监管指挥平台1个，乡级农产品追溯监管平台系统11个，建成农产品生产企业和种养植基地农产品追溯监测点13个；申报认证无公害生产基地3个，国家无公害农产品3个，地理标志保护认证产品1个，绿色食品认证14个。扎实开展农村人居环境整治，新建改建农村无害化卫生厕所6492座，治理黑房子1069户；创建清洁村庄104个；投入7.3亿元，实施63个美丽乡村建设点整治建设；新建梯田5300余亩。

【脱贫攻坚】2020年，在做好疫情防控的同时，持续推进脱贫攻坚，扎实做好“六稳”工作，全面落实“六保”任务，保持领导体制和工作机制总体稳定，完善防返贫预警监测与动态帮扶机制，巩固脱贫成果。对脱贫攻坚政策分类处置，向常规性、普惠性、长期性政策接续转变，健全支持乡村振兴的政策体系，扎实开展“3+1”和“5+1”专项行动，脱贫攻坚各项指标得到进一步巩固提升，脱贫攻坚取得了决定性胜利。筹措奖补资金3200万元，农业保险资金446万元，带动扶持“三养一药”富民产业快速发展。新开发乡村公益性岗位232个，输转贫困劳动力5842人，通过多渠道确保了群众稳定增收。争取东西扶贫和中央定点帮扶资金4070万元，为县域经济社会发展注入了新的动力。经2020年9月县级验收，全县剩余的3户12人贫困人口“一达标、两不愁、三保障”6项指标均达到退出标准，全县贫困人口全部脱贫。

【项目建设】坚持项目工作与疫情防控两手抓做法，对项目谋划储备、申报、建设工作进行系统安排部署，谋划实施500万元以上项目43项，不断加强项目开工复工力度，深入项目单位对接、指导项目建设和固定投资统计入库工作，全县开复工100%，2020年新入库项目2项。完成市列重点项目两当县职业技术学校建设项目主体建设并封顶；徐杨河引水工程一期完工，二期工程快速推进；城市双修工程一期工程建设完成，二期工程全面启动，2018至2020棚户区改造项目完成主体工程，城区新建道路及农贸市场退市还路工程有序推进，故道美食街建成投用。围绕十大生态产业、地方政府专项债券、“新基建”、2021年中央预算内投资等项目支持领域，积极谋划论证储备项目130余项；争取地方政府专项债券项目资金1.33亿元；争取国省预算内资金3523万元。落实“不见面”审批，通过在线平台申报项目92项，申报总投资20.09亿元；申报事项199项，已受理事项155项件，按期办结率100%。

【文化旅游】以“文旅融合”为工作导向，推进全域旅游示范区品位提升建设工作，抓好文化、体育、广电和旅游等重点工作。文艺创作与疫情防控工作并重，创作两当方言快板舞蹈、散文、抗疫歌曲等文艺作品，《两当号子专题片》荣登甘肃“学习强国”平台、《吼起号子战疫情》荣登2020年甘肃文旅网上大练兵学习平台，抗疫歌曲《共盼春来》被迅速转发，鼓舞士气；各项文化活动丰富多彩，开展送文化、科技、卫生三下乡活动和送戏下乡公益演出；公共文化服务效能不断提升，免费开放两当兵变纪念馆、县文化馆、县图书馆、博物馆、乡镇文化站和116个村级综合文化服务中心、农家书屋；不断加强文物保护工作，多形式开展文物保护宣传活动，完成杨店古建筑群骆宾王家、宝藏兴焉、龙永军家3处古建筑修缮工程及《王氏族谱》修复项目招投标；加强非遗保护工作，“两当号子”已正式申报为国家第五批保护项目；精心组织开展篮球赛、乒乓球赛、太极拳大赛等体育活动。全县共有艺术表演团体1个，文化馆1个，公共图书馆1个，藏书6.2万册，博物馆1个，不可移动文物点57处，其中省级3处、市级1处、县级53处；全民健身中心1个。

全面加快旅游景区基础服务设施建设，大力推进乡村旅游示范村建设，不断提升两当县全域旅游示范县品位。全县共有国家AAAA级旅游景区2个，国家AAA级旅游景区1个，国家AA级旅游景区2个，农家乐97家，农家客栈68家（星级农家乐、农家客栈9户），宾馆饭店20家（星级宾馆3家）。2020年，旅游接待125.09万人次，实现旅游综合收入 4.4 亿元。

【工业与电子商务】全县有规模以上工业企业 4 家。2020 年，受新冠肺炎疫情、经济下行压力加大和特大暴洪灾害影响，全县规模以上工业总产值完成 17328 万元，工业增加值比上年下降 12.6%，营业收入 14965 万元，营业收入利润率下降 31.45%。规模以下工业营业收入 103.6 万元。全县有网店 554 个，销售总额达 4171.1 万元，建成了县级电子商务公共服务中心和 7 个网货供货平台，全年实现电子商务交易额 13683 万元（其中线上 5557 万元，线下 8126 万元）。建成市级示范点 2 个，县级示范点 6 个，实现千万企业 3 家，百万企业 31 家；建成乡镇电子商务服务站 14 个，村级电子商务服务点 75 个，县物流快递企业 10 家；建立完成专馆四家（莱西 1 家、两当 3 家）、专区两家（莱西、两当各 1 家），共推介当地 10 家供应商企业（合作社）33 个产品纳入扶贫产品名录，同时入驻贫困地区农副产品 832 网络销售平台；建成陇南电商平台两当端同城配运营中心 2 处、仓储中心 1 处。开启“直播电商 + 扶贫助农”发展新模式，全县举办各类平台直播 217 场次，直播累计观看量达 1841.65 万人次，销售狼牙蜜、土蜂蜜、香菇、木耳、放养鸡、特色小吃等累计 51247 单，销售总金额 428.13 万元，打造本土网红 7 人，直播带货参与企业 21 家。

【人民生活】推进社会治理创新，社会大局和谐稳定，人民生活水平不断提高。2020 年，城镇居民人均可支配收入 27578.3 元，比上年增长 5.0%；农村居民人均可支配收入 7699.5 元，增长 8.0%。社会保障体系不断完善，城乡居民全部纳入社会养老保险范围，2020 年末，城乡居民基本医疗保险和养老保险参保率分别达到 98.7%、98%。

【教育卫生】全县共有学校 59 所，其中高级中学 1 所，职业高中 1 所，初级中学 1 所，九年一贯制学校 4 所，完全小学 11 所，教学点 22 个，幼儿园 19 所（其中含民办）。全县教职工 597 人，其中普通中学教职工 207 人（含九年一贯制学校初中部教职工）；小学教职工 249 人；幼儿园教职工 130 人；县职中教职工 11 人。全县在校学生 5942 人，其中在园幼儿 1374 人、小学 2620 人、初中 1048 人、高中 900 人。全面落实教育特惠政策，持续壮大“爱心教育基金”，在全市率先实现学前到高中的免费教育。全县义务教育阶段学生无一人失学、辍学。全县有公立医疗卫生机构 17 个，其中县计生服务站 1 个、县级综合医院 1 个、疾病防控中心 1 个、妇幼保健站 1 个、卫生分院 1 个、乡镇卫生院 12 个。拥有病床位 196 张，卫生技术人员 209 人，其中执业医师和技业助理医师 80 人。私立医院 1 个。新建、维修改造 13 个村卫生室建设，借助东西扶贫力量为县、乡医疗机构配备总价值 1.034 亿元的医疗设备。

（胡豪）

临夏回族自治州

【基本情况】临夏回族自治州地处甘肃中部西南，北邻兰州市，南靠甘南藏族自治州，东连定西市，西接青海省。自古是丝绸之路南道、唐蕃古道、甘川古道之要塞，素有西部“旱码头”“茶马互市”之称。全州土地面积 8169 平方公里，平均海拔 2000 米，最高处 4636 米，最低处 1563 米。年平均气温为 7.4℃，平均无霜期 171 天，平均降水量 606.6 毫米，属温带大陆性气候。全州辖临夏市 1 个县级市，5 个县，2 个自治县，58 个镇、65 个乡、7 个街道办事处，92 个社区居委会、1116 个行政村。2020 年末，全州常住人口 211.24 万人，城镇化率 36.75%。州内聚居回、汉、东乡、保安、撒拉等民族，其中东乡族、保安族是临夏独有的民族。

【资源优势】临夏州历史文化悠久。境内有形成距今 1.7 亿多年前的世界罕见的恐龙足印群，还有距今 1300 多万年的在亚欧大陆分布最为集中的三趾马、铲齿象、和政羊等古动物化石群。著名的马家窑文化、齐家文化、半山文化闻名遐迩，出土彩陶纹饰精美，其中盛负其名的“彩陶王”被中国历史博物馆收藏。黄河三峡、炳灵寺石窟等自然景观巧夺天工，民族特需用品、毛纺地毯、手工艺品享有声誉，民族建筑、砖雕、木雕、彩绘等别具一格。区位优势明显，民族风情浓郁，旅游资源富集，商贸流通活跃，是甘肃“回藏风情草原风光线”上的黄金地段。《中国旅游资源普查分类系统》68 种全部基本旅游资源中，临夏就有 45 种。临夏州具有较大可开发潜力的旅游资源 84 处；达到世界级的有永靖恐龙足印化石群、炳灵寺石窟、和政古动物化石 3 处；达到国家级的有刘家峡水库、刘家峡水电站、松鸣岩、太极湖、炳灵石林、东公馆、龙汇世界、前河沿清真寺、榆巴巴拱北 9 处；达到省级的有 35 处。临夏州地处西秦岭与祁连山多金属成矿的延伸交汇部，区域成矿地质条件较好，具有较丰富的矿产资源。已发现的各类矿产资源 43 种，占全省已发现矿种数的 25%。全州耕地面积大致分为川塬、山阴、干旱三类地区，大体各占三分之一；川塬山阴地区降水多，雨热同季，利于农作物、牧草和林木生长；干旱地区光照丰富，雨量稀少。全州境内河流纵横，有黄河、洮河、湟水河、大夏河及其支流牛津河、广通河、三岔河、冶木河等 43 条，还有其它河流和季节性山溪。年过境径流量 324 亿立方米，自产水资源量 12.15 亿立方米，水资源总量 336.15 亿立方米。

【国民经济】2020 年，全州实现地区生产总值 331.3 亿元，比上年增长 5.2%。其中，第一产业增加值 53.7 亿元，增长 5.4%；第二产业增加值 61.3 亿元，增长 4.1%；第三产业增加值 216.3 亿元，增长 5.5%。三次产业结构比为 16.2 ∶ 18.5 ∶ 65.3。全州固定资产投资比上年增长 27.0%；社会消费品零售总额 106.7 亿元，增长 0.7%。工业增加值 28.9 亿元，下降 1.1%，其中规模以上工业增加值增长 11.4%。一般公共预算收入 19.2 亿元，增长 17.1%；一般公共预算支出 319.3 亿元，增长 15.9%。城镇居民人均可支配收入 23338 元，增长 4.3%；农村居民人均可支配收入 8113 元，增长 8.0%。居民消费价格上涨 1.8%。

【供给侧结构性改革】全面推进深化“放管服”改革，优化营商环境，梳理完善政务服务事项，强化动态监管，扎实开展乡村基层服务事项梳理及实施清单编制工作，极力推进政务服务向基层延伸。深化不来即享，全力推行政务服务“不见面审批”，打破区域界线，积极推进政务服务“一件事一次办”“跨省通办”“省内通办”“州内通办”，制定了《临夏州政务服务“一件事一次办”工作推进方案》，印发了《关于推动高频政务服务事项“全州通办”的通知》，有力有序推进各项工作任务。持续推进投资项目审批制度改革、工程建设项目审批制度改革，创新服务方式，努力提升审批服务效率。深化不动产登记便民利民改革，“互联网＋不动产登记”建设已上线运行，大力推进企业开办“一窗通办”，推广应用企业开办“一网通办”服务平台，公共资源交易全流程电子化走在全省前列、实现项目数量金额双提升。全面加强政务服务“好差评”制度实施，畅通评价渠道。临夏州招商引资项目代办服务中心已在州政府政务中心设立，将最大限度地优化审批程序，提高办事效率，促进项目落地运营，优化营商环境。

【脱贫攻坚】脱贫攻坚战取得全面胜利。2020年全州剩余的3.25万贫困人口实现脱贫，66个贫困村退出，2个贫困县摘帽，1.76万脱贫不稳定人口和3.73万边缘易致贫人口消除返贫致贫风险。临夏州8个贫困县市全部摘帽，649个贫困村全部出列，56.32万贫困人口全部脱贫，历史性解决了困扰千年的绝对贫困问题。扎实开展“3+1+1”冲刺清零后续行动，连续11轮“过筛子”查漏补缺，实施义务教育薄弱学校能力提升项目416个，新建“两类”学校177所，乡村医疗机构全部达到标准化要求，农村危房实现即时动态清零，建成15项饮水安全巩固提升工程。实施“5+1”专项提升行动，新增到户产业扶持资金4.3亿元，投入扶贫小额信贷和创业担保贷款72.6亿元，推进种植业结构调整和养殖业达标提升，新增高原夏菜、食用菌、马铃薯等特色种植面积88万亩，牛羊饲养量分别达到89.7万头、923.6万只，农业保险参保19.7万户。开展劳动力技能培训15.7万人，输转劳务55.9万人，340家扶贫车间吸纳就业1.6万人，开发公益性岗位8808个。厦门市援助资金6.14亿元、实施帮扶项目445个，8家中央定点帮扶单位援助资金2.33亿元、实施帮扶项目76个，全国“携手奔小康”行动培训班在临夏州举办。有效衔接乡村振兴，推进100个州级乡村振兴示范村建设，新建高标准农田20.8万亩，新增“三品一标”认证产品18个。广河县被评为全国“粮改饲”示范县。硬化村组道路2175公里，新改建农村卫生户厕4.9万座，拆除农村危房3.9万户。沿洮河经济带达板55栋宜居搬迁安置楼拔地而起，引进企业22家。在脱贫攻坚伟大实践中，全州各族各界和各级帮扶单位弘扬脱贫攻坚精神，涌现出了许多可歌可泣、感人至深的人和事，全州16名干部因公殉职，12个集体、9名同志和帮扶临夏的5名同志分别荣获全国脱贫攻坚先进集体和先进个人称号。

【“三农”工作】全力推进产业扶贫，紧紧围绕“扶贫抓产业、产业抓覆盖、覆盖抓达标、达标抓效益”的思路构建产业体系，因地制宜、多措并举，狠抓产业扶贫责任、政策、工作“三落实”，实现产业扶贫政策、到户产业扶持项目、产业链对贫困户“三个全覆盖”。因地制宜推进“牛羊菜果薯药油菜百合”八大特色产业、地方优势产品和“五小”产业发展，努力实现“村有脱贫产业、户有增收渠道”的目标。2020年培育引进龙头企业21家，认定州级以上龙头企业达到131家，全州规范和较规范的合作社达到2940家，纳入家庭农场名录系统管理的规模户达1364家，建设农产品仓储冷链设施50座，649个贫困村村均集体经济达到6万元以上。农业保险投保农户19.7万户，其中贫困户12.68万户；实现签单保费12203.45万元，支付赔款5997万元，从中直接受益农户32605户次。

全年完成农作物播种面积321.39万亩，粮食总产量达到69.98万吨，比上年增长2.5%。农作物粮经比从2016年的76.6 ：23.4调整到2020年的74.6 ：25.4。积极调整优化种植结构发展特色产业，全州种植结构调整面积86.7万亩，占农作物播种面积的36.3%。其中，百合3.6万亩、藜麦1.4万亩、金银花2.0万亩、草莓0.6万亩、赤松茸0.4万亩。全年大牲畜存栏34.2万头，比上年增长9.8%；牛存栏32.8万头，增长10.3%；猪存栏27.9万头，增长67.1%；羊存栏160.1万只，增长10.9%。肉类总产量6.7万吨，增长19.1%。积极抓好100个州级乡村振兴示范村试点工作，圆满完成农村户厕改造任务。稳步推进高标准农田建设步伐，2020年全州共建设高标准农田25.1万亩。加快农产品品牌培育，入选“甘味”区域公用品牌2个、“甘味”农产品企业商标品牌7个。稳步推进“三品一标”认证，新认证“三品一标”产品15个，认证产品达到230个，实物总量达到78.9万吨；永靖县16个产品取得有机产品认证证书，25个产品取得有机转换证认证证书，永靖县被确定为甘肃省第二批有机产品认证示范创建区（县）。加大项目资金争取力度，2020年争取各类项目资金10.3亿元。东乡县、广河县、积石山县、临夏县、临夏市为核心的甘肃甘味肉羊产业集群项目已获得农业农村部和财政部审批，项目总投资3.83亿元。积极稳妥推进农村改革及土地流转，全州流转土地总面积达到63.29万亩。

【项目建设】全州认真落实“项目带动突破”战略，推行投资项目清单管理、重大项目领导包抓、定期组织观摩推动等制度，开阔思路抓谋划、不遗余力抓争取、超常力度抓建设，掀起全州大建设大发展的热潮。固定资产投资高位增长，全年连续领跑全省。实施临大高速、双达高速、东乡县沿洮河经济带安居工程、州妇幼保健院搬迁改造等500万元以上重点项目551项、总投资达1074.3亿元、比上年增长22.2%，其中超计划开工57项。临夏市北环路、临和二级公路、东乡县达板至三甲集公路、广河县旅游扶贫大通道开工建设，双达高速、临大高速加速推进，临夏机场正式签订军地协议，兰合铁路、临夏州供水保障生态保护水源置换工程等重大项目取得突破性进展，兰永临、临康广、永大、永广等6个重大交通项目纳入全省“两纵习横一枢纽”实施方案。安临一级公路从谋划争取到开工建设仅用了4个月时间，刷新了历史记录，诠释了“临夏速度”。抢抓国家加大专项债券和中央省级预算内投资的政策机遇，推行专班作业、联审联报工作法。争取地方政府专项债券项目52个、资金59.65亿元；中央和省级预算内投资项目134个、资金14.93亿元；国家大中型水库移民后期扶持资金2.84亿元，资金体量创下历史新高。抓住用好“一带一路”、兰西城市群、黄河流域生态保护和高质量发展等多重叠加的发展机遇，着力把政策机遇项目化、项目前期可研化，最大限度承接转化政策机遇和国家投资。围绕“十四五”等重大规划编制，储备重点项目698个、估算总投资2844亿元。全年固定资产投资比上年增长27.0%。分产业看，第一产业投资增长79.2%，第二产业投资下降58.8%，第三产业投资增长51.1%。民间投资比上年略减，基础设施投资增长116.2%。全年房地产开发投资下降15.6%。年末商品房待售面积25.1万平方米，比上年末减少18万平方米。全年全州各类棚户区改造开工3.90万套，基本建成0.48万套。全面完成11.67万户脱贫攻坚农村危房改造扫尾工程任务。

【优势产业】光伏产业初具规模。2020年，全州建成并网发电的光伏扶贫电站106座，总装机容量284兆瓦，装机容量位居全省前列，占全省总装机规模的近三分之一，截至2020年底，全州光伏扶贫电站累计发电2.9亿度，应分配收益资金2.18亿元。文旅产业高质量发展。编制实施《临夏州全域旅游总体规划（2020—2030）》及配套的《临夏州全域旅游三年行动方案》《临夏州旅游产业融合发展专项规划》，制定出台《关于加快全州文化旅游产业高质量发展的实施意见》；炳灵寺世界文化遗产旅游区成功创建为国家5A级景区，康乐县胭脂湖景区晋升为国家4A级旅游景区，全州国家A级旅游景区达到24家，其中5A级1家，4A级8家。拍摄制作《花儿临夏·在河之州》等3部文旅宣传片，上海东方卫视拍摄播出《极限挑战宝藏行·三区三州公益季》综艺节目；创编演出《幸福像花儿一样》花儿剧，花儿歌舞剧《布楞沟的春天》参加全国基层戏曲院团网络汇演；举办“书香临夏·在河之州”临夏州本土文学作品大型朗诵会、“全省民族团结进步创建书法美术摄影展”等活动30多场次；成功举办全国滑翔伞锦标赛、杏花节、梨花节、郁金香节、牡丹文化月、油菜花节等一系列节会活动。全州累计接待游客1198.2万人次，实现旅游综合收入59.5亿元。

【人民生活】城乡居民收入持续增加，人民生活水平显著提高。2020年，全州城镇居民人均可支配收入23338元，比上年增长4.3%；农村居民人均可支配收入8113元，增长8.0%。城乡居民人均可支配收入比值为2.88，比上年缩小0.1。城镇居民人均消费支出16971元，增长4.7%；农村居民人均消费支出7252元，增长7.1%。城镇居民恩格尔系数30.0%，农村居民恩格尔系数为31.6%。就业形势稳定。全年城镇新增就业2.35万人，比上年少增0.29万人。城镇登记失业率为3.2%。全年劳务输转人数55.9万人，比上年增长9.2%；创劳务收入130.4亿元，增长27.2%。

【环境保护】强力推进水污染防治。临夏州7个县城的平均污水处理率达到90.31%，临夏市污泥无害化处置率达到100%；大河家镇等9个镇污水处理设施建成投运；完成22个“千吨万人”乡镇级水源地规范化建设及保护区边界矢量图绘制工作。深入推进大气污染防治。全州共淘汰城市建成区10蒸吨及以下燃煤设施578台184.49蒸吨，20蒸吨及以上燃煤锅炉全面完成提标改造；完成3.08万个土炕、土灶和小煤炉清洁取暖改造；淘汰各类老旧机动车3159辆；整治完成工业炉窑企业46家；新建32个乡镇二级配送网点；完成1916辆非道路移动机械摸底排查登记和编码登记工作，临夏市燃煤小锅炉、砖瓦窑厂、散煤销售点、餐饮单位燃煤土灶实现“清零”目标。全力推进黄河流域生态保护和高质量发展。完成黄河流域722个入河排口现场排查，配合生态环境部完成黄河干流和湟水河排污口排查试点工作。《临夏州黄河流域生态保护和高质量发展环境保护与污染治理专项实施方案（征求意见稿）》初步谋划8大类34小类项目；累计争取到位刘家峡库区生态环境保护项目中央水污染防治资金1.92亿元，实施东乡县河滩镇污水处理厂等13个项目。编制《临夏州“十四五”生态环境保护规划（初稿）》《临夏州重点流域水生态环境保护“十四五”规划》《临夏州洮河流域生态环境保护项目总体实施方案》《黄河流域临夏州生态保护和高质量发展规划》和8县（市）县域农村生活污水治理专项规划。污染源普查工作成效明显。全面完成各类污染源普查数据填报、审核和定库工作，共确定各类普查对象2236家，并发布《临夏州污染源普查公报》。生态环境监管能力全面提升。建成17个空气自动监测站、4个水质自动监测站、生态环境大数据平台、大气污染防治智慧监管平台、机动车尾气监管平台和3个机动车尾气遥感监测系统、省级环境应急临夏物资储备库。全面加强环境执法工作。全州共实施行政处罚86件，处罚款267.77万元，查封扣押16件，停产限产3件，移送拘留5件；受理交办信访案件264件，办结率为100%。

【社会保障】2020年末，临夏州参加城镇职工基本养老保险人数11.20万人，比上年末增加0.17万人；城乡居民基本养老保险人数143.21万人。参加基本医疗保险人数232.7万人，增加21.7万人。其中，城镇职工基本医疗保险人数12.3万人，增加0.6万人；城乡居民基本医疗保险人数220.4万人，增加21.1万人。全州参加失业保险的职工人数2.98万人，领取失业保险金人数0.03万人。全州参加工伤保险人数10.92万人，增加0.69万人。其中，参加工伤保险的农民工1.36万人，增加0.26万人。全州共有3.82万人享受城市最低生活保障，20.66万人享受农村最低生活保障，0.91万人享受农村特困人员救助供养。共实施临时救助35.6万人，救助资金6.2亿元。全年资助85.39万人参加基本医疗保险，全年国家抚恤、补助退役军人和其他优抚对象6179人。共有各类提供住宿的社会服务机构18个，其中，养老机构13个，儿童服务机构5个。社会服务床位2896张，其中，养老服务床位1693张，儿童服务床位1203张。共有社区服务中心130个，社区服务站985个。

【社会事业】2020年，临夏州共组织实施各类科技计划项目33项，其中，国家级，省级17项，州级16项。全年共取得科技成果42项。年末，全州各级各类学校2538所。普通高中在校生3.74万人，毕业生1.10万人；初中在校生8.44万人，毕业生2.13万人；普通小学在校生24.20万人，毕业生3.03万人；中等职业教育在校生0.59万人，毕业生0.06万人。学前教育在园幼儿11.77万人。全州中职专任教师624人，普通中学专任教师0.95万人，小学专任教师1.46万人。适龄儿童入学率99.99%。九年义务教育巩固率为97.92%，高中阶段毛入学率为81.24%。年末全州文化和旅游系统共有艺术表演团体17个，博物馆16个。共有公共图书馆8个，文化馆7个。有线电视实际用户5.4万户，户户通实际用户38.0万户。年末广播节目综合人口覆盖率99.06%，电视节目综合人口覆盖率99.10%。年末全州共有档案馆9个，已开放各类档案5.3万卷（件）。共有医疗单位1698个（包含民营医院及诊所），专业卫生技术人员1.19万人，医疗卫生机构床位1.21万张，全年总诊疗人次455.58万人次。共举办各类体育活动360余场（次），参加人数达60万余人（次）；建成省列为民办事项目9个，笼式足球场7个，配发健身器材54；参加2020年甘肃省青少年篮球、足球、射击、跆拳道、武术、摔跤、田径等10个项目的锦标赛，获金牌4枚、银牌7枚、铜牌6枚；培训295名社会体育指导员、60名国家二级篮球裁判员；体育彩票销售点171家，销售体育彩票2.3亿元。全州共有体育场地6167个，体育场地面积348.4万平方米。

（杨军）

临夏市

【基本情况】临夏市地处黄河上游，位于甘肃省西南部，是临夏回族自治州州府所在地，全州政治、经济、文化和商旅中心，距省会兰州117公里，地理坐标北纬35° 37′，东径103° 11′，地势以0.8%的纵坡自西南向东北倾斜。市区北、西、南被临夏县环抱，东与东乡县隔河相邻，形成北塬坡，南龙山、路盘山、凤凰山诸峰耸峙合围的黄土高原带状河谷阶地，地势平坦，大夏河（古称漓水）穿境而过，牛津河、红水河在市区汇入大夏河后注入黄河刘家峡水库。市域属中温带内陆气候，海拔1823—1960米，四季分明、日照充足、雨量充沛、气候宜人，年日照时数1989.6小时，年降水量617.8毫米，年平均气温8.0℃，无霜期174天，土地肥沃物产丰饶、自然条件优越。市域总面积88.6平方公里，建成区面积24平方公里，辖4个镇、7个街道，35个行政村、43个社区，境内有汉、回、东乡、保安、撒拉等民族，是国内回族人口最集中的地区之一。2020年末全市常住人口35.73万人，城镇化率88.51%。

【资源优势】区位优势突出，地处丝绸之路经济带甘肃黄金段上的重要节点，有着依藏面兰的得天独厚区位优势，在历史上是古丝绸之路的南道重镇，是西部地区的重要商埠，素有“茶马互市”、西部“旱码头”和“河湟雄镇”之称；旅游资源独特，临夏“花儿”艺术自成一脉、源远流长，紫斑牡丹冠绝国内，砖雕、彩陶、雕刻葫芦更为众多文化瑰宝之最，堪称临夏“三绝”。近年来，临夏市首位推进文旅产业，辖区内八坊十三巷、六十里牡丹长廊、东公馆、彩陶馆等文化旅游景点风格别致，魅力折桥湾、慈王农庄、金色草滩、河州小镇、瓦窑迪乐园等乡村旅游蓬勃发展，是回藏风情旅游线上的中转站和旅游目的地，享有牡丹之乡、彩陶之乡、花儿之乡等诸多美誉；商贸物流活跃，临夏市有着悠久的经商传统，著名社会学家费孝通先生曾有“东有温州、西有河州”的赞誉。近年来，坚持把培育商贸物流产业作为拉动经济增长的切入点，先后引进百益集团、北京华联、客都超市、华谊兄弟等知名企业，义乌商贸城、天元国际商业综合体、中天健广场等一批商贸实体和南利、金泰、长荣、俊林等专业市场相继建成运营，全市商贸物流产业聚集效应和辐射带动作用不断增强，形成了临夏市持续兴盛的商贸物流产业；品牌优势明显，临夏市饮食文化独具特色，特别是牛羊肉、副食品加工和地方风味小吃在西北乃至全国都享有较高的声誉。近年来通过举办河州牡丹文化月、临博会等节会展会，形成了以牛羊肉、乳制品、农畜产品、手工地毯、回、藏族生活用品加工业为主导，酿酒、建材、制香、医药、特色旅游和旅游产品开发共同发展的特色产业格局，各类产品远销德国、法国、土耳其等国家。

【国民经济】2020年，全市实现地区生产总值95.92亿元，比上年增长5.9%。其中，第一产业增加值2.12亿元，增长4.2%；第二产业增加值13.87亿元，增长3.3%；第三产业增加值79.93亿元，增长6.4%。三次产业结构比由2016年的5.3 ∶ 14.1 ∶ 80.6调整为2020年的2.2 ∶ 14.5 ∶ 83.3；完成大口径财政收入149861万元，比上年增长8.6%；一般公共预算支出315016万元，增长9.1%。固定资产投资增长15.1%；社会消费品零售总额53.85万元，增长2.1%。居民消费价格上涨1.8%，保持在合理区间。新增城镇就业人数3451人，城镇登记失业率为3.75%，开发公益性岗位785个。全年输转劳务人员3.801万人，创劳务收入9.52亿元。

【脱贫攻坚】坚持把脱贫攻坚作为最大政治任务，聚焦打赢打好收官战，紧盯“三类户”开展挂牌作战，强化致贫监测和精准帮扶，实现了现行标准下所有贫困人口稳定脱贫。着眼于巩固脱贫成果与乡村振兴的有效衔接，大抓农业产业结构调整，加快乡村旅游发展，顺利开启了全面建设美丽乡村的新征程。年末累计投入各类扶贫资金8.72亿元，实施各类扶贫项目408个，建成扶贫车间36个。大力发展高原夏菜、食用菌等高附加值的现代农业，农业产业结构不断优化，农民增收渠道持续拓宽。至2020年末，全市累计减贫0.59万户2.54万人，2018年9月率先在全省实现脱贫摘帽，经验做法入选全国贫困县摘帽100个典型案例之一。

【“三农”工作】坚持“产业兴旺、生态宜居、乡风文明、治理有效、生活富裕”的总要求，保持现有帮扶政策总体稳定，实现巩固拓展脱贫攻坚成果与乡村振兴有效衔接，高起点规划农业农村发展、全方位补齐基础设施短板、下功夫调整富民产业结构、全覆盖整治乡村人居环境，美丽宜人、业兴人和的社会主义新农村建设取得新的成效。2020年坚持创新驱动、内培外引，用全新视野、更高标准谋划推进一二三产业融合发展，精心打造重点旅游村，成功引进华谊兄弟星剧场美好生活综合体，落地建设总投资37亿元的18个招商引资项目，有力促进了文旅首位的富民产业提档升级。大力发展乡村旅游，精心打造了魅力折桥湾、慈王农庄、妥家金色草滩、瓦窑迪乐园、江牌河州小镇等12个乡村旅游景点。全面推进高原夏菜、食用菌等高附加值的现代农业，农业产业结构不断优化。全年实现农业增加值2.42亿元，比上年增长2.8%。大牲畜年末存栏10897头，比上年末增长0.4%；全年肉类总产量4645吨，比上年增长3.4%。年末拥有农业机械总动力38000千瓦，比上年末增长1.3%。

【项目建设】坚持项目支撑引领，强基础补短板，把项目作为经济发展的主抓手和压舱石，积极主动跑项目、争资金，开工建设了环城北路等106个重点项目，竣工使用折桥湾旅游示范区基础设施一期建设等22个项目，争取到各类资金19.46亿元，以大项目促进大建设，以大建设推动大发展。全年固定资产投资比上年增长15.1%。其中，500—5000万元以下项目46个，完成投资下降8.7%；5000万元以上项目23个，完成投资增长128.44%；房地产项目39个，完成投资下降38.23%。在库5亿元以上项目16个。

【环境保护】统筹推进蓝天、碧水、净土三大保卫战，严格落实"减排、控煤、抑尘、限车、禁烧"等大气污染防控措施。全面建立三级河长责任体系，重拳整治河道"四乱"问题，实施污水处理厂提标扩建、引黄济临水源地保护等工程。全面落实土壤防治行动计划，土壤环境总体保持稳定，污染防治三年攻坚行动如期完成。至年末，累计拆并燃煤锅炉544座，完成改炕4.9万个、改厕1.34万个。空气质量明显改善，生态环境更加优美。全市空气环境质量优良天数达325天，空气优良天数比例达到95.6%。城市污水处理率97.93%，PM_{10}均值55微克/立方厘米，$PM_{2.5}$均值28微克/立方厘米。地面水水质、饮用水源水质达标率均为100%。全市共有大型集中供热站3家，集中供热面积575.8万平方米，天然气供热面积514.9万平方米，自供热面积24万平方米。建成区绿化面积达到177.6万平方米，城市绿化覆盖率达11.98%。

【供给侧改革】继续深化"放管服"改革，承接下放行政审批事项97项，完成市政务服务大厅标准化升级改造，全面推进"一窗受理、集成服务"，564项政务服务事项实现"最多跑一次"，办结率达99%。不断优化营商环境，有序推进"证照分离"和"多证合一"改革，市场主体从"十二五"末的1.4万户增加到2020年末的3万户。积极推进农村"三变"改革和集体产权制度改革，完成土地承包经营权确权登记颁证。组建成立市属国有企业道合公司，如期统筹推进政府机构、公务用车、户籍制度、执法司法、社会事业等领域改革，经济社会发展更具活力。

【人民生活】坚持以人民为中心的发展思想，突出解决民生问题，认真办理民生实事，民生状况持续改善。2020年，临夏市城镇居民人均可支配收入23962元，比上年增长4.6%；居民人均消费支出18481元，增长4.0%；恩格尔系数31.5%。农村居民人均可支配收入16014元，增长7.6%；居民人均生活消费支出13280元，增长5.0%；恩格尔系数31.5%。全年实施棚户区改造6500套，老旧小区改造1080户，18所中小学幼儿园开工建设，8条城市"断头路"顺利拓通，市医院搬迁使用。

【社会保障】全力抓好社会保障，落实城乡低保、医保、养老保险等各项提标政策，公平公正发放各项惠民资金。全面落实分级诊疗、先诊疗后付费等改革措施，基本医保、大病保险和医疗救助实现"一站式"即时结报。年末全市参加城镇职工养老保险的单位603户，9039人，待遇享受9631人，全年享受支付养老金1.71亿元。参加职工医疗保险人数为14893人。参加城乡居民医疗保险的人数达212685人。全市累计发放城乡低保和特困供养资金9148.97万元，城乡低保对象和城乡特困供养对象共计5752户和17800人。其中，农村低保对象1454户、5140人；城市低保对象3744户、11973人；农村特困供养对象338户、400人；城市特困供养对象186户、287人。

【社会事业】大力发展职业教育，扶持规范民办教育，全力普及幼儿教育，推进全市教育均衡发展。率先在全州实现15年全程免费教育。2020年，全市共有各类学校153所，在校学生80779人，专任教师5692人。适龄儿童入学率达100%，巩固率达100%，毕业率100%。深化医药卫生体制改革，加快卫生基础设施建设，年内市医院整体搬迁。全年拥有各级各类医疗卫生机构22个，其中，医院4所，疾控中心2所，妇幼保健站2所，镇卫生院4所，卫生监督所2所，社区卫生服务中心6所，采供血机构1个，医学科学研究机构1个。卫生机构拥有床位数3047床，卫生技术人员3159人。大力度推进全域无垃圾专项治理行动，投入3000余万元购置各类环卫作业车辆132辆，城市道路机械化清扫率达到70%，有效解决了一大批出行难、就医难、上学难的民生问题，进一步提升了广大群众的幸福指数。

（李春刚）

临夏县

【基本情况】临夏县位于甘肃省中部，临夏回族自治州西南部，黄河南岸。县境东西宽53.1公里，南北长59.85公里，总面积1212.4平方公里。地貌为青藏、黄土高原参半，多山沟，兼有塬、川。地势东北低、西南高，海拔1735—4636米之间。临夏县地处温带半湿润区和高寒湿润区的过渡带，属温带半湿润气候，具有大陆性、季风性山地气候特点，气候因素随地势高度变化十分明显。年均日照时数为2277.6小时，日照率为52%，年平均气温7.6℃，无霜期147天左右，年降水量587.3毫米。现辖16个乡、9个镇，218个行政村、7个社区居委会。2020年末常住人口32.26万人，城镇化率15.87%。2020年末常住人口32.26万人，城镇化率15.87%。

【国民经济】2020年，全县地区生产总值44.81亿元，比上年增长5.6%。其中，第一产业增加值9.75亿元，增长4.90%；第二产业增加值6.61亿元，增长8.57%；第三产业增加值28.45亿元，增长5.10%。实现工业增加值2.53亿元，下降13.1%。建筑业实现增加值41001万元，增长30.93%。完成房屋建筑施工面积56.16万平方米，房屋建筑竣工面积2.43万平方米。完成社会消费品零售总额10.15亿元，下降0.4%。全年完成大口径财政收入4.40亿元，增长39.61%；一般预算支出45.70亿元，增长15.87%。年末全县金融机构各项存款余额78.79亿元，比上年末增长20.86%；各项贷款余为47.60亿元，增长35.71%。

【“三农”工作】全年完成粮食作物播种面积34.85万亩。以旱作农业为突破口，增加粮食产量，平均亩产达到406.25公斤，全年粮食总产量达到14.16万吨，比上年增长4.47%。全县完成造林合格面积4.46万亩，下降35.4%。完成育苗面积3167亩，增长5.57%，促进了林业生产的进一步发展和生态平衡。全年花椒产量达到1923.55吨，增长3.53%。全年肉类总产量达到9616.98吨，增长1.78%。牛奶产量31716.96吨，增长9.06%。禽蛋产量3009.9吨，增长8.28%。水产品产量87.6吨，增长1.39%。大牲畜年末存栏达到7.81万头，比上年末增长11.13%；羊存栏20.84万只，增长23.2%；猪存栏8.59万头，增长37.23%。家禽存栏100.33万只，增长8.28%。

【项目建设】2020年，全县固定资产投资比上年增长33.29%。其中，项目投资增长42.44%，房地产开发投资下降49.21%。实施的109个重点建设项目进展顺利，完成了当年投资计划，完善了基础设施建设，有力推动了城镇建设、工业发展、商贸活跃、旅游兴旺。2020年，实施交通项目11个，总投资12.75亿元。其中，续建项目5个，投资达11.3亿元；新建项目6个，投资达1.45亿元，全县县乡公路的大动脉和肠梗阻全部打通。计划建设项目2个，总投资达4.89亿元；完成自然村硬化路394.5公里，投资达2.19亿元，实现了全县各乡镇自然村通硬化路。

【优势产业】种植业结构调整初见成效，新建日光温室、钢架大棚3330座，7万亩高原夏菜实现了“一亩菜十亩粮”的效益；草莓、人参果、花椒、蕨菜、当归、柴胡等产品产量高、品质好，万顷塬上的无公害蔬菜享誉临夏市场。养殖业达标提升，建成规模养殖场197个，发展规模养殖户3364户，户均存栏3.69个牛单位。拉面经济扩面增量，通过贷款扶持、技能培训、就业服务指导，带动3.5万群众发展牛肉拉面产业，年创收10亿多元，近1万家拉面门店撑起了全州拉面经济的“半壁江山”。劳务产业提质增效，开展中式面点、挖机驾驶、家政服务等为主的劳动力就业技能培训3298人（次），输转劳务11.5万人（次）、创收26.45亿元，开发公益性岗位2534个，75家扶贫车间吸纳就业2135人，年产600多万双的布鞋产业带动1.8万多名妇女常年在家门口就业，实现了顾家增收两不误。文化旅游业蓬勃发展，临夏砖雕、葫芦雕刻、民间刺绣、布鞋加工工艺精细，深受人们喜爱。建成旅游示范村9个、农家乐159家，北塬钱家村被评为国家级旅游示范村，尹集新发村被评为省级旅游示范村，全年旅游接待人数75.7万人（次），创收3.83亿元。

【脱贫攻坚】临夏县是国家“三区三州”深度贫困县，是全国52个、全省8个未摘帽县之一。截至2020年底，全县所有农户“两不愁三保障”全面达标，116个贫困村稳定出列，贫困发生率下降至零，达到了“不漏一户、不落一人”高质量脱贫标准。全县一手抓疫情防控，一手抓脱贫攻坚，全面做好“六稳”工作、落实“六保”任务，实行挂牌作战、百日攻坚，扎实推进“3+1+1”冲刺清零后续行动和“5+1”专项提升行动，落实兜底保障政策，大力改善农村生活条件，快速高效发展特色优势产业。

【环境保护】坚决打好蓝天碧水净土保卫战，全年空气优良天数比率稳定保持在80%以上，水质优良率达到100%，土壤环境质量更趋稳定。加大燃煤锅炉整治，完成了全县5台20蒸吨及以上燃煤锅炉脱硫脱硝除尘改造、在线监控设备比对验收。依法拆除整治重点防控区域10蒸吨以下燃煤锅炉71台、违规注册9台；严格落实煤炭质量综合管控措施，建成1家煤炭交易市场和75家配送网点；完成土炕清洁能源改造8031个；完成拆除关闭砖瓦窑19家、审批29家并安装了污处设施；积极推进粮改饲工作，全县完成秸秆饲料化利用26.43万吨，秸秆饲料化利用率达86%以上。通过以上措施的落实，全县空气质量持续改善，2020年全县细颗粒物（$PM_{2.5}$）浓度均值为44.76微克/立方米，可吸入颗粒物（PM_{10}）浓度均值为85.95微克/立方米，优良天数的比率为84.81%。认真开展大棚房、违建别墅、耕地非农化、河湖四乱等问题清理整治行动，牢牢守住了生态环境保护红线。扎实推进生态综合治理，累计完成造林12.7万亩，完成土地整治4.9万亩，治理水土流失面积1.49万公顷、河道28公里，森林覆盖率提高到16.32%。

【人民生活与社会保障】人民生活条件进一步得到改善，居民收入持续增长。全县农村居民人均可支配收入为8545.70元，比上年增长8.30%；城镇居民人均可支配收入为23106.32元，增长4.1%。全县年末优抚对象1341人，其中参战涉核人员248人。得到政府最低生活保障的城镇居民2313人，得到政府最低生活保障的农村居民44730人。全县企业职工养老保险参保人数达到1675人，事业单位养老保险9404人，城乡居民养老保险人数达到284200人。参加城乡基本医疗保险人数达到429178人。其中，城镇职工参加基本医疗保险人数14428人，城乡居民参加基本医疗保险人数414750人。全年人寿保险保费收入8769.92万元，比上年增长10.20%；赔付金额4077.80万元，下降11.42%。财产保险实现保费收入9941.72万元，增长48.12%；赔付金额5842.17万元，增长42.82%。

【社会事业】截至2020年底，全县营运车辆达3386辆，从业人员3852人。完成客运量106.08万人（次），比上年下降36.54%，客运周转量5834.4万人公里，下降41.83%；完成货运量591.71万吨，增长1.41%，货运周转量97632.15万吨公里，增长2.66%。邮电通讯业稳步发展。全年县完成业务总量1104.24万元，比上年增长17.21%。年末固定电话用户14732户，宽带用户56315户，移动电话用户214062户。教育事业全面发展。全县共有各级各类学校404所，教职工4232人，在校学生68149人。幼儿毛入园率95.9%，九年义务教育巩固率97.4%，高中毛入学率78.6%。卫生事业健康发展。全县共有医疗单位36个，医院床位数1113张。其中，县级医院2个，乡（镇）卫生院29个。专业卫生技术人员735人。其中，副高94人，中级以上职称206人，助理级228人，员级207人。村卫生所（室）218个，个体诊所28个，村级卫生从业人员232人。

（唐志光　包学清）

康乐县

【基本情况】康乐县位于临夏回族自治州东南端，东临临洮县、南接渭源县和临潭县、西靠和政县、北连广河县，于1940年建县。距省城兰州108公里，属兰州一小时经济圈，国道310线（临康和二级公路）和国道248线（康冶二级公路），省道311线、322线贯穿全境。康乐县地处黄土高原向青藏高原过渡的农牧交汇地带，境内海拔1898—3908米，年均气温7.1度，年降雨量523.5毫米，无霜期174天，有耕地59.83万亩、人均1.95亩，素有“胭脂三川米粮川”之美称。全县国土总面积1083平方公里，辖5个镇、10个乡，152个行政村、4个社区（新治街和城东、城北、滨河社区）。2020年末全县常住人口25.63万人，城镇化率22.97%。

【旅游资源】康乐是貂蝉故里，胭脂赤兔马的产地。全县有文物保护遗址13处（国家级1处，省级1处），在边家林、椿树、塔关、丰台、寺址、地寺坪等地有新石器时代的马家窑文化、齐家文化遗址，有红军长征途经景古地区遗址——线家楼、石家楼，其中线家楼遗址已被确定为全州爱国主义教育基地。建成了全省唯一一个以农耕牛文化为主题的博物馆。全县境内河谷纵横，群峰迭翠，风光秀丽。白石暑雪、药水灵津、麻山雄关、亥姆晨烟、走龙飞瀑、悬崖古道、古木擎天、古殿雄阁、虎狼锁钺等十大自然景观汇萃了高原之粗犷、农区之田园、牧区之草畜、旅游山水之精华。莲花山主峰海拔3578米，集险、秀、美、奇、灵于一体，因形似莲花而驰名。已开发莲花山国家森林公园、药水峡森林公园、草长沟、胭脂湖、竹子沟、牡丹谷、西蜂窝寺、线家楼等13个旅游景区景点，全年接待游客人数112.3万人（次），旅游综合收入达5.2亿元。2020年，康乐县被中国互联网新闻中心评为“新时代·中国最美乡村旅游目的地”，被全国新农村建设中心授予“中国最美乡村旅游目的地”称号。

【国民经济】2020年，全县地区生产总值22.38亿元，比上年增长3.3%。其中，第一产业增加值6.86亿元，增长5%；第二产业增加值5.22亿元，下降3.7%，其中规模以上工业增加值下降35.5%；第三产业增加值10.3亿元，增长6.5%。大口径财政收入25714万元，增长22.88%，其中一般公共预算收入12120万元，增长6.95%；一般公共预算支出304635万元，增长3.9%。固定资产投资增长1.51%。社会消费品零售总额7.95亿元，下降1.8%。

【脱贫攻坚】康乐县是国家六盘山片区扶贫攻坚重点县，也是国家“三区三州”和甘肃省“两州一县”脱贫攻坚重点县之一。精准扶贫工作开展以来，康乐县累计整合投入各类扶贫资金27.75亿元，实施到村到户项目168项。落实到户产业扶持资金7930万元，发放创业担保贷款6.24亿元、扶贫小额信贷1.01亿元，扶持贫困群众大力发展牛羊养殖、特色种植和“五小”产业；新建扶贫车间5家，累计达到33家，吸纳就业1722人，夯实了群众持续稳定增收的基础。经过不懈努力，全县89个贫困村全部退出，98624名贫困人口全部脱贫。在全国脱贫攻坚总结表彰大会上，康乐县1名同志和1个集体，分别被党中央、国务院授予“全国脱贫攻坚先进个人”“全国脱贫攻坚先进集体”荣誉称号。

【“三农”工作】农业产业结构调整成效显著。坚持牛羊养殖、中药材种植、劳务和育苗等传统产业稳步发展，新增规模养殖户119户，改（扩）建规模养殖场10个，全县牛存栏6.83万头、羊存栏12.79万只；建成中药材示范基地2处，全县中药材总面积达到5.21万亩，创收1.9亿元。新建香菇养菌棚32座、种植大棚178座，完成高原夏菜及秋菜种植4200亩、特色林果1.17万亩，建成总库容2800吨的果蔬保鲜库7座；占地1450亩的现代农业科技产业园开工建设，建成日产量达4万棒的菌棒生产车间，培育形成了食用菌、高原夏菜和特色林果三大新兴产业。以康乐牛羊肉、高原夏菜、香菇等为主的农特产品走俏省内外，线上线下的销售模式进一步鼓起了群众的“钱袋子”。组织开展万人大培训活动，完成劳动力培训13944人、输转66551人，劳务综合收入达16.11亿元；全年销售各类苗木518万株，创收1.36亿元。

【项目建设】抢抓叠加汇集的政策机遇，提出并打造“一中心三片三路四区四山”项目空间布局，组织实施重点项目109个、总投资70.42亿元，论证储备“十四五”重点项目373项，总投资达1029.13亿元。高标准建成政务服务中心，营商环境持续优化，落地实施招商引资项目10个、总投资13.2亿元，特别是成功引进全州首家电子厂“科司特”，电子制造业实现“零”的突破。着力促进城乡融合发展，实施县城建设项目16个，建成古树名木植物园，投放新能源出租车，引进哈啰共享单车，组织开展“五城联创”行动，成功创建为省级园林县城。

【优势产业】文化旅游产业：“莲花山花儿会”已被列为国家级非物质文化遗产名录。一年一度传统的“六月六莲花山花儿会”，旖旎的自然风光和悦耳的洮岷“花儿”，吸引了八方游客。白桦林、竹子沟景区被评定为国家3A级旅游景区，胭脂湖景区被评定为国家4A级旅游景区，草长沟国家4A级景区通过评审。育苗产业：积极拓宽销售渠道，引导群众发展林果类和园林绿化苗木，不断提高市场竞争力和抵御风险的能力，力争全年销售各类苗木550万株以上，实现综合收入1亿元以上。中药材产业：全面推广“企业+基地+农户”的发展模式，大力发展无公害栽培和精深化加工，提高产品附加值，计划种植各类中药材5.21万亩。

【人民生活】2020年，全县城镇居民人均可支配收入 23034.8 元，比上年增长 4.4%；农村居民人均可支配收入 8266.1 元，增长 7.8%。全年全县城镇居民人均消费支出 17548 元,增长 3.8%;农村居民人均消费支出 7761.3 元，增长 5.7%。群众幸福指数不断提升。

【环境保护】牢固树立“绿水青山就是金山银山”的理念，制定《康乐县 2021 年春季造林绿化实施方案》，以城镇面山、公路沿线、河流两岸、景区周边、房前屋后为重点，全面推进国土绿化及乡村美化工作，目前已完成植树造林 5947 亩。以临康和二级路、康卓二级路为重点，组织实施美丽干线公路项目。严格落实河长制，狠抓农村面源污染综合治理，扎实开展生态环境问题排查整治，坚决打好污染防治攻坚战。制定印发《康乐县城乡环境卫生大整治集中行动工作方案》，集中整治县城周边、公路沿线、村庄周围、房前屋后、家庭院落等区域环境卫生脏乱差的问题，已完成农户房前屋后环境卫生综合整治 27725 户，拆除残垣断壁 9753 平方米，村容村貌焕然一新。

【社会保障及社会事业】年末全县参加城镇职工基本养老保险人数 2078 人，比上年末增加 161 人。参加城乡居民基本养老保险人数 187560 人，增加 1939 人。全县城镇职工基本医疗保险参保单位 184 个，参保 10245 人（在职 8327 人，退休 1918 人）；城镇职工基本医疗保险收入 2925 万元。全县城乡居民基本医疗保险参保 295337 人（含异地参保 6577 人），参保率 99.78%。征缴个人参保金 7219 万元。参加失业保险人数 1729 人，增加 231 人。年末全县领取失业保险金人数 11 人。参加工伤保险人数 9524 人，增加 499 人，其中参加工伤保险的农民工 1180 人，增加 8 人。坚持教育优先发展不动摇，举全县之力办好人民满意的教育，投资 1.32 亿元实施“三区三州”和“两类”学校建设等各类教育项目 54 个，落实教育惠民资金 1.19 亿元，招录教师 112 人，“两后生”全部接受职业教育。深入推进“健康康乐”建设，加强医疗基础设施建设。核酸检测 PCR 实验室、县医院发热门诊建成使用，医疗卫生条件明显改善。加快推进康乐县医养中心、妇幼保健站能力提升等项目，进一步完善医疗卫生基础设施。健全城乡公共文化体育服务体系，不断满足人民群众日益增长的文化需求。组织开展特殊困难群体面貌改善提升行动，关心关爱残疾人、低保户、孤儿等特殊群体，精准公平落实低保、临时救助、特困人员救助等惠民政策。有序推进苏集中心养老院和新治街社区养老服务中心、城北社区老年人幸福驿站建设。开通康乐至临洮、康乐至莲麓的公交车，公共服务设施更加完善。

（周玉）

永靖县

【基本情况】永靖县位于黄河上游，甘肃省中部西南，临夏回族自治州北部，隔黄河与东乡县、临夏县、积石山县相望，东北部与兰州市七里河、西固、红古区接壤，西面与青海省民和县相连，地处青藏高原和黄土高原过渡地带。全县总面积 1863.6 平方公里，平均海拔 2100 米，年平均气温 10.0℃，极端最高气温 36.4℃，极端最低气温 -14.1℃，属大陆性气候，生态类型有川塬区、高寒阴湿区和干旱半干旱区。年平均降雨量 260 毫米左右，相对湿度 1 月平均 70%，7 月平均 64%。无霜期 172 天，日照时数 2308.2 小时，冻土层川塬区 43 厘米，山区大于 43 厘米。土壤类型为黑垆土和黄麻土为主，微碱性，ph 值在 7.8 左右。全县辖 17 个乡（镇）、134 个村（居）。2020 年末常住人口 18.07 万人，城镇化率 52.50%。

【资源优势】交通条件便利。境内公路、水路、铁路齐全，兰永沿黄一级公路、国道 309 线、213 线、109 线穿境而过，县城刘家峡距省城兰州市仅 1 小时车程，距青海省西宁市 2.5 小时车程，是古丝绸之路、唐蕃古道的主要通道，处在西陇海兰新线经济带、兰州都市 1 小时经济圈核心区，人流、物流、信息流畅通快捷，发展潜力巨大，区位优势突出。水电能源充沛。黄河流经县域 107 公里，建有炳灵峡、刘家峡、盐锅峡、八盘峡 4 座大中型水电站和白川、福川、英东 3 座小型水电站，总装机容量 225 万千瓦，年发电 117 亿度，占全省水力发电量的近 30%；水域面积 32 万多亩，总库容 60 多亿立方米，占全省地表水储量的 20%，是新中国水电事业的摇篮、西北重要的水电能源基地。旅游资源富集。县内炳灵寺世界文化遗产旅游区为国家 5A 级景区，黄河三峡属国家 4A 级旅游景区和省级旅游度假区，有炳灵石林、恐龙足印 2 个国家地质公园，有世界上目前发现的最大恐龙足印化石，有因建设三大水电站形成的三座高峡平湖，综合旅游资源位列全省乃至全国前列。生态优势突出。享有全国休闲农业与乡村旅游示范县、全国生态农业示范县、全国无公害农产品标志推广与监管示范县、全国农业标准化示范县等称号。文化遗产众多。有丰富多彩的仰韶文化、马家窑文化、辛甸文化、齐家文化等古文化遗迹，被列为“中国傩文化保护基地”“联合国教科文组织民歌考察采录基地”，被誉为恐龙之乡、彩陶之乡、傩文化之乡、花儿之乡、工匠之乡、水电之乡、百合之乡。

【国民经济】2020 年，全县地区生产总值 60.5 亿元，比上年增长 3.9%。其中，第一产业增加值 13.9 亿元，增长 4.7%；第二产业增加值 20.4 亿元，增长 3%；第三产业增加值 26.2 亿元，增长 4.5%。三次产业结构比重为 22.9 ： 33.7 ： 43.4。固定资产投资增长 9.5%；社会消费品零售总额 9.7 亿元，下降 1.2%。一般公共预算收入 3.7 亿元，增长 15.2%。

【脱贫攻坚】实行挂牌督战，扛牢责任，持续攻坚，投入扶贫资金 8 亿多元，争取到中国地震局帮扶资金 665 万元、东西协作资金 6984 万元，完成技能培训 3790 人，输转劳务 52545 人，促进消费扶贫 1.1 亿元，三类人口稳定达标，脱贫质量和成色全面提升。全面补齐补强“两不愁三保障”短板弱项，全县适龄少年儿童全部入学，无失辍学学生，对 130 名村医、36 名乡镇卫生院全科医生分批开展全脱产培训，贫困人口参保率达 100%，完成新增危房改造 185 户，投资 2266 万元实施农村饮水安全巩固提升项目，从根本上解决了水源不稳定、冬季冻管等问题。扎实开展农村人居环境整治，拆除闲置、废弃院落及残垣断壁1492处，硬化村组道路116公里、村内主巷道161公里，改造危旧墙30万平方米、农作物晾晒场2.39万平方米，完成卫生改厕4164座。接续推进全面脱贫和乡村振兴有效衔接，超前谋划、及早行动，全力加快10个州级示范村建设，以点带面，引领带动，为全面实施乡村振兴打造样板、积累经验、奠定基础。

【项目建设】始终以发展为第一要务，全方位加大项目谋划争取建设，组织实施500万元以上项目65项，总投资达到162.5亿元。黄河三峡文旅、太阳岛至魏家坡道路、枣园片区改造提升、恐龙博物馆布展、太极岛生态田园高质量发展等重大项目动工建设，金河湾风情旅游街、绿色建材生态产业园等项目有序推进，王台镇蒋家铺至炳灵寺公路建成通车。主动招大商引强企，与华侨城、中铁建、中旅等3家央企初步达成了投资协议，黄河三湾旅游度假区、太极康养小镇等合作项目有望2021年年内落地实施。

【环境保护】坚持绿色发展，动工建设黄河刘家峡库区北岸综合治理和高质量发展项目，持续开展全域无垃圾专项行动和城乡环境集中整治行动，纵深推进蓝天、碧水、净土保卫战，完成土炕改造4000铺，全年优良天气数达312天；完成黄河流域排口排查和溯源工作，改造废弃排污口29个；建成废旧农膜回收企业2家、回收站8个、回收网点48个，共回收利用废旧农膜4406吨，回收率达87%；完成造林绿化6.4万亩，全民义务植树151万株，建设绿色通道90公里，巩固发展林下经济4.9万亩，生态环境稳中向好。

【人民生活与社会保障】城乡居民生活继续改善，全年城镇居民人均可支配收入23087.3元，比上年增长4.5%；城镇居民人均消费支出14207.4元，增长7.1%。农村居民人均可支配收入8032.6元，增长7.9%；农村居民人均消费支出8009.7元，增长9.6%。全县参加城镇职工基本养老保险3671人，参加城镇职工基本医疗保险15448人，参加城乡居民医疗保险175089人，参加失业保险的职6717人，参加工伤保险18772人。全县参加城乡居民养老保险12.7万人，参保率为98.5%。城镇居民享受政府最低生活保障122人，农村居民享受政府最低生活保障1412人，享受农村特困救助供养人员72人。全县敬老院1个，敬老院拥有床位110张，供养人员60人。

【社会事业】坚持以人民为中心的发展思想，支出民生资金24.8亿元，占财政支出的82.4%。2020年末，全县现有中小学234所，其中，完全小学70所，教学点44个，独立高中2所，独立初中6所，职业中学1所，九年一贯制学校5所，幼儿园（附设班）106所（个）。在校学生人数28338人，其中，高中4709人，初中5940人，小学13710人。全县适龄儿童入学率100%。九年义务教育巩固率98.7%，高中阶段学生毛入学率97.6%。2020年高考上省定二本线考生719人，比上年下降6.2%。年末全县共有医院、卫生院22所，病床数1076张，专业卫生技术人员1322人。儿童计划免疫建卡率100%，“五苗”接种率91.2%。完成32所中小学改扩建或维修改造，改扩建乡镇卫生院5所，县乡村远程医疗会诊中心运行良好，全县医疗卫生服务能力持续增强。发放创业担保贷款10.1亿元。开发公益性岗位897个。落实各类救助资金近亿元，全力保障困难群众生活。投资20多亿元，实施城市老旧小区改造、供暖供水等重点项目12个，滨河美丽小城更加宜居宜游宜业，广大居民的幸福感和满意度持续提升。

（孔德鸿）

广河县

【基本情况】广河，古称太子寺。地处陇西黄土高原丘陵沟壑地带，位于甘肃省中部，临夏回族自治州东南部，东与定西市临洮县隔河相邻，西接和政县，南连康乐县，北靠东乡族自治县。位于东经103° 23′ ~103° 51′ 、北纬35° 25′ ~35° 38′ 之间。地势自西南向东北倾斜，地理特征可概况为“一川两山，一路两河”，即中部广通河沿线为传川区，南北为山地。平均海拔1953米，属温带半干旱气候，30年平均气温6.9℃，30年平均降雨量466.5毫米，全年无霜期140天，日照时数2571.1小时。东西长45公里，南北宽13公里。是临夏州的“东大门”，东跨洮河至兰州70公里，西距临夏州府40公里，省道兰郎公路和康临高速公路纵贯全境，兰临高速公路近邻而过。背靠藏区，面向兰州，历来是中国西部的一个重要商埠，商贸流通活跃，市场功能完善，具有“西部旱码头”的美誉。早在汉朝时期，这里就是“丝绸之路”的一个重要驿站，举世闻名的“唐蕃古道”穿此而过，明代又是“茶马互市”的一个重要市场。县内民间资本相对富足，特别是皮毛市场与国内各大市场接轨，是西北地区乃至全国的重要集散地之一，三甲集镇被誉为“西北皮毛集散第一集”。总面积538平方公里，现辖3个乡、6个镇，102个行政村（社区），1121个村民小组。2020年末常住人口26.11万人，城镇化率34.41%。

【旅游资源】广河历史悠久，文化底蕴丰厚。广河县境内自然遗存丰富，文物古迹众多，是我国新石器时代与夏商过渡期典型文化——齐家文化的发祥地，有马家窑文化遗址和蕴藏丰富的古动物化石遗迹在国内外享有一定声誉，有“齐家文化摇篮”之美称。还有堡子山（旧名棺木山）遗址，文物内涵极其丰富，集马家窑文化半山类型、齐家文化、辛店文化、寺洼文化为一起，被列为省级文物保护单位。堡子山也是古太子寺八景之一，名曰：“棺木藏宝”。婚丧嫁娶、民俗礼仪、饮食起居、节日盛会等别具特色。

【脱贫攻坚】2020年，全县投入各类资金17.3亿元，其中财政专项扶贫资金3.95亿元，脱贫攻坚三年方案8个方面的27个项目全部完工。全力推进挂牌作战，剩余未脱贫人口全部脱贫、边缘易致贫人口和脱贫不稳定人口全部消除致贫、返贫风险。扎实开展“3+1+1”冲刺清零后续行动和“5+1”专项提升行动，实现问题清零；巩固提升“四好农村路”建设成果，实施乡村振兴试点村10个、创建清洁村庄40个，因村实施村容村貌整治、绿化美化和人居环境提升，农村面貌显著改善；加大产业奖补扶持力度，粮改饲成果持续巩固、牛羊养殖规模不断壮大、转移就业招牌更加响亮、电子商务销售再创新高、五小产业遍地开花。中央台办、厦门火炬高新区和各级帮扶单位为脱贫攻坚注入强大动力，各级干部帮办实事、疏导情绪，群众自主脱贫的内生动力持续增强。

【国民经济】2020 年，广河县地区生产总值 17.99 亿元，比上年增长 4.1%。其中，第一产业增加值 4.09 亿元，增长 4.8%；第二产业增加值 3.36 亿元，增长 1.8%；第三产业增加值 10.52 亿元，增长 4.6%。三次产业结构比由上年的 22.05 ∶ 19.15 ∶ 58.80 调整为 23.00 ∶ 19.00 ∶ 59.00，结构更趋优化。实现工业增加值 2.39 亿元，增长 1.07%，其中规模以上工业增加值增长 19.9%。实现社会消费品零售总额 10.36 亿元，增长 0.6%。完成大口径财政收入 2.08 亿元，增长 24.4%，其中一般公共预算收入 1.33 亿元，增长 31.3%。金融服务体系不断完善，对县域经济的推动力不断增强。年末全县金融机构各项存款余额分别达到 47.20 亿元和 37.66 亿元，分别比上年末下降 2.67% 和 1.29%，存贷比 81.92%。

营商环境持续优化，工业经济显著突破。累计投资 7.5 亿元，实施开发区工业污水处理、固废处置等项目，工业污水处理厂人工湿地、固体废物处置场投入运行，园区基础设施更加完善、集聚效应更加明显。开发区企业达到 49 家，其中规模以上工业企业 6 家，完成工业总产值 6.5 亿元，销售收入 6.9 亿元，工业集中度 84%、主导产业聚集度 85%。协调落实援企贷款 3.4 亿元。设立东西协作产业园，开展精准招商，入驻制鞋、灯饰、服饰加工类企业 10 家，带动就业 2000 多人，产业集群建设迈出坚实步伐。

【“三农”工作】农业经济整体运行平稳。坚持打造富民产业，促进群众持续稳定增收。全年实现农、林、牧、渔业总产值 7.34 亿元，比上年增长 9.09%。全年粮食播种面积 19.33 万亩，比上年增长 0.47%。油料种植面积 0.47 万亩，下降 1.2%；蔬菜种植面积 1.75 万亩，增长 1.74%。肉类总产量 3870.32 吨，增长 8.83%。牛奶产量 2229.3 吨，增长 1.93%。2020 年末，大牲畜存栏 4.84 万头，比上年末增长 20.3%；羊存栏 27.29 万只，增长 19.59%。年末农田有效灌溉面积 10.72 万亩，与上年末持平；保证灌溉面积 10.06 万亩，与上年末持平；化肥施用量（折纯）1078.65 万吨，下降 2%。年末全县农业机械总动力 17.08 万千瓦（不包含农用车动力）。全年完成造林面积 4.08 万亩，增长 20.67%。

【项目建设】2020 年以来，广河县项目建设稳步推进，发展质量显著提升。实施重点项目 269 项，和广供水及巩固提升工程、三甲集中心大道、齐水路、三蒿路、易地扶贫搬迁、教育改薄及均衡发展项目、县医院住院部、妇保院、中西医结合医院、福利院、体育场馆、齐家文化博物馆、天然气管道、北山绿化等一大批重点项目相继完工并投入使用，为经济高质量发展奠定了坚实基础。全县实施重点项目 78 项，其中，续建项目 26 项，八仙口至临园道路、兴达五期等 9 个项目全部完工，汽车客运站、潘家至李家河道路等 17 个项目基本完工；新开工项目 52 项，康家移民幼儿园、对槐路等 10 个项目已完工，漳河治理、中西医医院等 23 个项目完成年度建设任务。严格落实项目“五制”，加大稽查、督查力度，规范招投标、竣工验收程序，项目质量明显提高。城乡建设力度进一步加大。推进县城西区扩建，体育场馆、晨曦幼儿园、档案馆等 15 个项目投入使用，城西小学、气象局业务用房等 7 个项目基本建成；大力推进东区建设，绿化长廊、一中分校、城东小学、马良桥至潘家道路基本建成，怡和幼儿园、现代农业产业园、正清商贸等项目进展顺利；推进老城区改造，实施 15 个住宅小区改翻新和石那奴、马家片区基础提升，打通齐家文化广场东侧断头路。全面推进三甲集开发，实施上集至临园基础改造、石炭沟综合开发、甘坪片区棚户区改造和风貌提升工程，启动农畜产品、牛羊交易、物流三大市场建设，“东大门”形象进一步提升。统筹推进祁家集、买家巷、庄窠集、齐家等重点集镇建设，城镇面貌持续改善。城镇建设势头强劲，城乡基础显著完善。累计投资 5.5 亿元，实施棚户区改造项目 3 项，改造老旧小区 15 个；投资 4.6 亿元，建设市政道路 13 条、景观桥 5 座、天然气管道 31 公里；投资 9.78 亿元，改造农村危房 7728 户、住宅提升 8652 户；投资 8.56 亿元，完成易地扶贫搬迁 2820 户、14828 人，县城建成区面积达 10.5 平方公里。

【人民生活】2020 年城镇居民人均可支配收入 22257 元，比上年增长 4.3%；农村居民人均可支配收入 8913.8 元，增长 8.1%。富民产业持续壮大，群众收入显著增加。全县建成畜牧养殖小区 5 个，养殖专业户 3.3 万户，其中，牛养殖专业户 1 万户，羊养殖专业户 2.3 万户。截至年底，累计输转劳务人员 29.54 万人次，收入 53.5 亿元。完成电商销售 2.57 亿元，增长 39.3%。建设扶贫车间 34 家，带动就业 2185 人，人均收入 2000 元；五小产业蓬勃发展。广河县籍人员在外开办牛肉拉面为主的餐饮店 2831 家，带动就业 8150 人，人均增收 2280 元。

【环境保护】2020 年，全县投资 4.1 亿元实施坡耕地水土流失综合治理、永红渠改造、污水厂提标、第二生活垃圾填埋场等项目，建设三甲集北山公园田园综合体，完成植树造林 1.28 万亩、水保林 343 公顷，栽植行道树 80 公里，建设高标准农田 6000 亩，新增污水、雨水管网 41.6 公里。常态化开展煤质管控、秸秆垃圾焚烧监管，坚决落实河长制，废旧地膜回收率 90% 以上。开展城乡环境整顿整治十大行动，加强对中科公司的监管，推动环境整治向村社、农户延伸。大力开展环保督察“回头看”，办结环境信访、违法案件 27 件。累计投资 5.1 亿元，实施黄土高原综合治理等生态项目 23 项，完成植树造林 6.4 万亩、补植补栽 4.9 万亩，森林覆盖率达到 12.15%、治理水土流失面积 20.1 平方公里。推进全域无垃圾整治行动，垃圾无害化处理率达到 96%、污水处理率 95%。累计投资 4.52 亿元，整治河道 22 处、建设堤防 22 公里、修建泵站 60 处、梯田 3.4 万亩，改造渠道 156 公里、改善灌溉面积 1.5 万亩。认真办理环保督察反馈问题，淘汰落后产能企业 2 家、关停 12 家，拆除改造锅炉 52 台、实施企事业单位空气能热源泵改造 35 家。

【社会保障与社会事业】2020 年，

全县一般公共预算支出中11类民生支出23.6亿元，占82%，增长2.7%。注入风险补偿金200万元，发放扶贫小额贷款1974户9136万元，累计达到1.17万户5.45亿元。注入创业担保基金5800万元，新增贷款4.87亿元。全面完成城乡低保和特困供养提标，落实各类救助资金5.46亿元。"两癌"筛检、二维码门牌等7项省列实事全部完成。2020年，广河县投资19.73亿元，实施教育项目102项，招录教师780人，义务教育巩固率比"十二五"末提高23.6个百分点；学前教育毛入园率达到95%。高中毛入学率78.5%，分别提高34和31个百分点。投资2.39亿元实施二中实验楼、寄宿制小学、信息化建设等项目29项，招录教师114名，推动教育资源均衡配置。累计投资3.77亿元，实施卫生项目8项，招录医务人员190人，卫生院、卫生室全部达标运行。县医院旧楼改造全面完工，乡镇卫生院全部配备救护车，招录医护人员23名，医疗水平持续提升。加强旅游基础设施建设，齐家文化博物馆获评3A级旅游景点，全县完成旅游接待33万人次。投资2.08亿元，实施齐家坪遗址保护等文旅项目7项，举办高规格的齐家文化研讨会2次。大力开展群众性文体活动，群众精神文化生活不断丰富。全民健身中心投入运行，建设健身步道4.2公里，为乡镇村配备文化体育器材，满足群众精神文化需求。累计支出民生资金78.43亿元，城乡低保、特困救助标准逐年提高、应保尽保。开通公交线路5条、投放新能源公交车50辆。

（马俊祥）

和政县

【基本情况】和政历史悠久，古为羌戎之地，前凉设金剑县，宋崇宁四年称宁河县，明嘉靖十年设和政驿，和政之名自此而始。县域位于临夏回族自治州南部，地处黄土高原与青藏高原交汇地带，东与广河县、康乐县接壤，南与甘南州卓尼县、夏河县相邻，西与临夏县毗连，北与临夏县、东乡县交界，总面积960平方公里。和政县全境以太子山为主山脉，形成四个河谷地带和两个沟谷地带，平均海拔2200米，年平均气温6.1摄氏度，年日照小时数1993.3小时，年平均降水量799.3毫米，农作物主要有小麦、油菜、蚕豆、玉米等，特色林果有啤特果。境内主要河流有广通河、牛津河、大小南岔河、牙塘河，年径总流量为3.62亿立方米，水能总蕴藏量为3.7万千瓦，可开发量为2.6万千瓦。境内康临高速公路、临康和二级公路贯通东西，和合公路贯穿南北，县城距省城兰州市90公里，距州府临夏市20公里，面向兰州、服务藏区的交通区位优势明显。全县辖9个镇4个乡，122个行政村、4个社区，1438个村民小组。2020年末全县常住人口21.48万人，城镇化率27.82%。

【国民经济】2020年，全县地区生产总值27.11亿元，比上年增长5.4%。其中，第一产业增加值3.99亿元，增长5.1%；第二产业增加值4.37亿元，增长7.5%；第三产业增加值18.75亿元，增长5.0%。三次产业结构比为14.7∶16.1∶69.2。完成工业增加值1.74亿元，增长2.5%，其中，规模以上工业增加值增长24.6%；社会消费品零售总额4.67亿元，下降0.9%。

【脱贫攻坚】和政县是国家十年扶贫规划中六盘山片区甘肃省15个重点贫困县之一。2020年全年投入各类扶贫资金10.56亿元。实施安全饮水提升工程10个，改造提升农村住房881户，硬化村组道路231公里。全面完成农村低保、特困供养人员补助提标工作，落实医疗、养老保险费资助金1870万元，发放民政保障资金2.06亿元。落实产业发展资金5403.55万元、受益群众达1.2万户，发放创业担保贷款6.42亿元、扶贫小额信贷3995.6万元。银保监会落实帮扶资金867.5万元，集美区落实帮扶资金8170万元，消费扶贫购销农特产品4630万元。

【"三农"工作】农业经济稳步发展、促农增收效果明显。全年全县粮食种植面积14.2万亩，比上年增加0.24万亩。油料种植面积7.46万亩，减少0.3万亩。蔬菜种植面积0.69万亩，增加0.17万亩；中药材种植面积1.68万亩，增加0.01万亩；果园面积0.9万亩。全年粮食产量5.12万吨，比上年增长3.69%。蔬菜产量1.57万吨，增长23.35%；园林水果产量0.56万吨，增长6.28%；中药材产量0.62万吨，增长10.71%。全年肉类产量3872.86吨，比上年下降10.89%；牛奶产量4129.2吨，增长116.87%。年末大牲畜存栏3.16万头（只），比上年末增长5.34%，其中牛存栏3.14万头，增长5.25%；牛出栏1.8万头，下降3.74%。羊存栏8.94万只，下降5.94%；羊出栏4.73万只，下降18.17%。生猪存栏0.7万头，下降5.08%；生猪出栏0.62万头，下降24.39%。

【项目建设】全年谋划实施重点项目126项，总投资170.6亿元，其中，续建项目19个、28.8亿元，新开工项目80个、90亿元，谋划争取项目27个、51.8亿元。新续建项目中，"建养一体化"道路、旅游扶贫大通道、县职校实训楼等41个项目已基本建成，棚户区改造、中医院康复中心、海澜绿洲等43个项目开工建设，公共实训基地、大景区智慧旅游等15个项目进展顺利。全年全县固定资产投资比上年增长5.86%。按三次产业分，第一产业投资增长1986.05%，第二产业投资增长426.11%，第三产业投资下降59.48%。全年房地产开发投资77598万元，比上年下降6.69%。房屋施工面积52.90万平方米，增长34.16%，其中住宅施工面积43.24万平方米，增长44.24%。在房屋施工面积中，房屋新开工面积13.47万平方米，下降56.8%，其中住宅新开工面积13.26万平方米。房屋竣工面积3.77万平方米，增长14.56倍。

【优势产业】特色农业初具规模，食用菌、高原夏菜、藜麦、中药材、乌龙头、水果玉米等特色产业蓬勃发展。成功引进百益集团、夏润农业等6家农业企业，为经营主体落实特色产业奖补资金2500万元，建成3个万亩、7个千亩和21个百亩种植基地，新增食用菌、高原夏菜、藜麦等特色农业种植面积2.9万亩，特别是赤松茸种植大获成功，以赤松茸为主的食用菌产业初具规模。和政啤特果为"甘肃省十大名果"之一；文化旅游业提档升级。境内比较有名的旅游景点有国家4A级风景名胜区松鸣岩；全国4A级旅游景区国家二级博物馆和政县古动物化石博物馆；铁沟风景区，三岔沟风景区，柳梅滩风景区，南阳山森林公园，滴珠山公园，清虚观等。被誉为民族奇葩的“花儿”，在全县有一定的群众基础，每年举行“花儿”演唱比赛，特别是农历四月二十六至二十八三天，松鸣岩到处是“花儿”的海洋，丰富了广大人民群众的文化生活，被联合国教科文卫组织评为世界民俗（花儿）采录基地。实施了大景区生态智能停车场、松鸣岩景区基础设施建设、桦林原址馆展陈工程等项目，完成了滨河路、龙泉广场、迎宾路等区域绿化美化提升改造，在大南岔河流域、吊漫路沿线等连片成带种植了观赏性花卉，建设了油菜花“金色长廊”，修建了观景设施，“花海和政”加速形成。全力打造咀头、狼土泉等10个乡村振兴示范村，黄松沟、三岔沟、天空花苑等乡村旅游景点成为游客网红打卡地，乡村“美丽经济”持续壮大。举办了梨花节、油菜花节、自行车邀请赛、赛马邀请赛等节会赛事。全年旅游接待人数129.9万人次，旅游收入6.3亿元。

【人民生活与社会保障】城乡居民收入持续增加，人民生活水平继续改善。全年全县城镇居民人均可支配收入22593.9元，比上年增长4%；人均消费支出20458元，增长6.4%。农村居民人均可支配收入7691.3元，增长4%；人均消费支出7272.8元，增长11.2%。劳务输出成效显著。加大劳务培训输转力度，积极拓宽输出渠道，在福建、天津等省市建立了固定的劳务输出基地，劳务已成为农民增收的主渠道之一。全年输转城乡富余劳动力58326人。其中，县内输转9429人，县外州内输转6021人，州外省内输转14218人，省外输转28658人。着力提升社会保障兜底水平。年末全县共有7450人享受城市居民最低生活保障，22739人享受农村居民最低生活保障，1173人享受城乡特困人员救助供养。其中，集中供养129人。全年222176人参加城乡居民基本医疗保险。

【环境保护】生态环境持续改善。实施了城区污水处理厂扩建、城西不稳定斜坡治理二期、高标准农田建设、牟家河国家水土保持工程等项目，新建高标准农田1.5万亩，治理水土流失面积1162公顷，完成植树造林6.25万亩，栽植各类苗木462万株，改炉改灶429台，改炕改厕1.1万座。深入推进“六抓六促”全域无垃圾专项整治行动，启动实施了投资1.2亿元的人居环境整体提升工程。严格落实河湖长责任，开展了河流水域岸线治理保护工作，实施了牙塘河水生态环境综合治理项目，县域内主要河流基本实现了河畅、水清、岸美的目标。

【社会事业】年末全县共有初级中学9所，小学75所，教学点47所，普通高级中学1所，中专及职业技术学校1所，幼儿园138所。普通中学在校学生数11192人，比上年增加1026人；小学在校学生数25617人，增加1869人；幼儿园在校学生数9400人，增加174人。全县中专及职校专任教师39人，高中专任教师220人，初中专任教师589人，小学专任教师1468人，幼儿园专任教师345人。小学入学率100%，巩固率100%；初中入学率100%，巩固率100%；高中毛入学率78.2%。2020年高考二本以上录取364人，录取率达51.05%。年末全县有县级公立医疗机构2个，乡镇卫生院14所，村卫生室122所，个体诊所16家，民营医院4家。全县公立医疗机构共有卫生技术人员1162人，其中，医师317人，护士370人，医技人员96人。高级职称81人，中级职称93人，初级职称139人，无职称人员299人。设置医疗床位1155张，使用床位820张，每千人拥有床位5.25张；民营医院4所，卫生技术人员180人，设置医疗床位220张；村卫生室122所，村医122人（其中持有执业证3人，助理医师证21人，乡村医生证98人）。

（虎瑞鹏）

东乡族自治县

【基本情况】东乡族自治县是全国唯一的以东乡族为主体的少数民族自治县，是国列省扶重点贫困县，也是甘肃三个特有少数民族之一东乡族的发祥地和主要聚居区。地处西北黄土高原和青藏高原的过渡地带，位于甘肃省中部，临夏回族自治州东部，东以洮河与临洮县为界，南与广河县、和政县相连，西隔大夏河与临夏市、临夏县为邻，北邻刘家峡水库与永靖县相望。境内山峦起伏，沟壑纵横，四面环水，境内缺水，植被稀疏，总面积1510平方公里，最高海拔2664米，最低海拔1735米，年平均气温为5～9℃，年均降水量350毫米，年蒸发量1400多毫米，无霜期138天。全县共有16个乡、8个镇，215个村民委员会、14个社区。2020年末全县常住人口29.01万人，城镇化率19.48%。

【资源优势】东乡族自治县因其特殊的气候条件，形成了许多名优土特产品，东乡洋芋、唐汪大接杏、唐汪葵花籽、大红枣、河滩花椒、东乡天然地耳等品质优良，东乡手抓羊肉、东乡花馃馃等民族食品名扬四海。劳动力资源丰富，富余劳动力较多。旅游资源丰富，先后建成了东大坡森林公园、《古兰经》珍藏馆、盛世生态旅游度假村、布楞沟红色村史馆、韩则岭古兰经珍藏馆等一批旅游景点，旅游基础设施不断完善，旅游综合开发迈出实质性步伐，全县累计接待旅游人数33.7万人次，旅游收入达1.6亿元。

【国民经济】2020年，全县全年地区生产总值36.19亿元，比上年增长6.23%。其中，第一产业增加值8.68亿元，增长6.6%；第二产业增加值6.23亿元，增长12.72%；第三产业增加值21.28亿元，增长4.23%。全县完成工业增加值1.05亿元，下降4.18%，其中规模以上工业增加值增长9.4%；社会消费品零售总额3.24亿元，增长1.9%；固定资产投资增长103.81%。全县大口径财政收入2.52亿元，增长19%，其中一般公共预算收入1.10亿元，增长16.66%。一般公共预算支出5.55亿元，增长28.23%。

【脱贫攻坚】2014—2020年全县共投入各类扶贫资金45.15亿元，重点用于“两不愁三保障”、产业就业扶贫、基础公共服务改善等项目。2020年投入各类项目资金18.6亿元，新建改扩建学校49所，新建改扩建村卫生室100所，改造危房36户，埋设自来水管道595

公里，新建、维修水池 217 座，自来水新建及改造入户 3.05 万户，着眼于破解贫困群众生存发展问题，农村基础条件不断夯实，精准扶贫扎实推进，群众收入持续增加。经过各族各界的不懈努力，2.75 万户 15.2 万贫困人口全部脱贫，159 个贫困村全部退出，东乡如期实现整县摘帽目标。

【“三农”工作】积极采取各种有效措施，依托种养龙头企业，推广种植脱毒马铃薯和全膜玉米，试点种植金银花、藜麦、甜高粱、百合、当归、黄芪、高原夏菜等特色经济作物规模达到 5 万亩，那勒寺镇、高山乡、龙泉镇分别建成菌棒生产基地、黑木耳生产基地、香菇生产基地，逐步形成示范效应。2020 年，全县粮食播种面积为 42.46 万亩；粮食总产量达到 124539.47 吨，比上年增长 1.53%；粮食平均亩产为 293.28 公斤，增长 1.61%。全县当年共完成各类造林面积 6.15 万亩，其中生态林 2.18 万亩，经济林 3.97 万亩，栽植及补栽行道树 115 公里，育苗面积达 1807 亩。花椒产量达到 1942 吨，增长 371.36%；水果产量 3404 吨，增长 14.04%；全县大小牲畜存栏达到 61.12 万头（只），增长 3.53%;大小牲畜出栏 84.97 万头(只)，增长 9.83%。肉类总产量 1.94 万吨，增长 8.93%。农业机械总动力 12.24 万千瓦，增长 1.16%；有效灌溉面积累计达到 11.52 万亩，保证灌溉面积累计达到 9.45 万亩，完成机修梯田 1.88 万亩。

【项目建设】坚持把项目建设作为加快发展的重要载体来抓，全力以赴以沿洮河经济带建设为重点，“四大”经济带同步推进，全面加快了基础设施建设项目步伐，项目建设成效显著。2020 年共签约各类项目 16 项，总投资 86.83 亿元，全年实施 500 万元以上重点项目 121 项、总投资 236.17 亿元，民达国际饭店、县城南区道路建设等 56 个项目建成投入使用，沿洮河经济带安居工程、棚户区改造等 65 个项目进展顺利。

【优势产业】县委县政府立足县情实际，坚持把产业扶贫作为脱贫攻坚的核心任务来抓，因地制宜、因势利导，以畜牧养殖产业、东乡美食餐饮产业和劳务增收产业三大产业为主导，以扶贫车间、光伏、设施农业、五小产业、旅游、电商等新兴产业为补充的产业发展格局。申报成功了省级现代农业（肉羊）产业园和马铃薯标准化扩繁种植产业园，争取实施了达板冷链物流园、金银花产业园、藜麦加工产业园、甘肃方大百泉马铃薯深加工等项目，实现了特色种养全产业链发展。畜牧养殖方面新发展规模养殖户 270 户、规模养殖场 13 家，规模养殖场达到 154 个、规模养殖户达到 4568 户，配套实施牛羊活禽交易市场、屠宰冷链加工基地等项目。餐饮产业扩面增效，充分发挥餐饮企业带动作用，推动餐饮业规模化、连锁式发展，全县餐饮实体店达到 3400 家以上，带动就业 3 万人以上。劳务产业方面，大力实施精准化大培训大就业工程，设立培训、就业一体化的实训基地，使更多的劳动力成为技术工人、产业工人，完成各类技能培训 13154 人，加大劳务输转力度，全年共输转劳务 8.75 万人、创收 20.14 亿元。

【人民生活与社会保障】2020 年，东乡县农村居民人均可支配收入 6390.6 元，比上年增长 8.2%；城镇居民人均可支配收入 22053.8 元，增长 4.2%。全县已享受城镇低保的人员有 7687 人，农村低保的人数 41270 人，特困供养 1571 人；城乡居民基本医疗保险参保 37.80 万人，城乡居民基本养老保险参保 22.67 万人，基本实现了应保尽保。

【环境保护】继续推进国土环保可持续发展，强化基本农田保护，深入开展大气污染、水污染及农村面源污染大排查、大整治活动，对 2020 年开工的所有建设项目全部进行了环境影响评价，环评执行率 100%，严格控制污染物排放总量，提标改造燃煤锅炉 45 台，改造土炕 4405 座，建成了空气质量监测站，蓝天碧水净土三大保卫战成效明显，污染物排放均控制在省州下达指标以内。深入推进全域无垃圾整治工作，扎实开展了“拆危治乱”专项行动，拆除破旧房屋、废弃圈舍等 2.63 万间，残垣断壁 15.75 万米，陈年垃圾、乱堆乱放、乱搭乱建等问题得到有效整治，城乡环境面貌展现出新气象，着力提高了人居环境质量。

【社会事业】加大文化产业投入力度，实施唢嘛川木雕艺术馆扩建、体育场维修改造和下王家遗址公园建设项目，新建文化广场 6 处，文化墙 929.97 米，戏台 1040 平方米，制作文化宣传展板 2567.8 平方米，印刷出版县庆 70 周年《今昔布楞沟》《辉煌 70 年》书籍文献及《马米娜画册》《振兴之路》画册，展现了“感恩奋进、顽强拼搏、自信开放、文明诚信、美丽和谐”的新时代东乡形象。制定出台了《关于加快东乡县教育教学提质发展的意见》，创新实施推进“腾笼换鸟”和女童希望工程，2213 名东乡籍初高中学生（女童 920 名）分别在州、市和永靖县中学就读。投资 1.87 亿元新建改扩建各类学校 32 所，招录充实特岗教师 141 名，引进紧缺人才 7 名。全县现有各级各类学校 439 所，其中中学 16 所，各类小学 200 所（包括 66 个教学点），职业技术学校 2 所，幼儿园 221 所。全县现有教职工 4209 人，在校学生 72683 名。幼儿毛入园率达到 94.73%，比上年提高 2.23 个百分点；九年义务教育巩固率达到 96.33%，提高 0.13 个百分点；高中阶段毛入学率达到 75.01%，提高 3.01 个百分点。全县现有各类医疗预防保健执法监督机构 35 所，其中县级 5 所，乡镇 30 所，标准化村卫生室 201 所，共有医务人员 570 人，其中医疗人员 195 人，护理人员 375 人，病床 735 张；平均每千人拥有病床 2.3 张。

（唐占英）

积石山保安族东乡族撒拉族自治县

【基本情况】积石山保安族东乡族撒拉族自治县成立于 1981 年，是国列省列扶贫开发重点县，也是甘肃省唯一的多民族自治县，位于甘肃省西南部，地处黄土高原与青藏高原的过渡地带。东南与临夏县相连，西与青海省循化县接壤，北与青海省民和县隔河相望，东北与永靖县以黄河为界。东西长 37 公里，南北宽 33 公里，总面积 910 平方公里。地势西南高、东北低，海拔 1735—4309 米，平均海拔 1787 米。西南部为高寒阴湿地区，中部为二阴山区，东北部为高寒干旱山区，属典型的大陆性季风气候。“大禹治水的源头、中国彩陶王的故乡、保安族聚居的地方、生态旅游的乐园、中国花椒之乡、世界民歌（花儿）采录基地”是积石山县的六张独特名片。全县辖17个乡（镇），145个行政村、7个社区居委会。2020年末全县常住人口23.94万人，城镇化率21.88%。

【资源优势】旅游资源独具特色，积石山地处黄土高原和青藏高原的交汇处，是中原地区与边远少数民族地区的过渡地带，是农业文化和草原文化的结合部，是一个多元文化荟萃之地，是天然的地质民俗博物馆。积石山西南部山峰横亘，山势连绵起伏，巍峨挺拔，极富阳刚之美。大山峻岭之间有幽邃曲折、小溪潺潺、鸟语花香的大墩峡、崔家峡、樊家峡等美丽的峡谷，山麓有天高云淡、碧草如茵、牛羊成群的宽阔的黄草坪、香水坪等天然牧场。积石山县AAAA级景区大墩峡，被誉为西北的“西双版纳”，植物物种极为丰富，西北杜鹃、紫丁香等漫山遍野、姹紫嫣红，特别是“红桦”“华山松”全国少有。河州八景之一的积石关、国家AA级旅游风景区积石民俗村、极具科考价值的古冰川遗迹石海更是旅游名胜。县东北与著名的炳林寺石窟隔黄河相望，西与青海省循化县孟达“天池”国家级自然保护区毗邻。三坪遗址汇集了马家窑、马厂、齐家、辛家四种类型的古文化层，现珍藏于中国历史博物馆的“彩陶王”出土于积石山县安集乡三坪村。突出保安腰刀非物质文化遗产保护，实行精品化生产，辐射增加生产收入。旅游产业保持高速发展态势，旅游接待人数由“十二五”末的45万人（次）增长到“十三五”末的94.45万人（次），旅游收入由1.9亿元增长到4.87亿元。建成光伏扶贫电站18座，年收入达到5500万元以上。

【国民经济】2020年，全县地区生产总值23.36亿元，比上年增长5.0%。其中，第一产业增加值4.3亿元，增长6.1%；第二产业增加值1.24亿元，增长0.27%；第三产业增加值20.82亿元，增长5.2%。完成固定资产投资增长98.0%；社会消费品零售总额6.85亿元，下降2.2%。一般公共预算收入1.04亿元，增长29.83%，财政自给率为4.92%。

【“三农”工作】2020年，全县粮食作物播种面积19.0万亩，比上年增长10.6%；粮食总产量达到65300吨。油料播种面积70785万亩，油料产量16274吨。推广种植旱作农业17.32万亩，膜侧油菜7万亩。花椒种植达到29万亩，核桃种植达到14万亩，中药材达到5.5万亩。牛存栏达到6.13万头、羊存栏达到24.28万只，农民专业合作社达到526家。

【项目建设】“十三五”期间，全县累计实施500万元以上重点项目180个，完成投资108亿元。临夏至大河家高速公路开工建设，扶贫旅游大通道基本建成，鹦鸽嘴大桥至吹麻滩道路改建工程、胡林家乡高关村至关家川乡芦家庄村等一批县乡道路改建工程顺利完成，硬化村组道路497公里、入户道路382公里。实施积石山引水工程、水源保障提升改造等重大水利项目，改善灌溉面积3.25万亩，新建堤防47公里。实施县城、大河家改造项目，城镇面貌明显提升，全县新增房地产面积92.38万平方米，人均住房面积比“十二五”末增加72.8%，城镇化率提高8.5个百分点。

【脱贫攻坚】“十三五”期间，整合投入各类扶贫资金36.48亿元，90个贫困村全部脱贫退出，累计减贫10.11万人。贫困人口参保率达到100%，自来水入户率达到99.8%，供水保证率达到96%，水质达标率达到100%。改造农村危房3.8万户，易地扶贫搬迁1148户。“十三五”期间，整合投入各类扶贫资金36.48亿元，90个贫困村全部脱贫退出，累计减贫10.11万人。义务教育巩固率达到98.3%，贫困人口参保率达到100%，自来水入户率达到99.8%，供水保证率达到96%，水质达标率达到100%。改造农村危房3.8万户，易地扶贫搬迁1148户。常态化开展村民知情大会、“两户”见面会、“三说三抓”活动，有力提振了群众脱贫致富奔小康的信心和决心。

【环境保护】积石山县牢固树立绿色发展的理念，深入实施“生态立县”战略，加强生态环境保护，全面整治城乡环境，全力创建“无垃圾县”，加快美丽乡村建设。大力实施封山育林、植树造林、退耕还林工程，2020年，新增造林面积5.8万亩，通道绿化60公里，育苗0.5万亩。完成造林合格面积20万亩、中小河流治理26.8公里，整修梯田805万亩，治理水土流失面积28.13平方公里，全县森林覆盖率提高到19%。依法严厉查处乱采滥挖行为，加强了水土保持和水源地保护。加快推进“美丽乡村”和小康示范村建设，扎实开展全域无垃圾专项治理和农村拆旧排危专项行动，城乡人居环境明显改善，2020年积石山县被评为全国村庄清洁行动先进县。

【人民生活与社会保障】城乡居民收入持续增加，生活水平逐步提高。2020年，全县农村居民人均可支配收入6858.7元，比上年增长7.7%；城镇居民人均可支配收入22512.4元，增长3.8%。新增城镇就业1万人，城镇登记失业率下降到3%。2020年，全县培训人数4926人，组织输转8.1226万人（次），创劳务收入达18.11亿元。全县城乡居民基本医疗保险参保率达97.94%、城乡居民基本养老保险参合率达97.0%，城乡低保标准年均提高10%。2020年新农合报销34664人次、9493万元，大病医疗救助7604人次、1858万元，资助参合111996人、1824万元，医疗救助18050人、1724万元。2020年，发放临时救助金7050.4万元，发放五保户供养金834.5万元，发放农村低保户低保金6414.4万元。在县综合福利院集中供养五保老人165名，县儿童福利院共收养孤儿100名，彻底解决了弱势群体的后顾之忧。

【社会事业】坚持教育强县战略，公共服务不断提升。全县人均受教育年限为7.7年，义务教育巩固率达到98.3%。始终坚持以人为本，全面提升以教育为主的公共服务水平，让发展成果惠及各族群众。实行从幼儿园到高中的所有学生“零收费”入学，享受各项教育惠民政策，全年政府补贴教育惠民资金达9689.884万元；加大特困生救助力度，为建档立卡贫困家庭大学生提供每学年最高8000元的生源地信用助学贷款，3380名家庭特困学生享受助学贷款2012万元。加强卫生基础设施建设，建成县中医院和145所标准化村卫生室，医疗服务水平显著提升。建成民族中学、移民中学、大河家中学，新建或改扩建小学106所、幼儿园132所，寄宿制小学13所，新增学位9000个，学前教育毛入园率达到97.6%。建成积石山县中西医结合医院，改扩建乡镇卫生院7个。新建乡镇体育健身中心8个，农民体育健身工程实现行政村全覆盖。

（徐尚娟）

甘南藏族自治州

【基本情况】甘南藏族自治州是全国十个藏族自治州之一，位于甘肃省西南部，地处青藏高原东北边缘与黄土高原西部过度地段，是藏、汉文化的交汇带，是黄河、长江的水源涵养区和补给区，被费孝通先生称之为“青藏高原的窗口”和“藏族现代化的跳板”，并被国家确定为生态主体功能区和生态文明先行示范区。境内草原广阔，海拔1100—4900米，大部分地区在3000米以上。全州辖夏河、碌曲、玛曲、迭部、舟曲、临潭、卓尼七县及合作市，共有99个乡镇（街道办）、662个行政村，区域面积4.5万平方公里。2020年末常住人口69.18万人。

【资源优势】文化旅游：全州境内共有A级景区35处，自然保护区8个，其中国家级自然保护区4个；森林公园15个，其中国家级森林公园5个；地质公园5个，其中国家级地质公园2个。有全国文物保护单位夏河拉卜楞寺、卓尼禅定寺和碌曲郎木寺等121座藏传佛教寺院；有红军长征经历的天险腊子口、俄界会议遗址等十多处革命历史遗迹；有香浪节、晒佛节、采花节、花儿会等几十种民俗节庆活动，被誉为“中国的小西藏，甘肃的后花园”。山野珍品：全州中藏药和林下资源丰富，是全省重要的中藏药材和山野珍品生产加工基地。境内有红景天、雪莲、冬虫夏草、贝母等中藏药材850多种，羊肚菌、蕨菜、木耳、松茸、沙棘等山野珍品130多种。清洁能源：甘南地处长江、黄河上游，境内有黄河、洮河、大夏河、白龙江等120多条干支河流，水电资源理论蕴藏量达361万千瓦，占全省水电资源蕴藏量的21%，可开发量为216万千瓦，占全省可开发量的22%。全州日照时间长，风量大，太阳能、风能等清洁能源资源也十分丰富。牧业资源：全州有天然草场4085万亩，其中可利用草原面积3843万亩。理论载畜量621万个羊单位，属青藏高原和全省天然牧场中自然载畜能力较高，耐放牧性最大的草场。

【国民经济】2020年，全州地区生产总值219.06亿元，按不变价格计算，比上年增长1.6%。其中，第一产业增加值44.05亿元，增长2.5%，对经济的贡献率22.86%，拉动经济增长0.4个百分点；第二产业增加值29.15亿元，增长2.2%，对经济的贡献率24.87%，拉动经济增长0.4个百分点；第三产业增加值145.86亿元，增长1.2%，对经济的贡献率52.27%，拉动经济增长0.8个百分点。三次产业结构比由2019年的19.56 ：13.71 ：66.73调整为20.11 ：13.31 ：66.58，第一产业比重上调0.55个百分点，第二产业比重下调0.40个百分点，第三产业比重下调0.15个百分点。全年全州社会消费品零售总额44.86亿元，下降5.6%。一般公共预算收入10.47亿元，下降0.2%；一般公共预算支出221.89亿元，增长5.8%。金融机构人民币各项存款余额388.19亿元，下降0.4%，各项贷款余额258.79亿元，增长5.9%。

【脱贫攻坚】全年全州落实产业发展资金11.21亿元、到户扶持资金4.9亿元，带动2.6万户农牧户增收。落实各类援助帮扶资金4.38亿元，实施项目221个。以舟曲县尖吉村和前山村、迭部县次哇村3个贫困村和1.44万脱贫不稳定人口和边缘易致贫人口为重点，州县乡村四级联动，全面实行挂牌督战作战，全州剩余贫困村和贫困人口实现清零见底，“两类人口”返贫风险不断消除。全州剩余贫困人口985户2822人全部实现脱贫，贫困发生率由上年的0.5%下降为零，脱贫攻坚取得决定性胜利和巨大成就。在全国脱贫攻坚普查中，3.97万建档立卡贫困户对扶贫政策落实和扶贫成果的满意度达到100%。

【“三农”工作】全年全州农林牧渔及农林牧渔服务业增加值46.27亿元，比上年增长2.6%；粮食总产量10.86万吨，增长3.3%；藏中药材产量5.80万吨，增长6.3%；油料产量2.43万吨，增长11.3%；蔬菜产量2.93万吨，增长42.8%。年末各类牲畜存栏351.23万头、只，比上年末减少4.23万头、只；总增率、出栏率、商品率分别达到44.1%、63.7%和58.8%；出售和自宰肉牛61.46万头，增长0.5%；出售和自宰肉羊139.49万只，增长1.6%；出售和自宰肉猪22.88万头，下降1.0%；肉类总产量9.74万吨，增长0.7%；牛奶产量11.87万吨，增长16.0%。全年改造农村户用卫生厕所29210座，行政村村级公厕495座，改新建农村户用卫生厕所74692座，创建清洁村庄512个。配备环境保洁人员10317名、配发垃圾清运车1468辆、配置垃圾箱11315个。农村生活污水治理率为3.47%，农村生活污水治理管控率为66.92%，畜禽养殖废弃物综合利用率达到75%，规模养殖场粪污处理设施装配率95%，大型规模养殖场粪污处理设施装配率100%。建设自然村组道路2494公里，实现了全州具备条件的乡（镇）、建制村100%通客车目标。全州农村居民人均可支配收入9129元，比上年增长8.2%；农村居民人均消费支出7679元，增长11.5%；农村居民恩格尔系数为42.3%，降低0.8个百分点；农村家庭每百户拥有家用汽车22.3辆。

【项目建设】全年全州争取各类项目509个，落实各类建设资金44.4亿元。王夏高速、合卓高速等省列重大项目完成投资26.3亿元;生态文明小康村建设、峰迭至代古寺公路等31项州列重大项目完成投资35.6亿元。西成铁路甘青隧道控制性工程开工建设，玛曲通用机场完成选址，卓尼至碌曲等重点公路建设加快推进，玛曲至玛沁等7条公路建成通车。全年实施城乡市政基础设施建设项目50个，敷设各类市政管网20公里，建成投用县、乡垃圾处理设施23座。治理水土流失248.35平方公里，治理河道195.58公里。城镇棚户区住房改造开工2679户，基本建成2019年城镇棚户区改造3458户，城市老旧小区改造8个1441户。全年共组织施工项目769个，其中5000万元及以上项目60个；新开工项目545个。

【优势产业】文化旅游产业：全年全州建成文化旅游标杆村17个、观景台4处、3A级旅游厕所28座、全域旅游专业村103个、具有旅游功能的生态文明小康村297个、培育精品民宿和星级农家乐3000余家。博峪、尕秀、香告、谢协、高吉村入选《全国乡村旅游重点村名录》，关街、当应道、扎尕那村等7个村被评定为省级乡村旅游示范村。甘南荣获全国自驾游爱好者最喜欢的地方第1位、最能释放自驾游爱好者激情榜第1名、中国最佳民宿度假目的地。甘南锅庄舞、玛曲龙头琴弹唱、舟曲东山转灯、临潭万人扯绳赛和龙神赛会5项非物质文化遗产代表性项目成功入选第五批国家级非物质文化遗产代表性推荐项目。音乐剧《达玛花开》入围第六届甘肃戏剧红梅奖大赛。全年全州接待国内外游客1671万人次，比上年增长16.0%；实现旅游综合收入83亿元，增长12.0%。现代农牧业：加快种植业结构调整，粮经饲比例优化调整为53.83 ∶ 37.55 ∶ 8.62，高原夏菜、羊肚菌等产业实现规模效益双提升。全州共落实粮油作物良种推广面积74.08万亩，建成农作物良（原）种基地3.57万亩。完成测土配方施肥技术110万亩、使用配方肥55万亩，测土配方施肥技术覆盖率达到95%，肥料利用率达到40%，全年化肥使用量减少68吨（折纯量），有机肥使用量增加2.4万吨。新认证“三品一标”农产品41个、其中绿色食品26个、无公害农产品5个、有机农产品10个。落实现代畜牧业全产业链、草牧业试验试点等产业项目资金7406万元。改建67个乡镇畜牧兽医站，加强牦牛藏羊品种选育保护力度，“六化”生态牧场加快建设。

【人民生活】全年全州城镇居民人均可支配收入27656元，比上年增长4.0%；城镇居民人均消费支出20377元，增长5.4%；城镇居民恩格尔系数为35.9%，降低0.4个百分点；城镇家庭每百户拥有家用汽车57.5辆。全年居民消费价格比上年上涨1.9%，商品零售价格上涨2.0%，农业生产资料价格上涨4.6%。全年全州城镇新增就业5070人，失业人员再就业2067人，就业困难人员就业1829人。城镇登记失业率为2.88%。全年输转城乡富余劳动力12.34万人，劳务创收24.68亿元，输转建档立卡贫困劳动力5.78万人，劳务创收10.36亿元。全年应届高校毕业生报到注册3385名，就业2937名；招聘事业单位工作人员435名、“三支一扶”人员200名、特岗教师382名；安置天津定向培养医学本科生104名；683名高校毕业生到企业就业。开发就业见习岗位149名，乡村公益岗位708名，临时乡村公益岗位665名。通过开发公益性岗位，解决了1914名就业困难人员的就业。建成扶贫车间191个，吸纳富余劳动力6695人，其中建档立卡贫困劳动力2502人。发放创业担保贷款1.5亿元。

【环境保护】继续实施甘南黄河重要水源补给生态功能区保护与建设、沙化草原综合治理、高原湿地保护、天然林保护、公益林建设、新一轮退耕还林、退牧还草、重点流域水环境综合治理等一批重大生态保护与修复工程。全年落实沙化退化草原综合治理项目中央预算内投资9130万元，综合治理玛曲、碌曲等县流动沙丘5000亩、沙化地1.2万亩、退化草原36.8万亩；落实大夏河、洮河、白龙江等重点流域生态护岸、河道清淤等水环境综合治理项目投资1.2亿元。编制完成《甘南州黄河流域生态保护和高质量发展规划（2020—2035）》。“五无甘南”创建行动全面启动。全州6个地表水考核断面、6个地下水考核点位和120个县级以上集中式饮用水水源水质达到或优于Ⅲ类比例为100%，城市建成区保持无黑臭水体。合作市城区空气质量优良天数比例为93.8%，七县城区优良天数平均比例保持在99%以上。城市区域声环境质量等级为二级，城市道路交通声环境质量平均等效声级63.3分贝，声环境质量评价为“好”。

【社会保障】年末全州参加城镇职工基本养老保险人数1.6万人，参加城乡居民基本养老保险人数39.67万人，参加城镇职工基本医疗保险人数7.86万人，参加城乡居民基本医疗保险人数62.33万人，参加失业保险人数36426人。年末全州领取失业保险金人数168人。参加工伤保险人数65531人，其中参加工伤保险的农民工8941人。参加生育保险人数59672人。全年为37989名农村低保对象发放低保金8861万元；为11291名城市低保对象发放低保金7312万元；为3274名城乡特困供养人员发放供养金2438万元；为344名孤儿发放生活费462万元；为465名事实无人抚养儿童发放生活补贴381万元；为7710名困难残疾人和10018名重度残疾人发放生活补贴和护理补贴2464万元。全年实施临时救助103456人次；救助各类流浪乞讨人员238人次。年末全州社会养老床位达到1680张，投入运营的养老院23家。

【社会事业】全州共有各级各类学校（园）789所，在校（园）学生（幼儿）141945名。学前三年毛入园率93.2%，九年义务教育巩固率99.2%，高中阶段毛入学率95.9%。全年全州中职教育招生2107名，“9+3”藏区免费中职教育招生176名，“内地普通高中民族班扩招工程”招收少数民族初中应届毕业生100名，“千名人才培养计划”录取714名，天津定向医学类本科录取22名。引进紧缺学科教师53名，招录特岗教师383人，接收120名州外教师和334名顶岗支教教师开展支教工作。年末全州共有医疗卫生机构887个，卫生技术人员4668人，医疗卫生机构床位3574张。全州婴儿死亡率降至4.9‰，5岁以下儿童死亡率降至6.2‰，孕产妇死亡率36/10万，住院分娩率上升到99%。全州建成区域医学中心38个、急危重症救治中心26个，职业病诊断检查服务机构覆盖率达到100%。全年推荐省列科技计划项目51项，科技部专项计划项目3项；选派科技特派员463名，选派“三区”人才124名；技术合同成交金额1.25亿元。《高寒牧区娟姗牛杂交改良甘南牦牛试验研究及应用》获得省科技进步三等奖。全年专利申请124件，其中发明专利25件；实用新型专利89件；外观设计专利10件。全州共有各类体育场地3422个，体育场地面积128.07万平方米。共有健身站点141

个，单项体育协会和农民体协105个，社会体育指导员2071名，国民体质监测站8个。全年共举办群众性体育赛事活动200余场，开展民族传统体育项目比赛300余场。在全省青少年田径、柔道、摔跤、乒乓球、拳击、篮球等赛事中，共获得金牌9枚、银牌4枚、铜牌3枚；在2020年中国篮球公开赛酒泉赛区比赛中，获得第七名。

（蔡春辉）

合作市

【基本情况】合作市地处青藏高原东南端，甘、青、川三省交界处，位于甘肃省西南部，地理坐标东经102° 54′，北纬39° 59′。东连卓尼，南靠碌曲，西接夏河，北倚临夏州和政和临夏两县，距省会兰州265公里，国道213线，省道306线中贯合作，形成了甘青川藏区与内地联系较为便捷的公路网络，是内地通往青海、西藏的枢纽。境内大部分地区海拔在3000—4000米之间，平均海拔2936米，年均气温3.8℃，没有绝对无霜期，属高寒阴湿地区，夏季受印度洋暖湿气流的影响，形成湿润凉爽的气候特征。市区四周山阜罗列、山清水秀，是西北高原一颗璀璨的明珠。合作藏语为“黑措”，意为羚羊聚居的地方，是一方吉祥的热土，是夏季旅游避暑的圣地。全市行政区域面积2670平方公里，辖3乡、3镇、4个街道办，38个村民委员会，249个村民小组，8个社区（居委会）。2020年末，全市常住人口11.25万人，占总人口的67.44%。

【资源优势】深入实施乡村振兴战略，深化落实“二十字”总要求，深度聚焦“五大生态”和“十大环境”建设目标，突出农业农村优先发展地位，发挥文化旅游首位产业优势，持续推进文化旅游“一十百千万”工程旅游标杆村和专业村建设进程，大力发展乡村旅游，全力推动文化旅游产业。着力加快文化旅游项目建设，丰富全域旅游发展业态。全面启动合作市卡加曼香拉花海田园综合体建设项目、合作市录豆囊生态休闲公园建设项目、百里洮河风情线合作段勒秀镇三岔路口景观工程、合作市美仁草原景区经幡隧道延伸段建设项目、合作市森林公园围墙拆除重建项目、合作市彩尔隆沟景区基础设施建设项目、合作市当周街道办高走村至拉咱昂沟村道建设项目等。

【国民经济】2020年，全市地区生产总值57.15亿元，按不变价格计算，比上年增长3.6%。其中，第一产业增加值3.60亿元，增长4.6%；第二产业增加值9.47亿元，增长10.2%；第三产业增加值44.07亿元，增长2.0%。累计完成大口径财政收入6.32亿元，增长4.5%。一般公共预算收入2.21亿元，增长1.3%。一般公共预算支出19.84亿元，增长2.4%。

【脱贫攻坚】在统筹做好新冠肺炎疫情防控的同时，把脱贫攻坚作为最紧迫、最重要的政治任务，坚持“两手抓、两不误、两促进”，认真组织普查工作，深入推进问题整改，持续巩固脱贫成果，举全市之力向脱贫攻坚歼灭战全力发起总攻，全市脱贫攻坚取得决定性成效。持续推进生态畜牧业和特色种植业健康发展，年出栏牦牛、犏牛4.9万头、藏羊11.2万只，年均生产鲜奶0.61万吨，现存栏牛14.9万头，羊18.6万只。不断调整优化畜种畜群结构，娟珊牛繁育、美仁牦牛提纯复壮等基地相继建成。累计发放精准扶贫专项贷款和其他惠农贷款6386户3.14亿元，兑现牦牛、藏羊、青稞理赔资金5670万元，实现了建档立卡户农牧业保险“一户一保”。

【“三农”工作】全年全市完成农林牧渔业增加值37437万元，比上年增长4.5%。其中，农林牧渔服务业增加值1430万元，增长0.9%。全市农作物播种面积11.59万亩，比上年增长0.8%。粮食播种面积7.4万亩，增长1.0%，粮食总产量9859吨，增长2.9%；油料播种面积2.42万亩，增长0.3%。年末全市各类牲畜存栏31.9万头（匹）只，增加0.42万头（匹）只，增长1.6%；总增各类牲畜11.86万头（匹）只，总增率38.01%，提高了1.84个百分点；出栏19.43万头（匹）只，出栏率62.29%，提高了0.84个百分点；商品数18.9万头（匹）只，商品率60.56%。引进娟珊牛种公牛8头，试验辐射推广卡加道乡、卡加曼乡、佐盖曼玛镇、勒秀镇4个乡镇90户，牛群640头左右。购进娟珊牛冻精1000支，安格斯牛冻精600支，购进人工授精设备24件套，成立了3个人工授精点，利用娟姗牛冻精人工授精技术授配母牦牛126头，安格斯牛冻精人工授精技术授配80头。

【项目建设】抢抓政策机遇，精心谋划争取，努力扩大投资规模。甘南文旅会展中心、城区集中供热锅炉改造、生活垃圾填埋、污水处理、公安反恐训练基地等一批重大项目相继建成投用。卓合高速开工建设，合冶、央德、叉吉等一批交通项目建成通车，公路交通运输体系初步形成。招商引资成果丰硕，签约各类招商引资项目14个，一大批基础设施、城乡建设、民生保障、产业升级、生态保护的项目落地见效。

【优势产业】加快发展文旅产业，积极打造当周草原景区、美仁大草原、香拉花海田园综合体、百里洮河风情线，新建观景台7处、旅游厕所35座，成功举办“一会一节”、央视音乐公开课、“民企甘南行”和香巴拉旅游艺术节等一系列节庆赛事活动，紧紧围绕香巴拉旅游艺术节这一品牌，不断拓展和创新文化品牌，文化旅游产业在全市经济总量中的比重不断攀升，文化产业从业人数比2015年增加320多人，文化类经营单位增加29家。特色鲜明、实力较强、成长性较好的文化企业10家，经营范围涵盖出版发行、媒体传播、文化艺术、文化旅游、文化信息传输、文化创意和设计、文化休闲娱乐、工艺美术品和民间工艺等多个领域。

【人民生活】全年全市城镇居民人均可支配收入27644元，比上年增长3.8%；人均消费支出26457元，增长5.7%。食品支出占城镇居民家庭人均消费性支出的比重为34.42%，比上年提高5.6个百分点。农牧民人均可支配收入9298元，增长8.0%；人均生活消费支出7657元，增长6.7%。食品支出占农村居民家庭人均消费性支出的比重为41.93%，提高5.9个百分点。

【环境保护】全年全市空气优良天数为342天，优良天数比例为98.8%。可吸入颗粒物（PM_{10}）浓度均值为37

微克/立方米，比上年下降15.9%，低于年度目标值6微克；细颗粒物（$PM_{2.5}$）浓度均值为19微克/立方米，下降13.6%，低于年度目标值3微克，空气质量逐年有明显改善。城市道路交通声环境质量合作市道路交通2020年昼间监测1次，监测点位共20个，平均等效声级63.3分贝，声环境质量评价为好。城市功能区声环境质量合作市功能区全年监测4次，监测点位共7个，昼间平均等效声级范围在49.6-62.4分贝之间，夜间平均等效声级范围在37.5-53.8分贝之间，达标率为100%。

【社会保障】全年全市城镇新增就业819人，城镇失业人员再就业183人，就业困难人员再就业182人。城镇登记失业率2.18%。城乡居民养老保险参保人数为33403人，享受待遇人员6954人；代缴人数10743人，其中建档立卡6265人，代缴金额105万元；低保、残疾、特困供养、"两证户"代缴人数为4245人，代缴金额为47万元。全市企业养老保险参保人数2295人。机关事业单位养老保险参保人数4277人，其中机关2533人，事业1744人。基本养老保险收入2392.28万元，养老金支出为3566万元；工伤保险参保人数5229人，其中行政事业4277人，企业1022人。

【社会事业】全市现有各级各类学校63所，其中中级学校5所，小学19所，幼儿园43所。在校学生22530人，其中小学生9364人，初中生4840人，高中生3870人，幼儿园4294人。教职工1911人，其中专任教师1706人，中学706人，小学703人，幼儿园300人。学前三年毛入园率97.13%。九年义务教育巩固率99.76%。教育系统专业技术人才1142人，其中正高3人，副高134人，中级351人，初级549人，编外聘用人员67人。以普及科学技术、提高全民科学文化素质为重要目标，强化科技工作、服务新农牧村建设，大力普及宣传科技政策法规及科技知识，结合市中学科技馆等科普平台，开展科普宣传活动15场次，出动科普大篷车12台次。

（李淑莉）

临潭县

【基本情况】临潭县古称洮州，位于甘肃省南部，甘南藏族自治州东部，北接康乐县和渭源县，东临岷县，西南两侧均与卓尼县接壤，有牛头城遗址、洮州卫城、冶力关大景区等。行政区域面积1395.5平方公里，地貌大致分为河谷川塬、低山丘陵、高山深谷三种类型，平均海拔2825米。典型的高寒阴湿地区，夏季多雷暴雨、冰雹。耕地面积37605公顷，主要种植小麦、青稞、蚕豆、豌豆、洋芋、油菜、药材、藜麦、高原夏菜等。2020年全年平均气温4.3℃；年总降水量652.2mm，增加145.5mm；总日照时数1937.7小时，减少145.9小时。辖11个镇5个乡，9个社区居委会、141个村委会，705个村民小组。2020年末全县常住人口12.72万人，人口城镇化率为37.53%。有汉、回、藏、蒙古等15个民族。

【国民经济】全年全县地区生产总值26.13亿元，比上年增长3.3%。其中，第一产业增加值5.21亿元，增长11.1%；第二产业增加值2.28亿元，增长18.7%；第三产业增加值18.64亿元，增长0.7%。第三产业中，交通运输、仓储和邮政业增加值1.76亿元，增长2.4%；金融业增加值1.58亿元，增长8.3%；房地产业增加值1.07亿元，增长8%；营利性服务业增加值1.28亿元，增长14.8%；非营利性服务业增加值10.80亿元，增长0.2%。三次产业结构比为19.9∶8.7∶71.4。实现社会消费品零售总额3.89亿元，比上年下降4.3%。公共财政预算收入5609万元，增长8%。用于社会非营利性服务业的八项支出为17.00亿元，增长17%。金融机构各项贷款余额35.6亿元，增长10.8%；存款余额53.3亿元，增长8.8%。

【脱贫攻坚】始终把脱贫攻坚作为首要政治任务，累计投入各类资金16.11亿元。义务教育、基本医疗、饮水安全、住房安全等重点领域主要任务基本完成。产业、就业、交通、生态、易地搬迁、兜底保障等专项扶贫工作深入推进。贫困户人均纯收入稳定超过省定标准，"两不愁、三保障"全面达标。中国作协、天津市及东丽区、省交通厅、兰州市等131个帮扶单位派出4985名帮扶干部，投入资金约2.2亿元，与全县广大干部群众一道日夜奋战在脱贫攻坚一线，帮扶工作成果丰硕。经过五年艰苦奋斗，累计减贫5.136万人，贫困发生率下降至0。2020年2月，经省人民政府批准全县顺利摘帽出列，困扰几千年的绝对贫困问题得到历史性解决。

【"三农"工作】持续加大扶持力度，围绕牛、羊、猪、药、菜、薯等特色产业发展，采取'公司+合作社+建档立卡户"的订单种养殖模式壮大特色产业基地，建档立卡户特色种植基地5万亩以上，建档立卡户牲畜饲养量达到3万头只以上，大力发展牦牛、藏羊、肉羊、黑驴、土鸡、土蜂等特色养殖业。扶持养殖合作社110个，实施了养殖暖棚建设项目，建设湖羊规模养殖育肥繁育示范场32个，建设高标准养殖暖棚8万平方米；加大生猪养殖扶持力度，扶持生猪养殖合作社7个，全县年完成生猪出栏3.15万头。引进种公驴40头，实施畜禽良种补贴项目，引进奶牛冻精4万支；实施优质牧草种植基地项目，集中连片种植紫花苜蓿1000亩。全县128家养殖合作社调运全贮饲料550吨、混合饲料160吨、黄贮饲料420吨。新创建县级以上示范合作社50个，合作社规范运营率达到95%以上，新认定州级以上龙头企业2家，创建县级以上家庭农场30个，141个村集体经济收入均达到2万元以上，村集体收入5万元以上的村达到35个以上。

【项目建设】全县固定资产投资竣工项目个数71个，结转项目个数33个。新引进青藏之窗·冶力之舟、当归组织水综合利用、洮滨常旗5000吨保鲜库、饲草料秸秆加工项目、牦牛育肥扶贫基地、兴中中藏药材标准化加工基地、新城镇美味醋厂、松果电单车等招商项目8个，签约总资金7.2亿元，到位资金2.8亿元。古战—阿子滩大景区旅游基础设施配套、冶力关镇滨河西路道路工程（体育馆至葸家庄段）、牛头城遗址维修保护、扶贫生态产业园区基础设施等7个州列重大项目全部开工建设；重点实施了生态文明小康村、八角景区游客服务中心、冶力关镇区段彩色沥青路面美化、成品粮应急储备库、卓洛路道路改造、冶海桥、八角镇污水处理厂等96个重点建设项目。

【优势产业】全县共有各类文化旅游企业162家、星级饭店5家，农家乐530家，精品民宿35家，床位数达到1万多张，文化旅游产业从业人员达4650多人。成功筹办和参加了2020年“冶力关”杯甘南藏地自行车赛和第二十届九色甘南香巴拉旅游艺术节文艺演出等品牌节庆互动，提升和塑造县文化旅游品牌。开展“全国医务工作者游甘肃”和“甘肃人游甘肃”旅游业免费开放活动。邀请全国知名旅游社、乐途、抖音、中国旅游网、花样芬芳等媒体及摄影家，来临潭县观光踩线，签订宣传合作协议。

【人民生活】2020年，全县城镇居民人均可支配收入27300元，比上年增长4%。城镇居民家庭人均消费支出14922元，增长8.3%。恩格尔系数为36.2%。全县农村居民人均可支配收入8717元，增长8.4%；城镇居民家庭人均消费支出8398元，增长9.2%。恩格尔系数为40.3%。城镇新增就业人数为742人，完成全年目标任务的100.3%，登记失业率控制在4%以内。全县未就业高校毕业生就业率达到85%以上。

【社会保障】2020年末，全县城镇职工医疗保险参保人数8619人，比上年下降0.2%。城乡居民医疗保险参保人数139701人，下降0.1%。城乡居民养老保险参保人数97478人,增长0.3%。企业职工基本养老保险参保人数1316人，增长2%；机关事业单位养老保险参保人数6646人，增长3%；失业保险参保人数4056人，增长0.8%；工伤保险参保人数6665人，增长1.7%。全县共有农村低保对象3187户、8678人，比上年分别增长5.1%、4.9%。城市低保937户1940人，分别下降17.4%、14.7%。城乡特困供养人员925户、1038名，发放供养金876万元。为符合临时救助条件的7334户困难群众发放救助金2168万元。

【环境保护】全县境内地表水监测断面牙扎木材检查站断面水质、引洮入潭工程牙当饮用水源地水质监测结果均在《地表水环境质量标准》三类标准限值之内。县城区空气质量优良天数比例为98.6%。农村环境质量监测点位三种类型土壤中，pH值、汞等5项重金属检测结果均达到《土壤环境质量标准》GB15618—1995和《全国土壤污染状况评价技术规定》。持续推进农村环境综合整治，全面推进污染防治攻坚战。全面推进土壤污染防治；打好蓝天保卫战，关停砖瓦生产企业10家；协调推进水污染防治工作，城区污水收集管网覆盖面和污水收集处理率进一步提高，完成了黄河流域入河排污口洮河流域临潭段调查溯源工作，共排查出入河口46个。

【社会事业】2020年末，全县有各级各类学校204所。其中：完全中学2所，独立初中3所，职业技术中学1所，九年制学校5所，小学110所，其中，教学点88所幼儿园（含学前）83所其中民办9所。在校学生25829人，比上年增长0.4%；在校教职工2425人，增长1.7%。九年义务教育巩固率达到99.24%以上，小学适龄儿童入学率达到100%，初中阶段入学率达到100%。年末，中小学生人均校舍建筑面积为11.93平方米，图书55.9万册。孕产妇死亡率为0，孕产妇建卡率93%，高危孕产妇管理率100%，5岁以下儿童死亡率4‰，婴儿死亡率3‰，孕产妇系统管理率92%；7岁以下儿童系统管理率90%。“两癌”筛查完成率100%；孕前优生健康检查完成率105%。全县有博物馆2个、纪念馆1个、公共图书馆1个、文化馆1个。乡镇综合文化站16个，乡村文化舞（戏）台141个，健身广场141个，旅游道路观景台6个。“村村通”“户户通”广播电视入户率达到83%。全县全年共接待游客159.3万人次，创旅游综合收入8.3亿元。

（杜元恒）

卓尼县

【基本情况】卓尼县位于甘肃省南部，甘南藏族自治州东南部，地理位置介于东经102° 43′ ~104° 02′ 和北纬34° 40′ ~35° 40′ 。东邻定西市岷县、漳县和渭源县，北靠临夏回族自治州康乐县、和政县，西连合作市、碌曲县和夏河县，南接迭部县和四川省若尔盖县。海拔高度2000米至4972米，年均气温6.4℃，全年降水量470.9mm，属大陆性气候。现辖11个镇、4个乡，3个居委会、97个村委会，461个村民小组。土地总面积5419.68平方公里，耕地面积24361公顷，林地面积333487公顷，草场面积273956公顷。年末常住人口9.53万人，城镇化率34.88%，有藏、汉、回、土、满、苗等10多个民族。

【资源优势】全县实施大峪沟重点核心景区基础设施、大峪沟4A级景区基础设施、博峪旅游基础设施等重点项目，景区接待服务能力全面提升。打造红山口油菜花观赏带、G316绿色旅游长廊,建成特色观景台9处、停车场8个、旅游厕所51座。打造了博峪村、力赛村等乡村旅游样板村，全县精品民宿和农牧家乐达376家，带动358户1523名困难群众受益增收。成功举办两届国际自驾狂欢节，开展了非遗成果展、“头脑风暴”工作坊、旅游资源推介等多样化文化旅游活动，“藏王故里·秘境卓尼”知名度和美誉度不断提升，累计接待游客540万人次，实现旅游综合收入26亿元。卓尼县被评为“2020中国最美县城”，博峪村被评为“全国乡村旅游重点村”，朝勿村被评为“中国美丽乡村百佳范例”。

【国民经济】2020年，全县地区生产总值29.05亿元，按不变价计算，比上年增长3.2%，其中：第一产业增加值5.72亿元，增长4.8%；第二产业增加值5.17亿元，增长9.5%；第三产业增加值18.16亿元，增长0.9%。完成工业增加值4.65亿元，增长5.9%。固定资产投资下降25.2%。完成大口径财政收入2.12亿元，下降7.3%；一般公共预算收入0.9亿元，下降6.6%；一般公共预算支出26.73亿元，下降2.1%。完成社会消费品总额3.94亿元,下降9.3%。金融机构人民币各项存款余额为40.23亿元，增长20.8%，人民币各项贷款余额为24.1亿元，下降3.1%。

【脱贫攻坚】扎实开展脱贫攻坚“挂牌作战”,聚焦197户857人“三类”对象，从产业、就业、综合保障等方面因户施策，全面消除返贫致贫风险。持续巩固易地扶贫搬迁入住、拆旧复垦复绿、后续产业发展、搬迁群众就业等工作，确保搬迁群众稳得住、有就业、能致富。共输转劳动力1.63万人，其中建档立卡贫困劳动力1.2万人，创劳务收入2.41亿元。争取东西部扶贫协作和对口支援资金3855万元、社会帮扶资金545万元，完成消费扶贫885万元。争取中建集团帮扶资金3296万元，完成消费扶贫1127万元。圆满完成脱贫攻坚普查任务，剩余的88户343人贫困人口全部脱贫退出。

【“三农”工作】深入推进农业供给侧结构性改革，优化提升产业产品结构，形成了以“牛羊菜薯药”五大主导特色产业为重点，优质牧草、青稞、油菜、中蜂、獭兔、蕨麻等传统和地方性特色产业为补充的产业体系。提升粮食生产保障能力，实现粮食播种面积达到7.8万亩，粮食产量保持在1.1万吨以上，实现耕地面积、播种面积、粮食产量“三个不减”。持续推动生猪稳产保供，猪存栏达到3.51万头以上，出栏达到3.39万头以上，猪肉产量达到2331吨以上。开展绿色标准化种养基地建设。建设中藏药材、蔬菜、青稞、油菜等主导产业百亩以上绿色标准化基地10个以上。实施牲畜良种工程，扶持建设标准化养殖设施，培育优质犏雌牛，加快生鲜乳收购站建设，推进奶业振兴计划。建设优质饲草料基地0.8万亩，推行种养循环生产模式。持续推进家庭农牧场培育计划。启动实施乡村建设行动，组织实施农村人居环境整治提升五年行动，持续巩固提升人居环境整治成果，新改建户用卫生厕所1962座。

【项目建设】续建项目有序推进，2019年结转项目41项，2020年末竣工34项，在建7项。州列重大项目进展顺利。2020年全县州列重大项目8项，开工6项。新建项目稳中有进。2020年积极争取中央和省上各类建设项目64项，截至年末，在建43项，竣工21项。申请到位政府专项债券项目8项。生态文明小康村建设有序。2020年共建设生态文明小康村16个，惠及955户4414人，其中：贫困人口368户1701人。着力打造博峪—力赛、叶儿、下阿子滩3个全国文化旅游标杆村，创建16个全省一流的全域旅游专业村。生态农牧业循环经济产业园区和生态经济产业园区的道路及给排水、集中供热、供水等基础设施项目已完成，具备企业入驻条件，一家企业已正式进驻。

【优势产业】卓尼县地域辽阔，历史悠久，人杰地灵，物产丰富。境内有马家窑文化、齐家文化和寺洼文化遗址，有历史悠久、环境清幽的安多古刹—禅定寺、旗布寺、杓哇寺、贡巴寺等十多处寺院，灿烂的古文化源远流长，民族风情五彩缤纷，独特的“觉乃藏族三格毛”头饰和服饰别具一格，多姿多彩，具有浓郁的地方特色，旅游产业逐渐发展成为卓尼县的特色优势产业。全县抢抓创建“国家全域旅游示范区”的有利时机，进一步提升了旅游产业发展的层次和水平。积极参加敦煌文博会、津洽会、兰洽会及藏区传统村落保护与生态文明小康村建设展览论坛等活动，专场推介全县旅游资源，有效提升对外知名度，文化旅游业的综合效益持续显现。

【人民生活】城乡居民收入增加，生活水平不断提高。2020年全县城镇居民人均可支配收入27655元，比上年增长4.5%。城镇居民人均现金消费支出22943元，增长9.2%。农村居民人均可支配收入8975元，增长8.5%。农村居民人均现金消费支出6524元，增长13.6%。着眼满足人民群众日益增长的美好生活需要，持续加大资金投入，大力实施民生工程，有效解决事关群众利益的社保、上学、就医、就业等方面的问题。

【环境保护】全方位、全区域、全过程加强生态环境保护，不断推动区域生态环境质量改善。完成国土绿化和义务植树0.33万亩、中央财政造林补贴任务0.2万亩。积极开展河湖管理范围划定、河湖岸线保护与利用规划编制工作，全县划界河流35条、1000公里，岸线保护利用规划编制河流5条、239公里。全面启动国家生态文明建设示范县创建工作，编制了《卓尼县生态文明建设示范县规划》。全力推进大气、水体和土壤三大重点领域污染治理，稳步推进环境质量管理体系建设。县城区空气质量优良天数比例达99.6%。城区供水项目建成投入使用，完冒镇浪沟、木耳镇背向湾2个水源地保护项目开工建设，博峪—力赛片区、阿子滩片区、绍藏—玛日片区农村生活污水处理工程进展顺利，洮河入河排污口排查和监测工作全面完成，县城区水源地水环境质量达到地表水二类标准、3个乡镇级饮用水源地水质达到地下水三类标准。

【社会保障和社会事业】全力保障城乡特困人员基本生活，为2519户5453名城乡低保对象发放低保金1452万元，为365户410名特困供养人员发放资金290万元，发放临时救助资金1421万元、残疾人“两项补贴”299万元。强化薄弱环节、重点区域灾害风险的排查和整治，全力做好卓尼“5·6”风暴灾害抢险救灾工作。卓尼县殡仪馆建成并投入使用。完成4.17万块二维码标准门楼牌上墙工作。全年招录“三支一扶”基层服务项目人员34人、乡镇事业单位人员39人、订单定向医学本科生8人，妥善安置军转人员2人。深入推进国家通用语言文字教育工作，加强教师转岗培训，规范使用三科统编教材。全年落实教育经费3.52亿元，完成生源地助学贷款1045人，发放困难大学新生入学资助金1.9万元。全县学前三年毛入学率达95.2%，九年义务教育巩固率达99.2%，高中阶段毛入学率达93.1%。第二轮县志完成编审出版发行。完成“三病”普查1.05万人、孕前优生健康检查186对、“两癌”筛查1068人，购买老年人意外伤害保险1.3万人份，实现了县乡村三级医疗机构电子健康卡“一卡通”。县人民医院救治能力提升建设项目、县医疗废物收集转运和能力提升建设项目有序推进。柳林镇社区卫生服务中心“优质服务基层行”创建工作达到省级推荐标准，国家健康促进县创建工作通过州级验收。

（孙永生　牛彦春）

舟曲县

【基本情况】舟曲县位于甘肃南部，甘南藏族自治州东南部，介于东经103°51′30″～104°45′30″，北纬33°13′～34°1′。东邻陇南市，北接宕昌县，西南与迭部县、文县和四川省九寨沟县接壤。舟曲县地处南秦岭山地，岷山山系呈东南—西北走向贯穿全境，海拔高度在1173米—4504米之间，地势西北高，东南低，东西长99.4公里，南北宽88.8公里。县境内山峦重叠，沟壑纵横，地形复杂，是典型的高山峡谷区。山高、谷深、石头多、坡陡、土薄、水流急，荒山荒坡水土流失、泥石流、滑坡严重是舟曲的自然现状。2020年平均气温13.7℃，年降雨量650毫米，年日照时数1467.9小时，土地总面积3010平方公里。辖4个乡、15个镇，208个行政村、4个社区居委会。年末常住人口人口12.53万人，城镇化率31.90%。

【资源优势】舟曲县境内自然资源丰富，主要有水力、矿产、中药材、经济林果、山野菜等。水力资源得天独厚，“一江两河”及其40多条支流总径流量36.88亿立方米，水能总蕴藏量76.8万千瓦。矿产资源贮量丰富，现已探明有色金属、黑色金属和非金属共20多种，主要有煤、铁、金、锑、铜、锌、锰、石灰岩、大理石等。中药材品种较多，名贵中药材有纹党、当归、红芪、大黄、柴胡、天麻等70余种。可食性山野菜资源有薇菜、蕨菜、刺五加等80余种，食用菌有香菇、木耳、羊肚菌等130多种。全县有林地面积12.27万公顷，森林覆盖率31.62%，天然林活立木蓄积量1700万立方米，是全省优良的天然用材林分布区之一。经济林产品主要有花椒、核桃、柿子、石榴等。境内旅游资源独具特色，既有雄伟奇特的自然景致，又有古老神奇的藏羌民俗文化和景观。有林海浩瀚的沙滩国家级森林公园，有寺庙群集的陇上名山翠峰山，有峰奇涧幽的天然氧吧、会议度假胜地、国家4A级景区拉尕山，有依托灾后重建开发的地质灾害纪念游、爱国主义教育游等旅游亮点，有神秘奇特的巴寨潮水节、博峪采花节、坪定跑马节、东山转灯节、天干吉祥节和县城元宵松棚楹联灯会。2015年被国家楹联学会授予“中国楹联文化县”，是全国藏区第一个、少数民族地区第二个、西北五省第一个国家级楹联文化县。

【国民经济】2020年，全县实现地区生产总值28.6亿元，按可比价格计算，比上年增长1.6%。其中，第一产业增加值4.8亿元，下降0.6%；第二产业增加值2.8亿元，增长6.4%；第三产业增加值21.0亿元，增长1.4%。三次产业比重由上年25.6 ：15.9 ：58.5调整为17.5 ：9.6 ：72.8，完成一般公共预算收入1.1亿元，下降28.9%；一般公共预算支出33.6亿元，增长10.9%。金融机构各项存款余额72.82亿元，增长4.3%，金融机构各项贷款余额46亿元，增长9.6%。社会消费品零售总额4.5亿元，下降1.8%。

【脱贫攻坚】大力实施产业培育工程，创新完善农业龙头企业、专业合作社、能人大户带动模式，发展壮大特色产业，加快乡村振兴步伐。2020年，共投入财政专项扶贫资金3.58亿元，其中用于产业培育、贫困劳动力转移就业、安全饮水、技能培训、基础设施建设等；投资291万元，安装太阳能光伏组件共计1188块，覆盖8个行政村（贫困村3个，贫困户159户）。实施稳岗就业补贴政策，激励贫困劳动力外出务工。输转到其它地区就业346人，通过公益性岗位及扶贫车间吸纳就业实现就近就业481人。全县贫困群众“两不愁”稳定达标，“三保障”稳固实现，果耶镇前山村和博峪镇尖吉村顺利脱贫退出，全县脱贫攻坚成果持续巩固。

【“三农”工作】把制度建设和治理能力建设摆在“三农”工作更加突出位置，坚持从农村实际出发，因地制宜，尊重农民意愿，一件一件解决好当务之急的事。全年农作物种植面积33.98万亩，比上年下降0.1%，其中粮食作物种植22.75万亩，下降3.8%；油菜籽种植2.85万亩，增长2.8%；蔬菜种植0.75万亩，增长3.0%；中药材种植7.32万亩，增长9.9%。粮食总产量39857吨，比上年下降3.9%；油菜籽产量4938吨，增长3.0%；蔬菜产量9343吨，增长3.0%；中药材产量9491吨，增长8.2%；核桃产量2054吨，增长1.9%；花椒产量766吨，增长3.0%；园林水果产量9318吨，下降0.01%。各类牲畜存栏9.46万头、匹、只，比上年下降5.4%，出栏肉畜8.79万头、只，下降4.1%。各类牲畜总增率33.16%、出栏率101.28%、商品率49.61%。肉类总产量5215吨，下降1.7%。牛奶产量300吨，增长9.5%。出售和自宰肉牛11770头，下降2.5%；出售和自宰肉羊10202只，增长2.2%；出售和自宰肉猪65888头，下降5.3%。

【项目建设】把“五大经济发展区块”作为带动县域发展的动力引擎，推动发展要素向重点集镇聚集，充分利用“兰洽会”等招商平台，围绕文化旅游、中藏药材、售后服务等领域新签约招商引资项目9个，合同引资8.9亿元，其中东风4S店、中药材深加工2个项目已建成投入运营。10个招商引资续建项目建成营运4个、在建6个，累计到位资金6.11亿元;建成集中安置点8个，1127户4390名贫困人口挪出“穷窝”。通过配套建设农贸市场和“扶贫车间”、开发公益性岗位、资金量化入股等多种方式培育后续产业，解决了安置点的就业问题，实现了搬得出、稳得住、能致富；统筹推进“生态人居、生态经济、生态环境、生态文化”4大工程，累计建设了21个生态文明示范村和313个生态文明小康村，占全县行政村组总数的83%，惠及27059多户群众。

【优势产业】抢抓甘南创建全域旅游示范区重大机遇，以文化旅游“一十百千万工程”建设和“一轴两点三核”“全域美丽”新舟曲建设为契机，大力发展乡村旅游。高端打造2个文化旅游标杆村、18个旅游专业村、435家精品民宿农家乐。以“玉米黄、柿子红、油菜香、百花艳”为亮点，高标准打造白龙江风情线。谋划大景区建设，武坪、沙滩、大峡沟、瓜欧景区基础设施建设项目有序推进，沙滩国家森林公园游客服务中心正式运营。“东山转灯节”成功申报国家级非遗项目。百年藏寨·巴寨沟、达玛花开·开麻古、九色鹿苑·九原村、水墨画卷·勒地别、林海人家·吾松别、油葵花海·石磊村、青藏高原六尺巷·各皂坝等30个村成为乡村发展新典范，拉尕村被评为“绚丽甘肃·十大美丽乡村”，坪定村列入第五批中国传统村落名录，土桥子村荣膺“中国美丽乡村百佳”范例和“全国文明村”称号。“藏乡江南·花开舟曲”文化旅游品牌知名度持续扩大。旅游人数达到85.55万人次，旅游综合收入达到4.05亿元。

【社会保障】全县城镇新增就业800人，失业人员再就业400人，就业困难人员再就业361人，城镇登记失业率控制在4%以内。开发扶贫专岗和公益性岗位4800余个，建设“扶贫车间”73家，吸纳就业2394人；全面完成机关事业养老保险个人补缴部分的清算和补缴工作，机关事业养老保险实现常态化征缴，养老金发放率100%。共为28547人各类困难人员代缴养老保险费303万元，代缴对象包括建档立卡贫困人口、重度中度残疾人口、低保对象、特困供养及计生两证户，贫困人口覆盖率达100%。

【人民生活】始终践行以人民为中心的发展理念，惠民政策全面落地见效，2020年，全县城镇居民人均可支配收入为27400元，比上年增长4.3%，农村居民人均可支配收入8868元，增长8.6%。参加城镇职工基本养老保险人数1148人；参加城乡居民基本养老保险人数59995人；参加城镇职工基本医疗保险人数10025人；参加城乡居民基本医疗保险人数125310人；参加失业保险人数4739人；年末全县领取失业保险金人数5人；参加生育保险人数8126人。为10069名农村低保对象发放低保金2488万元；为3038名城市低保对象发放低保金1948万元；为654名城乡特困供养人员发放供养金407万元。全年实施临时救助48054人次。年末全县社会养老床位达到60张，投入运营的养老院3家。

【环境保护】紧盯“一江两河”生态保护和高质量发展两大任务，实现县域经济高质量发展。完成义务植树61.3万株、森林抚育1万亩。“一江两河”沿岸种植各类观赏花卉和地被植物4.27万平方米、绿篱灌木40万余株。实施南峪江顶崖地质灾害滑坡治理植被恢复工程、新老城区及G345线（新老城区段）绿化景观补植补栽项目，栽植各类树木16.4万株，县域绿色生态版图持续扩大；全面加强移动源污染防治，全县空气质量稳定达标。强力推进“禁塑”工作，环保购物袋等无污染替代品使用率达97%；24个行政村排污工程加快实施。建设“爱心积分超市”39家，组织开展“文明家庭”等评选活动，推动形成全民参与环境整治格局。

【社会事业】整合办学资源、优化教育布局，全县中小学办学条件逐步改善，教育资源更加均衡实施教育项目376个。落实“两免一补”、营养餐改善计划、保教费、取暖费等资金5.15亿元，办理生源地信用助学贷款7273万元，发放公益性岗位补助1126万元。累计招录幼儿、中小学教师282人，组织培训5471人次。舟曲县职业技术学校升格为舟曲职业中等专业学校，成为甘南州8县市唯一开展职业教育和技能培训的职业中专。全县学前三年毛入园率、义务教育巩固率、高中阶段毛入学率达94.12%、99.23%、98.19%；加快推进县级公立医院改革，统筹推进妇幼保健、疾病防控等工作。全面加快“互联网+医疗健康”进程，在全州率先启用了居民电子健康卡。大力开展健康扶贫各项工作。贫困人口在县乡定点医疗机构就医全面实现“先诊疗、后付费”，县级医院全部实行“一站式”报销。全县贫困人口医疗保险参保率100%，贫困人口签约服务率100%。

（谈俊隆）

迭部县

【基本情况】迭部县地处秦岭西延岷、迭山山系之间的高山峡谷之中，青藏高原东部边缘甘川交界处，位于北纬33° 39′—34° 20′和东经102° 55′—104° 05′之间；北靠卓尼，东连舟曲，东北与宕昌哈达铺毗邻，西南分别和四川若尔盖县、九寨沟县接壤。年日照时数平均2242.2小时，年平均气温在8—11℃之间，无霜期147天，降水量634.6毫米。境内有红军长征的“俄界会议”会址，茨日那毛主席故居，天险腊子口战役等革命遗址。东西长110公里，南北宽75公里，总面积5108.3平方公里。辖11个乡镇，52个村委会，232个村民小组。2020年末全县常住人口5.22万人，城镇化率38.07%。

【资源优势】动植物资源丰富。林区出产乔木、灌木、半灌木，木质藤本等木本植物种类，共有60科，123属，314种，21变种，1变型，其中引进栽培14种。其中国列二级重点保护的稀有植物有4种，国列三级保护的稀有植物有5种。药用植物县境生长545种，全国重点普查的363种主要中药中，县境有127种。县域境内共有鸟纲12科、34种，爬行纲9目16科。被列入国家重点保护的珍稀动物有21种，其中哺乳动物14种、鸟类6种、两栖动物2种。其中国列第一类重点保护的野生动物有大熊猫、羚羊、雪豹、金猫等。国列二类保护的珍稀鸟类有淡腹雪鸡、暗腹雪鸡、兰马鸡、红腹角雉、绿尾虹雉等。矿产资源蕴藏丰富。县域境内已发现金、铜、钒、锌、钼、铁、汞、镁及铀、煤、磷、砷、白云岩、石灰石、陶土、粘土等18种矿产，发现各类矿产地36处，已探储量的矿产有13种，经勘查探明储量的矿产地18处。

【国民经济】2020年，全县实现地区生产总值19.4亿元，比上年下降4.9%。其中：第一产业增加值4.31亿元，下降4.1%；第二产业增加值3.98亿元，下降8.7%；第三产业增加值11.11亿元，下降1.9%。三次产业结构比为19∶32∶49，产业结构优化升级，发展动能不断增强。

【脱贫攻坚】聚焦脱贫攻坚“一号工程”，累计投入各类扶贫资金18.93亿元，实施农村饮水安全工程136处，农村饮水安全率达100%。实施易地扶贫搬迁工程10处，搬迁群众353户。新建改建农村公路1096公里，建成光伏扶贫电站10座，分红1020万元。所有贫困村实现水、电、路、网、合作社全覆盖，群众住房和公共服务质量显著提升。全县建档立卡贫困人口2802户13760人全部稳定脱贫，贫困人口人均可支配收入达到8224元，提前2年实现整县脱贫摘帽。继续坚持以优势特色产品和“五小”产业为主导的发展方向，围绕全省六大特色优势产业，因地制宜、因户施策，大力扶持培育牛、羊、蕨麻猪、经济林果、藏中药材、蜜蜂、土鸡等特色产业，重点打造规模化、标准化基地建设，全力推进产业扶贫。

【“三农”工作】2020年，全县完成农林牧渔及农林牧渔服务业增加值4.38亿元，比上年下降4.0%。农作物播种面积8.7万亩。其中：粮食作物5.8万亩；油料0.89万亩；蔬菜0.3万亩；中草药1.6万亩。全年粮食总产量11062吨；油料产量1301吨；蔬菜产量3372吨；药材产量11478吨。各类牲畜存栏19.33万头（匹、只），其中：大牲畜存栏12.15万头（匹、只）；绵山羊存栏2.8万只；猪存栏4.4万头。各类牲畜总增6.9万头（匹、只），总增率38.37%；出栏13.3万头（匹、只），出栏率73.24%，商品数8.9万头（匹、只），商品率48.84%。建成设施农业生产基地1个、百亩经济林果生产基地5个、百亩藏中药材生产基地3个、百亩药用芍药示范基地1个、百亩樱桃生产基地1个、标准化养殖基地12个、民俗体验馆1处、田园综合体1个、休闲农业产业园1个、果品保鲜库3座。

【项目建设】交通体系日趋完善，新增国道2条、省道2条，实施峰代二级公路、迭若三级公路工程和扎尕那旧路改造提升工程，立体式大交通体系基本建成；实施瑞达旅游服务中心、俄界文旅综合体、赛雍文化演艺中心、青稞酒生产线改造等一批重大招商引资项目，扎尕那生态旅游养生特色小镇项目年内开工，迭部县白龙江流域综合治理工程已完成工程量的80%。实施了中小河流治理、大江大河、护村护田河堤等防洪工程，实施了水源地保护、矿山治理、农村环境综合整治等一批环保项目。实施扎尕那、茨日那毛主席旧居、俄界会议遗址、腊子口战役遗址等旅游景区基础设施建设项目。城市功能日趋完善，实施“东控、南拓、西进、北改、中优”，进一步优化县城发展空间，建设滨江风情线。

【优势产业】合理优化农牧业产业结构，建成设施农业生产基地1个，百亩经济林果、藏中药材生产基地10个，标准化养殖基地12个，果品保鲜库24座。文化旅游产业发展步伐不断加快，实施文化旅游标杆村2个、旅游专业村15个。扎尕那、腊子口、崔谷仓、白云、俄界、茨日那等景区景点旅游基础设施建设有序推进。津迭两地6家企业签订消费扶贫供销协议，实现销售收入3022万元。实施龙头企业改扩建和技术改造项目，农特产品附加值大幅提高。县、乡、村三级物流体系初步建成，电商服务网点实现全覆盖。

【人民生活】2020年，全县城镇居民人均可支配收入27416元，比上年增长4.2%。农村居民人均可支配收入8698元，增长8.2%。全县城镇企业养老保险基金收入954万元，拨付退休养老金1907万元。参加失业保险3343人，城乡居民社会养老保险应参保人数为27275人，其中60周岁以上享受待遇5855人，贫困人口参保率100%，续保率为99%；工伤保险参保职工6067人，农民工参保率为98%。全民参保登记52695人。开展精准扶贫劳动力培训1697人，开发乡村公益性岗位674个，共建成扶贫车间16家。举办东西部扶贫协作企业人才招聘会，向天津输转建档立卡贫困劳动力1。贫困人口参加基本养老保险实现了全覆盖。

【环境保护】紧紧围绕“绿水青山就是金山银山”的发展理念，扎实开展植绿护绿增绿行动，全面打响蓝天、碧水、净土三大保卫战。实施绿化造林3.2万亩、森林抚育2000亩、封山育林6000亩，全民义务植树16万株，建设绿色生态长廊373亩。实施矿山环境、白龙江流域等生态治理工程、国家水土治理重点工程。扎实开展河湖“四乱”整治，深入推进长江流域禁捕行动。加大环境执法力度，建设项目环保“三同时”执行率达100%，污染防治设施正常运行率达95%以上。

【社会保障】社会保障工作全面加强，新增城镇就业2630人，灵活就业600人，开发公益性岗位5348个，城镇登记失业率控制在4%以内。大力扶持就业创业，公开招聘乡镇事业单位、“三支一扶”招募及特岗招考就业135人，引导大中专毕业生到企业工作62人。不断巩固“双拥”成果，发放优待金，安置退役士。高度关注困难群体生活，发放社会救助资金1.59亿元。城乡低保、特困供养、残疾人补贴、儿童救助等政策全面落实。实施城镇棚户区改造5956户，城乡居民居住条件得到有效改善。深入推进平安迭部建设，扎实开展“扫黑除恶”“净网2020”、禁毒和矛盾纠纷排查调处专项行动，严厉打击电信网络诈骗、非法集资、“套路贷”“食药环”等突出违法犯罪行为，人民群众安全感不断增强。严格落实安全生产责任制，常态化开展森林草原、道路交通、食品药品等领域安全隐患整治，安全生产形势平稳向好。

【社会事业】大力改善办学条件，学前三年毛入园率和九年义务教育巩固率分别达98.7%和99.7%，提前两年实现县域义务教育基本均衡发展目标。持续巩固义务教育均衡发展成果，投资3988万元实施教育项目59个，落实乡村教师生活补助240万元、学生资助金2277万元。成立教育发展促进会，助推教育事业发展。深入推进健康迭部建设，落实乡村医生养老保险政策和异地就医直接结算政策，县医院、藏医院分别评为二级甲等综合医院和二级甲等民族医院，中藏医药服务体系基本实现全覆盖。

（桑杰次力）

玛曲县

【基本情况】玛曲县位于甘南藏族自治州西南部，青藏高原东端，甘、青、川三省结合部，境内海拔3300—4806米。2020年降水量820.8毫米，日照时间2092.1小时，年平均气温2.7℃，全年无霜期36天。境内河流纵横，黄河从青海久治县门堂乡流入县境木西合乡，经西、南、东、北环流全县，最后返流至青海河南蒙古族自治县，形成久负盛名的“天下黄河第一弯”。全县辖2乡6镇1场1站，2个居民委员会，36个村民委员会。2020年末常住人口5.71万人，城镇化率55.62%。

【资源优势】全县土地总面积10191平方公里，有天然草场858667公顷，其中可利用草场面积830333公顷，占草场面积的96.7%。天然草场植被覆盖良好，植物种类丰富，素有“亚洲第一草场”美誉。主要畜种有牦牛、欧拉羊和河曲马，境内栖息着梅花鹿、马鹿、白唇鹿、棕熊、香獐、麝香、雪豹、猞猁、水獭、白天鹅、黑颈鹤、白肩雕、蓝马鸡、雪鸡、藏原羚等10多种珍禽异兽；伴生有47科、413种优生野生植物，其中39科，151种具有良好的药用价值，特别是分布面积广、数量多，药用和经济价值较高的有冬虫夏草、水母雪莲、红景天、甘肃贝母等20多种。

【国民经济】2020年，全县地区生产总值21.64亿元，比上年下降2.4%。其中，第一产业增加值7.72亿元，下降2.0%；第二产业增加值2.08亿元，下降18.0%;第三产业增加值11.84亿元，增长1.2%。固定资产投资下降19.1%。实现社会消费品零售总额3.31亿元，下降6.5%。

【脱贫攻坚】2020年，全县全面落实“四不摘”政策和“六稳”“六保”要求，聚焦解决“两不愁、三保障”突出问题，扎实开展“3+1”冲刺清零后续行动和“5+1”专项提升行动，努力提高脱贫攻坚的质量和成色。全面完成建档立卡贫困人口及贫困村脱贫成果线下检，2019年底剩余的未脱贫人口39户100人，经验收全部达到脱贫标准。加大易地扶贫搬迁、生态文明小康村建设等项目整合力度，全面落实建档立卡贫困户的住房安全保障，实施以庭院环境整治、房屋室内简装、家具统购统配为主要内容的人居环境改造提升工程。争取国家外事办和侨务办的支持，为建档立卡贫困户和“四类”重点保障对象发放便携式卫星电视3000多套。高质量地完了1741户、6981人建档立卡户的脱贫攻坚普查现场登记工作。争取生态护林员项目资金聘用草原管员、生态护林员1430名，实现有劳动力的建档立卡贫困户全覆盖。

【“三农”工作】产业结构由单一畜牧业的“独轮推动型”向生态畜牧产业、文化旅游产业、光伏发电产业、有机肥加工产业“四轮驱动型”转变，牧民群众的增收渠道不断拓展。持续加大畜群畜种结构调整、牦牛藏羊本品种保护和选育繁育力度，2020年底各类牲畜存栏84.44万头，存栏总增率、出栏率和商品率分别达到32.26%、23.21%和22.59%。扶持尼玛大学生创业园、欧拉扶贫产业园和欧拉秀玛生态产业园发展。实施乡村奶站建设和国家畜牧良种补贴项目，扶持现代冷链物流发展，在8家合作社建成库容量100吨的机械冷库。争取实施畜禽粪污资源化利用项目，建设年产23万吨有机肥生产线，已加工销售有机肥3.66万吨，销售额达3126万元。大力实施文化旅游“一十百千万”工程，“首曲驿站”“河曲驿站”“湿地驿站”相继建成，阿万仓湿地景区成功晋升为国家4A级景区，打造1个文化旅游标杆村、13个全域旅游专业村、120个精品民宿牧家乐。全年接待游客53.02万人次，比上年下降29.6%，旅游总收入2.8亿元，下降33.3%。

【项目建设】玛曲县通用机场建设项目前期工作开展，县城骨干路网和南北出入通道得到改造提升，城区供水、供热、供气、排水、绿化、亮化等设施进一步改善。玛久二级公路、玛沁三级公路等一批重点交通项目建成通车，齐哈玛黄河大桥将建成。黄河玛曲段防洪治理、水生态文明试点、安全饮水改造提升、护村护田等水利工程顺利实施。实施了一大批教育教学、医疗卫生、文化体育、公共服务等项目，城乡基础设施条件得到极大改善。

【人民生活】全年全县农村居民人均可支配收入10913元，比上年增加817元，增长8.1%。农村居民家庭人均消费性支出10229元，增长14.2%。农村居民恩格尔系数44.44%，降低0.22个百分点。城镇居民人均可支配收入28896元，比上年增加1140元，增长4.1%。城镇居民家庭人均消费性支出21060元，增长8.5%。城镇居民恩格尔系数32.65%，比上年降低0.06个百分点。全县城镇新增就业451人，失业人员实现再就业332人，就业困难人员再就业266人，城镇失业率控制在3.65%。

【环境保护】深入推进燃煤锅炉淘汰治理、煤炭质量管控、涉气企业达标改造、施工场地扬尘防控、餐饮业油烟及烟花爆竹燃放整治，强化饮用水水源地管护，县域空气、水质、土壤质量优良率达100%。大力实施沙化治理、退牧还草、天然林保护等项目，聘用草管员、生态护林员、村级防疫员1715人。实施河流治理、水土保持、地质灾害防治等31个项目，完成地质灾害防治高标准“十有县”建设任务。落实河湖长制，整顿规范砂石料开采秩序，划定河流的管护范围。纵深推进城乡环境综合整治、“全域旅游无垃圾示范区”创建活动、牧村人居环境三年整治行动。完善生活垃圾收运体系建设。年处理生活垃圾1.02万吨，生活垃圾无害化处理率达98%。完成全县生态红线第四轮评估调整，红线保护范围占全县总面积的57.04%。国土空间规划编制及自然资源统一确权登记工作有序推进。编制《黄河上游重要水源涵养区生态保护修复和建设工程规划》，部分项目列入省州规划。

【社会保障】社会保障更加完善，为66名未就业高校毕业生发放创业贷款1300万元，累计开发各类公益性岗位786个，支付公益性岗位工资478万元；全年招聘、引进、安置未就业高校毕业生249人。输转劳动力1905人，创劳务收入5600万元。城镇企业职工基本养老保险缴费增长4.5%，基金收入970万元，基金支出1748万元；工伤保险农民工参保率、失业保险参保人数缴费、城乡居民基本养老保险贫困人口覆盖率都达到100%。开展职业技能培训班13期，培训劳动力806人次，其中贫困劳动力135人次。提高农村一二类低保和城市低保人均年标准，发放保障资金0.64亿元。全县城市低保对象11032人，发放低保资金169万元。全县城乡居民医疗保险参保人数46714人，参保率95%。新型农村合作医疗筹集基金总额1168万元，人均筹资标准提高到250元。城乡医疗基金支出1904万元。

【社会事业】2020年，新建教学及辅助用房5110平方米，学生浴室360平方米、教师宿舍910平方米；新建投入使用5000平方米室外运动场及附属设施建设项目；新建幼儿园教学楼3200平方米及附属设施，改造幼儿园教学楼1000平方米及附属设施。补充教职工86名，其中引进紧缺学科教师21名，招聘特岗教师65名。健康玛曲深入推进，远程会诊医疗系统覆盖乡镇、连通省内外优质医疗平台。高原慢特病康复中心项目和县人民医院内外科综合楼建设项目开工建设。购置更新县人民医院、县藏医院医疗设备。完善“先诊疗、后付费”“分级诊疗”和“一站式”结报制度。免费开展牧村妇女“两癌”

筛查 4109 人。尤其是面对突如其来的新冠肺炎疫情，强化防控措施，备足防疫物资，建成 2 个县级核酸实验室，确保了县内“零感染”。

（宁馨）

碌曲县

【基本情况】碌曲县地处青藏高原东部，位于甘南藏族自治州西南部，在甘、青、川三省交界处，南邻四川省若尔盖县，西界青海省河南县，西南与本州玛曲县接壤，东连本州卓尼县，北部与本州夏河县毗邻。地理坐标位于东经 101° 35′ 36" ~ 102° 58′ 15"，北纬 33° 58′ 21" ~ 34° 48′ 48"。地势西高东低，东西长 126 公里，南北宽 93 公里，海拔最高处额日宰 4483 米，最低处吾乎扎滩 2860 米，相对高差 1623 米，平均海拔在 3000 米以上，极端高温 26.3℃，极端低温 -23.9℃，年降水量 692.7mm，年均气温 2.9℃，气候高寒、阴湿、降温频繁。全县总面积 5299 平方公里。现辖 7 乡镇、24 个村民委员会、95 个村民小组。2020 年末，全县常住人口 3.59 万人，城镇化率 45.43%，是一个以藏族为主多民族杂居的纯牧业县。

【资源优势】坚持“东方小瑞士”定位，推动实施郎木寺镇综合整治工程，开展治脏治乱治差行动，全面打造向南通道的“黄金小镇”。深化全域无垃圾专项行动，开展爱国卫生运动，推进国道公路沿线、重点区域环境问题整治和生态修复，复绿裸露地块 4.5 万平方米，改造提升牧户 88 处、规范整治牧场 46 处。实施了尕秀大景区建设，推进郎木寺、尕海、则岔石林三大王牌景区提升工程，旅游基础设施不断完善，旅游环境得到极大改善。2020 年，全县旅游人数达 120.8 万人次，旅游综合收入 5.35 亿元，全域旅游成为碌曲发展新引擎。

【国民经济】2020 年，全县地区生产总值 14.38 亿元，按可比价计算，比上年增长 3.8%。其中，第一产业增加值 4.86 亿元，增长 3.8%；第二产业增加值 0.85 亿元，增长 14.1%；第三产业增加值 8.68 万元，增长 2.8%。三次产业结构比由 2019 年的 32.6 ： 5.6 ： 61.8，调整为 33.8 ： 5.9 ： 60.3。全部工业增加值 0.39 亿元，增长 18.9%；社会消费品零售总额 2.81 亿元，下降 5.3%；固定资产投资下降 10.3%；大口径财政收入 5512 万元，增长 7.3%；地方财政收入 3201 万元，增长 10.4%；财政总支出 17.8 亿元，增长 1.5%；金融机构各项存款余额 21.28 亿元，增长 4.5%，各项贷款余额 11.56 亿元，增长 38.4%。

【供给侧结构性改革】政府机构改革、事业单位改革、公务用车改革全面完成。“放管服”改革扎实推进，减压、取消行政审批事项 81 项，取消证明事项 104 项，取消行政事业性收费 92 项，赋予乡镇 215 项县级经济社会管理权限，减证便民行动稳步推进，群众办事流程持续简化优化。国税地税征管体制改革全面完成。商事制度改革持续深化，“双随机、一公开”监管机制实现全覆盖，全面推行企业“多证合一、一照一码”、个体工商户“二证合一”注册登记模式，企业登记电子化办理率达 99.5%。公共资源交易平台完成交易项目 529 个，成交金额达 10.5 亿元。供销合作社、国有林场改革全面完成。社保改革持续深化，不动产统一登记工作稳步推进。农牧村集体产权制度改革试点工作正式启动。

【脱贫攻坚】坚决落实“四个不摘”要求，持续巩固提升脱贫成色。全年财政扶贫投入达 2.19 亿元，安排县级配套资金 1200 万元，天津、白银帮扶资金 4709 万元，累计发放精准扶贫专项贷款 5985 万元，扎实推进“3+1”冲刺清零和“5+1”专项提升行动，全面完成了中央、省、州反馈问题整改任务。始终紧盯产业发展这一增收根本，立足优势，创新推动“百社带千户”行动，落实产业发展资金 4016 万元，新增“五有标准”专业合作社 90 家，组建专业合作社联合社 10 家，辐射带动农牧户 5319 户。开展职业技能培训 765 人，输转劳动力 4055 人，落实创业补贴及劳务奖补资金 130 万元，创劳务收入 6900 万元。全年减少贫困人口 14 户 61 人，巩固脱贫监测户 30 户，消除边缘户 95 户，现行标准下农牧村贫困人口全面脱贫。

【“三农”工作】加大“三农”工作力度，建成牲畜暖棚 269 座、养殖小区 8 个、畜牧生产加工基地 5 个，发展专业合作社 274 家。各类牲畜存栏 55 万头只，牲畜总增率、出栏率、商品率分别达到 44.95%、60.05% 和 57.67%，肉类总产量增长 2.8%、牛奶总产量增长 10.8%，进一步优化了畜种畜群结构，有效带动了牦牛藏羊产业化发展和规模化养殖。

【项目建设】纵深推进“一十百千万”工程，建成贡巴、尕秀 2 个文化旅游标杆村，建设红科、贡去乎、恰日、则岔、田多等 7 个全域旅游专业村，改造郭莽湿地、分水岭、尕秀北广场 3 座观景台，实施华格村农牧家乐建设工程，推进郎木村 31 户安置房建设，建成 3A 级旅游厕所 4 座。实施玛艾村、加格村、新寺村等 6 个生态文明小康村。改造农村卫生户用厕所 1733 座，创建清洁村庄 10 个。洮源藏医药产业园区建设推进顺利，生产车间主体工程基本完工。畜产品加工产业园初设、可研、征地等项目前期全部完成，阿拉、双岔涉农产业园建设完成。

【人民生活】全面城镇居民人均可支配收入 28425 元，比上年增长 4.4%；农村居民人均可支配收入 10788 元，增长 8.3%。全年财政民生类支出达 9.9 亿元，占一般公共预算支出的 57%，确保发展成果更好地惠及人民。广泛收集社情民意，有效解决医疗、教育、社保、卫生等群众急需急盼的事 18 件。基本养老保险、医疗保险覆盖率达到 99%，贫困人口实现全覆盖。特困供养人员和残疾人保障力度不断加大，退役军人各项优待补助资金足额发放到位。安全生产形势总体稳定，扫黑除恶专项斗争深入推进，排查化解矛盾纠纷，全县整体保持和谐稳定，人民群众的获得感、安全感、幸福感不断增强。

【环境保护】坚守生态保护红线，坚持高标准保护、系统性治理，蓝天、碧水、净土“三大保卫战”取得实效。大力实施“生态人居、生态环境、生态经济、生态文化”四大工程，建成生态文明小康村 74 个。实施农牧村人居环境整治“三大革命、六大行动”，新建改建户厕4899户，购置垃圾清运车123辆，新增保洁员302人，持续擦亮“全域无垃圾”金字招牌，落实河（湖）长责任制，加强水源地保护，开展河湖“清四乱”专项行动。严守耕地保护红线，强力推进大棚房整治、违建别墅清查等专项行动，完成退耕还林和荒山造林1.6万亩，天保管护72万亩，禁牧85万亩，拆除违章建筑252处，建设高标准基本农田1.3万亩，开发整理土地7806亩，以高度的政治自觉和行动自觉，推动中央和省州环保督察反馈问题整改见底见效。推动全县“五无甘南”创建行动，建立城乡环境“红黑榜”和“日通报”制度，深入开展全域无垃圾专项治理“十进”活动，城乡垃圾基本实现日产日清，全省年度考核排名第三。

【社会事业】率先实施幼儿和高中阶段免费教育，学前教育三年毛入园率、九年义务教育巩固率、高中阶段毛入学率分别达到96.7%、99.2%、93.1%。投入23.4亿元，办结民生实事77件。落实积极的就业政策，多渠道开发就业岗位，新增城镇就业2200人，劳务输转9800人。实现7乡镇、24个行政村、3个社区退役军人服务保障体系全覆盖。推进公立医院综合改革，县医院、藏医院、妇幼保健中心均达到二甲等级。深化医药卫生体制改革，全面实现了“一站式”即时结算，异地就医实现直接结算。全县基本养老保险、医疗保险覆盖率达99%，贫困人口实现全覆盖，城乡社会救助体系、社会福利体系不断完善，分散供养特困人员和残疾人保障力度不断加大。

（冯睿）

夏河县

【基本情况】夏河县位于甘肃省西南部，甘南藏族自治州西北部，东经102° 31 '，北纬35° 12 '，地处青藏高原东部边缘，秦岭山脉的西段，处于甘南高原和黄土高原的过渡带，东南面分别与州属合作市、碌曲县相邻，北依临夏回族自治州临夏县及青海省循化县、同仁县，全县土地总面积为6274平方公里，大部分地区海拔高度在3000—4200米之间，最高点为甘加达里加山主峰，海拔4636米，最低点在夏临交界处的土门关一带，海拔2200米。气候寒冷湿润，年平均气温4.4℃，年均降水量410毫米，平均无霜期56天，全年日照时间2296小时。下辖10个乡、3个镇，65个村委会、4个社区（居委会），439个村民小组，有藏、汉、回、撒拉、蒙古、朝鲜、土等14个民族。2020年末常住人口8.63万人，城镇化率32.20%。

【资源优势】夏河县境内各类植物品种较多，有大量的牧草、药材、林木等野生物，有适量的农作物、蔬菜、花卉等栽培植物。拥有比较丰富的矿产资源，县内有大夏河和洮河两大水系，自产水资源16.3亿立方米，人均占水量11673立方米，为全省丰水区。旅游资源得天独厚，堪称中国藏族地区的缩影。藏传佛教文化辉煌灿烂，草原风光景色如画，森林松涛神韵幽怨，高山湖泊清澈深邃，民俗文化绚丽多姿，人文景观特色浓郁，已形成了功能齐全，设施配套的旅游服务体系和以草原生态、宗教文化、藏族风情为品牌的特色旅游。

【国民经济】2020年，全县实现地区生产总值22.7亿元，按可比价计算，比上年增长1.4%。分产业看，第一产业增加值7.83亿元，增长4.5%；第二产业增加值2.54亿元，下降2.3%；第三产业增加值12.32亿元，增长1%。全部工业企业完成增加值2.25亿元，增长0.6%；固定资产投资下降10.7%。实现社会消费品零售总额6.08亿元，下降9.8%；金融机构人民币各项存款余额37.53亿元，下降7.67%。

【供给侧结构性改革】全面完成政府系统机构改革，优化理顺部门职能，行政单位公务用车改革基本完成。降低行政成本，构建节约型政府，压减“三公”经费11.8%，运用阳光采购平台节资986万元。高度重视人大代表和政协委员的意见建议，办复人大代表意见建议46件、办结30件，办复政协委员提案86件、办结58件。开展各类审计122个，通过收缴和审减实现节支5266万元。深入推进“放管服”改革，规范行政审批，核定部门单位权责事项4104项，取消审批事项3项、承接下放事项3项，清理证明事项27项，办理审批服务事项4.4万件；深化商事制度改革，企业证照办理时间压减至0.5个工作日，减免企业税费5200万元，清理偿还企业账款633万元，新增市场主体738户、注册资金5.06亿元。强化事中事后监管，全面运用“双随机一公开”模式监管投资项目和各类市场主体104家。

【脱贫攻坚】2020年，全县始终保持攻坚态势，紧盯脱贫标准，巩固脱贫成果，实施冲刺清零后续行动和专项提升行动。加快培育富民产业，扶持产业项目15个、村集体经济增收项目69个，发展贫困户“五小产业”29户。全面落实公共服务各项政策，发放教育扶贫资金4591万元，报销贫困人口医疗费1080万元，落实大病保险及救助金926万元。持续做好金融扶贫，发放脱贫贷力贷415户、2063万元、续贷扶贫小额贷1353户、6655万元。深入推进扶贫协作，天津市及南开区、中海油、庆阳市等帮扶单位累计落实帮扶资金6160万元。健全脱贫成效巩固提升监测机制，加大对81户边缘户和13户监测户帮扶监测力度，坚决防止返贫和新的贫困发生。高质量完成了3914户、19254名建档立卡户脱贫攻坚普查任务。

【“三农”工作】2020年，全县持续巩固畜牧产业带建设成果，扎实开展牦牛、藏羊本品种选育和提纯复壮。全面落实稳产保供各项措施，落实出栏补贴137万元，筹资1000万元购置抗灾保畜饲草料4589吨，投资2450万元购买牛羊保险和特色种植保险。年内总增各类牲畜45.7万头（只），出栏64.7万头（只），年末存栏83.3万头（只），实现畜牧业增加值6.7亿元。调整优化种植业结构，种植青稞、油菜、马铃薯12万亩，中藏药材0.5万亩，新建羊肚菌种植试验示范基地3个。着力培育壮大龙头企业，认证农牧业“三品一标”产品1个。

【项目建设】2020年，全县加强项目争取，坚持项目清单式管理，加大项目建、管、招、投力度，全力释放项目建设助推经济发展引擎作用。争取项目108个，到位资金13.23亿元。王夏高速完成投资15.39亿元，西成铁路控制性工程开工建设。夏河县生态经济产业园基础设施建设和入园项目有序推进，正在申报省级生态产业园区。大力开展精准招商，签约项目7个，签约资金17.48亿元。

【优势产业】2020年，全县实施旅游标杆村3个、全域旅游专业村13个、具有旅游功能的生态文明村28个，扶持打造精品民宿或星级农家乐500家。实施旅游景区景点基础设施改造提升，新建改造旅游厕所6个，提升改造观景台3个。桑科特色小镇全面启动，完成一条主干道及三条支路基础施工。全面落实景区景点门票免费政策，全年接待游客113万人（次），实现旅游业综合收入5.31亿元。持续巩固畜牧产业带建设成果，扎实开展牦牛、藏羊本品种选育和提纯复壮。大力调整优化种植业结构，新建羊肚菌种植试验示范基地3个，达哇央宗有机肥料加工销售有限责任公司培育为规模以上工业企业。

【人民生活】2020年，全县城镇居民人均可支配收入27630元，比上年增长3.9%。农村居民人均可支配收入9162元，增长8.3%。围绕“两不愁、三保障”目标，整合涉农资金大力实施道路通畅、饮水安全、危旧房改造、产业培育、劳动技能培训等扶贫项目，贫困户生产生活条件明显改善。全县27个贫困村全部脱贫退出。

【环境保护】2020年，全县实施退牧还草等生态修复项目，人工种草36万亩，栽植树木32万株。严厉查处涉水违法行为，认真落实“河湖长制”，完成43条河湖划界和260个入河排污口溯源调查工作，施水环境综合治理工程，完成冰华矿业加甘滩金矿植被恢复治理。建成县城区垃圾收运系统、阿木去乎垃圾无害化处理和麻当、达麦垃圾转运站项目。改造农牧村户厕4779座，创建清洁村庄26个。全域无垃圾三年治理提升行动和农牧村人居环境整治三年行动顺利通过省州验收。

【社会保障及社会事业】教育：2020年，全县各级各类学校74所，其中幼儿园49所、小学21所（另有教学点7个）、初中2所、完全中学2所。在校学生16075人，其中幼儿园3262人、小学8194人、初中3230人、普通高中1389人。教职工1368人，其中专任教师1319人，专任教师中幼儿园183人、小学723人、初中274人、普通高中139人。发放各类补助资金5644万元。卫生健康：2020年，全县有各级各类医疗卫生机构77所。其中县级综合医院、县级藏医院、县疾病预防控制中心、县妇幼保健计划生育服务中心、县三〇一站、县卫计局综合监督执法所、县卫生学校各1所，社区卫生机构2所、乡镇中心卫生院2所，乡镇卫生院11所，村卫生室55所。2021年6月底，全县医疗卫生机构人员总数539人，其中专业技术人员508人，占比94.2%，全县每千人口拥有卫生技术人员5.63人。县藏医院药浴楼等7个医疗服务能力提升项目有序推进，县级医院电子病历信息化诊疗服务实现全覆盖。文化体育：2020年，全县共有县级文化馆1个，乡镇分馆14个，县级图书馆1个，乡镇文化站14个，体育馆1个。2020年举办了第三届拉卜楞香浪节，第四届则柔比赛，第二届拉卜楞高原半程马拉松比赛，并组织全县400名干部参加甘南州第20届“九色甘南香巴拉艺术节”，组织全县青少年开展了足球比赛。社会就业：2020年全面落实就业扶持政策，发放创业担保贷款2030万元，新增城镇就业655人，开发公益性岗位645人，输转劳动力7466人，实现劳务收入1.87亿元。全面加强社会保障，发放救助资金2447万元，养老、失业及工伤保险金2577万元。持续开展“无欠薪”城市创建活动，扎实开展食品安全专项整治。

（祁荣龙）

兰州新区

【基本情况】兰州新区是2012年8月国务院批复的全国第五个、西北第一个国家级新区，被赋予“西北地区重要的经济增长极、国家重要的产业基地、向西开放的重要战略平台和承接产业转移示范区”战略使命。位于甘肃省兰州市北部的秦王川盆地，南北长约49公里，东西宽约23公里，地处兰州、西宁、银川3个省会城市共生带的中间位置，是丝绸之路经济带上的重要节点，也是甘肃对外开放的重要窗口和门户。兰州新区紧扣国家赋予的战略定位，坚定不移走高起点开发、高标准建设、高质量发展的新路子，秉持“改革率先、产业优先、创新领先、开放抢先、发展争先”思路，以新理念、新思维、新模式打造西部特色现代化新型城市，逐步实现城市框架构建、基础功能配套、改革体系建立、新兴产业集聚、开放平台完善、生态绿色宜居的跨越，GDP连续多年领跑国家级新区，已成为西北区域经济增长极，获批国家绿色金融改革创新试验区，2019年、2020年连续获评“中国（区域）最具投资营商价值新区”“中国领军智慧城区”，呈现出营商环境领跑西部、改革开放活力释放、人才产业倍速集聚、经济高质快速发展、社会大局和谐稳定的崭新气象。现辖6个镇，总面积1744平方公里，规划建设面积246平方公里。2020年末，全区常住人口29.30万人，城镇化率为57.96%。

【国民经济】2020年，兰州新区实现地区生产总值235.89亿元，比上年增长16.7%。其中，第一产业增加值1.86亿元，增长20.2%；第二产业增加值118.37亿元，增长22.8%；第三产业增加值115.66亿元，增长10.4%。工业生产稳定增长，全年规上工业增加值增长21.7%，73.15%的行业增加值实现正增长。固定资产投资持续向好，全年增长18.73%，中川国际机场三期扩建工程、T3航站楼连接线工程等重大项目带动基础设施投资增速比上年提高49.33个百分点。民间投资增长30.09%，增速提高28.73个百分点；占全部投资的29.33%，比重提高2.56个百分点。全年实现社会消费品零售总额59.87亿元，增长1.1%。一般公共预算收入19.75亿元，增长12%，其中税收收入15.76亿元，增长4.37%；一般公共预算支出47.98亿元，增长11%。人民币存款余额219.24亿元，比上年末增长21.52%；贷款余额569.75亿元，增长12.93%。

【减税降费】全面落实省委省政府“55条”“36条”“不来即享”等惠企政策措施，研究制定《新区关于应对新冠肺炎疫情支持中小企业持续发展的若干措施》，最大限度支持中小微企业健康持续发展统筹解决融资、市场、原料、运输、用工等难题，为企业减免退各类税费3.5亿元、社保费用2.34亿元，拨付企业产业发展扶持及奖励资金4.4亿元，协调落实小微企业和个体工商户应急周转金8.12亿元，向160户中小微企业投放“线上快贷”小额贷款2.06亿元。在甘肃省率先实施“承诺制、零收费、信息化、代办制”和“区域评估、多评合一、多测合一、多验合一”简易审批流程，项目投资、企业开办、不动产登记等审批时限全国最短。全面降低企业用地、用水、用能、社保、融资等成本，项目前期费用下降70%，企业生产要素成本降幅20%以上。

【脱贫攻坚】“两不愁三保障”突出问题全部清零，着力解决出现的新情况新问题，制定印发《兰州新区进一步完善产业扶贫措施和带贫减贫机制促进高质量打赢脱贫攻坚战实施方案》《兰州新区关于建立防止返贫监测和帮扶机制的实施方案》等系列文件，高标准开展“3+1”冲刺清零后续行动和“5+1”巩固提升计划，设立乡村保洁员、水管员、爱心理发员等公益性岗位，鼓励引导返乡农民工创业就业，完成脱贫攻坚普查工作、2户9人未脱贫人口贫困退出验收、14949人已脱贫人口和6个贫困村退出成果的检视工作，贫困人口“两不愁、三保障”等6项指标和已退出村的产业发展等11项指标全部达标，全面完成脱贫攻坚各项工作，做好脱贫攻坚和乡村振兴有效衔接各项工作。

【“三农”工作】农业生产快速增长。全年农作物播种面积18.27万亩，增长69.76%。新区现代农业示范园和现代农业公园双创基地项目建设全面完成，新希望、天欣、中天羊业等大型养殖企业先后投产。全年生猪出栏增长70.12%，存栏增长285.06%，肉羊出栏增长16.17%，存栏增长16.35%。大力实施乡村振兴战略，快速推进现代农业规模化、集约化、机械化、设施化发展。以高标准农田建设为契机，完成土地流转7.68万亩、整治撂荒耕地13万亩，全面构建种植产业体系，建成万亩和尚头小麦、向日葵等特色农作物，2万亩高原夏菜、5万亩紫花苜蓿优质牧草基地，万亩玫瑰、百合、牡丹等花卉种植基地和万亩黄芪、甘草等中药材育苗基地。以“穿透式”连片修复方式对生态功能脆弱的黄土丘壑进行科学治理，采用“上林下草”模式，着力培育软儿梨、大接杏、山楂等万亩特色林果园，实现规模种植、生态兼顾、经济增收的“叠加效应”。做优做精设施种植产业，现代农业示范园新建成36万平方米连栋日光温室的花卉产业基地，打造西北花卉生产交易中心，形成花卉交易西南看云南、西北看新区的格局。现代丝路寒旱农业博览园、农业公园田园综合体项目陆续建成，打造农业休闲新典范。加快段家川、赖家坡、大斜沟、平岘沟4个生态种养循环园建设进度，补齐种养加生态循环全产业链。培育壮大新型经营主体，创新“国有企业+合作社+农户”“国有企业+农户”等发展模式，培育村集体领办合作社25个，认定新区级龙头企业5家、农民示范性合作社7家、示范性家庭农场3家，培训农村实用技术、新型职业农民2000名，引领效应全面释放。

【项目建设】加强项目谋划储备，科学制定“三个清单”，谋划项目327个，总投资2079.7亿元。定期分析项目谋划建设和投资增长工作中的困难和问题，建设项目服务团队，全程提供“保姆式”服务，协调做好项目要素保障。全力推进25个省市列重大项目，机场三期扩建工程、兰张三四线、中通道等重点项目顺利推进。落实项目推进责任。高效优质保障重大基础设施项目建设，朱中铁路通车运营，G109线（傅家窑至八里湾段）已经通车、机场三期工程已开工建设，中兰客专新区段进度全线最快，景中高速、中通道、机场连接线、兰张三四线等项目正在加快建设。社会民生领域，兰州新区方家坡学校、宗家梁学校、瑞岭名郡小学建成招生，省人民医院新区分院、省残联康复中心医院即将投入运营，新区图书馆建成开馆，社会足球场项目建设任务超额完成，省体育馆顺利通过验收正式面向社会开放，公共服务设施日益完善，基础设施领域补短板成效显著。

【优势产业】兰州新区围绕打造西部战略性新兴产业高地，把握中东部产业转移机遇，坚持集群化、规模化、链条化发展，引进产业项目760多个、总投资3700多亿元，逐步形成了绿色化工、新材料、大数据、新能源汽车、生物医药、先进装备制造、商贸物流、文化旅游、现代农业、节能环保十大产业集群，产业投资和工业增加值保持30%以上增长，实体经济主战场地位凸显。启动建设150平方公里高端化工产业园，近两年来，引进产业项目超150个、落地产品近400种、上市企业8家，康鹏威耳等10多个项目不足半年建成投产，“专精特新”化工科技产业园规划建设专用厂房600栋、开建300栋、投运75栋，打造国际独家、替代进口、补齐国家短板、军民融合高端化学品“产、学、研”一体化示范区和出口基地。投资150亿元的“城市矿产”循环产业园和表面处理产业园开工建设，将进一步延伸了产业链条、优化了产业布局。4微米超薄铜箔、高导新材料等项目建成投产，高档铝箔等一批项目加快建设，有色金属、绿色建材等新材料产业体系形成。获批“国家先进装备制造业产业化基地”。移动、电信数据中心等一批大数据项目上网运行，入选“国家新型工业化产业示范基地”。千亩中药材育苗、10万亩特色种植基地，350万头生猪、百万只羊、万头奶牛养殖园，百万级猪羊屠宰、200万吨粮油精深加工、150万吨饲料加工、5万吨冷链物流等现代农业生态种养加循环产业链形成。

【人民生活】2020年，新区城镇居民人均可支配收入34677元，比上年增长6.01%；农村居民人均可支配收入12959元，增长8.08%。全年全体居民人均消费支出13269.9元，其中，城镇居民人均消费支出15209.89元，农村居民人均消费支出11157.2元。实施兰州新区职业技能提升行动，认定定点培训机构53家、开展各类培训1.7万人次。新增城镇化就业1.8万人，城镇登记失业率控制在2%以内，劳务输转就业2.33万人，有组织输转1.67万人。印发《兰州新区城乡社区日间照料中心运营补贴办法》，完成40家老年人日间照料中心等级评定，建立了等级评定和运营补贴相“挂钩”运营模式。

【环境保护】新区环境空气质量良

好以上天数275天（较去年同期增加4天），良好以上天数比例93.2%，空气综合质量指数3.28，污染物浓度与上年相比基本保持稳定，其中二氧化硫、二氧化氮、一氧化碳浓度分别有所下降。山字墩、石门沟集中式饮用水源地水质达标率均为100%。湿地公园景观水体及呢嘛沙沟水质保持稳定。职教园区污水处理东中心达到一级A排放标准，第一污水处理厂提标改造工作基本完成。第四污水处理厂具备通水条件。土壤环境持续稳定向好，无污染地块。印发《兰州新区畜禽养殖禁养区划分调整后实施方案》《兰州新区农村生活污水治理专项规划》，完成农村生活污水和黑臭水体基本情况调查，新区无黑臭水体。完成新区突发环境事件应急预案修订工作和新区、化工园区突发环境事件风险评估及化工园区突发环境事件应急预案编制工作。建成大气环境辐射自动站2个，核与辐射环境安全可控。

【社会保障】持续推进全民参保计划，社会保险和基本医疗保险参保分别达到12.3万人、17.18万人，城乡居民养老保险和基本医疗保险参保率分别达到98.63%和99%以上。被征地农民按新政策参保登记4014人，适时提高社会保险待遇水平，机关事业单位、企业职工、被征地农民和城乡居民养老保险待遇月人均养老金分别增长3.78%、6.23%、6.73%、0.04%。全面推行社会保险业务“一网通办”“不来即享”，探索实行证明材料“不用交”，对26项社会保险业务经办材料全面实行承诺制，网上办事申报率达到96%以上。全面落实药品、医用耗材阳光采购制度，超额完成2批次全国药品集中带量采购使用任务，放开公立定点医疗机构药品配送渠道，严格落实“零差价”销售制度，切实减轻了居民医疗费用负担。生育保险和基本医疗保险实现参保同步登记、基金合并运行、征缴管理一致。

【社会事业】建成各类学校100多所、中小学幼儿园学位达4.8万个。职教园区入驻院校16所、入驻师生7.5万人。组建兰州新区实验学校教育联盟、兰州新区第一小学教育联盟、兰州新区第二小学教育联盟、兰州新区第三小学教育联盟、兰州新区第五小学教育联盟，实现“一体化办学”全覆盖。完善教师培训体系，依托兰州新区5个名校长工作室和23个骨干教师工作室开展自主培训。对民办教育机构收费实施备案，促进各民办学校教学管理向规范化发展，2020年度民办学前教育普汇率达到97%以上。成功举办兰州新区半程马拉松赛，被中国田径协会授予“金牌赛事”。建成1个兰州新区社区体育健身中心，为12个行政村和社区配备了农民体育健身工程，争取健身步道1条，为新区居民提供良好的健身环境。甘肃省体育馆顺利完工并交付使用。极推进甘肃省人民医院、省残联康复医院项目建设。2020年新区基本建成人口信息、电子健康档案和电子病历三大数据库，并实现信息动态更新。利用新区“双选会”等招聘平台，组织卫健系统6个医疗单位参与兰州新区2020年“集聚英才·汇智新区”人才招聘双选会，招聘人员17人，同时积极争取接收农村订单定向生8名，逐步解决基层医疗机构人员不足的问题，提升基层医疗机构的服务能力。完备的三级医疗网络建成投入使用，高质量满足群众教育医疗需求。新区各定点医药机构完成医保电子凭证系统改造并上线运行，新区第一人民医院纳入跨省异地就医结算范围。开展“打击欺诈骗保维护基金安全”专项活动，与各医药机构签订了《防范欺诈骗保承诺书》，完成97家两定医药机构服务协议签订和定点医药机构年度考核。

（杨俊林）

1 综　合

General Survey

简要说明

一、本篇资料主要内容

本篇资料主要包括行政区划、河流基本情况、国民经济和社会发展综合资料、私营个体经济基本情况及法人单位与产业活动单位基本情况资料。

二、本篇资料来源

1. 甘肃行政区划资料是截至 2020 年末全省行政区划变更情况汇总，由省民政厅提供。

2. 河流资料由省水利厅提供。

3. 国民经济和社会发展综合资料是由省统计局国民经济综合统计处抽取全书的精华，通过对各篇章主要统计指标及其速度、结构、比例和效益等加工计算，来反映国民经济和社会发展的总体情况。

4. 全省私营个体经济资料来自省市场监督管理局。

5. 全省法人单位与产业活动单位资料由省统计局普查中心汇总、加工整理。

1-1 行政区划（2020）
Divisions of Administrative Areas in Gansu （2020）

单位：个 （unit）

地级区划名称	Prefectures, Autonomous Regions and Municipalities	地级 Prefecture Level	县级 County Level	县 Counties	自治县 Autonomous Counties	县级市 County-level Cities	市辖区 Districts under the Jurisdiction of Cites	乡镇级 Townships Level	镇 Towns	乡 Towns	民族乡 Ethnic Community Towns	街道办事处 Street Communities
甘肃省	**Gansu**	**14**	**86**	**57**	**7**	**5**	**17**	**1356**	**892**	**305**	**32**	**127**
兰州市	Lanzhou	1	8	3			5	111	44	14		53
嘉峪关市	Jiayuguan	1						5	3			2
金昌市	Jinchang	1	2	1			1	18	11	1		6
白银市	Baiyin	1	5	3			2	78	53	15	1	9
天水市	Tianshui	1	7	4	1		2	123	101	12		10
武威市	Wuwei	1	4	2	1		1	102	84	9		9
张掖市	Zhangye	1	6	4	1		1	65	48	8	4	5
平凉市	Pingliang	1	7	5		1	1	105	70	23	9	3
酒泉市	Jiuquan	1	7	2	2	2	1	76	53	9	6	3
庆阳市	Qingyang	1	8	7			1	119	73	42	1	3
定西市	Dingxi	1	7	6			1	122	87	32		3
陇南市	Longnan	1	9	8			1	199	140	51	4	4
临夏州	Linxia	1	8	5	2	1		130	58	61	4	7
甘南州	Gannan	1	8	7		1		99	64	28	3	4
兰州新区	Lanzhou New Area							3	3			
甘肃矿区	Gansu Mining Area							1				1

1-2 河流基本情况
Major Rivers

名 称	River	流域面积（万平方公里）Drainage Area Within Borders (10 000 sq.km)	河流长度（公里）Length Within Borders (km)	年径流量（亿立方米）Annual Flow (100 million cu.m)
长江	Yangtze River	3.83	3484.66	183.80
#白龙江	Bailong River	1.85	450.00	101.69
黄河	Huanghe River (Yellow River)	14.27	7752.46	172.89
#洮河	Taohe River	2.40	673.00	65.95
内陆河	Inland Rivers	24.48	4691.00	42.19
疏勒河	Shulehe River	13.01	583.00	8.14
黑河	Heihe River	5.60	413.00	20.04
石羊河	Shiyanghe River	3.98	179.60	11.19
干河	Suganhe River	1.89	204.00	2.82

注：1. 流域面积依据第三次全省水资源调查评价（审查通过）已更新。
2. 增加了苏干湖水资源信息，河长为大小哈尔腾河河长之和。

a) The basin area has been updated based on the third water resources survey and evaluation of Gansu province (passed by review).
b) The water resources information of Sugan Lake has been added, and the length of the river is the sum of the lengths of the large and small Harten Rivers.

1-3 国民经济和社会发展总量与速度指标

指 标	Item	总量指标 Aggregate Data		
		2005	2010	2015
人口（万人）	**Population (10 000 persons)**			
年末常住人口	Permanent Population at Year-end	2545.10	2559.98	2523.18
城镇人口	Urban Population	764.04	924.66	1116.26
乡村人口	Rural Population	1781.06	1635.32	1406.93
就业（万人）	**Employment (10 000 persons)**			
就业人员数	Total Number of Employed Persons	1391	1397	1346
第一产业	Primary Industry	886	861	768
第二产业	Secondary Industry	204	215	217
第三产业	Tertiary Industry	302	322	361
#在岗职工人数	Number of Staff and Workers	188.49	187.96	228.97
城镇登记失业人数	Number of Registered Unemployed Persons in Urban Areas	9.26	10.72	9.48
国民经济核算	**National Accounts**			
地区生产总值（亿元）	Gross Regional Product (100 million yuan)	1864.63	3943.73	6556.55
第一产业	Primary Industry	304.28	472.61	733.37
第二产业	Secondary Industry	772.24	1910.35	2505.41
第三产业	Tertiary Industry	788.11	1560.77	3317.77
人均地区生产总值（元）	Per Capita GDP (yuan)	7332	15421	25946
固定资产投资（%）	**Investment in Fixed Assets (%)**			
固定资产投资总额	Total Investment in Fixed Assets	15.68	36.24	11.17
第一产业	Primary Industry	13.81	10.69	30.75
第二产业	Secondary Industry	10.65	32.99	-2.74
第三产业	Tertiary Industry	19.80	39.98	21.94
财政（亿元）	**Finance (100 million yuan)**			
财政收入	Government Revenue	254.57	745.25	1386.28
一般公共预算收入	General Public Budget Revenue	123.50	353.58	743.86
一般公共预算支出	General Public Budget Expenditure	429.35	1468.58	2958.31
物价总指数（上年=100）	**Price Indices (preceding year=100)**			
商品零售价格指数	Retail Price Index	99.9	104.6	101.0
居民消费价格指数	Consumer Price Index	101.7	104.1	101.6
工业生产者出厂价格指数	Producer Price Indices for Industrial Products	109.6	115.0	87.0
工业生产者购进价格指数	Purchasing Price Index for Industrial Producers	109.9	114.4	87.0
农业生产资料价格指数	Price Indices for Farm Products	109.0	101.7	98.6
能源（万吨标煤）	**Energy (10 000 tons of SCE)**			
能源生产总量	Total Energy Production	3605.12	4631.59	5816.78
能源消费总量	Total Energy Consumption	4300.88	5829.85	7488.50

Principal Aggregate Indicators on National Economic and Social Development and Their Related Indices and Growth Rates

			速度指标 (%) Indices and Growth Rates								
			指数 (2020 年为以下各年 %) Index (2020 as Percentage of the Following Years)						年均增长速度 Average Annual Growth Rate		
2018	2019	2020	2005	2010	2015	2018	2019	2006-2010	2011-2015	2016-2020
2515.08	2509.02	2501.02	98.27	97.70	99.12	99.44	99.68	0.12	-0.29	-0.18
1249.74	1272.07	1306.28	170.97	141.27	117.02	104.52	102.69	3.89	3.84	3.19
1265.34	1236.95	1194.74	67.08	73.06	84.92	94.42	96.59	-1.69	-2.96	-3.22
1337	1333	1331	95.66	95.28	98.89	99.55	99.85	0.08	-0.74	-0.22
721	706	597	67.40	69.36	77.73	82.84	84.55	-0.57	-2.25	-4.91
207	201	237	116.20	110.45	109.30	114.35	117.89	1.02	0.21	1.79
409	426	497	164.30	154.48	137.62	121.50	116.71	1.30	2.34	6.60
212.72	213.60	222.01	117.78	118.12	96.96	104.37	103.94	-0.06	4.03	-0.62
9.95	10.83	12.20	131.75	113.81	128.69	122.61	112.65	2.97	-2.43	5.17
8104.07	8718.30	9016.70	369.28	216.50	130.42	110.27	103.88	11.27	10.67	5.46
926.05	1059.33	1198.14	216.07	172.44	130.14	111.53	105.42	4.62	5.79	5.41
2761.64	2862.42	2852.03	382.63	204.78	122.32	110.85	105.91	13.32	10.86	4.11
4416.38	4796.55	4966.52	409.99	238.25	136.60	109.63	102.25	11.47	11.77	6.44
32178	34707	35995	374.95	221.03	131.49	110.87	104.20	11.15	10.95	5.63
-3.90	6.56	7.85	814.77	210.92	72.92	114.92	107.85	31.03	23.67	-6.12
18.76	-9.74	37.01	1512.48	514.63	104.87	123.66	137.01	24.06	37.46	0.96
-10.80	23.82	0.45	400.53	86.43	38.38	124.38	100.45	35.89	17.63	-17.43
-3.56	4.26	8.05	1043.42	334.86	96.26	112.65	108.05	25.52	28.32	-0.76
1641.71	1589.52	1625.97	638.72	218.18	117.29	99.04	102.29	23.97	13.22	3.24
871.05	850.49	874.55	708.12	247.34	117.57	100.40	102.83	23.41	16.04	3.29
3772.23	3951.60	4163.40	969.70	283.50	140.74	110.37	105.36	27.88	15.03	7.07
101.7	101.9	101.3								
102.0	102.3	102.0								
109.5	98.3	93.9								
109.8	99.0	94.1								
104.2	101.1	100.7								
6107.42	6394.63	6729.39	186.66	145.29	115.69	110.18	105.24	5.14	4.56	2.96
7822.54	7818.02	8104.71	188.44	139.02	108.23	103.61	103.67	6.27	5.14	1.59

1-3 续表 1

指 标	Item	总量指标 Aggregate Data 2005	2010	2015
农业	**Agriculture**			
农林牧渔业从业人员（万人）	Employed Persons of Agriculture, Forestry, Animal, Husbandry & Fishery (10 000 persons)	761.37	724.82	668.07
农林牧渔业总产值（亿元）	Gross Output Value of Agriculture Forestry, Animal Husbandry and Fishery (100 million yuan)	549.71	905.22	1386.18
主要农产品产量（万吨）	Output of Major Farm Products (10 000 tons)			
粮食	Grain	836.89	948.82	1154.58
棉花	Cotton	11.05	7.99	4.82
油料	Oil-bearing Crops	50.31	66.06	76.71
中药材	Chinese Medicinal Materials	35.55	48.47	83.75
甜菜	Beet Roots	14.54	23.31	18.26
蔬菜	Vegetables	866.91	752.71	1086.19
园林水果	Garden Fruits	172.45	197.17	304.06
肉类	Meat	69.81	81.50	89.90
#猪牛羊肉	Pork,Beef,Mutton	64.09	75.15	82.43
工业	**Industry**			
工业增加值（亿元）	Value-added of Industry above Designated Size (100 million yuan)	633.32	1613.76	2031.55
规模以上工业主要产品产量	Main Product Output of Industry above Designated Size			
原煤（万吨）	Coal (10 000 tons)	3619.84	4547.20	4390.27
原油（万吨）	Crude Oil (10 000 tons)	304.55	382.14	820.09
原油加工量（万吨）	Crude Oil Processing (10 000 tons)	1225.17	1383.54	1424.31
发电量（亿千瓦小时）	Electricity (100 million kWh)	506.17	791.53	1139.45
粗钢（万吨）	Crude Steel (10 000 tons)	458.44	662.25	852.10
水泥（万吨）	Cement (10 000 tons)	1553.29	2414.11	4764.30
乙烯（万吨）	Ethene (10 000 tons)	24.57	69.48	64.20
卷烟（万箱）	Cigarettes (10 000 packs)	71.00	80.00	103.00
建筑业	**Construction**			
建筑业从业人员（万人）	Number of Employed Persons of Construction (10 000 persons)	42.77	45.76	55.10
建筑业增加值（亿元）	Value-added of Construction (100 million yuan)	138.92	296.59	484.24
房地产业	**Real Estate**			
施工房屋面积（万平方米）	Floor Space of Buildings under Construction (10 000 sq.m)	1449.43	3130.40	8586.18
竣工房屋面积（万平方米）	Floor Space of Buildings Completed (10 000 sq.m)	338.88	598.66	962.24
商品房销售面积（万平方米）	Floor Space of Commercialized Buildings Sold (10 000 sq.m)	340.37	756.51	1434.96
#住宅	Residential Buildings	299.17	692.07	1307.48
商品房销售额（亿元）	Total Sale of Commercialized Buildings (100 million yuan)	64.11	227.81	704.93
#住宅	Residential Buildings	50.98	201.47	603.08
交通运输	**Transportation**			
货运量（万吨）	Freight Traffic (10 000 tons)	25843	29009	58258
#铁路	Railways	3274	4926	5936
公路	Highways	22520	24050	52281

continued

			速度指标 (%) Indices and Growth Rates							
			指数 (2020 年为以下各年 %) Index (2020 as Percentage of the Following Years)					年均增长速度 Average Annual Growth Rate		
2018	2019	2020	2005	2010	2015	2018	2019	2006-2010	2011-2015	2016-2020
652.26	645.18	638.90	83.91	88.15	95.63	97.95	99.03	-0.98	-1.62	-0.89
1659.36	1887.58	2103.61	219.44	167.55	127.98	111.39	105.24	5.54	5.54	5.06
1151.43	1162.58	1202.21	143.65	126.71	104.13	104.41	103.41	2.54	4.00	0.81
3.53	3.27	3.01	27.24	37.68	62.46	85.27	92.17	-6.28	-9.62	-8.98
70.41	63.18	61.45	122.[illegible]4	93.02	80.11	87.27	97.27	5.60	3.03	-4.34
101.85	113.15	123.22	346.58	254.21	147.13	120.98	108.90	6.40	11.56	8.03
25.20	26.51	22.42	154.20	95.17	122.81	88.97	84.56	9.90	-4.77	4.19
1292.57	1388.75	1478.51		195.42	136.12	114.39	106.46		7.61	6.36
370.03	438.54	481.07	278.96	243.99	158.21	130.01	109.70	2.72	9.05	9.61
101.16	101.68	110.09	157.70	135.09	122.46	108.83	108.27	3.14	1.98	4.14
95.60	95.75	101.67	158.64	135.28	123.34	106.35	106.19	3.24	1.86	4.29
2253.41	2319.75	2288.96	421.07	215.42	125.13	111.45	106.24	14.34	11.48	4.58
3575.11	3663.08	3848.12	106.31	84.63	87.65	107.64	105.05	4.67	-0.70	-2.60
859.76	903.55	968.74	318.09	253.50	118.13	112.68	107.21	4.64	16.50	3.39
1440.03	1465.63	1467.55	119.78	106.07	103.04	101.91	100.13			0.60
1427.31	1479.60	1601.18	316.33	202.29	140.52	112.18	108.22	9.35	7.56	7.04
802.41	877.77	1059.17	231.04	159.94	124.30	132.00	120.67	7.63	5.17	4.45
3847.15	4409.48	4651.15	299.44	192.67	97.63	120.90	105.48	9.22	14.56	-0.48
64.39	53.34	69.70	283.68	100.32	108.57	108.25	130.67	23.11	-1.57	1.66
94.30	94.30	92.24	129.92	115.30	89.55	97.82	97.82	2.42	5.18	-2.18
43.39	43.02	40.86	95.55	89.30	74.16	94.18	94.99	1.36	3.78	-5.80
518.24	552.99	572.62	240.76	163.11	110.19	108.05	104.29	8.10	8.16	1.96
9428.51	10977.33	11328.26	781.57	361.88	131.94	120.15	103.20	16.65	22.36	5.70
752.34	674.14	881.36	260.08	147.22	91.59	117.15	130.74	12.05	9.96	-1.74
1595.65	1705.31	1967.92	578.17	260.13	137.14	123.33	115.40	17.32	13.66	6.52
1437.95	1569.16	1863.81	622.99	269.31	142.55	129.62	118.78	18.26	13.57	7.35
922.34	1019.28	1293.41	2017.49	567.75	183.48	140.23	126.89	28.86	25.35	12.91
774.63	907.07	1205.42	2364.50	598.31	199.88	155.61	132.89	31.63	24.52	14.86
70387	63611	67240	260.18	231.79	115.42	95.53	105.70	2.34		2.91
6087	5366	5966	182.23	121.11	100.51	98.01	111.18	8.51	3.80	0.10
64271	58228	61272	272.08	254.77	117.20	95.33	105.23	1.32		3.22

1-3 续表 2

指 标	Item	总量指标 Aggregate Data 2005	2010	2015
客运量（万人）	Passenger Traffic (10 000 persons)	17803	53776	41516
#铁路	Railways	1230	2178	3123
公路	Highways	16247	51404	37242
邮电通信业	**Postal and Telecommunication Services**			
邮政业务总量（亿元）	Business Volume of Postal Services (100 million yuan)	7.02	8.49	16.32
电信业务总量（亿元）	Business Volume of Telecommunication Services (100 million yuan)	128.90	444.81	347.29
函件（万件）	Number of Letters Delivered (10 000 pieces)	5070.60	3806.00	1582.40
报刊期发数（万份）	Number of Newspapers and Magazines Distributed (10 000 copies)	175.00	210.00	124.00
移动电话年末用户（万户）	Number of Mobile Telephone Subscribers at Year-end(10 000 subscribers)	408.44	1390.10	2108.10
固定电话年末用户（万户）	Number of Fixed Telephone Subscribers at Year-end (10 000 subscribers)	548.04	411.90	325.99
国内商业	**Domestic Trade**			
社会消费品零售总额（亿元）	Total Retail Sales of Consumer Goods (100 million yuan)	619.28	1373.52	2737.10
对外经济贸易	**Foreign Trade**			
进出口总额（万元）	Total Value of Exports and Imports (10 000 yuan)	1622417	5012219	4930694
出口总额	Total Exports	895867	1107380	3610579
进口总额	Total Imports	726551	3904838	1320114
金融业（亿元）	**Financial Intermediation(100 million yuan)**			
金融机构人民币各项存款	Deposits of National Banking System	2895.86	7115.37	16141.19
金融机构人民币各项贷款	Loans of National Banking System	1923.46	4433.05	13292.18
保险公司保费收入	Insurance Premium of Insurance Companies	48.24	146.34	256.89
保险公司赔付支出	Indemnity Expenditure and Payment of Insurance Companies	11.83	31.18	92.75
教育	**Education**			
专任教师数（人）	Number of Full-time Teachers (person)			
#普通高等学校	Regular Higher Education Institutions	14816	20761	26132
普通中学	Regular Secondary Schools	99150	120689	128621
普通小学	Regular Primary Schools	130841	140381	140320
在校学生数（万人）	Students Enrollment (10 000 persons)			
#普通高等学校	Regular Higher Education Institutions	22.95	38.15	45.05
普通中学	Regular Secondary Schools	194.38	203.10	153.86
普通小学	Regular Primary Schools	303.58	237.04	180.24
地方财政用于教育的支出（亿元）	Government Expenditures on Education (100 million yuan)	75.22	228.23	498.33
科技	**Science and Technology**			
R&D 经费内部支出（亿元）	Internal Expenditures on R & D (100 million yuan)	19.49	41.59	82.72

continued

			速度指标 (%) Indices and Growth Rates							
			指数 (2020 年为以下各年 %) Index (2020 as Percentage of the Following Years)					年均增长速度 Average Annual Growth Rate		
2018	2019	2020	2005	2010	2015	2018	2019	2006-2010	2011-2015	2016-2020
42353	42321	26831	150.71	49.89	64.63	63.35	63.40	24.74		-8.36
5474	5969	4153	337.57	190.69	132.99	75.87	69.58	12.11	7.47	5.87
36634	36085	22478	138.35	43.73	60.36	61.36	62.29	25.91		-9.60
31.05	38.63	47.13	671.13	555.31	288.70	151.79	122.00	3.86	13.98	23.62
1194.30	1958.90	2556.96	1983.64	574.85	736.26	214.10	130.53	28.11	-4.83	49.08
764.79	721.98	695.91	13.72	18.29	43.98	90.99	96.39	-5.58	-16.10	-15.15
132.50	124.86	114.61	65.49	54.55	92.43	86.50	91.79	3.72	-10.01	-1.55
2736.00	2751.17	2673.83	654.64	192.36	126.84	97.73	97.19	27.76	8.69	4.87
332.83	331.75	309.80	56.53	75.21	95.03	93.08	93.38	-5.55	-4.57	-1.01
3435.65	3700.27	3632.35	586.54	264.46	132.71	105.73	98.16	17.27	14.79	5.82
3945200	3802552	3802887	234.40	75.87	77.13	96.39	100.01	25.31	-0.33	-5.06
1449692	1313308	856364	95.59	77.33	23.72	59.07	65.21	4.33	26.66	-25.01
2495508	2489244	2946523	405.55	75.46	223.20	118.07	118.37	39.98	-19.50	17.42
18568.68	19717.01	20938.25	723.04	294.27	129.72	112.76	106.19	19.70	17.80	5.34
19094.39	20424.30	21935.57	1140.42	494.82	165.03	114.88	107.40	18.17	24.56	10.54
398.98	444.32	485.19	1005.79	331.56	188.87	121.61	109.20	24.85	11.91	13.56
139.03	151.59	169.31	1431.21	542.97	182.55	121.78	111.69	21.39	24.36	12.79
28939	29755	31030	209.44	149.46	118.74	107.23	104.28	6.98	4.71	3.50
125682	126850	127233	128.32	105.42	98.92	101.23	100.30	4.01	1.28	-0.22
143260	148408	150870	115.31	107.47	107.52	105.31	101.66	1.42	-0.01	1.46
48.36	52.49	58.11	253.19	152.30	128.99	120.15	110.69	10.70	3.38	5.22
141.93	140.81	139.00	71.51	68.44	90.34	97.93	98.72	0.88	-5.40	-2.01
189.65	194.14	200.91	66.18	84.76	111.47	105.94	103.49	-4.83	-5.33	2.19
592.96	636.05	662.99	881.46	290.49	133.04	111.81	104.24	24.86	16.90	5.88
97.05	110.24	109.64	562.51	263.64	132.55	112.97	99.46	16.37	14.74	5.80

1-3 续表 3

指　标	Item	总量指标 Aggregate Data 2005	2010	2015
文化	Culture			
图书出版总印数（万册）	Number of Books Published (10 000 Volumes)	5895	6737	6650
期刊出版总印数（万册）	Number of Magazines Issued (10 000 Volumes)	14766	11082	9672
报纸出版总印数（万份）	Number of Newspapers Issue (10 000 Copies)	37900	40714	50828
家庭	Family			
城镇居民平均每户家庭人口（人）	Average Household Size in Urban Areas (person)	2.89	2.76	3.20
农村居民平均每户家庭人口（人）	Average Household Size in Rural Areas (person)	4.65	4.60	4.50
婚姻	Marriages and Divorces			
结婚登记总数（对）	Registered Number of Marriages (couples)	114554	142294	220327
离婚数（对）	Number of Divorces (couples)	22260	27926	46185
居住	Housing			
城镇居民人均居住面积（平方米）	Per Capita Net Floor Space of Urban Residents (sq.m)	24.16	27.89	34.00
农村居民人均居住面积（平方米）	Per Capita Net Floor Space of Rural Residents (sq.m)	18.71	20.96	29.30
生活	People's Livelihood			
城镇居民人均可支配收入（元）	Per Capita Disposable Income of Urban Households (yuan)	8323	13820	23767
农村居民人均可支配收入（元）	Per Capita Disposable Income of Rural Households (yuan)	2091	3747	6936
城乡居民人民币储蓄存款余额（亿元）	Outstanding Amount of Saving Deposits in Urban and Rural Areas (100 million yuan)	1587	3598	7580
工资	Wages			
在岗职工工资总额（亿元）	Total Wages of Fully-employed staff and workers(100 million yuan)	290.22	560.63	1259.57
在岗职工平均工资（元）	Average Wage of Fully-employed Staff and Workers (yuan)	14939	29588	54454
卫生	Health Care			
卫生机构数（个）	Number of Health Care Institutions (unit)	11849	10267	11031
#医院、卫生院	Number of Hospitals and Health Centers	1741	1728	1793
卫生机构床位数（张）	Number of Beds in Health Care Institutions (unit)	63638	94883	127011
#医院、卫生院	Number of Beds in Hospital and Health Centers	59856	82422	118609
卫生技术人员（人）	Number of Medical Tenchnical Personnel (person)	66926	97387	129523
#执业（助理）医师	Number of Licensed (Assistant) Doctors	29701	38249	49663

注：本表中卫生机构数不包含村卫生室数。

continued

2018	2019	2020	速度指标 (%) Indices and Growth Rates							
			指数（2020 年为以下各年 %） Index （2020 as Percentage of the Following Years）					年均增长速度 Average Annual Growth Rate		
			2005	2010	2015	2018	2019	2006-2010	2011-2015	2016-2020
8412	9665	9593	162.73	142.40	144.26	114.04	99.26	2.71	-0.26	7.60
8093	8038	7971	53.98	71.93	82.41	98.49	99.16	-5.58	-2.69	-3.79
42841	41127	34404	90.77	84.50	67.69	80.31	83.65	1.44	4.54	-7.51
3.30	3.29	3.28	113.49	118.84	102.50	99.39	99.70	-0.92	3.00	0.50
3.90	3.78	3.77	81.08	81.96	83.78	96.67	99.74	-0.22	-0.44	-3.48
210653	198507	177911	155.31	125.03	80.75	84.46	89.62	4.43	9.14	-4.19
46166	62172	75740	340.25	271.22	163.99	164.06	121.82	4.64	10.59	10.40
33.90	34.60	34.97	144.72	125.37	102.84	103.14	101.06	2.91	4.04	0.55
31.80	31.30	31.92	170.61	152.30	108.95	100.38	101.99	2.30	6.93	1.73
29957	32323	33822	406.37	244.73	142.31	112.90	104.64	10.67	11.45	7.31
8804	9629	10344	494.71	276.07	149.14	117.50	107.43	12.37	13.11	8.32
9330	10478	12420	782.75	345.16	163.84	133.12	118.53	17.79	16.07	10.38
1590.34	1677.93	1888.53	650.73	336.86	149.94	118.75	112.55	14.07	17.57	8.44
73704	77336	83392	558.22	281.84	153.14	113.14	107.83	14.65	12.98	8.90
11398	10234	9829	82.95	95.73	89.10	86.23	96.04	-2.83	1.45	-2.28
2002	2097	2073	119.07	119.97	115.62	103.55	98.86	-0.15	0.74	2.94
162667	172594	177929	279.60	187.52	140.09	109.38	103.09	8.32	6.01	6.97
152854	162205	167260	279.44	202.93	141.02	109.42	103.12	6.61	7.55	7.12
156343	178869	188932	282.30	194.00	145.87	120.84	105.63	7.79	5.87	7.84
59370	62891	66396	223.55	173.59	133.69	111.83	105.57	5.19	5.36	5.98

a) Number of health care institutions in this table doesn't include villages clinics.

1-4 国民经济和社会发展结构指标
Structural Indicators on National Economic and Social Development

单位：%

(%)

指 标	Item	2005	2010	2015	2018	2019	2020
人口	**Population**						
城乡结构	Urban and Rural Composition						
城镇	Urban	30.02	36.12	44.24	49.69	50.70	52.23
乡村	Rural	69.98	63.88	55.76	50.31	49.30	47.77
性别结构	Sexual Composition						
男	Male	51.44	51.08	51.04	51.01	51.00	50.76
女	Female	48.56	48.92	48.96	48.99	49.00	49.24
就业	**Employment**						
产业结构	Industrial Composition						
第一产业	Primary Industry	63.67	61.61	57.06	53.90	53.00	44.85
第二产业	Secondary Industry	14.66	15.36	16.11	15.50	15.10	17.81
第三产业	Tertiary Industry	21.67	23.03	26.83	30.60	31.90	37.34
国民经济核算	**National Accounts**						
生产总值产业结构	Industrial Composition						
第一产业	Primary Industry	16.32	11.98	11.19	11.43	12.15	13.29
第二产业	Secondary Industry	41.42	48.44	38.21	34.08	32.83	31.63
第三产业	Tertiary Industry	42.27	39.58	50.60	54.50	55.02	55.08
投资	**Investment in Fixed Assets**						
固定资产投资结构	Composition of Total Investment in Fixed Assets						
产业结构	Industrial Composition						
第一产业	Primary Industry	4.79	4.08	6.20	4.59	3.89	4.94
第二产业	Secondary Industry	40.04	47.29	39.82	15.03	17.47	16.27
第三产业	Tertiary Industry	55.17	48.62	53.98	80.38	78.64	78.79
资金来源结构	Composition of Funding Sources						
国家预算内资金	State Budget	9.62	16.41	13.01	9.91	16.40	15.02
国内贷款	Domestic Loans	19.90	18.36	11.69	18.92	26.82	20.30
债券	Bonds			0.21	1.78	3.29	0.34
利用外资	Foreign Investment	1.65	0.53	0.25	0.11	0.40	0.40
自筹资金	Self-raising Funds	55.31	52.54	64.81	43.05	42.41	40.30
其他投资	Other Investments	13.52	12.16	10.02	26.24	10.67	23.64
农业	**Agriculture**						
农林牧渔业产值结构	Composition of Gross Output Value of Agriculture						
农业	Agriculture	66.01	69.47	68.62	70.27	69.21	67.69
林业	Forestry	2.89	2.44	2.44	1.99	2.02	1.51
牧业	Animal Husbandry	20.80	15.63	15.69	19.22	20.96	23.54
渔业	Fishery	0.19	0.09	0.10	0.12	0.11	0.09
农林牧渔服务业	Service for Agriculture,Forestry, Animal Husbandry and Fishery	10.11	12.37	13.14	8.40	7.71	7.17
工业	**Industry**						
规模以上工业增加值结构	Composition of Value-added of Industry above Designated Size						
轻工业	Light Industry	18.77	14.09	19.24	13.44	14.28	15.25
重工业	Heavy Industry	81.23	85.91	80.76	86.56	85.72	84.75

1-4 续表 1 continued

单位：% (%)

指 标	Item	2005	2010	2015	2018	2019	2020
建筑业	**Construction**						
建筑业总产值结构	Composition of Gross Output Value of Construction Industry						
国有经济	State-owned Enterprise	37.22	17.33	14.77	26.42	26.93	28.32
城镇集体经济	Collective-owned Enterprises	11.97	7.72	6.74	3.82	3.45	2.75
其他	Others	50.81	74.95	78.49	69.77	69.62	68.93
运输业	**Transportation**						
货运量结构	Composition of Freight Traffic						
#铁路	Railways	12.67	16.98	10.19	8.65	8.44	8.87
公路	Highways	87.14	82.91	89.74	91.31	91.54	91.12
国内商业	**Domestic Trade**						
社会消费品零售总额构成	Composition of Retail Sales of Consumer Goods						
城镇	Urban		80.55	79.69	82.78	82.57	82.35
#城区	City Subdivision		59.82	58.79	60.47	60.01	59.07
乡村	Rural		19.45	20.31	17.22	17.43	17.65
对外经济贸易	**Foreign Trade**						
进出口总值构成	Composition of Imports and Exports						
出口	Exports	55.22	22.09	73.23	36.75	34.54	22.52
进口	Imports	44.78	77.91	26.77	63.25	65.46	77.48
教育	**Education**						
普通学校在校学生结构	Composition of Student Enrollment in Regular Schools						
大学	Colleges and Universities	4.40	7.98	11.88	12.73	13.55	14.60
中学	Secondary Schools	37.32	42.46	40.58	37.36	36.34	34.92
小学	Primary Schools	58.28	49.56	47.54	49.91	50.11	50.48
普通学校专任教师结构	Composition of Full-time Teachers in Regular Schools						
大学	Colleges and Universities	6.05	7.37	8.86	9.71	9.76	10.04
中学	Secondary Schools	40.50	42.82	43.59	42.19	41.59	41.16
小学	Primary Schools	53.45	49.81	47.55	48.09	48.66	48.80
科技	**Science and Technology**						
R&D 经费内部支出结构	Composition of Intramural Expenditure on R&D by Sources						
基础研究	Basic Research		13.58	15.45	16.30	16.84	14.68
应用研究	Applied Research		21.05	15.59	21.99	21.73	21.85
试验发展	Experimental Development		65.37	68.95	61.71	61.43	63.47

1-4 续表 2 continued

单位：%　　　　(%)

指　标	Item	2005	2010	2015	2018	2019	2020
生活	**People's Living Conditions**						
农村居民消费结构	Consumption Composition of Urban Residents						
食品烟酒	Food,Tobacco and Liquor	47.20	44.71	32.86	29.73	29.16	30.89
衣着	Clothing	5.07	6.26	6.83	6.15	5.69	6.13
居住	Residence	13.23	18.75	17.88	19.04	19.26	19.21
生活用品及服务	Household Facilities,Articles and Services	4.07	4.99	6.52	5.67	5.96	5.93
交通通信	Transport and Communications	8.52	8.73	11.88	11.89	12.33	12.44
教育文化娱乐	Education, Cultural and Recreation	14.17	8.09	12.50	13.26	13.72	12.21
医疗保健	Health Care and Medical Services	6.26	6.90	9.81	12.49	12.20	11.49
其他用品及服务	Other Goods and Services	1.48	1.57	1.73	1.77	1.66	1.70
城镇居民消费结构	Consumption Composition of Urban Residents						
食品烟酒	Food,Tobacco and Liquor	36.04	37.41	30.63	28.71	28.61	28.72
衣着	Clothing	12.35	12.69	10.08	8.43	7.85	7.55
居住	Residence	10.43	9.20	20.28	22.39	22.99	23.51
生活用品及服务	Household Facilities,Articles and Services	5.61	6.04	6.45	6.40	5.95	6.75
交通通信	Transport and Communications	9.78	10.88	10.60	10.83	12.47	12.52
教育文化娱乐	Education, Cultural and Recreation	14.44	11.49	11.72	10.79	10.45	9.86
医疗保健	Health Care and Medical Services	7.54	8.37	7.97	9.76	9.10	8.49
其他用品及服务	Other Goods and Services	3.82	3.92	2.27	2.67	2.58	2.60
卫生	**Health Care**						
卫生机构人员结构	Composition of Health Agency Personnel						
#执业助理医师	Licensed (Assistant) Doctors	36.65	33.15	27.24	28.81	27.50	27.92
#执业医师	Licensed Doctors	28.65	27.14	22.04	23.33	22.00	22.61
注册护士	Registered Nurses	27.64	25.70	26.24	30.97	34.78	35.85
药师（士）	Pharmacist	6.20	4.38	3.36	3.37	3.28	3.24
检验技师（士）	Laboratory Technician	4.27	4.79	3.68	4.04	4.39	4.45
医院床位结构	Composition of Hospital Beds						
#医院	Hospitals	73.97	64.25	74.48	77.51	77.80	77.90
卫生院	Health Centers	20.09	22.62	18.91	16.46	16.16	16.10

注：2014年以前城乡居民食品烟酒支出为食品支出（下表同）。

a) Expenditures of food, tobacco and liquor are the expenditures of food before 2014.The same applies to the tables following.

1-5 国民经济和社会发展比例及效益指标
Indicators on Proportions and Efficiency in National Economic and Social Development

指 标	Item	2005	2010	2015	2018	2019	2020
人口与就业	**Population and Employment**						
出生率(‰)	Birth Rate (‰)	12.59	12.05	12.36	11.07	10.60	10.55
死亡率(‰)	Death Rate (‰)	6.57	6.02	6.15	6.65	6.75	6.18
自然增长率(‰)	Natural Growth Rate (‰)	6.02	6.03	6.21	4.42	3.85	4.37
城镇登记失业率(%)	Registered Unemployment Rate in Urban Areas(%)	3.26	3.21	2.14	2.78	3.00	3.27
国民经济核算	**National Accounts**						
全员劳动生产率(元/人·年)	Overall Labor Productivity (yuan/person·year)	12807	22044	48601	57999	61659	64197
第一产业	Primary Industry	3426	4275	8079	11769	12691	14649
第二产业	Secondary Industry	31611	65333	147425	132457	141740	139920
第三产业	Tertiary Industry	24370	41090	76688	103044	106181	98222
人均生产总值(元)	Per Capita GDP (yuan)	7332	15421	25946	32178	34707	35995
固定资产投资	**Investment in Fixed Assets**						
房地产开发企业房屋建筑面积竣工率(%)	Rate of Floor Space of Buildings Completed (%)		19.12	11.21	7.98	6.14	7.78
财政	**Government Finance**						
财政收入相当于生产总值比例(%)	Proportion of Government Revenue to Gross Regional Product (%)	13.65	18.90	21.14	20.26	18.23	18.03
一般公共预算支出相当于生产总值比例(%)	Proportion of General Public Budget Expenditure to Gross Regional Product (%)	23.03	37.24	45.12	46.55	45.33	46.[illegible]7
农业	**Agriculture**						
农业从业者人均农产品产量(千克)	Output of Farm Corps per Agricultural Laborer (kg)						
粮食	Grain	1099.2	1309.0	1728.2	1765.3	1802.0	1381.68
中药材	Chinese Medicinal Materials	46.7	66.9	125.4	156.1	175.4	192.86
油料	Oil-bearing Crops	66.1	91.1	114.8	107.9	97.9	96.18
猪牛羊肉	Pork,Beef and Mutton	84.2	103.7	123.4	146.6	148.4	159.13
每公顷播种面积农产品产量(千克)	Output of Farm Crops Per Hectare of Sown Area (kg)						
粮食	Grain	3235	3485	4251	4353	4504	4557
中药材	Chinese Medicinal Materials	2489	3183	4027	4348	4173	4295

1-5 续表 continued

指 标	Item	2005	2010	2015	2018	2019	2020
工业	**Industry**						
总资产贡献率(%)	Ratio of Total Assets to Industrial Output Value (%)	8.37	11.01	5.65	8.86	8.45	8.00
资产负债率(%)	Assets-Liability Ratio (%)	58.70	62.32	65.37	65.00	61.79	60.02
流动资产周转次数(次/年)	Number of Times of Annual of Turnover Circulating Funds (times/year)	1.96	2.05	2.08	2.03	1.72	1.71
成本费用利润率(%)	Ratio of Profits to Industrial Cost (%)	3.49	4.73	-1.08	3.23	4.36	4.31
产品销售率(%)	Proportion of Products Sold (%)		95.15	94.78	99.08	99.37	99.55
建筑业	**Construction**						
产值利税率(%)	Ratio of Pre-tax Profits to Gross Output Value (%)	3.80	8.10	7.48	7.57	8.23	6.58
全员劳动生产率(元/人)(按总产值计算)	Overall Labor Productivity (yuan/person) (By Gross Output Value)	73456	164323	303474	334784	353897	383299
对外经济贸易	**Foreign Trade**						
进出口总额相当于生产总值比例(%)	Proportion of Total Value of Imports & Exports to Gross Product (%)	8.70	12.71	7.52	4.87	4.36	4.22
金融	**Financial Intermediation**						
金融机构人民币存款相当于生产总值比例(%)	Deposits of Financial Institutions as Percentage of GDP (Renminbi) (%)	155.30	180.42	246.18	229.13	226.16	232.22
金融机构人民币贷款相当于生产总值比例(%)	Loans of Financial Institutions as Percentage of GDP(Renminbi) (%)	103.16	112.41	202.73	235.61	234.27	243.28
教育	**Education**						
小学学龄儿童净入学率(%)	Net Enrollment Ratio of Primary Schools (%)	98.87	99.46	99.83	99.91	99.99	99.99
小学升学率(%)	Promotion Rate from Primary Schools to Junior Secondary Schools (%)	96.67	95.67	96.90	98.59	98.78	99.52
初中升学率(%)	Promotion Rate from Junior Secondary Schools to Senior Secondary Schools (%)	48.58	48.31	60.00	60.95	60.16	60.22
平均每个教师负担学生数(人)	Students Taught Each Teacher (person)						
普通高等学校	Regular Higher Education Institutions	15	18	18	17	18	19
普通中等专业学校	Regular Secondary Vocational Schools	20	23	17	16	14	14
普通中学	Regular Secondary Schools	20	17	12	11	11	11
普通小学	Regular Primary Schools	23	17	13	13	13	13
科技	**Science and Technology**						
R&D 经费内部支出相当于生产总值比例(%)	Ratio of Intramural Expenditure on R&D to GDP (%)	1.01	1.03	1.22	1.18	1.26	1.22
卫生	**Health Care**						
每万人执业(助理)医师(人)	Number of Licensed (Assistant) Doctors per 10 000 Population (person)	11.7	14.9	19.1	22.5	23.8	26.5
每万人口医疗卫生机构床位数(张)	Beds of Medical Institutions per 10000 Population (unit)	25.0	37.1	48.9	61.7	65.2	71.1
婚姻	**Marriages and Divorces**						
离婚率(‰)	Divorce Rate (‰)	1.72	2.18	3.56	1.75	2.35	3.02

1-6 甘肃国民经济主要指标占全国比重（2020）
Percentage of Gansu's National Economy in the Whole Nation （2020）

指 标	Item	全国 Whole Nation	甘肃 Gansu	甘肃省占全国% As Percentage of the Whole Nation
年末总人口（万人）	Total Population at Year-end (10 000 persons)	141212.0	2501.0	1.77
就业人员（万人）	Employment at the Year-end (10 000 persons)	75064	1331	1.77
国内生产总值（亿元）	Gross Regional Product (100 million yuan)	1015986.2	9016.7	0.39
第一产业	Primary Industry	77754.1	1198.1	1.54
第二产业	Secondary Industry	384255.3	2852.0	0.74
第三产业	Tertiary Industry	553976.8	4966.5	0.90
固定资产投资增长(%)	Growth Rate of Investment in Fixed Assets (%)	2.7	7.9	
一般公共预算收入（亿元）	General Public Budget Revenue (100 million yuan)	182913.9	874.6	0.48
一般公共预算支出（亿元）	General Public Budget Expenditure (100 million yuan)	245679.0	4163.4	1.69
在岗职工平均工资（元）	Average Wage of Fully Employed Staff and Workers (yuan)	100512	83392	82.97
城镇居民人均可支配收入（元）	Per Capita Disposable Income of Urban Residents (yuan)	43834	33822	77.16
农村居民人均可支配收入（元）	Per Capita Net Income of Rural Residents (yuan)	17131	10344	60.38
主要农产品产量（万吨）	Output of Major Agricultural Products (10 000 tons)			
粮食	Grain	66949.2	1202.2	1.80
油料	Oil-Bearing Crops	3586.4	61.5	1.71
肉类	Output of Meat	7748.4	110.1	1.42
主要工业产品产量	Output of Major Industry Products			
农用化肥（万吨）	Chemical Fertilizers (10 000 tons)	5496.0	36.0	0.65
原煤（亿吨）	Coal (100 million tons)	39.0	0.4	0.99
原油（万吨）	Crude Oil (10 000 tons)	19476.9	968.7	4.97
发电量（亿千瓦小时）	Electricity (100 million kWh)	77790.6	1501.2	2.06
粗钢（万吨）	Crude Steel (10 000 tons)	106476.7	1059.2	0.99
水泥（万吨）	Cement (10 000 tons)	239470.8	4651.2	1.94
邮政业务总量（亿元）	Business Volume of Postal Services (100 million yuan)	21053.2	47.1	0.22
电信业务总量（亿元）	Business Volume of Telecommunication Services (100 million yuan)	136763.3	2557.0	1.87
社会消费品零售总额（亿元）	Total Retail Sales of Consumer Goods (100 million yuan)	391980.6	3632.4	0.93
进出口总额（亿元）	Totel Exports and Imports (100 million)	322215.2	380.3	0.12
#出口总额	Total Exports	179278.8	85.6	0.05
普通高等学校在校学生数（万人）	Students Enrollment in Institutions of Higher Education (10 000 persons)	3285.3	58.1	1.77
医疗卫生机构数（个）	Number of Health Care Institutions(unit)	1022922	26250	2.57
医疗卫生机构床位数（万张）	Number of Hospital Beds(10 000 units)	910.07	17.79	1.96
执业（助理）医师（万人）	Licensed (Assistant) Doctors (10 000 persons)	408.57	6.64	1.63

注：1. 国家数据来源于《中国统计年鉴—2021》。
2. 本表卫生机构数包含村卫生室数。

a) Data of national are from the China Statistical Yearbook-2021.
b) Number of health care institutions in this table include villages clinics.

1-7 人均国民经济主要指标
Per Capita Major Indicators of National Economy

指　标	Item	2005	2010	2015	2018	2019	2020
生产总值（元）	Per Capita GDP (yuan)	7332	15421	25946	32178	34707	35995
第一产业	Primary Industry	1196	1848	2902	3677	4217	4783
第二产业	Secondary Industry	3036	7470	9914	10965	11395	11385
第三产业	Tertiary Industry	3099	6103	13129	17535	19094	19826
主要工农业产品产量	Output of Major Industry and Agricultural Products						
粮食（千克）	Grain (kg)	329	371	457	457	463	480
中药材（千克）	Chinese Medicinal Materials (kg)	14.0	19.0	33.1	40.4	45.0	49.2
油料（千克）	Oil-Bearing (kg)	19.8	25.8	30.4	28.0	25.1	24.5
禽蛋（千克）	Eggs (kg)	27.4	31.9	35.6	40.2	40.5	43.9
牛奶（千克）	Milk (kg)	5.7	6.2	8.2	5.6	6.0	7.9
粗钢（千克）	Crude Steel (kg)	12.5	13.6	14.9	16.1	17.6	23.0
原煤（千克）	Coal (kg)	180	259	337	319	349	423
发电量（千瓦小时）	Electricity (kWh)	1423	1778	1737	1419	1458	1536
固定资产投资额（元）	Total Investment in Fixed Assets (yuan)	1990	3095	4509	5667	5890	6392
社会消费品零售总额（元）	Total Retail Sales of Consumer Goods (yuan)	2435	5371	10831	13641	14730	14500
一般公共预算收入（元）	General Public Budget Revenue (yuan)	486	1383	2943	3459	3386	3491
一般公共预算支出（元）	General Public Budget Expenditure (yuan)	1688	5742	11706	14978	15731	16620
在岗职工平均工资（元）	Average Annual Wage of Staff and Workers (yuan)	14939	29588	54454	73704	77336	83392
城镇居民人均可支配收入（元）	Per Capita Disposable Income of Urban Residents (yuan)	8323	13820	23767	29957	32323	33822
农村居民人均可支配收入（元）	Per Capita Disposable Income of Rural Households (yuan)	2091	3747	6936	8804	9629	10344
城乡居民储蓄存款余额（元）	Saving Depositin Urban and Rural Areas (yuan)	6239	14070	29996	37043	41710	49579

1-8 个体工商业基本情况（2020）
Basic Statistics on Individual Industrial and Commercial Business（2020）

行业	Itme	户数（户）Number of Household (household)	资金数额（万元）Amount of Funds (10 000 yuan)
合 计	**Total**	**1289242**	**14765829**
农、林、牧、渔业	Agriculture,Forestry,Animal Husbandry and Fishery	41431	1787377
采矿业	Mining	630	45253
制造业	Manufacturing	57073	577351
电力、热力、燃气及水生产和供应业	Production and Supply of Electricity, Heat, Gas and Water	228	8321
建筑业	Construction	4419	102173
批发和零售业	Wholesale and Retail Trades	748223	7052015
交通运输、仓储和邮政业	Transport,Storage and Post	13100	161853
住宿和餐饮业	Hotels and Catering Services	227939	3032737
信息传输、软件和信息技术服务业	Information Transmission, Software and Information Technology	11547	105615
金融业	Financial Intermediation	43	901
房地产业	Real Estate	529	6450
租赁和商务服务业	Leasing and Business Services	16536	302800
科学研究和技术服务业	Scientific Research and Technical Services	1235	13748
水利、环境和公共设施管理业	Management of Water Conservancy, Environment and Public Facilities	150	3332
居民服务、修理和其他服务业	Services to Households Repair and Other Services	143516	1215980
教育	Education	949	18929
卫生和社会工作	Health and Social Service	8948	77613
文化、体育和娱乐业	Culture, Sports and Entertainment	12711	252477
其他	Others	35	896

1-9 私营企业基本情况（2020）
Basic Conditions of Private Enterprises（2020）

行 业	Item	户数（户）Number of Enterprises (unit)	注册资本（金）（亿元）Registered Capital (100 million yuan)
合 计	**Total**	**451668**	**301777377**
农、林、牧、渔业	Agriculture,Forestry,Animal Husbandry and Fishery	41140	20547614
采矿业	Mining	2667	5859743
制造业	Manufacturing	24553	22756833
电力、热力、燃气及水生产和供应业	Production and Supply of Electricity, Heat, Gas and Water	2918	9777702
建筑业	Construction	62859	49138746
批发和零售业	Wholesale and Retail Trades	154408	62225881
交通运输、仓储和邮政业	Transport,Storage and Post	11916	34598628
住宿和餐饮业	Hotels and Catering Services	12099	4753494
信息传输、软件和信息技术服务业	Information Transmission, Software and Information Technology	16381	6079356
金融业	Financial Intermediation	3227	17987120
房地产业	Real Estate	14103	15102353
租赁和商务服务业	Leasing and Business Services	45593	26367062
科学研究和技术服务业	Scientific Research and Technical Services	18140	10627440
水利、环境和公共设施管理业	Management of Water Conservancy, Environment and Public Facilities	2618	2980793
居民服务、修理和其他服务业	Services to Households，Repair and Other Services	18821	5628211
教育	Education	5316	688632
卫生和社会工作	Health and Social Service	1642	1046720
文化、体育和娱乐业	Culture, Sports and Entertainment	13147	5510921
其他	Others	120	100129

1-10 按登记注册类型分法人单位与产业活动单位数（2020）
Number of Legal Entities and Industrial Active Units by Status of Registration（2020）

单位：个 （Unit）

登记注册类型	Status of Registration	法人单位数 Number of Legal Entities	产业活动单位数 Number of Industrial Active Units
合　计	**Total**	**302596**	**350176**
内资企业	**Domestic Funded Enterprises**	**302393**	**349534**
国有企业	State-owned Enterprises	26702	51377
集体企业	Collective-owned Enterprises	4847	6310
股份合作企业	Share-holding Corporations	312	795
联营企业	Joint Ownership Enterprises	462	549
国有联营企业	State Joint Ownership Enterprises	32	54
集体联营企业	Collective Joint Ownership Enterprises	140	175
国有与集体联营企业	Joint State-collective Enterprises	20	26
其他联营企业	Other Joint Ownership Enterprises	270	294
有限责任公司	Limited Liability Corporations	34296	39803
国有独资公司	State Sole Funded Corporations	1140	1521
其他有限责任公司	Other Limited Liability Corporations	33156	38282
股份有限公司	Share-holding Corporations Limited	3289	8450
私营企业	Private Enterprises	137457	145265
私营独资	Private-funded Enterprises	19932	20345
私营合伙	Private Partnership Enterprises	1217	1273
私营有限责任公司	Private Limited Liability Corporations	113371	120361
私营股份有限公司	Private Share-holding Corporations Ltd.	2937	3281
其他内资企业	Other Domestic Funded Enterprises	95028	96985
港澳台商投资企业	**Enterprises with Funds from Hong Kong, Macao and Taiwan**	**90**	**286**
与港澳台商合资经营	Joint-venture Enterprises	37	48
与港澳台商合作经营	Cooperative Enterprises	2	6
港澳台商独资	Enterprises with Sole Investment	46	209
港澳台商投资股份有限公司	Share-holding Corporations Ltd.	1	8
其他港、澳、台商投资	Other Enterprises with Funds from Hong Kong, Macao and Taiwan	4	15
外商投资企业	**Foreign Funded Enterprises**	**113**	**356**
中外合资经营	Joint-venture Enterprises	43	78
中外合作经营	Cooperation Enterprises	3	8
外资企业	Enterprises with Sole Funds	37	166
外商投资股份有限公司	Share-holding Corporations Ltd.	11	61
其他外商投资	Other Foreign Funded Enterprises	19	43

1-11 按机构类型和行业分法人单位与产业活动单位数（2020）
Number of Legal Entities and Industrial Active Units by Type of Institutions and Sectors（2020）

单位：个 （unit）

类别	Item	法人单位数 Number of Legal Entities	产业活动单位数 Number of Industrial Active Units
总 计	**Total**	**302596**	**350176**
按机构类型分	**By Type of Institutions**		
企业	Enterprise	175537	198088
事业单位	Institution Entity	17733	37794
机关	Government Entity	6726	10594
社会团体	Social Organization	15555	15579
其他	Other	87045	88121
按行业分	**By Sector**		
农、林、牧、渔业	Agriculture, Forestry, Animal Husbandry and Fishery	66112	66667
采矿业	Mining	1416	1487
制造业	Manufacturing	16231	16551
电力、燃气及水生产和供应业	Production and Supply of Electricity,Heat, Gas and Water	1776	2247
建筑业	Construction	16078	17328
批发和零售业	Wholesale and Retail Trades	62709	69901
交通运输、仓储和邮政业	Transport, Storage and Post	5408	8220
住宿和餐饮业	Hotels and Catering Services	6168	6906
信息传输、软件和信息技术服务业	Information Transmission, Software and Information Technology	4525	5483
金融业	Financial Intermediation	1534	6906
房地产业	Real Estate	7904	8787
租赁和商务服务业	Leasing and Business Services	21819	23509
科学研究和技术服务业	Scientific Research and Technical Services	8263	10534
水利、环境和公共设施管理业	Management of Water Conservancy, Environment and Public Facilities	1907	2350
居民服务、修理和其他服务业	Service to Households, Repair and Other Services	5986	6254
教育	Education	12663	18992
卫生和社会工作	Health and Social Service	3933	6174
文化、体育和娱乐业	Culture, Sports and Entertainment	6365	7014
公共管理、社会保障和社会组织	Public Management,Social Security ana Social Organizations	51799	64866
国际组织	International organizations		

1-12 各地区法人单位与产业活动单位数（2020）
Number of Legal Entities and Industrial Active Units by Region（2020）

单位：个 （unit）

地 区	Region	法人单位数 Number of Legal Entities	产业活动单位数 Number of Industrial Active Units
甘肃省	**Gansu**	**302596**	**350176**
兰州市	Lanzhou	58903	65605
嘉峪关市	Jiayuguan	4882	5740
金昌市	Jinchang	10425	11812
白银市	Baiyin	22043	24937
天水市	Tianshui	27406	32064
武威市	Wuwei	16132	20155
张掖市	Zhangye	25194	28276
平凉市	Pingliang	15676	19210
酒泉市	Jiuquan	19044	2130[illegible]
庆阳市	Qingyang	26134	29279
定西市	Dingxi	23132	28069
陇南市	Longnan	25037	28865
临夏州	Linxia	20806	24096
甘南州	Gannan	7782	10717

主要统计指标解释

行政区划 指国家对行政区域的划分。根据有关法规规定，我国的行政区域划分如下：(1) 全国分为省、自治区、直辖市；(2) 省、自治区分为自治州、县、自治县、市；(3) 自治州分为县、自治县、市；(4) 县、自治县分为乡、民族乡、镇； (5) 直辖市和较大的市分为区、县；(6) 国家在必要时设立的特别行政区。

企业（单位）登记注册类型 是以在工商行政管理机关登记注册的各类企业为划分对象，以工商行政管理部门对企业登记注册的类型为依据，将企业登记注册类型分为内资企业、港澳台商投资企业和外商投资企业三大类。内资企业包括国有企业、集体企业、股份合作企业、联营企业、有限责任公司、股份有限公司、私营公司和其他企业；港澳台商投资企业和外商投资企业分别包括合资经营企业、合作经营企业、独资经营企业和股份有限公司。对不在工商行政管理部门进行登记注册的行政机关、事业单位和社会团体，主要按其经费来源和管理方式进行划分。

国有企业 指企业全部资产归国家所有，并按《中华人民共和国企业法人登记管理条例》规定登记注册的非公司制的经济组织。不包括有限责任公司中的国有独资公司。

集体企业 指企业资产归集体所有，并按《中华人民共和国企业法人登记管理条例》规定登记注册的经济组织。

股份合作企业 指以合作制为基础，由企业职工共同出资入股，吸收一定比例的社会资产投资组建，实行自主经营，自负盈亏，共同劳动，民主管理，按劳分配与按股分红相结合的一种集体经济组织。

联营企业 指两个及两个以上相同或不同所有制性质的企业法人或事业单位法人，按自愿、平等、互利的原则，共同投资组成的经济组织。联营企业包括国有联营企业、集体联营企业、国有与集体联营企业和其他联营企业。

有限责任公司 指根据《中华人民共和国公司登记管理条例》规定登记注册，由两个以上、五十个以下的股东共同出资，每个股东以其所认缴的出资额对公司承担有限责任，公司以其全部资产对其债务承担责任的经济组织。有限责任公司包括国有独资公司以及其他有限责任公司。

股份有限公司 指根据《中华人民共和国公司登记管理条例》规定登记注册，其全部注册资本由等额股份构成并通过发行股票筹集资本，股东以其认购的股份对公司承担有限责任，公司以其全部资产对其债务承担责任的经济组织。

私营企业 指由自然人投资设立或由自然人控股，以雇佣劳动为基础的营利性经济组织。包括按照《公司法》《合伙企业法》《个人独资企业法》规定登记注册的私营独资企业、私营合伙企业、私营有限责任公司、私营股份有限公司和个人独资企业。

其他内资企业 指上述企业之外的其他内资经济组织。

与港澳台商合资经营企业 指港澳台地区投资者与内地企业依照《中华人民共和国中外合资经营企业法》及有关法律的规定，按合同规定的比例投资设立、分享利润和分担风险的企业。

与港澳台商合作经营企业 指港澳台地区投资者与内地企业依照《中华人民共和国中外合作经营企业法》及有关法律的规定，依照合作合同的约定进行投资或提供条件设立，分配利润、分担风险和亏损的企业。

港澳台商独资经营企业 指依照《中华人民共和国外资企业法》及有关法律的规定，在内地由港澳台地区投资者全额投资设立的企业。

港澳台商投资股份有限公司 指根据国家有关规定，经商务部（原外经贸部）批准设立，并且其中港、澳、台商的股本占公司注册资本的比例达 25% 以上的股份有限公司。凡其中港、澳、台商的股本占公司注册资本的比例小于 25% 的，属于内资中的股份有限公司。

其他港、澳、台商投资企业 指在中国境内参照《外国企业或个人在中国境内设立合伙企业管理办法》和《外商投资合伙企业登记管理规定》，依法设立的港、澳、台商投资合伙企业等。

中外合资经营企业 指外国企业或外国人与中国内地企业依照《中华人民共和国中外合资经营企业法》及有关法律的规定，按合同规定的比例投资设立、分享利润和分担风险的企业。

中外合作经营企业 指外国企业或外国人与中国内地企业依照《中华人民共和国中外合作经营企业法》及有关法律的规定，依照合作合同的约定进行投资或提供条件设立，分配利润、分担风险和亏损的企业。

外资企业 指依照《中华人民共和国外资企业法》及有关法律的规定，在中国内地由外国投资者全额投资设立的企业。

外商投资股份有限公司 指根据国家有关规定，经商务部（原外经贸部）批准设立，并且其中外资的股本占公司注册资本的比例达 25% 以上的股份有限公司。凡其中外资股本占公司注册资本的比例小于 25% 的，属于内资中的股份有限公司。

其他外商投资企业 指在中国境内依照《外国企业或个人在中国境内设立合伙企业管理办法》和《外商投资合伙企业登记管理规定》，依法设立的外商投资合伙企业等。

2 人　口

Population

简要说明

一、本篇资料主要内容

本篇资料主要包括人口方面的基本情况，计划生育情况。

二、本篇资料来源

1. 本篇资料由省统计局人口与就业处整理。

2. 总人口指当地户籍人口与户口待定人口之和，包括户籍外出人口，不包括外来人口。

3. 常住人口是指实际经常居住在某地区半年以上的人口，包括离开户籍地半年以上的外来人口，不包括当地户籍外出半年以上的外出人口。常住人口包括：居住在本乡镇街道、户口在本乡镇街道或户口待定的人；居住在本乡镇街道、离开户口所在乡镇街道半年以上的人；户口在本乡镇街道、外出不满半年或在境外工作学习的人。

4. 家庭户是指以家庭成员关系为主、居住一处共同生活的人组成的户。

5. 城乡人口是指居住在城镇、乡村地域上的人口，城镇、乡村是按 2008 年国家统计局《统计上划分城乡的规定》划分的。

6. 计划生育资料来源于省卫健委。

2-1 人口数及构成
Population and Its Composition

单位：万人 （10 000 persons）

年份 Year	年末总人口 Total Population (year-end)	按性别分 By Sex				按城乡分 By Urban and Rural			
		男 Male		女 Female		城镇 Urban		乡村 Rural	
		人口数 Population	比重（%） Proportion	人口数 Population	比重（%） Proportion	人口数 Population	比重（%） Proportion	人口数 Population	比重（%） Proportion
1978	1870.05	965.88	51.65	904.17	48.35	269.44	14.41	1600.61	85.59
1979	1893.79	977.39	51.61	916.40	48.39	279.89	14.78	1613.90	85.22
1980	1918.43	989.72	51.59	928.71	48.41	290.65	15.15	1627.78	84.85
1981	1941.40	1004.29	51.73	937.11	48.27	304.72	15.70	1636.68	84.30
1982	1974.88	1021.41	51.72	953.47	48.28	305.83	15.49	1669.05	84.51
1983	1999.84	1034.52	51.73	965.32	48.27	324.91	16.25	1674.93	83.75
1984	2025.88	1047.58	51.71	978.30	48.29	345.18	17.04	1680.70	82.96
1985	2052.89	1063.19	51.79	989.70	48.21	366.71	17.86	1686.18	82.14
1986	2085.39	1078.36	51.71	1007.03	48.29	389.58	18.68	1695.81	81.32
1987	2115.73	1093.41	51.68	1022.32	48.32	413.88	19.56	1701.85	80.44
1988	2148.15	1110.38	51.69	1037.77	48.31	439.69	20.47	1708.46	79.53
1989	2184.86	1128.92	51.67	1055.94	48.33	467.12	21.38	1717.74	78.62
1990	2254.67	1151.95	51.09	1102.72	48.91	496.25	22.01	1758.42	77.99
1991	2284.92	1180.85	51.68	1104.07	48.32	508.76	22.27	1776.16	77.73
1992	2314.19	1197.59	51.75	1116.60	48.25	521.59	22.54	1792.60	77.46
1993	2345.23	1194.25	50.92	1150.98	49.08	534.75	22.80	1810.48	77.20
1994	2387.25	1222.27	51.20	1164.98	48.80	548.23	22.96	1839.02	77.04
1995	2437.95	1256.49	51.54	1181.46	48.46	562.06	23.05	1875.89	76.95
1996	2466.86	1276.67	51.75	1190.19	48.25	572.07	23.19	1894.79	76.81
1997	2494.20	1278.57	51.26	1215.63	48.74	582.26	23.34	1911.94	76.66
1998	2519.37	1289.16	51.17	1230.21	48.83	592.63	23.52	1926.74	76.48
1999	2542.58	1292.05	50.82	1250.53	49.18	603.18	23.72	1939.40	76.28
2000	2515.31	1303.69	51.83	1211.62	48.17	603.93	24.01	1911.38	75.99
2001	2523.35	1307.85	51.83	1215.50	48.17	618.47	24.51	1904.88	75.49
2002	2530.76	1311.95	51.84	1218.81	48.16	656.99	25.96	1873.77	74.04
2003	2537.19	1313.00	51.75	1224.19	48.25	694.68	27.38	1842.51	72.62
2004	2541.48	1314.45	51.72	1227.03	48.28	727.12	28.61	1814.36	71.39
2005	2545.10	1309.20	51.44	1235.90	48.56	764.04	30.02	1781.06	69.98
2006	2546.79	1308.54	51.38	1238.25	48.62	791.80	31.09	1754.99	68.91
2007	2548.19	1308.50	51.35	1239.69	48.65	804.97	31.59	1743.22	68.41
2008	2550.88	1309.11	51.32	1241.77	48.68	820.11	32.15	1730.77	67.85
2009	2554.91	1310.16	51.28	1244.75	48.72	834.18	32.65	1720.73	67.35
2010	2559.98	1307.64	51.08	1252.34	48.92	924.66	36.12	1635.32	63.88
2011	2551.73	1302.66	51.05	1249.07	48.95	950.52	37.25	1601.21	62.75
2012	2550.15	1302.87	51.09	1247.28	48.91	988.95	38.78	1561.20	61.22
2013	2537.13	1295.71	51.07	1241.42	48.93	1027.54	40.50	1509.59	59.50
2014	2531.08	1292.37	51.06	1238.71	48.94	1070.14	42.28	1460.94	57.72
2015	2523.18	1287.83	51.04	1235.35	48.96	1116.26	44.24	1406.93	55.76
2016	2520.10	1286.01	51.03	1234.09	48.97	1161.01	46.07	1359.09	53.93
2017	2522.07	1286.76	51.02	1235.31	48.98	1213.62	48.12	1308.45	51.88
2018	2515.08	1282.94	51.01	1232.14	48.99	1249.74	49.69	1265.34	50.31
2019	2509.02	1279.60	51.00	1229.42	49.00	1272.07	50.70	1236.95	49.30
2020	2501.02	1269.52	50.76	1231.50	49.24	1306.28	52.23	1194.74	47.77

注：1. 1981 年及以前数据为户籍统计数；1982、1990、2000、2010、2020 年数据为当年人口普查数据推算数，其余年份数据为年度人口抽样调查推算数据（下表同）。
2. 2000 年及以后数据为常住人口口径。
3. 根据第七次全国人口普查结果，修订了 2011—2019 年年末常住人口数。

a) Figures 1981 (inclusive) are from household registrations; for the year 1982,1990,2000,2010 and 2020 are the census year estimates; the rest of the data covered in those tables have been estimated on the basis of the annual national sample surveys of population. The same applies to the relevant tables following.

b) Data since 2000 are obtained from the standard of permanent population.

c) According to the results of the Seventh National Census, the data of Permanent Population at Year-end from 2011 to 2019 were revised.

2-2 人口出生率、死亡率和自然增长率
Birth Rate, Death Rate and Natural Growth Rate of Population

单位：‰ (‰)

年份 Year	出生率 Birth Rate	死亡率 Death Rate	自然增长率 Natural Growth Rate
1978	17.77	5.87	11.90
1980	16.53	5.15	11.38
1985	18.31	5.46	12.85
1986	21.14	5.91	15.23
1987	20.55	5.71	14.84
1988	20.41	5.06	15.35
1989	22.57	5.60	16.97
1990	20.68	6.08	14.60
1991	19.38	6.05	13.33
1992	19.37	6.64	12.73
1993	20.16	6.84	13.32
1994	20.82	6.84	13.98
1995	20.65	6.49	14.16
1996	18.43	6.64	11.79
1997	17.22	6.20	11.02
1998	16.45	6.41	10.04
1999	15.61	6.44	9.17
2000	14.38	6.41	7.97
2001	13.58	6.43	7.15
2002	13.16	6.45	6.71
2003	12.58	6.46	6.12
2004	12.43	6.52	5.91
2005	12.59	6.57	6.02
2006	12.86	6.62	6.24
2007	13.14	6.65	6.49
2008	13.22	6.68	6.54
2009	13.32	6.71	6.61
2010	12.05	6.02	6.03
2011	12.08	6.03	6.05
2012	12.11	6.05	6.06
2013	12.16	6.08	6.08
2014	12.21	6.11	6.10
2015	12.36	6.15	6.21
2016	12.18	6.18	6.00
2017	12.54	6.52	6.02
2018	11.07	6.65	4.42
2019	10.60	6.75	3.85
2020	10.55	7.91	2.64

2-3 七次人口普查基本情况
Basic Statistics on National Population Census in 1953, 1964, 1982, 1990, 2000, 2010and 2020

指标	Item	1953	1964	1982	1990	2000	2010	2020
总人口（万人）	**Total population (10 000 persons)**	**1109.36**	**1263.06**	**1956.93**	**2237.11**	**2512.43**	**2557.53**	**2501.98**
男	Male	580.80	657.17	1012.37	1159.28	1302.17	1306.41	1270.09
女	Female	528.56	605.89	944.56	1077.83	1210.26	1251.11	1231.89
性别比（以女性为 100）	Sex Ratio (female=100)	109.88	108.46	107.18	107.56	107.59	104.42	103.10
家庭户规模（人／户）	**Average Family Household Size (person/household)**	**5.40**	**4.95**	**5.17**	**4.58**	**3.99**	**3.49**	**2.77**
各年龄组人口（%）	**Population by Age Group (%)**							
0–14 岁	Aged 0-14	39.56	40.18	36.32	27.97	27.00	18.16	19.40
15–64 岁	Aged 15-64	57.35	57.75	60.19	67.97	68.00	73.61	68.02
65 岁及以上	Aged 65 and Over	3.09	2.07	3.49	4.06	5.00	8.23	12.58
民族人口	**Population by Ethnicity**							
汉族（万人）	Han (10 000 persons)	1013.18	1167.50	1802.03	2051.50	2292.51	2316.48	2236.34
占总人口比重（%）	Percentage to Total Population (%)	91.33	92.43	92.08	91.70	91.25	90.57	89.38
少数民族（万人）	Ethnic Minorities (10 000 persons)	96.18	95.56	154.90	185.61	219.92	241.05	265.64
占总人口比重（%）	Percentage to Total Population (%)	8.67	7.57	7.92	8.30	8.75	9.43	10.62
每十万人拥有的各种受教育程度人口（人）	**Population with Various Education Attainments Per 100 000 Persons (person)**							
大专及以上	Junior College and Above			551	1104	2635	7520	14506
高中和中专	Senior Secondary School and Technical Secondary School			6246	7825	9863	12686	12937
初中	Junior Secondary School			12190	16851	23925	31213	27423
小学	Primary School			27679	29127	35907	32504	29808
文盲人口及文盲率	**Illiterate Population and Illiterate Rate**							
文盲人口（万人）	Illiterate Population (10 000 persons)			634.48	631.06	261.32	222.22	168.03
文盲率（%）	Illiterate Rate(%)			50.91	39.17	19.68	8.69	6.72
城乡人口（万人）	**Population by Residence (10 000 persons)**							
城镇人口	Urban Population	111.27	140.58	300.19	493.06	603.23	923.66	1306.73
乡村人口	Rural Population	998.09	1122.48	1656.74	1744.05	1909.20	1633.87	1195.25
平均预期寿命（岁）	**Life Expectancy (year old)**			**65.75**	**68.25**	**70.39**	**72.23**	**75.64**
男	Male			65.05	67.42	69.23	70.60	73.64
女	Female			66.49	69.17	71.83	74.06	77.85

注：1. 1953 年、1964 年、1982 年及 1990 年全国人口普查标准时点为当年 7 月 1 日零时，2000 年,2010 年和 2020 年全国人口普查标准时点为当年 11 月 1 日零时。
2. 2000 年、2010 年、2020 年人口为常住人口。

a）Standard reference time of national population census in 1953,1964,1982 and 1990 was zero hour of July 1st, and in 2000,2010 and 2020 was zero hour of November 1st.

b）Total population of 2000,2010 and 2020 are permanent population.

2-4 分地区户数、人口数、性别比和户规模（第七次全国人口普查）
Household, Population, Sex Ratio and Household Size by Region(The Seventh National Census)

地 区	Region	户数（户）Number of Households（household）	家庭户 Family Household	集体户 Collective Household	人口数（人）Population (person)	男 Male	女 Female	性别比（女=100）Sex Ratio (Female=100)
甘肃省	**Gansu**	**8769671**	**8422836**	**346835**	**25019831**	**12700948**	**12318883**	**103.10**
兰州市	Lanzhou	1643623	1488899	154724	4359446	2239998	2119448	105.69
嘉峪关市	Jiayuguan	128161	122353	5808	312663	162360	150303	108.02
金昌市	Jinchang	189377	183903	5474	438026	225306	212720	105.92
白银市	Baiyin	556071	542351	13720	1512110	770844	741266	103.99
天水市	Tianshui	981676	953419	28257	2984659	1499444	1485215	100.96
武威市	Wuwei	545270	529119	16151	1464955	740306	724649	102.16
张掖市	Zhangye	442229	428925	13304	1131016	570451	560565	101.76
平凉市	Pingliang	671361	653320	18041	1848607	924766	923841	100.10
酒泉市	Jiuquan	409646	392739	16907	1055706	544264	511442	106.42
庆阳市	Qingyang	784043	760620	23423	2179716	1110440	1069276	103.85
定西市	Dingxi	858745	846235	12510	2524097	1277650	1246447	102.50
陇南市	Longnan	796289	781801	14488	2407272	1227642	1179630	104.07
临夏州	Linxia	558952	544803	14149	2109750	1056107	1053643	100.23
甘南州	Gannan	204228	194349	9879	691808	351370	340438	103.21

2-4 续表 1 continued

地 区	Region	家庭户人口数（人）Family Household Population（person）	男 Male	女 Female	集体户人口数（人）Collective Household Population（person）	男 Male	女 Female	平均家庭户规模（人/户）Average Family Size（person/household）
甘肃省	**Gansu**	**23345176**	**11746896**	**11598280**	**1674655**	**954052**	**720603**	**2.77**
兰州市	Lanzhou	3614873	1813035	1801838	744573	426963	317610	2.43
嘉峪关市	Jiayuguan	294339	149408	144931	18324	12952	5372	2.41
金昌市	Jinchang	419489	213201	206288	18537	12105	6432	2.28
白银市	Baiyin	1453353	736024	717329	58757	34820	23937	2.68
天水市	Tianshui	2826475	1415451	1411024	158184	83993	74191	2.96
武威市	Wuwei	1383397	693970	689427	81558	46336	35222	2.61
张掖市	Zhangye	1081205	544702	536503	49811	25749	24062	2.52
平凉市	Pingliang	1778903	887556	891347	69704	37210	32494	2.72
酒泉市	Jiuquan	970034	488679	481355	85672	55585	30087	2.47
庆阳市	Qingyang	2040604	1032552	1008052	139112	77888	61224	2.68
定西市	Dingxi	2464082	1245311	1218771	60015	32339	27676	2.91
陇南市	Longnan	2343037	1191955	1151082	64235	35687	28548	3.00
临夏州	Linxia	2041775	1017001	1024774	67975	39106	28869	3.75
甘南州	Gannan	633610	318051	315559	58198	33319	24879	3.26

2-5 年末各市（州）人口年龄构成和抚养比(2020)
Age Composition and Dependency Ratio of Population by Region at Year-end (2020)

市（州）	Region	年末常住人口（万人）Permanent Population at Year-end (10 000persons)	0-14 岁 Aged 0-14	15-64 岁 Aged 15-64	65 岁及以上 Aged 65 and Over	总抚养比(%) Gross Dependency Ratio (%)	少年儿童抚养比 Children Dependency Ratio	老年人口抚养比 Old Dependency Ratio
甘肃省	**Gansu**	**2501.02**	**485.20**	**1701.19**	**314.63**	**47.02**	**28.52**	**18.49**
兰州市	Lanzhou	437.18	62.04	323.99	51.15	34.93	19.15	15.79
嘉峪关市	Jiayuguan	31.40	5.00	22.90	3.51	37.14	21.82	15.32
金昌市	Jinchang	43.76	6.19	31.59	5.99	38.54	19.59	18.95
白银市	Baiyin	150.88	28.52	101.30	21.06	48.94	28.15	20.79
天水市	Tianshui	298.00	61.92	197.63	38.44	50.78	31.33	19.45
武威市	Wuwei	145.91	25.74	100.36	19.80	45.38	25.65	19.73
张掖市	Zhangye	112.99	18.99	79.15	14.86	42.77	24.00	18.77
平凉市	Pingliang	184.49	36.14	121.82	26.53	51.45	29.67	21.78
酒泉市	Jiuquan	105.50	15.84	76.94	12.72	37.12	20.58	16.54
庆阳市	Qingyang	217.91	47.46	142.08	28.37	53.37	33.40	19.97
定西市	Dingxi	252.11	50.45	167.78	33.88	50.26	30.07	20.20
陇南市	Longnan	240.46	51.77	158.44	30.27	51.78	32.68	19.11
临夏州	Linxia	211.24	59.61	130.25	21.40	62.20	45.77	16.43
甘南州	Gannan	69.18	15.47	47.05	6.66	47.04	32.88	14.15

2-6 按年龄和性别分人口数（第七次全国人口普查）
Population by Age and Gender (The Seventh National Census)

年龄 Age	人口数（人）Population (person)	男 Male	女 Female	占总人口比重(%) Percentage to Total Population (%)	男 Male	女 Female	性别比（女=100）Sex Ratio (Female=100)
总计 Total	**25019831**	**12700948**	**12318883**	**100.00**	**50.76**	**49.24**	**103.10**
0-4	1612019	835765	776254	6.44	3.34	3.10	107.67
5-9	1679652	876391	803261	6.71	3.50	3.21	109.10
10-14	1561872	819837	742035	6.24	3.28	2.97	110.48
15-19	1323412	692101	631311	5.29	2.77	2.52	109.63
20-24	1308457	663988	644469	5.23	2.65	2.58	103.03
25-29	1706571	854915	851656	6.82	3.42	3.40	100.38
30-34	1992464	1000155	992309	7.96	4.00	3.97	100.79
35-39	1542995	784233	758762	6.17	3.13	3.03	103.36
40-44	1452292	740749	711543	5.80	2.96	2.84	104.10
45-49	2228576	1126475	1102101	8.91	4.50	4.40	102.21
50-54	2483431	1254882	1228549	9.93	5.02	4.91	102.14
55-59	1867099	949220	917879	7.46	3.79	3.67	103.41
60-64	1113174	574822	538352	4.45	2.30	2.15	106.77
65-69	1189229	594888	594341	4.75	2.38	2.38	100.09
70-74	863675	420476	443199	3.45	1.68	1.77	94.87
75-79	592287	282403	309884	2.37	1.13	1.24	91.13
80+	502626	229648	272978	2.01	0.92	1.09	84.13

2-7 分地县分性别、民族的人口数（第七次全国人口普查）
Population by Gender, Ethnic Groups and Region & County (The Seventh National Census)

单位：人 （person）

地、县	Region & County	合计 Total			汉族 Han Ethnic Group			少数民族 Ethnic Minorities		
		合计 Total	男 Male	女 Female	合计 Total	男 Male	女 Female	合计 Total	男 Male	女 Female
兰州市	**Lanzhou**	**4359446**	**2239998**	**2119448**	**4131756**	**2124920**	**2006836**	**227690**	**115078**	**112612**
城关区	Chengguan	1484016	753592	730424	1410589	716161	694428	73427	37431	35996
七里河区	Qilihe	712271	370315	341956	650521	338570	311951	61750	31745	30005
西固区	Xigu	407010	207508	199502	396810	202132	194678	10200	5376	4824
安宁区	Anning	439566	219857	219709	419975	210291	209684	19591	9566	10025
红古区	Honggu	143795	73732	70063	130065	66737	63328	13730	6995	6735
永登县	Yongdeng	285549	145490	140059	274770	140460	134310	10779	5030	5749
皋兰县	Gaolan	125157	68127	57030	123084	66867	56217	2073	1260	813
榆中县	Yuzhong	473882	243072	230810	453766	233729	220037	20116	9343	10773
兰州新区	LanzhouNewArea	288200	158305	129895	272176	149973	122203	16024	8332	7692
嘉峪关市	**Jiayuguan**	**312663**	**162360**	**150303**	**304360**	**158036**	**146324**	**8303**	**4324**	**3979**
金昌市	**Jinchang**	**438026**	**225306**	**212720**	**429567**	**220691**	**208876**	**8459**	**4615**	**3844**
金川区	Jinchuan	260385	133937	126448	253450	130135	123315	6935	3802	3133
永昌县	Yongchang	177641	91369	86272	176117	90556	85561	1524	813	711
白银市	**Baiyin**	**1512110**	**770844**	**741266**	**1483740**	**756245**	**727495**	**28370**	**14599**	**13771**
白银区	Baiyin	337645	172698	164947	331551	169303	162248	6094	3395	2699
平川区	Pingchuan	200869	102817	98052	198061	101349	96712	2808	1468	1340
靖远县	Jingyuan	373050	191208	181842	368204	188776	179428	4846	2432	2414
会宁县	Huining	401581	202129	199452	389732	196211	193521	11849	5918	5931
景泰县	Jingtai	198965	101992	96973	196192	100606	95586	2773	1386	1387
天水市	**Tianshui**	**2984659**	**1499444**	**1485215**	**2786656**	**1402018**	**1384638**	**198003**	**97426**	**100577**
秦州区	Qinzhou	656689	330113	326576	642756	323243	319513	13933	6870	7063
麦积区	Maiji	556102	284268	271834	550234	281269	268965	5868	2999	2869
清水县	Qingshui	240597	120934	119663	235836	118507	117329	4761	2427	2334
秦安县	Qinan	416337	210421	205916	414042	209341	204701	2295	1080	1215
甘谷县	Gangu	506801	251264	255537	506043	250971	255072	758	293	465
武山县	Wushan	363727	181665	182062	363333	181483	181850	394	182	212
张家川县	Zhangjiachuan	244406	120779	123627	74412	37204	37208	169994	83575	86419
武威市	**Wuwei**	**1464955**	**740306**	**724649**	**1383664**	**699411**	**684253**	**81291**	**40895**	**40396**
凉州区	Liangzhou	885277	446518	438759	870610	438898	431712	14667	7620	7047
民勤县	Minqin	178470	91309	87161	176789	90394	86395	1681	915	766
古浪县	Gulang	250177	125187	124990	246503	123481	123022	3674	1706	1968
天祝县	Tianzhu	151031	77292	73739	89762	46638	43124	61269	30654	30615
张掖市	**Zhangye**	**1131016**	**570451**	**560565**	**1100251**	**554954**	**545297**	**30765**	**15497**	**15268**

2-7 续表 1 continued

单位：人 (person)

地、县	Region & County	合 计 Total			汉 族 Han Ethnic Group			少数民族 Ethnic Minorities		
		合计 Total	男 Male	女 Female	合计 Total	男 Male	女 Female	合计 Total	男 Male	女 Female
甘州区	Ganzhou	519096	261270	257826	508971	256407	252564	10125	4863	5262
肃南县	Sunan	27762	14523	13239	12199	6382	5817	15563	8141	7422
民乐县	Minle	192476	98207	94269	191310	97639	93671	1166	568	598
临泽县	Linze	115946	58395	57551	115180	58051	57129	766	344	422
高台县	Gaotai	125705	62732	62973	123783	61790	61993	1922	942	980
山丹县	Shandan	150031	75324	74707	148808	74685	74123	1223	639	584
平凉市	**Pingliang**	**1848607**	**924766**	**923841**	**1695509**	**847882**	**847627**	**153098**	**76884**	**76214**
崆峒区	Kongtong	504265	250802	253463	384803	190790	194013	119462	60012	59450
泾川县	Jingchuan	222210	110175	112035	220423	109305	111118	1787	870	917
灵台县	Lingtai	156224	78858	77366	149793	75590	74203	6431	3268	3163
崇信县	Chongxin	82138	42525	39613	81017	41932	39085	1121	593	528
庄浪县	Zhuanglang	335684	165989	169695	334199	165262	168937	1485	727	758
静宁县	Jingning	365637	183497	182140	363927	182667	181260	1710	830	880
华亭市	Huating	182449	92920	89529	161347	82336	79011	21102	10584	10518
酒泉市	**Jiuquan**	**1055706**	**544264**	**511442**	**996672**	**514005**	**482667**	**59034**	**30259**	**28775**
肃州区	Suzhou	455611	228955	226656	445052	223319	221733	10559	5636	4923
金塔县	Jinta	121766	66197	55569	119849	65140	54709	1917	1057	860
瓜州县	Guazhou	129299	67266	62033	114779	59931	54848	14520	7335	7185
肃北县	Subei	15093	9128	5965	10612	6897	3715	4481	2231	2250
阿克塞县	Akesai	10970	6013	4957	7162	4093	3069	3808	1920	1888
玉门市	Yumen	137736	73417	64319	118490	63669	54821	19246	9748	9498
敦煌市	Dunhuang	185231	93288	91943	180728	90956	89772	4503	2332	2171
庆阳市	**Qingyang**	**2179716**	**1110440**	**1069276**	**2168892**	**1104956**	**1063936**	**10824**	**5484**	**5340**
西峰区	Xifeng	513856	259132	254724	510280	257365	252915	3576	1767	1809
庆城县	Qingcheng	235154	122526	112628	234075	121966	112109	1079	560	519
环 县	Huanxian	304687	159546	145141	303559	158911	144648	1128	635	493
华池县	Huachi	119346	62310	57036	118993	62114	56879	353	196	157
合水县	Heshui	135908	69796	66112	135591	69645	65946	317	151	166
正宁县	Zhengning	173243	87716	85527	170822	86504	84318	2421	1212	1209
宁 县	Ningxian	336316	167739	168577	335634	167425	168209	682	314	368
镇原县	Zhenyuan	361206	181675	179531	359938	181026	178912	1268	649	619
定西市	**Dingxi**	**2524097**	**1277650**	**1246447**	**2487129**	**1259060**	**1228069**	**36968**	**18590**	**18378**
安定区	Anding	422383	213707	208676	410248	207504	202744	12135	6203	5932
通渭县	Tongwei	323648	166697	156951	322973	166388	156585	675	309	366

2-7 续表 2 continued

单位：人 (person)

地、县	Region & County	合计 Total 合计 Total	合计 Total 男 Male	合计 Total 女 Female	汉族 Han Ethnic Group 合计 Total	汉族 Han Ethnic Group 男 Male	汉族 Han Ethnic Group 女 Female	少数民族 Ethnic Minorities 合计 Total	少数民族 Ethnic Minorities 男 Male	少数民族 Ethnic Minorities 女 Female
陇西县	Longxi	427373	214643	212730	424951	213429	211522	2422	1214	1208
渭源县	Weiyuan	277608	141922	135686	276113	141212	134901	1495	710	785
临洮县	Lintao	480149	242136	238013	476801	240515	236286	3348	1621	1727
漳　县	Zhangxian	167309	84365	82944	166518	83965	82553	791	400	391
岷　县	Minxian	425627	214180	211447	409525	206047	203478	16102	8133	7969
陇南市	**Longnan**	**2407272**	**1227642**	**1179630**	**2348857**	**1198666**	**1150191**	**58415**	**28976**	**29439**
武都区	Wudu	546616	276973	269643	530108	268818	261290	16508	8155	8353
成　县	Chengxian	241587	121572	120015	234508	118085	116423	7079	3487	3592
文　县	Wenxian	196906	100725	96181	190676	97588	93088	6230	3137	3093
宕昌县	Tanchang	254944	130484	124460	246372	126177	120195	8572	4307	4265
康　县	Kangxian	162418	83106	79312	161751	82801	78950	667	305	362
西和县	Xihe	351069	178507	172562	350018	178015	172003	1051	492	559
礼　县	Lixian	424135	218935	205200	416245	214960	201285	7890	3975	3915
徽　县	Huixian	189888	96622	93266	180515	92042	88473	9373	4580	4793
两当县	Liangdang	39709	20718	18991	38664	20180	18484	1045	538	507
临夏州	**Linxia**	**2109750**	**1056107**	**1053643**	**791321**	**404754**	**386567**	**1318429**	**651353**	**667076**
临夏市	linxia	355968	177893	178075	174196	87769	86427	181772	90124	91648
临夏县	linxia	322628	162544	160084	173574	89709	83865	149054	72835	76219
康乐县	Kangle	255955	127865	128090	93532	47754	45778	162423	80111	82312
永靖县	Yongjing	180650	90983	89667	153784	77816	75968	26866	13167	13699
广河县	Guanghe	260596	129202	131394	5483	3121	2362	255113	126081	129032
和政县	Hezheng	204529	102335	102194	80775	40997	39778	123754	61338	62416
东乡县	Dongxiang	290034	144428	145606	21699	11645	10054	268335	132783	135552
积石山县	Jishishan	239390	120857	118533	88278	45943	42335	151112	74914	76198
甘南州	**Gannan**	**691808**	**351370**	**340438**	**255064**	**133011**	**122053**	**436744**	**218359**	**218385**
合作市	Hezuo	112173	56579	55594	38873	20587	18286	73300	35992	37308
临潭县	Lintan	127387	64212	63175	82082	42011	40071	45305	22201	23104
卓尼县	Zhuoni	95387	48718	46669	26279	13436	12843	69108	35282	33826
舟曲县	Zhouqu	125367	63394	61973	81886	41820	40066	43481	21574	21907
迭部县	Diebu	52192	26598	25594	7810	4557	3253	44382	22041	22341
玛曲县	Maqu	57076	29659	27417	4414	2834	1580	52662	26825	25837
碌曲县	Luqu	35871	18086	17785	3071	1820	1251	32800	16266	16534
夏河县	Xiahe	86355	44124	42231	10649	5946	4703	75706	38178	37528

2-8 分民族、性别的人口数（第七次全国人口普查）
Population by Ethnic Groups and Gender (The Seventh National Census)

单位：人 (person)

民族	Ethnic Groups	合计 Total	男 Male	女 Female
合　计	**Total**	**25019831**	**12700948**	**12318883**
汉　族	Han	22363438	11378609	10984829
蒙古族	Mongolian	11946	5923	6023
回　族	Hui	1342385	671003	671382
藏　族	Zang	519927	257019	262908
维吾尔族	Uyghur	3073	1374	1699
苗　族	Miao	3913	2089	1824
彝　族	Yi	2973	1637	1336
壮　族	Zhuang	2720	1156	1554
布依族	Buyi	1163	555	608
朝鲜族	Korean	528	261	257
满　族	Manchu	14291	7510	6731
侗　族	Dong	1192	620	572
瑶　族	Yao	559	246	313
白　族	Bai	968	504	454
土家族	Tujia	7403	3866	3537
哈尼族	Hani	218	95	123
哈萨克族	Kazak	4249	2106	2143
傣　族	Dai	165	54	111
黎　族	Li	431	200	231
傈僳族	Lisu	144	53	91
佤　族	Va	94	21	73
畲　族	She	243	153	90
高山族	Gaoshan	33	18	15
拉祜族	Lahu	59	16	43
水　族	Shui	176	92	84
东乡族	Dongxiang	652119	323328	328791
纳西族	Naxi	84	38	46
景颇族	Jingpo	32	14	18
柯尔克孜族	Kirgiz	119	49	70
土　族	Tu	33691	16643	17048
达斡尔族	Daur	118	66	52
仫佬族	Mulao	68	31	37
羌　族	Qiang	246	125	121
布朗族	Blang	19	10	9
撒拉族	Salar	15807	7988	7819
毛南族	Maonan	40	19	21
仡佬族	Gelao	362	214	148
锡伯族	Xibe	308	151	157
阿昌族	Achang	9	3	6
普米族	Pumi	9	3	6
塔吉克族	Tajik	16	7	9
怒　族	Nu	3		3
乌孜别克族	Uzbeks	13	7	6
俄罗斯族	Eluosi	62	25	37
鄂温克族	Ewenki	19	10	9
德昂族	De'ang	4	2	2
保安族	Baoan	20794	10251	10543
裕固族	Yugu	13053	6496	6557
京　族	Jing	6	3	3
塔塔尔族	Tatar	3		3
独龙族	Drung	2	2	
鄂伦春族	Oroqen	6	4	2
赫哲族	Hezhen	7	4	3
门巴族	Moinba	34	9	25
珞巴族	Lhoba	10	3	7
基诺族	Jino			
其他未识别的民族	Unidentified Ethnic Groups	449	253	196
外国人加入中国籍	Foreigners Become Chinese Nationals	28	10	18

2-9 分地区按现住地、户口登记地分的户口登记地在外乡镇街道的人口（第七次全国人口普查）

Population with Permanent Household Registration Elsewhere by Current Residence and Household Registration Status (The Seventh National Census)

单位：人 （person）

现住地	Current Residences	户口登记地在外乡镇街道的人口 Population with Permanent Household Registration Elsewhere	省内 Inside Province			省外 Between Province
				市区内人户分离 Population Who Live in Places Other Than Their Household Registration but still in the Same City	省内流动人口 Migrant Population of Inside Province	
甘肃省	**Gansu**	**7352465**	**6586817**	**2010870**	**4575947**	**765648**
兰州市	Lanzhou	2427019	2047695	686267	1361428	379324
嘉峪关市	Jiayuguan	157045	131452	29716	101736	25593
金昌市	Jinchang	197367	180688	57093	123595	16679
白银市	Baiyin	471253	444320	113302	331018	26933
天水市	Tianshui	514961	481328	219328	262000	33633
武威市	Wuwei	395197	372936	200815	172121	22261
张掖市	Zhangye	382570	364331	142611	221720	18239
平凉市	Pingliang	478605	448123	119559	328564	30482
酒泉市	Jiuquan	449585	363207	114924	248283	86378
庆阳市	Qingyang	564771	522104	105507	416597	42667
定西市	Dingxi	442980	419335	111701	307634	23645
陇南市	Longnan	353486	324447	110047	214400	29039
临夏州	Linxia	387571	366974		366974	20597
甘南州	Gannan	130055	119877		119877	10178

注：1. 人户分离人口是指居住地和户口登记地所在乡镇街道不一致，且离开户口登记地半年以上的人口。

2. 流动人口是指人户分离人口中扣除市辖区内人户分离的人口。市辖区内人户分离的人口是指一个直辖市或地级市所辖区内和区与区之间，居住地和户口登记地不在同一乡镇街道的人口。

a) Population who live in places other than their household registration areas refers to those whose current residences are different from the registered towns or streets and have been away from there for over 6 months.

b) Floating population refers to the population who live in places other than their household registration excluding those with current residences different from their household registration but still in the same city. Population who live in places other than their household registration but still in the same city refers to those whose current residences are different from the registered towns or streets in the same or different district of the same municipality or prefecture-level city.

2-10 分地区按性别、受教育程度分的 3 岁及以上人口（第七次全国人口普查）
Population Aged 3 and Over by Gender, Educational Attainment and Region (The Seventh National Census)

单位：人 (person)

地区	Region	3 岁及以上人口 Population Aged 3 and Over			未上过学 No Schooling			学前 Freschool		
		合计 Total	男 Male	女 Female	合计 Total	男 Male	女 Female	合计 Total	男 Male	女 Female
甘肃省	**Gansu**	**24129001**	**12239650**	**11889351**	**1936220**	**586554**	**1349666**	**1007385**	**519296**	**488089**
兰州市	Lanzhou	4232007	2174245	2057762	134647	36683	97964	129132	66761	62371
嘉峪关市	Jiayuguan	301430	156580	144850	2633	898	1735	12258	6406	5852
金昌市	Jinchang	426285	219281	207004	20372	5196	15176	13885	7160	6725
白银市	Baiyin	1458885	743327	715558	66587	17451	49136	58968	30547	28421
天水市	Tianshui	2879734	1445175	1434559	252029	75586	176443	119301	61036	58265
武威市	Wuwei	1417596	715455	702141	98943	24419	74524	50740	26444	24296
张掖市	Zhangye	1095392	551725	543667	53424	14566	38858	39404	20775	18629
平凉市	Pingliang	1784888	891870	893018	186359	52109	134250	71609	37109	34500
酒泉市	Jiuquan	1024778	528201	496577	50186	14681	35505	34179	17304	16875
庆阳市	Qingyang	2101057	1069347	1031710	131753	39817	91936	95466	50010	45456
定西市	Dingxi	2429337	1228501	1200836	209094	60097	148997	117248	60191	57057
陇南市	Longnan	2319975	1182504	1137471	358311	119001	239310	106021	54267	51754
临夏州	Linxia	1993310	996145	997165	286627	97417	189210	130813	66849	63964
甘南州	Gannan	664327	337294	327033	85255	28633	56622	28351	14437	13914

2-10 续表 1 continued

单位：人 (person)

地区	Region	小学 Primary Schools			初中 Junior Secondary Schools			普通高中 Regular Senior Secondary Schools		
		合计 Total	男 Male	女 Female	合计 Total	男 Male	女 Female	合计 Total	男 Male	女 Female
甘肃省	**Gansu**	**7457905**	**3541271**	**3916634**	**6861224**	**3839670**	**3021554**	**3236918**	**1824369**	**1412549**
兰州市	Lanzhou	724170	343645	380525	1181965	655733	526232	815998	431255	384743
嘉峪关市	Jiayuguan	51147	21689	29458	83883	42063	41820	65190	34685	30505
金昌市	Jinchang	103107	46065	57042	130616	71358	59258	73293	41814	31479
白银市	Baiyin	434371	193582	240789	448779	251326	197453	226864	130604	96260
天水市	Tianshui	960686	458732	501954	884529	486944	397585	350928	195376	155552
武威市	Wuwei	418200	179721	238479	456779	255538	201241	207940	126364	81576
张掖市	Zhangye	333256	146003	187253	351196	191815	159381	153686	89122	64564
平凉市	Pingliang	579011	273113	305898	502724	280535	222189	223393	130452	92941
酒泉市	Jiuquan	253107	116339	136768	337960	185596	152364	164954	93760	71194
庆阳市	Qingyang	710740	330495	380245	678751	374602	304149	259008	152185	106823
定西市	Dingxi	905950	426320	479630	678672	393328	285344	266064	155045	111019
陇南市	Longnan	801036	419555	381481	626599	356912	269687	225107	125402	99705
临夏州	Linxia	881483	432615	448868	401278	234481	166797	153338	89853	63485
甘南州	Gannan	301641	153397	148244	97493	59439	38054	51155	28452	22703

2-10 续表 2 continued

单位：人 (person)

地区	Region	大学专科 College Students 合计 Total	男 Male	女 Female	大学本科 Undergraduates 合计 Total	男 Male	女 Female	研究生 Postgraduates 合计 Total	男 Male	女 Female
甘肃省	**Gansu**	**1931242**	**1037137**	**894105**	**1578442**	**831116**	**747326**	**119665**	**60237**	**59428**
兰州市	Lanzhou	555966	288351	267615	606777	310632	296145	83352	41185	42167
嘉峪关市	Jiayuguan	53562	32174	21388	31349	17830	13519	1398	835	563
金昌市	Jinchang	47736	26696	21040	35207	19802	15405	2069	1190	879
白银市	Baiyin	129402	70331	59071	90571	47889	42682	3343	1597	1746
天水市	Tianshui	178448	97495	80953	128418	67423	60995	5395	2583	2812
武威市	Wuwei	111437	61675	49762	70650	39733	30917	2907	1561	1346
张掖市	Zhangye	85379	47706	37673	76130	40252	35878	2917	1486	1431
平凉市	Pingliang	125321	67413	57908	93332	49489	43843	3139	1650	1489
酒泉市	Jiuquan	109319	60113	49206	72472	39015	33457	2601	1393	1208
庆阳市	Qingyang	122859	67481	55378	98967	52825	46142	3513	1932	1581
定西市	Dingxi	139866	73701	66165	108918	58056	50862	3525	1763	1762
陇南市	Longnan	134727	71200	63527	66184	35098	31086	1990	1069	921
临夏州	Linxia	81738	42985	38753	56418	31069	25349	1615	876	739
甘南州	Gannan	55482	29816	25666	43049	22003	21046	1901	1117	784

2-11 分地区按性别分的 15 岁及以上文盲人口（第七次全国人口普查）

Illiterate Population Aged 15 and Over by Gender and Region (The Seventh National Census)

地区	Region	15 岁及以上人口（人） Population Aged 15 and Over (person)	男 Male	女 Female	文盲人口（人） Illiterate Population (person)	男 Male	女 Female	文盲人口占 15 岁及以上人口的比重（%） Percentage of Illiterate Population to Total Aged 15 and Over (%)	男 Male	女 Female
甘肃省	**Gansu**	**20166288**	**10168955**	**9997333**	**1680299**	**474829**	**1205470**	**8.33**	**4.67**	**12.06**
兰州市	Lanzhou	3740727	1915848	1824879	100108	21598	78510	2.68	1.13	4.30
嘉峪关市	Jiayuguan	262931	136400	126531	1284	300	984	0.49	0.22	0.78
金昌市	Jinchang	376097	191547	184550	16371	3547	12824	4.35	1.85	6.95
白银市	Baiyin	1226294	620400	605894	49797	10817	38980	4.06	1.74	6.43
天水市	Tianshui	2364453	1179709	1184744	217294	60616	156678	9.19	5.14	13.22
武威市	Wuwei	1206480	602042	604438	83812	18116	65696	6.95	3.01	10.87
张掖市	Zhangye	940945	466083	474862	42694	10113	32581	4.54	2.17	6.86
平凉市	Pingliang	1486404	736362	750042	159528	41654	117874	10.73	5.66	15.72
酒泉市	Jiuquan	897249	462081	435168	41070	10933	30137	4.58	2.37	6.93
庆阳市	Qingyang	1705033	859602	845431	106962	28268	78694	6.27	3.29	9.31
定西市	Dingxi	2019073	1015353	1003720	181948	49860	132088	9.01	4.91	13.16
陇南市	Longnan	1889046	961495	927551	329814	107066	222748	17.46	11.14	24.01
临夏州	Linxia	1514429	749737	764692	257562	81726	175836	17.01	10.90	22.99
甘南州	Gannan	537127	272296	264831	92055	30215	61840	17.14	11.10	23.35

注：本表“文盲人口”指 15 岁及 15 岁以上不识字及识字很少人口。

a) Illiterate population in this table refers to the population aged 15 and over who are unable or have difficulty in reading.

2-12 分地县年末人口数
Population at Year-end by Region & County

单位：万人 (10 000 person)

地、县	Region & County	2010	2011	2012	2013	2014	2015	2016	2017	2018	2019	2020
兰州市	**Lanzhou**	**361.91**	**368.73**	**377.11**	**383.41**	**390.56**	**397.89**	**405.66**	**414.31**	**421.53**	**428.67**	**437.18**
城关区	Chengguan	128.00	130.29	132.47	133.93	135.92	137.81	139.97	142.42	144.35	146.34	148.74
七里河区	Qilihe	56.14	57.80	59.35	60.58	62.06	63.50	65.07	66.76	68.22	69.71	71.48
西固区	Xigu	36.43	36.91	37.31	37.54	37.96	38.36	38.83	39.38	39.79	40.21	40.77
安宁区	Anning	28.86	29.65	31.16	32.59	34.19	35.77	37.41	39.14	40.72	42.32	44.21
红古区	Honggu	13.62	13.66	13.75	13.78	13.86	13.93	14.02	14.15	14.22	14.30	14.39
永登县	Yongdeng	41.94	42.40	36.63	35.53	34.52	33.49	32.52	31.61	30.59	29.58	28.33
皋兰县	Gaolan	13.20	14.01	12.22	12.22	12.26	12.29	12.34	12.42	12.45	12.49	12.50
榆中县	Yuzhong	43.72	44.01	44.45	44.68	45.05	45.39	45.81	46.32	46.67	47.04	47.45
兰州新区	Lanzhou New Area			9.76	12.55	14.73	17.36	19.68	22.12	24.52	26.69	29.30
嘉峪关市	**Jiayuguan**	**23.21**	**24.00**	**24.84**	**25.57**	**26.38**	**27.16**	**27.99**	**28.89**	**29.68**	**30.49**	**31.40**
金昌市	**Jinchang**	**46.44**	**46.14**	**45.94**	**45.55**	**45.28**	**44.98**	**44.76**	**44.64**	**44.35**	**44.09**	**43.76**
金川区	Jinchuan	22.88	23.18	23.53	23.78	24.09	24.38	24.73	25.12	25.42	25.74	26.09
永昌县	Yongchang	23.56	22.96	22.41	21.77	21.19	20.59	20.04	19.52	18.93	18.35	17.67
白银市	**Baiyin**	**170.98**	**168.86**	**167.13**	**164.69**	**162.71**	**160.58**	**158.78**	**157.29**	**155.24**	**153.26**	**150.88**
白银区	Baiyin	29.47	29.87	30.35	30.69	31.12	31.52	31.98	32.51	32.93	33.36	33.84
平川区	Pingchuan	19.26	19.33	19.44	19.47	19.55	19.61	19.72	19.86	19.93	20.02	20.10
靖远县	Jingyuan	45.54	44.68	43.92	42.97	42.15	41.29	40.51	39.81	38.97	38.14	37.17
会宁县	Huining	54.11	52.67	51.35	49.81	48.42	46.98	45.63	44.38	42.96	41.57	39.93
景泰县	Jingtai	22.60	22.31	22.07	21.74	21.47	21.18	20.93	20.73	20.45	20.18	19.85
天水市	**Tianshui**	**326.63**	**323.54**	**321.20**	**317.48**	**314.66**	**311.55**	**309.08**	**307.21**	**304.25**	**301.44**	**298.00**
秦州区	Qinzhou	64.45	64.52	64.73	64.67	64.80	64.86	65.05	65.37	65.46	65.59	65.69
麦积区	Maiji	55.39	55.36	55.47	55.33	55.36	55.33	55.41	55.60	55.60	55.52	55.61
清水县	Qingshui	26.73	26.44	26.21	25.87	25.60	25.31	25.07	24.88	24.61	24.34	24.02
秦安县	Qinan	51.61	50.57	49.65	48.51	47.51	46.47	45.52	44.66	43.65	42.65	41.47
甘谷县	Gangu	55.03	55.45	54.99	54.31	53.77	53.18	52.71	52.34	51.78	51.24	50.59
武山县	Wushan	43.78	43.00	42.32	41.47	40.73	39.95	39.25	38.63	37.87	37.[illegible]3	36.25
张家川县	Zhangjiachuan	28.64	28.20	27.82	27.32	26.90	26.45	26.06	25.72	25.29	24.87	24.37
武威市	**Wuwei**	**181.66**	**177.99**	**174.73**	**170.73**	**167.22**	**163.55**	**160.21**	**157.18**	**153.59**	**150.07**	**145.91**
凉州区	Liangzhou	10[illegible].12	99.78	98.66	97.13	95.87	94.52	93.36	92.39	91.09	89.83	88.32
民勤县	Minqin	24.13	23.48	22.89	22.20	21.57	20.92	20.31	19.75	19.11	18.48	17.74
古浪县	Gulang	38.91	37.49	36.15	34.67	33.28	31.86	30.50	29.20	27.80	26.41	24.79
天祝县	Tianzhu	17.50	17.25	17.03	16.74	16.50	16.25	16.03	15.84	15.59	15.35	15.06
张掖市	**Zhangye**	**120.06**	**119.26**	**118.74**	**117.71**	**117.02**	**116.21**	**115.64**	**115.30**	**114.55**	**113.86**	**112.99**

注：2010，2020 年数据为当年人口普查数据推算数；其余年份数据为年度人口抽样调查推算数据。各地区数据为常住人口口径。

a) Data of 2010 and 2020 are the census year estimates; the rest are the estimates from the annual national sample survey of population. Data by region are of permanent residents.

2-12 续表 1 continued

单位：万人 （10 000 persons）

地、县	Region&County	2010	2011	2012	2013	2014	2015	2016	2017	2018	2019	2020
甘州区	Ganzhou	50.79	50.86	51.05	51.01	51.13	51.19	51.36	51.63	51.72	51.83	51.93
肃南县	Sunan	3.37	3.31	3.25	3.18	3.13	3.06	3.01	2.96	2.90	2.84	2.77
民乐县	Minle	21.96	21.67	21.43	21.10	20.83	20.54	20.29	20.08	19.80	19.53	19.20
临泽县	Linze	13.44	13.24	13.08	12.86	12.67	12.48	12.31	12.16	11.97	11.78	11.56
高台县	Gaotai	14.35	14.16	14.00	13.79	13.61	13.42	13.25	13.12	12.93	12.75	12.54
山丹县	Shandan	16.15	16.02	15.93	15.77	15.66	15.53	15.43	15.36	15.24	15.13	14.98
平凉市	**Pingliang**	**207.01**	**204.62**	**202.71**	**199.92**	**197.71**	**195.31**	**193.31**	**191.69**	**189.38**	**187.17**	**184.49**
崆峒区	Kongtong	50.53	50.48	50.54	50.39	50.38	50.32	50.37	50.51	50.48	50.47	50.42
泾川县	Jingchuan	28.14	27.52	26.97	26.31	25.71	25.10	24.53	24.02	23.41	22.82	22.12
灵台县	Lingtai	18.41	18.12	17.86	17.54	17.26	16.96	16.70	16.47	16.19	15.91	15.58
崇信县	Chongxin	10.22	10.01	9.82	9.60	9.40	9.19	9.00	8.82	8.62	8.42	8.18
庄浪县	Zhuanglang	38.32	37.81	37.39	36.81	36.34	35.83	35.39	35.03	34.53	34.06	33.49
静宁县	Jingning	42.44	41.82	41.29	40.59	40.00	39.37	38.83	38.36	37.76	37.17	36.47
华亭市	Huating	18.95	18.86	18.82	18.70	18.63	18.54	18.49	18.48	18.40	18.33	18.23
酒泉市	**Jiuquan**	**109.69**	**109.18**	**108.93**	**108.22**	**107.80**	**107.29**	**107.00**	**106.92**	**106.45**	**106.04**	**105.50**
肃州区	Suzhou	42.88	43.11	43.44	43.59	43.86	44.08	44.40	44.81	45.05	45.32	45.61
金塔县	Jinta	14.76	14.49	14.25	13.95	13.70	13.42	13.18	12.96	12.70	12.44	12.13
瓜州县	Guazhou	14.89	14.68	14.51	14.27	14.07	13.87	13.68	13.53	13.33	13.13	12.90
肃北县	Subei	1.50	1.50	1.50	1.50	1.50	1.50	1.50	1.51	1.51	1.51	1.51
阿克塞县	Akesai	1.06	1.06	1.07	1.07	1.07	1.08	1.08	1.09	1.09	1.09	1.10
玉门市	Yumen	15.99	15.75	15.56	15.29	15.07	14.83	14.63	14.45	14.22	14.00	13.74
敦煌市	Dunhuang	18.61	18.59	18.60	18.54	18.53	18.51	18.52	18.57	18.55	18.54	18.52
庆阳市	**Qingyang**	**221.39**	**220.86**	**220.85**	**219.88**	**219.54**	**218.99**	**218.89**	**219.23**	**218.78**	**218.44**	**217.91**
西峰区	Xifeng	37.80	39.12	40.54	41.78	43.14	44.46	45.87	47.37	48.71	50.07	51.61
庆城县	Qingcheng	26.22	25.93	25.70	25.35	25.08	24.79	24.55	24.35	24.07	23.80	23.47
环　县	Huanxian	30.33	30.32	30.38	30.30	30.32	30.30	30.35	30.46	30.46	30.47	30.47
华池县	Huachi	12.10	12.07	12.07	12.02	12.01	11.98	11.98	12.00	11.97	11.96	11.93
合水县	Heshui	14.59	14.48	14.40	14.26	14.16	14.05	13.96	13.90	13.80	13.70	13.57
正宁县	Zhengning	18.12	18.02	17.97	17.84	17.76	17.67	17.61	17.58	17.49	17.41	17.31
宁　县	Ningxian	40.61	39.88	39.24	38.43	37.73	37.00	36.34	35.76	35.04	34.34	33.52
镇原县	Zhenyuan	41.62	41.03	40.55	39.88	39.33	38.75	38.24	37.81	37.24	36.69	36.03
定西市	**Dingxi**	**270.11**	**268.11**	**266.74**	**264.22**	**262.45**	**260.43**	**258.95**	**257.98**	**256.08**	**254.31**	**252.11**
安定区	Anding	42.09	42.07	42.15	42.04	42.06	42.03	42.09	42.24	42.23	42.25	42.24
通渭县	Tongwei	34.98	34.69	34.48	34.12	33.86	33.57	33.34	33.18	32.90	32.64	32.32

2-12 续表 2 continued

单位：万人 （10 000 persons）

地、县	Region & County	2010	2011	2012	2013	2014	2015	2016	2017	2018	2019	2020
陇西县	Longxi	45.37	45.07	44.87	44.48	44.22	43.91	43.70	43.57	43.29	43.02	42.69
渭源县	Weiyuan	32.44	31.94	31.52	30.97	30.50	30.00	29.57	29.19	28.71	28.24	27.68
临洮县	Lintao	50.78	50.46	50.26	49.84	49.56	49.24	49.02	48.89	48.59	48.32	47.97
漳　县	Zhangxian	19.32	19.04	18.81	18.50	18.24	17.97	17.73	17.52	17.26	17.00	16.69
岷　县	Minxian	45.13	44.83	44.64	44.26	44.01	43.71	43.50	43.38	43.10	42.84	42.52
陇南市	**Longnan**	**256.97**	**255.13**	**253.88**	**251.54**	**249.92**	**248.06**	**246.71**	**245.84**	**244.10**	**242.48**	**240.46**
武都区	Wudu	55.58	55.44	55.43	55.18	55.09	54.95	54.92	54.99	54.88	54.78	54.65
成　县	Chengxian	24.26	24.23	24.26	24.18	24.17	24.13	24.15	24.21	24.19	24.18	24.15
文　县	Wenxian	21.88	21.64	21.46	21.18	20.96	20.72	20.52	20.37	20.14	19.92	19.65
宕昌县	Tanchang	27.44	27.22	27.07	26.80	26.60	26.38	26.22	26.10	25.90	25.70	25.46
康　县	Kangxian	18.01	17.82	17.67	17.44	17.26	17.07	16.91	16.79	16.60	16.43	16.2[illegible]
西和县	Xihe	39.36	38.90	38.53	38.00	37.57	37.11	36.73	36.42	35.97	35.55	35.04
礼　县	Lixian	45.87	45.49	45.21	44.73	44.39	44.00	43.70	43.49	43.13	42.78	42.36
徽　县	Huixian	20.03	19.91	19.83	19.67	19.57	19.45	19.36	19.32	19.21	19.10	18.97
两当县	Liangdang	4.54	4.48	4.43	4.36	4.30	4.24	4.19	4.15	4.09	4.03	3.96
临夏州	**Linxia**	**194.93**	**196.37**	**198.27**	**199.30**	**200.91**	**202.32**	**204.15**	**206.40**	**207.90**	**209.51**	**211.24**
临夏市	linxia	27.47	28.26	29.11	29.84	30.66	31.44	32.29	33.20	34.00	34.81	35.73
临夏县	linxia	32.65	32.58	32.59	32.46	32.42	32.35	32.35	32.41	32.36	32.32	32.26
康乐县	Kangle	23.36	23.56	23.82	23.98	24.20	24.40	24.65	24.95	25.[illegible]7	25.39	25.63
永靖县	Yongjing	18.02	18.01	18.04	17.99	18.00	17.99	18.01	18.07	18.07	18.07	18.07
广河县	Guanghe	22.80	23.11	23.47	23.73	24.05	24.35	24.71	25.11	25.43	25.75	26.11
和政县	Hezheng	18.54	18.72	18.93	19.07	19.26	19.44	19.65	19.90	20.08	20.27	20.48
东乡县	Dongxiang	28.50	28.53	28.62	28.59	28.64	28.66	28.74	28.88	28.92	28.97	29.01
积石山县	Jishishan	23.59	23.60	23.67	23.64	23.68	23.69	23.75	23.86	23.88	23.92	23.94
甘南州	**Gannan**	**69.00**	**68.95**	**69.08**	**68.90**	**68.92**	**68.87**	**68.97**	**69.20**	**69.19**	**69.20**	**69.18**
合作市	Hezuo	9.04	9.25	9.48	9.67	9.89	10.10	10.33	10.58	10.79	11.01	11.25
临潭县	Lintan	13.72	13.6[illegible]	13.53	13.40	13.30	13.19	13.10	13.05	12.94	12.84	12.72
卓尼县	Zhuoni	10.07	10.0[illegible]	9.97	9.89	9.84	9.77	9.73	9.71	9.65	9.60	9.53
舟曲县	Zhouqu	13.21	13.13	13.08	12.98	12.91	12.83	12.78	12.75	12.6[illegible]	12.61	12.53
迭部县	Diebu	5.22	5.22	5.22	5.21	5.21	5.20	5.21	5.22	5.22	5.22	5.22
玛曲县	Maqu	5.49	5.51	5.54	5.54	5.56	5.58	5.61	5.65	5.67	5.69	5.71
碌曲县	Luqu	3.57	3.57	3.58	3.57	3.57	3.57	3.57	3.59	3.59	3.59	3.59
夏河县	Xiahe	8.68	8.67	8.68	8.65	8.64	8.63	8.64	8.66	8.65	8.64	8.63

2-13 分地县年末城镇人口比重
Proportion of Urban Population at Year-end by Region & County

单位：%　　　　　　　　　　　　　　　　　　　　　　　　　　　　(%)

地、县	Region & County	2010	2011	2012	2013	2014	2015	2016	2017	2018	2019	2020
兰州市	**Lanzhou**	**76.28**	**76.80**	**77.45**	**78.56**	**79.48**	**80.58**	**81.47**	**82.68**	**83.03**	**83.08**	**83.10**
城关区	Chengguan	98.47	98.49	98.53	98.56	98.59	98.62	98.65	98.70	98.73	98.75	98.76
七里河区	Qilihe	83.86	84.50	85.12	85.62	85.82	86.16	86.60	87.48	87.64	87.65	87.66
西固区	Xigu	87.99	88.05	89.12	90.10	90.54	90.90	91.01	91.60	91.70	91.80	91.81
安宁区	Anning	100.00	100.00	100.00	100.00	100.00	100.00	100.00	100.00	100.00	100.00	100.00
红古区	Honggu	73.54	74.00	74.33	74.60	74.96	75.31	75.50	75.65	75.86	76.00	76.01
永登县	Yongdeng	32.98	35.75	36.42	39.52	41.88	44.61	46.73	48.61	48.62	48.63	48.64
皋兰县	Gaolan	32.04	32.20	35.27	39.52	42.50	46.47	49.82	55.23	56.01	56.30	56.53
榆中县	Yuzhong	31.94	33.15	36.09	39.23	41.50	45.20	46.95	48.56	49.11	49.15	49.23
兰州新区	Lanzhou New Area			27.97	33.00	38.90	43.86	48.90	53.93	55.77	56.90	57.96
嘉峪关市	**Jiayuguan**	**93.32**	**93.39**	**93.47**	**93.93**	**94.27**	**94.31**	**94.38**	**94.40**	**94.41**	**94.41**	**94.10**
金昌市	**Jinchang**	**62.10**	**62.79**	**64.24**	**66.19**	**67.70**	**69.51**	**71.12**	**73.08**	**74.33**	**75.43**	**77.40**
金川区	Jinchuan	85.50	85.81	86.57	88.06	88.92	89.70	90.13	90.45	90.79	90.99	91.83
永昌县	Yongchang	39.39	39.55	40.79	42.31	43.61	45.60	47.65	50.72	52.25	53.62	56.90
白银市	**Baiyin**	**39.48**	**40.51**	**41.94**	**43.78**	**45.50**	**47.46**	**49.31**	**51.44**	**53.10**	**54.47**	**56.56**
白银区	Baiyin	82.36	82.99	84.01	85.46	86.59	87.12	88.02	89.01	89.34	90.17	90.78
平川区	Pingchuan	61.57	61.98	63.01	64.61	65.57	67.01	68.97	70.82	71.63	72.18	73.53
靖远县	Jingyuan	25.18	25.79	26.80	28.35	30.03	32.14	33.99	35.85	37.57	38.65	39.44
会宁县	Huining	19.63	20.47	21.49	23.01	24.40	26.30	27.57	29.92	31.42	32.64	35.34
景泰县	Jingtai	41.06	41.86	43.18	44.34	45.60	47.11	48.73	50.07	51.93	52.79	55.76
天水市	**Tianshui**	**28.36**	**29.28**	**30.91**	**32.64**	**34.51**	**36.56**	**38.53**	**40.71**	**42.52**	**43.54**	**45.57**
秦州区	Qinzhou	49.45	49.75	50.63	54.23	55.85	57.20	59.32	60.91	61.73	62.52	65.58
麦积区	Maiji	40.75	41.28	41.93	45.44	46.98	48.78	49.49	51.96	54.51	55.29	57.89
清水县	Qingshui	15.71	13.58	16.44	17.36	19.22	20.78	22.14	23.35	25.44	26.29	32.93
秦安县	Qinan	18.58	19.85	22.84	23.36	25.41	27.85	30.05	31.84	32.78	33.72	33.88
甘谷县	Gangu	17.85	19.89	20.71	22.15	24.60	26.57	29.69	31.96	33.28	34.11	35.88
武山县	Wushan	20.40	21.14	23.72	23.27	24.92	27.31	29.25	32.33	34.62	35.95	36.03
张家川县	Zhangjiachuan	19.10	21.35	22.18	21.63	22.38	24.88	25.79	27.64	30.57	31.60	30.04
武威市	**Wuwei**	**27.56**	**28.66**	**30.17**	**32.02**	**33.95**	**36.12**	**38.34**	**40.94**	**43.06**	**44.67**	**47.01**
凉州区	Liangzhou	32.89	33.98	35.63	37.61	39.61	41.78	43.99	46.70	48.78	50.31	52.83
民勤县	Minqin	18.99	20.09	21.75	23.75	25.98	28.31	30.63	33.38	35.68	37.55	40.12
古浪县	Gulang	16.96	17.84	18.80	20.10	21.51	23.28	25.22	27.19	28.96	30.29	31.71
天祝县	Tianzhu	32.17	33.06	34.01	35.25	36.65	38.43	40.18	42.14	43.85	45.02	46.37
张掖市	**Zhangye**	**34.84**	**35.96**	**37.53**	**39.25**	**41.01**	**42.96**	**44.80**	**46.86**	**48.47**	**49.59**	**51.29**

2-13 续表 1 continued

单位：% (%)

地、县	Region&County	2010	2011	2012	2013	2014	2015	2016	2017	2018	2019	2020
甘州区	Ganzhou	39.97	41.53	42.57	43.52	45.26	47.49	48.93	50.67	51.49	52.21	53.57
肃南县	Sunan	32.60	33.23	33.85	34.59	35.46	36.27	36.88	37.16	37.93	38.73	39.33
民乐县	Minle	27.53	28.33	30.05	32.56	34.52	35.54	36.72	40.04	43.18	44.60	46.70
临泽县	Linze	33.92	34.52	36.54	37.79	39.31	40.55	41.27	42.43	44.78	45.87	46.84
高台县	Gaotai	27.96	28.74	31.14	35.82	36.81	39.12	45.06	47.64	48.57	49.45	[illegible]
山丹县	Shandan	35.98	36.77	38.61	39.57	41.89	44.43	45.82	47.55	49.93	52.15	[illegible]
平凉市	**Pingliang**	**29.09**	**30.13**	**31.56**	**33.15**	**34.77**	**36.58**	**38.31**	**40.25**	**41.83**	**42.81**	**44.77**
崆峒区	Kongtong	49.42	51.04	53.56	55.14	57.68	60.21	62.38	64.58	65.29	65.55	65.92
泾川县	Jingchuan	24.66	25.44	26.52	28.31	29.73	31.55	33.19	35.08	37.12	37.99	39.08
灵台县	Lingtai	19.79	20.74	21.60	23.14	24.16	25.12	26.39	27.47	28.80	31.18	34.44
崇信县	Chongxin	31.09	32.30	33.84	36.08	38.02	39.87	41.19	42.68	42.79	42.89	42.98
庄浪县	Zhuanglang	15.02	15.45	16.05	17.22	17.88	19.13	20.52	22.25	23.79	25.41	28.36
静宁县	Jingning	16.18	16.63	17.25	18.39	19.13	20.72	22.22	24.20	26.71	27.37	30.84
华亭市	Huating	46.70	48.29	50.20	52.01	54.53	55.50	56.69	58.17	59.32	59.88	60.63
酒泉市	**Jiuquan**	**50.05**	**50.80**	**52.17**	**53.88**	**55.34**	**57.05**	**58.58**	**60.40**	**61.63**	**62.57**	**64.20**
肃州区	Suzhou	59.54	60.50	61.53	63.31	64.87	66.23	67.66	68.28	70.01	70.84	71.83
金塔县	Jinta	31.84	32.21	33.71	35.27	36.45	38.44	40.06	41.98	43.70	44.49	50.12
瓜州县	Guazhou	49.41	49.69	51.08	52.65	53.88	56.39	57.52	61.66	62.27	63.04	63.56
肃北县	Subei	29.82	30.05	31.61	33.21	34.39	35.00	37.13	39.17	38.56	39.41	39.96
阿克塞县	Akesai	56.74	57.53	58.89	60.31	61.54	63.44	64.52	66.61	67.60	68.61	70.10
玉门市	Yumen	50.67	51.87	53.30	54.13	56.27	58.47	59.33	62.25	63.91	64.24	65.81
敦煌市	Dunhuang	95.28	95.22	95.08	94.86	94.39	94.26	94.04	93.85	93.67	93.58	93.26
庆阳市	**Qingyang**	**23.79**	**24.82**	**26.34**	**28.15**	**30.31**	**32.61**	**34.81**	**37.17**	**39.16**	**40.22**	**41.89**
西峰区	Xifeng	48.41	48.13	47.98	48.24	50.64	53.51	55.20	57.87	59.61	60.61	61.94
庆城县	Qingcheng	26.27	26.55	26.82	28.63	30.73	32.34	34.40	36.41	38.27	39.05	40.57
环　县	Huanxian	18.65	20.04	22.10	24.36	26.18	27.66	29.87	31.93	33.78	34.53	36.21
华池县	Huachi	21.18	22.39	25.56	29.47	31.24	34.01	36.13	38.15	40.01	40.78	42.15
合水县	Heshui	21.91	23.49	26.19	27.45	29.25	31.44	33.52	35.55	37.38	38.24	39.64
正宁县	Zhengning	24.10	25.89	28.09	29.33	31.20	33.27	35.32	37.41	39.09	39.89	41.22
宁　县	Ningxian	14.86	16.11	18.34	20.15	22.04	24.05	26.08	28.13	29.75	30.63	32.34
镇原县	Zhenyuan	13.61	14.08	14.82	16.71	18.58	20.55	22.62	24.68	26.65	27.58	28.98
定西市	**Dingxi**	**23.42**	**24.53**	**25.95**	**27.42**	**29.04**	**30.82**	**32.51**	**34.38**	**35.91**	**36.93**	**38.39**
安定区	Anding	37.82	38.77	39.22	40.68	42.27	43.99	45.66	47.51	[illegible]	51.05	52.65
通渭县	Tongwei	13.15	14.26	15.72	17.15	18.75	20.49	22.17	24.02	[illegible]	26.23	27.09

2-13 续表 2 continued

单位：%　　(%)

地、县	Region & County	2010	2011	2012	2013	2014	2015	2016	2017	2018	2019	2020
陇西县	Longxi	36.03	37.12	38.04	39.48	41.07	42.81	44.49	46.35	47.82	48.81	51.27
渭源县	Weiyuan	14.61	15.72	18.59	20.05	21.67	23.43	25.09	26.93	27.46	27.83	28.49
临洮县	Lintao	24.49	25.60	26.52	27.97	29.56	31.32	32.99	34.83	37.50	38.38	39.30
漳　县	Zhangxian	19.58	20.69	23.61	25.08	26.64	28.38	30.07	31.91	32.61	32.00	33.83
岷　县	Minxian	12.03	13.14	14.70	16.15	17.77	19.51	21.17	22.97	24.08	25.56	27.14
陇南市	**Longnan**	**19.70**	**21.00**	**22.57**	**24.12**	**25.93**	**27.96**	**29.83**	**31.85**	**33.58**	**34.67**	**36.18**
武都区	Wudu	25.21	26.81	28.26	29.34	31.12	33.60	35.68	38.91	40.24	40.92	44.51
成　县	Chengxian	35.31	35.31	35.98	39.18	39.51	40.03	44.45	44.84	45.47	46.05	50.07
文　县	Wenxian	15.64	16.63	18.14	19.73	19.96	20.87	23.36	27.66	28.54	30.18	32.53
宕昌县	Tanchang	15.25	16.42	18.12	19.90	19.89	20.65	22.42	23.45	25.55	27.80	27.31
康　县	Kangxian	15.95	16.79	18.30	20.35	20.69	21.22	22.08	25.78	30.05	31.47	30.38
西和县	Xihe	12.51	14.23	16.14	17.37	20.49	23.29	25.09	25.54	27.78	28.96	27.91
礼　县	Lixian	12.02	13.56	15.45	16.13	19.67	23.49	24.14	26.59	28.69	29.51	30.23
徽　县	Huixian	27.78	29.51	31.08	33.47	36.02	36.66	37.69	37.82	38.18	38.67	41.70
两当县	Liangdang	34.61	34.05	33.81	35.23	36.86	41.03	42.48	43.41	44.97	46.70	45.65
临夏州	**Linxia**	**24.30**	**25.34**	**26.66**	**27.95**	**29.43**	**31.02**	**32.49**	**34.07**	**35.29**	**35.86**	**36.75**
临夏市	linxia	80.47	81.42	82.41	83.24	84.31	86.10	87.71	87.92	88.12	88.31	88.51
临夏县	linxia	8.03	9.02	10.10	11.34	12.68	13.79	14.25	14.96	15.27	15.50	15.87
康乐县	Kangle	10.68	11.65	12.67	14.06	15.21	16.64	18.46	19.72	21.49	21.94	22.97
永靖县	Yongjing	38.68	39.70	40.63	41.47	42.28	44.30	45.70	49.47	51.02	51.63	52.50
广河县	Guanghe	20.13	20.94	22.37	23.26	24.82	26.90	28.61	30.98	32.01	33.32	34.41
和政县	Hezheng	16.37	17.15	18.12	19.35	21.03	22.02	23.82	25.48	26.69	26.94	27.82
东乡县	Dongxiang	12.16	12.79	13.84	15.01	16.24	16.82	17.08	17.97	18.60	18.92	19.48
积石山县	Jishishan	8.78	9.36	10.90	12.06	13.60	15.03	16.63	18.40	20.77	20.78	21.88
甘南州	**Gannan**	**24.46**	**25.93**	**27.72**	**29.45**	**31.49**	**33.67**	**35.73**	**37.95**	**39.78**	**40.82**	**42.27**
合作市	Hezuo	63.56	64.11	64.45	66.18	67.14	68.42	69.22	69.94	69.88	68.48	67.44
临潭县	Lintan	19.03	20.50	22.32	24.03	26.09	28.28	30.46	32.64	34.62	35.90	37.53
卓尼县	Zhuoni	15.62	17.08	18.86	20.53	22.66	24.87	27.03	29.35	31.50	33.02	34.88
舟曲县	Zhouqu	13.12	14.47	16.13	17.80	19.75	21.82	23.94	26.27	28.31	29.90	31.90
迭部县	Diebu	18.08	19.73	21.65	23.42	25.53	27.88	30.13	32.76	34.87	36.21	38.07
玛曲县	Maqu	20.22	22.69	25.63	28.52	32.19	36.02	39.75	44.25	48.32	51.49	55.62
碌曲县	Luqu	18.23	20.17	22.63	24.93	27.73	30.81	33.89	37.05	40.11	42.34	45.43
夏河县	Xiahe	28.92	29.41	29.95	30.52	31.25	31.98	32.41	33.03	33.18	32.64	32.20

2-14 计划生育情况
Statistics of Family Planning

项目	Item	2010	2015	2018	2019	2020
全省计划生育状况	**Situation of Family Planning of Gansu**					
政策计划内生育（万人）	Births under Control (10 000 persons)	24.48	23.51	23.28	26.96	24.31
符合政策计划生育率（%）	Family Planning Rate that Consistent with the Policy (%)	91.36	92.58	97.11	96.07	94.33
已婚育龄妇女人数（万人）	Married Women at Childbearing Age (10 000 persons)	562.33	571.76	529.74	508.76	470.60
实际采取节育措施的人数（万人）	Number of Married People Adopting Birth Control Measures (10 000 persons)	490.28	493.58	438.66	407.43	366.92
独生子女领证率（%）	Coverage Rate of One-child Certificate (%)	9.75	11.86	10.06	10.63	10.26
城市计划生育状况	**Situation of Family Planning of Urban**					
政策计划内生育（万人）	Births Under Control (10 000 persons)	3.75	3.92	6.78	6.59	4.95
符合政策计划生育率（%）	Family Planning Rate that Consistent with the Policy (%)	99.03	98.02	99.49	99.33	98.81
已婚育龄妇女人数（万人）	Married Women at Childbearing Age (10 000 persons)	113.69	125.22	117.96	118.02	109.29
实际采取节育措施的人数（万人）	Number of Married People Adopting Birth Control Measures (10 000 persons)	93.89	103.29	89.09	86.22	78.22
独生子女领证率（%）	Coverage Rate of One-child Certificate (%)	33.06	34.75	29.37	28.48	27.41
农村计划生育状况	**Situation of Family Planning of Rural**					
政策计划内生育（万人）	Births under Control (10 000 persons)	20.65	18.92	21.50	20.37	19.86
符合政策计划生育率（%）	Family Planning Rate that Consistent with the Policy (%)	90.08	91.44	96.09	94.65	94.48
已婚育龄妇女人数（万人）	Married Women at Childbearing Age (10 000 persons)	436.70	425.65	411.78	390.74	361.31
实际采取节育措施的人数（万人）	Number of Married People Adopting Birth Control Measures (10 000 persons)	388.58	374.35	349.57	321.21	288.70
独生子女领证率（%）	Coverage Rate of One-child Certificate (%)	3.93	5.42	4.95	4.98	4.80

主要统计指标解释

人口数 指一定时点、一定地区范围内有生命的个人总和。年末统计的年末人口数指每年12月31日24时的人口数。

城镇人口和乡村人口 城镇人口是指居住在城镇地域内的全部常住人口；乡村人口是除上述人口以外的全部人口。

出生率（又称粗出生率） 指在一定时期内（通常为一年）一定地区的出生人数与同期内平均人数（或期中人数）之比，用千分率表示。本资料中的出生率指年出生率，其计算公式为：

$$出生率=\frac{年出生人数}{年平均人数}\times 1000‰$$

式中 出生人数指活产婴儿，即胎儿脱离母体时（不管怀孕月数），有过呼吸或其他生命现象。年平均人数指年初、年底人口数的平均数，也可用年中人口数代替。

死亡率（又称粗死亡率） 指在一定时期内（通常为一年）一定地区的死亡人数与同期内平均人数（或期中人数）之比，用千分率表示。本资料中的死亡率指年死亡率，其计算公式为：

$$死亡率=\frac{年死亡人数}{年平均人数}\times 1000‰$$

人口自然增长率 指在一定时期内（通常为一年）人口自然增加数（出生人数减死亡人数）与该时期内平均人数（或期中人数）之比，用千分率表示，其计算公式为：

$$人口自然增长率=\frac{本年出生人数-本年死亡人数}{年平均人数}\times 1000‰$$

$$=人口出生率-人口死亡率$$

总抚养比 也称总负担系数。指人口总体中非劳动年龄人口数与劳动年龄人口数之比。通常用百分比表示。说明每100名劳动年龄人口大致要负担多少名非劳动年龄人口。用于从人口角度反映人口与经济发展的基本关系。计算公式为：

$$GDR=\frac{P_{0-14}+P_{65^+}}{P_{15-64}}\times 100\%$$

其中：GDR为总抚养比；

$P_{0\sim14}$为0～14岁少年儿童人口数；

P_{65^+}为65岁及65岁以上的老年人口数；

$P_{15\sim64}$为15～64岁劳动年龄人口数。

老年人口抚养比 也称老年人口抚养系数。指某一人口中老年人口数与劳动年龄人口数之比。通常用百分比表示。用以表明每100名劳动年龄人口要负担多少名老年人。老年人口抚养比是从经济角度反映人口老化社会后果的指标之一。计算公式为：

$$ODR=\frac{P_{65^+}}{P_{15-64}}\times 100\%$$

其中：ODR为老年人口抚养比；

P_{65^+}为65岁及65岁以上的老年人口数；

$P_{15\sim64}$为15～64岁的劳动年龄人口数。

少年儿童抚养比 也称少年儿童抚养系数。指某一人口中少年儿童人口数与劳动年龄人口数之比。通常用百分比表示。以反映每100名劳动年龄人口要负担多少名少年儿童。计算公式为：

$$CDR=\frac{P_{0-14}}{P_{15-64}}\times 100\%$$

其中：CDR为少年儿童抚养比；

$P_{0\sim14}$为0～14岁少年儿童人口数；

$P_{15\sim64}$为15～64岁劳动年龄人口数。

3

国民经济核算

National Accounts

简要说明

一、本篇资料主要内容

本篇资料主要包括国民经济核算基本情况资料。

二、本篇资料来源

本篇资料由省统计局国民经济核算处汇总、加工整理。

地区生产总值数据是由省统计局国民经济核算处根据不同产业部门、不同支出构成的特点和资料来源情况而采用不同方法计算的。本年鉴公布的地区生产总值以及与之有关的指标数据，最后一年数据不是最终数，还会在获得更多的财务和行政记录等资料后发生变动。如果遇到普查或者重大核算方法改革，在能够获得更详细的基础资料的情况下，地区生产总值的历史数据还会发生变动。

3-1 地区生产总值
Gross Regional Product

单位：亿元　　本表按当年价格计算。Data in this table are calculated at current prices.　　(100 million yuan)

年份 Year	地区生产总值 Gross Regional Product	第一产业 Primary Industry	第二产业 Secondary Industry	第三产业 Tertiary Industry	农林牧渔业 Agriculture, Forestry, Animal Husbandry and Fishery Industries	工业 Industry	建筑业 Construction
1978	64.73	13.21	39.04	12.48	13.21	34.66	4.38
1979	67.51	12.89	40.98	13.64	12.89	36.90	4.08
1980	73.90	16.46	39.85	17.59	16.46	35.25	4.60
1981	70.89	17.63	35.30	17.96	17.63	31.33	3.97
1982	76.88	19.68	38.54	18.66	19.68	33.63	4.91
1983	91.50	27.65	42.92	20.93	27.65	37.52	5.40
1984	103.17	27.83	49.98	25.36	27.83	43.65	6.33
1985	123.39	33.08	58.81	31.50	33.08	50.54	8.27
1986	140.74	38.02	65.27	37.45	38.02	56.01	9.26
1987	159.52	45.27	68.40	45.85	45.27	58.26	10.14
1988	191.84	52.77	81.33	57.74	52.77	67.28	14.05
1989	216.84	59.01	91.79	66.04	59.01	77.62	14.17
1990	242.80	64.06	98.33	80.41	64.06	83.93	14.40
1991	271.39	66.55	111.91	92.93	66.55	97.19	14.72
1992	317.79	74.20	128.66	114.93	75.32	110.21	18.45
1993	372.24	87.43	159.96	124.85	88.88	136.74	23.22
1994	453.61	103.87	198.67	151.07	105.59	174.56	24.11
1995	557.76	110.65	256.83	190.28	112.67	226.29	30.54
1996	722.52	188.12	311.98	222.42	191.13	276.37	35.61
1997	793.57	190.21	337.79	265.58	193.76	286.70	51.09
1998	887.67	202.76	373.43	311.48	206.73	311.26	62.17
1999	956.32	191.84	410.07	354.42	196.21	326.99	83.08
2000	1052.88	194.10	421.65	437.13	199.18	327.60	94.04
2001	1125.37	207.96	458.07	459.35	213.55	355.51	102.55
2002	1232.03	215.51	501.69	514.83	221.30	389.38	112.31
2003	1399.94	238.00	572.24	589.70	244.39	452.32	119.92
2004	1653.61	283.32	680.27	690.02	287.00	549.52	130.75
2005	1864.63	304.28	772.24	788.11	308.41	633.32	138.92
2006	2202.97	329.83	972.50	900.64	334.51	818.27	154.23
2007	2675.12	365.93	1254.14	1055.05	390.98	1070.21	183.93
2008	3071.70	391.24	1429.93	1250.53	418.60	1197.09	232.84
2009	3268.26	418.39	1473.24	1376.63	447.31	1214.03	259.21
2010	3943.73	472.61	1910.35	1560.77	501.73	1613.76	296.59
2011	4816.94	525.60	2288.63	2002.71	558.26	1947.15	341.48
2012	5393.12	590.94	2493.31	2308.87	626.71	2107.12	386.19
2013	6014.53	658.10	2674.04	2682.39	698.34	2262.55	428.90
2014	6518.39	695.77	2823.26	2999.36	739.69	2374.32	466.12
2015	6556.55	733.37	2505.41	3317.77	780.74	2031.55	484.24
2016	6907.91	800.75	2483.50	3623.66	834.46	1995.53	498.33
2017	7336.74	859.75	2515.75	3961.24	896.00	2020.50	504.60
2018	8104.07	926.05	2761.64	4416.38	962.28	2253.41	518.24
2019	8718.30	1059.33	2862.42	4796.55	1097.15	2319.75	552.99
2020	9016.70	1198.14	2852.03	4966.52	1237.34	2238.96	572.62

注：1. 1991 年及以前年份农林牧渔业不包括农林牧渔服务业；交通运输仓储和邮政业包括电信业，不包括城市公共交通业；批发和零售业包括住宿业和餐饮业。
2. 2011 年及以前年份全省地区生产总值中不包含研究与开发支出。
3. 2012 年及以前年份工业不包括开采专业及辅助性活动和金属制品、机械和设备修理业。
4. 经最终核实，修订了 2019 年地区生产总值数据。
5. 根据第七次全国人口普查结果，修订了 2011-2020 年人均地区生产总值数据。
6. 2020 年地区生产总值数据为快报数。
7. 以下相关表同。

a) In 1991 and preceding years, agriculture, forestry, animal husbandry and fishery Industries did not include service of agriculture, forestry, animal husbandry and fishery Industries; Transport, storage and post included telecommunication services, but did not include urban public transport; Wholesale and retail trades included hotels and catering services.
b) In 2011 and preceding years, data of gross regional product did not include the R&D data.
c) In 2012 and preceding years, industry did not include mining ancillary activities, metal products, machinery and equipment repair industry.
d) According to final verification, the data of 2019 GDP were revised.
e) According to the results of the Seventh National Census, the data of per capita GDP from 2011 to 2020 were revised.
f) Data of gross regional product 2020 are preliminary data.
g) The same applies to the relevant tables following.

3-1 续表 1 continued

单位：亿元 (100 million yuan)

年份 Year	交通运输、仓储和邮政业 Transport, Storage and Post	批发和零售业 Wholesale and Retail Trades	住宿和餐饮业 Hotels and Catering Services	金融业 Financial Intermediation	房地产业 Real Estate	其他 Others	人均地区生产总值（元）Per Capita GDP (yuan)
1978	3.23	4.55		1.18		3.52	348
1979	3.26	4.83		1.32		4.23	359
1980	3.27	6.86		1.95	0.09	5.42	388
1981	3.50	7.07		0.10	0.60	6.69	367
1982	3.74	7.18		2.17	0.10	5.47	393
1983	4.07	8.63		2.26	0.11	5.86	460
1984	5.14	10.16		2.52	0.12	7.42	513
1985	7.36	11.40		3.76	0.13	8.85	605
1986	9.33	12.71		5.54	0.13	9.74	680
1987	10.67	15.67		8.37	0.17	10.97	759
1988	10.94	22.55		10.50	0.45	13.30	900
1989	11.82	29.08		10.90	0.50	13.74	1001
1990	12.01	30.64		11.30	0.90	25.56	1094
1991	12.45	31.17		13.28	0.96	35.07	1196
1992	28.29	14.18	10.86	14.87	1.14	44.47	1382
1993	31.01	15.03	12.10	15.73	1.48	48.05	1598
1994	37.48	21.40	12.69	24.02	7.83	45.93	1917
1995	46.72	28.72	20.27	30.74	9.76	52.05	2312
1996	54.96	33.66	23.90	32.54	11.25	63.10	2946
1997	63.25	43.74	26.29	41.64	13.71	73.40	3199
1998	68.42	52.20	29.92	50.55	18.66	87.76	3541
1999	73.57	60.26	33.58	54.08	21.48	107.08	3778
2000	78.54	78.38	34.27	55.87	24.78	160.21	4163
2001	84.37	89.00	36.91	57.53	27.44	158.50	4467
2002	94.83	107.01	35.08	42.08	41.52	188.52	4875
2003	100.45	127.13	38.15	43.05	49.26	225.27	5525
2004	116.90	126.11	44.64	44.51	59.66	294.52	6512
2005	129.71	152.23	48.38	47.12	68.58	337.96	7332
2006	144.31	181.45	52.05	54.14	80.65	383.36	8653
2007	164.59	197.24	57.63	67.18	94.26	449.10	10501
2008	193.73	233.66	63.07	80.44	108.46	543.81	12048
2009	226.83	240.50	69.92	99.66	120.08	590.72	12802
2010	266.25	260.10	74.38	126.08	139.74	665.11	15421
2011	343.43	303.58	91.26	201.85	182.81	847.12	18846
2012	387.79	330.26	101.14	262.47	217.61	973.83	21141
2013	445.59	349.19	112.36	342.99	269.79	1104.81	23647
2014	475.83	343.92	118.94	449.21	313.05	1237.31	25724
2015	490.29	342.21	126.70	555.13	335.34	1410.35	25946
2016	516.57	343.74	133.31	646.29	364.70	1574.98	27396
2017	540.63	378.28	138.67	717.99	394.35	1745.72	29103
2018	587.60	407.23	142.98	774.45	440.82	2017.06	32178
2019	646.28	438.39	158.27	862.33	470.49	2172.66	34707
2020	659.34	420.20	144.69	897.52	497.28	2298.76	35995

3-2 地区生产总值构成
Composition of Gansu Gross Regional Product

单位：% 本表按当年价格计算。Data in this table are calculated at current prices. (%)

年份 Year	地区生产总值 Gross Regional Product	第一产业 Primary Industry	第二产业 Secondary Industry	第三产业 Tertiary Industry	农林牧渔业 Agriculture, Forestry, Animal Husbandry and Fishery Industries	工业 Industry	建筑业 Construction
1978	100	20.41	60.31	19.28	20.41	53.55	6.77
1979	100	19.09	60.70	20.20	19.09	54.66	6.04
1980	100	22.27	53.92	23.80	22.27	47.70	6.22
1981	100	24.87	49.80	25.34	24.87	44.20	5.50
1982	100	25.60	50.13	24.27	25.60	43.74	6.39
1983	100	30.22	46.91	22.87	30.22	41.01	5.90
1984	100	26.97	48.44	24.58	26.97	42.31	[illegible]
1985	100	26.81	47.66	25.53	26.81	40.96	6.70
1986	100	27.01	46.38	26.61	27.01	39.80	6.58
1987	100	28.38	42.88	28.74	28.38	36.52	6.36
1988	100	27.51	42.39	30.10	27.51	35.07	7.32
1989	100	27.21	42.33	30.46	27.21	35.80	6.53
1990	100	26.38	40.50	33.12	26.38	34.57	5.93
1991	100	24.52	41.24	34.24	24.52	35.81	5.42
1992	100	23.35	40.49	36.17	23.70	34.68	5.81
1993	100	23.49	42.97	33.54	23.88	35.73	6.24
1994	100	22.90	43.80	33.30	23.28	33.48	5.32
1995	100	19.84	46.05	34.12	20.20	40.57	5.48
1996	100	26.04	43.18	30.78	26.45	38.25	4.93
1997	100	23.97	42.57	33.47	24.42	36.13	6.44
1998	100	22.84	42.07	35.09	23.29	35.06	7.00
1999	100	20.06	42.88	37.06	20.52	34.19	8.69
2000	100	18.44	40.05	41.52	18.92	31.12	8.93
2001	100	18.48	40.70	40.82	18.98	31.59	9.11
2002	100	17.49	40.72	41.79	17.96	31.60	9.12
2003	100	17.00	40.88	42.12	17.46	32.31	8.57
2004	100	17.13	41.14	41.73	17.36	33.23	7.91
2005	100	16.32	41.42	42.27	16.54	33.96	7.45
2006	100	14.97	44.14	40.88	15.18	37.14	7.00
2007	100	13.68	46.88	39.44	14.62	40.01	6.88
2008	100	12.74	46.55	40.71	13.63	38.97	7.58
2009	100	12.80	45.08	42.12	13.69	37.15	7.93
2010	100	11.98	48.44	39.58	12.72	40.92	7.52
2011	100	10.91	47.51	41.58	11.59	40.42	7.09
2012	100	10.96	46.23	42.81	11.62	39.07	7.16
2013	100	10.94	44.46	44.60	11.61	37.52	7.13
2014	100	10.67	43.31	46.01	11.35	36.42	7.15
2015	100	11.19	38.21	50.60	11.91	30.99	7.39
2016	100	11.59	35.95	52.46	12.08	28.39	7.21
2017	100	11.72	34.29	53.99	12.21	27.34	6.88
2018	100	11.43	34.08	54.50	11.87	27.81	6.39
2019	100	12.15	32.83	55.02	12.58	26.61	6.34
2020	100	13.29	31.63	55.08	13.72	25.29	6.35

3-2 续表 continued

单位：% (%)

年份 Year	交通运输、仓储和邮政业 Transport, Storage and Post	批发和零售业 Wholesale and Retail Trades	住宿和餐饮业 Hotels and Catering Services	金融业 Financial Intermediation	房地产业 Real Estate	其他 Others
1978	4.99	7.03		1.82		5.44
1979	4.83	7.15		1.96		6.27
1980	4.42	9.28		2.64	0.12	7.33
1981	4.94	9.97		0.14	0.85	9.44
1982	4.86	9.34		2.82	0.13	7.11
1983	4.45	9.43		2.47	0.12	6.40
1984	4.98	9.85		2.44	0.12	7.19
1985	5.96	9.24		3.05	0.11	7.17
1986	6.63	9.03		3.94	0.09	6.92
1987	6.69	9.82		5.25	0.11	6.88
1988	5.70	11.75		5.47	0.23	6.93
1989	5.45	13.41		5.03	0.23	6.34
1990	4.95	12.62		4.65	0.37	10.53
1991	4.59	11.49		4.89	0.35	12.92
1992	8.90	4.46	3.42	4.68	0.36	13.99
1993	8.33	4.04	3.25	4.23	0.40	12.91
1994	8.26	4.72	2.80	5.30	1.73	10.13
1995	8.38	5.15	3.63	5.51	1.75	9.33
1996	7.61	4.66	3.31	4.50	1.56	8.73
1997	7.97	5.51	3.31	5.25	1.73	9.25
1998	7.71	5.88	3.37	5.69	2.10	9.89
1999	7.69	6.30	3.51	5.66	2.25	11.20
2000	7.46	7.44	3.25	5.31	2.35	15.22
2001	7.50	7.91	3.28	5.11	2.44	14.08
2002	7.70	8.69	2.85	3.42	3.37	15.30
2003	7.18	9.08	2.73	3.08	3.52	16.09
2004	7.07	7.63	2.70	2.69	3.61	17.81
2005	6.96	8.16	2.59	2.53	3.68	18.12
2006	6.55	8.24	2.36	2.46	3.66	17.40
2007	6.15	7.37	2.15	2.51	3.52	16.79
2008	6.31	7.61	2.05	2.62	3.53	17.70
2009	6.94	7.36	2.14	3.05	3.67	18.07
2010	6.75	6.60	1.89	3.20	3.54	16.86
2011	7.13	6.30	1.89	4.19	3.80	17.59
2012	7.19	6.12	1.88	4.87	4.03	18.06
2013	7.41	5.81	1.87	5.70	4.49	18.37
2014	7.30	5.28	1.82	6.89	4.80	18.98
2015	7.48	5.22	1.93	8.47	5.11	21.51
2016	7.48	4.98	1.93	9.36	5.28	22.80
2017	7.37	5.16	1.89	9.79	5.38	23.79
2018	7.25	5.02	1.76	9.56	5.44	24.89
2019	7.41	5.03	1.82	9.89	5.40	24.92
2020	7.31	4.66	1.60	9.95	5.52	25.49

3-3 地区生产总值指数（上年 =100）
Indices of Gansu Gross Regional Product （preceding year=100）

本表按不变价格计算。Date in this table are calculated at constant prices.

年份 Year	地区生产总值 Gross Regional Product	第一产业 Primary Industry	第二产业 Secondary Industry	第三产业 Tertiary Industry	农林牧渔业 Agriculture, Forestry, Animal Husbandry and Fishery Industries	工业 Industry	建筑业 Construction
1978	113.2	96.0	115.1	128.8	96.0	113.7	129.2
1979	101.4	87.4	104.9	103.2	87.4	105.7	97.2
1980	109.1	123.9	98.0	135.4	123.9	96.6	112.1
1981	91.6	93.8	85.9	102.3	93.8	85.8	86.3
1982	108.9	116.1	108.3	104.0	116.1	107.6	113.3
1983	114.9	112.6	113.1	120.4	112.6	112.3	119.4
1984	113.8	111.2	112.9	117.7	111.2	113.2	110.9
1985	113.2	108.1	113.5	116.9	108.1	111.2	129.8
1986	111.0	106.9	106.2	122.7	106.9	105.0	113.2
1987	108.9	106.5	102.4	120.3	106.5	102.2	103.4
1988	113.7	107.6	113.9	116.9	107.6	113.1	118.8
1989	108.8	106.0	109.8	109.0	106.0	110.0	108.2
1990	105.6	105.0	105.4	106.3	105.0	105.9	102.4
1991	106.6	101.5	109.0	107.6	101.6	109.0	108.9
1992	109.9	105.8	110.2	112.6	107.6	110.3	109.9
1993	111.6	108.3	113.6	111.1	108.8	114.2	110.2
1994	110.8	106.1	111.0	113.7	106.1	111.3	109.4
1995	110.4	103.1	110.0	115.5	103.1	110.1	109.3
1996	112.0	109.9	110.4	114.9	109.9	110.5	109.9
1997	109.1	98.1	110.0	114.1	98.1	110.3	108.3
1998	109.7	105.1	108.8	112.9	105.1	107.3	118.6
1999	109.0	99.5	108.5	113.8	99.5	96.3	178.7
2000	109.7	101.6	110.1	112.5	101.6	110.2	109.8
2001	109.8	107.6	109.5	111.0	107.6	110.0	107.8
2002	109.9	105.9	110.2	111.3	105.9	110.9	107.9
2003	111.3	105.5	111.8	113.2	105.5	113.9	104.3
2004	110.9	106.3	112.5	111.2	105.9	115.1	102.2
2005	111.8	105.8	113.4	112.6	105.9	116.1	101.2
2006	112.0	105.1	114.6	112.1	105.2	116.4	106.3
2007	112.3	99.7	117.4	111.8	106.1	117.9	114.8
2008	110.1	107.5	108.7	112.5	107.1	110.3	100.5
2009	110.2	105.2	111.3	110.7	105.1	111.5	110.2
2010	111.8	105.8	114.8	110.3	105.6	115.8	109.2
2011	113.2	105.9	116.0	111.9	105.9	117.6	107.2
2012	111.8	106.8	112.6	112.1	106.8	113.1	109.6
2013	111.3	105.4	110.5	114.0	105.6	111.4	110.2
2014	109.0	105.5	107.9	111.3	105.6	107.8	108.2
2015	108.2	105.3	107.5	109.6	105.4	107.8	105.7
2016	107.6	105.5	106.8	108.8	105.5	107.4	104.4
2017	103.5	105.4	99.2	106.3	105.3	99.4	98.2
2018	106.1	104.9	104.2	107.8	104.6	105.2	99.5
2019	106.2	105.8	104.7	107.2	105.6	104.9	103.6
2020	103.9	105.4	105.9	102.2	105.2	106.2	104.3

3-3 续表 1 continued

年份 Year	交通运输、仓储和邮政业 Transport, Storage and Post	批发和零售业 Wholesale and Retail Trades	住宿和餐饮业 Hotels and Catering Services	金融业 Financial Intermediation	房地产业 Real Estate	其他 Others	人均地区生产总值 Per Capita GDP
1978	122.0	105.5				116.5	111.9
1979	105.0	100.0		120.2		97.9	100.2
1980	136.7	104.4		128.4		155.7	107.7
1981	222.4	50.2		98.3	97.9	97.2	90.4
1982	101.8	103.0		109.4	108.2	105.6	107.4
1983	112.2	113.7		104.3	105.3	141.8	113.2
1984	117.9	121.0		108.9	107.7	118.2	112.3
1985	112.0	129.5		120.3	118.8	114.5	111.7
1986	150.0	109.7		136.2	119.3	98.8	109.4
1987	135.2	110.2		139.7	118.8	96.5	107.3
1988	124.3	111.1		123.2	120.2	101.7	112.0
1989	114.2	112.2		109.0	107.2	92.7	107.0
1990	105.6	97.3		109.3	108.8	115.3	103.1
1991	278.6	41.3		109.4	109.0	105.8	104.2
1992	86.8	108.0		106.4	105.4	104.0	108.5
1993	116.2	109.6	118.1	109.4	111.4	104.7	110.1
1994	119.6	121.1	103.8	111.1	114.6	109.2	109.1
1995	108.4	122.9	139.0	115.8	117.4	110.5	108.2
1996	115.3	121.8	115.6	114.8	117.3	110.0	110.1
1997	110.8	124.6	105.9	119.9	115.4	113.0	107.8
1998	108.0	119.0	113.6	105.5	117.3	118.3	108.6
1999	109.8	116.6	114.6	107.0	115.1	119.7	108.0
2000	109.7	119.8	104.9	103.1	113.1	118.0	109.8
2001	108.4	114.4	108.7	103.8	113.0	113.3	110.2
2002	114.1	121.8	96.5	72.9	152.9	113.8	109.5
2003	111.4	123.8	114.4	101.4	116.2	110.4	111.0
2004	108.6	95.0	104.2	132.2	89.5	124.7	110.7
2005	110.7	116.2	103.9	110.4	108.2	114.3	111.7
2006	109.9	109.4	109.2	165.1	75.0	114.7	111.9
2007	109.2	108.2	109.4	112.8	101.4	110.6	112.2
2008	109.1	109.8	111.3	103.9	95.8	119.4	110.0
2009	115.0	102.5	122.2	109.6	105.3	112.0	110.1
2010	112.4	105.5	121.7	110.9	100.3	110.9	111.6
2011	113.0	105.9	207.8	125.1	55.6	112.8	113.2
2012	110.1	105.5	127.0	116.3	105.0	112.4	112.0
2013	112.0	101.2	129.3	119.1	102.8	113.6	111.7
2014	105.7	98.0	128.6	114.0	102.6	113.4	109.4
2015	102.0	101.4	123.6	108.2	103.8	111.3	108.5
2016	104.4	101.0	103.5	116.4	109.0	109.7	107.9
2017	103.2	109.9	102.4	107.1	104.4	107.2	103.5
2018	106.9	107.7	101.7	104.4	106.5	110.6	106.2
2019	107.9	108.0	109.3	110.6	104.7	106.0	106.4
2020	103.9	95.3	90.4	103.3	106.1	103.0	104.2

3-4 地区生产总值指数（1978=100）
Indices of Gansu Gross Regional Product （year of 1978=100）

本表按不变价格计算。 Date in this table are calculated at constant prices.

年份 Year	地区生产总值 Gross Regional Product	第一产业 Primary Industry	第二产业 Secondary Industry	第三产业 Tertiary Industry	农林牧渔业 Agriculture, Forestry, Animal Husbandry and Fishery Industries	工业 Industry
1979	101.4	87.4	104.9	103.2	87.4	105.7
1980	110.6	108.3	102.8	139.7	108.3	102.1
1981	101.3	101.6	88.3	142.9	101.5	87.7
1982	110.3	118.0	95.6	148.6	118.0	94.3
1983	126.7	132.9	108.1	178.9	132.9	105.9
1984	144.1	147.8	122.1	210.5	147.3	119.9
1985	163.2	159.8	138.6	246.1	159.3	133.3
1986	181.2	170.8	147.1	302.0	170.8	139.9
1987	197.3	182.0	150.7	363.4	182.0	143.0
1988	224.2	195.9	171.7	424.8	195.9	161.7
1989	243.9	207.6	188.4	463.2	207.6	177.9
1990	257.6	217.9	198.5	492.5	217.9	188.4
1991	274.5	221.4	216.4	529.8	221.4	205.4
1992	301.7	234.3	238.5	596.3	238.3	226.5
1993	336.6	254.9	270.9	662.4	259.3	258.5
1994	372.9	270.4	300.7	753.4	275.1	287.3
1995	411.5	278.8	330.8	870.1	283.6	316.3
1996	460.7	306.4	365.2	1000.1	311.7	350.1
1997	502.5	300.6	401.8	1141.0	305.8	386.[illegible]
1998	551.4	315.9	437.3	1287.8	321.4	414.3
1999	601.2	314.3	474.4	1465.6	319.8	398.9
2000	659.5	319.4	522.2	1648.2	324.9	439.5
2001	723.8	343.5	571.8	1829.1	349.5	483.4
2002	795.3	363.6	630.3	2035.1	369.9	535.9
2003	885.4	383.7	704.7	2304.6	390.2	610.3
2004	982.0	407.7	792.7	2563.8	413.2	702.3
2005	1098.4	431.2	898.7	2887.9	437.4	815.1
2006	1230.1	452.9	1029.9	3237.5	460.1	949.0
2007	1381.5	451.5	1209.0	3619.4	488.0	1118.8
2008	1521.4	485.6	1314.2	4070.0	522.7	1234.1
2009	1676.6	510.6	1462.3	4503.9	549.1	1375.6
2010	1873.5	540.3	1679.2	4969.6	579.9	1593.2
2011	2120.5	572.2	1947.8	5562.6	614.2	1873.8
2012	2369.7	611.3	2193.0	6236.4	655.9	2119.0
2013	2638.1	644.2	2423.8	7107.5	692.4	2360.6
2014	2875.4	679.7	2614.5	7908.6	731.2	2544.2
2015	3110.1	715.9	2811.3	8667.7	770.7	2742.9
2016	3347.7	755.3	3002.1	9427.0	813.0	2945.2
2017	3465.6	796.4	2978.0	10021.8	855.4	2926.7
2018	3678.3	835.4	3102.1	10800.3	895.6	3079.6
2019	3904.6	883.8	3246.9	11579.6	945.7	3230.5
2020	4056.2	931.7	3438.7	11840.1	995.0	3432.2

3-4 续表 1 continued

年份 Year	建筑业 Construction	交通运输、仓储和邮政业 Transport，Storage and Post	批发和零售业 Wholesale and Retail Trades	金融业 Financial Intermediation	其他 Others	人均地区生产总值 Per Capita GDP
1979	97.2	105.0	100.0	120.2	97.9	100.2
1980	109.0	143.5	104.3	154.3	152.5	107.9
1981	94.1	319.3	52.3	151.7	148.3	97.5
1982	106.6	325.2	53.9	166.0	156.6	104.7
1983	127.3	365.0	61.3	173.1	222.1	118.5
1984	141.1	430.4	74.1	188.5	262.6	133.1
1985	183.2	482.2	96.0	226.8	300.8	148.7
1986	207.4	723.4	105.3	309.0	297.1	162.7
1987	214.5	978.4	116.1	431.6	286.7	174.6
1988	254.7	1216.1	129.0	532.0	291.5	195.5
1989	275.7	1388.8	144.7	579.8	270.3	209.2
1990	282.3	1466.5	140.8	633.6	311.8	215.7
1991	307.4	4085.7	58.2	692.8	329.8	224.8
1992	337.9	3545.8	62.8	736.8	343.1	243.8
1993	372.3	4119.1	68.8	806.1	359.2	268.5
1994	407.4	4927.7	83.4	895.5	392.4	292.9
1995	445.3	5343.7	102.5	1037.0	433.7	317.0
1996	489.4	6161.3	124.8	1190.5	477.3	349.2
1997	530.0	6828.1	155.4	1427.4	539.5	376.6
1998	628.6	7371.6	185.0	1505.9	638.0	408.8
1999	1123.1	8096.1	215.6	1611.4	763.8	441.5
2000	1233.1	8883.3	258.3	1661.3	901.6	484.7
2001	1329.7	9631.7	295.6	1724.4	1021.9	534.0
2002	1435.4	10989.4	359.9	1257.4	1162.5	585.0
2003	1496.6	12241.5	445.8	1275.0	1283.0	649.4
2004	1529.3	13288.8	423.5	1686.0	1600.1	718.8
2005	1547.9	14712.8	492.3	1861.7	1829.4	802.7
2006	1646.0	16174.9	538.5	3073.9	2097.8	898.1
2007	1889.6	17664.2	582.9	3467.0	2320.0	1008.0
2008	1898.4	19268.1	640.2	3601.0	2769.0	1109.1
2009	2092.9	22161.7	656.4	3948.3	3100.3	1220.7
2010	2284.9	24915.7	692.7	4380.5	3439.5	1361.7
2011	2450.0	28151.7	733.4	5480.9	3878.1	1541.4
2012	2685.3	30990.0	773.5	6374.8	4358.8	1726.4
2013	2958.9	34707.0	782.8	7594.7	4953.5	1928.4
2014	3200.2	36680.6	767.3	8660.6	5615.5	2109.6
2015	3382.2	37422.7	777.8	9368.3	6247.3	2288.9
2016	3530.0	39076.9	785.8	10904.0	6850.4	2469.8
2017	3467.2	40332.3	864.0	11681.5	7341.1	2556.2
2018	3449.2	43103.6	930.1	12197.4	8116.0	2714.7
2019	3573.4	46522.5	1004.5	13490.3	8606.4	2888.4
2020	3726.8	48343.6	957.3	12191.8	8886.4	3009.7

3-5 分行业增加值
Value-added by Sector

单位：亿元　　本表按当年价格计算。Data in this table are calculated at current prices.　　(100 million yuan)

行业	Sector	2015	2017	2018	2019	2020
地区生产总值	**Gross Domestic Product**	**6556.55**	**7336.74**	**8104.07**	**8718.30**	**9016.70**
农林牧渔业	Agriculture, Forestry, Animal Husbandry and Fishery	780.74	896.00	962.23	1097.15	1237.34
采矿业	Mining	455.69	428.62	474.62	488.59	441.72
制造业	Manufacturing	1220.49	1234.95	1376.62	1417.14	1403.75
电力、热力、燃气及水生产和供应业	Production and Supply of Electricity, Heat, Gas and Water	355.37	356.94	402.17	414.01	443.48
建筑业	Construction	484.24	504.60	518.24	552.99	572.62
批发和零售业	Wholesale and Retail Trades	490.29	540.63	587.60	646.28	659.34
交通运输、仓储和邮政业	Transport, Storage and Post	342.21	378.28	407.23	438.39	420.20
住宿和餐饮业	Hotels and Catering Services	126.70	138.67	142.98	158.27	144.69
信息传输、软件和信息技术服务业	Information Transmission, Software and Information Technology	96.39	114.33	120.27	156.23	184.66
金融业	Financial Intermediation	555.13	717.99	774.45	862.33	897.52
房地产业	Real Estate	335.34	394.35	440.82	470.49	497.23
租赁和商务服务业	Leasing and Business Services	128.04	143.83	154.32	172.76	169.2[illegible]
科学研究和技术服务业	Scientific Research and Technical Services	116.00	146.81	172.98	218.92	233.53
水利、环境和公共设施管理业	Management of Water Conservancy, Environment and Public Facilities	28.71	33.73	38.65	42.62	43.71
居民服务、修理和其他服务业	Service to Households, Repair and Other Services	67.56	78.06	86.51	96.13	95.03
教育	Education	315.52	402.22	474.52	503.41	533.49
卫生和社会工作	Health and Social Service	154.76	199.07	235.96	228.80	235.28
文化、体育和娱乐业	Culture, Sports and Entertainment	39.12	46.54	52.84	56.77	52.42
公共管理、社会保障和社会组织	Public Management, Social Security and Social Organization	464.25	581.14	680.83	697.01	751.44

3-6 三次产业和主要行业贡献率
Share of the Contributions of the Three Strata of Industry and Main Sectors to the Increase of the GDP

单位：% 本表按不变价格计算。Data in this table are calculated at constant prices. (%)

年份 Year	地区生产总值 Gross Domestic Product	第一产业 Primary Industry	第二产业 Secondary Industry	第三产业 Tertiary Industry	# 工业 Industry	# 批发和零售业 Wholesale and Retail Trades	# 金融业 Financial Intermediation
1995	100	6.77	40.87	52.36	35.57	11.41	6.93
1996	100	17.49	36.76	45.75	31.91	10.46	5.90
1997	100	-4.34	45.98	58.36	40.72	16.92	10.72
1998	100	9.79	38.17	52.04	27.24	13.99	3.04
1999	100	-0.99	39.13	61.85	-14.60	14.22	4.01
2000	100	2.69	43.08	54.23	32.87	16.91	1.62
2001	100	21.51	38.03	40.45	30.82	6.26	5.31
2002	100	10.72	41.38	47.91	34.31	17.11	-13.77
2003	100	8.48	41.82	49.70	38.58	18.11	0.41
2004	100	9.45	46.02	44.52	44.41	-4.37	8.95
2005	100	7.68	46.05	46.28	45.28	11.22	3.18
2006	100	17.22	47.64	35.15	38.77	5.14	4.54
2007	100	-0.38	59.85	40.54	51.34	5.34	3.87
2008	100	10.11	38.07	51.81	37.74	7.47	1.43
2009	100	6.72	48.34	44.94	41.72	1.90	3.34
2010	100	6.26	55.73	38.00	50.58	3.35	3.27
2011	100	9.29	60.24	30.46	51.44	4.77	3.65
2012	100	6.51	53.16	40.33	47.34	2.87	4.90
2013	100	5.09	46.48	48.43	43.31	0.62	6.22
2014	100	6.22	43.41	50.36	37.23	-1.17	6.14
2015	100	6.41	45.33	48.26	40.76	0.80	4.12
2016	100	28.87	-102.30	173.44	-116.82	10.51	73.68
2017	100	16.97	-8.63	91.66	-5.53	13.85	18.55
2018	100	8.89	24.66	66.44	25.26	6.49	6.82
2019	100	10.41	27.06	62.54	23.43	6.86	16.06
2020	100	15.35	53.45	31.20	46.73	-6.50	8.13

注：贡献率指三次产业或主要行业增加值增量与GDP增量之比。

a) Share of the contributions of the three strata of industry or main sectors to the increase of the GDP refers to the proportion of the increment of the value-added of each industry to the increment of GDP.

3-7 三次产业和主要行业对地区生产总值增长的拉动

Contribution of the Three Strata of Industry and Main Sectors to GDP Growth

单位：百分点　　本表按不变价格计算。Data in this table are calculated at constant prices.　　(percentage points)

年份 Year	地区生产总值 Gross Domestic Product	第一产业 Primary Industry	第二产业 Secondary Industry	第三产业 Tertiary Industry	# 工业 Industry	# 批发和零售业 Wholesale and Retail Trades	# 金融业 Financial Intermediation
1995	10.36	0.70	4.23	5.43	3.68	1.18	0.72
1996	11.96	2.09	4.40	5.47	3.82	1.25	0.71
1997	9.08	-0.39	4.17	5.30	3.70	1.54	0.97
1998	9.72	0.95	3.71	5.06	2.65	1.35	0.30
1999	9.03	-0.09	3.53	5.59	-1.32	1.23	0.36
2000	9.70	0.26	4.18	5.26	3.19	1.64	0.16
2001	9.76	2.10	3.71	3.95	3.01	0.6[illegible]	0.52
2002	9.87	1.06	4.08	4.73	3.39	1.69	-1.36
2003	11.33	0.96	4.74	5.63	4.37	2.05	0.05
2004	10.92	1.03	5.03	4.86	4.85	-0.48	0.93
2005	11.85	0.91	5.46	5.48	5.36	1.33	0.38
2006	11.99	2.06	5.71	4.21	4.65	0.62	0.54
2007	12.31	-0.05	7.37	4.99	6.32	0.66	0.48
2008	10.12	1.02	3.85	5.24	3.82	0.76	0.14
2009	10.20	0.69	4.93	4.58	4.25	0.19	0.34
2010	11.75	0.74	6.55	4.47	5.94	0.39	0.38
2011	13.18	1.22	7.94	4.01	6.78	0.63	0.48
2012	11.76	0.77	6.25	4.74	5.57	0.34	0.58
2013	11.32	0.58	5.26	5.48	4.90	0.07	0.70
2014	9.00	0.56	3.91	4.53	3.35	-0.10	0.55
2015	8.16	0.52	3.70	3.94	3.33	0.07	0.34
2016	7.64	2.21	-7.82	13.25	-8.93	0.80	5.63
2017	3.52	0.60	-0.30	3.23	-0.19	0.49	0.65
2018	6.14	0.55	1.51	4.08	1.55	0.40	0.42
2019	6.15	0.54	1.66	3.85	1.44	0.42	0.99
2020	3.88	0.50	2.08	1.21	1.81	-0.25	0.32

注：拉动指 GDP 增长速度与三次产业或主要行业贡献率之乘积。

a) Contribution of the three strata of industry or main sectors to GDP growth refers to the growth rate of GDP multiplied by the contribution share of every industry.

3-8 全员劳动生产率
Overall Labor Productivity

单位：元 / 人 · 年 (yuan/person·year)

年份 Year	全员劳动生产率 Over all Labor Productivity	第一产业 Primary Industry	第二产业 Secondary Industry	第三产业 Tertiary Industry
		按 1970 年价格计算	Price Base Year=1970	
1979	919.21			
1980	934.90			
		按 1980 年价格计算	Price Base Year=1980	
1980	979.46			
1981	826.16			
1982	860.96			
1983	908.36			
1984	943.73	280.70	4073.73	2548.05
1985	1024.24	305.66	3875.36	2365.80
1986	1110.14	329.55	3439.36	2783.45
1987	1177.68	358.43	3339.04	2648.03
1988	1292.30	383.62	3696.74	2631.97
1989	1361.74	388.93	3922.11	2931.99
1990	1373.21	384.32	4161.38	3003.44
		按 1990 年价格计算	Price Base Year=1990	
1990	1937.44	743.33	5316.57	3894.89
1991	1994.39	723.48	5583.22	4203.68
1992	2180.27	765.82	5867.99	4781.47
1993	2329.48	800.31	6136.56	5224.61
1994	2460.54	832.30	6091.22	5379.84
1995	2654.57	872.55	6086.88	5624.34
1996	2890.33	946.38	6343.43	6151.33
1997	3104.16	926.81	6663.90	6803.05
1998	3385.54	994.42	6998.07	7208.94
1999	3741.61	1026.29	7724.67	7722.36
2000	4192.28	1067.45	8955.59	8558.59
		按 2000 年价格计算	Price Base Year=2000	
2000	7100.98	2206.86	14600.57	13903.40
2001	7794.21	2362.74	16650.70	15076.75
2002	8494.27	2489.45	18399.54	16335.12
2003	9387.47	2621.82	20302.90	18190.80
2004	10344.50	2783.09	22585.12	19887.54
2005	12044.91	2950.21	29704.47	23683.44
		按 2005 年价格计算	Price Base Year=2005	
2005	12807.33	3425.75	31611.04	24369.51
2006	14954.74	3607.96	43045.35	28986.77
2007	16656.18	3595.48	49528.31	31655.78
2008	18053.62	3832.37	52416.10	34604.97
2009	19394.34	3949.42	56377.21	37004.63
2010	22043.78	4275.22	65333.26	41090.14
		按 2010 年价格计算	Price Base Year=2010	
2010	27333.61	5298.99	86492.51	47288.30
2011	32157.49	5869.84	103702.60	54324.89
2012	36449.98	6420.27	117358.55	60625.11
2013	40982.10	6947.13	128435.61	67797.44
2014	44834.28	7509.86	137051.36	72775.15
2015	48601.32	8079.11	147424.88	76688.50
		按 2015 年价格计算	Price Base Year=2015	
2015	48675.20	9461.63	115490.67	93466.35
2016	52531.22	10190.72	124346.52	97759.04
2017	54562.81	10996.12	125289.36	99582.04
2018	57998.95	11769.47	132456.61	103043.99
2019	61658.73	12691.10	141740.26	106180.91
2020	64197.28	14648.70	139919.99	98222.26

注：根据第七次全国人口普查修订后就业人口数据，对 2010-2020 年全员劳动生产率进行了修订。
a)The overall labor productivity data in this table from 2010 to 2020 were revised according to the revised employment population data of the Seventh National Census.

3-9 各市（州）地区生产总值（2020）
Gross Regional Product by Region（2020）

单位：万元　　本表按当年价格计算。Data in this table are calculated at constant prices.　　（10 000 yuan）

市（州）	Region	地区生产总值 Gross Regional Product	第一产业 Primary Industry	第二产业 Secondary Industry	第三产业 Tertiary Industry	农林牧渔业 Agriculture,Forestry, Animal Husbandry and Fishery Industries	工业 Industry	建筑业 Construction
兰州市	Lanzhou	28867418	574265	9334160	18958993	596479	7274620	2076951
嘉峪关市	Jiayuguan	2816003	53662	1792206	970136	53761	1734502	58242
金昌市	Jinchang	3586165	290897	2274271	1020997	311870	2041800	234889
白银市	Baiyin	4972654	1005199	1703213	2264242	1032599	1346836	356943
天水市	Tianshui	6668992	1260106	1618244	3790642	1268112	1138960	498939
武威市	Wuwei	5264142	1617055	851202	2795885	1645911	553323	298119
张掖市	Zhangye	4670511	1286151	869897	2514453	1368406	518825	354523
平凉市	Pingliang	4761604	1098516	1167035	2496053	1108096	851367	315832
酒泉市	Jiuquan	6577473	1133239	2711526	2732707	1226461	2400794	312613
庆阳市	Qingyang	7547314	976229	3563605	3007480	994468	3292734	317868
定西市	Dingxi	4413556	884744	701061	2827751	902662	359151	342256
陇南市	Longnan	4517898	823862	1029480	2664556	839119	860691	169684
临夏州	Linxia	3312763	536956	612886	2162921	562717	288533	324969
甘南州	Gannan	2190616	440512	291514	1458590	462749	227354	64372

3-9 续表　continued

单位：万元　　（10 000 yuan）

市（州）	Region	批发和零售业 Wholesale and Retail Trades	交通运输、仓储和邮政业 Transport Storage and Post	住宿和餐饮业 Hotels and Catering Services	金融业 Financial Intermediation	房地产业 Real Estate	其他 Other	人均地区生产总值（元） Per Capita GDP (yuan)
兰州市	Lanzhou	2311807	2386065	393753	4315052	2008269	7504421	66680
嘉峪关市	Jiayuguan	131794	100289	40868	173108	69986	453454	91000
金昌市	Jinchang	144580	35591	24793	140865	77165	574612	81643
白银市	Baiyin	294627	187312	50887	403619	210206	1089624	32700
天水市	Tianshui	528627	316313	76669	616771	394751	1829850	22251
武威市	Wuwei	685237	138844	63998	370035	396178	1112497	35571
张掖市	Zhangye	411816	172941	89454	416577	185644	1152325	41177
平凉市	Pingliang	227686	81500	68619	376563	317281	1414660	25623
酒泉市	Jiuquan	393175	298917	91815	462252	268034	1123412	62187
庆阳市	Qingyang	441184	122455	191034	392350	228679	1566542	34593
定西市	Dingxi	364386	113135	96003	461207	273868	1500388	17430
陇南市	Longnan	336830	66746	75477	435048	276374	1457929	18710
临夏州	Linxia	221559	65290	101450	273265	187931	1287049	15747
甘南州	Gannan	99994	116701	82080	138487	78435	920434	31661

3-10 各市（州）地区生产总值构成（2020）
Composition of Gross Regional Product by Region（2020）

单位：% 本表按当年价格计算。Data in this table are calculated at current prices. （%）

市（州）	Region	地区生产总值 Gross Regional Product	第一产业 Primary Industry	第二产业 Secondary Industry	第三产业 Tertiary Industry	农林牧渔业 Agriculture,Forestry, Animal Husbandry and Fishery Industries	工业 Industry	建筑业 Construction
兰州市	Lanzhou	100	1.99	32.33	65.68	2.07	25.20	7.19
嘉峪关市	Jiayuguan	100	1.91	63.64	34.45	1.91	61.59	2.07
金昌市	Jinchang	100	8.11	63.42	28.47	8.70	56.94	6.55
白银市	Baiyin	100	20.21	34.25	45.53	20.77	27.08	7.18
天水市	Tianshui	100	18.89	24.27	56.84	19.02	17.08	7.48
武威市	Wuwei	100	30.72	16.17	53.11	31.27	10.51	5.66
张掖市	Zhangye	100	27.54	18.63	53.84	29.30	11.11	7.59
平凉市	Pingliang	100	23.07	24.51	52.42	23.27	17.88	6.63
酒泉市	Jiuquan	100	17.23	41.22	41.55	18.65	36.50	4.75
庆阳市	Qingyang	100	12.93	47.22	39.85	13.18	43.63	4.21
定西市	Dingxi	100	20.05	15.88	64.07	20.45	8.14	7.75
陇南市	Longnan	100	18.24	22.79	58.98	18.57	19.05	3.76
临夏州	Linxia	100	16.21	18.50	65.29	16.99	8.71	9.81
甘南州	Gannan	100	20.11	13.31	66.58	21.12	10.38	2.94

3-10 续表 continued

单位：% （%）

市（州）	Region	批发和零售业 Wholesale and Retail Trades	交通运输、仓储和邮政业 Transport Storage and Post	住宿和餐饮业 Hotels and Catering Services	金融业 Financial Intermediation	房地产业 Real Estate	其他 Other
兰州市	Lanzhou	8.01	8.27	1.36	14.95	6.96	26.00
嘉峪关市	Jiayuguan	4.68	3.56	1.45	6.15	2.49	16.10
金昌市	Jinchang	4.03	0.99	0.69	3.93	2.15	16.02
白银市	Baiyin	5.92	3.77	1.02	8.12	4.23	21.91
天水市	Tianshui	7.93	4.74	1.15	9.25	5.92	27.44
武威市	Wuwei	13.02	2.64	1.22	7.03	7.53	21.13
张掖市	Zhangye	8.82	3.70	1.92	8.92	3.97	24.67
平凉市	Pingliang	4.78	1.71	1.44	7.91	6.66	29.71
酒泉市	Jiuquan	5.98	4.54	1.40	7.03	4.08	17.08
庆阳市	Qingyang	5.85	1.62	2.53	5.20	3.03	20.75
定西市	Dingxi	8.26	2.56	2.18	10.45	6.21	34.01
陇南市	Longnan	7.46	1.48	1.67	9.63	6.12	32.27
临夏州	Linxia	6.69	1.97	3.06	8.25	5.67	38.85
甘南州	Gannan	4.56	5.33	3.75	6.32	3.58	42.02

3-11 各市（州）地区生产总值指数（2020）
Indices of Gross Regional Product by Region （2020）

（上年 =100） 本表按不变价格计算。Data in this table are calculated at constant prices. （preceding year=100）

市（州）	Region	地区生产总值 Gross Regional Product	第一产业 Primary Industry	第二产业 Secondary Industry	第三产业 Tertiary Industry	农林牧渔业 Agriculture,Forestry, Animal Husbandry and Fishery Industries	工业 Industry	建筑业 Construction
兰州市	Lanzhou	102.4	105.0	103.7	101.5	104.9	103.1	105.1
嘉峪关市	Jiayuguan	104.3	104.2	106.7	99.0	104.2	107.8	75.3
金昌市	Jinchang	108.7	105.2	110.9	103.8	106.4	111.6	104.4
白银市	Baiyin	102.8	106.0	100.1	104.1	105.9	97.5	113.7
天水市	Tianshui	105.2	105.6	104.9	105.1	105.6	105.0	105.0
武威市	Wuwei	104.3	105.7	103.6	103.9	105.5	104.6	[illegible]
张掖市	Zhangye	103.6	105.3	104.1	102.6	105.1	109.9	95.5
平凉市	Pingliang	103.5	105.6	101.2	104.0	105.5	100.1	105.1
酒泉市	Jiuquan	106.3	106.2	111.1	101.3	105.1	112.9	97.4
庆阳市	Qingyang	104.3	105.5	105.6	101.9	105.6	105.7	103.6
定西市	Dingxi	104.4	105.9	105.9	103.5	105.8	104.3	107.9
陇南市	Longnan	102.9	104.3	101.1	103.2	104.4	101.6	97.7
临夏州	Linxia	105.2	105.4	104.1	105.5	105.4	98.9	109.8
甘南州	Gannan	101.6	102.5	102.2	101.2	102.6	102.7	100.3

3-11 续表 continued

（上年 =100） （preceding year=100）

市（州）	Region	批发和零售业 Wholesale and Retail Trades	交通运输、仓储和邮政业 Transport, Storage and Post	住宿和餐饮业 Hotels and Catering Services	金融业 Financial Intermediation	房地产业 Real Estate	其他 Other	人均地区生产总值（元） Per Capita GDP（yuan）
兰州市	Lanzhou	106.3	92.4	90.6	101.3	104.2	103.8	100.5
嘉峪关市	Jiayuguan	99.7	94.7	90.9	97.9	95.8	102.1	101.4
金昌市	Jinchang	100.5	104.0	90.4	101.6	117.2	103.6	109.4
白银市	Baiyin	105.1	100.4	92.0	105.5	106.6	104.2	104.2
天水市	Tianshui	103.7	96.0	92.4	108.3	109.7	106.1	106.3
武威市	Wuwei	106.5	99.2	88.9	104.6	107.4	102.7	107.0
张掖市	Zhangye	104.4	100.9	90.9	105.8	101.2	102.4	104.3
平凉市	Pingliang	101.8	106.2	90.9	103.0	108.7	104.4	111.1
酒泉市	Jiuquan	103.9	93.7	90.0	103.3	101.6	103.3	106.7
庆阳市	Qingyang	100.3	105.6	89.0	104.6	108.4	102.5	104.5
定西市	Dingxi	100.5	101.2	91.1	106.7	108.1	103.6	105.2
陇南市	Longnan	100.4	107.1	88.8	104.0	108.7	103.4	103.6
临夏州	Linxia	103.1	107.7	90.7	112.7	113.9	104.6	104.3
甘南州	Gannan	94.7	102.5	90.1	102.7	107.1	102.3	101.6

3-12 各地、县地区生产总值（2020）
Gross Regional Product by Region & County（2020）

单位：万元　　本表按当年价格计算。Data in this table are calculated at constant prices.　　（10000 yuan）

地、县	Region & County	地区生产总值 Gross Regional Product	第一产业 Primary Industry	第二产业 Secondary Industry	第三产业 Tertiary Industry	农林牧渔业 Agriculture, Forestry, Animal Husbandry and Fishery Industries	工业 Industry	建筑业 Construction
兰州市	**Lanzhou**	**28867418**	**574265**	**9334160**	**18958993**	**596479**	**7274620**	**2076951**
城关区	Chengguan	10612309	6488	1552862	9052959	6852	824451	734722
七里河区	Qilihe	4920576	62791	1733506	3124279	69041	1356816	383379
西固区	Xigu	3914550	29098	2145269	1740184	29560	1968719	178395
安宁区	Anning	2407477	1147	731272	1675058	1168	595544	135728
红古区	Honggu	1000087	59501	524163	416423	60371	514099	12630
永登县	Yongdeng	1126080	144639	293681	687759	146471	272979	20702
皋兰县	Gaolan	809996	89210	339938	380847	91094	324023	15915
榆中县	Yuzhong	1717435	162824	829750	724862	171850	700685	129064
兰州新区	LanzhouNewArea	2358907	18565	1183720	1156622	20073	717305	466415
嘉峪关市	**Jiayuguan**	**2816003**	**53662**	**1792206**	**970136**	**53761**	**1734502**	**58242**
金昌市	**Jinchang**	**3586165**	**290897**	**2274271**	**1020997**	**311870**	**2041800**	**234889**
金川区	Jinchuan	2714129	71200	2037919	605010	82018	1839694	199962
永昌县	Yongchang	872036	219697	236352	415987	229852	202106	34927
白银市	**Baiyin**	**4972654**	**1005199**	**1703213**	**2264242**	**1032599**	**1346836**	**356943**
白银区	Baiyin	2114210	54934	956199	1103077	58966	833888	122312
平川区	Pingchuan	756814	62370	410476	283968	63875	309442	101034
靖远县	Jingyuan	757135	386642	100913	269581	395300	53630	47283
会宁县	Huining	724664	305534	69015	350115	312146	28653	40362
景泰县	Jingtai	619830	195720	166609	257501	202312	121224	45952
天水市	**Tianshui**	**6668992**	**1260106**	**1618244**	**3790642**	**1268112**	**1138960**	**498939**
秦州区	Qinzhou	2062242	177460	620338	1264444	178370	412911	207427
麦积区	Maiji	1688116	180849	672848	834419	181906	636308	56195
清水县	Qingshui	368595	131735	19454	217406	132931	8633	10821
秦安县	Qinan	793826	208390	80969	504467	208590	25151	55818
甘谷县	Gangu	793121	214202	128264	450655	215753	34219	94046
武山县	Wushan	654031	248014	74228	331790	249717	14831	59397
张家川县	Zhangjiachuan	309060	99458	22142	187461	100846	6907	15235
武威市	**Wuwei**	**5264142**	**1617055**	**851202**	**2795885**	**1645911**	**553323**	**298119**
凉州区	Liangzhou	3351111	849684	590433	1910994	861693	354127	236491
民勤县	Minqin	813414	390955	91308	331151	399295	67787	23555
古浪县	Gulang	611136	244872	60396	305868	249128	35500	24906
天祝县	Tianzhu	488481	131544	109065	247872	135795	95909	13167
张掖市	**Zhangye**	**4670511**	**1286161**	**869897**	**2514453**	**1368406**	**518825**	**354523**

3-12 续表 1 continued

单位：万元 （10000 yuan）

地、县	Region & County	地区生产总值 Gross Regional Product	第一产业 Primary Industry	第二产业 Secondary Industry	第三产业 Tertiary Industry	农林牧渔业 Agriculture, Forestry, Animal Husbandry and Fishery Industries	工业 Industry	建筑业 Construction
甘州区	Ganzhou	2022003	445229	335700	1240074	506666	190894	146867
肃南县	Sunan	302471	73922	105994	117556	79829	86351	20008
民乐县	Minle	600166	203706	103517	292942	206720	71565	31952
临泽县	Linze	574461	208107	84431	281922	223514	34092	50340
高台县	Gaotai	554086	198171	85827	270088	199751	41097	44762
山丹县	Shandan	617325	151025	154428	311871	151926	94827	60594
平凉市	**Pingliang**	**4761604**	**1098516**	**1167035**	**2496053**	**1108096**	**851367**	**315832**
崆峒区	Kongtong	1517321	152015	366589	998717	153213	221051	145575
泾川县	Jingchuan	403599	111954	48918	242727	112495	17208	31713
灵台县	Lingtai	335615	115519	29039	191057	116397	23259	5784
崇信县	Chongxin	396345	90337	179887	126121	91926	168837	11088
庄浪县	Zhuanglang	682779	251653	62752	368373	253878	20377	42378
静宁县	Jingning	769766	313837	104474	351454	315955	32286	72191
华亭市	Huating	656181	63201	375376	217604	64232	368349	7102
酒泉市	**Jiuquan**	**6577473**	**1133239**	**2711526**	**2732707**	**1226461**	**2400794**	**312613**
肃州区	Suzhou	2037061	351658	496207	1189196	412606	284607	212152
金塔县	Jinta	656501	271878	151694	232928	289533	130175	21615
瓜州县	Guazhou	966855	168051	446769	352034	174456	425680	21583
肃北县	Subei	169103	12314	73502	83286	12532	67534	5968
阿克塞县	Akesai	102126	10620	29998	61508	10707	25881	4117
玉门市	Yumen	1868053	210478	1338148	319426	215822	1306784	31873
敦煌市	Dunhuang	777775	108240	175207	494328	110806	160133	15305
庆阳市	**Qingyang**	**7547314**	**976229**	**3563605**	**3007480**	**994468**	**3292734**	**317868**
西峰区	Xifeng	2484526	71157	1149593	1263776	76221	988469	183386
庆城县	Qingcheng	788714	109711	447343	231660	111928	424442	38196
环　县	Huanxian	1096410	167150	568984	360276	168709	553637	16502
华池县	Huachi	967788	61157	750179	156452	61916	728640	22563
合水县	Heshui	577128	68570	350632	157926	69632	337478	13782
正宁县	Zhengning	246504	55979	19085	171440	57848	9758	9339
宁　县	Ningxian	596122	188451	90690	316981	191388	69044	22855
镇原县	Zhenyuan	790122	254054	187099	348969	256826	181267	6244
定西市	**Dingxi**	**4413556**	**884744**	**701061**	**2827751**	**902662**	**359151**	**342256**
安定区	Anding	1147632	175488	202567	769577	176710	97181	105641
通渭县	Tongwei	547284	108586	71280	367418	109214	22239	49122

3-12 续表 2 continued

单位：万元 (10000 yuan)

地、县	Region & County	地区生产总值 Gross Regional Product	第一产业 Primary Industry	第二产业 Secondary Industry	第三产业 Tertiary Industry	农林牧渔业 Agriculture, Forestry, Animal Husbandry and Fishery Industries	工业 Industry	建筑业 Construction
陇西县	Longxi	768853	145108	136117	487628	154644	79855	56262
渭源县	Weiyuan	400811	140669	32659	227483	141735	13222	19437
临洮县	Lintao	793586	152098	158252	483236	157007	86817	71435
漳　县	Zhangxian	243710	55765	48498	139447	55982	39820	8678
岷　县	Minxian	511679	107029	51688	352963	107372	20016	31681
陇南市	**Longnan**	**4517898**	**823862**	**1029480**	**2664556**	**839119**	**860691**	**169684**
武都区	Wudu	1372699	226050	134983	1011666	227098	55241	79742
成　县	Chengxian	655989	83032	275605	297352	87375	252784	23716
文　县	Wenxian	557148	68729	299206	189213	69273	289647	9559
宕昌县	Tanchang	307834	75182	12775	219877	75546	9138	3637
康　县	Kangxian	233877	43107	34318	156452	44122	21456	12861
西和县	Xihe	336356	76795	51784	207778	78699	46471	5312
礼　县	Lixian	433153	110624	48624	273905	114360	27256	21368
徽　县	Huixian	510047	104886	168520	236641	106799	157265	11255
两当县	Liangdang	110795	35458	3665	71672	35847	1433	2232
临夏州	**Linxia**	**3312763**	**536956**	**612886**	**2162921**	**562717**	**288533**	**324969**
临夏市	Linxia	959230	21186	138709	799336	24172	58190	80727
临夏县	Linxia	448146	97519	66110	284517	102396	25301	41001
康乐县	Kangle	223768	68567	52262	102939	73371	9718	42544
永靖县	Yongjing	605053	139030	203718	262305	142969	133866	70067
广河县	Guanghe	179910	40994	33677	105238	43213	23914	9763
和政县	Hezheng	271079	39870	43657	187552	41817	17406	26251
东乡县	Dongxiang	361935	86776	62316	212842	90094	10523	51793
积石山县	Jishishan	263642	43014	12437	208192	44685	9615	2823
甘南州	**Gannan**	**2190616**	**440512**	**291514**	**1458590**	**462749**	**227364**	**64372**
合作市	Hezuo	571456	36007	94731	440719	37437	72393	22497
临潭县	Lintan	261329	52084	22844	186402	55363	9889	13017
卓尼县	Zhuoni	290541	57214	51660	181667	60218	46558	5102
舟曲县	Zhouqu	286080	48040	27789	210250	52452	24867	2922
迭部县	Diebu	194009	43082	39835	111092	43849	31541	8294
玛曲县	Maqu	216378	77168	20762	118448	79754	15678	5084
碌曲县	Luqu	143809	48594	8452	86763	52098	3912	4540
夏河县	Xiahe	227013	78323	25441	123249	81578	22525	2916

3-12 续表 3 continued

单位：万元 (10000 yuan)

地、县	Region & County	交通运输、仓储和邮政业 Transport, Storage and Post	批发和零售业 Wholesale and Retail Trades	住宿和餐饮业 Hotels and Catering Services	金融业 Financial Intermediation	房地产业 Real Estate	其他 Others	人均地区生产总值（元） Per Capita GDP (yuan)
兰州市	**Lanzhou**	**2311807**	**2386065**	**393753**	**4315052**	**2008269**	**7504421**	**66680**
城关区	Chengguan	1282263	634585	213058	1979755	1068245	3868378	71928
七里河区	Qilihe	222145	676598	47398	972922	338969	853309	69701
西固区	Xigu	110933	397916	24789	520958	100510	582771	96679
安宁区	Anning	321855	1636	38264	230975	187725	894583	55645
红古区	Honggu	20639	136993	10657	60144	24890	159614	69717
永登县	Yongdeng	60620	259309	13663	103900	34436	213999	38891
皋兰县	Gaolan	43739	43078	4544	40214	78725	168663	64825
榆中县	Yuzhong	41583	89670	23112	88188	124195	349089	36352
兰州新区	LanzhouNewArea	207981	146280	18269	317997	50572	414015	84262
嘉峪关市	**Jiayuguan**	**131794**	**100289**	**40868**	**173108**	**69986**	**453454**	**91000**
金昌市	**Jinchang**	**144580**	**35591**	**24793**	**140865**	**77165**	**574612**	**81643**
金川区	Jinchuan	89372	17508	14082	81136	46150	344207	104732
永昌县	Yongchang	55208	18083	10711	59729	31015	230405	48420
白银市	**Baiyin**	**294627**	**187312**	**50887**	**403619**	**210206**	**1089624**	**32700**
白银区	Baiyin	149541	145148	19707	309383	55785	419481	62923
平川区	Pingchuan	26665	9250	7488	17094	31309	190657	37728
靖远县	Jingyuan	46075	10082	6770	30562	40149	127284	20107
会宁县	Huining	30747	2400	8902	25724	52453	223277	17783
景泰县	Jingtai	41600	20432	8020	20854	30510	128925	30968
天水市	**Tianshui**	**528627**	**316313**	**76669**	**616771**	**394751**	**1829850**	**22251**
秦州区	Qinzhou	148104	54027	24467	310151	111377	615409	31417
麦积区	Maiji	147853	134615	15068	113677	63565	288929	30354
清水县	Qingshui	11517	1191	6473	22585	26502	147942	15244
秦安县	Qinan	127022	22878	9447	60175	50942	233803	18874
甘谷县	Gangu	57275	38629	11937	47624	61708	231931	15577
武山县	Wushan	28304	5675	5543	38726	54166	197673	17826
张家川县	Zhangjiachuan	8552	9298	3735	23833	26491	114163	12553
武威市	**Wuwei**	**685237**	**138844**	**63998**	**370035**	**396178**	**1112497**	**35571**
凉州区	Liangzhou	605786	102052	52125	222680	270648	545509	37621
民勤县	Minqin	41694	4277	2741	46771	40348	186946	44915
古浪县	Gulang	21270	16921	3216	42253	54788	163154	23873
天祝县	Tianzhu	16487	15594	5916	58331	30394	116888	32126
张掖市	**Zhangye**	**411816**	**172941**	**89454**	**416577**	**185644**	**1152325**	**41177**

3-12 续表 4 continued

单位：万元 (10000 yuan)

地、县	Region & County	交通运输、仓储和邮政业 Transport, Storage and Post	批发和零售业 Wholesale and Retail Trades	住宿和餐饮业 Hotels and Catering Services	金融业 Financial Intermediation	房地产业 Real Estate	其他 Others	人均地区生产总值（元） Per Capita GDP (yuan)
甘州区	Ganzhou	247563	81838	46033	137823	82604	581715	38975
肃南县	Sunan	17344	3349	3576	15829	7358	68827	107833
民乐县	Minle	39669	10486	6080	82501	34752	116441	30992
临泽县	Linze	34928	26651	9236	50175	16381	129146	49225
高台县	Gaotai	32929	20861	11728	66214	11809	124936	43819
山丹县	Shandan	39383	29757	12801	64035	32740	131261	41005
平凉市	**Pingliang**	**227686**	**81500**	**68619**	**376563**	**317281**	**1414660**	**25623**
崆峒区	Kongtong	120903	36302	21627	204671	133786	480191	30079
泾川县	Jingchuan	18381	2455	11579	30982	41483	137302	17962
灵台县	Lingtai	9647	670	4087	26687	18019	131065	21316
崇信县	Chongxin	8036	3667	7005	16688	9929	79169	47752
庄浪县	Zhuanglang	27761	5630	9028	40139	43979	239609	20216
静宁县	Jingning	29822	16832	7728	31058	51560	212334	20906
华亭市	Huating	13137	15944	7563	26338	18526	134989	35896
酒泉市	**Jiuquan**	**393175**	**298917**	**91815**	**462252**	**268034**	**1123412**	**62187**
肃州区	Suzhou	209917	74327	30851	193661	161431	457509	44805
金塔县	Jinta	16669	11731	4833	57997	21330	102618	53439
瓜州县	Guazhou	69269	69937	10778	42609	20248	132296	74288
肃北县	Subei	5486	11922	2619	7056	2914	53072	111989
阿克塞县	Akesai	4361	6774	2379	5896	1314	40698	93266
玉门市	Yumen	32354	58249	6296	46020	24924	145730	134683
敦煌市	Dunhuang	55120	65977	34059	109014	35872	191488	41974
庆阳市	**Qingyang**	**441184**	**122455**	**191034**	**392350**	**228679**	**1566543**	**34593**
西峰区	Xifeng	218001	78315	68008	238833	61208	567085	48870
庆城县	Qingcheng	24792	13937	17781	19824	17952	119863	33371
环　县	Huanxian	60965	3885	32013	28900	26902	204898	35983
华池县	Huachi	23775	3147	13503	16503	11998	85742	81020
合水县	Heshui	13518	3059	12865	20126	11077	95593	42327
正宁县	Zhengning	14750	3994	8615	11368	21866	108965	14200
宁　县	Ningxian	28903	8821	11851	30199	36805	196255	17569
镇原县	Zhenyuan	56479	7295	26400	26597	40871	188143	21731
定西市	**Dingxi**	**364386**	**113135**	**96003**	**461207**	**273868**	**1500888**	**17430**
安定区	Anding	138719	45353	21176	135524	33689	393640	27166
通渭县	Tongwei	30307	9662	10124	44710	45504	226403	16850

3-12 续表 5 continued

单位：万元 （10000 yuan）

地、县	Region & County	交通运输、仓储和邮政业 Transport, Storage and Post	批发和零售业 Wholesale and Retail Trades	住宿和餐饮业 Hotels and Catering Services	金融业 Financial Intermediation	房地产业 Real Estate	其他 Others	人均地区生产总值（元） Per Capita GDP （yuan）
陇西县	Longxi	58492	25609	19184	87348	40707	246752	17941
渭源县	Weiyuan	20158	5235	6941	33561	32070	128451	14335
临洮县	Lintao	53530	9713	17427	83927	52993	260538	16483
漳　县	Zhangxian	12575	3118	5321	21206	18687	78324	14458
岷　县	Minxian	50505	14444	15831	54932	50218	166679	11939
陇南市	**Longnan**	**336830**	**66746**	**75477**	**435048**	**276374**	**1457929**	**18710**
武都区	Wudu	153614	30890	28249	249894	68805	479166	25088
成　县	Chengxian	26954	2654	7998	22994	24805	206708	27141
文　县	Wenxian	18189	3571	6819	17216	20337	122537	28160
宕昌县	Tanchang	37852	2868	9091	28312	30060	111329	12034
康　县	Kangxian	5896	2585	2445	21443	15913	107155	14331
西和县	Xihe	13579	3010	7047	21616	38110	122512	9530
礼　县	Lixian	20728	9498	4026	43718	48725	143474	10175
徽　县	Huixian	53153	10556	5693	20268	25365	119694	26795
两当县	Liangdang	6853	1114	4109	9588	4253	45355	27734
临夏州	**Linxia**	**221559**	**65290**	**101450**	**273265**	**187931**	**1287049**	**15747**
临夏市	Linxia	100945	32057	26701	118354	47163	470921	27197
临夏县	Linxia	30998	7560	17573	26518	16103	130696	13879
康乐县	Kangle	11659	2701	6665	19342	19894	37874	8772
永靖县	Yongjing	16294	7738	12800	37764	20189	163366	33484
广河县	Guanghe	17265	2677	10127	19340	25969	27642	6938
和政县	Hezheng	15680	2199	6277	18081	18043	125325	13305
东乡县	Dongxiang	14368	2701	9678	17176	21717	143885	12485
积石山县	Jishishan	14350	7657	11629	16690	18853	137340	11017
甘南州	**Gannan**	**99954**	**116701**	**82080**	**138487**	**78435**	**920434**	**31661**
合作市	Hezuo	32086	68517	18098	44668	36671	239090	51344
临潭县	Lintan	12479	17639	5614	15824	10694	120809	20448
卓尼县	Zhuoni	3440	4977	6656	13600	5792	144199	30375
舟曲县	Zhouqu	23450	9182	11017	21086	8803	132301	22759
迭部县	Diebu	7851	5130	19028	8986	4157	65173	37167
玛曲县	Maqu	7265	7133	6232	13131	1760	80339	37961
碌曲县	Luqu	3986	2381	3533	7547	1306	64506	40058
夏河县	Xiahe	9437	1742	11900	13646	9253	74015	26290

3-13 各地、县地区生产总值指数（2020）
Indices of Gross Regional Product by Region & County （2020）

（上年 =100） 本表按不变价格计算。Data in this table are calculated at constant prices. （preceding year=100）

地、县	Region&County	地区生产总值 Gross Regional Product	第一产业 Primary Industry	第二产业 Secondary Industry	第三产业 Tertiary Industry	农林牧渔业 Agriculture, Forestry, Animal Husbandry and Fishery Industries	工业 Industry	建筑业 Construction
兰州市	**Lanzhou**	**102.4**	**105.0**	**103.7**	**101.5**	**104.9**	**103.1**	**106.1**
城关区	Chengguan	102.0	101.1	107.0	101.1	101.6	116.2	97.1
七里河区	Qilihe	100.0	100.9	98.8	100.8	101.6	99.2	96.9
西固区	Xigu	97.9	93.4	97.8	98.2	93.5	98.8	86.3
安宁区	Anning	105.8	91.6	110.1	103.8	85.8	111.0	105.8
红古区	Honggu	87.1	104.3	80.1	98.4	104.3	80.0	83.6
永登县	Yongdeng	101.8	107.1	107.1	98.3	107.1	110.6	70.5
皋兰县	Gaolan	108.6	104.2	109.8	108.4	103.9	110.0	104.9
榆中县	Yuzhong	111.2	106.9	119.4	102.4	106.7	111.2	249.0
兰州新区	LanzhouNewArea	116.7	120.2	122.8	110.4	118.9	118.5	131.6
嘉峪关市	**Jiayuguan**	**104.3**	**104.2**	**106.7**	**99.0**	**104.2**	**107.8**	**76.3**
金昌市	**Jinchang**	**108.7**	**105.2**	**110.9**	**103.8**	**106.4**	**111.6**	**104.4**
金川区	Jinchuan	109.2	105.1	110.8	103.1	108.8	111.6	103.3
永昌县	Yongchang	106.8	105.3	111.3	104.7	105.5	111.4	111.0
白银市	**Baiyin**	**102.8**	**106.0**	**100.1**	**104.1**	**105.9**	**97.5**	**113.7**
白银区	Baiyin	100.6	105.6	96.8	105.2	105.5	96.2	101.9
平川区	Pingchuan	104.3	105.8	105.0	103.1	105.8	100.0	125.1
靖远县	Jingyuan	104.7	106.1	103.9	103.3	106.0	101.5	106.5
会宁县	Huining	104.3	106.2	103.4	103.2	106.2	100.3	108.0
景泰县	Jingtai	105.9	105.9	113.5	102.3	105.6	101.0	184.8
天水市	**Tianshui**	**105.2**	**105.6**	**104.9**	**105.1**	**105.6**	**105.0**	**105.0**
秦州区	Qinzhou	105.1	105.5	104.8	105.2	105.5	108.3	97.4
麦积区	Maiji	103.1	105.6	102.9	102.7	105.7	102.8	107.9
清水县	Qingshui	104.7	105.6	107.4	103.9	105.6	95.8	121.4
秦安县	Qinan	106.5	105.7	108.7	106.5	105.7	100.3	113.8
甘谷县	Gangu	107.4	105.5	109.8	107.7	105.5	105.5	111.7
武山县	Wushan	106.7	105.8	117.5	105.2	105.8	136.4	112.9
张家川县	Zhangjiachuan	106.5	105.4	100.3	107.8	105.4	103.2	98.9
武威市	**Wuwei**	**104.3**	**105.7**	**103.6**	**103.9**	**105.5**	**104.6**	**101.7**
凉州区	Liangzhou	104.2	105.5	102.2	104.3	105.4	104.5	98.9
民勤县	Minqin	103.7	105.6	101.6	102.6	105.2	102.7	98.6
古浪县	Gulang	105.9	106.6	122.1	102.7	106.3	108.1	150.6
天祝县	Tianzhu	105.4	105.3	109.8	103.8	104.8	112.2	95.6
张掖市	**Zhangye**	**103.6**	**105.3**	**104.1**	**102.6**	**105.1**	**109.9**	**95.5**

3-13 续表 1 continued

（上年=100）　　　　(preceding year=100)

地、县	Region & County	地区生产总值 Gross Regional Product	第一产业 Primary Industry	第二产业 Secondary Industry	第三产业 Tertiary Industry	农林牧渔业 Agriculture, Forestry, Animal Husbandry and Fishery Industries	工业 Industry	建筑业 Construction
甘州区	Ganzhou	102.6	105.3	100.3	102.6	104.7	107.0	91.9
肃南县	Sunan	105.4	105.1	108.6	102.3	105.0	107.2	117.6
民乐县	Minle	104.5	105.4	104.1	104.2	105.4	104.2	103.7
临泽县	Linze	103.7	105.4	101.9	103.2	105.3	103.2	100.8
高台县	Gaotai	102.0	105.5	98.2	101.6	105.5	105.8	91.0
山丹县	Shandan	106.1	105.2	115.4	101.9	105.3	129.8	94.7
平凉市	**Pingliang**	**103.5**	**105.6**	**101.2**	**104.0**	**105.5**	**100.1**	**105.1**
崆峒区	Kongtong	104.2	105.1	106.6	103.2	105.0	107.6	104.6
泾川县	Jingchuan	103.4	106.0	95.7	104.9	106.0	93.7	97.9
灵台县	Lingtai	106.7	106.1	134.0	103.4	106.3	147.8	95.6
崇信县	Chongxin	101.1	105.5	97.9	104.1	105.4	97.2	113.2
庄浪县	Zhuanglang	106.0	105.4	110.8	105.5	105.5	106.7	114.2
静宁县	Jingning	104.1	105.6	107.0	102.1	105.3	110.0	105.4
华亭市	Huating	103.0	105.8	100.4	108.3	105.7	100.4	99.8
酒泉市	**Jiuquan**	**106.3**	**106.2**	**111.1**	**101.3**	**105.1**	**112.9**	**97.4**
肃州区	Suzhou	106.8	106.4	115.9	103.3	106.4	128.2	101.2
金塔县	Jinta	109.4	106.8	116.7	107.2	106.8	118.2	106.5
瓜州县	Guazhou	109.7	105.8	115.7	103.1	105.8	116.0	107.5
肃北县	Subei	107.8	105.6	114.6	101.6	105.5	115.6	102.3
阿克塞县	Akesai	100.5	106.2	99.3	100.4	106.2	102.6	80.4
玉门市	Yumen	108.3	108.1	109.6	102.6	107.1	109.9	96.1
敦煌市	Dunhuang	95.1	102.4	98.1	92.5	94.0	103.9	57.5
庆阳市	**Qingyang**	**104.3**	**105.5**	**105.6**	**101.9**	**105.6**	**105.7**	**103.6**
西峰区	Xifeng	105.1	104.1	106.5	103.7	104.4	103.3	127.7
庆城县	Qingcheng	106.0	104.4	109.0	100.0	104.5	110.4	92.3
环　县	Huanxian	106.1	105.4	108.4	101.3	105.3	109.9	67.0
华池县	Huachi	102.1	104.4	102.4	99.7	104.5	102.7	89.7
合水县	Heshui	103.8	104.5	105.0	100.0	104.5	104.2	138.0
正宁县	Zhengning	102.0	104.5	103.2	100.8	104.7	98.8	109.9
宁　县	Ningxian	102.3	104.5	100.5	102.0	105.0	120.7	59.9
镇原县	Zhenyuan	102.2	108.3	101.1	99.5	108.2	103.1	57.7
定西市	**Dingxi**	**104.4**	**105.9**	**105.9**	**103.5**	**105.8**	**104.3**	**107.9**
安定区	Anding	104.3	106.0	106.5	103.3	105.9	104.6	108.6
通渭县	Tongwei	104.3	105.7	107.8	103.3	105.6	105.5	108.9

3-13 续表 2 continued

(上年 =100) (preceding year=100)

地、县	Region&County	地区生产总值 Gross Regional Product	第一产业 Primary Industry	第二产业 Secondary Industry	第三产业 Tertiary Industry	农林牧渔业 Agriculture, Forestry, Animal Husbandry and Fishery Industries	工业 Industry	建筑业 Construction
陇西县	Longxi	104.0	105.9	104.6	103.4	105.9	101.5	109.7
渭源县	Weiyuan	104.6	105.7	106.4	103.6	105.6	103.5	108.6
临洮县	Lintao	104.0	106.2	104.0	103.5	106.0	104.3	103.4
漳　县	Zhangxian	104.8	105.8	104.9	104.2	105.7	104.2	109.1
岷　县	Minxian	104.2	106.0	106.4	103.2	106.0	103.3	108.6
陇南市	**Longnan**	**102.9**	**104.3**	**101.1**	**103.2**	**104.4**	**101.6**	**97.3**
武都区	Wudu	102.5	100.9	92.7	104.5	100.9	95.1	90.8
成　县	Chengxian	102.5	105.4	102.0	102.4	105.3	103.4	86.9
文　县	Wenxian	102.5	97.9	104.1	101.7	98.1	102.7	229.0
宕昌县	Tanchang	101.6	104.3	88.4	101.9	104.3	84.0	105.8
康　县	Kangxian	102.1	104.9	97.1	102.7	104.9	98.9	93.7
西和县	Xihe	103.4	105.6	103.9	102.5	105.5	105.8	85.7
礼　县	Lixian	103.3	105.5	103.3	102.4	105.2	99.6	108.6
徽　县	Huixian	102.9	104.0	101.3	103.7	104.0	100.0	130.4
两当县	Liangdang	101.6	105.3	95.0	100.4	105.1	87.4	101.3
临夏州	**Linxia**	**105.2**	**105.4**	**104.1**	**105.5**	**105.4**	**98.9**	**109.8**
临夏市	Linxia	105.9	104.2	103.3	106.4	102.8	101.6	104.7
临夏县	Linxia	105.6	104.9	108.6	105.1	104.8	86.9	130.9
康乐县	Kangle	103.3	105.0	96.3	106.5	105.4	81.6	100.9
永靖县	Yongjing	103.9	104.7	103.0	104.5	105.6	101.6	106.2
广河县	Guanghe	104.1	104.8	101.9	104.7	105.1	101.1	104.0
和政县	Hezheng	105.4	105.1	107.5	105.0	104.8	102.5	111.5
东乡县	Dongxiang	106.2	106.6	112.7	104.2	106.2	95.8	117.3
积石山县	Jishishan	105.0	106.1	100.3	105.2	106.4	96.6	116.4
甘南州	**Gannan**	**101.6**	**102.5**	**102.2**	**101.2**	**102.6**	**102.7**	**100.3**
合作市	Hezuo	103.6	104.6	110.2	102.0	104.5	118.3	87.8
临潭县	Lintan	103.3	111.1	118.7	100.7	107.9	110.0	127.7
卓尼县	Zhuoni	103.2	104.8	109.5	100.9	104.9	105.9	180.4
舟曲县	Zhouqu	101.6	99.4	106.4	101.4	99.6	109.7	82.1
迭部县	Diebu	95.1	95.9	91.3	98.1	96.0	90.5	99.3
玛曲县	Maqu	97.6	98.0	82.0	101.2	98.6	80.0	90.2
碌曲县	Luqu	103.8	103.8	114.1	102.8	104.4	118.9	109.7
夏河县	Xiahe	101.4	104.5	97.7	101.0	104.5	100.6	77.3

3-13 续表 3 continued

（上年 =100） (preceding year=100)

地、县	Region&County	交通运输、仓储和邮政业 Transport, Storage and Post	批发和零售业 Wholesale and Retail Trades	住宿和餐饮业 Hotels and Catering Services	金融业 Financial Intermediation	房地产业 Real Estate	其他 Others	人均地区生产总值（元） Per Capita GDP (yuan)
兰州市	**Lanzhou**	**106.3**	**92.4**	**90.6**	**101.3**	**104.2**	**103.8**	**100.5**
城关区	Chengguan	104.2	93.3	91.5	100.7	99.7	102.8	100.5
七里河区	Qilihe	102.0	92.7	87.7	100.5	114.0	104.6	97.7
西固区	Xigu	103.5	92.0	84.5	98.7	109.9	100.7	96.7
安宁区	Anning	100.7	121.4	91.2	104.6	110.1	104.2	101.6
红古区	Honggu	85.1	91.2	89.6	100.3	104.9	108.3	86.6
永登县	Yongdeng	107.5	90.7	93.0	101.8	102.8	105.2	105.8
皋兰县	Gaolan	135.5	97.0	93.2	105.9	97.9	113.6	108.4
榆中县	Yuzhong	105.9	99.6	93.6	102.4	105.7	102.2	110.3
兰州新区	LanzhouNewArea	139.8	86.3	90.8	108.7	120.6	111.5	106.8
嘉峪关市	**Jiayuguan**	**99.7**	**94.7**	**90.9**	**97.9**	**95.8**	**102.1**	**101.4**
金昌市	**Jinchang**	**100.5**	**104.0**	**90.4**	**101.6**	**117.2**	**103.6**	**109.4**
金川区	Jinchuan	99.5	104.1	86.5	98.8	119.4	103.3	107.3
永昌县	Yongchang	102.1	103.9	95.9	105.5	114.0	104.2	110.5
白银市	**Baiyin**	**105.1**	**100.4**	**92.0**	**105.5**	**106.6**	**104.2**	**104.2**
白银区	Baiyin	105.7	101.3	92.7	105.2	104.1	107.5	100.4
平川区	Pingchuan	102.7	100.9	91.0	103.3	108.6	102.9	103.9
靖远县	Jingyuan	105.1	99.6	91.2	105.6	105.9	102.4	107.2
会宁县	Huining	104.9	105.5	94.2	104.5	110.6	101.4	108.2
景泰县	Jingtai	105.0	94.4	89.5	112.8	103.8	102.2	107.5
天水市	**Tianshui**	**103.7**	**96.0**	**92.4**	**108.3**	**109.7**	**106.1**	**106.3**
秦州区	Qinzhou	106.0	107.5	93.6	107.2	107.4	103.9	104.9
麦积区	Maiji	103.7	90.6	92.6	107.5	112.0	108.1	103.1
清水县	Qingshui	101.7	99.6	91.6	111.6	105.3	103.4	106.0
秦安县	Qinan	101.9	100.2	91.6	109.0	112.2	109.3	109.3
甘谷县	Gangu	103.0	102.7	91.7	117.2	112.7	107.9	108.7
武山县	Wushan	102.8	99.8	90.9	102.1	109.0	105.8	109.1
张家川县	Zhangjiachuan	103.5	106.9	92.3	115.7	109.2	107.0	108.5
武威市	**Wuwei**	**106.5**	**99.2**	**88.9**	**104.6**	**107.4**	**102.7**	**107.0**
凉州区	Liangzhou	106.5	99.9	89.0	104.7	107.0	103.4	105.8
民勤县	Minqin	105.7	110.1	88.9	100.2	108.4	101.7	107.6
古浪县	Gulang	105.0	97.0	88.4	102.6	108.7	101.7	112.1
天祝县	Tianzhu	104.6	94.7	88.6	109.4	107.7	103.0	107.3
张掖市	**Zhangye**	**104.4**	**100.9**	**90.9**	**105.8**	**101.2**	**102.4**	**104.3**

3-13 续表 4 continued

（上年 =100） (preceding year=100)

地、县	Region&County	交通运输、仓储和邮政业 Transport, Storage and Post	批发和零售业 Wholesale and Retail Trades	住宿和餐饮业 Hotels and Catering Services	金融业 Financial Intermediation	房地产业 Real Estate	其他 Others	人均地区生产总值（元） Per Capita GDP (yuan)
甘州区	Ganzhou	105.2	98.9	89.4	104.2	98.1	103.7	102.4
肃南县	Sunan	103.1	106.3	93.3	105.4	102.6	101.6	107.6
民乐县	Minle	102.9	104.9	92.5	107.7	110.3	101.3	106.2
临泽县	Linze	103.4	104.8	91.4	105.8	107.5	102.1	105.6
高台县	Gaotai	103.3	102.4	92.8	106.5	80.6	101.7	103.6
山丹县	Shandan	103.1	100.1	92.7	106.4	106.8	99.4	107.1
平凉市	**Pingliang**	**101.8**	**106.2**	**90.9**	**103.0**	**108.7**	**104.4**	**104.8**
崆峒区	Kongtong	102.6	103.2	91.6	102.3	109.2	102.8	102.6
泾川县	Jingchuan	100.8	103.7	89.2	100.8	124.7	102.9	106.3
灵台县	Lingtai	99.0	103.5	84.3	106.4	86.7	106.7	108.7
崇信县	Chongxin	102.6	102.7	89.6	110.6	121.5	102.8	103.0
庄浪县	Zhuanglang	101.7	103.4	98.8	106.1	106.8	106.0	107.7
静宁县	Jingning	100.5	104.1	89.8	105.5	106.2	101.6	106.0
华亭市	Huating	100.6	119.1	89.4	96.6	106.4	112.3	103.5
酒泉市	**Jiuquan**	**103.9**	**93.7**	**90.0**	**103.3**	**101.6**	**103.3**	**106.7**
肃州区	Suzhou	104.6	93.6	93.3	103.0	102.5	105.0	106.1
金塔县	Jinta	107.8	103.3	91.6	107.4	95.2	111.4	112.0
瓜州县	Guazhou	119.6	92.4	94.2	100.7	103.6	103.0	111.5
肃北县	Subei	97.5	102.7	83.0	109.1	95.7	102.3	107.8
阿克塞县	Akesai	98.9	99.2	92.3	106.3	104.1	100.4	100.0
玉门市	Yumen	110.3	91.4	93.4	105.3	103.2	107.1	110.2
敦煌市	Dunhuang	84.8	93.1	85.7	101.7	99.1	94.7	95.2
庆阳市	**Qingyang**	**100.3**	**105.6**	**89.0**	**104.6**	**108.4**	**102.5**	**104.5**
西峰区	Xifeng	101.9	105.2	92.0	104.0	115.8	105.4	102.1
庆城县	Qingcheng	96.9	106.7	83.9	104.4	107.1	99.5	107.3
环　县	Huanxian	99.2	109.3	89.1	111.2	111.9	101.5	106.1
华池县	Huachi	99.3	102.9	85.9	99.4	106.9	101.5	102.3
合水县	Heshui	95.5	104.7	89.7	104.5	106.7	100.6	104.7
正宁县	Zhengning	97.4	109.1	85.0	107.5	103.5	101.2	102.5
宁　县	Ningxian	103.5	104.2	84.0	102.6	108.0	101.5	104.6
镇原县	Zhenyuan	97.9	107.0	90.1	108.0	100.2	100.0	103.9
定西市	**Dingxi**	**100.5**	**101.2**	**91.1**	**106.7**	**108.1**	**103.6**	**105.2**
安定区	Anding	99.3	101.7	90.5	104.8	106.3	105.3	104.3
通渭县	Tongwei	99.8	94.4	90.4	100.4	107.0	104.9	105.3

3-13 续表 5 continued

（上年 =100） (preceding year=100)

地、县	Region&County	交通运输、仓储和邮政业 Transport, Storage and Post	批发和零售业 Wholesale and Retail Trades	住宿和餐饮业 Hotels and Catering Services	金融业 Financial Intermediation	房地产业 Real Estate	其他 Others	人均地区生产总值（元） Per Capita GDP (yuan)
陇西县	Longxi	98.9	96.3	90.9	100.7	105.1	107.3	104.8
渭源县	Weiyuan	99.9	97.4	90.0	102.0	105.1	105.6	106.5
临洮县	Lintao	99.3	110.1	91.4	101.6	107.6	105.0	104.7
漳　县	Zhangxian	99.6	103.3	90.8	110.6	105.8	104.2	106.5
岷　县	Minxian	99.8	103.5	89.8	105.2	108.2	103.8	104.9
陇南市	**Longnan**	**100.4**	**107.1**	**88.8**	**104.0**	**108.7**	**103.4**	**103.6**
武都区	Wudu	100.6	103.7	88.0	104.0	100.4	103.0	103.0
成　县	Chengxian	103.5	110.4	89.4	104.8	112.3	101.2	102.5
文　县	Wenxian	96.1	110.5	87.8	102.7	105.9	102.5	103.8
宕昌县	Tanchang	95.5	104.9	88.1	107.3	123.3	99.3	102.9
康　县	Kangxian	93.6	110.6	88.7	103.2	105.9	102.8	103.0
西和县	Xihe	113.0	110.6	90.7	104.3	105.9	100.4	105.4
礼　县	Lixian	98.9	110.6	87.6	105.9	107.8	100.3	104.2
徽　县	Huixian	102.4	110.4	89.6	102.3	126.7	100.6	103.5
两当县	Liangdang	97.7	110.2	94.2	94.5	105.9	102.3	103.3
临夏州	**Linxia**	**103.1**	**107.7**	**90.7**	**112.7**	**113.9**	**104.6**	**104.3**
临夏市	Linxia	104.1	104.9	90.4	112.8	107.4	106.8	103.3
临夏县	Linxia	101.1	109.1	91.1	118.4	135.0	103.5	105.8
康乐县	Kangle	100.8	117.9	91.6	107.7	119.1	103.7	102.4
永靖县	Yongjing	101.6	109.4	91.1	109.7	115.2	103.0	103.9
广河县	Guanghe	101.9	1130.0	90.7	104.9	112.1	104.8	102.8
和政县	Hezheng	101.2	107.7	91.6	115.1	119.7	103.0	104.4
东乡县	Dongxiang	101.2	114.4	89.3	122.5	108.5	103.1	106.1
积石山县	Jishishan	109.5	109.2	90.9	113.9	113.3	103.7	104.9
甘南州	**Gannan**	**94.7**	**102.5**	**90.1**	**102.7**	**107.1**	**102.3**	**101.6**
合作市	Hezuo	92.4	102.5	106.3	100.8	106.2	102.8	101.5
临潭县	Lintan	95.6	102.4	68.9	108.3	108.0	101.8	104.2
卓尼县	Zhuoni	90.8	102.3	87.6	103.5	106.1	101.2	103.9
舟曲县	Zhouqu	99.3	102.7	97.7	99.2	108.3	102.0	102.2
迭部县	Diebu	97.6	102.4	81.5	102.3	108.5	102.7	95.1
玛曲县	Maqu	89.1	102.3	89.9	106.9	107.2	102.3	97.2
碌曲县	Luqu	96.1	102.3	90.9	109.6	108.8	102.7	103.3
夏河县	Xiahe	94.3	102.0	91.9	100.4	108.7	102.8	101.5

主要统计指标解释

国内生产总值（GDP） 指按市场价格计算的一个国家（或地区）所有常住单位在一定时期内生产活动的最终成果。国内生产总值有三种表现形态，即价值形态、收入形态和产品形态。从价值形态看，它是所有常住单位在一定时期内生产的全部货物和服务价值超过同期投入的全部非固定资产货物和服务价值的差额，即所有常住单位的增加值之和；从收入形态看，它是所有常住单位在一定时期内创造并分配给常住单位和非常住单位的初次收入之和；从产品形态看，它是所有常住单位在一定时期内最终使用的货物和服务价值减去货物和服务进口价值。在实际核算中，国内生产总值有三种计算方法，即生产法、收入法和支出法。三种方法分别从不同的方面反映国内生产总值及其构成。

对于一个地区来说，称为地区生产总值或地区 GDP。

三次产业 三次产业的划分是世界上较为常用的产业结构分类，但各国的划分不尽一致。根据《国民经济行业分类》（GB/T 4754—2011），我国的三次产业划分是：

第一产业是指农、林、牧、渔业（不含农、林、牧、渔服务业）。

第二产业是指采矿业（不含开采辅助活动），制造业（不含金属制品、机械和设备修理业），电力、热力、燃气及水生产和供应业，建筑业。

第三产业即服务业，是指除第一产业、第二产业以外的其他行业。

4

就业和工资

Employment and Wages

简要说明

一、本篇资料主要内容

本篇资料反映劳动就业方面基本情况，主要包括经济活动人口数、就业人员及职工人数、城镇登记失业人数、职工工资总额、平均工资及指数变化等情况。

二、本篇资料来源

1. 本篇资料中劳动就业和工资等资料由省统计局人口与就业处整理提供。

2. 城镇登记失业与新增就业等资料来源于省人力资源和社会保障厅。

4-1 就业基本情况
Employment

单位：万人 (10 000persons)

项目	Item	2010	2015	2018	2019	2020
经济活动人口	**Economically Active Population**	**1407.72**	**1355.48**	**1346.95**	**1343.33**	**1343.20**
就业人员	**Total Number of Employed Persons**	**1397**	**1346**	**1337**	**1333**	**1331**
第一产业	Primary Industry	861	768	721	706	597
第二产业	Secondary Industry	215	217	207	201	237
第三产业	Tertiary Industry	322	361	409	425	497
就业人员构成（%）（合计=100）	**Composition of Employed Persons (%)(total=100)**					
第一产业	Primary Industry	61.61	57.06	53.90	53.00	44.85
第二产业	Secondary Industry	15.36	16.11	15.50	15.10	17.81
第三产业	Tertiary Industry	23.03	26.83	30.60	31.90	37.34
按城乡分就业人员	**Number of Employed Persons by Urban and Rural Areas**					
城镇就业人员	Urban Employed Persons	403.98	497.37	548.01	564.93	618.00
非私营单位就业人员	Non-private Unit Employed Persons	194.29	261.76	246.68	253.00	262.22
国有单位	State-owned Units	147.36	153.88	141.85	136.10	137.83
城镇集体单位	Urban Collective-owned Units	6.88	10.17	6.23	5.60	5.69
股份合作单位	Cooperative Units	1.03	0.70	0.52	0.40	0.90
联营单位	Joint Ownership Units	0.46	0.10	0.09	0.10	0.12
有限责任公司	Limited Liability Corporations	23.84	70.65	73.31	77.10	79.40
股份有限公司	Share-holding Corporations Ltd.	10.36	22.05	21.08	27.30	31.14
港澳台商投资单位	Units with Funds from Hong Kong, Macao & Taiwan	0.47	0.85	0.61	3.90	0.84
外商投资单位	Foreign Funded Units	0.77	1.56	1.74	0.70	1.84
其他	Others	3.12	1.82	1.25	1.70	4.47
私营企业	Private Enterprises		100.19	136.90	150.60	
个体	Self-employed Individuals		110.13	114.87	124.10	
乡村就业人员	Rural Employed Persons	993.02	848.63	788.99	768.04	713.00
在岗职工人数	**Number of Staff and Workers**	**187.96**	**228.97**	**212.72**	**213.60**	**222.01**
国有单位	State-owned Units	142.46	137.97	125.70	118.50	122.84
城镇集体单位	Urban Collective-owned Units	6.76	9.14	5.47	5.00	4.95
其他单位	Units of Other Types of Ownership	38.74	81.87	81.55	90.10	94.22
城镇单位女性就业人员	**Number of Female Employed Persons in Urban Units**	**63.56**	**86.29**	**84.92**	**92.90**	**100.57**
城镇新增就业人员	**New Increased Urban Employed Persons**	**29.30**	**43.70**	**43.13**	**39.22**	**35.68**
城镇登记失业人数	**Number of Registered Unemployed Persons in Urban Areas**	**10.72**	**9.48**	**9.95**	**10.83**	**12.20**
城镇登记失业率（%）	**Registered Unemployment Rate in Urban Areas (%)**	**3.21**	**2.14**	**2.78**	**3.00**	**3.27**

注：就业人员按常住人口口径统计。2010—2020年就业人员数根据第七次全国人口普查数据进行了修订。

a) the number of employed persons is calculated according to the caliber of permanent residents. The data of employed persons from 2010 to 2020 were revised according to the data of the Seventh National Population Census.

4-2 就业人员
Employed Persons

单位：万人 (10 000 persons)

年份 Year	经济活动人口 Economically Active Population	就业人员 Total Employed Persons	按三次产业分 By Three Strata of Industry			按城乡分 By Urban and Rural Areas	
			第一产业 Primary Industry	第二产业 Secondary Industry	第三产业 Tertiary Industry	城镇 Urban Areas	乡村 Rural Areas
1978		694				160	534
1979		713				164	549
1980	805	796				173	623
1981	853	842				182	660
1982	879	870				187	683
1983	999	994	797	108	89	191	803
1984	1051	1047	803	124	119	205	842
1985	1089	1081	786	153	143	211	870
1986	1106	1099	790	179	131	221	878
1987	1151	1140	754	171	215	231	909
1988	1191	1179	798	189	192	236	943
1989	1228	1214	824	184	206	237	977
1990	1305	1292	899	186	207	240	1052
1991	1314	1302	900	198	205	257	1045
1992	1315	1306	899	205	202	264	1042
1993	1428	1418	974	232	212	271	1147
1994	1449	1439	936	257	246	282	1157
1995	1492	1483	942	282	260	283	1200
1996	1531	1521	961	289	271	288	1233
1997	1539	1530	946	308	276	284	1246
1998	1548	1540	922	311	307	320	1220
1999	1497	1489	879	298	313	336	1153
2000	1484	1476	881	280	316	320	1156
2001	1496	1489	887	275	327	324	1165
2002	1509	1501	889	278	333	327	1174
2003	1520	1511	890	282	339	333	1178
2004	1530	1520	891	285	345	339	1181
2005	1401	1391	886	204	302	364	1027
2006	1411	1401	886	207	308	372	1030
2007	1424	1415	886	212	316	383	1032
2008	1456	1446	902	219	326	398	1049
2009	1499	1489	923	227	338	414	1075
2010	1408	1397	861	215	322	404	993
2011	1390	1379	845	213	321	416	963
2012	1368	1358	821	212	325	449	909
2013	1361	1352	801	217	334	462	890
2014	1358	1348	782	217	349	478	870
2015	1356	1346	768	217	361	497	849
2016	1351	1341	750	213	377	512	829
2017	1347	1337	733	210	393	531	806
2018	1347	1337	721	207	409	548	789
2019	1344	1333	706	201	425	565	768
2020	1343	1331	597	237	497	618	713

注：2005年及以后，就业人员按常住人口口径统计。2010—2019年就业人员数根据第七次全国人口普查数据进行了修订。

a) Since 2005, the number of employed persons is calculated according to the caliber of permanent residents. The data of employed persons from 2010 to 2019 were revised according to the data of the Seventh National Population Census.

4-3 按登记注册类型和行业分城镇非私营单位就业人员数（2020）
Number of Employed Persons in Urban Non-private Units at Year-end by Status of Registration Sector in Detail（2020）

单位：万人 （10 000 persons）

项　目	Item	就业人员数 Total Employed Persons	国有单位 State-owned Units	城镇集体单位 Urban Collective-owned Units	其他单位 Units of Other Types of Ownership
城镇非私营单位就业人员	**Urban Non-private Unit Employed Persons**	**262.22**	**137.83**	**5.69**	**118.70**
按企、事业和机关分	**By Enterprises, Institutions and Agencies**				
企业	Enterprises	143.05	23.94	4.21	114.90
政府	Government Organs	116.73	113.27	1.29	2.17
民间非营利组织	Folk Non-profit Organization	2.21	0.42	0.19	1.60
其他	Other	0.24	0.20		0.04
按国民经济行业分	**By Sector**				
农、林、牧、渔业	Agriculture, Forestry, Animal Husbandry and Fishery	1.86	1.04	0.03	0.79
采矿业	Mining	7.17	2.28	0.17	4.72
制造业	Manufacturing	28.32	1.19	0.13	27.00
电力、热力、燃气及水生产和供应业	Production and Supply of Electricity, Heat, Gas and Water	10.71	6.68	0.03	4.00
建筑业	Construction	33.13	4.27	2.78	26.08
批发和零售业	Wholesale and Retail Trades	8.51	0.80	0.09	7.62
交通运输、仓储和邮政业	Transport,Storage and Post	13.23	2.14	0.02	11.07
住宿和餐饮业	Hotels and Catering Services	3.02	0.49	0.06	2.47
信息传输、软件和信息技术服务业	Information Transmission,Software and Information Technology Services	3.62	0.73	0.00	2.89
金融业	Financial Intermediation	14.35	1.81	0.51	12.03
房地产业	Real Estate	6.74	0.55	0.14	6.05
租赁和商务服务业	Leasing and Business Services	4.20	1.17	0.14	2.88
科学研究和技术服务业	Scientific Research and Technical Services	7.32	4.48	0.06	2.78
水利、环境和公共设施管理业	Management of Water Conservancy, Environment and Public Facilities	4.53	2.91	0.03	1.58
居民服务、修理和其他服务业	Services to Households,Repair and Other Services	0.89	0.10	0.01	0.79
教育	Education	40.80	36.81	0.89	3.09
卫生和社会工作	Health and Social Services	19.27	17.26	0.51	1.49
文化、体育和娱乐业	Culture, Sports and Entertainment	2.90	1.96	0.04	0.90
公共管理、社会保障和社会组织	Public Management,Social Security and Social Organization	51.66	51.14	0.05	0.48

4-4 按行业分城镇非私营单位年末在岗职工人数
Number of Staff and Workers in Urban Non-private Units at Year-end by Sector

单位：万人　　　　(10 000 persons)

行　业	Sector	2010	2015	2018	2019	2020
在岗职工人数	**Number of Staff and Workers**	**187.96**	**228.97**	**212.72**	**213.59**	**222.01**
农、林、牧、渔业	Agriculture, Forestry, Animal Husbandry and Fishery	5.19	4.52	3.33	1.58	1.67
采矿业	Mining	8.87	10.48	7.68	6.94	6.68
制造业	Manufacturing	34.54	32.51	26.31	25.06	25.31
电力、热力、燃气及水生产和供应业	Production and Supply of Electricity, Heat,Gas and Water	6.60	11.02	10.81	10.14	9.43
建筑业	Construction	14.32	30.25	23.06	21.81	21.03
批发和零售业	Wholesale and Retail Trades	9.93	7.30	6.36	7.20	7.82
交通运输、仓储和邮政业	Transport,Storage and Post	1.66	11.48	13.15	11.80	11.63
住宿和餐饮业	Hotels and Catering Services	5.59	2.88	2.23	2.36	2.59
信息传输、软件和信息技术服务业	Information Transmission,Software and Information Technology Services	1.82	2.13	2.63	3.43	3.36
金融业	Financial Intermediation	6.59	6.52	6.52	6.91	8.60
房地产业	Real Estate	1.68	4.00	3.70	4.14	4.82
租赁和商务服务业	Leasing and Business Services	1.33	1.99	2.40	2.89	3.20
科学研究和技术服务业	Scientific Research and Technical Services	5.01	6.43	5.92	5.88	6.42
水利、环境和公共设施管理业	Management of Water Conservancy, Environment and Public Facilities	3.05	5.03	5.37	4.65	3.92
居民服务、修理和其他服务业	Services to Households,Repair and Other Services	0.22	0.29	0.37	0.39	0.75
教育	Education	33.40	37.25	34.18	37.30	39.00
卫生和社会工作	Health and Social Services	9.66	12.43	14.28	14.02	16.51
文化、体育和娱乐业	Culture, Sports and Entertainment	2.76	2.29	2.38	2.45	2.54
公共管理、社会保障和社会组织	Public Management,Social Security and Social Organization	35.73	40.17	42.01	44.64	46.74

4-5 按登记注册类型和行业分城镇非私营单位年末在岗职工人数（2020）
Number of Staff and Workers in Urban Non-private Units at Year-end by Status of Registration and Sector in Detail（2020）

单位：人 （person）

项 目	Item	年末在岗职工人数 Number of Staff and Workers	国有单位 State-owned Units	城镇集体单位 Urban Collective-owned Units	其他单位 Units of Other Types of Ownership
在岗职工人数	**Number of Staff and Workers**	**2220130**	**1228403**	**49495**	**942231**
按企、事业和机关分	**By Enterprises, Institutions and Agencies**				
企业	Enterprises	1129288	184325	35913	909050
政府	Government Organs	1067724	1038247	11788	17689
民间非营利组织	Folk Non-profit Organizations	20804	3823	1783	15198
其他	Other	2313	2008	11	294
按国民经济行业分	**By Sector**				
农、林、牧、渔业	**Agriculture,Forestry,Animal Husbandry and Fishery**	**16680**	**9391**	**281**	**7009**
农业	Agriculture	6177	2645	17	3516
林业	Forestry	3837	3252	25	560
畜牧业	Animal Husbandry	1683	161	19	1503
渔业	Fishery	100			100
农、林、牧、渔服务业	Services in Support of Agriculture	4882	3332	221	1330
采矿业	**Mining**	**66823**	**20485**	**1698**	**44640**
煤炭开采及洗选业	Mining and Washing of Coal	44800	8714	1211	34875
石油和天然气开采业	Extraction of Petroleum and Natural Gas	11470	11006		464
黑色金属矿采选业	Mining and Processing of Ferrous Metal Ores	2924			2924
有色金属矿采选业	Mining and Processing of Non-Ferrous Metal Ores	4506	759		3747
非金属矿采选业	Mining and Processing of Non-metal Ores	2620	6	478	2136
开采辅助活动	Support Activities for Mining	454			454
其他采矿业	Mining of Other Ores	49		9	40
制造业	**Manufacturing**	**253068**	**10968**	**979**	**241121**
农副食品加工业	Processing of Food from Agricultural Products	9702	176	4	9522
食品制造业	Manufacture of Foods	4924			4924
酒、饮料和精茶制造业	Manufacture of Liquor, Beverages and Refined Tea	10413	6		10407
烟草制品业	Manufacture of Tobacco	2053			2053
纺织业	Manufacture of Textile	1660			1660
纺织服装、服饰业	Manufacture of Textile, Wearing Apparel and Accessories	1711	245	60	1406
皮革、毛皮、羽毛（绒）及其制品和制鞋业	Manufacture of Leather, Fur, Feather and Related Products and Footwear	491			491
木材加工及木、竹、藤、棕、草制品业	Processing of Timber, Manufacture of Wood, Bamboo, Rattan, Palm and Straw Products	197			197
家具制造业	Manufacture of Furniture	137			137

4-5 续表 1 continued

单位：人 (person)

项 目	Item	年末在岗职工人数 Number of Staff and Workers	国有单位 State-owned Units	城镇集体单位 Urban Collective-owned Units	其他单位 Units of Other Types of Ownership
造纸及纸制品业	Manufacture of Paper and Paper Products	529		160	369
印刷业和记录媒介复制业	Printing and Reproduction of Recording Media	1956	1316	135	505
文教、工美、体育和娱乐用品制造业	Manufacture of Articles for Culture, Education, Arts and Crafts, Sport and Entertainment Activities	257		11	246
石油、煤炭及其他燃料加工业	Petroleum, Coal and Other Fuel Processing Industries	25426		36	25390
化学原料及化学制品制造业	Manufacture of Raw Chemical Materials and Chemical Products	21047	5935	13	15099
医药制造业	Manufacture of Medicines	9493	393		9100
化学纤维制造业	Manufacture of Chemical Fibres	541			541
橡胶和塑料制品业	Manufacture of Rubber and Plastic Products	3182	62	48	3072
非金属矿物制品业	Manufacture of Non-metallic Mineral Products	26919	905	282	25732
黑色金属冶炼和压延 加工业	Smelting and Pressing of Ferrous Metals	25883	95		25788
有色金属冶炼和压延 加工业	Smelting and Pressing of Non-ferrous Metals	49205	94		49111
金属制品业	Manufacture of Metal Products	4587	324		4263
通用设备制造业	Manufacture of General Purpose Machinery	11109	166	93	10849
专用设备制造业	Manufacture of Special Purpose Machinery	13352	549	4	12799
汽车制造业	Manufacture of Automobile	1448	30		1418
铁路、船舶、航空航天和其他运输设备制造业	Manufacture of Railway, Ships, Aerospace and Other Transport Equipments	533			533
电气机械及器材制造业	Manufacture of Electrical Machinery and Apparatus	8723	64	103	8556
计算机、通讯和其他电子设备制造业	Manufacture of Computers,Communication and Other Electronic Equipment	13705			13705
仪器仪表制造业	Manufacture of Measuring Instruments and Machinery	654			654
其他制造业	Other Manufacture	89			89
废弃资源综合利用业	Utilization of Waste Resources	915		30	885
金属制品、机械和设备修理业	Repair Service of Metal Products, Machinery and Equipment	2228	609		1619
电力、燃气及水生产和供应业	**Production and Supply of Electricity, Heat, Gas and Water**	**94304**	**58901**	**184**	**35219**
电力、热力生产和供应业	Production and Supply of Electric Power and Heat Power	81220	53324	92	27804
燃气生产和供应业	Production and Supply of Gas	2802	8		2794
水生产和供应业	Production and Supply of Water	10282	5569	92	4621
建筑业	**Construction**	**210286**	**17974**	**23059**	**169253**
房屋建筑业	Construction of Buildings	155760	8584	21711	125465
土木工程建筑业	Civil Engineering	39949	6575	721	32653

4–5 续表 2 continued

单位：人 (person)

项 目	Item	年末在岗职工人数 Number of Staff and Workers	国有单位 State-owned Units	城镇集体单位 Urban Collective-owned Units	其他单位 Units of Other Types of Ownership
建筑安装业	Building Installation	9990	2672	203	7115
建筑装饰业和其他建筑业	Building Decoration and Other Construction	4586	143	424	4019
批发和零售业	**Wholesale and Retail Trades**	**78186**	**7217**	**868**	**70102**
批发业	Wholesale Trade	30194	4964	468	24762
零售业	Retail Trade	47993	2253	400	45340
交通运输、仓储和邮政业	**Transport, Storage and Post**	**116324**	**17492**	**227**	**98605**
铁路运输业	Railway Transport	59525			59525
道路运输业	Road Transport	39622	9016	131	30476
水上运输业	Water Transport	52			52
航空运输业	Air Transport	3081	42		3039
管道运输业	Transport Via Pipelines	253	252		1
多式联运和运输代理业	Multimodal Transport and Transportation Agency	804	42		762
装卸搬运和仓储业	Handling and Warehousing	4173	1017	96	3059
邮政业	Post	8814	7123		1692
住宿和餐饮业	**Hotels and Catering Services**	**25892**	**4235**	**544**	**21114**
住宿业	Hotels	16489	3696	519	12275
餐饮业	Catering Services	9403	539	25	8839
信息传输、软件和信息技术服务业	**Information Transmission,Software and Information Technology Services**	**33604**	**6841**	**3**	**26760**
电信、广播电视和卫星传输服务	Telecommunication Radio and Television, Satellite Transmission Services	27666	6524		21142
互联网和相关服务	Internet and Related Services	519	264		255
软件和信息技术服务业	Software and Information Technology Services	5419	53	3	5363
金融业	**Financial Intermediation**	**85990**	**17789**	**4755**	**63446**
货币金融服务	Monetary and Financial Service	61630	17350	4748	39533
资本市场服务	Capital Markets Service	2046	120	7	1919
保险业	Insurance	21571	304		21267
其他金融活动	Other Financial Activities	743	15		728
房地产业	**Real Estate**	**48232**	**2618**	**947**	**44667**
租赁和商务服务业	**Leasing and Business Services**	**31993**	**7029**	**1379**	**23584**
租赁业	Leasing	1508		22	1486
商务服务业	Business Services	30484	7029	1357	22098

4-5 续表 3 continued

单位：人 (person)

项 目	Item	年末在岗职工人数 Number of Staff and Workers	国有单位 State-owned Units	城镇集体单位 Urban Collective-owned Units	其他单位 Units of Other Types of Ownership
科学研究和技术服务业	**Scientific Research and Technical Services**	**64213**	**40353**	**527**	**23333**
研究与试验发展	Research and Experimental Development	7398	5411	58	1929
专业技术服务业	Professional Technical Services	47847	27921	458	19468
科技推广和应用服务业	Science and Technology Popularization and Application Services	8968	7021	11	1936
水利、环境和公共设施管理业	**Management of Water Conservancy, Environment and Public Facilities**	**39172**	**26263**	**298**	**12611**
水利管理业	Management of Water Conservancy	9029	8335	28	666
生态保护和环境治理业	Ecological Protection and Environmental Treatment	5035	4427		608
公共设施管理业	Management of Public Facilities	24892	13340	270	11282
土地管理业	Management of Land	216	161		55
居民服务、修理和其他服务业	**Service to Households, Repair and Other Services**	**7490**	**813**	**66**	**6611**
居民服务业	Services to Households	3164	704	66	2394
机动车、电子产品和日用产品修理业	Repair of Motor Vehicle, Electronics and Household Products	1126			1126
其他服务业	Other Services	3199	109		3090
教育	**Education**	**389971**	**351786**	**8574**	**29611**
卫生和社会工作	**Health and Social Services**	**165071**	**147961**	**4302**	**12808**
文化、体育和娱乐业	**Culture,Sports and Entertainment**	**25397**	**16687**	**400**	**8311**
新闻和出版业	Journalism and Publishing Activities	3969	2142		1827
广播、电视、电影和影视录音制作业	Radio, Television, Motion Picture and Videotape Programme	4836	3978		858
文化艺术业	Cultural and Art Activities	13249	9344	400	3505
体 育	Sports Activities	1015	713		302
娱乐业	Entertainment	2329	510		1819
公共管理 社会保障和社会组织	**Public Management,Social Security and Social Organization**	**467433**	**463601**	**404**	**3428**
中国共产党机关	Organs of Communist Party of China	24728	24682		46
国家机构	Government Agencies	431860	429167	375	2318
人民政协和民主党派	People's Political Consultative Conference and Democratic Parties	3692	3692		
社会保障	Social Security	2787	2750		37
群众团体、社会团体和其他成员组织	Non-Governmental Organizations, Social Organizations and Other Member Organizations	3892	3311	29	552
基层群众自治组织	Grass Roots Self-Governing Organizations				

4-6 城镇登记失业人数及失业率
Registered Unemployment Persons and Unemployment Rate in Urban Areas

单位：万人 (10 000 persons)

年 份 Year	城镇登记失业人数 Number of Registered Unemployed Persons in Urban Areas	城镇登记失业率(%) Registered Unemployment Rate in Urban Areas (%)	城镇新增就业人员 Newly Increased Urban Employee	城镇失业人员实现再就业人数 Number of Re-employment of Urban Laid-off Workers	城镇就业困难对象再就业人数 Number of Re-employment of the Object of Urban Employment Difficulties
2006	9.69	3.63	18.40	7.40	2.50
2007	9.51	3.34	22.70	9.20	3.60
2008	9.43	3.20	25.60	11.70	4.80
2009	10.28	3.25	27.80	10.90	4.40
2010	10.72	3.21	29.30	10.90	4.70
2011	10.80	3.11	29.55	11.70	4.60
2012	9.78	2.68	36.00	13.60	5.20
2013	9.28	2.35	43.46	16.10	5.89
2014	9.71	2.19	43.50	15.81	5.19
2015	9.48	2.14	43.70	16.80	4.80
2016	9.77	2.20	43.70	14.90	4.80
2017	9.65	2.71	43.78	15.70	3.70
2018	9.95	2.78	43.13	16.50	4.20
2019	10.83	3.00	39.22	16.20	5.95
2020	12.20	3.27	35.68	14.68	5.20

4-7 城镇非私营单位就业人员工资总额
Total Wage Bill of Employed Persons in Urban Non-private Units

单位：万元 (10 000 yuan)

年 份 Year	工资总额 Total Wage Bill	国有单位 State-owned Units	城镇集体单位 Urban Collective-owned Units	其他单位 Units of Other Types of Ownership
2005	2838270	2450917	117662	269691
2006	3296705	2552452	104095	640158
2007	3925014	3104484	107857	712673
2008	4610436	3613034	116787	880615
2009	5177207	4129160	139368	908679
2010	5689458	4443116	155806	1090536
2011	6240152	4775310	197167	1267675
2012	7967933	6066343	264201	1637389
2013	11105296	6735143	374031	3996122
2014	12472598	7628223	375881	4468494
2015	13851432	8860878	390032	4600522
2016	14956853	9836352	356876	4763625
2017	16239401	10786806	338019	5114577
2018	17306537	10700469	302495	6303573
2019	18532006	10670698	293327	7567981
2020	20751775	12054560	333678	8363536

4-8 城镇非私营单位就业人员工资总额指数
Indices of Total Wage Bill of Employed Persons in Urban Non-private Units

（上年 =100）　　　　　　　　　　　　　　　　　　　　　　　　(preceding year=100)

年 份 Year	工资总额指数 Indices of Total Wage Bill	国有单位 State-owned Units	城镇集体单位 Urban Collective-owned Units	其他单位 Units of Other Types of Ownership
2005	111.99	169.56	95.74	110.45
2006	116.15	104.14	88.47	237.37
2007	119.06	121.63	103.61	111.33
2008	117.46	116.38	108.28	123.57
2009	112.29	114.29	119.34	103.19
2010	109.89	107.60	111.79	120.01
2011	109.68	107.48	126.55	116.24
2012	127.69	127.04	134.00	129.16
2013	139.37	111.02	141.57	244.05
2014	112.31	113.26	100.49	111.82
2015	111.05	116.16	103.76	102.95
2016	107.98	111.01	91.50	103.55
2017	108.57	109.66	94.72	107.37
2018	106.57	99.20	89.49	123.25
2019	107.08	99.72	96.97	120.06
2020	111.98	112.97	113.76	110.51

4-9 城镇非私营单位就业人员平均工资
Average Wage of Employed Persons in Urban Non-private Units

单位：元　　　　　　　　　　　　　　　　　　　　　　　　　　　　(yuan)

年 份 Year	平均工资 Average Wage	# 在岗职工 Staff and Workers	国有单位 State-owned Units	城镇集体单位 Urban Collective-owned Units	其他单位 Units of Other Types of Ownership
2005	14654	14939	15840	9089	11626
2006	16843	17246	17108	11411	15313
2007	20657	20987	21968	12858	17681
2008	23524	24017	24625	15761	20801
2009	26743	27177	28082	18914	23191
2010	29096	29588	29889	22084	27375
2011	32092	32906	33232	28129	32565
2012	37679	38440	38401	32580	36074
2013	42833	44109	45636	32822	39834
2014	46960	48470	49614	34257	44297
2015	52942	54454	57888	37465	46869
2016	57575	59549	63930	38772	49255
2017	63374	65726	70549	43138	53549
2018	70695	73704	75730	48721	64786
2019	73607	77336	78904	51496	68282
2020	79730	83392	88145	58131	71012

4-10 城镇非私营单位就业人员平均工资指数
Indices of Average Wage of Employed Persons in Urban Non-private Units

（上年=100） （preceding year=100）

年 份 Year	平均工资指数 Indices of Average Wage					平均实际工资指数 Indices of Average Real Wage				
	平均工资 Average Wage	#在岗职工 Staff and Workers	国有单位 State-owned Units	城镇集体单位 Urban Collective-owned Units	其他单位 Units of Other Types of Ownership	平均工资 Average Wage	#在岗职工 Staff and Workers	国有单位 State-owned Units	城镇集体单位 Urban Collective-owned Units	其他单位 Units of Other Types of Ownership
2005	109.95	109.66	110.05	110.96	101.14	108.11	107.83	108.21	109.11	99.45
2006	114.94	115.44	108.01	125.55	131.71	113.46	113.96	106.62	123.94	130.02
2007	122.64	121.69	128.41	112.68	115.46	116.25	115.35	121.72	106.81	109.44
2008	113.88	114.44	112.09	122.58	117.65	105.25	105.77	103.60	113.29	108.73
2009	113.68	113.16	114.04	120.01	111.49	112.22	111.71	112.58	118.47	110.06
2010	108.80	108.87	106.43	116.76	118.04	104.51	104.58	102.24	112.16	113.39
2011	110.30	111.21	111.18	127.37	118.96	104.15	105.01	104.99	120.27	112.33
2012	117.41	117.21	115.55	115.82	110.78	114.32	114.13	112.51	112.78	107.87
2013	113.70	114.70	118.80	100.70	110.40	110.17	111.14	115.12	97.58	106.98
2014	109.64	109.89	108.72	104.37	111.20	107.38	107.63	106.48	102.23	108.92
2015	112.74	112.35	116.68	109.36	105.81	110.96	110.58	114.84	107.64	104.14
2016	108.75	109.36	110.44	103.49	105.09	107.36	107.95	109.02	102.16	103.74
2017	110.07	110.37	110.35	111.26	108.72	108.55	108.85	108.83	109.72	107.22
2018	111.55	112.14	112.66	116.25	124.39	109.36	109.94	110.45	113.97	121.95
2019	104.12	104.93	104.19	105.70	105.40	101.78	102.57	101.85	103.32	103.03
2020	108.32	107.83	115.99	115.27	108.92	106.19	105.72	113.72	113.01	106.78

4-11 按登记注册类型和行业分城镇非私营单位就业人员工资总额(2020)
Total Wage Bill of Employed Persons in Urban Non-private Units by Status of Registration Sector in Detail (2020)

单位：万元 (10 000 yuan)

项目	Item	工资总额 Total Wage Bill	国有单位 State-owned Units	城镇集体单位 Urban Collective-owned Units	其他单位 Units of Other Types of Ownership
城镇单位就业人员工资总额	**Total Wage Bill of Employed Persons in Urban Units**	**20751775**	**12054560**	**333678**	**8363536**
按企、事业和机关分	**By Enterprises, Institutions and Agencies**				
企业	Enterprises	10378972	2026223	215635	8137113
政府	Government Organs	10261485	9984912	109010	167563
民间非营利组织	Folk Non-profit Organization	93368	27316	8941	57111
其他	Other	17950	16108	92	1750
按国民经济行业分	**By Sector**				
农、林、牧、渔业	Agriculture, Forestry, Animal Husbandry and Fishery	108402	71079	2082	35241
采矿业	Mining	728094	267136	10054	450904
制造业	Manufacturing	2181796	107448	5949	2068399
电力、热力、燃气及水生产和供应业	Production and Supply of Electricity, Heat, Gas and Water	952223	594184	1126	356913
建筑业	Construction	1901838	252585	126976	1522277
批发和零售业	Wholesale and Retail Trades	487934	71645	4105	412184
交通运输、仓储和邮政业	Transport,Storage and Post	1196374	163239	1225	1031909
住宿和餐饮业	Hotels and Catering Services	120708	20850	2035	97823
信息传输、软件和信息技术服务业	Information Transmission,Software and Information Technology Services	308160	55094	19	253047
金融业	Financial Intermediation	1140570	191514	43175	905881
房地产业	Real Estate	335925	25268	6074	304584
租赁和商务服务业	Leasing and Business Services	236410	58470	7275	170665
科学研究和技术服务业	Scientific Research and Technical Services	774922	459683	4231	311007
水利、环境和公共设施管理业	Management of Water Conservancy, Environment and Public Facilities	248067	188329	432	59306
居民服务、修理和其他服务业	Service to Households, Repair and Other Services	41970	8190	246	33533
教育	Education	3725816	3480997	76525	168294
卫生和社会工作	Health and Social Service	1551284	1420591	36688	94005
文化、体育和娱乐业	Culture, Sports and Entertainment	209100	155318	2496	51286
公共管理、社会保障和社会组织	Public Management,Social Security and Social Organization	4502183	4462941	2963	36279

4-12 按登记注册类型和行业分城镇非私营单位就业人员平均工资（2020）
Average Wage of Employed Persons in Urban Non-private Units by Status of Registration Sector in Detail（2020）

单位：元　　　　(yuan)

项　目	Item	平均工资 Average Wage	国有单位 State-owned Units	城镇集体单位 Urban Collective-owned Units	其他单位 Units of Other Types of Ownership
城镇单位就业人员平均工资	**Average Wage of Employed Persons in Urban Units**	**79730**	**88145**	**58131**	**71012**
按企、事业和机关分	**By Enterprises, Institutions and Agencies**				
企业	Enterprises	73136	85728	50383	71330
政府	Government Organs	88483	88745	85302	76808
民间非营利组织	Folk Non-profit Organization	43275	65700	49350	36595
其他	Other	77161	823[illegible]1	84000	48825
按国民经济行业分	**By Sector**				
农、林、牧、渔业	Agriculture, Forestry, Animal Husbandry and Fishery	58010	68373	65204	44208
采矿业	Mining	102480	116714	63939	96787
制造业	Manufacturing	76729	87216	47253	76389
电力、热力、燃气及水生产和供应业	Production and Supply of Electricity, Heat, Gas and Water	90420	89929	39697	91622
建筑业	Construction	58193	61252	44681	59195
批发和零售业	Wholesale and Retail Trades	58371	94296	42121	54944
交通运输、仓储和邮政业	Transport,Storage and Post	90589	75846	44238	93583
住宿和餐饮业	Hotels and Catering Services	39892	42533	35377	39475
信息传输、软件和信息技术服务业	Information Transmission,Software and Information Technology Services	85034	75318	63667	87494
金融业	Financial Intermediation	79300	105535	84931	75115
房地产业	Real Estate	51419	46562	42598	52085
租赁和商务服务业	Leasing and Business Services	56313	50793	49612	58843
科学研究和技术服务业	Scientific Research and Technical Services	105441	102804	65001	110570
水利、环境和公共设施管理业	Management of Water Conservancy, Environment and Public Facilities	57660	64952	14584	43192
居民服务、修理和其他服务业	Service to Households, Repair and Other Services	46793	84142	37318	42287
教育	Education	92385	95600	87104	55384
卫生和社会工作	Health and Social Service	81533	83388	72506	53327
文化、体育和娱乐业	Culture, Sports and Entertainment	71080	79455	60147	54245
公共管理、社会保障和社会组织	Public Management,Social Security and Social Organization	87459	87587	63177	76116

4-13 按行业分城镇私营单位就业人员平均工资
Average Wage of Employed Persons in Urban Private Units by Sector

单位：元 (yuan)

项 目	Item	2015	2018	2019	2020
甘肃省	**Gansu**	31091	39834	41715	43771
农、林、牧、渔业	Agriculture, Forestry, Animal Husbandry and Fishery	26297	32272	33819	35617
采矿业	Mining	34446	41806	43178	49055
制造业	Manufacturing	32110	39645	39812	43266
电力、热力、燃气及水生产和供应业	Production and Supply of Electricity, Heat, Gas and Water	33692	43186	47424	46701
建筑业	Construction	30687	38152	39690	46026
批发和零售业	Wholesale and Retail Trades	33872	39833	39473	43422
交通运输、仓储和邮政业	Transport,Storage and Post	30261	40033	45296	46927
住宿和餐饮业	Hotels and Catering Services	26854	38111	40094	35796
信息传输、软件和信息技术服务业	Information Transmission,Software and Information Technology Services	30890	40879	49567	60125
金融业	Financial Intermediation	29668	45113	50214	55295
房地产业	Real Estate	27716	44128	44713	42654
租赁和商务服务业	Leasing and Business Services	33373	44883	45290	47213
科学研究和技术服务业	Scientific Research and Technical Services	35573	55163	57756	56872
水利、环境和公共设施管理业	Management of Water Conservancy, Environment and Public Facilities	32320	40483	38037	32421
居民服务、修理和其他服务业	Service to Households, Repair and Other Services	25121	37219	39257	38985
教育	Education	29412	44615	47451	37998
卫生和社会工作	Health and Social Service	30324	42286	42374	41784
文化、体育和娱乐业	Culture, Sports and Entertainment	26491	34905	36419	36888
公共管理、社会保障和社会组织	Public Management,Social Security and Social Organization				

4-14 按行业分非私营单位在岗职工工资总额（2020）
Total Wages of Staff and Workers in Non-private Units by Sector（2020）

单位：万元 （10 000 yuan）

项 目	Item	工资总额 Total Wage Bill	国有单位 State-owned Units	城镇集体单位 Urban Collective-owned Units	其他单位 Units of Other Types of Ownership
工资总额	**Total**	**18885349**	**11487959**	**300135**	**7097255**
按企、事业和机关分	**By Enterprises, Institutions and Agencies**				
企业	Enterprises	8859558	1785768	187363	6886427
政府	Government Organs	9918712	9659835	104004	154873
民间非营利组织	Folk Non-profit Organization	89446	26294	8676	54476
其他	Other	17633	16062	92	1478
按国民经济行业分	**By Sector**				
农、林、牧、渔业	Agriculture,Forestry,Animal Husbandry and Fishery	100008	66580	1818	31610
采矿业	Mining	698251	247944	10046	440261
制造业	Manufacturing	2010704	102957	4605	1903142
电力、热力、燃气及水生产和供应业	Production and Supply of Electricity, Heat, Gas and Water	900371	564699	796	334876
建筑业	Construction	1187973	146204	105364	936405
批发和零售业	Wholesale and Retail Trades	459382	67579	3854	387949
交通运输、仓储和邮政业	Transport,Storage and Post	1115641	138123	1174	976343
住宿和餐饮业	Hotels and Catering Services	106098	18260	1974	85864
信息传输、软件和信息技术服务业	Information Transmission,Software and Information Technology Services	292253	51633	19	240600
金融业	Financial Intermediation	903454	190445	40952	672057
房地产业	Real Estate	277880	16678	4531	256671
租赁和商务服务业	Leasing and Business Services	194078	44488	6847	142744
科学研究和技术服务业	Scientific Research and Technical Services	724918	439181	4095	281642
水利、环境和公共设施管理业	Management of Water Conservancy, Environment and Public Facilities	228619	179535	430	48654
居民服务、修理和其他服务业	Service to Households, Repair and Other Services	37148	7116	246	29786
教育	Education	3668694	3428668	75650	154376
卫生和社会工作	Health and Social Service	1432989	1316308	32454	84227
文化、体育和娱乐业	Culture, Sports and Entertainment	193572	143103	2496	47972
公共管理、社会保障和社会组织	Public Management,Social Security and Social Organization	4353316	4318457	2783	32076

4-15 非私营单位在岗职工平均工资及指数
Average Wage of Staff and Workers and Related Indices in Non-private Units

年 份 Year	平均货币工资（元） Average Money Wage （yuan）				指 数（上年=100） Indices （preceding year=100） 货币工资 Average Money Wage				实际工资 Average Real Wage			
	合计 Total	国有单位 State-owned Units	城镇集体单位 Urban Collective-owned Units	其他单位 Units of Other Types of Ownership	合计 Total	国有单位 State-owned Units	城镇集体单位 Urban Collective-owned Units	其他单位 Units of Other Types of Ownership	合计 Total	国有单位 State-owned Units	城镇集体单位 Urban Collective-owned Units	其他单位 Units of Other Types of Ownership
1978	708	751	437									
1979	792	824	557		111.8	109.7	127.5		110.7	108.6	126.2	
1980	875	896	676		110.5	108.7	121.4		105.0	103.3	115.4	
1981	878	904	676		100.3	100.9	100.0		98.1	98.7	97.8	
1982	907	937	649		103.3	103.6	96.0		102.2	102.5	95.0	
1983	944	973	702		104.1	103.8	108.2		103.7	103.4	107.8	
1984	1200	1251	866		127.1	128.6	123.4		123.0	124.5	119.5	
1985	1363	1400	1116	1640	113.6	111.9	128.9		102.7	101.2	116.5	
1986	1555	1630	1090	1848	114.1	116.4	97.7	112.7	106.6	108.8	91.3	105.3
1987	1680	1761	1188	1880	108.0	108.0	109.0	101.7	99.6	99.6	100.6	93.8
1988	1949	2040	1400	2331	116.0	115.8	117.8	124.1	96.2	96.0	97.7	102.9
1989	2207	2317	1577	1927	113.2	113.5	112.6	82.7	95.8	96.0	95.3	70.0
1990	2407	2546	1675	2058	109.1	109.9	106.2	106.8	107.1	107.9	104.2	104.8
1991	2566	2706	1918	2155	106.6	106.3	114.5	104.7	100.9	100.6	108.3	99.1
1992	2902	3077	2127	2205	113.1	113.7	110.9	102.3	105.4	106.0	103.4	95.3
1993	3422	3627	2457	3389	117.9	117.9	115.5	153.7	102.3	102.3	100.3	133.4
1994	4796	5059	3506	4409	140.2	139.5	142.7	130.1	112.5	112.0	114.5	104.4
1995	5493	5747	3944	6534	114.5	113.6	112.5	148.2	96.3	95.5	94.6	124.6
1996	5882	6131	4471	6734	107.1	106.7	113.4	103.1	97.1	96.7	102.8	93.5
1997	6182	6445	4598	6703	105.1	105.1	102.8	99.5	102.2	102.2	100.0	96.8
1998	6418	6757	4774	5528	103.8	104.8	103.8	82.5	104.8	105.9	104.8	83.3
1999	6928	7311	5118	5837	107.9	108.2	107.2	105.6	111.0	111.3	110.3	108.6
2000	7913	8278	6228	6504	114.2	113.2	121.7	111.4	115.1	114.1	122.7	112.3
2001	9177	9690	5929	8244	116.0	113.2	95.2	126.8	112.6	109.9	92.4	123.1
2002	10272	10925	6127	8712	111.9	112.7	103.3	105.7	112.7	113.5	104.0	106.4
2003	11419	12079	6674	10115	111.2	110.6	108.9	116.1	110.2	109.6	107.9	115.1
2004	12711	13427	7676	10957	111.3	111.2	115.0	108.3	109.9	109.8	113.5	106.9
2005	14939	15840	9291	11827	117.5	118.0	121.0	107.9	116.1	116.6	119.6	106.6
2006	17246	18108	11514	15515	115.4	114.3	123.9	131.2	114.1	112.9	122.4	129.6
2007	20987	22314	12979	17948	121.7	123.2	112.7	115.7	115.7	117.1	107.1	110.0
2008	24017	25284	16179	20966	114.4	113.3	124.7	116.8	105.9	104.9	115.5	108.1
2009	27177	28565	19453	23360	113.2	113.0	120.2	111.4	112.2	112.0	119.1	110.4
2010	29588	30475	22249	27616	108.9	106.7	114.4	118.2	104.3	102.2	109.6	113.2
2011	32906	33232	28129	32565	111.2	109.0	126.4	117.9	104.9	102.8	119.2	111.2
2012	38440	39177	32524	36896	116.8	117.9	115.6	113.3	113.7	114.8	112.6	110.3
2013	44109	47050	33040	40833	114.7	120.1	101.6	110.7	111.1	116.4	98.4	107.3
2014	48470	51366	34978	45437	109.9	109.2	105.9	111.3	107.6	106.9	103.7	109.0
2015	54454	59989	37625	47365	112.3	116.8	107.6	104.2	110.6	114.9	105.9	102.6
2016	59549	66511	38907	50093	109.4	110.9	103.4	105.8	108.0	109.4	102.1	104.4
2017	65726	73328	43892	54974	110.4	110.2	112.8	109.7	108.8	108.7	111.3	108.2
2018	73704	79483	50146	66612	112.1	108.4	114.2	121.2	109.9	106.3	112.0	118.8
2019	77336	83141	52623	71255	104.9	104.6	104.9	107.0	102.6	102.3	102.6	104.6
2020	83392	91524	59359	74370	107.8	110.1	112.8	104.4	105.7	107.9	110.6	102.3

注：2005 年起职工工资为在岗职工平均工资。

a） Since 2005 , data in this table are average wage of staff and workers.

4-16 按登记注册类型和行业分非私营单位在岗职工平均工资（2020）
Average Wage of Staff and Workers in Non-private Units by Status of Registration Sector in Detail（2020）

单位：元　　　　　　　　　　　　　　　　　　　　　　　　　　　　　　　　（yuan）

项　目	Item	平均工资 Average Wage	国有单位 State-owned Units	城镇集体单位 Urban Collective-owned Units	其他单位 Units of Other Types of Ownership
职工平均工资	**Per Capita Wage of Staff and Workers**	**83392**	**91524**	**59359**	**74370**
按企、事业和机关分	**By Enterprises, Institutions and Agencies**				
企业	Enterprises	76549	88723	51200	74842
政府	Government Organs	91923	92202	88491	79489
民间非营利组织	Folk Non-profit Organization	44004	69467	49606	36896
其他	Other	78473	82709	84000	50288
按国民经济行业分	**By Sector**				
农、林、牧、渔业	Agriculture,Forestry,Animal Husbandry and Fishery	59796	70529	64527	45433
采矿业	Mining	105133	121193	64018	98803
制造业	Manufacturing	78111	89769	48221	77713
电力、热力、燃气及水生产和供应业	Production and Supply of Electricity, Heat, Gas and Water	91668	90764	40431	93531
建筑业	Construction	57734	65362	45312	58132
批发和零售业	Wholesale and Retail Trades	59521	96228	43132	55993
交通运输、仓储和邮政业	Transport,Storage and Post	91239	76885	45332	94068
住宿和餐饮业	Hotels and Catering Services	41276	43148	35602	41036
信息传输、软件和信息技术服务业	Information Transmission,Software and Information Technology Services	86386	74818	63667	89354
金融业	Financial Intermediation	103589	106120	86184	104164
房地产业	Real Estate	53577	47701	43497	54394
租赁和商务服务业	Leasing and Business Services	57296	52211	50195	59672
科学研究和技术服务业	Scientific Research and Technical Services	107620	105064	64876	112748
水利、环境和公共设施管理业	Management of Water Conservancy, Environment and Public Facilities	60292	68233	14573	44565
居民服务、修理和其他服务业	Service to Households, Repair and Other Services	47102	85320	37318	42510
教育	Education	94255	97562	88262	56217
卫生和社会工作	Health and Social Service	86087	88372	76082	64341
文化、体育和娱乐业	Culture, Sports and Entertainment	73936	83223	60147	55415
公共管理、社会保障和社会组织	Public Management,Social Security and Social Organization	91465	91559	68992	82950
国际组织	International Organizations				

4-17 各市（州）地区就业再就业工作情况（2020）
Work Situation of Employment and Re-employment by Region （2020）

单位：人 （person）

市（州）	Region	城镇新增就业人员 Newly Increased Urban Employee	城镇失业人员再就业人数 Number of Re-employment of Urban Laid-off Workers	城镇就业困难对象再就业人数 Number of Re-employment of the Object of Urban Employment Difficulties	城镇登记失业率（%） Registered Unemployment Rate in Urban Areas（%）
兰州市	Lanzhou	82410	29643	11674	3.06
嘉峪关市	Jiayuguan	8114	1823	330	2.85
金昌市	Jinchang	13056	12670	1757	3.20
白银市	Baiyin	31746	11873	4801	2.89
天水市	Tianshui	50007	13900	6754	4.00
武威市	Wuwei	20626	6597	2318	3.32
张掖市	Zhangye	21018	22530	2505	2.90
平凉市	Pingliang	31569	10644	4307	3.70
酒泉市	Jiuquan	10583	4995	1571	2.84
庆阳市	Qingyang	31670	9728	4077	3.63
定西市	Dingxi	16897	5862	2801	3.22
陇南市	Longnan	16549	5494	2033	3.06
临夏州	Linxia	23548	5613	2524	3.20
甘南州	Gannan	5070	2067	1829	2.88

4-18 各市（州）按行业分城镇非私营单位就业人员数（2020）
Number of Employed Persons in Urban Non-private Units at Year-end by Sector and Region（2020）

单位：万人 （10 000 persons）

市（州）	Region	合计 Total	农、林、牧、渔业 Agriculture, Forestry, Animal Husbandry and Fishery	采矿业 Mining	制造业 Manufacturing	电力、热力、燃气及水生产和供应业 Production and Supply of Electricity,Heat, Gas and Water	建筑业 Construction	批发和零售业 Wholesale and Retail Trades
甘肃省	**Gansu**	**262.22**	**1.86**	**7.17**	**28.32**	**10.71**	**33.13**	**8.51**
兰州市	Lanzhou	78.50	0.28	0.98	8.66	5.59	14.84	3.99
嘉峪关市	Jiayuguan	5.69			2.98	0.36	0.22	0.08
金昌市	Jinchang	9.13	0.22	0.03	3.58	0.25	1.09	0.22
白银市	Baiyin	16.24	0.15	1.36	2.03	0.55	1.88	0.42
天水市	Tianshui	23.64	0.13	0.07	3.68	0.31	3.19	0.66
武威市	Wuwei	12.83	0.17	0.23	1.13	0.32	1.64	0.33
张掖市	Zhangye	11.50	0.18	0.35	0.74	0.30	0.85	0.53
平凉市	Pingliang	17.51	0.08	2.20	0.38	0.57	1.93	0.29
酒泉市	Jiuquan	13.37	0.20	0.23	2.25	0.50	1.33	0.56
庆阳市	Qingyang	17.75	0.07	1.36	0.38	0.64	1.37	0.56
定西市	Dingxi	15.56	0.08	0.01	0.88	0.26	1.44	0.30
陇南市	Longnan	14.26	0.12	0.32	0.98	0.46	1.21	0.34
临夏州	Linxia	13.27	0.07	0.02	0.41	0.38	1.86	0.16
甘南州	Gannan	6.79	0.11		0.26	0.22	0.30	0.08

注：表中分市州统计口径不包含兰州铁路局数据。
a）The statistical caliber of cities and states in the table does not include the data of Lanzhou Railway Administration.

4-18 续表 1 continued

单位：万人 (10 000 persons)

市（州）	Region	交通运输、仓储和邮政业 Transport, Storage and Post	住宿和餐饮业 Hotels and Catering Services	信息传输、软件和信息技术服务业 Information Transmission, Software and Information Technology Services	金融业 Financial Intermediation	房地产业 Real Estate	租赁和商务服务业 Leasing and Business Services	科学研究和技术服务业 Scientific Research and Technical Services
甘肃省	**Gansu**	**13.23**	**3.02**	**3.62**	**14.35**	**6.74**	**4.20**	**7.32**
兰州市	Lanzhou	3.40	1.30	2.10	5.15	3.97	2.21	4.04
嘉峪关市	Jiayuguan	0.08	0.05	0.04	0.25	0.09	0.09	0.06
金昌市	Jinchang	0.36	0.05	0.13	0.36	0.14	0.07	0.08
白银市	Baiyin	0.30	0.04	0.11	0.58	0.33	0.13	0.26
天水市	Tianshui	0.47	0.28	0.20	0.74	0.57	0.32	0.65
武威市	Wuwei	0.31	0.10	0.12	1.10	0.25	0.18	0.26
张掖市	Zhangye	0.18	0.09	0.10	1.01	0.24	0.23	0.39
平凉市	Pingliang	0.28	0.15	0.13	1.19	0.21	0.12	0.33
酒泉市	Jiuquan	0.21	0.30	0.12	1.13	0.37	0.23	0.25
庆阳市	Qingyang	0.52	0.21	0.12	0.87	0.13	0.16	0.25
定西市	Dingxi	0.39	0.12	0.11	0.69	0.23	0.24	0.27
陇南市	Longnan	0.30	0.10	0.16	0.50	0.11	0.06	0.20
临夏州	Linxia	0.24	0.11	0.11	0.60	0.08	0.12	0.20
甘南州	Gannan	0.04	0.12	0.07	0.18	0.02	0.03	0.08

4-18 续表 2 continued

单位：万人 (10 000 persons)

市（州）	Region	水利、环境和公共设施管理业 Management of Water Conservancy, Environment and Public Facilities	居民服务、修理和其他服务业 Service to Households, Repair and Other Services	教育 Education	卫生和社会工作 Health and Social Service	文化、体育和娱乐业 Culture, Sports and Entertainment	公共管理、社会保障和社会组织 Public Management, Social Security and Social Organization
甘肃省	**Gansu**	**4.53**	**0.89**	**40.80**	**19.27**	**2.90**	**51.65**
兰州市	Lanzhou	1.14	0.41	7.21	4.23	1.03	7.97
嘉峪关市	Jiayuguan	0.08	0.01	0.27	0.32	0.09	0.60
金昌市	Jinchang	0.08	0.15	0.66	0.53	0.07	1.09
白银市	Baiyin	0.38		2.76	1.39	0.09	3.43
天水市	Tianshui	0.42	0.08	4.87	1.76	0.18	5.03
武威市	Wuwei	0.51	0.05	2.01	1.32	0.09	2.72
张掖市	Zhangye	0.43	0.03	1.86	1.07	0.15	2.77
平凉市	Pingliang	0.34	0.04	3.56	1.53	0.17	4.02
酒泉市	Jiuquan	0.44	0.05	1.45	0.93	0.29	2.54
庆阳市	Qingyang	0.14	0.02	4.66	1.64	0.18	4.48
定西市	Dingxi	0.26	0.03	4.27	1.67	0.15	4.17
陇南市	Longnan	0.23	0.01	3.04	1.10	0.13	4.88
临夏州	Linxia	0.02	0.01	2.79	1.38	0.19	4.53
甘南州	Gannan	0.05	0.01	1.39	0.41	0.10	3.33

4-19 各市（州）按行业分非私营单位在岗职工平均工资（2020）
Average Wage of Staff and Workers in Non-private Units by Sector and Region（2020）

单位：元 （yuan）

市（州）	Region	平均工资 Average Wage	农、林、牧、渔业 Agriculture, Forestry, Animal Husbandry and Fishery	采矿业 Mining	制造业 Manufacturing	电力、热力、燃气及水生产和供应业 Production and Supply of Electricity,Heat, Gas and Water	建筑业 Construction	批发和零售业 Wholesale and Retail Trades
甘肃省	**Gansu**	**83392**	**59796**	**105133**	**78111**	**91668**	**57734**	**59521**
兰州市	Lanzhou	93847	80837	93824	90893	95852	65900	66846
嘉峪关市	Jiayuguan	87807	104034	65901	92088	94027	70694	88253
金昌市	Jinchang	83268	47588	44443	87857	87912	94421	50252
白银市	Baiyin	75745	79658	101046	62766	94779	50884	53273
天水市	Tianshui	68500	52543	75057	54091	59036	55032	48991
武威市	Wuwei	75582	49987	93183	57084	83230	49607	53750
张掖市	Zhangye	83868	56660	84493	48682	82988	50320	45716
平凉市	Pingliang	85020	49698	105775	51006	85430	49765	51654
酒泉市	Jiuquan	79000	44662	72438	91279	113637	54390	51293
庆阳市	Qingyang	80521	67288	139994	84420	86985	48019	54252
定西市	Dingxi	74632	48275	54020	54246	60735	47151	52586
陇南市	Longnan	68998	61366	66170	64353	69770	39446	64022
临夏州	Linxia	75066	33821	72591	46799	110617	35858	53350
甘南州	Gannan	87853	65317	72296	60941	64175	51349	68431

4-19 续表 1 continued

单位：元 (yuan)

市（州）	Region	交通运输、仓储和邮政业 Transport, Storage and Post	住宿和餐饮业 Hotels and Catering Services	信息传输、软件和信息技术服务业 Information Transmission, Software and Information Technology Services	金融业 Financial Intermediation	房地产业 Real Estate	租赁和商务服务业 Leasing and Business Services	科学研究和技术服务业 Scientific Research and Technical Services
甘肃省	**Gansu**	**91239**	**41276**	**86386**	**103589**	**53577**	**57296**	**107620**
兰州市	Lanzhou	73710	45803	81329	123218	58006	52068	126124
嘉峪关市	Jiayuguan	75265	53129	95401	92929	54083	30887	87718
金昌市	Jinchang	84472	37514	92316	90887	48212	46633	94321
白银市	Baiyin	65765	34689	97891	93836	42061	52677	88351
天水市	Tianshui	65501	35089	89779	101118	45177	56290	79635
武威市	Wuwei	52782	31106	90677	96335	36377	40821	38799
张掖市	Zhangye	82353	40392	81019	100200	45851	43324	98494
平凉市	Pingliang	52748	42491	101230	99528	46759	51334	90736
酒泉市	Jiuquan	57867	41436	101311	70418	67932	55581	90883
庆阳市	Qingyang	49202	36393	105307	83288	44509	56966	73026
定西市	Dingxi	66041	33421	117241	86970	45560	47040	80850
陇南市	Longnan	60777	33354	83241	89803	44759	56447	59076
临夏州	Linxia	66022	41556	76897	77453	46045	52340	83966
甘南州	Gannan	52580	36862	77113	93697	39144	56006	106275

4-19 续表 2 continued

单位：元 (yuan)

市（州）	Region	水利、环境和公共设施管理业 Management of Water Conservancy, Environment and Public Facilities	居民服务、修理和其他服务业 Service to Households, Repair and Other Services	教育 Education	卫生和社会工作 Health and Social Service	文化、体育和娱乐业 Culture, Sports and Entertainment	公共管理、社会保障和社会组织 Public Management, Social Security and Social Organization
甘肃省	**Gansu**	**60292**	**47102**	**94255**	**86087**	**73936**	**91465**
兰州市	Lanzhou	62684	49291	117409	115528	85313	137260
嘉峪关市	Jiayuguan	37021	79151	105609	77697	47442	89453
金昌市	Jinchang	75130	45878	80988	63884	65030	92285
白银市	Baiyin	50421	44080	79470	76884	56659	86068
天水市	Tianshui	44963	40069	80881	76696	61263	72586
武威市	Wuwei	55674	42798	98765	83500	60792	85463
张掖市	Zhangye	84571	43293	115250	84493	71144	98263
平凉市	Pingliang	54856	60895	101604	86908	67373	87461
酒泉市	Jiuquan	69440	43724	97073	82181	84694	82671
庆阳市	Qingyang	57984	47091	87839	77782	63460	75635
定西市	Dingxi	41337	37857	87995	69018	67669	83201
陇南市	Longnan	52751	34949	75052	61038	60986	74594
临夏州	Linxia	72401	40488	82842	74751	65839	87470
甘南州	Gannan	61622	35850	100924	100330	74726	91622

主要统计指标解释

经济活动人口 指在16周岁及以上，有劳动能力，参加或要求参加社会经济活动的人口。包括就业人员和失业人员。

就业人员 指在一定年龄以上，有劳动能力，为取得劳动报酬或经营收入而从事一定社会劳动的人员。具体指年满16周岁，为取得报酬或经营利润，在调查周内从事了1小时（含1小时）以上的劳动或由于学习、休假等原因在调查周内暂时处于未工作状态，但有工作单位或场所的人口。

单位就业人员 指报告期末最后一日24时在本单位中工作，并取得工资或其他形式劳动报酬的人员数。该指标为时点指标，不包括最后一日当天及以前已经与单位解除劳动合同关系的人员，是在岗职工、劳务派遣人员及其他就业人员之和。就业人员不包括：

(1) 离开本单位仍保留劳动关系，并定期领取生活费的人员；

(2) 利用课余时间打工的学生及在本单位实习的各类在校学生；

(3) 本单位因劳务外包而使用的人员。

城镇私营和个体就业人员 城镇私营就业人员指在工商管理部门注册登记，其经营地址设在县城关镇（含县城关镇）以上的私营企业就业人员，包括私营企业投资者和雇工。城镇个体就业人员指在工商管理部门注册登记，并持有城镇户口或在城镇长期居住，经批准从事个体工商经营的就业人员，包括个体经营者和在个体工商户劳动的家庭帮工和雇工。

在岗职工 指在本单位工作且与本单位签订劳动合同，并由单位支付各项工资和社会保险、住房公积金的人员，以及上述人员中由于学习、病伤、产假等原因暂未工作仍由单位支付工资的人员。在岗职工还包括：

(1) 应订立劳动合同而未订立劳动合同人员（如使用的农村户籍人员）；

(2) 处于试用期人员；

(3) 编制外招用的人员；

(4) 派往外单位工作，但工资仍由本单位发放的人员（如挂职锻炼、外派工作等情况）。

城镇登记失业人员 指有非农业户口，在一定的劳动年龄内(16周岁至退休年龄)，有劳动能力，无业而要求就业，并在当地劳动保障部门进行求职登记的人员。

城镇登记失业率 城镇登记失业人员与城镇单位就业人员（扣除使用的农村劳动力、聘用的离退休人员、港澳台及外方人员）、城镇单位中的不在岗职工、城镇私营业主、个体户主、城镇私营企业和个体就业人员、城镇登记失业人员之和的比。计算公式为：

$$\text{城镇登记失业率}=\frac{\text{城镇登记失业人数}}{\text{城镇单位就业人员}-\text{使用的农村劳动力}-\text{聘用的离退休人员}-\text{聘用的港澳台及外方人员}+\text{不在岗职工}+\text{城镇私营业主}+\text{城镇个体户主}+\text{城镇私营企业及个体就业人员}+\text{城镇登记失业人数}}\times 100\%$$

工资总额 指根据《关于工资总额组成的规定》(1990年1月1日国家统计局发布的一号令）进行修订，在报告期内（季度或年度）直接支付给本单位全部就业人员的劳动报酬总额。包括计时工资、计件工资、奖金、津贴和补贴、加班加点工资、特殊情况下支付的工资。是在岗职工工资总额、劳务派遣人员工资总额和其他就业人员工资总额之和。

工资总额是税前工资，包括单位从个人工资中直接为其代扣或代缴的房费、水费、电费、住房公积金和社会保险基金个人缴纳部分等。

工资总额不论是计入成本的还是不计入成本的，不论是以货币形式支付的还是以实物形式支付的，均应列入工资总额的计算范围。

平均工资 指单位就业人员在一定时期内平均每人所得的工资额。它表明一定时期工资收入的高低程度，是反映就业人员工资水平的主要指标。计算公式为：

$$\text{平均工资}=\frac{\text{报告期就业人员工资总额}}{\text{报告期就业人员平均人数}}$$

平均工资指数 指报告期就业人员平均工资与基期就

业人员平均工资的比率，是反映不同时期就业人员货币工资水平变动情况的相对数。计算公式为：

$$平均工资指数=\frac{报告期就业人员平均工资}{就业人员平均工资}\times100\%$$

平均实际工资指数 就业人员平均实际工资指扣除物价变动因素后的就业人员平均工资。就业人员平均实际工资指数是反映实际工资变动情况的相对数，表明就业人员实际工资水平提高或降低的程度。计算公式为：

$$平均实际工资指数=\frac{报告期就业人员工资总额}{报告期就业人员平均人数}\times100\%$$

5

价　格

Prices

简要说明

一、本篇资料的主要内容

本篇资料反应生产、流通、消费等环节的价格变动趋势和变动幅度。主要包括居民消费价格指数、商品零售价格指数、农业生产资料价格指数、工业生产者出厂价格指数、工业生产者购进价格指数、农产品生产者价格指数等。

二、本篇资料的来源

1. 居民消费、商品零售和农业生产资料价格指数由国家统计局甘肃调查总队消费价格调查处整理提供。

2. 工业生产者出厂、工业生产者购进等价格指数由国家统计局甘肃调查总队生产价格调查处整理提供。

3. 农产品生产者价格指数由国家统计局甘肃调查总队农业调查处整理提供。

5-1 各种价格指数
Price Indices

（上年 =100）　　　　　　　　　　　　　　　　　　（preceding year=100）

年 份 Year	居民消费价格指数 Consumer Price Index	城市 Urban Household	农村 Rural Household	商品零售价格指数 Retail Price Index	农业生产资料价格指数 Price Index for Means of Agricultural Production	工业生产者出厂价格指数 Producer Price Index for Industrial Producers	工业生产者购进价格指数 Purchasing Price Index for Industrial Producers
1978	100.6	100.8		100.5	100.2		
1979	101.1	101.1	101.0	100.8	100.2		
1980	104.2	105.2	102.7	104.1	100.2		
1981	101.7	102.2	100.7	101.6	99.8		
1982	101.1	101.1	101.1	101.2	101.3		
1983	100.4	100.4	100.4	100.6	104.4		
1984	102.5	103.3	101.5	103.0	108.3		
1985	109.2	110.6	107.1	108.5	104.6		
1986	106.6	107.0	106.0	106.0	100.6		
1987	107.6	108.4	106.5	107.4	104.8		
1988	119.1	120.6	116.0	118.6	114.3		
1989	117.9	118.2	117.6	116.4	113.7		
1990	103.2	101.9	104.7	103.4	111.2	110.7	114.1
1991	104.9	105.7	104.5	104.6	104.5	104.2	112.4
1992	107.2	107.3	106.4	105.8	106.7	110.3	117.2
1993	115.4	115.2	115.8	113.0	120.1	125.3	139.4
1994	123.7	124.6	123.5	122.5	123.2	12[illegible].2	118.3
1995	119.8	118.9	120.3	116.5	129.6	115.0	113.7
1996	110.2	110.3	109.7	106.6	110.7	104.4	107.6
1997	102.9	102.8	102.9	101.6	101.4	105.0	102.2
1998	99.0	99.0	98.9	98.2	96.3	95.2	96.4
1999	97.6	97.2	98.2	97.2	95.8	98.2	98.3
2000	99.5	99.2	100.1	99.1	103.9	107.2	111.8
2001	104.0	103.0	105.5	99.6	98.6	98.5	101.4
2002	100.0	99.3	100.9	98.9	100.4	97.9	98.4
2003	101.1	100.9	101.4	100.2	101.8	110.0	105.6
2004	102.3	101.3	104.3	102.1	107.4	114.3	112.5
2005	101.7	101.2	103.0	99.9	109.0	109.6	109.9
2006	101.3	101.2	101.4	101.2	104.4	109.8	108.8
2007	105.5	105.2	106.3	104.4	107.1	105.5	104.3
2008	108.2	108.0	108.7	107.9	114.7	104.9	110.2
2009	101.3	100.9	102.2	101.8	99.0	91.0	90.5
2010	104.1	104.4	103.6	104.6	101.7	115.0	114.4
2011	105.9	106.0	105.7	105.4	107.6	111.0	115.1
2012	102.7	102.5	103.1	102.6	105.2	96.8	98.7
2013	103.2	103.0	103.4	102.6	102.1	96.9	97.8
2014	102.1	102.2	102.1	101.7	99.0	96.7	97.6
2015	101.6	101.4	101.8	101.0	98.6	87.0	87.0
2016	101.3	101.2	101.5	100.9	99.9	94.9	94.6
2017	101.4	101.4	101.3	101.4	103.7	114.5	115.5
2018	102.0	101.9	102.3	101.7	104.2	109.5	109.8
2019	102.3	102.2	102.4	101.9	101.1	98.3	99.0
2020	102.0	101.9	102.1	101.3	100.7	93.9	94.1

注：2011 年以前，工业生产者出厂价格指数为工业品出厂价格指数，工业生产者购进价格指数为原材料、燃料和动力购进价格指数。

a）Before 2011,data of industrial producer price index data refer to producer price index for manufactured goods, data of industrial producer purchase price index refer to purchasing price index for raw material,fuel and power.

5-2 各种价格定基指数
Fixed-based Price Indices

（1978年=100） （year of 1978=100）

年份 Year	居民消费价格指数 Consumer Price Index	城市 Urban Household	农村 Rural Household	商品零售价格指数 Retail Price Index	农业生产资料价格指数 Price Index for Means of Agricultural Production
1978	100.0	100.0	100.0	100.0	100.0
1979	101.1	101.1	101.0	100.8	100.2
1980	105.3	106.4	103.7	104.9	100.4
1981	107.1	108.7	104.5	106.6	100.2
1982	108.3	109.9	105.6	107.9	101.5
1983	108.7	110.3	106.0	108.5	106.0
1984	111.5	113.9	107.6	111.7	114.8
1985	121.7	126.1	115.3	121.2	120.0
1986	129.8	134.9	122.2	128.5	120.8
1987	139.6	146.2	130.1	137.9	126.6
1988	166.3	176.3	150.9	163.6	144.7
1989	196.1	208.4	177.5	190.5	164.5
1990	202.3	212.4	185.8	196.9	182.9
1991	212.2	224.5	194.2	206.0	191.1
1992	227.5	240.9	206.6	217.9	203.9
1993	262.6	277.5	239.3	246.4	244.9
1994	324.8	345.7	295.5	301.8	301.8
1995	389.1	411.1	355.5	351.6	391.1
1996	428.8	453.4	389.9	374.8	432.9
1997	441.2	466.1	401.3	380.8	439.0
1998	436.8	461.5	396.9	373.9	422.7
1999	426.3	448.5	389.7	363.2	405.0
2000	424.2	444.9	390.1	360.2	420.8
2001	441.2	458.3	411.6	358.8	414.9
2002	441.2	455.1	415.3	354.9	416.5
2003	446.1	459.2	421.1	355.6	424.0
2004	456.4	465.2	439.2	363.1	455.4
2005	464.2	470.8	452.4	362.7	496.4
2006	470.2	476.4	458.7	367.1	518.2
2007	496.1	501.2	487.1	383.4	555.0
2008	536.8	541.3	529.5	413.7	636.6
2009	543.8	546.2	541.2	421.2	630.2
2010	566.1	570.2	560.7	440.6	640.9
2011	599.5	604.4	592.7	464.4	689.6
2012	615.7	619.5	611.1	476.5	725.5
2013	635.4	638.1	631.9	488.9	740.7
2014	648.7	652.1	645.1	497.2	739.9
2015	659.1	661.2	656.7	502.1	729.5
2016	667.7	669.1	666.6	506.6	728.8
2017	677.0	678.4	675.3	513.7	755.8
2018	690.5	691.3	690.8	522.4	787.5
2019	706.4	706.5	707.4	532.3	796.2
2020	720.5	719.9	722.3	539.2	801.8

5-3 居民消费价格分类指数（2020）
Consumer Price Indices by Category（2020）

（上年 =100） （preceding year =100）

项 目	Item	全省 Provincal Indices	城市 Urban Indices	农村 Rural Indices
居民消费价格指数	**Consumer Price Index**	**102.0**	**101.9**	**102.1**
食品烟酒	**Food, Tobacco and Liquor**	**106.4**	**106.0**	**107.1**
食品	Food	108.5	108.2	108.9
粮食	Grain	101.7	102.4	100.9
薯类	Tubers	101.5	104.3	98.7
豆类	Beans	102.3	102.1	102.9
食用油	Edible oil and Fats	103.0	104.7	100.8
菜	Vegetables	112.5	112.8	112.1
畜肉类	Meat of Livestock	127.9	127.6	128.2
禽肉类	Meat of Poultry	107.9	110.2	104.3
水产品	Aquatic Products	100.0	101.2	95.8
蛋类	Eggs	90.4	90.5	90.2
奶类	Milk	99.9	99.6	100.5
干鲜瓜果类	Dried and Fresh Melons and Fruits	93.9	91.8	98.3
糖果糕点类	Candy and Cake	101.6	101.8	100.9
调味品	Flavoring	100.9	101.2	100.3
其他食品类	Other Foods	101.3	101.9	100.0
茶及饮料	Tea and Beverages	100.9	100.5	101.5
烟酒	Tobacco and Liquor	100.5	100.4	100.7
烟草	Tobacco	100.0	100.0	100.0
酒类	Liquor	101.3	10[illegible].0	101.5
在外餐饮	Dining Out	102.8	102.7	103.1
衣着	**Clothing**	**99.4**	**99.4**	**99.4**
服装	Garments	99.4	99.2	99.6
男式服装	Men's Garments	99.5	99.4	99.5
女式服装	Women's Garments	99.2	99.0	99.8
儿童服装	Children's Garments	99.6	99.9	99.2
服装材料	Garment Material	98.6	98.3	99.3
其他衣着及配件	Other Clothing and Parts	100.3	100.6	99.8
衣着加工服务费	Clothing Manufacturing Services	101.8	102.2	100.9
鞋类	Footwear	99.3	99.7	98.5
鞋	Shoes	99.2	99.7	98.3
鞋类加工服务	Footwear Manufacturing Services	101.0	100.2	101.6
居住	**Residence**	**100.1**	**99.8**	**100.5**
租赁房房租	Rent of Rental Housing	99.7	99.3	101.3
住房保养维修及管理	Housing Maintenance and Management	99.8	99.3	100.5

5-3 续表 1　continued

（上年 =100）　　　　(preceding year =100)

项　目	Item	全省 Provincal Indices	城市 Urban Indices	农村 Rural Indices
住房装潢材料	Housing Decoration Materials	99.7	99.7	99.8
物业管理费	Property Management Fees	100.5	100.0	101.8
住房装潢维修	Housing Decoration Repair	99.7	98.4	100.8
水电燃料	Water,Electricity and Fuels	100.0	100.0	100.0
水	Water	100.6	101.0	100.0
电	Electricity	99.9	99.9	100.0
燃气	Gas	100.2	99.6	101.2
取暖费	Heating Fee	100.0	100.0	100.0
其他燃料	Other fuels	99.7	100.3	98.8
自有住房	Private Housing	100.3	100.0	100.7
生活用品及服务	**Articles for Daily Use and Services**	**100.3**	**100.3**	**100.2**
家具及室内装饰品	Furniture and Interior Decorations	99.7	99.6	99.8
家具	Furniture	99.6	99.5	99.7
室内装饰品	Interior Decorations	100.3	100.5	100.1
家用器具	Home Appliances	99.6	99.2	100.3
大型家用器具	Large Home Appliances	99.5	99.1	100.4
小家电	Small Home Appliances	99.8	99.8	99.9
家用纺织品	Home Textiles	99.9	100.0	99.8
床上用品	Bedding	99.6	99.6	99.6
窗帘门帘	Curtains	100.3	100.1	100.5
其他家用纺织品	Other Household Textiles	101.5	102.8	99.6
家庭日用杂品	Daily Use Household Articles	100.7	100.8	100.4
洗涤卫生用品	Washing Hygiene Products	101.2	101.8	100.2
厨具餐具茶具	Kitchenware,Tableware and Tea set	100.1	100.0	100.4
家用手工工具	Household Hand Tools	100.1	100.2	100.0
其他家庭日用杂品	Other Miscellaneous for Household Daily Use	100.6	100.5	100.7
个人护理用品	Personal-care Supplies	100.6	100.9	100.0
化妆品	Cosmetic	100.8	101.1	100.0
其他护理用品类	Other Care Supplies	100.3	100.5	100.0
家庭服务	Household Services	101.6	101.9	101.1
交通和通信	**Transport and Communications**	**97.4**	**97.4**	**97.6**
交通	Transport	96.3	96.2	96.7
交通工具	Transport Facility	99.4	99.2	99.8
交通工具用燃料	Fuels for Transport Facility	86.6	86.7	86.5
交通工具使用和维修	Use and Maintenance of Transport Facility	100.7	100.0	101.9
交通费	Traffic Fee	98.1	97.5	99.3
通信	Communications	99.5	99.6	99.2

5-3 续表 2 continued

（上年 =100） （preceding year =100）

项　目	Item	全省 Provincal Indices	城市 Urban Indices	农村 Rural Indices
通信工具	Communication Facility	98.1	98.6	97.3
通信服务	Communication Service	100.0	100.0	100.0
邮递服务	Mail Delivery Services	99.9	99.8	100.0
教育文化和娱乐	**Education,Culture and Recreation**	**101.2**	**101.7**	**100.1**
教育	Education	101.9	102.9	100.2
教育用品	Education Articles	100.3	100.2	100.3
教育服务	Education Services	102.0	103.1	100.2
文化娱乐	Culture and Recreation	100.0	100.0	99.8
文娱耐用消费品	Durable Consumer Goods for Culture and Recreation	99.5	99.1	100.6
其他文娱用品	Other Articles	100.9	101.1	100.2
文化娱乐服务	Services for Culture and Recreation	98.5	98.1	99.5
旅游	Touring and Outing	101.0	101.6	98.4
医疗保健	**Health Care**	**100.6**	**100.8**	**100.3**
药品及医疗器具	Medicine and Medical Instrument	101.5	101.8	100.8
中药	Traditional Chinese Medicine	102.8	102.3	104.4
西药	Western Medicine	101.4	102.4	99.7
滋补保健品	Nourishing Health Care Appliances	99.2	99.0	99.9
医疗卫生器具	Medical and Health Appliances	101.0	100.5	101.7
保健器具	Health Care Appliances	100.5	100.6	99.9
医疗服务	Medical Services	99.9	99.8	100.0
综合医疗类	Comprehensive Medical Category	100.0	100.0	100.0
诊断类	Diagnostic Category	100.0	100.0	100.0
治疗类	Treatment Category	100.0	99.9	100.0
康复类	Rehabilitation Category	99.8	99.7	100.0
中医医疗服务类	Chinese Medicine Medical Services Category	100.1	100.3	100.0
其他医疗服务	Other Medical Services	98.0	96.5	100.0
其他用品和服务	**Other articles and Services**	**104.3**	**104.5**	**103.3**
其他用品类	Other articles	108.3	109.7	105.4
首饰手表	Jewelry and Watch	114.8	116.0	111.5
其他杂项用品	Other Miscellaneous Goods	100.6	100.3	101.0
其他服务类	Other Services	100.9	100.4	102.1
旅馆住宿	Hotel Accommodation	98.7	98.1	100.6
美容美发洗浴	Beauty, Hairdress and Bathing	102.0	102.9	98.9
养老服务	Pension Service	100.1	100.2	100.0
金融保险	Financial Insurance	101.2	100.0	104.2
其他服务类	Other Services	100.7	100.5	101.0

5-4 各市（州）居民消费价格指数（2020）
Consumer Price Indices by Prefecture （2020）

（上年 =100）　　　　（preceding year =100）

市（州）	Region	居民消费价格指数 Consumer Price Index	食品烟酒 Food, Tobacco and Liquor	衣着 Clothing	居住 Residence	生活用品及服务 Articles for Daily Use and Services	交通和通信 Transport and Communications	教育文化和娱乐 Education, Culture and Recreation	医疗保健 Health Care	其他用品和服务 Other Articles and Services
兰州市	Lanzhou	102.0	105.8	99.7	99.9	100.8	97.7	102.2	100.3	100.3
嘉峪关市	Jiayuguan	101.7	105.8	97.3	101.2	99.6	96.7	101.2	100.9	102.5
金昌市	Jinchang	102.4	107.3	101.1	100.2	99.9	98.8	99.2	100.2	101.7
白银市	Baiyin	102.3	108.2	98.4	98.9	99.8	97.2	101.1	100.9	104.0
天水市	Tianshui	102.3	106.5	98.2	101.2	99.4	98.4	99.5	102.4	105.1
武威市	Wuwei	101.6	106.5	100.9	97.5	100.0	98.0	100.9	101.0	102.7
张掖市	Zhangye	101.9	105.1	99.7	99.2	100.7	97.9	101.7	102.0	106.4
平凉市	Pingliang	101.5	108.8	91.8	100.5	96.8	95.4	98.9	99.6	102.5
酒泉市	Jiuquan	102.2	105.0	101.5	99.8	100.4	97.9	102.6	103.1	105.6
庆阳市	Qingyang	101.9	106.4	100.4	100.4	100.4	96.7	100.3	99.6	105.4
定西市	Dingxi	102.1	107.4	98.4	100.6	100.3	97.7	100.0	101.3	100.0
陇南市	Longnan	102.1	106.1	99.2	100.4	100.0	98.1	100.3	100.6	107.2
临夏州	Linxia	101.8	105.7	96.9	102.3	98.6	96.8	99.7	100.1	103.5
甘南州	Gannan	101.9	105.9	101.1	100.8	100.2	96.8	99.5	99.8	104.3

注：本表数据为各市（州）调查点数据，不完全代表各市、州价格总水平。

a） Data in this table are obtained from the sampling points in municipalities and prefectures, not entirely represent the general level of prices of them.

5-5 商品零售价格分类指数（2020）
Retail Price Indices by Category of Commodities（2020）

（上年 =100）　　　　（preceding year=100）

项　目	Item	全省 Provincal Indices	城市 Urban Indices	农村 Rural Indices
商品零售价格指数	**Retail Price Index**	**101.3**	**101.3**	**101.5**
食品	**Food**	**106.4**	**106.4**	**106.4**
#粮食	Grain	101.9	102.4	100.9
食用油	Edible oil and Fats	103.1	103.8	101.3
畜肉类	Meat of Livestock	126.7	127.0	125.4
蛋	Eggs	89.9	89.9	90.2
水产品	Aquatic Products	100.6	101.4	96.6
菜	Vegetables	112.1	112.6	110.3
调味品	Flavoring	101.0	101.4	100.1
糖果糕点	Candy and Cake	101.8	101.8	101.5
干鲜瓜果	Dried and Fresh Melons and Fruits	92.3	91.2	97.4
奶类	Milk	99.9	99.7	100.5
在外餐饮	Dining Out	103.0	102.9	103.6
饮料、烟酒	**Beverages, Tobacco and Liquor**	**100.6**	**100.5**	**100.8**
茶及饮料	Tea and Beverages	100.7	100.6	101.1
烟草	Tobacco	100.0	100.0	100.0
酒	Liquor	101.1	101.0	101.4
服装、鞋帽	**Garments, Shoes and Hats**	**99.6**	**99.5**	**99.9**
#服装	Garments	99.4	99.3	100.1
鞋袜帽	Footgear and Hat	99.9	100.1	99.1
纺织品	**Textiles**	**99.2**	**99.1**	**99.4**
服装材料	Clothing	98.2	97.8	99.0
床上用品	Bedding	99.6	99.6	99.6
家用电器及音像器材	**Household Appliances,Music and Video Equipment**	**99.5**	**99.2**	**100.9**
文化办公用品	**Cultural and Office Appliances**	**100.2**	**100.1**	**101.0**
日用品	**Articles for Daily Use**	**100.4**	**100.3**	**100.7**
#日用百货	General Merchandise for Daily Use	99.2	99.0	100.3
其他日用品	Other Miscellaneous for Daily Use	100.4	100.4	100.6
体育娱乐用品	**Sports and Recreation Articles**	**100.9**	**101.0**	**100.3**
交通、通信用品	**Transportation and Communication Appliances**	**99.0**	**99.2**	**98.0**
家具	**Furniture**	**99.7**	**99.8**	**99.4**
化妆品	**Cosmetics**	**100.9**	**101.1**	**99.8**
金银饰品	**Gold and Silver Ornames**	**117.4**	**118.0**	**114.0**
中西药品及医疗保健用品	**Traditional Chinese and Western Medicines and Health Care Articles**	**101.2**	**101.3**	**100.8**
中药	Traditional Chinese Medicines	101.9	101.6	103.4
西药	Western Medicines	101.4	101.8	99.4
书报杂志及电子出版物	**Books,Newpapers,Magazines and Electronic Publications**	**100.2**	**100.1**	**100.5**
燃料	**Fuels**	**92.9**	**92.6**	**93.9**
建筑材料及五金电料	**Building Materials and Hardware**	**99.7**	**99.5**	**100.2**

5-6 商品零售价格指数
Retail Price Indices

(上年=100) (preceding year=100)

项 目	Item	2010	2015	2018	2019	2020
商品零售价格指数	**Retail Price Index**	**104.6**	**101.0**	**101.7**	**101.9**	**101.3**
食品	**Food**	**109.7**	**101.6**	**101.3**	**106.1**	**106.4**
#粮食	Grain	122.2	101.3	100.1	100.7	101.9
食用油	Edible oil and Fats	99.4	99.4	101.6	101.6	103.1
畜肉类	Meat of Livestock	104.6	103.4	98.8	121.8	126.7
蛋	Eggs	109.3	92.8	112.5	105.7	89.9
水产品	Aquatic Products	108.3	98.9	102.4	100.6	100.6
菜	Vegetables	110.8	105.8	102.2	104.1	112.1
调味品	Flavoring	105.2	101.8	100.5	100.2	101.0
糖果糕点	Candy and Cake	109.3	99.8	101.2	100.7	101.8
干鲜瓜果	Dried and Fresh Melons and Fruits	117.0	95.7	101.7	110.4	92.3
奶类	Milk	102.4	100.7	102.2	101.5	99.9
在外餐饮	Dining Out	106.2	101.9	100.9	101.4	103.0
饮料、烟酒	**Beverages, Tobacco and Liquor**	**103.6**	**102.2**	**101.3**	**100.8**	**100.6**
茶及饮料	Tea and Beverages	102.0	101.3	101.8	100.9	100.7
烟草	Tobacco	100.2	105.8	100.0	100.0	100.0
酒	Liquor	108.3	97.4	102.5	101.6	101.1
服装、鞋帽	**Garments, Shoes and Hats**	**99.7**	**103.0**	**100.9**	**100.9**	**99.6**
#服装	Garments	100.4	103.1	100.7	101.2	99.4
鞋袜帽	Footgear and Hat	97.9	103.1	101.3	99.9	99.9
纺织品	**Textiles**	**100.8**	**100.2**	**99.1**	**101.0**	**99.2**
服装材料	Clothing	101.7	102.7	101.5	101.1	98.2
床上用品	Bedding	100.1	98.4	98.3	101.0	99.6
家用电器及音像器材	**Household Appliances,Music and Video Equipment**	**98.0**	**99.6**	**100.0**	**99.1**	**99.5**
文化办公用品	**Cultural and Office Appliances**	**98.6**	**100.1**	**100.9**	**99.9**	**100.2**
日用品	**Articles for Daily Use**	**100.2**	**101.6**	**101.0**	**101.0**	**100.4**
#日用百货	General Merchandise for Daily Use	100.7	101.9	101.3	99.9	99.2
其他日用品	Other Miscellaneous for Daily Use	100.7	102.2	101.1	101.1	100.4
体育娱乐用品	**Sports and Recreation Articles**	**100.1**	**100.8**	**100.0**	**100.7**	**100.9**
交通、通信用品	**Transportation and Communication Appliances**	**103.4**	**99.2**	**99.3**	**98.2**	**99.0**
家具	**Furniture**	**100.2**	**100.7**	**100.9**	**100.3**	**99.7**
化妆品	**Cosmetics**	**100.4**	**101.6**	**100.5**	**101.0**	**100.9**
金银饰品	**Gold and Silver Jewelry**	**111.4**	**92.7**	**96.4**	**107.9**	**117.4**
中西药品及医疗保健用品	**Traditional Chinese and Western Medicines and Health Care Articles**	**103.6**	**102.4**	**105.5**	**104.7**	**101.2**
中药	Traditional Chinese Medicines	106.9	101.3	110.2	104.1	101.9
西药	Western Medicines	101.9	103.6	103.5	105.9	101.4
书报杂志及电子出版物	**Books,Newpapers,Magazines and Electronic Publications**	**102.3**	**100.9**	**100.5**	**100.2**	**100.2**
燃料	**Fuels**	**111.1**	**95.8**	**107.1**	**98.6**	**92.9**
建筑材料及五金电料	**Building Materials and Hardware**	**102.3**	**100.0**	**103.6**	**100.8**	**99.7**

5-7 各市（州）商品零售价格分类指数（2020）
Retail Price Indices by Region （2020）

（上年=100） （preceding year=100）

市（州）	Region	商品零售价格指数 Retail Price Index	食品 Food	饮料、烟酒 Beverages, Tobacco and Liquor	服装、鞋帽 Garments, Shoes and Hats	纺织品 Textiles	家用电器及音像器材 Household Appliances, Music and Video Equipment	文化办公用品 Cultural and Office Appliances	日用品 Articles for Daily Use	体育娱乐用品 Sports and Recreation Articles
兰州市	Lanzhou	101.4	106.6	100.5	99.8	99.0	99.5	100.3	100.5	101.1
嘉峪关市	Jiayuguan	101.1	105.9	102.0	97.2	101.2	98.0	99.8	99.7	100.2
金昌市	Jinchang	102.2	108.0	100.0	101.1	100.0	100.0	100.0	99.8	100.0
白银市	Baiyin	100.9	108.3	101.6	98.3	99.3	97.9	100.7	100.8	100.4
天水市	Tianshui	101.7	107.1	100.1	97.9	100.0	98.0	97.9	99.9	100.0
武威市	Wuwei	101.9	107.8	99.7	101.1	100.2	100.3	100.5	100.1	100.3
张掖市	Zhangye	101.6	105.8	100.1	99.7	103.0	99.9	100.7	100.1	102.7
平凉市	Pingliang	99.7	107.9	103.6	91.3	98.2	91.1	97.1	98.6	100.0
酒泉市	Jiuquan	102.1	106.6	99.5	101.4	100.0	100.9	100.9	100.3	102.3
庆阳市	Qingyang	101.3	105.9	101.0	100.6	97.9	103.4	100.4	100.2	101.5
定西市	Dingxi	101.5	105.9	101.0	98.5	101.1	99.8	100.8	100.3	100.0
陇南市	Longnan	101.1	104.4	101.5	99.0	99.4	99.4	99.7	100.4	96.3
临夏州	Linxia	100.9	105.5	100.7	96.8	99.9	94.6	97.7	100.1	99.9
甘南州	Gannan	102.0	107.3	100.2	101.1	99.9	99.6	104.9	102.4	101.5

注：本表数据为各市（州）调查点数据，不完全代表各市（州）价格总水平。
a) Data in this table are obtained from the sampling points in municipalities and prefectures, not entirely represent the general level of prices of them.

5-7 续表 continued

（上年=100） （preceding year=100）

市（州）	Region	交通、通信用品 Transportation and Communication Appliances	家具 Furniture	化妆品 Cosmetics	金银珠宝 Gold, Sliver and Jewelery	中西药品及医疗保健用品 Traditional Chinese and Western Medicines and Health Care Articles	书报杂志及电子出版物 Books, Newspapers, Magazines and Electronic Publications	燃料 Fuels	建筑材料及五金电料 Building Materials and Hardware
兰州市	Lanzhou	99.3	100.3	101.4	117.5	100.6	99.8	92.9	99.5
嘉峪关市	Jiayuguan	98.2	101.2	99.2	113.6	102.1	102.2	93.3	99.7
金昌市	Jinchang	100.0	100.0	100.2	109.9	100.4	100.0	93.9	100.0
白银市	Baiyin	96.5	99.8	101.9	110.5	101.8	100.7	90.0	99.4
天水市	Tianshui	101.0	98.7	99.2	114.6	105.0	102.4	93.7	100.2
武威市	Wuwei	98.4	99.9	100.0	116.7	102.0	100.0	94.9	100.4
张掖市	Zhangye	98.9	100.1	100.1	118.1	104.7	100.8	94.1	100.2
平凉市	Pingliang	93.6	95.7	98.8	110.4	101.3	101.0	93.2	97.8
酒泉市	Jiuquan	99.9	98.8	100.3	114.9	106.0	101.3	91.0	99.2
庆阳市	Qingyang	97.9	99.6	99.5	115.1	99.4	100.0	93.6	99.4
定西市	Dingxi	99.3	100.0	100.2	103.4	104.3	100.8	96.1	100.2
陇南市	Longnan	99.9	99.3	100.4	120.4	101.4	99.8	94.3	100.8
临夏州	Linxia	97.6	96.8	100.1	116.2	100.2	100.0	95.3	101.5
甘南州	Gannan	94.4	98.1	99.9	118.3	100.5	102.3	93.7	101.2

5-8 农业生产资料价格指数
Price Indices of Means Agricultural Production

（上年 =100） （preceding year =100）

项 目	Item	2010	2015	2018	2019	2020
农业生产资料价格指数	**Price Index for Means of Agricultural Production**	**101.7**	**98.6**	**104.2**	**101.1**	**100.7**
农用手工工具	Farm Handtools	104.4	101.7	105.5	103.9	101.1
饲料	Forage	126.3	100.8	101.9	100.8	102.8
仔畜幼禽及畜产品	Newborn Animals & Poultry, and Commodity Animals	82.6	94.8	99.4	111.5	120.5
半机械化农具	Semi-mechanized Farm Tools	98.6	100.0	102.4	99.0	97.9
机械化农具	Mechanized Farm Machinery	101.8	100.0	103.1	99.8	99.4
化学肥料	Chemical Fertilizer	97.8	97.7	108.3	98.3	93.2
农药及农药器械	Pesticide and Its Appliances	102.1	101.0	101.2	101.2	100.9
农用机油	Oil for Farm Machinery	108.1	87.7	111.5	94.8	86.8
其他农业生产资料	Other Means of Agricultural Production	103.8	100.7	101.2	100.9	102.4
农业生产服务	Service for Agricultural Production	101.8	104.8	103.9	102.6	102.3

5-9 农产品生产者价格指数
Producer Price Indices for Farm Products

（上年 =100） （preceding year =100）

指 标	Item	2010	2015	2018	2019	2020
农产品生产者价格指数	**Producer Price Indices for Farm Products**	**113.8**	**99.8**	**101.7**	**109.9**	**106.6**
种植业产品	**Planting Products**	**119.5**	**100.9**	**101.6**	**104.8**	**102.3**
谷物（原粮）	Cereal（Unprocessed Food Grains）	110.8	98.2	104.5	100.7	98.4
#小麦	Wheat	106.8	97.9	102.7	99.8	98.0
玉米	Corn	119.4	97.5	103.9	100.5	107.5
豆类	Beans	109.4	100.6	87.4	106.3	98.8
#大豆	Beans	106.3	90.9	99.6	98.3	100.4
蚕豆	Broad Bean	154.8	105.2	85.6	117.6	97.1
薯类	Tubers	185.0	93.8	77.6	141.2	96.7
油料	Oil-bearing Crops	107.1	99.4	101.1	112.2	106.3
#油菜籽	Rapeseeds	103.9	101.3	105.0	97.7	107.3
胡麻籽	Benne	104.9	96.9	99.5	109.1	106.0
棉花（籽棉）	Cotton（Unginned Cotton）	176.2	103.0	96.9	85.7	120.4
糖料	Sugar			108.2	100.0	100.0
蔬菜	Vegetable	114.2	105.1	103.4	103.4	110.1
水果（含果用瓜）	Fruit（Fruit Included Melons）	127.6	103.9	105.8	93.3	100.[illegible]
#苹果	Apple	142.9	103.9	104.2	93.0	94.0
梨	Pear	105.8	100.0	107.1	87.4	122.3
桃	Peach	151.9	91.4	96.6		
杏	Apricot	116.3			100.3	106.1
西瓜	Water Melon	103.3	128.6	113.7	95.2	83.8
中药材	Chinese Medicinal Materials	124.1	98.3	95.7	107.6	91.8
#党参	Codonopsis	156.9	95.7	95.1	100.9	93.1
当归	Angelica	92.7				81.8
黄芪	Astragalus	127.9	92.6	92.0	103.3	98.3
甘草	Licorice	122.9			140.0	
畜牧业产品	**Animal Husbandry Products**	**101.6**	**97.5**	**102.2**	**121.1**	**116.2**
#活牛	Live Cattle	104.6	103.2	103.8	105.3	106.9
活羊	Live Sheep	103.5	79.0	117.0	117.9	110.1
活猪	Live Pig	92.1	104.0	85.9	139.3	135.8
活鸡	Live Chicken	118.7	100.8	104.9	109.5	97.3
生奶	Raw Milk	129.2	99.2	108.0	106.1	104.2
鸡蛋	Eggs	110.1	98.1	124.1	113.2	87.1
渔业产品	**Fishery Products**	**115.5**	**100.6**	**93.6**	**101.2**	**91.8**

注：2012 年起，国家统计局实行新方法制度，对分类进行调整并增加了品种。

a) Since 2012,National Bureau of Statistics implemented the new method system, adjusted the classification of producer price indices for farm products and increased the breed.

5-10 工业生产者出厂价格指数
Producer Price Index for Industrial Products

（上年=100） (preceding year =100)

项 目	Item	2010	2015	2018	2019	2020
工业生产者出厂价格指数	**Producer Price Index for Industrial Products**	**115.0**	**87.0**	**109.5**	**98.3**	**93.9**
按轻重工业分	**Grouped by Light & Heavy Industry**					
轻工业	Light Industry	104.0	100.1	99.7	100.4	101.4
以农产品为原料	Using Farm Products as Raw Materials	103.2	100.0	99.7	100.5	101.5
以非农产品为原料	Using Non-farm Products as Raw Materials	105.1	100.6	99.4	98.1	98.4
重工业	Heavy Industry	116.7	85.6	110.7	98.0	93.0
采掘工业	Mining & Quarrying Industry	116.3	69.3	120.2	97.8	83.8
原料工业	Raw Materials Industry	118.5	87.6	110.6	98.0	91.3
加工工业	Processing Industry	102.4	88.1	107.3	98.1	98.8
按两大部类分	**Grouped by Division**					
生产资料	Means of Production	116.1	85.6	110.5	97.9	93.0
采掘工业	Mining & Quarrying Industry	113.6	69.3	120.2	97.8	83.8
原料工业	Raw Materials Industry	118.8	87.6	110.5	98.0	91.3
加工工业	Processing Industry	103.9	88.1	106.8	97.8	98.6
生活资料	Consumer Goods	102.4	100.2	100.9	101.5	101.7
食品	Food	102.7	100.2	100.9	101.4	101.8
衣着	Clothing	105.4	90.5	100.9	100.4	100.7
一般日用品	Articles for Daily Use	102.9	100.2	100.6	105.2	98.1
耐用消费品	Durable Consumer Goods	90.5	99.9	102.2	101.2	104.2
按工业部门分	**Grouped by Industry Sector**					
冶金工业	Metallurgical Industry	122.0	86.1	109.7	100.1	98.8
电力工业	Power Industry	100.7	99.8	102.8	98.5	96.5
煤炭及炼焦工业	Coal Industry	101.7	90.0	108.5	106.0	99.2
石油工业	Petroleum Industry	120.1	73.7	121.3	94.2	76.8
化学工业	Chemical Industry	107.9	95.7	106.6	99.6	99.6
机械工业	Machine Manufacturing Industry	101.4	96.9	101.4	99.1	96.5
建筑材料工业	Building Materials Industry	104.6	89.8	101.8	97.2	99.4
森林工业	Timber Industry	102.1	95.8	100.2	100.4	100.1
食品工业	Food Industry	103.0	100.1	99.4	100.8	102.0
纺织工业	Textile Industry	111.4	97.5	105.1	102.7	91.4
缝纫工业	Tailoring Industry	104.2	89.9	101.0	100.4	100.8
皮革工业	Leather Industry	103.6	101.6	99.8	96.6	97.0
造纸工业	Paper Industry	104.7	100.6	107.4	89.0	98.8
文教艺术用品工业	Cultural,Educational & Handicrafts Articles	102.6	100.0	100.0	100.8	101.1
其他工业	Others	108.5	96.6	115.0	71.6	91.0

5-11 按行业分工业生产者出厂价格指数
Producer Price Indices for Industrial Products by Sector

（上年 =100） （preceding year =100）

行业	Sector	2010	2015	2018	2019	2020
工业生产者出厂价格指数	**Producer Price Indices for Industrial Products**	**115.0**	**87.0**	**109.5**	**98.3**	**93.9**
煤炭开采和洗选业	Mining and Washing of Coal	101.2	90.0	109.1	106.5	99.[illegible]
石油和天然气开采业	Extraction of Petroleum and Natural Gas	122.6	52.2	131.8	94.7	68.2
黑色金属矿采选业	Mining and Processing of Ferrous Metal Ores	110.6	73.9	111.4	104.0	98.5
有色金属矿采选业	Mining and Processing of Non-Ferrous Metal Ores	113.0	98.8	109.3	98.9	100.3
非金属矿采选业	Mining and Processing of Non-metal Ores	98.0	97.8	96.4	72.1	89.9
农副食品加工业	Processing of Food from Agricultural Products	104.3	100.5	99.2	101.5	103.2
食品制造业	Manufacture of Foods	104.6	98.6	99.3	100.0	103.0
酒、饮料及精制茶制造业	Manufacture of Liquor, Beverages and Refined Tea	102.4	100.3	98.5	98.7	99.8
烟草制品业	Manufacture of Tobacco	101.4	100.0	100.2	101.4	100.9
纺织业	Manufacture of Textile	111.3	97.6	105.[illegible]	102.7	91.4
纺织服装、服饰业	Manufacture of Textile, Wearing Apparel and Accessories	103.8	88.9	[illegible]	100.4	100.8
皮革、毛皮、羽毛及其制品和制鞋业	Manufacture of Leather, Fur, Feather and Related Products and Footware	103.6	101.6	99.8	96.6	97.0
木材加工及木、竹、藤、棕、草制品业	Processing of Timber, Manufacture of Wood, Bamboo, Rattan, Palm and Straw Products	100.3	82.6	100.3	100.2	100.0
家具制造业	Manufacture of Furniture	103.3	99.4	100.1	100.5	100.2
造纸及纸制品业	Manufacture of Paper and Paper Products	104.7	100.6	107.4	89.0	98.8
印刷业和记录媒介复制业	Printing and Reproduction of Recording Media	102.7	100.0	100.0	100.8	101.1
文教、工美、体育和娱乐用品制造业	Manufacture of Articles for Culture, Education, Arts and Crafts, Sport and Entertainment Activities			95.8	93.7	91.2

5-11 续表 continued

（上年 =100） (preceding year =100)

行 业	Sector	2010	2015	2018	2019	2020
石油加工、炼焦和核燃料加工业	Processing of Petroleum, Coking, Processing of Nuclear Fuel	119.8	79.0	117.9	93.9	79.5
化学原料及化学制品制造业	Manufacture of Raw Chemical Materials and Chemical Products	109.0	94.2	106.5	97.5	100.0
医药制造业	Manufacture of Medicines	106.0	101.0	111.4	105.9	101.6
橡胶和塑料制品业	Manufacture of Rubber and Plastics Products			100.2	98.7	94.4
非金属矿物制品业	Manufacture of Non-metallic Mineral Products	109.2	89.9	104.4	93.6	98.5
黑色金属冶炼及压延加工业	Smelting and Pressing of Ferrous Metals	107.5	80.3	112.3	98.1	98.2
有色金属冶炼及压延加工业	Smelting and Pressing of Non-ferrous Metals	133.1	89.2	107.3	101.3	99.8
金属制品业	Manufacture of Metal Products	105.0	95.8	104.4	100.1	91.3
通用设备制造业	Manufacture of General Purpose Machinery	100.9	100.6	100.8	100.1	99.9
专用设备制造业	Manufacture of Special Purpose Machinery	93.0	93.1	98.3	99.5	98.0
汽车制造业	Manufacture of Automobiles			104.8	105.4	101.5
铁路、船舶、航空航天和其他运输设备制造业	Manufacture of Railway, Ship, Aerospace and Other Transport Equipments	96.1	100.3	99.6	100.8	100.2
电气机械及器材制造业	Manufacture of Electrical Machinery and Apparatus	111.8	95.1	104.3	97.3	94.5
计算机、通信和其他电子设备制造业	Manufacture of Computers, Communication and Other Electronic Equipment	100.0	99.9	96.4	101.3	94.3
仪器仪表制造业	Manufacture of Measuring Instruments and Machinery	101.8	100.0	100.0	102.4	103.8
废弃资源综合利用业	Utilization of Waste Resources			99.3	99.3	99.4
金属制品、机械和设备修理业	Repair Service of Metal Products, Machinery and Equipment			100.2	107.0	100.0
电力、热力生产和供应业	Production and Supply of Electric Power and Heat Power	100.7	99.8	102.8	98.5	96.5
燃气生产和供应业	Production and Supply of Gas	106.9	102.7	102.0	104.3	98.4
水的生产和供应业	Production and Supply of Water	98.6	102.9	103.6	99.8	103.2

5-12　工业生产者购进价格指数
Purchasing Price Index for Industrial Producers

（上年 =100）　　　　　　　　　　　　　　　　　　　　　　　　（preceding year =100）

类　别	Types	2010	2015	2018	2019	2020
工业生产者购进价格指数	**Purchasing Price Indices for Industrial Producers**	**114.4**	**87.0**	**109.8**	**99.0**	**94.1**
燃料、动力类	Fuel and Power	118.4	81.6	111.6	99.3	90.7
黑色金属材料类	Ferrous Metals	109.4	86.9	109.6	99.5	101.3
# 钢材	Rolled Steel	103.7	91.1	110.7	98.4	100.1
有色金属材料和电线类	Nonferrous Metals	118.8	94.0	104.4	95.3	98.3
化工原料类	Raw Chemical Materials	112.0	96.1	108.6	90.9	90.3
木材及纸浆类	Timber and Paper Pulp	104.4	99.4	105.5	92.9	99.7
建筑材料及非金属矿类	Building Materials	102.3	93.8	109.9	101.0	99.5
其他工业原材料及半成品类	Other Industrial Raw and Processed Materials	103.6	96.5	104.0	105.6	103.9
农副产品类	Agricultural Products	111.5	101.6	103.3	114.0	114.0
纺织原料类	Textile Materials	108.0	102.5	108.6	100.2	88.9

主要统计指标解释

居民消费价格指数　是反映一定时期内城乡居民所购买的生活消费品价格和服务项目价格变动趋势和程度的相对数，是对城市居民消费价格指数和农村居民消费价格指数进行综合汇总计算的结果。通过该指数可以观察和分析消费品的零售价格和服务项目价格变动对城乡居民实际生活费支出的影响程度。

城市居民消费价格指数　是反映一定时期内城市居民家庭所购买的生活消费品价格和服务项目价格变动趋势和程度的相对数。通过该指数可以观察和分析消费品的零售价格和服务项目价格变动对城镇居民收入和消费支出的影响。

农村居民消费价格指数　是反映一定时期内农村居民家庭所购买的生活消费品价格和服务项目价格变动趋势和程度的相对数。该指数可以观察农村消费品的零售价格和服务项目价格变动对农村居民收入和生活消费支出的影响。

商品零售价格指数　是反映一定时期内城乡商品零售价格变动趋势和程度的相对数。商品零售价格的变动与国家的财政收入、市场供需的平衡、消费与积累的比例关系有关。因此，该指数可以从一个侧面对上述经济活动进行观察和分析。

农业生产资料价格指数　指反映一定时期内农业生产资料价格变动趋势和程度的相对数。其编制目的是了解农业生产中投入物质资料价格的变动状况，服务于国民经济核算。1994 年以前，农业生产资料价格指数仅仅是商品零售价格指数的一个类别，此后，从商品零售价格指数中分离出来，单独编制。

农产品生产者价格指数　是反映一定时期内，农产品生产者出售农产品价格水平变动趋势及幅度的相对数。该指数可以客观反映全国农产品生产价格水平和结构变动情况，满足农业与国民经济核算需要。其中某代表品生产价格指数是通过对全部有出售该产品行为的调查单位的个体指数进行几何平均求得的，类价格指数是通过对其所属的类（或代表品）的价格指数进行加权平均求得的。季度累计价格指数的计算方法与分季指数的计算方法相同。

工业生产者出厂价格指数　是反映一定时期内全部工业产品第一次出售时的出厂价格总水平的变动趋势和变动幅度的相对数。

工业生产者购进价格指数　是反映作为中间投入的原材料、燃料、动力购进价格总水平的变动趋势和变动幅度的相对数。

6

人民生活

People's Living Conditions

简要说明

一、本篇资料的主要内容

本篇资料反映了城乡居民储蓄存款；城镇、农村居民的家庭收支、居住、耐用消费品拥有、生产和生活等方面的情况。

二、本篇资料的来源

1. 城乡居民储蓄存款数据取自中国人民银行兰州中心支行，由省统计局国民经济核算处提供。

2. 城镇、农村居民家庭相关资料由国家统计局甘肃调查总队居民收支调查处整理提供。

3. 自 2015 年起甘肃省发布城乡一体化住户收支与生活状况调查数据，即发布城镇、农村居民可支配收入，原农村居民纯收入数据以后不再发布，本年鉴中涉及 2015 年及以后的居民有关数据均来源于此调查。2014 年及以前年份的居民有关数据为新口径回溯数据。

6-1 人民物质文化生活情况
Basic Statistics on People's Living Conditions

指 标	Item	2010	2015	2018	2019	2020
就业	**Employment**					
每一城镇就业者负担人数（人）	Number of Dependents per Urban Employee (person)	2.01	1.46	1.49	1.49	1.45
每一农村劳动力负担人数（人）	Number of Dependents per Rural Laborer (person)	1.56	1.60	1.67	1.62	1.58
城镇登记失业率(%)	Registered Urban Unemployment Rate (%)	3.21	2.14	2.78	3.00	3.27
收入（元）	Income of Rural and Urban Residents (yuan)					
全体居民人均可支配收入	Annual per Capita Disposable Income of Households					20335
城镇居民人均可支配收入	Annual per Capita Disposable Income of Urban Households	13820	23767	29957	32323	33822
农村居民人均可支配收入	Annual per Capita Disposable Income of Rural Households	3747	6936	8804	9629	10344
在岗职工平均工资	Average Wage of Staff and Workers	29588	54454	73704	77336	83392
支出（元）	**Expenditure (yuan)**					
全体居民人均消费支出	Per Capita Consumption Expenditures of all Households					16175
#食品烟酒	Food ,Tobacco and Liquor					4769
城镇居民人均消费支出	Per Capita Consumption Expenditures of Urban Households	10171	17451	22506	24454	24615
#食品烟酒	Food ,Tobacco and Liquor	3412	5346	6491	6996	7068
农村居民人均消费支出	Per Capita Consumption Expenditures of Rural Households	3430	6830	9065	9694	9923
#食品烟酒	Food,Tobacco and Liquor	1443	2244	2595	2827	3065
储蓄	**Savings Deposit**					
城乡居民年底储蓄存款余额（亿元）	Balance of Savings Deposit of Rural and Urban Households (year-end)(100 million yuan)	3598	7580	9330	10478	12420
人均储蓄存款余额（元）	Per Capita Balance of Saving Deposit (yuan)	14070	29996	37043	41710	49579
住房面积（平方米）	**Per Capita Floor Space of Residential Buildings (sq.m)**					
城镇居民人均居住面积	Per Capita Living Space of Urban Households	27.9	34.0	33.9	34.6	35.0
农村居民人均居住面积	Per Capita Living Space of Rural Households	21.0	29.3	31.8	31.3	31.9
文化	**Culture**					
城镇每百户有彩色电视机（台）	Number of Color TV Sets per 100 Urban Households (set)	110	105	102	104	105
农村每百户有彩色电视机（台）	Number of Color TV Sets per 100 Rural Households (set)	104	109	112	109	111
广播节目综合人口覆盖率(%)	Radio Coverage Rate of the Population (%)	93.47	98.01	98.45	98.57	99.31
电视节目综合人口覆盖率(%)	TV Coverage Rate of Population (%)	93.72	98.47	98.81	98.90	99.41
教育	**Education**					
小学学龄儿童净入学率(%)	Net Enrolment Ratio of School-age Children in Primary Schools (%)	99.46	99.83	99.91	99.99	99.99
每万人口中在校大学生数（人）	Number of University Students per 10 000 Population (person)	149	173	197	198	232
卫生	**Public Health**					
每万人口医疗卫生机构床位数（张）	Beds of Medical Institutions per 10000 Population (bed)	37.06	48.86	51.58	65.19	71.12
每万人口执业（助理）医师数（人）	Number of Licensed (Assistant) Doctors per 10 000 Population (person)	15.0	19.1	22.5	23.8	26.5

6-2 城乡居民人民币储蓄存款年底余额
Savings Deposit Balance of Urban and Rural Households at Year-end

单位：万元 (10 000 yuan)

年份 Year	年底余额 Balance at Year-end			年增加额 Year-on-year Increase		
	总计 Total	城镇 Urban	农户 Rural	总计 Total	城镇 Urban	农户 Rural
2000	8187607	7093513	1094094	814000	675776	138224
2001	9207078	7995286	1211792	1020647	902950	117697
2002	10422181	8979129	1443052	1213625	984936	228689
2003	12173882	10517505	1656377	1749967	1536641	213326
2004	13831098	11914297	1916801	1657216	1396792	260424
2005	15866560	13520146	2346414	2035462	1605849	429613
2006	18254366	15388163	2866203	2387806	1868017	519789
2007	19152386	15532987	3619399	898020	144824	753196
2008	24618977	19548344	5070633	5466591	4015357	1451234
2009	30269418	23420414	6849004	5650441	3872070	1778371
2010	35982361	27355167	8627194	5712943	3934753	1778190
2011	42314086	31343529	10970557	6331725	3988362	2343363
2012	50500815	36867737	13633078	8186729	5524208	2662521
2013	58784741	41753886	17030855	8283926	4886149	3397777
2014	66746775	47034797	19711978	7962034	5280911	2681123
2015	75803110	52103307	23699803	9056335	5068510	3987825
2016	82639555	55033454	27606101	6836445	2930147	3906298
2017	87204797	56985688	30219109	4565242	1952234	2613008
2018	93296494	61410013	31886481	6091697	4424325	1667372
2019	104778239	69511882	35266357	11481745	8101869	3379876
2020	124196230			19417991		

6-3 各地、县金融机构城乡居民人民币储蓄存款（2020）
Savings Deposit of Financial Institutions of Urban and Rural Households by Region & County（2020）

单位：万元 （10 000 yuan）

地、县	Region & County	城乡居民储蓄存款 Savings Deposit of Urban and Rural Households	地、县	Region & County	城乡居民储蓄存款 Savings Deposit of Urban and Rural Households
兰州市	**Lanzhou**	**38596270**	瓜州县	Guazhou	551429
城关区	Chengguan	19785556	肃北县	Subei	89293
七里河区	Qilihe	5838174	阿克塞县	Akesai	77864
西固区	Xigu	4085476	玉门市	Yumen	664188
安宁区	Anning	3437021	敦煌市	Dunhuang	1324920
红古区	Honggu	896921	**庆阳市**	**Qingyang**	**9821342**
永登县	Yongdeng	1208266	西峰区	Xifeng	3433688
皋兰县	Gaolan	856738	庆城县	Qingcheng	1035791
榆中县	Yuzhong	1931283	环　县	Huanxian	853457
兰州新区	Lanzhou New Area	556836	华池县	Huachi	450695
嘉峪关市	**Jiayuguan**	**2474732**	合水县	Heshui	641110
金昌市	**Jinchang**	**3091880**	正宁县	Zhengning	767665
金川区	Jinchuan	2122952	宁　县	Ningxian	1356698
永昌县	Yongchang	968928	镇原县	Zhenyuan	1282237
白银市	**Baiyin**	**6130074**	**定西市**	**Dingxi**	**7728924**
白银区	Baiyin	2408241	安定区	Anding	1847056
平川区	Pingchuan	989137	通渭县	Tongwei	744526
靖远县	Jingyuan	998235	陇西县	Longxi	1421170
会宁县	Huining	1006614	渭源县	Weiyuan	646458
景泰县	Jingtai	727848	临洮县	Lintao	1637921
天水市	**Tianshui**	**11888490**	漳　县	Zhangxian	444532
秦州区	Qinzhou	4279938	岷　县	Minxian	987262
麦积区	Maiji	2386907	**陇南市**	**Longnan**	**7697767**
清水县	Qingshui	631408	武都区	Wudu	1832133
秦安县	Qinan	1458694	成　县	Chengxian	981348
甘谷县	Gangu	1392463	文　县	Wenxian	654203
武山县	Wushan	1040023	宕昌县	Tanchang	636561
张家川县	Zhangjiachuan	699058	康　县	Kangxian	477645
武威市	**Wuwei**	**7932244**	西和县	Xihe	1057641
凉州区	Liangzhou	5221254	礼　县	Lixian	1135009
民勤县	Minqin	1215900	徽　县	Huixian	732143
古浪县	Gulang	859380	两当县	Liangdang	191073
天祝县	Tianzhu	635709	**临夏州**	**Linxia**	**5646147**
张掖市	**Zhangye**	**6243568**	临夏市	linxia	2243078
甘州区	Ganzhou	3229258	临夏县	linxia	614032
肃南县	Sunan	128785	康乐县	Kangle	514858
民乐县	Minle	668997	永靖县	Yongjing	797599
临泽县	Linze	653501	广河县	Guanghe	411040
高台县	Gaotai	728956	和政县	Hezheng	439635
山丹县	Shandan	834071	东乡县	Dongxiang	275758
平凉市	**Pingliang**	**7601882**	积石山县	Jishishan	350147
崆峒区	Kongtong	2649645	**甘南州**	**Gannan**	**2050389**
泾川县	Jingchuan	1000067	合作市	Hezuo	431541
灵台县	Lingtai	652341	临潭县	Lintan	344758
崇信县	Chongxin	366114	卓尼县	Zhuoni	245818
庄浪县	Zhuanglang	994466	舟曲县	Zhouqu	437662
静宁县	Jingning	1081877	迭部县	Diebu	173122
华亭市	Huating	857372	玛曲县	Maqu	95345
酒泉市	**Jiuquan**	**7167674**	碌曲县	Luqu	71021
肃州区	Suzhou	3409054	夏河县	Xiahe	201122
金塔县	Jinta	550927			

6-4 全省居民人均收支情况
Per Capita Income and Consumption Expenditure of Gansu Residents

指　标	Item	2020
人均可支配收入（元）	**Per Capita Disposable Income (yuan)**	**20335**
工资性收入	Income from Wages and Salaries	11462
经营净收入	Net Business Income	3731
财产净收入	Net Income from Property	1196
转移净收入	Net Income from Transfer	3947
构成 (%)	**Disposable Income(%)**	**100.0**
工资性收入	Income from Wages and Salaries	56.4
经营净收入	Net Business Income	18.3
财产净收入	Net Income from Property	5.9
转移净收入	Net Income from Transfer	19.4
人均消费支出（元）	**Per Capita Annual Consumption Expenditure (yuan)**	**16175**
食品烟酒	Food,Tobacco and Liquor	4769
衣着	Clothing	1141
居住	Residence	3557
生活用品及服务	Household Facilities,Articles and Services	1046
交通通信	Transport and Communications	2020
教育文化娱乐	Education, Cultural and Recreation	1729
医疗保健	Health Care and Medical Services	1545
其他用品及服务	Other Goods and Services	369
构成 (%)	**Disposable Income(%)**	**100.0**
食品烟酒	Food,Tobacco and Liquor	29.5
衣着	Clothing	7.1
居住	Residence	22.0
生活用品及服务	Household Facilities,Articles and Services	6.5
交通通信	Transport and Communications	12.5
教育文化娱乐	Education, Cultural and Recreation	10.7
医疗保健	Health Care and Medical Services	9.5
其他用品及服务	Other Goods and Services	2.3

6-5 城镇居民家庭生活基本情况
Basic Conditions of Urban Households

年 份 Year	每一城镇就业者负担人数（人） Number of Dependents Per Urban Employee (person)	城镇居民人均可支配收入（元） Per Capita Disposable Income of Urban Households (yuan)	城镇居民人均消费支出（元） Per Capita Consumption Expenditures of Urban Households (yuan)	# 食品烟酒 Food,Tobacco and Liquor	恩格尔系数（%） Engle's Coefficient (%)	人均居住面积（平方米） Per Capita Living Space (sq.m)
1978		408				
1979		418				4.63
1980	2.64	403	399	212	53.10	4.82
1981	1.80	448	433	238	54.97	5.60
1982	1.75	474	447	252	56.41	6.01
1983	1.74	491	482	274	56.78	6.74
1984	1.70	572	552	310	56.22	7.11
1985	1.83	641	625	316	50.59	7.44
1986	1.83	777	737	376	50.96	7.51
1987	1.82	871	829	431	51.97	7.65
1988	1.84	979	1026	502	48.88	8.29
1989	1.82	1133	1065	586	55.05	8.55
1990	1.87	1197	1081	557	51.50	8.86
1991	1.85	1369	1270	666	52.41	9.09
1992	1.75	1708	1457	765	52.51	8.99
1993	1.73	2003	1680	852	50.71	8.96
1994	1.84	2658	2209	1117	50.57	10.44
1995	1.86	3153	2618	1353	51.69	10.74
1996	1.82	3354	2839	1443	50.84	11.10
1997	1.89	3592	2946	1439	48.85	12.70
1998	1.91	4024	3106	1436	46.23	13.30
1999	1.71	4508	3697	1525	41.24	15.15
2000	1.80	4970	4153	1545	37.20	15.21
2001	1.86	5461	4458	1624	36.43	15.54
2002	1.96	6264	5119	1747	34.12	21.55
2003	1.98	6803	5367	1851	34.49	22.27
2004	1.85	7566	6026	2123	35.23	22.90
2005	1.90	8323	6641	2241	33.74	24.16
2006	1.92	9215	7109	2277	32.03	25.60
2007	1.87	10380	8045	2657	33.02	27.04
2008	2.00	11413	8504	2965	34.86	27.19
2009	1.99	12457	9119	3130	34.33	27.35
2010	2.01	13820	10171	3412	33.55	27.89
2011	2.07	15707	11500	3776	32.83	28.04
2012	2.04	17979	13205	4101	31.06	28.45
2013	2.07	19873	14411	4473	31.04	29.82
2014	1.84	21804	15942	4964	31.14	30.60
2015	1.46	23767	17451	5346	30.63	34.00
2016	1.45	25694	19539	5777	29.57	33.69
2017	1.46	27763	20659	6033	29.20	33.80
2018	1.49	29957	22606	6491	28.71	33.90
2019	1.49	32323	24454	6996	28.60	34.60
2020	1.45	33822	24615	7068	28.72	34.97

6-6 城镇居民家庭生活基本情况
Basic Conditions of Urban Households

指　标	Item	2015	2018	2019	2020
调查户数（户）	**Number of Households Surveyed （household）**	**1500**	**1650**	**1650**	**1650**
平均每户家庭人口（人）	Average Household Size （person）	3.2	3.3	3.3	3.3
平均每户就业人口（人）	Average Number of Employed Persons per Household （person）	1.8	2.20	2.22	2.26
平均每户就业面（%）	Proportion of Employment per Household （%）	56.3	66.7	67.3	68.8
平均每一就业者负担人数（含就业者本人）（人）	Number of Dependents per Employee （including the employee himself or herself）（person）	1.46	1.49	1.49	1.45
人均可支配收入（元）	**Per Capita Disposable Income （yuan）**	**23767**	**29957**	**32323**	**33822**
工资性收入	Income from Wages and Salaries	15189	19930	21708	22904
#工资	Wages and Salaries	14201	18904	20703	21533
经营净收入	Net Business Income	1805	2334	2484	2489
财产净收入	Net Income from Property	2295	2528	2539	2627
#利息净收入	Interest Income	32	-17	-147	-108
红利收入	Bonus Income	84	118	36	47
转移净收入	Net Income from Transfer	4478	5166	5592	5802
#养老金或离退休金	Endowment Insurance or Pension	4459	5984	6464	6607
人均消费支出（元）	**Per Capita Annual Consumption Expenditure （yuan）**	**17451**	**22606**	**24454**	**24615**
食品烟酒	Food,Tobacco and Liquor	5346	6491	6996	7068
衣着	Clothing	1759	1906	1920	1859
居住	Residence	3540	5061	5622	5787
生活用品及服务	Household Facilities,Articles and Services	1125	1447	1455	1662
交通通信	Transport and Communications	1850	2449	3050	3081
教育文化娱乐	Education, Cultural and Recreation	2045	2440	2555	2427
医疗保健	Health Care and Medical Services	1391	2207	2224	2090
其他用品及服务	Other Goods and Services	395	604	632	640

6-7 按收入五等份分组的城镇居民人均可支配收入及构成（2020）

Per Capita Disposable Income of Urban Households and Its Composition by Level of Income（2020）

指 标	Item	全省平均 Average	低收入户（20%） Low Income Households	中间偏下户（20%） Lower Middle Income Households	中间收入户（20%） Middle Income Households	中间偏上户（20%） Upper Middle Income Households	高收入户（20%） High Income Households
人均可支配收入（元）	**Per Capita Disposable Income（yuan）**	**33822**	**11883**	**22551**	**32167**	**44501**	**70625**
工资性收入	Income from Wages and Salaries	22904	7215	14021	23418	28939	50029
#工资	Wages and Salaries	21533	7072	13515	22380	27110	45848
经营净收入	Net Business Income	2489	2247	3336	1658	1546	3795
财产净收入	Net Income from Property	2627	578	1991	2644	4312	4546
转移净收入	Net Income from Transfer	5802	1843	3204	4448	9704	12255
人均可支配收入构成（%）	**Per Composition of Disposable Income（%）**	**100.0**	**100.0**	**100.0**	**100.0**	**100.0**	**100.0**
工资性收入	Income from Wages and Salaries	67.7	60.7	62.2	72.8	65.0	70.8
经营净收入	Net Business Income	7.4	18.9	14.8	5.2	3.5	5.4
财产净收入	Net Income from Property	7.8	4.9	8.8	8.2	9.7	6.4
转移净收入	Net Income from Transfer	17.2	15.5	14.2	13.8	21.8	17.4

注：按收入五等份分组是指将所有调查户按人均可支配收入水平从低到高顺序排列，平均分为五个等份，处于最低20%的收入群体为低收入组，依此类推依次为中间偏下收入组、中间收入组、中间偏上收入组、高收入组。本表数据为不同分组家庭的人均可支配收入。6-9、6-22、6-23表与此相同。

a) The income quintile refers to the five equal partitions of all surveyed households, who are ranked from low to high based on per capita disposable income level. The 20 percent with lowest income are classified as low-income group (Lowest 20%), and the other four levels are lower-middle- income group (Second 20%), middle-income group (Third 20%), higher-middle-income group (Fourth 20%) and high-income group (Highest 20%). The figures in table 6-7 are the per capita disposable income of the households in the different income groups.The same applies to Table 6-9、6-22 and Table 6-23.

6-8 城镇居民人均总支出

Per Capita Annual Expenditure of Urban Households

单位：元 （yuan）

指 标	Item	2015	2018	2019	2020
总支出	**Per Capita Annual Expenditure**	**22564**	**29979**	**32969**	**32625**
消费支出	Consumption Expenditure	17451	22606	24454	24615
生产经营费用支出	Production Operations Fee Expenditure	607	778	898	966
第一产业经营费用支出	Primary Industry	107	200	194	157
第二产业经营费用支出	Secondary Industry	14	43	174	176
第三产业经营费用支出	Tertiary Industry	486	535	530	633
财产性支出	Property Expenditure	31	105	248	179
转移性支出	Transfer Expenditure	1031	2049	2151	2203
部分商业保险支出	Expenditure of Part of Commercial Insurance	140	238	215	229
购置资产及非经常性转移支出	Purchase of Assets and Transfer of Non-recurring Expenditure	2043	2866	3469	3162
借贷性支出	Debit and Crecit Expenditure	1261	1337	1534	1270

6-9 按收入五等份分组的城镇居民人均购买主要商品数量（2020）

Per Capita Annual Purchases of Major Commodities of Urban Households by Level of Income（2020）

指　标	Item	全省平均 Average	低收入户（20%）Low Income Households	中间偏下户（20%）Lower Middle Income Households	中间收入户（20%）Middle Income Households	中间偏上户（20%）Upper Middle Income Households	高收入户（20%）High Income Households
鲜菜（千克）	Fresh Vegetables（kg）	100.3	79.4	99.3	92.0	121.8	118.2
食用植物油（千克）	Edible Vegetable Oil（kg）	8.9	8.9	9.1	8.5	9.8	8.1
猪肉（千克）	Pork（kg）	12.4	9.7	12.0	11.9	14.4	15.5
牛肉（千克）	Beef（kg）	2.7	1.9	2.3	2.1	4.1	3.5
羊肉（千克）	Mutton（kg）	2.3	1.3	1.7	1.9	3.1	3.9
禽类（千克）	Poultry（kg）	6.7	5.8	6.0	6.7	7.4	8.5
鲜蛋（千克）	Fresh Eggs（kg）	11.5	8.7	10.6	12.0	13.1	14.3
鱼（千克）	Fish（kg）	3.2	2.0	2.6	3.3	4.4	4.1
白酒（千克）	Liquor（kg）	2.0	1.0	1.1	2.0	4.3	2.1
啤酒（千克）	Beer（kg）	4.3	3.7	3.5	4.5	5.6	4.5
糕点（千克）	Cake（kg）	4.4	2.9	4.5	4.0	5.5	5.8
鲜奶（千克）	Fresh Milk（kg）	19.8	10.8	20.4	21.7	22.5	26.7
奶粉（千克）	Milk Powder（kg）	0.7	0.5	0.7	0.6	1.1	0.6
电（千瓦时）	Electricity（kWh）	490.0	396.9	402.9	514.6	555.6	636.7
灌装液化石油气（千克）	Liquefied Petroleum Gas（kg）	2.4	4.0	2.1	2.2	1.7	1.5
管道天然气（立方米）	Piped Natural Gas（cu.m）	75.2	35.2	50.2	99.0	104.0	105.2

6-10 城镇居民人均购买的主要商品数量
Per Capita Annual Purchases of Major Commodities in Urban Households

指 标	Item	2010	2015	2018	2019	2020
大米（千克）	Rice（kg）	21.7	20.6		14.5	15.7
面粉（千克）	Flour（kg）	37.6	36.6		21.8	26.5
食用植物油（千克）	Edible Vegetable Oil（kg）	10.3	11.7	11.0	8.8	8.9
猪肉（千克）	Pork（kg）	11.7	12.6	15.5	12.9	12.4
牛肉（千克）	Beef（kg）	2.3	2.7	2.1	2.7	2.7
羊肉（千克）	Mutton（kg）	1.5	3.1	2.7	2.4	2.3
禽类（千克）	Poultry（kg）	5.0	4.6	6.0	6.1	6.7
鲜蛋（千克）	Fresh Eggs（kg）	8.3	9.2	12.4	11.0	11.5
鱼（千克）	Fish（kg）	3.2	3.1	3.2	3.7	3.2
鲜菜（千克）	Fresh Vegetables（kg）	115.3	99.0	99.9	108.9	100.3
啤酒（千克）	Beer（kg）	3.1	3.3	3.2	3.2	4.3
鲜乳品（千克）	Fresh Dairy Products（kg）	19.8	16.6	16.6	21.8	
灌装液化石油气（千克）	Liquefied Petroleum Gas(kg)	8.2	8.1	5.5	2.8	2.4
管道天然气（立方米）	Piped Natural Gas（cu.m）	26.6	41.3	69.2	87.0	75.2
水（吨）	Water（ton）	22.3	34.3		26.0	29.5
电（千瓦小时）	Electricity（kWh）	410.9	559.7	531.1	488.2	490.0

6-11 城镇居民平均每百户年末主要耐用消费品拥有量
Main Durable Goods Owned Per 100 Urban Households Nationwide

指 标	Item	2010	2015	2018	2019	2020
摩托车（辆）	Motorcycle（unit）	7.8	20.1	12.6	10.9	17.5
家用汽车（辆）	Automobile（unit）	3.5	18.2	30.0	23.4	34.0
洗衣机（台）	Washing Machine（set）	98.1	99.0	99.8	101.3	101.9
电冰箱（柜）（台）	Refrigerator（set）	85.8	92.8	97.6	93.1	97.3
彩色电视机（台）	Color TV Set（set）	110.0	104.6	102.2	103.8	105.3
照相机（架）	Camera（set）	26.5	29.8	20.5	18.6	13.1
计算机（台）	Computer（set）	42.9	64.7	59.6	60.9	59.6
空调（台）	Air Conditioner（unit）	5.4	10.5	13.8	15.9	12.2
淋浴热水器（台）	Water Heater Shower（unit）	62.3	71.5	82.6	85.9	84.2
移动电话（部）	Mobile Telephone（unit）	159.6	224.5	246.1	243.2	266.4

6-12 各市（州）城镇居民人均可支配收入（2020）
Per Capita Annual Total Income of Urban Households by Region （2020）

单位：元 （yuan）

市（州）	Region	可支配收入 Disposable Income	工资性收入 Income from Wages and Salaries	经营净收入 Net Business Income	财产净收入 Net Income from Property	转移净收入 Net Income from Transfer
兰州市	Lanzhou	40152	23101	1427	4611	11013
嘉峪关市	Jiayuguan	44774	36122	1513	1133	6007
金昌市	Jinchang	42662	33014	3560	2122	3967
白银市	Baiyin	33103	22954	3240	1539	5370
天水市	Tianshui	30057	19861	2833	2890	4473
武威市	Wuwei	31580	24382	1936	1478	3784
张掖市	Zhangye	28976	20335	4219	1146	3276
平凉市	Pingliang	31096	21705	1756	1658	5978
酒泉市	Jiuquan	40069	27880	6952	1983	3254
庆阳市	Qingyang	33616	24498	3954	2369	2794
定西市	Dingxi	27612	21164	2015	1395	3039
陇南市	Longnan	26791	19586	2705	1691	2810
临夏州	Linxia	23338	14466	3195	1175	4502
甘南州	Gannan	27656	21701	3966	776	1212

6-13 各市（州）城镇居民人均消费支出（2020）
Per Capita Annual Consumption Expenditure of Urban Households by Region（2020）

单位：元 （yuan）

市（州）	Region	消费支出 Consump-tion Expendi-tures	食品烟酒 Food, Tobacco and Liquor	衣着 Clothing	居住 Residence	生活用品及服务 Household Facilities, Articles and Services	交通通信 Transport and Communic-ations	教育文化娱乐 Education, Culture and Recreation	医疗保健 Health Care and Medical Services	其他用品和服务 Miscel-laneous Goods and Services	恩格尔系数（%） Engle's Coefficient（%）
兰州市	Lanzhou	25892	7819	1772	7086	1690	2652	2639	1673	560	30.2
嘉峪关市	Jiayuguan	30863	9843	2296	4514	1862	6141	3356	2113	738	31.9
金昌市	Jinchang	28411	8803	2822	4282	1766	3802	3629	1893	1415	31.0
白银市	Baiyin	20111	6159	2067	4231	1543	2104	2161	1523	323	30.6
天水市	Tianshui	16183	4333	1342	4235	1245	1598	1772	1310	348	26.8
武威市	Wuwei	23703	7512	2717	4447	1261	2569	3101	1776	320	31.7
张掖市	Zhangye	22079	6216	2130	3930	1290	3433	2668	1875	537	28.2
平凉市	Pingliang	19204	5683	1667	4586	1374	2058	1860	1566	410	29.6
酒泉市	Jiuquan	27477	7837	2166	5374	1920	4337	2903	2351	589	28.5
庆阳市	Qingyang	21143	6136	2291	4578	1403	2605	1926	1651	553	29.0
定西市	Dingxi	19217	5719	1698	4272	1295	2373	2115	1382	363	29.8
陇南市	Longnan	19039	6166	1786	3815	1360	1829	2208	1414	461	32.4
临夏州	Linxia	16971	5085	1695	3324	1396	1878	1715	1510	368	30.0
甘南州	Gannan	20377	7323	2262	3958	1560	2305	1390	1081	499	35.9

6-14 各地、县城镇居民人均可支配收入（2020）

Per Capita Disposable Income of Urban Households by Region & County (2020)

单位：元 (yuan)

地、县	Region & County	城镇居民人均可支配收入 Per Capita Disposable Income of Urban Households	工资性收入 Income from Wages and Salaries	经营净收入 Net Business Income	财产净收入 Net Income from Property	转移净收入 Net Income from Transfer
兰州市	**Lanzhou**	**40152**	**23101**	**1427**	**4611**	**11013**
城关区	Chengguan	45233	23341	561	7759	13573
七里河区	Qilihe	38550	27208	1217	1883	8235
西固区	Xigu	44360	21480	150	3817	18913
安宁区	Anning	40659	26499	246	3405	10513
红古区	Honggu	34611	25697	2806	631	5477
永登县	Yongdeng	26753	13325	6098	889	6451
皋兰县	Gaolan	25651	17943	3344	615	3749
榆中县	Yuzhong	27138	18122	4891	1306	2819
嘉峪关市	**Jiayuguan**	**44774**	**36122**	**1513**	**1133**	**6007**
金昌市	**Jinchang**	**42662**	**33014**	**3560**	**2122**	**3967**
金川区	Jinchuan	47565	39046	2338	1936	4245
永昌县	Yongchang	32785	20861	6021	2497	3405
白银市	**Baiyin**	**33103**	**22954**	**3240**	**1539**	**5370**
白银区	Baiyin	40152	25977	3716	1330	8629
平川区	Pingchuan	38852	27141	4907	1186	5617
靖远县	Jingyuan	28324	19881	2878	1956	3609
会宁县	Huining	20819	17322	2027	1149	322
景泰县	Jingtai	29395	20855	1948	1262	5331
天水市	**Tianshui**	**30057**	**19861**	**2833**	**2890**	**4473**
秦州区	Qinzhou	32758	21839	2104	4961	3854
麦积区	Maiji	30505	19306	943	4167	6089
清水县	Qingshui	28405	22846	1337	858	3364
秦安县	Qinan	29633	18207	3594	2586	5251
甘谷县	Gangu	29381	15779	5062	1586	6954
武山县	Wushan	28091	22808	2859	412	2012
张家川县	Zhangjiachuan	27701	17278	6860	2602	960
武威市	**Wuwei**	**31580**	**24382**	**1936**	**1478**	**3784**
凉州区	Liangzhou	33531	26377	1698	1588	3868
民勤县	Minqin	27197	19937	3570	1715	1976
古浪县	Gulang	25561	20100	2006	922	2533
天祝县	Tianzhu	27736	18266	2080	1039	6351
张掖市	**Zhangye**	**28976**	**20335**	**4219**	**1146**	**3276**

6-14 续表 1 continued

单位：元 (yuan)

地、县	Region & County	城镇居民人均可支配收入 Per Capita Disposable Income of Urban Households	工资性收入 Income from Wages and Salaries	经营净收入 Net Business Income	财产净收入 Net Income from Property	转移净收入 Net Income from Transfer
甘州区	Ganzhou	29685	21654	2962	1195	3875
肃南县	Sunan	31197	25979	2961	1136	1121
民乐县	Minle	26563	16471	7836	1096	1161
临泽县	Linze	28191	18010	5686	1355	3140
高台县	Gaotai	28057	18217	5317	1239	3284
山丹县	Shandan	28839	20447	4793	746	2852
平凉市	**Pingliang**	**31096**	**21705**	**1756**	**1658**	**5978**
崆峒区	Kongtong	31124	16244	263	2288	12328
泾川县	Jingchuan	28341	20635	3527	1258	2920
灵台县	Lingtai	25231	20582	3681	704	265
崇信县	Chongxin	37157	33643	2530	1110	-126
庄浪县	Zhuanglang	30861	28503	430	1485	443
静宁县	Jingning	28437	20537	5594	1042	1265
华亭市	Huating	36788	30251	762	1555	4220
酒泉市	**Jiuquan**	**40069**	**27880**	**6952**	**1983**	**3254**
肃州区	Suzhou	42785	30635	6863	2433	2853
金塔县	Jinta	37695	28125	4899	777	3894
瓜州县	Guazhou	35535	22686	10046	951	1852
肃北县	Subei	41874	34234	4413	898	2329
阿克塞县	Akesai	43420	36773	3694	969	1984
玉门市	Yumen	36984	23075	9402	2061	2447
敦煌市	Dunhuang	37852	24210	4770	2361	6512
庆阳市	**Qingyang**	**33616**	**24498**	**3954**	**2369**	**2794**
西峰区	Xifeng	35384	25833	2220	4246	3085
庆城县	Qingcheng	33656	25905	4253	1220	2278
环　县	Huanxian	33128	18172	8774	1286	4896
华池县	Huachi	34484	29374	3219	433	1458
合水县	Heshui	32337	23627	4997	804	2909
正宁县	Zhengning	31875	26765	2913	1642	556
宁　县	Ningxian	33492	24543	5172	1036	2742
镇原县	Zhenyuan	32184	22749	2474	4007	2954
定西市	**Dingxi**	**27612**	**21164**	**2015**	**1395**	**3039**
安定区	Anding	28935	20091	1842	1527	5475
通渭县	Tongwei	26071	24170	536	1275	90

6-14 续表 2 continued

单位：元 （yuan）

地、县	Region & County	城镇居民人均可支配收入 Per Capita Disposable Income of Urban Households	工资性收入 Income from Wages and Salaries	经营净收入 Net Business Income	财产净收入 Net Income from Property	转移净收入 Net Income from Transfer
陇西县	Longxi	26893	21436	2391	1754	1312
渭源县	Weiyuan	26562	24255	630	755	912
临洮县	Lintao	27597	20338	2222	1043	3994
漳　县	Zhangxian	26775	18909	2965	1228	3672
岷　县	Minxian	27013	21166	3825	1512	510
陇南市	**Longnan**	**26791**	**19586**	**2705**	**1691**	**2810**
武都区	Wudu	28677	21837	2445	2595	1801
成　县	Chengxian	26273	19750	1597	719	4207
文　县	Wenxian	25008	17975	3437	1819	1776
宕昌县	Tanchang	25661	20799	1532	1357	1974
康　县	Kangxian	25615	22047	1600	912	1056
西和县	Xihe	25905	15412	3562	1273	5659
礼　县	Lixian	24896	20875	894	1159	1969
徽　县	Huixian	26068	17790	4487	1209	2583
两当县	Liangdang	27578	19135	5023	1380	2041
临夏州	**Linxia**	**23338**	**14466**	**3195**	**1175**	**4502**
临夏市	linxia	23962	13546	3897	1542	4976
临夏县	linxia	23106	14951	5517	369	2270
康乐县	Kangle	23035	19938	616	1683	797
永靖县	Yongjing	23087	14794	1836	855	5601
广河县	Guanghe	22257	9621	4572	825	7238
和政县	Hezheng	22594	12648	4944	434	4568
东乡县	Dongxiang	22054	17955	1582	279	2238
积石山县	Jishishan	22512	16857	1525	274	3855
甘南州	**Gannan**	**27656**	**21701**	**3966**	**776**	**1212**
合作市	Hezuo	27645	22909	2804	1229	702
临潭县	Lintan	27300	20263	6278	384	375
卓尼县	Zhuoni	27655	24011	1366	474	1803
舟曲县	Zhouqu	27400	24960	959	831	649
迭部县	Diebu	27416	19824	1328	1599	4665
玛曲县	Maqu	28896	28478	146	451	-180
碌曲县	Luqu	28425	16204	10255	753	1213
夏河县	Xiahe	27631	17366	4864	994	4406

6-15 各地、县城镇居民平均每人消费支出（2020）
Per Capita Consumption Expenditure of Urban Households by Region & County (2020)

单位：元 (yuan)

地、县	Region & County	消费支出 Consumption Expenditures	食品烟酒 Education, Culture and Recreation	衣着 Clothing	居住 Residence	生活用品及服务 Household Facilities, Articles and Services	交通通讯 Transport and Communications	教育文化娱乐 Education, Culture and Recreation	医疗保健 Health Care and Medical Services	其他用品和服务 Miscellaneous Goods and Services
兰州市	**Lanzhou**	**25892**	**7819**	**1772**	**7086**	**1690**	**2652**	**2639**	**1673**	**560**
城关区	Chengguan	28063	8306	1854	9170	1595	2020	2509	1858	751
七里河区	Qilihe	27129	8103	1870	5255	1446	4620	3671	1674	490
西固区	Xigu	32094	9259	1955	8928	2655	3372	3727	1683	515
安宁区	Anning	25868	9009	1999	6974	1300	2861	2065	1246	415
红古区	Honggu	27444	8547	1657	4679	5230	1480	4097	1471	282
永登县	Yongdeng	17396	5019	1409	3618	1313	2726	1805	1031	475
皋兰县	Gaolan	14629	4803	1247	2801	944	2016	828	1584	407
榆中县	Yuzhong	14591	4708	1175	2847	912	1507	1350	1856	237
嘉峪关市	**Jiayuguan**	**30863**	**9843**	**2296**	**4514**	**1862**	**6141**	**3356**	**2113**	**738**
金昌市	**Jinchang**	**28411**	**8803**	**2822**	**4282**	**1766**	**3802**	**3629**	**1893**	**1415**
金川区	Jinchuan	32131	9722	3156	4601	2130	4530	4228	1818	1945
永昌县	Yongchang	19773	5767	2150	3638	1031	2334	2463	2043	348
白银市	**Baiyin**	**20111**	**6159**	**2067**	**4231**	**1543**	**2104**	**2161**	**1523**	**323**
白银区	Baiyin	25469	7780	2762	5310	2364	2865	2446	1568	375
平川区	Pingchuan	20149	6241	1721	4181	1295	1836	2062	2381	432
靖远县	Jingyuan	16250	4721	2106	3718	969	1177	2461	945	153
会宁县	Huining	15033	4819	1209	3037	1066	1715	1554	1401	231
景泰县	Jingtai	16644	5025	1763	3567	855	1894	2048	1125	367
天水市	**Tianshui**	**16183**	**4333**	**1342**	**4235**	**1245**	**1598**	**1772**	**1310**	**348**
秦州区	Qinzhou	24732	5935	2106	7856	1712	2453	2395	1695	579
麦积区	Maiji	16247	4380	1064	2886	1263	1865	2110	2277	402
清水县	Qingshui	13993	3665	1304	3472	1614	1213	1558	918	247
秦安县	Qinan	15451	4482	1301	4694	1046	1480	1357	812	279
甘谷县	Gangu	12698	3895	1095	3212	1019	1012	1666	456	343
武山县	Wushan	10272	2995	996	2123	924	946	1228	958	103
张家川县	Zhangjiachuan	11202	2993	1095	3096	850	1130	1055	788	195
武威市	**Wuwei**	**23703**	**7512**	**2717**	**4447**	**1261**	**2569**	**3101**	**1776**	**320**
凉州区	Liangzhou	25227	7996	2920	4880	1167	2728	3440	1852	244
民勤县	Minqin	22312	6689	2704	3547	959	3558	3121	1382	353
古浪县	Gulang	16958	5057	2088	3061	2030	1388	1494	1066	774
天祝县	Tianzhu	21048	7404	1890	3574	1399	1723	2311	2393	356
张掖市	**Zhangye**	**22079**	**6216**	**2130**	**3930**	**1290**	**3433**	**2668**	**1875**	**537**

6-15 续表 1 continued

单位：元 (yuan)

地、县	Region & County	消费支出 Consumption Expenditures	食品烟酒 Education, Culture and Recreation	衣着 Clothing	居住 Residence	生活用品及服务 Household Facilities, Articles and Services	交通通讯 Transport and Communications	教育文化娱乐 Education, Culture and Recreation	医疗保健 Health Care and Medical Services	其他用品和服务 Miscellaneous Goods and Services
甘州区	Ganzhou	21359	6011	1895	3983	1299	3710	2213	1703	546
肃南县	Sunan	32487	9396	3614	5028	2595	3783	4949	2355	768
民乐县	Minle	23196	6638	3139	4188	1188	2888	3368	1420	367
临泽县	Linze	19727	5546	1858	3351	909	3265	2653	1683	364
高台县	Gaotai	23149	6850	2158	3905	1371	2359	3089	2660	758
山丹县	Shandan	22999	5990	2291	3832	1298	3767	3151	2168	501
平凉市	**Pingliang**	**19204**	**5583**	**1667**	**4586**	**1374**	**2058**	**1860**	**1566**	**410**
崆峒区	Kongtong	21427	7100	1639	5531	1535	1912	1685	1593	432
泾川县	Jingchuan	16154	4292	1680	3599	1428	1491	1473	1799	392
灵台县	Lingtai	14857	3848	912	2474	848	3296	1271	1775	433
崇信县	Chongxin	18533	4750	1811	3446	1135	3259	1427	2250	454
庄浪县	Zhuanglang	17066	4467	1551	4290	1296	2006	2233	902	321
静宁县	Jingning	17902	3878	1627	4145	1275	2230	2867	1462	417
华亭市	Huating	20903	6769	2152	4827	1334	1921	1940	1557	403
酒泉市	**Jiuquan**	**27477**	**7837**	**2166**	**5374**	**1920**	**4337**	**2903**	**2351**	**589**
肃州区	Suzhou	30494	8602	1985	7172	2108	4981	2850	2221	575
金塔县	Jinta	25181	6841	2253	3407	1688	4434	3118	2715	725
瓜州县	Guazhou	21417	6394	2324	2669	1583	2822	3028	2221	376
肃北县	Subei	35111	10301	3766	4644	3599	5022	4477	2379	923
阿克塞县	Akesai	31132	9331	3271	4854	2974	4619	3433	2016	634
玉门市	Yumen	22857	7031	2261	3344	1566	4121	2397	1415	722
敦煌市	Dunhuang	25884	7207	2193	4570	1648	3156	2998	3581	531
庆阳市	**Qingyang**	**21143**	**6136**	**2291**	**4578**	**1403**	**2605**	**1926**	**1651**	**553**
西峰区	Xifeng	21351	5932	2324	5837	1488	2362	1694	1357	357
庆城县	Qingcheng	27326	7394	3023	5281	1908	4069	1883	2689	078
环　县	Huanxian	21796	6751	2249	4189	1739	2557	1840	1605	866
华池县	Huachi	19815	5924	2712	3098	1799	2490	2031	1402	359
合水县	Heshui	18656	5454	1910	3761	1102	2070	2004	1731	623
正宁县	Zhengning	22396	6777	2497	4463	1045	2810	2593	1811	399
宁　县	Ningxian	17800	5589	2184	3106	886	1983	2198	1454	399
镇原县	Zhenyuan	18984	5507	1621	4464	1240	2516	1741	1425	470
定西市	**Dingxi**	**19217**	**5719**	**1698**	**4272**	**1295**	**2373**	**2115**	**1382**	**363**
安定区	Anding	18711	5578	1456	4609	1418	1528	2306	1402	415
通渭县	Tongwei	18405	5321	1545	3667	1133	2640	2016	1660	423

6-15 续表 2 continued

单位：元 (yuan)

地、县	Region & County	消费支出 Consumption Expenditures	食品烟酒 Education, Culture and Recreation	衣着 Clothing	居住 Residence	生活用品及服务 Household Facilities, Articles and Services	交通通讯 Transport and Communications	教育文化娱乐 Education, Culture and Recreation	医疗保健 Health Care and Medical Services	其他用品和服务 Miscellaneous Goods and Services
陇西县	Longxi	20222	5754	1528	5075	1212	3553	1885	928	287
渭源县	Weiyuan	19498	6059	2413	3852	1194	1894	2136	1493	458
临洮县	Lintao	20909	6357	1770	3959	1121	3426	2348	1635	294
漳　县	Zhangxian	16729	4889	2109	2763	1344	2030	1650	1692	252
岷　县	Minxian	19272	5956	1944	3811	1409	2617	1921	1310	305
陇南市	**Longnan**	**19039**	**6166**	**1786**	**3815**	**1360**	**1829**	**2208**	**1414**	**461**
武都区	Wudu	22848	7277	2135	5192	1771	1779	3170	1048	475
成　县	Chengxian	19002	5801	1566	2560	1228	2903	1586	2791	567
文　县	Wenxian	15144	5029	1368	3047	810	1448	1936	845	661
宕昌县	Tanchang	15619	4835	1570	3802	1250	1393	1429	1081	260
康　县	Kangxian	19501	6099	1845	3872	1219	2089	2147	1699	533
西和县	Xihe	14900	5033	1562	2837	949	1263	1507	1446	303
礼　县	Lixian	17595	6173	1751	3592	1363	1539	1476	1275	427
徽　县	Huixian	19145	6664	1681	2767	1438	2588	2225	1413	369
两当县	Liangdang	20445	6768	1944	4065	1841	1932	1462	1953	480
临夏州	**Linxia**	**16971**	**5085**	**1695**	**3324**	**1396**	**1878**	**1715**	**1510**	**368**
临夏市	linxia	18481	5604	1860	3620	1310	2092	1969	1656	370
临夏县	linxia	12235	4136	1465	2966	1154	1113	669	520	212
康乐县	Kangle	17548	5018	1874	3885	2113	2024	1178	1129	328
永靖县	Yongjing	14207	4677	1222	2950	1001	1390	1390	1260	318
广河县	Guanghe	11296	2869	1199	2534	1262	1723	363	1098	248
和政县	Hezheng	20458	5943	2203	3616	3793	2438	1113	1231	121
东乡县	Dongxiang	17015	4871	1642	2708	1462	1391	2471	1972	497
积石山县	Jishishan	18467	5129	1796	2930	1868	2483	2094	1385	783
甘南州	**Gannan**	**20377**	**7323**	**2262**	**3958**	**1560**	**2305**	**1390**	**1081**	**499**
合作市	Hezuo	26457	8988	3479	5984	1861	2598	1895	1110	542
临潭县	Lintan	14922	5398	1340	3049	1208	1819	1049	767	293
卓尼县	Zhuoni	22943	9158	2725	3509	1370	2275	1336	1823	747
舟曲县	Zhouqu	19559	6939	2196	3562	1898	2387	1190	885	503
迭部县	Diebu	22797	7872	2510	4415	1784	1802	2168	1358	890
玛曲县	Maqu	21060	6877	2790	3749	2412	1945	1614	790	883
碌曲县	Luqu	24517	9398	2394	3158	1504	3907	1889	1708	560
夏河县	Xiahe	15453	5725	1260	3969	965	1670	712	879	273

6-16 农村居民家庭基本情况

Basic Conditions of Rural Households

年 份 Year	每个农村劳动力负担人数（人） Average Number of Dependents per Labour Force（person）	农村居民人均可支配收入（元） Per Capita Disposable Income of Rural Households（yuan）	农村居民人均消费支出（元） Per Capita Consumption Expenditure of Rural Households（yuan）	#食品烟酒 Food, Tobacco and Liquor	恩格尔系数（%） Engle's Coefficient（%）	人均居住面积（平方米） Per Capita Living Space（sq.m）
1978	2.42	101	88	66	74.82	
1979	2.36	112	97	70	72.08	
1980	2.32	153	126	81	64.80	13.87
1981	2.25	159	135	93	68.76	12.75
1982	2.14	174	141	96	67.81	13.53
1983	1.95	213	163	104	63.70	12.95
1984	1.91	221	178	113	63.35	12.96
1985	1.75	257	205	124	60.37	13.24
1986	1.73	283	233	138	59.21	13.44
1987	1.73	303	253	144	57.12	13.93
1988	1.70	345	277	152	54.96	14.32
1989	1.69	376	296	164	55.27	14.67
1990	1.67	431	339	205	60.49	11.88
1991	1.68	446	403	238	59.05	12.85
1992	1.69	489	420	248	59.04	13.13
1993	1.67	551	538	297	55.27	13.77
1994	1.57	724	674	444	65.85	14.54
1995	1.66	880	915	649	70.94	15.64
1996	1.63	1101	986	669	67.86	14.15
1997	1.67	1210	976	561	57.50	14.56
1998	1.65	1403	949	563	59.27	16.47
1999	1.65	1433	899	507	56.37	18.22
2000	1.72	1458	1121	536	47.78	18.00
2001	1.69	1550	1179	533	45.16	17.58
2002	1.69	1645	1220	547	44.85	17.58
2003	1.66	1742	1432	606	42.30	17.60
2004	1.64	1942	1587	732	46.14	17.88
2005	1.67	2091	1999	898	44.92	18.71
2006	1.64	2269	2061	915	44.41	19.12
2007	1.60	2493	2267	1010	44.54	19.46
2008	1.59	2938	2733	1223	44.77	19.87
2009	1.57	3237	3188	1240	38.88	20.55
2010	1.56	3747	3430	1443	42.07	20.96
2011	1.54	4278	4273	1695	39.66	23.65
2012	1.54	4931	4834	1795	37.13	24.08
2013	1.59	5589	5654	1949	34.47	24.66
2014	1.60	6277	6148	2146	34.91	28.60
2015	1.60	6936	6830	2244	32.85	29.30
2016	1.59	7457	7487	2343	31.29	30.36
2017	1.59	8076	8030	2438	30.35	31.44
2018	1.67	8804	9065	2695	29.73	31.80
2019	1.62	9629	9694	2827	29.20	31.30
2020	1.58	10344	9923	3065	30.39	31.92

6-17 农村居民家庭基本情况
Basic Conditions of Rural Households

指　标	Item	2015	2018	2019	2020
调查户数（户）	**Number of Households Surveyed （household）**	**2500**	**2350**	**2350**	**2350**
平均每户常住人口（人）	Average Number of Permanent Residents per Household （person）	4.50	3.90	3.78	3.77
平均每户整半劳动力（人）	Average Number of Full/Semi Labor Force per Household （person）	2.50	2.30	2.34	2.38
平均每个劳动力负担人口（含本人）（人）	Average Number of Dependents per Labour Force (including the laborer himself or herself) (person)	1.60	1.67	1.62	1.58
人均可支配收入（元）	**Per Capita Disposable Income**	**6936**	**8804**	**9629**	**10344**
工资性收入	Income from Wages and Salaries	1975	2535	2769	2986
经营净收入	Net Business Income	3025	3824	4322	4650
财产净收入	Net Income from Property	128	212	130	135
转移净收入	Net Income from Transfer	1808	2234	2408	2573
人均消费支出（元）	**Per Capita Annual Consumption Expenditure (yuan)**	**6830**	**9065**	**9694**	**9923**

6-18 农村居民人均可支配收入及构成
Per Capita Disposable Income of Rural Households and Its Composition

指　标	Item	2015	2018	2019	2020
农村居民人均可支配收入（元）	**Per Capita Disposable Income of Rural Households（yuan）**	**6936**	**8804**	**9629**	**10344**
工资性收入	Income from Wages and Salaries	1975	2535	2769	2986
经营净收入	Net Business Income	3025	3824	4322	4650
第一产业经营净收入	Net Income from Primary Industry	2509	2992	3381	3734
#农业收入	Farming	2003	2300	2581	2891
牧业收入	Animal Husbandry	503	651	746	807
第二产业经营净收入	Net Income from Secondary Industry	36	34	77	75
第三产业经营净收入	Net Income from Tertiary Industry	480	798	863	842
财产净收入	Net Income from Property	128	212	130	135
转移净收入	NetIncome from Transfer	1808	2234	2408	2573
构成（农村居民人均可支配收入 =100）	**Composition （Per Capita Disposable Income of Rural Households = 100）**				
工资性收入	Income from Wages and Salaries	28.47	28.79	28.76	28.87
经营净收入	Net Income from Household Operations	43.62	43.43	44.89	44.96
财产净收入	Net Income from Property	1.84	2.40	1.34	1.31
转移净收入	Net Income from Transfer	26.07	25.38	25.01	24.87

6-19 农村住户总支出及构成
Total Expenditure of Rural Households and Its Composition

指　　标	Item	2015	2018	2019	2020
总支出（元）	**Total Expenditure（yuan）**	**11761**	**15920**	**16224**	**16009**
消费支出	Consumption Expenditure	6830	9065	9694	9923
生产经营费用支出	Production Operations Fee Expenditure	2186	3958	3037	2971
第一产业经营费用支出	Primary Industry	1970	2946	2228	2252
第二产业经营费用支出	Secondary Industry	16	21	53	47
第三产业经营费用支出	Tertiary Industry	199	991	756	673
财产性支出	Property Expenditure	21	46	28	15
转移性支出	Transfer Expenditure	198	370	347	439
部分商业保险支出	Expenditure of Part of Commercial Insurance	47	93	51	52
购置资产及非经常性转移支出	Purchase of Assets and Transfer of Non-recurring Expenditure	1912	2456	2328	1912
购置资产支出	Purchase of Assets Expenditure	939	981	1143	864
非经常性转移支出	Purchase of Transfer of Non-recurring Expenditure	973	1475	1185	1048
借贷性支出	Debit and Credit Expenditure	567	935	740	696
存入储蓄款	Deposit Money in Bank	186	77	27	5
借出款	Lending Money	21	52	26	35
归还借款	Returning Loans	242	368	333	285
购买有价证券	Purchase Marketable Securities				
其他投资支出	Other Investment Expenditures		8	20	2
归还住房贷款	Return the Housing Loans	13	110	57	102
归还汽车贷款	Return the Car Loans	1	10	33	15
归还教育贷款	Return the Education Loans	6	14	19	29
归还其他贷款	Return the Other Loans	91	249	215	215
其他借贷支出	Other Debit and Credit Expenditure	6	48	10	7
总支出构成（%）	**Composition of Total Expenditure（%）**	**100.00**	**100.00**	**100.00**	**100.00**
消费支出	Consumption Expenditure	58.07	53.50	59.75	61.99
生产经营费用支出	Production Operations Fee Expenditure	18.59	23.40	18.71	18.56
财产性支出	Property Expenditure	0.18	0.27	0.17	0.09
转移性支出	Transfer Expenditure	1.68	2.19	2.14	2.74
部分商业保险支出	Expenditure of Part of Commercial Insurance	0.40	0.54	0.32	0.32
购置资产及非经常性转移支出	Purchase of Assets and Transfer of Non-recurring Expenditure	16.26	14.50	14.35	11.94
借贷性支出	Debit and Credit Expenditure	4.82	5.50	4.56	4.35

6-20 农村居民人均消费支出
Per Capita Living Expenditure of Rural Households

单位：元 (yuan)

指 标	Item	2015	2018	2019	2020
消费支出	**Consumption Expenditure**	**6830**	**9065**	**9694**	**9923**
食品烟酒	Food,Tobacco and Liquor	2244	2695	2827	3065
衣着	Clothing	466	558	552	608
居住	Residence	1221	1726	1867	1906
生活用品及服务	Household Facilities,Articles and Services	445	514	578	589
交通通信	Transport and Communication	812	1078	1196	1234
教育文化娱乐	Education,Cultural and Recreation	854	1202	1330	1211
医疗保健	Health Care and Medical Services	670	1133	1183	1140
其他用品及服务	Other Commodities and Services	118	160	161	169

6-21 农村居民家庭平均每人消费支出构成
Composition of Per Capita Living Expenditure of Rural Households

单位：% (%)

指 标	Item	2015	2018	2019	2020
消费支出	**Consumption Expenditure**	**100.00**	**100.00**	**100.00**	**100.00**
食品烟酒	Food,Tobacco and Liquor	32.86	29.73	29.20	30.89
衣着	Clothing	6.83	6.15	5.70	6.13
居住	Residence	17.88	19.04	19.30	19.21
生活用品及服务	Household Facilities,Articles and Services	6.52	5.67	6.00	5.93
交通通信	Transport and Communications	11.88	11.89	12.30	12.44
教育文化娱乐	Education,Cultural and Recreation	12.50	13.26	13.70	12.21
医疗保健	Health Care and Medical Services	9.80	12.49	12.20	11.49
其他用品及服务	Other Goods and Services	1.73	1.77	1.60	1.70

6-22 按收入五等份分组的农村居民人均可支配收入及构成（2020）
Per Capita Disposable Income of Rural Households and Its Composition by Level of Income(2020)

指 标	Item	全省平均 Average	低收入户（20%）Low Income Households	中间偏下户（20%）Lower Middle Income Households	中间收入户（20%）Middle Income Households	中间偏上户（20%）Upper Middle Income Households	高收入户（20%）High Income Households
人均可支配收入（元）	**Per Capita Disposable Income(yuan)**	**10344**	**6049**	**6819**	**8510**	**11592**	**21929**
工资性收入	Income from Wages and Salaries	2986	1785	2530	2890	3793	4413
经营净收入	Net Business Income	4651	2167	1711	3154	5139	13433
财产净收入	Net Income from Property	135	73	79	145	224	180
转移净收入	Net Income from Transfer	2573	2023	2499	2322	2435	3903
人均可支配收入构成(%)	**Per Composition of Disposable Income（%）**	**100.0**	**100.0**	**100.0**	**100.0**	**100.0**	**100.0**
工资性收入	Income from Wages and Salaries	28.9	29.5	37.1	34.0	32.7	20.1
经营净收入	Net Business Income	45.0	35.8	25.1	37.1	44.3	61.3
财产净收入	Net Income from Property	1.3	1.2	1.2	1.7	1.9	0.8
转移净收入	Net Income from Transfer	24.9	33.4	36.7	27.3	21.0	17.8

6-23 按收入五等份分组的农村居民家庭平均每人消费支出（2020）
Per Capita Consumption Expenditure of Rural Households by Income Quintile （2020）

单位：元 （yuan）

指 标	Item	全省平均 Average	低收入户 (20%) Low Income Households	中间偏下户 (20%) Lower Middle Income Households	中间收入户（20%）Middle Income Households	中间偏上户（20%）Upper Middle Income Households	高收入户（20%）High Income Households
消费支出	**Consumption Expenditure**	**9923**	**7989**	**8949**	**9558**	**10145**	**14119**
食品烟酒	Food,Tobacco and Liquor	3065	2478	2630	2951	3342	4289
衣着	Clothing	608	522	568	602	623	772
居住	Residence	1906	1598	1651	1985	1956	2526
生活用品及服务	Household Facilities,Articles and Services	589	559	544	574	572	732
交通通信	Transport and Communications	1234	831	998	1151	1181	2286
教育文化娱乐	Education, Cultural and Recreation	1211	1028	1229	1096	1150	1654
医疗保健	Health Care and Medical Services	1140	802	1206	1035	1186	1584
其他商品及服务	Other Goods and Services	169	171	123	164	134	277

6-24 农村居民人均主要消费品消费量
Per Capita Consumption of Major Consumer Goods by Rural Households

单位：千克 (kg)

指 标	Item	2010	2015	2018	2019	2020
粮食（原粮）	Grain (Unprocessed)	229.03	181.34	162.50	171.28	176.70
#豆类及豆制品	Beans and Bean Products	5.15	4.31	4.88	5.22	6.38
蔬菜	Vegetables	43.14	55.37	57.54	60.42	64.10
食油	Edible Oil	4.13	8.47	8.25	8.02	9.95
肉类	Products of Meat				17.70	14.83
#猪肉	Pork	12.30	12.46	12.98	14.08	11.40
牛肉	Beef	0.35	0.61	0.48	0.58	0.85
羊肉	Mutton	0.80	1.98	1.90	2.03	1.50
家禽	Poultry	1.29	3.53	3.86	5.16	5.81
蛋及蛋制品	Eggs and Processed Products	2.58	6.40	5.45	5.66	7.28
奶和奶制品	Milk and Processed Products	2.72	6.51	6.01	5.88	6.90
水产品	Aquatic Products	0.30	0.75	0.99	1.27	1.10
瓜果	Melons and Fruits	16.39	35.13	96.99	37.50	40.31
食糖	Sugar	0.97	1.73	1.73	1.97	1.94
酒	Liquor	7.28	9.82	7.58	8.13	5.99

6-25 农村居民家庭平均每百户年底耐用消费品拥有量
Number of Durable Consumer Goods Owned Per 100 Rural Households at Year-end

指 标	Item	2015	2018	2019	2020
家用汽车（辆）	Automobile (unit)	10.0	20.9	21.6	24.6
摩托车（台）	Motorcycle (set)	88.6	60.0	63.8	58.4
电冰箱（台）	Refrigerator (set)	55.3	84.4	84.0	86.2
洗衣机（台）	Washing Machine (set)	86.0	96.9	93.3	98.0
热水器（台）	Water Heater (set)	20.3	35.3	34.5	41.1
空调（台）	Air Conditioner (set)	0.7	1.9	2.3	2.2
彩色电视机（台）	Color Tv Set (set)	109.0	111.6	109.2	111.4
照相机（架）	Camera (set)	2.5	1.8	1.8	1.8
家用计算机（台）	Computer (set)	14.2	21.2	17.9	22.5
中高档乐器（件）	Medium and High Grades Musical Instruments (unit)	0.5	0.6	0.9	0.9
移动电话（部）	Mobile Telephone (set)	244.6	300.8	302.5	309.9

6-26 各市（州）农村居民人均可支配收入（2020）

Per Capita Annual Total Income of Rural Households by Region（2020）

单位：元 （yuan）

市（州）	Region	可支配收入 Disposable Income	工资性收入 Income from Wages and Salaries	经营净收入 Net Business Income	财产净收入 Net Income from Property	转移净收入 Net Income from Transfer
兰州市	Lanzhou	14652	7378	4714	309	2251
嘉峪关市	Jiayuguan	22478	11324	9806	1153	180
金昌市	Jinchang	16788	5730	8447	1433	1178
白银市	Baiyin	10711	4256	5200	105	1149
天水市	Tianshui	9072	2896	2742	146	3288
武威市	Wuwei	13471	3888	7721	194	1658
张掖市	Zhangye	16020	5927	8276	400	1418
平凉市	Pingliang	9756	3230	3556	74	2895
酒泉市	Jiuquan	19912	6165	12061	159	1527
庆阳市	Qingyang	10422	3604	4033	214	2572
定西市	Dingxi	8843	2475	4072	189	2107
陇南市	Longnan	8376	3520	2520	87	2249
临夏州	Linxia	8113	2501	3317	131	2165
甘南州	Gannan	9129	3870	3890	90	1280

6-27 各市（州）农村居民人均消费支出（2020）

Per Capita Annual Consumption Expenditure of Rural Households by Region（2020）

单位：元 （yuan）

市（州）	Region	消费支出 Consumption Expenditures	食品烟酒 Food, Tobacco and Liquor	衣着 Clothing	居住 Residence	生活用品及服务 Household Facilities, Articles and Services	交通通信 Transport and Communications	教育文化娱乐 Education, Culture and Recreation	医疗保健 Health Care and Medical Services	其他用品和服务 Miscellaneous Goods and Services	恩格尔系数（%） Engle's Coefficient（%）
兰州市	Lanzhou	11551	3560	701	2501	546	1605	1409	986	243	30.8
嘉峪关市	Jiayuguan	16447	4973	1275	2497	660	3226	2447	1069	300	30.2
金昌市	Jinchang	11860	3510	806	1879	539	1804	1639	1396	287	29.6
白银市	Baiyin	8256	2680	469	1767	382	1047	1005	758	147	32.5
天水市	Tianshui	10238	2987	624	2247	744	1173	1185	1104	173	29.2
武威市	Wuwei	10948	3618	665	1900	487	1529	1678	926	145	33.1
张掖市	Zhangye	14381	4109	1016	2533	605	2089	1949	1827	254	28.6
平凉市	Pingliang	9207	2513	519	1936	528	1229	968	1328	185	27.3
酒泉市	Jiuquan	14454	4193	821	3298	668	2175	1512	1528	260	29.0
庆阳市	Qingyang	9257	2979	635	1842	531	1212	971	933	153	32.2
定西市	Dingxi	8960	2985	513	1759	512	1104	994	974	119	33.3
陇南市	Longnan	9972	3325	746	1959	669	1244	877	1005	147	33.3
临夏州	Linxia	7252	2294	582	1678	675	711	367	857	88	31.6
甘南州	Gannan	7679	3249	584	1839	468	772	340	269	157	42.3

6-28 各地、县农村居民人均可支配收入（2020）
Per Capita Disposable Income of Rural Households by Region & County （2020）

单位：元 （yuan）

地、县	Region & County	农村居民人均可支配收入 Per Capita Disposable Income of Rural Households	工资性收入 Income from Wages and Salaries	经营净收入 Net Business Income	财产净收入 Net Income from Property	转移净收入 Net Income from Transfer
兰州市	**Lanzhou**	**14652**	**7378**	**4714**	**309**	**2251**
城关区	Chengguan	28948	14741	447	8000	5760
七里河区	Qilihe	21941	10663	8693	170	2415
西固区	Xigu	21816	12768	5379	414	3254
安宁区	Anning					
红古区	Honggu	22689	8425	10697	246	3321
永登县	Yongdeng	12602	4735	4732	28	3107
皋兰县	Gaolan	12730	6824	5051	57	798
榆中县	Yuzhong	12423	6197	4469	68	1688
嘉峪关市	**Jiayuguan**	**22478**	**11324**	**9806**	**1168**	**180**
金昌市	**Jinchang**	**16788**	**5730**	**8447**	**1433**	**1178**
金川区	Jinchuan	20928	7418	9890	3229	390
永昌县	Yongchang	15604	5247	8034	919	1403
白银市	**Baiyin**	**10711**	**4256**	**5200**	**105**	**1149**
白银区	Baiyin	16930	3739	12849	182	160
平川区	Pingchuan	11521	5145	4758	63	1556
靖远县	Jingyuan	11307	3965	6454	131	757
会宁县	Huining	8858	4267	3204	101	1286
景泰县	Jingtai	12670	4600	6260	55	1756
天水市	**Tianshui**	**9072**	**2896**	**2742**	**146**	**3288**
秦州区	Qinzhou	10489	3297	3577	492	3123
麦积区	Maiji	9093	3619	2523	423	2529
清水县	Qingshui	8252	2928	1176	35	4113
秦安县	Qinan	9212	2428	3669	49	3067
甘谷县	Gangu	9097	2926	3278	95	2797
武山县	Wushan	9464	3289	2306	80	3788
张家川县	Zhangjiachuan	8198	2125	2173	1	3898
武威市	**Wuwei**	**13471**	**3888**	**7721**	**194**	**1668**
凉州区	Liangzhou	16473	4884	9034	294	2261
民勤县	Minqin	15466	2896	10973	88	1510
古浪县	Gulang	8121	2993	4314	122	692
天祝县	Tianzhu	8844	2971	4206	62	1603
张掖市	**Zhangye**	**16020**	**5927**	**8276**	**400**	**1418**

6-28 续表 1 continued

单位：元 (yuan)

地、县	Region & County	农村居民人均可支配收入 Per Capita Disposable Income of Rural Households	工资性收入 Income from Wages and Salaries	经营净收入 Net Business Income	财产净收入 Net Income from Property	转移净收入 Net Income from Transfer
甘州区	Ganzhou	16843	6797	7849	375	1822
肃南县	Sunan	19801	1663	14421	158	3559
民乐县	Minle	13779	4856	6796	750	1377
临泽县	Linze	17101	3819	12223	73	986
高台县	Gaotai	16202	7556	7490	289	866
山丹县	Shandan	15447	6612	7793	328	715
平凉市	**Pingliang**	**9756**	**3230**	**3556**	**74**	**2895**
崆峒区	Kongtong	12157	4919	4190	28	3019
泾川县	Jingchuan	11287	2847	4165	32	4243
灵台县	Lingtai	9763	5202	2636	108	1818
崇信县	Chongxin	9371	4957	1730	184	2500
庄浪县	Zhuanglang	7934	1874	3052	157	2852
静宁县	Jingning	8920	1716	4458	-5	2751
华亭市	Huating	10460	6342	1770	165	2184
酒泉市	**Jiuquan**	**19912**	**6165**	**12061**	**159**	**1527**
肃州区	Suzhou	19634	5537	12640	203	1254
金塔县	Jinta	20120	7490	11078	173	1379
瓜州县	Guazhou	19394	3285	13898	-113	2323
肃北县	Subei	28888	3077	10085	146	15579
阿克塞县	Akesai	31146	6249	16598	262	8037
玉门市	Yumen	19930	5409	13089	64	1367
敦煌市	Dunhuang	20102	9876	9158	430	638
庆阳市	**Qingyang**	**10422**	**3604**	**4033**	**214**	**2572**
西峰区	Xifeng	11700	5593	3989	891	1227
庆城县	Qingcheng	10080	4336	3507	205	2032
环　县	Huanxian	10032	3104	4266	254	2408
华池县	Huachi	10044	4422	3867	72	1683
合水县	Heshui	10290	3731	4652	49	1859
正宁县	Zhengning	11309	3090	5686	242	2291
宁　县	Ningxian	10378	2757	3678	59	3884
镇原县	Zhenyuan	10122	3394	3686	94	2948
定西市	**Dingxi**	**8843**	**2475**	**4072**	**189**	**2107**
安定区	Anding	9205	2245	3739	203	3018
通渭县	Tongwei	7973	1702	3194	91	2987

6-28 续表 2 continued

单位：元 (yuan)

地、县	Region & County	农村居民人均可支配收入 Per Capita Disposable Income of Rural Households	工资性收入 Income from Wages and Salaries	经营净收入 Net Business Income	财产净收入 Net Income from Property	转移净收入 Net Income from Transfer
陇西县	Longxi	9781	4293	3434	141	1913
渭源县	Weiyuan	8815	1270	5013	439	2093
临洮县	Lintao	9295	2272	5345	57	1622
漳　县	Zhangxian	8329	2435	2976	86	2833
岷　县	Minxian	8348	2683	4175	283	1207
陇南市	**Longnan**	**8376**	**3520**	**2520**	**87**	**2249**
武都区	Wudu	8762	3723	3048	37	1954
成　县	Chengxian	10065	6245	2234	53	1532
文　县	Wenxian	7693	3017	2543	83	2050
宕昌县	Tanchang	7666	3816	2689	195	965
康　县	Kangxian	7797	2935	2109	96	2657
西和县	Xihe	7830	2261	1986	16	3566
礼　县	Lixian	7789	2159	2186	107	3337
徽　县	Huixian	10148	5883	2873	82	1309
两当县	Liangdang	7700	2051	3791	169	1689
临夏州	**Linxia**	**8113**	**2501**	**3317**	**131**	**2165**
临夏市	linxia	16014	7908	5446	879	1781
临夏县	linxia	8546	3319	3316	166	1744
康乐县	Kangle	8266	1329	4179	130	2627
永靖县	Yongjing	8033	2626	3362	72	1972
广河县	Guanghe	8914	2412	3592	54	2856
和政县	Hezheng	7691	2674	2814	132	2071
东乡县	Dongxiang	6391	1431	3004	36	1920
积石山县	Jishishan	6859	2024	2341	76	2418
甘南州	**Gannan**	**9129**	**3870**	**3890**	**90**	**1280**
合作市	Hezuo	9298	6012	2674	6	606
临潭县	Lintan	8717	4778	2414	15	1510
卓尼县	Zhuoni	8975	2486	6097	30	362
舟曲县	Zhouqu	8868	5762	2067	29	1009
迭部县	Diebu	8698	3881	3663	94	1061
玛曲县	Maqu	10913	83	7664	29	3137
碌曲县	Luqu	10788	1407	6416	711	2254
夏河县	Xiahe	9162	2413	4812	409	1528

6-29 各地、县农村居民平均每人消费支出（2020）
Per Capita Consumption Expenditure of Rural Households by Region & County（2020）

单位：元 (yuan)

地、县	Region & County	消费支出 Consumption Expenditures	食品烟酒 Food, Tobacco and Liquor	衣着 Clothing	居住 Residence	生活用品及服务 Household Facilities, Articles and Services	交通通讯 Transport and Communications	教育文化娱乐 Education, Culture and Recreation	医疗保健 Health Care and Medical Services	其他用品和服务 Miscellaneous Goods and Services
兰州市	**Lanzhou**	**11551**	**3560**	**701**	**2501**	**546**	**1605**	**1409**	**986**	**243**
城关区	Chengguan	22555	5726	1111	8901	537	1968	2023	2028	261
七里河区	Qilihe	13478	3941	777	2643	706	1697	1996	920	798
西固区	Xigu	27075	7051	1582	9017	1275	2402	3493	1283	972
安宁区	Anning									
红古区	Honggu	12513	4389	717	2797	890	1288	1126	1037	269
永登县	Yongdeng	11154	3458	735	1814	475	2296	1385	808	182
皋兰县	Gaolan	8286	3144	528	1668	393	871	713	824	146
榆中县	Yuzhong	9565	2831	528	2057	490	1094	1309	1141	113
嘉峪关市	**Jiayuguan**	**16447**	**4973**	**1275**	**2497**	**660**	**3226**	**2447**	**1069**	**300**
金昌市	**Jinchang**	**11860**	**3510**	**806**	**1879**	**539**	**1804**	**1639**	**1396**	**287**
金川区	Jinchuan	16141	4116	982	2677	567	3263	2064	1923	550
永昌县	Yongchang	10635	3336	756	1651	532	1387	1517	1245	212
白银市	**Baiyin**	**8256**	**2680**	**469**	**1767**	**382**	**1047**	**1005**	**758**	**147**
白银区	Baiyin	9779	3145	514	2281	531	916	1221	740	433
平川区	Pingchuan	9733	3284	580	2237	526	947	978	1132	49
靖远县	Jingyuan	8980	2698	569	2100	437	1263	981	718	214
会宁县	Huining	7079	2459	306	1482	290	806	925	730	80
景泰县	Jingtai	9022	2861	691	1470	422	1422	1255	745	157
天水市	**Tianshui**	**10238**	**2987**	**624**	**2247**	**744**	**1173**	**1185**	**1104**	**173**
秦州区	Qinzhou	10996	2600	885	2522	681	1297	1462	1382	167
麦积区	Maiji	13316	3661	703	2607	797	2289	1638	1474	148
清水县	Qingshui	9956	2675	663	2231	958	1013	889	1311	217
秦安县	Qinan	9108	2697	405	1897	748	971	1452	796	142
甘谷县	Gangu	9752	3336	580	2135	786	896	1017	829	173
武山县	Wushan	9576	2729	712	1835	558	1090	1587	890	175
张家川县	Zhangjiachuan	9929	3035	588	2699	641	988	427	1358	193
武威市	**Wuwei**	**10948**	**3618**	**665**	**1900**	**487**	**1529**	**1678**	**926**	**145**
凉州区	Liangzhou	12236	4305	719	2081	412	1608	1921	1108	81
民勤县	Minqin	14289	4273	799	1603	747	2605	2524	1290	448
古浪县	Gulang	7072	2118	524	1992	492	772	692	432	51
天祝县	Tianzhu	8796	2997	530	1204	372	1231	1608	673	81
张掖市	**Zhangye**	**14381**	**4109**	**1016**	**2533**	**605**	**2089**	**1949**	**1827**	**254**

6-29 续表 1 continued

单位：元 (yuan)

地、县	Region & County	消费支出 Consumption Expenditures	食品烟酒 Food, Tobacco and Liquor	衣着 Clothing	居住 Residence	生活用品及服务 Household Facilities, Articles and Services	交通通讯 Transport and Communications	教育文化娱乐 Education, Culture and Recreation	医疗保健 Health Care and Medical Services	其他用品和服务 Miscellaneous Goods and Services
甘州区	Ganzhou	13883	3680	989	2926	550	1921	1540	2053	224
肃南县	Sunan	21268	6247	1552	3521	1119	3534	3067	1900	329
民乐县	Minle	14551	4128	1004	2523	616	2165	2242	1601	271
临泽县	Linze	14831	4433	848	2228	617	2180	1912	2282	332
高台县	Gaotai	15209	4817	1133	2347	793	1866	2572	1394	287
山丹县	Shandan	12886	3918	1033	1660	459	2217	1871	1528	199
平凉市	**Pingliang**	**9207**	**2513**	**519**	**1936**	**528**	**1229**	**968**	**1328**	**185**
崆峒区	Kongtong	9000	2686	539	1937	528	914	1025	1286	85
泾川县	Jingchuan	9091	2333	589	2063	593	1020	911	1463	119
灵台县	Lingtai	6661	2223	298	1526	281	804	230	1242	58
崇信县	Chongxin	8817	2887	740	1705	496	1073	788	1021	107
庄浪县	Zhuanglang	9075	2493	519	1882	521	1093	1126	1044	398
静宁县	Jingning	10473	2600	493	1983	620	1906	1159	1549	162
华亭市	Huating	9864	2444	597	2476	458	1108	987	1616	178
酒泉市	**Jiuquan**	**14454**	**4193**	**821**	**3298**	**668**	**2175**	**1512**	**1528**	**260**
肃州区	Suzhou	16964	4702	727	4962	739	2185	1447	1949	255
金塔县	Jinta	13458	4654	1027	1677	541	2651	1243	1321	344
瓜州县	Guazhou	11743	3519	571	2313	685	1963	1209	1320	163
肃北县	Subei	24844	7174	1562	3534	2108	4120	4103	647	1594
阿克塞县	Akesai	25425	8555	1962	5638	1413	3070	2695	1692	399
玉门市	Yumen	12013	3403	762	2759	566	1745	1380	1222	175
敦煌市	Dunhuang	14810	3890	1051	3188	632	2139	2174	1443	292
庆阳市	**Qingyang**	**9257**	**2979**	**635**	**1842**	**531**	**1212**	**971**	**933**	**153**
西峰区	Xifeng	11573	3775	943	2149	675	1674	1018	1133	205
庆城县	Qingcheng	10939	2690	661	2285	581	1957	1453	1092	218
环　县	Huanxian	7692	2630	505	1591	438	1037	979	433	78
华池县	Huachi	7457	2670	466	1099	387	1188	762	727	157
合水县	Heshui	9415	3347	614	2103	579	1119	540	990	124
正宁县	Zhengning	7818	2589	570	1575	534	897	833	739	83
宁　县	Ningxian	9001	3217	770	1603	516	927	855	969	143
镇原县	Zhenyuan	9750	2899	521	2124	547	1179	1065	1218	196
定西市	**Dingxi**	**8960**	**2985**	**513**	**1759**	**512**	**1104**	**994**	**974**	**119**
安定区	Anding	8582	3107	422	1595	335	1241	775	978	130
通渭县	Tongwei	9423	2790	236	1558	454	691	2004	1534	155

6-29 续表 2 continued

单位：元 （yuan）

地、县	Region & County	消费支出 Consumption Expenditures	食品烟酒 Food, Tobacco and Liquor	衣着 Clothing	居住 Residence	生活用品及服务 Household Facilities, Articles and Services	交通通讯 Transport and Communications	教育文化娱乐 Education, Culture and Recreation	医疗保健 Health Care and Medical Services	其他用品和服务 Miscellaneous Goods and Services
陇西县	Longxi	9291	3144	605	2194	581	1165	855	637	110
渭源县	Weiyuan	8771	2859	545	1515	560	1294	1115	754	129
临洮县	Lintao	9262	3246	533	1504	398	1203	815	1413	152
漳　县	Zhangxian	9139	2790	621	1859	557	897	1010	1289	117
岷　县	Minxian	8328	2868	628	1993	651	1166	498	466	57
陇南市	**Longnan**	**9972**	**3325**	**746**	**1959**	**669**	**1244**	**877**	**1005**	**147**
武都区	Wudu	11781	3896	805	1934	850	1535	1435	1159	168
成　县	Chengxian	9783	3223	833	1735	708	1170	927	1014	174
文　县	Wenxian	11100	3851	595	2125	662	1123	855	1591	299
宕昌县	Tanchang	8457	3259	639	1977	477	881	478	649	97
康　县	Kangxian	11078	3087	886	2370	819	1436	974	1360	146
西和县	Xihe	11414	3287	954	2350	765	1894	851	1164	149
礼　县	Lixian	7756	2772	573	1666	434	889	589	728	104
徽　县	Huixian	10296	3445	879	2044	838	1182	880	891	138
两当县	Liangdang	9748	3208	650	1576	733	1464	835	1149	135
临夏州	**Linxia**	**7252**	**2294**	**582**	**1678**	**675**	**711**	**367**	**857**	**88**
临夏市	linxia	13279	4189	935	3487	999	1297	698	1542	134
临夏县	linxia	7694	2591	633	1786	638	769	398	797	32
康乐县	Kangle	7761	1957	637	1905	673	740	360	1436	55
永靖县	Yongjing	8010	2705	498	1924	577	984	732	499	90
广河县	Guanghe	7780	2526	737	2008	706	707	234	800	53
和政县	Hezheng	7303	2141	678	1413	978	817	281	952	44
东乡县	Dongxiang	4957	1588	360	1127	593	411	173	604	102
积石山县	Jishishan	6196	2216	438	1241	516	559	462	600	153
甘南州	**Gannan**	**7679**	**3249**	**584**	**1839**	**468**	**772**	**340**	**269**	**157**
合作市	Hezuo	7658	3125	688	1798	422	909	285	312	119
临潭县	Lintan	8398	3383	741	2525	694	718	122	186	29
卓尼县	Zhuoni	6524	2742	545	1568	428	515	273	261	192
舟曲县	Zhouqu	7101	3170	335	1766	172	685	648	283	42
迭部县	Diebu	7209	3164	413	2142	343	454	184	329	181
玛曲县	Maqu	10229	4547	955	755	870	1585	494	392	631
碌曲县	Luqu	7360	2950	526	1044	671	1064	626	344	134
夏河县	Xiahe	7473	2981	659	1864	489	871	200	213	196

主要统计指标解释

从2012年四季度起，国家统计局对分别进行的城乡住户调查实施了一体化改革，规范了城乡划分范围，统一了城乡居民收入指标名称、分类和统计标准，建立了城乡统一的一体化住户调查，并据此采集全国居民有关数据。甘肃省自2015年起发布城乡一体化住户收支与生活状况调查数据。2014年及以前年份的数据，根据城镇住户调查和农村住户调查的历史数据，按照住户收支与生活状况调查可比口径推算得到。

一、居民可支配收入

居民可支配收入指居民可用于最终消费支出和储蓄的总和，即居民可用于自由支配的收入。既包括现金收入，也包括实物收入。按照收入的来源，可支配收入包含四项，分别为：工资性收入、经营净收入、财产净收入和转移净收入。

工资性收入　指就业人员通过各种途径得到的全部劳动报酬和各种福利，包括受雇于单位或个人、从事各种自由职业、兼职和零星劳动得到的全部劳动报酬和福利。

经营净收入　指住户或住户成员从事生产经营活动所获得的净收入，是全部经营收入中扣除经营费用、生产性固定资产折旧和生产税之后得到的净收入。计算公式为：

经营净收入 = 经营收入 – 经营费用 – 生产性固定资产折旧 – 生产税

财产净收入　指住户或住户成员将其所拥有的金融资产、住房等非金融资产和自然资源交由其他机构单位、住户或个人支配而获得的回报并扣除相关的费用之后得到的净收入。财产净收入包括利息净收入、红利收入、储蓄性保险净收益、转让承包土地经营权租金净收入、出租房屋净收入、出租其他资产净收入和自有住房折算净租金等。财产净收入不包括转让资产所有权的溢价所得。

转移净收入　计算公式为：转移净收入 = 转移性收入 – 转移性支出

转移性收入　指国家、单位、社会团体对住户的各种经常性转移支付和住户之间的经常性收入转移。包括养老金或退休金、社会救济和补助、政策性生产补贴、政策性生活补贴、救灾款、经常性捐赠和赔偿、报销医疗费、住户之间的赡养收入，本住户非常住成员寄回带回的收入等。转移性收入不包括住户之间的实物馈赠。

转移性支出　指调查户对国家、单位、住户或个人的经常性或义务性转移支付。包括缴纳的税款、各项社会保障支出、赡养支出、经常性捐赠和赔偿支出以及其他经常转移支出等。

根据住户收支与生活状况调查，分城镇和农村的居民人均可支配收入等数据的覆盖人群主要变化：一是计算城镇居民人均可支配收入时分母包括了在城镇地区常住的农民工，计算农村居民人均可支配收入时分母不包括在城镇地区常住的农民工；二是由本户供养的在外大学生视为常住人口。

二、居民消费支出

居民消费支出是指居民用于满足家庭日常生活消费需要的全部支出，既包括现金消费支出，也包括实物消费支出。消费支出可划分为食品烟酒、衣着、居住、生活用品及服务、交通通信、教育文化娱乐、医疗保健以及其他用品及服务八大类。

食品烟酒　指用于各种食品和烟草、酒类的支出。

衣着　指与居民穿着有关的支出，包括服装、服装材料、鞋类、其他衣类及配件、衣着相关加工服务的支出。

居住　指与居住有关的支出，包括房租、水、电、燃料、物业管理等方面的支出，也包括自有住房折算租金。

生活用品及服务　指家庭及个人的各类生活品及家庭服务。包括家具及室内装饰品、家用器具、家用纺织品、家庭日用杂品、个人用品和家庭服务。

交通通信　指用于交通和通信工具及相关的各种服务费、维修费和车辆保险等支出。

教育文化娱乐　指用于教育、文化和娱乐方面的支出。

医疗保健　指用于医疗和保健的药品、用品和服务的总费用。包括医疗器具及药品，以及医疗服务。

其他用品及服务　指无法直接归入上述各类支出的其他用品与服务支出。

7

财政和金融业

Government Finance and Financial Intermediation

简要说明

一、本篇资料主要内容

本篇反映财政收支状况，金融和保险业的发展情况。主要包括地方财政收支、政府性基金收支资料；金融机构存贷等活动；保险业务情况。

二、本篇资料来源

本篇资料由省统计局国民经济核算处搜集、加工整理：

1. 财政收支资料来源于省财政厅。

2. 金融资料来源于中国人民银行兰州中心支行。

3. 保险数据来源于中国银保监会甘肃监管局。

7-1 财政收支
Government Revenue and Expenditure

单位：万元　　　　　　　　　　　　　　　　　　　　　　　　　　　　（10 000 yuan）

年 份 Year	财政收入 Government Revenue	一般公共预算收入 General Public Budget Revenue	税收收入 Tax Revenue	附：上划中央税收 Tax Revenue Turned Over to the Central	一般公共预算支出 General Public Budget Expenditure
1978	205280				143429
1979	184606				141810
1980	149348				123045
1981	129859				111955
1982	124713				127857
1983	109003				155256
1984	132338				211510
1985	163814				239971
1986	197635				300125
1987	225831				317747
1988	249786				363835
1989	315242				412645
1990	342065				459395
1991	399801				513188
1992	399736				534786
1993	521132				631676
1994	626198	290797	270086	335401	723817
1995	684142	339211	302594	344931	813908
1996	822714	433733	367663	388981	909538
1997	919259	494108	416575	425151	1067215
1998	974793	540253	465578	434540	1253382
1999	1030025	583657	490034	446363	1477868
2000	1083752	612849	516624	470903	1882322
2001	1241396	699485	587853	541911	2354643
2002	1503365	762432	654283	740933	2740111
2003	1771750	876561	722434	895189	3000070
2004	2158581	1041600	823382	1104105	3569366
2005	2545665	1235026	919615	1310639	4293479
2006	2949750	1412152	1108360	1537593	5285946
2007	3918687	1909107	1420532	2009580	6753372
2008	4709361	2649650	1628049	2059711	9684336
2009	6039849	2865898	1760411	3173951	12462817
2010	7452511	3535833	2202883	3916673	14685810
2011	9336165	4501188	2840435	4834977	17912432
2012	10798983	5203993	3477792	5594990	20595638
2013	11448265	6072717	4177266	5375543	23096230
2014	12342376	6726698	4902596	5615673	25414935
2015	13862830	7438604	5297863	6424226	29583117
2016	14406849	7869669	5259996	6537180	31500340
2017	15405937	8157323	5471429	7248614	33044417
2018	16417050	8710537	6104732	7706513	37722330
2019	15895173	8504879	5779249	7390294	39515991
2020	16259729	8745518	5679343	7514211	41633990

注：财政收入不含基金收入。
a）Revenue does not include the fund's income.

7-2 税收收入
Tax Revenue

单位：万元 (10 000 yuan)

年 份 Year	税收收入 Tax Revenue	#增值税 Value-added Tax	#营业税 Business Tax	#企业所得税 Corporate Income Tax	#个人所得税 Individual Income Tax
1994	270086	86783	63912	27011	4471
1995	302594	90356	77345	33393	6242
1996	367663	93094	101939	32494	8706
1997	416575	104079	120340	39864	10271
1998	465578	108318	142508	44537	14399
1999	490034	111778	147031	66686	18349
2000	516624	119471	158995	60957	25921
2001	587853	133758	173483	104045	38788
2002	654283	150720	209747	66054	40920
2003	722434	181230	240705	53111	36776
2004	823382	216152	270531	63182	43112
2005	919615	253337	315890	84320	51793
2006	1108360	314071	372674	106902	57884
2007	1420532	403624	434006	179740	71513
2008	1628049	379120	531536	206233	81306
2009	1760411	371096	652494	169511	89876
2010	2202883	440902	868425	199868	111253
2011	2840435	489460	1100499	285861	140563
2012	3477792	605180	1367172	365313	135407
2013	4177266	636506	1765945	400978	147793
2014	4902596	884047	1949794	459990	158097
2015	5297863	897868	2071529	592025	189368
2016	5259996	1731601	1106370	549494	205524
2017	5471429	2694096	13463	672415	273323
2018	6104732	2933605	5800	745858	305325
2019	5779249	2768230		647874	203020
2020	5679343	2601650		643903	205417

注：1. 税收收入为一般公共预算收入中的税收收入。
2. 自 2016 年 5 月 1 日起，在全国范围内全面推开营业税改征增值税试点，全部营业税纳税人由缴纳营业税改为缴纳增值税（下表同）。

a) Tax revenue refers to tax revenue in the general public budget revenue.

b) Since May 1,2016, the replacement of business tax with VAT has been extended to all industries. All business tax payers pay VAT instead of business tax.The same applies to the table following.

7-3 财政收入情况
Government Revenue

单位：万元 （10 000 yuan）

项　目	Item	2010	2015	2018	2019	2020
财政收入	**Government Revenue**	**7452511**	**13862830**	**16417050**	**15895173**	**16259729**
一般公共预算收入	**General Public Budget Revenue**	**3535833**	**7438604**	**8710537**	**8504879**	**8745518**
税收收入	Total Tax Revenue	2202883	5297863	6104732	5779249	5679343
国内增值税	Value-added Tax	440902	897868	2933605	2768230	2601650
营业税	Business Tax	868425	2071529	5800		
企业所得税	Corporate Income Tax	199868	592025	745858	647874	643903
个人所得税	Individual Income Tax	111253	189368	305325	203020	205417
资源税	Resource Tax	61833	168137	228152	237814	216986
城市维护建设税	City Maintenance and Construction Tax	212182	441658	495909	473326	457382
房产税	House Property Tax	83574	177057	238679	236730	249160
印花税	Stamp Tax	44211	84253	108365	111315	135632
城镇土地使用税	Urban Land Use Tax	44208	188420	222450	216530	216478
土地增值税	Land Appreciation Tax	30227	169708	347601	306225	341086
车船税	Tax on Vehicles and Boat Operation	25753	92186	133357	143436	156561
耕地占用税	Farm Land Occupation Tax	19457	54640	48912	45997	41444
契税	Deed Tax	59847	168466	274650	362335	389360
烟叶税	Tobacco Leaf Tax	1195	2548	1833	1317	1135
环境保护税	Environmental Protection Tax			14236	21499	22611
其他税收收入	Other Tax Revenue				3601	538
非税收入	Non-tax Revenue	1332950	2140741	2605805	2725630	3066175
专项收入	Special Program Receipts	590249	651409	791893	843324	879131
行政事业性收费收入	Charge of Administrative and Institutional Units	190170	534371	410159	506108	555184
罚没收入	Penalty Receipts	81211	177164	305572	290018	377242
国有资本经营收入	Operating Income from Government Capital	233807	16915	11499	32472	19023
国有资源（资产）有偿使用收入	Income from Use of State-owned Resources （Assets）	90957	515385	701730	699405	812765
其他收入	Other Revenue	146556	245497	384392	354303	422829
上划中央税收收入	**Tax Revenue Turned Over to the Central**	**3916678**	**6424226**	**7706513**	**7390294**	**7514211**
#国内增值税	Value Added Tax	1438530	2109173	2939467	2775658	2681645
消费税	Consumption Tax	1385862	2634996	2507550	2739818	282889[illegible]
企业所得税	Corporate Income Tax	304935	884729	1130353	973126	953783
个人所得税	Individual Income Tax	166875	284050	457988	304529	308126
车辆购置税	Vehicle Purchase Tax	181665	339729	318998	333253	336537

7-4 财政支出情况
Government Expenditure

单位：万元 (10 000 yuan)

项目	Item	2010	2015	2019	2020
一般公共预算支出	**General Public Budget Expenditure**	**14685810**	**29583117**	**39515991**	**41633990**
一般公共服务支出	Expenditure for General Public Services	1457540	2720127	3736240	3821653
国防支出	Expenditure for National Defense	17739	30301	25540	29980
公共安全支出	Expenditure for Public Security	704526	1231006	1912865	1961024
教育支出	Expenditure for Education	2282329	4983251	6360518	6629908
科学技术支出	Expenditure for Science and Technology	108879	298471	293876	320654
文化旅游体育与传媒支出	Expenditure for Culture, Sport and Media	297753	627640	848518	884348
社会保障和就业支出	Expenditure for Social Security and Employment	2150927	4213133	5291398	5809456
卫生健康支出	Expenditure for Medical and Health Care	1004018	2500965	3264090	3702377
节能环保支出	Expenditure for Energy Conservation and Environment Protection	683070	953513	1065160	1140250
城乡社区支出	Expenditure for Urban and Rural Community Affairs	568208	1216135	2207055	2063547
农林水支出	Expenditure for Agriculture, Forestry and Water Conservancy Affairs	1962667	4970520	7167584	7758349
交通运输支出	Expenditure for Transportation	665767	2782433	3603532	3233432
资源勘探信息等支出	Expenditures for Affairs of Resource Exploration and Information	278850	477300	330386	495977
商业服务业等支出	Expenditure for Affairs of Commerce and Services	176575	296858	104870	141141
金融支出	Expenditure for Financial Affairs	72439	21591	207375	121900
自然资源海洋气象等支出	Expenditure for Affairs of Land and Weather	367685	352034	321884	373360
住房保障支出	Expenditure for Affairs of Housing Security	580978	1278705	1612265	1396163
粮油物资储备支出	Expenditure for Affairs of Management of Grain & Oil Reserves	98063	133170	160327	205570
灾难防治及应急管理支出	Expenditure for Disaster Prevention and Emergency Management			255989	454043
债务付息支出	Expenditure for Principal and Interest of Debts	55321	150947	591312	678124
债务发行费用支出	Expenditure for Issuing Debts			4682	4943
其他支出	Other Expenditure	211017	345017	150525	407791

注：债务付息支出2014年之前为国债还本付息支出。

a）Before 2014,data of expenditure for principal and interest of debts were the interest payment for domestic and foreign debts.

7-5 政府性基金收支情况
Revenue and Expenditure of Government Fund

单位：万元　　　　　　　　　　　　　　　　　　　　　　　　　　　　　（10 000 yuan）

项　　目	Item	2015	2019	2020
政府性基金收入合计	**Total Revenue of Government Funds**	**4135104**	**5208237**	**6320250**
# 国有土地收益基金收入	State Land Income Fund	52401	166984	107479
农业土地开发资金收入	Agricultural Land Development Funds	16091	11836	13378
国有土地使用权出让收入	Transfer of Use Rights of State Land	2873504	3963866	5253168
彩票公益金收入	Public Welfare Fund from Lottery	113022	96196	85796
城市基础设施配套费收入	Urban Infrastructure Support Fee	190339	220240	244490
车辆通行费	Vehicle Toll	765473	639282	509412
污水处理费收入	Sewage Treatment	34711	40351	46992
彩票发行机构和销售机构业务费用	Business of Lottery Issuance and Sales Agency	37206	27979	22542
政府性基金支出合计	**Total Expenditure of Government Fund**	**5001010**	**7731453**	**11905891**
文化旅游体育与传媒支出	Expenditure for Culture, Sport and Media	2873	9549	3645
社会保障和就业支出	Expenditure for Social Security and Employment	23945	27052	24609
节能环保支出	Expenditure for Energy Conservation and Environment Protection		9011	6275
城乡社区支出	Expenditure for Urban and Rural Community Affairs	3462875	4563824	4170012
农林水支出	Expenditure for Agriculture, Forestry and Water Conservancy Affairs	55230	34340	27265
交通运输支出	Expenditure for Transportation	1123593	2007295	1866847
资源勘探信息等支出	Expenditures for Affairs of Resource Exploration and Information	3210		
债务付息支出	Expenditure for Principal and Interest of Debts	127230	316562	499646
债务发行费用支出	Expenditure for Issuing Debts	1687	4497	6962
抗疫特别国债安排的支出	Expenditure of Special Treasury Bonds for Against COVID-19			939284
其他支出	Other Expenditure	196043	759323	4361346

7-6 各市（州）财政收入（2020）

Government Revenue by Region（2020）

单位：万元 （10 000 yuan）

市（州）	Region	一般公共预算收入 General Public Budget Revenue	#税收收入 Tax Revenue	#增值税 Domestic Value-added Tax	#企业所得税 Corporate Income Tax	#个人所得税 Individual Income Tax
兰州市	Lanzhou	2471310	1761515	606191	168209	56208
嘉峪关市	Jiayuguan	181815	138681	61282	3584	2378
金昌市	Jinchang	224661	168684	74754	6385	1881
白银市	Baiyin	333783	201663	86243	11446	6482
天水市	Tianshui	539127	301090	97052	15665	5615
武威市	Wuwei	320002	157367	56974	10950	2692
张掖市	Zhangye	269519	125023	49997	9708	2783
平凉市	Pingliang	328318	201341	81343	12784	2897
酒泉市	Jiuquan	361654	213876	84478	12176	4169
庆阳市	Qingyang	545332	351219	168712	8105	6365
定西市	Dingxi	256699	151785	63726	8906	3165
陇南市	Longnan	232044	138564	65731	8197	3966
临夏州	Linxia	191846	123995	57651	10187	2044
甘南州	Gannan	104747	48853	26476	3361	1430

7-7 各市（州）财政支出（2020）

Government Expenditure by Region（2020）

单位：万元 （10 000 yuan）

市（州）	Region	一般公共预算支出 General Public Budget Expenditure	#一般公共服务 General Public Service	#教育 Education	#社会保障和就业 Social Security and Emploment	#卫生健康 Medical and Health Care	#农林水 Agriculture, Forestry and Water Conservancy
兰州市	Lanzhou	4862409	614002	824400	598499	417778	367807
嘉峪关市	Jiayuguan	289309	31224	50991	20804	23893	9312
金昌市	Jinchang	610249	69936	89589	83150	44426	74340
白银市	Baiyin	2017823	153605	373280	254128	198616	455583
天水市	Tianshui	3519293	306812	645046	456207	417960	693674
武威市	Wuwei	2170496	153599	366836	254610	231044	507204
张掖市	Zhangye	1795833	178661	265827	209015	168968	339565
平凉市	Pingliang	2425509	244943	503068	327154	293890	526147
酒泉市	Jiuquan	1554393	171923	237597	177131	153894	212757
庆阳市	Qingyang	3008948	320621	528529	363611	302486	705598
定西市	Dingxi	2887518	294592	597785	348326	337113	767064
陇南市	Longnan	3363794	312482	508896	409098	342174	909903
临夏州	Linxia	3202968	351733	516279	404386	321602	876950
甘南州	Gannan	2219013	273523	292232	200304	174834	594497

7-8 各地、县财政收支（2020）

Government Revenue and Expenditure by Region & County（2020）

单位：万元　　　　（10 000 yuan）

地、县	Region & County	一般公共预算收入 General Public Budget Revenue	一般公共预算支出 General Public Budget Expenditure	地、县	Region & County	一般公共预算收入 General Public Budget Revenue	一般公共预算支出 General Public Budget Expenditure
兰州市	**Lanzhou**	**2471310**	**4862409**	瓜州县	Guazhou	34909	190132
城关区	Chengguan	373293	552214	肃北县	Subei	30033	142754
七里河区	Qilihe	159502	336649	阿克塞县	Akesai	7934	77257
西固区	Xigu	98442	241784	玉门市	Yumen	42164	228781
安宁区	Anning	104974	181025	敦煌市	Dunhuang	37668	171130
红古区	Honggu	54570	174090	**庆阳市**	**Qingyang**	**545332**	**3008948**
永登县	Yongdeng	46741	293687	西峰区	Xifeng	102064	308638
皋兰县	Gaolan	75165	203195	庆城县	Qingcheng	37421	250642
榆中县	Yuzhong	80374	346399	环　县	Huanxian	62996	538077
嘉峪关市	**Jiayuguan**	**181815**	**289309**	华池县	Huachi	28817	207318
金昌市	**Jinchang**	**224661**	**610249**	合水县	Heshui	19170	157071
金川区	Jinchuan	39872	123258	正宁县	Zhengning	11328	173314
永昌县	Yongchang	27301	231260	宁　县	Ningxian	25166	308991
白银市	**Baiyin**	**333783**	**2017823**	镇原县	Zhenyuan	23011	434163
白银区	Baiyin	87128	273405	**定西市**	**Dingxi**	**256699**	**2887518**
平川区	Pingchuan	38089	229116	安定区	Anding	44069	413925
靖远县	Jingyuan	44606	422596	通渭县	Tongwei	22101	429823
会宁县	Huining	32901	464028	陇西县	Longxi	52268	380894
景泰县	Jingtai	37388	246858	渭源县	Weiyuan	16193	313529
天水市	**Tianshui**	**539127**	**3519293**	临洮县	Lintao	40018	393086
秦州区	Qinzhou	110947	522129	漳　县	Zhangxian	16504	184068
麦积区	Maiji	66767	488570	岷　县	Minxian	22610	446945
清水县	Qingshui	21307	255310	**陇南市**	**Longnan**	**232044**	**3363794**
秦安县	Qinan	27560	408855	武都区	Wudu	45624	564030
甘谷县	Gangu	37756	379314	成　县	Chengxian	32878	250545
武山县	Wushan	24807	314059	文　县	Wenxian	20301	315751
张家川县	Zhangjiachuan	11542	326858	宕昌县	Tanchang	15133	403972
武威市	**Wuwei**	**320002**	**2170496**	康　县	Kangxian	11595	234916
凉州区	Liangzhou	140030	600312	西和县	Xihe	19399	440515
民勤县	Minqin	39575	285353	礼　县	Lixian	16056	497790
古浪县	Gulang	21335	482749	徽　县	Huixian	30592	211289
天祝县	Tianzhu	33588	487481	两当县	Liangdang	4103	105076
张掖市	**Zhangye**	**269519**	**1795833**	**临夏州**	**Linxia**	**191346**	**3202968**
甘州区	Ganzhou	86393	385137	临夏市	linxia	57978	315016
肃南县	Sunan	25599	217822	临夏县	linxia	22059	457026
民乐县	Minle	29918	255175	康乐县	Kangle	12120	304635
临泽县	Linze	18820	175020	永靖县	Yongjing	35326	301671
高台县	Gaotai	22996	174525	广河县	Guanghe	13305	287975
山丹县	Shandan	32000	209760	和政县	Hezheng	9975	270804
平凉市	**Pingliang**	**328318**	**2425509**	东乡县	Dongxiang	11042	555736
崆峒区	Kongtong	81234	361907	积石山县	Jishishan	10441	337806
泾川县	Jingchuan	21611	265887	**甘南州**	**Gannan**	**104747**	**2219013**
灵台县	Lingtai	11379	212371	合作市	Hezuo	22091	198350
崇信县	Chongxin	27906	129389	临潭县	Lintan	5610	317951
庄浪县	Zhuanglang	28335	441282	卓尼县	Zhuoni	9033	267256
静宁县	Jingning	36913	482944	舟曲县	Zhouqu	11207	335658
华亭市	Huating	56821	200116	迭部县	Diebu	7257	193588
酒泉市	**Jiuquan**	**361654**	**1554393**	玛曲县	Maqu	11999	218281
肃州区	Suzhou	90008	332740	碌曲县	Luqu	3201	177904
金塔县	Jinta	24393	164379	夏河县	Xiahe	11788	248419

7-9 金融机构本外币信贷收支表
Balance Sheet of RMB and Foreign Currency Credit Funds of Financial Institutions

单位：亿元　　（年末余额）(year-end balance)　　(100 million yuan)

项　目	Item	2015	2018	2019	2020
各项存款	**Total Deposits**	**16299.50**	**18678.46**	**19768.46**	**20992.67**
境内存款	Domestic Deposits	16297.66	18665.90	19757.93	20977.93
住户存款	Household Deposits	7804.53	9951.21	11181.91	12454.51
活期存款	Demand Deposits	3120.90	3448.33	3809.33	4313.11
定期及其他存款	Time and other Deposits	4683.63	6502.89	7372.58	8141.39
非金融企业存款	Non-financial Enterprises Deposits	5288.88	4920.02	4940.34	4922.68
活期存款	Demand Deposits	3024.93	3351.26	3384.22	3387.30
定期及其他存款	Time and other Deposits	2263.95	1568.75	1556.12	1535.38
广义政府存款	General Government Deposits	2874.35	3295.33	3182.03	3303.87
机关团体存款	Government Agencies & Organizations Deposits	2646.35	2965.77	3001.04	2951.12
财政性存款	Fiscal Deposits	228.00	329.56	180.99	352.75
非银行业金融机构存款	Non-banking Financial Institutions Deposit	329.90	499.34	453.66	296.87
境外存款	Offshore Deposits	1.84	12.56	10.53	14.74
各项贷款	**Total Loans**	**13728.89**	**19371.74**	**20677.93**	**22159.41**
境内贷款	Domestic Loans	13649.02	19242.51	20530.88	22043.34
#住户贷款	Household Loans	3551.09	5062.70	5464.16	6019.32
短期贷款	Short-term Loans	1374.61	1733.64	1814.43	1688.66
中长期贷款	Medium and Long Term Loans	2176.48	3329.06	3649.73	4330.66
企事业单位贷款	Loans of Enterprises and Institutions	10097.93	14179.81	15065.72	16013.02
短期贷款	Short-term Loans	3287.73	3701.45	3631.03	3643.37
中长期贷款	Medium and Long Term Loans	5890.12	9119.52	9887.56	10824.74
票据融资	Bill Financing	458.16	756.40	982.35	941.73
融资租赁	Finance Lease	446.72	539.67	510.25	555.10
各项垫款	Advances	15.20	62.76	54.54	48.07
境外贷款	Overseas Loans	79.88	129.23	147.05	116.06

注：2015、2018、2019、2020 年的汇率分别为 6.4936，6.8632，6.9762，6.5249。
a) The exchange rate of 2015,2018,2019,2020 were 6.4936,6.8632,6.9762,6.5249.

7-10 金融机构人民币信贷收支表

Balance Sheet of RMB Credit Funds of Financial Institutions

单位：亿元　　（年末余额）(year-end balance)　　(100 million yuan)

项　目	Item	2015	2018	2019	2020
各项存款	**Total Deposits**	**16141.19**	**18568.68**	**19717.01**	**20938.25**
境内存款	Domestic Deposits	16139.48	18556.92	19707.53	20924.7[illegible]
住户存款	Household Deposits	7776.80	9918.03	11150.22	12419.62
活期存款	Demand Deposits	3104.36	3428.79	3790.79	4290.95
定期及其他存款	Time and other Deposits	4672.44	6489.24	7359.43	8128.67
非金融企业存款	Non-financial Enterprises Deposits	5163.05	4847.80	4927.19	4909.28
活期存款	Demand Deposits	2970.71	3280.01	3372.04	3374.70
定期及其他存款	Time and other Deposits	2192.34	1567.79	1555.16	1534.59
广义政府存款	General Government Deposits	2869.89	3291.82	3176.53	3299.10
机关团体存款	Government Agencies & Organizations Deposits	228.00	329.56	180.99	352.75
财政性存款	Fiscal Deposits	2641.89	2962.26	2995.54	2946.35
非银行业金融机构存款	Non-banking Financial Institutions Deposit	329.74	499.27	453.58	296.71
境外存款	Offshore Deposits	1.72	11.76	9.48	13.54
各项贷款	**Total Loans**	**13292.18**	**19094.39**	**20424.30**	**21935.57**
境内贷款	Domestic Loans	13292.11	19083.92	20410.85	21922.38
#住户贷款	Household Loans	3550.91	5062.50	5463.87	6019.16
短期贷款	Short-term Loans	1374.51	1733.53	1814.22	1688.56
中长期贷款	Medium and Long Term Loans	2176.40	3328.97	3649.65	4330.61
企事业单位贷款	Loans of Enterprises and Institutions	9741.20	14021.42	14945.98	15892.22
短期贷款	Short-term Loans	2982.57	3619.56	3566.51	3573.12
中长期贷款	Medium and Long Term Loans	5838.74	9046.18	9832.35	10774.19
票据融资	Bill Financing	458.16	756.40	982.35	941.73
融资租赁	Finance Lease	446.72	536.52	510.25	555.10
各项垫款	Advances	15.01	62.76	54.54	48.07
境外贷款	Overseas Loans	0.07	10.47	13.45	13.19

7-11 金融机构外汇信贷收支表
Balance Sheet of Foreign Exchange Credit Funds of Financial Institutions

单位：万美元　　（年末余额）(year-end balance)　　(USD 10 000)

项　目	Item	2015	2018	2019	2020
各项存款	**Total Deposits**	**243783**	**159960**	**73759**	**83400**
境内存款	Domestic Deposits	243600	158786	72254	81568
住户存款	Household Deposits	42701	48349	45418	53466
活期存款	Demand Deposits	25467	28461	26577	33972
定期及其他存款	Time and other Deposits	17233	19888	18841	19494
非金融企业存款	Non-financial Enterprises Deposits	193776	105228	18844	20535
活期存款	Demand Deposits	83499	103817	17457	19312
定期及其他存款	Time and other Deposits	110277	1410	1388	1222
广义政府存款	General Government Deposits	6877	5102	7877	7309
机关团体存款	Government Agencies & Organizations Deposits	6			
财政性存款	Fiscal Deposits	6871	5102	7877	7309
非银行业金融机构存款	Non-banking Financial Institutions Deposit	247	106	115	258
境外存款	Offshore Deposits	183	1174	1505	1832
各项贷款	**Total Loans**	**672522**	**404109**	**363564**	**343054**
境内贷款	Domestic Loans	549623	231069	172054	185386
住户贷款	Household Loans	277	292	412	242
短期贷款	Short-term Loans	154	158	301	156
中长期贷款	Medium and Long Term Loans	123	134	111	86
企事业单位贷款	Loans of Enterprises and Institutions	549346	230777	171642	185144
短期贷款	Short-term Loans	469946	119317	92490	107673
中长期贷款	Medium and Long Term Loans	79122	106872	79152	77470
票据融资	Bill Financing				
融资租赁	Finance Lease		4587		
各项垫款	Advances	278			
境外贷款	Overseas Loans	122899	173040	191509	157668

注：2015、2018、2019、2020 年的汇率分别为 6.4936，6.8632，6.9762，6.5249。
a) The exchange rate of 2015,2018,2019,2020 were 6.4936,6.8632,6.9762,6.5249.

7-12 各市（州）金融机构人民币存款（2020）
RMB Deposits of Financial Institutions by Region（2020）

单位：亿元 （100 million yuan）

市（州）	Region	各项存款 Total Deposits	境内存款 Domestic Deposits	住户存款 Household Deposits	非金融企业存款 Non-financial Enterprises Deposits	广义政府存款 General Government Deposits	非银行业金融机构存款 Non-banking Financial Institutions Deposit	境外存款 Offshore Deposits
兰州市	Lanzhou	9044.77	9031.85	3859.63	3125.98	1760.71	285.52	12.92
嘉峪关市	Jiayuguan	391.86	391.85	247.47	89.04	55.32	0.02	0.01
金昌市	Jinchang	453.14	453.13	309.19	83.21	60.72	0.02	0.01
白银市	Baiyin	896.69	896.56	613.01	155.81	127.51	0.23	0.13
天水市	Tianshui	1612.01	1611.94	1188.85	289.79	133.12	0.19	0.08
武威市	Wuwei	1022.57	1022.56	793.22	107.92	116.37	5.05	0.01
张掖市	Zhangye	839.74	839.70	624.36	118.60	96.73	0.01	0.04
平凉市	Pingliang	1017.50	1017.44	760.19	129.41	127.61	0.23	0.06
酒泉市	Jiuquan	1107.03	1106.98	729.25	175.46	202.16	0.11	0.04
庆阳市	Qingyang	1257.40	1257.38	982.13	133.15	137.07	5.03	0.01
定西市	Dingxi	1070.50	1070.48	772.89	138.23	159.33	0.02	0.02
陇南市	Longnan	1085.07	1084.89	769.78	177.08	137.98	0.06	0.18
临夏州	Linxia	751.79	751.77	564.61	99.83	87.32	0.01	0.02
甘南州	Gannan	388.19	388.19	205.04	85.77	97.17	0.21	

7-13 各市（州）金融机构人民币贷款（2020）
RMB Loans of Financial Institutions by Region（2020）

单位：亿元 （100 million yuan）

市（州）	Region	各项贷款 Total Loans	境内贷款 Domestic Loans	住户贷款 Household Loans	短期贷款 Short-term Loans	中长期贷款 Medium and Long-term Loans	企事业单位贷款 Loans of Enterprises and Institutions	短期贷款 Short-term Loans	中长期贷款 Medium and Long-term Loans	境外贷款 Offshore Loans
兰州市	Lanzhou	12954.98	12941.80	2097.21	454.86	1642.35	10833.58	1928.96	7469.75	13.18
嘉峪关市	Jiayuguan	541.85	541.85	72.10	26.27	45.82	469.75	340.68	102.19	
金昌市	Jinchang	307.99	307.99	110.87	59.04	51.83	196.22	71.27	95.63	
白银市	Ba iyin	742.45	742.45	296.28	67.07	229.21	446.17	183.73	243.25	
天水市	Tianshui	1243.52	1243.52	491.80	123.66	368.14	751.72	223.48	527.46	
武威市	Wuwei	886.49	886.49	335.24	124.60	210.64	551.25	128.40	410.29	
张掖市	Zhangye	671.45	671.45	300.92	142.77	158.15	370.53	133.31	227.86	
平凉市	Pingliang	697.09	697.09	361.66	71.56	290.10	335.43	93.79	236.26	
酒泉市	Jiuquan	786.28	786.28	275.98	153.47	122.50	510.30	157.05	348.39	
庆阳市	Qingyang	755.61	755.61	376.71	64.70	312.02	378.90	48.52	330.33	
定西市	Dingxi	840.98	840.98	424.76	159.85	264.91	416.22	111.14	304.72	
陇南市	Longnan	708.82	708.82	407.27	73.07	334.20	301.55	88.28	212.54	
临夏州	Linxia	540.17	540.17	341.75	133.38	208.38	198.42	51.06	146.77	
甘南州	Gannan	258.79	258.79	126.61	34.24	92.36	132.18	13.44	118.74	

7-14 保险事业发展情况

Insurance Business Development

项目	Item	2010	2015	2018	2019	2020
保险事业机构（个）	**Number of Insurance Institution（unit）**	**1242**	**1567**	**1831**	**1862**	**1934**
省级	Provincial	21	24	31	32	32
地市级	Prefecture	146	226	266	266	278
县级	County	1075	1317	1534	1564	1624
财产保险	Property Insurance	491	751	962	1002	1081
人身保险	Life Insurance	751	816	869	860	853
年末实有职工人数（人）	**Number of Employed Persons at Year-end （person）**	**53787**	**91298**	**138425**	**128037**	**149482**
财产保险	Property Insurance	10357	22267	39836	33876	33647
人身保险	Life Insurance	43430	69031	98539	94161	115835

注：本表指标均按公司类型划分。
a）Indicators of this table are divided on the type of companies.

7-15 保险业务情况

Major Indicators of Insurance Business

项目	Item	2010	2015	2018	2019	2020
保费收入	**Premium Income**	**1463354**	**2568881**	**3989812**	**4443192**	**4851936**
财产保险	Property Insurance	388224	902985	1257926	1379831	1439907
#机动车辆险	Motor Vehicle Insurance	314573	709018	894680	939586	956617
企业财产险	Enterprise Property Insurance	30129	36672	30711	35883	47003
家庭财产险	Family Property Insurance	1165	2060	4341	5243	7115
人身保险	Life Insurance	1075130	1665896	2731885	3063361	3412029
寿险	Life Insurance	989821	1327356	2040728	2129366	2381538
健康险	Health Insurance	58756	259611	569760	803434	886916
意外伤害险	Accidents Insurance	26553	78928	121396	130561	143476
赔付支出	**Payment**	**311829**	**927501**	**1390261**	**1515897**	**1693122**
财产保险	Property Insurance	163246	456811	624116	741199	840238
#机动车辆险	Motor Vehicle Insurance	132848	357410	463582	498025	513314
企业财产险	Enterprise Property Insurance	14974	17575	26144	22291	38106
家庭财产险	Family Property Insurance	253	793	3646	3263	3494
人身保险	Life Insurance	148583	470691	766145	774698	852884
寿险	Life Insurance	118911	330579	480089	378481	439486
健康险	Health Insurance	21221	116664	245119	350198	370857
意外伤害险	Accidents Insurance	8451	23448	40937	46018	42541

主要统计指标解释

一般公共预算收入 指国家财政参与社会产品分配所取得的收入，是实现国家职能的财力保证。主要包括：（1）各项税收：包括国内增值税、国内消费税、进口货物增值税和消费税、出口货物退增值税和消费税、营业税、企业所得税、个人所得税、资源税、城市维护建设税、房产税、印花税、城镇土地使用税、土地增值税、车船税、船舶吨税、车辆购置税、关税、耕地占用税、契税、烟叶税等。（2）非税收入：包括专项收入、行政事业性收费、罚没收入和其他收入。

一般公共预算支出 指国家财政将筹集起来的资金进行分配使用，以满足经济建设和各项事业的需要。主要包括：一般公共服务、外交、国防、公共安全、教育、科学技术、文化体育与传媒、社会保障和就业、医疗卫生与计划生育、节能环保、城乡社区、农林水、交通运输、资源勘探信息、商业服务业、金融、援助其他地区、国土海洋气象、住房保障、粮油物资储备、政府债务付息等方面的支出。

信贷资金 指金融机构以信用方式积聚和分配的货币资金。金融机构信贷资金的来源有各项存款、金融债券、对国际金融机构负债、流通中现金、其他项目等；信贷资金的运用有各项贷款、有价证券及投资、金银占款、外汇占款、财政借款及在国际金融机构中的资产等。

存款 指企业、机关、团体或居民根据资金必须收回的原则，把货币资金存入银行或其他信贷机构保管并取得一定利息的一种信用活动形式。根据存款对象或性质的不同可划分为企业存款、财政存款、机关团体存款、城乡储蓄存款、农业存款、信托及委托类存款、其他存款等科目。它是银行信贷资金的主要来源。

贷款 指银行或其他信贷机构根据资金必须归还的原则，按一定利率，为企业、个人等提供资金的一种信用活动形式。我国银行贷款分为短期贷款、委托及信托类贷款、其他类贷款等。

保费 指投保人为取得保险人在约定范围内所承担赔偿责任而支付给保险人的费用。

赔款 指保险人根据保险合同的规定，向被保险人支付的赔偿保险责任损失的金额。

给付 包括死伤医疗给付和满期给付。死伤医疗给付是指保险人根据人寿保险及长期健康保险合同的规定，因被保险人在保险期内发生保险责任范围内的保险事故支付给被保险人（或受益人）的金额。满期给付是指被保险人生存期满，保险人按人寿保险合同规定支付给被保险人的满期保险金额。

8

资源和环境

Resources and Environment

简要说明

一、本篇资料主要内容

本篇资料主要反映自然资源状况和环境保护事业发展情况。自然资源状况包括气候、矿产、水资源、土地情况等。环境保护事业发展情况包括：自然保护、集中式饮用水源情况，环境污染与破坏事故情况，环境污染治理投资，城市空气质量等内容。

二、本篇资料来源

本篇资料中气候情况由省气象局提供，矿产、土地情况由省自然资源厅提供，水资源、供水用水情况由省水利厅提供，自然保护区情况由省林草局提供，其余资料由省生态环境厅提供。

8-1 气候情况（2020）
Climate Conditions（2020）

指 标	Indicators	2020	指 标	Indicators	2020
年平均气温（℃）	Annual Average Temperature（℃）	8.8	年相对湿度（%）	Annual Relative Humidity (%)	57.8
年最高气温（℃）	Annual Utmost Highest Air Temperature（℃）	38.2	年降水量（毫米）	Annual Precipitation (mm)	506.5
年最低气温（℃）	Annual Utmost Lowest Air Temperature（℃）	-28.2	年降雨日数（天）	Annual Rainy Days (day)	96.8
年日照时数（小时）	Annual Sunshine Time (hour)	2168.6	年无霜期（天）	Annual Frost-free Period(day)	162.3

8-1 续表 continued

月 份	Month	平均气温（℃）Monthly Average Temperature（℃）	日照时数（小时）Sunshine Time (hour)	降雨量（毫米）Precipitation (mm)
1 月	Jan.	-3.7	151.4	4.6
2 月	Feb.	-0.1	210.2	5.3
3 月	Mar.	5.4	208.7	8.7
4 月	Apr.	9.9	225.8	16.7
5 月	May	15.2	236.2	56.9
6 月	June	18.9	185.2	78.6
7 月	July	20.3	189.7	88.2
8 月	Aug.	19.3	173.8	155.6
9 月	Sept.	15.2	152.0	42.5
10 月	Oct.	8.1	136.2	36.4
11 月	Nov.	2.6	149.2	9.6
12 月	Dec.	-5.4	150.3	3.3

8-2 土地状况（2019）
Land Characteristics（2019）

项　目	Item	面积 Area	占总面积% Percentage to Total Area%
总面积（万平方公里）	**Total Land Area (10 000 sq.km)**	**42.59**	**100.00**
按特征分（万公顷）	By Land Use (10 000 hectares)		
农用地	Land for Agriculture Use	1854.64	43.55
建设用地	Land for Construction	92.97	2.18
城镇村及工矿	Land for City,Town and Village,Mining and Manufacturing	79.97	1.88
交通运输	Land for Transportation Facilities	9.06	0.21
水域及水利设施	Land for Waters,Water Conservancy Facilities	3.94	0.09
未利用地	Unused Land	2311.28	54.27

8-3 土地利用情况
Land Use

单位：万公顷　　　　（10 000 hectares）

年份 Year	土地调查面积 Area under Land Survey	农用地 Land for Agriculture Use	#耕地 Cultivated Land	#园地 Garden Land	#林地 Wood Land	#牧草地 Area of Grassland	建设用地 Land for Construction	居民点及工矿用地 Land for Inhabitation, Mining and Manufacturing	交通运输用地 Land for Transport Facilities	水利设施用地 Land for Water Conservancy Facilities
2005	4540	2541.44	463.26	20.46	516.63	1411.29	96.66	87.41	6.41	2.83
2006	4540	2541.73	462.71	20.54	517.76	1410.99	96.93	87.60	6.47	2.86
2007	4540	2541.79	462.47	20.54	518.25	1410.84	97.19	87.81	6.51	2.87
2008	4540	2541.66	462.37	20.60	518.32	1410.69	97.67	88.17	6.63	2.88
2009	4540	2541.66	462.37	20.60	518.29	1410.69	97.67	88.17	6.63	2.88
2010	4540	2541.22	462.17	20.56	518.46	1410.53	98.17	88.57	6.73	2.87
2011	4540	2541.22	461.43	20.56	518.27	1410.53	98.17	88.57	6.73	2.87
2012	4258	2544.87	465.93	20.43	518.27	1410.99	101.43	90.94	7.61	2.88
2013	4259	1856.45	538.56	26.00	610.35	592.43	83.94	73.10	7.02	3.83
2014	4259	1855.61	537.88	25.86	610.03	592.28	86.44	75.09	7.51	3.84
2015	4259	1855.32	537.79	25.79	609.92	592.17	88.30	76.47	7.97	3.86
2016	4259	1854.58	537.24	25.64	609.84	591.97	91.12	78.65	8.56	3.91
2017	4259	1854.91	537.77	25.60	609.61	591.86	92.04	79.23	8.88	3.93
2018	4259	1854.27	537.42	25.52	609.58	591.75	92.76	79.77	9.05	3.94
2019	4259	1854.64	537.67	25.52	609.58	591.74	92.97	79.97	9.06	3.94

注：数据来源2018年土地变更调查。

a) Data of this table come from the 2018 land change survey.

8-4 水资源情况
Water Resources

年 份 Year	水资源总量（亿立方米） Total Amount of Water Resources (100 million cu.m)	地 表 水资源量 Surface Water Resources	地 下 水资源量 Groundwater Resources	地表水与地下水资源重复量 Duplicated Measurement Between Surface Water and Groundwater	人均水资源量（立方米／人） Per Capita Water Resources (cu.m/person)
2005	304.4	295.2	150.2	140.9	1173.5
2006	220.9	212.2	128.8	120.1	846.8
2007	268.9	259.2	136.9	127.3	1027.4
2008	217.7	210.6	113.2	106.2	828.4
2009	244.1	236.9	123.6	116.4	926.3
2010	254.4	245.9	124.2	115.7	987.8
2011	272.1	263.8	128.4	120.1	1061.3
2012	300.7	292.7	139.1	131.2	1166.6
2013	303.2	295.5	139.1	131.4	1174.2
2014	230.8	222.9	112.6	104.7	891.0
2015	198.8	191.5	100.7	93.5	765.0
2016	209.6	202.0	108.7	101.1	803.0
2017	280.8	273.6	133.4	126.2	1069.0
2018	354.9	345.6	167.3	158.0	1345.7
2019	325.9	312.2	148.7	135.0	1231.0
2020	410.9	398.9	158.2	146.2	1642.2

8-5 供水用水情况
Water Supply and Water Use

年 份 Year	供水总量（亿立方米） Water Supply (100 million cu.m)	地表水 Surface Water	地下水 Ground-water	其他 Others	用水总量（亿立方米） Water Use (100 million cu.m)	农业 Agricul-ture	城镇公共 Urban Public	工业 Industry	生活 Consump-tion	生态 Ecological Protection	人均用水量（立方米／人） Per Capita Water Use (cu.m/person)
2005	123.0	92.4	28.9	1.7	123.0	97.5	1.7	14.7	6.2	3.1	474.0
2006	123.4	93.0	28.8	1.6	123.4	98.4	1.8	14.4	6.3	2.7	473.0
2007	123.1	93.3	27.9	2.0	123.1	98.5	1.9	13.4	6.4	2.9	470.4
2008	121.5	93.7	25.9	1.9	121.5	97.0	1.9	13.2	6.5	3.0	462.3
2009	120.6	95.2	24.0	1.4	120.6	95.6	2.0	13.1	7.0	3.0	457.7
2010	121.8	96.1	24.2	1.5	121.8	95.8	2.0	13.9	7.2	3.0	473.0
2011	122.9	97.0	24.4	1.5	122.9	95.3	2.0	15.4	7.2	3.0	479.0
2012	123.1	95.9	25.7	1.5	123.1	95.2	2.0	15.7	7.3	3.0	478.0
2013	122.0	91.1	29.4	1.5	122.0	99.2	2.9	13.1	5.0	1.8	472.5
2014	120.6	90.9	28.1	1.6	120.6	97.8	3.1	12.8	5.1	1.8	465.4
2015	119.2	90.0	26.9	2.3	119.2	96.2	3.0	11.6	5.3	3.1	458.0
2016	118.4	90.5	24.8	3.1	118.4	94.8	3.0	11.2	5.3	4.1	453.0
2017	116.1	87.1	25.1	3.9	116.1	92.3	3.3	10.4	5.4	4.7	442.0
2018	112.3	83.6	24.8	3.9	112.3	89.2	3.5	9.3	5.7	4.7	426.0
2019	110.0	81.2	24.6	4.2	110.0	85.6	3.1	8.7	6.2	6.3	415.0
2020	109.9	82.1	23.6	4.2	109.9	83.7	1.9	6.2	7.3	10.7	439.3

8-6 主要矿产保有资源储量
Identified Reserves of Major Mineral

项　目	Item	2015	2016	2017	2018	2019
石油（万吨）	Petroleum (10 000 tons)	24109.8	28261.7	30660.9	35272.0	38311.0
天然气（亿立方米）	Natural Gas (100 million cu.m)	271.9	318.0	338.0	550.4	581.1
煤炭（亿吨）	Coal (100 million tons)	312.6	299.8	296.4	267.8	268.3
铁矿（矿石，亿吨）	Iron (Ore, 100 million tons)	9.4	9.4	9.2	8.8	8.7
锰矿（矿石，万吨）	Manganese (Ore, 10 000 tons)	3196.6	2836.1	2823.0	2796.9	2757.7
铬矿（矿石，万吨）	Chromium Ore (Ore, 10 000 tons)	242.6	242.6	242.6	219.6	219.6
钒矿（V_2O_5，万吨）	Vanadium (V_2O_5, 10 000 tons)	169.1	210.2	58.3	58.2	210.2
原生钛铁矿（万吨）	Original Ilmenite (10 000 tons)	0.1	1.6	1.6	7.5	7.5
铜矿（铜，万吨）	Copper (Metal, 10 000 tons)	341.1	338.1	336.6	354.1	343.6
铅矿（铅，万吨）	Lead (Metal, 10 000 tons)	368.0	402.4	393.1	372.2	433.4
锌矿（锌，万吨）	Zinc (Metal, 10 000 tons)	1078.0	1092.0	1090.2	1023.3	1115.5
镍矿（镍，万吨）	Nickel (Metal, 10 000 tons)	387.1	377.3	375.3	399.8	388.0
钨矿（WO_3，万吨）	Tungsten (WO_3, 10 000 tons)	41.7	41.7	40.4	50.9	50.7
锡矿（锡，万吨）	Tin (Metal, 10 000 tons)	0.7	0.7	0.7	0.7	0.7
钼矿（钼，万吨）	Molybdenum (Metal, 10 000 tons)	12.1	14.4	14.8	10.5	10.5
锑矿（锑，万吨）	Antimony (Metal, 10 000 tons)	23.2	23.2	27.9	27.7	29.2
金矿（金，吨）	Gold (Metal, ton)	918.9	965.5	990.0	996.7	1016.8
银矿（银，吨）	Silver (Metal, ton)	8000.4	7846.3	9247.0	9137.8	9530.6
稀土矿（氧化物，万吨）	Rare Earths (REO, 10 000 tons)	2.6	2.6	2.4		
菱镁矿（矿石，万吨）	Magnesite Ore (Ore, 10 000 tons)	3072.7	3072.7	3002.1	3002.1	3002.1
普通萤石（矿物，万吨）	Fluorspar Mineral (Mineral, 10 000 tons)	73.1	68.7	68.8	130.2	128.1
硫铁矿（矿石，万吨）	Pyrite Ore (Ore, 10 000 tons)	499.9	604.5	583.6	561.1	561.1
磷矿（矿石，万吨）	Phosphorus Ore (Ore,10 000 tons)	4792.9	4792.9	2521.4	2521.4	4800.0
钾盐（KCl，万吨）	Potassium KCl (KCl, 10 000 tons)	26.1	26.1	26.1		26.1
盐矿（NaCl，万吨）	Sodium Salt NaCl (NaCl, 10 000 tons)	971.6	864.4	864.4	593.1	900.0
重晶石（矿石，万吨）	Barite Ore (Ore, 10 000 tons)	2405.1	2680.1	3287.1	3287.1	3284.7
石墨（矿物，万吨）	Graphite Mineral (Crystal) (Mineral, 10 000 tons)	102.5	102.5	102.5	102.5	102.5
滑石（矿石，万吨）	Talc Ore (Ore, 10 000 tons)	10.4	10.4	10.2	10.0	10.0
高岭土（矿石，万吨）	Kaolin Ore (Ore, 10 000 tons)	2937.0	2937.0	2937.0	2937.0	2937.0

8-7 自然保护情况
Basic Statistics on of Natural Protection

指　标	Item	2015	2017	2018	2019	2020
自然保护区情况	**Nature Reserves**					
自然保护区个数（个）	Number of Nature Reserves (unit)	60	60	56	56	56
#国家级	National Level	20	21	21	21	21
省级	Provincial Level	36	35	35	35	35
自然保护区面积（万公顷）	Area of Nature Reserves (10 000 hectares)	914	883	875	875	875
#国家级	National Level	687	693	693	693	693
省级	Provincial Level	216	179	182	182	132
集中式饮用水水源情况	**Centralized Drinking Water Sources**					
地表水集中式饮用水源保护区个数（个）	Number of Protected Areas of Surface Water Source for Centralized Drinking Water (unit)	61	64	67	73	74
地表水集中式饮用水源保护区面积（平方公里）	Protection Area of Surface Water Source for Centralized Drinking-water (sq.km)	4298	4351	4372	4398	2172
地下水集中式饮用水源保护区个数（个）	Number of Protected Areas of Groundwater Source for Centralized Drinking Water (unit)	68	64	62	55	55
地下水集中式饮用水源保护区面积（平方公里）	Protection Area of Groundwater Source for Centralized Drinking-water (sq.km)	6967	786	793	787	600
集中式饮用水源服务人口（万人）	Service Population of Centralized Drinking Water Source (10 000 persons)	1059	1059	1688	1710	1306

注：2017年酒泉市肃北县城区水源地保护区面积由原6081平方公里调整为1.8平方公里。

a) In 2017, the area of water source protection areas in city proper of Subei County , Jiuquan City was adjusted from 6081 square kilometers to 1.8 square kilometers.

8-8 各市（州）城市空气质量指标（2020）
Ambient Air Quality by Region(2020)

单位：微克 / 立方米 ($\mu g/m^3$)

市（州）	Region	二氧化硫年平均浓度 Annual Average Concentration of SO_2	二氧化氮年平均浓度 Annual Average Concentration of NO_2	可吸入颗粒物 (PM_{10}) 年平均浓度 Annual Average Concentration of PM_{10}	一氧化碳日均值第 95 百分位浓度 95th Percentile Daily Average Concentration of CO
兰州市	Lanzhou	15	47	76	2.0
嘉峪关市	Jiayuguan	13	20	58	0.8
金昌市	Jinchang	14	13	57	0.9
白银市	Baiyin	32	25	64	1.2
天水市	Tianshui	10	29	51	1.2
武威市	Wuwei	8	24	66	1.2
张掖市	Zhangye	12	24	56	0.8
平凉市	Pingliang	8	33	55	0.9
酒泉市	Jiuquan	8	21	65	0.9
庆阳市	Qingyang	10	16	55	1.2
定西市	Dingxi	8	24	53	1.0
陇南市	Longnan	14	20	35	1.1
临夏州	Linxia	9	24	55	1.6
甘南州	Gannan	9	18	37	0.9

注：1. 临夏州空气质量监测数据为临夏市数据，甘南州空气质量监测数据为合作市数据。
2. 为准确评价城市空气质量，根据生态环境部《受沙尘天气过程影响城市空气质量评价补充规定》，表中数据为剔除沙尘后数据。

a) Data of air quality monitoring of Linxia Autonomous prefecture are data of Linxia city,data of air quality monitoring of Gannan Autonomous prefecture are data of Hezuo city.

b) In order to accurately evaluate the quality of urban air, according to "Supplementary Provisions of Urban Air Quality Evaluation Affected by the Dust Weather Process" of Ministry of Ecological Environment, the data in the table is the data excludes dust data.

8-8 续表 continued

单位：微克 / 立方米 ($\mu g/m^3$)

市（州）	Region	臭氧 (O_3) 日最大 8 小时第 90 百分位浓度 90th Percentile Daily Maximum 8 Hours Average Concentration of O_3	细颗粒物 ($PM_{2.5}$) 年平均浓度 Annual Average Concentration of $PM_{2.5}$	空气质量达到及好于二级的天数（天） Days of Air Quality Equal to or Above Grade II (day)	空气质量达到二级以上天数占全年比重 (%) Proportion of Days of Air Quality Equal to or above Grade II in the Whole Year (%)
兰州市	Lanzhou	150	34	312	85.2
嘉峪关市	Jiayuguan	122	22	336	91.8
金昌市	Jinchang	122	20	348	95.1
白银市	Baiyin	113	27	344	94.0
天水市	Tianshui	122	27	354	97.0
武威市	Wuwei	125	35	323	88.3
张掖市	Zhangye	132	31	342	93.4
平凉市	Pingliang	124	22	354	96.7
酒泉市	Jiuquan	124	24	330	90.2
庆阳市	Qingyang	130	28	349	95.6
定西市	Dingxi	130	25	357	98.1
陇南市	Longnan	124	18	339	98.3
临夏州	Linxia	136	28	324	88.8
甘南州	Gannan	117	19	342	98.8

8-9 各市（州）一般工业固体废物产生及处理利用情况（2020）

Production, Disposal and Utilization of Common Industrial Solid Wastes by Region(2020)

单位：万吨 (10 000 tons)

市（州）	Region	一般工业固体废物产生量 Common Industrial Solid Wastes Produced	一般工业固体废物综合利用量 Common Industrial Solid Wastes Comprehensively Utilized	一般工业固体废物贮存量 Stock of Common Industrial Solid Wastes	一般工业固体废物处置量 Common Industrial Solid Wastes Disposed
甘肃省	**Gansu**	**5450.4[illegible]**	**2803.66**	**1399.47**	**1728.30**
兰州市	Lanzhou	522.65	510.59	6.31	5.84
嘉峪关市	Jiayuguan	870.84	507.33	365.23	7.24
金昌市	Jinchang	1641.08	239.81	337.13	1494.58
白银市	Baiyin	645.45	509.78	62.87	93.19
天水市	Tianshui	36.77	34.29	0.00	2.46
武威市	Wuwei	73.31	67.09	0.33	5.39
张掖市	Zhangye	298.63	257.41	37.34	8.44
平凉市	Pingliang	380.92	309.83	40.44	42.67
酒泉市	Jiuquan	356.20	74.77	258.03	25.42
庆阳市	Qingyang	23.07	22.79	0.11	0.29
定西市	Dingxi	26.77	26.22	0.46	0.34
陇南市	Longnan	410.97	152.71	223.94	36.57
临夏州	Linxia	10.72	10.42	0.30	
甘南州	Gannan	86.49	30.38	51.58	4.55
兰州新区	Lanzhou New Area	18.26	17.45		0.81
甘肃矿区	Gansu Mining Area	48.19	32.80	15.39	

注：1. 2020年度环境统计数据为生态环境部初步审核数据，最终以生态环境部核定结果为准。

2. 根据《排放源统计调查制度》，农业源以省级为单位调查，只有省级数据，无分市（州）数据，因此表中全省化学需氧量、氨氮、总氮和总磷数据包含农业源数据，市级数据不包含农业源数据。

3. 2019年度执行《"十三五"生态环境统计报表制度》，调查范围为畜禽养殖业大型养殖场（生猪≥5000头（出栏）、奶牛≥500头（存栏）、肉牛≥1000头（出栏）、蛋鸡≥15万羽（存栏）、肉鸡≥30万羽（出栏）），污染物排放量根据固肥和液肥产生情况和利用情况估算。2020年度执行《排放源统计调查制度》，调查范围为种植业、畜禽养殖业和水产养殖业，其中畜禽养殖业调查对象为各区域生猪、奶牛、肉牛、蛋鸡、肉鸡五类畜禽的规模化畜禽养殖场和养殖户，污染物产排量核算以省级行政区域为单元，污染物产（排）量根据畜禽的养殖量和产（排）污系数计算。

4. 兰州市数据中不包含兰州新区数据。

5. 以下相关表同。

a) The environmental statistics for 2020 are preliminary audited data by the Ministry of Ecology and Environment, and the final data are subject to the results approved by the Ministry of Ecology and Environment.

b) According to the "Statistical Investigation System of Emission Sources", agricultural sources are surveyed at the provincial level. So,there are only provincial data and no city (state) data. Therefore, the province's chemical oxygen demand, ammonia nitrogen, total nitrogen and total phosphorus data in the table include agricultural source data, municipal data does not include agricultural source data.

c) In 2019, the "Thirteenth Five-Year" Ecological Environment Statistical Report System was implemented, and the scope of investigation is large-scale livestock and poultry breeding farms (live pigs ≥ 5000 (for slaughter), dairy cows ≥ 500 (stock), and beef cattle ≥ 1000 (for slaughter) , Layers ≥ 150,000 (in stock), broilers ≥ 300,000 (in stock). pollutant emissions are estimated based on the production and utilization of solid fertilizer and liquid fertilizer. In 2020, implemented the "Statistical Investigation System of Emission Sources" the scope of investigation are plantation, livestock and poultry breeding and aquaculture. The survey objects of livestock and poultry breeding are five types of livestock and poultry in various regions: live pigs, dairy cows, beef cattle, laying hens, and broilers For large-scale livestock and poultry farms and farmers, the pollutant production and emission calculations are based on the provincial administrative region as a unit, and the pollutant production (emission) is calculated based on the livestock and poultry breeding volume and production (emission) coefficient.

d) Data of Lanzhou was not include Lanzhou New Area.

e) The same applies to the relevant tables following.

8-9 续表 continued

单位：万吨 (10 000 tons)

市（州） Region	一般工业固体废物倾倒丢弃量 Common Industrial Solid Wastes Discharged	危险废物产生量 Hazardous Wastes Generated	危险废物利用处置量 Integrated Reuse and Disposal of Hazardous Wastes	危险废物本年末贮存量 Year-end Stock of Hazardous Wastes
甘肃省 Gansu	**0.08**	**157.63**	**148.40**	**208.28**
兰州市 Lanzhou		14.37	15.79	7.81
嘉峪关市 Jiayuguan		30.27	39.02	14.44
金昌市 Jinchang		19.30	23.06	17.39
白银市 Baiyin		43.71	22.05	89.92
天水市 Tianshui	0.01	0.73	0.02	0.73
武威市 Wuwei		0.28	0.33	0.02
张掖市 Zhangye		5.05	5.10	0.05
平凉市 Pingliang	0.06	0.93	0.93	0.05
酒泉市 Jiuquan		3.60	3.42	0.25
庆阳市 Qingyang		8.60	7.36	1.34
定西市 Dingxi		6.24	8.84	16.08
陇南市 Longnan		23.49	21.54	60.09
临夏州 Linxia		0.02	0.02	
甘南州 Gannan				
兰州新区 Lanzhou New Area		0.35	0.24	0.11
甘肃矿区 Gansu Mining Area		0.68	0.68	

8-10 各市（州）废水主要污染物排放情况(2020)
Main Pollutant Contents Discharged in Wastewater by Region (2020)

市（州）	Region	化学需氧量排放量（万吨）COD Emission (10 000 tons)	#工业源化学需氧量排放量 Industrial COD Emission	#生活源化学需氧量排放量 Living COD Emission	氨氮排放量（万吨）Ammonia Nitrogen Emission (10000 tons)	#工业源氨氮排放量 Industrial Ammonia Nitrogen Emission
甘肃省	**Gansu**	**59.54**	**0.45**	**10.00**	**0.65**	**0.02**
兰州市	Lanzhou	1.06	0.08	0.98	0.03	
嘉峪关市	Jiayuguan	0.07	0.05	0.02	0.02	
金昌市	Jinchang	0.09		0.09	0.01	
白银市	Baiyin	0.56	0.03	0.52	0.02	0.01
天水市	Tianshui	1.67	0.01	1.66	0.10	
武威市	Wuwei	0.53	0.01	0.52	0.02	
张掖市	Zhangye	0.50	0.04	0.46	0.01	
平凉市	Pingliang	0.77	0.02	0.75	0.01	
酒泉市	Jiuquan	0.35	0.02	0.34	0.01	
庆阳市	Qingyang	0.82	0.01	0.80	0.01	
定西市	Dingxi	1.13	0.09	1.03	0.01	
陇南市	Longnan	1.37	0.05	1.31	0.05	
临夏州	Linxia	0.97	0.01	0.96	0.01	
甘南州	Gannan	0.40		0.39	0.02	
兰州新区	Lanzhou New Area	0.19		0.18	0.02	
甘肃矿区	Gansu Mining Area	0.01	0.01			

注：本表中生活化学需氧量和氨氮排放量包括城镇和农村。

a) Data of daily chemical oxygen demand and ammonia nitrogen emissions in this table include urban and rural areas.

8-10 续表 continued

市（州）	Region	#生活源氨氮排放量 Living Ammonia Nitrogen Emission	总氮排放量（万吨）Total Nitrogen Emission (10 000 tons)	总磷排放量（吨）Total Phosphorus Emission (ton)	石油类（吨）Petroleum (ton)	挥发酚（千克）Volatile Phenol (kg)
甘肃省	**Gansu**	**0.34**	**3.60**	**4573.01**	**30.41**	**280.37**
兰州市	Lanzhou	0.03	0.39	118.36	11.88	71.66
嘉峪关市	Jiayuguan	0.02	0.02	1.76	8.47	204.21
金昌市	Jinchang	0.01	0.01	4.59	0.01	
白银市	Baiyin	0.01	0.07	26.66	5.28	
天水市	Tianshui	0.10	0.21	150.90	0.73	
武威市	Wuwei	0.02	0.04	26.86	1.01	
张掖市	Zhangye	0.01	0.07	31.00		
平凉市	Pingliang	0.01	0.06	25.88	2.42	
酒泉市	Jiuquan	0.01	0.04	21.11	0.02	4.50
庆阳市	Qingyang	0.01	0.05	31.88	0.41	
定西市	Dingxi	0.01	0.05	34.04	0.01	
陇南市	Longnan	0.05	0.10	38.76	0.19	
临夏州	Linxia	0.01	0.06	34.67		
甘南州	Gannan	0.02	0.04	28.63		
兰州新区	Lanzhou New Area	0.02	0.03	11.18	0.01	
甘肃矿区	Gansu Mining Area		0.02			

8-11 各市（州）废气主要污染物排放情况(2020)
Emission of Waste Gas and Major Pollutants by Region (2020)

单位：万吨 (10 000 tons)

市（州）	Region	二氧化硫排放量 Sulphur Dioxide Emission	#工业二氧化硫 Industrial Sulphur Dioxide Emission	#生活及其他二氧化硫排放量 Domestic and Other Sulphur Dioxide Emission	氮氧化物排放量 Nitrogen Oxides Emission	#工业氮氧化物 Industrial Nitrogen Oxides Emission
甘肃省	**Gansu**	**8.58**	**6.60**	**1.97**	**19.64**	**8.25**
兰州市	Lanzhou	1.53	1.27	0.25	3.97	1.59
嘉峪关市	Jiayuguan	1.59	1.59		1.81	1.64
金昌市	Jinchang	1.03	0.89	0.14	0.89	0.50
白银市	Baiyin	0.54	0.51	0.03	2.29	0.93
天水市	Tianshui	0.51	0.14	0.37	1.25	0.38
武威市	Wuwei	0.37	0.13	0.24	1.16	0.26
张掖市	Zhangye	0.20	0.13	0.07	0.94	0.37
平凉市	Pingliang	0.53	0.43	0.09	1.42	0.74
酒泉市	Jiuquan	0.40	0.21	0.20	1.19	0.49
庆阳市	Qingyang	0.38	0.20	0.18	1.18	0.32
定西市	Dingxi	0.84	0.71	0.14	1.30	0.36
陇南市	Longnan	0.29	0.14	0.15	0.91	0.28
临夏州	Linxia	0.19	0.10	0.09	0.94	0.16
甘南州	Gannan	0.07	0.05	0.02	0.27	0.11
兰州新区	Lanzhou New Area	0.02	0.01		0.04	0.03
甘肃矿区	Gansu Mining Area	0.08	0.08		0.09	0.09

注：氮氧化物、烟（粉）尘全省数据中包括机动车排放量，各市州数据不包括。
a) Data of nitrogen oxides,soot and dust of Gansu include the motor vehicle emissions,while data of region not include.

8-11 续表 continued

单位：万吨 (10 000 tons)

市（州）	Region	#生活及其他氮氧化物排放量 Domestic and Other Nitrogen Oxides Emission	颗粒物排放量 Particulate Matter Emission	#工业颗粒物 Industrial Particulate Matter Emission	#生活及其他颗粒物排放量 Domestic and Other Particulate Matter Emission
甘肃省	**Gansu**	**1.07**	**14.90**	**6.86**	**7.90**
兰州市	Lanzhou	0.20	1.72	0.67	1.02
嘉峪关市	Jiayuguan	0.01	1.57	1.55	0.01
金昌市	Jinchang	0.06	1.27	0.70	0.57
白银市	Baiyin	0.03	0.62	0.50	0.12
天水市	Tianshui	0.17	1.72	0.23	1.47
武威市	Wuwei	0.11	1.66	0.70	0.95
张掖市	Zhangye	0.04	0.45	0.15	0.29
平凉市	Pingliang	0.04	1.02	0.64	0.38
酒泉市	Jiuquan	0.09	1.06	0.27	0.78
庆阳市	Qingyang	0.09	0.77	0.06	0.70
定西市	Dingxi	0.07	0.79	0.22	0.54
陇南市	Longnan	0.07	1.10	0.49	0.59
临夏州	Linxia	0.07	0.91	0.54	0.36
甘南州	Gannan	0.01	0.19	0.09	0.09
兰州新区	Lanzhou New Area	0.01	0.03	0.02	0.01
甘肃矿区	Gansu Mining Area		0.02	0.02	

主要统计指标解释

气候 指地球与大气之间长期能量交换与质量交换所形成的一种自然环境状态，它是多种因素综合作用的结果。气候既是人类生活和生产的环境要素之一，又是供给人类生活和生产的重要资源。气温、降水、湿度等气象要素的多年平均值是用来描述一个地区气候状况的主要参数，而各种气象要素某年、某月的平均值（或总量）则可以反映出该时期天气气候状况的重要特征。

自然资源 指人类可以直接从自然界获得，并用于生产和生活的物质资源。自然资源一般可以分成可再生资源和非再生资源两大类。可再生资源指在较短时间内可以再生、可以循环利用的资源，包括土地资源、水资源、气候资源、生物资源和海洋资源等。非再生资源指在使用后不能再生的资源，包括矿产资源和地热能源。

土地资源 土地指陆地的表层部分，它主要由岩石、岩石的风化物和土壤构成。土地资源按利用类型可以分为农用地、建筑用地和未利用地。农用地包括耕地、园地、林地、牧草地和水面。建筑用地包括居民点及工矿用地、交通用地和水利设施用地。未利用地指农用地和建筑用地以外的土地，包括滩涂、荒漠、戈壁、冰川和石山等。

矿产资源 矿产资源指由地质作用形成的，具有利用价值的，呈固态、液态、气态的自然资源，是社会生产发展的重要物质基础。目前我国已发现矿种有170多种，甘肃省已发现矿119种，按其特点和用途，可分为能源矿产（如煤炭、石油、天然气、地热）、金属矿产（如铁矿、锰矿、铜矿、铅矿、铝土矿）、非金属矿产（如金刚石、石灰岩、粘土）和水气矿产（如地下水、矿泉水、二氧化碳气）四大类。其中：金属矿产按其物质成份和性质又可分为：黑色金属矿产、有色金属矿产、贵金属矿产、稀有金属矿产、稀土金属矿产、分散元素金属矿产六类。

矿产保有储量 指探明的矿产储量（包括工业储量和远景储量），扣除已开采部分和地下损失量后的年末实有储量。

平均气温 指空气的温度，我国一般以摄氏度（℃）为单位表示。气象观测的温度表是放在离地面约1.5米处通风良好的百叶箱里测量的，因此，通常说的气温指的是离地面1.5米处百叶箱中的温度。其统计计算方法为：

月平均气温是将全月各日的平均气温相加，除以该月的天数而得。

年平均气温是将12个月的月平均气温累加后除以12而得。

年平均相对湿度 指空气中实际水气压与当时气温下的饱和水气压之比。其统计方法与气温相同。

降水量 指从天空降落到地面的液态或固态（经融化后）水，未经蒸发、渗透、流失而在地面上积聚的深度。其统计计算方法为：

月降水量是将全月各日的降水量累加而得。

年降水量是将12个月的月降水量累加而得。

水资源总量 指当地降水形成的地表和地下产水总量，即地表径流量与降水入渗补给量之和。

地表水资源量 指河流、湖泊、冰川等地表水体中可以逐年更新的动态水量，即天然河川径流量。

地下水资源量 指地下饱和含水层逐年更新的动态水量，即降水和地表水入渗对地下水的补给量。

地表水与地下水资源重复量 指地表水和地下水相互转化的部分，即天然河川径流量中的地下水排泄量和地下水补给量中来源于地表水的入渗补给量。

供水总量 指各种水源为用水户提供的包括输水损失在内的毛水量。

地表水源供水量 指地表水体工程的取水量，按蓄、引、提、调四种形式统计。从水库、塘坝中引水或提水，均属蓄水工程供水量；从河道或湖泊中自流引水的，无论有闸或无闸，均属引水工程供水量；利用扬水站从河道或湖泊中直接取水的，属提水工程供水量；跨流域调水指水资源一级区或独立流域之间的跨流域调配水量，不包括在蓄、引、提水量中。

地下水源供水量 指水井工程的开采量，按浅层淡水、深层承压水和微咸水分别统计。城市地下水源供水量包括自来水厂的开采量和工矿企业自备井的开采量。

其他水源供水量 包括污水处理再利用、集雨工程、海水淡化等水源工程的供水量。

用水总量 指各类用户取用的包括输水损失在内的毛用水量之和。

农业用水 指农田灌溉用水、林果地灌溉用水、草地灌溉用水、鱼塘补水和畜禽用水。

工业用水 指工矿企业在生产过程中用于制造、加工、冷却、空调、净化、洗涤等方面的用水，按新水取用量计，不包括企业内部的重复利用水量。

生活用水 包括城镇生活用水和农村生活用水。城镇生活用水由居民用水和公共用水（含第三产业及建筑业等用水）组成；农村生活用水指居民生活用水。

自然保护区 指对有代表性的自然生态系统、珍稀濒危野生动植物物种的天然分布区、水源涵养区、有特殊意义的自然历史遗迹等保护对象所在的陆地、陆地水体或海域，依法划出一定面积进行特殊保护和管理的区域。以县及县以上各级人民政府正式批准建立的自然保护区为准（包括“六五”以前由部门或“革委会”批准且现仍存在的自然保护区）。风景名胜区、文物保护区不计在内。

环境污染治理投资 指在工业污染源治理和城市环境基础设施建设的资金投入中，用于形成固定资产的资金。包括工业新老污染源治理工程投资、建设项目“三同时”环保投资，以及城市环境基础设施建设所投入的资金。

一般工业固体废物产生量 指未被列入《国家危险废物名录》或者根据国家规定的危险废物鉴别标准（GB5085）、固体废物浸出毒性浸出方法（GB5086）及固体废物浸出毒性测定方法（GB / T 15555）鉴别方法判定不具有危险特性的工业固体废物。计算公式是：

一般工业固体废物产生量 =（一般工业固体废物综合利用量 – 其中：综合利用往年贮存量）+ 一般工业固体废物贮存量 +（一般工业固体废物处置量 – 其中：处置往年贮存量）+ 一般工业固体废物倾倒丢弃量

危险废物 指列入国家危险废物名录或根据国家规定的危险废物鉴别标准和鉴别方法认定的，具有爆炸性、易燃性、易氧化性、毒性、腐蚀性、易传染疾病等危险特性之一的废物。

一般工业固体废物综合利用量 指报告期内企业通过回收、加工、循环、交换等方式，从固体废物中提取或者使其转化为可以利用的资源、能源和其他原材料的固体废物量（包括当年利用往年的工业固体废物贮存量），如用作农业肥料、生产建筑材料、筑路等。综合利用量由原产生固体废物的单位统计。

一般工业固体废物处置量 指报告期内企业将工业固体废物焚烧和用其他改变工业固体废物的物理、化学、生物特性的方法，达到减少或者消除其危险成分的活动，或者将工业固体废物最终置于符合环境保护规定要求的填埋场的活动中，所消纳固体废物的量。

9 能　源

Energy

简要说明

一、本篇资料主要内容

本篇包括的主要内容有能源生产、消费及品种构成，综合能源平衡表和主要能源品种的单项平衡表，能源生产和消费弹性系数等。

二、本篇资料的统计范围

本篇资料的统计范围为全社会。

三、本篇资料来源

全社会用电量数据来自国网甘肃省电力公司。

本篇资料由省统计局能源处搜集、加工整理，来自能源生产、消费统计及能源平衡表。

本篇根据第四次经济普查结果，对 2015–2018 年有关能源数据进行了修订。

9-1 能源生产总量及构成
Total Production of Energy and Its Composition

年 份 Year	能源生产总量（万吨标准煤） Total Energy Production （10 000 tons of SCE）	占能源生产总量的比重（%） As Percentage of Total Energy Production（%）			
		原煤 Coal	原油 Crude Oil	天然气 Natural Gas	一次电力及其他能源 Primary Electricity and Other Energy
2005	3605.12	71.72	12.07	0.57	15.64
2006	3798.83	71.88	12.50	0.52	15.10
2007	3985.59	70.78	12.61	0.49	16.13
2008	4069.28	68.71	12.82	0.42	18.06
2009	4232.34	67.10	12.15	0.46	20.29
2010	4631.59	68.37	11.79	0.28	19.56
2011	4884.56	64.64	14.70	0.22	20.45
2012	5362.84	60.29	16.77	0.31	22.63
2013	5538.21	55.48	18.32	0.25	25.95
2014	5926.50	54.64	18.61	0.27	26.48
2015	5816.78	52.02	20.14	0.27	27.57
2016	5667.42	51.86	20.20	0.24	27.70
2017	5749.10	45.20	20.55	0.39	33.86
2018	6107.42	40.76	20.11	0.48	38.65
2019	6394.63	39.53	20.19	0.31	39.97
2020	6729.39	39.17	20.57	0.70	39.56

注：电力折算标准煤的系数根据当年平均发电煤耗计算（下表同）。

a）The coefficient for conversion of electric power into SCE（standard coal equivalent）is calculated on the basis of the data on average coal consumption in generating electric power in the same year. The same applies to the tables following.

9-2 能源消费总量及构成
Total Consumption of Energy and Its Composition

年 份 Year	能源消费总量（万吨标准煤） Total Energy Consumption （10 000 tons of SCE）	占能源消费总量的比重（%） As Percentage of Total Energy Consumption（%）			
		原煤 Coal	原油 Crude Oil	天然气 Natural Gas	一次电力及其他能源 Primary Electricity and Other Energy
2005	4300.88	67.84	16.17	2.88	13.11
2006	4670.33	69.09	15.30	3.33	12.28
2007	5031.35	68.78	15.09	3.35	12.78
2008	5264.80	68.54	14.53	2.97	13.96
2009	5398.00	66.15	14.95	2.99	15.91
2010	5829.85	64.08	16.99	3.39	15.54
2011	6393.69	63.35	17.18	3.85	15.62
2012	6893.76	61.85	16.48	4.06	17.61
2013	7286.72	60.63	16.70	3.98	18.69
2014	7521.45	60.41	16.34	4.19	19.06
2015	7488.50	60.21	16.15	4.45	19.19
2016	7299.93	58.72	17.25	4.63	19.40
2017	7503.63	55.83	17.13	4.93	22.11
2018	7822.54	54.44	16.21	4.98	24.37
2019	7818.02	52.40	15.50	5.27	26.83
2020	8104.71	52.74	15.33	5.29	26.64

9-3 综合能源平衡表
Overall Energy Balance Sheet

单位：万吨标准煤 (10 000 tons of SCE)

项　目	Item	2010	2015	2018	2019	2020
可供消费的能源总量	**Total Energy Available for Consumption**	**5829.85**	**7532.37**	**7850.78**	**7834.29**	**8126.02**
一次能源生产量	Primary Energy Output	4631.59	5816.78	6107.42	6394.63	6729.39
调入量	Imports	4003.51	4578.47	5518.51	5864.90	5674.84
调出量（-）	Exports（-）	2823.88	2887.47	3833.80	4159.38	4570.00
年初年末库存差额	Stock Changes in the Year	18.64	24.59	58.67	-265.85	291.80
能源消费总量	**Total Energy Consumption**	**5829.85**	**7488.50**	**7822.54**	**7818.02**	**8104.71**
在总量中：	Consumption by Sector					
农、林、牧、渔业	Agriculture,Forestry,Animal Husbandry,Fishery	252.38	226.60	212.35	218.40	234.29
工业	Industry	4258.42	5334.95	5376.79	5271.72	5476.01
建筑业	Construction	79.77	104.39	110.83	112.67	117.01
交通运输、仓储和邮政业	Transport,Storage and Post	466.19	568.15	608.57	621.73	620.82
批发、零售业和住宿、餐饮业	Wholesale and Retail Trades,Hotels and Catering Services	77.58	165.56	220.67	235.18	243.04
其他	Others Sectors	162.65	297.10	387.16	420.18	428.74
生活消费	Household Consumption	532.86	791.76	906.18	938.14	984.80
在总量中：	Consumption by Usage					
终端消费	End-use Consumption	5655.94	7196.13	7460.25	7439.75	7770.57
#工业	Industry	4084.51	5042.56	5014.50	4893.46	5141.86
加工转换损失量	Losses During the Process of Energy Conversion	216.72	130.84	180.50	197.19	144.08
#炼焦	Coking	46.75	70.07	41.59	53.02	46.49
炼油及煤制油	Petroleum Refining and Coal-to-liquids	99.88	182.38	202.33	190.19	198.30
损失量	Energy Losses	136.03	161.53	181.79	181.08	190.07
回收能（-）	Recovery of Energy（-）	178.83	229.32	210.35	220.44	286.00
平衡差额	**Balance**		**43.86**	**28.24**	**16.28**	**21.31**

注：电力按等价热值折算，因此加工转换损失量中不包括发电损失量。

a）Electric Power is converted on the basis of equivalent caloric value.Therefore,losses during the process of energy conversion do not include losses in power generation.

9-4 石油平衡表
Petroleum Balance Sheet

单位：万吨 (10 000 tons)

项　目	Item	2010	2015	2018	2019	2020
可供量	**Total Energy Available for Consumption**	**703.52**	**864.37**	**906.08**	**860.25**	**881.62**
生产量	Output	382.14	820.09	859.76	903.55	968.74
调入量	Imports	1062.56	665.79	623.93	589.63	550.54
调出量（-）	Exports（-）	779.25	618.61	578.04	604.44	744.47
年初年末库存差额	Stock Changes in the Year	38.07	-2.90	0.43	-28.49	106.81
消费量	**Total Energy Consumption**	**703.52**	**864.37**	**906.08**	**860.25**	**881.62**
在消费量中：	Consumption by Sector					
农、林、牧、渔业	Agriculture, Forestry, Animal Husbandry,Fishery	32.90	37.00	38.30	38.50	39.50
工业	Industry	357.15	397.86	396.03	348.76	373.53
建筑业	Construction	22.80	34.50	35.95	36.65	37.42
交通运输、仓储和邮政业	Transport, Storage and Post	212.72	257.65	255.30	254.14	247.60
批发、零售业和住宿、餐饮业	Wholesale and Retail Trades, Hotels and Catering Services	7.71	14.16	19.30	18.90	19.11
其他行业	Other Sectors	35.01	49.50	63.50	65.47	64.97
生活消费	Household Consumption	35.23	73.70	97.20	97.83	99.49
在消费量中：	Consumption by Usage					
终端消费	End-use Consumption	598.66	691.3	717.65	685.27	704.52
#工业	Industry	252.29	224.79	207.6	173.78	196.43
中间消费	Intermediate Consumption	104.86	173.07	188.43	174.98	177.10
（用于加工转换）	(Consumed in Conversion)					
发电	Power Generation	0.59	1.11	[illegible]	0.89	0.72
供热	Heating	11.35	12.66	13.22	10.28	9.50
制气	Gas Production					
炼油损失量	Losses in Petroleum Refining	92.92	159.3	173.51	163.81	166.88
损失量	Energy Losses					
平衡差额	**Balance**					

注：生产量为原油产量

a) Data on output refer to the output of crude oil.

9-5 煤炭平衡表
Coal Balance Sheet

单位：万吨 （10 000 tons）

项 目	Item	2010	2015	2018	2019	2020
可供量	**Total Energy Available for Consumption**	**5301.89**	**6585.06**	**6819.03**	**6810.16**	**7245.45**
生产量	Outputs	4688.25	4399.63	3629.64	3684.59	3859.01
调入量	Imports	2255.30	3961.63	4665.84	4930.61	4799.33
调出量（-）	Exports （-）	1600.10	1785.12	1564.52	1469.72	1625.79
年初年末库存差额	Stock Changes in the Year	-41.56	8.92	88.07	-335.32	212.90
消费量	**Total Energy Consumption**	**5301.89**	**6585.06**	**6819.03**	**6810.16**	**7245.45**
在消费量中：	Consumption by Sector					
农、林、牧、渔业	Agriculture,Forestry,Animal Husbandry, Fishery	48.10	51.10	45.68	39.51	36.60
工业	Industry	4787.79	6034.96	6356.91	6366.50	6830.66
建筑业	Construction	28.00	17.00	15.00	14.50	14.50
交通运输、仓储和邮政业	Transport,Storage and Post	49.00	28.00	18.20	17.80	14.30
批发、零售业和住宿、餐饮业	Wholesale and Retail Trades,Hotels and Catering Services	33.00	30.00	24.50	23.10	20.10
其他	Other Sectors	22.00	31.00	22.60	21.30	19.10
生活消费	Household Consumption	334.00	393.00	336.14	327.45	310.19
在消费量中：	Consumption by Usage					
终端消费	End-use Consumption	1646.57	2035.85	1550.42	1500.65	1484.56
#工业	Industry	1132.47	1485.75	1088.30	1056.99	1069.77
中间消费（用于加工转换）	Intermediate Consumption （Consumed in Conversion）	3655.32	4549.21	5268.61	5309.51	5760.89
发电	Power Generation	2775.80	3168.96	3777.69	3639.44	3983.70
供热	Heating	445.30	534.68	790.58	852.10	933.16
炼焦	Coking	389.93	699.18	534.63	631.93	723.45
制气	Gas Production	9.29	5.08	5.12	5.75	6.44
洗选损耗	Losses in Coal Washing and Dressing	35.00	141.31	159.70	179.80	112.13
平衡差额	**Balance**					

注：生产量为原煤产量。
a） Data on output refer to the output of raw coal.

9-6 电力平衡表
Electricity Balance Sheet

单位：亿千瓦小时 （100 million kWh）

项 目	Item	2010	2015	2018	2019	2020
可供量	**Total Energy Available for Consumption**	**804.43**	**1112.99**	**1293.79**	**1297.90**	**1386.60**
生产量	Output	874.51	1242.20	1607.90	1669.23	1798.33
水电、风电及其他发电	Hydropower,Wind Power and other Power	283.16	521.79	769.02	842.66	886.40
火电	Thermal Power	591.35	720.41	838.88	826.57	911.93
调入量	Imports	119.73	114.85	301.16	367.93	375.59
调出量（-）	Exports （-）	189.81	244.06	610.27	739.26	787.32
消费量	**Total Energy Consumption**	**804.43**	**1098.72**	**1289.52**	**1288.05**	**1375.70**
在消费量中：	Consumption by Sector					
农、林、牧、渔业	Agriculture,Forestry,Animal Husbandry, Fishery	54.37	44.38	40.91	44.88	51.22
工业	Industry	617.13	860.21	988.55	961.48	1026.10
建筑业	Construction	8.33	13.05	14.99	15.61	17.02
交通运输、仓储和邮政业	Transport,Storage and Post	32.57	41.04	52.69	55.73	59.90
批发、零售业和住宿、餐饮业	Wholesale and Retail Trades,Hotels and Catering Services	11.41	23.55	34.88	37.60	38.79
其他	Other Sectors	27.11	39.87	56.27	64.30	67.14
生活消费	Household Consumption	53.52	76.62	101.23	108.45	115.53
在消费量中：	Consumption by Usage					
终端消费	End-use Consumption	761.91	1046.17	1229.84	1227.75	1311.58
# 工业	Industry	574.61	807.66	928.87	901.18	961.98
输配电损失量	Losses in Transmission	42.52	52.55	59.68	60.30	64.12
平衡差额	**Balance**		**14.27**	**9.27**	**9.35**	**10.90**

9-7 分行业能源消费量（2020）

行 业	Sector	能源消费总量（万吨标准煤）Total Energy Consumption（10000 tons of SCE）	煤炭（万吨）Coal（10 000 tons）
消费总计	**Total Consumption**	**8104.71**	**7245.45**
农、林、牧、渔业	**Agriculture,Forestry,Animal Husbandry and Fishery**	**234.29**	**36.60**
工业	**Industry**	**5476.01**	**6830.66**
采矿业	**Mining**	**420.51**	**281.20**
煤炭开采和洗选业	Mining and Washing of Coal	161.32	272.67
石油和天然气开采业	Extraction of Petroleum and Natural Gas	77.53	3.78
黑色金属矿采选业	Mining and Processing of Ferrous Metal Ores	32.87	1.06
有色金属矿采选业	Mining and Processing of Non-Ferrous Metal Ores	72.84	0.66
非金属矿采选业	Mining and Processing of Nonmetal Ores	25.06	3.03
开采专业及辅助性活动	Support Activities for Mining	1.01	
其他采矿业	Mining of Other Ores	49.89	
制造业	**Manufacturing**	**4334.24**	**2016.63**
农副食品加工业	Processing of Food from Agricultural Products	31.07	10.25
食品制造业	Manufacture of Foods	15.76	3.90
酒、饮料和精制茶制造业	Manufacture of Liquor, Beverages and Refined Tea	16.07	6.45
烟草制品业	Manufacture of Tobacco	2.29	
纺织业	Manufacture of Textile	4.04	0.15
纺织服装、服饰业	Manufacture of Textile, Wearing Apparel and Accessories	0.65	
皮革、毛皮、羽毛及其制品和制鞋业	Manufacture of Leather, Fur, Feather and Related Products and Footwear	0.47	0.08
木材加工及木、竹、藤、棕、草制品业	Processing of Timber, Manufacture of Wood, Bamboo, Rattan, Palm and Straw Products	3.06	
家具制造业	Manufacture of Furniture	0.99	
造纸和纸制品业	Manufacture of Paper and Paper Products	13.77	11.20
印刷和记录媒介复制业	Printing and Reproduction of Recording Media	0.89	
文教、工美、体育和娱乐用品制造业	Manufacture of Articles for Culture, Education, Arts and Crafts, Sport and Entertainment Activities	0.06	
石油煤炭及其他燃料加工业	Petroleum, Coal and Other Fuel Processing Industries	595.47	473.07
化学原料和化学制品制造业	Manufacture of Raw Chemical Materials and Chemical Products	359.26	63.75
医药制造业	Manufacture of Medicines	22.52	9.15
化学纤维制造业	Manufacture of Chemical Fibres	3.85	
橡胶和塑料制品业	Manufacture of Rubber and Plastics Products	12.01	0.02
非金属矿物制品业	Manufacture of Non-metallic Mineral Products	713.52	595.29
黑色金属冶炼和压延加工业	Smelting and Pressing of Ferrous Metals	1033.89	487.52
有色金属冶炼和压延加工业	Smelting and Pressing of Non-ferrous Metals	1419.02	354.25
金属制品业	Manufacture of Metal Products	17.17	0.14
通用设备制造业	Manufacture of General Purpose Machinery	5.66	
专用设备制造业	Manufacture of Special Purpose Machinery	7.84	
汽车制造业	Manufacture of Automobiles	0.67	
铁路、船舶、航空航天和其他运输设备制造业	Manufacture of Railway, Ship, Aerospace and Other Transport Equipments	0.41	
电气机械和器材制造业	Manufacture of Electrical Machinery and Apparatus	4.99	
计算机、通信和其他电子设备制造业	Manufacture of Communication Equipment, Computers and Other Electronic Equipment	11.59	
仪器仪表制造业	Manufacture of Measuring Instruments and Machinery	0.44	
其他制造业	Other Manufacturing	16.30	
废弃资源综合利用业	Utilization of Waste Resources	14.97	1.41
金属制品、机械和设备修理业	Repair Service of Metal Products, Machinery and Equipment	5.50	
电力、热力、燃气及水的生产和供应业	**Electric Power, Gas and Water Production and Supply**	**721.26**	**4532.83**
电力、热力的生产和供应业	Production and Supply of Electric Power and Heat Power	658.99	4532.81
燃气生产和供应业	Production and Supply of Gas	32.11	
水的生产和供应业	Production and Supply of Water	30.16	0.02
建筑业	**Construction**	**117.01**	**14.50**
交通运输储运业和邮政业	**Transport, Storage and Post**	**620.83**	**14.30**
批发、零售业和住宿、餐饮业	**Wholesale, Retail Trade and Hotel,Restaurants**	**243.04**	**20.10**
其他行业	**Others**	**428.74**	**19.10**
城乡居民生活	**Urban and Rural Residential Consumption**	**984.80**	**310.19**

Consumption of Energy by Sector（2020）

焦炭（万吨）Coke（10 000 tons）	原油（万吨）Crude Oil（10 000 tons）	汽油（万吨）Gasoline（10 000 tons）	煤油（万吨）Kerosene（10 000 tons）	柴油（万吨）Diesel Oil（10 000 tons）	燃料油（万吨）Fuel Oil（10 000 tons）	液化石油气（万吨）Liquefied Petroleum Gas（10 000 tons）	天然气（亿立方米）Natural Gas（100 million cu.m）	电力（亿千瓦小时）Electricity（100 million kWh）
582.27	**1483.92**	**209.57**	**7.60**	**281.55**	**2.23**	**23.09**	**35.38**	**1375.70**
		4.40		**35.10**				**51.22**
582.27	**1483.92**	**1.15**	**0.10**	**14.29**	**2.23**	**8.00**	**10.51**	**1026.10**
12.89	16.37	0.23		4.44			1.21	70.92
1.75		0.05		1.48			0.50	1.31
	16.37	0.08		0.49			0.71	14.23
11.14				0.79				6.94
		0.02		0.26				24.28
		0.02		0.79				7.33
		0.06		0.63				
								16.83
569.38	**1467.55**	**0.83**	**0.10**	**9.57**	**2.23**	**8.00**	**9.03**	**759.51**
0.18		0.06		0.06			0.10	7.34
		0.02		0.07			0.09	1.78
		0.02		0.01			0.30	1.63
							0.07	0.49
				0.01			0.02	1.18
							0.01	0.18
								0.14
								0.01
								0.32
				0.01				2.02
		0.02					0.01	0.24
								0.02
	1467.55	0.09		0.63	0.81		2.23	23.65
50.93		0.04		0.20	0.09	7.90	2.47	63.17
		0.05		0.04	0.09		0.28	3.44
								1.30
		0.04		0.01			0.02	3.94
25.94		0.16		5.45	0.37		1.20	83.42
482.34				0.58			0.32	127.25
9.07		0.09	0.10	1.99	0.73	0.10	1.49	412.69
		0.07		0.03			0.05	5.46
0.10		0.02		0.03	0.09		0.02	1.73
		0.05		0.05			0.19	1.08
							0.01	0.11
								0.14
		0.10		0.02			0.08	1.30
				0.14			0.03	3.72
								0.15
								5.50
0.82				0.05	0.05		0.01	3.47
				0.19			0.03	1.64
		0.09		**0.28**			**0.27**	**195.67**
		0.07		0.28				175.39
							0.27	10.18
		0.02						10.10
		12.95		**14.65**				**17.02**
		51.80	**7.50**	**188.30**			**4.85**	**59.90**
		12.80		**4.61**		**1.70**	**4.50**	**38.79**
		47.37		**17.60**			**7.42**	**67.14**
		79.10		**7.00**		**13.39**	**8.10**	**115.53**

9-8 能源生产弹性系数
Elasticity Ratio of Energy Production

年 份 Year	能源生产 比上年增长 (%) Growth Rate of Energy Production over Preceding Year (%)	电力生产 比上年增长 (%) Growth Rate of Electricity Production over Preceding Year (%)	能源生产 弹性系数 Elasticity Ratio of Energy Production	电力生产 弹性系数 Elasticity Ratio of Electricity Production
2000	-13.06	6.83		0.70
2001	5.39	8.26	0.55	0.85
2002	37.66	12.53	3.82	1.27
2003	16.84	18.71	1.49	1.65
2004	17.71	13.18	1.62	1.21
2005	7.29	10.70	0.62	0.90
2006	5.37	5.08	0.45	0.42
2007	4.92	16.33	0.40	1.33
2008	2.10	11.58	0.21	1.14
2009	4.01	1.86	0.39	0.18
2010	9.43	24.35	0.80	2.07
2011	5.46	17.54	0.41	1.33
2012	9.79	7.70	0.83	0.65
2013	3.27	8.57	0.29	0.76
2014	7.01	3.26	0.78	0.36
2015	-1.85	0.09		0.01
2016	-2.57	-2.24		
2017	1.44	11.10	0.41	3.15
2018	6.23	19.18	1.01	3.12
2019	4.70	3.81	0.76	0.62
2020	5.24	7.73	1.35	1.99

9-9 能源消费弹性系数
Elasticity Ratio of Energy Consumption

年 份 Year	能源消费 比上年增长 （%） Growth Rate of Energy Consumption over Preceding Year （%）	电力消费 比上年增长 （%） Growth Rate of Electricity Consumption over Preceding Year （%）	能源消费 弹性系数 Elasticity Ratio of Energy Consumption	电力消费 弹性系数 Elasticity Ratio of Electricity Consumption
2000	3.23	1.29	0.33	0.13
2001	1.88	1.58	0.19	0.16
2002	4.36	11.84	0.44	1.20
2003	11.82	16.36	1.04	1.44
2004	15.78	13.47	1.45	1.23
2005	10.06	8.29	0.85	0.70
2006	8.59	9.57	0.72	0.80
2007	7.73	14.62	0.63	1.19
2008	4.64	10.25	0.46	1.01
2009	2.53	4.09	0.25	0.40
2010	8.00	14.02	0.68	1.19
2011	9.67	14.79	0.73	1.12
2012	7.82	7.70	0.66	0.65
2013	5.70	7.91	0.50	0.70
2014	3.22	2.07	0.36	0.23
2015	-0.44	0.30		0.04
2016	-2.52	-3.06		
2017	2.79	9.32	0.79	2.65
2018	4.25	10.75	0.69	1.75
2019	-0.06	-0.11		
2020	3.67	6.80	0.95	1.75

9-10 能源消耗
Energy Consumption

年 份 Year	单位生产总值能耗上升或下降 （±%） Change of Energy Consumption per Unit of GDP (±%)	单位生产总值电耗上升或下降 （±%） Change of Electricity Consumption per Unit of GDP (±%)	规模以上工业单位增加值能耗上升或下降（±%） Change of Energy Consumption per Unit of Designated Industrial Value-added (±%)
2006	-2.61	-1.74	-3.03
2007	-4.09	2.02	-6.53
2008	-5.00	0.09	-5.66
2009	-6.97	-5.55	-12.84
2010	-3.40	2.01	-7.94
2011	-2.51	2.02	-1.96
2012	-4.21	-4.31	-8.10
2013	-4.56	-2.57	-7.25
2014	-5.21	-6.26	-7.02
2015	-7.95	-7.20	-10.66
2016	-9.44	-9.93	-12.40
2017	-0.71	5.55	3.08
2018	-1.78	4.14	2.72
2019	-5.85	-5.90	-6.56
2020	-0.20	2.81	0.75

注：1.2006-2010 年地区生产总值按 2005 年可比价格计算，2011-2015 年地区生产总值按 2010 年可比价格计算，2016-2020 年地区生产总值按 2015 年可比价格计算。
2. 根据快报数进行的能耗核算。

a）GDP of 2006-2010 are calculated at 2005 constant prices. GDP of 2011-2015 is calculated at 2010 constant prices.GDP of 2016-2020 are calculated at 2015 constant prices.

b）Energy consumption accounting are according to the quick reports data.

9-11 能源加工转换效率
Efficiency of Energy Conversion

单位：%　　　　(%)

年 份 Year	总效率 Total Efficiency	火力发电 Generation Efficiency of Thermal Power	炼焦 Coking	炼油及煤制油 Petroleum Refining and Coal-to-liquids
2005	72.97	36.30	97.74	90.13
2006	73.11	36.78	84.54	91.67
2007	73.40	37.17	97.70	89.31
2008	72.81	37.29	94.76	93.25
2009	73.61	37.53	94.00	93.05
2010	70.60	38.42	86.70	94.83
2011	69.41	39.13	88.35	92.41
2012	70.08	39.44	87.88	93.60
2013	72.14	39.96	90.10	92.85
2014	72.55	39.94	91.01	93.22
2015	70.89	39.98	89.27	91.04
2016	70.99	40.11	92.86	91.55
2017	71.66	40.24	92.46	92.15
2018	68.4	40.35	91.39	90.15
2019	70.07	40.93	90.75	90.92
2020	69.89	41.46	92.63	90.55

9-12 生活能源消费量
Average Annual Energy Consumption for Households

品 种	Item	2010	2015	2018	2019	2020
合计（万吨标准煤）	**Total (10 000 tons of SCE)**	**532.20**	**791.76**	**906.18**	**938.14**	**984.80**
煤炭（万吨）	Coal (10 000 tons)	334.00	393.00	336.14	327.45	310.19
液化石油气（万吨）	Liquefied Petroleum Gas (10 000 tons)	5.72	8.50	13.80	14.38	13.39
焦炉煤气（亿立方米）	Coke Oven Gas (100 million cu.m)	0.15	0.16	0.20	0.20	0.20
天然气（亿立方米）	Natural Gas (100 million cu.m)	1.90	4.00	5.20	6.06	8.10
热力（万百万千焦）	Heat (10 billion kilo-joule)	1741.92	3260.00	4485.00	4826.24	5456.24
电力（亿千瓦小时）	Electricity (100 million kWh)	53.52	76.62	101.23	108.45	115.53

9-13 重点耗能企业单位产品能源消费
Energy Consumption of Per Unit of Product for Key Energy-consuming Enterprises

项 目	Item	2018	2019	2020
吨原煤生产综合能耗（千克标准煤 / 吨）	Comprehensive Energy Consumption of Tonne Coal Production (kg of SCE/ton)	3.95	3.16	3.09
单位油气产量综合能耗（千克标准煤 / 吨）	Comprehensive Energy Consumption of Unit Oil and Gas Output (kg of SCE/ton)	51.91	45.79	49.28
铁矿选矿工序单位能耗（千克标准煤 / 吨）	Unit Energy Consumption of Iron Ore Beneficiation Process (kg of SCE/ton)	21.06	17.57	8.72
炼焦工序单位能耗（千克标准煤 / 吨）	Unit Energy Consumption of Coking Process (kg of SCE/ton)	134.65	126.73	127.51
原油加工单位综合能耗（千克标准油 / 吨）	Unit Comprehensive Energy Consumption of Crude Oil Processing (kg of Standard Oil Equivalent/ton)	63.83	63.53	61.90
单位电石生产综合能耗（千克标准煤 / 吨）	Comprehensive Energy Consumption of Unit Calcium Carbide Production (kg of SCE/ton)	943.35	936.43	919.49
单位乙烯生产综合能耗（千克标准煤 / 吨）	Comprehensive Energy Consumption of Unit Ethylene Production (kg of SCE/ton)	884.59	892.96	882.90
单位合成氨生产综合能耗（千克标准煤 / 吨）	Comprehensive Energy Consumption of Unit Synthetic Ammonia Production (kg of SCE/ton)	1205.99	1255.43	1241.46
吨水泥综合能耗（千克标准煤 / 吨）	Comprehensive Energy Consumption of Tonne Cement (kg of SCE/ton)	96.21	95.52	93.70
吨钢综合能耗（千克标准煤 / 吨）	Comprehensive Energy Consumption of Tonne Rolled Steel (kg of SCE/ton)	605.83	582.19	568.16
单位粗铜综合能耗（千克标准煤 / 吨）	Comprehensive Energy Consumption of Unit Blister Copper (kg of SCE/ton)	176.87	164.31	106.02
单位铜精炼综合能耗（千克标准煤 / 吨）	Comprehensive Energy Consumption of Unit Copper Refining (kg of SCE/ton)	168.83	185.54	111.13
单位电解铝综合能耗（千克标准煤 / 吨）	Comprehensive Energy Consumption of Unit Electrolytic Aluminum (kg of SCE/ton)	1674.45	1665.92	1700.36
单位粗铅综合能耗（千克标准煤 / 吨）	Comprehensive Energy Consumption of Unit Crude Lead (kg of SCE/ton)	261.61	300.92	299.61
单位铅冶炼综合能耗（千克标准煤 / 吨）	Comprehensive Energy Consumption of Unit Lead Smelting (kg of SCE/ton)	375.69	539.34	498.02
蒸馏锌综合标准煤耗单耗（千克标准煤 / 吨）	Comprehensive Standard Coal Consumption Unit Consumption of Distillation Zinc (kg of SCE/ton)	2030.05	2099.72	2042.62
单位精锌（电锌）综合能耗（千克标准煤 / 吨）	Comprehensive Energy Consumption of Unit Refined Zinc (Electrolytic Zinc) (kg of SCE/ton)	615.96	622.80	582.78
电厂火力发电标准煤耗（克标准煤 / 千瓦时）	Standard Coal Consumption of Thermal Power of Power Plant (g of SCE/kWh)	304.58	299.93	295.52

9-14 平均每天能源消费量
Average Daily Energy Consumption by Type of Energy

品 种	Item	2010	2015	2018	2019	2020
合计（万吨标准煤）	**Total （10 000 tons of SCE）**	**15.97**	**20.52**	**21.43**	**21.42**	**22.20**
煤炭（万吨）	Coal （10 000 tons）	14.53	18.04	18.68	18.66	19.85
焦炭（万吨）	Coke （10 000 tons）	1.48	1.62	1.31	1.44	1.60
原油（万吨）	Crude Oil （10 000 tons）	3.84	3.96	3.98	4.05	4.07
燃料油（万吨）	Fuel Oil （10 000 tons）	0.04	0.01	0.01	0.01	0.01
汽油（万吨）	Gasoline （10 000 tons）	0.24	0.47	0.55	0.57	0.57
煤油（万吨）	Kerosene （10 000 tons）	0.01	0.02	0.03	0.03	0.02
柴油（万吨）	Diesel Oil （10 000 tons）	0.76	0.82	0.79	0.77	0.77
天然气（亿立方米）	Natural Gas （100 million cu.m）	0.04	0.07	0.08	0.09	0.10
电力（亿千瓦小时）	Electricity （100 million kWh）	2.20	3.01	3.53	3.53	3.77

9-15 人均生活能源消费量
Annual Per Capita Energy Consumption of Households

年 份 Year	平均每人生活消费能源（千克标准煤） Annual per Capita Consumption for Households (kg of SCE)	#煤炭（千克） Coal (kg)	#电力（千瓦小时） Electricity (kWh)	#液化石油气（千克） Liquefied Petroleum Gas (kg)	#天然气（立方米） Natural Gas (cu.m)	#煤气（立方米） Coal Gas (cu.m)
2000	164.00	155.00	84.01	2.09		
2001	174.00	151.79	88.31	1.60	0.23	
2002	156.35	150.24	89.49	1.50	0.73	
2003	171.80	148.50	91.34	1.62	0.96	
2004	169.00	146.53	105.29	1.61	1.11	
2005	184.27	155.59	127.63	1.93	1.57	1.53
2006	186.52	156.71	132.32	1.96	2.75	1.61
2007	198.63	159.77	142.49	1.96	2.83	1.73
2008	210.48	169.84	159.36	2.14	2.98	2.27
2009	228.12	172.16	181.48	2.16	3.06	2.85
2010	208.49	130.60	209.27	2.24	7.43	0.59
2011	227.93	125.44	243.75	2.25	10.93	0.59
2012	243.91	131.59	256.72	2.42	11.86	0.58
2013	249.16	132.41	267.73	2.45	13.76	0.62
2014	256.11	133.58	282.51	2.47	13.92	0.62
2015	305.09	151.44	295.24	3.28	15.41	0.62
2016	313.73	141.86	320.53	3.95	15.89	0.77
2017	328.25	142.10	348.88	3.93	17.00	0.75
2018	344.36	127.74	384.69	5.24	19.76	0.75
2019	355.04	123.92	410.43	5.44	22.93	0.75
2020	393.13	123.83	461.19	5.35	32.34	0.80

注：计算消费量所使用的人口数为平均人口数。
a）Data in the table are calculated with the data on the annual average population.

主要统计指标解释

能源生产总量 指一定时期内，本地区一次能源生产量的总和。该指标是观察能源生产水平、规模、构成和发展速度的总量指标。一次能源生产量包括原煤、原油、天然气、水电、核电及其他动力能（如风能、太阳能、地热能等）发电量。

能源消费总量 指指一定地域内，国民经济各行业和居民家庭在一定时期消费的各种能源的总和。能源消费总量分为终端能源消费量、能源加工转换损失量和能源损失量三部分。

(1) 终端能源消费量：指一定时期内用于消费（而非用于加工转换产出其他能源）的各种能源之和。

(2) 能源加工转换损失量：指一定时期内，本地区投入加工转换的各种能源数量之和与产出各种能源产品之和的差额。该指标是观察能源在加工转换过程中损失量变化的指标。

(3) 能源损失量：指一定时期内，能源在输送、分配、储存过程中发生的损失和由客观原因造成的各种损失量。不包括各种气体能源放空、放散量。

能源生产弹性系数 是是研究能源生产增长速度与生产总值增长速度之间关系的指标。计算公式：

$$\text{能源生产弹性系数}=\frac{\text{能源生产总量年平均增长速度}}{\text{国内（地区）生产总值年平均增长速度}}$$

电力生产弹性系数 是研研究电力生产增长速度与生产总值增长速度之间关系的指标。计算公式为：

$$\text{电力生产弹性系数}=\frac{\text{电力生产量年平均增长速度}}{\text{国内（地区）生产总值年平均增长速度}}$$

能源消费弹性系数 反映能源消费增长速度与生产总值增长速度之间关系的指标。计算公式为：

$$\text{能源消费弹性系数}=\frac{\text{能源消费总量年平均增长速度}}{\text{国内（地区）生产总值年平均增长速度}}$$

电力消费弹性系数 反映电力消费增长速度与生产总值增长速度之间关系的指标。计算公式为：

$$\text{电力消费弹性系数}=\frac{\text{电力消费量年平均增长速度}}{\text{国内（地区）生产总值年平均增长速度}}$$

能源加工转换效率 指一定时期内，能源经过加工、转换后，产出的各种能源产品的数量与投入加工转换的各种能源数量的比率。该指标是观察能源加工转换装置和生产工艺先进与落后、管理水平高低等的重要指标。计算公式为：

$$\text{能源加工转换效率}=\frac{\text{能源加工转换产出量}}{\text{能源加工转换投入量}}\times 100\%$$

单位生产总值能耗 指一定时期内，一个国家（地区）每生产一个单位的国内（地区）生产总值所消耗的能源。计算公式为：

$$\text{单位生产总值能耗}=\frac{\text{能源消费总量}}{\text{国内（地区）生产总值}}$$

单位生产总值电耗 指一定时期内，一个国家（地区）每生产一个单位的国内（地区）生产总值所消耗的电力。计算公式为：

$$\text{单位生产总值电耗}=\frac{\text{全社会用电量}}{\text{国内（地区）生产总值}}$$

单位工业增加值能耗 指一定时期内，一个国家（地区）每生产一个单位的工业增加值所消耗的能源。

10

固定资产投资

Investment in Fixed Assets

简要说明

一、本篇资料主要内容

本篇资料主要内容包括：固定资产投资及其主要分组，分地区 500 万元及以上项目个数、新增固定资产、施工和竣工房屋面积、投资增速、投资效率以及 500 万元及以上项目能源工业投资情况，房地产开发企业基本情况等。

二、本篇资料的统计范围

固定资产投资的统计范围包括：500 万元及以上固定资产投资项目投资（不含军工、国防、人防建设项目）和房地产开发投资。自 1997 年起，除房地产开发投资、非农户投资、农户投资及城镇和工矿区私人建房投资外，固定资产投资的统计起点由 5 万元提高到 50 万元；自 2006 年起，非农户固定资产投资统计改为按项目统计，调查方法由抽样调查改为全面统计报表，起点提高到 50 万元，城镇和工矿区私人建房投资改为按项目统计，起点为 50 万元；自 2011 年起，提高固定资产投资统计起点标准，从计划总投资额 50 万元提高到 500 万元，投资统计的范围从城镇扩大到农村企事业组织，并将这一统计范围定义为“固定资产投资（不含农户）”。

三、本篇资料来源

本篇资料由省统计局固定资产投资处汇总、加工整理。

10-1 固定资产投资增长速度
Growth Rate of Investment in Fixed Assets

单位：%　　　　　　　　　　　　　　　　　　　　　　　　　　　　　　　　　　（%）

指　标	Item	2018	2019	2020
固定资产投资	**Investment in Fixed Assets**	**-3.90**	**6.56**	**7.85**
按组成分	**By Composition**			
项目投资	Project Investment	-10.27	4.24	7.83
房地产开发	Real Estate Development	18.20	12.67	7.77
按隶属关系分	**By Subordination**			
中央项目	Central	-14.26	142.00	19.20
地方项目	Local	-3.48	1.59	6.85
按构成分	**Group by Structure**			
建筑安装工程	Construction and Installation	-7.16	4.85	10.37
设备工具器具购置	Purchase of Equipment and Instruments	3.43	8.85	-7.00
其他费用	Others	17.67	16.24	1.92
按产业分	**By Industry**			
第一产业	Primary Industry	18.76	-9.74	37.01
第二产业	Secondary Industry	-10.80	23.82	0.45
第三产业	Tertiary Industry	-3.56	4.26	8.05
本年实际到位资金	**Actual Funds This Year**	**-2.01**	**8.73**	**13.23**
国家预算资金	State Budget	-6.18	5.17	77.49
国内贷款	Domestic Loans	-18.44	25.10	5.60
债券	Bonds	275.72	17.77	
利用外资	Foreign Investment	1617.48	140.24	95.68

注：1. 因 2018 年国家方法制度有所调整，2018 年增速按可比口径计算（以下各表同）。
2. 本年到位资金及分项指标统计范围为计划总投资 5000 万元及以上项目和房地产开发投资本年到位资金合计。

a) Due to the adjustment of the national method system in 2018, the growth rate in 2018 is calculated on comparable coverage.The same applies to the tables following.

b) The statistic scope of actual funds and their sub-indicators for investment in this year covers total actual funds this-year for projects and real estate development with total investment of 50 million yuan or more.

10-1 续表 continued

单位：%　　　　(%)

指　标	Item	2018	2019	2020
自筹资金	Self-raising Funds	-3.28	7.22	7.47
其他资金	Others	12.59	-0.41	11.37
按登记注册类型分	**By Registration Categories**			
内资	Domestic Funded Enterprises	-4.11	6.46	6.97
国有	State-owned Enterprises	-12.43	3.41	-23.95
集体	Collective-owned Enterprises	-42.25	27.98	-31.68
股份合作	Cooperative Enterprises	135.35	471.21	-71.13
联营企业	Joint Ownership Enterprises	-95.71	-29.42	227.93
国有联营	State Joint Ownership Enterprises	-96.70	-100.00	
集体联营	Collective Joint Ownership Enterprises	-59.68	79.60	280.00
国有与集体联营	Joint State-collective Enterprises	-67.63	14.71	43.97
其他联营	Other Joint Ownership Enterprises			
有限责任公司	Limited Liability Corporations	-1.83	11.02	33.00
国有独资公司	State Sole Funded Corporations	21.74	2.44	42.77
其他有限责任公司	Other Limited Liability Corporations	-9.91	15.00	28.97
股份有限公司	Share-holding Corporations Limited	16.99	13.04	27.82
私营	Private Enterprises	7.63	0.05	11.05
其他	Other Enterprises	-20.94	-0.57	-23.72
港澳台商投资	Enterprises with Funds from Hong Kong ,Macao and Taiwan	80.91	142.38	7.38
外商投资经济	Foreign Funded Enterprises	16.18	55.46	463.54
个体经营	Individual Management	186.56	-74.00	25.85

10-2 按控股情况类型分固定资产投资增长速度
Growth Rate of Investment in Fixed Assets by Holding Type

单位：% (%)

指标 Item	固定资产投资 Investment in Fixed Assets	国有经济 State-owned Units	集体经济 Collective-owned Units	个体经济 Individual Economy	其他经济 Others
1979	20.63	20.45	62.28		
1980	12.74	12.68	22.02		
1981	11.52	-6.63	855.64		
1982	11.23	13.84	40.58	-21.81	
1983	20.53	22.90	-14.22	24.92	
1984	29.62	21.73	86.04	79.12	
1985	38.32	29.99	131.05	41.17	
1986	19.26	19.70	1.05	34.53	
1987	18.51	23.47	-22.15	20.01	
1988	24.29	22.43	53.19	21.37	
1989	-14.02	-13.51	-30.15	-7.24	
1990	15.93	21.20	-8.12	-2.67	
1991	15.57	15.75	13.73	15.13	
1992	24.11	25.83	27.85	10.39	
1993	43.41	33.37	218.81	36.75	
1994	30.28	30.80	-29.94	11.90	
1995	22.39	25.11	-22.34	29.63	22.89
1996	10.36	-1.73	64.72	22.45	109.94
1997	23.07	20.88	6.94	61.73	11.89
1998	25.20	20.77	23.21	44.53	31.01
1999	16.03	13.88	39.59	2.15	36.44
2000	14.91	16.20	18.58	4.55	17.17
2001	14.52	13.65	2.26	4.02	33.26
2002	13.93	13.09	25.25	-9.53	29.42
2003	13.76	6.56	16.44	-0.09	45.09
2004	15.41	15.07	20.25	5.08	18.40
2005	15.68	9.01	16.86	0.95	36.57
2006	17.19	11.14	-56.51	15.44	46.84
2007	27.86	23.33	91.28	7.59	33.91
2008	32.47	37.31	10.59	44.95	26.05
2009	42.85	48.85	17.70	28.07	38.06
2010	36.24	36.54	13.39	-10.91	44.20
2011	40.16	14.42	100.97	-87.57	43.92
2012	30.20	6.67	19.35	104.13	37.43
2013	27.11	31.39	42.63	-82.31	23.14
2014	21.11	13.24	53.62	287.15	26.20
2015	11.17	12.27	-4.68	26.09	11.64
2016	10.52	16.85	-51.20	0.55	9.33
2017	-40.25	-43.80	-70.16	-64.53	-35.48
2018	-3.90	-5.88	-18.31	186.56	-2.26
2019	6.56	3.15	201.42	-74.00	8.31
2020	7.85	-7.01	-60.09	25.85	21.26

注：本表国有经济为大口径，含国有、国有联营和国有独资公司；集体经济为大口径，含集体、集体联营和股份合作。

a) Data of state-owned units in this table are based on wide coverage,including state-owned, state joint ownership and state sole funded corporations; collective-owned enterprises are based on wide coverage,including collective-owned enterprises, collective joint ownership enterprises and cooperative enterprises.

10-3 按产业分固定资产投资增长速度
Growth Rate of Investment in Fixed Assets by Industry

单位：%　　　　　　　　　　　　　　　　　　　　　　　　　　　　　　（%）

指 标 Item	固定资产投资 Investment in Fixed Assets	第一产业 Primary Industry	第二产业 Secondary Industry	#工业 Industry	第三产业 Tertiary Industry
2010	36.24	10.69	32.99	29.00	39.98
2011	40.16	75.64	33.27	24.88	46.10
2012	30.20	25.52	41.24	30.20	18.78
2013	27.11	36.89	19.96	23.50	35.29
2014	21.11	75.85	8.83	14.21	30.36
2015	11.17	30.75	-2.74	-13.67	21.94
2016	10.52	26.81	-6.23	-3.68	21.00
2017	-40.25	-43.69	-63.11	-54.92	-26.78
2018	-3.90	18.76	-10.80	-10.90	-3.56
2019	6.56	-9.74	23.82	24.45	4.26
2020	7.85	37.01	0.45	-0.28	8.05

10-4 按领域分固定资产投资增长速度
Growth Rate of Investment in Fixed Assets by Field

单位：%　　　　　　　　　　　　　　　　　　　　　　　　　　　　　　（%）

指 标 Item	固定资产投资 Investment in Fixed Assets	#基础设施 Infrastructure	#制造业 Manufacturing	#房地产开发 Real Estate Development
2000	14.91			14.18
2001	14.52			13.19
2002	13.93			20.22
2003	13.76			34.72
2004	15.41			41.89
2005	15.68			18.97
2006	17.19			13.96
2007	27.86			37.20
2008	32.47			27.32
2009	42.85			19.60
2010	36.24			30.50
2011	40.16			36.21
2012	30.20			54.60
2013	27.11	27.44	19.45	29.17
2014	21.11	56.46	22.24	-0.44
2015	11.17	13.10	-9.31	6.46
2016	10.52	39.75	6.71	10.67
2017	-40.25	-19.28	-58.88	11.12
2018	-3.90	-13.62	-13.39	18.20
2019	6.56	2.42	24.82	12.67
2020	7.85	12.23	4.96	7.77

注：1. 2012 年固定资产投资口径调整为计划总投资 500 万元及以上项目；
2. 基础设施投资口径为基础设施投资（不含电力、热力、燃气及水生产和供应业），具体包括铁路运输业，道路运输业，水上运输业，航空运输业，管道运输业，多式联运和运输代理业，装卸搬运，邮政业，电信、广播电视和卫星传输服务，互联网和相关服务，水利管理业，生态保护和环境治理业，公共设施管理业。

a) In 2012, the fixed asset investment scale was adjusted to a project with a planned total investment of 5 million yuan and above;

b) Infrastructure investment caliber is infrastructure investment (excluding electricity, heat, gas and water production and supply industries), specifically including railway transportation, road transportation, water transportation, air transportation, pipeline transportation, multimodal transportation and Transportation agency, loading and unloading, postal services, telecommunications, radio and television and satellite transmission services, Internet and related services, water conservancy management, ecological protection and environmental governance, and public facility management.

10-5 项目固定资产投资增长速度
Growth Rate of Investment in Fixed Assets of Project
(Excluding Investment in Real Estate Development)

单位：% (%)

指 标	Item	2018	2019	2020
投资额	**Total Investment**	**-10.27**	**4.24**	**7.83**
按隶属关系分	**By Subordination**			
中央	Central	-8.04	144.00	19.58
地方	Local	-10.38	-2.69	6.42
按构成分	**By Structure**			
建筑安装工程	Construction and Installation	-11.42	3.16	8.63
设备工具器具购置	Purchase of Equipment and Instruments	1.58	10.06	-6.2[illegible]
其他费用	Others	-11.80	7.63	18.55
按产业分	**By Industry**			
第一产业	Primary Industry	18.76	-9.74	37.01
第二产业	Secondary Industry	-10.80	23.82	0.45
#工业	Industry	-10.90	24.45	-0.28
第三产业	Tertiary Industry	-12.00	-0.12	8.21
本年实际到位资金	**Actual Funds This Year**	**-3.46**	**9.56**	**20.21**
国家预算内资金	State Budgetary Appropriation	-6.18	5.17	77.49
国内贷款	Domestic Loans	-5.53	20.56	14.67
债券	Bonds	275.72	17.77	
利用外资	Foreign Investment	1617.48	140.24	95.68
自筹资金	Self-raising Funds	-6.60	0.51	10.57
其他资金	Others	-1.97	28.98	12.48

注：到位资金及分项指标统计范围为计划总投资5000万元及以上项目实际到位资金。

a) The statistic scope of actual funds and its sub-indicators is the actual funds in place of projects with a planned total invesstment of 50 million yuan or more.

10-5 续表 continued

单位：% (%)

指 标	Item	2018	2019	2020
按登记注册类型分	**By Registration Categories**	**-10.27**	**4.24**	**7.88**
内资	Domestic Funded Enterprises	-10.48	4.36	6.33
国有	State-owned Enterprises	-12.19	2.25	-24.36
集体	Collective-owned Enterprises	-41.94	5.63	-63.73
股份合作	Cooperative Enterprises	138.96	471.21	-71.13
联营企业	Joint Ownership Enterprises	-95.71	-29.42	227.93
国有联营	State Joint Ownership Enterprises	-96.70		
集体联营	Collective Joint Ownership Enterprises	-59.68	79.60	280.00
国有与集体联营	Joint State-collective Enterprises	-67.63	14.71	43.97
其他联营	Other Joint Ownership Enterprises			
有限责任公司	Limited Liability Corporations	-5.43	7.24	48.50
国有独资公司	State Sole Funded Corporations	7.36	20.03	42.56
其他有限责任公司	Other Limited Liability Corporations	-11.51	-0.13	52.62
股份有限公司	Share-holding Corporations Limited	2.32	16.81	23.05
私营	Private Enterprises	-14.63	-3.67	14.50
其他	Other Enterprises	-20.88	-6.66	-20.96
港澳台商投资	Enterprises with Funds from Hong Kong ,Macao and Taiwan	31.80	11.08	184.24
外商投资经济	Foreign Funded Enterprises	-9.99	65.44	675.35
个体经营	Individual Management	186.56	-74.00	25.85

10-6 按行业分项目固定资产投资增长速度
Growth Rate of Investment in Fixed Assets of Project by Sector

单位：% (%)

指 标	Item	2018	2019	2020
甘肃省	**Gansu**	**-10.27**	**4.24**	**7.88**
农、林、牧、渔业	Agriculture,Forestry,Animal Husbandry and Fishery	18.76	-9.74	37.01
采矿业	Mining	48.84	14.61	2.04
制造业	Manufacturing	-13.39	24.82	4.96
电力、热力、燃气及水生产和供应业	Production and Supply of Electricity, Heat, Gas and Water	-19.08	27.31	-6.94
建筑业	Construction	7.97	-69.35	440.26
批发和零售业	Wholesale and Retail Trades	-25.67	-12.88	-28.74
交通运输、仓储和邮政业	Transport,Storage and Post	-16.99	21.08	18.16
住宿和餐饮业	Hotels and Catering Services	-34.11	-6.32	-35.42
信息传输、软件和信息技术服务业	Information Transmission,Software and Information Technology Services	42.01	-25.25	16.50
金融业	Financial Intermediation	-32.18	-58.64	49.19
房地产业	Real Estate	-9.34	-1.17	7.53
租赁和商务服务业	Leasing and Business Services	14.36	8.63	36.43
科学研究和技术服务业	Scientific Research and Technical Services	-41.14	33.03	2.99
水利、环境和公共设施管理业	Management of Water Conservancy, Environment and Public Facilities	-10.16	-20.81	-4.53
居民服务、修理和其他服务业	Service to households, Repair and Other Services	-52.59	31.28	43.13
教育	Education	-9.92	8.05	-3.93
卫生和社会工作	Health and Social Work	-6.73	-1.19	8.65
文化、体育和娱乐业	Culture, Sports and Entertainment	7.45	-9.41	9.90
公共管理、社会保障和社会组织	Public Management,Social Security and Social Organization	5.69	-48.75	-10.20
国际组织	International Organizations			

10-7 按行业、建设性质分项目固定资产投资增长情况（2020）
Growth Rate of Investment in Fixed Assets of Project by Secter and Type of Construction（2020）

单位：%　　　　　　　　　　　　　　　　　　　　　　　　（%）

行　　业	Sector	投资额 Total Investment	#新建 New Construction	#扩建 Expansion	#改建和技术改造 Reconstruction and Technical Transformation
甘肃省	**Gansu**	**7.88**	**7.61**	**29.23**	**1.50**
农、林、牧、渔业	Agriculture,Forestry,Animal Husbandry and Fishery	37.01	38.82	-3.80	115.30
采矿业	Mining	2.04	6.41	-2.81	1.18
制造业	Manufacturing	4.96	1.45	73.15	-0.06
电力、热力、燃气及水生产和供应业	Production and Supply of Electricity, Heat, Gas and Water	-6.94	-10.59	5.06	13.12
建筑业	Construction	440.26	650.38		
批发和零售业	Wholesale and Retail Trades	-28.74	-24.97	-87.17	-60.50
交通运输、仓储和邮政业	Transport,Storage and Post	18.16	20.68	95.74	-34.16
住宿和餐饮业	Hotels and Catering Services	-35.42	-34.87	-77.16	8.52
信息传输、软件和信息技术服务业	Information Transmission,Software and Information Technology Services	16.50	-36.17	815.33	-14.97
金融业	Financial Intermediation	49.19	133.86	-100.00	
房地产业	Real Estate	7.58	-7.16	-71.66	187.67
租赁和商务服务业	Leasing and Business Services	36.43	41.41	-100.00	-19.05
科学研究和技术服务业	Scientific Research and Technical Services	2.99	12.00	-100.00	-90.52
水利、环境和公共设施管理业	Management of Water Conservancy, Environment and Public Facilities	-4.53	0.20	-31.16	-35.48
居民服务、修理和其他服务业	Service to households, Repair and Other Services	43.18	45.99		47.39
教育	Education	-3.98	0.48	-62.85	4.64
卫生和社会工作	Health and Social Work	8.65	15.98	-8.65	-33.79
文化、体育和娱乐业	Culture, Sports and Entertainment	9.90	13.13	-72.64	49.75
公共管理、社会保障和社会组织	Public Management,Social Security and Social Organization	-10.20	-3.55	21.35	-20.87
国际组织	International Organizations				

注：本表数据不含房地产开发投资。
a）Data in this table do not include real estate development.

10-8 按行业、构成分项目固定资产投资增长情况（2020）
Growth Rate of Investment in Fixed Assets of Projects by Secter and Structure （2020）

单位：%　　　　(%)

行　业	Sector	投资额 Total Investment	建筑安装工程 Construction and Installation	设备工器具购置 purchase of Equipment and Instruments	其他 Others
甘肃省	**Gansu**	**7.88**	**8.63**	**-6.21**	**18.55**
农、林、牧、渔业	Agriculture,Forestry,Animal Husbandry and Fishery	37.01	35.80	27.09	57.03
采矿业	Mining	2.04	-18.44	26.93	231.40
制造业	Manufacturing	4.96	9.59	-4.18	0.83
电力、热力、燃气及水生产和供应业	Production and Supply of Electricity, Heat,Gas and Water	-6.94	-3.90	-13.04	-12.02
建筑业	Construction	440.26	690.63	26.43	68.33
批发和零售业	Wholesale and Retail Trades	-28.74	-27.32	-38.10	-31.09
交通运输、仓储和邮政业	Transport,Storage and Post	18.16	17.26	-45.70	42.32
住宿和餐饮业	Hotels and Catering Services	-35.42	-32.86	-65.95	-48.91
信息传输、软件和信息技术服务业	Information Transmission,Software and Information Technology Services	16.50	-29.76	73.21	-34.83
金融业	Financial Intermediation	49.19	97.20	-52.80	3813.04
房地产业	Real Estate	7.58	15.87	22.63	-40.54
租赁和商务服务业	Leasing and Business Services	36.43	38.34	-10.83	43.83
科学研究和技术服务业	Scientific Research and Technical Services	2.99	10.95	-28.99	9.44
水利、环境和公共设施管理业	Management of Water Conservancy, Environment and Public Facilities	-4.53	-5.53	-30.87	25.46
居民服务、修理和其他服务业	Service to households, Repair and Other Services	43.18	38.75	49.65	68.20
教育	Education	-3.98	-3.44	-25.97	18.49
卫生和社会工作	Health and Social Work	8.65	11.51	7.57	-45.73
文化、体育和娱乐业	Culture, Sports and Entertainment	9.90	12.15	-45.99	38.12
公共管理、社会保障和社会组织	Public Management,Social Security and Social Organization	-10.20	-4.01	-40.67	-4.54
国际组织	International Organizations				

注：本表数据不含房地产开发投资。
a）Data in this table do not include real estate development.

10-9 按行业分项目固定资产投资个数及项目新增固定资产增长情况（2020）
Number of Investment in Fixed Assets of Projects and Growth Rate of Newly Increased Fixed Assets of Projects by Secter（2020）

行业	Sector	施工项目（个）Number of Projects under Construction (unit)	全部建成投产项目（个）Number of Projects Completed and Put into Use (unit)	项目建成投产率（%）Rate of Projects Completed and Put into Use (%)	新增固定资产增长（%）Growth Rate of Newly Increased Fixed Assets (%)
甘肃省	**Gansu**	**8272**	**2590**	**31.31**	**6.61**
农、林、牧、渔业	Agriculture,Forestry,Animal Husbandry and Fishery	871	293	33.64	70.21
采矿业	Mining	145	52	35.86	-28.89
制造业	Manufacturing	1089	303	27.82	-17.66
电力、热力、燃气及水生产和供应业	Production and Supply of Electricity, Heat,Gas and Water	595	180	30.25	-7.68
建筑业	Construction	29	13	44.83	
批发和零售业	Wholesale and Retail Trades	174	66	37.93	135.49
交通运输、仓储和邮政业	Transport,Storage and Post	1150	448	38.96	13.35
住宿和餐饮业	Hotels and Catering Services	82	33	40.24	13.73
信息传输、软件和信息技术服务业	Information Transmission,Software and Information Technology Services	56	18	32.14	204.58
金融业	Financial Intermediation	7	3	42.86	
房地产业	Real Estate	567	132	23.28	-8.45
租赁和商务服务业	Leasing and Business Services	112	20	18.18	-68.10
科学研究和技术服务业	Scientific Research and Technical Services	65	23	35.38	33.94
水利、环境和公共设施管理业	Management of Water Conservancy, Environment and Public Facilities	1827	541	29.61	21.69
居民服务、修理和其他服务业	Service to households, Repair and Other Services	82	14	17.07	27.06
教育	Education	630	205	32.54	34.04
卫生和社会工作	Health and Social Work	334	110	32.93	177.53
文化、体育和娱乐业	Culture, Sports and Entertainment	237	64	27.00	-15.36
公共管理、社会保障和社会组织	Public Management,Social Security and Social Organization	220	72	32.73	-57.67
国际组织	International Organizations				

注：新增固定资产范围为计划总投资 5000 万元及以上项目。

a）The statistic scope of newly increased fixed assets covers projects with total planned investment of 50 million yuan or more.

10-10 各市（州）固定资产投资增长情况（2020）
Growth Rate of Investment in Fixed Assets by Region （2020）

单位：% （%）

市（州）	Region	固定资产投资额 Investment in Fixed Assets	项目投资 Project Investment	房地产开发投资 Investment in Real Estate Development	亿元及以上项目投资额 Total Investment	施工项目计划总投资 Total Planned Investment of Projects under Construction	新开工项目计划总投资 Total Planned Investment of Newly Started Projects
甘肃省	**Gansu**	**7.85**	**7.88**	**7.77**	**21.92**	**8.60**	**3.73**
兰州市	Lanzhou	3.36	5.88	0.07	14.28	14.37	8.85
嘉峪关市	Jiayuguan	7.66	10.16	0.66	27.75	-25.63	-27.41
金昌市	Jinchang	9.81	12.65	-18.29	23.64	2.99	41.81
白银市	Baiyin	16.02	9.10	34.15	-0.37	22.93	98.04
天水市	Tianshui	13.62	4.89	29.73	23.84	2[illegible].40	18.26
武威市	Wuwei	13.41	20.81	-7.17	47.51	5.29	-45.55
张掖市	Zhangye	8.24	20.75	-34.21	29.40	1[illegible].80	9.23
平凉市	Pingliang	14.34	10.76	20.86	13.05	0.18	-64.62
酒泉市	Jiuquan	12.07	12.86	7.34	9.83	10.48	44.26
庆阳市	Qingyang	26.68	34.07	2.33	55.80	6.35	39.75
定西市	Dingxi	15.76	16.34	14.23	41.57	-10.69	59.05
陇南市	Longnan	-26.75	-41.57	118.44	-14.14	7.62	88.46
临夏州	Linxia	26.98	43.31	-15.64	103.23	24.89	0.28
甘南州	Gannan	-22.82	-25.96	41.94	-10.80	-7.20	-63.11
省　直	Provincial Directly Belonged	99.40	99.40		99.73	-4.69	

10-11 各市(州)项目固定资产投资个数及项目新增固定资产增长情况(2020)
Number of Projects of Investment in Fixed Assets and Growth Rate of Newly Increased Fixed Assets of Project by Region (2020)

市(州)	Region	施工项目 (个) Number of Projects under Construction (unit)	全部建成投产项目 (个) Number of Projects Completed and Put into Use (unit)	项目建成投产率 (%) Rate of Projects Completed and Put into Use (%)	新增固定资产增长 (%) Growth Rate of Newly Increased Fixed Assets (%)	固定资产交付使用率 (%) Rate of Projects of Fixed Assets Completed and Put into Use (%)
甘肃省	**Gansu**	**8272**	**2590**	**31.31**	**6.61**	**22.54**
兰州市	Lanzhou	1258	314	24.96	-4.32	13.76
嘉峪关市	Jiayuguan	193	32	16.58	8.87	7.20
金昌市	Jinchang	372	104	27.96	-63.64	19.29
白银市	Baiyin	423	85	20.09	26.20	24.42
天水市	Tianshui	599	263	43.91	-28.77	23.83
武威市	Wuwei	621	225	36.23	-2.15	16.23
张掖市	Zhangye	554	225	40.61	58.58	20.13
平凉市	Pingliang	454	124	27.31	-27.20	31.65
酒泉市	Jiuquan	1025	351	34.24	21.94	29.56
庆阳市	Qingyang	467	163	34.90	195.40	22.41
定西市	Dingxi	640	169	26.41	59.87	51.89
陇南市	Longnan	455	179	39.34	144.74	15.90
临夏州	Linxia	474	110	23.21	-38.69	15.05
甘南州	Gannan	724	242	33.43	-13.27	18.39
省　直	Provincial Directly Belonged	13	4	30.77		42.99

10-12 房地产开发企业基本情况
Basic Conditions of Enterprises for Real Estate Development

单位：亿元 (100 million yuan)

指 标	Item	2010	2015	2018	2019	2020
开发企业个数（个）	Number of Enterprises (unit)	1185	1533	1668	1711	1738
内资	Domestic Funded	1158	1515	1656	1700	1729
#国有	State-owned Enterprises	60	46	55	55	74
集体	Collective-owned Enterprises	24	14	7	4	4
港澳台投资经济	Funded by Entrepreneurs from Hong Kong, Macao and Taiwan	16	12	8	7	5
外商投资经济	Foreign Funded	11	6	4	4	4
资产总计	Total Assets	866.84	3671.57	5829.11	7113.75	8695.33
固定资产累计折旧	Accumulated Depreciation of Fixed Assets	13.39	29.64	42.31	44.45	49.39
#本年折旧	Depreciation This Year	1.97	4.97	9.51	8.86	10.43
负债合计	Total Liabilities	639.29	3045.91	4963.89	6163.09	7583.06
所有者权益合计	Owners' Equity	227.55	625.66	864.87	950.66	1112.26
#实收资本合计	Total Paid-in Capital	146.75	375.41	515.36	548.30	650.06
资产负债率（%）	Ratio of Debts to Assets (%)	73.75	82.96	85.16	86.64	87.21
主营业务收入	Revenue from Principal Business	190.68	533.77	779.90	779.19	756.66
土地转让收入	Land Transferred	1.14	1.38	4.58	2.75	5.87
商品房屋销售收入	Commercial Houses Sold	180.89	511.88	756.42	751.79	730.50
自持物业收入	Houses Leased Self-sustained	3.90	4.79	7.54	7.54	8.29
其他收入	Others	4.75	15.72	11.36	17.11	12.00
营业税金及附加	Business Taxes and Surcharges	13.78	42.58	33.73	29.85	25.11
营业利润	Business Profits	11.12	30.26	65.29	41.96	15.34
利润总额	Total Profits	10.09	29.52	63.42	37.56	6.38
本年购置土地面积（万平方米）	Land Space Purchased This Year (10 000sq.m)	286.71	239.72	180.98	144.45	204.73
竣工房屋造价（元/平方米）	Cost of Buildings Completed (yuan/sq.m)	1828	2442	2400	2933	2754

注：营业税金及附加：2010 年为主营业务税金及附加；2011 年以后为营业税金及附加。

a) Business Taxes and Surcharges:2010 are main business taxes and surcharges,since 2011,are the business tax and surcharges.

10-13 房地产开发投资完成情况
The Completion of Real Estate Development Investment

指 标	Item	2010	2015	2018	2019	2020
房地产开发投资（亿元）	**Real Estate Development Investment (100 million yuan)**	**266.41**	**768.06**	**1116.39**	**1257.85**	**1355.64**
#地方	Local	263.69	763.27	1111.61	240.03	280.42
按构成分	**Group by Structure**					
建筑工程	Construction	190.26	578.25	696.14	841.98	996.70
安装工程	Installation	17.80	100.25	149.41	85.07	69.64
设备工器具购置	Purchase of Equipment and Instruments	1.86	11.17	18.97	17.01	13.21
其他费用	Others	56.49	78.39	251.87	313.80	276.09
按工程用途分	**By Purpose**					
住宅	Residential Buildings	187.93	526.56	672.35	865.93	1010.28
办公楼	Office Buildings	5.61	28.01	55.61	25.23	34.89
商业营业用房	Houses for Business Use	27.02	162.05	211.36	175.97	153.87
其他	Others	45.85	51.44	177.08	190.72	156.60
本年实际到位资金	**Actual Funds This Year**	**317.57**	**939.65**	**1158.74**	**1246.58**	**1289.42**
国内贷款	Domestic Loans	56.60	153.02	131.91	182.70	150.31
利用外资	Foreign Investment					
自筹资金	Self-raising Funds	132.80	429.93	448.07	530.07	546.67
其他	Others	128.17	356.70	578.76	533.81	592.44
新增固定资产（亿元）	**Newly Increased Fixed Assets (100 million yuan)**	**143.35**	**324.46**	**237.18**	**355.77**	**320.24**
#地方	Local	143.35		237.17	23.21	18.44
房屋施工面积（万平方米）	**Floor Space of Buildings under Construction (10 000 sq.m)**	**3130.40**	**8586.18**	**9428.51**	**10977.33**	**11328.26**
房屋竣工面积（万平方米）	**Floor Space of Buildings Completed (10 000 sq.m)**	**598.66**	**962.24**	**752.34**	**674.14**	**881.36**
商品房屋销售面积（万平方米）	**Floor Space of Commercialized Buildings Sold (10 000 sq.m)**	**756.51**	**1434.96**	**1595.65**	**1705.31**	**1967.92**
#住宅	Residential Buildings	692.07	1307.48	1437.95	1569.16	1863.81
商品房屋销售额（亿元）	**Total Sales of Commercialized Buildings (100 million yuan)**	**227.81**	**704.93**	**922.34**	**1019.28**	**1293.41**
#住宅	Residential Buildings	201.47	603.08	774.63	907.07	1205.42

10-14 各市（州）房地产开发企业建设投资总规模及完成情况（2020）
General Scale of Construction and Actually Completed Investment of Enterprises for Real Estate Development by Region（2020）

单位：亿元 (100 million yuan)

市（州）	Region	计划总投资 Total Planned Investment	自开始建设至本年底累计完成投资 Accumulative Investment Actually Completed Since the Start of Construction to the End of This Year	本年完成投资 Investment Completed This Year
甘肃省	**Gansu**	**8061.11**	**4541.16**	**1355.64**
兰州市	Lanzhou	4071.59	2265.84	1014.00
嘉峪关市	Jiayuguan	154.99	130.35	25.31
金昌市	Jinchang	56.47	37.49	7.35
白银市	Baiyin	270.93	158.93	65.55
天水市	Tianshui	847.18	459.73	203.21
武威市	Wuwei	382.40	190.17	52.94
张掖市	Zhangye	262.67	186.81	37.16
平凉市	Pingliang	382.24	244.64	103.30
酒泉市	Jiuquan	238.65	168.28	64.37
庆阳市	Qingyang	374.50	186.15	59.82
定西市	Dingxi	524.39	288.13	88.85
陇南市	Longnan	191.92	87.68	50.25
临夏州	Linxia	263.07	107.87	33.49
甘南州	Gannan	40.11	29.09	11.23

10-15 各市（州）按用途分房地产开发企业投资完成额（2020）
Investment Actually Completed by Enterprises for Real Estate Development by Use,Region（2020）

单位：亿元 (100 million yuan)

市（州）	Region	本年完成投资额 Investment Completed This Year	住宅 Residential Buildings	办公楼 Office Buildings	商业营业用房 Houses for Business Use	其他 Others
甘肃省	**Gansu**	**1355.64**	**1010.28**	**34.89**	**153.87**	**156.60**
兰州市	Lanzhou	552.81	395.24	19.00	58.46	80.11
嘉峪关市	Jiayuguan	25.31	18.22	0.18	3.10	3.81
金昌市	Jinchang	7.35	5.21	0.20	1.30	0.64
白银市	Baiyin	65.55	49.44	0.67	6.50	8.94
天水市	Tianshui	203.21	155.36	6.86	25.14	15.85
武威市	Wuwei	52.94	44.12	0.17	5.24	3.40
张掖市	Zhangye	37.16	25.68	0.12	9.71	1.65
平凉市	Pingliang	103.30	81.74	1.44	6.50	13.61
酒泉市	Jiuquan	64.37	46.08	1.70	11.39	5.21
庆阳市	Qingyang	59.82	47.24	0.95	7.39	4.24
定西市	Dingxi	88.85	63.69	1.40	10.56	13.19
陇南市	Longnan	50.25	41.19	1.77	5.00	2.30
临夏州	Linxia	33.49	28.06	0.15	2.51	2.77
甘南州	Gannan	11.23	9.01	0.28	1.07	0.87

10-16 各市（州）房地产开发企业实际到位资金（2020）
Actual Funds of Real Estate Development Enterprise by Region （2020）

单位：亿元 （100 million yuan）

市（州）	Region	本年实际到位资金 Total Actual Funds This Year	国内贷款 Domestic Loans	自筹资金 Self-raising Funds	其他资金来源 Others
甘肃省	**Gansu**	**1289.42**	**150.31**	**546.67**	**592.44**
兰州市	Lanzhou	579.62	92.79	179.99	306.84
嘉峪关市	Jiayuguan	25.57	3.21	4.91	17.45
金昌市	Jinchang	9.92	0.10	4.95	4.87
白银市	Baiyin	52.77	12.66	17.21	22.90
天水市	Tianshui	185.49	12.63	106.83	66.03
武威市	Wuwei	44.91	2.88	28.10	13.93
张掖市	Zhangye	37.80	3.29	19.42	15.09
平凉市	Pingliang	78.40	4.95	29.80	43.65
酒泉市	Jiuquan	50.75	5.95	32.09	12.71
庆阳市	Qingyang	66.73	2.52	41.84	22.37
定西市	Dingxi	64.99	5.07	28.48	31.44
陇南市	Longnan	51.93	1.53	21.51	28.89
临夏州	Linxia	30.58	2.61	24.52	3.45
甘南州	Gannan	9.96	0.12	7.02	2.82

10-17 房地产施工、竣工面积及价值（2020）
Floor Space of Buildings under Construction,Completed and Its Value for RealEstate（2020）

项　目	Item	房屋施工面积（万平方米）Floor Space of Buildings under Construction (10 000 sq.m)	#本年新开工面积 Started This Year	房屋竣工面积（万平方米）Floor Space of Buildings Completed (10 0000 sq.m)	房屋竣工价值（亿元）Value of Buildings Completed (100 million yuan)
甘肃省	**Gansu**	**11328.26**	**3534.11**	**881.36**	**242.72**
住宅	Residential Buildings	7824.45	2620.69	654.98	180.79
办公楼	Office Buildings	327.07	94.45	3.40	1.19
商业营业用房	Houses for Business Use	1322.63	300.46	113.44	33.64
其他	Others	1854.11	518.51	109.54	27.10

10-18 各市（州）商品房屋销售情况（2020）
Sales of Commercialized Buildings by Region （2020）

市（州）	Region	商品房销售面积（万平方米）Floor Space of Commercialized Buildings Sold（10 000 sq.m）	#住宅 Residential Buildings	商品房销售额（亿元）Total Sale of Commercialized Buildings（100 million yuan）	#住宅 Residential Buildings
甘肃省	**Gansu**	**1967.92**	**1863.81**	**1293.41**	**1205.42**
兰州市	Lanzhou	848.82	797.94	711.19	659.13
嘉峪关市	Jiayuguan	41.44	38.06	19.00	17.63
金昌市	Jinchang	14.52	14.10	7.08	6.84
白银市	Baiyin	70.54	67.63	37.20	34.84
天水市	Tianshui	175.85	168.14	123.28	114.68
武威市	Wuwei	63.10	59.70	39.16	37.32
张掖市	Zhangye	117.35	107.68	41.11	36.26
平凉市	Pingliang	166.95	164.76	78.48	76.30
酒泉市	Jiuquan	109.08	96.31	50.06	42.18
庆阳市	Qingyang	91.77	89.07	54.75	52.94
定西市	Dingxi	158.31	151.19	77.90	73.80
陇南市	Longnan	69.34	68.92	36.26	36.05
临夏州	Linxia	36.59	36.12	16.26	15.84
甘南州	Gannan	4.26	4.19	1.68	1.61

10-19 各市（州）区房地产开发企业建设房屋面积和造价（2020）
Floor Space and Cost of Buildings Developed by Enterprises for Real Estate Development by Region（2020）

市（州）	Region	房屋施工面积（万平方米）Floor Space of Buildings under Construction（10 000 sq.m）	房屋竣工面积（万平方米）Floor Space of Buildings Completed（10 000 sq.m）	房屋建筑面积竣工率（%）Rate of Floor Space of Buildings Completed（%）	房屋竣工价值（万元）Value of Buildings Completed（10 000 yuan）	房屋竣工造价（元/平方米）Cost of Buildings Completed（yuan/sq.m）
甘肃省	**Gansu**	**11328.26**	**881.36**	**7.78**	**242.72**	**2754**
兰州市	Lanzhou	5175.74	198.32	3.83	57.78	2914
嘉峪关市	Jiayuguan	247.63	63.16	25.50	19.98	3164
金昌市	Jinchang	93.73	22.92	24.45	5.55	2421
白银市	Baiyin	515.95	84.91	16.46	25.42	2994
天水市	Tianshui	1165.99	70.39	6.04	18.00	2557
武威市	Wuwei	482.28	19.03	3.95	4.64	2437
张掖市	Zhangye	298.29	43.70	14.65	11.63	2661
平凉市	Pingliang	762.04	169.23	22.21	46.55	2751
酒泉市	Jiuquan	428.41	78.86	18.41	21.02	2665
庆阳市	Qingyang	597.50	26.38	4.41	6.03	2285
定西市	Dingxi	701.87	53.64	7.64	15.73	2932
陇南市	Longnan	342.60	4.57	1.33	0.94	2049
临夏州	Linxia	432.17	29.36	6.79	7.40	2522
甘南州	Gannan	84.06	16.89	20.09	2.05	1215

10-20 各地、县固定资产投资和新增固定资产增长情况（2020）
Growth Rate of Investment in Fixed Assets and Newly Increased Fixed Assetsby Region & County （2020）

单位：%　　　　(%)

地、县	Region & County	投资总额 Total Investment	第一产业 Primary Industry	第二产业 Secondary Industry	#工业 Industry	第三产业 Tertiary Industry	新增固定资产 Newly Increased Fixed Assets
兰州市	**Lanzhou**	**3.36**	**43.88**	**25.65**	**25.95**	**-0.86**	**-28.29**
城关区	Chengguan	-18.57		559.95	644.17	-22.79	-69.76
七里河区	Qilihe	20.10		5.75	7.46	20.59	-87.38
西固区	Xigu	-38.39	-34.18	-37.21	-37.21	-38.80	-48.40
安宁区	Anning	15.47		135.51	135.51	8.01	38.61
红古区	Honggu	9.10	63.05	39.04	39.04	-13.94	-45.34
永登县	Yongdeng	12.60	247.32	-53.20	-52.67	57.10	-48.34
皋兰县	Gaolan	11.33	85.42	90.20	90.20	7.69	93.76
榆中县	Yuzhong	13.34	-31.40	39.67	39.67	12.77	270.34
兰州新区	Lanzhou New Area	18.73	51.96	42.34	42.34	9.83	-37.91
嘉峪关市	**Jiayuguan**	**7.65**	**185.10**	**-26.33**	**-26.33**	**19.68**	**92.12**
金昌市	**Jinchang**	**9.81**	**140.05**	**14.60**	**13.83**	**-8.51**	**-59.38**
金川区	Jinchuan	5.26	171.80	15.80	16.12	-12.22	-64.02
永昌县	Yongchang	21.77	117.25	11.66	8.22	3.92	-27.29
白银市	**Baiyin**	**16.02**	**154.99**	**14.18**	**14.27**	**9.90**	**-12.14**
白银区	Baiyin	9.78		38.89	38.89	4.71	-6.15
平川区	Pingchuan	25.96	-52.90	-36.28	-36.12	92.41	-59.97
靖远县	Jingyuan	24.83	116.55	40.95	40.95	10.55	73.67
会宁县	Huining	21.18	358.55	46.49	46.49	16.02	-27.51
景泰县	Jingtai	10.70	287.97	29.19	29.19	-14.80	12.57
天水市	**Tianshui**	**13.62**	**-2.80**	**7.93**	**7.93**	**14.96**	**-21.62**
秦州区	Qinzhou	8.56	-39.79	72.51	72.51	6.29	-16.76
麦积区	Maiji	15.98	-80.04	-40.84	-40.84	24.38	49.64
清水县	Qingshui	24.87	-71.05	-52.63	-52.63	126.73	-7.75
秦安县	Qinan	9.13	39.94	48.53	48.53	5.23	63.32
甘谷县	Gangu	17.38	-38.00	-11.16	-11.16	24.74	-78.64
武山县	Wushan	16.58	368.37	21.88	21.88	2.03	15.73
张家川县	Zhangjiachuan	10.30	10.15	-23.11	-23.11	15.20	-98.05
天水经济技术开发区	Tianshui Economic and Technological Development Zone	34.83		50.32	50.32	23.10	-24.85
武威市	**Wuwei**	**13.41**	**90.06**	**0.37**	**0.37**	**9.44**	**2.29**
凉州区	Liangzhou	19.66	75.48	17.27	17.27	18.46	47.52
民勤县	Minqin	-4.88	-7.31	22.70	22.70	-11.61	-77.19
古浪县	Gulang	9.49	237.31	-45.71	-45.71	-11.51	-45.63
天祝县	Tianzhu	14.27	92.84	-20.69	-20.69	16.50	-17.07
张掖市	**Zhangye**	**8.24**	**67.94**	**-28.53**	**-29.20**	**15.29**	**16.21**

注：新增固定资产范围为计划总投资5000万元及以上项目和房地产开发投资项目。

a) The statistic scope of newly increased fixed assets covers projects and real estate development investment projects with total planned investment of 50 million yuan or more.

10-20 续表 1 continued

单位：% (%)

地、县	Region & County	投资总额 Total Investment	第一产业 Primary Industry	第二产业 Secondary Industry	#工业 Industry	第三产业 Tertiary Industry	新增固定资产 Newly Increased Fixed Assets
甘州区	Ganzhou	9.03	83.86	-15.53	-15.53	0.49	27.30
肃南县	Sunan	12.04	35.37	-39.68	-39.68	48.31	-50.51
民乐县	Minle	12.81	57.84	-47.08	-47.08	11.89	134.03
临泽县	Linze	10.14	67.98	-23.75	-27.49	14.18	4.71
高台县	Gaotai	-9.24	69.22	-41.29	-41.29	26.54	-59.31
山丹县	Shandan	12.77	49.52	-34.64	-34.64	28.09	200.22
平凉市	**Pingliang**	**14.34**	**71.18**	**61.62**	**61.62**	**7.40**	**24.19**
崆峒区	Kongtong	14.12	-8.48	29.19	29.19	12.19	28.36
泾川县	Jingchuan	0.12	731.50	–40.20	–40.20	–3.67	–67.01
灵台县	Lingtai	67.85	202.97	119.86	119.86	39.01	129.07
崇信县	Chongxin	34.68	20.95	-11.42	-11.42	85.60	-81.71
庄浪县	Zhuanglang	2.16	-78.46	69.59	69.59	1.44	1206.50
静宁县	Jingning	17.56	–14.54	206.39	206.39	6.12	–93.50
华亭市	Huating	3.44	-167.87	156.11	156.11	-11.83	34.15
酒泉市	**Jiuquan**	**12.07**	**48.47**	**7.20**	**5.14**	**12.45**	**13.71**
肃州区	Suzhou	20.00	39.35	13.99	13.42	18.48	-8.35
金塔县	Jinta	13.40	93.83	35.48	20.53	-12.77	51.16
瓜州县	Guazhou	13.26	43.73	10.80	10.16	12.84	113.95
肃北县	Subei	51.19	–76.90	91.23	90.61	23.62	–31.86
阿克塞县	Akesai	34.21		106.99	106.99	33.75	-89.41
玉门市	Yumen	8.46	118.07	-1.54	-1.54	23.65	-6.21
敦煌市	Dunhuang	-18.48	8.41	-59.20	-59.76	-1.63	-3.02
庆阳市	**Qingyang**	**26.68**	**2.27**	**–15.29**	**–17.92**	**38.78**	**116.32**
西峰区	Xifeng	11.67	214.39	-43.87	-43.87	34.83	246.19
庆城县	Qingcheng	19.38	23.71	54.49	54.49	14.04	-3.22
环　县	Huanxian	98.95	644.67	18.97	18.97	107.21	731.77
华池县	Huachi	9.43	-34.94	36.77	-35.65	9.23	-30.93
合水县	Heshui	11.27	35.03	-53.83	-53.83	20.23	35.28
正宁县	Zhengning	9.15	-2.72	-67.66	-67.66	22.60	50.06
宁　县	Ningxian	12.29	–55.86	12.65	12.65	25.77	–51.25
镇原县	Zhenyuan	13.65	24.79	-34.48	-34.48	24.62	-29.81
定西市	**Dingxi**	**15.76**	**–48.12**	**–4.94**	**–4.94**	**23.55**	**65.01**
安定区	Anding	16.72	-17.32	-5.18	-5.18	21.20	100.77
通渭县	Tongwei	23.42	-76.55	-7.86	-7.86	42.57	33.58

10-20 续表 2 continued

单位：%　　　　　　　　　　　　　　　　　　　　　　　　　　　　　　　　　　　　(%)

地、县	Region & County	投资总额 Total Investment	第一产业 Primary Industry	第二产业 Secondary Industry	#工业 Industry	第三产业 Tertiary Industry	新增固定资产 Newly Increased Fixed Assets
陇西县	Longxi	16.42	-76.65	91.33	91.33	12.45	28.77
渭源县	Weiyuan	15.50	-14.55	-29.39	-29.39	28.84	28.94
临洮县	Lintao	15.50	-63.51	-19.28	-19.28	38.03	34.11
漳　县	Zhangxian	5.00	94.16	-12.33	-12.33	5.36	4134.20
岷　县	Minxian	16.10	-92.55	-72.10	-72.10	40.32	-77.11
陇南市	**Longnan**	**-26.75**	**-62.73**	**-44.11**	**-46.85**	**-22.39**	**112.13**
武都区	Wudu	-9.14	102.96	-35.98	-35.98	-8.28	7.13
成　县	Chengxian	-34.77	-86.13	-56.91	-61.19	-20.24	495.29
文　县	Wenxian	-18.98	-90.85	74.79	27.29	-19.95	7.29
宕昌县	Tanchang	-62.71	-63.07	-36.23	-36.23	-63.92	-46.74
康　县	Kangxian	20.63		-32.28	-32.28	33.78	
西和县	Xihe	-38.24	-69.08	-64.01	-64.01	-24.22	2050.14
礼　县	Lixian	9.26	-79.47	-6.30	-6.30	25.43	354.19
徽　县	Huixian	-41.09	1550.75	-73.25	-73.25	-35.66	175.87
两当县	Liangdang	-57.55	177.64	72.01	72.01	-64.38	111.95
临夏州	**Linxia**	**26.98**	**79.20**	**-58.82**	**-58.22**	**51.07**	**-21.94**
临夏市	linxia	15.10		-87.29	-87.29	29.53	-97.00
临夏县	linxia	33.29	168.73	-45.68	-45.68	37.31	-67.21
康乐县	Kangle	-19.77	-29.07	-82.81	-80.34	-0.07	-60.47
永靖县	Yongjing	9.54		-29.88	-29.88	41.39	81.24
广河县	Guanghe	2.63	6.96	-79.92	-79.92	54.89	-6.63
和政县	Hezheng	5.86		-15.25	-15.25	9.78	94.96
东乡县	Dongxiang	108.81	2158.57	-64.63	-64.63	146.38	93.40
积石山县	Jishishan	97.95		-62.82	-62.82	147.98	
甘南州	**Gannan**	**-22.82**	**-42.93**	**-41.90**	**-41.44**	**-20.27**	**-14.24**
合作市	Hezuo	-11.05		-77.49	-77.49	-4.17	73.55
临潭县	Lintan	-12.29	-69.46	-97.98	-97.98	23.62	-11.54
卓尼县	Zhuoni	-25.17	-69.16	-44.74	-44.74	-21.96	-62.07
舟曲县	Zhouqu	-43.48		-8.62	22.63	-46.34	-0.20
迭部县	Diebu	-45.13	175.84	-8.31	-8.31	-48.66	-34.98
玛曲县	Maqu	-21.45	-49.89	80.52	80.52	-35.96	
碌曲县	Luqu	-10.35	1528.96	26.29	26.29	-16.71	-23.65
夏河县	Xiahe	-12.09	-76.25	-36.04	-36.04	-6.45	

主要统计指标解释

固定资产投资（不含农户） 指城镇和农村各种登记注册类型的企业、事业、行政单位及城镇个体户进行的计划总投资500万元及500万元以上的建设项目投资和房地产开发投资，包含原口径的城镇固定资产投资加上农村企事业组织项目投资，该口径自2011年起开始使用。

基础设施投资 指为社会生产和生活提供基础性、大众性服务的工程和设施，是社会赖以生存和发展的基本条件。包括以下行业投资：铁路运输业、道路运输业、水上运输业、航空运输业、管道运输业、多式联运和运输代理业、装卸搬运业、邮政业、电信广播电视和卫星传输服务业、互联网和相关服务业、水利管理业、生态保护和环境治理业、公共设施管理业。

实际到位资金 指用于固定资产投资的各种货币资金。包括国家预算资金、国内贷款、利用外资、自筹资金和其他资金。

国家预算资金 国家预算包括一般预算、政府性基金预算、国有资本经营预算和社保基金预算。各类预算中用于固定资产投资的资金全部作为国家预算资金填报，其中一般预算中用于固定资产投资的部分包括基建投资、车购税、灾后恢复重建基金和其他财政投资。各级政府债券也应归入国家预算资金。

国内贷款 指报告期固定资产投资项目单位向银行及非银行金融机构借入用于固定资产投资的各种国内借款，包括银行利用自有资金及吸收存款发放的贷款、上级拨入的国内贷款、国家专项贷款（包括煤代油贷款、劳改煤矿专项贷款等），地方财政专项资金安排的贷款、国内储备贷款、周转贷款等。

利用外资 指报告期收到的境外（包括外国及港澳台地区）资金（包括设备、材料、技术在内）。包括对外借款（外国政府贷款、国际金融组织贷款、出口信贷、外国银行商业贷款、对外发行债券和股票）、外商直接投资、外商其他投资（包括利用外商投资收益在国内进行固定资产再投资活动的资金）。不包括我国自有外汇资金（国家外汇、地方外汇、留成外汇、调剂外汇和国内银行自有资金发放的外汇贷款等）。各类外资按报告期的外汇牌价（中间价）折成人民币计算。

自筹资金 指固定资产投资单位在报告期收到的，由各企、事业单位筹集用于固定资产投资的资金，包括各类企事业单位的自有资金和从其他单位筹集的用于固定资产投资的资金，但不包括各类财政性资金、从各类金融机构借入资金和国外资金。

其他资金来源 指在报告期收到的除以上各种资金之外的用于固定资产投资的资金。包括社会集资、个人资金、无偿捐赠的资金及其他单位拨入的资金等。

固定资产投资按国民经济行业分 指根据其从事的社会经济活动性质对各类单位进行的分类。应根据建设项目建成投产后的主要产品种类或主要用途及社会经济活动种类来划分，不能根据项目单位本身的行业类别来划分。如果项目投产后有几种产品，应根据主要产品来确定行业类别。一般情况下，一个建设项目只能属于一种国民经济行业。

固定资产投资按隶属关系分 是按建设单位或企业、事业、行政单位的主管上级机关确定的。

（1）中央 是指中共中央、人大常委会和国务院各部、委、局、总公司以及直属机构直接领导的建设项目和企业、事业、行政单位。这些单位的固定资产投资计划由国务院各部门直接编制和下达，统一组织或委托下级实施。包括有中央垂直管理的部门（如国家统计局各级调查队）和中央直属企业、事业单位（如工商银行、中国电信、中国石油）等。

（2）地方 是由省（自治区、直辖市）、地（区、市、州、盟）、县（区、市、旗）三级政府及业务主管部门直接领导和管理的建设项目、企业、事业、行政单位。地方项目还包括不隶属以上各级政府及主管部门的建设项目和企业、事业单位，如外商投资企业和无主管部门的企业等。

房地产开发投资 指各种登记注册类型的房地产开发法人单位统一开发的包括统代建、拆迁还建的住宅、厂房、仓库、饭店、宾馆、度假村、写字楼、办公楼等房屋建筑物，配套的服务设施，土地开发工程（如道路、给水、排水、供电、供热、通讯、平整场地等基础设施工程）和土地购置的投资；不包括单纯的土地开发和交易活动。

固定资产投资按建设性质分 按整个建设项目情况来确定。建设项目的性质一般分为新建、扩建、改建和技术改造、单纯建造生活设施、迁建、恢复、单纯购置。房地产开发单位、农户投资不划分建设性质。

（1）新建 指从无到有“平地起家”开始建设的项目。现有企业、事业、行政单位投资的项目一般不属于新建。但如有的单位原有基础很小，经过建设后新增的固定资产价值超过该企业、事业、行政单位原有固定资产价值（原值）三倍以上的，也应作为新建。

（2）扩建 指在厂内或其他地点，为扩大原有产品的生产能力（或效益）或增加新的产品生产能力，而增建的生产车间（或主要工程）、分厂、独立的生产线的企业、事业单位。行政、事业单位在原单位增建业务性用房（如学校增建教学用房、医院增建门诊部、病房等）也作为扩建。

现有企、事业单位为扩大原有主要产品生产能力或增加新的产品生产能力，增建一个或几个主要生产车间（或主要工程）、分厂，同时进行一些更新改造工程的，也应作为扩建。

（3）改建和技术改造 指现有企业、事业单位对原有设施进行技术改造或更新（包括相应配套的辅助性生产、生活福利设施）的建设项目。改建项目包括现有企业、事业单位为适应市场变化的需要，而改变企业的主要产品种类（如军工企业转民产品等）的建设项目，原有产品生产作业线由于各工序（车间）之间能力不平衡，为填平补齐充分发挥原有生产能力而增建不增加本企业主要产品设计能力的车间的建设项目。技术改造是指企业、事业单位在现有基础上，用先进的技术代替落后的技术，用先进的工艺和装备代替落后的工艺和装备，以改变企业落后的技术经济面貌，实现以内涵为主的扩大再生产，达到提高产品质量、促进产品更新换代、节约能源、降低消耗、扩大生产规模、全面提高社会经济效益的目的。技术改造具体包括以下内容：机器设备和工具的更新改造；生产工艺改革、节约能源和原材料的改造；厂房建筑和公共设施的改造；保护环境进行的“三废”治理改造；劳动条件和生产环境的改造等。

固定资产投资按构成分

（1）建筑工程 指各种房屋、建筑物的建造工程，又称建筑工作量。这部分投资额必须兴工动料，通过施工活动才能实现，是固定资产投资额的重要组成部分。

（2）安装工程 指各种设备、装置的安装工程，又称安装工作量。

在安装工程中，不包括被安装设备本身价值。

（3）设备工具器具购置 指报告期内购置或自制的，达到固定资产标准的设备、工具、器具的价值。新建单位及扩建单位的新建车间，按照设计或计划要求购置或自制的全部设备、工具、器具，不论是否达到固定资产标准均计入“设备工具器具购置”中。

（4）其他费用 指在固定资产建造和购置过程中发生的，除建筑安装工程和设备、工器具购置投资完成额以外的应当分摊计入固定资产投资的费用，不指经营中财务上的其他费用。

施工项目个数 是指本年正式进行过建筑或安装施工活动的建设项目个数。包括本年新开工项目，以前年度开工跨入本年继续施工项目，本年全部建成投产项目、以前年度全部停缓建在本年恢复施工的项目，本年进行过施工又在本年内全部停缓建的项目。施工项目个数可以反映一定时期固定资产投资的实际规模，与同期全部建成投产项目个数相比，可以从建设速度的角度反映固定资产投资的效果。

本年投产项目个数 指报告期内按设计文件规定建成主体工程和相应配套的辅助设施，形成生产能力或工程效益，经过验收合格，并且已正式投入生产或交付使用的建设项目。

新增固定资产 是指已经完成建造和购置过程，并已交付生产或使用单位的固定资产的价值，包括已经建成投入生产或交付使用的工程投资和达到固定资产标准的设备、工具、器具的投资及有关应摊入的费用。该指标是表示固定资产投资成果的价值指标，也是反映建设进度，计算固定资产投资效果的重要指标。

11 对外经济贸易

Foreign Trade and Economic Cooperation

简要说明

一、本篇资料主要内容

本篇资料综合反映对外贸易、利用外资、对外经济合作的概况，重点反映对外经济贸易的近期发展状况。

二、本篇资料来源

本篇资料由省统计局贸易外经处搜集整理。数据来源于兰州海关、省商务厅、省市场监督管理局。

11-1 对外经济贸易
Foreign Trade and Economic Cooperation

指　标	Item	2015	2018	2019	2020
进出口总额（人民币 万元）	**Total Value of Imports and Exports（RMB 10 000 yuan）**	**4930694**	**3945200**	**3802552**	**3802887**
出口总额	Total Exports	3610579	1449692	1313308	856364
进口总额	Total Imports	1320114	2495508	2489244	2946523
进出口差额	Balance	2290465	-1045816	-1175936	-2090159
进出口总额（美元 万美元）	**Total Value of Imports and Exports（USD 10 000）**	**793797**	**599860**	**551782**	**549823**
出口总额	Total Exports	580991	219713	190667	123768
进口总额	Total Imports	212806	380147	361115	426055
进出口差额	Balance	368185	-160434	-170448	-302286
外商直接投资合同项目（个）	**Number of Projects for Contracted Foreign Direct Investment (unit)**	**22**	**16**	**17**	**23**
实际使用外资额（万美元）	**Total Amount of Foreign Investment Actually Utilized (USD 10 000)**	**46036**	**5041**	**8205**	**8875**
外商直接投资	Foreign Direct Investments	11036	5041	8205	8875
外商其他投资	Other Foreign Investments	35000			
外商投资企业基本情况	**Registered Foreign-funded Enterprises**				
年底登记户数（户）	Number of Registered Enterprises (household)	2130	2342	2554	2532
投资总额（万美元）	Total Investment (USD 10 000)	765703	2361688	2361650	2593102
注册资本（万美元）	Registered Capital (USD 10 000)	331937	1689472	1348115	1851593
#外方	Capital from Foreign Investors	231589	1558003	1701684	1703654
对外经济合作（亿美元）	**Economic Cooperation with Foreign Countries & Regions (USD 100 million)**				
对外承包工程金额	Contracted Projects of Contracted Value	8.5	2.3	5.2	4.9
对外承包工程完成营业额	Contracted Projects of Value of Turnover Fulfilled	2.9	3.5	3.9	2.9

注：2016 年起，实际使用外资额不含对外借款（以下相关表同）。
s） Since 2016, data of total amount of foreign Investment actually utilized exclude the foreign loans. The same applies to all tables following.

11-2 历年进出口贸易总额
Total Value of Imports and Exports

年份 Year	人民币（万元） RMB (10 000 yuan)				美元（万美元） USD 10 000			
	进出口总额 Total Imports & Exports	出口总额 Total Exports	进口总额 Total Imports	差额 Balance	进出口总额 Total Imports & Exports	出口总额 Total Exports	进口总额 Total Imports	差额 Balance
1978	5941	5941		5941	3454	3454		3454
1979	5905	5905		5905	3972	3972		3972
1980	5883	5883		5883	3927	3927		3927
1981	8871	7683	1188	6495	5129	4336	793	3543
1982	8850	7743	1107	6636	5069	4330	739	3591
1983	10151	8529	1622	6907	5695	4612	1083	3529
1984	20638	15849	4789	11060	6631	4573	2058	2515
1985	37917	29382	8535	20847	10004	7098	2906	4192
1986	59353	47126	12227	34899	13648	10107	3541	6566
1987	68291	57706	10585	47121	15504	12660	2844	9816
1988	67085	61837	5248	56589	16624	15205	1419	13786
1989	103668	87955	15713	72242	18674	15338	3336	12002
1990	102965	95208	7757	87451	20221	18574	1647	16927
1991	144052	131730	12322	119408	27649	25284	2365	22919
1992	231656	195936	35720	160215	41590	35177	6413	28764
1993	275937	161578	114359	47219	48435	28347	20088	8259
1994	431631	316295	115336	200959	50960	37343	13617	23726
1995	253405	182413	70984	111429	30494	21951	8542	13409
1996	395553	225972	169581	56391	47135	26778	20356	6422
1997	398636	299860	98776	201084	51169	37778	13392	24386
1998	333804	269367	64437	204930	40235	32470	7765	24705
1999	207420	183338	24082	159256	36756	31698	5059	26639
2000	138443	88910	49533	39377	56159	41154	15005	26149
2001	632868	387253	245616	141637	76446	46782	29664	17118
2002	619051	445979	173072	272906	74800	53884	20916	32968
2003	957324	722688	234636	488052	115638	87307	28331	58976
2004	1409383	822956	586427	236529	170445	99433	71012	28421
2005	1622417	895867	726551	169316	197291	108739	88553	20186
2006	1948685	1097175	851510	245665	243558	136977	106582	30395
2007	4187046	1278382	2908665	-1630283	545251	165839	379412	-213573
2008	4282281	1128113	3154168	-2026055	606591	160186	446406	-286220
2009	2626227	501614	2124613	-1622999	384877	73472	311405	-237933
2010	5012219	1107380	3904838	-2797458	738134	163128	575007	-411879
2011	5689344	1408736	4280608	-2871872	872451	215301	657149	-441848
2012	5609061	2244865	3364196	-1119332	888684	355863	532821	-176958
2013	6427541	2889925	3537616	-647691	1034006	464845	569162	-104317
2014	5254735	3251919	2002817	1249102	856550	530342	326209	204133
2015	4930694	3610579	1320114	2290465	793797	580991	212806	368185
2016	4483861	2647724	1836137	811587	681253	404671	276582	128089
2017	3254150	1147573	2106576	-959003	481560	170041	311519	-141478
2018	3945200	1449692	2495508	-1045816	599860	219713	380147	-160434
2019	3802552	1313308	2489244	-1175936	551782	190667	361115	-170448
2020	3802887	856364	2946523	-2090159	549823	123768	426055	-302286

注：货物进出口差额负数为逆差。

a) A negative balance indicates trade deficit.That is,imports surpassing exports.

11-3 甘肃省同主要国家（地区）海关进出口总额（2020）
Value of Imports and Exports by Main Country (Region) of Gansu Province (2020)

单位：万元 (10 000 yuan)

地区	Region	进出口总额 Total	出口总额 Exports	进口总额 Imports
甘肃省	**Gansu**	**3802887**	**856364**	**2946523**
#中国香港	Hongkong,China	222030	218697	3332
中国台湾	Taiwan,China	181118	47743	133376
印度	India	9914	7813	2101
印度尼西亚	Indonesia	90375	24815	65561
日本	Japan	118246	18499	99747
马来西亚	Malaysia	34144	12284	21860
蒙古	Mongolia	372669	3113	369555
新加坡	Singapore	108536	23632	84905
韩国	the Republic of Korea	139743	38397	101346
泰国	Tailand	18716	16845	1871
哈萨克斯坦	Kazakhstan	748139	13117	735022
英国	United Kingdom	30258	8152	22105
法国	France	11878	8610	3267
比利时	Belgium	5100	4673	427
德国	Germany	72959	33948	39011
意大利	Italy	26401	15646	10755
荷兰	Netherlands	41327	29151	12176
瑞士	Switzerland	1653	393	1260
俄罗斯	Russia	109162	19511	89650
巴西	Brazil	54482	21682	32800
智利	Chile	113029	1640	111390
加拿大	Canada	52255	6229	46026
美国	United States	82656	64902	17755
澳大利亚	Australia	210021	13012	197009
新西兰	New Zealand	2122	1134	988

11-4 海关出口主要商品金额（2020）
Main Export Commodities in Value （2020）

单位：万元 （10 000 yuan）

品　名	Item	商品金额 Commodity Value
农产品	Agriculture Products	856364
医药材及药品	Medical Materials and Drugs	18568
塑料制品	Plastic Products	2740
服装及衣着附件	Clothing and Accessories	9154
陶瓷产品	Ceramic Products	5709
铁合金	Ferroalloy	6805
未锻轧铝及铝材	Wrought and Rolled Aluminium and Aluminium Products	11538
家具及其零件	Furniture and Its Parts	2921
玩具	Toys	3315
体育用品及设备	Sporting Goods and Equipment	735
机电产品	Electromechanical Products	453319
#电工器材	Electrical Equipment	117457
电子元件	Electronic Component	214447
#集成电路	Integrated Circuit	204732
高新技术产品	New and High-tech Product	255791
生物技术	Biotechnology	1676
生命科学技术	Life science and Technology	7676
光电技术	Photoelectric Technology	2305
计算机与通信技术	Computer and Communication Technology	6514
电子技术	Electronic Technique	236308
计算机集成制造技术	Computer Integrated Manufacturing Technology	940
材料技术	Material Technology	326
航空航天技术	Aerospace Technology	46
电动载人汽车	Electric Passenger Car	
纯电动客车（10座及以上）	Pure Electric Bus （10 seats and above）	
文化产品	Cultural Products	11433

11-5 海关进口主要商品金额（2020）
Main Import Commodities in Value （2020）

单位：万元 （10 000 yuan）

品　名	Item	商品金额 Commodity Value
农产品	Agriculture Products	78027
金属矿及矿砂	Metal ore and Sand	1589931
基本有机化学品	Basic Organic Chemicals	10497
医药材及药品	Medical Materials and Drugs	11145
美容化妆品及洗护用品	Cosmetics and Toiletries	2048
初级形状的塑料	Plastic in Primary Shape	1792
塑料制品	Plastic Products	1352
天然及合成橡胶（包括胶乳）	Natural and Synthetic Rubber （Including Latex）	
木及其制品	Wood and Its Products	9620
纸浆、纸及其制品	Pulp, Paper and Its Products	261
纺织纱线、织物及其制品	Textile Yarn, Fabric and Its Products	12676
钢材	Steel Products	3716
未锻轧铜及铜材	Unwrought Rolled Copper and Copper Products	213093
未锻轧铝及铝材	Wrought and Rolled Aluminium and Aluminium Products	431
机电产品	Electromechanical Products	396402
#电工器材	Electrical Equipment	1124
电子元件	Electronic Component	243994
#集成电路	Integrated Circuit	1929993
高新技术产品	New and High-tech Product	293651
生命科学技术	Life science and Technology	5111
光电技术	Photoelectric Technology	10536
计算机与通信技术	Computer and Communication Technology	16809
电子技术	Electronic Technique	225478
计算机集成制造技术	Computer Integrated Manufacturing Technology	33412
材料技术	Material Technology	6
航空航天技术	Aerospace Technology	2226
其他技术	Other Technologies	73
文化产品	Cultural Products	49

11-6 利用外资
Utilization of Foreign Capital

单位：个、万美元 (unit,USD 10 000)

年 份 Year	总计 Total		对外借款 Foreign Loans		外商直接投资 Direct Foreign Investments	
	项目 Number of Projects	金额 Value	项目 Number of Projects	金额 Value	项目 Number of Projects	金额 Value
签订利用外资协议（合同）额 Total Amount of Foreign Capital to be Utilized through the Signed Agreements and Contracts						
1995	177	44199	21	25224	156	18975
1996	138	34365	16	25813	122	8552
1997	69	30882	7	20160	62	10722
1998	72	27995	4	19631	68	8364
1999	73	28592	5	19150	68	9442
2000	84	32250	8	19910	76	12340
2001	78	26230	6	10720	72	15510
2002	63	32026	12	21000	51	11026
2003	73	69464	14	45000	59	24464
2004	92	57031	29	24467	63	32564
2005	51	53996	17	40600	34	13396
2006	49	53533	11	44977	38	8556
2007	44	34242	9	19080	35	15162
2008	49	35776	12	6840	37	28936
2009	32	79533	6	45000	26	34533
2010	32	44015	4	25000	28	19015
2011	34	60222	6	33500	28	26722
2012	27	43587	7	25000	20	18587
2013	22	93662	4	41000	18	52662
2014						
2015	26	78603	4	35000	22	43603
2016	30	1375038			30	1375038
2017	11	39569			11	39569
2018	16	29003			16	29003
2019	17	130675			17	130675
2020	23	6593			23	6593

11-6 续表 continued

单位：个、万美元 (unit,USD 10 000)

年 份 Year	金额总计 Total	对外借款 Foreign Loans	外商直接投资 Direct Foreign Investments
实际利用外资额 **Total Amount of Foreign Investment Actually Utilized**			
1995	35854	24900	10954
1996	29317	20315	9002
1997	21638	16368	5270
1998	14552	10688	3864
1999	20746	16642	4104
2000	20122	13887	6235
2001	20558	13119	7439
2002	22620	17392	5228
2003	24609	20722	3887
2004	26297	22758	3539
2005	25639	23595	2044
2006	27241	24287	2954
2007	38202	26400	11802
2008	47642	34800	12842
2009	51383	38000	13383
2010	51921	38400	13521
2011	38524	31500	7024
2012	37210	31100	6110
2013	39129	32000	7129
2014	45542	35510	10032
2015	46036	35000	11036
2016	11588		11588
2017	4356		4356
2018	5041		5041
2019	8205		8205
2020	8875		8875

11-7 外商直接投资项目和投资额（2020）
Foreign Investment Through Signed Contract and It's Value （2020）

单位：万美元 （USD 10 000）

项　目	Rtem	签订合同项目（个）Number of Contracts (unit)	签订合同投资额 Contracted Value	实际吸收外资金额 Amount of Foreign Capital Actually Used
甘肃省	**Gansu**	**23**	**6593**	**8875**
按登记注册类型分	**By Investment Manner**			
合资经营	Equity Jonint Venture	11	2906	1596
合作经营	Contractual Jonint Venture			
外资经营	Wholly Foreign-owned Enterprise	11	3535	7279
外商投资股份制	FDI Shareholding Inc.	1	152	
其他	Others			
按行业分	**By Sector**			
农、林、牧、渔业	Agriculture, Forestry, Animal Husbandry and Fishery	1	391	205
采矿业	Mining	1	149	
制造业	Manufacturing	6	1668	2550
电力、燃气及水生产和供应业	Production and Supply of Electricity, Gas and Water	2	1953	2959
建筑业	Construction			
交通运输、仓储和邮政业	Transport, Storage and Post			147
信息传输、软件和信息技术服务业	Information Transmission,Software and Information Technology			
批发和零售业	Wholesale and Retail Trades	2	907	72
住宿和餐饮业	Hotels and Catering Services			
金融业	Financial Intermediation			
房地产业	Real Estate			
租赁和商务服务业	Leasing and Business Services	4	735	
科学研究、技术服务和地质勘查业	Scientific Research, Technical Service and Geologic Prospecting	5	148	
水利、环境和公共设施管理业	Management of Water Conservancy, Environment and Public Facilities	1	152	2911
居民服务和其他服务业	Services to Households and Other Services			
教育	Education			
卫生和社会工作	Health and Social Service	1	490	
文化、体育和娱乐业	Culture, Sports and Entertainment			31
公共管理和社会组织	Public Management and Social Organizations			
其他	Others			
按国别（地区）分	**By Countries or Regions**			
中国香港	Hong Kong,China	13	3855	2269
新加坡	Singapore	1	365	4196
阿拉伯联合酋长国	United Arab Emirates			
加纳	Ghana			
中国台湾	Taiwan,China	3	69	38
英国	United Kingdom			
德国	Germany			
荷兰	Netherlands			
西班牙	Spain			
芬兰	Finland			
瑞典	Sweden			
英属维尔京群岛	British Virgin Islands			
加拿大	Canada			
美国	United States	1	30	87
澳大利亚	Australia			
其他	Others	5	2274	2285

11-8 年末登记外商投资企业行业分布情况（2020）
Sector Distribution Registered of Foreign-Funded Enterprises at the Year-end （2020）

行 业	Sector	企业数（户）Number of Registered Enterprises (unit)	投资总额（万美元）Total Investment (USD 10 000)	注册资本（万美元）Registered Capital (USD 10 000)	#外方 Capital Invested by Foreign Partner
甘肃省	**Gansu**	**2532**	**2593102**	**1851593**	**1703654**
农、林、牧、渔业	Agriculture, Forestry, Animal Husbandry and Fishery	52	181510	98548	80493
采矿业	Mining	7	13914	5058	5032
制造业	Manufacturing	140	1392748	1347636	1310642
电力、燃气及水生产和供应业	Production and Supply of Electricity, Gas and Water	48	460735	130364	106922
建筑业	Construction	20	18216	3497	3108
交通运输、仓储和邮政业	Transport, Storage and Post	21	59864	3231	2178
信息传输、软件和信息技术服务业	Information Transmission,Software and Information Technology	1148	13689	12246	11099
批发和零售业	Wholesale and Retail Trades	389	55363	37581	24925
住宿和餐饮业	Hotels and Catering Services	124	8196	5798	2553
金融业	Financial Intermediation	92	21068	17830	2349
房地产业	Real Estate	33	112298	8783	4495
租赁和商务服务业	Leasing and Business Services	280	153667	142539	117220
科学研究、技术服务和地质勘查业	Scientific Research, Technical Service and Geologic Prospecting	22	16606	10554	7743
水利、环境和公共设施管理业	Management of Water Conservancy, Environment and Public Facilities	7	48278	15195	1489
居民服务和其他服务业	Services to Households and Other Services	129	596	563	548
教育	Education	2	72	72	72
卫生和社会工作	Health and Social Service	3	25000	1041	53
文化、体育和娱乐业	Culture, Sports and Entertainment	12	11281	11056	8852
其他	Others	3			

11-9 各市（州）进出口及外商投资企业进出口商品总值（2020）

Import and Export Value and Total Value of Imports and Exports Commodities of Foreign Funded Enterprises by Region （2020）

单位：万元 （10 000 yuan）

市（州）	Region	进出口商品总值 Total Value of Imports and Exports Commodities		
		进出口 Total	出口 Exports	进口 Imports
甘肃省	**Gansu**	**3802887.38**	**856364.37**	**2946523.01**
兰州市	Lanzhou	1029168.88	326293.93	702874.95
嘉峪关市	Jiayuguan	119675.23	5252.12	114423.11
金昌市	Jinchang	1377798.10	37330.24	1340467.86
白银市	Baiyin	655712.83	59449.53	596263.30
天水市	Tianshui	392965.49	240499.90	152465.58
武威市	Wuwei	42174.99	25925.87	16249.11
张掖市	Zhangye	26167.28	24498.19	1669.09
平凉市	Pingliang	27648.14	21501.18	6146.95
酒泉市	Jiuquan	62091.56	58113.20	3978.37
庆阳市	Qingyang	15859.22	15663.00	196.22
定西市	Dingxi	19939.06	8254.30	11684.77
陇南市	Longnan	19733.07	19642.11	90.96
临夏州	Linxia	12113.34	12100.98	12.37
甘南州	Gannan	1840.20	1839.83	0.37

11-9 续表 continued

单位：万元 (10 000 yuan)

市（州）	Region	外商投资企业进出口商品总值 Total Value of Imports and Exports Commodities of Foreign-funded Enterprises		
		进出口 Total	出口 Exports	进口 Imports
甘肃省	**Gansu**	**47853.88**	**10159.50**	**37694.38**
兰州市	Lanzhou	42647.83	5444.14	37203.70
嘉峪关市	Jiayuguan			
金昌市	Jinchang	11.82	11.82	
白银市	Baiyin	3038.15	3038.15	
天水市	Tianshui	616.42	199.22	417.20
武威市	Wuwei			
张掖市	Zhangye	645.83	572.68	73.15
平凉市	Pingliang			
酒泉市	Jiuquan			
庆阳市	Qingyang			
定西市	Dingxi			
陇南市	Longnan			
临夏州	Linxia	852.46	852.46	
甘南州	Gannan	41.37	41.04	0.34

11-10 各市（州）外商直接投资合同项目和投资额（2020）

Foreign Investment Through Signed Contract and It's Value by Region (2020)

市（州）	Region	签订合同项目（个） Number of Contracts (unit)	签订合同投资额（万美元） Contracted Value (USD 10 000)	实际吸收外资金额（万美元） Amount of Foreign Capital Actually Attracted (USD 10 000)
甘肃省	**Gansu**	**23**	**6593**	**8875**
兰州市	Lanzhou	8	2265	6293
嘉峪关市	Jiayuguan			149
金昌市	Jinchang	3	688	
白银市	Baiyin			
天水市	Tianshui	2	89	12
武威市	Wuwei	3	345	683
张掖市	Zhangye	2	223	516
平凉市	Pingliang			568
酒泉市	Jiuquan	3	2102	525
庆阳市	Qingyang	1	391	
定西市	Dingxi			114
陇南市	Longnan	1	490	
临夏州	Linxia			15
甘南州	Gannan			

主要统计指标解释

进出口总额 指实际进出我国国境的货物总金额。包括对外贸易实际进出口货物，来料加工装配进出口货物，国家间、联合国及国际组织无偿援助物资和赠送品，华侨、港澳台同胞和外籍华人捐赠品，租赁期满归承租人所有的租赁货物，进料加工进出口货物，边境地方贸易及边境地区小额贸易进出口货物（边民互市贸易除外），中外合资企业、中外合作经营企业、外商独资经营企业进出口货物和公用物品，到、离岸价格在规定限额以上的进出口货样和广告品（无商业价值、无使用价值和免费提供出口的除外），从保税仓库提取在中国境内销售的进口货物，以及其他进出口货物。该指标可以观察一个国家在对外贸易方面的总规模。我国规定出口货物按离岸价格统计，进口货物按到岸价格统计。

进出口货物的收发货人 指在海关备案（原为注册）的对外签订并执行进出口贸易合同的中国境内法人、其他组织或个人。

进出口货物 我国境内法人和其他组织、个人及一般贸易、加工贸易、补偿贸易、保税监管场所进出境货物、易货贸易、国际援助物资或捐赠品等贸易方式进出境的货物。

利用外资 指我国各级政府、部门、企业和其他经济组织通过对外借款、吸收外商直接投资以及用其他方式筹措的境外现汇、设备、技术等。

对外借款 指通过对外正式签订借款协议，从境外筹措的资金，包括外国政府贷款、国际金融组织贷款、外国银行商业贷款、出口信贷以及对外发行债券等。1996 年及以前还包括对外发行股票。该指标是我国利用外资的重要部分。

外商直接投资 是指外国投资者在我国境内通过设立外商投资企业、合伙企业、与中方投资者共同进行石油资源的合作勘探开发以及设立外国公司分支机构等方式进行投资。外国投资者可以用现金、实物、无形资产、股权等投资，还可以用从外商投资企业获得的利润进行再投资。

外商其他投资 指除对外借款和外商直接投资以外的各种利用外资的形式。包括企业在境内外股票市场公开发行的以外币计价的股票（目前主要是在香港证券市场发行的 H 股和在境内证券市场发行的 B 股）发行价总额，国际租赁进口设备的应付款，补偿贸易中外商提供的进口设备、技术、物料的价款，加工装配贸易中外商提供的进口设备、物料的价款。

对外承包工程 根据《对外承包工程管理条例》，对外承包工程是指中国的企业或者其他单位承包境外建设工程项目的活动。

对外劳务合作 指组织劳务人员赴其他国家或地区为国外的企业或机构工作的经营性活动。

12

农　业

Agriculture

简要说明

一、本篇资料的主要内容

本篇资料反映了农业生产和农村经济的基本情况，主要包括农林牧渔业总产值、增加值、主要农产品产量、农业机械年末拥有量、农村电气化和农业化学化情况以及农田水利建设等方面的内容。

二、本篇资料的来源

1. 农业资料来源于农村社会经济统计年报，由省统计局农村处整理提供。

2. 粮食产量数据来源于国家统计局甘肃调查总队。

3. 水利资料来源于省水利厅。

4. 农机资料来源于省农业农村厅。

三、本篇资料的统计范围和统计口径

农村社会经济统计报表制度的统计范围包括省内全部农村社会经济情况，以及国营、机关单位农林牧渔场的农林牧渔业生产情况。农业科研单位的农业实验研究生产、军队系统的军马场生产以及军队和公安司法部门的警犬生产除外。

本篇资料中 2003 年及以后年份的农林牧渔业总产值、增加值按新口径计算。即调整了农业中种植业和其他农业的分类，增加农林牧渔服务业统计。

根据第一、二和第三次全国农业普查结果，对农业产值、增加值等历史数据进行了修订。

根据第二次全国农业普查结果，对 1997—2006 年畜牧业数据进行了修订。

根据第三次全国农业普查结果，对 2007—2017 年种植业、园林水果、畜牧业及渔业数据进行了修订。

12-1 农村基层组织情况
Basic Conditions of Rural Grass-roots Unit

项 目	Item	2010	2015	2018	2019	2020
村民委员会（个）	Number of Village Committee (unit)	16162	16133	16118	16059	15056
村民小组（个）	Villagers Group (unit)	96998	97431	97186	97156	97392
农村户数（万户）	Number of Rural Households (10 000 households)	480.63	493.76	505.47	508.61	515.34
农村人口（万人）	Rural Population (10 000 persons)	2087.61	2075.19	2074.27	2059.12	2062.88
农村从业人员（万人）	Number of Rural Laborers (10 000 persons)	1113.99	1129.74	1130.07	1128.25	1133.49
按性别分	By Sex					
男	Male	591.75	607.14	610.10	609.88	614.63
女	Female	522.24	522.60	519.97	518.37	518.86
按行业分	By Sector					
农林牧渔业	Agriculture, Forestry, Animal Husbandry & Fishery	724.82	668.07	652.26	645.18	638.90
工业	Industry	43.68	49.20	52.98	53.81	56.56
建筑业	Construction	86.13	110.69	121.53	126.51	133.53
批发与零售业	Wholesale and Retail Trades	29.66	35.22	37.07	36.84	37.96
交通运输仓储和邮政业	Transport, Storage and Post	26.92	29.81	29.94	30.36	30.97
住宿和餐饮业	Hotels and Catering Services	17.57	24.02	27.66	28.89	31.07
信息传输、软件和信息技术服务业	Information Transmission,Software and Information Technology Services	2.34	3.59	4.54	4.94	5.35
金融业	Financial Intermediation	1.53	1.84	2.95	3.17	3.26
房地产业	Real Estate					
科学研究和技术服务业	Scientific Research and Technical Services	1.92	1.89	1.94	1.93	2.03
教育	Education	6.03	6.91	6.95	7.10	7.31
卫生和社会工作	Health and Social Service	3.52	4.39	4.49	4.82	4.87
乡镇经济组织（乡务）管理	Villages and Towns Economic Organizations (Rural Affairs) Management	0.81	11.33	10.50	10.40	10.07
其他	Others	169.06	182.79	177.28	174.31	171.61

12-2 各市（州）农村基本情况（2020）
Basic Conditions of Rural by Region （2020）

市（州）	Region	村民委员会（个）Number of Village Committee (unit)	村民小组（个）Villagers Group (unit)	农村户数（万户）Number of Rural Households (10 000 households)	农村人口（万人）Rural Population (10 000 persons)
兰州市	Lanzhou	727	4189	32.40	120.12
嘉峪关市	Jiayuguan	17	117	0.60	2.12
金昌市	Jinchang	139	1083	7.61	23.70
白银市	Baiyin	702	4571	33.58	127.74
天水市	Tianshui	2491	11349	70.20	307.61
武威市	Wuwei	1111	8448	35.64	141.81
张掖市	Zhangye	837	5720	29.96	99.63
平凉市	Pingliang	1469	9110	47.99	190.46
酒泉市	Jiuquan	438	2532	17.30	62.59
庆阳市	Qingyang	1261	9213	57.72	232.57
定西市	Dingxi	1887	13213	64.79	259.20
陇南市	Longnan	3204	14095	64.26	250.14
临夏州	Linxia	1111	10801	40.57	188.21
甘南州	Gannan	662	2951	12.73	56.99

12-3 各市（州）农村就业人员（2020）
Rural Laborers by Region（2020）

单位：万人 （10 000 persons）

市（州）	Region	总计 Total	农林牧渔业 Agriculture, Forestry, Animal Husbandry & Fishery	工业 Industry	建筑业 Construction	批发零售贸易 Wholesale and Retail Trades	交通运输仓储业和邮政业 Transport, Storage and Post	其他非农行业 Other Non-agricultural Trades
兰州市	Lanzhou	65.42	33.72	5.50	5.87	2.40	3.72	14.21
嘉峪关市	Jiayuguan	1.31	0.81	0.12	0.06	0.04	0.07	0.22
金昌市	Jinchang	12.89	7.03	0.88	1.53	0.44	0.61	2.40
白银市	Baiyin	70.84	48.25	2.80	5.58	1.95	1.87	10.39
天水市	Tianshui	168.41	92.14	9.57	22.32	5.80	3.33	35.26
武威市	Wuwei	81.87	45.43	5.04	9.96	3.68	2.64	15.13
张掖市	Zhangye	62.02	33.56	2.49	9.56	2.29	1.83	12.29
平凉市	Pingliang	104.86	54.73	5.33	14.93	3.31	3.26	23.30
酒泉市	Jiuquan	37.01	21.29	1.66	3.38	1.58	1.22	7.87
庆阳市	Qingyang	120.30	66.99	6.63	10.66	4.23	2.94	28.85
定西市	Dingxi	147.06	91.70	4.93	18.39	4.07	2.71	25.25
陇南市	Longnan	132.58	70.65	4.61	15.15	3.30	2.74	36.11
临夏州	Linxia	97.22	51.14	6.25	13.29	4.03	3.24	19.27
甘南州	Gannan	31.69	21.45	0.74	2.84	0.83	0.80	5.02

12-4 各地、县农村户数及农村人口（2020）
Number of Rural Households and Population by Region & County（2020）

地、县	Region & County	农村户数（万户）Number of Rural Households（10 000 households）	农村人口（万人）Rural Population（10 000 persons）	地、县	Region & County	农村户数（万户）Number of Rural Households（10 000 households）	农村人口（万人）Rural Population（10 000 persons）
兰州市	**Lanzhou**	**32.40**	**120.12**	瓜州县	Guazhou	2.30	10.44
城关区	Chengguan	0.36	1.57	肃北县	Subei	0.23	0.60
七里河区	Qilihe	2.17	8.97	阿克塞县	Akesai	0.11	0.28
西固区	Xigu	1.48	5.08	玉门市	Yumen	2.71	9.67
安宁区	Anning			敦煌市	Dunhuang	2.79	9.74
红古区	Honggu	1.23	4.55	**庆阳市**	**Qingyang**	**57.72**	**232.57**
永登县	Yongdeng	9.34	34.63	西峰区	Xifeng	6.75	27.62
皋兰县	Gaolan	3.66	11.91	庆城县	Qingcheng	5.70	23.44
榆中县	Yuzhong	10.74	39.58	环　县	Huanxian	8.47	33.37
兰州新区	Lanzhou New Area	3.42	13.84	华池县	Huachi	3.00	11.41
嘉峪关市	**Jiayuguan**	**0.60**	**2.12**	合水县	Heshui	3.92	15.45
金昌市	**Jinchang**	**7.61**	**23.70**	正宁县	Zhengning	5.31	21.39
金川区	Jinchuan	1.80	4.82	宁　县	Ningxian	12.58	52.97
永昌县	Yongchang	5.81	18.88	镇原县	Zhenyuan	11.90	46.92
白银市	**Baiyin**	**33.58**	**127.74**	**定西市**	**Dingxi**	**54.79**	**259.20**
白银区	Baiyin	2.71	6.93	安定区	Anding	10.37	36.65
平川区	Pingchuan	2.78	10.22	通渭县	Tongwei	8.90	38.93
靖远县	Jingyuan	11.61	44.39	陇西县	Longxi	10.58	42.85
会宁县	Huining	12.20	50.28	渭源县	Weiyuan	8.24	31.81
景泰县	Jingtai	4.28	15.93	临洮县	Lintao	12.16	47.35
天水市	**Tianshui**	**70.20**	**307.61**	漳　县	Zhangxian	4.27	18.85
秦州区	Qinzhou	10.29	46.85	岷　县	Minxian	10.29	42.69
麦积区	Maiji	11.24	48.14	**陇南市**	**Longnan**	**64.26**	**250.14**
清水县	Qingshui	6.90	28.90	武都区	Wudu	13.54	52.84
秦安县	Qinan	13.01	53.01	成　县	Chengxian	5.90	22.06
甘谷县	Gangu	12.80	55.61	文　县	Wenxian	6.86	20.73
武山县	Wushan	9.23	42.40	宕昌县	Tanchang	6.55	27.10
张家川县	Zhangjiachuan	6.72	32.70	康　县	Kangxian	4.94	17.58
武威市	**Wuwei**	**35.64**	**141.81**	西和县	Xihe	9.34	39.94
凉州区	Liangzhou	18.34	74.91	礼　县	Lixian	11.07	47.82
民勤县	Minqin	5.63	21.95	徽　县	Huixian	4.98	18.60
古浪县	Gulang	8.57	33.22	两当县	Liangdang	1.08	3.48
天祝县	Tianzhu	3.09	11.72	**临夏州**	**Linxia**	**40.57**	**188.21**
张掖市	**Zhangye**	**29.96**	**99.63**	临夏市	Linxia	2.15	9.48
甘州区	Ganzhou	10.92	35.94	临夏县	Linxia	8.18	37.55
肃南县	Sunan	1.01	2.78	康乐县	Kangle	6.18	27.49
民乐县	Minle	5.70	20.87	永靖县	Yongjing	3.96	15.83
临泽县	Linze	3.55	12.07	广河县	Guanghe	4.26	22.90
高台县	Gaotai	4.07	12.86	和政县	Hezheng	4.20	19.34
山丹县	Shandan	4.70	15.12	东乡县	Dongxiang	6.15	30.07
平凉市	**Pingliang**	**47.99**	**190.46**	积石山县	Jishishan	5.50	25.54
崆峒区	Kongtong	8.49	32.55	**甘南州**	**Gannan**	**12.73**	**56.99**
泾川县	Jingchuan	8.09	31.76	合作市	Hezuo	0.57	3.53
灵台县	Lingtai	6.10	20.41	临潭县	Lintan	3.27	13.43
崇信县	Chongxin	2.20	8.10	卓尼县	Zhuoni	1.92	9.32
庄浪县	Zhuanglang	9.63	40.80	舟曲县	Zhouqu	3.15	12.36
静宁县	Jingning	10.06	43.11	迭部县	Diebu	0.88	3.99
华亭市	Huating	3.42	13.73	玛曲县	Maqu	1.02	4.27
酒泉市	**Jiuquan**	**17.30**	**62.59**	碌曲县	Luqu	0.58	2.85
肃州区	Suzhou	5.77	21.18	夏河县	Xiahe	1.35	7.24
金塔县	Jinta	2.91	10.70				

12-5 各地、县乡村从业人员（2020）
Rural Employed Persons by Region & County（2020）

单位：万人 （10 000 persons）

地、县	Region & County	乡村从业人员 Rural Employed Persons	#农、林、牧、渔业 Agriculture,Forestry, Animal Husbandry and Fishery
兰州市	**Lanzhou**	**65.42**	**33.72**
城关区	Chengguan	0.85	0.42
七里河区	Qilihe	5.06	3.05
西固区	Xigu	2.90	1.25
安宁区	Anning		
红古区	Honggu	2.55	1.66
永登县	Yongdeng	19.84	9.82
皋兰县	Gaolan	6.29	3.31
榆中县	Yuzhong	20.88	11.61
兰州新区	Lanzhou New Area	7.06	2.60
嘉峪关市	**Jiayuguan**	**1.31**	**0.81**
金昌市	**Jinchang**	**12.89**	**7.03**
金川区	Jinchuan	2.83	1.58
永昌县	Yongchang	10.06	5.45
白银市	**Baiyin**	**70.84**	**48.25**
白银区	Baiyin	3.52	1.53
平川区	Pingchuan	6.95	4.16
靖远县	Jingyuan	23.47	17.01
会宁县	Huining	27.23	19.22
景泰县	Jingtai	9.67	6.34
天水市	**Tianshui**	**168.41**	**92.14**
秦州区	Qinzhou	24.93	11.27
麦积区	Maiji	24.80	13.19
清水县	Qingshui	15.97	10.00
秦安县	Qinan	29.70	17.41
甘谷县	Gangu	30.29	15.70
武山县	Wushan	24.01	13.06
张家川县	Zhangjiachuan	18.70	11.51
武威市	**Wuwei**	**81.87**	**45.43**
凉州区	Liangzhou	42.65	20.22
民勤县	Minqin	11.22	7.93
古浪县	Gulang	19.31	11.61
天祝县	Tianzhu	8.70	5.68
张掖市	**Zhangye**	**62.02**	**33.56**
甘州区	Ganzhou	21.42	12.04
肃南县	Sunan	1.52	1.10
民乐县	Minle	13.45	8.28
临泽县	Linze	7.64	3.82
高台县	Gaotai	8.25	4.06
山丹县	Shandan	9.74	4.25
平凉市	**Pingliang**	**104.86**	**54.73**
崆峒区	Kongtong	18.88	9.09
泾川县	Jingchuan	16.10	9.37
灵台县	Lingtai	11.33	5.87
崇信县	Chongxin	4.85	2.36
庄浪县	Zhuanglang	23.78	11.98
静宁县	Jingning	22.36	13.12
华亭市	Huating	7.56	2.94
酒泉市	**Jiuquan**	**37.01**	**21.29**
肃州区	Suzhou	12.41	6.72
金塔县	Jinta	6.27	3.62
瓜州县	Guazhou	5.98	4.10
肃北县	Subei	0.31	0.23
阿克塞县	Akesai	0.17	0.13
玉门市	Yumen	6.10	3.79
敦煌市	Dunhuang	5.76	2.73
庆阳市	**Qingyang**	**120.30**	**66.99**
西峰区	Xifeng	13.89	7.27
庆城县	Qingcheng	12.63	8.08
环　县	Huanxian	18.07	8.89
华池县	Huachi	6.16	4.92
合水县	Heshui	8.08	5.01
正宁县	Zhengning	12.47	6.82
宁　县	Ningxian	27.36	14.83
镇原县	Zhenyuan	21.64	11.16
定西市	**Dingxi**	**147.06**	**91.70**
安定区	Anding	20.96	13.33
通渭县	Tongwei	22.95	13.78
陇西县	Longxi	24.42	14.73
渭源县	Weiyuan	18.06	13.08
临洮县	Lintao	24.86	14.87
漳　县	Zhangxian	10.06	4.62
岷　县	Minxian	25.75	17.28
陇南市	**Longnan**	**132.58**	**70.65**
武都区	Wudu	26.31	10.72
成　县	Chengxian	11.99	6.31
文　县	Wenxian	11.99	7.15
宕昌县	Tanchang	15.13	8.30
康　县	Kangxian	9.64	5.97
西和县	Xihe	20.94	12.39
礼　县	Lixian	24.29	14.11
徽　县	Huixian	10.33	4.57
两当县	Liangdang	1.98	1.13
临夏州	**Linxia**	**97.22**	**51.14**
临夏市	linxia	3.93	0.98
临夏县	linxia	18.95	7.18
康乐县	Kangle	13.95	9.50
永靖县	Yongjing	9.59	5.90
广河县	Guanghe	11.93	7.43
和政县	Hezheng	11.81	3.49
东乡县	Dongxiang	14.15	9.18
积石山县	Jishishan	12.91	7.48
甘南州	**Gannan**	**31.69**	**21.45**
合作市	Hezuo	2.07	1.79
临潭县	Lintan	7.62	4.84
卓尼县	Zhuoni	5.28	3.69
舟曲县	Zhouqu	6.64	3.02
迭部县	Diebu	2.11	1.27
玛曲县	Maqu	2.43	2.29
碌曲县	Luqu	1.63	1.47
夏河县	Xiahe	3.91	3.08

12-6 农林牧渔业总产值
Gross Output Value of Agriculture,Forestry, Animal Husbandry and Fishery

单位：万元　　　　　　　　　　　　　　　　　　　　　　　　（10 000 yuan）

年 份 Year	农林牧渔业总产值 Gross Output Value of Agriculture, Forestry,Animal Husbandry and Fishery	农业 Agriculture	林业 Forestry	牧业 Animal Husbandry	渔业 Fishery	农林牧渔服务业 Services in Support of Agriculture
1978	224533	163057	6153	37871	15	17437
1979	232810	167282	6020	42142	22	17344
1980	273886	204964	6509	47391	22	15000
1981	280174	206490	9850	47008	26	16800
1982	305248	211363	16903	53768	29	23185
1983	400865	284715	21158	68525	31	26436
1984	403253	264127	32261	72533	28	34304
1985	488182	326444	36296	104723	90	20629
1986	563960	380401	34052	125629	248	23630
1987	655161	418447	34509	169234	563	32408
1988	847166	532298	38231	242954	1233	32450
1989	891232	563476	33209	252186	1811	40551
1990	1024993	686857	32679	257733	2156	45568
1991	1065704	712525	35284	264560	2669	50666
1992	1194970	811291	41310	279057	3312	60000
1993	1353978	928773	47260	311061	4218	62666
1994	2121949	1479266	57959	479308	5595	99821
1995	2694508	1885426	65048	619212	7845	116977
1996	3073203	2339849	65780	646457	8508	12609
1997	2992411	2099008	74206	678147	9309	131741
1998	3346943	2358231	87791	722056	11645	167220
1999	3199866	2332447	96697	600261	10352	160108
2000	3201176	2228126	111534	688108	11878	161530
2001	3396579	2396351	86471	759285	10896	143576
2002	3528583	2532054	138735	807290	10004	40500
2003	4278433	2758234	198140	854917	9571	457571
2004	5035034	3313663	161915	1057696	9863	491898
2005	5497110	3628896	158959	1143231	10237	555787
2006	5937000	3958383	149934	1182928	10369	635386
2007	6860990	4587283	194286	1311680	10469	757272
2008	7524991	5037264	209174	1217880	8324	1052350
2009	8097206	5505614	225986	1244182	9162	1112262
2010	9052186	6288841	220555	1415203	7787	1119800
2011	9996869	6885580	205049	1639435	10548	1256256
2012	11160035	7729821	238727	1803793	11931	1375763
2013	12337770	8537930	266494	1972491	13275	1547580
2014	13073146	8977921	302083	2089529	14193	1689420
2015	13861771	9511521	338827	2175063	14423	1821936
2016	14431154	9857296	308329	2859114	22135	1384230
2017	15596407	10686132	315719	3089678	20904	1483974
2018	16593567	11660985	330745	3188756	19740	1393340
2019	18875755	13064126	380871	3955697	20306	1454754
2020	21036075	14238463	317349	4952861	19631	1507722

12-7 农林牧渔业总产值指数
Indices of Gross Output Value of Agriculture, Forestry,Animal Husbandry and Fishery

（上年=100） （preceding year=100）

年份 Year	农林牧渔业总产值 Gross Output Value of Agriculture, Forestry,Animal Husbandry and Fishery	农业 Agriculture	林业 Forestry	牧业 Animal Husbandry	渔业 Fishery	农林牧渔服务业 Services in Support of Agriculture
1978	105.19	104.32	96.75	110.95	84.62	
1979	93.52	91.55	88.71	101.35	120.24	
1980	111.08	115.08	114.92	98.03	83.17	
1981	92.24	91.71	85.76	95.79	104.76	
1982	113.30	108.87	140.21	122.37	111.36	
1983	113.83	115.15	120.15	108.13	107.14	
1984	108.98	105.12	138.46	112.93	138.10	
1985	113.64	108.54	112.93	129.35	158.62	
1986	107.25	107.39	85.43	113.67	145.22	
1987	102.48	102.63	92.00	104.45	200.00	
1988	107.14	111.27	88.71	101.10	134.43	
1989	107.17	105.29	93.81	114.40	136.41	
1990	105.26	106.78	101.45	102.14	117.47	
1991	101.04	100.37	102.04	102.51	113.34	
1992	106.62	108.91	107.01	100.91	114.84	
1993	107.76	109.56	104.46	103.47	116.02	
1994	104.34	104.33	104.09	104.33	114.08	
1995	99.91	98.56	97.36	103.86	128.40	
1996	112.00	115.66	101.20	103.91	106.60	
1997	100.40	100.43	95.49	100.93	110.26	
1998	115.93	119.08	98.92	108.92	117.69	
1999	99.04	98.33	112.22	99.47	120.41	
2000	104.92	103.44	122.46	107.12	109.55	
2001	107.81	109.93	71.19	107.14	104.29	
2002	105.77	103.75	163.62	106.12	100.44	
2003	105.88	103.18	148.36	107.41	97.20	
2004	107.10	108.05	80.83	110.12	107.05	105.00
2005	107.03	107.21	90.85	107.03	105.92	111.30
2006	104.61	103.58	85.55	109.04	105.29	112.99
2007	104.31	104.17	130.96	96.83	107.17	112.76
2008	107.35	108.89	109.48	102.93	101.16	105.24
2009	105.79	105.18	116.21	107.50	101.04	103.57
2010	105.69	106.74	89.35	104.84	105.25	103.02
2011	105.38	106.17	105.35	101.83	109.39	105.83
2012	106.35	106.98	103.13	104.20	102.04	106.22
2013	104.90	104.80	112.25	102.66	105.18	108.79
2014	105.36	104.70	108.91	107.09	101.07	106.92
2015	105.70	105.58	112.16	105.53	101.02	105.94
2016	105.30	105.70	110.45	102.90	101.19	105.52
2017	105.23	105.08	103.14	106.10	105.24	105.17
2018	103.69	105.44	104.76	102.40	96.06	93.61
2019	105.84	106.60	109.44	104.22	102.87	102.46
2020	105.24	105.52	83.32	107.79	105.56	101.51

注：本表按可比价格计算。

a） The indices in this table are calculated at constant prices.

12-8 各地、县农林牧渔业总产值（2020）
Gross Output Value of Agriculture,Forestry, Animal Husbandry and Fishery by Region & County（2020）

单位：万元 （10 000 yuan）

地、县	Region & County	农林牧渔业总产值 Gross Output Value of Agriculture, Forestry,Animal Husbandry and Fishery	农业 Agriculture	林业 Forestry	牧业 Animal Husbandry	渔业 Fishery	农林牧渔服务业 Services in Support of Agriculture	农林牧渔业增加值指数（上年=100） Indices (preceding year=100)
兰州市	**Lanzhou**	**1020339**	**715507**	**14496**	**204036**	**860**	**85441**	**104.95**
城关区	Chengguan	9126	6155	864	705		1401	101.61
七里河区	Qilihe	110358	59137	294	27079		23847	101.57
西固区	Xigu	43826	31313	504	10231		1778	93.45
安宁区	Anning	1867	1018	521	210		118	85.82
红古区	Honggu	115557	97282	292	14571	58	3354	104.27
永登县	Yongdeng	237560	150402	8324	70856	634	7344	107.05
皋兰县	Gaolan	138044	114786	66	15936	11	7245	103.89
榆中县	Yuzhong	322218	231693	2363	53451	147	34564	106.70
兰州新区	Lanzhou New Area	41784	23721	1268	10995		5800	118.85
嘉峪关市	**Jiayuguan**	**85552**	**62557**	**74**	**22536**	**3**	**383**	**104.13**
金昌市	**Jinchang**	**575520**	**399151**	**7444**	**87592**	**669**	**80664**	**106.41**
金川区	Jinchuan	157973	82453	1096	30525		43898	108.82
永昌县	Yongchang	417547	316698	6348	57066	669	36756	105.50
白银市	**Baiyin**	**1723971**	**1110705**	**12266**	**491526**	**4091**	**105333**	**105.90**
白银区	Baiyin	87142	41036	1935	28049	612	15510	105.47
平川区	Pingchuan	94844	58071	627	29978	379	5789	105.77
靖远县	Jingyuan	682757	530513	2565	113839	2544	33297	105.97
会宁县	Huining	536862	288273	6153	217004		25431	106.15
景泰县	Jingtai	322367	192811	987	102656	557	25356	105.54
天水市	**Tianshui**	**2067388**	**1819132**	**29948**	**185220**	**2296**	**30792**	**105.61**
秦州区	Qinzhou	297658	276870	1470	15409	408	3501	105.54
麦积区	Maiji	305402	254094	21556	25237	448	4067	105.74
清水县	Qingshui	218702	179508	1608	32747	239	4600	105.57
秦安县	Qinan	354679	343570	1219	9113	8	769	105.66
甘谷县	Gangu	340791	304531	1877	28139	279	5966	105.51
武山县	Wushan	384348	338590	2000	36375	833	6550	105.75
张家川县	Zhangjiachuan	165807	121970	219	38200	80	5338	105.35
武威市	**Wuwei**	**2713771**	**1670189**	**17047**	**915344**	**207**	**110983**	**105.58**
凉州区	Liangzhou	1403078	837877	1842	517139	34	46186	105.43
民勤县	Minqin	627256	424186	6253	164576	162	32079	105.24
古浪县	Gulang	440445	289286	4253	130540		16366	106.34
天祝县	Tianzhu	242991	118840	4699	103089	11	16353	104.76
张掖市	**Zhangye**	**2418238**	**1392428**	**17881**	**688680**	**2922**	**316327**	**105.06**

12-8 续表 1 continued

单位：万元 (10 000 yuan)

地、县	Region & County	农林牧渔业总产值 Gross Output Value of Agriculture, Forestry,Animal Husbandry and Fishery	农业 Agriculture	林业 Forestry	牧业 Animal Husbandry	渔业 Fishery	农林牧渔服务业 Services in Support of Agriculture	农林牧渔业增加值指数（上年=100） Indices (preceding year=100)
甘州区	Ganzhou	912934	419227	2825	257521	910	232450	4.95
肃南县	Sunan	120581	34520	288	82284		3489	5.06
民乐县	Minle	372840	292190	1362	67698		11590	5.41
临泽县	Linze	389695	209278	1650	118631	882	59255	5.34
高台县	Gaotai	364352	266451	2650	88125	1050	6075	5.51
山丹县	Shandan	232481	147013	9106	72816	80	3467	5.22
平凉市	**Pingliang**	**1908150**	**1349547**	**13876**	**506758**	**1123**	**36846**	**5.51**
崆峒区	Kongtong	255499	115130	2054	133285	422	4608	5.01
泾川县	Jingchuan	183919	141204	2386	38092	156	2082	5.99
灵台县	Lingtai	191070	119506	2787	65169	230	3377	6.30
崇信县	Chongxin	157282	65860	961	84311	39	6111	5.36
庄浪县	Zhuanglang	440548	368123	1763	61899	206	8558	5.49
静宁县	Jingning	566495	486586	2362	69376	27	8144	5.26
华亭市	Huating	113337	53139	1563	54626	42	3967	5.74
酒泉市	**Jiuquan**	**2271171**	**1429120**	**50009**	**431535**	**1961**	**358545**	**5.12**
肃州区	Suzhou	844114	407145	6174	195387	993	234415	6.43
金塔县	Jinta	533150	355514	22959	86530	247	67901	6.79
瓜州县	Guazhou	301895	242107	987	34040	127	24634	5.78
肃北县	Subei	26264	3196	1058	21175		835	5.49
阿克塞县	Akesai	20576	2652	6708	10880		336	6.17
玉门市	Yumen	368616	287318	6371	54040	333	20554	7.11
敦煌市	Dunhuang	176555	131188	5752	29483	262	9870	-5.99
庆阳市	**Qingyang**	**1644090**	**1086713**	**46166**	**440275**	**788**	**70150**	**5.58**
西峰区	Xifeng	125635	85540	2747	17792	80	19476	4.06
庆城县	Qingcheng	187896	143662	5774	29914	18	8528	4.54
环 县	Huanxian	279515	162646	4152	106675	48	5996	5.34
华池县	Huachi	102227	72155	9779	17363	9	2921	4.45
合水县	Heshui	119749	76958	5262	33409	37	4083	4.53
正宁县	Zhengning	94739	72776	3058	11704	11	7190	4.71
宁 县	Ningxian	316938	221420	8088	75694	440	11296	4.99
镇原县	Zhenyuan	417391	251557	7306	147724	146	10659	8.16
定西市	**Dingxi**	**1612421**	**1250332**	**15241**	**276663**	**1266**	**68918**	**5.84**
安定区	Anding	309211	246986	1929	55566	31	4699	5.94
通渭县	Tongwei	203810	154138	4769	42469	18	2416	5.63

12-8 续表 2 continued

单位：万元 (10 000 yuan)

地、县	Region & County	农林牧渔业总产值 Gross Output Value of Agriculture, Forestry,Animal Husbandry and Fishery	农业 Agriculture	林业 Forestry	牧业 Animal Husbandry	渔业 Fishery	农林牧渔服务业 Services in Support of Agriculture	农林牧渔业增加值指数(上年=100) Indices (preceding year=100)
陇西县	Longxi	285559	205324	1291	42126	143	36675	105.89
渭源县	Weiyuan	232002	193157	2602	31929	214	4100	105.63
临洮县	Lintao	302074	213795	1813	67186	402	18878	105.96
漳　县	Zhangxian	93890	78347	1875	12491	346	831	105.73
岷　县	Minxian	185876	158585	962	24897	113	1319	105.95
陇南市	**Longnan**	**1373997**	**1067384**	**68470**	**177500**	**1962**	**58680**	**104.35**
武都区	Wudu	364041	288204	41725	29968	115	4029	100.94
成　县	Chengxian	150243	114472	3302	15634	133	16703	105.25
文　县	Wenxian	113043	89559	4861	15443	1085	2095	98.03
宕昌县	Tanchang	119380	94086	2255	21599	38	1402	104.27
康　县	Kangxian	72796	54998	4132	9709	53	3904	104.85
西和县	Xihe	129415	100332	3923	17776	61	7323	105.48
礼　县	Lixian	194171	147015	1853	30854	79	14370	105.18
徽　县	Huixian	173031	133763	5315	26240	355	7358	103.97
两当县	Liangdang	57876	44955	1105	10277	43	1496	105.12
临夏州	**Linxia**	**969198**	**567032**	**12804**	**287232**	**3049**	**99081**	**105.39**
临夏市	linxia	42869	8100	55	23469	22	11224	102.76
临夏县	linxia	168264	98662	2271	48396	124	18811	104.81
康乐县	Kangle	120694	64985	5606	31502	69	18532	105.36
永靖县	Yongjing	242147	194406	1372	28490	2682	15198	105.64
广河县	Guanghe	73350	39768	129	24892		8560	105.08
和政县	Hezheng	68864	38594	1010	21751		7509	104.78
东乡县	Dongxiang	160665	61486	1369	84926	84	12800	106.24
积石山县	Jishishan	92345	61030	993	23805	68	6448	106.40
甘南州	**Gannan**	**652380**	**128020**	**28097**	**410654**	**81**	**85529**	**102.55**
合作市	Hezuo	49706	6535	258	37413		5500	104.49
临潭县	Lintan	85381	38663	565	33531	10	12612	107.86
卓尼县	Zhuoni	89025	19268	2457	55696	52	11553	104.91
舟曲县	Zhouqu	81444	37411	8158	18905		16970	99.58
迭部县	Diebu	64755	17067	15131	29606		2950	96.01
玛曲县	Maqu	98224		538	87721	20	9946	98.55
碌曲县	Luqu	75258	1938	117	59726		13477	104.41
夏河县	Xiahe	108587	7137	873	88056		12521	104.48

12-9 农林牧渔业增加值及指数
Value-added of Agriculture,Forestry,Animal Husbandry and Fishery and Related Indices

指　标	Item	2010	2015	2018	2019	2020
绝对数（万元）	**Absolute Number （10 000 yuan）**					
农林牧渔业增加值	**Value-added**	**5017273**	**7807404**	**9621070**	**10971127**	**12272591**
农业	Agriculture	3663467	5724609	6997016	7829524	8501445
林业	Forestry	92868	152401	150421	168505	141230
牧业	Animal Husbandry	964494	1446516	2097479	2580301	3224243
渔业	Fishery	5296	10175	13885	14561	13665
农林牧渔服务业	Services in Support of Agriculture	291148	473703	362269	378236	392007
指数（上年=100）	**Indices （preceding year =100）**					
农林牧渔业增加值	**Value-added**	**105.5**	**105.4**	**104.6**	**105.6**	**105.2**
农业	Agriculture	106.4	105.9	105.3	106.5	105.1
林业	Forestry	92.3	107.4	103.0	106.5	83.8
牧业	Animal Husbandry	104.6	103.4	103.3	103.4	107.6
渔业	Fishery	105.2	101.7	94.2	104.9	102.2
农林牧渔服务业	Services in Support of Agriculture	103.0	105.9	99.6	102.5	101.5

12-10 各市（州）农林牧渔业增加值（2020）
Value-added of Agriculture, Forestry, Animal Husbandry and Fishery by Region（2020）

单位：万元　　　　（10 000 yuan）

市（州）	Region	农林牧渔业增加值 Value-added	农业 Agriculture	林业 Forestry	牧业 Animal Husbandry	渔业 Fishery	农林牧渔服务业 Services in Support of Agriculture
兰州市	Lanzhou	585109	414821	7434	140074	566	22215
嘉峪关市	Jiayuguan	52799	40846	14	11838	1	100
金昌市	Jinchang	304994	218995	5176	59504	347	20973
白银市	Baiyin	1014289	643700	1913	338460	2818	27399
天水市	Tianshui	1246591	1116250	15943	104595	1797	8006
武威市	Wuwei	1618480	915652	8325	665501	147	28856
张掖市	Zhangye	1371721	817465	7395	462967	1649	82245
平凉市	Pingliang	1095507	794740	2886	287494	806	9580
酒泉市	Jiuquan	1234210	847532	29651	262517	1288	93222
庆阳市	Qingyang	986988	652377	17325	298623	424	18239
定西市	Dingxi	915716	708570	7248	181225	754	17919
陇南市	Longnan	828038	656426	43435	111759	1162	15257
临夏州	Linxia	555365	346427	6334	175152	1691	25761
甘南州	Gannan	462750	85931	15421	339117	43	22237

12-11 各市（州）农林牧渔业增加值指数（2020）
Indices of Value-added of Agriculture, Forestry, Animal Husbandry and Fishery by Region（2020）

（上年 =100）　　　　（preceding year=100）

市（州）	Region	农林牧渔业增加值 Value-added	农业 Agriculture	林业 Forestry	牧业 Animal Husbandry	渔业 Fishery	农林牧渔服务业 Services in Support of Agriculture
兰州市	Lanzhou	104.9	107.3	116.3	98.7	40.4	104.1
嘉峪关市	Jiayuguan	104.2	103.7	32.4	106.9	109.1	108.9
金昌市	Jinchang	106.4	104.5	118.0	109.5	99.3	118.4
白银市	Baiyin	105.9	107.6	69.4	104.8	102.6	103.1
天水市	Tianshui	105.6	105.8	93.2	106.4	99.1	108.9
武威市	Wuwei	105.6	105.1	47.1	110.2	47.8	100.2
张掖市	Zhangye	105.1	105.9	68.8	107.5	91.4	103.0
平凉市	Pingliang	105.5	105.3	87.6	107.7	127.1	100.0
酒泉市	Jiuquan	105.1	108.0	103.2	105.1	57.8	98.6
庆阳市	Qingyang	105.6	105.7	89.3	109.1	39.5	107.5
定西市	Dingxi	105.8	105.6	67.4	112.3	143.0	104.9
陇南市	Longnan	104.4	107.2	73.0	104.4	125.1	105.2
临夏州	Linxia	105.4	109.2	57.2	106.1	51.9	105.6
甘南州	Gannan	102.6	105.9	87.1	102.4	130.4	103.4

注：本表按可比价格计算。
a）The indices in this table are calculated at constant prices.

12-12 灌溉、水库和除涝、治水、治碱情况
Irrigation, Reservoirs, Flood Prevention, Water and Soil Conservation, Improvement of Saline-Alkaline Land

指　标	Item	2010	2015	2018	2019	2020
万亩以上灌区数　（处）	Number of Irrigated Areas over 10 000 Mu　(set)	214	424	451	448	449
3.3 万公顷以上	33 000 Hectares and Over	4	4	4	4	4
2.0-3.3 万公顷	20 000-33 000 Hectares	19	19	20	20	20
灌区有效灌溉面积（万公顷）	Effective Irrigated Area　(10 000 hectares)	96.2	124.5	124.5	124.0	118.2
3.3 万公顷以上	33 000 Hectares and Over	17.6	20.1	20.1	20.2	24.0
2.0-3.3 万公顷	20 000-33 000 Hectares	37.1	41.7	42.0	42.0	42.0
水库数（座）	Number of Reservoirs　(unit)	313	381	388	387	356
大型水库	Large Reservoir	8	9	9	10	10
中型水库	Medium-sized Reservoir	38	42	42	41	41
小型水库	Small Reservoir	267	330	337	336	305
水库库容量　（亿立方米）	Capacity of Reservoirs　(100 million cu.m)	103.1	96.1	103.4	104.0	104.1
大型水库	Large Reservoir	83.9	79.0	83.2	84.7	85.3
中型水库	Medium-sized Reservoir	14.2	10.5	14.0	13.1	13.1
小型水库	Small Reservoir	4.9	5.8	6.0	6.2	5.6
节水灌溉面积　（万公顷）	Water-saving Irrigated Area　(10 000 hectares)	85.9	92.1	106.0	105.9	108.3
除涝面积　（万公顷）	Areas with Flood Prevention Measures　(10 000 hectares)	1.3	1.4	1.4	1.5	1.5
水土流失治理面积（万公顷）	Area of Soil Erosion under Control　(10 000 hectares)	794.7	770.2	909.0	957.5	1009.9
堤防长度　（万公里）	Total Length of Dikes　(km)	0.4	0.7	0.9	1.0	1.0
堤防保护面积　（万公顷）	Area of Soil Erosion under Control　(10 000 hectares)	23.2	42.1	51.3	53.6	54.3

12-13　农业机械拥有量
Number of Agricultural Machinery Owned

指　　标	Item	2010	2015	2018	2019	2020
农业机械总动力合计（万千瓦）	Total Agricultural Machinery Power (10 000 kW)	1977.55	2684.95	2102.79	2174.01	2289.53
#柴油发动机动力	Power of Diesel Engines	1579.07	2182.11	1530.70	1592.02	1691.10
农用大中型拖拉机（台）	Number of Large and Medium-sized Agricultural Tractors (unit)	73174	160342	88787	97174	114682
小型拖拉机（台）	Number of Small Tractors (unit)	460716	613248	735038	730414	726865
联合收割机（台）	Combine Harvester (unit)	3632	8110	10688	11091	11972
机动脱粒机（台）	Motorized Thresher (unit)	134419	255225	286370	289615	292271

注：根据新修订的《全国农业机械化管理统计报表制度》，自 2016 年起农业机械总动力不含农用运输车、三轮汽车和低速载货汽车。

a) According to the newly revised "National Agricultural Mechanization Management statistical reporting system", since 2016, the total power of agricultural machinery does not include agricultural transport vehicles, three wheeled vehicles and low-speed trucks.

12-14　农业生产条件
Agriculture Production Condition

指　　标	Item	2010	2015	2018	2019	2020
农业机械化	Agriculture Mechanization					
机耕水平（%）	Level of Mechanical Plowing (%)	50.96	72.80	81.76	85.54	86.27
机播水平（%）	Level of Mechanical Sowing (%)	30.11	38.23	47.86	48.05	48.98
农业水利化	Agriculture Irrigation and Water					
有效灌溉面积（千公顷）	Effective Irrigated Area (1 000 hectares)	1098.88	1165.59	1214.09	1256.08	1286.47
水平梯田面积（千公顷）	Level Terrace Area (1 000 hectares)	1840.61	2063.50	2086.92	2065.52	2092.66
条田面积（千公顷）	Strip Area (1 000 hectares)	859.31	314.60	275.48	246.29	254.97
农业电气化	Agriculture Electrization					
农村用电量（万千瓦小时）	Electricity Consumed in Rural Areas (10 000 kWh)	428511	540417	590750	616940	657815
农村生产用电	For Produce	275651	332599	338291	346481	366827
农民生活用电	For Living	152861	207818	252459	270459	290988
乡村办村水电站（个）	Number of Hydropower Stations in Rural Areas (unit)	304	365	374	378	347
乡村办水电站装机容量（万千瓦）	Generating Capacity of Hydropower Station in Rural Areas (10 000 kW)		115.9	186.6	214.9	203.3
已通电村（个）	Electrified Villages (unit)	16115	16108	16097	16039	16052
占全省总数（%）	Rate in Total (%)	99.71	99.85	99.87	99.88	99.98
农业化学化	Chemical for Agriculture					
农用化肥施用量（实物量）（万吨）	Consumption of Chemical Fertilizers (real) (10 000 tons)	292.92	321.02	292.09	283.33	279.79
农用化肥施用量（折纯量）（万吨）	Consumption of Chemical Fertilizers (convert to pure amount) (10 000 tons)	85.26	97.92	83.17	80.88	80.36
氮肥	Nitrogenous Fertilizer	37.93	40.55	33.18	31.65	30.93
磷肥	Phosphate Fertilizer	16.56	19.13	15.52	14.99	14.93
钾肥	Potash Fertilizer	6.09	8.87	7.62	7.88	7.83
复合肥	Compound Fertilizer	24.68	29.37	26.85	26.36	26.66
农用塑料薄膜使用量（万吨）	Household Plastic Film Consumption (10 000 tons)	12.37	18.37	16.41	15.23	15.30

12-15 各地、县农业生产条件（2020）
Agriculture Production Condition by Region & County（2020）

地、县	Region & County	农业机械总动力（千瓦小时）Total Agricultural Machinery Power (kWh)	农村用电量（万千瓦小时）Electricity Consumed in Rural Areas (10 000 kWh)	化肥施用折纯量（吨）Chemical Fertilizer Consumption (convert to pure amount) (ton)	有效灌溉面积（千公顷）Effective Irrigated Area (1 000 hectares)
兰州市	**Lanzhou**	**118.01**	**36600.32**	**34080**	**72.19**
城关区	Chengguan	2.20	984.27	319	0.13
七里河区	Qilihe	6.70	1891.60	1863	3.61
西固区	Xigu	4.80	3928.28	824	2.23
安宁区	Anning	0.10	1850.50	5	0.02
红古区	Honggu	12.20	4465.00	1975	3.94
永登县	Yongdeng	37.41	10025.31	9138	21.93
皋兰县	Gaolan	20.00	2737.70	3093	10.33
榆中县	Yuzhong	34.60	7705.66	15354	17.80
兰州新区	Lanzhou New Area		3012.00	1509	12.11
嘉峪关市	**Jiayuguan**	**12.10**	**1714.22**	**378**	**2.98**
金昌市	**Jinchang**	**112.83**	**31878.93**	**15298**	**79.38**
金川区	Jinchuan	26.95	18875.65	3688	14.87
永昌县	Yongchang	85.88	13003.28	11610	64.51
白银市	**Baiyin**	**191.05**	**56035.49**	**49917**	**115.32**
白银区	Baiyin	26.80	6430.95	3665	4.47
平川区	Pingchuan	12.00	11096.30	2493	7.77
靖远县	Jingyuan	47.34	21445.93	17573	40.23
会宁县	Huining	58.44	5141.09	12328	21.03
景泰县	Jingtai	46.47	11921.22	13859	41.77
天水市	**Tianshui**	**160.63**	**46092.80**	**69526**	**38.73**
秦州区	Qinzhou	23.28	7659.90	6814	2.89
麦积区	Maiji	26.20	9693.69	15495	8.87
清水县	Qingshui	15.01	3119.86	6422	1.67
秦安县	Qinan	24.65	8814.60	16428	7.99
甘谷县	Gangu	28.59	7318.25	7672	6.49
武山县	Wushan	24.85	6532.50	14398	8.50
张家川县	Zhangjiachuan	18.04	2954.00	2297	2.32
武威市	**Wuwei**	**326.60**	**89025.33**	**95752**	**205.51**
凉州区	Liangzhou	143.99	51463.68	33231	94.37
民勤县	Minqin	101.52	16519.63	41483	55.70
古浪县	Gulang	58.47	16922.62	16321	42.91
天祝县	Tianzhu	22.52	4119.40	4717	12.54
张掖市	**Zhangye**	**254.39**	**57559.25**	**88288**	**230.14**

12-15　续表 1　continued

地、县	Region & County	农业机械总动力（千瓦小时）Total Agricultural Machinery Power (kWh)	农村用电量（万千瓦小时）Electricity Consumed in Rural Areas (10 000 kWh)	化肥施用折纯量（吨）Chemical Fertilizer Consumption (convert to pure amount) (ton)	有效灌溉面积（千公顷）Effective Irrigated Area (1 000 hectares)
甘州区	Ganzhou	63.70	1939.45	21108	49.89
肃南县	Sunan	45.17	8061.30	13950	30.91
民乐县	Minle	38.01	9200.86	8726	32.57
临泽县	Linze	38.45	13289.60	13918	27.45
高台县	Gaotai	133.45	44190.77	93342	34.50
山丹县	Shandan	22.47	6617.00	9894	10.97
平凉市	**Pingliang**	**19.91**	**7626.66**	**18622**	**5.48**
崆峒区	Kongtong	19.85	5716.38	11185	2.31
泾川县	Jingchuan	6.23	1427.50	5846	2.23
灵台县	Lingtai	8.06	7633.98	19623	3.29
崇信县	Chongxin	30.05	12327.70	24091	7.13
庄浪县	Zhuanglang	26.88	2841.55	4082	3.09
静宁县	Jingning	247.00	42435.72	64870	205.37
华亭市	Huating	79.20	10871.29	21320	61.15
酒泉市	**Jiuquan**	**51.74**	**4870.13**	**10508**	**38.67**
肃州区	Suzhou	38.73	10366.56	11954	48.75
金塔县	Jinta	3.30	174.90	179	1.22
瓜州县	Guazhou	2.74	262.33	163	0.73
肃北县	Subei	37.81	8686.26	12559	42.40
阿克塞县	Akesai	33.48	7204.25	8187	12.44
玉门市	Yumen	186.27	60117.37	83130	51.16
敦煌市	Dunhuang	25.10	4998.30	6988	8.21
庆阳市	**Qingyang**	**17.83**	**9087.61**	**12928**	**4.17**
西峰区	Xifeng	35.78	20311.97	19162	4.74
庆城县	Qingcheng	18.25	2135.40	4154	5.31
环　县	Huanxian	16.09	4071.37	6210	3.81
华池县	Huachi	19.61	5003.10	9041	3.58
合水县	Heshui	27.99	5032.14	8453	7.82
正宁县	Zhengning	25.63	9477.48	16194	13.52
宁　县	Ningxian	201.21	69017.18	92092	70.11
镇原县	Zhenyuan	43.60	9765.13	18489	12.38
定西市	**Dingxi**	**27.88**	**6320.65**	**18382**	**2.73**
安定区	Anding	403968	9398	17961	12.38
通渭县	Tongwei	266635	6180	18351	2.73

12-15 续表 2 continued

地、县	Region & County	农业机械总动力（千瓦小时）Total Agricultural Machinery Power (kWh)	农村用电量（万千瓦小时）Electricity Consumed in Rural Areas (10 000 kWh)	化肥施用折纯量（吨）Chemical Fertilizer Consumption (convert to pure amount) (ton)	有效灌溉面积（千公顷）Effective Irrigated Area (1 000 hectares)
陇西县	Longxi	34.79	5960.13	14883	12.05
渭源县	Weiyuan	16.89	6076.65	7890	10.05
临洮县	Lintao	39.56	36559.17	19346	21.79
漳　县	Zhangxian	15.43	1251.05	6016	4.45
岷　县	Minxian	23.06	3084.40	7086	6.65
陇南市	**Longnan**	**168.53**	**46420.88**	**58977**	**60.73**
武都区	Wudu	24.96	11710.98	11011	10.57
成　县	Chengxian	22.51	7386.69	6056	3.27
文　县	Wenxian	19.35	6668.00	2200	6.04
宕昌县	Tanchang	11.63	3796.74	2977	6.58
康　县	Kangxian	13.30	1785.00	6018	1.55
西和县	Xihe	23.99	3253.79	6771	6.24
礼　县	Lixian	31.35	4910.00	9838	18.62
徽　县	Huixian	16.38	6132.19	13253	6.71
两当县	Liangdang	5.06	777.49	854	1.14
临夏州	**Linxia**	**96.70**	**51453.13**	**20142**	**53.59**
临夏市	linxia	3.30	4804.18	662	1.93
临夏县	linxia	12.75	4066.54	3864	13.96
康乐县	Kangle	14.78	13446.13	2635	6.94
永靖县	Yongjing	13.50	13296.95	4203	8.25
广河县	Guanghe	17.08	4590.60	1079	7.15
和政县	Hezheng	10.18	1714.73	512	2.90
东乡县	Dongxiang	12.48	7386.00	3978	7.58
积石山县	Jishishan	12.12	2148.00	3210	4.77
甘南州	**Gannan**	**41.29**	**8356.74**	**3173**	**4.31**
合作市	Hezuo	3.39	411.81	142	0.13
临潭县	Lintan	10.88	1995.72	1823	1.05
卓尼县	Zhuoni	8.34	772.42	140	0.94
舟曲县	Zhouqu	13.33	1756.41	942	1.57
迭部县	Diebu	3.35	1453.40	54	0.05
玛曲县	Maqu	0.05	676.69		
碌曲县	Luqu	0.86	262.45	24	
夏河县	Xiahe	1.09	1027.84	48	0.56

12-16 农作物播种面积
Total Sown Areas of Farm Crops

指　标	Item	2010	2015	2018	2019	2020
总播种面积（千公顷）	**Total Sown Area （1 000 hectares）**	**3726.13**	**3772.56**	**3773.56**	**3831.57**	**3931.84**
粮食作物	Sown Area of Grain Crops	2722.37	2715.72	2645.26	2581.11	2638.29
谷物	Cereal	1952.96	2031.08	1937.02	1880.83	1899.84
#稻谷	Rice	5.59	4.07	3.82	3.59	3.39
小麦	Wheat	885.33	806.39	775.56	739.94	708.72
玉米	Corn	853.85	1065.00	1012.74	987.92	1000.81
豆类	Soybeans	172.63	127.26	137.51	141.55	163.80
#大豆	Soja	79.11	61.03	44.99	41.50	46.95
薯类	Tubers	596.77	557.39	570.73	558.73	574.65
油料	Oil-bearing Crops	356.54	343.21	325.82	289.99	276.05
#花生	Peanuts	0.51	0.68	0.55	0.54	0.44
油菜籽	Rapeseeds	196.83	190.56	174.91	164.17	148.84
棉花	Cotton	50.64	29.11	21.53	19.33	16.59
糖料	Sugar Crops	5.35	3.28	3.77	4.14	3.45
#甜菜	Beetroots	5.35	3.28	3.77	4.14	3.45
烟叶	Tobacco	3.18	2.24	1.94	1.70	1.63
#烤烟	Flue-cured Tobacco	2.62	2.03	1.80	1.55	1.58
蔬菜	Vegetables	240.64	314.08	352.57	381.25	401.77
瓜类	Melon	48.48	43.47	54.14	62.87	69.67
中药材	Chinese Medicinal Materials	152.27	207.98	234.24	271.13	286.84
其他	Others	146.67	113.47	134.29	220.05	237.55
占总播种面积比重（%）	**Ratio in Total Sown Area （%）**					
粮食作物	Sown Area of Grain Crops	73.06	71.99	70.10	67.36	67.10
谷物	Cereal	52.41	53.84	51.33	49.09	48.32
#稻谷	Rice	0.15	0.11	0.10	0.09	0.09
小麦	Wheat	23.76	21.38	20.55	19.31	18.03
玉米	Corn	22.92	28.23	26.84	25.78	25.45
豆类	Soybeans	4.63	3.37	3.64	3.69	4.17
#大豆	Soja	2.12	1.62	1.19	1.08	1.19
薯类	Tubers	16.02	14.77	15.12	14.58	14.62
油料	Oil-bearing Crops	9.57	9.10	8.63	7.57	7.02
#花生	Peanuts	0.01	0.02	0.01	0.01	0.01
油菜籽	Rapeseeds	5.28	5.05	4.64	4.28	3.79
棉花	Cotton	1.36	0.77	0.57	0.50	0.42
糖料	Sugar Crops	0.14	0.09	0.10	0.11	0.09
#甜菜	Beetroots	0.14	0.09	0.10	0.11	0.09
烟叶	Tobacco	0.09	0.06	0.05	0.04	0.04
#烤烟	Flue-cured Tobacco	0.07	0.05	0.05	0.04	0.04
蔬菜	Vegetables	6.46	8.33	9.34	9.95	10.22
瓜类	Melon	1.30	1.15	1.43	1.64	1.77
中药材	Chinese Medicinal Materials	4.09	5.51	6.21	7.08	7.30
其他	Others	3.94	3.01	3.56	5.74	6.04

12-17 各地、县农作物播种面积（2020）
Sown Areas of Farm Crops by Region & County（2020）

单位：千公顷　　　　　　　　　　　　　　　　　　　　　　　　　　　　　　　　　　　　　　　（1 000 hectares）

地、县	Region & County	农作物播种面积 Total Sown Area	粮食 Grain Crops	#小麦 Wheat	#玉米 Corn	#薯类 Tubers	油料 Oil-bearing Crops	蔬菜 Vegetables	中药材 Chinese Medicinal Materials	果园面积 Area of Orchards
兰州市	**Lanzhou**	**182.69**	**83.36**	**22.74**	**27.52**	**24.20**	**10.64**	**58.51**	**10.45**	**8.93**
城关区	Chengguan	0.53	0.06		0.04		0.16	0.28		0.34
七里河区	Qilihe	9.31	0.89	0.18	0.69		0.02	8.27	0.12	0.51
西固区	Xigu	3.71	0.36	0.14	0.20		0.04	3.23	0.02	1.14
安宁区	Anning	0.04						0.04		0.13
红古区	Honggu	7.92	1.10	0.23	0.88		0.07	6.53		0.81
永登县	Yongdeng	68.24	40.81	15.16	10.39	10.83	4.05	10.62	2.63	1.59
皋兰县	Gaolan	16.80	6.31	1.26	2.11	2.53	0.97	6.38		3.11
榆中县	Yuzhong	63.95	29.80	3.67	12.02	10.60	3.08	22.21	7.59	0.54
兰州新区	Lanzhou New Area	12.18	4.03	2.10	1.20	0.24	2.26	0.95	0.09	0.77
嘉峪关市	**Jiayuguan**	**7.51**	**3.23**	**1.40**	**1.40**	**0.09**	**0.07**	**1.88**	**1.47**	**0.35**
金昌市	**Jinchang**	**87.21**	**60.77**	**23.19**	**23.35**	**6.90**	**2.78**	**13.46**	**0.65**	**1.17**
金川区	Jinchuan	19.15	12.70	2.28	10.34	0.07	0.63	4.70	0.13	0.67
永昌县	Yongchang	68.06	48.07	20.91	13.01	6.83	2.15	8.75	0.52	0.50
白银市	**Baiyin**	**376.47**	**263.01**	**40.10**	**112.48**	**69.48**	**25.79**	**17.91**	**23.56**	**12.08**
白银区	Baiyin	5.70	3.90	0.71	2.43	0.27	0.25	1.49	0.01	0.94
平川区	Pingchuan	21.05	15.27	1.83	7.22	2.97	1.83	0.94	0.83	1.05
靖远县	Jingyuan	107.21	52.75	6.56	23.01	9.00	1.81	9.82	13.36	2.93
会宁县	Huining	178.43	153.80	22.74	61.36	56.75	8.40	3.90	2.84	3.05
景泰县	Jingtai	64.08	37.28	8.25	18.46	0.49	13.51	1.75	6.53	4.12
天水市	**Tianshui**	**458.90**	**320.09**	**127.54**	**89.45**	**80.27**	**57.26**	**59.69**	**16.03**	**74.73**
秦州区	Qinzhou	73.87	48.60	21.25	14.54	9.87	14.90	6.66	3.19	10.02
麦积区	Maiji	56.23	42.57	20.19	16.34	4.00	7.04	4.75	0.75	13.71
清水县	Qingshui	62.22	44.94	17.01	15.40	9.50	8.20	6.06	1.70	11.46
秦安县	Qinan	73.70	56.14	20.58	13.67	16.10	7.43	6.11	2.78	21.60
甘谷县	Gangu	76.28	50.44	22.02	11.40	15.01	8.52	12.29	4.54	12.29
武山县	Wushan	72.47	42.54	13.34	9.40	16.48	6.49	20.23	2.80	3.08
张家川县	Zhangjiachuan	44.13	34.87	13.15	8.70	9.31	4.68	3.58	0.27	2.58
武威市	**Wuwei**	**243.00**	**143.36**	**33.54**	**80.28**	**9.89**	**9.36**	**42.19**	**10.35**	**15.41**
凉州区	Liangzhou	104.89	71.66	15.47	45.76	4.37	0.48	23.23	1.55	6.08
民勤县	Minqin	57.17	23.92	5.75	16.90	1.27	5.72	7.42	2.16	5.81
古浪县	Gulang	51.64	35.41	11.17	17.60	2.33	1.04	4.51	3.48	3.41
天祝县	Tianzhu	29.30	12.38	1.16	0.01	1.92	2.12	7.03	3.16	0.10
张掖市	**Zhangye**	**305.68**	**220.08**	**38.00**	**104.97**	**22.49**	**10.98**	**27.98**	**19.34**	**6.96**

12-17 续表 1 continued

单位：千公顷 (1 000 hectares)

地、县	Region & County	农作物播种面积 Total Sown Area	粮食 Grain Crops	#小麦 Wheat	#玉米 Corn	#薯类 Tubers	油料 Oil-bearing Crops	蔬菜 Vegetables	中药材 Chinese Medicinal Materials	果园面积 Area of Orchards
甘州区	Ganzhou	77.51	62.71	2.24	57.72	0.19	0.63	10.81	1.24	0.93
肃南县	Sunan	13.52	8.01	1.12	2.19	0.23	0.02	0.33	0.29	0.01
民乐县	Minle	70.43	46.68	17.81	6.16	14.37	3.15	3.61	13.09	0.61
临泽县	Linze	32.32	24.93	0.31	24.12	0.01	0.12	4.01	1.21	2.16
高台县	Gaotai	38.63	21.37	2.12	13.91	0.92	0.58	8.08	0.80	2.75
山丹县	Shandan	43.70	29.81	12.38	0.87	6.78	3.48	1.14	2.71	0.50
平凉市	**Pingliang**	**348.09**	**283.60**	**94.45**	**89.00**	**60.01**	**23.45**	**24.98**	**4.35**	**90.13**
崆峒区	Kongtong	55.32	42.23	14.96	21.09	1.70	4.69	5.30	0.21	2.38
泾川县	Jingchuan	35.93	28.34	12.77	7.91	0.56	2.38	2.29	0.53	11.62
灵台县	Lingtai	58.79	51.49	23.87	16.44	0.97	4.65	1.65	0.33	6.40
崇信县	Chongxin	26.98	18.02	6.33	4.93	2.29	3.36	3.96	0.29	2.69
庄浪县	Zhuanglang	63.58	53.63	16.18	12.79	23.98	2.19	5.12	0.81	23.93
静宁县	Jingning	80.55	69.21	14.33	19.68	27.58	4.86	4.62	0.25	43.08
华亭市	Huating	26.95	20.66	6.00	6.17	2.93	1.30	2.04	1.94	0.03
酒泉市	**Jiuquan**	**206.06**	**60.60**	**19.98**	**39.40**	**0.35**	**10.82**	**31.97**	**27.85**	**12.37**
肃州区	Suzhou	55.68	27.46	3.99	22.76	0.30	0.68	14.31	0.19	1.48
金塔县	Jinta	42.80	14.35	6.10	8.15		2.29	8.97	2.19	2.00
瓜州县	Guazhou	48.78	5.71	3.12	2.46		2.60	1.94	15.46	0.21
肃北县	Subei	1.23	0.63	0.53	0.05	0.05	0.22	0.02		0.03
阿克塞县	Akesai	0.73	0.19		0.19				0.13	0.04
玉门市	Yumen	44.86	8.57	5.63	2.74		4.77	5.43	9.17	1.05
敦煌市	Dunhuang	11.96	3.67	0.61	3.06		0.27	1.29	0.71	7.56
庆阳市	**Qingyang**	**516.81**	**385.03**	**125.21**	**173.86**	**25.78**	**42.05**	**36.43**	**12.06**	**57.14**
西峰区	Xifeng	32.37	22.69	15.71	3.38	1.65	2.50	3.68	0.10	5.09
庆城县	Qingcheng	59.73	34.39	17.02	11.82	2.23	6.54	10.80	1.20	11.01
环　县	Huanxian	151.65	129.35	30.53	61.81	11.81	7.75	2.63	0.95	2.35
华池县	Huachi	48.45	42.53	2.42	26.71	5.34	2.47	1.91	1.06	0.68
合水县	Heshui	21.63	14.93	3.78	5.67	1.25	1.76	3.75	0.16	7.16
正宁县	Zhengning	15.42	7.63	0.88	5.70	0.19	3.18	2.18	1.35	7.97
宁　县	Ningxian	68.01	47.87	25.38	14.75	1.31	7.95	4.05	3.73	9.44
镇原县	Zhenyuan	119.55	85.64	29.48	44.03	2.01	9.91	7.43	3.51	13.43
定西市	**Dingxi**	**543.07**	**392.30**	**69.23**	**110.82**	**175.55**	**22.81**	**30.87**	**87.52**	**6.51**
安定区	Anding	120.01	96.96	5.50	26.96	54.85	4.43	13.31	1.17	0.45
通渭县	Tongwei	105.18	86.96	22.85	33.59	22.53	9.33	2.10	4.44	3.63

12-17 续表 2 continued

单位：千公顷 (1 000 hectares)

地、县	Region & County	农作物播种面积 Total Sown Area	粮食 Grain Crops	#小麦 Wheat	#玉米 Corn	#薯类 Tubers	油料 Oil-bearing Crops	蔬菜 Vegetables	中药材 Chinese Medicinal Materials	果园面积 Area of Orchards
陇西县	Longxi	87.76	62.78	11.47	25.82	22.68	3.53	1.38	19.04	1.40
渭源县	Weiyuan	73.68	47.90	13.02	9.25	19.66	2.95	1.02	21.12	0.2[illegible]
临洮县	Lintao	82.72	59.12	6.34	12.07	38.05	0.86	9.67	11.85	0.79
漳　县	Zhangxian	31.93	21.37	7.95	3.13	6.69	1.28	3.30	5.96	0.03
岷　县	Minxian	41.80	17.21	2.10		11.09	0.43	0.09	23.93	
陇南市	**Longnan**	**344.36**	**233.56**	**82.68**	**62.87**	**58.36**	**28.19**	**34.92**	**45.09**	**34.78**
武都区	Wudu	61.75	37.38	7.68	9.02	12.66	2.52	9.55	12.21	0.75
成　县	Chengxian	33.18	21.40	10.12	5.34	1.31	4.52	3.67	2.07	0.51
文　县	Wenxian	25.48	13.38	2.61	5.45	4.39	2.59	4.88	4.62	0.80
宕昌县	Tanchang	28.60	14.59	3.57	2.48	5.97	1.63	1.46	10.87	0.35
康　县	Kangxian	19.32	14.63	4.54	4.33	3.05	1.07	2.04	1.50	0.50
西和县	Xihe	50.01	37.35	15.68	5.66	14.37	3.59	3.50	5.53	4.21
礼　县	Lixian	69.82	56.98	27.65	12.89	12.80	8.93	2.03	1.84	26.70
徽　县	Huixian	42.51	30.86	9.05	14.61	3.35	2.70	6.19	2.27	0.57
两当县	Liangdang	13.69	6.99	1.79	3.08	0.46	0.63	1.60	4.16	0.37
临夏州	**Linxia**	**158.89**	**121.60**	**20.21**	**67.91**	**28.31**	**16.09**	**12.64**	**5.58**	**2.67**
临夏市	linxia	2.32	1.11	0.13	0.92	0.05	0.74	0.27	0.00	0.05
临夏县	linxia	31.56	23.23	6.24	11.01	4.31	2.34	4.66	0.41	0.58
康乐县	Kangle	24.03	19.08	5.80	9.97	1.60	1.99	0.56	1.90	0.03
永靖县	Yongjing	22.82	14.85	1.66	8.23	4.66	0.79	4.92	1.54	0.57
广河县	Guanghe	14.72	12.89	0.01	11.35	1.52	0.31	1.17	0.05	0.04
和政县	Hezheng	16.10	9.46	3.64	4.01	1.28	4.98	0.46	1.12	0.60
东乡县	Dongxiang	29.35	28.31	0.62	15.54	11.87	0.22	0.11	0.49	0.20
积石山县	Jishishan	17.99	12.67	2.10	6.88	3.02	4.72	0.50	0.06	0.60
甘南州	**Gannan**	**80.96**	**43.58**	**7.14**	**4.04**	**6.40**	**12.22**	**1.34**	**16.66**	**0.86**
合作市	Hezuo	7.73	4.93	0.23		0.74	1.61	0.06	0.15	
临潭县	Lintan	20.42	8.56	1.04	0.23	1.29	3.74	0.42	6.50	0.01
卓尼县	Zhuoni	12.52	5.25	0.37		0.50	2.06	0.16	3.94	0.02
舟曲县	Zhouqu	22.65	15.16	3.78	3.61	3.17	1.90	0.50	4.88	0.46
迭部县	Diebu	5.77	3.89	1.49	0.20	0.43	0.59	0.21	1.08	0.37
玛曲县	Maqu									
碌曲县	Luqu	2.20	1.38			0.09	0.31		0.05	
夏河县	Xiahe	9.66	4.41	0.22		0.18	2.00		0.06	0.01

12-18 各市（州）主要农作物播种面积构成（2020）
Sown Area Structure of Major Farm Crops by Region（2020）

单位：%　　　　(%)

市（州）	Region	农作物播种面积 Total Sown Area	粮食 Grain Crops	#小麦 Wheat	#玉米 Corn	#薯类 Tubers	油料 Oil-bearing Crops	中药材 Chinese Medicinal Materials	蔬菜 Vegetables	瓜果 Fruit and Melon
甘肃省	**Gansu**	**100.00**	**67.10**	**18.03**	**25.45**	**14.62**	**7.02**	**7.30**	**10.22**	**1.80**
兰州市	Lanzhou	100.00	45.63	12.45	15.06	13.25	5.82	5.72	32.03	1.83
嘉峪关市	Jiayuguan	100.00	43.03	18.60	18.60	1.22	0.87	19.54	25.01	0.61
金昌市	Jinchang	100.00	69.68	26.59	26.77	7.91	3.19	0.75	15.43	0.20
白银市	Baiyin	100.00	69.86	10.65	29.88	18.45	6.85	6.26	4.76	6.49
天水市	Tianshui	100.00	69.75	27.79	19.49	17.49	12.48	3.49	13.01	0.47
武威市	Wuwei	100.00	59.00	13.80	33.04	4.07	3.85	4.26	17.36	3.49
张掖市	Zhangye	100.00	72.00	12.43	34.34	7.36	3.59	6.33	9.15	0.23
平凉市	Pingliang	100.00	81.47	27.13	25.57	17.24	6.74	1.25	7.18	1.10
酒泉市	Jiuquan	100.00	29.41	9.70	19.12	0.17	5.25	13.51	15.52	6.48
庆阳市	Qingyang	100.00	74.50	24.23	33.64	4.99	8.14	2.33	7.05	2.27
定西市	Dingxi	100.00	72.24	12.75	20.41	32.33	4.20	16.12	5.68	0.09
陇南市	Longnan	100.00	67.83	24.01	18.26	16.95	8.19	13.09	10.14	0.08
临夏州	Linxia	100.00	76.53	12.72	42.74	17.82	10.12	3.51	7.95	0.47
甘南州	Gannan	100.00	53.83	8.81	4.99	7.90	15.09	20.58	1.66	

12-19 各市（州）主要农作物播种面积占全省的比重（2020）
Proportion of Major Farm Crops Sown Areas by Region（2020）

单位：%　　　　(%)

市（州）	Region	农作物播种面积 Total Sown Area	粮食 Grain Crops	#小麦 Wheat	#玉米 Corn	#薯类 Tubers	油料 Oil-bearing Crops	中药材 Chinese Medicinal Materials	蔬菜 Vegetables	瓜果 Fruit and Melon
甘肃省	**Gansu**	**100.00**	**100.00**	**100.00**	**100.00**	**100.00**	**100.00**	**100.00**	**100.00**	**100.00**
兰州市	Lanzhou	4.65	3.16	3.21	2.75	4.21	3.85	3.64	14.56	4.73
嘉峪关市	Jiayuguan	0.19	0.12	0.20	0.14	0.02	0.02	0.51	0.47	0.06
金昌市	Jinchang	2.22	2.30	3.27	2.33	1.20	1.01	0.23	3.35	0.25
白银市	Baiyin	9.57	9.97	5.66	11.24	12.09	9.34	8.22	4.46	34.62
天水市	Tianshui	11.67	12.13	18.00	8.94	13.97	20.74	5.59	14.86	3.02
武威市	Wuwei	6.18	5.43	4.73	8.02	1.72	3.39	3.61	10.50	12.01
张掖市	Zhangye	7.77	8.34	5.36	10.49	3.91	3.98	6.74	6.97	0.99
平凉市	Pingliang	8.85	10.75	13.33	8.89	10.44	8.49	1.52	6.22	5.43
酒泉市	Jiuquan	5.24	2.30	2.82	3.94	0.06	3.92	9.71	7.96	18.91
庆阳市	Qingyang	13.14	14.59	17.67	17.37	4.49	15.23	4.21	9.07	16.58
定西市	Dingxi	13.81	14.87	9.77	11.07	30.55	8.26	30.51	7.68	0.66
陇南市	Longnan	8.76	8.85	11.67	6.28	10.16	10.21	15.72	8.69	0.37
临夏州	Linxia	4.04	4.61	2.85	6.79	4.93	5.83	1.94	3.14	1.06
甘南州	Gannan	2.06	1.65	1.01	0.40	1.11	4.43	5.81	0.33	

12-20 主要农产品产量
Calendar Year Agricultural Output

单位：万吨 (10 000 tons)

年份 Year	粮食 Grain Crops	油料 Oil-bearing Crops	中药材 Chinese Medicinal Materials	甜菜 Beetroots	蔬菜 Vegetables	园林水果 Garden Fruits	肉类总产量 The Total Output Of Meat
1978	510.55	8.60	1.28	5.80	57.65	11.59	15.00
1979	461.35	8.46	1.25	4.42	53.64	7.35	12.90
1980	492.50	13.95	2.52	6.31	57.69	12.75	13.95
1981	412.81	13.18	1.51	10.62	59.24	11.05	14.13
1982	469.10	14.27	0.96	14.67	91.22	12.26	15.65
1983	539.62	19.28	1.79	17.48	80.56	12.58	14.77
1984	539.79	21.12	3.82	26.95	96.64	16.43	17.96
1985	530.55	26.3[illegible]	3.23	61.62	116.65	19.91	23.95
1986	550.98	29.87	2.34	52.13	156.17	24.31	28.33
1987	529.37	29.45	2.30	56.32	162.31	27.17	29.34
1988	593.07	30.28	3.29	92.88	180.17	33.98	31.06
1989	639.20	30.39	3.00	66.33	208.87	34.34	31.74
1990	686.59	33.65	2.64	72.35	206.33	38.49	33.89
1991	656.38	32.55	2.79	103.63	201.88	40.42	36.56
1992	689.08	36.48	3.23	94.22	233.84	47.12	38.16
1993	750.26	37.53	5.29	104.62	251.99	59.56	41.99
1994	707.37	39.88	5.09	113.10	293.85	56.40	44.09
1995	626.78	31.69	4.28	107.01	329.39	30.36	47.33
1996	820.60	43.08	4.25	119.11	328.55	90.39	49.06
1997	766.16	35.56	3.99	139.11	346.87	100.25	52.60
1998	871.95	45.47	5.20	130.95	439.57	113.17	54.10
1999	814.93	43.79	10.70	73.85	487.32	125.74	55.78
2000	713.48	41.68	15.98	37.90	505.81	121.59	57.33
2001	753.22	38.42	24.58	45.12	603.17	121.71	59.67
2002	782.68	41.93	30.58	28.85	645.17	137.05	62.1[illegible]
2003	789.34	46.04	32.51	19.95	732.59	145.37	64.37
2004	805.80	48.50	34.11	15.87	810.75	140.98	66.05
2005	836.89	50.3[illegible]	35.55	14.54	866.91	172.45	69.8[illegible]
2006	808.05	48.99	37.16	19.02	933.85	205.09	80.47
2007	807.60	46.72	39.74	28.20	621.03	150.19	78.5[illegible]
2008	870.44	54.37	43.98	20.67	668.26	153.38	80.12
2009	896.15	59.92	46.24	21.32	711.35	182.75	80.80
2010	948.82	66.06	48.47	23.31	752.71	197.17	81.50
2011	1009.06	66.02	53.72	19.43	808.23	216.96	80.32
2012	1096.00	70.18	64.02	26.86	847.62	236.34	83.52
2013	1117.47	73.59	71.00	27.33	936.82	257.59	85.85
2014	1145.37	77.03	79.13	29.61	1014.20	279.99	89.52
2015	1154.58	76.71	83.75	18.26	1086.19	304.06	89.90
2016	1117.48	82.12	86.85	19.19	1092.89	359.93	92.20
2017	1105.90	77.35	92.72	26.69	1212.31	397.15	99.14
2018	1151.43	70.41	101.85	25.20	1292.57	370.03	101.16
2019	1162.58	63.18	113.15	26.51	1388.75	438.54	101.63
2020	1202.21	61.45	123.22	22.42	1478.51	481.07	110.09

12-21 主要农产品产量
Yield of Major Farm Crops

指 标	Item	2010	2015	2018	2019	2020
主要农产品产量（万吨）	**Yield of Major Farm Crops（10 000 tons）**					
粮食	Grain Crops	948.82	1154.58	1151.43	1162.58	1202.22
夏粮	Summer Grain Crops	318.02	321.94	320.97	327.49	321.28
秋粮	Autumn Grain Crops	630.77	832.65	830.46	835.09	880.93
谷物	Cereal	746.15	938.24	918.51	923.03	942.18
#稻谷	Rice	3.93	2.84	2.47	2.13	1.69
小麦	Wheat	253.52	285.10	280.51	281.10	268.89
玉米	Corn	415.98	598.09	589.99	594.14	616.83
豆类	Beans	31.41	27.49	30.59	32.70	37.21
薯类	Tubers	171.23	188.85	202.33	206.85	222.82
油料	Oil-bearing Crops	66.06	76.71	70.41	63.18	61.45
#油菜籽	Rapeseeds	35.74	40.05	35.53	35.61	33.93
棉花	Cotton	7.99	4.82	3.53	3.27	3.01
麻类	Fiber Crops	0.23	0.26	0.28	0.28	0.29
甜菜	Beetroots	23.31	18.26	25.20	26.51	22.42
烟叶	Tobacco	0.96	0.70	0.58	0.52	0.52
#烤烟	Flue-cured Tobacco	0.85	0.62	0.58	0.51	0.51
中药材	Chinese Medicinal Materials	48.47	83.75	101.85	113.15	123.22
蔬菜	Vegetables	752.71	1086.19	1292.57	1388.75	1478.51
园林水果	Garden Fruits	197.17	304.06	370.03	438.54	481.07
农产品单位面积产量（千克／公顷）	**Yield of Farm Crops Per Hectare（kg/hectare）**					
粮食	Grain Crops	3485.17	4251.48	4352.79	4504.19	4556.78
谷物	Cereal	3820.62	4619.41	4741.90	4907.54	4959.29
棉花	Cotton	1577.79	1655.60	1639.67	1689.36	1814.70
油菜籽	Rapeseeds	1815.99	2101.96	2031.09	2169.21	2279.44
甜菜	Beetroots	43594.06	55722.57	66793.56	63987.58	64956.00
烟叶	Tobacco	3017.49	3144.33	3009.57	3069.54	3197.76
中药材	Chinese Medicinal Materials	3183.20	4026.80	4348.10	4173.36	4295.83
蔬菜	Vegetables	31279.61	34583.15	36661.37	36426.25	36799.81

12-22 各地、县主要农产品产量（2020）
Yield of Farm Crops by Region & County（2020）

单位：吨 (ton)

地、县	Region & County	粮食 Grain Crops	#小麦 Wheat	#玉米 Corn	#薯类 Tubers	油料 Oil-bearing Crops	中药材 Chinese Medicinal Materials	蔬菜 Vegetables	瓜果 Fruit and Melon	人均粮食占有量（千克）Per Capita Grain Crops (kg)
兰州市	**Lanzhou**	**336423**	**78363**	**148344**	**77104**	**23150**	**36879**	**1918028**	**124607**	**76.95**
城关区	Chengguan	328		266		454		7382	81	0.22
七里河区	Qilihe	3588	447	3084		34	350	233575	145	5.02
西固区	Xigu	1413	458	911		83	113	100221	1024	3.47
安宁区	Anning							807		
红古区	Honggu	5001	694	4308		213		249457	8598	34.75
永登县	Yongdeng	151153	48186	51096	34163	7259	13710	347760	10509	533.51
皋兰县	Gaolan	24622	4357	9969	8591	2690		253640	96330	106.91
榆中县	Yuzhong	134935	16335	73102	33881	6968	22330	695690	7568	234.38
兰州新区	Lanzhou New Area	15382	7887	5607	469	5451	376	29497	353	52.50
嘉峪关市	**Jiayuguan**	**28774**	**9939**	**16879**	**879**	**62**	**5900**	**141651**	**2311**	**91.63**
金昌市	**Jinchang**	**446402**	**151638**	**198311**	**55770**	**10967**	**8398**	**745192**	**10940**	**1020.15**
金川区	Jinchuan	102090	14406	87059	608	3273	1100	213750	10916	391.28
永昌县	Yongchang	344312	137232	111251	55162	7694	7299	531442	24	1948.84
白银市	**Baiyin**	**989060**	**139430**	**551151**	**225684**	**46099**	**104405**	**1200188**	**899856**	**655.52**
白银区	Baiyin	22817	2098	18100	1008	649	48	101173	557	67.43
平川区	Pingchuan	53544	7844	27527	11237	4138	1770	57637	51777	266.38
靖远县	Jingyuan	211028	28006	110934	43425	3831	35032	721581	632907	567.77
会宁县	Huining	493915	52494	238419	167649	6422	9950	185844	206764	1237.09
景泰县	Jingtai	207757	38988	156172	2366	31059	57605	133953	7850	1046.56
天水市	**Tianshui**	**1278556**	**419220**	**543596**	**267427**	**114573**	**50327**	**2140032**	**64635**	**429.05**
秦州区	Qinzhou	217719	73530	103153	31981	32692	9369	223351	2215	331.44
麦积区	Maiji	190172	69900	99576	17242	16598	3664	186293	20408	341.95
清水县	Qingshui	180283	54500	83200	34440	20629	9551	106667	2665	750.70
秦安县	Qinan	216344	64000	78636	64268	11377	2471	180665	18633	521.72
甘谷县	Gangu	198266	74200	76510	40080	13259	9820	426719	14962	391.90
武山县	Wushan	145033	44800	54200	40000	14526	14188	896702	5752	400.10
张家川县	Zhangjiachuan	130740	38290	48321	39416	5493	1264	119636		535.47
武威市	**Wuwei**	**1033764**	**205276**	**699672**	**69900**	**38665**	**77362**	**2629009**	**466611**	**703.50**
凉州区	Liangzhou	599061	94490	454329	30882	2003	11954	1559844	60564	673.30
民勤县	Minqin	178478	39020	129988	9434	30179	13603	471256	402347	1005.94
古浪县	Gulang	207790	67748	115296	14412	2190	24068	390830	3683	833.33
天祝县	Tianzhu	48435	4018	59	15172	4293	27737	207079	16	321.54
张掖市	**Zhangye**	**1445372**	**243258**	**806228**	**174022**	**29924**	**109568**	**1321264**	**29470**	**1279.25**

12-22 续表 1 continued

单位：吨 (ton)

地、县	Region & County	粮食 Grain Crops				油料 Oil-bearing Crops	中药材 Chinese Medicinal Materials	蔬菜 Vegetables	瓜果 Fruit and Melon	人均粮食占有量(千克) Per Capita Grain Crops (kg)
			#小麦 Wheat	#玉米 Corn	#薯类 Tubers					
甘州区	Ganzhou	491685	17898	459406	1417	2642	6313	543150	11390	946.86
肃南县	Sunan	45954	7060	17670	1754	32	2428	28594		1661.21
民乐县	Minle	319104	111021	53923	112181	8035	72543	65272	2	1661.79
临泽县	Linze	165681	2299	161737	42	462	7628	209727	3326	1432.75
高台县	Gaotai	142182	14689	105997	7156	1633	5149	401254	6207	1133.75
山丹县	Shandan	197771	80968	7495	51472	12620	15507	73267	8545	1319.88
平凉市	**Pingliang**	**1100081**	**320200**	**474141**	**220686**	**46522**	**25362**	**575909**	**167640**	**596.28**
崆峒区	Kongtong	186401	51566	118668	5825	8152	1136	124248	42067	369.66
泾川县	Jingchuan	105778	43917	44967	3417	7144	2840	26000	79384	478.15
灵台县	Lingtai	194242	81251	86542	4012	10973	1517	36922	7726	1247.06
崇信县	Chongxin	61402	21279	25184	6519	4370	1942	93918	3076	750.60
庄浪县	Zhuanglang	212918	55211	63502	92239	4426	4783	150312	19030	635.78
静宁县	Jingning	265602	48469	100108	97071	8779	1531	100392	16269	728.36
华亭市	Huating	73740	18508	35170	11604	2677	11613	44117	89	404.43
酒泉市	**Jiuquan**	**486519**	**138673**	**341971**	**3069**	**30545**	**92055**	**1449769**	**576356**	**461.15**
肃州区	Suzhou	221543	27557	190134	2635	2236	2310	624537	32611	485.78
金塔县	Jinta	118940	41730	77019		6761	18562	531176	232023	980.26
瓜州县	Guazhou	44367	21926	21832		6085	43919	49988	120538	344.01
肃北县	Subei	4823	3936	411	434	695		616		319.54
阿克塞县	Akesai	1619		1619			940	72	42	147.54
玉门市	Yumen	64819	39461	24611		13619	25015	185085	121107	471.87
敦煌市	Dunhuang	30407	4063	26344		1149	1308	58295	70035	164.17
庆阳市	**Qingyang**	**1474579**	**348600**	**876255**	**97277**	**82061**	**75065**	**504886**	**557814**	**676.68**
西峰区	Xifeng	95632	53316	27260	9451	6862	959	74901	13814	185.29
庆城县	Qingcheng	115396	42096	56606	8401	11429	7900	108487	46683	491.67
环　县	Huanxian	416884	63053	253606	40033	10201	3731	32076	54118	1368.13
华池县	Huachi	152430	6290	110950	18333	5301	6484	31816	18790	1277.50
合水县	Heshui	74245	11426	44060	6212	3680	898	59175	17176	546.96
正宁县	Zhengning	46423	3189	39190	1004	5691	9346	36406	6165	268.17
宁　县	Ningxian	225507	86846	115171	6415	19943	27597	63558	184926	672.85
镇原县	Zhenyuan	348063	82386	229412	7427	18954	18150	98467	216143	966.06
定西市	**Dingxi**	**1594428**	**204310**	**617126**	**679709**	**48317**	**360748**	**603786**	**23950**	**632.42**
安定区	Anding	409156	14558	139322	232171	9611	6520	293848	179	968.63
通渭县	Tongwei	372300	67516	212172	75225	17114	20050	23366	192	1151.87

12-22 续表 2 continued

单位：吨 (ton)

地、县	Region & County	粮食 Grain Crops	#小麦 Wheat	#玉米 Corn	#薯类 Tubers	油料 Oil-bearing Crops	中药材 Chinese Medicinal Materials	蔬菜 Vegetables	瓜果 Fruit and Melon	人均粮食占有量（千克） Per Capita Grain Crops (kg)
陇西县	Longxi	239667	28521	121937	81259	7670	90331	26391	2287	561.37
渭源县	Weiyuan	184054	35615	52644	82312	7110	87427	10373	37	664.87
临洮县	Lintao	240990	25334	72200	136094	1972	35029	191647	21215	502.39
漳　县	Zhangxian	81605	25210	18851	24548	3816	20556	56968	19	489.01
岷　县	Minxian	66657	5556		48100	1024	100835	1193	20	156.77
陇南市	**Longnan**	**827671**	**299483**	**301819**	**175966**	**50884**	**171097**	**757805**	**6060**	**344.21**
武都区	Wudu	134222	33750	42528	43074	5078	36989	135120	871	245.62
成　县	Chengxian	91341	45471	34639	5100	9103	13404	106521	269	378.12
文　县	Wenxian	30839	10381	13433	5202	3641	10062	101256	360	156.91
宕昌县	Tanchang	61382	12310	18600	25100	3135	45180	38340	12	241.07
康　县	Kangxian	36271	17204	13093	3295	2236	8829	28362	82	223.73
西和县	Xihe	151505	49394	37654	61192	6662	17188	39310	173	432.43
礼　县	Lixian	150300	77651	45688	18600	15554	7866	53718	700	354.85
徽　县	Huixian	145761	43622	83081	13327	4513	12553	221019	3217	768.32
两当县	Liangdang	26050	9701	13103	1076	962	19025	34159	376	657.59
临夏州	**Linxia**	**699746**	**89383**	**473060**	**121504**	**57082**	**34279**	**379200**	**19242**	**331.25**
临夏市	linxia	8752	704	7815	215	1484	2	8344	8329	24.49
临夏县	linxia	141578	29215	86451	20438	9496	3004	110120	4155	438.92
康乐县	Kangle	117479	28200	76180	7347	7766	16285	20215		458.32
永靖县	Yongjing	85246	6104	61131	17152	2085	6317	163143	5558	471.87
广河县	Guanghe	105639	78	98642	6918	1336	363	40055		404.53
和政县	Hezheng	51212	14833	28598	6186	18101	6158	15727		250.00
东乡县	Dongxiang	124539	1630	70888	51294	540	1700	5641		429.27
积石山县	Jishishan	65300	8619	43356	11954	16274	451	15955	1200	272.71
甘南州	**Gannan**	**108598**	**20951**	**13446**	**17369**	**24325**	**58001**	**29287**	**20**	**156.97**
合作市	Hezuo	9860	550		1821	2420	592	920		87.61
临潭县	Lintan	22632	3199	629	2966	8038	23266	10661	5	177.89
卓尼县	Zhuoni	10962	1045		1378	3368	12051	4991		115.03
舟曲县	Zhouqu	39857	11406	11712	9279	4938	9491	9343	15	318.21
迭部县	Diebu	11062	4413	1105	1411	1301	11478	3372	1	211.94
玛曲县	Maqu									
碌曲县	Luqu	2873			227	338	1035			80.08
夏河县	Xiahe	11353	338		288	3923	87			131.48

12-23 各地、县中药材种植面积和产量（2020）
Sown Areas and Products of Chinese Medicine by Region & County （2020）

地、县	Region & County	中药材 Chinese Medicinal Materials		当归 Angelica		党参 Codonopsis		其他 Others	
		面积（亩）Areas（mu）	产量（吨）Products（ton）	面积（亩）Areas（mu）	产量（吨）Products（ton）	面积（亩）Areas（mu）	产量（吨）Products（ton）	面积（亩）Areas（mu）	产量（吨）Products（ton）
兰州市	**Lanzhou**	**156734**	**36879**	**12858**	**1213**	**7384**	**1869**	**136492**	**33797**
城关区	Chengguan								
七里河区	Qilihe	1827	350	1040	185	607	153	180	12
西固区	Xigu	303	113	207	78			96	35
安宁区	Anning								
红古区	Honggu								
永登县	Yongdeng	39412	13710	7754	924	3940	1090	27718	11696
皋兰县	Gaolan								
榆中县	Yuzhong	113885	22330	3811	21	2792	622	107282	21686
兰州新区	Lanzhou New Area	1307	376	46	5	46	4	1216	367
嘉峪关市	**Jiayuguan**	**22000**	**5900**					**22000**	**5900**
金昌市	**Jinchang**	**9819**	**8398**					**9819**	**8398**
金川区	Jinchuan	1976	1100					1976	1100
永昌县	Yongchang	7843	7299					7843	7299
白银市	**Baiyin**	**353458**	**104405**	**1100**	**87**	**9557**	**2182**	**342801**	**102135**
白银区	Baiyin	100	48					100	48
平川区	Pingchuan	12483	1770					12483	1770
靖远县	Jingyuan	200376	35032	1056	83	3722	784	195598	34165
会宁县	Huining	42617	9950	44	4	5835	1398	36738	8548
景泰县	Jingtai	97882	57605					97882	57605
天水市	**Tianshui**	**240422**	**50327**	**10417**	**3330**	**45040**	**8438**	**184965**	**38559**
秦州区	Qinzhou	47871	9369			1917	614	45955	8755
麦积区	Maiji	11186	3664	162	25	1780	1023	9244	2616
清水县	Qingshui	25428	9551	1601	733	425	136	23402	8682
秦安县	Qinan	41723	2471					41723	2471
甘谷县	Gangu	68100	9820	2110	193	36024	5133	29966	4494
武山县	Wushan	42062	14188	6544	2379	4894	1532	30624	10277
张家川县	Zhangjiachuan	4051	1264					4051	1264
武威市	**Wuwei**	**155242**	**77362**	**6928**	**4910**	**126**	**47**	**148188**	**72405**
凉州区	Liangzhou	23221	11954	1799	617	74	34	21348	11303
民勤县	Minqin	32464	13603					32464	13603
古浪县	Gulang	52231	24068	577	47			51654	24021
天祝县	Tianzhu	47327	27737	4553	4246	52	13	42722	23478
张掖市	**Zhangye**	**290149**	**109568**	**37543**	**19183**	**220**	**95**	**252386**	**90290**

12-23 续表 1 continued

地、县	Region & County	中药材 Chinese Medicinal Materials 面积（亩）Areas (mu)	中药材 产量（吨）Products (ton)	当归 Angelica 面积（亩）Areas (mu)	当归 产量（吨）Products (ton)	党参 Codonopsis 面积（亩）Areas (mu)	党参 产量（吨）Products (ton)	其他 Others 面积（亩）Areas (mu)	其他 产量（吨）Products (ton)
甘州区	Ganzhou	18660	6313			120	55	18540	6258
肃南县	Sunan	4290	2428					4290	2428
民乐县	Minle	196388	72543	36800	18746			159588	53797
临泽县	Linze	18196	7628					18196	7628
高台县	Gaotai	12013	5149	43	45			11970	5104
山丹县	Shandan	40603	15507	700	392	100	40	39803	15075
平凉市	**Pingliang**	**65272**	**25362**	**1314**	**812**	**2136**	**759**	**61822**	**23791**
崆峒区	Kongtong	3180	1136	50	19	164	50	2966	1067
泾川县	Jingchuan	7941	2840					7941	2840
灵台县	Lingtai	4917	1517	4	1	89	9	4824	1508
崇信县	Chongxin	4365	1942	100	45			4265	1897
庄浪县	Zhuanglang	12075	4783	1126	744	1882	700	9067	3339
静宁县	Jingning	3762	1531			1		3761	1531
华亭市	Huating	29032	11613	34	4			28998	11609
酒泉市	**Jiuquan**	**417696**	**92055**					**417696**	**92055**
肃州区	Suzhou	2803	2310					2803	2310
金塔县	Jinta	32798	18562					32798	18562
瓜州县	Guazhou	231903	43919					231903	43919
肃北县	Subei	20	0					20	0
阿克塞县	Akesai	1910	940					1910	940
玉门市	Yumen	137609	25015					137609	25015
敦煌市	Dunhuang	10653	1308					10653	1308
庆阳市	**Qingyang**	**180944**	**75065**	**1326**	**505**	**1705**	**623**	**177914**	**73937**
西峰区	Xifeng	1551	959	20	5	120	44	1411	911
庆城县	Qingcheng	17962	7900	764	332	51	26	17147	7542
环　县	Huanxian	14283	3731	58	15	350	114	13875	3602
华池县	Huachi	15847	6484			6	2	15841	6482
合水县	Heshui	2460	898	89	21	18	2	2353	875
正宁县	Zhengning	20258	9346			57	23	20201	9323
宁　县	Ningxian	55954	27597	380	127	859	286	54715	27184
镇原县	Zhenyuan	52630	18150	15	5	244	127	52371	18018
定西市	**Dingxi**	**1312754**	**360748**	**328624**	**86323**	**440511**	**109404**	**543619**	**165022**
安定区	Anding	17565	6520			1420	606	16145	5913
通渭县	Tongwei	66613	20050	348	140	5395	1029	60870	18881

12-23 续表 2 continued

地、县	Region & County	中药材 Chinese Medicinal Materials		当归 Angelica		党参 Codonopsis		其他 Others	
		面积(亩) Areas (mu)	产量(吨) Products (ton)	面积(亩) Areas (mu)	产量(吨) Products (ton)	面积(亩) Areas (mu)	产量(吨) Products (ton)	面积(亩) Areas (mu)	产量(吨) Products (ton)
陇西县	Longxi	285633	90331	322	171	134793	48445	150519	41715
渭源县	Weiyuan	316823	87427	89364	25883	115904	21041	111555	40503
临洮县	Lintao	177758	35029	24639	5487	96178	17378	56941	12165
漳　县	Zhangxian	89429	20556	36492	7682	15550	2737	37387	10137
岷　县	Minxian	358932	100835	177460	46960	71271	18167	110201	35708
陇南市	**Longnan**	**676353**	**171097**	**56778**	**13103**	**158942**	**31709**	**460633**	**126285**
武都区	Wudu	183179	36989	20374	2904	25568	7180	137237	26904
成　县	Chengxian	31117	13404	246	67	1476	414	29395	12924
文　县	Wenxian	69326	10062	202	62	57291	7421	11833	2579
宕昌县	Tanchang	163091	45180	24200	7420	59700	12550	79191	25210
康　县	Kangxian	22564	8829			537	58	22027	8771
西和县	Xihe	83023	17188			4685	863	78338	16325
礼　县	Lixian	27600	7866	8000	2073	4140	1309	15460	4485
徽　县	Huixian	34111	12553	1597	355	3935	1671	28579	10527
两当县	Liangdang	62342	19025	2159	221	1610	243	58573	18561
临夏州	**Linxia**	**83632**	**34279**	**34266**	**17413**	**4349**	**1707**	**45017**	**15160**
临夏市	linxia	7	2					7	2
临夏县	linxia	6137	3004	3863	1937	30	18	2244	1049
康乐县	Kangle	28538	16285	19220	11454	1272	614	8046	4217
永靖县	Yongjing	23072	6317			2016	697	21056	5619
广河县	Guanghe	712	363	300	103	50	73	362	187
和政县	Hezheng	16812	6158	9299	3470	982	305	6532	2383
东乡县	Dongxiang	7397	1700	1000	190			6397	1510
积石山县	Jishishan	958	451	584	259			374	192
甘南州	**Gannan**	**249880**	**58001**	**81111**	**24066**	**51785**	**10549**	**116984**	**23386**
合作市	Hezuo	2180	592	107	19			2073	574
临潭县	Lintan	97456	23266	42574	10925	19118	4214	35764	8128
卓尼县	Zhuoni	59074	12051	23970	5229	11429	2365	23675	4457
舟曲县	Zhouqu	73219	9491	3559	501	20328	3495	49332	5495
迭部县	Diebu	16262	11478	10247	7308	910	475	5105	3695
玛曲县	Maqu								
碌曲县	Luqu	815	1035	40	20			775	1015
夏河县	Xiahe	874	87	614	65			260	22

12-24 各市（州）主要农产品单位面积产量（2020）
Yield of Major Farm Crops per Hectare by Region（2020）

单位：千克／公顷　　　　（kg / hectare）

市（州）	Region	粮食 Grain Crops	谷物 Cereal	油菜籽 Rapeseeds	甜菜 Beetroots	烟叶 Tobacco	中药材 Chinese Medicinal Materials	蔬菜 Vegetables	园林水果 Fruit
甘肃省	**Total**	**4557**	**4959**	**2279**	**64956**	**3198**	**4296**	**36800**	**14726**
兰州市	Lanzhou	4036	4477	1325	30000	2143	3529	32782	14847
嘉峪关市	Jiayuguan	8909	9606	837			4023	75461	8033
金昌市	Jinchang	7345	7251	3532			12831	55374	7845
白银市	Baiyin	3761	4207	1700			4431	67026	12915
天水市	Tianshui	3994	4362	2019	32821	2344	3140	35853	20513
武威市	Wuwei	7211	7556	2170	48705		7475	62310	10863
张掖市	Zhangye	6567	6577	2609	51270		5664	47216	9440
平凉市	Pingliang	3879	4072	2546	7870	813	5828	23055	17355
酒泉市	Jiuquan	8029	8073	2650	77790		3306	45344	21825
庆阳市	Qingyang	3830	3999	2359	36000	3750	6223	13860	9447
定西市	Dingxi	4064	4421	2456	31075		4122	19561	10223
陇南市	Longnan	3544	3975	1833	16071	2546	3795	21704	6482
临夏州	Linxia	5754	6364	3601	16887		6148	30011	13195
甘南州	Gannan	2492	2482	1992	5510	1136	3482	21837	11613

12-25 各市（州）主要农产品人均占有量（2020）
Output of Major Farm Corps per Capita by Region（2020）

单位：千克 / 人　　（kg/person）

市（州）	Region	粮食 Grain Crops	谷物 Cereal	油菜籽 Rapeseeds	甜菜 Beetroots	烟叶 Tobacco	中药材 Chinese Medicinal Materials	蔬菜 Vegetables	园林水果 Fruit
甘肃省	**Total**	**480.69**	**376.72**	**13.56**	**8.96**	**0.21**	**49.27**	**591.16**	**192.35**
兰州市	Lanzhou	76.95	52.41	0.86	0.02		8.44	438.73	30.32
嘉峪关市	Jiayuguan	91.63	85.41	0.09			18.79	451.11	8.87
金昌市	Jinchang	1020.15	892.70	13.99			19.19	1702.96	20.97
白银市	Baiyin	655.52	477.90	0.94			69.20	795.45	103.43
天水市	Tianshui	429.05	332.51	32.00	1.71	0.01	16.89	718.14	514.39
武威市	Wuwei	708.50	645.97	3.79	0.92		53.02	1801.81	114.71
张掖市	Zhangye	1279.25	1100.56	20.99	47.24		96.98	1169.41	58.19
平凉市	Pingliang	596.28	457.67	7.90	0.00		13.75	312.16	847.81
酒泉市	Jiuquan	461.15	457.00	3.14	119.63		87.25	1374.16	255.86
庆阳市	Qingyang	676.68	608.03	20.36	0.00	1.54	34.45	231.69	247.71
定西市	Dingxi	632.42	334.34	4.76	0.45		143.09	239.49	26.41
陇南市	Longnan	344.21	256.74	19.47	0.02	0.76	71.15	315.15	93.77
临夏州	Linxia	331.25	267.05	26.17	0.56		16.23	179.51	16.70
甘南州	Gannan	156.97	105.22	35.10	0.43	0.01	83.84	42.33	14.52

12-26 园林水果生产
Garden Fruits Production

指　标	Item	2010	2015	2018	2019	2020
园林水果产量（吨）	**Output of Garden Fruits （ton）**	**1971700**	**3040650**	**3700296**	**4385375**	**4810708**
#苹果	Apple	1327794	2163521	2915306	3404656	3859773
梨	Pear	220034	272615	190449	253170	238848
葡萄	Grape	84523	209347	252687	261809	270811
红枣	Date	77304	110700	90681	90951	93796
柿子	Persimmon	15673	14972	17675	42802	25240
桃子	Peach	102646	159204	118068	133458	140660
杏子	Apricot	41991	50046	46162	74049	77702
果园面积（千公顷）	**Area of Orchards （1 000 hectares）**	**276.51**	**302.00**	**313.65**	**318.99**	**326.67**
#苹果园	Apple Orchard	210.22	230.65	234.36	241.11	248.56
梨园	Pear Orchard	17.04	17.92	20.02	18.97	19.85
葡萄园	Grape Orchard	11.90	17.87	16.98	16.01	16.33
桃园	Peach Orchard	5.67	5.28	5.99	6.44	6.94
杏园	Apricot Orchard	17.33	14.94	14.37	14.03	14.47

12-27 各地、县园林水果产量（2020）
Output of Garden Fruits by Region & County（2020）

单位：吨　　　　　　　　　　　　　　　　　　　　　　　　　　　　　　　　　（ton）

地、县	Region & County	园林水果产量 Garden Fruits	#苹果 Apples	#梨 Pears	#葡萄 Grapes	#红枣 Dates	#柿子 Persimmons	#杏子 Apricots	#桃子 Peaches
兰州市	**Lanzhou**	**132532**	**56784**	**27385**	**9124**	**5955**		**7878**	**19041**
城关区	Chengguan	8724	7913	329	208	1		63	209
七里河区	Qilihe	12101	5654	4274		21		22	2031
西固区	Xigu	14093	4029	3183	135	3044		47	422
安宁区	Anning	2452		3		141			2309
红古区	Honggu	19467	13627	1294	875	737		129	2032
永登县	Yongdeng	25842	9761	5016	7571	515		1762	43
皋兰县	Gaolan	32801	11392	8270		1121		127	11869
榆中县	Yuzhong	6083	3850	757	203	70		145	12
兰州新区	Lanzhou New Area	10970	559	4259	132	306		5583	113
嘉峪关市	**Jiayuguan**	**2787**	**144**	**392**	**2226**				
金昌市	**Jinchang**	**9178**	**2112**	**1464**	**2193**	**1829**		**1374**	**199**
金川区	Jinchuan	6639	962	675	2136	1821		909	130
永昌县	Yongchang	2539	1150	789	57	8		466	69
白银市	**Baiyin**	**156059**	**71225**	**34724**	**617**	**39926**		**2519**	**4702**
白银区	Baiyin	22727	19770	564	74	517		172	73
平川区	Pingchuan	15701	12280	236	114	2444		22	358
靖远县	Jingyuan	48636	23033	11020	129	8708		1841	3905
会宁县	Huining	7906	5479	1443				411	39
景泰县	Jingtai	61090	10663	21462	300	28257		72	328
天水市	**Tianshui**	**1532874**	**1390832**	**29076**	**30578**	**227**	**2609**	**2345**	**53860**
秦州区	Qinzhou	307327	284120	2044				52	1566
麦积区	Maiji	271101	231136	3784	28547		2189	718	3384
清水县	Qingshui	130471	128677	440	750		420		20
秦安县	Qinan	505303	443713	11507	423	227		652	48360
甘谷县	Gangu	192041	188570	2626	72			126	262
武山县	Wushan	54150	47621	4036	786			78	268
张家川县	Zhangjiachuan	72481	66995	4638				719	
武威市	**Wuwei**	**167375**	**62702**	**34649**	**44381**	**21495**		**682**	**1633**
凉州区	Liangzhou	83610	33754	25527	22153	64		554	1324
民勤县	Minqin	43827	1050	537	20717	21147		31	309
古浪县	Gulang	38450	27899	8585	358	284		98	
天祝县	Tianzhu	1488			1152				
张掖市	**Zhangye**	**65745**	**6828**	**10727**	**30457**	**9801**		**3219**	**1069**

12-27 续表 1 continued

单位：吨 (ton)

地、县	Region & County	园林水果产量 Garden Fruits	#苹果 Apples	#梨 Pears	#葡萄 Grapes	#红枣 Dates	#柿子 Persimmons	#杏子 Apricots	#桃子 Peaches
甘州区	Ganzhou	11077	3830	4638	329	701		398	211
肃南县	Sunan	78	10	41	9			19	
民乐县	Minle	5356	306	2877	175			911	
临泽县	Linze	26126	2545	2292	11336	8952		509	456
高台县	Gaotai	20085	90	746	17988	133		26	402
山丹县	Shandan	3022	47	134	621	14		1355	
平凉市	**Pingliang**	**1564129**	**1517350**	**25442**	**321**	**446**	**6178**	**8920**	**3385**
崆峒区	Kongtong	31043	26878	298	165	120		1901	1570
泾川县	Jingchuan	191851	183420	97	96	258	6154	286	787
灵台县	Lingtai	98311	96092	1148	46	54	23	111	336
崇信县	Chongxin	30834	29345	238		1	1	549	450
庄浪县	Zhuanglang	481182	480603	25	8	14		147	99
静宁县	Jingning	730698	700869	23610	2			5922	136
华亭市	Huating	210	143	27	4			4	7
酒泉市	**Jiuquan**	**269937**	**22319**	**21448**	**141670**	**9907**		**22602**	**40024**
肃州区	Suzhou	32484	13448	1766	2411	53		2189	9347
金塔县	Jinta	37429	6986	10124	10955	3830		2216	2789
瓜州县	Guazhou	5108	170	4	825	839			
肃北县	Subei	286	116	50				120	
阿克塞县	Akesai	1525			1512	13			
玉门市	Yumen	17862	749	209	8137	27		1093	2750
敦煌市	Dunhuang	175242	850	9294	117830	5145		16985	25138
庆阳市	**Qingyang**	**539807**	**507226**	**2133**	**1825**	**849**	**2214**	**19179**	**4405**
西峰区	Xifeng	63191	61030	520	227	12	101	647	578
庆城县	Qingcheng	116266	111102	196	823	185		2993	842
环　县	Huanxian	12613	10857	50	10	26		1244	299
华池县	Huachi	12674	7572	175	34	12		3486	909
合水县	Heshui	72956	70310	260	83	21	439	1528	103
正宁县	Zhengning	73115	71573	76	22	14	342	854	69
宁　县	Ningxian	111055	103265	652	350	457	1285	3528	1202
镇原县	Zhenyuan	77937	71517	204	276	121	47	4899	403
定西市	**Dingxi**	**66576**	**32726**	**6823**	**100**	**66**		**4748**	**1293**
安定区	Anding	3431	101	1327	0.4	9		1604	49
通渭县	Tongwei	31258	30868	130		0.02		77	0.31

12-27 续表 2 continued

单位：吨 ton

地、县	Region & County	园林水果产量 Garden Fruits	#苹果 Apples	#梨 Pears	#葡萄 Grapes	#红枣 Dates	#柿子 Persimmons	#杏子 Apricots	#桃子 Peaches
陇西县	Longxi	16103	293	4694	1	11		2144	15
渭源县	Weiyuan	3434	28	31				80	
临洮县	Lintao	11905	1370	544	99	46		843	1229
漳　县	Zhangxian	431	59	90					
岷　县	Minxian	14	8	6					
陇南市	**Longnan**	**225465**	**163973**	**7204**	**3736**	**423**	**11833**	**2351**	**9354**
武都区	Wudu	9631	1940	1151	968	69	511	518	1984
成　县	Chengxian	9678	1731	524	438		3336	347	1173
文　县	Wenxian	20073	3816	1313	2108	250	711	26	2249
宕昌县	Tanchang	4984	2112	694	12	20	355	20	260
康　县	Kangxian	6396	823	396	8	64	2235	118	241
西和县	Xihe	19032	15983	477			285	436	730
礼　县	Lixian	142769	135020	1159	132		140	824	1984
徽　县	Huixian	11712	2067	1463	68	20	3887	53	613
两当县	Liangdang	1190	481	28	3		373		119
临夏州	**Linxia**	**35267**	**8411**	**18935**	**105**	**2090**		**1787**	**1485**
临夏市	linxia	1631		652				157	
临夏县	linxia	9894	134	7261	45	35		439	1332
康乐县	Kangle	1132		827				151	
永靖县	Yongjing	12168	8204	1774	55	1885		75	52
广河县	Guanghe	1105		607				438	
和政县	Hezheng	5574		5095				201	
东乡县	Dongxiang	3404	73	2460	5	170		277	99
积石山县	Jishishan	359		258					2
甘南州	**Gannan**	**10044**	**5336**	**1086**	**480**	**30**	**2405**	**83**	**211**
合作市	Hezuo								
临潭县	Lintan	52		49					3
卓尼县	Zhuoni	94	33	61					
舟曲县	Zhouqu	9318	5068	700	480	30	2405	83	139
迭部县	Diebu	561	235	257					69
玛曲县	Maqu								
碌曲县	Luqu								
夏河县	Xiahe	20		20					

12-28 林业生产
Forestry Production

单位：万亩　　　　　　　　　　　　　　　　　　　　　　　　　　(10 000 mu)

指　标	Item	2018	2019	2020
造林面积	**Total Area of Afforestation**		**554.21**	**509.79**
人工造林面积	Manual Planting	401.56	388.81	362.47
飞播造林面积	Aerial Seeding	1.05	1.65	
当年新封山（沙）育林面积	Newly Closed Mountain (sand) for Afforestation		127.66	95.55
无林地和疏林地新封山育林	No Forest Land and Sparse Forest Land Newly Closed for Afforestation		123.74	57.10
有林地和灌木林地新封	Newly Closed Woodland and Shrubbery Land		3.92	38.45
退化林修复面积	Restoration Area of Degraded Forest		35.82	48.46
低效林改造面积	Transformation Area of Low Efficiency Forest		8.49	22.51
退化防护林改造面积	Area of Degraded Protective Forest		27.33	25.95
人工更新面积	Artificial Renewal Area		0.28	3.30
#人工促进天然更新面积	Artificial Promotion of Natural Regeneration Area		0.14	3.30
年末实有封山（沙）育林面积	**At the end of the Year, There Were Actually Closed Hillsides (Sand) for Afforestation**	**1086.79**	**1822.95**	**791.75**
四旁（零星）植树	**Planting Trees on all Sides (Sporadically)**	**20365.23**	**6625.18**	**5552.22**
森林抚育面积	**Forest Tending Area**		**278.30**	**183.38**
林木种苗	**Tree Seedlings**			
林木种子采集量	Forest Seed Collection		1.67	7.09
当年苗木产量（万株）	Seedling Output of the year (10000 plants)		1072.20	416868.89
当年造林绿化实际用苗数量（万株）	Actual number of seedlings used for afforestation in that year (10000 plants)		60834.37	47028.95
育苗面积	Nursery Area	150.12	75.37	43.80
#国有育苗面积	National Nursery Area		8.43	4.97
退耕造林面积	**Area of Reforestation**			
当年退耕造林面积	Area of reforestation in The Same Year	140.10	28.82	24.87
#非在册耕地退耕造林面积	Area of Non Registered Cultivated Land Converted to Forestation	35.22	0.81	4.70

12-28 续表 continued

指 标	Item	2018	2019	2020
林产品产量（万吨）	**Output of Forest Products (10 000 tons)**			
天然生漆	Natural Lacquer		0.17	0.01
油桐籽	Tung-oil Seeds	0.03	0.05	0.09
五倍子	Gallnut	0.02	0.03	0.02
油橄榄	Olive	3.08	3.92	3.02
油茶籽	Camellia Oleifera Seed		0.94	
乌桕子	Sapium Sebiferum Seed		0.25	0.01
天然松脂	Natural Pine Resin	0.04		0.01
紫胶（原胶）	Lac （Raw Gum）			0.004
柳藤条（万根）	Liu Teng Tiao （10000 roots）	677.00	413.45	279.45
其他林产品	Other Forest Products	0.74	0.73	1.36
竹木采伐	**Bamboo Cutting**			
木材（立方米）	Timber （cu.m）	72811.00	60625.00	66195.48
#村及村以下采伐（立方米）	Village and Below Cutting （cu.m）	62331.98	60625.00	44825.44
竹材（万根）	Bamboo (10 000 units）	386.18	75.49	2121.00
#村及村以下采伐竹材（万根）	Cutting Bamboo in Villages and Below (10 000 units）	274.78	44.90	1245.70
抚育改造出材量（立方米）	**Output of Tending and Transformation （cu.m）**	**5143.50**	**12259.83**	**4161.24**
#中、幼林龄林抚育出材量（立方米）	Timber Output of Young and Middle Aged Forest （cu.m）	2091.50	2802.53	2664.44
野生植物采集（万吨）	**Collection of Wild Pants (10 000 tons)**			
野生药材采集量	Collection Amount Quantity of Wild Medicinal Materials	1.17	1.05	0.85
野生纤维采集量	Collection Amount of Wild Fiber	0.02	0.17	0.01
野生油料采集量	Collection Amount of Wild Oilseeds	0.05	0.01	0.01
野生淀粉采集量	Collection Amount of Wild Starch	0.10	0.05	0.04
野生烤胶原料采集量	Collection Amount of Wild Roasted Rubber Raw Material	0.22	0.03	0.38
副食用野生植物采集量	Collection Amount of Non-Staple Wild Plants	1.68	0.66	1.03
野柴草收集量	Collection Amount Wild Firewood	28.74	18.29	18.09

12-29 牲畜饲养情况及畜产品产量
Number of Livestock and Output of Livestock Products

指　标	Item	2010	2015	2018	2019	2020
大牲畜年末数（万头）	Large Animals （year-end） （10 000 heads）	538.08	493.06	504.54	518.13	536.17
牛	Cattle and Buffaloes	421.06	418.95	440.36	458.20	482.00
马	Horses	12.24	12.79	11.73	11.55	11.07
骡	Mules	28.27	17.07	14.96	12.83	9.55
驴	Donkeys	74.71	41.85	34.50	32.52	30.20
骆驼	Camels	1.80	2.40	2.99	3.03	3.35
大牲畜出栏数（万头）	Slaughtered Fattened Large Animals （10 000 heads）	167.62	175.20	212.53	226.14	239.72
牛	Cattle and Buffaloes	152.47	166.76	201.89	214.80	228.57
马	Horses	1.87	1.50	1.75	1.70	1.48
骡	Mules	2.79	1.21	1.42	1.38	1.19
驴	Donkeys	10.02	5.12	6.69	7.42	7.58
骆驼	Camels	0.47	0.60	0.77	0.84	0.90
猪年末数（万头）	Hogs （year-end） （10 000 heads）	536.19	528.71	545.20	480.30	622.00
肉猪出栏数（万头）	Slaughtered Fattened Hogs （10 000 heads）	603.85	613.30	691.59	648.70	664.30
羊年末数（万只）	Sheep And Goats （year-end） （10 000 heads）	1771.23	1994.70	1885.94	1987.10	2191.80
羊出栏数（万只）	Sheep Marketable Fattened Stock （10 000 heads）	991.90	1255.65	1462.85	1548.20	1737.10
肉类产量（万吨）	Output Of Meat （10 000 tons）	81.50	89.90	101.16	101.68	110.09
# 猪牛羊肉	Output Of Pork,Beef And Mutton	75.15	82.43	95.60	95.75	101.67
猪肉	Pork	43.77	44.76	50.60	48.00	49.17
牛肉	Beef	15.57	17.48	21.40	22.74	24.90
羊肉	Mutton	15.82	20.19	23.60	25.00	27.60
禽肉	Poultry Meat	4.78	6.41	4.50	4.80	7.20
奶类（万吨）	Milk （10 000 tons）	34.70	38.22	41.10	44.72	58.44
# 牛奶	Cow Milk	34.70	37.60	40.50	44.11	57.54
绵羊毛（吨）	Sheep Wool （ton）	27066.19	30707.16	29292.97	30453.93	33756.79
山羊毛（吨）	Goat Wool （ton）	2134.14	2562.69	1620.51	1623.11	1829.84
山羊绒（吨）	Cashmere （ton）	359.58	460.91	324.10	324.62	410.01
禽蛋（万吨）	Poultry Eggs （10 000 tons）	15.81	20.74	14.10	15.14	19.80
水产品产量（吨）	Aquatic Products （ton）	10601	14748	14100	14300	14058

注：畜牧业及水产品数据根据第一、二、三次农业普查结果进行了相应衔接调整。
a ） Data of animal husbandry and aquatic products were adjusted according to the First 、 Second and Third National Agricultural Census.

12-30　各地、县牲畜饲养情况（2020）
Number of Livestock by Region & County（2020）

地、县	Region & County	大牲畜存栏（万头）Large animals Livestock (10 000heads)	#牛 Cattle	羊存栏数（万只）Sheep and Goats Livestock (10 000heads)	猪存栏数（万头）Sheep and Goats Livestock (10 000heads)	大牲畜出栏（万头）Slaughtered Fattened Large Animals (10 000heads)	#牛 Cattle	羊出栏数（万只）Slaughtered Fattened Sheep and Goats (10 000heads)	猪出栏数（万头）Slaughtered Fattened Hogs (10 000heads)
兰州市	**Lanzhou**	**6.74**	**4.87**	**70.64**	**48.00**	**1.43**	**1.13**	**41.63**	**42.17**
城关区	Chengguan	0.02	0.02	0.15	0.03			0.09	0.06
七里河区	Qilihe	0.87	0.83	1.72	1.60	0.08	0.08	0.77	2.09
西固区	Xigu	0.18	0.18	1.79	1.38	0.03	0.03	1.25	1.78
安宁区	Anning	0.02	0.02	0.13	0.01			0.06	0.01
红古区	Honggu	0.65	0.65	4.60	1.70	0.10	0.10	1.97	2.01
永登县	Yongdeng	2.51	1.51	38.30	14.97	0.47	0.39	17.14	17.35
皋兰县	Gaolan	0.24	0.20	7.01	5.01	0.02	0.01	6.08	3.78
榆中县	Yuzhong	2.17	1.40	12.73	12.86	0.69	0.48	11.96	12.05
兰州新区	Lanzhou New Area	0.08	0.08	4.21	10.45	0.04	0.04	2.31	3.04
嘉峪关市	**Jiayuguan**	**1.04**	**1.01**	**7.07**	**3.64**	**0.35**	**0.34**	**4.61**	**3.82**
金昌市	**Jinchang**	**6.35**	**5.90**	**82.10**	**9.39**	**1.95**	**1.85**	**50.72**	**4.59**
金川区	Jinchuan	2.69	2.45	12.32	2.06	0.56	0.50	7.45	1.23
永昌县	Yongchang	3.66	3.45	69.78	7.33	1.39	1.36	43.27	3.36
白银市	**Baiyin**	**20.87**	**13.67**	**198.55**	**73.41**	**10.20**	**8.08**	**198.15**	**83.87**
白银区	Baiyin	0.94	0.89	8.65	6.62	0.18	0.13	6.92	8.00
平川区	Pingchuan	1.45	0.40	10.81	10.10	0.29	0.12	9.88	8.84
靖远县	Jingyuan	1.87	0.53	42.11	19.77	0.37	0.17	47.62	23.55
会宁县	Huining	14.87	10.57	75.49	26.07	9.02	7.39	76.70	30.58
景泰县	Jingtai	1.74	1.28	61.49	10.85	0.35	0.27	57.03	12.89
天水市	**Tianshui**	**23.73**	**21.69**	**29.53**	**79.50**	**10.10**	**9.12**	**17.97**	**65.04**
秦州区	Qinzhou	1.50	1.31	3.00	10.49	0.38	0.30	1.91	5.41
麦积区	Maiji	0.95	0.92	2.29	12.73	0.39	0.36	1.29	11.78
清水县	Qingshui	4.98	4.23	3.53	7.58	2.29	2.24	2.55	11.21
秦安县	Qinan	0.44	0.44	1.63	7.43	0.12	0.12	0.72	3.74
甘谷县	Gangu	1.85	1.81	2.59	27.17	0.36	0.33	1.14	15.53
武山县	Wushan	3.33	2.80	7.34	12.48	1.20	1.12	5.57	15.37
张家川县	Zhangjiachuan	10.69	10.18	9.14	1.62	5.35	4.65	4.80	2.00
武威市	**Wuwei**	**62.05**	**60.61**	**490.00**	**87.82**	**30.05**	**29.50**	**335.62**	**158.32**
凉州区	Liangzhou	40.20	39.97	135.98	62.60	19.49	19.45	86.57	126.57
民勤县	Minqin	2.67	2.35	125.76	8.05	1.78	1.39	96.02	9.35
古浪县	Gulang	5.82	5.74	148.12	15.11	2.82	2.82	04.78	18.60
天祝县	Tianzhu	13.34	12.54	80.14	2.06	5.96	5.85	48.25	3.81
张掖市	**Zhangye**	**62.03**	**57.63**	**313.28**	**45.84**	**28.00**	**27.24**	**268.23**	**56.12**

12-30 续表 1 continued

地、县	Region & County	大牲畜存栏（万头）Large animals Livestock (10 000heads)	#牛 Cattle	羊存栏数（万只）Sheep and Goats Livestock (10 000heads)	猪存栏数（万头）Sheep and Goats Livestock (10 000heads)	大牲畜出栏（万头）Slaughtered Fattened Large Animals (10 000heads)	#牛 Cattle	羊出栏数（万只）Slaughtered Fattened Sheep and Goats (10 000heads)	猪出栏数（万头）Slaughtered Fattened Hogs (10 000heads)
甘州区	Ganzhou	22.54	21.40	84.40	14.29	10.51	10.29	66.69	19.89
肃南县	Sunan	7.26	6.74	60.64	0.08	3.28	3.17	65.70	0.11
民乐县	Minle	5.10	4.93	30.98	12.65	1.29	1.19	22.48	18.78
临泽县	Linze	14.56	13.78	21.10	5.43	8.28	8.23	17.77	10.59
高台县	Gaotai	8.22	7.39	39.62	10.82	3.41	3.25	33.89	12.76
山丹县	Shandan	3.55	2.62	74.51	2.57	1.01	0.90	61.30	3.99
平凉市	**Pingliang**	**47.35**	**45.87**	**18.11**	**38.97**	**36.15**	**35.59**	**15.23**	**43.71**
崆峒区	Kongtong	10.21	10.19	5.35	4.73	10.36	10.35	4.54	6.69
泾川县	Jingchuan	2.11	2.11	2.51	6.72	1.80	1.80	1.37	6.17
灵台县	Lingtai	6.59	6.57	3.11	2.26	5.13	5.12	2.06	2.57
崇信县	Chongxin	4.39	4.39	2.99	3.04	6.85	6.85	2.87	4.07
庄浪县	Zhuanglang	9.09	8.26	1.33	11.20	3.60	3.32	0.93	9.81
静宁县	Jingning	10.17	9.60	0.98	8.64	4.45	4.20	0.54	9.80
华亭市	Huating	4.79	4.74	1.84	2.39	3.96	3.95	2.92	4.60
酒泉市	**Jiuquan**	**18.15**	**12.85**	**307.80**	**20.30**	**13.66**	**12.20**	**298.33**	**27.67**
肃州区	Suzhou	8.92	8.60	78.76	9.04	10.53	10.36	92.11	11.40
金塔县	Jinta	0.75	0.71	63.69	4.68	0.42	0.38	81.21	7.97
瓜州县	Guazhou	2.35	0.79	37.70	1.75	0.67	0.40	31.75	1.54
肃北县	Subei	2.91	1.41	20.80	0.18	1.07	0.64	12.78	0.22
阿克塞县	Akesai	0.60	0.14	12.41		0.18	0.03	10.87	
玉门市	Yumen	1.43	0.94	68.11	3.68	0.42	0.26	42.62	5.46
敦煌市	Dunhuang	1.19	0.25	26.33	0.96	0.37	0.12	26.98	1.09
庆阳市	**Qingyang**	**37.51**	**30.86**	**210.14**	**59.21**	**18.78**	**16.79**	**120.80**	**44.76**
西峰区	Xifeng	0.49	0.41	10.28	10.11	0.26	0.21	4.48	6.33
庆城县	Qingcheng	3.65	3.33	20.84	4.81	1.67	1.59	7.74	3.34
环　县	Huanxian	7.04	4.62	101.12	4.59	2.72	2.42	64.09	5.24
华池县	Huachi	1.64	1.24	15.54	3.01	0.68	0.58	4.81	2.71
合水县	Heshui	2.58	2.40	19.04	3.58	1.19	1.16	14.22	3.36
正宁县	Zhengning	1.19	1.19	1.31	7.00	0.29	0.28	0.88	4.48
宁　县	Ningxian	6.26	6.12	13.04	15.07	4.43	4.35	8.66	12.60
镇原县	Zhenyuan	14.66	11.56	28.97	11.04	7.55	6.19	15.92	6.70
定西市	**Dingxi**	**46.84**	**39.83**	**123.00**	**79.12**	**11.83**	**10.82**	**80.24**	**51.06**
安定区	Anding	8.30	6.85	35.45	13.67	2.09	2.01	24.20	6.60
通渭县	Tongwei	10.29	7.72	11.17	8.31	2.52	2.19	7.66	7.49

12-30 续表 2 continued

地、县	Region & County	大牲畜存栏（万头）Large animals Livestock (10 000heads)	#牛 Cattle	羊存栏数（万只）Sheep and Goats Livestock (10 000heads)	猪存栏数（万头）Sheep and Goats Livestock (10 000heads)	大牲畜出栏（万头）Slaughtered Fattened Large Animals (10 000heads)	#牛 Cattle	羊出栏数（万只）Slaughtered Fattened Sheep and Goats (10 000heads)	猪出栏数（万头）Slaughtered Fattened Hogs (10 000heads)
陇西县	Longxi	7.45	5.93	16.65	16.17	1.56	1.37	9.53	10.37
渭源县	Weiyuan	4.46	4.31	15.19	8.99	1.30	1.27	9.21	4.35
临洮县	Lintao	6.71	6.57	25.10	22.54	2.38	2.36	21.17	14.25
漳　县	Zhangxian	2.62	1.93	5.84	2.45	0.77	0.42	2.60	2.14
岷　县	Minxian	7.00	6.53	13.60	6.99	1.22	1.21	5.87	5.37
陇南市	**Longnan**	**21.97**	**12.83**	**22.01**	**50.70**	**5.60**	**4.39**	**15.32**	**61.34**
武都区	Wudu	4.37	2.68	3.47	10.37	1.00	0.84	2.81	11.81
成　县	Chengxian	0.46	0.46	0.85	5.38	0.18	0.18	0.35	6.73
文　县	Wenxian	1.75	0.92	1.90	5.05	0.58	0.37	1.97	4.73
宕昌县	Tanchang	4.32	2.75	4.57	4.03	0.87	0.71	2.82	4.46
康　县	Kangxian	0.51	0.47	1.25	2.91	0.23	0.22	0.81	2.72
西和县	Xihe	1.06	0.79	1.99	5.57	0.26	0.21	1.61	8.27
礼　县	Lixian	7.86	3.13	5.48	4.06	1.80	1.18	4.18	7.79
徽　县	Huixian	0.96	0.95	1.73	11.19	0.42	0.41	0.58	12.57
两当县	Liangdang	0.69	0.69	0.77	2.13	0.26	0.26	0.18	2.27
临夏州	**Linxia**	**34.17**	**32.81**	**160.06**	**27.93**	**13.59**	**13.50**	**136.79**	**20.27**
临夏市	linxia	1.09	1.09	2.66	0.89	2.14	2.14	3.12	1.28
临夏县	linxia	7.81	7.75	20.84	8.59	1.52	1.49	10.65	6.46
康乐县	Kangle	7.06	6.83	12.79	1.71	2.77	2.77	6.39	1.43
永靖县	Yongjing	1.34	1.06	13.77	11.24	0.26	0.20	10.52	9.12
广河县	Guanghe	4.44	4.37	25.69		1.62	1.62	10.52	0.00
和政县	Hezheng	3.16	3.14	8.94	0.70	1.80	1.80	4.73	0.62
东乡县	Dongxiang	5.33	4.75	55.75	0.04	1.80	1.80	83.04	0.13
积石山县	Jishishan	3.94	3.83	19.61	4.76	1.69	1.69	7.82	1.19
甘南州	**Gannan**	**143.25**	**137.39**	**188.57**	**19.41**	**61.46**	**61.46**	**139.49**	**22.88**
合作市	Hezuo	14.04	13.67	16.64	1.23	4.91	4.91	12.32	2.19
临潭县	Lintan	3.71	3.60	10.51	3.12	2.78	2.78	8.01	3.78
卓尼县	Zhuoni	18.27	18.09	29.66	3.59	8.60	8.60	15.92	3.13
舟曲县	Zhouqu	3.39	2.43	1.06	5.01	1.18	1.18	1.02	6.59
迭部县	Diebu	12.15	11.54	2.77	4.41	4.62	4.62	2.65	5.20
玛曲县	Maqu	48.64	46.34	35.40		20.36	20.36	22.19	
碌曲县	Luqu	27.04	26.62	27.01	0.46	8.51	8.51	24.65	0.51
夏河县	Xiahe	16.01	15.10	65.51	1.61	10.50	10.50	52.74	1.49

12-31 各地、县畜产品产量（2020）
Output of Livestock Products by Region & County（2020）

单位：吨 （ton）

地、县	Region & County	肉类 Output of Meat	#猪肉 Pork	#牛肉 Beef	#羊肉 Mutton	奶类 Milk	绵羊毛 Sheep Wool	山羊毛 Goat Wool	禽蛋 Poultry Eggs	水产品 Aquatic Products
兰州市	**Lanzhou**	**45154**	**30360**	**1178**	**7630**	**78061**	**1048**	**64**	**19500**	**614**
城关区	Chengguan	82	45	6	14	702	1	1		
七里河区	Qilihe	1891	1506	81	131	35341	28	1	1100	
西固区	Xigu	2276	1280	36	199	4000	26		2700	
安宁区	Anning	29	4	2	11	200	3			
红古区	Honggu	2058	1445	114	335	13808	67	1	1200	48
永登县	Yongdeng	16317	12491	415	2571	13111	619	17	5600	453
皋兰县	Gaolan	3852	2722	8	912	3000	117	3	1200	8
榆中县	Yuzhong	11694	8678	477	1795	6300	127	22	6200	105
兰州新区	Lanzhou New Area	6955	2190	40	1663	1600	63	18	1500	
嘉峪关市	**Jiayuguan**	**3907**	**2674**	**340**	**692**	**8803**	**120**	**1**	**1200**	
金昌市	**Jinchang**	**14004**	**3211**	**1852**	**8116**	**47857**	**1416**	**75**	**2346**	**478**
金川区	Jinchuan	2963	859	495	1192	31449	241	11	922	
永昌县	Yongchang	11041	2351	1357	6924	16408	1176	65	1424	478
白银市	**Baiyin**	**105370**	**60210**	**8080**	**29723**	**33980**	**2741**	**216**	**19000**	**1470**
白银区	Baiyin	7752	5757	133	1038	11934	121	11	2086	220
平川区	Pingchuan	8217	6190	118	1482	4701	112	24	1895	136
靖远县	Jingyuan	26452	16959	172	7143	7834	563	55	9062	914
会宁县	Huining	44001	22021	7390	11505	5209	1154	44	3390	
景泰县	Jingtai	18948	9283	267	8554	4301	790	83	2567	200
天水市	**Tianshui**	**62856**	**45528**	**9120**	**2696**	**5127**	**306**	**53**	**16700**	**1400**
秦州区	Qinzhou	5410	3785	295	286	635	38	7	2700	249
麦积区	Maiji	9785	8246	363	193	919	1	6	4300	273
清水县	Qingshui	10917	7844	2240	383	464	10	5	1700	146
秦安县	Qinan	3369	2619	125	108	217	24	2	2200	5
甘谷县	Gangu	12338	10874	332	170	641	27	5	2800	170
武山县	Wushan	13297	10759	1118	835	1487	115	16	2300	508
张家川县	Zhangjiachuan	7741	1400	4648	720	764	90	11	700	49
武威市	**Wuwei**	**179357**	**143527**	**29503**	**50343**	**31450**	**8028**	**125**	**29094**	**148**
凉州区	Liangzhou	106670	121300	19447	12986	26874	2367	45	13133	25
民勤县	Minqin	24261	6544	1387	14403	1010	1903	27	7130	116
古浪县	Gulang	32331	13017	2816	15717	406	2181	16	5488	
天祝县	Tianzhu	16094	2665	5853	7238	3161	1577	36	3343	8
张掖市	**Zhangye**	**122646**	**45116**	**27792**	**40563**	**91116**	**6706**	**145**	**15157**	**2077**

12-31 续表 1 continued

单位：吨 (ton)

地、县	Region & County	肉类 Output of Meat	#猪肉 Pork	#牛肉 Beef	#羊肉 Mutton	奶类 Milk	绵羊毛 Sheep Wool	山羊毛 Goat Wool	禽蛋 Poultry Eggs	水产品 Aquatic Products
甘州区	Ganzhou	42380	13920	11320	10670	55027	2041	29	10444	650
肃南县	Sunan	12742	76	2693	9855	5445	1916	20	71	
民乐县	Minle	18436	13148	1193	3371	6498	591	16	1528	
临泽县	Linze	18226	6885	8226	2666	15440	335	4	1044	620
高台县	Gaotai	17072	3296	3248	4744	6406	715	20	1382	750
山丹县	Shandan	13508	2792	902	9195	1464	1068	55	688	57
平凉市	**Pingliang**	**72246**	**30594**	**35589**	**2284**	**27027**	**96**	**39**	**11250**	**1049**
崆峒区	Kongtong	16372	4682	10352	681	4900	50	7	1750	302
泾川县	Jingchuan	7075	4318	1797	205	8767		10	2950	370
灵台县	Lingtai	7338	1799	5116	309	3171	10	8	280	232
崇信县	Chongxin	10263	2851	6851	430	1553	25	7	503	10
庄浪县	Zhuanglang	11344	5864	3323	139	3895		2	3152	69
静宁县	Jingning	11906	5862	4202	80	3854	3	1	1951	
华亭市	Huating	7948	3218	3949	439	887	7	4	664	66
酒泉市	**Jiuquan**	**85223**	**19369**	**12200**	**44750**	**18647**	**5599**	**187**	**10300**	**2105**
肃州区	Suzhou	37485	7977	10357	13816	11102	1932	30	6925	1221
金塔县	Jinta	19334	5582	384	12182	700	1230	11	1472	315
瓜州县	Guazhou	6757	1076	405	4763	511	683	17	420	162
肃北县	Subei	3280	152	635	1917	837	162	59	39	
阿克塞县	Akesai	1833		32	1630	1000	161	8	6	
玉门市	Yumen	11041	3820	265	6394	2636	977	51	787	220
敦煌市	Dunhuang	5493	763	122	4048	1862	454	10	651	187
庆阳市	**Qingyang**	**97346**	**33571**	**20145**	**19328**	**12176**	**421**	**609**	**22678**	**563**
西峰区	Xifeng	5898	4745	247	717	573	145	17	1288	103
庆城县	Qingcheng	5814	2503	1911	1239	100		63	849	29
环　县	Huanxian	17521	3929	2908	10255	3875		291	1762	55
华池县	Huachi	3743	2034	696	769	1406		45	1068	62
合水县	Heshui	6338	2522	1392	2275	2410	24	75	1044	83
正宁县	Zhengning	4112	3362	341	141	168	10	5	933	35
宁　县	Ningxian	16418	9451	5218	1386	2472	90	37	2422	95
镇原县	Zhenyuan	37502	5025	7431	2547	1173	152	76	13312	101
定西市	**Dingxi**	**65711**	**37577**	**10820**	**12036**	**12755**	**527**	**74**	**17800**	**904**
安定区	Anding	12834	6003	2007	3630	1082	242	13	3731	22
通渭县	Tongwei	9236	5243	2186	1149	3517	90	8	1319	13

12-31 续表 2 continued

单位：吨 (ton)

地、县	Region & County	肉类 Output of Meat	#猪肉 Pork	#牛肉 Beef	#羊肉 Mutton	奶类 Milk	绵羊毛 Sheep Wool	山羊毛 Goat Wool	禽蛋 Poultry Eggs	水产品 Aquatic Products
陇西县	Longxi	11062	7608	1368	1430	598	1	7	1818	102
渭源县	Weiyuan	6691	3042	1266	1382	1126	51	5	7397	152
临洮县	Lintao	16578	9975	2358	3175	5915	136	7	2526	287
漳　县	Zhangxian	3289	1947	422	390	305		19	604	247
岷　县	Minxian	6021	3759	1213	880	212	7	15	406	81
陇南市	**Longnan**	**55359**	**42938**	**4390**	**2298**	**481**	**6**	**62**	**16900**	**1370**
武都区	Wudu	10175	8268	837	422	152	4	10	1546	82
成　县	Chengxian	5758	4708	184	53	76		4	2097	95
文　县	Wenxian	4318	3313	371	296			9	986	735
宕昌县	Tanchang	5059	3124	715	423	87		12	3560	22
康　县	Kangxian	2440	1903	224	121	37		5	1353	38
西和县	Xihe	6417	5787	209	242			1	1551	43
礼　县	Lixian	8060	5453	1182	627	78		10	2349	56
徽　县	Huixian	10147	8796	406	87	11	3	8	2240	254
两当县	Liangdang	2986	1586	263	27	41		4	1218	31
临夏州	**Linxia**	**61416**	**15303**	**17099**	**26122**	**53037**	**2972**	**120**	**8554**	**1822**
临夏市	linxia	4515	1026	2776	624	3855	65	1	116	155
临夏县	linxia	9617	4520	1931	2131	28347	507	19	3010	91
康乐县	Kangle	5615	1033	3318	958	920	315	6	1280	18
永靖县	Yongjing	10215	7292	265	2103	6958	296	19	1334	1381
广河县	Guanghe	3870	2	2100	1578	3813	574	7	708	
和政县	Hezheng	3873	493	2339	946	4294	176	7	291	59
东乡县	Dongxiang	19442	104	2345	16608	510	748	40	870	77
积石山县	Jishishan	4270	833	2025	1173	4340	291	22	945	41
甘南州	**Gannan**	**97420**	**14415**	**55868**	**26257**	**118717**	**1893**	**43**	**1900**	**58**
合作市	Hezuo	6899	658	4023	2217	6626	156	5		
临潭县	Lintan	6906	2834	2780	1202	13192	103	21	233	7
卓尼县	Zhuoni	13854	2345	8596	2865	8709	304	14	314	37
舟曲县	Zhouqu	8215	5930	1412	153	372	10	1	1202	
迭部县	Diebu	6860	1818	4624	397	7344	42		150	
玛曲县	Maqu	21749		17310	4439	44449	354			14
碌曲县	Luqu	13332	381	8514	4437	28504	270			
夏河县	Xiahe	19606	448	8609	10548	9521	654		1	

12-32 受灾面积和成灾面积
Areas Covered and Affected by Natural Disaster

单位：千公顷　　　　(1 000 hectares)

年份 Year	受灾面积 Areas Covered	成灾面积 Areas Affected	成灾面积占受灾面积比重 (%) Percentage of Disaster Areas Affected to Areas Covered (%)	水灾 Flood		旱灾 Drought	
				受灾面积 Areas Covered	成灾面积 Areas Affected	受灾面积 Areas Covered	成灾面积 Areas Affected
2000	2004.12	1572.91	78.48	55.77	41.82	1622.33	1303.93
2001	1575.59	1180.72	74.94	33.53	24.53	1089.83	833.13
2002	1270.29	913.25	71.89	50.61	35.68	636.83	483.13
2003	1176.41	813.87	69.18	229.70	169.51	562.63	383.31
2004	1243.84	866.83	69.69	80.08	42.44	378.59	286.02
2005	1137.95	739.98	65.03	101.30	76.76	607.03	380.82
2006	1422.13	1061.68	74.65	73.91	48.95	875.49	562.81
2007	1436.16	1040.57	72.46	110.55	77.95	975.71	700.30
2008	1238.71	871.81	70.38	35.05	20.23	731.83	520.05
2009	1299.83	981.59	75.52	38.51	23.23	1008.87	792.49
2010	1167.48	877.71	75.18	101.79	74.66	501.85	499.85
2011	1209.77	881.60	72.87	55.24	37.83	393.77	656.66
2012	676.43	490.05	72.45	98.41	63.54	211.83	144.15
2013	977.64	593.59	60.72	151.93	110.55	551.76	297.37
2014	695.34	389.48	56.01	25.67	14.80	242.03	108.38
2015	664.38	416.59	62.70	33.21	24.23	316.81	181.58
2016	844.51	499.69	59.17	34.38	26.15	605.69	350.13
2017	494.23	278.03	56.27	26.91	17.83	304.04	158.37
2018	535.26	350.51	65.48	134.84	90.66	57.19	36.82
2019	161.44	99.21	61.45	32.65	22.44	23.02	6.60
2020	331.52	209.40	63.16	61.58	43.41	15.77	9.88

12-33 各市（州）受灾面积和成灾面积（2020）
Areas Covered and Affected by Natural Disaster by Region（2020）

单位：千公顷 （1 000 hectares）

市（州）	Region	受灾面积 Areas Covered	成灾面积 Areas Affected	成灾面积占受灾面积比重(%) Percentage of Disaster Areas Affected to Areas Covered (%)	水灾 Flood		旱灾 Drought	
					受灾面积 Areas Covered	成灾面积 Areas Affected	受灾面积 Areas Covered	成灾面积 Areas Affected
兰州市	Lanzhou	3.38	1.83	54.06	0.03	0.01		
嘉峪关市	Jiayuguan	0.24	0.24	100.00			0.15	0.15
金昌市	Jinchang	9.42	4.30	45.66				
白银市	Baiyin	39.06	21.38	54.74	0.75	0.28	3.00	1.87
天水市	Tianshui	28.56	14.57	51.00	2.59	1.36	2.65	1.42
武威市	Wuwei	22.39	17.71	79.12			0.67	0.67
张掖市	Zhangye	4.73	2.02	42.71	0.32	0.23		
平凉市	Pingliang	41.60	25.92	62.31	4.12	2.64	2.51	1.40
酒泉市	Jiuquan	0.82	0.09	10.68				
庆阳市	Qingyang	57.73	40.85	70.76	8.37	5.08	4.91	3.34
定西市	Dingxi	46.45	21.14	45.52	2.26	1.76		
陇南市	Longnan	45.30	32.08	70.82	39.71	29.32	0.77	0.12
临夏州	Linxia	3.14	2.36	75.23			0.35	0.34
甘南州	Gannan	7.15	5.71	79.88	3.13	2.48	0.51	0.40

主要统计指标解释

农村户数 指长期（一年以上）居住在乡镇行政管理区域内的住户，还包括居住在街道、城关镇所辖行政村范围内的农村住户。户口不在本地而在本地居住一年及以上的住户也包括在本地农村住户内；有本地户口，但举家外出谋生一年以上的住户，无论是否保留承包耕地都不包括在本地农村住户范围内。不包括乡村地区内的国有经济机关、团体、学校、企业、事业单位的集体户。

农村人口 指乡村地区常住居民户数中的常住人口数，即经常在家或在家居住6个月以上，而且经济和生活与本户连成一体的人口。外出从业人员在外居住时间虽然在6个月以上，但收入主要带回家中，经济与本户连为一体，仍视为家庭常住人口；在家居住，生活和本户连成一体的国家职工、退休人员也为家庭常住人口。但是现役军人、中专及以上（走读生除外）的在校学生以及常年在外（不包括探亲、看病等）且已有稳定的职业与居住场所的外出从业人员，不应当作家庭常住人口。

农林牧渔业总产值 指以货币表现的农、林、牧、渔业全部产品和对农林牧渔业生产活动进行的各种支持性服务活动的价值总量，它反映一定时期内农林牧渔业生产总规模和总成果。1957年以前的农林牧渔业总产值中包括了厩肥和农民自给性手工业（如农民自制衣服、鞋、袜，自己从事粮食初步加工等）。1958年及以后，林业中增加了村及村以下竹木采伐产值；牧业中取消了厩肥产值；副业中取消了农民自给性手工业产值，增加了村及村以下办的工业产值； 渔业中增加了海洋捕捞水产品产值。1980年及以后，在副业中增加了农民家庭兼营工业商品部分的产值。从1984年起村及村以下工业产值划归工业。从1993年起取消副业，将野生动物的捕猎划入牧业，野生植物采集和农民家庭兼营商品性工业划归农业。从2003年起，执行新的国民经济行业分类标准，农林牧渔业总产值中包括了农林牧渔服务业产值。林业中增加了森林采运业产值。农业中取消了家庭兼营商品性工业产值，将野生林产品的采集划归林业。

农林牧渔业总产值的计算方法通常是按农、林、牧、渔业产品及其副产品的产量分别乘以各自单位产品价格求得；少数生产周期较长，当年没有产品或产品产量不易统计的，则采用间接方法匡算其产值；然后将四业产品产值及农林牧渔服务业产值相加即为农林牧渔业总产值。

粮食产量 指农业生产经营者日历年度内生产的全部粮食数量。按收获季节包括夏收粮食、早稻和秋收粮食，按作物品种包括谷物、薯类和豆类。其产量计算方法：谷物按脱粒后的原粮计算，豆类按去豆荚后的干豆计算；薯类（包括甘薯和马铃薯，不包括芋头和木薯）1963年以前按每4公斤鲜薯折1公斤粮食计算，从1964年开始改为按5公斤鲜薯折1公斤粮食计算；城市郊区作为蔬菜的薯类（如马铃薯等）按鲜品计算，并且不作粮食统计。

棉花产量 指全社会的产量。包括春播棉和夏播棉；产量按皮棉计算；不包括木棉。

油料产量 指全部油料作物的生产量。包括花生、油菜籽、芝麻、向日葵籽、胡麻籽（亚麻籽）和其他油料。不包括大豆、木本油料和野生油料。花生以带壳干花生计算。

猪、牛、羊肉产量 指当年出栏并已屠宰、除去头蹄下水后带骨肉（即胴体重）的重量。包括全社会范围内的产量。2008年以前为全面统计，2008年以来，省一级建立了主要畜禽监测调查制度，省一级猪、牛、羊、禽等主要畜禽数据均以抽样调查数为法定数据，省级以下的为全面数据。

期初（末）畜禽存栏头（只）数 指报告期初（末）农村各种合作经济组织和国营农场、农民个人、机关、团体、学校、工矿企业、部队等单位，以及城镇居民饲养的大牲畜、猪、羊、家禽等畜禽的数量。数据上报方式及数据调整情况同猪、牛、羊肉产量。

农作物播种面积 指农业生产经营者应在日历年度内收获农作物在全部土地（耕地或非耕地）上的播种或移植面积。凡是本年内收获的农作物，无论是本年还是上年播种，都算为播种面积，但不包括本年播种，下年收获的农作物面积。

有效灌溉面积 指具有一定的水源，地块比较平整，灌溉工程或设备已经配套，在一般年景下能够进行正常灌溉的耕地面积。在一般情况下，有效灌溉面积应等于灌溉工程或设备已经配套，能够进行正常灌溉的水田和水浇地面积之和。它是反映我国农田水利建设的重要指标。

农用化肥施用量　指本年度内实际用于农业生产的化肥数量，包括氮肥、磷肥、钾肥和复合肥。化肥施用量要求按折纯量计算数量。折纯量是指把氮肥、磷肥、钾肥分别按含氮、含五氧化二磷、含氧化钾的百分比成份进行折算后的数量。复合肥按其所含主要成分折算。公式为：

折纯量 = 实物量 × 某种化肥有效成分含量的百分比

农业机械总动力　指全部农业机械动力的额定功率之和。农业机械是指用于种植业、畜牧业、渔业、农产品初加工、农用运输和农田基本建设等活动的机械及设备。农机总动力按使用能源不同分为以下四部分：

柴油发动机动力　指全部柴油发动机额定功率之和；

汽油发动机动力　指全部汽油发动机额定功率之和；

电动机动力　指全部电动机（含潜水电泵的电动机）额定功率之和；

其他机械动力　指采用柴油、汽油、电力之外的其他能源，如水力、风力、煤炭、太阳能等动力机械功率之和。这个指标的统计数据主要来源于农机部门。

13

工 业

Industry

简要说明

一、本篇资料主要内容

本篇反映工业经济方面的基本情况。主要包括规模以上工业企业主要经济指标、构成资料；主要工业产品产量、规模以上工业主要产品生产能力资料；国有及国有控股工业企业情况；支柱产业情况。

二、本篇资料的统计范围

本篇资料中规模以上工业企业的统计范围：2010 年为年主营业务收入 500 万元及以上的工业法人单位，从 2011 年开始，为年主营业务收入 2000 万元及以上的工业法人单位。

三、本篇资料来源

本篇资料由省统计局工业交通处根据工业统计年报中有关资料整理。2019、2018 年规模以上工业企业主要指标数据与上年数据之间存在不可比因素，其主要原因是：（一）根据统计制度，每年定期对规模以上工业企业调查范围进行调整。每年有部分企业达到规模标准纳入调查范围，也有部分企业因规模变小而退出调查范围，还有新建投产企业、破产、注（吊）销企业等变化。（二）加强统计执法，对统计执法检查中发现的不符合规模以上工业统计要求的企业进行了清理，对相关基数依规进行了修正。（三）加强数据质量管理，剔除跨地区、跨行业重复统计数据。根据国家统计局最新开展的企业组织结构调查情况，对企业集团（公司）跨地区、跨行业重复计算进行了剔重。（四）"营改增"政策实施后，服务业企业改交增值税且税率较低，工业企业逐步将内部非工业生产经营活动剥离，转向服务业，使工业企业财务数据有所减小。

13-1 规模以上工业企业工业增加值增长速度
Growth Rate of Value-added Industry of Industrial Enterprises above Designated Size

单位：%　　　　　　　　　　　　　　　　　　　　　　　　　　　　　　　　　　　　　(%)

项　目	Item	2018	2019	2020
工业增加值	**Value-added of Industry**	**4.6**	**5.2**	**6.5**
#国有及国有控股	State-owned and State-holding Enterprises	5.0	4.8	5.9
按登记注册类型分	**By Status of Registration**			
国有企业	State-owned Enterprises	11.1	8.1	13.5
集体企业	Collective-owned Enterprises	-22.4	-16.1	-14.8
股份合作企业	Cooperative Enterprises			
股份制企业	Share-holding Corporations	2.9	4.3	4.7
外商及港澳台商投资企业	Enterprises with Funds from Foreign, Hong Kong ,Macao and Taiwan	21.1	9.9	4.0
其他企业	Other Enterprises	-4.4	9.7	75.6
按企业规模分	**Grouped by Size of Enterprises**			
大型企业	Large Enterprises	5.0	4.2	3.5
中型企业	Medium-size Enterprises	13.2	7.1	13.2
小型企业	Small Enterprises	-3.5	9.4	10.8
微型企业	Micro Enterprises	-7.6	3.4	34.0
按轻重工业分	**Grouped by Light and Heavy Industries**			
轻工业	Light Industry	-3.8	1.9	3.1
重工业	Heavy Industry	6.2	5.7	7.1
按工业门类分	**Grouped by Industries**			
采矿业	Mining	3.3	7.9	3.3
制造业	Manufacturing	3.0	3.9	5.0
电力、热力、燃气及水生产和供应业	Production and Supply of Electricity, Heat, Gas and Water	13.0	6.5	12.5

注：1. 工业增加值中含长庆油田甘肃部分。
　　2. 工业增加值增长速度按可比价计算。

a) The value-added of industry included the data of PCOC Gansu Part.

b) Growth rate of value-added of industrial was calculated by comparable prices.

13-2 规模以上工业企业主要经济指标（2020）

单位：万元

类 别	Item	企业单位数（个）Number of Enterprises (unit)	#亏损企业 Loss-making Enterprises
甘肃省	**Gansu**	**1952**	**603**
按登记注册类型分	**By Status of Registration**		
内资	Domestic Funded Enterprises	1910	593
国有企业	State-owned Enterprises	70	27
集体企业	Collective-owned Enterprises	10	4
股份合作企业	Cooperative Enterprises	2	1
联营企业	Joint Ownership Enterprises	2	1
有限责任公司	Limited Liability Corporations	877	274
股份有限公司	Stock-holding Corporations Limited	104	24
私营企业	Private Enterprises	845	262
其他企业	Other Enterprises		
港澳台商投资企业	Enterprises with Funds from Hong Kong ,Macao and Taiwan	20	5
外商投资企业	Foreign Funded Enterprises	22	5
按轻重工业分	**Grouped by Light and Heavy Industries**		
轻工业	Light Industry	537	154
重工业	Heavy Industry	1415	449
按企业规模分	**Grouped by Size of Enterprises**		
大型企业	Large Enterprises	57	12
中型企业	Medium-sized Enterprises	193	59
小型企业	Small Enterprises	1423	454
微型企业	Micro Enterprises	279	78
按工业门类分	**Grouped by Industries**		
采矿业	Mining	151	60
制造业	Manufacturing	1413	430
电力、热力、燃气及水生产和供应业	Production and Supply of Electricity, Heat, Gas and Water	388	113
按行业分	**Grouped by Sector**		
煤炭开采和洗选业	Mining and Washing of Coal	46	19
石油和天然气开采业	Extraction of Petroleum and Natural Gas	2	1
黑色金属矿采选业	Mining and Processing of Ferrous Metal Ores	19	10
有色金属矿采选业	Mining and Processing of Non-Ferrous Metal Ores	28	13
非金属矿采选业	Mining and Processing of Non-metal Ores	37	11
开采辅助活动	Support Activities for Mining	19	6
其他采矿业	Mining of Other Ores		
农副食品加工业	Processing of Food from Agricultural Products	205	58
食品制造业	Manufacture of Foods	59	22
酒、饮料和精茶制造业	Manufacture of Liquor, Beverages and Refined Tea	48	14
烟草制品业	Manufacture of Tobacco	2	
纺织业	Manufacture of Textile	10	4
纺织服装、服饰业	Manufacture of Textile, Wearing Apparel and Accessories	9	
皮革、毛皮、羽毛（绒）及其制品和制鞋业	Manufacture of Leather, Fur, Feather and Related Products and Footwear	6	3

Main Economic Indicators of Industrial Enterprises above Designated Size （2020）

(10000 yuan)

资产总计 Total Assets	流动资产合计 Total Current Assets	#存货 Inventories	#产成品 Finished Product	负债合计 Total Liabilities	所有者权益 Owners' Equity
122073611	**44462193**	**10147632**	**2730707**	**73269777**	**48763843**
118371295	42955534	9998703	2693460	71200867	47130433
19181945	2673414	352232	158203	10070573	9111371
80775	50382	10203	3455	57849	22927
102537	19449	2163		42976	59562
20548	18631	1034		7077	13472
51853653	19419487	4246333	1133823	34541768	17321911
34595842	13666273	3802474	637154	18662622	15920783
12535994	7107899	1584264	760824	7818003	4680414
2421700	970767	48503	16476	1405871	1015829
1280616	535892	100426	20771	663040	617576
12630030	7627976	2666659	796652	5981231	6605855
109443581	36834217	7480973	1934055	67288546	42157988
60228076	19078016	5369551	876337	32650159	27577917
18915556	7826905	1792886	632226	12972735	5942820
35263394	15004454	2839952	1162383	22301007	12962365
7666585	2552818	145243	59761	5345876	2280742
16245642	3494286	329804	200248	7620279	8607464
72331845	33295155	9608249	2492832	41971845	30292755
33496125	7672752	209579	37627	23677653	9363624
6266230	2274892	155941	106960	3252841	2995491
6947993	282992	24778	16220	2424151	4523842
980512	303728	44046	22680	650030	330433
1227707	295955	58139	24874	758822	468834
606567	185899	35950	25342	376802	229754
216633	150821	10951	4171	157632	59030
2939080	1845722	611136	316004	1611080	1327292
1161114	540025	140498	48894	641956	496147
1441664	777974	334830	105570	674532	754695
1391658	1019893	626378	29679	400504	991154
201083	101289	24791	12208	123946	70353
46273	34997	3943	1894	21946	24327
535598	495047	280406	3793	273916	261681

13-2 续表 1

单位：万元

类 别	Item	企业单位数（个）Number of Enterprises (unit)	#亏损企业 Loss-making Enterprises
木材加工及木、竹、藤、棕、草制品业	Processing of Timber, Manufacture of Wood, Bamboo, Rattan, Palm and Straw Products	3	2
家具制造业	Manufacture of Furniture		
造纸及纸制品业	Manufacture of Paper and Paper Products	14	6
印刷业和记录媒介复制业	Printing and Reproduction of Recording Media	11	5
文教、工美、体育和娱乐用品制造业	Manufacture of Articles for Culture, Education, Arts and Crafts, Sport and Entertainment Activities	2	
石油、煤炭及其他燃料加工业	Petroleum, Coal and Other Fuel Processing Industries	26	9
化学原料及化学制品制造业	Manufacture of Raw Chemical Materials and Chemical Products	119	36
医药制造业	Manufacture of Medicines	89	21
化学纤维制造业	Manufacture of Chemical Fibers	2	1
橡胶和塑料制品业	Manufacture of Rubber and Plastics Products	57	12
非金属矿物制品业	Manufacture of Non-metallic Mineral Products	385	103
黑色金属冶炼及压延加工业	Smelting and Pressing of Ferrous Metals	41	26
有色金属冶炼及压延加工业	Smelting and Pressing of Non-ferrous Metals	56	18
金属制品业	Manufacture of Metal Products	80	25
通用设备制造业	Manufacture of General Purpose Machinery	36	14
专用设备制造业	Manufacture of Special Purpose Machinery	46	15
汽车制造业	Manufacture of Automobiles	7	4
铁路、船舶、航空航天和其他运输设备制造业	Manufacture of Railway, Ship, Aerospace and Other Transport Equipments	4	1
电气机械及器材制造业	Manufacture of Electrical Machinery and Apparatus	56	17
计算机、通讯和其他电子设备制造业	Manufacture of Computers,Communication and Other Electronic Equipment	18	9
仪器仪表制造业	Manufacture of Measuring Instruments and Machinery	6	2
其他制造业	Other Manufacture	2	
废弃资源综合利用业	Utilization of Waste Resources	10	2
金属制品、机械和设备修理业	Repair Service of Metal Products, Machinery and Equipment	4	1
电力、热力生产和供应业	Production and Supply of Electric Power and Heat Power	341	101
燃气生产和供应业	Production and Supply of Gas	28	6
水生产和供应业	Production and Supply of Water	19	6

continued

(10000 yuan)

资产总计 Total Assets	流动资产合计 Total Current Assets	# 存货 Inventories	# 产成品 Finished Product	负债合计 Total Liabilities	所有者权益 Owners Equity
26865	12377	5752	4903	22045	4819
154900	73005	29030	15428	95771	59128
82979	41179	7530	1172	83054	-75
6095	3389	2020	492	1231	4864
4550127	1314154	398562	103027	2851445	1698682
3171819	1457484	383662	167980	1841792	1330026
3111590	1907325	457395	187697	1217360	1894229
10832	3017	1377	897	10720	112
1135396	595208	91511	49134	635606	500788
7851806	4656206	638730	247596	4096027	3746352
6025783	2016124	709553	142006	4117949	1906124
21185087	8796146	2972893	504385	12019348	9165738
1227662	782130	162021	50374	756363	471439
1695020	1047260	319274	110135	1287017	408003
2931008	2012976	525735	117088	2204658	726349
451279	224652	45203	30334	348293	98743
416283	332769	73306	10427	229900	186383
1537302	1034339	199244	109831	986983	550318
3908657	1236853	299452	63747	1534061	2365539
295909	56101	9631	1440	110491	185419
4226260	629933	159215	28065	3354127	372132
159915	73420	32914	11765	94131	65734
451805	174165	62257	16867	325542	126253
31491116	7016277	178715	14148	22399243	9137027
906329	447255	27549	22480	611443	294836
1098680	209220	3314	999	666968	431712

13-2 续表 2

单位：万元

类 别	Item	营业收入 Business Revenue	营业成本 Business Cost
甘肃省	**Gansu**	**75884071**	**63903651**
按登记注册类型分	**By Status of Registration**		
内资	Domestic Funded Enterprises	73203908	61558174
国有企业	State-owned Enterprises	11152366	9302672
集体企业	Collective-owned Enterprises	43903	36335
股份合作企业	Cooperative Enterprises	13516	12508
联营企业	Joint Ownership Enterprises	8167	7806
有限责任公司	Limited Liability Corporations	27831545	23102995
股份有限公司	Stock-holding Corporations Limited	25403033	21429872
私营企业	Private Enterprises	8751379	7665988
其他企业	Other Enterprises		
港澳台商投资企业	Enterprises with Funds from Hong Kong ,Macao and Taiwan	1864841	1721200
外商投资企业	Foreign Funded Enterprises	815322	624277
按轻重工业分	**Grouped by Light and Heavy Industries**		
轻工业	Light Industry	7708334	5288404
重工业	Heavy Industry	68175737	58615247
按企业规模分	**Grouped by Size of Enterprises**		
大型企业	Large Enterprises	46801471	39501371
中型企业	Medium-sized Enterprises	11931331	10239336
小型企业	Small Enterprises	15765919	13211157
微型企业	Micro Enterprises	1385351	951787
按工业门类分	**Grouped by Industries**		
采矿业	Mining	5420151	4242492
制造业	Manufacturing	58928825	49746579
电力、热力、燃气及水生产和供应业	Production and Supply of Electricity, Heat, Gas and Water	11535095	9914580
按行业分	**Grouped by Sector**		
煤炭开采和洗选业	Mining and Washing of Coal	2427623	1949215
石油和天然气开采业	Extraction of Petroleum and Natural Gas	1998436	1590263
黑色金属矿采选业	Mining and Processing of Ferrous Metal Ores	300567	237153
有色金属矿采选业	Mining and Processing of Non-Ferrous Metal Ores	389059	223911
非金属矿采选业	Mining and Processing of Non-metal Ores	154210	110157
开采辅助活动	Support Activities for Mining	150257	131794
其他采矿业	Mining of Other Ores		
农副食品加工业	Processing of Food from Agricultural Products	2427504	2176328
食品制造业	Manufacture of Foods	649965	529848
酒、饮料和精茶制造业	Manufacture of Liquor, Beverages and Refined Tea	869390	579775
烟草制品业	Manufacture of Tobacco	1537642	451125
纺织业	Manufacture of Textile	63310	55324
纺织服装、服饰业	Manufacture of Textile, Wearing Apparel and Accessories	35659	22019
皮革、毛皮、羽毛（绒）及其制品和制鞋业	Manufacture of Leather, Fur, Feather and Related Products and Footwear	39292	35983

continued

(10000 yuan)

税金及附加 Taxes and Extra Charges	销售费用 Selling Expenses	管理费用 Administrative Expenses	财务费用 Financial Expenses	营业利润 Business Profits	利润总额 Total Profits	亏损企业亏损额 Loss of Loss-making Enterprises	平均用工人数（人） Annual Average Employees (person)
3497229	**1325845**	**2227836**	**1618597**	**2851291**	**3000576**	**1129682**	**465828**
3476078	1264901	2174100	1561146	2717593	2866227	1104631	456055
763983	47483	381119	233323	452311	605871	110373	84626
717	1403	4828	974			3025	1254
59		236	2021		-1390	1400	96
21	48	250		41	41	251	110
1111358	481499	859291	831749	1263441	1308431	625350	168139
1554097	455742	639702	317501	794844	711362	249054	123960
45843	278725	288675	175578	209259	243008	115179	77870
8757	3411	26354	41286	61837	62053	11466	3820
12395	57534	27381	16165	71861	72296	13585	5953
984896	417254	308447	89874	574831	611821	99535	68913
2512333	908591	1919389	1528723	2276459	2388755	1030147	396915
3257149	587934	1201201	546621	1554585	1652680	288990	240481
109344	293663	368628	335510	506580	494148	292319	97166
112481	415719	619091	559999	602390	674665	503286	121824
18255	28529	38915	176467	187736	179083	45087	6357
204937	88125	317293	181158	399075	523866	80571	76690
3220986	1202583	1601747	678905	2111271	2100157	614588	307474
71306	35137	308796	758534	340944	376553	434524	81664
59734	64921	162363	52806	162053	151859	22546	50091
117104	1801	64866	75994	149073	287648	22555	12770
11125	8906	14976	14340	10589	10645	12037	2901
11253	1528	46811	31269	68043	64823	14485	5456
4482	9409	20137	4951	3591	3243	7720	2706
1239	1560	8140	1798	5727	5648	1028	2786
4814	67077	65736	32364	72362	88516	25132	17301
2738	36605	25539	14481	35148	37304	17405	8335
58675	99477	49283	4859	80485	81587	8851	10233
901584	21941	45797	2016	52987	51515		2764
705	2513	4227	602		897	1193	2033
328	677	9341	28	2760	2603		1604
555	1349	3797	2564		1792	3277	835

13-2　续表 3

单位：万元

类　别	Item	营业收入 Business Revenue	营业成本 Business Cost
木材加工及木、竹、藤、棕、草制品业	Processing of Timber, Manufacture of Wood, Bamboo, Rattan, Palm and Straw Products	18746	16972
家具制造业	Manufacture of Furniture		
造纸及纸制品业	Manufacture of Paper and Paper Products	124405	121856
印刷业和记录媒介复制业	Printing and Reproduction of Recording Media	45377	38106
文教、工美、体育和娱乐用品制造业	Manufacture of Articles for Culture, Education, Arts and Crafts, Sport and Entertainment Activities	2598	2070
石油、煤炭及其他燃料加工业	Petroleum, Coal and Other Fuel Processing Industries	7707892	5209150
化学原料及化学制品制造业	Manufacture of Raw Chemical Materials and Chemical Products	2318311	2002151
医药制造业	Manufacture of Medicines	1200595	664105
化学纤维制造业	Manufacture of Chemical Fibers	10554	10273
橡胶和塑料制品业	Manufacture of Rubber and Plastics Products	564166	502660
非金属矿物制品业	Manufacture of Non-metallic Mineral Products	4492244	3591131
黑色金属冶炼及压延加工业	Smelting and Pressing of Ferrous Metals	5309018	4856590
有色金属冶炼及压延加工业	Smelting and Pressing of Non-ferrous Metals	24581482	23058942
金属制品业	Manufacture of Metal Products	921879	820641
通用设备制造业	Manufacture of General Purpose Machinery	657747	534057
专用设备制造业	Manufacture of Special Purpose Machinery	1057355	914178
汽车制造业	Manufacture of Automobiles	82508	66058
铁路、船舶、航空航天和其他运输设备制造业	Manufacture of Railway, Ship, Aerospace and Other Transport Equipments	149334	113666
电气机械及器材制造业	Manufacture of Electrical Machinery and Apparatus	1218479	1098770
计算机、通讯和其他电子设备制造业	Manufacture of Computers,Communication and Other Electronic Equipment	1451539	1181868
仪器仪表制造业	Manufacture of Measuring Instruments and Machinery	19418	16220
其他制造业	Other Manufacture	1113864	850109
废弃资源综合利用业	Utilization of Waste Resources	118451	106947
金属制品、机械和设备修理业	Repair Service of Metal Products, Machinery and Equipment	140106	119658
电力、热力生产和供应业	Production and Supply of Electric Power and Heat Power	10699342	9224283
燃气生产和供应业	Production and Supply of Gas	695707	578135
水生产和供应业	Production and Supply of Water	140046	112163

continued

(10000 yuan)

税金及附加 Taxes and Extra Charges	销售费用 Selling Expenses	管理费用 Administrative Expenses	财务费用 Financial Expenses	营业利润 Business Profits	利润总额 Total Profits	亏损企业亏损额 Loss of Loss-making Enterprises	平均用工人数（人） Annual Average Employees (person)
57	224	560	445	488	524	9[illegible]4	380
1211	1039	1752	2959	-4981	-750	1486	1542
530	1013	7135	1896	-2110	-2041	2649	1740
88	66	134	84	105	116		58
2014408	69961	290498	46295	48939	-26839	186851	28087
11868	72095	108675	34290	56429	66056	38166	20722
9518	158301	58266	14552	317187	321651	27448	13311
19	116	360	23	-237	-252	592	163
2828	18214	23178	8404	25722	26851	3985	4911
41677	159295	224932	40147	429445	431910	467[illegible]0	42303
20179	204572	72754	57860	54904	54669	32509	25699
106146	145145	236111	299557	551895	539384	86558	53083
4621	16867	28690	14177	23854	24960	11490	6984
6331	27450	40650	17754	17667	27335	24394	11468
9689	27034	55087	37927	-23498	-15973	53081	14612
1594	2094	9996	5306	-5465	-5351	8457	1605
206	2403	16385	4649	16145	15205	81	2777
6167	41035	40894	7661	7699	11483	22163	10563
7606	20208	62185	19556	130368	134050	3222	12047
147	552	4191	4239	-6202	-4875	5651	591
4327		98568	1809	229498	230944		8137
588	2534	4653	1554	4485	4723	2288	1025
1783	2727	12274	847	598	2164	57	2511
66081	7454	260607	754402	263556	290333	425424	72197
2294	23535	25558	-1925	84625	84875	3458	3662
2931	4148	22631	6057	-7237	1346	5641	5805

13-3 按行业分国有及国有控股企业主要经济指标（2020）

单位：万元

类 别	Item	企业单位数（个）Number of Enterprises (unit)	#亏损企业 Loss-making Enterprises
甘肃省	**Gansu**	**539**	**164**
煤炭开采及洗选业	Mining and Washing of Coal	18	5
石油和天然气开采业	Extraction of Petroleum and Natural Gas	2	1
黑色金属矿采选业	Mining and Processing of Ferrous Metal Ores	2	1
有色金属矿采选业	Mining and Processing of Non-Ferrous Metal Ores	11	4
非金属矿采选业	Mining and Processing of Non-metal Ores	5	1
开采辅助活动	Support Activities for Mining	2	1
其他采矿业	Mining of Other Ores		
农副食品加工业	Processing of Food from Agricultural Products	14	3
食品制造业	Manufacture of Foods	4	2
酒、饮料和精茶制造业	Manufacture of Liquor, Beverages and Refined Tea	9	3
烟草制品业	Manufacture of Tobacco	2	
纺织业	Manufacture of Textile	1	
纺织服装、服饰业	Manufacture of Textile, Wearing Apparel and Accessories	3	
皮革、毛皮、羽毛（绒）及其制品和制鞋业	Manufacture of Leather, Fur, Feather and Related Products and Footwear	1	
木材加工及木、竹、藤、棕、草制品业	Processing of Timber, Manufacture of Wood, Bamboo, Rattan, Palm and Straw Products		
家具制造业	Manufacture of Furniture		
造纸及纸制品业	Manufacture of Paper and Paper Products		
印刷业和记录媒介复制业	Printing and Reproduction of Recording Media	5	3
文教、工美、体育和娱乐用品制造业	Manufacture of Articles for Culture, Education, Arts and Crafts, Sport and Entertainment Activities		
石油、煤炭及其他燃料加工业	Petroleum, Coal and Other Fuel Processing Industries	7	2
化学原料及化学制品制造业	Manufacture of Raw Chemical Materials and Chemical Products	23	7
医药制造业	Manufacture of Medicines	13	3
化学纤维制造业	Manufacture of Chemical Fibers	1	1
橡胶和塑料制品业	Manufacture of Rubber and Plastics Products	5	1
非金属矿物制品业	Manufacture of Non-metallic Mineral Products	61	6
黑色金属冶炼和压延加工业	Smelting and Pressing of Ferrous Metals	9	5
有色金属冶炼和压延加工业	Smelting and Pressing of Non-ferrous Metals	24	12
金属制品业	Manufacture of Metal Products	15	3
通用设备制造业	Manufacture of General Purpose Machinery	12	8
专用设备制造业	Manufacture of Special Purpose Machinery	19	7
汽车制造业	Manufacture of Automobiles	2	1
铁路、船舶、航空航天和其他运输设备制造业	Manufacture of Railway, Ship, Aerospace and Other Transport Equipments	2	
电气机械及器材制造业	Manufacture of Electrical Machinery and Apparatus	17	8
计算机、通讯和其他电子设备制造业	Manufacture of Computers,Communication and Other Electronic Equipment	4	1
仪器仪表制造业	Manufacture of Measuring Instruments and Machinery	1	
其他制造业	Other Manufacture	2	
废弃资源综合利用业	Utilization of Waste Resources	2	1
金属制品、机械和设备修理业	Repair Service of Metal Products, Machinery and Equipment	3	
电力、热力生产和供应业	Production and Supply of Electric Power and Heat Power	211	66
燃气生产和供应业	Production and Supply of Gas	11	2
水生产和供应业	Production and Supply of Water	16	6

Main Indicators of State-owned and State-holding Industrial Enterprises by Industrial Sector（2020）

（10000 yuan）

资产总计 Total Assets	流动资产合计 Total Current Assets	#存货 Inventories	#产成品 Finished Product	负债合计 Total Liabilities	所有者权益 Owners' Equity
86545222	**27213194**	**6580186**	**1388752**	**52420204**	**34134191**
5284829	1958703	114632	90618	2550296	2734533
6947993	282992	24778	16220	2424151	4523842
450751	91355	2201	629	335292	115459
357657	84590	20990	7925	252388	105268
344457	48025	2883	1607	215386	129071
75704	53224	2668		59923	15776
275312	168691	61149	20326	174057	101255
96403	48854	18551	3878	47642	48761
303948	150172	71647	50160	230395	73553
1391658	1019893	626378	29679	400504	991154
71118	31603	13386	7944	12414	58704
22065	15600	667	499	9375	12690
147065	121101	4034	2050	62761	84303
30496	15694	2065	158	43939	-13444
3434956	1022131	320279	72947	2063667	1371289
1553832	737506	154473	77397	749884	803948
1503352	864564	199012	78487	326510	1176841
7419	1429	-59	-59	10027	-2607
213977	60717	17438	8614	125999	87978
2371012	1032619	138124	53867	1137247	1233765
5364698	1624850	602390	90383	3645087	1719611
18996748	7488827	2748604	416777	10566721	8430027
693192	419468	75761	25538	434907	258284
1020970	586486	177834	65233	784735	236235
2457615	1676136	422467	73571	1998733	458881
163782	76402	20205	11358	127705	36076
404215	321543	70016	9889	223445	180770
788888	481204	130635	74995	500459	288419
486631	320051	103172	14351	284299	194150
1380	1320	622	319	771	609
4226260	629933	159215	28065	3354127	872132
113416	57565	28844	10684	61598	51819
450112	172834	62253	16867	324964	125147
24930229	5058027	161097	9400	17841586	7156004
579686	305469	18576	17375	426082	153604
983397	183618	3202	999	613112	370284

13-3 续表

单位：万元

类 别	Item	营业收入 Business Revenue	营业成本 Business Cost
甘肃省	**Gansu**	**57389667**	**48191162**
煤炭开采及洗选业	Mining and Washing of Coal	2003050	1578655
石油和天然气开采业	Extraction of Petroleum and Natural Gas	1998436	1590263
黑色金属矿采选业	Mining and Processing of Ferrous Metal Ores	130612	92398
有色金属矿采选业	Mining and Processing of Non-Ferrous Metal Ores	188431	129609
非金属矿采选业	Mining and Processing of Non-metal Ores	38900	24316
开采辅助活动	Support Activities for Mining	50712	42942
其他采矿业	Mining of Other Ores		
农副食品加工业	Processing of Food from Agricultural Products	217724	187741
食品制造业	Manufacture of Foods	63522	51306
酒、饮料和精茶制造业	Manufacture of Liquor, Beverages and Refined Tea	209029	160325
烟草制品业	Manufacture of Tobacco	1537642	451125
纺织业	Manufacture of Textile	29556	25097
纺织服装、服饰业	Manufacture of Textile, Wearing Apparel and Accessories	17528	7005
皮革、毛皮、羽毛（绒）及其制品和制鞋业	Manufacture of Leather, Fur, Feather and Related Products and Footwear	15640	13092
木材加工及木.竹、藤、棕、草制品业	Processing of Timber, Manufacture of Wood, Bamboo, Rattan, Palm and Straw Products		
家具制造业	Manufacture of Furniture		
造纸及纸制品业	Manufacture of Paper and Paper Products		
印刷业和记录媒介复制业	Printing and Reproduction of Recording Media	25508	20586
文教、工美、体育和娱乐用品制造业	Manufacture of Articles for Culture, Education, Arts and Crafts, Sport and Entertainment Activities		
石油、煤炭及其他燃料加工业	Petroleum, Coal and Other Fuel Processing Industries	7113444	4660755
化学原料及化学制品制造业	Manufacture of Raw Chemical Materials and Chemical Products	1174162	1029699
医药制造业	Manufacture of Medicines	659324	284434
化学纤维制造业	Manufacture of Chemical Fibers	2919	3371
橡胶和塑料制品业	Manufacture of Rubber and Plastics Products	232869	217933
非金属矿物制品业	Manufacture of Non-metallic Mineral Products	1717899	1262484
黑色金属冶炼和压延加工业	Smelting and Pressing of Ferrous Metals	3967095	3582627
有色金属冶炼和压延加工业	Smelting and Pressing of Non-ferrous Metals	21683284	20344404
金属制品业	Manufacture of Metal Products	478230	423448
通用设备制造业	Manufacture of General Purpose Machinery	242919	199527
专用设备制造业	Manufacture of Special Purpose Machinery	836983	754909
汽车制造业	Manufacture of Automobiles	26963	21472
铁路、船舶、航空航天和其他运输设备制造业	Manufacture of Railway, Ship, Aerospace and Other Transport Equipments	142612	109954
电气机械及器材制造业	Manufacture of Electrical Machinery and Apparatus	379393	334998
计算机、通讯和其他电子设备制造业	Manufacture of Computers,Communication and Other Electronic Equipment	324156	290810
仪器仪表制造业	Manufacture of Measuring Instruments and Machinery	3521	3077
其他制造业	Other Manufacture	1113864	850109
废弃资源综合利用业	Utilization of Waste Resources	84332	76459
金属制品、机械和设备修理业	Repair Service of Metal Products, Machinery and Equipment	136562	116556
电力、热力生产和供应业	Production and Supply of Electric Power and Heat Power	9914444	8720497
燃气生产和供应业	Production and Supply of Gas	503961	425259
水生产和供应业	Production and Supply of Water	124441	103922

continued

（10000 yuan）

税金及附加 Taxes and Extra Charges	销售费用 Selling Expenses	管理费用 Administrative Expenses	财务费用 Financial Expenses	营业利润 Business Profits	利润总额 Total Profits	亏损企业亏损额 Loss of Loss-making Enterprises	平均用工人数（人） Annual Average Employees (person)
3339235	**754935**	**1530949**	**1193449**	**2076601**	**2212189**	**748133**	**308394**
55603	52597	146442	30477	163414	159038	4238	46655
117104	1801	64866	75994	149073	287648	22655	12770
9413		5780	9654	11375	11788	5011	1401
4691	819	22609	10334	18051	17071	7716	2664
2030	1364	5230	1573	3856	3642	352	1104
101	185	958	885	5641	5630	48	616
798	11066	9748	2900	-3051	148	2388	1270
279	3112	1829	945	5193	5159	812	1002
6697	33879	8458	2813	5887	7331	3378	2229
901584	21941	45797	2016	52987	51515		2764
428	1911	2192	-16	-54	309		852
278	1	8098	-205	2113	1184		791
453	818	2791	532	-2402	4501		345
416	809	5969	1260	-2209	-2142	2365	1333
2010979	42188	278190	28058	73846	34543	120905	25056
5803	43428	51681	13400	17728	22892	18566	3135
5575	96757	25317	-5086	300026	294685	5641	5299
8	83	49	0	-592	-592	592	30
1089	5915	3769	1793	-299	-64	1019	1099
20592	47427	92706	15397	283173	284187	16056	11905
16941	176525	46789	50885	51972	50306	22314	17908
92940	123693	206783	269985	479373	465527	67641	46276
2745	7974	11542	5700	18590	17908	5070	2426
3379	10618	18222	12136	-7890	-297	21003	6361
7987	18489	35451	35800	-34963	-29788	49328	8974
617	1132	1723	2952	-836	-1135	1232	561
146	1585	16053	4648	15067	14082		2602
2962	16601	23809	5445	-13821	-13338	19462	6473
849	2414	6865	577	14489	13110	12	2689
9	32	275	0	60	60		48
4327		98563	1809	229498	230944		8137
474	1600	3364	817	3979	4102	2077	713
1742	2727	11699	848	771	2201		2371
55538	5300	230094	610633	180504	205521	341314	67476
1911	15996	15323	-5826	67810	67670	1299	2391
2749	4148	21903	4320	-11759	-3155	5641	5668

13-4 按行业分大中型企业主要经济指标（2020）

单位：万元

类 别	Item	企业单位数（个） Number of Enterprises (unit)	#亏损企业 Loss-making Enterprises
甘肃省	**Gansu**	**250**	**71**
煤炭开采及洗选业	Mining and Washing of Coal	19	4
石油和天然气开采业	Extraction of Petroleum and Natural Gas	2	1
黑色金属矿采选业	Mining and Processing of Ferrous Metal Ores	2	1
有色金属矿采选业	Mining and Processing of Non-Ferrous Metal Ores	4	2
非金属矿采选业	Mining and Processing of Non-metal Ores	2	1
开采辅助活动	Support Activities for Mining		
其他采矿业	Mining of Other Ores		
农副食品加工业	Processing of Food from Agricultural Products	10	1
食品制造业	Manufacture of Foods	5	1
酒、饮料和精茶制造业	Manufacture of Liquor, Beverages and Refined Tea	8	1
烟草制品业	Manufacture of Tobacco	2	
纺织业	Manufacture of Textile	1	
纺织服装、服饰业	Manufacture of Textile, Wearing Apparel and Accessories	1	
皮革、毛皮、羽毛（绒）及其制品和制鞋业	Manufacture of Leather, Fur, Feather and Related Products and Footwear	1	
木材加工及木.竹、藤、棕、草制品业	Processing of Timber, Manufacture of Wood, Bamboo, Rattan, Palm and Straw Products		
家具制造业	Manufacture of Furniture		
造纸及纸制品业	Manufacture of Paper and Paper Products	1	
印刷业和记录媒介复制业	Printing and Reproduction of Recording Media	2	2
文教、工美、体育和娱乐用品制造业	Manufacture of Articles for Culture, Education, Arts and Crafts, Sport and Entertainment Activities		
石油、煤炭及其他燃料加工业	Petroleum, Coal and Other Fuel Processing Industries	9	4
化学原料及化学制品制造业	Manufacture of Raw Chemical Materials and Chemical Products	18	5
医药制造业	Manufacture of Medicines	13	1
化学纤维制造业	Manufacture of Chemical Fibers		
橡胶和塑料制品业	Manufacture of Rubber and Plastics Products	2	1
非金属矿物制品业	Manufacture of Non-metallic Mineral Products	25	6
黑色金属冶炼和压延加工业	Smelting and Pressing of Ferrous Metals	8	3
有色金属冶炼和压延加工业	Smelting and Pressing of Non-ferrous Metals	24	7
金属制品业	Manufacture of Metal Products	6	1
通用设备制造业	Manufacture of General Purpose Machinery	16	5
专用设备制造业	Manufacture of Special Purpose Machinery	13	4
汽车制造业	Manufacture of Automobiles	2	1
铁路、船舶、航空航天和其他运输设备制造业	Manufacture of Railway, Ship, Aerospace and Other Transport Equipments	2	
电气机械及器材制造业	Manufacture of Electrical Machinery and Apparatus	8	5
计算机、通讯和其他电子设备制造业	Manufacture of Computers,Communication and Other Electronic Equipment	6	1
仪器仪表制造业	Manufacture of Measuring Instruments and Machinery		
其他制造业	Other Manufacture	2	
废弃资源综合利用业	Utilization of Waste Resources	1	
金属制品、机械和设备修理业	Repair Service of Metal Products, Machinery and Equipment	2	
电力、热力生产和供应业	Production and Supply of Electric Power and Heat Power	26	11
燃气生产和供应业	Production and Supply of Gas	2	
水生产和供应业	Production and Supply of Water	5	2

Main Economic Indicators of Large and Medium-sized Industrial Enterprises by Industrial Sector (2020)

(10000 yuan)

资产总计 Total Assets	流动资产合计 Total Current Assets	#存货 Inventories	#产成品 Finished Product	负债合计 Total Liabilities	所有者权益 Owners' Equity
79143632	**26904921**	**7162437**	**1508562**	**45622894**	**33520736**
4835940	2062225	113745	88307	2802875	2033065
6947993	282992	24778	16220	2424151	4523842
185282	19123	4272	4184	124943	60338
606205	89726	14414	4330	407541	198664
54482	2033	431	29	52924	1558
1023832	682395	157280	68460	508765	515067
452456	194653	32341	3120	206795	245661
788326	433331	165988	30650	240781	547544
1391658	1019893	626378	29679	400504	991154
71118	31603	13386	7944	12414	58704
5914	3610	2		2055	3859
147065	121101	4034	2050	62761	84303
31306	16124	11531	6892	19052	12254
15151	7612	1206	149	16398	-1247
4312778	1161853	342035	70626	2685062	1627717
1608923	737249	187984	59705	1044150	564773
1473044	854737	164004	73427	489850	983194
146002	29374	6229	3615	83230	62772
3545965	1917277	264803	74771	1363585	2182380
5739800	1819470	634186	104862	3885803	1853997
19235507	7623691	2812796	432863	10575006	8660500
399083	220404	39236	9754	192074	207009
1280719	801812	257179	99235	1013755	266963
2255938	1565394	432937	92761	1825790	430148
75545	25264	8241	4628	48205	27340
404215	321543	70016	9889	223445	180770
806953	506414	124577	80858	504122	302831
3803222	1158443	285882	61681	1486463	2316759
4226260	629933	159215	28065	3354127	872132
69047	23607	2394	2145	54157	14890
434257	166068	59954	15837	315361	118896
12009161	2074938	121780	5040	8774685	3234476
435021	239381	17059	16144	318474	116547
325465	61648	2144	643	103590	221875

13-4 续表

单位：万元

类别	Item	营业收入 Business Revenue	营业成本 Business Cost
甘肃省	**Gansu**	**58732801**	**49740707**
煤炭开采及洗选业	Mining and Washing of Coal	2037268	1582107
石油和天然气开采业	Extraction of Petroleum and Natural Gas	1998436	1590263
黑色金属矿采选业	Mining and Processing of Ferrous Metal Ores	107326	97033
有色金属矿采选业	Mining and Processing of Non-Ferrous Metal Ores	174137	88187
非金属矿采选业	Mining and Processing of Non-metal Ores	21033	13774
开采辅助活动	Support Activities for Mining		
其他采矿业	Mining of Other Ores		
农副食品加工业	Processing of Food from Agricultural Products	568755	492565
食品制造业	Manufacture of Foods	318604	244881
酒、饮料和精茶制造业	Manufacture of Liquor, Beverages and Refined Tea	606695	376777
烟草制品业	Manufacture of Tobacco	1537642	451125
纺织业	Manufacture of Textile	29556	25097
纺织服装、服饰业	Manufacture of Textile, Wearing Apparel and Accessories	5051	2020
皮革、毛皮、羽毛（绒）及其制品和制鞋业	Manufacture of Leather, Fur, Feather and Related Products and Footwear	15640	13092
木材加工及木、竹、藤、棕、草制品业	Processing of Timber, Manufacture of Wood, Bamboo, Rattan, Palm and Straw Products		
家具制造业	Manufacture of Furniture		
造纸及纸制品业	Manufacture of Paper and Paper Products	42673	42468
印刷业和记录媒介复制业	Printing and Reproduction of Recording Media	15436	12485
文教、工美、体育和娱乐用品制造业	Manufacture of Articles for Culture, Education, Arts and Crafts, Sport and Entertainment Activities		
石油、煤炭及其他燃料加工业	Petroleum, Coal and Other Fuel Processing Industries	7404333	4924296
化学原料及化学制品制造业	Manufacture of Raw Chemical Materials and Chemical Products	1285243	1126398
医药制造业	Manufacture of Medicines	473900	269383
化学纤维制造业	Manufacture of Chemical Fibers		
橡胶和塑料制品业	Manufacture of Rubber and Plastics Products	211029	198869
非金属矿物制品业	Manufacture of Non-metallic Mineral Products	1481422	1109840
黑色金属冶炼和压延加工业	Smelting and Pressing of Ferrous Metals	4827954	4389614
有色金属冶炼和压延加工业	Smelting and Pressing of Non-ferrous Metals	21971824	20509700
金属制品业	Manufacture of Metal Products	174863	159507
通用设备制造业	Manufacture of General Purpose Machinery	517699	411183
专用设备制造业	Manufacture of Special Purpose Machinery	840964	745694
汽车制造业	Manufacture of Automobiles	43929	38733
铁路、船舶、航空航天和其他运输设备制造业	Manufacture of Railway, Ship, Aerospace and Other Transport Equipments	142612	109954
电气机械及器材制造业	Manufacture of Electrical Machinery and Apparatus	626075	562710
计算机、通讯和其他电子设备制造业	Manufacture of Computers,Communication and Other Electronic Equipment	1396004	1133413
仪器仪表制造业	Manufacture of Measuring Instruments and Machinery		
其他制造业	Other Manufacture	1113864	850109
废弃资源综合利用业	Utilization of Waste Resources	37767	29558
金属制品、机械和设备修理业	Repair Service of Metal Products, Machinery and Equipment	129384	111444
电力、热力生产和供应业	Production and Supply of Electric Power and Heat Power	8155117	7669755
燃气生产和供应业	Production and Supply of Gas	353728	300344
水生产和供应业	Production and Supply of Water	66840	58330

continued

(10000 yuan)

税金及附加 Taxes and Extra Charges	销售费用 Selling Expenses	管理费用 Administrative Expenses	财务费用 Financial Expenses	营业利润 Business Profits	利润总额 Total Profits	亏损企业亏损额 Loss of Loss-making Enterprises	平均用工人数（人） Annual Average Employees (person)
3366493	**881597**	**1569829**	**882131**	**2061165**	**2146828**	**581309**	**337647**
56834	54751	141084	47929	178624	168131	3358	48232
117104	1801	64866	75994	149073	287648	22655	12770
4589	931	4692	3052	-3289	-3337	5011	1626
4631	355	16024	21501	39968	37544	5987	2547
1659	172	3030	1357	491	553	352	859
931	13635	17659	4645	46261	47034	1169	5685
1369	20099	9457	3520	39355	39633	59	3050
46509	81036	32398	-3334	70773	69504	995	6375
901584	21941	45797	2016	52987	51515		2764
428	1911	2192	-16	-54	309		852
80	1	2331	-6	592	356		417
453	818	2791	532	-2402	4501		345
403	144	32	344	-1199	178		358
299	244	3855	303	-421	-422	422	880
2013413	62381	283079	43918	51415	-24853	182883	27138
7052	46263	55154	19694	14442	19473	17340	12052
5241	90630	25654	2971	129225	130955	5555	6504
848	4807	3538	1457	-498	-776	1019	1196
19135	43565	74262	-3365	236540	236690	17581	14129
18776	194253	64299	55518	66798	65577	17312	22509
98601	123751	216366	269352	579189	562413	42966	49296
1477	2100	6359	3737	-800	-1768	4257	2234
5314	24302	31293	16058	19235	28189	19797	9065
5951	20051	36769	32182	-30486	-27042	48020	10641
674	1017	2257	-82	393	427	1232	746
146	1585	16053	4648	15067	14082		2602
3212	29952	22503	5644	-9088	-7106	16960	6513
7385	18324	58906	19028	130721	133832	1870	11046
4327		98568	1809	229498	230944		3137
213	1600	1916	818	6056	6179		461
1719	2565	10325	819	546	1860		2120
32514	3170	191855	256359	8439	25750	162520	53950
1448	13083	11473	-6192	50070	49786		1815
2177	361	12995	-76	-6358	-929	1989	3733

13-5 非公有制工业企业主要财务指标（2020）

单位：万元

类 别	Item	企业单位数（个）Number of Enterprises (unit)	#亏损企业 Loss-making Enterprises
甘肃省	**Gansu**	**1380**	**429**
煤炭开采及洗选业	Mining and Washing of Coal	25	13
石油和天然气开采业	Extraction of Petroleum and Natural Gas		
黑色金属矿采选业	Mining and Processing of Ferrous Metal Ores	17	9
有色金属矿采选业	Mining and Processing of Non-Ferrous Metal Ores	16	8
非金属矿采选业	Mining and Processing of Non-metal Ores	32	10
开采辅助活动	Support Activities for Mining	17	5
其他采矿业	Mining of Other Ores		
农副食品加工业	Processing of Food from Agricultural Products	191	55
食品制造业	Manufacture of Foods	54	19
酒、饮料和精茶制造业	Manufacture of Liquor, Beverages and Refined Tea	39	11
烟草制品业	Manufacture of Tobacco		
纺织业	Manufacture of Textile	8	4
纺织服装、服饰业	Manufacture of Textile, Wearing Apparel and Accessories	5	
皮革、毛皮、羽毛（绒）及其制品和制鞋业	Manufacture of Leather, Fur, Feather and Related Products and Footwear	5	3
木材加工及木﹒竹、藤、棕、草制品业	Processing of Timber, Manufacture of Wood, Bamboo, Rattan, Palm and Straw Products	3	2
家具制造业	Manufacture of Furniture		
造纸及纸制品业	Manufacture of Paper and Paper Products	13	5
印刷业和记录媒介复制业	Printing and Reproduction of Recording Media	6	2
文教、工美、体育和娱乐用品制造业	Manufacture of Articles for Culture, Education, Arts and Crafts, Sport and Entertainment Activities	2	
石油、煤炭及其他燃料加工业	Petroleum, Coal and Other Fuel Processing Industries	18	7
化学原料及化学制品制造业	Manufacture of Raw Chemical Materials and Chemical Products	95	29
医药制造业	Manufacture of Medicines	76	18
化学纤维制造业	Manufacture of Chemical Fibers	1	
橡胶和塑料制品业	Manufacture of Rubber and Plastics Products	50	11
非金属矿物制品业	Manufacture of Non-metallic Mineral Products	320	95
黑色金属冶炼和压延加工业	Smelting and Pressing of Ferrous Metals	30	19
有色金属冶炼和压延加工业	Smelting and Pressing of Non-ferrous Metals	30	6
金属制品业	Manufacture of Metal Products	65	22
通用设备制造业	Manufacture of General Purpose Machinery	23	6
专用设备制造业	Manufacture of Special Purpose Machinery	25	8
汽车制造业	Manufacture of Automobiles	5	3
铁路、船舶、航空航天和其他运输设备制造业	Manufacture of Railway, Ship, Aerospace and Other Transport Equipments	2	1
电气机械及器材制造业	Manufacture of Electrical Machinery and Apparatus	37	9
计算机、通讯和其他电子设备制造业	Manufacture of Computers,Communication and Other Electronic Equipment	13	8
仪器仪表制造业	Manufacture of Measuring Instruments and Machinery	5	2
其他制造业	Other Manufacture		
废弃资源综合利用业	Utilization of Waste Resources	7	1
金属制品、机械和设备修理业	Repair Service of Metal Products, Machinery and Equipment	1	1
电力、热力生产和供应业	Production and Supply of Electric Power and Heat Power	124	33
燃气生产和供应业	Production and Supply of Gas	17	4
水生产和供应业	Production and Supply of Water	3	

Main Financial Indicators of the Non-public Industrial Enterprises （2020）

(10000 yuan)

资产总计 Total Assets	流动资产合计 Total Current Assets	#存货 Inventories	#产成品 Finished Product	负债合计 Total Liabilities	所有者权益 Owners' Equity
31599948	**16055574**	**3253472**	**1248577**	**19270058**	**12230725**
951569	299020	40114	16165	680364	253308
529761	212372	41845	22051	314738	215024
845612	207348	35655	15590	489331	356282
262109	137874	33067	23734	161416	100693
140929	97597	8283	4171	97705	43224
2663769	1677031	549987	295678	1437023	1226036
1060450	489346	120176	43377	588235	449204
1137716	627802	263184	55410	444137	681143
120996	61123	10423	3388	110560	3652
16074	11933	1711	249	8238	7836
388533	373945	276372	1742	211155	177378
26865	12377	5752	4903	22046	4819
152156	70335	29008	15428	93044	59112
52483	25485	5465	1014	39115	13368
6095	3389	2020	492	1231	4864
1109740	286982	73940	29649	783800	325939
1600310	710011	227021	89359	1089555	510754
1608239	1042761	258383	109210	890850	717388
3413	1588	1436	956	693	2720
902455	520471	69503	38008	496831	405624
5373056	3548340	462308	186819	2847824	2515805
533155	298375	88291	39555	363997	167448
2042149	1265115	204983	87607	1391442	650707
534470	362662	86260	24837	321456	213155
625324	422242	128058	38905	489951	135373
404465	282323	73287	27904	181411	223054
287497	148250	24998	18976	220588	62667
12068	11226	3290	538	6455	5613
726626	541000	62904	32581	472940	253686
265025	127862	28436	8311	155531	108619
294529	54781	9009	1121	109720	184810
41641	14297	3176	1081	29021	12621
1693	1331	5		578	1115
6437048	1941592	16040	4664	4479862	1934979
326643	141786	8973	5104	185361	141282
115283	25602	112		53855	61428

13-5 续表

单位：万元

类　别	Item	营业收入 Business Revenue	营业成本 Business Cost
甘肃省	**Gansu**	**16920790**	**14493484**
煤炭开采及洗选业	Mining and Washing of Coal	409499	359384
石油和天然气开采业	Extraction of Petroleum and Natural Gas		
黑色金属矿采选业	Mining and Processing of Ferrous Metal Ores	169955	144755
有色金属矿采选业	Mining and Processing of Non-Ferrous Metal Ores	198296	93347
非金属矿采选业	Mining and Processing of Non-metal Ores	115310	85841
开采辅助活动	Support Activities for Mining	99546	88852
其他采矿业	Mining of Other Ores		
农副食品加工业	Processing of Food from Agricultural Products	2209780	1988587
食品制造业	Manufacture of Foods	584581	476849
酒、饮料和精茶制造业	Manufacture of Liquor, Beverages and Refined Tea	660361	419450
烟草制品业	Manufacture of Tobacco		
纺织业	Manufacture of Textile	29214	27691
纺织服装、服饰业	Manufacture of Textile, Wearing Apparel and Accessories	14552	12116
皮革、毛皮、羽毛（绒）及其制品和制鞋业	Manufacture of Leather, Fur, Feather and Related Products and Footwear	23652	22892
木材加工及木.竹、藤、棕、草制品业	Processing of Timber, Manufacture of Wood, Bamboo, Rattan, Palm and Straw Products	18746	16972
家具制造业	Manufacture of Furniture		
造纸及纸制品业	Manufacture of Paper and Paper Products	121810	119444
印刷业和记录媒介复制业	Printing and Reproduction of Recording Media	19869	17520
文教、工美、体育和娱乐用品制造业	Manufacture of Articles for Culture, Education, Arts and Crafts, Sport and Entertainment Activities	2598	2070
石油、煤炭及其他燃料加工业	Petroleum, Coal and Other Fuel Processing Industriesl	589905	544103
化学原料及化学制品制造业	Manufacture of Raw Chemical Materials and Chemical Products	1096798	930164
医药制造业	Manufacture of Medicines	541271	379671
化学纤维制造业	Manufacture of Chemical Fibers	7634	6902
橡胶和塑料制品业	Manufacture of Rubber and Plastics Products	312070	268915
非金属矿物制品业	Manufacture of Non-metallic Mineral Products	2741829	2299593
黑色金属冶炼和压延加工业	Smelting and Pressing of Ferrous Metals	1110331	1059015
有色金属冶炼和压延加工业	Smelting and Pressing of Non-ferrous Metals	2799747	2680610
金属制品业	Manufacture of Metal Products	443648	397193
通用设备制造业	Manufacture of General Purpose Machinery	377131	310498
专用设备制造业	Manufacture of Special Purpose Machinery	203240	147508
汽车制造业	Manufacture of Automobiles	55545	44586
铁路、船舶、航空航天和其他运输设备制造业	Manufacture of Railway, Ship, Aerospace and Other Transport Equipments	6722	3712
电气机械及器材制造业	Manufacture of Electrical Machinery and Apparatus	826235	753644
计算机、通讯和其他电子设备制造业	Manufacture of Computers,Communication and Other Electronic Equipment	123837	108109
仪器仪表制造业	Manufacture of Measuring Instruments and Machinery	15896	13143
其他制造业	Other Manufacture		
废弃资源综合利用业	Utilization of Waste Resources	23939	20935
金属制品、机械和设备修理业	Repair Service of Metal Products, Machinery and Equipment	3544	3102
电力、热力生产和供应业	Production and Supply of Electric Power and Heat Power	756349	485199
燃气生产和供应业	Production and Supply of Gas	191746	152876
水生产和供应业	Production and Supply of Water	15605	8241

continued

(10000 yuan)

税金及附加 Taxes and Extra Charges	销售费用 Selling Expenses	管理费用 Administrative Expenses	财务费用 Financial Expenses	营业利润 Business Profits	利润总额 Total Profits	亏损企业亏损额 Loss of Loss-making Enterprises	平均用工人数(人) Annual Average Employees (person)
146162	**542502**	**610158**	**401760**	**596785**	**603624**	**371918**	**142435**
3600	11697	13186	22040	-1083	-6419	16538	2682
1712	8906	9196	4686	-786	-1143	7027	1500
6559	709	23297	20323	50124	47881	6640	2731
2452	8045	14907	3378	-266	-399	7368	1602
1138	1375	7182	913	86	18	980	2170
4015	56011	55988	29464	75413	88368	22744	16031
2456	33483	23356	13407	30407	32598	16141	7288
51977	65598	40825	2046	74598	74256	5473	8004
216	407	1372	797	-1269	-646	1193	1058
34	614	983	181	383	1145		712
102	531	1007	2032	-2912	-2709	3277	540
57	224	560	445	488	524	914	380
1208	1039	1625	2834	-4909	-750	1486	1508
114	203	1215	637	98	101	284	407
88	66	184	84	105	116		58
3428	27695	12186	18216	-24935	-61429	65947	2995
5775	28395	56378	20956	34750	39268	19600	12329
3943	61544	32950	19638	17161	26967	21807	8012
11	33	311	24	354	339		133
1554	11497	17382	6656	25155	26408	2966	3179
20920	110702	129738	22750	149239	150482	26041	29683
2448	22501	14290	6182	5478	6002	8556	6208
10729	21116	24003	27699	21270	22691	18917	6249
1876	8893	17148	8477	5264	7053	6420	4558
2677	14885	19659	5237	19051	20794	3391	4637
1608	7715	17052	1934	11546	12625	3753	4424
977	962	8273	2354	-4629	-4216	7225	1044
60	818	332	2	1078	1124	81	175
2861	23502	16148	2098	21317	24560	2701	3857
563	2329	4743	4129	786	1347	3210	1517
138	520	3916	4239	-6262	-4935	5651	543
103	797	808	616	480	595	211	265
41		575	-1	-173	-37	37	140
10156	2154	28426	141647	78040	79340	83184	4408
383	7539	10236	3901	16815	17205	2159	1271
182		723	1737	4521	4501		137

13-6 按行业分规模以上工业企业主要经济效益指标（2020）

类 别	Branch	总资产贡献率（%）Ratio of Profits,Taxes and Interests to Average Assets（%）			
		规模以上工业企业 Industrial Enterprises above Designated Size	国有及国有控股企业 State-owned and State-holding Enterprises	大中型企业 Large & Medium-sized Industrial Enterprises	规模以上工业企业 Industrial Enterprises above Designated Size
甘肃省	**Gansu**	**8.00**	**9.54**	**10.09**	**60.02**
煤炭开采及洗选业	Mining and Washing of Coal	6.22	6.90	8.16	51.91
石油和天然气开采业	Extraction of Petroleum and Natural Gas	8.29	8.29	8.29	34.89
黑色金属矿采选业	Mining and Processing of Ferrous Metal Ores	4.09	6.95	4.60	66.29
有色金属矿采选业	Mining and Processing of Non-Ferrous Metal Ores	9.94	9.57	12.33	61.81
非金属矿采选业	Mining and Processing of Non-metal Ores	2.87	2.78	10.39	62.12
开采辅助活动	Support Activities for Mining	5.76	9.45		72.76
其他采矿业	Mining of Other Ores				
农副食品加工业	Processing of Food from Agricultural Products	3.99	1.49	5.10	54.82
食品制造业	Manufacture of Foods	5.17	7.14	11.08	55.29
酒、饮料和精茶制造业	Manufacture of Liquor, Beverages and Refined Tea	12.20	7.53	17.52	46.79
烟草制品业	Manufacture of Tobacco	79.80	79.80	79.80	28.78
纺织业	Manufacture of Textile	2.05	3.58	3.58	61.64
纺织服装、服饰业	Manufacture of Textile, Wearing Apparel and Accessories	10.86	14.85	16.38	47.43
皮革、毛皮、羽毛（绒）及其制品和制鞋业	Manufacture of Leather, Fur, Feather and Related Products and Footwear	0.69	3.91	3.91	51.14
木材加工及木.竹、藤、棕、草制品业	Processing of Timber, Manufacture of Wood, Bamboo, Rattan, Palm and Straw Products	-1.04			82.06
家具制造业	Manufacture of Furniture				
造纸及纸制品业	Manufacture of Paper and Paper Products	8.13		15.05	61.83
印刷业和记录媒介复制业	Printing and Reproduction of Recording Media	1.78	2.71	6.23	100.09
文教、工美、体育和娱乐用品制造业	Manufacture of Articles for Culture, Education, Arts and Crafts, Sport and Entertainment Activities	4.57			20.20
石油、煤炭及其他燃料加工业	Petroleum, Coal and Other Fuel Processing Industries	54.01	72.58	56.94	62.67
化学原料及化学制品制造业	Manufacture of Raw Chemical Materials and Chemical Products	3.85	3.15	2.92	58.07
医药制造业	Manufacture of Medicines	12.37	21.29	10.84	39.12
化学纤维制造业	Manufacture of Chemical Fibers	-1.79	-7.86		98.97
橡胶和塑料制品业	Manufacture of Rubber and Plastics Products	4.04	4.03	4.83	55.93
非金属矿物制品业	Manufacture of Non-metallic Mineral Products	8.45	16.65	9.18	52.17
黑色金属冶炼和压延加工业	Smelting and Pressing of Ferrous Metals	3.28	3.17	3.49	68.34
有色金属冶炼和压延加工业	Smelting and Pressing of Non-ferrous Metals	5.45	5.48	5.97	56.73
金属制品业	Manufacture of Metal Products	4.36	4.83	1.51	61.61
通用设备制造业	Manufacture of General Purpose Machinery	4.03	2.14	4.92	75.93
专用设备制造业	Manufacture of Special Purpose Machinery	1.83	1.19	1.31	75.22
汽车制造业	Manufacture of Automobiles	0.19	0.89	1.02	77.18
铁路、船舶、航空航天和其他运输设备制造业	Manufacture of Railway, Ship, Aerospace and Other Transport Equipments	4.95	4.67	4.67	55.23
电气机械及器材制造业	Manufacture of Electrical Machinery and Apparatus	2.66	0.13	1.22	64.20
计算机、通讯和其他电子设备制造业	Manufacture of Computers,Communication and Other Electronic Equipment	4.94	3.22	5.05	39.25
仪器仪表制造业	Manufacture of Measuring Instruments and Machinery	-0.21	10.01		37.34
其他制造业	Other Manufacture	6.36	6.36	6.36	79.36
废弃资源综合利用业	Utilization of Waste Resources	5.31	6.09	12.64	58.89
金属制品、机械和设备修理业	Repair Service of Metal Products, Machinery and Equipment	1.28	1.20	1.13	72.05
电力、热力生产和供应业	Production and Supply of Electric Power and Heat Power	4.04	4.49	4.65	71.13
燃气生产和供应业	Production and Supply of Gas	10.65	12.65	11.78	67.46
水生产和供应业	Production and Supply of Water	1.35	0.80	1.05	60.71

Designated Size by Industrial Sector（2020）

资产负债率（%） Ratio of Debts to Assets （%）		流动资产周转次数（次 / 年） Turnover of Current Assets （times/year）			工业成本费用利润率（%） Ratio of Profits to Total Industrial Costs（%）			产品销售率（%） Sales Ratio of Products （%）		
国有及国有控股企业 State-owned and State-holding Enterprises	大中型企业 Large & Medium-sized Industrial Enterprises	规模以上工业企业 Industrial Enterprises above Designated Size	国有及国有控股企业 State-owned and State-holding Enterprises	大中型企业 Large & Medium-sized Industrial Enterprises	规模以上工业企业 Industrial Enterprises above Designated Size	国有及国有控股企业 State-owned and State-holding Enterprises	大中型企业 Large & Medium-sized Industrial Enterprises	规模以上工业企业 Industrial Enterprises above Designated Size	国有及国有控股企业 State-owned and State-holding Enterprises	大中型企业 Large & Medium-sized Industrial Enterprises
60.57	**57.65**	**1.71**	**2.11**	**2.18**	**4.31**	**4.26**	**4.02**	**99.55**	**100.60**	**100.19**
48.26	57.96	1.07	1.02	0.99	6.78	8.75	9.16	96.03	95.17	94.12
34.89	34.89	7.06	7.06	7.06	16.47	16.47	16.47	100.05	100.05	100.05
74.39	67.43	0.99	1.43	5.61	3.82	10.72	-3.14	89.94	99.51	100.00
70.57	67.23	1.31	2.23	1.94	20.89	10.29	28.93	97.03	102.04	98.38
62.53	97.14	0.83	0.81	10.34	2.22	10.97	2.91	84.86	101.04	98.59
79.16		1.00	0.95		3.94	12.52		94.57	89.24	
63.22	49.69	1.32	1.29	0.83	3.76	0.07	8.89	98.33	90.66	95.18
49.42	45.70	1.20	1.30	1.64	6.08	8.82	14.19	95.24	93.43	96.16
75.80	30.54	1.12	1.39	1.40	11.03	3.56	14.15	89.54	98.52	85.82
28.78	28.78	1.51	1.51	1.51	9.81	9.81	9.81	96.89	96.89	96.89
17.46	17.46	0.63	0.94	0.94	1.42	1.04	1.04	85.85	80.69	90.21
42.49	34.74	1.02	1.12	1.40	8.06	7.95	8.19	104.80	94.25	100.00
42.68	42.68	0.08	0.13	0.13	4.06	25.52	25.52	59.54	60.16	160.16
		1.51			2.88			89.66		
								100.00		
	60.86	1.70		2.65	-0.59		0.41	87.44		79.30
144.08	108.23	1.10	1.63	2.03	-4.23	-7.48	-2.50	106.87	115.46	119.13
		0.77			4.82			78.15		
60.08	62.26	5.87	6.96	6.37	-0.48	0.69	-0.47	101.27	101.43	101.30
48.26	64.90	1.59	1.59	1.74	2.92	1.98	1.53	97.85	99.61	99.13
21.72	33.25	0.63	0.76	0.55	34.40	69.28	31.67	85.28	82.58	81.82
135.14		3.50	2.04		-2.34	-16.89		100.00		
58.88	57.01	0.95	3.84	7.18	4.81	-0.03	-0.37	100.95	98.64	98.10
47.96	38.45	0.96	1.66	0.77	10.70	19.99	19.13	100.19	100.25	100.98
67.95	67.70	2.63	2.44	2.65	1.04	1.29	1.38	100.89	101.53	101.40
55.62	54.98	2.79	2.90	2.88	2.27	2.22	2.66	102.71	103.59	103.63
62.74	48.13	1.18	1.14	0.79	2.78	3.88	-1.00	100.09	99.42	103.38
76.86	79.16	0.63	0.41	0.65	4.32	-0.12	5.72	96.68	92.22	97.02
81.33	80.93	0.53	0.50	0.54	-1.51	-3.47	-3.16	98.12	103.18	100.11
77.97	63.81	0.37	0.35	1.74	-6.22	-4.09	0.98	91.09	66.17	91.27
55.28	55.28	0.45	0.44	0.44	10.39	10.01	10.01	100.00		
63.44	62.47	1.18	0.79	1.24	0.95	-3.40	-1.12	99.37	96.98	100.03
58.42	39.08	1.17	1.01	1.21	9.95	4.26	10.36	93.83	102.72	93.80
55.88		0.35	2.67		-18.65	1.74		94.79		
79.36	79.36	1.77	1.77	1.77	24.02	24.02	24.02	43.30		
54.31	78.44	1.61	1.47	1.60	4.04	4.92	17.70	89.12	92.76	92.34
72.20	72.62	0.80	0.79	0.78	1.56	1.62	1.45	99.63	99.62	99.62
71.57	73.07	1.52	1.96	3.93	2.83	2.14	0.32	99.89	99.85	99.86
73.50	73.21	1.56	1.65	1.48	13.57	15.01	15.62	100.96	99.99	100.00
62.35	31.83	0.67	0.68	1.08	0.92	-2.35	-1.30	91.55	90.89	92.16

13-7 主要工业产品产量
Output of Major Industrial Products

产品名称	Product Name	2010	2015	2018	2019	2020
原煤（万吨）	Coal (10 000 tons)	4547.20	4390.27	3575.11	3663.08	3848.12
原油（万吨）	Crude Petroleum Oil (10 000 tons)	382.14	820.09	859.76	903.55	968.74
天然气（万立方米）	Natural Gas (10 000 cu.m)	10344	12108	22727	15814	38982
铁矿石原矿（万吨）	Iron Ore (10 000 tons)	991.62	1596.21	912.08	896.04	970.02
小麦粉（万吨）	Wheatmeal (10 000 tons)	151.08	119.36	73.06	72.96	75.72
饮料、酒（万千升）	Drinks (10 000kl)	71.54	66.18	48.38	42.67	38.33
软饮料（万吨）	Soft Drinks (10 000 tons)	138.43	241.40	123.14	134.58	137.06
卷烟（万箱）	Cigarettes (10 000 cases)	80.00	103.00	94.30	94.30	92.24
原油加工量（万吨）	Crude Oil Processing (10 000 tons)	1383.54	1424.31	1440.03	1465.63	1467.55
焦炭（万吨）	Coke (10 000 tons)	244.32	525.05	385.38	449.4	516.84
硫酸（万吨）	Sulfuric Acid (10 000 tons)	247.00	443.03	486.65	327.88	248.32
烧碱（万吨）	Caustic Soda (10 000 tons)	21.69	19.02	19.19	32.22	36.39
电石（万吨）	Calcium Carbide (10 000 tons)	97.54	112.80	83.07	80.19	81.41
乙烯（万吨）	Ethene (10 000 tons)	69.48	64.20	64.39	53.34	69.70
农用化肥（万吨）	Chemical Fertilizer (10 000 tons)	81.32	46.70	22.95	17.04	17.50
化学农药（万吨）	Chemical Pesticide (10 000 tons)	0.13	0.32	1.22	1.54	3.70
塑料制品（万吨）	Plastic Products (ton)	13.88	39.09	11.37	16.82	19.18
水泥（万吨）	Cement (10 000 tons)	2414.11	4764.30	3847.15	4409.48	4651.15
平板玻璃（万重量箱）	Plate Glass (10 000 weight cases)	653.89	124.78	535.08	556.51	519.26
生铁（万吨）	Pig Iron (10 000 tons)	625.49	690.52	613.99	659.13	782.29
粗钢（万吨）	Crude Steel (10 000 tons)	662.25	852.10	802.41	877.77	1059.17
钢材（万吨）	Rolled Steel (10 000 tons)	699.17	847.77	833.45	936.66	1102.65
铁合金（万吨）	Iron Alloy (10 000 tons)	119.49	85.65	96.12	100.23	98.67
十种有色金属（万吨）	Ten Kinds of Nonferrous Metals (10 000 tons)	191.53	381.36	410.52	328.98	350.64
#铜（万吨）	Copper (10 000 tons)	44.79	92.47	105.49	58.05	66.32
铅（万吨）	Lead (10 000 tons)	2.69	2.82	2.77	2.75	3.23
锌（万吨）	Zinc (10 000 tons)	23.51	40.38	44.11	35.69	40.45
镍（万吨）	Nickel (10 000 tons)	12.98	15.31	13.52	14.60	15.01
铝（万吨）	Aluminium (10 000 tons)	104.40	230.38	244.50	217.84	225.52
汽车（辆）	Motor Vehicles (set)	20718	24354	11214	720	400
发电设备（万千瓦小时）	Power Generating Equipment (10 000 kWh)	3.53	4.52			10.80
变压器（万千伏安）	Power Transformer (10 000 kva)	221.95	160.56	144.84	128.31	91.57
集成电路（万块）	Integrated Circuits (10 000 units)	550307	1497496	3177018	3898581	4572888
发电量（亿千瓦小时）	Electricity (100 million kWh)	791.53	1139.45	1427.31	1479.6	1601.18
火力发电量	Thermal Power	502.29	718.65	776.79	785.31	874.39
水力发电量	Hydropower	262.32	270.96	348.36	377.16	379.27
风力发电量	Wind Power		107.30	226.01	226.88	242.33
太阳能发电量	Photoelectric Power		40.77	76.14	90.26	105.19

13-8 规模以上工业主要产品年末生产能力
Production Capacity of Major Products of Industrial Enterprises above Designated Size （Year-end）

产品名称	Product Name	2010	2015	2018	2019	2020
原煤（万吨）	Coal (10 000 tons)	5163.65	5260.29	4596.00	4613.00	4832.00
卷烟（亿支）	Cigarettes (100 million pieces)	465.00	695.25	789.75	854.55	731.36
原油加工量（万吨）	Crude Oil Processing (10 000 tons)	1600.00	1600.00	1670.00	1670.00	1670.00
焦炭（万吨）	Coke (10 000 tons)	335.00	807.50	727.50	727.50	727.50
碳化钙（万吨）	Calcium Carbide (10 000 tons)	120.74	169.00	156.00	113.00	113.00
农用氮、磷、钾化学肥料总计（万吨）	Chemical Fertilizer (10 000 tons)	99.97	122.70	43.91	36.61	35.95
水泥熟料（万吨）	Cement Clinker (10 000 tons)	2366.39	4199.16	3887.00	4149.00	3953.00
水泥（万吨）	Cement (10 000 tons)	3345.77	6817.61	6052.00	6341.00	6401.00
平板玻璃（万重量箱）	Plate Glass (10 000 weight cases)	654.08	602.20	600.00	600.00	610.00
生铁（万吨）	Pig Iron (10 000 tons)	809.00	1017.32	837.40	892.00	892.00
粗钢（万吨）	Crude Steel (10 000 tons)	795.00	1300.00	1160.00	1205.00	1245.50
钢材（万吨）	Rolled Steel (10 000 tons)	547.15	1191.08	1226.00	1366.50	1373.80
铁合金（万吨）	Iron Alloy (10 000 tons)	159.44	157.32	123.23	128.24	124.61
原铝（万吨）	Primary Aluminium (10 000 tons)	120.52	291.08	312.80	276.00	276.00
汽车（万辆）	Motor Vehicles (10 000 sets)	5.00	4.00	4.00	4.00	4.10
#轿车	Cars (10 000 sets)	5.00	4.00	4.00	4.00	4.10
发电设备容量总计（万千瓦）	Installed Capacity of Power Generation (10 000 kWh)	2374.91	4075.30	4373.79	4552.13	4637.83
火电设备容量总计	Thermal Power	1319.62	1893.90	1784.16	1895.06	2102.85
水电设备容量总计	Hydropower	571.79	678.70	703.46	737.08	564.61
风电设备容量总计	Wind Power	477.65	1085.40	1280.2[illegible]	1268.21	1281.61

13-9 国有及国有控股企业主要指标（2020）
Major Indicators of State-owned and State-holding Industrial Enterprises（2020）

单位：亿元 (100 million yuan)

指　标	Item	全　省 Total	国有及国有控股企业 State-owned and State-holding Industrial Enterprises	占全省比重（%） Proportion（%）	国有及国有控股大中型企业 Large and Medium-sized State-owned and State-holding Industrial Enterprises	占全省比重（%） Proportion（%）
企业单位数（个）	Number of Enterprises (unit)	1952	539	27.61	154	7.89
就业人员期末人数（万人）	Year-end Employees (10 000 persons)	47.21	31.62	66.98	27.82	58.93
工业总产值	Gross Output Value	6338.03	4514.89	71.23	3995.03	63.03
年末资产总计	Total Property (year-end)	12207.36	8654.52	70.90	6621.59	54.24
流动资产合计	Total Current Assets	4446.22	2721.32	61.21	2117.82	47.63
年末负债合计	Total Liabilities (year-end)	7326.98	5242.02	71.54	3935.90	53.72
年末所有者权益	Owners' Equity (year-end)	4876.38	3418.42	70.10	2685.69	55.08
#实收资本	Paid-up Capital	3122.74	2304.21	73.79	1745.35	55.89
营业收入	Business Revenue	7588.41	5738.97	75.63	5213.80	68.71
税金及附加	Taxes and Extra Charges	349.72	333.92	95.48	327.83	93.74
利润总额	Total Profits	300.06	221.22	73.73	163.58	54.52
税金总额	Total Taxes	831.69	714.45	85.90	639.45	76.89
亏损企业数（个）	Number of Loss-making Enterprises (unit)	603	164	27.20	50	8.29
亏损企业亏损额	Total Losses Loss-making Enterprises	112.97	74.81	66.22	49.71	44.00

13-10 支柱工业主要指标占全省比重
Proportion to Total Industry in Gansu of Main Indicators of Pillar Industry

单位：% (%)

指　标	Item	2010	2015	2018	2019	2020
单位数	Number of Enterprises	77.11	69.60	69.64	67.01	66.09
就业人员	Year-end Employees	84.64	81.43		79.81	79.85
工业总产值	Gross Output Value of Industry	92.75	87.01	88.67	87.85	86.53
工业增加值	Value Added	91.62	87.07	87.73	85.85	84.25
年末资产总计	Total Assets (year-end)	90.86	88.02	87.43	83.97	81.04
负债合计	Total Liabilities	91.77	90.18	89.78	86.36	82.63
利润总额	Total Profits	86.78		58.53	60.64	59.29
利税总额	Total Profits and Taxes	92.68	81.40		80.49	80.71
工业销售产值	Sales Value of Industry Products	92.87	87.78	88.75	87.94	87.09

13-11 支柱工业主要指标
Main Indicators of Pillar Industry

行 业	Sector	2010	2015	2018	2019	2020	2020 年比 2019 年增长 (%) Increase Rate in 2020 over 2019 (%)
单位数（个）	**Number of Enterprises （unit）**	**1543**	**1495**	**1335**	**1223**	**1290**	**5.48**
石化工业	Petrochemical Industry	248	235	215	203	206	1.48
有色工业	Ferrous Industry	116	119	85	77	84	9.09
电力工业	Power Industry	237	242	291	322	341	5.90
冶金工业	Metallurgical Industry	141	111	62	50	60	20.00
机械工业	Machinery Industry	300	250	228	229	239	4.37
食品工业	Food Industry	414	485	420	297	314	5.72
煤炭工业	Coal Industry	87	53	34	45	46	2.22
工业增加值（亿元）	**Value-added （100 million yuan）**	**1261.03**	**1447.10**				**6.50**
石化工业	Petrochemical Industry	416.42	506.64				5.02
有色工业	Ferrous Industry	188.79	223.96				4.03
电力工业	Power Industry	155.38	221.31				11.68
冶金工业	Metallurgical Industry	141.83	73.66				8.56
机械工业	Machinery Industry	120.45	96.36				15.63
食品工业	Food Industry	140.76	242.42				-0.50
煤炭工业	Coal Industry	97.40	82.78				1.48
年末资产总计（亿元）	**Total Assets （year-end）（100 million yuan）**	**5914.27**	**10490.42**	**10621.59**	**10370.02**	**9893.34**	**–4.60**
石化工业	Petrochemical Industry	1153.75	1529.98	1569.48	1592.60	1581.72	-0.68
有色工业	Ferrous Industry	1304.61	2706.42	2682.65	2213.57	2241.28	1.25
电力工业	Power Industry	1406.15	2609.42	2883.96	3090.47	3149.11	1.90
冶金工业	Metallurgical Industry	876.53	1371.29	1371.69	1344.30	700.63	-47.88
机械工业	Machinery Industry	422.00	812.55	883.46	899.58	900.63	0.12
食品工业	Food Industry	459.14	831.42	725.60	667.05	593.35	3.94
煤炭工业	Coal Industry	292.09	629.34	504.76	562.45	526.62	11.41

13-11 续表 continued

行 业	Sector	2010	2015	2018	2019	2020	2020 年比 2019 年增长 (%) Increase Rate in 2020 over 2019 (%)
负债合计（亿元）	**Total Liabilities （100 million yuan）**	**3730.53**	**7025.64**	**7089.94**	**6590.16**	**6053.92**	**–8.14**
石化工业	Petrochemical Industry	623.47	869.39	821.95	816.69	776.37	-4.94
有色工业	Ferrous Industry	776.93	1885.77	1783.50	1292.39	1277.82	-1.13
电力工业	Power Industry	1085.08	1938.27	2177.12	2270.85	2239.92	-1.36
冶金工业	Metallurgical Industry	558.11	996.66	1060.72	972.80	476.80	-50.99
机械工业	Machinery Industry	257.63	529.47	623.74	606.72	624.92	3.00
食品工业	Food Industry	246.02	419.38	362.40	328.93	332.81	1.18
煤炭工业	Coal Industry	183.29	386.70	260.50	301.78	325.28	7.79
利润总额（亿元）	**Total Profit （100 million yuan）**	**201.07**	**–151.15**	**158.29**	**184.88**	**177.90**	**–3.77**
石化工业	Petrochemical Industry	76.62	-4.03	74.44	52.38	35.35	-32.51
有色工业	Ferrous Industry	48.71	-61.80	32.74	37.06	60.42	63.03
电力工业	Power Industry	1.02	-5.93	9.58	18.33	29.03	58.37
冶金工业	Metallurgical Industry	19.69	-110.43	4.40	6.78	6.53	-3.69
机械工业	Machinery Industry	14.11	12.23	-8.94	13.92	5.49	-60.56
食品工业	Food Industry	21.40	32.48	23.60	15.54	25.89	66.60
煤炭工业	Coal Industry	19.53	-13.67	22.47	40.87	15.19	-62.83
工业销售产值（亿元）	**Sales Value of Industry Products（100 million yuan）**	**4374.87**	**6094.03**	**5585.61**	**5363.64**	**5495.21**	**2.45**
石化工业	Petrochemical Industry	1439.23	1540.48	1409.41	1420.60	1255.83	-11.60
有色工业	Ferrous Industry	857.43	1537.34	1771.37	1468.87	1575.83	7.28
电力工业	Power Industry	508.02	737.19	877.45	940.16	1023.69	8.88
冶金工业	Metallurgical Industry	616.00	772.44	476.04	493.75	530.81	7.51
机械工业	Machinery Industry	408.76	480.69	363.73	332.33	389.37	17.16
食品工业	Food Industry	373.41	782.17	479.97	505.32	527.28	4.35
煤炭工业	Coal Industry	172.01	243.72	207.64	202.60	192.40	-5.03

13-12 各地区规模以上工业企业主要经济指标（2020）
Main Economic Indicators of Industrial Enterprises above Designated Size by Region （2020）

单位：亿元 （100 million yuan）

指　标	Item	兰州市 Lanzhou	嘉峪关市 Jiayuguan	金昌市 Jinchang	白银市 Baiyin	天水市 Tianshui
企业单位数（个）	Number of Enterprises （unit）	375	60	102	168	169
亏损企业	Loss-making Enterprises	119	18	27	49	47
平均用工人数（人）	Annual Average Employees （person）	160661	30866	29799	47319	29173
资产总计	Total Assets （Year-end）	3099.54	1045.19	1361.70	946.10	672.62
#流动资产合计	Total Current Assets	1268.02	378.61	488.51	478.55	284.60
#存货	Inventories	292.18	90.92	141.93	143.70	64.22
#产成品	Finished Product	64.79	21.75	24.04	33.62	26.24
负债合计	Total Liabilities at Year-end	1881.43	665.18	737.65	564.81	342.00
所有者权益	Owners' Equity at Year-end	1216.98	380.01	621.02	381.22	329.51
营业收入	Business Revenue	2467.08	834.65	1600.30	472.24	240.31
营业成本	Business Cost	2036.92	747.53	1494.11	414.84	190.53
税金及附加	Taxes and Extra Charges	209.30	4.15	7.10	4.27	1.90
销售费用	Selling Expenses	45.86	21.79	7.28	9.44	8.12
管理费用	Administrative Expenses	83.80	12.11	14.96	16.96	14.93
财务费用	Financial Expenses	31.45	14.80	16.80	15.98	4.58
利润总额	Total Profits	59.74	29.43	38.90	14.79	18.38
税金总额	Total Taxes	354.58	45.73	60.56	28.68	26.77
#工业企业本年应交增值税	Value-added Tax Payable	305.13	19.45	27.54	16.94	10.70

13-12 续表 1 continued

单位：亿元 (100 million yuan)

指　标	Item	武威市 Wuwei	张掖市 Jiuquan	平凉市 Pingliang	酒泉市 Jiuquan	庆阳市 Qingyang
企业单位数（个）	Number of Enterprises (unit)	184	184	84	234	99
亏损企业	Loss-making Enterprises	62	67	24	78	30
平均用工人数（人）	Annual Average Employees (person)	19228	17042	30065	34302	25565
资产总计	Total Assets (Year-end)	563.45	428.51	387.33	1594.89	1038.44
#流动资产合计	Total Current Assets	231.84	158.61	142.76	453.57	167.59
#存货	Inventories	46.85	28.24	13.51	49.32	24.46
#产成品	Finished Product	16.35	15.67	6.38	15.89	10.98
负债合计	Total Liabilities at Year-end	396.56	252.88	276.48	1138.62	403.22
所有者权益	Owners' Equity at Year-end	166.89	175.63	109.76	454.05	635.22
营业收入	Business Revenue	219.94	168.57	229.47	477.35	465.86
营业成本	Business Cost	177.84	138.66	187.14	356.35	334.28
税金及附加	Taxes and Extra Charges	1.92	2.12	3.96	34.50	73.49
销售费用	Selling Expenses	6.63	4.42	5.15	7.44	4.14
管理费用	Administrative Expenses	7.68	6.81	9.29	23.66	13.46
财务费用	Financial Expenses	10.93	7.86	5.80	24.00	10.24
利润总额	Total Profits	9.47	6.99	22.37	28.84	44.70
税金总额	Total Taxes	9.83	12.24	36.59	70.35	140.51
#工业企业本年应交增值税	Value-added Tax Payable	2.48	6.43	16.12	47.80	98.09

13-12 续表 2 continued

单位：亿元 (100 million yuan)

指　　标	Item	定西市 Dingxi	陇南市 Longnan	临夏州 Linxia	甘南州 Gannan
企业单位数（个）	Number of Enterprises (unit)	131	75	51	36
平均用工人数（人）	Annual Average Employees (person)	13127	15310	9761	3610
资产总计	Total Assets (Year-end)	294.41	414.29	212.98	147.91
# 流动资产合计	Total Current Assets	133.97	134.27	95.48	29.83
# 存货	Inventories	44.57	28.78	40.12	5.96
# 产成品	Finished Product	16.13	8.64	9.66	2.93
负债合计	Total Liabilities at Year-end	183.17	249.00	137.72	98.27
所有者权益	Owners' Equity at Year-end	111.25	165.29	81.98	47.57
营业收入	Business Revenue	167.51	134.48	73.91	36.24
营业成本	Business Cost	145.68	84.86	61.11	20.51
税金及附加	Taxes and Extra Charges	0.76	5.28	0.42	0.54
销售费用	Selling Expenses	3.76	6.37	1.69	0.49
管理费用	Administrative Expenses	5.74	8.35	2.55	2.47
财务费用	Financial Expenses	4.40	7.96	3.31	3.75
利润总额	Total Profits	-0.99	17.15	5.44	4.86
税金总额	Total Taxes	2.35	29.46	7.81	6.23
# 工业企业本年应交增值税	Value-added Tax Payable	4.35	15.67	3.00	2.90

13-13 各市（州）规模以上工业增加值及效益指标（2020）
Value-added of Industry and Main Indicators on Economic Benefit of Industrial Enterprises above Designated Size by Region （2020）

市（州）	Region	工业增加值指数（可比价）（上年 =100） Indices of Value-added of Industry（At Comparable Prices）(preceding year=100)	总资产贡献率（%） Ratio of Profits, Taxes and Interests to Average Assets（%）	资产负债率（%） Ratio of Debts to Assets（%）	流动资产周转次数（次 / 年） Turnover of Current Assets (time/year)	工业成本费用利润率（%） Ratio of Profits to Total Industrial Costs（%）	产品销售率（%） Sales Ratio of Products（%）
兰州市	Lanzhou	103.2	12.38	60.70	1.95	2.70	99.30
嘉峪关市	Jiayuguan	110.6	5.87	63.64	2.20	3.67	96.70
金昌市	Jinchang	114.2	5.74	54.17	3.28	2.53	104.90
白银市	Baiyin	100.1	4.44	59.70	0.99	3.21	99.50
天水市	Tianshui	108.6	4.59	50.85	0.84	8.15	93.70
武威市	Wuwei	108.4	3.36	70.38	0.95	4.61	98.60
张掖市	Zhangye	109.8	4.55	59.01	1.06	4.37	99.00
平凉市	Pingliang	103.6	9.67	71.38	1.61	10.76	95.70
酒泉市	Jiuquan	117.3	5.73	71.39	1.05	6.92	98.60
庆阳市	Qingyang	106.2	14.54	38.83	2.78	12.29	101.30
定西市	Dingxi	108.0	1.77	62.21	1.25	-0.61	96.70
陇南市	Longnan	104.9	8.99	60.10	1.00	15.79	89.30
临夏州	Linxia	111.4	4.94	64.66	0.77	7.91	90.70
甘南州	Gannan	108.5	6.52	66.44	1.22	17.60	96.20

13-14 各市（州）规模以上工业主要工业产品产量（2020）
Output of Major Industrial Products of Industrial Enterprises above Designated Size by Region （2020）

市（州）	Region	原煤（万吨） Coal (10 000 tons)	原油（万吨） Crude Oil (10 000 tons)	原油加工量（万吨） Crude Oil Processing (10 000 tons)	发电量（亿千瓦小时） Electricity (100 million kWh)	粗钢（万吨） Crude Steel (10 000 tons)	钢材（万吨） Rolled Steel (10 000 tons)	水泥（万吨） Cement (10 000 tons)	汽车（辆） Motor Vehicles (set)
兰州市	Lanzhou	515.02	2.00	911.30	251.15	453.40	496.70	1112.20	400
嘉峪关市	Jiayuguan				204.33	605.80	584.20	247.90	
金昌市	Jinchang				105.69			198.30	
白银市	Baiyin	950.01			200.77			439.70	
天水市	Tianshui				2.99		0.80	545.20	
武威市	Wuwei	136.97			77.79		20.90	172.80	
张掖市	Zhangye	199.89			78.17			146.00	
平凉市	Pingliang	2034.63			185.42			396.10	
酒泉市	Jiuquan		49.02	200.62	285.21			245.90	
庆阳市	Qingyang	11.59	917.72	355.63	14.08			65.20	
定西市	Dingxi				24.97			455.20	
陇南市	Longnan				56.17			433.70	
临夏州	Linxia				62.02			96.40	
甘南州	Gannan				52.42			96.50	

主要统计指标解释

工业 指从事自然资源的开采，对采掘品和农产品进行加工和再加工的物质生产部门。具体包括：(1) 对自然资源的开采，如采矿、晒盐等 (但不包括禽兽捕猎和水产捕捞)；(2) 对农副产品的加工、再加工，如粮油加工、食品加工、缫丝、纺织、制革等；(3) 对采掘品的加工、再加工，如炼铁、炼钢、化工生产、石油加工、机器制造、木材加工等，以及电力、燃气及水的生产和供应等；(4) 对工业品的修理、翻新，如机器设备的修理等。

工业统计调查单位为工业法人单位。

工业法人单位指从事工业生产经营活动的法人单位。工业法人单位应同时具备以下条件：①依法成立，有自己的名称、组织机构和场所，能够独立承担民事责任；②独立拥有（或授权）使用资产，承担负债，有权与其他单位签订合同；③具有包括资产负债表在内的账户，或者能够根据需要编制账户。

国有控股企业 即原来的国有及国有控股企业，根据企业实收资本中国有经济成分的出资人的实际投资情况，或国有经济成分的出资人对企业资产的实际控制、支配程度进行分类。以下情况为国有控股：（1）在企业的全部实收资本中，国有经济成分的出资人拥有的实收资本（股本）所占企业全部实收资本（股本）的比例大于 50% 的国有绝对控股。（2）在企业的全部实收资本中，国有经济成分的出资人拥有的实收资本（股本）所占比例虽未大于 50%，但相对大于其他任何一方经济成分的出资人所占比例的国有相对控股；或者虽不大于其他经济成分，但根据协议规定拥有企业实际控制权的国有协议控股。（3）投资双方各占 50%，且未明确由谁绝对控股的企业，若其中一方为国有经济成分的，一律按国有控股处理。

轻工业 指主要提供生活消费品和制作手工工具的工业。按其所使用的原料不同，可分为两大类：(1) 以农产品为原料的轻工业，是指直接或间接以农产品为基本原料的轻工业。主要包括食品制造、饮料制造、烟草加工、纺织、缝纫、皮革和毛皮制作、造纸以及印刷等工业；(2) 以非农产品为原料的轻工业，是指以工业品为原料的轻工业。主要包括文教体育用品、化学药品制造、合成纤维制造、日用化学制品、日用玻璃制品、日用金属制品、手工工具制造、医疗器械制造、文化和办公用机械制造等工业。

重工业 指为国民经济各部门提供物质技术基础的主要生产资料的工业。按其生产性质和产品用途，可以分为下列三类：(1) 采掘 (伐) 工业，是指对自然资源的开采，包括石油开采、煤炭开采、金属矿开采、非金属矿开采等工业；(2) 原材料工业，指向国民经济各部门提供基本材料、动力和燃料的工业。包括金属冶炼及加工、炼焦及焦炭、化学、化工原料、水泥、人造板以及电力、石油和煤炭加工等工业；(3) 加工工业，是指对工业原材料进行再加工制造的工业。包括装备国民经济各部门的机械设备制造工业、金属结构、水泥制品等工业，以及为农业提供的生产资料如化肥、农药等工业。

根据上述划分原则，修理业中以重工业产品为修理作业对象的划为重工业，反之划为轻工业。

工业总产值 (当年价格) 指工业企业在报告期内生产的以货币形式表现的工业最终产品和提供工业劳务活动的总价值量。

资产总计 指企业过去的交易或者事项形成的、由企业拥有或者控制的、预期会给企业带来经济利益的资源。资产一般按流动性分为流动资产和非流动资产。其中流动资产可分为货币资金、交易性金融资产、应收票据、应收账款、预付款项、其他应收款、存货等；非流动资产可分为长期股权投资、固定资产、无形资产及其他非流动资产等。来源于会计“资产负债表”中“资产总计”项目的期末余额数。

流动资产合计 资产满足以下条件之一应归为流动资产：（1）预计在一个正常营业周期中变现、出售或耗用，主要包括存货、应收账款等；（2）主要为交易目的而持有；（3）预计在资产负债表日起一年内（含一年）变现；（4）自资产负债日起一年内，交换其他资产或清偿负债的能力不受限制的现金或现金等价物。包括货币资金、应收票据、应收账款、存货等项目。来源于会计“资产负债表”中“流动资产合计”项目的期末余额数。

存货 指企业在日常活动中持有以备出售的产成品或商品、处在生产过程中的在产品、在生产过程或提供劳务过程中耗用的材料或物料等，通常包括原材料、在产品、半成品、产成品、商品以及周转材料等。来源于会计“资产负债表”中“存货”项目的期末余额数。

产成品　指企业已经完成全部生产过程并验收入库，可以按照合同规定的条件送交订货单位，或者可以作为商品对外销售的产品。来源于会计“产成品”科目的借方余额。

负债合计　指企业过去的交易或者事项形成的，预期会导致经济利益流出企业的现时义务。负债一般按偿还期长短分为流动负债和非流动负债。来源于会计“资产负债表”中“负债合计”项目的期末余额数。

所有者权益　指企业资产扣除负债后由所有者享有的剩余权益。公司的所有者权益又称股东权益。包括实收资本、资本公积、盈余公积、未分配利润等。来源于会计“资产负债表”中“所有者权益合计”项目的期末余额数。

营业收入　指企业经营主要业务和其他业务所确认的收入总额。营业收入包括“主营业务收入”和“其他业务收入”。来源于会计“利润表”中“营业收入”项目的本年累计数。

营业成本　指企业经营主要业务和其他业务所发生的成本总额。包括企业（单位）在报告期内从事销售商品、提供劳务等日常活动发生的各种耗费。包括“主营业务成本”和“其他业务成本”。来源于会计“利润表”中“营业成本”项目的本年累计数。

税金及附加　指企业因从事生产经营活动按税法规定应缴纳的消费税、城市维护建设税、资源税、环境保护税、教育费附加、房产税、城镇土地使用税、车船税、印花税等相关税费。根据会计“利润表”中“税金及附加”项目的本年累计数填报。

销售费用　指企业在销售商品和材料、提供劳务的过程中发生的各种费用，包括保险费、包装费、展览费和广告费、商品维修费、预计产品质量保证损失、运输费、装卸费等以及为销售本企业商品而专设的销售机构（含销售网点、售后服务网点等）的职工薪酬、业务费、折旧费等经营费用。

管理费用　指企业为组织和管理企业生产经营所发生的费用，包括企业在筹建期间内发生的开办费、董事会和行政管理部门在企业经营管理中发生的，或者应当由企业统一负担的公司经费等。来源于会计“利润表”中“管理费用”项目的本年累计数。

财务费用　指企业为筹集生产经营所需资金等而发生的筹资费用，包括企业生产经营期间发生的利息支出（减利息收入）、汇兑损失（减汇兑收益）以及相关的手续费等。来源于会计“利润表”中“财务费用”项目的本年累计数。

利润总额　指企业在一定会计期间的经营成果，是生产经营过程中各种收入扣除各种耗费后的盈余，反映企业在报告期内实现的盈亏总额。来源于会计“利润表”中“利润总额”项目的本期金额数。

平均用工人数　指报告期企业平均实际拥有的、参与本企业生产经营活动的人员数。就业人员平均人数　是指报告期内每天拥有的就业人员人数。其计算公式为：

总资产贡献率　反映企业全部资产的获利能力，是企业经营业绩和管理水平的集中体现，是评价和考核企业盈利能力的核心指标。计算公式为：

$$\text{总资产贡献率（\%）}=\frac{\text{利润总额}+\text{税金总额}+\text{利息支出}}{\text{平均资金总额}}\times 100\%$$

公式中：税金总额为产品销售税金及附加与应交增值税之和；平均资产总额为期初期末资产之和的算术平均值。

资产负债率　该指标既反映企业经营风险的大小，也反映企业利用债权人提供的资金从事经营活动的能力。计算公式为：

$$\text{资产负债率（\%）}=\frac{\text{负债总额}}{\text{资产总额}}\times 100\%$$

资产与负债均为报告期期末数。

流动资产周转次数　指一定时期内流动资产完成的周转次数，反映投入工业企业流动资金的周转速度。计算公式为：

$$\text{流动资产周转次数}=\frac{\text{产品销售收入}}{\text{全部流动资产平均余额}}\times 100\%$$

公式中：全部流动资产平均余额为期初和期末的流动资产之和的算术平均值。

成本费用利润率　反映企业投入的生产成本及费用的经济效益，同时也反映企业降低成本所取得的经济效益。计算公式为：

$$\text{成本费用利润率（\%）}=\frac{\text{利润总额}}{\text{成本费用总额}}\times 100\%$$

公式中：成本费用总额为产品销售成本、销售费用、管理费用、财务费用之和。

产品销售率　该指标反映工业产品已实现销售的程度，是分析工业产销衔接情况，研究工业产品满足社会需求的指标。计算公式为：

$$\text{产品销售率（\%）}=\frac{\text{工业销售产值}}{\text{工业总产值（现价）}}\times 100\%$$

14 建筑业

Construction

简要说明

一、本篇资料主要内容

本篇资料反映建筑业概况和发展情况。主要包括建筑业企业基本情况和生产经营情况。

二、本篇资料的统计范围

建筑业统计范围为辖区内具有总承包或专业承包建筑业资质的所有独立核算建筑业企业（包括没有工作了的建筑业企业）及所属的产业活动单位。

三、本篇资料来源

本篇资料由省统计局固定资产投资处根据国家统计局制定的《建筑业统计报表制度》整理、汇总。

14-1 建筑业企业概况
Main Indicators on Construction Enterprises

年份 Year	总计 Total	国有企业 State-owned	集体企业 Collective-owned	其他 Others
企业单位数（个） Number of Enterprises（unit）				
2005	933	148	156	629
2006	951	145	150	656
2007	930	134	147	649
2008	926	111	114	701
2009	919	101	110	708
2010	890	101	98	691
2011	908	92	97	719
2012	1215	103	105	1007
2013	1295	73	87	1135
2014	1348	69	86	1193
2015	1370	69	82	1219
2016	1393	63	78	1252
2017	1457	85	76	1296
2018	1571	79	72	1420
2019	1822	82	66	1674
2020	1980	84	62	1834
从业人员（万人） Number of Persons Employed（10 000 persons）				
2005	42.77	9.25	9.04	24.43
2006	43.67	8.51	9.53	25.63
2007	43.88	7.32	9.40	27.15
2008	42.03	5.66	5.39	30.97
2009	44.98	5.35	5.67	33.97
2010	45.76	6.36	4.86	34.55
2011	46.00	7.31	5.60	33.08
2012	56.26	7.49	5.81	42.95
2013	54.81	5.97	5.86	42.98
2014	58.89	7.63	6.21	45.05
2015	55.10	7.88	5.40	41.82
2016	54.10	8.38	5.35	40.37
2017	48.60	8.08	4.40	36.12
2018	43.39	6.98	3.43	32.93
2019	43.02	8.76	3.15	31.11
2020	40.86	8.29	2.75	29.81
建筑业总产值（万元） Gross Output Value（10 000 yuan）				
2005	3141700	1169235	376213	1596252
2006	3443287	1103154	486291	1853842
2007	4369039	974710	662602	2731727
2008	4812744	900868	529097	3382779
2009	5798859	987574	508935	4302350
2010	7519879	1303237	580351	5636292
2011	9256772	2262570	744144	6250058
2012	13722823	3221873	1086236	9414714
2013	17208628	2698696	1241827	13268105
2014	18145239	2818352	1329573	13997314
2015	18490185	2731643	1245432	14513110
2016	19472432	2973159	1159388	15339885
2017	18254227	4521134	891891	12841202
2018	18079549	4775966	690134	12613449
2019	19163534	5159913	661846	13341775
2020	20582639	5828042	566393	14188203

注：1. 本表数据指标口径为辖区内具有总承包和专业承包建筑业资质的所有独立核算的建筑业企业，包括没有工作量的建筑业企业。

2. 本表国有企业为大口径，含国有、国有联营和国有独资公司；集体企业为大口径，含集体、集体联营和股份合作。

a) The data indicators in this table are all independent accounting construction enterprises with general contracting and professional contracting qualification in the jurisdiction, including those without workload .

b) State-owned enterprises in this table are large-caliber, including state-owned, state-owned joint ventures and wholly state-owned companies; collective enterprises are large-caliber, including collectives, collective joint ventures, and stock cooperation.

14–2 按登记注册类型分建筑业企业主要经济指标（2020）

指　标	Item	合 计 Total	内资企业 Domestic Funded Enterprises	# 国有企业 State-owned Enterprises
单位数（个）	Number of Construction Enterprises (unit)	1980	1978	47
从业人员（万人）	Number of Employed Persons (10 000 persons)	40.86	40.86	3.96
建筑业总产值（亿元）	Gross Output Value of Construction (100 million yuan)	2058.26	2058.25	244.44
营业收入（亿元）	Business Revenue (100 million yuan)	2269.45	2269.44	446.45
营业成本（亿元）	Business Cost (100 million yuan)	2138.03	2138.02	430.21
税金及附加（亿元）	Taxes and Extra Charges (100 million yuan)	15.04	15.04	1.12
营业利润（亿元）	Operating Profits (100 million yuan)	54.66	54.66	6.69
利润总额（亿元）	Total Profits (100 million yuan)	53.70	53.70	6.87
税金总额（亿元）	Total Tax (100 million yuan)	81.81	81.81	8.90
产值利润率（%）	Ratio of Profit to Gross Output Value (%)	2.61	2.61	2.81
产值利税率（%）	Ratio of Output Value to Profit and Tax (%)	6.58	6.58	6.45
劳动生产率（元/人）	Overall Labor Productivity (yuan/person)	383299	383302	634440
按总产值计算	In Terms of Gross Output Value			
房屋建筑施工面积（万平方米）	Floor Space of Buildings under Construction (10 000 sq.m)	10966.35	10966.35	1599.27
房屋建筑竣工面积（万平方米）	Floor Space of Buildings Completed (10 000 sq.m)	2392.39	2392.39	143.49
# 住宅	Residential Buildings	1544.69	1544.69	72.64
房屋建筑面积竣工率（%）	Rat of Floor Space of Buildings Completed (%)	21.82	21.82	8.97

14–3 按行业分建筑企业主要指标（2020）

类　别	Items	单位数（个） Number of Construction Enterprises (unit)	年末从业人员（万人） Year-end Employed Persons (10 000 persons)	建筑业总产值（亿元） Gross Output Value of Construction (100 million)
甘肃省	**Gansu**	**1980**	**41.73**	**2058.26**
房屋建筑业	Housing Construction Industry	1132	29.76	1229.10
土木工程建筑业	Civil Engineering Construction	525	8.67	673.06
铁路、道路、隧道和桥梁工程建筑	Railways,Tunnels,Highways and Bridges Buildings	283	5.33	451.67
水利和水运工程建筑	Buildings of Water Conservancy and Water Transport Engineering	107	1.16	88.79
海洋工程建筑业	Marine Engineering Construction Industry			
工矿工程建筑	Mining Engineering Buildings	13	0.74	12.83
架线和管道工程建筑	Wired and Pipeline Engineering Buildings	44	0.68	49.50
节能环保工程施工	Construction of Energy Saving and Environmental Protection Projects	1	0.00	0.02
电力工程施工	Construction of Power Engineering	30	0.53	52.83
其他土木工程建筑	Other Civil Engineering Buildings	47	0.23	17.42
建筑安装业	Construction Installation	138	2.34	108.69
建筑装饰及其他建筑业	Building Decoration and Other Construction	185	0.95	47.41
建筑装饰和装修业	Building Decoration	152	0.62	28.13
建筑物拆除和场地准备活动	Buildings Tear Down and Preparation Activities of Site	12	0.09	12.81
提供施工设备服务	Providing Construction Equipment Services	1	0.08	1.32
其他未列明的建筑活动	Other Unindicated Building Industry	20	0.16	5.15

Main Economic Indicators on Construction Enterprises by Registration Status（2020）

集体企业 Cooperative Enterprises	股份合作企业 Collective-owned Enterprises	有限责任公司 Limited Liability Corporations	股份有限公司 Share-holding Corporations Ltd.	私营企业 Private Enterprises	其他企业 Other Enterprises	港、澳、台商投资企业 Enterprises with Funds from Hong Kong ,Macao and Taiwan	外商投资企业 Foreign Funded Enterprises
60	2	691	74	1103	1	1	
2.73	0.03	18.35	3.13	12.66	0.004		
55.81	0.83	1168.35	136.58	452.13	0.12		0.0
53.96	1.52	1046.01	127.85	592.16	1.49		0.0
49.86	1.38	983.66	117.68	553.77	1.45		0.01
0.94	0.03	6.77	0.52	5.66	0.01		
1.12	0.01	26.66	3.25	16.94	-0.01		
1.09	0.01	27.14	3.08	15.52	-0.01		
4.22	0.07	37.25	4.22	27.10	0.06		
1.95	1.21	2.32	2.26	3.43			
9.51	9.68	5.51	5.35	9.43			
209760	292053	411848	333607	307790	291375		134143
382.52	0.48	5793.85	1719.32	1470.08	0.83		
115.48	0.27	1160.39	322.93	649.83			
69.70	0.10	827.41	197.09	377.74			
30.19	56.48	20.03	18.78	44.20			

Main Indicators of Construction Enterprises by Sector（2020）

#建筑工程 Construction	#安装工程 Installation	房屋建筑施工面积（万平方米） Floor Space of Buildings under Construction (10 000 sq.m)	房屋建筑竣工面积（万平方米） Floor Space of Buildings Completed (10 000 sq.m)	房屋建筑竣工价值（亿元） Value of Buildings Completed (100 million yuan)	房屋建筑竣工率（%） Rate of Floor Space of Buildings Completed (%)	竣工房屋造价（元/平方米） Cost of Buildings Completed (yuan/sq.m)
1765.69	**229.64**	**10966.35**	**2392.39**	**437.36**	**21.82**	**1828**
1112.33	76.67	10223.75	2257.93	414.22	22.09	1835
566.40	90.48	595.48	60.52	14.97	10.15	2473
407.66	34.12	577.09	55.99	14.00	9.70	2500
71.81	16.24	0.25	0.82	0.14	325.55	1668
8.63	2.37	14.08	1.41	0.27	10.02	1888
34.87	12.75	1.07	0.99	0.25	92.39	2500
0.00	0.02	0.00				
26.59	24.76		0.09	0.01		1000
16.83	0.21	2.99	1.22	0.31	40.90	2534
49.60	55.57	66.87	58.24	5.25	87.09	902
37.36	6.92	80.23	15.69	2.92	19.56	1852
20.86	5.27	20.12	7.60	1.90	37.79	2504
12.26	0.02	46.66				
	1.12					
4.24	0.51	13.45	8.09	1.02	60. 1	1259

14-4 建筑施工企业主要财务指标（2020）

单位：亿元

项 目	Item	资产总计 Total Assets	#流动资产 Current Assets	#固定资产净值 Net Fixed Assets
甘肃省	**Gansu**	**3818.21**	**2895.35**	**252.37**
按企业登记注册类型分	**By Type of Enterprises Registered**			
内资企业	Domestic Funded Enterprises	3817.93	2895.20	252.36
国有企业	State-owned Enterprises	1222.09	819.06	44.99
集体企业	Collective-owned Enterprises	50.86	42.36	6.66
股份合作企业	Cooperative Enterprises	1.43	1.00	0.26
联营企业	Joint Ownership Enterprises			
有限责任公司	Limited Liability Corporations	1456.32	1164.18	113.84
股份有限公司	Share-holding Corporations Ltd.	252.91	203.29	25.39
私营企业	Private Enterprises	833.42	664.50	61.13
其他企业	Other Enterprises	0.91	0.82	0.09
港、澳、台商投资企业	Funded from Hong Kong,Macao and Taiwan			
外商投资企业	Foreign Funded Enterprises	0.28	0.15	0.01
按行业类别分	**By Sector**			
房屋建筑业	Construction of Buildings	2287.54	1683.94	174.63
土木工程建筑业	Civil Engineering	1281.67	1001.55	62.47
建筑安装业	Construction Installation	117.15	92.30	11.30
建筑装饰和其他建筑业	Building Decoration and Other Constructions	131.85	117.56	3.97
按隶属关系分	**By Administrative Relationship**			
中 央	Central	526.82	427.90	9.09
地 方	Local	1848.23	1314.67	130.91
其 他	Other	1443.16	1152.78	112.37

Main Financial Indicators of Construction Enterprises (2020)

(100 million yuan)

负债合计 Total Liabilities	#流动负债 Liquid Liabilities	#非流动负债 Non-current Liabilities	所有者权益 Owners' Equity	#实收资本 Paid-in Capitals	营业收入 Business Revenue	#主营业务收入 Revenue from Principal Business	利税总额 Total Pre-tax Profits	#利润总额 Total Profits
2662.46	**2375.28**	**232.74**	**1155.75**	**585.70**	**2269.45**	**2174.42**	**135.51**	**53.70**
2662.45	2375.27	232.74	1155.49	585.65	2269.44	2174.42	135.51	53.70
899.81	764.40	120.93	322.28	135.24	446.45	443.36	15.77	6.87
33.95	32.76	0.33	16.91	10.88	53.96	53.91	5.31	1.09
0.79	0.76		0.64	0.36	1.52	1.46	0.08	0.01
1052.13	959.00	75.85	404.19	188.01	1046.01	967.02	64.39	27.14
194.88	180.01	13.58	58.04	19.94	127.85	125.75	7.30	3.08
480.53	437.98	22.06	352.89	230.68	592.16	581.42	42.52	15.52
0.37	0.37		0.54	0.53	1.49	1.49	0.05	-0.01
0.02	0.02		0.26	0.05	0.01	0.01		
1523.52	1338.07	161.43	764.03	342.79	1253.88	1176.71	76.29	24.98
953.19	858.35	66.90	328.47	187.27	820.41	805.05	47.22	24.77
86.95	83.85	2.59	30.20	30.20	124.83	122.75	6.80	2.16
98.80	95.01	1.83	33.05	25.44	70.34	69.91	5.20	1.79
433.32	414.40	18.86	93.50	61.45	341.47	334.79	9.64	6.27
1321.70	1128.61	162.75	526.53	195.30	854.04	778.48	49.27	17.91
907.44	832.28	51.13	535.72	328.94	1073.94	1061.16	76.58	29.51

14-5 建筑业材料消耗量（2020）
Consumption of Building Materials（2020）

项 目	Item	钢材（万吨）Steel（10 000 tons）	木材（万立方米）Timber（10 000 cu.m）	水泥（万吨）Cement（10 000 tons）	平板玻璃（万重量箱）Plate Glass（10000 Weight-boxes）	铝 材（万吨）Aluminum（10 000 tons）
甘肃省	**Gansu**	**2205.69**	**434.68**	**1728.18**	**56.85**	**51.44**
按行业分	**By Type of Industry**					
房屋建筑业	Housing Industry	2037.28	416.82	1087.54	52.51	49.66
土木工程建筑业	Civil Engineering Construction	147.57	9.80	614.18	3.07	0.99
铁路、道路、隧道和桥梁工程建筑	Railways,Tunnels,Highways and Bridges Buildings	102.57	5.22	483.33	2.83	0.65
水利和港口工程建筑	Water Conservancy and Harbour Buildings	31.11	3.29	68.85	0.23	0.28
工矿工程建筑	Mining Engineering Buildings	3.41	0.56	18.74	0.01	0.00
架线和管道工程建筑	Wired and Pipeline Engineering Buildings	3.00	0.10	24.59		0.03
节能环保工程施工		0.03				
电力工程施工	Construction of Power Engineering	5.24	0.08	6.11		
其他土木工程建筑	Other Civil Engineering Buildings	2.21	0.55	12.58		0.01
建筑安装业	Construction Installation	14.08	3.39	16.48	0.53	0.60
建筑装饰和其他建筑业	Construction Decoration and Other Construction	6.75	4.67	9.98	0.73	0.20
建筑装饰和装修业	Construction Decoration and Fitting-out Industry	3.05	4.46	6.08	0.67	0.19
建筑物拆除和场地准备工作	Work of Building Demolition and Site Preparation	2.73		1.85		
提供施工设备服务	Providing Construction Equipment Services					
其他禾列明的建筑活动	Other Unindicated Building Industry	0.97	0.21	2.06	0.06	
按经济类型分	**By Ownership**					
内资企业	Domestic Funded Enterprises	2205.69	434.68	1728.18	56.84	51.44
国有企业	State-owned Enterprises	62.88	39.32	158.27	10.16	0.06
集体企业	Collective-owned Enterprises	32.80	21.19	75.21	3.32	0.37
股份合作企业	Cooperative Enterprises	0.03	0.02	0.51		0.01
联营企业	Joint Owned Enterprises					
有限责任公司	Companies with Limited Liabilities	1872.51	279.57	988.77	30.15	44.91
股份有限公司	Stock-holding Corporations ltd.	39.04	7.67	77.60	3.45	0.77
私营企业	Private Enterprises	198.37	86.90	427.77	9.77	5.32
其他企业	Others	0.06		0.05		
港、澳、台商投资企业	Enterprises with Investment from Hong Kong ,Macao and Taiwan Funded					
外商投资企业	Foreign Funded Enterprises					

14-6 分市（州）建筑业企业签订合同和承包工程完成情况（2020）

Contracts Signed and Completion of Contracted Projects by Construction Enterprises by Region（2020）

单位：亿元 (100 million yuan)

市（州）	Region	合同总额 Total Value of Contracts	上年结转合同额 from Contracts Signed in Last Year	本年新签合同额 Value from New Contracts Signed in This Year	直接从建设单位承揽工程完成的产值 Completed Output Value of Projects Contracted Directly from Investors	自行完成施工产值 Own-completed Output Value	分包出去工程的产值 Output Value of Out-sourced Projects	从建设单位以外承揽工程完成的产值 Completed Output Value of Projects Contracted from Non-investors
甘肃省	**Gansu**	**4740.95**	**1968.63**	**2772.33**	**2072.13**	**2033.61**	**38.53**	**24.66**
兰州市	Lanzhou	3082.03	1375.75	1706.28	1135.70	1105.68	30.02	9.47
嘉峪关市	Jiayuguan	37.17	14.34	22.83	23.38	22.64	0.74	1.21
金昌市	Jinchang	151.16	62.86	88.30	105.14	104.78	0.36	3.01
白银市	Baiyin	127.30	38.28	89.02	85.75	84.46	1.29	0.46
天水市	Tianshui	290.57	106.74	183.83	147.29	145.85	1.45	1.34
武威市	Wuwei	151.33	47.79	103.53	79.49	79.20	0.28	1.08
张掖市	Zhangye	104.50	31.92	72.58	63.81	63.07	0.73	1.99
平凉市	Pingliang	123.69	45.32	78.37	83.46	83.21	0.25	1.04
酒泉市	Jiuquan	113.90	32.56	81.34	78.64	78.26	0.38	0.66
庆阳市	Qingyang	165.95	66.37	99.58	77.93	77.57	0.35	0.51
定西市	Dingxi	172.22	65.29	106.93	81.64	81.63	0.01	1.21
陇南市	Longnan	75.92	31.45	44.47	38.78	37.71	1.08	0.92
临夏州	Linxia	115.94	28.82	87.12	61.51	59.96	1.54	1.71
甘南州	Gannan	29.27	21.13	8.14	9.61	9.58	0.03	0.03

14-7 建筑业房屋建筑面积
Floor Space of Buildings Constructed by Construction Enterprises

单位：万平方米 (10 000 sq.m)

年 份 Year	房屋建筑面积 Floor Space of Buildings		#国有 State-owned		#集体 Collective-owned	
	施工面积 Floor Space under Construction	竣工面积 Floor Space Completed	施工面积 Floor Space under Construction	竣工面积 Floor Space Completed	施工面积 Floor Space under Construction	竣工面积 Floor Space Completed
2005	3008.48	1455.17	636.08	262.00	583.25	304.75
2006	3313.53	1638.38	804.52	311.11	557.08	363.28
2007	3788.00	1472.74	838.00	236.91	589.00	270.19
2008	3791.49	1842.81	485.63	185.15	424.29	220.34
2009	4178.20	1724.38	597.54	215.41	509.05	223.82
2010	5032.63	2013.88	804.77	230.30	471.00	256.97
2011	5925.09	2409.80	1418.58	382.33	574.60	348.14
2012	8179.58	3257.61	1714.87	514.66	679.56	378.62
2013	10319.41	3976.67	1616.24	393.28	845.32	473.32
2014	11531.10	4172.00	2158.26	521.83	763.39	460.86
2015	10757.08	4082.94	1751.51	481.47	833.61	455.53
2016	10422.41	3915.21	1722.31	398.91	768.49	399.38
2017	9777.64	3031.49	2681.77	540.23	473.90	196.28
2018	10099.99	2713.19	2855.44	398.40	429.99	200.41
2019	10689.92	2686.74	3054.37	367.28	392.38	189.61
2020	10966.35	2392.39	3665.01	350.79	383.00	115.75

注：本表国有企业预计为大口径，含国有、国有联营和国有独资公司；集体企业为大口径，含集体、集体联营和股份合作。

a) State-owned enterprises in this table are large-caliber, including state-owned, state-owned joint ventures and wholly state-owned companies; collective enterprises are large-caliber, including collectives, collective joint ventures, and stock cooperation.

14-8 各地、县建筑业企业情况（2020）
Basic Conditions of Construction Enterprises by Region & County （2020）

地、县	Region & County	单位数（个）Number of Construction Enterprises (unit)	从业人员（人）Number of Employed Persons (person)	建筑业总产值（亿元）Gross Output Value of Construction (100 million yuan)	利税总额（亿元）Total Pre-tax Profits (100 million yuan)
甘肃省	**Gansu**	**1980**	**408649**	**2058.26**	**135.51**
兰州市	**Lanzhou**	**441**	**153995**	**1115.16**	**61.85**
城关区	Chengguan	273	69120	412.88	23.88
七里河区	Qilihe	56	28990	311.34	14.24
西固区	Xigu	35	29439	120.83	6.07
安宁区	Anning	13	14165	129.19	5.71
红古区	Honggu	9	1049	4.26	0.33
永登县	Yongdeng	8	991	2.46	0.03
皋兰县	Gaolan	9	612	3.12	0.21
榆中县	Yuzhong	7	2991	57.03	4.29
兰州新区	Lanzhou New Area	31	6638	74.04	7.09
嘉峪关市	**Jiayuguan**	**57**	**5164**	**23.85**	**0.38**
金昌市	**Jinchang**	**37**	**11302**	**107.79**	**6.99**
金川区	Jinchuan	27	10876	105.91	6.83
永昌县	Yongchang	10	426	1.88	0.17
白银市	**Baiyin**	**165**	**23410**	**84.92**	**3.86**
白银区	Baiyin	79	6572	27.53	0.9[illegible]
平川区	Pingchuan	27	9573	27.49	0.9[illegible]
靖远县	Jingyuan	17	3709	15.45	0.7[illegible]
会宁县	Huining	26	1920	7.32	0.68
景泰县	Jingtai	16	1636	7.13	0.67
天水市	**Tianshui**	**132**	**40316**	**147.18**	**8.21**
秦州区	Qinzhou	53	25321	101.53	4.71
麦积区	Maiji	23	2865	10.39	0.51
清水县	Qingshui	9	738	3.28	0.30
秦安县	Qinan	11	1773	6.48	0.21
甘谷县	Gangu	20	5754	13.93	1.37
武山县	Wushan	11	2886	6.94	0.57
张家川县	Zhangjiachuan	5	979	4.63	0.55
武威市	**Wuwei**	**165**	**24161**	**80.28**	**6.10**
凉州区	Liangzhou	126	19580	64.86	4.82
民勤县	Minqin	20	1734	6.21	0.34
古浪县	Gulang	11	1479	6.43	0.54
天祝县	Tianzhu	8	1368	2.78	0.40
张掖市	**Zhangye**	**258**	**16141**	**65.06**	**6.46**

14-8 续表 1 continued

地、县	Region & County	单位数（个）Number of Construction Enterprises (unit)	从业人员（人）Number of Employed Persons (person)	建筑业总产值（亿元）Gross Output Value of Construction (100 million yuan)	利税总额（亿元）Total Pre-tax Profits (100 million yuan)
甘州区	Ganzhou	156	7644	28.93	2.88
肃南县	Sunan	11	341	3.71	
民乐县	Minle	16	3160	7.56	0.71
临泽县	Linze	27	1301	9.13	0.77
高台县	Gaotai	32	1472	5.62	0.43
山丹县	Shandan	16	2223	10.11	1.67
平凉市	**Pingliang**	**116**	**25515**	**84.25**	**8.30**
崆峒区	Kongtong	69	10053	37.36	3.82
泾川县	Jingchuan	8	3345	11.33	0.72
灵台县	Lingtai	5	1078	2.82	0.13
崇信县	Chongxin	5	1264	3.03	0.17
庄浪县	Zhuanglang	8	2821	7.47	1.19
静宁县	Jingning	13	6124	18.91	2.19
华亭市	Huating	8	830	3.34	0.08
酒泉市	**Jiuquan**	**148**	**19050**	**78.92**	**5.96**
肃州区	Suzhou	89	11896	47.42	3.61
金塔县	Jinta	7	544	2.51	0.13
瓜州县	Anxi	11	553	2.96	0.43
肃北县	Subei	5	450	1.55	0.02
阿克塞县	Akesai	4	440	1.50	0.34
玉门市	Yumen	16	3438	15.33	0.70
敦煌市	Dunhuang	16	1729	7.66	0.71
庆阳市	**Qingyang**	**109**	**25342**	**78.08**	**6.64**
西峰区	Xifeng	67	13869	58.84	3.31
庆城县	Qingcheng	13	2862	5.65	0.94
环　县	Huanxian	6	1486	3.15	0.19
华池县	Huachi	4	1175	2.88	0.80
合水县	Heshui	5	171	1.08	0.13
正宁县	Zhengning	4	1971	1.95	0.23
宁　县	Ningxian	6	3471	3.74	0.99
镇原县	Zhenyuan	4	337	0.77	0.07
定西市	**Dingxi**	**105**	**20789**	**82.84**	**7.93**
安定区	Anding	45	8117	34.23	3.47
通渭县	Tongwei	8	3776	10.30	0.93

14-8 续表 2 continued

地、县	Region & County	单位数（个）Number of Construction Enterprises (unit)	从业人员（人）Number of Employed Persons (person)	建筑业总产值（亿元）Gross Output Value of Construction (100 million yuan)	利税总额（亿元）Total Pre-tax Profits (100 million yuan)
陇西县	Longxi	14	2497	18.44	0.87
渭源县	Weiyuan	5	773	2.15	0.06
临洮县	Lintao	20	4884	14.20	2.19
漳　县	Zhangxian	5	91	1.03	0.14
岷　县	Minxian	8	651	2.50	0.27
陇南市	**Longnan**	**150**	**14119**	**38.62**	**2.97**
武都区	Wudu	101	8549	27.52	1.73
成　县	Chengxian	7	1732	3.46	0.50
文　县	Wenxian	3	257	1.28	0.15
宕昌县	Tanchang	4	433	0.14	0.05
康　县	Kangxian	8	1117	1.38	0.16
西和县	Xihe	5	478	0.51	0.23
礼　县	Lixian	12	1230	2.41	0.05
徽　县	Huixian	8	227	1.38	0.07
两当县	Liangdang	2	96	0.54	0.04
临夏州	**Linxia**	**69**	**25613**	**61.68**	**8.67**
临夏市	linxia	23	6582	13.57	2.23
临夏县	linxia	8	2808	8.65	0.15
康乐县	Kangle	12	571	4.08	0.56
永靖县	Yongjing	15	10462	17.09	2.68
广河县	Guanghe	2	738	1.14	0.22
和政县	Hezheng	4	2597	8.09	1.43
东乡县	Dongxiang	5	1855	9.05	1.39
积石山县	Jishishan				
甘南州	**Gannan**	**28**	**3732**	**9.62**	**1.15**
合作市	Hezuo	12	1376	4.71	0.64
临潭县	Lintan	2	744	0.88	0.06
卓尼县	Zhuoni	2	84	0.01	
舟曲县	Zhouqu	5	580	0.28	0.12
迭部县	Diebu	3	677	1.55	0.15
玛曲县	Maqu	2	187	0.76	0.07
碌曲县	Luqu	1	46	0.00	0.06
夏河县	Xiahe	1	38	1.43	0.05

主要统计指标解释

建筑业统计单位 指从事房屋、构筑物建造和设备安装活动的法人企业。建筑业法人企业应具有建筑业资质并能够独立核算，同时其应具备以下条件：①依法成立，有自己的名称、组织机构和场所，能够承担民事责任；②独立拥有和使用资产，承担负债，有权与其他单位签订合同；③独立核算盈亏，能够编制资产负债表。

建筑业总产值 是以货币形式表现的建筑业企业在一定时期内生产的建筑业产品和提供的服务的总和。建筑业总产值包括：

（1）建筑工程产值 指列入建筑工程预算内的各种工程价值。

（2）安装工程产值 指设备安装工程价值，不包括被安装设备本身的价值。

（3）其他产值 建筑业总产值中除建筑工程、安装工程以外的产值。包括房屋构筑物修理产值、非标准设备制造产值、总包企业向分包企业收取的管理费以及不能明确划分的施工活动所完成的产值。

a. 房屋构筑物修理产值：指房屋和构筑物修理所完成的产值，但不包括被修理房屋、构筑物本身价值和生产设备的修理价值。

b. 非标准设备制造产值：指加工制造没有定型的非标准生产设备的加工费和原材料价值（如化工厂、炼油厂用的各种罐、槽，矿井生产统一使用的各种漏斗、三角槽、阀门等）以及附属加工厂为本企业承建工程制作的非标准设备的价值。

建筑业增加值 指建筑业企业在报告期内以货币形式表现的建筑业生产经营活动的最终成果。

从2004年第一次全国经济普查开始，建筑业现价增加值按生产法和分配法（收入法）两种方法计算，以收入法的计算结果为准，即从收入的角度出发，根据生产要素在生产过程中应得的收入份额计算。具体计算方法：经济普查年度建筑业增加值按照《经济普查年度GDP核算方案》计算，非经济普查年度建筑业增加值按照《非经济普查年度GDP核算方案》计算。

房屋施工面积 指在报告期内施工的全部房屋建筑面积，包括本期新开工的房屋建筑面积、上期施工跨入本期继续施工的房屋建筑面积、上期停缓建在本期恢复施工的房屋建筑面积、本期竣工的房屋建筑面积及本期施工后又停缓建的房屋建筑面积。

房屋竣工面积 指在报告期内房屋建筑按照设计要求全部完工，达到了住人和使用条件，经验收鉴定合格或达到竣工验收标准，正式移交使用的各栋房屋建筑面积总和。

营业收入 指企业经营主要业务和其他业务所确认的收入总额。营业收入合计包括“主营业务收入”和“其他业务收入”。

主营业务收入 指企业确认的销售商品、提供劳务等主营业务的收入。

营业成本 指企业经营主要业务和其他业务所发生的成本总额。

税金及附加 指企业经营主要业务和其他业务应负担的营业税、消费税、城市维护建设税、教育费附加等。

营业利润 指企业从事生产经营活动所取得的利润。

15

批发和零售业

Wholesale and Retail Trades

简要说明

一、本篇资料主要内容

本篇资料主要反映批发和零售业发展与经营状况，同时反映商品流通、商品消费、市场运行态势。主要内容包括：限额以上批发和零售业基本情况、商品流转情况、财务状况；亿元商品交易市场成交情况；社会消费品零售总额等。

二、本篇资料的统计范围

限额以上批发和零售业的法人企业、个体户，成交额在亿元以上的商品交易市场，以及参与商品零售、餐饮经营活动的各行业法人企业和产业活动单位、个体户。限额以上批发和零售业统计单位是指：批发业，年主营业务收入 2000 万元及以上；零售业，年主营业务收入 500 万元及以上。

本篇资料中行业分类按照国民经济行业分类 GB/T 4754—2017 标准执行。

三、本篇资料来源

本篇资料由省统计局贸易外经处加工整理。

15-1 社会消费品零售总额
Total Retail Sales of Consumer Goods

项　目	Item	2018	2019	2020	2020 年比 2019 年增长 (%) Growth Rate in 2020 over 2019 (%)
社会消费品零售总额（亿元）	**Total Retail Sales of Consumer Goods (100 million yuan)**	**3435.65**	**3700.27**	**3632.35**	**-1.8**
按城乡分	**By Urban and Rural Area**				
城镇	Urban	2844.14	3055.32	2991.23	-2.1
#城区	City Subdivision	2077.66	2220.38	2145.75	-3.4
乡村	Rural	591.51	644.95	641.12	-0.6
按消费形态分	**By Consumption Morphological**				
商品零售	Commodity Retail	3023.19	3249.93	3214.17	-1.1
餐费收入	Income from Meals	412.46	450.34	418.18	-7.1
构成(%)(总额=100)	**Composition (%) (Total=100)**				
按城乡分	**By Urban and Rural Area**				
城镇	Urban	82.78	82.57	82.35	
#城区	City Subdivision	60.47	60.01	59.07	
乡村	Rural	17.22	17.43	17.65	
按消费形态分	**By Consumption Morphological**				
#商品零售	Commodity Retail	87.99	87.83	88.49	
餐费收入	Income from Meals	12.01	12.17	11.51	

注：本表2018年、2019年数据依据第四次全国经济普查修订。

a) The data in this table for 2018 and 2019 are revised based on the Fourth National Economic Census.

15-2 限额以上批发和零售业情况
Basic Conditions of Wholesale and Retail Trades

项 目	Item	2010	2015	2018	2019	2020
批发和零售业	**Wholesale and Retail Trades**					
法人企业(个)	Number of Corporation Enterprises (unit)	705	1595	1577	1712	1938
年末从业人数(人)	Engaged Persons at Year-end (person)	66546	100243	92929	100367	105155
商品购进额(亿元)	Total Purchases (100 million yuan)	1727.21	3572.37	4827.63	5446.69	6356.39
#进口额(亿元)	Imports (100 million yuan)	1.78	31.95	30.27	38.55	44.12
商品销售额(亿元)	Total Sales (100 million yuan)	2021.40	4232.94	5320.33	5959.78	6767.35
#出口额(亿元)	Exports (100 million yuan)	4.00	21.68	24.89	15.51	7.89
期末商品库存额(亿元)	Total Stock at Year-end (100 million yuan)	205.77	240.68	284.69	337.70	273.21
批发业	**Wholesale Trade**					
法人企业(个)	Number of Corporation Enterprises (unit)	265	574	636	742	871
年末从业人数(人)	Engaged Persons at Year-end (person)	22404	30977	33584	37365	39363
商品购进额(亿元)	Total Purchases (100 million yuan)	1391.31	2825.42	4071.74	4699.95	5482.20
#进口额(亿元)	Imports (100 million yuan)	0.99	12.29	14.61	26.29	23.51
商品销售额(亿元)	Total Sales (100 million yuan)	1644.99	3350.29	4451.19	5026.56	5762.65
#出口额(亿元)	Exports (100 million yuan)	3.99	21.28	24.35	15.51	7.89
期末商品库存额(亿元)	Total Stock at Year-end (100 million yuan)	161.28	158.93	205.67	248.58	177.64
零售业	**Retail Trade**					
法人企业(个)	Number of Corporation Enterprises (unit)	440	1021	941	970	1067
年末从业人数(人)	Engaged Persons at Year-end (person)	44142	69266	59345	63002	65792
商品购进额(亿元)	Total Purchases (100 million yuan)	335.91	746.96	755.89	746.75	874.20
#进口额(亿元)	Imports (100 million yuan)	0.79	19.65	15.66	12.26	20.61
商品销售额(亿元)	Total Sales (100 million yuan)	376.41	882.64	869.15	933.22	1004.70
#出口额(亿元)	Exports (100 million yuan)	0.01	0.40	0.54		
期末商品库存额(亿元)	Total Stock at Year-end (100 million yuan)	44.49	81.74	79.02	89.12	95.57
年末零售营业面积(万平方米)	Business Area of Retail at Year-end (10 000 sq.m)	301.83	361.10	394.14	442.69	493.08

15-3　限额以上批发业企业基本情况（2020）

Basic Conditions of Enterprises above Designated Size of Wholesale Trade （2020）

项　目	Item	法人企业（个）Number of Corporation Enterprises (unit)	从业人员期末人数（人）Engaged Persons at Year-end (person)
批发业	**Wholesale Trade**	**871**	**39363**
按登记注册类型分	**By Status of Registration**		
内资企业	**Domestic Funded Enterprises**	**868**	**38464**
国有企业	State-owned Enterprises	39	4610
集体企业	Collective-owned Enterprises	3	21
股份合作企业	Cooperative Enterprises	3	91
联营企业	Joint Ownership Enterprises		
有限责任公司	Limited Liability Corporations	252	12435
国有独资公司	State Sole Funded Corporations	26	1110
其他有限责任公司	Other Limited Liability Corporations	226	11325
股份有限公司	Share-holding Corporations Ltd.	19	2609
私营企业	Private Enterprises	545	18564
私营独资企业	Private-funded Enterprises	16	330
私营合伙企业	Private Partnership Enterprises	1	8
私营有限责任公司	Private Limited Liability Corporations	519	17892
私营股份有限公司	Private Share-holding Corporations Ltd.	9	334
其他企业	Other Enterprises	7	134
港、澳、台商投资企业	**Enterprises with Funds from Hong Kong, Macao and Taiwan**	**1**	**153**
合资经营企业	Joint-venture Enterprises		
合作经营企业	Cooperative Enterprises		
独资经营企业	Enterprises with Sole Fund	1	153
投资股份有限公司	Share-holding Corporations Ltd. with Investment		
其他港澳台商投资企业	Other Enterprises with Funds from Hong Kong, Macao and Taiwan		
外商投资企业	**Foreign Funded Enterprises**	**2**	**746**
中外合资经营企业	Joint-venture Enterprises		
中外合作经营企业	Cooperation Enterprises		
外资企业	Enterprises with Sole Fund	2	746
外商投资股份有限公司	Share-holding Corporations Ltd. With Foreign Investment		
其他外商投资企业	Other Foreign Funded Enterprises		

15-3 续表 continued

项　目	Item	法人企业（个）Number of Corporation Enterprises (unit)"	从业人员期末人数（人）Engaged Persons at Year-end (person)
按行业分	**By Sector**		
农、林、牧、渔产品批发	Wholesale of Agricultural,Forestry,Livestock and Fishery Products	57	1439
食品饮料及烟草制品批发	Wholesale of Food, Beverages and Tobaccos	177	13661
#米、面制品及食用油批发	Wholesale of Rice, Flour and Edible Oil	21	788
烟草制品批发	Wholesale of Tobaccos	15	3309
纺织、服装及家庭用品批发	Wholesale of Textiles, , Wearing Apparel and Household Articles	22	1229
#服装批发	Wholesale of Garments	7	483
文化、体育用品及器材批发	Wholesale of Culture, Sports Appliances and Equipments	13	1036
医药及医疗器材批发	Wholesale of Medicines and Medical Appliances	157	8811
矿产品、建材及化工产品批发	Wholesale of Mineral Products, Building Materials and Chemical Products	337	8546
#煤炭及制品批发	Wholesale of Coal and Related Products	49	1120
石油及制品批发	Wholesale of Petroleum and Related Products	40	2860
金属及金属矿批发	Wholesale of Metal Materials	112	1825
建材批发	Wholesale of Building Materials	81	1538
化肥批发	Wholesale of Chemical Fertilizer	19	468
机械设备、五金产品及电子产品批发	Wholesale of Machinery, Hardware and Electronic Equipment	100	4455
贸易经纪与代理	Trade Broker and Agency	1	18
其他批发	Other Wholesale not Classified Elsewhere	7	168

15-4 限额以上批发业企业购销存情况（2020）

Total Purchases, Sales and Stock of Enterprises above Designated Size of Wholesale Trade （2020）

单位：万元 (10 000 yuan)

项 目	Item	商品购进额 Total Purchases Value	进口 Imports	商品销售额 Total Sales Value	出口 Exports	期末商品库存额 Stock (year-end)
批发业	**Wholesale Trade**	**54821967**	**235058**	**57626479**	**78856**	**1776390**
按登记注册类型分	**By Status of Registration**					
内资企业	**Domestic Funded Enterprises**	**54708601**	**235058**	**57501642**	**78856**	**1768981**
国有企业	State-owned Enterprises	3159684	288	4114627		267850
集体企业	Collective-owned Enterprises	20172		21918		5838
股份合作企业	Cooperative Enterprises	19764		23510		2997
联营企业	Joint Ownership Enterprises					
有限责任公司	Limited Liability Corporations	27002260	38243	27495587	37614	507805
国有独资公司	State Sole Funded Corporations	17159724	29942	17276154	5079	106585
其他有限责任公司	Other Limited Liability Corporations	9842536	8302	10219432	32536	401221
股份有限公司	Share-holding Corporations Ltd.	16454442		16815068		461917
私营企业	Private Enterprises	8029496	196527	9002655	41242	521127
私营独资企业	Private-funded Enterprises	100172		106763		8010
私营合伙企业	Private Partnership Enterprises	4832		6933		1
私营有限责任公司	Private Limited Liability Corporations	7822011	196527	8767944	36112	502172
私营股份有限公司	Private Share-holding Corporations Ltd.	102480		121016	5130	10944
其他企业	Other Enterprises	22783		28278		447
港、澳、台商投资企业	**Enterprises with Funds from Hong Kong, Macao and Taiwan**	**17171**		**20473**		**1**
合资经营企业	Joint-venture Enterprises					
合作经营企业	Cooperative Enterprises					
独资经营企业	Enterprises with Sole Fund	17171		20473		1
投资股份有限公司	Share-holding Corporations Ltd. with Investment					
其他港澳台商投资企业	Other Enterprises with Funds from Hong Kong,Macao and Taiwan					
外商投资企业	**Foreign Funded Enterprises**	**96196**		**104364**		**7408**
中外合资经营企业	Joint-venture Enterprises					
中外合作经营企业	Cooperation Enterprises					
外资企业	Enterprises with Sole Fund	96196		104364		7408
外商投资股份有限公司	Share-holding Corporations Ltd. With Foreign Investment					
其他外商投资企业	Other Foreign Funded Enterprises					

15-4 续表 continued

单位：万元 (10 000 yuan)

项 目	Item	商品购进额 Total Purchases Value	进口 Imports	商品销售额 Total Sales Value	出口 Exports	期末商品库存额 Stock (year-end)
按行业分	**By Sector**					
农、林、牧、渔产品批发	Wholesale of Agricultural,Forestry,Livestock and Fishery Products	452685	2337	697770	12098	121292
食品饮料及烟草制品批发	Wholesale of Food, Beverages and Tobaccos	3173017	7907	4291992	27679	298289
#米、面制品及食用油批发	Wholesale of Rice, Flour and Edible Oil	199946	5109	204009		37796
烟草制品批发	Wholesale of Tobaccos	1631016	288	2360905		151160
纺织、服装及家庭用品批发	Wholesale of Textiles, Wearing Apparel and Household Articles	129421		173074		36564
#服装批发	Wholesale of Garments	57124		87036		19075
文化、体育用品及器材批发	Wholesale of Culture, Sports Appliances and Equipments	289372		314938		50162
医药及医疗器材批发	Wholesale of Medicines and Medical Appliances	2207276	2200	2485357	2744	275475
矿产品、建材及化工产品批发	Wholesale of Mineral Products, Building Materials and Chemical Products	46143402	185491	47076327	9733	843665
#煤炭及制品批发	Wholesale of Coal and Related Products	1017235		1170375	1162	30529
石油及制品批发	Wholesale of Petroleum and Related Products	16284215	149264	16756036	611	488916
金属及金属矿批发	Wholesale of Metal Materials	23799994	36227	24001360	2808	184993
建材批发	Wholesale of Building Materials	3356793		3395702		100605
化肥批发	Wholesale of Chemical Fertilizer	228094		235430		31081
机械设备、五金产品及电子产品批发	Wholesale of Machinery, Hardware and Electronic Equipment	2324810	5428	2472596	26603	148422
贸易经纪与代理	Trade Broker and Agency	31695	31695	33978		723
其他批发	Other Wholesale not Classified Elsewhere	70290		80446		1798

15-5 限额以上批发业企业资产及负债（2020）

Assets and Liabilities of Enterprises above Designated Size of Wholesale Trade (2020)

单位：万元　　(10 000 yuan)

项　目	Item	资产总计 Total Assets	#流动资产合计 Total Current Assets	#固定资产原价 Original Value of Fixed Assets	负债合计 Total Liabilities	所有者权益合计 Total Owners' Equities
批发业	**Wholesale Trade**	**14818548**	**10562041**	**2048380**	**8760359**	**6038422**
按登记注册类型分	**By Status of Registration**					
内资企业	**Domestic Funded Enterprises**	**14765187**	**10514468**	**2041722**	**8716447**	**6028974**
国有企业	State-owned Enterprises	1476995	1208255	201580	593882	883702
集体企业	Collective-owned Enterprises	17706	16980	449	18441	-882
股份合作企业	Cooperative Enterprises	19309	18125	1994	8001	11308
联营企业	Joint Ownership Enterprises					
有限责任公司	Limited Liability Corporations	7129048	4900131	928362	4334678	2797680
国有独资公司	State Sole Funded Corporations	3447123	1690517	588842	1724335	1722788
其他有限责任公司	Other Limited Liability Corporations	3681925	3209614	339520	2610342	1074892
股份有限公司	Share-holding Corporations Ltd.	1648149	840039	435343	426374	1221775
私营企业	Private Enterprises	4462123	3521246	472641	3329600	1109005
私营独资企业	Private-funded Enterprises	45022	41121	4401	34805	9706
私营合伙企业	Private Partnership Enterprises	4464	4309	209	3702	762
私营有限责任公司	Private Limited Liability Corporations	4302197	3386641	461236	3216955	1060407
私营股份有限公司	Private Share-holding Corporations Ltd.	110441	89175	6796	74139	38131
其他企业	Other Enterprises	11858	9693	1353	5471	6386
港、澳、台商投资企业	**Enterprises with Funds from Hong Kong, Macao and Taiwan**	**7480**	**7373**	**183**	**4711**	**2769**
合资经营企业	Joint-venture Enterprises					
合作经营企业	Cooperative Enterprises					
独资经营企业	Enterprises with Sole Fund	7480	7373	183	4711	2769
投资股份有限公司	Share-holding Corporations Ltd. with Investment					
其他港澳台商投资企业	Other Enterprises with Funds from Hong Kong, Macao and Taiwan					
外商投资企业	**Foreign Funded Enterprises**	**45881**	**40200**	**6475**	**39202**	**6679**
中外合资经营企业	Joint-venture Enterprises					
中外合作经营企业	Cooperation Enterprises					
外资企业	Enterprises with Sole Fund	45881	40200	6475	39202	6679
外商投资股份有限公司	Share-holding Corporations Ltd. With Foreign Investment					
其他外商投资企业	Other Foreign Funded Enterprises					

15-5 续表 continued

单位：万元 (10 000 yuan)

项 目	Item	资产总计 Total Assets	# 流动资产合计 Total Current Assets	# 固定资产原价 Original Value of Fixed Assets	负债合计 Total Liabilities	所有者权益合计 Total Owners' Equities
按行业分	**By Sector**					
农、林、牧、渔产品批发	Wholesale of Agricultural,Forestry,Livestock and Fishery Products	570081	411316	91753	355620	214461
食品饮料及烟草制品批发	Wholesale of Food, Beverages and Tobaccos	1978183	1344957	496301	848842	1133121
# 米、面制品及食用油	Wholesale of Rice, Flour and Edible Oil	126819	95487	21366	99078	35979
批发烟草制品批发	Wholesale of Tobaccos	670760	542939	125149	27685	643074
纺织、服装及家庭用品批发	Wholesale of Textiles, Wearing Apparel and Household Articles	104620	86185	14713	66444	38175
# 服装批发	Wholesale of Garments	31831	28119	583	25913	5918
文化、体育用品及器材批发	Wholesale of Culture, Sports Appliances and Equipments	146065	141250	3654	132578	13487
医药及医疗器材批发	Wholesale of Medicines and Medical Appliances	2011542	1619921	130126	1472330	534552
矿产品、建材及化工产品批发	Wholesale of Mineral Products, Building Materials and Chemical Products	8918577	5977740	1217487	4992280	3908028
# 煤炭及制品批发	Wholesale of Coal and Related Products	1923178	803551	28492	761384	1158921
石油及制品批发	Wholesale of Petroleum and Related Products	1851267	965190	995975	693759	1152314
金属及金属矿批发	Wholesale of Metal Materials	2653770	2325444	80181	2009152	642119
建材批发	Wholesale of Building Materials	2033492	1549572	43657	1190841	837722
化肥批发	Wholesale of Chemical Fertilizer	140352	110452	27538	97590	42615
机械设备、五金产品及电子产品批发	Wholesale of Machinery, Hardware and Electronic Equipment	1046824	959854	69867	882060	164146
贸易经纪与代理	Trade Broker and Agency	2501	2092	610	1394	1106
其他批发	Other Wholesale not Classified Elsewhere	40155	18727	23869	8811	31344

15-6 限额以上批发业企业主要财务指标（2020）
Main Financial Indicators of Enterprises above Designated Size of Wholesale Trade （2020）

单位：万元 (10 000 yuan)

项 目	Item	营业收入 Business Revenue	营业成本 Business Cost	税金及附加 Taxes and Extra Charges	营业利润 Business Profits
批发业	**Wholesale Trade**	**54107727**	**52416843**	**340091**	**149643**
按登记注册类型分	**By Status of Registration**				
内资企业	**Domestic Funded Enterprises**	**53997279**	**52343494**	**339652**	**140889**
国有企业	State-owned Enterprises	3743913	3083932	297322	227334
集体企业	Collective-owned Enterprises	19497	19430	31	-163
股份合作企业	Cooperative Enterprises	19566	17681	21	531
联营企业	Joint Ownership Enterprises				
有限责任公司	Limited Liability Corporations	27134914	26471407	27222	180565
国有独资公司	State Sole Funded Corporations	17911300	17572275	16573	124615
其他有限责任公司	Other Limited Liability Corporations	9223614	8899132	10649	55949
股份有限公司	Share-holding Corporations Ltd.	14878575	15053602	4537	-342172
私营企业	Private Enterprises	8173779	7676104	10401	73699
私营独资企业	Private-funded Enterprises	96112	86835	153	1123
私营合伙企业	Private Partnership Enterprises	6137	4273	14	57
私营有限责任公司	Private Limited Liability Corporations	7956187	7486043	10017	67677
私营股份有限公司	Private Share-holding Corporations Ltd.	115344	98953	218	4842
其他企业	Other Enterprises	27035	21338	66	1099
港、澳、台商投资企业	**Enterprises with Funds from Hong Kong, Macao and Taiwan**	**18118**	**14433**	**66**	**591**
合资经营企业	Joint-venture Enterprises				
合作经营企业	Cooperative Enterprises				
独资经营企业	Enterprises with Sole Fund	18118	14433	66	591
投资股份有限公司	Share-holding Corporations Ltd. with Investment				
其他港澳台商投资企业	Other Enterprises with Funds from Hong Kong, Macao and Taiwan				
外商投资企业	**Foreign Funded Enterprises**	**92330**	**58916**	**374**	**8164**
中外合资经营企业	Joint-venture Enterprises				
中外合作经营企业	Cooperation Enterprises				
外资企业	Enterprises with Sole Fund	92330	58916	374	8164
外商投资股份有限公司	Share-holding Corporations Ltd. With Foreign Investment				
其他外商投资企业	Other Foreign Funded Enterprises				

15-6 续表 continued

单位：万元 (10 000 yuan)

项 目	Item	营业收入 Business Revenue	营业成本 Business Cost	税金及附加 Taxes and Extra Charges	营业利润 Business Profits
按行业分	**By Sector**				
农、林、牧、渔产品批发	Wholesale of Agricultural,Forestry,Livestock and Fishery Products	663975	622560	791	-4648
食品饮料及烟草制品批发	Wholesale of Food, Beverages and Tobaccos	3927496	3069083	298871	264731
#米、面制品及食用油批发	Wholesale of Rice, Flour and Edible Oil	196768	187026	238	-1871
烟草制品批发	Wholesale of Tobaccos	2117090	1503905	295356	196105
纺织、服装及家庭用品批发	Wholesale of Textiles, Wearing Apparel and Household Articles	155995	135717	351	1606
#服装批发	Wholesale of Garments	78447	70778	100	-1154
文化、体育用品及器材批发	Wholesale of Culture, Sports Appliances and Equipments	286050	272334	301	-2472
医药及医疗器材批发	Wholesale of Medicines and Medical Appliances	2247529	2021588	5125	50653
矿产品、建材及化工产品批发	Wholesale of Mineral Products, Building Materials and Chemical Products	44452727	44031879	31590	-161944
#煤炭及制品批发	Wholesale of Coal and Related Products	1101306	1026888	2109	20815
石油及制品批发	Wholesale of Petroleum and Related Products	17366709	17261153	10288	-240821
金属及金属矿批发	Wholesale of Metal Materials	21334291	21230784	14466	23508
建材批发	Wholesale of Building Materials	3078308	2988433	2986	33467
化肥批发	Wholesale of Chemical Fertilizer	215407	206265	265	-323
机械设备、五金产品及电子产品批发	Wholesale of Machinery, Hardware and Electronic Equipment	2268444	2164163	2231	1802
贸易经纪与代理	Trade Broker and Agency	33021	30887	34	110
其他批发	Other Wholesale not Classified Elsewhere	72492	68632	797	-193

15-7 限额以上零售业企业基本情况（2020）

Basic Conditions of Enterprises above Designated Size in Retail Trade （2020）

项 目	Item	法人企业（个）Number of Corporation Enterprises (unit)	从业人员期末人数（人）Engaged Persons at Year-end (person)
零售业	**Retail Trade**	**1067**	**65792**
按登记注册类型分	**By Status of Registration**		
内资企业	**Domestic Funded Enterprises**	**1059**	**64253**
国有企业	State-owned Enterprises	16	2474
集体企业	Collective-owned Enterprises	6	167
股份合作企业	Cooperative Enterprises	2	94
联营企业	Joint Ownership Enterprises	1	8
有限责任公司	Limited Liability Corporations	284	25946
国有独资公司	State Sole Funded Corporations	8	755
其他有限责任公司	Other Limited Liability Corporations	276	25191
股份有限公司	Share-holding Corporations Ltd.	32	7070
私营企业	Private Enterprises	713	28421
私营独资企业	Private-funded Enterprises	52	1516
私营合伙企业	Private Partnership Enterprises	1	30
私营有限责任公司	Private Limited Liability Corporations	655	26654
私营股份有限公司	Private Share-holding Corporations Ltd.	5	161
其他企业	Other Enterprises	5	73
港、澳、台商投资企业	**Enterprises with Funds from Hong Kong, Macao and Taiwan**	**5**	**971**
合资经营企业	Joint-venture Enterprises		
合作经营企业	Cooperative Enterprises		
独资经营企业	Enterprises with Sole Fund	5	971
投资股份有限公司	Share-holding Corporations Ltd. with Investment		
其他港澳台商投资企业	Other Enterprises with Funds from Hong Kong,Macao and Taiwan		
外商投资企业	**Foreign Funded Enterprises**	**3**	**568**
中外合资经营企业	Joint-venture Enterprises	2	118
中外合作经营企业	Cooperation Enterprises		
外资企业	Enterprises with Sole Fund	1	450
外商投资股份有限公司	Share-holding Corporations Ltd. With Foreign Investment		
其他外商投资企业	Other Foreign Funded Enterprises		

15-7 续表 continued

项 目	Item	法人企业（个）Number of Corporation Enterprises (unit)	从业人员期末人数（人）Engaged Persons at Year-end (person)
按行业分	**By Sector**		
综合零售	Integrated Retail	188	20279
#百货零售	Retail of General Merchandise	93	8234
超级市场零售	Retail of Supermarkets	88	11404
食品、饮料及烟草制品专门零售	Retail of Food, Beverages and Tobaccos	89	2128
纺织、服装及日用品专门零售	Special Retail of Textiles, Garments and Daily Consumer Articles	35	2479
#服装零售	Retail of Garments	22	1417
文化、体育用品及器材专门零售	Special Retail of Culture, Sports Appliances and Equipments	29	2847
#图书报刊零售	Retail of Books Newspapers and Magazines	7	2405
医药及医疗器材专门零售	Retail of Medicines and Medical Appliances	64	13836
#西药零售	Retail of Western Medicine	57	13562
汽车、摩托车、零配件和燃料及其他动力销售	Retail of Motor Vehicles,Motorcycles,Spare Parts,Fuels and Other Power	489	20497
#汽车新车零售	Retail of New Car	368	13371
机动车燃油零售	Retail of Motor Vehicle Fuel	85	6348
家用电器及电子产品专门零售	Special Retail of Household Electric Appliances and Electronic Products	98	2284
#日用家电零售	Retail of Household Electric Appliances	45	1173
计算机、软件及辅助设备零售	Retail of Computer, Software and Assistant Appliances	22	362
通信设备零售	Retail of Communication Equipments	21	556
五金、家具及室内装饰材料专门零售	Special Retail of Hardware, Furniture and Decoration Materials	33	425
货摊、无店铺及其他零售	Stall,Non-shop and Other Retails	42	1017

15-8 限额以上零售业企业购销存情况（2020）
Total Purchases, Sales and Stock of Enterprises above Designated Size of Retail Trade （2020）

单位：万元 (10 000 yuan)

项 目	Item	商品购进额 Total Purchases Value	进口 Imports	商品销售额 Total Sales Value	期末商品库存额 Stock (year-end)
零售业	**Retail Trade**	**8741956**	**206110**	**10047013**	**955748**
按登记注册类型分	**By Status of Registration**				
内资企业	**Domestic Funded Enterprises**	**8609899**	**206110**	**9863091**	**942340**
国有企业	State-owned Enterprises	259487		268175	13090
集体企业	Collective-owned Enterprises	10720		10742	1519.4
股份合作企业	Cooperative Enterprises	3307		3354	1076
联营企业	Joint Ownership Enterprises	3240		3630	25
有限责任公司	Limited Liability Corporations	2497621	78695	2915577	344039
国有独资公司	State Sole Funded Corporations	235953		286225	8062
其他有限责任公司	Other Limited Liability Corporations	2261668	78695	2629352	335977
股份有限公司	Share-holding Corporations Ltd.	2230495		2459373	78608
私营企业	Private Enterprises	3600161	127415	4196603	503726
私营独资企业	Private-funded Enterprises	154423		170422	13136
私营合伙企业	Private Partnership Enterprises			32547	
私营有限责任公司	Private Limited Liability Corporations	3437096	127415	3984282	489714
私营股份有限公司	Private Share-holding Corporations Ltd.	8642		9351	876
其他企业	Other Enterprises	4868		5637	257
港、澳、台商投资企业	**Enterprises with Funds from Hong Kong, Macao and Taiwan**	**131670**		**179614**	**13192**
合资经营企业	Joint-venture Enterprises				
合作经营企业	Cooperative Enterprises				
独资经营企业	Enterprises with Sole Fund	131670		179614	13192
投资股份有限公司	Share-holding Corporations Ltd. with Investment				
其他港澳台商投资企业	Other Enterprises with Funds from Hong Kong,Macao and Taiwan				
外商投资企业	**Foreign Funded Enterprises**	**387**		**4307**	**216**
中外合资经营企业	Joint-venture Enterprises				
中外合作经营企业	Cooperation Enterprises				
外资企业	Enterprises with Sole Fund	387		4307	216
外商投资股份有限公司	Share-holding Corporations Ltd. With Foreign Investment				
其他外商投资企业	Other Foreign Funded Enterprises				

15-8 续表 continued

单位：万元 (10 000 yuan)

项　目	Item	商品购进额 Total Purchases Value	进口 Imports	商品销售额 Total Sales Value	期末商品库存额 Stock (year-end)
按行业分	**By Sector**				
综合零售	Integrated Retail	960568	2	1474607	219728
#百货零售	Retail of General Merchandise	471522	1	875741	85553
超级市场零售	Retail of Supermarkets	467062		554617	131978
食品、饮料及烟草制品专门零售	Retail of Food, Beverages and Tobaccos	204791	3321	233535	26852
纺织、服装及日用品专门零售	Special Retail of Textiles, Garments and Daily Consumer Articles	170359		214336	29475
#服装零售	Retail of Garments	96348		135546	14518
文化、体育用品及器材专门零售	Retail of Culture, Sports Appliances and Equipments	216954		217320	21975
#图书报刊零售	Retail of Books Newspapers and Magazines	192664		185469	11021
医药及医疗器材专门零售	Retail of Medicines and Medical Appliances	379685		522995	82919
#西药零售	Retail of Western Medicine	371458		512000	81638
汽车、摩托车、零配件和燃料及其他动力销售	Retail of Motor Vehicles,Motorcycles,Spare Parts, Fuels and Other Power	6205148	172276	6709863	524621
#汽车新车零售	Retail of New Car	3491870	171775	3656935	444483
机动车燃油零售	Retail of Motor Vehicle Fuel	2585689	501	2908297	75577
家用电器及电子产品专门零售	Special Retail of Household Electric Appliances and Electronic Products	383291	29755	442572	38176
#日用家电零售	Retail of Household Electric Appliances	192394		220800	17142
计算机、软件及辅助设备零售	Retail of Computer, Software and Assistant Appliances	46494		57280	6310
通信设备零售	Retail of Communication Equipments	106097	29755	119144	12145
五金、家具及室内装饰材料专门零售	Special Retail of Hardware, Furniture and Decoration Materials	58671		70029	5941
货摊、无店铺及其他零售	Stall,Non-shop and Other Retails	162488	756	161755	6063

15-9 限额以上零售业企业资产及负债（2020）
Assets and Liabilities of Enterprises above Designated Size of Retail Trade （2020）

单位：万元 （10 000 yuan）

项 目	Item	资产总计 Total Assets	#流动资产合计 Total Current Assets	#固定资产原价 Original Value of Fixed Assets	负债合计 Total Liabilities	所有者权益合计 Total Owners' Equities
零售业	**Retail Trade**	**5520265**	**3632032**	**1327611**	**3852930**	**1570528**
按登记注册类型分	**By Status of Registration**					
内资企业	**Domestic Funded Enterprises**	**5459139**	**3588930**	**1301177**	**3823778**	**1538554**
国有企业	State-owned Enterprises	112531	57463	48346	59746	52831
集体企业	Collective-owned Enterprises	7727	4446	2807	4590	3137
股份合作企业	Cooperative Enterprises	2020	1897	477	1092	928
联营企业	Joint Ownership Enterprises	2447	2156	472	778	1669
有限责任公司	Limited Liability Corporations	1705730	1198353	282023	1265260	440120
国有独资公司	State Sole Funded Corporations	81529	34444	42359	29087	52442
其他有限责任公司	Other Limited Liability Corporations	1624201	1163909	239655	1236173	387678
股份有限公司	Share-holding Corporations Ltd.	1086306	488450	476679	714583	274761
私营企业	Private Enterprises	2537209	1832228	489609	1774782	763968
私营独资企业	Private-funded Enterprises	76337	66192	9599	56633	19592
私营合伙企业	Private Partnership Enterprises	59703	3962	33097	30793	28910
私营有限责任公司	Private Limited Liability Corporations	2398337	1759678	446339	1686630	713260
私营股份有限公司	Private Share-holding Corporations Ltd.	2832	2397	575	726	2106
其他企业	Other Enterprises	5170	3938	763	2946	1140
港、澳、台商投资企业	**Enterprises with Funds from Hong Kong, Macao and Taiwan**	**59929**	**42076**	**25576**	**27197**	**32732**
合资经营企业	Joint-venture Enterprises					
合作经营企业	Cooperative Enterprises					
独资经营企业	Enterprises with Sole Fund	59929	42076	25576	27197	32732
投资股份有限公司	Share-holding Corporations Ltd. with Investment					
其他港澳台商投资企业	Other Enterprises with Funds from Hong Kong,Macao and Taiwan					
外商投资企业	**Foreign Funded Enterprises**	**1197**	**1026**	**758**	**1955**	**-757**
中外合资经营企业	Joint-venture Enterprises					
中外合作经营企业	Cooperation Enterprises					
外资企业	Enterprises with Sole Fund	1197	1026	758	1955	-757
外商投资股份有限公司	Share-holding Corporations Ltd. With Foreign Investment					
其他外商投资企业	Other Foreign Funded Enterprises					

15-9 续表 continued

单位：万元 (10 000 yuan)

项 目	Item	资产总计 Total Assets	#流动资产合计 Total Current Assets	#固定资产原价 Original Value of Fixed Assets	负债合计 Total Liabilities	所有者权益合计 Total Owners' Equities
按行业分	**By Sector**					
综合零售	Integrated Retail	1412396	863035	359396	1038585	372844
#百货零售	Retail of General Merchandise	1051076	588285	280352	779185	271877
超级市场零售	Retail of Supermarkets	348778	265229	76167	240869	106958
食品、饮料及烟草制品专门零售	Retail of Food, Beverages and Tobaccos	181490	139656	31978	131466	49439
纺织、服装及日用品专门零售	Special Retail of Textiles, Garments and Daily Consumer Articles	124447	101046	28789	97518	26760
#服装零售	Retail of Garments	83578	69505	21876	77522	5887
文化、体育用品及器材专门零售	Retail of Culture, Sports Appliances and Equipments	350689	257337	89891	199638	151051
#图书报刊零售	Retail of Books Newspapers and Magazines	298869	227316	80434	178045	120823
医药及医疗器材专门零售	Retail of Medicines and Medical Appliances	496152	402916	38946	382116	112953
#西药零售	Retail of Western Medicine	475701	389059	34927	370402	105299
汽车、摩托车、零配件和燃料及其他动力销售	Retail of Motor Vehicles,Motorcycles,Spare Parts, Fuels and Other Power	2504394	1495593	711590	1740532	670323
#汽车新车零售	Retail of New Car	1776678	1325310	265445	1369439	412858
机动车燃油零售	Retail of Motor Vehicle Fuel	629433	115835	410599	319733	210544
家用电器及电子产品专门零售	Special Retail of Household Electric Appliances and Electronic Products	262907	240517	10738	167798	93062
#日用家电零售	Retail of Household Electric Appliances	171153	161646	5359	105552	65603
计算机、软件及辅助设备零售	Retail of Computer, Software and Assistant Appliances	35401	29014	2871	16613	18788
通信设备零售	Retail of Communication Equipments	34376	28465	859	29253	3074
五金、家具及室内装饰材料专门零售	Special Retail of Hardware, Furniture and Decoration Materials	37208	32148	3494	21189	15775
货摊、无店铺及其他零售	Stall,Non-shop and Other Retails	150582	99786	52790	74088	78321

15-10 限额以上零售业企业主要财务指标（2020）
Main Financial Indicators of Enterprises above Designated Size of Retail Trade（2020）

单位：万元 （10 000 yuan）

项　目	Item	营业收入 Business Revenue	营业成本 Business Cost	税金及附加 Taxes and Extra Charges	营业利润 Business Profits
零售业	**Retail Trade**	**9208193**	**8215216**	**28404**	**182270**
按登记注册类型分	**By Status of Registration**				
内资企业	**Domestic Funded Enterprises**	**9018492**	**8052924**	**27459**	**179112**
国有企业	State-owned Enterprises	241212	218989	502	5972
集体企业	Collective-owned Enterprises	10651	9187	31	6
股份合作企业	Cooperative Enterprises	3288	2489	9	37
联营企业	Joint Ownership Enterprises	3298	2896	8	145
有限责任公司	Limited Liability Corporations	2657019	2308359	9652	50813
国有独资公司	State Sole Funded Corporations	231448	210461	564	6949
其他有限责任公司	Other Limited Liability Corporations	2425571	2097898	9089	53869
股份有限公司	Share-holding Corporations Ltd.	2231480	2028672	5627	72340
私营企业	Private Enterprises	3866093	3477919	11578	39120
私营独资企业	Private-funded Enterprises	160355	146167	410	662
私营合伙企业	Private Partnership Enterprises	26540	27153	275	-612
私营有限责任公司	Private Limited Liability Corporations	3670072	3298623	10855	38980
私营股份有限公司	Private Share-holding Corporations Ltd.	9126	5976	38	89
其他企业	Other Enterprises	5452	4413	53	675
港、澳、台商投资企业	**Enterprises with Funds from Hong Kong, Macao and Taiwan**	**185527**	**159390**	**944**	**3873**
合资经营企业	Joint-venture Enterprises				
合作经营企业	Cooperative Enterprises				
独资经营企业	Enterprises with Sole Fund	185527	159390	944	3873
投资股份有限公司	Share-holding Corporations Ltd. with Investment				
其他港澳台商投资企业	Other Enterprises with Funds from Hong Kong,Macao and Taiwan				
外商投资企业	**Foreign Funded Enterprises**	**4173**	**2902**	**1**	**-715**
中外合资经营企业	Joint-venture Enterprises				
中外合作经营企业	Cooperation Enterprises				
外资企业	Enterprises with Sole Fund	4173	2902	1	-715
外商投资股份有限公司	Share-holding Corporations Ltd. With Foreign Investment				
其他外商投资企业	Other Foreign Funded Enterprises				

15-10 续表 continued

单位：万元 (10 000 yuan)

项 目	Item	营业收入 Business Revenue	营业成本 Business Cost	税金及附加 Taxes and Extra Charges	营业利润 Business Profits
按行业分	**By Sector**				
综合零售	Integrated Retail	1389761	1152897	9624	35102
#百货零售	Retail of General Merchandise	769071	626587	8065	28063
超级市场零售	Retail of Supermarkets	573593	485253	1519	8676
食品、饮料及烟草制品专门零售	Retail of Food, Beverages and Tobaccos	218465	190213	690	4770
纺织、服装及日用品专门零售	Special Retail of Textiles, Garments and Daily Consumer Articles	158849	113831	841	-1378
#服装零售	Retail of Garments	88149	62018	584	-4072
文化、体育用品及器材专门零售	Retail of Culture, Sports Appliances and Equipments	219264	207850	835	4727
#图书报刊零售	Retail of Books Newspapers and Magazines	191552	184527	639	4876
医药及医疗器材专门零售	Retail of Medicines and Medical Appliances	490929	350717	1914	14062
#西药零售	Retail of Western Medicine	480333	342564	1839	14491
汽车、摩托车、零配件和燃料及其他动力销售	Retail of Motor Vehicles,Motorcycles,Spare Parts,Fuels and Other Power	6087828	5630900	12396	117423
#汽车新车零售	Retail of New Car	3391428	3165429	7272	38003
机动车燃油零售	Retail of Motor Vehicle Fuel	2557097	2341638	4807	77543
家用电器及电子产品专门零售	Special Retail of Household Electric Appliances and Electronic Products	393550	355329	821	-4004
#日用家电零售	Retail of Household Electric Appliances	194384	174181	561	-4215
计算机、软件及辅助设备零售	Retail of Computer, Software and Assistant Appliances	51714	46264	84	502
通信设备零售	Retail of Communication Equipments	107257	99408	87	-594
五金、家具及室内装饰材料专门零售	Special Retail of Hardware, Furniture and Decoration Materials	68442	60587	306	772
货摊、无店铺及其他零售	Stall,Non-shop and Other Retails	181105	152894	978	10796

15-11 亿元以上商品交易市场摊位分类情况（2020）

Classification of Commodity Exchange Markets of Transaction Value over 100 Million Yuan （2020）

类 别	Classification	摊位数（个）Number of Booths (unit)	成交额（万元）Turnover (10 000 yuan)
总计	**Total**	**27200**	**3711607**
粮油、食品类	Grain and Oil,Food	9512	1458700
#粮油类	Grain and Oil	346	121385
肉禽蛋类	Meat,Poultry and Eggs	568	199233
水产品类	Aquatic Products	517	185975
蔬菜类	Vegetables	6782	712511
干鲜果品类	Dried and Fresh Melons and Fruits	1005	243760
饮料类	Beverages	138	23045
烟酒类	Tobacco and Liquor	126	12975
服装鞋帽、针、纺织品类	Clothing, Shoes, Hats and Textiles	6198	296707
服装类	Clothing	5356	269817
鞋帽类	Footwear and Hats	456	12775
针、纺织品类	Knitwear and Textiles	386	14115
化妆品类	Cosmetics	161	30110
金银珠宝类	Gold,Silver and Jewellery	43	6551
日用品类	Articles for Daily Use	619	133216
五金、电料类	Hardware & Electrical Materials	549	33131
体育、娱乐用品类	Sports & Recreational Articles	146	18735
书报杂志类	Newspapers and Magazines	9	328
电子出版物及音像制品类	E-journal and Video Products	95	3806
家用电器和音像器材类	Household Appliances and Video Equipments	494	125303
中西药品类	Traditional Chinese and Western Medicine	6025	992601
西药类	Western Medicine	19	2717
中草药及中成药类	Traditional Chinese	6006	989878
文化办公用品类	Cultural and Official Goods	181	49004
家具类	Furniture	642	219440
通讯器材类	Communication Appliances	23	5211
煤炭及制品类	Coal and Related Products		
木材及制品类	Wood and Wooden Products	24	3000
石油及制品类	Petroleum and Related Products		
化工材料及制品类	Raw Chemical Materials and Related Products	44	1101
#化肥类	Fertilizer	25	600
金属材料类	Metal Materials	100	143871
建筑及装潢材料类	Building and Decoration Materials	999	79635
机电产品及设备类	Mechanical & Electrical Products	77	3945
#农机类	Agricultural Machinery	8	132
汽车类	Automobile	15	22500
种子饲料类	Seed and Feedstuff	53	2485
棉麻类	Cotton and Hemp	35	265
其他类	Others	892	35892

15-12 各市（州）限额以上批发业企业基本情况和主要财务指标（2020）
Basic Conditions and Main Financial Indicators of Enterprises above Designated Size of Wholesale Trade by Region （2020）

单位：万元 （10 000 yuan）

市（州）	Region	法人企业（个）Number of Corporation Enterprises (unit)	从业人员期末人数（人）Engaged Persons at Year-end (person)	商品销售额 Total Sales	营业收入 Business Revenue	营业成本 Business Cost	税金及附加 Taxes and Extra Charges	营业利润 Business Profits
兰州市	Lanzhou	435	21385	48452413	45739495	44955065	99421	-95916
嘉峪关市	Jiayuguan	19	336	990712	884593	853864	4907	7346
金昌市	Jinchang	19	650	176057	165889	117202	6535	7994
白银市	Baiyin	36	1060	669002	694139	610858	20130	29473
天水市	Tianshui	101	3072	1433278	1311184	1188602	33781	37265
武威市	Wuwei	36	1717	609593	549398	478193	18124	17785
张掖市	Zhangye	65	3734	737542	704800	615830	12744	17940
平凉市	Pingliang	29	1119	358433	323151	271302	18865	11668
酒泉市	Jiuquan	47	1637	2301569	2029364	1922758	20459	25997
庆阳市	Qingyang	18	1312	535071	485239	407731	26650	26013
定西市	Dingxi	38	1322	542247	490079	420178	26608	9505
陇南市	Longnan	21	1333	614326	549564	441072	29790	43559
临夏州	Linxia	5	380	142051	123603	92973	14502	7866
甘南州	Gannan	2	306	64186	57229	41213	7575	3149

15-13 各市（州）限额以上零售业企业基本情况和主要财务指标（2020）
Basic Conditions and Main Financial Indicators of Enterprises above Designated Size of Retail Trade by Region （2020）

单位：万元 （10 000 yuan）

市（州）	Region	法人企业（个）Number of Corporation Enterprises (unit)	从业人员期末人数（人）Engaged Persons at Year-end (person)	商品销售额 Total Sales	营业收入 Business Revenue	营业成本 Business Cost	税金及附加 Taxes and Extra Charges	营业利润 Business Profits
兰州市	Lanzhou	292	32600	5206931	4841863	4286681	17320	101978
嘉峪关市	Jiayuguan	24	1281	176827	159965	140802	706	1964
金昌市	Jinchang	34	1050	186065	161034	143373	306	2097
白银市	Baiyin	79	2700	567482	562366	509140	2464	14000
天水市	Tianshui	141	5429	818527	726581	663859	1954	9958
武威市	Wuwei	51	2189	287968	264832	238356	456	3331
张掖市	Zhangye	91	4129	558214	501251	449205	1161	6062
平凉市	Pingliang	39	2513	414543	380640	345498	666	10300
酒泉市	Jiuquan	89	2961	375553	304160	268346	991	668
庆阳市	Qingyang	85	4912	386770	359216	320780	780	2751
定西市	Dingxi	53	2064	379261	328839	295762	486	13252
陇南市	Longnan	58	2014	282078	253756	232609	419	3909
临夏州	Linxia	24	1588	295475	262977	229814	530	8740
甘南州	Gannan	7	362	111321	100713	90992	165	3260

15-14 按城乡分各地、县社会消费品零售总额（2020）
Total Retail Sale of Consumer Goods of Urban and Rural Areas by Region & County（2020）

单位：万元 （10 000 yuan）

地、县	Region & County	社会消费品零售总额 Total Retail Sales of Consumer Goods	城镇 Urban	乡村 Rural
兰州市	**Lanzhou**	**16412397**	**14389435**	**2022962**
城关区	Chengguan	8841085	7999855	841230
七里河区	Qilihe	2502886	2236026	266860
西固区	Xigu	1433582	1286621	146961
安宁区	Anning	1682879	1546724	136155
红古区	Honggu	267203	141140	126063
永登县	Yongdeng	308689	211458	97231
皋兰县	Gaolan	470605	341626	128979
榆中县	Yuzhong	306760	186043	120717
兰州新区	Lanzhou New Area	598710	439942	158768
嘉峪关市	**Jiayuguan**	**724471**	**724471**	
金昌市	**Jinchang**	**1006238**	**827880**	**178358**
金川区	Jinchuan	676773	576875	99898
永昌县	Yongchang	329466	251005	78450
白银市	**Baiyin**	**1652784**	**1346656**	**306127**
白银区	Baiyin	903800	880337	23464
平川区	Pingchuan	156066	147951	8115
靖远县	Jingyuan	210261	110894	99367
会宁县	Huining	223158	82918	140240
景泰县	Jingtai	159498	124556	34942
天水市	**Tianshui**	**2709247**	**2126760**	**582488**
秦州区	Qinzhou	872507	684918	187589
麦积区	Maiji	723239	567743	155496
清水县	Qingshui	97769	76749	21020
秦安县	Qinan	355365	278962	76404
甘谷县	Gangu	302594	237537	65058
武山县	Wushan	263280	206675	56605
张家川县	Zhangjiachuan	94493	74177	20316
武威市	**Wuwei**	**1438429**	**993506**	**444923**
凉州区	Liangzhou	863783	646542	217241
民勤县	Minqin	188647	114647	74000
古浪县	Gulang	188473	119141	69332
天祝县	Tianzhu	197526	113176	84350
张掖市	**Zhangye**	**2010558**	**1398237**	**612322**

15-14 续表 1 continued

单位：万元 (10 000 yuan)

地、县	Region & County	社会消费品零售总额 Total Retail Sales of Consumer Goods	城镇 Urban	乡村 Rural
甘州区	Ganzhou	1114211	769006	345205
肃南县	Sunan	54945	29231	25714
民乐县	Minle	233123	167895	65228
临泽县	Linze	193295	122008	71288
高台县	Gaotai	172127	110106	62021
山丹县	Shandan	242858	199991	42867
平凉市	**Pingliang**	**1656821**	**1500790**	**156031**
崆峒区	Kongtong	795808	739124	56684
泾川县	Jingchuan	114384	100461	13923
灵台县	Lingtai	83758	75499	8259
崇信县	Chongxin	45334	32477	12857
庄浪县	Zhuanglang	207093	183903	23190
静宁县	Jingning	267579	237903	29676
华亭市	Huating	142865	131422	11443
酒泉市	**Jiuquan**	**2439366**	**1806864**	**632502**
肃州区	Suzhou	1184289	818396	365894
金塔县	Jinta	165976	128016	37960
瓜州县	Guazhou	337532	250785	86747
肃北县	Subei	30489	26592	3897
阿克塞县	Akesai	28924	24440	4483
玉门市	Yumen	245363	196029	49334
敦煌市	Dunhuang	446792	362605	84187
庆阳市	**Qingyang**	**1770374**	**1314568**	**455806**
西峰区	Xifeng	727591	530895	196696
庆城县	Qingcheng	164642	124681	39961
环　县	Huanxian	161587	121779	39808
华池县	Huachi	80276	61575	18701
合水县	Heshui	93278	70302	22976
正宁县	Zhengning	110146	80285	29861
宁　县	Ningxian	215202	161982	53220
镇原县	Zhenyuan	217653	163068	54585
定西市	**Dingxi**	**1592121**	**1352313**	**239808**
安定区	Anding	600338	519102	81235
通渭县	Tongwei	124351	104220	20132

15-14 续表 2 continued

单位：万元 (10 000 yuan)

地、县	Region & County	社会消费品零售总额 Total Retail Sales of Consumer Goods	城镇 Urban	乡村 Rural
陇西县	Longxi	280981	237324	43657
渭源县	Weiyuan	92342	77024	15318
临洮县	Lintao	235490	198861	36629
漳　县	Zhangxian	56983	47250	9733
岷　县	Minxian	201637	168533	33104
陇南市	**Longnan**	**1394744**	**927411**	**467333**
武都区	Wudu	672833	454274	218560
成　县	Chengxian	142981	100320	42661
文　县	Wenxian	60588	32307	28281
宕昌县	Tanchang	118284	77362	40922
康　县	Kangxian	65064	40681	24383
西和县	Xihe	81423	49324	32099
礼　县	Lixian	131723	85000	46723
徽　县	Huixian	108367	80204	28163
两当县	Liangdang	13480	7940	5540
临夏州	**Linxia**	**1067351**	**867343**	**200008**
临夏市	linxia	538541	516423	22118
临夏县	linxia	101510	75338	26172
康乐县	Kangle	79489	43527	35962
永靖县	Yongjing	96535	74264	22271
广河县	Guanghe	103671	67300	36371
和政县	Hezheng	46731	33688	13044
东乡县	Dongxiang	32390	20395	11995
积石山县	Jishishan	68484	36408	32076
甘南州	**Gannan**	**448607**	**336055**	**112552**
合作市	Hezuo	177433	177433	
临潭县	Lintan	38946	22836	16110
卓尼县	Zhuoni	39442	23258	16184
舟曲县	Zhouqu	44785	27800	16986
迭部县	Diebu	25996	11829	14167
玛曲县	Maqu	33092	17860	15232
碌曲县	Luqu	28076	13597	14479
夏河县	Xiahe	60837	41444	19394

15-15 按行业分各地、县社会消费品零售总额（2020）
Total Retail Sale of Consumer Goods by Sector and Region & County （2020）

单位：万元 （10 000 yuan）

地、县	Region & County	社会消费品零售总额 Total Retail Sales of Consumer Goods	餐费收入 Income from Meals	商品零售 Commodity Retail
兰州市	**Lanzhou**	**16412397**	**1752913**	**14659484**
城关区	Chengguan	8841085	1097671	7743414
七里河区	Qilihe	2502886	103858	2399028
西固区	Xigu	1433582	287867	1145715
安宁区	Anning	1682879	39589	1643290
红古区	Honggu	267203	28735	238467
永登县	Yongdeng	308689	53351	255338
皋兰县	Gaolan	470605	30493	440112
榆中县	Yuzhong	306760	70346	236414
兰州新区	Lanzhou New Area	598710	41003	557707
嘉峪关市	**Jiayuguan**	**724471**	**71551**	**652920**
金昌市	**Jinchang**	**1006238**	**104711**	**901527**
金川区	Jinchuan	676773	51058	625715
永昌县	Yongchang	329466	53653	275812
白银市	**Baiyin**	**1652784**	**234300**	**1418484**
白银区	Baiyin	903800	148964	754836
平川区	Pingchuan	156066	19893	136174
靖远县	Jingyuan	210261	27676	182585
会宁县	Huining	223158	14316	208842
景泰县	Jingtai	159498	23451	136047
天水市	**Tianshui**	**2709247**	**328466**	**2380781**
秦州区	Qinzhou	872507	113663	758844
麦积区	Maiji	723239	96318	626920
清水县	Qingshui	97769	11028	86741
秦安县	Qinan	355365	34213	321152
甘谷县	Gangu	302594	33611	268983
武山县	Wushan	263280	32079	231202
张家川县	Zhangjiachuan	94493	7553	86940
武威市	**Wuwei**	**1438429**	**133166**	**1305263**
凉州区	Liangzhou	863783	80497	783286
民勤县	Minqin	188647	16901	171746
古浪县	Gulang	188473	15434	173040
天祝县	Tianzhu	197526	20334	177191
张掖市	**Zhangye**	**2010558**	**319651**	**1690907**

15-15 续表 1 continued

单位：万元 (10 000 yuan)

地、县	Region & County	社会消费品零售总额 Total Retail Sales of Consumer Goods	餐费收入 Income from Meals	商品零售 Commodity Retail
甘州区	Ganzhou	1114211	211988	902223
肃南县	Sunan	54945	5706	49239
民乐县	Minle	233123	38738	194385
临泽县	Linze	193295	12273	181022
高台县	Gaotai	172127	17033	155094
山丹县	Shandan	242858	33914	208944
平凉市	**Pingliang**	**1656821**	**100722**	**1556099**
崆峒区	Kongtong	795808	7808	787999
泾川县	Jingchuan	114384	19543	94841
灵台县	Lingtai	83758	13367	70391
崇信县	Chongxin	45334	1896	43438
庄浪县	Zhuanglang	207093	26336	180758
静宁县	Jingning	267579	19708	247872
华亭市	Huating	142865	12064	130801
酒泉市	**Jiuquan**	**2439366**	**278229**	**2161137**
肃州区	Suzhou	1184289	89766	1094523
金塔县	Jinta	165976	23846	142130
瓜州县	Guazhou	337532	26006	311527
肃北县	Subei	30489	3287	27202
阿克塞县	Akesai	28924	6360	22563
玉门市	Yumen	245363	37787	207576
敦煌市	Dunhuang	446792	91178	355615
庆阳市	**Qingyang**	**1770374**	**226673**	**1543701**
西峰区	Xifeng	727591	102834	624757
庆城县	Qingcheng	164642	20686	143956
环　县	Huanxian	161587	24718	136869
华池县	Huachi	80276	9046	71230
合水县	Heshui	93278	11050	82228
正宁县	Zhengning	110146	12548	97598
宁　县	Ningxian	215202	19960	195242
镇原县	Zhenyuan	217653	25833	191821
定西市	**Dingxi**	**1592121**	**222202**	**1369919**
安定区	Anding	600338	46772	553566
通渭县	Tongwei	124351	25357	98994

15-15 续表 2 continued

单位：万元 (10 000 yuan)

地、县	Region & County	社会消费品零售总额 Total Retail Sales of Consumer Goods	餐费收入 Income from Meals	商品零售 Commodity Retail
陇西县	Longxi	280981	38508	242473
渭源县	Weiyuan	92342	17705	74637
临洮县	Lintao	235490	43191	192299
漳　县	Zhangxian	56983	13065	43918
岷　县	Minxian	201637	37604	164033
陇南市	**Longnan**	**1394744**	**153897**	**1240847**
武都区	Wudu	672833	43700	629134
成　县	Chengxian	142981	22260	120721
文　县	Wenxian	60588	14332	46256
宕昌县	Tanchang	118284	19766	98518
康　县	Kangxian	65064	12265	52800
西和县	Xihe	81423	7970	73453
礼　县	Lixian	131723	21145	110578
徽　县	Huixian	108367	9516	98851
两当县	Liangdang	13480	2943	10537
临夏州	**Linxia**	**1067351**	**147147**	**920204**
临夏市	linxia	538541	82947	455594
临夏县	linxia	101510	10783	90727
康乐县	Kangle	79489	9528	69962
永靖县	Yongjing	96535	14393	82142
广河县	Guanghe	103671	12972	90699
和政县	Hezheng	46731	5634	41097
东乡县	Dongxiang	32390	4003	28387
积石山县	Jishishan	68484	6887	61596
甘南州	**Gannan**	**448607**	**108156**	**340451**
合作市	Hezuo	177433	44009	133424
临潭县	Lintan	38946	9527	29419
卓尼县	Zhuoni	39442	7978	31464
舟曲县	Zhouqu	44785	2860	41925
迭部县	Diebu	25996	8968	17028
玛曲县	Maqu	33092	1636	31456
碌曲县	Luqu	28076	1493	26583
夏河县	Xiahe	60837	31686	29152

主要统计指标解释

社会消费品零售总额 指企业（单位、个体户）通过交易直接售给个人、社会集团非生产、非经营用的实物商品金额，以及提供餐饮服务所取得的收入金额。个人包括城乡居民和入境人员，社会集团包括机关、社会团体、部队、学校、企事业单位、居委会或村委会等。

批发业 指向其他批发或零售单位（含个体经营者）及其他企事业单位、机关团体等批量销售生活用品、生产资料的活动，以及从事进出口贸易和贸易经纪与代理的活动，包括拥有货物所有权，并以本单位（公司）的名义进行交易活动，也包括不拥有货物的所有权，收取佣金的商品代理、商品代售活动；本类还包括各类商品批发市场中固定摊位的批发活动，以及以销售为目的的收购活动。

零售业 指百货商店、超级市场、专门零售商店、品牌专卖店、售货摊等主要面向最终消费者（如居民等）的销售活动，以互联网、邮政、电话、售货机等方式的销售活动，还包括在同一地点，后面加工生产，前面销售的店铺（如面包房）；谷物、种子、饲料、牲畜、矿产品、生产用原料、化工原料、农用化工产品、机械设备（乘用车、计算机及通信设备除外）等生产资料的销售不作为零售活动；多数零售商对其销售的货物拥有所有权，但有些则是充当委托人的代理人，进行委托销售或以收取佣金的方式进行销售；零售业按销售渠道分为有店铺零售和无店铺零售，其中有店铺零售分为综合零售和专门零售。

批发和零售业商品购进、销售、库存额 指各种登记注册类型的批发和零售业企业（单位）以本企业（单位）为总体的，从国内、国外市场购进的商品总量，销售和出口的商品总量，库存的商品总量等情况。该指标可以反映商品流转过程中商品的购进、销售、库存之间的比例关系和存在的问题。

商品购进额 指从本企业以外的单位和个人购进（包括从国外直接进口）作为转卖或加工后转卖的商品金额（含增值税），本指标反映批发和零售业从国内外市场上购进商品的总价。商品购进包括：（1）从工农业生产者、批发和零售业、住宿和餐饮业、出版社或报社的出版发行部门和其他服务业等企事业单位和个体经营户购进的商品；（2）从机关、社会团体购进的商品；（3）从海关、市场管理部门购进的缉私和没收的商品；（4）从居民收购的废旧商品等。不包括：（1）企业为本单位自身经营用，不是作为转卖而购进的商品，如材料物资、包装物、低值易耗品、办公用品等；（2）未通过买卖行为而收入的商品，如接受其他部门移交的商品、借入的商品、收入代其他单位保管的商品、其他单位赠送的样品、加工回收的成品等；（3）经本单位介绍，由买卖双方直接结算，本单位只收取手续费的业务；（4）销售退回和买方拒付货款的商品；（5）商品溢余；（6）期货交易商品。

商品销售额 指对本单位以外的单位和个人出售的商品金额（包括售给本单位消费用的商品，含增值税），在批发和零售业中，本指标反映在国内市场上销售商品以及出口商品的总价。商品销售包括：（1）售给个人和社会集团消费用的商品；（2）售给农业、工业、建筑业、服务业等国民经济各行业用于生产、经营用的商品，包括售予批发和零售业作为转卖或加工后转卖的商品；（3）对国（境）外直接出口的商品。商品销售不包括：（1）未通过买卖行为付出的商品，如因机构变动移交给其他企业单位的商品、借出的商品、归还受其他单位委托代保管的商品、付出的加工原料和赠送给其他单位的样品等；（2）促销返券所销售的，不计入营业收入的商品；（3）经本单位介绍，由买卖双方直接结算，本单位只收取手续费的业务；（4）未发生所有权转移的商品预付卡销售，如加油卡；（5）汽车维修、电话卡销售等服务性经济活动；（6）购货退回的商品；（7）商品损耗和损失；（8）出售本单位自用的废旧物资；（9）期货交易商品；（10）自来水供应企业、电力企业、天然气供应企业提供的水、电、气。

期末商品库存额 对于批发和零售业法人单位和个体经营户，是指报告期末取得所有权的全部商品金额（含增值税）；对于批发和零售业产业活动单位，是指报告期末实际在库且归属法人具有所有权的全部商品金额（含增值税）。这个指标反映批发和零售业的商品库存情况，以及对市场商品供应的保证程度。库存商品包括：(1) 存放在本单位(如门市部、批发站、采购站、经营处)的仓库、货场、货柜和货架口的商品；(2) 挑选、整理、包装中的商品；(3) 已记入购进而尚未运到本单位的商品，即发货单或银行承兑凭证已到而货未到的商品；(4) 寄放他处的商品，如因购货方拒绝付款而暂时存在购货方的商品；(5) 委托其他单位代销(未作销售或调出)尚未售出的商品；(6) 代其他单位购进尚未交付的商品。库存商品不包括：(1) 所有权不属于本单位的商品，如商品已作销售但买方尚未取走的商品，代替他人保管、运输、加工的商品，代其他单位销售（未做购进或调入）而未售出的商品；(2) 委托外单位加工的商品，包括本单位所属加工厂和其他生产单位加工生产尚未收回成品的商品；(3) 外贸企业代理其他单位从国外进口，尚未付给订货单位的商品；(4) 代国家储备部门保管的商品。

亿元以上商品交易市场 指年成交额在亿元及以上的商品交易市场。商品交易市场是指经有关部门和组织批准设立，有固定场所、设施，有经营管理部门和监管人员，若干市场经营者入内，常年或实际开业三个月以上，集中、公开、独立地进行生活消费品、生产资料等现货商品交易以及提供相关服务的交易场所，包括各类消费品市场、生产资料市场等。

16

住宿、餐饮业和旅游业

Hotels, Catering Services and Tourism

简要说明

一、本篇资料主要内容

本篇资料主要反映住宿和餐饮业的基本情况、经营情况和旅游产业的发展状况。主要内容包括：限额以上住宿和餐饮业基本情况、经营情况、财务状况；连锁餐饮业经营情况；旅行社、星级饭店基本情况；入境、出境旅游人数、国内旅游人数，以及国际、国内旅游收入等。

二、本篇资料的统计范围

限额以上住宿和餐饮业的法人企业、个体户；餐饮连锁集团；旅行社、星级饭店和旅游者。

限额以上住宿和餐饮业统计单位为：年主营业务收入 200 万元及以上。

三、本篇资料来源

本篇资料由省统计局贸易外经处加工整理；旅游资料由省文化和旅游厅提供。

16-1 住宿和餐饮业情况
Basic Conditions of Hotels and Catering Services

指 标	Item	2015	2018	2019	2020
住宿和餐饮业	**Hotels and Catering Services**				
法人企业（个）	Number of Corporation Enterprises (unit)	624	701	735	778
年末从业人数（人）	Engaged Persons at Year-end (person)	45848	46538	49634	47305
营业额（万元）	Business Revenue (10 000 yuan)	716557	689782	759143	707406
#餐费收入（万元）	From Meals (10 000 yuan)	427105	388001	439668	418553
年末营业面积（平方米）	Business Area of Hotel and Catering Services at Year-end (sq.m)	1314533	1645629	2448459	2502643
住宿业	**Hotels**				
法人企业（个）	Number of Corporation Enterprises (unit)	286	353	388	411
年末从业人数（人）	Engaged Persons at Year-end (person)	24210	25334	26676	25072
营业额（万元）	Business Revenue (10 000 yuan)	390244	380160	408602	363854
#客房收入（万元）	From Hotel Rooms (10 000 yuan)	219333	238429	251084	219333
餐费收入（万元）	From Meals (10 000 yuan)	141301	120884	135557	120782
客房数（间）	Number of Rooms (room)	42109	60094	71876	64552
床位数（位）	Number of Beds (bed)	70577	102107	121230	108927
年末餐饮营业面积（平方米）	Business Area of Catering Services at Year-end (sq.m)	536155	858734	1430329	1543086
餐饮业	**Catering Services**				
法人企业（个）	Number of Corporation Enterprises (unit)	338	348	347	367
年末从业人数（人）	Engaged Persons at Year-end (person)	21638	21204	22958	22233
营业额（万元）	Business Revenue (10 000 yuan)	326313	309622	350541	343552
#餐费收入（万元）	From Meals (10 000 yuan)	285804	267117	304111	297771
年末餐饮营业面积（平方米）	Business Area of Catering Services at Year-end (sq.m)	778378	786895	1018130	959557

16-2 限额以上住宿业企业基本情况（2020）
Basic Conditions of Enterprises above Designated Size of Hotels （2020）

项　目	Item	法人企业（个） Number of Corporation Enterprises (unit)	从业人员期末人数（人） Engaged Persons at Year-end (person)
住宿业	**Hotels**	**411**	**25072**
按登记注册类型分	**By Status of Registration**		
内资企业	**Domestic Funded Enterprises**	**409**	**24626**
国有企业	State-owned Enterprises	36	3796
集体企业	Collective-owned Enterprises	3	138
联营企业	Joint Ownership Enterprises		
有限责任公司	Limited Liability Corporations	111	8405
国有独资公司	State Sole Funded Corporations	13	1880
其他有限责任公司	Other Limited Liability Corporations	98	6525
股份有限公司	Share-holding Corporations Ltd.	6	413
私营企业	Private Enterprises	252	11803
私营独资企业	Private-funded Enterprises	18	824
私营合伙企业	Private Partnership Enterprises		
私营有限责任公司	Private Limited Liability Corporations	233	10939
私营股份有限公司	Private Share-holding Corporations Ltd.	1	40
其他企业	Other Enterprises	1	71
港、澳、台商投资企业	**Enterprises with Funds from Hong Kong ,Macao and Taiwan**	**1**	**138**
外商投资企业	**Enterprises with Foreign Investment**	**1**	**308**
按行业分	**By Sector**		
旅游饭店	Tourist Hotel	261	19326
一般旅馆	General Hotel	134	5296
民宿服务	Homestay	1	
其他住宿业	Others	15	450

16-3 限额以上住宿业企业经营情况（2020）
Business of Enterprises above Designated Size of Hotels （2020）

单位：万元 （10 000 yuan）

项 目	Item	营业额 Business Revenue	#客房收入 From Hotel Rooms	#餐费收入 From Meals
住宿业	**Hotels**	**363854**	**219333**	**120782**
按登记注册类型分	**By Status of Registration**			
内资企业	**Domestic Funded Enterprises**	**358229**	**215921**	**118722**
国有企业	State-owned Enterprises	53300	27075	20790
集体企业	Collective-owned Enterprises	438	376	27
联营企业	Joint Ownership Enterprises			
有限责任公司	Limited Liability Corporations	118100	6484[illegible]	41322
国有独资公司	State Sole Funded Corporations	29596	15085	10102
其他有限责任公司	Other Limited Liability Corporations	88504	49755	31220
股份有限公司	Share-holding Corporations Ltd.	4661	3073	1467
私营企业	Private Enterprises	180923	120493	54882
私营独资企业	Private-funded Enterprises	10208	6251	3771
私营合伙企业	Private Partnership Enterprises			
私营有限责任公司	Private Limited Liability Corporations	170358	114070	50945
私营股份有限公司	Private Share-holding Corporations Ltd.	357	172	165
其他企业	Other Enterprises	807	58	234
港、澳、台商投资企业	**Enterprises with Funds from Hong Kong ,Macao and Taiwan**	**2708**	**2122**	**553**
外商投资企业	**Enterprises with Foreign Investment**	**2916**	**1290**	**1508**
按行业分	**By Sector**			
旅游饭店	Tourist Hotel	275271	152562	102344
一般旅馆	General Hotel	80841	62501	15185
民宿服务	Homestay	163	153	
其他住宿业	Others	7580	4107	3253

16-4 限额以上住宿业企业资产及负债（2020）
Assets and Liabilities of Enterprises above Designated Size of Hotels （2020）

单位：万元 （10 000 yuan）

项 目	Item	资产总计 Total Assets	#流动资产合计 Total Current Assets	#固定资产原价 Original Value of Fixed Assets	负债合计 Total Liabilities	所有者权益合计 Total Owners' Equities
住宿业	**Hotels**	**1850264**	**746732**	**961730**	**1172888**	**675375**
按登记注册类型分	**By Status of Registration**					
内资企业	**Domestic Funded Enterprises**	**1831786**	**740360**	**921170**	**1158912**	**670872**
国有企业	State-owned Enterprises	194476	48712	198576	171886	22590
集体企业	Collective-owned Enterprises	4918	2493	8654	5289	-405
联营企业	Joint Ownership Enterprises					
有限责任公司	Limited Liability Corporations	866928	378179	402683	473973	391022
国有独资公司	State Sole Funded Corporations	320206	215506	82098	198476	121730
其他有限责任公司	Other Limited Liability Corporations	546722	162673	320584	275497	269292
股份有限公司	Share-holding Corporations Ltd.	20038	17405	4476	15662	4376
私营企业	Private Enterprises	745108	293285	306323	491914	253160
私营独资企业	Private-funded Enterprises	30124	9523	20758	15653	14471
私营合伙企业	Private Partnership Enterprises					
私营有限责任公司	Private Limited Liability Corporations	714682	283667	285332	476256	238392
私营股份有限公司	Private Share-holding Corporations Ltd.	302	95	233	5	298
其他企业	Other Enterprises	318	287	458	190	128
港、澳、台商投资企业	**Enterprises with Funds from Hong Kong ,Macao and Taiwan**	**6054**	**4050**	**9605**	**1025**	**5029**
外商投资企业	**Enterprises with Foreign Investment**	**12424**	**2322**	**30956**	**12951**	**–527**
按行业分	**By Sector**					
旅游饭店	Tourist Hotel	1546574	630628	815366	971884	572766
一般旅馆	General Hotel	282438	111137	135441	187855	94918
民宿服务	Homestay	990	20		850	
其他住宿业	Others	20262	4946	10923	12298	7691

16-5 限额以上住宿业企业主要财务指标（2020）
Main Financial Indicators of Enterprises above Designated Size of Hotels（2020）

单位：万元 （10 000 yuan）

项　目	Item	营业收入 Business Revenue	营业成本 Business Cost	税金及附加 Taxes and Extra Charges	营业利润 Business Profits
住宿业	**Hotels**	**360939**	**186586**	**5722**	**–46359**
按登记注册类型分	**By Status of Registration**				
内资企业	**Domestic Funded Enterprises**	**355032**	**185445**	**5464**	**–45392**
国有企业	State-owned Enterprises	50576	28592	1627	-16243
集体企业	Collective-owned Enterprises	862	273	86	-283
联营企业	Joint Ownership Enterprises				
有限责任公司	Limited Liability Corporations	119548	64874	2313	-18625
国有独资公司	State Sole Funded Corporations	29846	17641	554	-4323
其他有限责任公司	Other Limited Liability Corporations	89703	47234	1759	-14303
股份有限公司	Share-holding Corporations Ltd.	4513	2137	27	676
私营企业	Private Enterprises	178726	89060	1410	-10921
私营独资企业	Private-funded Enterprises	10143	5101	31	-234
私营合伙企业	Private Partnership Enterprises				
私营有限责任公司	Private Limited Liability Corporations	168225	83713	1379	-10725
私营股份有限公司	Private Share-holding Corporations Ltd.	357	247		57
其他企业	Other Enterprises	807	508		5
港、澳、台商投资企业	**Enterprises with Funds from Hong Kong ,Macao and Taiwan**	**2553**	**343**	**52**	**–392**
外商投资企业	**Enterprises with Foreign Investment**	**3354**	**799**	**206**	**–575**
按行业分	**By Sector**				
旅游饭店	Tourist Hotel	271929	141130	5144	-41310
一般旅馆	General Hotel	81502	40324	509	-4850
民宿服务	Homestay	112	75		21
其他住宿业	Others	7396	5057	70	-221

16-6 限额以上餐饮业企业基本情况（2020）
Basic Conditions of Enterprises above Designated Size of Catering Services（2020）

项　目	Item	法人企业（个）Number of Corporation Enterprises (unit)	从业人员期末人数（人）Engaged Persons at Year-end (person)
餐饮业	**Catering Services**	**367**	**22233**
按登记注册类型分	**By Status of Registration**		
内资企业	**Domestic Funded Enterprises**	**366**	**20305**
国有企业	State-owned Enterprises	9	627
集体企业	Collective-owned Enterprises	1	34
股份合作企业	Cooperative Enterprises	1	18
联营企业	Joint Ownership Enterprises		
有限责任公司	Limited Liability Corporations	81	5037
国有独资公司	State Sole Funded Corporations	1	39
其他有限责任公司	Other Limited Liability Corporations	80	4998
股份有限公司	Share-holding Corporations Ltd.	4	271
私营企业	Private Enterprises	270	14318
私营独资企业	Private-funded Enterprises	25	839
私营合伙企业	Private Partnership Enterprises		
私营有限责任公司	Private Limited Liability Corporations	239	13261
私营股份有限公司	Private Share-holding Corporations Ltd.	6	218
其他企业	Other Enterprises		
港、澳、台商投资企业	**Enterprises with Funds from Hong Kong ,Macao and Taiwan**		
外商投资企业	**Enterprises with Foreign Investment**	**1**	**1928**
按行业分	**By Sector**		
正餐服务	Restaurant	345	18478
快餐服务	Fast Food	10	3023
饮料及冷饮服务	Beverages and Cold Drinks	3	145
餐饮配送及外卖送餐服务	Catering Delivery and Food Delivery	4	364
其他餐饮业	Others	5	223

16–7 限额以上餐饮业企业经营情况（2020）
Business of Enterprises above Designated Size of Catering Services （2020）

单位：万元　　　　　　　　　　　　　　　　　　　　　　　　　　（10 000 yuan）

项　目	Item	营业额 Business Revenue	# 餐费收入 From Meals
餐饮业	**Catering Services**	**343552**	**297771**
按登记注册类型分	**By Status of Registration**		
内资企业	**Domestic Funded Enterprises**	**311893**	**265111**
国有企业	State-owned Enterprises	5784	3394
集体企业	Collective-owned Enterprises	211	125
股份合作企业	Cooperative Enterprises	286	286
联营企业	Joint Ownership Enterprises		
有限责任公司	Limited Liability Corporations	92620	71560
国有独资公司	State Sole Funded Corporations	570	350
其他有限责任公司	Other Limited Liability Corporations	92050	71209
股份有限公司	Share-holding Corporations Ltd.	3686	3657
私营企业	Private Enterprises	209305	187089
私营独资企业	Private-funded Enterprises	16971	15442
私营合伙企业	Private Partnership Enterprises		
私营有限责任公司	Private Limited Liability Corporations	189678	169574
私营股份有限公司	Private Share-holding Corporations Ltd.	2657	2073
其他企业	Other Enterprises		
港、澳、台商投资企业	**Enterprises with Funds from Hong Kong ,Macao and Taiwan**		
外商投资企业	**Enterprises with Foreign Investment**	**31660**	**31660**
按行业分	**By Sector**		
正餐服务	Restaurant	286890	242087
快餐服务	Fast Food	45095	45090
饮料及冷饮服务	Beverages and Cold Drinks	5276	5119
餐饮配送及外卖送餐服务	Catering Delivery and Food Delivery	3711	3711
其他餐饮业	Others	2581	1764

16-8 限额以上餐饮业企业资产及负债（2020）
Assets and Liabilities of Enterprises above Designated Size of Catering Services （2020）

单位：万元 （10 000 yuan）

项目	Item	资产总计 Total Assets	#流动资产合计 Total Current Assets	#固定资产原价 Original Value of Fixed Assets	负债合计 Total Liabilities	所有者权益合计 Total Owners' Equities
餐饮业	**Catering Services**	**665600**	**279089**	**310638**	**427450**	**235581**
按登记注册类型分	**By Status of Registration**					
内资企业	**Domestic Funded Enterprises**	**654297**	**275636**	**305856**	**422216**	**229511**
国有企业	State-owned Enterprises	17327	4392	17271	6967	10360
集体企业	Collective-owned Enterprises	1266	3	1833	1710	-444
股份合作企业	Cooperative Enterprises	30	6	48	10	20
联营企业	Joint Ownership Enterprises					
有限责任公司	Limited Liability Corporations	267266	118263	140825	165179	102411
国有独资公司	State Sole Funded Corporations	1519	167	1924	590	930
其他有限责任公司	Other Limited Liability Corporations	265746	118096	138902	164589	101482
股份有限公司	Share-holding Corporations Ltd.	3474	1372	1443	866	2608
私营企业	Private Enterprises	364934	151600	144436	247484	114556
私营独资企业	Private-funded Enterprises	14569	5521	10561	6551	8018
私营合伙企业	Private Partnership Enterprises					
私营有限责任公司	Private Limited Liability Corporations	346475	144471	132606	239544	104037
私营股份有限公司	Private Share-holding Corporations Ltd.	3890	1608	1269	1389	2501
其他企业	Other Enterprises					
港、澳、台商投资企业	**Enterprises with Funds from Hong Kong ,Macao and Taiwan**					
外商投资企业	**Enterprises with Foreign Investment**	**11303**	**3453**	**4782**	**5233**	**6070**
按行业分	**By Sector**					
正餐服务	Restaurant	635851	266952	299504	410742	222540
快餐服务	Fast Food	19891	5767	8376	9886	10005
饮料及冷饮服务	Beverages and Cold Drinks	1428	556	190	1519	-91
餐饮配送及外卖送餐服务	Catering Delivery and Food Delivery	5961	4908	1234	4659	1302
其他餐饮业	Others	2468	906	1334	644	1824

16-9 限额以上餐饮业企业主要财务指标（2020）
Main Financial Indicators of Enterprises above Designated Size of Catering Services （2020）

单位：万元 （10 000 yuan）

项　目	Item	营业收入 Business Revenue	营业成本 Business Cost	税金及附加 Taxes and Extra Charges	营业利润 Business Profits
餐饮业	**Catering Services**	**342641**	**196099**	**1748**	**-4068**
按登记注册类型分	**By Status of Registration**				
内资企业	**Domestic Funded Enterprises**	**311116**	**179964**	**1741**	**-9540**
国有企业	State-owned Enterprises	5762	3805	85	-1317
集体企业	Collective-owned Enterprises	211	117	2	-329
股份合作企业	Cooperative Enterprises	287	142		
联营企业	Joint Ownership Enterprises				
有限责任公司	Limited Liability Corporations	94797	49154	855	-2373
国有独资公司	State Sole Funded Corporations	567	402	5	-29
其他有限责任公司	Other Limited Liability Corporations	94231	48751	850	-2344
股份有限公司	Share-holding Corporations Ltd.	3668	1961	2	23
私营企业	Private Enterprises	206392	124785	798	-5544
私营独资企业	Private-funded Enterprises	16908	12230	93	454
私营合伙企业	Private Partnership Enterprises				
私营有限责任公司	Private Limited Liability Corporations	186854	110791	676	-5999
私营股份有限公司	Private Share-holding Corporations Ltd.	2630	1765	29	2
其他企业	Other Enterprises				
港、澳、台商投资企业	**Enterprises with Funds from Hong Kong ,Macao and Taiwan**				
外商投资企业	**Enterprises with Foreign Investment**	**31525**	**16135**	**7**	**5473**
按行业分	**By Sector**				
正餐服务	Restaurant	287077	167855	1733	-9138
快餐服务	Fast Food	44382	21080	9	5194
饮料及冷饮服务	Beverages and Cold Drinks	5040	3279	2	78
餐饮配送及外卖送餐服务	Catering Delivery and Food Delivery	3682	2945	2	-113
其他餐饮业	Others	2460	940	2	-38

16-10 各市（州）限额以上住宿业企业基本情况和主要财务指标（2020）
Basic Conditions and Main Financial Indicators of Enterprises above Designated Size of Hotels by Region （2020）

单位：万元 （10 000 yuan）

市（州）	Region	法人企业（个）Number of Corporation Enterprises (unit)	从业人员期末人数（人）Engaged Persons at Year-end (person)	营业额 Business Revenue	营业收入 Business Revenue	营业成本 Business Cost	税金及附加 Taxes and Extra Charges	营业利润 Business Profits
兰州市	Lanzhou	138	10519	173448	172676	88285	2972	-25400
嘉峪关市	Jiayuguan	10	394	4523	4460	2283	127	-1671
金昌市	Jinchang	5	378	4370	4250	3600	50	-188
白银市	Baiyin	13	466	6088	5893	3453	50	-108
天水市	Tianshui	40	2029	40778	41364	19248	444	-136
武威市	Wuwei	13	776	7865	7666	5057	88	-976
张掖市	Zhangye	34	1323	19408	18870	9818	181	-2452
平凉市	Pingliang	14	834	9503	9340	3844	138	-1075
酒泉市	Jiuquan	46	2310	32535	32248	11712	661	-8232
庆阳市	Qingyang	13	958	9940	9695	4222	29	-89
定西市	Dingxi	21	1289	16077	15596	8824	31	-181
陇南市	Longnan	28	1356	15252	15024	9724	141	-1665
临夏州	Linxia	9	1267	13002	12728	10605	712	-3876
甘南州	Gannan	27	1173	11064	11131	5914	100	-311

16-11 各市（州）限额以上餐饮业企业基本情况和主要财务指标（2020）
Basic Conditions and Main Financial Indicators of Enterprises above Designated Size of Catering Services by Region（2020）

单位：万元 （10 000 yuan）

市（州）	Region	法人企业（个）Number of Corporation Enterprises (unit)	从业人员期末人数（人）Engaged Persons at Year-end (person)	营业额 Business Revenue	营业收入 Business Revenue	营业成本 Business Cost	税金及附加 Taxes and Extra Charges	营业利润 Business Profits
兰州市	Lanzhou	149	10975	184972	181252	100827	611	-2916
嘉峪关市	Jiayuguan	6	564	16177	17227	9151	82	-975
金昌市	Jinchang	19	636	11861	11086	7863	80	191
白银市	Baiyin	10	664	11228	11117	4864	53	-176
天水市	Tianshui	48	2255	39750	40444	25399	201	610
武威市	Wuwei	14	506	5227	5164	3688	48	-340
张掖市	Zhangye	16	753	7228	7046	4846	76	-140
平凉市	Pingliang	13	1005	14292	17171	6553	204	2641
酒泉市	Jiuquan	19	986	14336	14025	8192	74	-360
庆阳市	Qingyang	24	1238	14456	14537	10176	129	-1117
定西市	Dingxi	27	1459	16054	15729	9218	136	-5
陇南市	Longnan	6	166	1656	1643	830	3	-301
临夏州	Linxia	10	527	4778	4726	4079	49	-1153
甘南州	Gannan	6	499	1537	1476	413	3	-27

16-12 旅游业发展情况
Development of Tourism

指　　标	Item	2015	2018	2019	2020
旅行社数（个）	**Number of Travel Agencies (unit)**	523	660	743	780
#出境旅游组团社	Number of Outbound Travel Tour Agencies	50	64	66	66
星级饭店数（个）	**Number of Star-rated Hotel (unit)**	382	402	380	384
入境旅游人数（人次）	**Number of Overseas Visitor Arrivals (person-time)**	54508	100125	198228	25446
外国人	Foreigners	31607	56911	13731	14546
港澳同胞	Chinese Compatriots From Hong Kong and Macao	7018	19628	36766	4760
台湾同胞	Chinese Compatriots From Taiwan Province	15883	23586	47731	5140
国内旅游人数（万人次）	**Number of Domestic Visitors (10 000 person-times)**	15633	30191	37423	21288
旅游收入	**Tourism Earnings**				
国际旅游（外汇）收入（万美元）	Foreign Exchange Earnings from International Tourism (10 000 USD)	1418	2830	5905	697
国内旅游收入（亿元）	Earnings from Domestic Tourism (100 million yuan)	975	2058	2676	1454

16-13 国内旅游情况
Domestic Tourism

年 份 Year	国内游客（万人次） Domestic Tourists (10 000 person-times)	旅游总花费（亿元） Tourism Expenditure (100 million yuan)	人均花费（元） Per Capita Expenditure (yuan)
2000	732.70	23.09	315.14
2001	838.88	24.90	296.82
2002	1035.03	31.34	302.79
2003	863.31	23.70	274.52
2004	949.60	55.25	581.82
2005	1207.85	62.56	517.95
2006	1574.10	80.20	509.50
2007	2389.93	115.91	484.99
2008	2482.30	137.50	553.92
2009	3387.67	192.77	569.03
2010	4284.45	237.20	553.63
2011	5826.48	333.70	572.73
2012	7824.26	471.08	602.08
2013	10068.40	620.20	615.99
2014	12655.29	780.20	616.50
2015	15633.00	975.00	623.68
2016	19089.40	1220.40	639.31
2017	23889.40	1580.00	661.38
2018	30190.90	2060.10	682.36
2019	37422.70	2680.00	716.14
2020	21288.22	1454.38	683.19

16-14 接待港澳台同胞和外国旅游人数
Number of Hongkong, Macao and Taiwan Chinese Compatriots and Foreign Tourists

国 别	Country	2010	2015	2018	2019	2020
旅游人数（人次）	**Total (person-time)**	**70167**	**54508**	**100125**	**198228**	**25446**
港澳台同胞	Chinese Compatriots form Hongkong, Macao and Taiwan	20246	22901	43214	84497	10900
外国人	Foreigner	49921	31607	56911	113731	14546
日本人	Japanese	14273	7171	16318	25438	2253
韩国人	Korean	4622	3378	3062	10931	1398
菲律宾人	Filipino	176	387	147	1566	200
新加坡人	Singaporean	2300	2358	3891	12145	1553
泰国人	Thai	265	761	3714	4273	547
印尼人	Indonesian	696	314	771	4499	575
美国人	American	6025	3297	4559	7908	1511
加拿大人	Canadian	1242	929	1173	1900	243
英国人	British	1387	1017	1306	3237	414
德国人	German	2413	1173	2149	4379	560
法国人	French	2893	1508	2149	4544	581
意大利人	Italian	828	677	1545	1671	214
瑞士人	Swiss	578	352	246	670	86
瑞典人	Swedish	180	150	103	404	52
荷兰人	Dutch	549	130	169	387	49
西班牙人	Spanish	521	485	344	379	48
澳大利亚人	Australian	2258	831	2203	2918	373
新西兰人	New Zealander	301	986	255	826	106
俄罗斯人	Russian	355	272	296	523	67
其他	Others	8059	5431	12511	25133	3714

16-15 各市（州）国际旅游外汇收入及接待入境旅游人数（2020）

Foreign Exchange Earning from International Tourism and Number of Overseas Visitor Arrivals by Region（2020）

市（州）	Region	国际旅游外汇收入（万美元）Foreign Exchange Earning from International Tourism (USD 10 000)	入境旅游人数（人次）Number of Overseas Visitor Arrivals (person-time)	#外国人 Foreigner
甘肃省	**Gansu**	**696.56**	**25446**	**14546**
兰州市	Lanzhou	210.83	7702	3859
嘉峪关市	Jiayuguan	56.66	2070	1147
金昌市	Jinchang	6.98	255	149
白银市	Baiyin	3.26	119	55
天水市	Tianshui	19.76	722	322
武威市	Wuwei	12.29	449	324
张掖市	Zhangye	164.38	6005	3521
平凉市	Pingliang	8.62	315	154
酒泉市	Jiuquan	207.74	7589	4825
庆阳市	Qingyang			
定西市	Dingxi			
陇南市	Longnan	6.02	220	189
临夏州	Linxia			
甘南州	Gannan			

主要统计指标解释

住宿业 指为旅行者提供短期留宿场所的活动，有些单位只提供住宿，也有些单位提供住宿、饮食、商务、娱乐一体的服务，不包括主要按月或按年长期出租房屋住所的活动。

餐饮业 指通过即时制作加工、商业销售和服务性劳动等，向消费者提供食品和消费场所及设施的服务。

营业额 指住宿和餐饮业单位在经营活动中，因提供服务或销售商品等取得的全部收入（含增值税），收入主要来源于提供客房、餐费服务、商品销售和其他服务，如商务服务。不包括多产业法人企业附营的其他行业产业活动单位的餐费收入、商品销售收入等各项收入。

客房收入 指住宿和餐饮业单位在经营活动中因提供住宿服务取得的收入（含增值税）。不包括多产业法人企业附营的其他行业产业活动单位的客房收入。

餐费收入 指本单位为顾客提供就餐服务取得的收入（含增值税）。包括：经烹饪、调制加工后出售的各种食品，如主食、炒菜、凉拌菜等的收入。不包括多产业法人企业附营的其他行业产业活动单位的餐费收入。

住宿和餐饮业年末餐饮营业面积 指住宿和餐饮业企业对外提供餐饮服务的就餐面积和从事食品加工、烹饪、调制的厨房面积，不包括办公用房和仓库等面积。按年末实有建筑面积统计。本指标应与餐费收入统计相匹配。

客房数 指本单位提供住宿服务的房间数，该指标按报告期内正常情况下的实有数统计。

床位数 指本单位供应旅客使用的床位数，不包括临时加床和门店内部工作人员使用的床位。该指标按报告期内正常情况下的实有数统计。

餐位数 指本单位为顾客提供就餐服务时，正常可同时容纳就餐人员的餐位数量，不包括临时加的餐位。该指标按报告期内正常情况下的实有数统计。

国内游客 指报告期内在中国（大陆）观光游览、休闲度假、探亲访友、保健疗养、购物娱乐、学习交流、会议培训或开展经济、文化、体育、宗教等活动的中国（大陆）居民，其出游的目的不是通过所从事的活动谋取报酬。国内游客包括国内过夜游客和国内一日游游客。

国内旅游人次数 指报告期内在中国（大陆）观光游览、度假、探亲访友、就医疗养、购物、参加会议或从事经济、文化、体育、宗教活动的中国（大陆）居民，其出游过程中不以获得报酬为目的，统计时，国内旅游人次数按每出游1次统计1人次。

国际旅游收入 入境游客在中国（大陆）境内旅行、游览过程中用于交通、参观游览、住宿、餐饮、购物、娱乐等全部花费。

国内旅游收入 指国内游客在国内旅行、游览过程中用于交通、参观游览、住宿、餐饮、购物、娱乐等全部花费。

17

运输和邮电

Transport, Postal and Telecommunication Services

简要说明

一、本篇资料主要内容

本篇资料反映交通运输业，邮政、电信业发展的基本状况。

交通运输业资料主要包括：三种（铁路、公路、航空）运输方式的线路里程及完成的货物和旅客运输量、周转量。

邮政、电信业资料主要包括：邮政局（所）及邮路情况，邮电通信主要电路及设备拥有量，主要的邮电业务完成情况及邮电通信发展水平资料。

二、本篇资料来源

本篇资料由省统计局服务业统计处搜集、加工整理。

1. 交通运输资料分别由中国铁路兰州局集团有限公司、省交通运输厅、东航甘肃分公司、省公安厅提供。

2. 邮政、电信业资料由省邮政管理局、省通信管理局提供。

17-1 交通运输业基本情况

Basic Conditions of Transport

指 标	Item	2010	2015	2018	2019	2020
运输线路长度（公里）	**Length of Transport Routes（km）**	**124584**				
#铁路营业里程	Railways in Operation	2149	3272	4075	4211	4454
公路里程	Highways	118879	140052	143228	151443	155957
#高速公路	Expressway	1993	3522	4242	4453	5072
客运量总计（万人次）	**Total Passenger Traffic（10 000 person-times）**	**53776**	**41516**	**42353**	**42321**	**26831**
#铁路	Railways	2178	3123	5474	5969	4153
公路	Highways	51404	37242	36634	36085	22478
民航	Civil Aviation	100	1061	168	188	144
旅客周转量总计（亿人公里）	**Total Passenger-Kilometers（100 million passenger-km）**	**509.6**	**641.1**	**659.2**	**674.7**	**399.6**
#铁路	Railways	275.1	370.7	401.3	419.1	237.9
公路	Highways	220.1	248.8	233.3	227.8	140.8
民航	Civil Aviation	14.1	21.5	24.5	27.7	20.9
货运量总计（万吨）	**Total Freight Traffic（10 000 tons）**	**29009**	**58258**	**70387**	**63611**	**67240**
#铁路	Railways	4926	5936	6087	5366	5966
公路	Highways	24050	52281	64271	58228	61272
民航	Civil Aviation	1.13	6.55	1.06	1.03	0.33
货物周转量总计（亿吨公里）	**Total Freight Ton-kilometers（100 million tons-km）**	**1607.25**	**2226.00**	**2610.09**	**2710.64**	**2516.34**
#铁路	Railways	1082.98	1313.62	1490.90	1516.70	1496.44
公路	Highways	524.09	912.14	1118.97	979.60	1020.27
民航	Civil Aviation	0.18	0.20	0.16	0.16	0.10
民用汽车拥有量（万辆）	**Possession of Civil Motor Vehicles（10 000 units）**	**127**	**297**	**358**	**364**	**393**
#载客汽车辆数	Number of Buses and Cars	58	168	258	282	308
载货汽车辆数	Number of Trucks	26	45	56	59	65
#普通载货汽车	Ordinary Trucks	18	31	37	40	
#公路部门营运汽车	Number of Motor Vehicles Owned by Highway Departments	24	39	38	34	32
#私人汽车拥有量	Possession of Private Vehicles	69	228	309	311	337

注：1. 铁路运输数据从2012年8月起增加西安铁路局、青藏铁路公司、乌鲁木齐铁路局甘肃段统计数据（下表同）。
2.2019年，公路数据统计口径为交通部专项调查数据，与往年不可比（下表同）。
3. 民航数据，2013—2015年包含海航的客运量和货运量，2016年起仅为东航数据（下表同）。
4. 私人汽车拥有量中含三轮汽车和低速货车；汽车拥有量=汽车保有量（下表同）。

a）Since August 2012, railway data increase the statistical data of Xi'an Railway Bureau, Qinghai-Tibet Railway Company and Urumqi Railway Bureau in Gansu section.The same applies to the table following.

b）In 2019,the statistical coverage of highway data are the data from the survey of transport economics, and the data are not comparable with.

c）Data of civil aviation include the passenger traffic and freight volume of HNA in 2013-2015. Since 2016,data of civil aviation only refers to data of China Eastern Airlines.The same applies to the table following.

d）Possession of private vehicles including three-wheeled vehicles and low-speed trucks. Possession of vehicles are equal to ownership of vehicles. The same applies to the table following.

17-2 运输线路长度
Length of Transportation Routes

单位：公里 (km)

年 份 Year	铁路营业里 程 Length of Railways in Operation	#电气化里程 Electrified Railways	公路 Length of Highways	等级公路 Expressway and Class I to IV Highways	#高速 Express Way	#一级 First Class	#二级 Second Class	等外路 Highway Below Class IV
2000	1962	1766	39344	29393				9951
2001	1962	1766	39844	30283				9561
2002	1961	1766	40223	30806				9417
2003	1962	1766	40293	30947				9346
2004	1938	1748	40751	31614				9137
2005	2013	1754	41330	32792	1006	141	4969	8538
2006	1987	2208	95642	42866	1060	166	4962	52776
2007	2148	2208	100612	50662	1316	144	5076	49950
2008	2149	2213	105638	58381	1316	147	5076	47257
2009	2149	2346	114000	76631	1644	147	5494	37369
2010	2149	2799	118879	85733	1993	161	5768	33147
2011	2149	3054	123696	91692	2343	170	5856	32003
2012	2194	3100	131201	101372	2549	178	6648	29829
2013	2286	3191	133597	106812	2953	206	7309	26785
2014	2966	3920	138084	114080	3262	321	7519	24004
2015	3272	4090	140052	120447	3522	368	7928	19604
2016	3527	4585	142026	124026	3845	418	8407	18000
2017	4070	5128	142252	124788	4016	429	8894	17465
2018	4075	5133	143228	128071	4242	627	9156	15157
2019	4211	4097	151443	146377	4453	763	10538	5066
2020	4454	4340	155957	151596	5072	951	10872	4361

注：铁路营业里程为兰州铁路局甘肃境内数。电气化里程为兰州铁路局全路局数。2007年起铁路营业里程中包括敦煌铁路161.48公里（下表同）。

a) Data of electrified railways refer to total railway of Lanzhou Railway Bureau. Since 2007, data in length of railways in operation included161.48 km of the Dunhuang Railway. The same applies to the table following.

17-3 运输线路质量
Quality of Transport Routes

单位：公里 (km)

指 标	Item	2010	2015	2018	2019	2020
铁路营业里程	Length of Railways in Operation	2149	3272	4075	4211	4454
#复线里程	Double-Tracking Length	1363	2127	3037	3063	3306
复线里程比重（%）	Proportion （%）	63.42	65.01	74.53	72.74	74.23
公路里程	Length of Highways	118879	140052	143228	151443	155957
#等级公路里程	Expressway and Class I to IV Highways	85733	120447	128071	146377	151596
等级公路里程比重（%）	Proportion （%）	72.12	86.00	89.42	96.65	97.20

17-4　货运量和货运周转量
Freight Traffic & Freight Ton-Kilometers

年 份 Year	货运量总计 （万吨） Total Freight Traffic (10 000 tons)	#铁路 Railways	#公路 Highways	#民航 Civil Aviation	货物周转量总计 （亿吨公里） Total Freight Ton-Kilometers (100 million tons-km)	#铁路 Railways	#公路 Highways	#民航 Civil Aviation
1978	4423	2216	2206	0.65	175.58	163.97	11.55	0.06
1979	4197	2112	2084	0.80	174.83	163.79	10.95	0.08
1980	3802	2059	1742	0.90	167.00	158.16	8.76	0.08
1981	3184	1867	1317	0.47	147.14	140.17	5.92	0.06
1982	3388	1904	1484	0.16	162.99	154.68	8.26	0.06
1983	3454	2051	1403	0.08	184.48	175.68	8.75	0.05
1984	3883	2192	1691	0.11	206.71	196.52	10.09	0.10
1985	10112	2414	7698	0.12	254.99	219.83	35.01	0.15
1986	10448	2384	8064	0.19	269.07	232.14	35.92	0.01
1987	14543	2373	12170	0.28	295.61	246.75	48.83	0.03
1988	14585	2361	12224	0.28	330.76	267.11	63.62	0.03
1989	14317	2397	11920	0.26	336.47	282.22	54.22	0.03
1990	16614	2386	14228	0.28	343.06	286.71	56.31	0.03
1991	14726	2426	12300	0.32	364.29	303.36	60.89	0.03
1992	17144	2501	14643	0.30	391.40	312.76	78.61	0.03
1993	19193	2571	16622	0.30	399.12	318.02	81.07	0.03
1994	19921	2571	17350	0.35	416.68	332.02	84.62	0.04
1995	20275	2555	17719	1.00	432.90	344.26	88.59	0.05
1996	20813	2602	18210	1.00	435.59	342.78	92.77	0.04
1997	21236	2628	18608	0.30	448.18	351.00	97.03	0.10
1998	21614	2546	19035	0.39	454.42	353.24	101.05	0.07
1999	22060	2691	19333	0.47	494.41	390.20	104.07	0.08
2000	22722	2885	19800	1.09	541.42	431.81	109.38	0.18
2001	23208	2991	20179	0.90	573.15	458.91	114.03	0.16
2002	23541	3092	20408	0.99	591.48	472.71	118.54	0.17
2003	23915	3158	20713	1.26	632.93	508.94	123.71	0.21
2004	24776	3270	21460	1.26	746.33	616.06	130.01	0.19
2005	25843	3274	22520	1.08	855.09	717.56	137.31	0.15
2006	27512	3633	23826	1.32	923.67	776.84	146.46	0.15
2007	29505	4126	25325	1.33	1024.81	868.06	156.48	0.19
2008	22742	4512	18201	1.44	1454.64	979.58	474.84	0.21
2009	25489	4646	20812	1.33	1477.06	987.13	489.72	0.21
2010	29009	4926	24050	1.13	1607.25	1082.98	524.09	0.18
2011	34179	5355	28790	1.22	1791.21	1143.60	647.41	0.19
2012	45856	6313	39517	1.34	2395.88	1489.73	905.94	0.21
2013	51482	6394	45072	5.55	2379.66	1568.24	811.21	0.20
2014	57247	6450	50780	5.96	2516.82	1524.05	992.60	0.17
2015	58258	5936	52281	6.55	2226.01	1313.62	912.14	0.20
2016	60657	5861	54761	1.19	2170.23	1220.33	949.64	0.20
2017	66205	6052	60117	1.16	2439.85	1390.72	1048.88	0.19
2018	70387	6087	64271	1.06	2610.09	1490.91	1118.97	0.16
2019	63611	5366	58223	1.03	2710.64	1516.69	979.56	0.16
2020	67240	5966	61272	0.83	2516.84	1496.44	1020.27	0.10

17-5 客运量和客运周转量
Passenger Traffic & Passenger-Kilometers

年 份 Year	货运量总计 (万吨) Total Freight Traffic (10 000 tons)	#铁路 Railways	#公路 Highways	#民航 Civil Aviation	货物周转量总计 (亿吨公里) Total Freight Ton-Kilometers (100 million tons-km)	#铁路 Railways	#公路 Highways	#民航 Civil Aviation
1978	3038	686	2324	28	51.72	39.45	10.17	2.11
1979	3374	772	2567	34	60.48	45.91	11.65	2.93
1980	3865	789	3038	38	61.53	46.24	13.73	1.56
1981	3882	751	3123	8	63.07	45.66	15.61	1.80
1982	4387	883	3494	10	67.11	49.12	17.04	0.95
1983	4871	893	3974	4	74.71	55.16	19.23	0.33
1984	5526	1026	4496	4	84.65	62.27	22.03	0.35
1985	6355	1094	5256	5	102.67	75.83	26.46	0.39
1986	7053	1131	5910	12	113.56	81.77	31.09	0.70
1987	8010	1173	6819	18	122.75	83.76	36.97	2.03
1988	9550	1244	8286	20	135.54	93.80	39.19	2.55
1989	10101	1083	9001	17	132.43	87.79	42.65	1.99
1990	8712	860	7832	20	117.09	72.76	42.03	2.30
1991	8845	850	7970	25	127.01	79.95	44.26	2.81
1992	9108	874	8208	26	130.51	83.57	44.03	2.91
1993	9580	883	8668	29	140.71	91.43	45.87	3.41
1994	10148	926	9186	36	150.66	97.88	48.56	4.22
1995	10547	942	9563	42	150.62	95.13	50.48	5.01
1996	10748	841	9872	35	152.43	93.69	54.37	4.37
1997	11234	884	10319	31	161.00	97.00	57.60	6.40
1998	11881	886	10796	31	176.12	107.92	61.75	6.30
1999	12361	923	11223	35	181.87	109.35	65.95	6.41
2000	12907	1039	11600	76	206.16	124.57	70.63	10.79
2001	13921	1080	12560	70	226.84	139.03	77.77	9.85
2002	14750	1038	13420	72	232.72	138.73	84.06	9.73
2003	15004	948	13732	84	230.79	132.71	87.16	10.70
2004	16519	1125	15050	109	268.36	157.76	96.32	14.07
2005	17803	1230	16247	85	288.30	172.70	104.89	10.50
2006	19066	1402	17319	100	319.96	195.28	113.00	11.45
2007	20435	1566	18510	113	348.93	213.54	120.93	14.23
2008	46002	1844	43962	103	441.34	232.22	196.71	12.21
2009	49995	2038	47755	110	469.99	248.23	206.58	14.97
2010	53776	2178	51404	100	509.61	275.13	220.15	14.12
2011	60906	2353	58355	102	594.56	314.57	265.07	14.70
2012	64477	2383	61884	117	683.41	379.75	286.44	17.01
2013	36934	2522	33556	771	613.00	383.24	212.01	17.59
2014	39852	2672	36224	866	624.31	377.87	229.02	17.26
2015	41516	3123	37242	1061	641.10	370.74	248.75	21.45
2016	41775	3604	37932	149	635.77	359.96	253.26	22.29
2017	42793	4468	38080	156	643.13	371.71	247.76	23.48
2018	42353	5474	36634	168	659.18	401.28	233.31	24.47
2019	42321	5969	36085	188	674.75	419.11	227.83	27.68
2020	26831	4153	22478	144	399.62	237.87	140.76	20.89

17-6 民用汽车拥有量
Possession of Civil Vehicles

单位：万辆 (10 000 units)

年份 Year	民用汽车总计 Total Possession of Civil Vehicles	载客汽车 Passenger Vehicles	大型 Large	中型 Medium	小型 Small	微型 Minicar	载货汽车 Trucks	重型 Heavy	中型 Medium	轻型 Light	微型 Mini	其他汽车 Others
2006	46.85	22.71	1.50	1.40	17.22	2.59	13.60	2.81	3.58	6.83	0.38	10.54
2007	53.23	27.18	1.57	1.44	21.76	2.42	14.71	2.98	3.72	7.74	0.27	11.34
2008	62.44	32.89	1.64	1.41	27.66	2.18	16.36	3.35	4.01	8.79	0.22	13.19
2009	105.45	43.86	1.74	1.45	38.58	2.08	20.91	4.78	4.46	11.50	0.17	40.68
2010	126.77	57.52	1.85	1.48	52.17	2.01	26.37	6.29	4.75	15.22	0.11	42.88
2011	148.76	73.30	1.97	1.51	67.67	2.14	31.00	7.40	4.88	18.64	0.08	44.46
2012	174.14	92.32	2.01	1.47	86.63	2.20	35.42	8.12	4.73	22.51	0.07	46.40
2013	202.77	114.92	2.05	1.36	109.37	2.14	39.89	8.78	4.15	26.91	0.06	47.95
2014	231.86	139.91	2.12	1.34	134.59	1.87	43.79	9.56	4.00	30.18	0.05	48.17
2015	296.84	167.55	2.14	1.22	162.31	1.88	45.39	9.40	3.60	32.34	0.05	83.90
2016	330.37	202.09	2.22	1.20	197.09	1.58	48.65	9.45	3.34	35.82	0.04	79.63
2017	334.57	233.73	2.31	1.16	228.80	1.46	51.86	9.78	3.06	33.99	0.03	48.99
2018	358.47	257.52	2.37	1.12	252.98	1.06	55.54	10.34	2.88	42.30	0.02	45.41
2019	364.11	281.89	2.39	1.08	277.40	1.02	59.21	10.78	2.58	45.82	0.02	23.02
2020	392.69	307.80	2.37	1.03	303.42	0.97	64.52	11.66	2.37	50.49	0.01	20.37

17-7 私人汽车拥有量
Possession of Private Vehicles

单位：万辆 (10 000 units)

年份 Year	私人汽车总计 Total Possession of Civil Vehicles	载客汽车 Passenger Vehicles	大型 Large	中型 Medium	小型 Small	微型 Minicar	载货汽车 Trucks	重型 Heavy	中型 Medium	轻型 Light	微型 Mini	其他汽车 Others
2006	24.21	8.65	0.22	0.43	6.62	1.38	6.14	1.26	1.80	2.89	0.19	9.42
2007	28.75	11.72	0.18	0.41	9.84	1.29	6.96	1.30	1.90	3.61	0.15	10.07
2008	35.94	16.02	0.16	0.38	14.31	1.18	8.15	1.46	2.08	4.48	0.13	11.77
2009	51.18	25.06	0.14	0.38	23.36	1.18	11.36	1.98	2.44	6.83	0.11	14.76
2010	69.33	36.74	0.13	0.38	35.01	1.22	15.77	2.63	2.79	10.27	0.08	16.82
2011	87.61	50.28	0.12	0.38	48.41	1.38	19.06	3.06	2.93	13.01	0.06	18.26
2012	109.92	67.23	0.08	0.35	65.33	1.47	22.58	3.39	2.89	16.25	0.05	20.12
2013	135.70	87.89	0.04	0.27	86.13	1.45	26.19	3.70	2.60	19.35	0.04	21.63
2014	163.35	112.34	0.03	0.24	110.78	1.28	29.09	4.04	2.56	22.45	0.04	21.92
2015	228.07	139.66	0.02	0.20	138.33	1.11	30.87	4.07	2.35	24.41	0.04	57.53
2016	260.06	173.15	0.01	0.18	171.99	0.96	33.61	4.20	2.22	27.16	0.03	53.30
2017	287.58	204.02	0.01	0.16	202.96	0.89	36.12	4.35	2.03	29.72	0.02	47.43
2018	308.59	226.12	0.01	0.15	225.12	0.85	38.66	4.49	1.90	32.25	0.02	43.81
2019	311.38	248.60	0.01	0.13	247.64	0.81	41.43	4.53	1.73	35.16	0.01	21.35
2020	337.16	273.35	0.01	0.13	272.45	0.77	45.30	4.68	1.57	39.04	0.01	18.52

17-8 新注册民用汽车数量
Statistics on New Registration of Civil Vehicles

单位：辆 (unit)

年 份 Year	民用汽车总计 Tota	载客汽车 Passenger Vehicles	大型 Large	中型 Medium	小型 Small	微型 Minicar	载货汽车 Trucks	重型 Heavy	中型 Medium	轻型 Light	微型 Mini	其他汽车 Others
2009	198969	109705	2184	995	105489	1037	45463	9254	6700	29371	138	43801
2010	227439	135926	2493	1135	131120	1178	61627	15529	6129	39885	84	29886
2011	227281	151731	2725	1097	146216	1693	51872	12101	3686	36081	4	23678
2012	260978	180714	3078	1035	175624	977	54093	9617	3065	41408	3	26171
2013	310367	216884	2699	1158	212428	599	65075	13071	3055	48937	12	28408
2014	335317	251541	2259	1140	247533	609	59669	11429	1891	46349		24107
2015	711898	288996	2354	913	281870	3859	43577	4322	785	38470		379325
2016	427297	341595	2338	903	338132	222	51939	4536	907	46496		33763
2017	376780	302808	3243	578	298809	178	53879	7222	823	45834		20093
2018	306994	240677	2359	534	237661	123	53968	8424	673	44871		12349
2019	306670	239121	1938	577	236566	40	57714	7704	552	49458		9835
2020	335672	249654	1674	321	247653	6	74297	11496	737	62064		11721

17-9 公路营运汽车拥有量
Possession of Vehicles for Highway Business Transportation

年 份	汽车总计 (万辆) Total (10 000 units)	#载客汽车 Passenger Vehicles: 辆数（万辆） Number (10 000units)	客位（万客位） Number of Seats (10 000 seats)	#载货汽车 Trucks: 辆数（万辆） Number (10 000units)	#普通载货汽车 Ordinary Trucks	吨位（万吨） Capacity (10 000 tons)
2009	20.01	5.34	84.25	10.90	6.47	449.25
2010	23.90	5.65	88.12	13.86	7.54	356.66
2011	27.30	6.15	93.25	16.17	8.51	151.78
2012	29.85	6.33	95.74	18.08	9.44	138.70
2013	32.50	6.58	98.72	19.99	10.30	114.56
2014	34.48	6.85	101.56	21.78	10.98	113.47
2015	39.44	7.34	105.01	21.80	10.90	109.69
2016	39.36	7.79	110.01	22.19	11.08	109.00
2017	38.76	8.04	115.78	22.44	10.82	108.83
2018	37.95	8.23	119.82	22.46	10.23	111.15
2019	33.51	8.34	122.40	20.91	8.46	110.75
2020	31.93	8.01	128.10	20.38		119.33

注：1. 小轿车包括在载客汽车中。
2. 1999 年为全国营运汽车，以前仅为公路部门营运汽车；2000-2004 年为全国运输汽车（含营运和非营运汽车）；2005 年起为全国营运汽车（不含非营运汽车）。
3. 从 2010 年起，公路营运载客汽车不包括在公路运输管理部门管理并注册登记为公共汽车和出租汽车。
4. 从 2013 年起，公路营运载货汽车包括货车、牵引车和挂车，统计口径发生调整，数据与上年同期不可比。

a) Cars are included in passenger cars .
b) In 1999, it was a national operating vehicle, which was previously only operated by the highway sector; from 2000 to 2004, it was a national transport vehicle (including operating and non operating vehicles) ; since 2005, it has been a national operating vehicle (excluding non operating vehicles) .
c) Since 2010, road operating passenger cars do not include buses and taxis managed and registered by the road transport administration.
d) Since 2013, the road operation cargo vehicles include freight cars, traction vehicles and trailers. The statistical caliber has been adjusted,and the data is not comparable with that of the same period of last year.

17-10 邮电业务基本情况
Basic Conditions of Postal and Telecommunication Services

指 标	Item	2010	2015	2019	2020
邮电业务量	**Business Volume of Post and Telecommunication Services**				
邮政业务总量(亿元)	Business Volume of Postal Services (100 million yuan)	8.49	16.22	38.63	47.13
电信业务总量(亿元)	Business Volume of Telecommunication Services (100 million yuan)	444.81	347.29	1958.90	2556.96
邮政业务量	**Business Volume of Postal Services**				
函件(万件)	Number of Letters (10 000 pcs)	3806.00	1582.40	721.98	695.91
包裹(万件)	Package (10 000 pcs)	90.00	67.55	70.81	54.12
快递(万件)	Pieces of Express Mail Services (10 000 pcs)	421.00	3541.43	10371.22	13323.52
#国内同城快递	Local Express Service		554.37	1824.35	2218.09
#国内异地快递	National Express Service		2981.74	8541.80	11601.91
快递业务收入(亿元)	Revenue from Express Service (100 million yuan)		7.25	22.64	29.79
报刊期发数(万份)	Issue of Newspapers and Magazines (10 000 copies)	210.00	124.00	124.86	114.51
集邮业务(万枚)	Stamps for Collection (10 000 pcs)	1500.00	2166.00	1367.56	1163.51
营业网点(处)	Number of Offices (unit)	1270	1655	4351	5991
邮路总长度(万公里)	Length of Postal Routes (10 000 km)	7.96	8.52	20.55	19.8
#汽车邮路总长度	Length of Vehicle Postal Routes	3.06	8.08	7.88	8.85
铁路邮路总长度	Length of Railway Postal Routes	0.60	0.38	0.28	0.28
农村投递线路总长度(万公里)	Rural Delivery Routes (10 000 km)	11.04	14.89	12.89	12.89
电信业务量	**Business Volume of Telecommunication Services**				
移动电话通话时长(亿分钟)	Length of Calls of Mobile Telephone (100 million minutes)	661.50	1047.50	820.12	761.34
移动短信业务量(亿条)	Short Message Services (100 million messages)	180.70	190.10	175.82	188.43
互联网普及率(%)	Popularization Rate of Internet (%)			122	122
移动电话用户(万户)	Number of Mobile Telephone Subscribers at Year-end (10 000 subscribers)	1390.10	2108.1	2751.17	2673.83
#3G 移动电话用户(万户)	3G Mobile Phone Subscribers (10 000 subscribers)	52.80	454.6	189.76	49.6
#4G 移动电话用户(万户)	4G Mobile Phone Subscribers (10 000 subscribers)		726.7	2205.43	2175.38
固定电话用户(万户)	Number of Fixed Telephone Subscribers at Year-end (10 000 subscribers)	411.90	326.00	331.75	309.80
长途光缆线路长度(万公里)	Length of Long-distance Optical Cable Lines (10 000 km)	2.9	3.2	3.7	4.0
互联网宽带接入端口(万个)	Broad Band Subscribers Port of Internet (10 000 ports)	172	821	1406	1461

注：1. 邮政业务总量、快递的统计口径 2006 年以前为中国邮政集团，2007-2010 年为规模以上（年业务收入 200 万元以上）邮政业法人企业数据，2011 年起统计口径为年营业收入 10 万元以上法人企业（下表同）。
2. 邮政业务总量和电信业务总量，2010 年及以前按 2000 年不变价格计算，2011—2015 年按 2010 年不变价格计算，2016 年起电信业务总量按 2015 年不变价格计算。
3. 邮政行业营业网点数，2007—2015 年为规模以上邮政业法人企业办理业务的场所，2016 年起包括邮政公司网点和各快递服务企业网点（下表同）。
4. 长途电话业务电路包括固定长途电话业务电路和移动长途电话业务电路。
5. 长途电话为本地网内区间电话通话量。

a) Statistical coverage of business volume of postal and telecommunication services and pieces of express mail services are China Post Group before 2006, and from 2007-2010 are postal enterprises above designated size (with annual business revenue above 2 million yuan) ,Since 2011,statistical caliber is the corpo-rate enterprises whose annual operating revenue are more than 100 thousand yuan.. The same applies to the table following.
b) Business volume of postal services and business volume of telecommunication services before 2010 was calculated at 2000 constant prices From 2011 to 2015was calculated at 2010 constant prices. Business volume of telecommunication services was calculated at 2015 constant prices since 2015.
c) Number of postal offices referred to the business sites of postal enterprises above designated size from 2007 to 2015. Since 2016,the offices including the offices of postal company and express service business. The same applies to the table following.
d) Long-distance telephone circuits includes fixed and mobile long-distance telephone circuits.
e) Long-distance telephone is the volume within the range of local network.

17-11 邮政和电信业务量
Business Volume of Postal and Telecommunication Services

年 份 Year	邮政业务总量（万元）Business Volume of Postal Services (10 000 yuan)	电信业务总量（万元）Business Volume of Telecommunication Services (10 000 yuan)	函件（万件）Number of Letters (10 000 pcs)	包裹（万件）Package (10 000 pcs)	快递（万件）Pieces of Express Mail Services (10 000 pcs)	快递业务收入（万元）Revenue from Express Service (10 000 yuan)	报刊期发数（万份）Issue of Newspapers and Magazines (10 000 copies)	集邮业务（万枚）Stamps for Collection (10 000 copies)
1995			9104		29		496	4161
1996			9716		48		474	4897
1997			8969		61		500	7942
1998			8245		72		502	10997
1999			7817		79		656	11150
2000			9919		101		679	10767
2001			10032		104		672	8110
2002			12215		128		421	4276
2003			10483		196		469	2876
2004			5645		213		353	2495
2005	70225	1289021	5071	111	227		175	1700
2006	87945	1586780	4019	112	233		200	1400
2007	77052	2115772	3490	103	226		189	1427
2008	79622	2718466	3769	96	301		303	1800
2009	89399	3529286	3811	102	347		200	1600
2010	84871	4448065	3806	90	421		210	1500
2011	74612	1607463	3277	91	1135	27730	201	1989
2012	82361	1799694	3560	94	1470	35525	226	1952
2013	113795	1982160	3190	40	1789	40781	188	1738
2014	135103	2640164	2664	89	2656	51198	210	1920
2015	163248	3472888	1582	68	3541	72537	124	2166
2016	221880	2320505	1029	51	6065	125041	129	2216
2017	267380	4559358	864	61	7202	148096	128	1741
2018	310527	11942649	765	78	8912	188515	133	1764
2019	386322	19589231	722	71	10371	226397	125	1368
2020	471286	25569577	696	54	13824	297864	115	1164

注：邮政业务总量和电信业务总量2000年及以前按1990年不变价格计算，2001-2010年按2000年不变价格计算，2011年起按2010年不变价格计算，2016年起电信业务总量按2015年不变价格计算。

a）Business volume of postal services and business volume of telecommunication services before 2000 was calculated at 1990 constant prices and that from 2001 to 2010 was calculated at 2000 constant prices. Since 2011, it was calculated at 2010 constant prices. Business volume of telecommunication services since 2016 was calculated at 2015 constant prices.

17-11 续表 Continued

年 份 Year	固定电话用户（万户） Number of Fixed Telephone Subscribers at Year-end (10 000 subscribers)	移动电话用户期末数（万户） Number of Mobile Telephones Subscribers at Year-end (10 000 subscribers)	#3G移动电话用户（万户） 3G Mobile Phone Subscribers (10 000 subscribers)	#4G移动电话用户（万户） 4G Mobile Phone Subscribers (10 000 subscribers)	移动短信业务量（亿条） Short Message Services (100 million messages)	移动电话通话时长（亿分钟） Length of Calls of Mobile Telephone (100 million minutes)	互联网宽带接入用户（万户） Broadband Subscribers of Internet (10 000 subscribers)
1995	43.32						
1996	57.65						
1997	73.49						
1998	95.23						
1999	118.15						
2000	180.17						
2001	250.43						
2002	321.99						
2003	402.30						
2004	477.25						
2005	548.04	408.44					56.54
2006	607.49	545.37					63.74
2007	585.46	686.40			52.40	284.20	77.77
2008	519.19	896.48			82.60	393.20	68.04
2009	453.93	1194.37	14.00		143.30	516.00	98.30
2010	411.90	1390.10	52.80		180.70	651.50	109.52
2011	396.44	1614.00	152.70		204.40	777.40	145.63
2012	377.76	1764.00	308.70		211.70	876.40	163.30
2013	364.33	1976.00	608.90		205.40	962.10	192.15
2014	341.30	2059.00	835.80	126.00	184.50	1018.30	213.90
2015	325.99	2108.10	454.60	726.70	190.10	1047.50	245.34
2016	312.26	2203.84	334.60	1332.50	164.90	1050.40	392.86
2017	326.77	2526.41	248.50	1744.50	104.20	1004.40	576.40
2018	332.83	2736.00	280.27	2000.95	202.80	923.11	742.34
2019	331.75	2751.17	189.76	2205.43	175.82	820.12	870.59
2020	309.80	2673.83	49.60	2175.38	188.43	761.34	931.42

17-12 邮电局所数及邮递线路、邮电通信电路
Number of Postal Offices and Postal Delivery Routes, Telecommunications Services Facilities

年 份 Year	营业网点（处）Number of Offices (unit)	邮路及农村投递线路总长度（公里）Length of Postal Routes and Rural Delivery Routes (km)	农村投递线路（公里）Rural Delivery Routes (km)	长话业务电路（路）Number of Long-distance Calls (line)	长途光缆线路长度（公里）Length of Long-distance Optical Cable Lines (km)
1995	1217	164629	106265	12174	2462
1996	1254	179278	106321	15253	4909
1997	1286	179241	106397	15596	6524
1998	1526	167616	105925	30742	8336
1999	1278	143249	105794	28147	8410
2000	1290	180748	105856	28650	10140
2001	1293	181034	106216	55712	12474
2002	1289	174706	105985	108971	18061
2003	1279	174599	106200	135051	20703
2004	1281	175896	106089	254790	21873
2005	1280	179404	104848	440670	19729
2006	1286	179089	104393	637300	23091
2007	1310	180592	104906	1588192	27122
2008	1269	186505	109679	3042030	27772
2009	1269	188415	110944	5269198	30106
2010	1270	190024	110385	6446010	29939
2011	1325	155012	112023	6220530	28259
2012	1197	188238	134411	5580840	29525
2013	1208	191651	134717	25833120	31099
2014	1493	190451	133743	41394180	31377
2015	1655	234109	148872	59997390	32446
2016	4635	337209	144652	204043980	33409
2017	4863	300439	112385	221317890	35762
2018	4725	331814	130145		37735
2019	4351	334315	128852		37436
2020	5991	326852	128898		39961

注：长话业务电路 30（路）=2M
a） Long-distance service circuit 30 （road） = 2M

17-13 邮电通信服务水平
Postal and Telecommunication Services Available

指 标	Item	2010	2015	2018	2019	2020
平均每人每年发函件数（件）	Annual Average Number of Letters Mailed per Capita （copy）	1.40	1.00	0.29	0.30	0.30
平均每百人每年订报刊数（份）	Annual Average Number of Newspaper and Magazine Subscribed per 100 Persons （copy）	8	7	8	7	7
固定电话普及率（部／百人）	Popularization Rate of Fixed Telephone （set/100 persons）	15.63	12.58	12.51	12.57	11.7
移动电话普及率（部／百人）	Popularization Rate of Mobile Telephone （set/100 persons）	52.75	81.37	104.2	104.32	101
设有邮电局、所的乡（镇）比重（%）	Percentage of Townships with Postal and Telecommunication	63.70	100	100	100	100

17-14 各市（州）交通运输业基本情况（2020）
Basic Conditions of Transportation by Region （2020）

市（州）	Region	公路里程（公里）Length of Highways (km)	#等级公路（公里）Expressway and Class I to IV Highways (km)	#高速 Expressway	民用汽车拥有量（万辆）Possession of Civil Vehicles (10 000 units)	#私人汽车 Private Vehicles
兰州市	Lanzhou	9124.57	8979.61	513.00	97.43	74.58
嘉峪关市	Jiayuguan	699.66	690.67	29.73	7.80	7.05
金昌市	Jinchang	2382.48	2382.48	181.02	9.27	8.42
白银市	Baiyin	12172.25	11014.86	321.83	26.86	23.77
天水市	Tianshui	14139.62	14106.77	272.87	32.79	30.46
武威市	Wuwei	13277.82	12932.85	594.24	24.22	22.65
张掖市	Zhangye	10934.61	10861.50	329.62	22.19	20.55
平凉市	Pingliang	10969.15	10403.74	226.63	25.83	23.34
酒泉市	Jiuquan	17645.09	17411.49	1167.49	21.84	19.78
庆阳市	Qingyang	16398.15	16002.54	252.02	33.88	30.66
定西市	Dingxi	12812.45	12526.63	404.91	32.68	29.87
陇南市	Longnan	18993.64	18414.90	573.23	21.48	19.87
临夏州	Linxia	7859.24	7632.26	140.17	27.98	19.23
甘南州	Gannan	8548.29	8235.48	65.48	7.68	6.91

17-15 各市（州）邮电通信行业基本情况（2020）
Basic Conditions of Postal and Telecommunication Services by Region （2020）

市（州）	Region	邮政业务总量（万元）Business Volume of Postal Services (10 000 million yuan)	电信业务总量（万元）Business Volume of Telecommunication Services (10 000million yuan)	固定电话用户期末数（万户）Number of Fixed Telephone Subscribers at Year-end (10 000 subscribers)	移动电话用户期末数（万户）Number of Mobile Telephones Subscribers at Year-end (10 000 subscribers)	（固定）互联网宽带用户数（万户）Number of (Fixed) Broadband Subscribers of Internet (10 000 subscribers)
兰州市	Lanzhou	186157	6343756	608499	5722803	2128242
嘉峪关市	Jiayuguan	7430	353969	132206	441400	180970
金昌市	Jinchang	7359	466726	52866	529860	197414
白银市	Baiyin	19859	1410620	233113	1650352	568751
天水市	Tianshui	56950	2448204	489886	2869597	1028891
武威市	Wuwei	22419	1167596	143373	1622908	535927
张掖市	Zhangye	13327	990063	181258	1340488	548395
平凉市	Pingliang	24562	1543188	238462	1852515	712369
酒泉市	Jiuquan	15599	1196073	258566	1288545	539252
庆阳市	Qingyang	34130	2210223	223681	2268533	752054
定西市	Dingxi	30189	2113298	94745	2348501	774081
陇南市	Longnan	29662	2422274	248385	2325611	672502
临夏州	Linxia	18346	2063448	137142	1792593	465592
甘南州	Gannan	5296	847116	55704	684632	209762

注：邮政业务总量按2010年不变价格计算，电信业务总量按2015年不变价格计算。

a）Business volume of postal services was calculated at 2010 constant prices,business volume of telecommunication services was calculated at 2015 constant prices.

主要统计指标解释

铁路营业里程 又称营业长度（包括正式营业和临时营业里程），指投入客货运输营业或临时营业的线路长度。

电气化里程 指具备了电力机车牵引条件，并已交付运营的线路里程。

公路里程 指报告期末公路的实际长度。统计范围：包括城间、城乡间、乡（村）间能行驶汽车的公共道路，公路通过城镇街道的里程，公路桥梁长度、隧道长度、渡口宽度。不包括城市街道里程，断头路里程，农（林）业生产用道路里程，工（矿）企业等内部道路里程。统计原则：按已竣工验收或交付使用的实际里程计算；两条或多条公路共同经由同一路段的重复里程，只计算一次。

货（客）运量 指在一定时期内，各种运输工具实际运送的货物（旅客）数量。该指标是反映运输业为国民经济和人民生活服务的数量指标，也是制定和检查运输生产计划、研究运输发展规模和速度的重要指标。货运按吨计算，客运按人计算。货物不论运输距离长短、货物类别，均按实际重量统计。旅客不论行程远近或票价多少，均按一人一次客运量统计；半价票、小孩票也按一人统计。

货物（旅客）周转量 指在一定时期内，由各种运输工具运送的货物（旅客）数量与其相应运输距离的乘积之总和。该指标可以反映运输业生产的总成果，也是编制和检查运输生产计划，计算运输效率、劳动生产率以及核算运输单位成本的主要基础资料。计算货物周转量通常按发出站与到达站之间的最短距离，也就是计费距离计算。计算公式为：

货物（旅客）周转量 = Σ[货物（旅客）运输量 × 运输距离]

民用汽车拥有量 指报告期末，在公安交通管理部门按照《机动车注册登记工作规范》，已注册登记领有民用车辆牌照的全部汽车数量。汽车拥有量统计的主要分类：根据汽车结构分为载客汽车、载货汽车及其他汽车；根据汽车所有者不同分为个人（私人）汽车、单位汽车；根据汽车的使用性质分为营运汽车、非营运汽车；根据汽车大小规格不同载客汽车分为大型、中型、小型和微型，载货汽车分为重型、中型、轻型和微型。

邮政、电信业务总量 指以货币形式表示的邮政、电信通信企业为社会提供各类邮政、电信通信服务的总数量。计算方法为各类业务的实物量分别乘以相应的不变单价，求出各类业务的货币量加总求得。没有不变单价的业务按其业务收入直接相加。

移动电话用户 指在电信运营企业营业网点办理开户登记手续，通过移动电话交换机进入移动电话网，占用移动电话号码的各类电话用户。包括各类签约用户、智能网预付费用户、无线上网卡用户。

城市电话用户 指按行政区划属于中央直辖市、省辖市、地级市、县级市的市区、市郊区及县城区范围内的电话用户数。包括分布在农村地区但以县团级以上建制的独立工矿区、林区、驻军的电话用户。

农村电话用户 指按行政区划属于城市范围以外的乡（镇）、村电话用户。

住宅电话用户 指私人付费或安装在居民住宅并按照私人或住宅电话用户登记注册和收费的各类电话用户。

长途电话交换机容量 指电信企业用于接入长途电话网的电话交换机的设备额定容量。

局用交换机容量 指安装在电信企业内用于接续本地固定电话的电话交换机容量，包括接入网设备容量（安装在电信运营企业用于连接语音用户的远端节点的设备容量）。

移动电话交换机容量 指移动电话交换机根据一定话务模型和交换机处理能力计算出来的最大同时服务用户的数量。按报告期末已割接入网正式投入使用的设备实际容量统计。

18 教育和科学技术

Education & Science and Technology

简要说明

一、本篇资料主要内容

本篇主要反映教育、科学技术活动的基本情况。

教育资料主要包括：高等教育（研究生教育、普通本专科教育、成人本专科、其他各类高等学历教育），中等教育（高中阶段、初中阶段），小学教育，教育经费情况等资料。主要包括学校数、在校学生数、招生数、毕业生数、教职工数和专任教师数以及各类学校教育经费情况。

科学技术资料主要内容包括：研究与试验发展（R&D）情况、规模以上工业科技活动情况、科技成果情况、专利申请及授权情况、企事业单位专业技术人员等。

二、本篇资料来源

本篇资料由省统计局社会科技处搜集、整理。

1. 教育资料由省教育厅提供。

2. 科技资料来源于省统计局《科技统计综合年报》《规模以上工业企业研发活动统计年报》、省人力资源和社会保障厅、省科学技术厅。

3. 专利资料由省市场监督管理局提供。

18-1 各级各类学校、教职工和专任教师情况（2020）
Number of Schools, Educational Personnel and Full-time Teachers by Type and Level（2020）

项 目	Item	学校数（所）Number of Schools (unit)	教职工数（人）Teachers and Staff (person)	专任教师（人）Full-time Teachers (person)
高等教育	**Higher Education**	**87**	**43275**	**31747**
研究生培养机构	Institutions Providing Postgraduate Programs	(14)		104
普通高校	Regular Higher Education Institutions	(10)		
科研机构	Research Institutions	(4)		104
普通高等学校	Regular Higher Education Institutions	50	42277	31030
本科院校	HEIs Offering Degree Programs	22	29202	20254
#独立学院	Independent Institutions	5	3166	2461
（高职）专科院校	Higher Vocational Colleges	28	13075	10776
#职业技术学院	Vocational and Technical Colleges	26	12037	9929
其他普通高教机构	Other Institutions			
成人高等学校	Adult HEIs	5	515	386
民办的其他高等教育机构	Other Non-government HEIs	32	483	227
中等教育	**Secondary Education**	**2058**	**172991**	**144139**
高中阶段教育	Senior Secondary Education	586	81284	62900
高中	Senior Secondary Schools	364	61707	45994
普通高中	Regular Senior Secondary Schools	364	61707	45994
完全中学	Combined Secondary Schools	145	20719	10295
高级中学	Regular High Schools	202	38290	35103
十二年一贯制学校	12-Year Schools	17	2698	596
成人高中	Adult High Schools			
中等职业教育	Secondary Vocational Education	222	19577	16906
普通中专	Regular Specialized Secondary Schools	61	6000	5091
成人中专	Adult Specialized Secondary Schools	16	304	231
职业高中	Vocational Senior Secondary Schools	107	9515	8364
技工学校	Skilled Workers Schools	38	3858	3220
其他中职机构	Other Institutions		5	
初中阶段教育	Junior Secondary Education	1472	91607	81239
初中	Junior Secondary Schools	1472	91607	81239
初级中学	Regular Junior Secondary Schools	845	56805	54216
九年一贯制学校	9-Year Schools	627	34802	17188
十二年一贯制学校	12-Year Schools			735
完全中学	Combined Secondary Schools			9100
职业初中	Vocational Junior Secondary Schools			
成人初中	Adult Junior Secondary Schools			
初等教育	**Primary Education**	**5252**	**136828**	**150870**
普通小学	Regular Primary Schools	5252	136828	150870
小学	Primary Schools	5252	136828	133458
九年一贯制学校	9-Year Schools			16554
十二年一贯制学校	12-Year Schools			858
成人小学	Adult Primary Schools			
#扫盲班	Literacy Courses			
工读学校	**Correctional Work-Study Schools**			
特殊教育	**Special Education Schools**	**44**	**1273**	**1092**
学前教育	**Pre-school Education Institutions**	**8089**	**77466**	**53456**

注:1. 完全中学的学校数和教职工数计入高中阶段教育，九年一贯制学校的学校数和教职工数计入初中阶段教育，十二年一贯制学校的学校数和教职工数计入高中教育阶段。专任教师按照教育层次划分归类。

2.（ ）表示不计校数。

a) The number of Combined Secondary Schools and their educational personnel are calculated into the number of Senior Secondary Education,the number of 9-Year Schools and their educational personnel are calculated into the number of Junior Secondary Education,the numbers of 12-Year Schools and their educational personnel are calculated into the number of Senior Secondary Education.The full-time teachers are classified by educational level.

b) The data within "（ ）" are not calculated as the number of schools.

18-2 各级各类学历教育学生情况（2020）
Number of Students of Formal Education by Type and Level（2020）

单位：人 （person）

项　目	Item	招生数 New Enrollment	在校学生数 Total Enrollment	毕业生数 Graduates
高等教育	**Higher Education**	**264926**	**765797**	**206486**
研究生	Postgraduates	18377	48472	11861
博士	Doctor's Degree	1479	5456	733
硕士	Master's Degree	16898	43016	11128
普通本专科	Undergraduates in Regular HEIs	194305	581062	133490
本科	Normal Courses	83613	307485	71341
专科	Short-cycle Courses	110692	273577	62149
成人本专科	Undergraduates in Adult HEIs	27550	64413	22192
本科	Normal Courses	17365	36598	10748
专科	Short-cycle Courses	10185	27815	11444
网络本专科生	Web-based Undergraduates	24694	71850	38943
本科	Normal Courses	15838	41222	10484
专科	Short-cycle Courses	8856	30628	28459
中等教育	**Secondary Education**	**546301**	**1620985**	**532880**
高中阶段教育	Senior Secondary Education	267784	746836	247569
高中	Senior Secondary Schools	171813	515813	181187
普通高中	Regular Senior Secondary Schools	171813	515813	181187
完全中学	Combined Secondary Schools	42752	126402	44814
高级中学	Regular High Schools	126498	382172	134058
十二年一贯制学校	12-Year Schools	2563	7239	2315
成人高中	Adult High Schools			
中等职业教育	Secondary Vocational Education	95971	231023	66382
普通中专	Regular Specialized Secondary Schools	34390	85850	26509
成人中专	Adult Specialized Secondary Schools	2571	4308	3005
职业高中	Vocational Senior Secondary Schools	44423	104443	27814
技工学校	Skilled Workers Schools	14587	36422	9054
初中阶段教育	Junior Secondary Education	278517	874149	285311
初中	Junior Secondary Schools	278517	874149	285311
初级中学	Regular Junior Secondary Schools	188532	593742	196444
九年一贯制学校	9-Year Schools	53123	167779	53246
十二年一贯制学校	12-Year Schools	2830	8013	2140
完全中学	Combined Secondary Schools	34032	104615	33481
职业初中	Vocational Junior Secondary Schools			
成人初中	Adult Junior Secondary Schools			
初等教育	**Primary Education**	**350883**	**2009079**	**279871**
普通小学	Regular Primary Schools	350883	2009079	279871
小学	Primary Schools	305590	1752533	244250
九年一贯制学校	9-Year Schools	42852	244249	34348
十二年一贯制学校	12-Year Schools	2441	12297	1273
成人小学	Adult Primary Schools			
#扫盲班	Literacy Courses			
工读学校	**Correctional Work-Study Schools**			
特殊教育	**Special Education Schools**	**3676**	**21468**	**2233**
学前教育	**Pre-school Education Institutions**	**373547**	**958299**	**364905**

注：1. 完全中学、九年一贯制学校和十二年一贯制学校的学生数按教育层次分别计入对应教育阶段的学生数中。
2. 特殊教育学生数中包括普通中小学随班就读的学生。

a) Number of the students in Combined Secondary Schools, 9-Year Schools,12-Year Schools are classified by educational level.

b) Number of the students in the Special Education Schools includes those followed in the regular primary and middle School.

18-3 各级各类民办学校校数、教职工、专任教师情况（2020）
Number of Schools, Educational Personnel and Full-time Teachers of Non-government Schools by Type and Level（2020）

项 目	Item	学校数（所）Number of Schools (unit)	教职工数（人）Teachers and Staff (person)	专任教师（人）Full-time Teachers (person)
高等教育	**Higher Education**	**7**	**3866**	**3008**
研究生培养机构	Institutions Providing Postgraduate Programs			
普通高校	Regular Higher Education Institutions			
科研机构	Research Institutions			
普通高等学校	Regular Higher Education Institutions	7	3866	3008
本科院校	HEIs Offering Degree Programs	5	3166	2461
#独立学院	Independent Institutions	5	3166	2461
（高职）专科院校	Higher Vocational Colleges	2	700	547
#职业技术学院	Vocational and Technical Colleges	2	700	547
其他普通高教机构	Other Institutions			
成人高等学校	Adult HEIs			
民办的其他高等教育机构	Other Non-government HEIs			
中等教育	**Secondary Education**	**93**	**7111**	**4636**
高中阶段教育	Senior Secondary Education	77	5731	3226
高中	Senior Secondary Schools	46	3882	1825
普通高中	Regular Senior Secondary Schools	46	3882	1825
完全中学	Combined Secondary Schools	8	535	212
高级中学	Regular High Schools	30	1476	1210
十二年一贯制学校	12-Year Schools	8	1871	403
成人高中	Adult High Schools			
中等职业教育	Secondary Vocational Education	31	1849	1401
普通中专	Regular Specialized Secondary Schools	7	598	478
成人中专	Adult Specialized Secondary Schools	2	61	40
职业高中	Vocational Senior Secondary Schools	22	1190	883
技工学校	Skilled Workers Schools			
其他中职机构	Other Institutions			
初中阶段教育	Junior Secondary Education	16	1380	1410
初中	Junior Secondary Schools	16	1380	1410
初级中学	Regular Junior Secondary Schools	4	269	230
九年一贯制学校	9-Year Schools	12	1111	524
十二年一贯制学校	12-Year Schools			467
完全中学	Combined Secondary Schools			189
职业初中	Vocational Junior Secondary Schools			
成人初中	Adult Junior Secondary Schools			
初等教育	**Primary Education**	**5**	**127**	**996**
普通小学	Regular Primary Schools	5	127	996
小学	Primary Schools	5	127	106
九年一贯制学校	9-Year Schools			345
十二年一贯制学校	12-Year Schools			545
成人小学	Adult Primary Schools			
#扫盲班	Literacy Courses			
工读学校	**Correctional Work-Study Schools**			
特殊教育	**Special Education Schools**			
学前教育	**Pre-school Education Institutions**	**2626**	**41549**	**24226**

注：1. 完全中学的学校数和教职工数计入高中阶段教育，九年一贯制学校的校数和教职工数计入初中阶段教育，十二年一贯制学校的校数和教职工数计入高中阶段教育。专任教师是按照教育层次划分归类。

2.2018 年起，民办学校不包含具有法人资格的中外合作办学校（下表同）。

a) The numbers of Combined Secondary Schools and their educational personnel are calculated into the number of Senior Secondary Education, the numbers of 9-Year Schools and their educational personnel are calculated into the number of Junior Secondary Education, the numbers of 12-Year Schools and their educational personnel are calculated into the number of Senior Secondary Education. The full-time teachers are classified by educational level.

b) Since 2018, the number of Non-government Schools do not include Sino-foreign cooperation office with legal personality.The same applies to the table following.

18-4 各级各类民办教育学生情况（2020）
Statistics on Students of Non-government Schools by Type and Level（2020）

单位：人 （person）

项　目	Item	招生数 New Enrollment	在校学生数 Total Enrollment	毕业生数 Graduates
高等教育	**Higher Education**	**19719**	**56993**	**14031**
研究生	Postgraduates			
博士	Doctor's Degree			
硕士	Master's Degree			
普通本专科	Undergraduates in Regular HEIs	19719	56993	14031
本科	Normal Courses	13662	45946	10652
专科	Short-cycle Courses	6057	11047	3379
成人本专科	Undergraduates in Adult HEIs			
本科	Normal Courses			
专科	Short-cycle Courses			
另有其他学生数	Students Enrolled in Other Formal Programs			
民办高校	Non-Government HEI			
民办的其他高等教育机构	Non-Government Other HEIs			
中等教育	**Secondary Education**	**22914**	**64890**	**20239**
高中阶段教育	Senior Secondary Education	16265	46095	13999
高中	Senior Secondary Schools	9049	27702	8822
普通高中	Regular Senior Secondary Schools	9049	27702	8822
完全中学	Combined Secondary Schools	1585	4776	1455
高级中学	Regular High Schools	5690	18188	5968
十二年一贯制学校	12-Year Schools	1774	4738	1399
成人高中	Adult High Schools			
中等职业教育	Secondary Vocational Education	7216	18393	5177
普通中专	Regular Specialized Secondary Schools	2074	4857	1564
成人中专	Adult Specialized Secondary Schools	116	348	186
职业高中	Vocational Senior Secondary Schools	5026	13188	3427
技工学校	Skilled Workers Schools			
初中阶段教育	Junior Secondary Education	6649	18795	6240
初中	Junior Secondary Schools	6649	18795	6240
初级中学	Regular Junior Secondary Schools	1048	3321	1053
九年一贯制学校	9-Year Schools	2536	7326	2817
十二年一贯制学校	12-Year Schools	2067	5603	1344
完全中学	Combined Secondary Schools	998	2545	1026
职业初中	Vocational Junior Secondary Schools			
成人初中	Adult Junior Secondary Schools			
初等教育	**Primary Education**	**2512**	**14333**	**2183**
普通小学	Regular Primary Schools	2512	14333	2183
小学	Primary Schools	349	1896	293
九年一贯制学校	9-Year Schools	676	5386	1332
十二年一贯制学校	12-Year Schools	1487	7051	558
成人小学	Adult Primary Schools			
#扫盲班	Literacy Courses			
工读学校	**Correctional Work-Study Schools**			
特殊教育	**Special Education Schools**			
学前教育	**Pre-school Education Institutions**	**158693**	**419501**	**159459**

注：1. 完全中学、九年一贯制学校和十二年一贯制学校的学生数按教育层次分别计入对应教育阶段的学生数中。
2. 特殊教育学生数中包括义务教育阶段随班就读的学生、其他学校附设特教班。
3. “另有其他学生数”包括：自考助学班学生、预科生、进修及培训学生数。

a) Number of the students in Combined Secondary Schools, 9-Year Schools,12-Year Schools are classified by educational level.
b) Number of the students in the Special Education Schools includes those followed in the regular primary and middle School.
c) Students Enrolled in Other Formal Programs include students of classes for self-learning programs, preparatory courses, and in-service training courses

18-5 各级各类学校数
Number of School by Type and Level

单位：所 (Unit)

年份 Year	普通高等学校 Regular HEIs	普通中学 Regular Secondary Schools	高中 Senior Secondary Schools	初中 Junior Secondary Schools	职业中学 Vocational Secondary Schools	普通小学 Regular Primary Schools	特殊教育学校 Special Education Schools	学前教育 Pre-primary Education Institutions
1995	17	1626	444	1182	190	23718	11	1235
1996	17	1657	430	1227	180	23658	11	1321
1997	17	1656	427	1229	182	22848	11	1545
1998	17	1666	421	1245	178	22634	10	1803
1999	18	1667	410	1257	177	22560	10	2040
2000	18	1689	419	1270	170	21557	12	2249
2001	25	1979	435	1544	154	17477	11	1992
2002	25	2004	438	1566	156	16648	14	2286
2003	31	2031	453	1578	140	15635	14	2276
2004	31	2054	470	1584	151	15347	14	2377
2005	33	2050	497	1553	153	14963	14	2451
2006	33	2155	495	1660	154	14685	14	2556
2007	34	2130	493	1637	162	14002	14	2457
2008	34	2103	480	1623	181	13424	15	2503
2009	34	2081	463	1618	177	12637	15	2452
2010	35	2038	452	1586	150	11582	17	2407
2011	37	2012	435	1576	147	10907	22	2457
2012	37	2033	445	1588	141	10336	28	2712
2013	37	1989	428	1561	133	9640	32	3141
2014	38	1940	402	1538	126	8979	33	3471
2015	40	1877	386	1491	118	8052	37	3971
2016	44	1861	379	1482	114	6924	40	6441
2017	44	1852	384	1468	105	6172	41	7122
2018	44	1848	381	1467	109	5785	43	7734
2019	44	1841	376	1465	106	5444	44	7988
2020	50	1836	364	1472	107	5252	44	8089

注：职业中学包括职业高中和职业初中（下表同）。
a) Vocational secondary schools include vocational senior and junior secondary schools. The same applies to the tables following.

18-6 各级各类学校专任教师数
Number of Full-time Teachers of Schools by Type and Level

单位：人 (person)

年份 Year	普通高等学校 Regular HEIs	普通中学 Regular Secondary Schools	高中 Senior Secondary Schools	初中 Junior Secondary Schools	职业中学 Vocational Secondary Schools	普通小学 Regular Primary Schools	特殊教育学校 Special Education Schools	学前教育 Pre-primary Education Institutions
1995	6284	62669	12970	49699	4173	130032	224	9776
1996	6282	63912	13151	50761	4013	129823	235	8758
1997	6403	66124	13723	52401	4190	130628	248	10194
1998	6505	67774	13703	54071	4415	131473	221	10765
1999	6899	70711	14233	56478	4615	128839	297	10669
2000	7208	74082	15200	58882	4549	125172	269	11953
2001	8826	78439	16562	61877	4598	122038	271	10109
2002	10021	82709	18582	64127	4751	124017	279	10115
2003	12274	87753	21754	65999	3945	126740	294	11109
2004	13727	93024	25458	67566	4614	128725	296	9933
2005	14816	99150	29127	70023	5158	130841	303	10221
2006	16105	106106	32081	74025	5803	135491	314	10939
2007	17439	110204	33979	76225	7337	137149	345	10950
2008	18581	114963	35524	79439	7537	141371	341	12589
2009	19629	116883	36450	80433	8256	139966	380	12365
2010	20761	120689	37517	83172	7522	140381	418	13668
2011	22066	123055	38593	84462	8283	141324	484	15009
2012	23232	124844	40467	84377	8042	140235	572	17086
2013	24351	126817	42469	84348	7860	140436	692	20621
2014	25283	128599	43761	84838	7739	140476	671	26097
2015	26132	128621	44764	83857	8099	140320	729	30342
2016	26731	127471	45107	82364	8104	141113	825	39459
2017	28474	126418	45386	81032	7746	141962	877	43975
2018	28939	125682	45730	79952	8292	143260	921	46614
2019	29755	126850	45813	81037	8295	148408	1083	49438
2020	31030	127233	45994	81239	8364	150870	1092	53466

18-7 各级各类学校招生数
Number of Entrants of Formal Education by Type and Level of School

单位：人 (person)

年 份 Year	普通高等学校 Regular HEIs	普通中学 Regular Secondary Schools	高中 Senior Secondary Schools	初中 Junior Secondary Schools	职业中学 Vocational Secondary Schools	普通小学 Regular Primary Schools	特殊教育学校 Special Education Schools
1995	15119	337758	64113	273645	19260	525875	311
1996	15567	354996	63001	291995	19533	548661	281
1997	16313	375656	63782	311874	20593	563443	333
1998	16813	404014	69652	334362	19790	546980	842
1999	23010	455111	75439	379672	21180	538695	1049
2000	33425	508648	90840	417808	21461	552740	1094
2001	45382	547593	109805	437788	20945	601257	1644
2002	53079	590617	143666	446951	23013	609934	1231
2003	60069	621290	168181	453109	19212	572321	975
2004	66182	657600	186561	471039	26738	508787	979
2005	71572	691600	205710	485890	32313	461894	915
2006	90373	711676	207257	504419	52175	481721	1301
2007	98569	678575	204816	473759	71267	435661	1614
2008	110889	696897	210511	486386	72436	4[illegible]1003	2051
2009	112280	699300	216982	482318	72692	372689	1954
2010	114899	673394	219614	453780	70355	361331	2071
2011	124935	628251	221551	406700	56719	338176	1457
2012	131263	602045	226107	375938	55991	341[illegible]55	1434
2013	123402	552431	218143	334288	45215	320908	1409
2014	130624	518092	208136	309956	40433	280555	1285
2015	126242	490221	199426	290795	38362	313028	1759
2016	130683	483583	193389	290194	41215	326665	2235
2017	138515	468236	182636	285600	37209	336255	2531
2018	146640	469212	172624	296588	39021	344889	3050
2019	170605	471882	172017	299865	41809	352383	3771
2020	194305	450330	171813	278517	44423	350883	3676

18-8 各级各类学校在校学生数
Number of Students Enrollment by Level and Type of School

单位：人 (person)

年份 Year	普通高等学校 Regular HEIs	普通中学 Regular Secondary Schools	高中 Senior Secondary Schools	初中 Junior Secondary Schools	职业中学 Vocational Secondary Schools	普通小学 Regular Primary Schools	特殊教育学校 Special Education Schools	学前教育 Pre-primary Education Institutions
1995	45480	915263	168589	746674	42747	2737059	1529	409893
1996	47578	966394	176444	789950	45696	2857986	1523	403714
1997	50678	1021024	180035	840989	48111	2992795	1476	398426
1998	54014	1079819	185946	893873	48889	3092488	4003	376575
1999	62637	1185891	201138	984753	49866	3131747	4653	407489
2000	81734	1314710	229500	1085210	52573	3164603	6438	427960
2001	110898	1459845	276573	1183272	52657	3189816	9953	401681
2002	143009	1606592	346294	1260298	56483	3229371	9192	402653
2003	173391	1733035	427011	1306024	49529	3227592	7673	372225
2004	200282	1844406	499609	1344797	62506	3155535	7732	350749
2005	229459	1943839	566168	1377671	73451	3035794	8339	349407
2006	263691	2047847	603358	1444489	100062	2984425	9127	342279
2007	295992	2036640	613906	1422734	131929	2846312	11606	330213
2008	331895	2038447	618253	1420194	155909	2689631	13443	337843
2009	361490	2041628	630654	1410974	167699	2525962	13687	358748
2010	381526	2031002	646975	1384027	170001	2370406	13350	387338
2011	405306	1942478	657086	1285392	147946	2200743	9455	432181
2012	431069	1845050	664879	1180171	151327	2063549	8337	480323
2013	442963	1702496	666556	1035940	125348	1867268	8396	549800
2014	452300	1625349	654430	970919	111266	1802371	7635	620127
2015	450463	1538620	629365	909255	101348	1802401	9260	701132
2016	457204	1479661	603490	876171	98383	1821629	11373	892087
2017	466185	1433408	577281	856127	94384	1855722	13492	929708
2018	483620	1419319	549305	870014	95575	1896471	15769	944401
2019	524948	1408051	526270	881781	98472	1941406	19294	932788
2020	581062	1389962	515813	874149	104443	2009079	21468	958299

18-9 各级各类学校毕业生数
Number of Graduates by Level and Type of School

单位：人 (person)

年份 Year	普通高等学校 Regular HEIs	普通中学 Regular Secondary Schools	高中 Senior Secondary Schools	初中 Junior Secondary Schools	职业中学 Vocational Secondary Schools	普通小学 Regular Primary Schools	特殊教育学校 Special Education Schools
1995	14288	252360	46948	205412	14053	319684	141
1996	13314	256098	48060	208038	12993	336205	121
1997	13140	274961	52911	222050	14884	355832	132
1998	13251	291067	54794	236273	14726	383938	258
1999	14007	305292	53867	251425	17030	424250	684
2000	13971	327787	56479	271308	15210	459255	948
2001	17000	351876	62793	289083	16785	488961	900
2002	21647	402829	72295	330534	17021	486101	712
2003	29582	456044	89040	367004	14753	481495	466
2004	39390	506391	109055	397336	16975	488842	612
2005	49886	561654	138165	423489	19144	502605	684
2006	57381	595637	164257	431380	19539	506371	701
2007	63315	628548	179335	449213	24451	478740	1089
2008	75051	645494	194146	451348	29687	435899	1664
2009	84082	655641	192269	463372	39579	492720	1965
2010	92226	649631	195045	454586	44095	474328	1850
2011	99042	660487	202234	458253	50585	426257	708
2012	102980	656260	213620	442640	43807	398700	834
2013	109192	636032	216530	419502	45569	370611	831
2014	118697	575501	223828	351673	35089	319335	818
2015	124003	556758	224408	332350	33969	300080	917
2016	119911	531473	219083	312390	30008	298820	1046
2017	124786	506220	208113	298107	30270	294669	1232
2018	122347	484294	201083	283211	28070	300842	1524
2019	123314	479552	193621	285931	30189	303579	1997
2020	133490	466498	181187	285311	27814	279871	2233

18-10 研究生数
Number of Postgraduates

单位：人 (person)

年 份 Year	招生数 Entrants	博士 Doctor's Degree	硕士 Master's Degree	在 校 学生数 Enrollment	博士 Doctor's Degree	硕士 Master's Degree	毕业生数 Graduates	博士 Doctor's Degree	硕士 Master's Degree
1995	689			1873	361	1512	416	76	340
1996	780			2146	440	1706	484	71	413
1997	884			2350	495	1855	601	93	508
1998	875			2563	523	2040	623	127	496
1999	1075			2874	597	2277	706	139	567
2000	1558			3579	764	2815	801	130	671
2001	2147			4781	963	3118	1096	283	813
2002	2703	448	2255	6403	1236	5167	940	168	772
2003	3634	583	3051	8555	1594	6961	1349	218	1131
2004	5073	683	4390	11496	1986	9509	1965	290	1675
2005	6146	717	5429	14895	2320	12575	2484	378	2106
2006	6710	747	5963	18069	2583	15486	3201	474	2727
2007	7117	783	6334	20034	2765	17269	4831	595	4236
2008	7502	810	6692	21580	2953	18627	5649	600	5049
2009	8463	887	7576	23469	3153	20316	6122	633	5459
2010	9098	888	8210	25609	3335	22274	6523	669	5854
2011	9307	923	8384	26973	3482	23491	7160	729	6431
2012	9804	943	8861	28306	3597	24709	8002	797	7205
2013	10116	973	9143	29412	3746	25666	8629	762	7867
2014	9870	820	9050	29080	3370	25710	8637	600	8037
2015	10089	825	9264	29637	3516	26121	9195	644	8551
2016	10699	873	9826	31199	3720	27479	8806	601	8205
2017	12810	942	11868	34548	3970	30578	9152	643	8509
2018	13959	1159	12800	38457	4383	34074	9526	642	8884
2019	15098	1320	13778	42538	4841	37697	10398	690	9708
2020	18377	1479	16898	48472	5456	43016	11861	733	11128

18-11 高等教育学校（机构）学生数（2020）
Number of Students in Higher Education Institutions（2020）

单位：人 （person）

项　目	Item	招生数 Entrants	在校学生数 Enrollment	毕业生数 Graduates	授予学位数 Degrees Awarded
研究生	Postgraduates	18377	48472	11861	11865
博士	Doctor's Degrees	1479	5456	733	11149
硕士	Master's Degrees	16898	43016	11128	716
普通本专科	Undergraduates in Regular HEIs	194305	581062	133490	70744
本科	Normal Courses	83613	307485	71341	70744
专科	Short-cycle Courses	110692	273577	62149	
成人本专科	Undergraduates in Adult HEIs	27550	64413	22192	105
本科	Normal Courses	17365	36598	10748	105
专科	Short-cycle Courses	10185	27815	11444	
在职人员攻读硕士学位	Master's Degree Programs for On-the-job Personnel		1380		393
网络本专科生	Web-based Undergraduates	24694	71850	38943	116
本科	Normal Courses	15838	41222	10484	116
专科	Short-cycle Courses	8856	30628	28459	
自考助学班	Classes run by Non-government HEIs for Students Preparing for Self-directed State-administered Examinations		3068	3900	
普通预科生	College-preparatory Classes		1914		
研究生课程进修班	Postgraduates Courses				
进修及培训	In-service Training				
留学生	Foreign Students	672	2471	311	210

注：留学生指来中国学习的留学生数。
a) Foreign students refer to foreign students studying in China.

18-12 普通本科分学科学生数（2020）
Number of Regular Students for Normal Courses in HEIs by Discipline（2020）

单位：人 （person）

类　别	Item	毕业生数 Graduates	招生人数 Entrants	在校学生数 Enrollment
甘肃省	**Gansu**	**71341**	**83613**	**307485**
哲学	Philosophy	63	73	270
经济学	Economics	3701	4095	15162
法学	Law	3748	4066	15789
教育学	Education	3465	4508	14144
文学	Literature	6942	7445	28215
历史学	History	794	907	3327
理学	Science	6082	6805	25889
工学	Engineering	22226	27155	99195
农学	Agriculture	1897	2351	8355
医学	Medicine	5456	7826	29420
管理学	Administrators	12078	12603	46258
艺术学	Art	4889	5779	21461

18-13 普通专科分学科学生数（2020）
Number of Students in Undergraduate and Junior Colleges by Field of Study (2020)

单位：人 (person)

类别	Item	毕业生数 Graduates	招生人数 Entrants	在校学生数 Enrollment
甘肃省	**Gansu**	**62149**	**110692**	**273577**
农林牧渔大类	Agriculture, Forestry, Husbandry and Fishing	2647	4789	11795
交通运输大类	Transportation and Communication	3554	6066	14909
生化与药品大类	Biochemistry and Medicine	1601	1932	5213
资源开发与测绘大类	Resources Development and Survey	4063	9218	20893
材料与能源大类	Material and Energy	390	781	1630
土建大类	Civil Engineering	8800	13820	35226
水利大类	Water Resources	2381	3065	8693
制造大类	Manufacturing	204	386	944
电子信息大类	Electronic Information	907	2368	5269
环保、气象与安全大类	Environment Protection, Meteorology and Safety	3750	5745	15354
轻纺食品大类	Light,Textile and Food	5313	9955	23856
财经大类	Finance	9720	15688	39996
医药卫生大类	Medicine and Health	7702	15076	35775
旅游大类	Tourism	1449	2648	7713
公共事业大类	Public Service	1011	1717	4201
文化教育大类	Culture and Education	67	151	320
艺术设计传媒大类	Artistic Design and Mass Media	6633	13542	33942
公安大类	Public Security	1445	2038	4998
法律大类	Law	512	1707	2850

18-14 成人本科分学科学生数（2020）
Number of Adult Students for Normal Courses in HEIs by Discipline (2020)

单位：人 (person)

类别	Item	毕业生数 Graduates	招生人数 Entrants	在校学生数 Enrollment
甘肃省	**Gansu**	**10748**	**17365**	**36598**
哲学	Philosophy			
经济学	Economics	192	153	310
法学	Law	874	719	1808
教育学	Education	557	943	2855
文学	Literature	724	966	2512
历史学	History	31	46	102
理学	Science	66	115	207
工学	Engineering	3522	6065	12317
农学	Agriculture	239	267	622
医学	Medicine	1914	4665	8871
管理学	Administrators	2591	3404	6928
艺术学	Art	38	22	66

18-15 成人专科分学科学生数（2020）

Number of Adult Students for Short-cycle Courses in HEIs by Discipline（2020）

单位：人　　　　（person）

类别	Item	毕业生数 Graduates	招生人数 Entrants	在校学生数 Enrollment
甘肃省	**Gansu**	**11444**	**10185**	**27815**
农林牧渔大类	Agriculture, Forestry, Husbandry and Fishing	84	149	490
交通运输大类	Transportation and Communication	84	69	175
生化与药品大类	Biochemistry and Medicine	71	30	133
资源开发与测绘大类类	Resources Development and Survey	610	767	1549
材料与能源大类	Material and Energy	17		63
土建大类	Civil Engineering	624	424	1206
水利大类	Water Resources	77	11	64
制造大类	Manufacturing			
电子信息大类	Electronic Information	1	13	16
环保、气象与安全大类	Environment Protection, Meteorology and Safety	4969	2877	10183
轻纺食品大类	Light,Textile and Food	557	219	1029
财经大类	Finance	1183	1773	4109
医药卫生大类	Medicine and Health	1152	2133	4150
旅游大类	Tourism	602	48	371
公共事业大类	Public Service	38	6	28
文化教育大类	Culture and Education			
艺术设计传媒大类	Artistic Design and Mass Media	1261	1381	3777
公安大类	Public Security	45	181	293
法律大类	Law	69	104	179

18-16 网络本科分学科学生数（2020）

Number of Web-based Students for Normal Courses in HEIs by Discipline（2020）

单位：人　　　　（person）

类别	Item	毕业生数 Graduates	招生人数 Entrants	在校学生数 Enrollment
甘肃省	**Gansu**	**10484**	**15838**	**41222**
哲学	Philosophy			
经济学	Economics	510	615	1857
法学	Law	580	1046	2599
教育学	Education			
文学	Literature	432	813	1829
历史学	History			
理学	Science	93	78	176
工学	Engineering	2275	4073	9975
农学	Agriculture			
医学	Medicine	3231	3212	10138
管理学	Administrators	3363	6001	14648
艺术学	Art			

18-17 网络专科分学科学生数（2020）
Number of Web-based Students for Short-cycle Courses in HEIs by Discipline（2020）

单位：人 (person)

类 别	Item	毕业生数 Graduates	招生人数 Entrants"	在校学生数 Enrollment
甘肃省	**Gansu**	**28459**	**8856**	**30628**
农林牧渔大类	Agriculture, Forestry, Husbandry and Fishing			
资源环境与安全大类	Resources, Environment and Safety			
能源动力与材料大类	Energy Power and Materials			
土木建筑大类	Civil Construction	4024	1804	5539
水利大类	Water Resources			
装备制造大类	Equipment Manufacturing			
生物与化工大类	Biology and Chemical Engineering			
轻工纺织大类	Light Industry and Textile			
食品药品与粮食大类	Food ,Drugs and Grain			
交通运输大类	Transportation and Communication			
电子信息大类	Electronic Information	2156	1154	3179
医药卫生大类	Medicine and Health	5929	1455	5882
财经商贸大类	Financial ,Trade and Business	6897	1118	4981
旅游大类	Tourism			
文化艺术大类	Culture and Art			
新闻传播大类	Journalism and Communication			
教育与体育大类	Education and Sports			
公安与司法大类	Public Security and Justice	631		258
公共管理与服务大类	Public Administration and Service	8822	3325	10789

18-18 技工学校数、学生数和教职工数
Number of Schools, Students, Educational Personnel of Skilled Workers Schools

单位：人 (person)

年 份 Year	学校数（所） Schools (unit)	毕业生数 Graduates	招生人数 Entrants	在校学生数 Enrollment	教职员工 Educational Personnel	专任教师 Full-time Teachers
2005	57	4586	11424	23971	3698	2856
2006	62	7068	12878	29781	5206	4415
2007	62	7068	12878	29781	4598	3807
2008	75	11304	24720	57631		4147
2009	78	12549	41016	71060	4205	2928
2010	78	19944	39944	91249	4525	2189
2011	78	27378	31338	94678	4468	3171
2012	79	25182	26620	96116	4553	3235
2013	80	46847	17402	66671	4555	3250
2014	81	29525	15374	52520	4626	3110
2015	82	23797	13623	42523	4656	3133
2016	82	14948	11984	39559	4732	3442
2017	82	14886	12697	37370	4564	3725
2018	33	11614	11024	33514	3506	2905
2019	36	9818	14033	34545	3478	2696
2020	38	9054	14587	36422	3858	3220

18-19 小学学龄儿童净入学率和各级普通学校毕业生升学率
Net Enrolment Ratio of School-age Children in Primary Schools and Promotion Rate of Graduates of Regular School by Levels

单位：%　　　　(%)

年 份 Year	小学学龄儿童净入学率 Net Enrollment Ratio of School-age Children in Primary Schools	小学升学率 Promotion Rate from Primary Schools to Junior Secondary Schools	初中升学率 Promotion Rate from Junior Secondary Schools to Senior Secondary Schools	高中升学率 Promotion Rate from Senior Secondary Schools to Higher Education
1996	97.20	86.85		
1997	97.68	87.93		
1998	98.20	87.40		
1999	98.62	89.49		
2000	98.83	90.98		
2001	98.02	89.53	37.98	35.48
2002	98.55	91.95	43.46	38.20
2003	97.99	94.10	45.83	40.33
2004	98.27	96.36	46.95	42.16
2005	98.87	96.67	48.58	42.77
2006	98.89	99.61	48.04	44.50
2007	98.94	98.96	45.59	52.00
2008	99.14	100.10	46.64	60.00
2009	99.45	97.89	46.83	70.00
2010	99.46	95.67	48.31	71.00
2011	99.56	95.41	48.35	75.00
2012	99.68	94.29	51.08	80.00
2013	99.78	90.20	52.00	85.00
2014	99.80	97.06	59.18	90.00
2015	99.83	96.90	60.00	92.00
2016	99.89	97.09	61.81	93.00
2017	99.90	97.10	61.27	94.00
2018	99.91	98.59	60.95	94.00
2019	99.99	98.78	60.16	95.00
2020	99.99	99.52	60.22	95.00

注：1. 初中升高级中学包含升入技工学校。
　　2. 高中升学率为普通高校招生数（含电大普通班）与普通高中毕业生数之比。

a) Data on promotion rate from junior secondary schools to senior secondary schools include those entering into secondary technical schools.
b) Data on promotion rate from senior secondary schools to higher education refer to the ratio of new entrants into regular institutions of higher education (including regular classes of TV universities) to graduates of senior secondary schools.

18-20 平均每万人口在校学生数和大中小学学生构成 Number of Students per 10 000 Population and It's Composition

年 份 Year	平均每万人口在校学生数（人） Students Enrollment per 10 000 Persons (person)			大、中、小学学生占学生总数（%） Students of Different Levels as Percentage to Total Students (%)		
	大学生 University and College Students	中学生 Secondary School Students	小学生 Primary School Students	大学生 University and College Students	中学生 Secondary School Students	小学生 Primary School Students
1995	19	383	1146	0.88	16.90	50.50
1996	20	398	1177	0.82	16.00	47.20
1997	21	416	1218	0.82	15.80	46.30
1998	22	435	1245	0.88	16.80	48.20
1999	25	466	1232	1.01	18.30	48.30
2000	32	514	1238	1.26	19.40	46.70
2001	42	588	1239	2.09	27.44	59.95
2002	55	681	1246	2.57	28.91	58.13
2003	67	725	1240	3.05	33.26	56.85
2004	76	769	1205	3.73	37.49	58.78
2005	88	818	1170	4.26	39.38	56.36
2006	101	868	1145	4.78	41.06	54.16
2007	113	778	1088	5.72	39.33	54.95
2008	126	776	1023	6.56	40.29	53.15
2009	137	907	1116	6.35	41.98	51.67
2010	149	931	1103	6.83	42.65	50.52
2011	158	888	859	8.30	46.61	45.09
2012	168	721	806	9.91	42.53	47.56
2013	172	659	723	11.04	42.43	46.53
2014	175	631	699	11.66	41.89	46.45
2015	173	592	694	11.88	40.58	47.54
2016	175	567	698	12.16	39.37	48.47
2017	177	546	706	12.41	38.17	49.42
2018	197	609	719	12.96	39.94	47.09
2019	198	569	733	13.21	37.92	48.87
2020	232	633	803	13.92	37.96	48.13

18-21 各级学校教师负担学生数
Student-Teacher Ratio of School by Level

单位：人 (person)

年 份 Year	平均每个教师负担学生数 Students Taught Each Teacher			
	普通高等学校 Regular HEIs	普通中等专业学校 Regular Secondary Vocational Schools	普通中学 Regular Secondary Schools	普通小学 Primary School
1995	7	9	15	21
1996	8	10	15	22
1997	8	10	15	23
1998	8	11	16	24
1999	9	11	17	24
2000	12	12	18	25
2001	13	14	19	25
2002	14	16	19	25
2003	14	17	20	25
2004	15	18	19	25
2005	15	20	20	23
2006	16	22	19	22
2007	17	22	18	21
2008	18		18	19
2009	18		17	18
2010	18	23	17	17
2011	19	21	16	15
2012	19	21	15	15
2013	18	18	13	13
2014	18	17	13	13
2015	18	17	12	13
2016	18	15	12	13
2017	18	16	11	13
2018	17	16	11	13
2019	18	14	11	13
2020	19	14	11	13

18-22 进城务工子女和农村留守儿童在校情况（2020）
Children of Migrant Workers and Children Left Behind (2020)

单位：人 (person)

项 目	Item	进城务工人员随迁子女 Children of Migrant Workers	外省迁入 From Other Provinces	本省外县迁入 From Other Counties of the Same Province	农村留守儿童 Rural Children Left Behind
普通小学	**Regular Primary Schools**				
毕业生数	Graduates	17139	3967	13172	16105
招生数	Entrants	23742	4896	18845	28242
#受过学前教育	Trained in Preschool	23742	4896	18845	27989
在校学生数	Enrolment	137078	28894	108184	169046
#女	Female	62694	13101	49593	79876
初中	**Junior Secondary Schools**				
毕业生数	Graduates	13354	2995	10359	17384
招生数	Entrants	17596	3627	13969	24168
在校学生数	Enrolment	51473	10658	40815	73915
#女	Female	23291	4791	18500	35066

18-23 教育经费情况
Basic Statistics on Educational Funds

单位：万元 (10 000 yuan)

年 份 Year	合计 Total	国家财政性教育经费 Government Appropriation for Education	#预算内教育经费 Budgetary	民办学校办学经费 Funds from Private Schools	社会捐赠经费 Donations and Fund-raising for Running Schools	事业收入 Income from Teaching Research and Other Auxiliary Activity	#学杂费 Tuition and Miscellaneous Fees	其他教育经费 Other Educational Funds
2000	535287	425021	352952	1831	11207	88887	63864	8341
2001	686750	520918	442922	4401	7428	135660	104008	18342
2002	836719	618783	538793	8872	9239	182477	132539	17348
2003	914336	652146	582181	18685	5686	212472	156053	25348
2004	1031445	727916	659017	21274	7037	248453	174186	26765
2005	1195074	847512	785026	34541	5555	273897	198727	33569
2006	1448234	1108365	1024273	41261	5451	260510	188990	32646
2007	1779095	1413920	1342179	2256	6090	326870	244610	29959
2008	2469385	2077502	2009317	1245	11587	354513	272808	24538
2009	2957602	2502298	2426498	2361	28287	395001	311653	29655
2010	3276887	2756965	2644938	7953	19834	450572	359800	41563
2011	3926598	3374222	3179614	4558	8132	482239	399882	57446
2012	4841482	4276671	4014241	5053	3714	494962	404867	61083
2013	5105559	4483501	4126143	4111	5444	545763	450078	66740
2014	5500815	4873620	4622912	6733	8178	547647	462768	64638
2015	6478024	5778852	5709262	6066	6826	598436	477707	87845
2016	7075700	6357782	6284544	7126	6920	621472	484153	82400
2017	7470974	6669673	6611422	7987	3872	629832	506484	159609
2018	7810782	6970056	6890092	22592	5258	694648	555089	118228
2019	8462781	7563777	7439034	12982	10039	768242	597541	107741

18-24 各类学校教育经费情况（2019）
Educational Funds in Various School（2019）

单位：人 （10 000 yuan）

类别	Item	合计 Total	国家财政性教育经费 Government Appropriation for Education	# 预算内教育经费 Budgetary	民办学校办学经费 Funds from Private Schools	社会捐赠经费 Donations and Fund-raising for Running Schools	事业收入 Income from Teaching Research and Other Auxiliary Activity	# 学杂费 Tuition and Miscellaneous Fees	其他教育经费 Other Educational Funds
高等学校	Institutions of Higher Education	1985034	1443906	1358286	1800	2812	485239	361316	51278
普通高等学校	Regular HEIs	1958701	1431450	1346133	1800	2812	472004	349938	50634
成人高等学校	Adults HEIs	26334	12456	12153			13234	11377	644
中等职业学校	Secondary Vocational Schools	380928	360369	357344	547	378	16789	7533	2845
中等专业学校	Secondary Specialized Schools	272005	259511	256494		207	10345	4374	1941
职业高中	Vocational Senior Secondary Schools	87554	82834	82826	547	171	3555	1561	448
技工学校	Skilled Workers Schools	11445	9092	9092			1898	1172	455
成人中专学校	Adult Specialized Secondary Schools	9924	8932	8932			992	426	
普通中学	Regular Secondary Schools	2409211	2306379	2294593	2564	1129	86902	75908	12237
普通高中	Regular Senior Secondary Schools	931219	852898	847261	1380	526	72091	64158	4325
普通初中	Regular Junior Secondary Schools	1477992	1453481	1447332	1184	603	14811	11750	7913
# 农村	Rural Areas	1096535	1091158	1086458	32	601	2055	1298	2689
普通小学	Regular Primary Schools	2643227	2603187	2593909	796	1711	9324	6772	28209
# 农村	Rural Areas	2100927	2087505	2080842	20	1688	2701	2218	9013
特殊教育学校	Special Education Schools	25838	25544	25526		19	121		154
幼儿园	Kindergartens	711349	548387	542815	7275	58	148986	145994	6644
教育行政单位	Education Administrative Unit	86139	84587	80619		132	117		1303
教育事业单位	Education Institution	107278	88479	83043		3801	10810		4188
其他	Others	113777	102939	102899			9955	18	884

18-25 各地、县幼儿园和普通小学基本情况（2020）
Basic Statistics on Kindergartens and Regular Primary Schools by Region & County （2020）

单位：人 （person）

地、县	Region & County	幼儿园数（所） Kinder-artens (unit)	在园儿童数 Children in Kindergar-tens	学龄儿童入学率（%） Enrollment Rate of School-age Children (%)	普通小学学校数（所） Schools (unit)	普通小学专任教师数 Full-time Teachers	普通小学招生数 Entrants	普通小学在校学生数 Enrollment	普通小学毕业生数 Graduates
兰州市	**Lanzhou**	**864**	**125395**	**96.04**	**478**	**16913**	**46759**	**245078**	**35498**
城关区	Chengguan	280	41086	95.74	80	4543	15495	80610	11855
七里河区	Qilihe	156	21017	96.30	54	2593	7133	38454	5682
西固区	Xigu	84	11163	95.53	32	1605	4363	23078	3507
安宁区	Anning	71	12080	95.55	20	1206	4594	22568	2974
红古区	Honggu	21	4610	96.02	24	717	1753	9936	1470
永登县	Yongdeng	82	8495	93.12	117	2110	3274	20025	3035
皋兰县	Gaolan	29	3826	96.05	24	738	1321	6901	1081
榆中县	Yuzhong	89	13534	90.59	102	2374	5323	27554	4187
兰州新区	Lanzhou New Area	52	9584	110.40	25	1027	3503	15952	1707
嘉峪关市	**Jiayuguan**	**46**	**11779**	**98.50**	**16**	**866**	**3319**	**17779**	**2601**
金昌市	**Jinchang**	**58**	**12215**	**99.17**	**26**	**1775**	**3741**	**23928**	**4285**
金川区	Jinchuan	30	8175	99.86	13	913	2455	14604	2433
永昌县	Yongchang	28	4040	98.52	13	862	1286	9324	1852
白银市	**Baiyin**	**304**	**58874**	**94.99**	**320**	**11614**	**20851**	**117717**	**16252**
白银区	Baiyin	66	11650	95.80	25	1525	4064	21076	3060
平川区	Pingchuan	34	8603	94.22	35	1585	3208	17552	2322
靖远县	Jingyuan	103	14980	92.40	115	3221	5056	31062	4522
会宁县	Huining	58	15553	97.20	88	3550	5794	32834	4144
景泰县	Jingtai	43	8088	95.43	57	1733	2729	15193	2204
天水市	**Tianshui**	**1130**	**105381**	**94.20**	**589**	**19529**	**43436**	**261610**	**36987**
秦州区	Qinzhou	181	18612	94.04	95	3393	8359	50831	7407
麦积区	Maiji	229	20182	94.50	101	3062	7558	43714	5667
清水县	Qingshui	125	10147	96.25	75	2031	3995	23916	3649
秦安县	Qinan	198	12662	95.32	66	2610	4666	29045	4541
甘谷县	Gangu	75	17232	92.82	99	3312	7770	48437	5826
武山县	Wushan	175	15101	93.84	101	2811	5856	37514	6251
张家川县	Zhangjiachuan	147	11445	93.50	52	2310	5232	28153	3646
武威市	**Wuwei**	**380**	**50962**	**95.48**	**267**	**9186**	**17877**	**105577**	**15011**
凉州区	Liangzhou	169	33581	96.40	158	5318	11478	66524	9585
民勤县	Minqin	21	3267	95.03	14	812	1155	7174	1290
古浪县	Gulang	114	9114	94.13	39	1803	3400	21038	2695
天祝县	Tianzhu	76	5000	92.25	56	1253	1844	10841	1441
张掖市	**Zhangye**	**391**	**37268**	**99.51**	**137**	**5855**	**11990**	**76203**	**11806**

18-25 续表 1 continued

单位：人 (person)

地、县	Region & County	幼儿园数（所）Kindergartens (unit)	在园儿童数 Children in Kindergartens	学龄儿童入学率（%）Enrollment Rate of School-age Children (%)	普通小学学校数（所）Schools (unit)	普通小学专任教师数 Full-time Teachers	普通小学招生数 Entrants	普通小学在校学生数 Enrollment	普通小学毕业生数 Graduates
甘州区	Ganzhou	89	16996	99.20	16	2156	5075	31791	5225
肃南县	Sunan	9	813	98.20	4	194	249	1442	261
民乐县	Minle	126	7215	99.98	72	1261	2581	17004	2212
临泽县	Linze	72	3677	99.92	11	682	1140	7321	1156
高台县	Gaotai	52	3781	99.95	16	657	1145	7055	1017
山丹县	Shandan	43	4786	99.58	18	905	1800	11590	1935
平凉市	**Pingliang**	**866**	**68249**	**93.70**	**715**	**13282**	**24818**	**151870**	**23271**
崆峒区	Kongtong	168	17909	94.08	153	2851	6819	39091	5821
泾川县	Jingchuan	139	8713	93.65	166	1751	3147	17840	2626
灵台县	Lingtai	75	5971	93.68	54	1169	1879	12708	1923
崇信县	Chongxin	47	3295	93.42	50	536	1123	6940	996
庄浪县	Zhuanglang	154	12065	93.59	95	2760	4901	30413	4220
静宁县	Jingning	195	13109	93.52	121	2785	4435	28386	5015
华亭市	Huating	88	7187	93.51	76	1430	2514	16492	2670
酒泉市	**Jiuquan**	**196**	**33567**	**98.90**	**108**	**4627**	**10338**	**60769**	**10850**
肃州区	Suzhou	97	14789	99.01	32	1802	4316	26490	4622
金塔县	Jinta	22	3511	98.71	19	698	1055	5552	1295
瓜州县	Guazhou	21	4843	98.56	26	705	1587	8993	1520
肃北县	Subei	1	338	99.41	2	78	115	628	105
阿克塞县	Akesai	1	453	100.00	1	61	130	743	149
玉门市	Yumen	25	4614	98.57	16	693	1583	9664	1599
敦煌市	Dunhuang	29	5019	99.19	12	590	1552	8699	1560
庆阳市	**Qingyang**	**689**	**93118**	**97.89**	**617**	**15672**	**34352**	**208079**	**28857**
西峰区	Xifeng	130	24688	98.60	95	3018	8523	48437	6401
庆城县	Qingcheng	67	9804	98.80	28	1609	3595	21405	3035
环　县	Huanxian	49	11796	96.89	96	2198	4534	27624	3718
华池县	Huachi	31	4889	96.95	41	916	1757	10999	1635
合水县	Heshui	93	6240	98.87	28	963	2281	13752	1804
正宁县	Zhengning	29	8351	96.61	79	1381	2833	18238	2409
宁　县	Ningxian	64	13858	96.95	127	2785	5352	32791	4729
镇原县	Zhenyuan	226	13492	98.50	123	2802	5477	34833	5126
定西市	**Dingxi**	**1154**	**112416**	**98.56**	**587**	**15542**	**40139**	**206428**	**25720**
安定区	Anding	166	18435	98.48	48	2299	5807	28949	2759
通渭县	Tongwei	144	10492	98.33	29	2006	3427	18281	2090

18-25 续表 2 continued

单位：人 (person)

地、县	Region & County	幼儿园数（所）Kindergartens (unit)	在园儿童数 Children in Kindergartens	学龄儿童入学率（%）Enrollment Rate of School-age Children (%)	普通小学学校数（所）Schools (unit)	普通小学专任教师数 Full-time Teachers	普通小学招生数 Entrants	普通小学在校学生数 Enrollment	普通小学毕业生数 Graduates
陇西县	Longxi	127	19569	98.50	100	2998	7533	39607	4710
渭源县	Weiyuan	159	10797	98.29	66	1523	3536	19668	2237
临洮县	Lintao	268	21746	98.32	165	2686	7371	38746	5282
漳 县	Zhangxian	66	9323	99.05	49	1211	3132	16965	1993
岷 县	Minxian	224	22054	98.95	130	2819	9333	44212	6649
陇南市	**Longnan**	**817**	**104889**	**98.10**	**439**	**15237**	**37273**	**225438**	**29736**
武都区	Wudu	137	26792	98.30	75	3224	8802	52772	6654
成 县	Chengxian	56	11786	98.08	46	1420	3619	22723	3221
文 县	Wenxian	48	7449	98.50	29	1479	2372	15070	2029
宕昌县	Tanchang	66	11163	97.50	58	1690	3912	21944	2959
康 县	Kangxian	44	6360	97.98	34	959	2355	14148	1960
西和县	Xihe	265	14966	96.92	75	2241	6187	37971	4930
礼 县	Lixian	99	17382	98.93	57	2892	7020	41617	5473
徽 县	Huixian	83	7617	98.31	54	1098	2545	16573	2202
两当县	Liangdang	19	1374	98.99	11	234	461	2620	308
临夏州	**Linxia**	**821**	**117740**	**95.42**	**799**	**14580**	**44909**	**242018**	**30219**
临夏市	linxia	91	19272	95.60	48	1597	5849	32219	4123
临夏县	linxia	41	15424	95.90	151	2233	6670	35529	4789
康乐县	Kangle	54	16409	94.75	87	1699	5624	31845	3644
永靖县	Yongjing	106	7833	95.50	70	1492	2508	13710	1731
广河县	Guanghe	109	14989	95.01	90	1748	6385	33999	4099
和政县	Hezheng	140	9400	94.10	74	1512	4966	25617	2985
东乡县	Dongxiang	221	19664	94.73	137	2266	7324	39874	4718
积石山县	Jishishan	59	14749	97.60	142	2033	5583	29225	4130
甘南州	**Gannan**	**373**	**26446**	**93.22**	**154**	**6192**	**11081**	**66585**	**8778**
合作市	Hezuo	43	4294	97.13	13	703	1660	9363	1256
临潭县	Lintan	83	5464	98.63	22	1096	2170	12545	1633
卓尼县	Zhuoni	61	3780	95.21	24	931	1601	10105	1278
舟曲县	Zhouqu	54	4837	95.92	35	1070	1748	10893	1639
迭部县	Diebu	40	2021	98.73	14	575	757	4691	639
玛曲县	Maqu	14	1143	66.32	9	524	1068	7022	773
碌曲县	Luqu	30	1625	96.71	16	591	643	3796	515
夏河县	Xiahe	48	3282	92.21	21	702	1434	8170	1045

18-26 各地县普通中学基本情况（2020）
Basic Statistics on Regular Primary Schools by Region & County （2020）

单位：人 （person）

地、县	Region & County	普通中学学校数（所）Schools (unit)	毕业生数 Graduates	招生数 Entrants	在校学生数 Enrollment	高中 Senior Secondary Schools	初中 Junior Secondary Schools	专任教师 Full-time Teachers
兰州市	**Lanzhou**	**209**	**55512**	**56999**	**166268**	**62142**	**104126**	**15189**
城关区	Chengguan	51	16863	18174	52509	17992	34517	4466
七里河区	Qilihe	22	6662	6686	20201	5725	14476	1798
西固区	Xigu	27	6543	6542	19296	9019	10277	1860
安宁区	Anning	13	4561	5037	14403	5267	9136	1092
红古区	Honggu	9	2548	2286	6823	2371	4452	7[illegible]3
永登县	Yongdeng	32	5914	4758	14901	5741	9160	1559
皋兰县	Gaolan	13	2230	1796	5710	2281	3429	727
榆中县	Yuzhong	30	7323	7700	21637	8404	13233	2068
兰州新区	Lanzhou New Area	12	2868	4020	10788	5342	5446	906
嘉峪关市	**Jiayuguan**	**12**	**4859**	**4631**	**14550**	**6216**	**8334**	**1122**
金昌市	**Jinchang**	**20**	**8421**	**7222**	**22887**	**9065**	**13822**	**2071**
金川区	Jinchuan	11	4447	4009	12483	4762	7721	1104
永昌县	Yongchang	9	3974	3213	10404	4303	6101	967
白银市	**Baiyin**	**135**	**29267**	**26737**	**83243**	**32177**	**51066**	**10281**
白银区	Baiyin	19	5885	5688	16813	7369	9444	1840
平川区	Pingchuan	17	3829	3653	11525	4242	7283	1408
靖远县	Jingyuan	36	7136	6880	20920	7607	13313	2528
会宁县	Huining	45	8879	7057	23251	9153	14098	3289
景泰县	Jingtai	18	3533	3459	10734	3806	6928	1216
天水市	**Tianshui**	**253**	**69083**	**63278**	**203855**	**80503**	**123352**	**17391**
秦州区	Qinzhou	38	12623	11991	37365	14136	23229	2958
麦积区	Maiji	41	10768	10381	33580	13610	19970	2859
清水县	Qingshui	28	5502	5533	17841	5598	12243	1411
秦安县	Qinan	37	10289	8323	28343	12612	15731	2822
甘谷县	Gangu	54	14748	11507	40303	17242	23061	3447
武山县	Wushan	35	10152	10131	29723	11985	17738	2400
张家川县	Zhangjiachuan	20	5001	5412	16700	5320	11380	1494
武威市	**Wuwei**	**130**	**29746**	**25071**	**81277**	**31411**	**49866**	**8033**
凉州区	Liangzhou	76	17024	15458	48776	18018	30758	4406
民勤县	Minqin	12	3565	2428	8276	3833	4443	1044
古浪县	Gulang	25	6215	4790	16470	6468	10002	1588
天祝县	Tianzhu	17	2942	2395	7755	3092	4663	995
张掖市	**Zhangye**	**58**	**19989**	**19110**	**58490**	**20844**	**37646**	**4940**

18-26 续表 1 continued

单位：人 (person)

地、县	Region & County	普通中学学校数(所) Schools (unit)	毕业生数 Graduates	招生数 Entrants	在校学生数 Enrollment	高中 Senior Secondary Schools	初中 Junior Secondary Schools	专任教师 Full-time Teachers
甘州区	Ganzhou	32	8126	8211	24135	8702	15433	2001
肃南县	Sunan	6	367	379	1061	372	689	162
民乐县	Minle	5	5013	4145	14025	5158	8867	1008
临泽县	Linze	4	1859	1817	5477	1897	3580	506
高台县	Gaotai	5	1816	1641	5296	1848	3448	560
山丹县	Shandan	6	2808	2917	8496	2867	5629	703
平凉市	**Pingliang**	**164**	**41478**	**36979**	**114628**	**41637**	**72991**	**11800**
崆峒区	Kongtong	35	10333	9277	28708	10327	18381	2414
泾川县	Jingchuan	21	4955	4053	12825	4861	7964	1618
灵台县	Lingtai	18	3241	2926	9188	3241	5947	1007
崇信县	Chongxin	10	1494	1515	4513	1445	3068	453
庄浪县	Zhuanglang	30	8533	7035	22995	8716	14279	2446
静宁县	Jingning	39	9493	8321	25423	9550	15873	2920
华亭市	Huating	11	3429	3852	10976	3497	7479	942
酒泉市	**Jiuquan**	**55**	**18936**	**17559**	**54702**	**21668**	**33034**	**4916**
肃州区	Suzhou	23	8518	7649	23757	9812	13945	2099
金塔县	Jinta	6	2332	2126	6852	2640	4212	668
瓜州县	Guazhou	6	2524	2355	7381	2786	4595	651
肃北县	Subei	2	187	157	535	214	321	84
阿克塞县	Akesai	1	229	246	724	286	438	54
玉门市	Yumen	6	2337	2400	7291	2587	4704	564
敦煌市	Dunhuang	11	2809	2626	8162	3343	4819	796
庆阳市	**Qingyang**	**166**	**44088**	**45663**	**137727**	**50133**	**87594**	**11865**
西峰区	Xifeng	26	10066	11383	33278	13779	19499	2792
庆城县	Qingcheng	19	3755	4232	11931	3643	8288	1056
环　县	Huanxian	30	6390	6117	18759	7205	11554	1626
华池县	Huachi	13	2199	2318	7025	2221	4804	630
合水县	Heshui	8	2173	2653	7831	2313	5518	576
正宁县	Zhengning	16	2841	3433	9994	2775	7219	981
宁　县	Ningxian	25	7428	7099	22115	8001	14114	1833
镇原县	Zhenyuan	29	9236	8428	26794	10196	16598	2371
定西市	**Dingxi**	**249**	**49047**	**42628**	**135855**	**51706**	**84149**	**14070**
安定区	Anding	42	7163	5467	19059	8604	10455	2214
通渭县	Tongwei	45	6581	4064	14755	7006	7749	1904

18-26 续表 2 continued

单位：人 (person)

地、县	Region & County	普通中学学校数(所) Schools (unit)	毕业生数 Graduates	招生数 Entrants	在校学生数 Enrollment	高中 Senior Secondary Schools	初中 Junior Secondary Schools	专任教师 Full-time Teachers
陇西县	Longxi	46	8477	7765	24585	9042	15543	2578
渭源县	Weiyuan	28	6455	4123	14166	5840	8326	1816
临洮县	Lintao	43	7645	8195	24176	8175	16001	2540
漳　县	Zhangxian	16	3530	3188	10210	3797	6413	881
岷　县	Minxian	29	9196	9826	28904	9242	19662	2137
陇南市	**Longnan**	**230**	**48489**	**47988**	**149519**	**55254**	**94265**	**11839**
武都区	Wudu	40	11534	11917	36925	14283	22642	2791
成　县	Chengxian	25	4350	4787	13998	4797	9201	1023
文　县	Wenxian	24	3683	3417	10267	4590	5677	1043
宕昌县	Tanchang	25	5494	4834	15668	5768	9900	1201
康　县	Kangxian	18	2728	3140	9566	3476	6090	697
西和县	Xihe	29	7977	7529	24099	8871	15228	1840
礼　县	Lixian	39	8582	8236	26529	8458	18071	2092
徽　县	Huixian	24	3491	3529	10519	4111	6408	966
两当县	Liangdang	6	650	599	1948	900	1048	186
临夏州	**Linxia**	**109**	**32418**	**43056**	**121767**	**37352**	**84415**	**9453**
临夏市	linxia	9	6867	7428	22259	10169	12090	1866
临夏县	linxia	19	4390	6194	16640	4351	12289	1399
康乐县	Kangle	17	4604	5581	16933	4810	12123	1042
永靖县	Yongjing	14	3573	3700	11563	5623	5940	1179
广河县	Guanghe	10	3385	5497	15183	3669	11514	984
和政县	Hezheng	11	2938	4167	11192	2674	8513	792
东乡县	Dongxiang	16	2398	4819	12549	2198	10351	807
积石山县	Jishishan	13	4263	5670	15448	3858	11590	1384
甘南州	**Gannan**	**46**	**15165**	**13409**	**45194**	**15705**	**29489**	**4263**
合作市	Hezuo	5	2966	2681	8710	3870	4840	706
临潭县	Lintan	10	2503	2294	7820	2456	5364	764
卓尼县	Zhuoni	9	2214	2113	6809	2096	4713	658
舟曲县	Zhouqu	8	2500	2104	8062	2589	5473	829
迭部县	Diebu	5	1271	869	3086	1281	1805	396
玛曲县	Maqu	3	1248	1055	3532	989	2543	226
碌曲县	Luqu	2	874	847	2781	1035	1746	277
夏河县	Xiahe	4	1589	1446	4394	1389	3005	407

18-27 各市（州）普通高等学校基本情况（2020）
Number of Regular Institutions of Higher Education by Region（2020）

单位：人 (person)

市（州）	Region	学校数（所）Schools (unit)	专任教师数 Full-time Teachers	招生数 Entrants	本科 Normal Courses	专科 Short-cycle Courses	在校学生数 Enrollment	本科 Normal Courses	专科 Short-cycle Courses
兰州市	Lanzhou	30	22141	125485	64959	60526	389220	242564	146656
嘉峪关市	Jiayuguan	1	182	2265		2265	4185		4185
金昌市	Jinchang	1	195	2077		2077	5226		5226
白银市	Baiyin	1	208	2711		2711	6428		6428
天水市	Tianshui	4	2010	16399	4207	12192	47840	15243	32597
武威市	Wuwei	3	994	8389		8389	21709		21709
张掖市	Zhangye	1	1172	5972	4793	1179	19605	16632	2973
平凉市	Pingliang	2	930	6155	2076	4079	17141	6244	10897
酒泉市	Jiuquan	1	495	5030		5030	12991		12991
庆阳市	Qingyang	2	1075	7901	4400	3501	22952	15881	7071
定西市	Dingxi	1	383	2377		2377	6675		6675
陇南市	Longnan	1	464	3571		3571	9887		9887
临夏州	Linxia	1	241	1950		1950	4594		4594
甘南州	Gannan	1	540	3178	3178		10923	10921	2

注：1. 普通高等学校数中包含5所独立学院。
2. 专科学生数中不含兰州航空工业职工大学（职工高校）数据。
a) Number of regular institutions of higher education include the 5 independent institutions.
b) The number of short-cycle courses students does not include the data of Lanzhou Aviation Technology University (Staff College).

18-27 续表 continued

单位：人 (person)

市（州）	Region	毕（结）业生数 Graduates with Degrees or Diplomas	本科 Normal Courses	专科 Short-cycle Courses	授予学位数 Degrees Awarded
兰州市	Lanzhou	90175	56621	33554	56498
嘉峪关市	Jiayuguan	974		974	
金昌市	Jinchang	762		762	
白银市	Baiyin	1093		1093	
天水市	Tianshui	10733	3791	6942	3681
武威市	Wuwei	5026		5026	
张掖市	Zhangye	4888	3780	1108	3649
平凉市	Pingliang	3193	755	2438	755
酒泉市	Jiuquan	2970		2970	
庆阳市	Qingyang	5019	3792	1227	3627
定西市	Dingxi	1778		1778	
陇南市	Longnan	2272		2272	
临夏州	Linxia	1384		1384	
甘南州	Gannan	2686	2602	84	2534

18-28 科技活动基本情况
Basic Statistics on Scientific and Technological Activities

指 标	Item	2010	2015	2018	2019	2020
研究与试验发展（R&D）投入情况	**Statistics on R&D Input**					
有 R&D 活动的单位数（个）	Number of Units with R & D Activities (unit)	331	693	590	732	729
R&D 人员（人）	R & D Personnel (person)	30321	40787	38720	46047	43082
R&D 人员全时当量（人年）	Full-time Equivalent of R&D Personnel (man-year)	20774	25859	22214	25956	26814
R&D 经费内部支出（万元）	Internal Expenditure on R&D (10 000yuan)	415886	827203	970537	1102446	1096444
R&D 经费内部支出相当于生产总值比例（%）	Ratio of Internal Expenditure on R&D to GDP (%)	1.03	1.22	1.18	1.26	1.22
科技产出及成果情况	**Statistics on S&T Outputs and Results**					
发表科技论文（篇）	Scientific Papers Issued (piece)	26016	25668	25467	25608	25251
出版科技著作（种）	Publication on Science and Technology (kind)	645	1020	835	790	846
专利申请受理数（件）	Number of Patent Applications Accepted (piece)	1817	4125	7746	8348	9264
#发明专利	Inventions	933	1550	2815	3197	3202
专利申请授权数（件）	Number of Patent Applications Granted (piece)	304	1353	3217	2872	4040
#发明专利	Inventions	187	524	627	626	1004
有效发明专利数（件）	Number of Patents in Force (piece)	1554	4523	7342	7825	9516
专利所有权转让及许可数（件）	Number of Transfer and License of Patent Ownership (piece)	138	76	89	174	567
专利所有权转让与许可收入（万元）	Income of Transfer and License of Patent Ownership (10 000 yuan)	2015	3569	1287	2665	3428
植物新品种权授予数（项）	Number of New Plant Varieties Granted (item)	20	19	15	17	42
形成国家或行业标准数（项）	Number of Form the National or Industry Standards (item)	170	216	223	199	230

18-29 研究与试验发展（R&D）人员
R&D Personnel

单位：人 (person)

指 标	Item	2010	2015	2018	2019	2020
R&D 人员	**R&D Personnel**	**30321**	**40787**	**38720**	**46047**	**43082**
按学历分	**By Level of Education**					
博士毕业	Doctor	2096	3809	5086	7629	7949
硕士毕业	Master	4882	7797	8955	10105	10200
本科毕业	Under-graduate	13319	13533	15713	18098	17064
其他人员	Others	10024	15648	8966	10215	7871
#女性	Female	7368	11575	11462	12370	12902
#研究人员	Researchers	18739	21360	24293	30202	29295
#全时人员	Full-time Equivalent	16978	23074	20512	26236	24125

18-30 研究与试验发展（R&D）人员全时当量
Full-time Equivalent of R&D Personnel

单位：人 年　　　　(man-year)

指　标	Item	2010	2015	2018	2019	2020
R&D 人员全时当量	**Full–time Equivalent of R&D Personnel**	**20774**	**25859**	**22214**	**25956**	**26814**
#研究人员	Researchers	12771	13256	14111	17586	18533
按活动类型分	**By Type of Activity**					
基础研究	Basic Research	2299	4309	4537	6270	6652
应用研究	Applied Research	4890	5570	6207	7008	7178
试验发展	Experimental Development	13586	15980	11469	12678	12983

18-31 研究与试验发展（R&D）经费情况
Expenditure on R&D

单位：万元　　　　(10 000yuan)

指　标	Item	2010	2015	2018	2019	2020
R&D 经费内部支出	**Internal Expenditure on R&D by Sources**	**415886**	**827203**	**970537**	**1102446**	**1096444**
按活动类型分	**By Type of Activity**					
基础研究	Basic Research	56498	127825	158192	185634	160952
应用研究	Applied Research	87531	129000	213397	239600	239614
试验发展	Experimental Development	271858	570378	598948	677212	695878
按执行部门分	**By Execution Departments**					
企业	Enterprises	223202	493772	518493	558593	587276
研究与开发机构	R&D Institutions	120428	248233	303823	361532	344094
高等学校	Higher Education	62646	69583	120842	143465	128091
其他	Others	9610	15615	27380	38855	36982
按支出用途分	**By Expenditure Use**					
日常性支出	Routine Expenses	355587	695594	771693	873562	938361
#人员劳务费	Labor Cost	95801	199305	235210	288052	331545
资产性支出	Assets Expenditure	60299	131609	198844	228884	158083
#仪器和设备	Equipment	50997	99373	172117	181476	137022
按资金来源分	**By Sources of Funding**					
政府资金	Government Appropriation Funds	161543	297574	412044	533471	398240
企业资金	Self-raised Funds by Enterprises	238039	500065	517560	519019	645537
国外资金	Foreign Funds	1224	2780	1382	1093	1008
其他资金	Other Funds	15081	26784	39551	48862	51658
R&D 经费外部支出	**External Expenditure on R&D by Performer and Sources**	**35208**	**132107**	**32208**	**30339**	**49148**
#对国内研究机构支出	to Domestic Research Institutions	16414	66762	9720	6449	20702
对国内高等学校支出	to Domestic Higher Education	10888	29546	4288	7471	10503
对国内企业支出	to Domestic Enterprises	3013	27094	17545	16106	15959
对境外机构支出	to Foreign Institutions	4894	8678	625	209	1974

18-32 研究与试验发展（R&D）项目（课题）情况
Statistics on R&D Projects （Topics）

指 标	Item	2010	2015	2018	2019	2020
R&D 项目（课题）数（项）	R&D Projects（item）	10126	14036	16301	17831	19086
R&D 项目（课题）人员折合全时当量（人年）	R&D Participants（man-year）	17463	22205	19533	23293	24032
R&D 项目（课题）经费内部支出（万元）	R&D Intramural Expenditure（10 000 yuan）	296798	631666	716299	754238	837675

18-33 科技成果情况
Statistics on Scientific and Technological Results

单位：项 （item）

指 标	Item	2010	2015	2018	2019	2020
登记成果数	**Number of registered results**	**1065**	**819**	**1176**	**1479**	**2140**
按执行部门分	**By Execution Departments**					
科研机构	Research Institutions	210	188	221	269	333
大专院校	Colleges and Universities	295	200	350	466	599
企业	Enterprises	242	336	375	367	635
医疗机构	Medical Institutions	194	61	145	256	387
其他	Others	124	34	85	121	185
按活动类型分	**By Type of Activity**					
应用技术成果	Applied Technology Results	985	655	844	922	1463
基础理论成果	Basic Theoretical Results	27	138	297	504	648
软科学成果	Soft Science Results	53	26	35	53	29
奖励项目数	**Number of Reward Items**	**181**	**149**	**150**	**152**	**153**
应用技术成果应用行业	**Application Technology Application Industry**	**985**	**655**	**844**	**922**	**1463**
第一产业	Primary Industry	294	276	411	390	518
第二产业	Secondary Industry	213	205	183	234	358
第三产业	Tertiary Industry	478	174	250	298	587
已应用项目数	**Number of Applied Items**	**790**	**581**	**752**	**818**	**1286**

18-34 规模以上工业企业科技活动基本情况
Basic Statistics on Science and Technology Activities of Industrial Enterprises above Designated Size

指 标	Item	2010	2015	2018	2019	2020
企业基本情况	**Statistics on Industrial Enterprises**					
有 R&D 活动企业数（个）	Number of Enterprises Having R&D Activities (unit)	126	457	330	416	421
有 R&D 活动企业占规模以上企业比重（%）	Percentage of Enterprises Having R&D Activities to Total Number of Enterprises (%)	6.3	21.4	18.6	22.9	21.7
研究与试验发展（R&D）活动	**Statistics on R&D Activities**					
R&D 人员全时当量（人年）	Full-time Equivalent of R&D Personnel (man-year)	9561	12578	8026	8547	8614
R&D 经费内部支出（万元）	Internal Expenditure on R&D (10 000 yuan)	218590	486077	476151	505544	521334
R&D 项目数（项）	R&D Projects (item)	644	1572	1305	1705	1608
R&D 项目经费内部支出（万元）	Internal Expenditure on R&D Projects (10 000 yuan)	152320	412787	423418	443073	501693
企业办研发机构	**Statistics on R&D Institutions**					
机构数（个）	Number of R&D Institutions (unit)	161	284	190	189	205
机构人员数（人）	R&D Personnel (person)	5383	12113	12212	11309	10097
机构经费支出（万元）	Expenditure on R&D (10 000yuan)	52792	167872	172060	140396	165260
新产品开发及生产	**Statistics on New Products Development and Production**					
新产品开发项目数（个）	Number of New Products (unit)	1182	1291	1279	1458	1565
新产品开发经费支出（万元）	Expenditure on New Products Development (10 000 yuan)	212337	392974	456615	457278	436109
新产品销售收入（亿元）	Sales Revenue of New Products (100 million yuan)	349.06	574.10	275.13	552.71	578.03
#新产品出口	Export	25.32	50.72	71.32	64.77	46.53
专利情况	**Statistics on Patent**					
专利申请数（件）	Patent Applications (piece)	1043	2230	3342	3393	3829
#发明专利	Inventions	328	698	1207	1292	1229
有效发明专利数（件）	Number of Patents in Force (piece)	402	1884	3208	3413	4017
技术获取和技术改造（万元）	**Statistics on Technology Acquisition and Technology Reconstruction (10 000 yuan)**					
引进国外技术经费支出	Expenditure for Acquisition of Foreign Technology	59956	21378	190	1015	900
引进技术消化吸收经费支出	Expenditure for Assimilation of Technology	122099	69148			
购买国内技术经费支出	Expenditure for Purchase of Domestic Technology	44929	35973	7737	85538	686
技术改造经费支出	Expenditure for Technical Renovation	408340	571814	418409	518759	529369

18–35 专利申请及授权情况
Statistics of Patent Application and Grant

单位：项 (item)

指标	Item	申请量 Patent Applications 2019	申请量 Patent Applications 2020	授权量 Patent Application Granted 2019	授权量 Patent Application Granted 2020
总计	**Total**	**27637**	**32280**	**14894**	**20991**
发明专利	Inventions	6056	5866	1154	1446
实用新型	Utility Models	19226	23845	11722	17503
外观设计	Designs	2355	2569	2018	2042
职务	Official	19691	20401	11377	15039
大专院校	Universities and Colleges	5700	5405	2724	3909
科研单位	Research Institutions	1622	1748	870	970
企业	Enterprises	11172	12066	7144	9277
机关团体	Government Agencies and Organizations	1197	1182	639	883
非职务	Non-official	7946	11879	3517	5952

18–36 各类技术合同签订情况（2020）
Statistics of Signing Technical Contract（2020）

指标	Item	合同数（项）Number of Contracts (item)	合同成交金额（万元）Amount of Contracts (10 000 yuan)	#技术交易额 Revenue for Technique Trade
合计	**Total**	**7403**	**2331559**	**1550510**
技术开发合同	Technical Development	1473	167835	153230
技术转让合同	Technical Transfer	176	40594	34115
技术咨询合同	Technical Advisory	950	306879	196252
技术服务合同	Technical Service	4804	1816251	1166913

18-37 各市（州）研究与试验发展（R&D）情况（2020）
Basic Statistics on R&D by Region（2020）

市（州）	Region	有R&D活动的单位数（个）Number of Units (unit)	R&D人员（人）R&D Personnel (person)	R&D经费内部支出（万元）Internal Expenditure on R&D (10 000 yuan)	按活动类型分 By Type of Activity			按支出用途分 By Expenditure Use		R&D经费外部支出（万元）External Expenditure on R&D (10000 yuan)
					基础研究 Basic Research	应用研究 Applied Research	试验发展 Experimental Development	日常性支出 Routine Expenses	资产性支出 Assets Expenditure	
兰州市	Lanzhou	230	26707	612081	140370	207528	264187	506472	105773	30937
嘉峪关市	Jiayuguan	18	757	90399		74	90325	85514	4880	1966
金昌市	Jinchang	17	872	63421	4675	1298	57448	59167	4262	3318
白银市	Baiyin	40	1143	37656	83	4576	32996	31934	5715	786
天水市	Tianshui	48	3054	84604	5007	1690	77906	67327	17331	433
武威市	Wuwei	102	1826	32766	628	1277	30862	30190	2587	919
张掖市	Zhangye	120	2565	58811	3360	6477	48974	50153	8613	2689
平凉市	Pingliang	22	789	9288	193	2360	6734	7581	1697	87
酒泉市	Jiuquan	41	1706	49890	4720	11469	33701	47142	2716	4110
庆阳市	Qingyang	23	1460	17415	1571	2086	13756	16326	995	3316
定西市	Dingxi	28	773	16547	7	22	16518	15868	649	102
陇南市	Longnan	14	745	11827	121	441	11266	10885	933	5
临夏州	Linxia	22	463	9145	3	262	8881	7933	1208	388
甘南州	Gannan	6	222	2595	216	56	2324	1870	725	92

18-38 企业单位分行业各类专业技术人员（2020）

Professional and Technical Personnel of Enterprises Units by Sector and Type（2020）

单位：人 （person）

行业	Sector	总计 Total	工程技术人员 Engineering	农业技术人员 Agriculture	科学研究人员 Scientific Research	卫生技术人员 Health Care	教学人员 Teaching	其他 Other
总计	**Total**	**99710**	**55349**	**623**	**39**	**1517**	**662**	**41520**
农、林、牧、渔业	Agriculture,Forestry,Animal Husbandry and Fishery	2148	693	505	2	16	11	921
采矿业	Mining	9895	5403	16		674	257	3545
制造业	Manufacturing	14631	10664	27		110	40	3790
电力、热力、燃气及水生产和供应业	Production and Supply of Electricity, Heat, Gas and Water	5409	4519	9		13	14	854
建筑业	Construction	24132	18308	2		29	4	5789
批发和零售业	Wholesale and Retail Trades	721	147			20	3	551
交通运输、仓储和邮政业	Transport, Storage and Post	10813	6814	19	1	34	11	3934
住宿和餐饮业	Hotels and Catering Services	201	104	1				95
信息传输、软件和信息技术服务业	Information Transmission,Software and Information Technology	239	175		1		4	59
金融业	Financial Intermediation	18767	394	8				18365
房地产业	Real Estate	839	520	3		1		315
租赁和商务服务业	Leasing and Commercial Services	879	422	1		1	2	453
科学研究和技术服务业	Scientific Research and Technical Services	3319	3063		35	1		220
水利环境和公共设施管理业	Management of Water Conservancy, Environment and Public Facilities	3123	2563	3		8	1	548
居民服务、修理和其他服务业	Services to Households, Repair and Other Services	1325	878	29			1	417
教育	Education	352	20				312	20
卫生和社会工作	Health and Social Service	635	13			606		16
文化、体育和娱乐业	Culture, Sports and Entertainment	2156	574			4	2	1576
公共管理、社会保障和社会组织	Public Management,Social Security and Social Organization	126	75					51
国际组织	International Organizations							

注：此表为公有制经济企业专业技术人员数据。

a) Data in this table are data of professional and technical personnel of public economic enterprises.

18-39 事业单位分专业类别专业技术人员（2020）
Professional and Technical Personnel of Public Institutions by Professional Category（2020）

单位：人 (person)

专业类别		总 计 Total	博士 Doctor's Degree	硕士 Master's Degree	大学本科 Normal Courses	大学专科 Short-cycle Courses	中专 Specialized Secondary	高中及以下 Senior Secondary and below	在管理岗位工作的 Worked in Management Position
总计	**Total**	**505440**	**3975**	**24756**	**317021**	**129890**	**24396**	**5402**	**12325**
工程技术人员	Engineering Technical Personnel	31272	76	1901	18648	8320	2083	244	1117
农业技术人员	Agricultural Technical Personnel	25909	17	904	14111	8637	1947	293	1218
科学研究人员	Scientific Research Personnel	2961	277	753	1473	386	71	1	206
卫生技术人员	Health Technology Personnel	83437	142	3367	48534	24736	5788	870	2610
教学人员	Teaching Personnel	334715	3377	16348	217777	80899	12906	3408	6068
经济人员	Economic Personnel	3110	1	145	1942	878	121	23	77
会计人员	Accounting Personnel	3308		116	2128	849	190	25	97
统计人员	Statistics Personnel	588		8	173	392	11	4	1
翻译人员	Translation Personnel	89		18	55	15	1		13
图书档案、文博人员	Book Archives,Cultural and Museum Personnel	4061	63	379	2449	971	115	84	195
新闻、出版人员	News,Publishing Personnel	3266	11	178	2377	623	61	16	349
律师、公证人员	Lawyer, Notary	144	1	6	85	37	14	1	5
播音人员	Broadcaster	535		8	343	161	20	3	23
工艺美术人员	Arts and Crafts Personnel	280		5	181	76	14	4	23
体育人员	Sports Personnel	1257		35	681	283	216	42	39
艺术人员	Art Personnel	2253	1	84	1031	517	413	207	109
其他人员	Others	8255	9	501	5033	2110	425	177	175

18-40 事业单位分行业各类专业技术人员（2020）
Professional and Technical Personnel of Institutional Unit by Sector and Type（2020）

单位：人 （person）

行业	Sector	总计 Total	博士 Doctor's Degree	硕士 Master's Degree	大学本科 Normal Courses	大学专科 Short-cycle Courses	中专 Specialized Secondary	高中及以下 Senior Secondary and below	在管理岗位工作的 Worked in Management Position
总计	**Total**	**505440**	**3975**	**24756**	**317021**	**129890**	**24396**	**5402**	**12325**
农、林、牧、渔业	Agriculture,Forestry,Animal Husbandry and Fishery	33574	22	1149	18037	11263	2693	410	1440
采矿业	Mining	85		1	42	37	3	2	
制造业	Manufacturing	9			9				
电力、热力、燃气及水生产和供应业	Production and Supply of Electricity, Heat, Gas and Water	407		2	143	143	119		5
建筑业	Construction	1629		39	1012	394	172	12	66
批发和零售业	Wholesale and Retail Trades	2			2				
交通运输、仓储和邮政业	Transport, Storage and Post	5113	1	122	3658	1159	168	5	91
住宿和餐饮业	Hotels and Catering Services	36		1	14	17	4		2
信息传输、软件和信息技术服务业	Information Transmission,Software and Information Technology	392		34	274	59	17	8	10
金融业	Financial Intermediation	1047		8	446	444	122	27	6
房地产业	Real Estate	134		4	57	60	8	5	2
租赁和商务服务业	Leasing and Commercial Services	26		2	23	1			4
科学研究和技术服务业	Scientific Research and Technical Services	10000	204	1519	6339	1494	430	14	480
水利环境和公共设施管理业	Management of Water Conservancy, Environment and Public Facilities	10219	9	292	5856	3336	642	84	398
居民服务、修理和其他服务业	Services to Households,Repair and Other Services	867		3	441	343	80		39
教育	Education	339154	3519	17167	220108	82071	12916	3373	6213
卫生和社会工作	Health and Social Service	82835	156	3546	48707	23810	5712	904	2669
文化、体育和娱乐业	Culture, Sports and Entertainment	12050	62	587	7296	2855	891	359	738
公共管理、社会保障和社会组织	Public Management,Social Security and Social Organization	7533	2	280	4531	2103	413	199	162
国际组织	International Organizations	328			26	301	1		

18-41 分市（州）企业创新基本情况（2020）

指 标	Item	兰州市 Lanzhou	嘉峪关市 Jiayuguan	金昌市 Jinchang
创新活动	**Innovative Activity**			
企业数（个）	Number of Enterprises (unit)	1815	149	188
开展创新活动的企业数（个）	Number of Enterprises to Carry out Innovation Activities (unit)	581	62	74
#成功实现创新	Successful to Achieve Innovation	581	58	74
#开展产品或工艺创新活动	Carry out Product or Process Innovation Activities	316	40	53
#有组织（管理）创新或营销创新	Own the Organize (Manage) Innovation or Marketing Innovation	513	55	66
#同时实现四种创新	Simultaneously Achieving Four Innovations	86	8	16
产品或工艺创新	**Product or Process Innovation**			
有内部 R&D 的企业数（个）	Number of Enterprises with Internal R&D (unit)	132	15	13
有外部 R&D 的企业数（个）	Number of Enterprises with External R&D (unit)	51	5	4
工业企业创新费用（亿元）	Innovation Expense for Industrial Enterprises (100 million yuan)	23.74	27.07	33.83
#R&D 经费内部支出	Internal Expenditure on R&D	16.57	9.00	6.24
#R&D 经费外部支出	External Expenditure on R&D	2.54	0.20	0.33
保持和提高竞争	**Maintain and Enhance Competitiveness**			
占全部企业的比重（%）	**Proportion of Following Enterprises to All Enterprises (%)**			
申请了专利的企业	Enterprises Applied for a Patent	6.39	14.77	7.98
申请了注册商标的企业	Enterprises Applied for a Registered Trademark	5.01	5.37	9.57
申请了版权登记的企业	Enterprises Applied for a Copyright Registration	1.71	0.67	2.66
形成了国家或行业技术标准的企业	Enterprises Formed a National or Industry Technical Standards	6.06	8.72	7.98
发挥了时间上的先发优势的企业	Enterprises Played the Time's First-mover Advantage	24.19	24.16	25.00
有发明专利申请的企业	Enterprises Have the Patent Applications	4.68	10.07	5.32

Basic Statistics of Enterprise Innovation by Region （2020）

白银市 Baiyin	天水市 Tianshui	武威市 Wuwei	张掖市 Zhangye	平凉市 Pingliang	酒泉市 Jiuquan	庆阳市 Qingyang	定西市 Dingxi	陇南市 Longnan	临夏州 Linxia	甘南州 Gannan
341	498	349	426	217	448	291	279	189	136	57
127	208	128	193	78	159	85	127	73	49	16
117	200	128	179	73	159	85	119	72	43	15
83	121	93	148	30	90	29	69	34	30	12
104	187	102	140	67	131	77	111	66	42	13
21	33	30	30	4	17	3	17	8	14	2
41	40	72	113	12	36	14	27	10	22	5
10	10	7	21	4	10	2	7	3	6	[illegible]
12.74	8.88	2.03	5.47	1.12	5.16	1.56	1.74	1.11	0.91	0.50
3.60	6.96	1.90	4.69	0.50	3.68	1.22	1.35	0.96	0.80	0.22
0.08	0.04	0.09	0.27		0.27	0.32			0.04	
7.33	6.43	10.03	8.92	4.61	6.03	2.06	5.38	3.70	4.41	3.51
8.80	12.25	6.59	9.39	6.91	4.24	7.90	8.60	9.52	8.09	10.53
1.17	2.21	1.72	1.54	0.46	1.12	1.37	0.72	2.65	2.21	1.75
8.21	6.63	7.45	7.98	5.99	4.91	6.19	7.89	7.41	7.35	3.51
27.86	25.90	28.37	29.34	23.04	22.32	30.24	22.58	27.51	36.76	24.56
4.40	4.82	4.87	4.69	3.23	4.24	1.72	3.58	3.17	2.94	3.51

18-42 企业创新基本情况（2020）
Enterprise Innovation （2020）

指 标	Item	全 省 Total	工 业 Industry	建筑业 Cons-truction	服务业 Service Industry
创新活动	**Innovative Activity**				
企业数（个）	Number of Enterprises （unit）	5383	1944	754	2685
开展创新活动的企业数（个）	Number of Enterprises to Carry out Innovation Activities （unit）	1960	944	200	816
#成功实现创新	Successful to Achieve Innovation	1903	895	198	810
#开展产品或工艺创新活动	Carry out Product or Process Innovation Activities	1148	730	86	332
#有组织（管理）创新或营销创新	Own the Organize（Manage）Innovation or Marketing Innovation	1674	729	188	757
#同时实现四种创新	Simultaneously Achieving Four Innovations	289	175	22	92
产品或工艺创新	**Product or Process Innovation**				
有内部 R&D 的企业数（个）	Number of Enterprises with Internal R&D （unit）	552	421	33	98
有外部 R&D 的企业数（个）	Number of Enterprises with External R&D （unit）	141	93	8	40
工业企业创新费用（亿元）	Innovation Expense for Industrial Enterprises （100 million yuan）	116	116		
#R&D 经费内部支出	Internal Expenditure on R&D	52	52		
#R&D 经费外部支出	External Expenditure on R&D	4	4		
创新合作	**Innovation Cooperation**				
开展创新合作的企业数（个）	Number of Enterprises to Carry out Innovation Cooperation （unit）	857	543	63	251
#与高等学校开展创新合作	Carry out Innovation Cooperation with Colleges and Universities	269	178	24	67
#与研究机构开展创新合作	Carry out Innovation Cooperation with Research Institutions	209	160	14	35
保持和提高竞争力	**Maintain and Enhance Competitiveness**				
占全部企业的比重（%）	**Proportion of Following Enterprises to All Enterprises （%）**				
申请了专利的企业	Enterprises Applied for a Patent	6.61	15.17	3.05	1.42
申请了注册商标的企业	Enterprises Applied for a Registered Trademark	7.19	12.14	2.25	4.99
申请了版权登记的企业	Enterprises Applied for a Copyright Registration	1.60	1.70	0.80	1.75
形成了国家或行业技术标准的企业	Enterprises Formed a National or Industry Technical Standards	6.69	9.98	5.97	4.51
对技术秘密进行内部保护的企业	Enterprises Carried out Internal Protection to Technical Secret	7.93	13.17	6.50	4.54
发挥了时间上的先发优势的企业	Enterprises Played the Time's First-mover Advantage	25.77	19.29	32.23	28.64
有发明专利申请的企业	Enterprises Have the Patent Applications	4.44	10.08	2.12	1.01
采取知识产权保护或相关措施的企业	Enterprises Take Intellectual Property Protection or Related Measures	48.82	57.46	50.13	42.20

主要统计指标解释

普通高等学校 指通过国家普通高等教育招生考试，招收高中毕业生为主要培养对象，实施高等学历教育的全日制大学、独立设置的学院、独立学院和高等专科学校、高等职业学校及其他机构。

大学、独立设置的学院主要实施本科及本科层次以上的教育。独立学院主要实施本科层次的教育。高等专科学校、高等职业学校实施专科层次的教育。其他机构是指承担国家普通招生计划任务不计校数的机构，包括普通高等学校分校、大专班等。

成人高等学校 指通过国家成人高等教育招生考试，招收具有高中毕业或同等学力的人员为主要培养对象，利用函授、业余、脱产等多种形式，对其实施高等学历教育的学校。包括：职工高等学校、农民高等学校、管理干部学院、教育学院、独立函授学院、广播电视大学、其他机构。其他机构是指承担国家成人招生计划任务不计校数的机构。

小学学龄儿童净入学率 指调查范围内已入小学学习的学龄儿童占校内外学龄儿童总数（包括弱智儿童，不包括盲聋哑儿童）的比重。

研究与试验发展（R&D） 指在科学技术领域，为增加知识总量，以及运用这些知识去创造新的应用进行的系统的创造性的活动，包括基础研究、应用研究、试验发展三类活动。国际上通常采用R&D活动的规模和强度指标反映一国的科技实力和核心竞争力。

基础研究 指为了获得关于现象和可观察事实的基本原理的新知识（揭示客观事物的本质、运动规律，获得新发现、新学说）而进行的实验性或理论性研究，它不以任何专门或特定的应用或使用为目的。其成果以科学论文和科学著作为主要形式。用来反映知识的原始创新能力。

应用研究 指为获得新知识而进行的创造性研究，主要针对某一特定的目的或目标。应用研究是为了确定基础研究成果可能的用途，或是为达到预定的目标探索应采取的新方法（原理性）或新途径。其成果形式以科学论文、专著、原理性模型或发明专利为主。用来反映对基础研究成果应用途径的探索。

试验发展 指利用从基础研究、应用研究和实际经验所获得的现有知识，为产生新的产品、材料和装置，建立新的工艺、系统和服务，以及对已产生和建立的上述各项作实质性的改进而进行的系统性工作。其成果形式主要是专利、专有技术、具有新产品基本特征的产品原型或具有新装置基本特征的原始样机等。在社会科学领域，试验发展是指把通过基础研究、应用研究获得的知识转变成可以实施的计划（包括为进行检验和评估实施示范项目）的过程。人文科学领域没有对应的试验发展活动。主要反映将科研成果转化为技术和产品的能力，是科技推动经济社会发展的物化成果。

产品创新 指企业推出了全新的或有重大改进的产品。产品创新的“新”要体现在产品的功能或特性上，包括技术规范、材料、组件、用户友好性等方面的重大改进。不包括产品仅有外观变化或其他微小改变的情况，也不包括直接转销。此处的“新”是指该产品对本企业而言必须是新的，但对于其他企业或整个市场而言不一定是新的。这里的产品既包括货物，也包括服务。货物方面产品创新的例子有新能源汽车、新功能手机等；服务方面产品创新的例子有新的保修服务，如显著延长的新产品保修期限等。

工艺创新 指企业采用了全新的或有重大改进的生产方法、工艺设备或辅助性活动。工艺创新的“新”要体现在技术、设备或流程上；它对本企业而言必须是新的，但对于其他企业或整个市场而言不一定是新的。不包括单纯的组织管理方式的变化。此处的辅助性活动指企业的采购、物流、财务、信息化等活动。

组织（管理）创新 指企业采取了此前从未使用过的全新的组织管理方式，主要涉及企业的经营模式、组织结构或外部关系等方面。不包括单纯的合并或收购。组织（管理）创新应是企业管理层战略决策的结果。此处的“新”是指它对本企业而言必须是新的，但对于其他企业或整个市场而言不一定是新的。

营销创新 指企业采用了此前从未使用过的全新的营销概念或营销策略，主要涉及产品（服务）设计或包装、产品（服务）推广、产品（服务）销售渠道、产品（服务）定价等方面。不包括季节性、周期性变化和其他常规的营销方式变化。此处的“新”是指它对本企业而言必须是新的，但对于其他企业或整个市场而言不一定是新的。

R&D人员 指参与研究与试验发展项目研究、管理和辅助工作的人员，包括项目（课题）组人员，企业科技行政管理人员和直接为项目(课题)活动提供服务的辅助人员。反映投入从事拥有自主知识产权的研究开发活动的人力规模。

R&D 人员全时当量 指全时人员数加非全时人员按工作量折算为全时人员数的总和。例如：有两个全时人员和三个非全时人员(工作时间分别为 20%、30% 和 70%)，则全时当量为 2+0.2+0.3+0.7=3.2 人年。为国际上比较科技人力投入而制定的可比指标。

R&D 经费内部支出合计 指调查单位用于内部开展 R&D 活动（基础研究、应用研究和试验发展）的实际支出。包括用于 R&D 项目（课题）活动的直接支出，以及间接用于 R&D 活动的管理费、服务费、与 R&D 有关的基本建设支出以及外协加工费等。不包括生产性活动支出、归还贷款支出以及与外单位合作或委托外单位进行 R&D 活动而转拨给对方的经费支出。

R&D 项目（课题）数 指在当年立项并开展研究工作、以前年份立项仍继续进行研究的研发项目（课题）数，包括当年完成和年内研究工作已告失败的研发项目（课题），但不包括委托外单位进行的研发项目（课题）数。

R&D 项目（课题） 人员全时当量 指实际参加研发项目（课题）活动人员折合的全时当量。

R&D 项目（课题） 经费内部支出 指调查单位内部在报告年度进行研发项目（课题）研究和试制等的实际支出。包括劳务费、其他日常支出、固定资产购建费、外协加工费等，不包括委托或与外单位合作进行项目（课题）研究而拨付给对方使用的经费。

新产品销售收入 指报告期企业销售新产品实现的销售收入。新产品是指采用新技术原理、新设计构思研制、生产的全新产品，或在结构、材质、工艺等某一方面比原有产品有明显改进，从而显著提高了产品性能或扩大了使用功能的产品。既包括经政府有关部门认定并在有效期内的新产品，也包括企业自行研制开发，未经政府有关部门认定，从投产之日起一年之内的新产品。

专利 是专利权的简称，是对发明人的发明创造经审查合格后，由专利局依据专利法授予发明人和设计人对该项发明创造享有的专有权。包括发明、实用新型和外观设计。反映拥有自主知识产权的科技和设计成果情况。

发明（专利） 指对产品、方法或者其改进所提出的新的技术方案。是国际通行的反映拥有自主知识产权技术的核心指标。

实用新型（专利） 指对产品的形状、构造或者其结合所提出的适于实用的新的技术方案。反映具有一定技术含量的技术成果情况。

外观设计（专利） 指对产品的形状、图案、色彩或者其结合所作出的富有美感并适于工业上应用的新设计。反映拥有自主知识产权的外观设计成果情况。

19

卫生、社会服务和社会保障

Public Health, Social Services and Social Security

简要说明

一、本篇资料主要内容

本篇资料主要包括卫生、民政事业、安全生产、劳动保障、残疾人事业及其他社会统计情况。

卫生主要包括：卫生机构、卫生技术人员、床位数、医院诊疗人次及入院人数、新型农村合作医疗情况。

民政事业和劳动保障资料主要包括：社会福利事业机构、人员和社会救济情况、社会保障、婚姻登记等情况。

二、本篇资料来源

本篇资料由省统计局社会科技处搜集、加工整理。

1. 卫生资料由省卫健委提供、新型农村合作医疗资料由省医保局提供。

2. 安全生产资料由省应急管理厅提供。

3. 民政事业、劳动保障及其他社会统计数据分别来源于省民政厅、省人力资源和社会保障厅、省公安厅、省委统战部、省妇联、省总工会、省残联。

19-1 医疗卫生机构基本情况
Basic Statistics of Health Care Institutions

项　　目	Item	2017	2018	2019	2020
卫生机构数（个）	**Number of Health Care Institutions （unit）**	**28877**	**27885**	**26692**	**26250**
医院	Hospitals	521	623	718	705
综合医院	General Hospitals	302	351	381	373
中医医院	Hospitals Specialized in Traditional Chinese Medicine	91	109	122	117
中西医结合医院	Hospital of Integrated Traditional Chinese with Western Medicine	16	28	31	30
民族医院	Nationalities Hospitals	15	16	17	17
专科医院	Specialized Hospitals	97	119	166	167
护理院	Nursing Home			1	1
基层医疗卫生机构	Primary Medical and Health Institutions	26597	25783	24758	24636
社区卫生服务中心（站）	Community Health Service Centers （Stations）	602	628	675	671
社区卫生服务中心	Community Health Centre	204	198	209	211
社区卫生服务站	Community Health Station	398	430	466	460
卫生院	Health Centers	1378	1379	1379	1368
街道卫生院	Street Health Center	4	3	2	2
乡镇卫生院	Township Health Center	1374	1376	1377	1366
村卫生室	Village Clinics	17030	16487	16453	16421
门诊部	Outpatient Department	79	68	69	85
诊所、卫生所、医务室	Clinics	7508	7221	6177	6091
专业公共卫生机构	Professional Public Health Institutions	1643	1392	1123	873
疾病预防控制中心	Centers for Disease Control and Prevention	103	103	103	102
专科疾病防治院（所、站）	Specialized Disease Prevention & Treatment Institute	7	6	3	9
健康教育所（站、中心）	Health Education Institution	15	15	15	12
妇幼保健院（所、站）	Women and Children Care Agencies	99	99	99	99
急救中心（站）	First Aid Centers （Stations）	3	2	3	4
采供血机构	Blood Collection Agencies	17	17	17	18
卫生监督所（中心）	Health Inspection Institution （center）	93	94	94	95
计划生育技术服务机构	Family Planning Technical Service Institutions	1306	1056	784	534
其他卫生机构	Other Health Institutions	116	87	93	36
疗养院	Sanatorium	4	4	5	5
卫生监督检验（监测、检测）所（站）	Health Supervision and Inspection Institute （Station）	1			
医学科学研究机构	Medicine Scientific Research Institutions	3	2	2	2
医学在职培训机构	Medical-service Training Institutions	7	3	2	2
临床检验中心（所、站）	Clinical Laboratory Center （Institute, Station）				
统计信息中心	Statistical Information Center	2	2	2	1
其他	Others	99	76	81	26

19-1 续表 1 continued

项　目	Item	2017	2018	2019	2020
床位数（张）	**Beds （unit）**	**147305**	**162667**	**172594**	**177929**
医院	Hospitals	111393	126077	134286	138610
综合医院	General Hospitals	77691	86929	88966	90707
中医医院	Hospitals Specialized in Traditional Chinese Medicine	22671	24816	27608	27524
中西医结合医院	Hospital of Integrated Traditional Chinese with Western Medicine	1893	2951	3179	3028
民族医院	Nationalities Hospitals	1090	1139	1088	1649
专科医院	Specialized Hospitals	8048	10242	13435	15702
护理院	Nursing Home			10	
基层医疗卫生机构	Primary Medical and Health Institutions	30718	30998	32295	32999
社区卫生服务中心（站）	Community Health Service Centers （Stations）	4265	4144	4302	4267
社区卫生服务中心	Community Health Centre	2488	2661	3074	3321
社区卫生服务站	Community Health Station	1777	1483	1228	946
卫生院	Health Centers	25787	26777	27919	28650
街道卫生院	Street Health Center	35	27	20	20
乡镇卫生院	Township Health Center	25752	26750	27899	28630
村卫生室	Village Clinics				
门诊部	Outpatient Department	666	77	74	82
诊所、卫生所、医务室	Clinics				
专业公共卫生机构	Professional Public Health Institutions	4626	5024	5395	5752
疾病预防控制中心	Centers for Disease Control and Prevention				
专科疾病防治院（所、站）	Specialized Disease Prevention & Treatment Institute	50	46	455	500
健康教育所（站、中心）	Health Education Institution				
妇幼保健院（所、站）	Women and Children Care Agencies	4564	4978	4925	5234
急救中心（站）	First Aid Centers （Stations）	12		15	18
采供血机构	Blood Collection Agencies				
卫生监督所（中心）	Health Inspection Institution （center）				
计划生育技术服务机构	Family Planning Technical Service Institutions				
其他卫生机构	Other Health Institutions	568	568	618	568
疗养院	Sanatorium	568	568	618	568
卫生监督检验（监测、检测）所（站	Health Supervision and Inspection Institute （Station）				
医学科学研究机构	Medicine Scientific Research Institutions				
医学在职培训机构	Medical-service Training Institutions				
临床检验中心（所、站）	Clinical Laboratory Center （Institute, Station）				
统计信息中心	Statistical Information Center				
其他	Others				

19-1 续表 2 continued

项　　目	Item	2017	2018	2019	2020
卫生机构人员数（人）	**Number of Health Agency Personnel（person）**	**200406**	**206060**	**228654**	**237823**
卫生技术人员（人）	**Medical Technical Personnel（person）**	**147612**	**156343**	**178869**	**188932**
医院	Hospitals	85002	93949	112451	120355
综合医院	General Hospitals	63328	68513	79833	84953
中医医院	Hospitals Specialized in Traditional Chinese Medicine	14054	15429	20430	22192
中西医结合医院	Hospital of Integrated Traditional Chinese with Western Medicine	1141	1892	2190	2415
民族医院	Nationalities Hospitals	770	889	842	906
专科医院	Specialized Hospitals	5709	7226	9152	9889
护理院	Nursing Home			4	
基层医疗卫生机构	Primary Medical and Health Institutions	48364	48341	51502	53232
社区卫生服务中心（站）	Community Health Service Centers （Stations）	7428	8115	8719	9196
社区卫生服务中心	Community Health Centre	4353	4563	5168	5643
社区卫生服务站	Community Health Station	3075	3552	3551	3553
卫生院	Health Centers	25532	25811	28451	29090
街道卫生院	Street Health Center	60	52	36	33
乡镇卫生院	Township Health Center	25472	25759	28415	29057
村卫生室	Village Clinics	2116	2135	2859	2751
门诊部	Outpatient Department	1073	866	933	1214
诊所、卫生所、医务室	Clinics	12215	11414	10540	10981
专业公共卫生机构	Professional Public Health Institutions	13856	13787	14631	15114
疾病预防控制中心	Centers for Disease Control and Prevention	3400	3431	3295	3352
专科疾病防治院（所、站）	Specialized Disease Prevention & Treatment Institute	54	45	294	361
健康教育所（站、中心）	Health Education Institution	60	61	61	38
妇幼保健院（所、站）	Women and Children Care Agencies	5697	6151	7616	8383
急救中心（站）	First Aid Centers （Stations）	104	94	129	141
采供血机构	Blood Collection Agencies	443	484	536	520
卫生监督所（中心）	Health Inspection Institution（center）	1399	1383	1327	1462
计划生育技术服务机构	Family Planning Technical Service Institutions	2699	2138	1373	857
其他卫生机构	Other Health Institutions	390	266	285	231
疗养院	Sanatorium	94	102	109	93
卫生监督检验（监测、检测）所（站）	Health Supervision and Inspection Institute （Station）	1			
医学科学研究机构	Medicine Scientific Research Institutions	46	28	26	26
医学在职培训机构	Medical-service Training Institutions	168	73	73	72
临床检验中心（所、站）	Clinical Laboratory Center （Institute, Station）				
统计信息中心	Statistical Information Center	3	3		
其他	Others	78	60	77	40
每万人口执业（助理）医师（人）	**Number of Licensed （Assistant） Doctors per 10 000 Population（person）**	**21.5**	**22.5**	**23.8**	**26.5**
每万人口注册护士（人）	**Number of Registered Nurses per 10 000 Population（person）**	**22.3**	**24.2**	**30.0**	**34.1**

19-2 卫生机构数
Number of Health Care Institutions

单位：个 (unit)

年份 Year	总计 Total	#医院 Hospitals	#结合医院 General Hospitals	#中医医院 Hospitals Specialized in Traditional Chinese Medicine	#专科医院 Specialized Hospitals	#基层医疗卫生机构 Primary Medical and Health Institutions	#社区卫生服务中心（站） Community Health Service Centers (Stations)	#卫生院 Health Centers
2007	11958	370	270	69	30		299	1343
2008	10737	371	262	70	34		321	1342
2009	10011	373	259	68	35	9279	340	1342
2010	10267	378	257	69	40	9529	429	1350
2011	10065	388	261	68	45	9319	575	1381
2012	9542	402	264	70	53	8771	620	1382
2013	9845	419	273	73	54	8676	606	1381
2014	11216	427	275	76	54	8574	597	1378
2015	11031	442	277	81	62	8655	612	1351
2016	11425	446	277	81	64	9032	582	1376
2017	11847	521	302	91	97	9567	602	1378
2018	11398	623	351	109	119	9296	628	1379
2019	10234	718	381	122	166	8300	675	1379
2020	9829	705	373	117	167	8215	671	1368

注：本表卫生机构数不包含村卫生室数。

a) Number of health care institutions in this table doesn't include villages clinics.

19-2 续表 continued

单位：个 (unit)

年份 Year	#门诊部 Outpatient Department	#专业公共卫生机构 Professional Public Health Institutions	#疾病防控中心 Centers for Disease Control and Prevention	#专科疾病防治院（所、站） Specialized Disease Prevention & Treatment Institute	#妇幼保健院（所、站） Women and Children Care Agencies	#卫生监督所 Health Inspection Institution (Center)
2007	81		106	7	99	87
2008	82		104	7	100	87
2009	74	320	103	7	99	86
2010	64	325	103	7	100	90
2011	50	329	103	7	100	91
2012	66	330	103	7	99	93
2013	69	700	103	7	100	93
2014	76	2061	103	7	100	92
2015	74	1815	103	7	100	92
2016	70	1835	103	7	103	92
2017	79	1643	103	7	99	93
2018	68	1392	103	6	99	94
2019	69	1123	103	8	99	94
2020	85	873	102	9	99	95

19-3 卫生机构人员数

Number of Employed Persons in Health Care Institutions

单位：人 (person)

年份 Year	总计 Total	#卫生技术人员 Medical Technical Personnel	#执业（助理）医师 Licensed (Assistant) Doctors	#执业医师 Licensed Doctors	#注册护士 Registered Nurses	#药师（士） Pharmacist	#检验技师（士） Laboratory Technician	乡村医生和卫生员 Village Doctors and Assistants
2000	85167	69318					2000	
2001	85774	70283			22376		2183	
2002	81177	66799	29947	23007	20232	5407	3454	
2003	81495	67243	29924	23172	22460	5565	3489	
2004	80994	66503	29415	23199	20054	5085	3359	
2005	81049	66926	29701	23222	22403	5023	3463	
2006	82357	68507	30238	23656	20425	4943	3561	
2007	101796	85348	35144	27523	23999	4972	4747	
2008	103982	87436	36176	29015	24950	4859	5148	
2009	107312	89963	36721	29907	26422	4766	5328	
2010	115368	97387	38249	31309	29646	5058	5522	20618
2011	146290	106252	41121	33382	33713	5317	5802	21193
2012	152294	111907	43302	35173	37212	5589	5802	21503
2013	159645	116319	43442	35813	40668	5816	6033	21688
2014	178919	126294	47791	38667	45196	6046	6429	21669
2015	182305	129523	49663	40185	47832	6118	6705	21368
2016	187632	135188	53195	43124	50653	6236	7035	21251
2017	200405	147612	56398	45571	58682	6501	7857	21473
2018	206060	156343	59370	48073	63807	6948	8317	19330
2019	228654	178869	62891	50303	79531	7492	10041	18218
2020	237823	188932	66396	53774	85264	7703	10581	18063

19-4 每万人口卫生技术人员

Medical Technical Personnel in Health Care Institutions per 10000 Persons

单位：人 (person)

年份 Year	卫生技术人员 Medical Technical Personnel	执业（助理）医师 Licensed (Assistant) Doctors	注册护士 Registered Nurses
2000	27.56	14.99	8.59
2001	27.85	14.82	8.87
2002	26.39	11.83	7.99
2003	26.50	11.79	8.85
2004	26.17	11.57	7.89
2005	26.30	11.67	8.80
2006	26.90	11.87	8.02
2007	33.49	13.79	9.42
2008	34.28	14.18	9.78
2009	35.21	14.37	10.34
2010	38.04	14.94	11.58
2011	41.44	16.04	13.15
2012	43.42	16.80	14.44
2013	45.74	17.40	15.36
2014	48.75	18.45	17.44
2015	49.83	19.10	18.40
2016	51.80	20.38	19.41
2017	56.22	21.48	22.35
2018	59.28	22.51	24.19
2019	67.56	23.76	30.04
2020	75.51	26.54	34.08

19-5 卫生机构床位数
Number of Beds in Health Institutions

单位：张 (unit)

年 份 Year	总 计 Total	#医院 Hospitals	#基层医疗卫生机构 Primary Medical and Health Institutions	#社区卫生服务中心（站） Community Health Service Centers (Stations)	#卫生院 Health Centers
2000	59441	43511			13046
2001	60336	44303			13072
2002	61157	44287		170	13064
2003	61223	44387		246	12715
2004	61801	45123		241	12906
2005	63638	47073		323	12783
2006	66197	48779		441	13672
2007	70290	50459		978	15992
2008	76581	53847		1359	18468
2009	87419	56767	21867	1607	20260
2010	94883	60961	24160	2117	21461
2011	101108	67303	24986	2713	22273
2012	111979	76304	31726	8877	22682
2013	116087	84511	27250	3465	23447
2014	122375	90499	27621	3473	23814
2015	127011	94596	27939	3766	24013
2016	136571	100882	30598	5840	24608
2017	147305	111393	30718	4265	25787
2018	162667	126077	30998	4144	26777
2019	172594	134286	32295	4302	27919
2020	177929	138610	32999	4267	28650

19-5 续表 continued

单位：张 (unit)

年 份 Year	#专业公共卫生机构 Professional Public Health Institutions	妇幼保健院（所、站） Women and Children Care Agencies	专科疾病防治院（所、站） Specialized Disease Prevention & Treatment Institute	每万人口医疗卫生机构床位数 Beds of Medical Institutions per 10000 Population	每万农村人口乡镇卫生院床位数 Beds of Township Health Centers per 10000 Rural Population
2000		684		23.63	6.83
2001		695	2	23.91	6.86
2002		1602	26	24.17	7.17
2003		1566	62	24.13	6.90
2004		1739	61	24.32	7.11
2005		1811	12	25.00	7.18
2006		1768	18	25.99	7.79
2007		1804	214	27.58	9.20
2008		1911	14	30.02	10.67
2009	8039	2021	28	34.22	11.77
2010	9762	2246	28	37.06	13.12
2011	8819	2364	28	39.43	13.82
2012	3199	3187	12	43.44	14.37
2013	3576	3532	32	44.96	15.17
2014	3605	3561	32	47.23	15.76
2015	3826	3782	32	48.86	16.26
2016	4441	4397	32	52.33	17.05
2017	4626	4564	50	56.10	18.32
2018	5024	4978	46	61.68	19.41
2019	5395	4925	455	65.19	20.47
2020	5752	5234	500	71.12	23.97

19-6 按市县分卫生机构数、床位数和卫生技术人员

Number of Health Institutions, Beds and Health Technicians by City and County

年份 Year	卫生机构数（个） Health Institutions (unit)		卫生机构床位数（张） Beds of Medical Institutions (unit)		卫生技术人员（人） Medical Technical Personnel (person)		#执业（助理）医师 Licensed (Assistant) Doctors		#注册护士 Registered Nurses	
	市 City	县 County	市 City	县 County	市 City	县 County	市 City	县 County	市 City	县 County
2000			31287	28154	35977	33341	15037	16614	11924	7526
2001			32146	28190	37069	33214	15485	16885	12440	7780
2002			32317	28619	34808	31806	14494	15331	12518	7647
2003			32877	28546	35344	31899	14692	15232	12318	7846
2004			33455	28346	35004	31499	14697	14718	12296	7758
2005			35673	27965	36444	30482	15357	14344	12470	7611
2006			37327	28870	36876	31631	15633	14605	12707	7718
2007	3771	8169	39480	30837	47418	38172	19859	15349	15958	8039
2008	3413	7324	42447	34216	48824	38875	20507	15669	16524	8426
2009	3289	6722	49327	38092	50541	39422	21003	15718	17676	8746
2010	3229	7038	53823	41060	54078	43309	21875	16374	19788	9858
2011	6957	19805	56163	44945	58569	47683	23334	17787	21933	11780
2012	7012	19246	61874	50105	62101	49806	24573	18729	23776	13436
2013	7064	19464	60460	55527	65275	51044	25349	18093	25825	14843
2014	7412	20490	62858	59517	70057	56237	26891	20900	28312	16884
2015	7399	20204	65315	61596	72522	57001	27973	21690	29975	17857
2016	7718	20426	70054	66517	75506	59682	29639	23556	31684	18969
2017	7741	21137	75931	71414	83873	63739	31491	24913	37280	21420
2018	7744	20141	86070	76597	89671	66672	33289	26081	40339	23468
2019	7984	18708	90602	81992	100557	78312	34333	28558	48029	31502
2020	8119	18131	91781	86148	106072	82860	36712	29684	51111	34153

注：按市县分的卫生机构床位数为医院、卫生院庆位数。2C11 年起卫生机构数包括村卫生室数。

a) Number of beds in health care institutions by city and county referred to beds of hospital and health centers.Since 2011,data of health care institutions include the villages clinics.

19-7 各类医疗卫生机构医疗服务及床位利用情况（2020）
Number of Visits and Inpatients in Medical Institutions and Utilization of Beds（2020）

类 别	Item	诊疗人次数（万人次）Visits（10 000 person-times）	#门、急诊 Outpatients with Emergency Treatment	入院人数（万人）Number of Inpatients（10 000 persons）	医生日均担负诊疗人次（人次）Daily Visits Each Doctor（person-time）	实际开放总床日数（万日）Days of Total Beds Actually Opened（10 000 day）
总计	**Total**	**11591.08**	**10958.16**	**453.46**	**6.10**	**5815.20**
医院	Hospitals	5040.45	4800.45	362.14	5.40	4612.71
综合医院	General Hospitals	3589.53	3465.78	258.34	5.50	3110.32
中医医院	Hospitals Specialized in Traditional Chinese Medicine	1056.53	960.30	75.40	5.70	957.39
中西医结合医院	Hospital of Integrated Traditional Chinese with Western Medicine	94.05	91.95	6.71	5.00	87.06
民族医院	Nationalities Hospitals	38.44	34.41	2.48	3.10	43.35
专科医院	Specialized Hospitals	261.90	248.01	19.22	3.80	414.60
护理院	Nursing Hospital					
基层医疗卫生机构	Basic Medical Institutions	6026.21	5640.44	72.77	7.50	992.36
#社区卫生服务中心（站）	Community Health Service Centers	678.15	629.06	5.07	8.70	94.97
卫生院	Health Centers	1500.36	1388.91	67.56	5.40	897.40
街道卫生院	Urban Health Centers	1.49	1.48	0.01	4.30	0.73
乡镇卫生院	Township Health Centers	1498.88	1387.43	67.55	5.40	896.67
村卫生室	Village Clinics	2166.46	1979.02			
门诊部	Outpatient Department	54.64	48.59	0.13	4.70	
专业公共卫生机构	Specialized Public Health Institutions	524.13	516.99	18.40	6.60	193.23
#专科疾病防治院(所、站)	Specialized Disease Prevention & Treatment Institution	12.36	12.36	0.51	6.20	19.27
妇幼保健院（所、站）	Women and Children Care Agencies	507.07	499.92	17.89	6.70	173.96
其他医疗卫生机构	Other Institutions	0.30	0.29	0.15	0.40	16.90
#疗养院	Sanatoriums	0.30	0.29	0.15	0.40	16.90

19-7 续表 continued

类别	Item	平均开放病床（万张）Average Beds Opened (10 000 beds)	病床周转次数（次）Turnover of Beds (time)	病床工作日（日）Working Days of Beds (day)	病床使用率（%）Utilization Rate of Beds (%)	平均住院日（日）Average Stay Days in Hospital (day)
总计	**Total**	**15.89**	**28.50**	**249.80**	**68.26**	**8.10**
医院	Hospitals	12.60	28.70	264.40	72.23	8.70
综合医院	General Hospitals	8.50	30.30	262.50	71.73	8.20
中医医院	Hospitals Specialized in Traditional Chinese Medicine	2.62	29.00	272.30	74.41	9.00
中西医结合医院	Hospital of Integrated Traditional Chinese with Western Medicine	0.24	28.20	267.70	73.15	7.40
民族医院	Nationalities Hospitals	0.12	20.90	146.10	39.91	7.00
专科医院	Specialized Hospitals	1.13	16.90	271.70	74.22	13.90
护理院	Nursing Hospital					
基层医疗卫生机构	Basic Medical Institutions	2.71	26.80	194.80	53.21	5.80
#社区卫生服务中心(站)	Community Health Service Centers	0.26	19.50	175.60	47.98	5.60
卫生院	Health Centers	2.45	27.50	196.80	53.77	5.80
街道卫生院	Urban Health Centers	0.00	4.40	32.40	8.86	7.40
乡镇卫生院	Township Health Centers	2.45	27.50	196.90	53.81	5.80
村卫生室	Village Clinics					
门诊部	Outpatient Department					
专业公共卫生机构	Specialized Public Health Institutions	0.53	34.80	205.10	56.04	5.70
#专科疾病防治院(所、站)	Specialized Disease Prevention & Treatment Institution	0.05	9.70	201.30	54.99	16.80
妇幼保健院（所、站）	Women and Children Care Agencies	0.48	37.60	205.50	56.16	5.40
其他医疗卫生机构	Other Institutions	0.05	3.60	26.20	7.17	7.30
#疗养院	Sanatoriums	0.05	3.60	26.20	7.17	7.30

19-8 农村乡镇卫生院医疗服务情况
Situations of Medical Services in Township Health Centers

年 份 Year	诊疗人次 (万人次) Number of Visits (10 000 person-times)	病床使用率 (%) Utilization Rate of Beds (%)	出院者平均住院日 (日) Average Duration of Hospitalization (day)
2007	1453	24.03	4.4
2008	1799	51.81	4.9
2009	1653	58.62	6.0
2010	1547	54.44	6.0
2011	1763	52.94	6.4
2012	1947	58.73	6.2
2013	2089	56.97	6.4
2014	1988	55.96	6.8
2015	1970	57.05	6.7
2016	2018	59.99	6.4
2017	2072	61.65	6.0
2018	1891	60.94	5.6
2019	1725	59.06	5.7
2020	1500	53.77	5.8

19-9 社区卫生服务中心（站）医疗服务情况
Medical Services of Community Health Service Centers (Stations)

年 份 Year	入院人数 (人) Number of Inpatients (person)	病床使用率 (%) Utilization Rate of Beds (%)	出院者平均住院日 (日) Average Duration of Hospitalization (day)	医师日均担负诊疗人次 (人次) Daily Visits Per Doctor (person-time)	医师日均担负住院床日 (日) Daily Inpatients Per Doctor (day)
2007	19355	58.1	2.0	9.1	0.3
2008	24980	70.3	1.1	10.6	0.5
2009	26585	60.5	1.2	8.9	0.4
2010	25320	51.8	4.7	5.1	0.4
2011	44305	59.3	5.6	7.9	0.5
2012	51806	57.2	5.8	7.8	0.5
2013	45655	54.9	6.8	8.1	0.5
2014	47294	56.5	6.8	9.7	0.5
2015	53392	55.9	6.1	9.8	0.5
2016	53729	59.1	5.6	9.4	0.5
2017	56266	56.9	5.7	9.5	0.5
2018	52021	53.5	5.9	9.6	0.5
2019	53469	50.5	5.8	9.8	0.5
2020	50745	48.0	5.6	8.7	0.4

19-10 医院、卫生院基本情况（2020）
Basic Statistics of Hospitals and Health Centers （2020）

项 目	Item	总计 Total	医院 Hospitals			卫生院 Health Centers
				市 City	县 County	
医院和卫生院数（个）	Hospitals and Health Centers（unit）	2073	705	376	329	1368
床位数（张）	Beds（unit）	167260	138610	78307	60303	28650
人员数（人）	Personnel（person）	172905	141126	87726	53400	31779
#卫生技术人员	Medical Technical Personnel	149445	120355	74591	45764	29090
执业医师	Licensed Doctor	40864	33842	22232	11610	7022
注册护士	Registered Nurses	71430	61389	38534	22855	10041
药剂人员	Pharmacists	6603	5026	3196	1830	1577
检验人员	Laboratory Technicians	4698	3985	2462	1523	713
其 他	Others	25850	16113	8167	7946	9737

19-11 28种传染病发病及死亡情况（2020）
Number of Reported Cases and Deaths of 28 Infectious Diseases （2020）

疾病名称	Diseases	发病人数（人）Number of Diseases（person）	发病率（1/10万）Incidence（1/100 000）	死亡人数（人）Number of Deaths（person）	死亡率（1/10万）Death Rate（1/100 000）
病毒性肝炎	Viral Hepatitis	17482	66.0340		
肺结核	Pulmonary Tuberculosis	8119	30.6675	13	0.0491
梅毒	Syphilis	6535	24.6844		
淋病	Gonorrhea	813	3.0709		
细菌性和阿米巴性痢疾	Dysentery	2527	9.5451		
猩红热	Scarlet Fever	363	1.3711		
艾滋病	AIDS	541	2.0435	133	0.5024
布鲁氏菌病	Brucellosis	2956	11.1656		
百日咳	Pertussis	93	0.3513		
流行性出血热	Hemorrhage Fever	128	0.4835		
伤寒和副伤寒	Typhoid and Paratyphoid Fever	31	0.1171		
登革热	Dengue Fever				
麻疹	Measles	23	0.0869		
疟疾	Malaria	4	0.0151		
流行性乙型脑炎	Encephalitis B	12	0.0453		
狂犬病	Hydrophobia	1	0.0038	1	0.0038
炭疽	Anthrax	37	0.1398		
钩端螺旋体病	Leptospirosis	2	0.0076		
血吸虫病	Schistosomiasis				
流行性脑脊髓膜炎	Epidemic Encephalitis				
新生儿破伤风	Newborn Tetanus	1	0.0038		
霍乱	Cholera				
人感染H7N9禽流感	HpAI H7N9				
鼠疫	The Plague				
传染性非典型肺炎	SARS				
脊髓灰质炎	Poliomyelitis				
人感染高致病性禽流感	HpAI				
白喉	Diphtheria				

19-12 卫生总费用
Total Health Expenditure

年 份 Year	卫 生 总费用 (亿元) Total Health Expenditure (100 million yuan)	政府卫生支出 Government Health Expenditure		社会卫生支出 Social Health Expenditure		个人现金卫生支出 Out-of-pocket Health Expenditure		人均卫生 总 费 用 (元) Per Capita Health Expendi-ture (yuan)	卫生总费用 相对于 GDP 比重 (%) Health Expenditure as Percentage of GDP (%)
		绝对数 (亿元) Level (100 million yuan)	占卫生总费 用比重 (%) As Percentage of Health Expenditure (%)	绝对数 (亿元) Level (100 million yuan)	占卫生总费 用比重 (%) As Percentage of Health Expenditure (%)	绝对数 (亿元) Level (100 million yuan)	占卫生总费 用比重 (%) As Percentage of Health Expenditure (%)		
2000	4.37	0.72	16.49	1.23	28.16	2.42	55.34	129.01	5.44
2001	4.61	0.97	21.13	0.85	18.52	2.78	60.35	135.32	5.27
2002	5.83	1.10	18.83	0.88	15.04	3.85	66.13	169.84	5.98
2003	79.85	17.89	22.40	18.93	23.71	43.03	53.89	305.80	6.10
2004	89.92	20.11	22.36	24.02	26.72	45.79	50.92	343.45	5.77
2005	106.61	27.12	25.44	22.07	20.70	57.42	53.86	410.91	5.51
2006	124.41	31.13	25.02	27.31	21.95	65.98	53.03	447.36	5.46
2007	147.15	45.37	30.83	31.53	21.43	70.25	47.74	562.27	5.45
2008	213.89	83.93	39.24	48.18	22.53	81.78	38.24	813.85	6.73
2009	263.98	102.42	38.80	69.80	26.44	91.76	34.76	1001.65	7.79
2010	295.38	116.54	39.45	74.22	25.13	104.62	35.42	1153.86	7.17
2011	393.60	161.60	41.06	99.25	25.22	132.75	33.73	1534.99	7.84
2012	444.72	168.88	37.97	113.94	25.62	161.91	36.41	1725.36	7.87
2013	518.21	188.17	36.31	141.28	27.26	188.75	36.43	2006.89	8.27
2014	569.75	212.32	37.27	164.19	28.82	193.24	33.92	2199.13	8.34
2015	654.07	259.10	39.61	199.60	30.52	195.37	29.87	2516.09	9.63
2016	754.06	283.95	37.66	250.60	33.23	219.51	29.11	2889.18	10.47
2017	812.70	291.84	35.91	290.81	35.78	230.05	28.31	3095.17	10.59
2018	905.32	318.03	35.13	330.65	36.52	256.64	28.35	3432.77	10.95
2019	935.01	342.50	36.63	322.17	34.46	270.34	28.91	3531.76	10.72

19-13 各市（州）卫生机构基本情况 （2020）
Basic Statistics of Health Institutions by Region （2020）

市（州）	Region	卫 生 机构数 (个) Number of Health Institutions (unit)	#医院 Hospitals	#卫生院 Health Centers	卫生机构 床 位 数 (张) Number of Hospital Beds (unit)	#医院 Hospitals	#卫生院 Health Centers	卫生机构 人 员 数 (人) Number of Persons Engaged in Health Institutions (person)	#医院 Hospitals	#卫生院 Health Centers
兰州市	Lanzhou	2315	132	67	32160	28452	1078	49890	34987	1550
嘉峪关市	Jiayuguan	111	8	3	2559	2247	45	3935	2774	79
金昌市	Jinchang	526	11	12	3355	3088	203	4781	3370	227
白银市	Baiyin	1514	21	74	8735	6485	1671	14386	8116	2208
天水市	Tianshui	3500	116	136	20312	15873	3116	26920	16151	3757
武威市	Wuwei	1938	49	104	14410	10772	2407	17208	10098	2493
张掖市	Zhangye	1422	45	88	10527	7851	2059	12616	7337	1758
平凉市	Pingliang	2436	50	103	14614	10939	2900	17619	9586	3585
酒泉市	Jiuquan	976	35	78	8013	6292	1448	10772	6508	1420
庆阳市	Qingyang	1896	40	125	13766	10127	3122	18096	10244	3376
定西市	Dingxi	2659	55	128	19627	15031	3807	19583	10928	3677
陇南市	Longnan	4371	61	217	14168	10002	3573	20229	9682	3566
临夏州	Linxia	1698	49	133	12109	8762	2741	15474	8411	3042
甘南州	Gannan	888	33	100	3574	2689	480	6314	2934	1041

注：卫生机构数包括村卫生室数。

a）Number of health care institutions included number of village clinics.

19-14 各市（州）卫生技术人员数（2020）
Number of Medical Technical Personnel in Health Care Institutions by Region (2020)

单位：人 (person)

市（州）	Region	卫生技术人员 Medical Technical Personnel	#执业（助理）医师 Licensed (Assistant) Doctors	#执业医师 Licensed Doctors	#注册护士 Registered Nurses	#药师（士） Pharmacist	#检验技师（士） Laboratory Technician
兰州市	Lanzhou	41516	14883	13742	20492	1632	217[illegible]
嘉峪关市	Jiayuguan	3434	1106	879	1624	195	260
金昌市	Jinchang	4085	1421	1210	1816	217	213
白银市	Baiyin	11597	3976	3166	5205	487	644
天水市	Tianshui	20303	6586	5159	9377	878	121[illegible]
武威市	Wuwei	13924	4938	3963	6545	572	731
张掖市	Zhangye	10486	3826	3034	4674	396	623
平凉市	Pingliang	14325	5600	4310	6023	559	829
酒泉市	Jiuquan	9421	3204	2547	4355	402	560
庆阳市	Qingyang	14416	4975	3914	6893	467	887
定西市	Dingxi	15247	5948	4490	6323	819	964
陇南市	Longnan	13647	4432	3043	5444	525	654
临夏州	Linxia	11863	3598	2845	5171	333	561
甘南州	Gannan	4668	1903	1472	1322	221	273

19-15 孕产妇及婴儿死亡率
Mortality Rate of Maternal and Infant

指标	Item	2010	2015	2018	2019	2020
孕产妇死亡率（1/10万）	Maternal Mortality Rate (1/100 000)	33.23	15.07	18.64	12.88	15.07
城市	Urban	23.38	19.34	19.61	15.23	13.19
农村	Rural	37.50	13.27	18.17	11.55	16.18
婴儿死亡率（‰）	Infant Mortality Rate (‰)	10.00	5.28	3.75	3.37	3.37
城市	Urban	7.66	4.48	3.68	2.93	2.88
农村	Rural	11.02	5.62	3.78	3.62	3.66
5岁以下儿童死亡率（‰）	Mortality Rate of Children under 5 (‰)	11.35	6.40	4.82	4.50	4.57
城市	Urban	8.86	5.71	4.65	3.74	3.65
农村	Rural	12.43	6.70	4.90	4.94	5.[illegible]2
新生儿死亡率（‰）	Newborn Mortality Rate (‰)	7.81	3.74	2.51	2.29	2.23
城市	Urban	5.90	3.24	2.57	2.14	1.98
农村	Rural	8.64	3.96	2.49	2.37	2.38

19-16 妇联组织及干部基本情况
Basic Conditions of Women's Federation Organizations and Cadres

指 标	Item	2010	2015	2018	2019	2020
乡及乡以上妇联组织机构（个）	Women's Federation Institution of Township and above (unit)	1488	1469	1453	1502	1466
乡及乡以上妇联干部（人）	Women's Federation Cadres of Township and above (person)	2197	2218	2557	2154	2898
在干部中少数民族干部数（人）	Number of Minority Cadres (person)	276	263		295	
少数民族干部占干部总数（%）	Percentage of Minority Cadres in Total Cadres (%)	12.6	11.9		13.69	

19-17 各党派党员（成员）数
Number of Different Parties Member

项 目	Item	2010	2015	2018	2019	2020
中国共产党（万人）	Communist Party of China (10 000 persons)	151	175	176	182	188
中国国民党革命委员会（人）	Revolutionary Committee of Kuomintang (person)	2668	3262	3621	3769	3888
中国民主同盟（人）	Democracy League (person)	6444	8118	9175	9405	9506
中国民主建国会（人）	China Democratic National Construction Association (person)	2341	2854	3196	3294	3383
中国民主促进会（人）	China Association Promoting Democracy (person)	2767	3364	3760	3900	3980
中国农工民主党（人）	Chinese Peasants' and Workers' Democratic Party (person)	2041	2610	3164	3295	3393
九三学社（人）	Jiu San Society (person)	2898	3583	4059	4249	4403

19-18 工会组织情况
Basic Statistics on Trade Unions

年 份 Year	工会基层组织数（个） Number of Grassroots Unions (unit)	已建立工会组织的基层单位的职工与会员人数（万人） Membership and Number of Staff and Workers in Grassroots Unions（10 000 persons）				工会专职干部人员数（人） Number of Full-time Personnel of Unions (person)
		职工人数 Number of Staff and Workers	# 女职工 Female	会员人数 Membership	# 女会员 Female	
1995	12251	194.29	68.44	173.91	62.31	11532
1996	12052	196.34	71.72	175.78	63.88	10020
1997	10596	173.33	61.80	155.82	54.46	8601
1998	10519	173.68	62.45	159.78	57.14	9073
1999	9788	177.23	60.71	157.06	55.35	9554
2000	10768	168.25	60.86	154.69	55.15	8714
2001	14675	177.76	63.50	163.40	56.00	6257
2002	15320	222.27	75.81	209.00	70.25	5789
2003	24291	206.12	69.16	190.43	63.72	5861
2004	23061	206.42	71.29	195.35	67.31	6279
2005	17522	219.05	75.67	207.14	70.49	5475
2006	19328	238.70	83.80	225.35	79.50	5051
2007	21642	268.76	93.14	256.68	89.44	4895
2008	24366	294.22	102.26	281.12	99.18	4890
2009	26936	312.17	105.12	301.35	102.03	5267
2010	28711	326.68	111.90	316.24	109.52	4998
2011	30422	347.28	122.48	335.97	119.19	5989
2012	33196	354.67	126.20	344.56	123.90	6336
2013	35123	370.31	131.38	358.67	129.22	6838
2014	35873	369.92	130.42	356.36	128.25	7199
2015	36626	373.12	134.29	363.35	132.10	7504
2016	37134	386.79	138.60	374.61	135.46	9177
2017	37878	401.33	142.79	388.70	139.85	9887
2018	38373	414.71	149.02	403.07	145.79	10214
2019	37993	424.58	151.79	414.79	149.05	9557
2020	38301	429.64	155.32	420.64	152.66	9873

19-19 生产安全事故绝对指标
Absolute Indicators of Production Safety Accidents

年 份 Year	事故起数（起） Number of Accidents (case)	死亡人数（人） Number of Death (person)	受伤人数（人） Number of Injuries (person)	直接经济损失（万元） Direct Economic Loss (10 000 yuan)
2000	10679	2670	6155	7168.0
2001	11376	2602	6690	6570.6
2002	11607	2759	6769	7016.0
2003	11422	2661	6262	7360.3
2004	9842	2460	5740	6559.9
2005	8420	2181	5564	6924.6
2006	7828	2082	5453	7980.7
2007	5736	1889	4352	8017.5
2008	4875	1797	3774	7789.1
2009	4383	1758	3401	6975.6
2010	4375	1703	3728	8447.5
2011	4103	1737	3627	20239.1
2012	5090	1639	3403	16758.2
2013	5028	1579	3394	11503.9
2014	5061	1543	3605	8699.1
2015	4759	1519	3583	8670.5
2016	1214	978	1036	9959.0
2017	1127	885	997	14100.9
2018	955	776	711	16952.5
2019	843	709	617	16480.1
2020	719	616	544	13740.8

注：自 2016 年 1 月 1 日起，《生产安全事故统计管理办法》和《生产安全事故统计报表制度（暂行）》开始实施，对生产安全事故统计范围、统计口径进行改革，具体是：

1. 道路运输事故是指公路客运、公交客运、出租客运、网络约车、旅游客运、租赁、教练、货运、危化品运输、工程救险、校车，包括企业通勤车在内的其他营运性车辆或其他生产经营性车辆等十二类道路运输车辆在从事相应运输活动中发生人员伤亡的事故纳入道路运输业事故统计。
2. 未造成人员伤亡且直接经济损失小于 100 万元（不含）的生产安全事故暂不纳入统计。（下表同）

Since January 1, 2016, "production safety accident statistical management approach" and "production safety accident statistical reporting system (temporary)" began to implement.The production safety accident statistics, statistical caliber were reformed.Specifically is:

a) Road transport accident refers to the road passenger transport, bus passenger transport, leasing passenger transport, network bus, travel passenger, leasing, coach, freight,hazardous chemicals transportation, engineering rescue, school bus, including business commuter vehicles, including other operating vehicles or Other production and operation of vehicles and other 12 types of road transport vehicles engaged in the corresponding transport activities which occurred in the casualties of the accident,include in the road transport industry accident statistics.

b) The production safety accidents that didn't cause casualties and direct economic losses of less than 100 million (excluding) are not included in the statistics temporarily.The same applies to the relevant table following.

19-20 较大以上生产安全事故指标
Production Safety Accident Indicators with Larger Above

年 份 Year	较大生产安全事故起数（起） Number of Production Safety Accident with Larger above (case)	较大生产安全事故死亡人数（人） Number of Death of Production Safety Accident with Larger above (person)	重大以上生产安全事故起数（起） Number of Production Safety Accident with Significantly above (case)	重大以上生产安全事故死亡人数（人） Number of Death of Production Safety Accident with Significantly above (person)
2000	72	284	8	112
2001	58	228	1	22
2002	89	343	3	37
2003	74	282	3	40
2004	68	282	2	29
2005	60	218	2	26
2006	67	261	3	68
2007	78	316		
2008	67	247		
2009	67	250	1	10
2010	59	235	2	23
2011	53	227	3	57
2012	54	203	2	30
2013	50	189	1	18
2014	40	186	3	36
2015	40	155		
2016	18	66	1	12
2017	17	66		
2018	11	39	1	15
2019	19	68		
2020	22	80		

19-21 生产安全事故相对指标
Relative Indicators of Production Safety Accidents

年 份 Year	亿元国内生产总值安全事故死亡率（人） Rate of Safety Accident Mortality Per 100 Million Yuan of GDP (person)	工矿商贸就业人员十万人生产安全事故死亡率（人） Production Safety Accident Mortality Rate Per One Hundred Thousand Employed Persons of Industrial, Mining and Business Enterprises (person)	道路交通万车死亡率（人） 10 Thousand Vehicle Mortality Rate of Road Traffic (person)	煤矿百万吨死亡率（人） Coal Mine Million Tons Mortality Rate (person)
2000	2.54	5.35	31.19	8.45
2001	2.43	4.00	27.09	3.25
2002	2.39	5.48	29.34	2.92
2003	2.04	4.61	22.60	3.05
2004	1.57	4.50	19.36	2.97
2005	1.13	3.00	16.17	1.31
2006	0.92	5.24	14.13	2.62
2007	0.70	4.85	11.43	1.53
2008	0.56	2.99	10.79	0.91
2009	0.52	2.71	9.63	0.75
2010	0.42	2.83	7.64	0.77
2011	0.35	3.41	6.89	0.77
2012	0.29	2.90	5.92	0.74
2013	0.24	2.30	5.15	0.21
2014	0.23	1.33	6.24	0.27
2015	0.22	1.62	4.70	0.43

19-21 续表 continued

年 份 Year	亿元国内生产总值安全事故死亡率（人） Rate of Safety Accident Mortality Per 100 Million Yuan of GDP (person)	工矿商贸就业人员十万人生产安全事故死亡率（人） Production Safety Accident Mortality Rate Per One Hundred Thousand Employed Persons of Industrial, Mining and Business Enterprises (person)	道路交通万车死亡率（人） 10 Thousand Vehicle Mortality Rate of Road Traffic (person)	煤矿百万吨死亡率（人） Coal Mine Million Tons Mortality Rate (person)
2015（新标准）(New Standard)	0.17	1.62	26.67	0.43
2016	0.13	2.10	18.63	0.28
2017	0.12	2.20	16.10	0.21
2018	0.09	2.54	12.20	0.14
2019	0.08	2.92	11.66	0.24
2020	0.07	2.40	10.73	0.21

19-22　刑事案件发、破案情况
Statistics on Occurred and Solved of Criminal Cases

年 份 Year	刑事案件发案总数（件） Number of Criminal Cases Occurred (case)	刑事案件破案总数（件） Number of Criminal Cases Solved (case)	刑事案件破案率（%） Rate of Criminal Cases Solved (%)
2000	36481	20420	55.97
2001	42881	22546	52.58
2002	36758	19538	53.15
2003	34016	18812	55.30
2004	33099	18216	55.03
2005	31587	18473	58.48
2006	31114	18378	59.07
2007	31203	18325	58.73
2008	43037	20932	48.64
2009	46611	22365	47.98
2010	66472	26404	39.72
2011	78682	30573	38.86
2012	87084	36129	41.50
2013	89013	33814	37.98
2014	92040	30709	33.36
2015	108472	34431	31.74
2016	99806	40701	40.80
2017	78881	34699	44.00
2018	69205	28884	41.74
2019	66552	22675	34.10
2020	66283	24736	37.30

19-23　交通事故情况
Basic Statistics on Traffic Accidents

年 份 Year	交通事故 （起） Number of Traffic Accidents (case)	死亡人数 （人） Number of Deaths (person)	受伤人数 （人） Number of Injuries (person)	直接损失 （万元） Direct Property Losses (10 000 yuan)
2000	7520	2078	5637	2927.4
2001	7929	2110	6350	3170.7
2002	7696	2188	6363	3264.9
2003	7659	2090	5948	3498.8
2004	6361	1992	5566	2512.2
2005	5414	1799	5406	2252.8
2006	4822	1695	5311	1737.9
2007	3809	1549	4293	1303.2
2008	3371	1557	3697	1447.9
2009	2937	1553	3353	1224.9
2010	3090	1501	3692	1094.7
2011	3027	1505	3578	2835.5
2012	2954	1438	3343	1659.7
2013	2915	1435	3336	1212.2
2014	3038	1432	3575	1291.2
2015	3064	1396	3554	1236.3
2016	2878	1345	3161	1064.7
2017	2794	1334	3201	929.2
2018	3112	1285	3282	980.5
2019	2923	1197	3000	823.1
2020	2831	1138	2873	688.8

19–24 火灾事故情况
Basic Statistics on Fire Accidents

年份 Year	火灾事故（起） Number of Fire Accidents (case)	死亡人数（人） Number of Deaths (person)	受伤人数（人） Number of Injuries (person)	直接损失（万元） Direct Property Losses (10 000 yuan)
2000	2291	24	62	2542.4
2001	2736	51	88	2244.1
2002	3276	32	85	2182.8
2003	3137	31	83	1706.2
2004	3030	24	30	1959.1
2005	2599	31	41	2335.7
2006	2673	16	39	1564.5
2007	1658	15	18	1566.5
2008	1235	7	16	1932.9
2009	1198	5	6	1088.2
2010	1140	10	7	1897.2
2011	912	5	5	3773.2
2012	4388	8	1	4139.4
2013	6472	22	35	7292.0
2014	6028	9	3	5432.2
2015	5469	13	6	4906.8
2016	4887	9	25	3194.9
2017	7314	2	7	3939.2
2018	8594	6	6	3475.4
2019	7979	10	9	4475.0
2020	9174	31	2	5389.6

19–25 受灾情况
Disaster Situation

指标	Item	2015	2018	2019	2020
受灾面积（公顷）	Area Affected (hectare)	1020927	763756	278612	396333
#旱灾	Drought	532988	50090	10111	7164
洪涝灾	Flood Disaster	72184	257474	123440	71473
风雹灾	Wind and Hail Disaster	268847	89979	67811	139221
台风灾	Typhoon Disaster				
雪灾低温冷冻	Snow Disaster and Low-temperature,Freezing	103239	366185	76391	177695
受灾人次（万人次）	Affected Person-times (10 000 person-times)	660	920.3	416.79	475.47
直接经济损失（万元）	Direct Economic Loss (10 000 yuan)	622061	2498682	574318	3373179

19-26 婚姻登记和离婚情况
Number of Marriages and Divorces

年 份 Year	准予登记结婚（对） Registered Marriages（couples）	初婚（人） First Marriages（person）	再婚（人） Re-marriages（person）	离婚（对） Divorces（couples）	离婚率（‰） Divorce Rate（‰）
1995	155553	302938	8168	4541	0.38
1996	170379	331815	8943	4855	0.4
1997	154302	298654	9950	4409	0.36
1998	136978	262488	11468	5061	0.41
1999	133121	255203	11039	5241	0.42
2000	127799	244975	10623	5541	0.43
2001	126045	239734	12656	5790	0.45
2002	122033	227496	16570	6224	0.48
2003	118476	222219	14573	23000	1.77
2004	121187	225150	17008	21499	1.64
2005	114554	209947	19161	22260	1.72
2006	132615	245015	20215	23287	1.76
2007	115761	218565	12957	22017	1.68
2008	118023	223252	12794	22928	1.68
2009	122398	233316	11480	24742	1.88
2010	142294	269585	15003	27926	2.18
2011	169112	316838	21386	30473	2.38
2012	167518	318559	16377	32908	2.55
2013	186467	359247	13687	38500	2.98
2014	201813	391391	11735	42231	3.27
2015	220327	426481	14173	46185	3.56
2016	219095	425510	12680	38839	2.98
2017	197930	383348	12512	41272	1.58
2018	210653	384023	37283	46166	1.75
2019	198507	323753	73261	62172	2.35
2020	177911	288392	67430	75740	3.02

注：从2003年起离婚人数包含法院判决离婚人数。
a）Since 2003, number of divorce has included the number of divorce sentenced by the courts.

19-27 社会救助情况
Statistics on Social Relief

项 目	Item	2010	2015	2018	2019	2020
城镇低保人数（万人）	Number of Urban Residents Receiving Minimum Living Allowance （10 000 persons）	87.81	76.21	49.67	39.67	35.54
#女性	Female	31.90	29.79	22.52	17.64	16.41
#老年人	Old People	9.70	6.80	4.85	4.02	3.67
#残疾人	Disabled	4.70	3.72	2.70	2.46	2.43
#在职人员	Serving Officers	3.20	0.75	0.52	0.33	0.31
#灵活就业	Flexible Employment	13.90	14.23	10.28	9.09	8.18
#在校生	School Students	16.60	14.51			
城镇居民最低生活保障资金（亿元）	Minimum Living Security Fund of Urban Households （100 million yuan）	18.95	25.13	26.00	22.01	22.11
农村低保人数（万人）	Number of Rural Residents Receiving Minimum Living Allowance （10 000 persons）	326.74	336.92	233.64	138.12	141.96
#女性	Female	104.90	122.79	92.39	53.88	57.06
#老年人	Old People	77.70	74.10	51.46	32.37	34.26
#未成年人	Minor	70.70	48.73	40.30	24.11	26.48
#残疾人	Disabled	22.30	12.34	11.12	9.33	11.16
农村居民最低生活保障资金（亿元）	Minimum Living Security Fund of Rural Households （100 million yuan）	24.27	55.03	44.40	36.67	43.44
农村特困人员救助供养（万人）	Number of Rural Destitute Households Receiving Assistance and Livelihood （10 000 persons）	13.06	12.07	10.06	9.38	9.07
#女性	Female	3.10	2.31	1.49	1.34	1.57
#老年人	Old People	9.32	9.99	7.86	7.27	6.78
#残疾人	Disabled	3.22	2.75	2.21	1.97	1.96
农村集中供养人数	Rural Households with Centralized Livelihood	1.00	0.93		0.79	0.85
农村分散供养人数	Rural Households with Decentralized Livelihood	11.60	11.14		8.59	8.22

19-28 社会福利事业单位基本情况（2020）
Basic Statistics on Social Welfare Institutions （2020）

项 目	Item	收留抚养类机构数（个）Number of Adoption Bodies (unit)	年末床位数（张）Number of Beds at Year-end (bed)	年末在院人数（人）Number of Adoption Persons at Year-end (person)	年末职工人数（人）Number of Staff and Workers at Year-end (person)
养老机构总数	**Number of Institutions for the Aged**	**268**	**29049**	**12736**	**3301**
农村养老服务机构	Service Institutions for the Aged in Rural Areas	43	6272	3526	836
社会福利院	Social Welfare Institutions	136	8774	4994	718
光荣院	Glory School	89	14003	4216	1747
养老公寓等各类养老机构	Apartment for the Aged, etc.Various Institutions for the Aged				
荣誉军人康复医院	Rehabilitation Hospital for Honor Soldiers				
复员军人疗养院	Demobilized Soldiers Sanatorium				
军队离退休干部休养所（军休所）	Retired Military Officers Sanatorium				
为智障与精神病人提供收留抚养服务机构	**Institutions with Adoption Services for Mentally Retarded and Mental Patients**	**1**	**300**	**261**	**63**
福利类精神病院和医院（社会福利院）	Welfare Class Mental Hospital and Hospital (Social Welfare Hospital)	1	300	261	63
复退军人精神病院	Mental Hospitals for Ex-serviceman				
为儿童提供住宿的社会服务机构数	**Number of Social Service Institutions Providing Accommodation for Children**	**16**	**2681**	**1294**	**436**
儿童收养机构	Adoption Institutions for Children				
儿童福利院	Children Welfare House	14	2611	1294	416
SOS 儿童村	SOS Children's Village				
未成年人救助保护中心	Juvenile Rescue and Protection Centers	2	70		20
其他提供住宿的社会服务机构数	**Total Number of Other Social Service Institutions Providing Accommodation**	**52**	**2451**	**548**	**535**
#生活无着人员救助管理站	Rescue Management Station for Destitute Persons	35	1301	139	341
军供站	Serviceman Supply Stations				
安置农场	Placement Farms				
其他提供住宿的社会服务机构	Other Social Service Institutions Providing Accommodation	17	1150	409	194

19-29 各市（州）社会服务基本情况（2020）
Basic Statistics on Social Service by Region (2020)

市（州）	Region	社会服务民政经费（万元）Civil Affairs Funds for Social Service (10 000 yuan)	其他生活救助（传统救济等）（人）Other Living Assistance (Traditional Relief, etc.) (person)	养老服务机构数（个）Number of Service Institutions for the Aged (unit)	养老服务年末收留抚养人数（人）Number of Adoption Persons for the Pension Services at Year-end (person)	养老服务床位数（张）Number of Beds for the Pension Services at Year-end (bed)	社区服务机构和设施总数（个）Number of Community Service Centers (unit)
甘肃省	**Gansu**	**1357819.5**	**1889326**	**268**	**12736**	**29049**	**14224**
省本级	Province Level	14819.3					4
兰州市	Lanzhou	93935.9	36744	25	1843	4261	1271
嘉峪关市	Jiayuguan	7651.3	386	10	355	787	89
金昌市	Jinchang	20193.7	20307	6	263	843	349
白银市	Baiyin	87017.2	88834	10	507	944	688
天水市	Tianshui	176934	359883	7	339	830	1349
武威市	Wuwei	75837.5	123562	33	3106	9327	930
张掖市	Zhangye	63962.5	89782	30	1917	2590	618
平凉市	Pingliang	109045.4	239633	33	1310	2536	2501
酒泉市	Jiuquan	52610.6	61510	29	1145	2733	941
庆阳市	Qingyang	122882	209682	17	1043	1442	2435
定西市	Dingxi	139919.6	169268	49	428	1544	925
陇南市	Longnan	153170	54609	12	86	202	920
临夏州	Linxia	172257.8	324322	4	291	868	779
甘南州	Gannan	62704.9	109997	3	103	142	385
兰州新区	Lanzhou New Area	4432.4	798				39
甘肃矿区	Gansu Mining Area	445.4	9				1

19-30 各市（州）抚恤及社会福利救济费用（2020）
Basic Statistics on Pensions and Social Welfare Relief Funds by Region (2020)

单位：万元 (10 000 yuan)

市（州）	Region	抚恤 Pensions	城市居民最低生活保障 Urban Residents Receiving Minimum Living Allowance	农村居民最低生活保障 Rural Residents Receiving Minimum Living Allowance	自然灾害生活救助 Living Relief for Natural Disasters
甘肃省	**Gansu**	**86118**	**221084**	**434444**	**85904**
省本级	Province Level	193			450
兰州市	Lanzhou	11020	19962	11819	106
嘉峪关市	Jiayuguan	960	1008	93	11
金昌市	Jinchang	1182	5123	3195	81
白银市	Baiyin	6000	27801	22736	1991
天水市	Tianshui	12266	27223	67657	7112
武威市	Wuwei	6788	14839	20542	910
张掖市	Zhangye	4022	10016	14440	347
平凉市	Pingliang	7610	18895	38746	4018
酒泉市	Jiuquan	3616	6847	19013	590
庆阳市	Qingyang	9851	18682	45080	6149
定西市	Dingxi	9228	15862	63376	9348
陇南市	Longnan	7561	21635	57451	45580
临夏州	Linxia	3936	24406	56743	2788
甘南州	Gannan	1425	8409	12063	6423
兰州新区	Lanzhou New Area	408	47	1490	
甘肃矿区	Gansu Mining Area	52	330		

19-31 各市（州）城乡居民最低生活保障情况（2020）
Basic Statistics on Urban and Rural Residents Receiving Minimum Living Allowance by Region （2020）

单位：人 (person)

市（州）	Region	城镇居民最低生活保障人数 Number of Urban Residents Receiving Minimum Living Allowance	#登记失业 Registered Unemployed	农村最低生活保障人数 Number of Rural Residents Receiving Minimum Living Allowance
甘肃省	**Gansu**	**355375**	**54371**	**1419584**
兰州市	Lanzhou	30274	7616	38244
嘉峪关市	Jiayuguan	1480	134	227
金昌市	Jinchang	8181	876	6041
白银市	Baiyin	40968	9655	81569
天水市	Tianshui	47307	8141	263792
武威市	Wuwei	19378	5689	50316
张掖市	Zhangye	17886	1700	46481
平凉市	Pingliang	32032	1327	134356
酒泉市	Jiuquan	19137	1428	19111
庆阳市	Qingyang	26483	8229	166487
定西市	Dingxi	27922	5903	193321
陇南市	Longnan	33920	2451	176753
临夏州	Linxia	38206	567	201543
甘南州	Gannan	11721	607	37291
兰州新区	Lanzhou New Area	61	5	2952
甘肃矿区	Gansu Mining Area	419	43	

19-32 各市（州）社区服务机构和设施情况（2020）
Basic Statistics on Community Service Agencies and Facilities by Region （2020）

市（州）	Region	单位数（个） Number of Community Service Centers (unit)	年末职工人数（人） Number of Staff and Workers at Year-end (person)	床位数（个） Number of Beds (unit)
甘肃省	**Gansu**	**14224**	**32851**	**120142**
省本级	Provincial Level	4	12	30
兰州市	Lanzhou	1271	3161	19208
嘉峪关市	Jiayuguan	89	275	457
金昌市	Jinchang	349	1810	2096
白银市	Baiyin	688	2903	8084
天水市	Tianshui	1349	2421	16058
武威市	Wuwei	930	1797	7754
张掖市	Zhangye	618	1784	6247
平凉市	Pingliang	2501	6880	10326
酒泉市	Jiuquan	941	1260	4016
庆阳市	Qingyang	2435	4829	11562
定西市	Dingxi	925	1517	12050
陇南市	Longnan	920	1002	9171
临夏州	Linxia	779	1681	9430
甘南州	Gannan	385	1384	3182
兰州新区	Lanzhou New Area	39	130	471
甘肃矿区	Gansu Mining Area	1	5	

19-33 残疾人事业基本情况
Basic Information of Person with Disabilities

项　目	Item	2019	2020
康复（人）	**Rehabilitation (person)**		
视力残疾人接受基本康复服务	Persons with Visually Disability Received Basic Rehabilitation Services	19831	13427
听力残疾人接受基本康复服务	Persons with Hearing Disability Received Basic Rehabilitation Services	14109	13244
肢体残疾人接受基本康复服务	Persons with Physical Disability Received Basic Rehabilitation Services	97159	64200
智力残疾人接受基本康复服务	Persons with Intellectual Disability Received Basic Rehabilitation Services	13960	9078
精神残疾人接受基本康复服务	Persons with Mental Disability Received Basic Rehabilitation Services	15517	13838
教育（人）	**Education (person)**		
高等院校招生残疾考生人数	Disable Students Admitted to Higher Education Institutions	501	560
就业（人）	**Employment (person)**		
按比例就业	Proportionate Employment	6700	6468
集中就业	Centralized Employment	2000	1886
个体就业	Individual Employment	16100	15391
公益性岗位	Public Welfare Position	2800	2934
辅助性岗位	Auxiliary Position	3500	3456
从事农业种植加	Engaged in Agricultural Planting and Processing	158000	149289
灵活就业形式	Flexible Employment	60900	64296
社会保障	**Social Security**		
符合参保条件的残疾居民（人）	Disability Residents Who Meet the Insured Conditions (person)	794960	1134913
#重度残疾人	People with Severe Disability	283006	103620
实际参保的残疾居民	Disabled Residents who Actual Participate in Insurance	659722	970326
60 周岁以上参保残疾居民（人）	60 Year Old and above Disabled Residents who Actual Participate in Insurance (person)		
#重度残疾人	People with Severe Disability	297317	219167
#获得全额代缴	Get Full Payment by Others	183987	167890
获得部分代缴	Get Part of Payment by Others	38588	42301
残疾人托养机构（个）	Care and Rehabilitation Institutions for Disabled (unit)	105	104
扶贫	**Poverty Alleviation**		
扶持情况	Assisted Situation		
本年度退出建档立卡贫困残疾户（户）	Impoverished PWDs Dropped Out the Filing Riser this year (household)	70086	
本年度退出建档立卡贫困残疾人（人）	Impoverished PWDs Dropped Out the Filing Riser this year (person)	80618	
本年度返贫残疾人（人）	Poverty-returning for PWDs this year (person)	12095	
农村残疾人危房改造（户）	Dilapidated House Renovation for PWDs (household)	7592	
维权	**Rights Protection**		
残疾人法律援助工作站（个）	Legal Assistance Station for PWDs (unit)	103	102
残疾人法律救助工作站办理的案件（件）	Case Handled by the Legal Assistance Station for PWDs (case)	-	
组织建设（人）	**Organization construction (person)**		
省市县乡残联编制	Manning Quotas of Provincial,Municipal,County and Township CDPFs	3541	3598
省市县乡残联实有人员	Actual Personnel with Provincial,Municipal,County and Township CDPFs	4251	4253
服务设施	**Service Facilities**		
已投入使用残疾人综合服务设施（个）	Comprehensive Service Facilities for PWDs that Already Put into Use (unit)	17	93

19-34　社会保险基金收支及累计结余
Revenue, Expenses and Balance of Social Insurance Fund

单位：万元　　　　　　　　　　　　　　　　　　　　　　　　　　(10 000 yuan)

年 份 Year	合 计 Total	基本养老保险 Basic Pension Insurance	失业保险 Unemployment Insurance	基本医疗保险 Basic Medical Care Insurance	工伤保险 Work Injury Insurance	生育保险 Maternity Insurance
基金收入 **Revenue**						
1995	61053	60848		101	90	14
1996	94266	93715		349	156	46
1997	124765	124078		426	183	78
1998	135667	134754		421	324	168
1999	288392	287409		453	357	173
2000	362539	361037		878	446	178
2001	426149	372816	26752	26158	297	126
2002	533371	443252	27341	62343	252	183
2003	590252	473460	29227	86925	325	315
2004	680744	538930	29968	108013	2335	1498
2005	768770	603454	33913	122647	5246	3510
2006	1041336	802548	45350	178381	11561	3496
2007	1272909	963161	47454	244994	13551	3749
2008	1593361	1139038	65240	364387	19266	5430
2009	1928964	1374014	83594	438172	25944	7240
2010	2273747	1656659	86576	492238	28762	9512
2011	3039940	2227124	114802	620985	59085	17944
2012	3253788	2331174	128708	719366	51333	23207
2013	3622603	2579881	147850	802865	60957	31050
2014	4212005	2981741	166208	951800	72288	40018
2015	4445590	3113855	155599	1054949	78147	43040
2016	5386647	3927631	145984	1190656	82279	40097
2017	7271907	4542399	105450	2484305	92038	47715
2018	9301110	6260806	107340	2720700	123191	89073
2019	10115282	6730233	128760	3071245	101820	83224
2020	10108011	6516012	117291	3410156	64552	
基金支出 **Expenses**						
1995	43678	43578		66	21	13
1996	82195	93715		212	31	23
1997	112622	124078		350	38	53
1998	136044	134754		374	69	98
1999	297059	287409		245	141	124
2000	368560	361037		839	285	124
2001	399340	372816	16334	14297	157	89
2002	472790	443252	19723	45717	187	88
2003	531273	473460	32138	71084	344	157
2004	575528	465062	23643	85995	535	293
2005	639453	501410	24625	110468	1856	1094

注：1. 2007 年及以后城镇基本医疗保险基金中包括城镇职工基本医疗保险和城镇居民基本医疗保险。
　　2. 2010 年及以后基本养老保险基金中包括城镇职工基本养老保险和城乡居民基本养老保险。
　　3. 工伤保险累计结余中含储备金。
　　4.2020 年生育保险与城镇职工基本医疗保险合并实施，生育保险基金收入及支出情况在基本医疗保险中反映。

a) Data of basic medical care insurance include both urban workers and urban residence from 2007.
b) Data of the basic pension insurance for 2010 and following years include the basic pension insurances for urban workers and for urban and rural residents.
c) The grand total of work injury insurance at year-end include reserve fund.
d) In 2020, the maternity insurance and the basic medical insurance for urban employees were merged and implemented, so the income and expenditure of the maternity insurance fund are reflected in the basic medical insurance.

19-34 续表 continued

单位：万元 (10 000 yuan)

年 份 Year	合 计 Total	基本养老保险 Basic Pension Insurance	失业保险 Unemployment Insurance	基本医疗保险 Basic Medical Care Insurance	工伤保险 Work Injury Insurance	生育保险 Maternity Insurance
2006	799960	614418	39276	140115	4641	1510
2007	921999	708366	26033	178778	6878	1944
2008	1185827	896631	34488	242606	9346	2756
2009	1478303	1063507	60588	332770	17411	4027
2010	1744135	1269141	74598	378909	16783	4704
2011	2123277	1534152	33027	506543	42740	6815
2012	2661208	1926021	30279	653193	39895	11820
2013	3108375	2247052	26453	762692	51699	20479
2014	3548465	2585831	18794	857968	60771	25101
2015	4136933	3068733	49579	927726	64290	26605
2016	4864849	3673157	82224	1005799	67530	36139
2017	6457098	4009307	59318	2246486	70881	71106
2018	8308877	5535949	56535	2567213	80516	68664
2019	9498791	6468181	80364	2772961	93036	84249
2020	10297647	7204193	176158	2824326	92970	
累计结余 **Balance at Year-end**						
1995	66108	65949		47	108	4
1996	78176	77735		178	236	27
1997	90319	89632		254	381	52
1998	89939	88883		301	636	119
1999	86307	85110		177	852	168
2000	80447	78836		377	1012	222
2001	150355	73189	53024	13055	863	224
2002	210946	119376	60642	29681	928	319
2003	314408	200118	57731	54956	1126	477
2004	400752	266104	64056	65974	2936	1682
2005	530901	368146	73342	78989	6326	4098
2006	782212	560176	79423	121865	14664	6084
2007	1140053	814976	100845	188240	28095	7897
2008	1547277	1057383	131258	310096	37968	10572
2009	1998372	1367889	154264	415931	46503	13785
2010	2541256	1769817	166242	528462	58144	18591
2011	3457915	2462788	248016	642900	74491	29720
2012	4050546	2867941	346445	665153	85549	41107
2013	4577811	3215776	467841	747894	94586	51714
2014	5240005	3611686	615255	840319	106102	66644
2015	5529615	3637160	721275	968142	119959	83079
2016	7010309	4850528	785036	1152998	134709	87038
2017	8270173	5434596	831168	1784895	155867	63647
2018	9309775	6248858	881973	1908882	176006	94056
2019	9829743	6598208	753982	2209883	184790	82880
2020	9981955	6251876	695115	2878593	156371	

19-35 社会保障基本情况
Basic Statistics of Social Security

单位：万人 （10 000 persons）

项　目	Item	2010	2015	2018	2019	2020
基本养老保险	**Basic Pension Insurance**					
年末参加基本养老保险人数	Basic Pension Insurance Participants at Year-end					
城镇职工基本养老保险	Urban Employees Basic Pension Insurance	242.48	306.20	454.69	469.38	484.50
职工	Number of Employees	171.13	197.01	299.27	309.82	319.80
离退休人员	Number of Retirees	71.35	109.19	155.41	159.56	164.70
城乡居民基本养老保险	Basic Pension Insurance for Urban and Rural Residents	378.99	1236.74	1316.96	1372.56	1388.18
失业保险	**Unemployment Insurance**					
年末参保人数	Contributors at Year-end	164.46	162.76	168.34	172.97	187.36
全年发放失业保险金（万元）	Unemployed Relief （10 000 yuan）	14673	13600	15500	13600	12300
基本医疗保险	**Medical Care Insurance**					
年末参保人数	Contributors at Year-end	588.79	634.96	2546.65	2572.94	2590.40
职工	Staff and Workers	290.22	307.90	331.59	344.30	361.92
城乡居民	Urban and Rural Residents	298.57	327.03	2215.06	2228.64	2228.48
工伤保险	**Work Injury Insurance**					
年末参保人数	Contributors at Year-end	130.09	182.60	219.42	244.10	264.64
年末享受待遇的人数	Beneficiaries at Year-end	1.09	2.33	2.04	1.47	1.54
生育保险	**Maternity Insurance**					
年末参保人数	Contributors at Year-end	82.00	154.10	202.91	221.81	234.01
享受待遇人数（万人次）	Beneficiaries at Year-end （10 000 person-times）	1.02	3.53	6.30	14.20	

注：2012 年 8 月起，新型农村社会养老保险和城镇居民社会养老保险制度全覆盖工作全面启动，合并为城乡居民社会养老保险（下表同）。

a） Since August 2012, system of new rural old-age insurance and urban basic pension insurance have started completely, and called basic pension insurance for urban and rural residents as total.The same applies to the table following.

19-36 各市（州）年末参加企业职工基本养老保险人数
Enterprise Employee Basic Pension Insurance Contributors at Year-end by Region

单位：万人 （10 000 persons）

市（州）	Region	2010	2011	2012	2013	2014	2015	2016	2017	2018	2019	2020
甘肃省	**Gansu**	**242.48**	**262.95**	**277.37**	**288.40**	**298.85**	**306.20**	**315.00**	**324.10**	**336.51**	**349.73**	**361.05**
兰州市	Lanzhou	42.17	49.19	54.67	59.92	66.16	68.76	71.73	76.30	83.74	90.50	94.53
嘉峪关市	Jiayuguan	6.91	7.61	8.98	9.37	9.66	10.09	10.43	11.16	11.54	11.74	11.87
金昌市	Jinchang	4.32	5.55	5.86	5.99	6.00	6.37	6.69	6.81	7.14	7.31	7.54
白银市	Baiyin	9.12	11.08	12.33	13.00	13.22	14.02	14.31	14.63	14.97	15.79	16.36
天水市	Tianshui	18.65	18.67	19.43	19.79	20.12	20.52	21.82	22.77	23.55	24.50	25.42
武威市	Wuwei	7.11	9.31	10.05	11.00	11.40	12.20	12.51	12.83	13.93	16.57	17.55
张掖市	Zhangye	8.79	9.62	10.11	10.39	10.73	11.33	11.63	11.96	12.51	13.00	13.42
平凉市	Pingliang	7.19	9.75	9.80	9.82	9.99	10.33	10.41	10.81	11.10	11.65	12.08
酒泉市	Jiuquan	8.72	9.94	10.39	10.95	11.64	12.02	13.78	14.01	13.63	13.83	14.41
庆阳市	Qingyang	6.48	7.33	7.50	7.32	7.46	7.57	7.64	7.74	7.35	8.07	9.00
定西市	Dingxi	8.01	8.42	8.70	9.09	9.49	10.10	10.29	10.72	11.74	10.81	11.05
陇南市	Longnan	8.17	6.48	6.86	7.02	7.14	7.30	7.41	7.63	8.02	8.28	8.38
临夏州	Linxia	4.74	5.53	6.04	6.27	6.35	6.43	6.48	6.62	6.25	6.54	6.55
甘南州	Gannan	2.11	2.31	2.45	2.44	2.45	2.53	2.45	2.13	2.20	2.35	2.47

注：不包括离退休人员。

a）The retirees are not included in this table.

19-37 各市（州）年末参加城乡居民基本养老保险人数
Urban and Rural Residents Basic Pension Insurance Contributors at Year-end by Region

单位：万人 (10 000 persons)

市（州）	Region	2010	2011	2012	2013	2014	2015	2016	2017	2018	2019	2020
甘肃省	**Gansu**	**378.99**	**787.31**	**1221.39**	**1238.49**	**1240.13**	**1236.74**	**1253.73**	**1262.36**	**1316.97**	**1372.56**	**1388.18**
兰州市	Lanzhou	39.75	72.65	74.98	74.81	74.05	72.78	72.78	72.85	75.01	75.87	76.13
嘉峪关市	Jiayuguan	1.71	1.80	1.67	1.67	1.75	1.85	1.90	1.92	2.06	2.16	2.23
金昌市	Jinchang	14.11	15.83	16.03	15.87	15.99	15.87	15.91	16.18	16.06	15.80	15.79
白银市	Baiyin	31.31	48.08	72.54	74.06	73.47	74.33	75.63	75.74	79.21	81.17	81.79
天水市	Tianshui	44.81	89.62	151.96	163.27	166.73	167.53	170.90	174.85	192.22	200.45	203.84
武威市	Wuwei	30.19	84.22	88.34	88.14	87.62	87.40	87.49	87.14	89.80	90.59	90.54
张掖市	Zhangye	11.00	19.48	67.91	68.52	69.15	68.98	68.70	68.57	68.88	68.59	68.67
平凉市	Pingliang	36.04	63.85	118.52	118.45	119.36	119.60	120.76	121.23	127.58	129.24	130.68
酒泉市	Jiuquan	8.55	15.29	43.17	44.31	44.58	44.43	44.47	44.35	44.95	45.06	45.31
庆阳市	Qingyang	34.48	99.97	142.93	143.32	142.74	148.03	148.94	149.85	151.17	151.57	154.38
定西市	Dingxi	41.77	96.81	153.45	156.02	156.11	150.06	156.18	158.87	161.96	165.50	166.17
陇南市	Longnan	27.86	52.70	148.73	149.76	149.52	150.51	152.88	153.37	157.68	163.31	169.79
临夏州	Linxia	19.34	89.60	105.63	104.41	102.95	100.05	100.81	100.85	111.66	143.94	143.21
甘南州	Gannan	38.07	37.41	35.53	35.87	36.12	35.32	36.38	36.58	38.72	39.31	39.67

19-38 各市（州）年末参加失业保险人数
Unemployment Insurance Contributors at Year-end by Region

单位：万人 (10 000 persons)

市（州）	Region	2010	2011	2012	2013	2014	2015	2016	2017	2018	2019	2020
甘肃省	**Gansu**	**164.46**	**164.48**	**163.55**	**163.09**	**162.35**	**162.76**	**164.32**	**165.38**	**168.34**	**172.97**	**187.36**
兰州市	Lanzhou	57.31	56.12	56.06	57.36	57.27	56.75	56.76	56.73	56.77	60.02	67.44
嘉峪关市	Jiayuguan	4.45	4.35	5.16	5.36	5.38	5.55	5.77	6.10	6.45	6.55	6.58
金昌市	Jinchang	8.41	7.88	7.45	7.30	7.28	7.59	7.55	7.05	7.05	6.74	6.62
白银市	Baiyin	12.98	13.08	12.15	11.88	12.00	12.47	12.51	12.67	12.65	12.36	11.66
天水市	Tianshui	15.00	14.94	14.77	14.51	14.37	14.20	14.10	13.99	13.74	13.51	12.08
武威市	Wuwei	6.04	6.31	6.43	6.39	6.48	7.12	7.29	7.80	8.74	9.68	10.66
张掖市	Zhangye	6.64	6.94	6.92	6.85	7.00	7.34	7.67	7.85	8.25	8.60	8.89
平凉市	Pingliang	8.87	8.99	8.89	8.70	8.69	8.68	8.66	8.69	8.83	9.03	10.79
酒泉市	Jiuquan	6.67	7.18	6.90	7.03	6.52	6.70	7.17	7.54	8.28	9.08	10.62
庆阳市	Qingyang	7.86	8.16	8.28	8.27	8.26	8.26	8.27	8.29	8.28	8.35	12.04
定西市	Dingxi	8.91	8.32	8.16	8.25	8.38	8.57	8.81	8.96	9.13	9.63	10.48
陇南市	Longnan	4.88	4.87	4.37	4.26	4.82	4.72	4.76	4.83	5.40	5.54	5.36
临夏州	Linxia	4.93	4.85	4.43	4.19	4.11	4.17	4.00	3.67	3.46	2.93	2.98
甘南州	Gannan	3.18	3.29	2.74	2.76	2.81	3.05	3.36	3.64	3.82	3.26	3.64

19-39 各市（州）城镇职工基本医疗保险参保人数
Persons Covered of Urban Employees Basic Medical Care Insurance by Region

单位：万人　　　　(10 000 persons)

市（州）	Region	2010	2011	2012	2013	2014	2015	2016	2017	2018	2019	2020
甘肃省	**Gansu**	**204.40**	**202.84**	**292.97**	**297.05**	**302.60**	**307.92**	**314.44**	**320.25**	**331.59**	**344.30**	**361.92**
兰州市	Lanzhou	49.79	49.22	79.86	82.23	84.45	85.72	90.73	92.99	98.71	105.79	126.70
嘉峪关市	Jiayuguan	6.56	5.74	8.00	8.38	8.06	8.75	8.92	9.26	9.71	10.76	11.43
金昌市	Jinchang	6.87	7.29	11.68	11.36	11.89	12.05	12.11	11.97	12.19	12.29	12.71
白银市	Baiyin	13.11	12.73	21.55	21.83	22.15	22.45	23.19	23.54	23.71	24.06	24.84
天水市	Tianshui	19.04	19.21	27.67	27.66	27.66	27.67	25.16	25.42	25.79	27.86	29.01
武威市	Wuwei	9.76	10.26	12.61	12.69	12.84	13.16	13.30	13.35	13.96	14.45	14.91
张掖市	Zhangye	9.42	9.62	13.05	12.15	12.00	11.85	12.16	12.41	13.01	13.40	13.83
平凉市	Pingliang	10.86	10.02	10.53	11.03	11.20	1.95	12.36	12.84	13.07	13.78	16.14
酒泉市	Jiuquan	10.41	10.45	13.07	12.82	11.28	11.52	11.79	12.19	12.68	12.87	16.43
庆阳市	Qingyang	11.52	7.75	13.85	13.93	14.09	14.10	14.30	14.27	14.30	14.63	15.90
定西市	Dingxi	9.28	9.24	14.02	14.52	14.92	15.48	15.82	16.14	16.27	16.69	17.19
陇南市	Longnan	10.67	10.72	13.20	13.35	13.44	13.41	14.08	14.20	14.74	15.11	15.88
临夏州	Linxia	7.84	7.84	10.22	10.33	10.68	10.89	11.01	11.38	11.49	11.72	12.28
甘南州	Gannan	4.32	4.52	6.40	6.59	6.98	7.26	7.46	8.08	8.38	8.40	7.86

19-40 各市（州）城乡居民基本医疗保险参保人数
Persons Covered of Urban and Rural Residents Basic Medical Care Insurance by Region

单位：万人　　　　(10 000 persons)

市（州）	Region	2010	2011	2012	2013	2014	2015	2016	2017	2018	2019	2020
甘肃省	**Gansu**	**298.57**	**299.77**	**323.57**	**325.72**	**328.05**	**327.03**	**328.90**	**2191.97**	**2215.06**	**2228.64**	**2228.48**
兰州市	Lanzhou	81.17	90.42	93.57	100.27	106.84	106.82	105.91	215.37	214.90	209.99	208.36
嘉峪关市	Jiayuguan	7.27	7.65	17.24	7.73	7.73	8.24	8.46	11.35	11.61	11.48	11.49
金昌市	Jinchang	8.46	8.72	31.32	31.42	31.04	30.97	30.96	30.69	31.07	30.92	30.62
白银市	Baiyin	23.51	19.47	21.05	20.44	21.70	17.78	18.34	139.84	141.55	140.69	137.62
天水市	Tianshui	33.13	27.29	27.98	27.98	20.33	21.59	21.48	304.08	303.53	304.63	305.46
武威市	Wuwei	17.34	17.38	17.02	17.63	17.60	17.51	21.48	155.83	156.13	153.03	148.67
张掖市	Zhangye	15.49	16.05	16.10	16.49	16.79	17.02	16.71	110.73	110.34	109.09	107.44
平凉市	Pingliang	22.58	22.54	22.54	16.18	17.06	17.47	18.17	191.05	192.67	193.62	190.62
酒泉市	Jiuquan	16.91	17.42	17.24	17.19	16.96	16.89	17.13	79.70	79.49	79.89	78.35
庆阳市	Qingyang	15.14	15.01	14.12	15.69	14.15	14.15	14.15	227.30	227.13	226.27	222.90
定西市	Dingxi	18.17	17.34	15.69	15.69	16.36	17.17	17.77	249.34	255.72	256.22	255.15
陇南市	Longnan	16.37	16.37	16.37	14.79	14.40	14.23	15.83	240.13	244.73	248.45	249.10
临夏州	Linxia	14.14	14.96	15.72	18.60	20.93	20.98	20.99	176.66	185.25	202.61	220.37
甘南州	Gannan	8.89	9.16	7.21	7.15	6.18	6.21	6.33	59.90	60.90	61.76	62.33

注：2017 年，城镇居民基本医疗保险改为城乡居民医疗保险，将新农合参保人数归入其中。

a) Since 2017,urban residents basic medical care insurance are changed to urban and rural residents basic medical care insurance,the new rural cooperative medical care are included.

19-41 各市（州）年末参加工伤保险人数
Work Injury Insurance Contributors at Year-end by Region

单位：万人 (10 000 persons)

市（州）	Region	2010	2011	2012	2013	2014	2015	2016	2017	2018	2019	2020
甘肃省	**Gansu**	**130.09**	**150.19**	**158.53**	**167.72**	**175.14**	**182.60**	**188.35**	**198.58**	**219.43**	**244.10**	**264.64**
兰州市	Lanzhou	41.01	45.27	44.67	46.28	46.18	45.92	49.91	55.12	61.00	69.29	75.12
嘉峪关市	Jiayuguan	5.10	5.43	6.43	6.47	6.85	7.28	7.16	6.95	7.34	7.48	7.34
金昌市	Jinchang	6.66	7.02	7.18	7.39	7.40	7.44	7.31	7.02	8.50	8.71	8.65
白银市	Baiyin	12.51	12.11	12.45	13.02	12.72	12.84	13.48	14.39	14.54	15.09	15.92
天水市	Tianshui	9.94	9.94	9.94	9.94	9.94	12.46	13.33	13.48	14.17	17.38	18.84
武威市	Wuwei	4.65	6.58	9.09	10.29	11.39	11.86	12.51	15.05	16.18	14.89	16.14
张掖市	Zhangye	6.44	6.81	7.70	7.49	7.88	9.02	8.73	9.04	9.85	10.76	11.99
平凉市	Pingliang	7.26	7.89	8.17	9.10	8.78	8.88	8.09	8.10	10.25	12.74	15.54
酒泉市	Jiuquan	6.01	7.13	8.66	9.50	8.85	9.68	10.18	10.27	11.61	12.30	13.34
庆阳市	Qingyang	3.26	3.66	4.77	5.69	5.81	6.53	7.53	7.61	8.65	10.32	11.70
定西市	Dingxi	4.84	6.64	7.81	8.22	8.90	9.44	9.53	9.67	9.90	12.55	13.03
陇南市	Longnan	3.57	4.11	6.33	6.90	6.70	6.67	6.97	7.15	7.56	10.43	11.20
临夏州	Linxia	1.37	3.01	3.70	3.81	4.22	4.35	4.71	5.61	6.18	10.38	10.92
甘南州	Gannan	2.07	2.21	2.50	3.02	2.95	3.10	3.37	3.39	5.70	5.70	6.55

19-42 各市（州）年末参加生育保险人数
Maternity Insurance Contributors at Year-end by Region

单位：万人 (10 000 persons)

市（州）	Region	2010	2011	2012	2013	2014	2015	2016	2017	2018	2019	2020
甘肃省	**Gansu**	**82.00**	**110.13**	**129.52**	**135.07**	**143.70**	**154.10**	**162.75**	**175.31**	**202.91**	**221.81**	**234.01**
兰州市	Lanzhou	34.59	41.79	44.01	45.61	45.52	45.25	48.49	54.94	58.62	63.57	76.98
嘉峪关市	Jiayuguan	3.93	4.31	5.88	6.18	7.14	7.37	7.50	6.88	6.93	6.93	6.93
金昌市	Jinchang	1.20	1.50	3.12	3.63	3.77	3.94	4.06	4.43	4.26	4.28	4.69
白银市	Baiyin	5.60	6.98	7.43	7.51	8.05	8.60	8.81	10.36	10.74	12.48	14.74
天水市	Tianshui	4.10	8.91	10.62	10.62	10.89	13.31	13.84	14.01	15.00	18.28	18.63
武威市	Wuwei	1.81	4.60	6.27	6.83	7.35	7.51	7.61	7.49	8.88	9.45	11.03
张掖市	Zhangye	6.25	6.71	6.94	6.62	7.14	7.54	7.90	8.10	8.63	8.95	9.35
平凉市	Pingliang	5.58	5.69	6.03	6.26	6.40	7.36	7.58	7.91	8.38	9.82	11.47
酒泉市	Jiuquan	0.72	0.72	5.96	6.58	6.21	6.72	7.04	7.28	8.19	8.82	11.06
庆阳市	Qingyang	5.57	8.57	8.61	8.65	8.88	8.96	9.16	9.40	10.03	10.46	11.00
定西市	Dingxi	4.75	6.24	8.04	9.89	10.29	10.63	10.75	10.93	11.08	11.88	12.58
陇南市	Longnan	0.54	2.34	4.20	4.30	4.54	4.71	6.92	7.08	9.60	10.33	11.95
临夏州	Linxia	4.22	4.91	5.28	5.35	5.64	5.89	6.37	8.24	8.31	8.47	9.41
甘南州	Gannan	2.46	2.37	2.65	2.92	3.38	3.55	3.92	5.51	5.92	6.29	5.97

主要统计指标解释

卫生机构 指从卫生行政部门取得《医疗机构执业许可证》，或从民政、工商行政、机构编制管理部门取得法人单位登记证书，为社会提供医疗保健、疾病控制、卫生监督服务或从事医学科研和教育等工作的单位。卫生机构包括医院、疗养院、社区卫生服务中心（站）、卫生院、门诊部、诊所（卫生所、医务室）、急救中心（站）、采供血机构、妇幼保健院（所、站）、专科疾病防治院（所、站）、疾病预防控制中心（防疫站）、卫生监督所、卫生监督检验（监测、检测）机构、医学科研机构、医学在职培训机构、健康教育所（站）等其他卫生机构。

医院 包括综合医院、中医医院、中西医结合医院、民族医院、各类专科医院和护理院。

基层医疗卫生机构 包括社区卫生服务中心、社区卫生服务站、街道卫生院、乡镇卫生院、村卫生室、门诊部、诊所（医务室）。

专业公共卫生机构 包括疾病预防控制中心、专科疾病防治机构、妇幼保健机构（含妇幼保健计划生育服务中心）、健康教育机构、急救中心（站）、采供血机构、卫生监督机构、取得《医疗机构执业许可证》或《计划生育技术服务许可证》的计划生育技术服务机构。

卫生人员 指在医院、基层医疗卫生机构、专业公共卫生机构及其他医疗卫生机构工作的职工，包括卫生技术人员、乡村医生和卫生员、其他技术人员、管理人员和工勤人员。一律按支付年底工资的在岗职工统计，包括各类聘任人员（含合同工）及返聘本单位半年以上人员，不包括临时工、离退休人员、退职人员、离开本单位仍保留劳动关系人员、本单位返聘和临聘不足半年人员。

卫生技术人员 包括执业医师、执业助理医师、注册护士、药师（士）、检验技师（士）、影像技师、卫生监督员和见习医（药、护、技）师（士）等卫生专业人员。不包括从事管理工作的卫生技术人员（如院长、副院长、党委书记等）。

执业医师 指具有《医师执业证》及其“级别”为“执业医师”，且实际从事医疗、预防保健工作的人员，不包括实际从事管理工作的执业医师。执业医师类别分为临床、中医、口腔和公共卫生。

执业助理医师 指《医师执业证》“级别”为“执业助理医师”且实际从事医疗、预防保健工作的人员，不包括实际从事管理工作的执业助理医师。执业助理医师类别分为临床、中医、口腔和公共卫生四类。

每万人口医疗卫生机构床位 每万人口医疗卫生机构床位 = 医疗卫生机构床位数 / 人口数 × 10000。人口数系年末常住人口。

卫生总费用 是反映一个国家或地区在一定时期内（通常为 1 年）用于医疗卫生保健服务所消耗的资金总量。用筹资来源法测算，分为政府卫生支出、社会卫生支出、个人现金卫生支出三部分。

政府卫生支出 指各级政府用于医疗卫生服务、医疗保障补助、卫生和医疗保障行政管理、人口与计划生育事务支出等各项事业的经费。

社会卫生支出 指政府支出外的社会各界对卫生事业的资金投入。包括社会医疗保障支出、商业健康保险费、社会办医支出、社会捐赠援助、行政事业性收费收入等。

个人现金卫生支出 指城乡居民在接受各类医疗卫生服务时的现金支付，包括享受各种医疗保险制度的居民就医时自付的费用。可分为城镇居民、农村居民个人现金卫生支出，反映城乡居民医疗卫生费用的负担程度。

人均卫生费用 即某年卫生总费用与同期平均人口数之比。

卫生总费用与 GDP 之比 指某年卫生总费用与同期国内生产总值（GDP）之比。是用来反映一定时期国家对卫生事业的资金投入力度，以及政府和全社会对卫生事业、居民健康的重视程度。

孕产妇死亡率 指年内每 10 万名孕产妇的死亡人数。孕产妇死亡指从妊娠期至产后 42 天内，由于任何妊娠或妊娠处理有关的原因导致的死亡，但不包括意外原因死亡者。按国际通用计算方法，“孕产妇总数”以“活产数”代替计算。

5 岁以下儿童死亡率 指年内未满 5 岁儿童死亡人数与

活产数之比，一般以‰表示。

新生儿死亡率 指年内新生儿死亡数与活产数之比。一般以‰表示。新生儿死亡指出生至28天以内（即0–27天）死亡人数。

离婚率 指某地区当年离婚对数占该地区年平均人口的比重。计算公式为：

$$离婚率=\frac{当年离婚对数}{年平均人口数}\times 100\%$$

基本养老保险（参保）职工人数 指报告期末按照国家法律、法规和有关政策规定参加基本养老保险并在社保经办机构已建立缴费记录档案的职工人数，包括中断缴费但未终止养老保险关系的职工人数，不包括只登记未建立缴费记录档案的人数。

基本医疗保险参保人数 指报告期末按国家有关规定参加基本医疗保险的人数。包括参加保险的职工人数和退休人员人数。

失业保险参保人数 指报告期末按照国家法律、法规和有关政策规定参加了失业保险的城镇企业事业单位的职工及地方政府规定参加失业保险的其他人员的人数。

工伤保险参加人数 指报告期末依据国家有关规定参加工伤保险的职工人数。

生育保险参保人数 指报告期末依据有关规定参加生育保险的职工人数。

城镇居民最低生活保障人数 指报告期末家庭平均收入在当地规定的最低生活保障线以下的城镇居民数。包括“三无”对象、失业人员和在职、下岗、退休人员等。

农村居民最低生活保障人数 指报告期末在建立农村最低生活保障制度的地区，得到当地政府或集体给予最低生活保障的农业人口家庭人数。

20 文化和体育

Culture and Sports

简要说明

一、本篇资料主要内容

本篇主要反映文化、体育、新闻出版、广播电视事业的发展情况。

文化资料主要包括文化产业基本情况、艺术表演团体、艺术表演场所、公共图书馆、博物馆、文化馆、文化站、广播、电影、电视、新闻出版等文化事业的机构、人员、经费和业务活动情况。体育资料主要包括体育系统职工和运动员情况。

二、本篇资料来源

本篇资料由省统计局社会科技处搜集、整理。艺术业、图书馆业、群众文化服务业的资料来自省文旅厅；广播、电影、电视资料来自省广电局；出版资料来自省宣传部；体育资料来自省体育局。

20-1 文化产业基本情况
Basic Statistics of Cultural Industry

项 目	Item	2015	2017	2018	2019
文化产业增加值（亿元）	Value-added of Cultural Industry (100 million yuan)	124.24	163.6	178.19	139.03
#法人单位增加值（亿元）	Value-added of Corporate Units (100 million yuan)	99.36	131.15	145.74	148.43
文化产业增加值占 GDP 的比重 (%)	Value-added of Cultural Industry as Proportion of GDP (%)	1.83	2.19	2.20	2.17
文化产业法人单位机构数（家）	Number of Corporate Units Institutions of Cultural Industry (uint)	11025	12815	19414	15507
从业人员（万人）	Employed Persons (10 000 persons)	20.25	24.69	13.39	13.23

20-2 文化及相关产业规模以上企业分类主要指标（2020）
Main Indicators of Culture and Related Industry above Designated Size by Type (2020)

项 目	Item	法人单位数（个） Number of Institutional Unit (unit)	从业人员期末人数（人） Number of Employed Persons at year-end (person)	资产总计（万元） Total Assets (10 000 yuan)	营业收入（万元） Business Revenue (10 000 yuan)	利润总额（万元） Total Profits (10 000 yuan)
全省	**Total**	**190**	**19629**	**2935544**	**1029378**	**–2286**
文化核心领域	**Core Area**	**152**	**16944**	**2641318**	**916662**	**–2241**
新闻信息服务	News and Information Service	7	1533	82526	56617	4982
内容创作生产	Content Authoring	25	1597	469821	135881	12050
创意设计服务	Creative Design Service	33	2900	203709	133909	20250
文化传播渠道	Channels of Cultural Transmission	57	7802	1298051	535923	-38008
文化投资运营	Cultural Investment and Operation					
文化娱乐休闲服务	Cultural Entertainment and Service	30	3112	587210	54333	-1514
文化相关领域	**Related Area**	**38**	**2685**	**294227**	**112716**	**–46**
文化辅助生产和中介服务	Subsidiary Production and Intermediary Services	26	2375	261162	80620	-980
文化装备生产	Production of Cultural Equipment	4	104	5036	8081	-14
文化消费终端生产	Terminal Production of Cultural Consumption	8	206	28028	24015	948

20–3 文化及相关产业规模以上企业主要经济指标（2020）
Main Economic Indicators of Culture and Related Industry Enterprises above Designated Size （2020）

单位：万元　　（10 000 yuan）

项　目	Item	合计 Total	文化制造业 Cultural Manufacturing Industry	文化批零业 Cultural wholesale and Retail Industry	文化服务业 Cultural Service Industry
企业单位数（个）	Number of Enterprises (unit)	190	16	38	136
期末从业人员（人）	Employed Persons (person)	19629	2299	3655	13675
资产总计	Total Assets	2935544	100747	483289	2351509
固定资产原价	Fixed Assets Price	1107830	71387	92513	943930
本年折旧	Depreciation in This Year	54495	3199	9278	42018
负债合计	Total Liabilities	1868402	89704	319938	1458760
所有者权益合计	Total Owner's Equity	1067142	11042	163350	892749
营业收入	Business Revenue	1029378	69102	484440	475837
营业成本	Operating Cost	857832	60994	460932	335907
营业税金及附加	Business Tax and Add	4803	699	1121	2983
销售费用	Sales Expenses	71928	1155	32147	38626
管理费用	Management Fee	128518	7742	31999	88778
财务费用	Financial Expenses	32655	2171	2244	28240
#利息收入	Income of Interest	3599	43	814	2743
#利息支出	Interest Expense	23149	1592	2505	19052
投资收益	Income from Investment	-338	9	103	-450
营业利润	Operating Profits	-15597	-2607	2325	-15316
应付职工薪酬	Wages Payable	163048	13231	31205	118612
应交增值税	Value Added Tax Payable	13094	3071	917	9106
利润总额	Total Profits	-2286	-1768	2479	-2997

20–4 文化事业基本情况
Basic Statistics of Culture Industry

项　目	Item	2015	2018	2019	2020
文化事业机构数（个）	**Number of Institutions (unit)**	**5434**	**6332**	**7047**	**6510**
文化部门	Cultural Department	2210	2254	2257	2186
其他部门	Other Department	3224	4078	4790	4324
文化事业人员数（人）	**Number of Employed Persons (person)**	47838	48170	66237	69518
文化部门	Cultural Department	26141	24574	22866	23124
其他部门	Other Department	21679	23596	43371	46394
文化部门事业单位数（个）	**Number of Public Institutions of Culture Department(unit)**	**2142**	**2237**	**2249**	**2203**
#文化馆、艺术馆	Cultural Centers and Art Stations	103	103	103	104
公共图书馆	Public Libraries	103	103	104	104
博物馆	Museums	150	215	224	226
艺术表演场馆	Art Performance Places	24	44	42	36
艺术表演团体	Art Performance Troupes	191	351	343	347

20-5 艺术表演场馆基本情况（2020）
Basic Statistics on Art Performance Places in the Official Cultural System（2020）

项　目	Item	机构数（个）Number of Institutions (unit)	从业人员（人）Number of Employed Persons (person)	座席数（个）Seating Capacity (unit)
总计	**Total**	**36**	**965**	**19934**
按登记注册类型分	**By Status of Registration**			
国有	State-owned	17	395	11507
集体	Collective-owned			
其他	Others	19	570	8427
按性质分	**By Type of Units**			
执行事业会计制度	Adopting Institution Accounting System	12	342	8491
执行企业会计制度	Adopting Enterprise Accounting System	6	53	3753
按机构类型分	**By Type of Troupes**			
剧场	Theaters	19	673	14849
影剧院	Music Halls and Cinemas	3	33	2416
书场、曲艺场	Storytelling, Recitation and Ballad Places	1	20	150
杂技、马戏场	Acrobatics and Circus Places			
音乐厅	Concert Halls	3	32	118
综合性	General Performance Theaters	5	132	1891
其他艺术表演场馆	Others	5	75	510
按隶属关系分	**By Jurisdiction of Management**			
中央	Run by Central Government			
省、区、市	Run by Provinces, Autonomous Regions and Municipalities	5	85	2542
地、市	Run by Prefectures (Cities)	5	232	3764
县、市及以下	Run by Counties (Cities) and Others	26	648	13628

20-5 续表 1 continue

项　目	Item	演（映）出场次（万场次）Number of Performances (10 000 shows)	# 艺术演出 Art Performances	观众人次（万人次）Number of Audience (10 000 person-times)	# 艺术演出 Art Performances
总计	**Total**	**0.55**	**0.26**	**94.24**	**69.14**
按登记注册类型分	**By Status of Registration**				
国有	State-owned	0.31	0.04	24.02	10.28
集体	Collective-owned				
其他	Others	0.24	0.22	70.22	58.86
按性质分	**By Type of Units**				
执行事业会计制度	Adopting Institution Accounting System	0.30	0.03	17.51	4.49
执行企业会计制度	Adopting Enterprise Accounting System	0.01	0.01	8.01	6.59
按机构类型分	**By Type of Troupes**				
剧场	Theaters	0.43	0.14	80.99	57.66
影剧院	Music Halls and Cinemas	0.01		6.05	4.73
书场、曲艺场	Storytelling, Recitation and Ballad Places	0.03	0.03	3.00	3.00
杂技、马戏场	Acrobatics and Circus Places				
音乐厅	Concert Halls	0.01	0.01	0.13	0.10
综合性	General Performance Theaters	0.04	0.04	1.21	1.21
其他艺术表演场馆	Others	0.03	0.03	2.86	2.44
按隶属关系分	**By Jurisdiction of Management**				
中央	Run by Central Government				
省、区、市	Run by Provinces, Autonomous Regions and Municipalities	0.03	0.02	4.95	4.68
地、市	Run by Prefectures (Cities)	0.03		15.16	3.53
县、市及以下	Run by Counties (Cities) and Others	0.51	0.23	74.13	60.93

20-5 续表 2 continue

项 目	Item	收入合计（万元）Total Income (10 000 yuan)	#财政拨款 Government	#演出收入 Performance Income	支出合计（万元）Expenses (10 000 yuan)
总计	**Total**	**22097.60**	**1650.70**	**14736.80**	**18717.80**
按登记注册类型分	**By Status of Registration**				
国有	State-owned	3863.80	70.20	68.80	4298.90
集体	Collective-owned				
其他	Others	18233.80	1580.50	14668.00	14418.90
按性质分	**By Type of Units**				
执行事业会计制度	Adopting Institution Accounting System	3083.10	70.20	2.90	3350.90
执行企业会计制度	Adopting Enterprise Accounting System				
按机构类型分	**By Type of Troupes**				
剧场	Theaters	20842.50	1615.50	14632.40	16634.50
影剧院	Music Halls and Cinemas	504.30	35.20		628.60
书场、曲艺场	Storytelling, Recitation and Ballad Places	50.00		15.00	25.00
杂技、马戏场	Acrobatics and Circus Places				
音乐厅	Concert Halls	39.00		32.50	35.50
综合性	General Performance Theaters	448.80		32.90	1208.20
其他艺术表演场馆	Others	213.00		24.00	186.00
按隶属关系分	**By Jurisdiction of Management**				
中央	Run by Central Government				
省、区、市	Run by Provinces, Autonomous Regions and Municipalities	1535.30		47.10	1432.80
地、市	Run by Prefectures (Cities)	2172.50		18.00	1982.70
县、市及以下	Run by Counties (Cities) and Others	18389.80	1650.70	14671.70	15302.30

20-6 艺术表演团体基本情况（2020）

项　目	Item	机构数（个） Number of Institutions (unit)	从业人员（人） Number of Employed Persons (person)	演（映）出场次（万场次） Number of Performances (10 000 shows)	#国内 Domestic Performance	#农村 Rural Performance
总计	**Total**	**347**	**12696**	**2.65**	**2.64**	**1.42**
按登记注册类型分	**By Status of Registration**					
国有	State-owned	40	2189	0.56	0.55	0.43
集体	Collective-owned					
其他	Others	307	10507	2.07	2.07	0.99
按隶属关系分	**By Jurisdiction of Management**					
中央	Run by Central Government					
省、区、市	Run by Provinces, Autonomous Regions and Municipalities	8	877	0.10	0.10	0.05
地、市	Run by Prefectures (Cities)	13	1155	0.15	0.14	0.09
县、市及以下	Run by Counties (Cities) and Others	326	10664	2.39	2.38	1.29
按性质分	**By Type of Units**					
执行事业会计制度	Adopting Institution Accounting System	16	1330	0.21	0.21	0.15
执行企业会计制度	Adopting Enterprise Accounting System	49	2228	0.74	0.73	0.57
按管理部门分	**By Management Authority**					
文化部门	Cultural Departments	62	3477	0.93	0.92	0.70
其他部门	Other Departments	285	9219	1.69	1.69	0.72
按剧种分	**By Type of Art**					
话剧、儿童剧、滑稽剧类	Drama, Children's Play and Comedy Troupes	4	1107	0.02	0.02	0.01
歌舞、音乐类	Song and Dance, Musicals	43	2543	0.45	0.44	0.20
京剧、昆曲类	Peking Opera and Kunqu Opera	2	120	0.03	0.03	0.01
地方戏曲类	Local Opera	196	6370	1.48	1.48	0.98
杂技、魔术、马戏类	Acrobatics, Magic and Circus	3	107	0.01	0.01	0.01
曲艺类	Folk Arts	10	242	0.14	0.14	0.03
乌兰牧骑	Ulanmuchi	1	46	0.01	0.01	
综合性艺术表演团体	Comprehensive Art Performance	88	2161	0.52	0.52	0.18

Basic Statistics on Art Performance Troupes （2020）

	国内演出观众人次（万人次）Number of Domestic Audience (10 000 person-times)	#农村 Rural Audience	收入合计（万元）Total Income (10 000 yuan)	#财政拨款 Government Budget	#演出收入 Performance Income	支出合计（万元）Total Expenses (10 000 yuan)	政府采购的公益演出活动 Public Shows under Government Procurement 演出场次（万场次）Number of Performances (10 000 shows)	观众人数（万人次）Number of Domestic Audience (10 000 person-times)
	1681.20	**996.40**	**61481.00**	**30266.20**	**24522.70**	**57930.70**	**0.47**	**353.90**
	432.08	353.30	25729.80	20155.30	2448.80	24865.00	0.27	205.46
	1249.12	643.10	35751.20	10100.90	22073.90	33065.70	0.20	148.44
	70.88	35.82	13823.60	7154.00	1506.30	13201.10	0.05	42.19
	132.48	85.64	16742.40	14789.70	1195.10	16640.00	0.07	47.46
	1477.84	874.94	30915.00	8322.50	21821.30	28089.60	0.35	264.25
	164.27	125.63	20460.00	18264.10	851.80	20882.30	0.09	97.34
	606.18	481.94						
	761.10	599.57	38812.90	25571.10	5152.70	37181.80	0.46	346.26
	920.10	396.83	22668.10	4695.10	19370.00	20748.90	0.01	7.64
	19.00	0.52	2150.70	915.30	590.70	1670.20	0.01	2.74
	186.36	109.80	21271.30	15049.70	2592.40	20520.80	0.09	75.76
	5.00	3.00	676.60	573.50	103.10	907.40	0.02	5.00
	1030.63	671.47	16872.20	8216.40	7089.90	17834.50	0.33	256.47
	3.77	1.85	3057.50	913.40	142.60	2519.30		1. 2
	7.22	4.75	536.40	125.30	323.30	617.70	0.01	2.43
	8.00	3.00	808.00	808.00		808.00		0.30
	421.22	202.00	16108.30	3664.60	13680.70	13052.80	0.02	10.00

20-7 博物馆基本情况
Basic Statistics on Museums

项　目	Item	2015	2018	2019	2020
机构数（个）	Number of Institutions(unit)	150	215	224	226
从业人员（人）	Number of Employed Persons(person)	3265	5017	3202	4834
文物藏品（件/套）	Number of Collections(piece/set)	558789	509469	392312	396968
本年从有关部门接收文物数（件/套）	Accepted Cultural Relics from Department This Year(piece/set)	8100	859	645	2961
本年修复文物数（件/套）	Cultural Relics Repaired This Year(piece/set)	594	936	1557	1071
基本陈列（个）	Displays (unit)	352	496	905	580
临时展览（个）	Exhibition (unit)	353	544	641	593
参观人次（千人次）	Spectators(1000 person-times)	21909	29153	33253	17487
门票销售总额（千元）	Ticket Sales for Entrance Ticket(1000 yuan)	2981	278642	362628	239774

20-8 公共图书馆基本情况（2020）
Basic Statistics on Public Libraries（2020）

项　目	Item	总计 Total	#少儿图书馆 Children's Libraries	按隶属关系分 By Jurisdiction of Management			
				省级 Provinces Level	地市级 Prefec-ture Level	县市级 County (City) Level	#县图书馆 Run by Counties
机构数（个）	Number of Institutions (unit)	104	9	1	17	86	65
从业人员（人）	Number of Employed Persons (person)	1488	101	197	361	930	648
总藏量（万册件）	Total Collections (10000 copies)	1814	116	482	425	906	574
当年购买的报刊种类（万种）	Kinds of Newspapers and Periodicals Purchased This Year (10 000 kinds)	15340	748	4147	3317	7876	4851
有效借书证数（万个）	Accumulative Number of Library Cards Distributed (10 000 units)	57	3	16	14	26	17
总流通人次（万人次）	Total Number of Circulation (10 000 person-times)	588	37	59	125	404	282
#书刊文献外借人次	Borrowing from Libraries	195	8	10	33	151	105
书刊文献外借册次（万册次）	Number of Books and Periodicals Lent to Readers (10 000 copies-times)	373	24	29	86	258	180
组织各类讲座次数（次）	Number of Lectures (time)	1258	55	35	277	946	783
举办展览（个）	Exhibitions Held (unit)	620	24	7	116	497	330
举办培训班（个）	Training Classes Held (unit)	386	19	7	101	278	205
计算机（台）	Computers (set)	5303	314	426	1133	3744	2727
#电子阅览室终端数	Terminals in Electronic Media Reading Rooms	3348	204	164	692	2492	1816
阅览室坐席数（万个）	Seats of Reading Room (10 000 units)	3			1	2	1

20-9 群众文化机构基本情况（2020）
Basic Statistics on Cultural Institutions （2020）

项　目	Item	总计 Total	省级 Provinces Level	地市级 Prefecture Level	县市级 County (City) Level
机构数（个）	Institutions (unit)	1450	1	16	87
从业人员（人）	Number of Employed Persons (person)	6084	39	347	1260
组织文艺活动（万次）	Art Performances and Story-telling Sessions (10 000 times)	1.80		0.06	0.34
参加文艺活动人次（万人次）	Person-times Attending Art and Cultural Activities (10 000 person-times)	676.29	3.00	78.44	314.81
举办训练班（万次）	Number of Training Courses(10 000 time)	0.97		0.12	0.17
参加培训人次（万人次）	Attending Training (10 000 person-times)	75.02	0.15	14.60	13.19
举办展览个数（万个）	Number of Exhibitions (10 000 units)	0.41		0.01	0.06
参观展览人次（万人次）	Visiting Exhibitions(10 000 person-times)	237.79		42.74	93.60
组织各类理论研讨和讲座次数（次）	Number of Theoretical Lectures (time)	460		127	333
参加研讨和讲座人次（万人次）	Attending Theoretical Lectures (10 000 person-times)	11.01		2.70	8.31
拥有计算机台数（万台）	Computer Owned (10 000 units)	1.01		0.04	0.11
本年收入合计（亿元）	Revenue this Year (100 million yuan)	5.85	0.12	0.65	1.31
本年支出合计（亿元）	Expenditure this Year (100 million yuan)	5.70	0.11	0.64	1.33
馆办文艺团体（个）	Art Performance Troupes Run by Centers (unit)	258	9	41	208
馆办文艺团体演出场次（万场次）	Number of Art Performances Run by Centers (10 000 times)	0.35	0.01	0.04	0.31
馆办老年大学（个）	Aging College Run by Centers (unit)	25		8	17
群众业余文艺团体（万个）	Part-time Art Troupes (10 000 units)	1.09		0.03	0.17

20–9 续表 continue

项 目	Item	# 县文化馆 Run by Counties	乡镇（街道）文化站 Township (subdistrict) Cultural Stations	# 乡镇文化站 Township Cultural Stations
机构数（个）	Institutions (unit)	66	1346	1227
从业人员（人）	Number of Employed Persons (person)	898	4438	3968
组织文艺活动（万次）	Art Performances and Story-telling Sessions (10 000 times)	0.21	1.36	1.13
参加文艺活动人次（万人次）	Person-times Attending Art and Cultural Activities (10 000 person-times)	219.87	280.04	255.03
举办训练班（万次）	Number of Training Courses(10 000 time)	0.08	0.69	0.59
参加培训人次（万人次）	Attending Training (10 000 person-times)	7.34	47.08	42.79
举办展览个数（万个）	Number of Exhibitions (10 000 units)	0.04	0.33	0.30
参观展览人次（万人次）	Visiting Exhibitions(10 000 person-times)	56.14	101.45	97.09
组织各类理论研讨和讲座次数（次）	Number of Theoretical Lectures (time)	200		
参加研讨和讲座人次（万人次）	Attending Theoretical Lectures (10 000 person-times)	4.66		
拥有计算机台数（万台）	Computer Owned (10 000 units)	0.08	0.87	0.81
本年收入合计（亿元）	Revenue this Year (100 million yuan)	1.25	3.27	2.44
本年支出合计（亿元）	Expenditure this Year (100 million yuan)	1.26	3.13	2.44
馆办文艺团体（个）	Art Performance Troupes Run by Centers (unit)	146		
馆办文艺团体演出场次（万场次）	Number of Art Performances Run by Centers (10 000 times)	0.15		
馆办老年大学（个）	Aging College Run by Centers (unit)	10		
群众业余文艺团体（万个）	Part-time Art Troupes (10 000 units)	0.09	0.89	0.81

20-10 新闻出版业主要指标
Main Indicators of Press and Publication Industry

指 标	Item	2019	2020
出版情况	**Publishing**		
图书出版	Publishing of Books		
图书种数（种）	Sort of Books (sort)	4026	4076
图书总印数（万册）	Total Printed Copies of Books (10 000volumes)	9665	9593
图书总印张（万印张）	Total Printed Sheets of Books (10 000 sheets)	640887	676484
图书定价总金额（万元）	Total Priced Value of Books (10 000 yuan)	145830	142387
期刊出版	Magazine		
期刊种数（种）	Sort of Magazine (sort)	131	132
期刊总印数（万册）	Total Printed Copies of Magazine (10 000 volumes)	8038	7971
期刊总印张（万印张）	Total Printed Sheets of Magazine (10 000 sheets)	434242	438753
期刊定价总金额（万元）	Total Priced Value of Magazine (10 000 yuan)	68823	69305
报纸出版	Publishing of Newspaper		
报纸种数（种）	Sort of Newspaper (sort)	61	58
报纸总印数（万份）	Total Printed Copies of Newspaper (10 000 volumes)	41127	34404
报纸总印张（万印张）	Total Printed Sheets of Newspaper (10 000 sheets)	531392	487162
报纸定价总金额（万元）	Total Priced Value of Newspaper (10 000 yuan)	42086	36547
音像及电子出版物出版	Audio Products and Electronic Publications		
音像及电子出版物出版种数（种）	Category of Audio Products and Electronic Publications (kind)	10	25
音像及电子出版物出版数量（万盒）	Number of Audio Products and Electronic Publications (10 000 cases)	1.41	2.05
音像及电子出版物发行数量（万盒）	Total Issuance of Audio and Electronic Publications (10 000 cases)	1	2
印刷企业单位数（个）	Number of Enterprises of Printing (unit)		
出版物发行情况	**Issuance of Publication**		
出版物购进数量（万册/张/份/盒）	Number of Publication Bought (10 000 volumes/paper/cases)	30223	30721
出版物购进金额（万元）	Total Bought Value (10 000yuan)	347453	359727
出版物销售数量（万册/张/份/盒）	Volume of Saling Printing (10 000 volumes/paper/cases)	30382	30622
出版物销售金额（万元）	Total Sales Amount of Publication (10 000 yuan)	350850	355324
出版物库存数量（万册/张/份/盒）	Storage of Publication (10 000 volumes/paper/cases)	4006	4096
出版物库存金额（万元）	Publication Inventory (10 000 yuan)	41229	45261

20-11 各市（州）文化事业基本情况（2020）
Basic Statistics of Culture Industry by Region （2020）

市（州）	Region	文化事业机构数（个）Number of Institutions (unit)	文化部门 Cultural Department	其他部门 Other Department	文化事业人员数（人）Number of Employed Persons (person)	文化部门 Cultural Department	其他部门 Other Department
兰州市	Lanzhou	1008	177	831	11342	2226	9116
嘉峪关市	Jiayuguan	153	16	137	1553	324	1229
金昌市	Jinchang	223	40	183	1909	400	1509
白银市	Baiyin	484	119	365	3839	1468	2371
天水市	Tianshui	471	199	272	6799	2286	4513
武威市	Wuwei	322	143	179	2559	852	1707
张掖市	Zhangye	489	128	361	6026	1069	4957
平凉市	Pingliang	428	178	250	4647	1569	3078
酒泉市	Jiuquan	412	149	263	3882	1084	2798
庆阳市	Qingyang	472	198	274	4446	2086	2360
定西市	Dingxi	485	183	302	5895	1801	4094
陇南市	Longnan	582	265	317	4135	1775	2360
临夏州	Linxia	459	192	267	3381	1559	1822
甘南州	Gannan	282	158	124	2992	1511	1481

注：本表不含省本级和甘肃矿区数据。
a) Data of this table excluding Provincial level and Gansu Mine Area data.

20-11 续表 continue

市（州）	Region	文化部门事业单位数（个）Number of Public Institutions of Culture Department (unit)	#文化馆、艺术馆 Cultural Centers and Art Station	#公共图书馆 Public Libraries	#博物馆 Museums	#艺术表演场所 Art Performance Places	#艺术表演团体 Art Performance Troupes	公共图书馆藏书量（万册、件）Total Collections of Public Library (10 000volumes)
兰州市	Lanzhou	187	9	9	25	4	16	171.89
嘉峪关市	Jiayuguan	20	1	2	7			29.13
金昌市	Jinchang	40	3	4	5		2	78.97
白银市	Baiyin	120	6	6	13	1	42	122.46
天水市	Tianshui	193	8	8	12	4	35	104.42
武威市	Wuwei	142	5	5	10		15	88.17
张掖市	Zhangye	137	8	7	18	5	24	92.53
平凉市	Pingliang	174	8	8	14	5	44	90.54
酒泉市	Jiuquan	161	8	8	27	6	8	97.51
庆阳市	Qingyang	193	9	9	19	1	59	87.49
定西市	Dingxi	185	8	8	20	2	61	112.33
陇南市	Longnan	271	11	10	17	2	16	116.82
临夏州	Linxia	194	9	9	16		7	60.71
甘南州	Gannan	155	9	9	16	1	10	72.05

20-12 广播电视事业基本情况
Basic Statistics of Radio and Television Industry

项　目	Item	2010	2015	2018	2019	2020
广播	**Radio**					
广播电台(座)	Number of Broadcasting Stations (set)	4	2			
中短波广播发射和转播台(座)	Medium and Short Wave Transmission Stations and Relay Stations (set)	30	31	31	31	31
中短波广播发射功率(千瓦)	Medium and Short Wave Transmission Power (kW)	702	683	683	675	625
发射机功率(千瓦)	Power of Transmitters (kW)	234	271	327	339	365
公共广播节目套数(套)	Number of Public Radio Programs (set)	86	94	97	97	99
广播节目制作时间(万小时)	Length of Radio Programs Produced (10 000 hours)	10.78	13.37	14.87	14.61	15.47
#新闻资讯	News Programs	2.29	2.92	3.11	3.15	3.47
专题服务	Special Subject Programs	2.77	3.30	3.47	3.48	4.03
综艺类	Entertainment Programs	3.20	3.93	4.24	4.33	4.08
服务节目	Service Programs	0.66	1.10			
县广播电视台(座)	County Broadcasting Stations (set)	76	68	79	79	79
广播节目综合人口覆盖率(%)	Radio Coverage Rate of the Population (%)	93.47	98.01	98.45	98.57	99.31
电视	**Television**					
电视台(座)	Television Stations (set)	7	4	1	1	1
发射机功率(千瓦)	Power of Transmitters (kW)	366	409	547.073	554.236	296.80
电视节目套数(套)	Number of TV Programs (set)	104	110	118	119	118
#公共电视	Public TV (set)	104	110	117	118	117
付费电视	Pay TV (set)			1	1	1
电视节目制作时间(万小时)	Length of TV Programs Produced (10 000 hours)	5.89	6.74	7.26	6.45	6.42
#新闻资讯	News Programs	1.95	2.31	2.47	2.17	2.48
专题服务	Special Subject Programs	1.58	2.03	1.76	1.71	1.82
综艺类	Entertainment Programs	0.83	0.73	0.70	0.69	0.56
服务节目	Service Programs	0.65	0.67			
电视节目综合人口覆盖率(%)	TV Coverage Rate of Population (%)	93.72	98.47	98.81	98.90	99.41
有线广播电视用户数(万户)	Number of Users of Cable Radio and TV (10 000 households)	206.9	233.6	191.6	174.8	164.6
#农村	Rural	51.41	28.50	29.57	28.25	19.54
数字电视用户数	Number of Users of Digital TV	122.85	191.78	144.49	122.15	126.35
有线广播电视入户率(%)	Popularization Rate of Cable Radio and TV (%)	27.37	28.19	22.69	20.63	19.57
#农村	Rural	10.84	5.83	5.90	5.59	3.84
其他	**Others**					
广播电视总收入(亿元)	Revenue of Radio and TV (100 million yuan)	14.37	37.12	35.75	34.01	36.12
广播电视从业人员数(万人)	Staff and Workers of Radio and TV (10 000 persons)	1.41	1.59	1.56	1.47	1.51

20-13 广播电视节目综合人口覆盖情况
Population Coverage of Radio and TV Programs

单位：%　　　　(%)

项　目	Item	2015	2018	2019	2020
广播节目综合人口覆盖率	Population Coverage Rate of Radio Programs	98.01	98.45	98.57	99.31
#中央广播节目	Coverage Rate of Central Radio Station	96.52	97.04	97.18	98.05
#农村广播节目	Rural Population Coverage Rate of Radio Programs	97.63	98.12	98.28	99.15
电视节目综合人口覆盖率	Population Coverage Rate of TV Programs	98.47	98.81	98.90	99.41
#中央电视节目	Coverage Rate of CCTV	97.14	97.82	97.94	98.59
#农村电视节目	Rural Population Coverage Rate of TV Programs	98.14	98.54	98.66	99.29

20-14 广播节目制作播出情况
Basic Statistics on Radio Programs Produced and Broadcasted

项　目	Item	2015	2018	2019	2020
公共广播节目套数（套）	Number of Public Radio Programs(set)	94	97	97	99
全年制作广播节目时间（小时）	Length of Radio Programs Produced(hour)	133738	148693	146132	154714
全年公共广播节目播出时间（小时）	Length of Public Radio Programs Broadcasted(hour)	342009	379338	372168	385455

20-15 电视节目制作播出情况
Basic Statistics on TV Program Produced and Broadcasted

项　目	Item	2015	2018	2019	2020
电视节目套数（套）	Number of TV Programs(set)				
公共电视	Public TV	110	117	117	117
全年制作电视节目时间（小时）	Length of TV Programs Produced(hour)	67384	72574	64548	64162
全年公共电视节目播出时间（小时）	Length of Public TV Programs Broadcasted (hour)	487173	552624	547797	584168
全年电视剧播出数	Number of TV Plays Broadcasted				
（部）	(set)	7414	6852	6085	5953
（集）	(part)	228603	216638	199901	219541
#进口电视剧	Imported TV Play Broadcasted				
（部）	(set)	100	6	7	6
（集）	(part)	3226	312	345	302

20-16 有线广播电视传输干线网络及用户情况
Transmission Trunk and Users of Cable Radios and TVs

项　目	Item	2015	2018	2019	2020
有线广播电视传输干线网络总长（公里）	Total Length of Transmission Trunk for Cable Radios and TVs(km)	56496	16705	16705	17049
有线广播电视用户数（户）	Users of Cable Radios and TVs (household)	2335791	1916177	1747894	1645470
#数字电视用户数	Users of Digital TV Programs	1917800	1444936	1221464	1263501
#付费电视用户数	Users of Pay TV	1118929	830072	862376	826942
#农村有线广播电视用户数	Users of Rural Cable Radios and TVs	285030	295690	282506	242185
有线广播电视入户率 (%)	Popularization Rate of Cable TV Programs (%)	28.19	22.69	20.63	19.57
#农村有线广播电视入户率	Rural Areas	5.83	5.90	5.59	4.76

20-17 广播电视技术情况
Technology Statistics on Radio and TV

项　目	Item	2015	2018	2019	2020
中、短波转播发射台（座）	Transmission and Relaying Stations of Medium and Short Wave Broadcast(unit)	31	31	31	31
中波发射机（部）	Medium Wave Transmitters(set)	68	70	71	71
短波发射机（部）	Sort Wave Transmitters(set)	2	2	2	1
调频转发射机（部）	Frequency Modulation Transmitters(set)	773	465	507	514
电视发射机（部）	TV Program Transmitters(set)	2453	1956	1373	1050
微波实有站（座）	Microwave Stations(unit)	97	133	131	116

20-18 各市（州）广播电视事业基本情况 (2020)
Basic Statistics of Broadcasting and Television by Region (2020)

单位：小时　　(hour)

市（州）	Region	公共广播节目套数（套） Number of Public Radio Programs (set)	全年制作广播节目时间 Length of Radio Programs Produced	全年公共广播节目播出时间 Length of Public Radio Programs Broadcasted	全年制作电视节目时间 Length of TV Programs Produced	全年公共电视节目播出时间 Length of Public TV Programs Broadcasted
兰州市	Lanzhou	6	20623	25096	4357	40227
嘉峪关市	Jiayuguan	2	11152	13627	3152	16157
金昌市	Jinchang	3	3267	10093	1416	15671
白银市	Baiyin	4	7366	15196	6532	27652
天水市	Tianshui	9	10972	39989	6258	46967
武威市	Wuwei	5	4098	20873	1471	28283
张掖市	Zhangye	7	6232	27848	8846	37363
平凉市	Pingliang	9	7393	34803	5398	44805
酒泉市	Jiuquan	8	8962	25332	2580	49008
庆阳市	Qingyang	9	13527	25883	5402	51426
定西市	Dingxi	9	7490	29604	3279	32723
陇南市	Longnan	10	4192	35239	6412	50911
临夏州	Linxia	9	4501	31740	3402	49584
甘南州	Gannan	3	1355	7883	2134	29838
甘肃矿区	Gansu Mine Area				124	6091

20-19 体育系统机构数、从业人员数（2020）
Number of Institutions and Engaged Persons of Physical Education System (2020)

单位：个、人 (unit, person)

指 标	Item	合计 Total		省级 Provincial Level		地级 Prefectural Level	
		机构数 Institutions	人数 Persons	机构数 Institutions	人数 Persons	机构数 Institutions	人数 Persons
总 计	**Total**	**189**	**3775**	**13**	**1276**	**39**	**1078**
体育行政机关	Administrative Agencies of Physical Culture and Sports	102	1156	1	46	14	274
运动项目管理部门	Sports Events Management	6	977	5	803	1	174
本科院校	Colleges						
职业、运动技术学院	Sports Technical Institutes						
体育运动学校	Physical Education and Sports Schools	9	432	1	92	8	340
竞技体校	Competitive Sports School						
少儿体育运动学校（业余体校）	Spare-time Sports School	20	220			3	86
单项运动学校	Physical Education and Sports Schools						
训练基地	Training Bases	1	240	1	240		
体育场馆	Stadium and Gymnasium	4	73	1	43	3	30
科研所	Science and Technology Institute	1	17	1	17		
其他事业单位	Other Institutions	45	658	2	33	10	174
其他	Others	1	2	1	2		

注：体育场馆是指独立法人单位的体育场馆。
a) The Stadium and gymnasium referred to the stadium with independent legal entity.

20-20 分技术等级运动员发展人数
Certified Athletes by Technical Grade

单位：人 (person)

项 目	Item	2015	2017	2018	2019	2020
合计	**Total**	**709**	**817**	**951**	**1036**	**602**
#女性	Female	185	291	404	251	184
运动健将	Master of Sports	16	17	11	19	16
#女性	Female	6	6	5	5	5
一级运动员	First Grade	144	204	338	257	133
#女性	Female	46	92	143	31	45
二级运动员	Second Grade	549	613	602	750	453
#女性	Female	133	193	256	155	134

主要统计指标解释

文化及相关产业 指为社会公众提供文化、娱乐产品和服务的活动以及与这些活动有关联的活动的集合。根据提供文化、娱乐产品和服务活动的属性特点，划分为公益性文化活动和经营性文化活动两大类。

文化及相关产业是第三产业的重要组成部分。是在我国《国民经济行业分类》基础上的派生分类，有文化服务和相关文化服务两大类。

文化服务 主要指新闻服务，出版发行和版权服务，广播、电视、电影服务，文化艺术服务，网络文化服务，文化休闲娱乐服务，其他文化服务。

相关文化服务 主要有文化用品、设备及相关文化产品的生产，文化用品、设备及相关文化产品的销售。

非文化及相关产业 指由文化部门主办的不属于文化及相关产业的其他各类行业活动。

文化事业机构 指从事专业文化工作和为专业文化工作服务的独立建制的单位。不包括这些单位另外举办独立核算的其他机构和各部门的业余文化组织。该指标主要反映文化事业机构发展规模水平。

广播／电视节目综合人口覆盖率 指根据原国家广电总局制定的《广播电视人口覆盖率统计技术标准和方法》进行统计调查的，在对象区内能接收到由中央、省、地市或县通过无线、有线或卫星等各种技术方式转播的各级广播／电视节目的人口数占全国总人口数的百分比。

艺术表演团体 指由文化部门主办或实行行业管理(经文化市场行政部门审批或已申报登记并领取相关许可证)，专门从事表演艺术等活动的各类专业艺术表演团体，含民间职业剧团。如话剧团、方言话剧团、滑稽剧团、儿童剧团、歌剧团、木偶团、皮影团等以及由若干剧种组成的综合性专业艺术表演团体。不包括群众业余文艺表演团体。

艺术表演场馆 指由文化部门主办或实行行业管理(经文化市场行政部门审批或已申报登记并领取相关许可证)，有观众席、舞台、灯光设备，公开售票、专供文艺团体演出的文化活动场所。附属于文化部门机构内非独立核算的剧场、排演场，公开营业的也应单独统计。

21 城　市

City

简要说明

一、本篇资料的主要内容

本篇资料反映了城市主要社会经济和城市建设基本情况。城市建设基本情况包括城市人口、建设用地、市政建设、设施水平、供水、供气、供热、园林绿化、环境卫生等。

二、本篇资料的来源

1、本篇资料中城市主要社会经济指标由省统计局城市调查处依据国家统计局制定的《城市基本情况统计报表制度》整理提供。

2、城市建设资料来源于省住房和城乡建设厅《甘肃省城市建设统计年报》

三、本篇资料的统计范围

1、城市主要社会经济指标的统计范围为市辖区，"市辖区"指城区，不包括市辖县（市）。

2、城市建设资料统计范围分两类：地级市的统计范围为城市行政区，含市辖建制镇，不含市辖县（市）；县级市的统计范围为城市规划区，即按城市现状，市政府所在地和规划区范围内的建制镇。

21-1 分城市主要社会经济指标（2020）
Main Social and Economic Indicators by City （2020）

指 标	Item	兰州市 Lanzhou	嘉峪关市 Jiayuguan
年末常住人口(万人)	Permanent Population at Year-end(10000 persons)	319.59	31.40
地区生产总值(当年价格)(亿元)	Gross Regional Product (Current prices) (100 million yuan)	2236	282
第一产业增加值	Primary Industry	16	5
第二产业增加值	Secondary Industry	669	179
第三产业增加值	Tertiary Industry	1601	97
人均地区生产总值(元)	Per Capita GDP (yuan)	72272	91000
地区生产总值增长率(%)	Growth Rate of GDP (%)	0.4	4.3
地方一般公共预算收入(万元)	General Public Budget Revenue of the Local Goveroments (10 000 yuan)	2071531	181815
地方一般公共预算支出(万元)	General Public Budget Expenditure of the Local Goveroments(10 000 yuan)	3534312	289309
年末金融机构人民币	RMB Deposits Balance of Financial Institutions		
各项存款余额（万元）	Year-end) (10 000 yuan)	76282944	3918572
#住户存款余额	Household Deposits Balance	33848431	2474731
年末金融机构人民币	RMB Loans Balance of Financial Institutions		
各项贷款余额（万元）	(Year-end) (10 000 yuan)	81889337	5418462
房地产开发投资额（万元）	Real Estate Development Investment (10 000yuan)	2902867	253137
#住宅	Residential Buildings	1990208	182242
商品房销售面积(万平方米)	Floor Space of Commercialized Buildings Sold (10 000 sq.m)	457.58	41.44
商品房销售额(万元)	Total Sales of Commercialized Buildings (100 million yuan)	4772930	190017
规模以上工业	Industries above Designated Size		
工业总产值(当年价)(万元)	Gross Industrial Output Value	12658200	7309000
营业收入（万元）	Business Revenue (10 000 yuan)	11963600	8346500
利润总额（万元）	Total Profit (10 000 yuan)	455000	294300
社会消费品零售总额（万元）	Total Retail Sales of Consumer Goods (10 000 yuan)	14727634	724471
在岗职工平均工资(全市)(元)	Average Wages of Staff and Workers (city) (yuan)	93847	87807
城镇居民人均可支配收入（元）	Per Capita Disposable Income of Urban Households (yuan)		44774
城镇居民人均消费支出（元）	Per Capita Consumption expenditure of Urban Households (yuan)		30863
在校学生数	Number of Enrollment		
普通本专科（全市）（人）	Undergraduate in Regular HEIs (city) (person)	390906	3966
中等职业教育（人）	Secondary Vocational Education (person)	31675	2081
普通中学（万人）	Regular Middle School (10000 persons)	12.40	1.45
普通小学（万人）	Regular Primary Schools (10000 persons)	10.05	1.70
医疗卫生机构数（个）	Number of Health Care Institutions (unit)	1329	134
医院数（个）	Hospitals (unit)	85	8
医疗卫生机构床位数（张）	Number of Beds in Health Care Institutions (unit)	26245	2600
医院床位数（张）	Hospital Beds (unit)	23767	2321
执业（助理）医师（人）	Licensed (Assistant) Doctors (person)	12705	1179
城乡居民基本养老保险参保人数(人)	Basic Endowment Insurance for Urban and Rural Residents (person)	210428	22259
城乡居民基本医疗保险参保人数(人)	Basic Medical Insurance for Urban and Rural Residents (person)	1080067	114879
城市居民最低生活保障人数(人)	Number of Urban Residents Receiving Minimum Living Allowance (person)	25233	18531
博物馆数(个)	Museums (unit)	20	6
体育场馆数(个)	Stadium and Gymnasium (unit)	6	14
年末实有公共汽(电)车营运车辆数(辆)	Public Buses and Trolley Buses in Operation at Year-end (unit)	3189	130
邮政局（所）数（处）	Number of Post Offices (unit)	98	15

注：城市主要社会经济指标数据来源于国家统计局制定的《城市基本情况统计报表制度》，为市辖区数据。

a) The main socio-economic indicator data of the city comes from the "Statistical Reporting System on Basic Situation of Cities" formulated by the National Bureau of Statistics, districts under the jurisdiction of city governments are included.

21-1 续表 1 continued

指 标	Item	金昌市 Jinchang	白银市 Baiyin
年末常住人口（万人）	Permanent Population at Year-end(10000 persons)	26.09	53.94
地区生产总值（当年价格）(亿元）	Gross Regional Product (Current prices) (100 million yuan)	271	287
第一产业增加值	Primary Industry	7	12
第二产业增加值	Secondary Industry	203	137
第三产业增加值	Tertiary Industry	61	139
人均地区生产总值（元）	Per Capita GDP (yuan)	104732	53504
地区生产总值增长率 (%)	Growth Rate of GDP (%)	9.2	1.5
地方一般公共预算收入（万元）	General Public Budget Revenue of the Local Goveroments (10 000 yuan)	39872	125217
地方一般公共预算支出（万元）	General Public Budget Expenditure of the Local Goveroments(10 000 yuan)	124767	502521
年末金融机构人民币	RMB Deposits Balance of Financial Institutions		
各项存款余额（万元）	Year-end) (10 000 yuan)	3332963	5190651
#住户存款余额	Household Deposits Balance	2122952	3308426
年末金融机构人民币	RMB Loans Balance of Financial Institutions		
各项贷款余额（万元）	(Year-end) (10 000 yuan)	2202941	4208719
房地产开发投资额（万元）	Real Estate Development Investment (10 000yuan)	61487	264680
#住宅	Residential Buildings	48130	287948
商品房销售面积（万平方米）	Floor Space of Commercialized Buildings Sold (10 000 sq.m)	12.60	38.90
商品房销售额（万元）	Total Sales of Commercialized Buildings (100 million yuan)	64571	205922
规模以上工业	Industries above Designated Size		
工业总产值（当年价）(万元）	Gross Industrial Output Value	7089521	4197408
营业收入（万元）	Business Revenue (10 000 yuan)	15211115	4246080
利润总额（万元）	Total Profit (10 000 yuan)	381522	41914
社会消费品零售总额（万元）	Total Retail Sales of Consumer Goods (10 000 yuan)	676773	1059867
在岗职工平均工资（全市）（元）	Average Wages of Staff and Workers (city)(yuan)	86195	75745
城镇居民人均可支配收入（元）	Per Capita Disposable Income of Urban Households (yuan)	47565	33103
城镇居民人均消费支出（元）	Per Capita Consumption expenditure of Urban Households (yuan)	32131	20111
在校学生数	Number of Enrollment		
普通本专科（全市）（人）	Undergraduate in Regular HEIs (city) (person)	5211	6248
中等职业教育（人）	Secondary Vocational Education (person)	1035	4163
普通中学（万人）	Regular Middle School (10000 persons)	1.25	3.03
普通小学（万人）	Regular Primary Schools (10000 persons)	1.46	2.96
医疗卫生机构数（个）	Number of Health Care Institutions (unit)	177	71
医院数（个）	Hospitals (unit)	14	24
医疗卫生机构床位数（张）	Number of Beds in Health Care Institutions (unit)	2200	4215
医院床位数（张）	Hospital Beds (unit)	1945	4142
执业（助理）医师（人）	Licensed (Assistant) Doctors (person)	1122	1832
城乡居民基本养老保险参保人数（人）	Basic Endowment Insurance for Urban and Rural Residents (person)	40609	126878
城乡居民基本医疗保险参保人数（人）	Basic Medical Insurance for Urban and Rural Residents (person)	116846	281764
城市居民最低生活保障人数（人）	Number of Urban Residents Receiving Minimum Living Allowance (person)	4054	25656
博物馆数（个）	Museums (unit)	3	2
体育场馆数（个）	Stadium and Gymnasium (unit)	2	6
年末实有公共汽（电）车营运车辆数（辆）	Public Buses and Trolley Buses in Operation at Year-end (unit)	159	317
邮政局（所）数（处）	Number of Post Offices (unit)	10	30

21-1 续表 2 continued

天水市 Tianshui	武威市 Wuwei	张掖市 Zhangye	平凉市 Pingliang	酒泉市 Jiuquan	庆阳市 Qingyang	定西市 Dingxi	陇南市 Longnan
121.30	88.32	51.93	50.42	45.61	51.61	42.24	54.65
375	335	202	152	203	248	115	137
36	85	45	15	35	7	13	23
129	59	33	37	50	115	20	13
210	191	124	100	118	126	77	101
30930	37621	38975	30079	44805	48870	27165	25088
4.1	4.2	2.5	4.2	6.8	5.1	4.3	2.5
416155	225504	86393	81234	90008	102064	44069	45624
1834897	914913	385137	361907	332740	308638	413925	564030
9842976	6900568	4457800	4173680	5008466	5021264	2992256	3341025
6666845	5221254	3229300	2649645	3420070	3433688	1847056	1834732
8699624	5428278	375400	3117628	3776857	3197908	2264404	2648631
1223271	422584	254289	479801	380304	208959	32387	172180
912408	358551	168017	373420	293558	164473	208686	123875
94.15	57.13	75.05	83.24	72.11	38.65	55.95	1[illegible].69
845464	372290	286155	390252	375156	310736	325554	79383
3275472	1367226	827369	625207	839643	2177882	591930	110928
2033597	1446900	671002	642965	887958	2046113	297520	106935
184833	57623	40562	104329	79313	123243	13552	13540
1595746	863783	1114211	795808	1184289	727591	600338	672833
68500	75582	85779	86228	80752	80521	75289	69164
31645	33531	29685	31124	42785	35384	23935	28577
20541	25227	21360	21427	30949	21351	13711	22848
48379	21706	19605	17141	12991	22922		9387
10469	8803	5867	4472	7832	7281	4[illegible]80	4344
7.10	4.88	2.41	2.87	2.37	3.33	1.91	2.26
9.46	6.67	3.18	3.90	2.54	4.84	2.89	5.28
1240	957	436	479	398	358	534	52
67	30	31	22	24	17	16	2
11194	7435	4559	5568	4271	5162	4400	2579
9802	5346	3870	4745	3489	4619	3700	1072
3589	3261	2060	1864	1748	1862	1690	628
643220	447273	249805	239912	153018	176501	234784	325200
969444	824268	418088	394078	301889	279105	366112	523446
30373	8868	5206	14861	8990	7986	8755	11914
6	6	2	7	3	2	1	1
5	3	3	4	3	2	4	1
648	402	258	292	228	142	118	1409
57	**56**	**35**	**27**	31	15	27	41

21-2 城市公用事业基本情况
Basic Statistics on City Public Utilities

指标	Item	2018	2019	2020
城市人口和建设用地	**City Areas and Floor Space of Buildings**			
市区面积（平方公里）	Urban Area (sq.km)	88539.17	88539.17	88553.32
市区人口（万人）	Urban Population (10 000 persons)	914.22	909.54	985.22
建成区面积（平方公里）	Area of Built Districts (sq.km)	891	876	901
城市建设用地面积（平方公里）	Area of Land Used for Urban Construction (sq.km)	888	898	919
城市供水、燃气及集中供热	**Water Supply and Gas Supply and Heating**			
公共供水总量（万立方米）	Volume of Public Tap Water Supply (10 000 cu.m)	50869	53306	54793
#居民家庭用水	Water Consumption for Household Use	21748	22894	24337
人均日生活用水量（升）	Per Capita Daily Water Consumption for Household Use (liter)	137	138	140
公共供水普及率(%)	Coverage of Urban Population with Access to Public TapWater (%)	95.33	95.97	96.12
天然气供气总量（亿立方米）	Natural Gas Supply (100 million cu.m)	23.51	25.20	25.44
#家庭用量	Consumption of Liquefied Gas for Household Use	4.14	4.82	6.47
液化石油气供气总量（万吨）	Volume of Liquefied Petroleum Gas 10 000 ton)	4.14	4.77	3.40
#家庭用量	Consumption of Liquefied Gas for Household Use	2.54	2.47	2.43
燃气普及率(%)	Coverage Rate of Urban Population with Access to Gas (%)	90.91	92.66	94.80
集中供热面积（万平方米）	Area of Centralized Heating (10 000 cu.m)	23460.40	26121.00	27868.00
城市市政建设	**Municipal Infra-structure**			
城市道路长度（公里）	Length of Paved Roads (km)	5091.99	5584.92	5986.65
城市桥梁数（座）	Number of City Bridges (sets)	648	674	697
城市排水管道长度（公里）	Length of City Sewage Pipes (km)	6955.20	7280.00	8035.00
城市污水处理总量（万立方米）	Total Volume of City Sewage Treatment (10000 cu.m)	39879.63	44935.00	47031.00
城市绿化和园林	**City Greening**			
园林绿地面积（公顷）	Area of Urban Green Land (hectare)	27221.80	29186.10	30253.00
人均公园绿地面积（平方米）	Per Capita Area of Parks and Green Land (sq.m)	13.65	14.28	15.15
公园数（个）	Number of Parks and Zoos (unit)	172	178	203
公园面积（公顷）	Area of Parks (hectare)	5472.06	5706.33	6066.00
城市市容环境卫生	**Environmental Sanitation**			
道路清扫保洁面积（万平方米）	Area of Road Cleaning (10000 sq.m)	11756.43	12566.00	13580.00
生活垃圾清运量（万吨）	Volume of Garbage Disposal (10 000 tons)	281.19	279.71	272.55
生活垃圾无害化处理率(%)	Harmless Treatment Rate of Garbage (%)	99.76	100.00	100.00
市容环卫专用车辆设备总数（台）	Total number of Vehicles and Equipment for City Appearance and Sanitation (set)	5248	5489	5624

注：城市建设数据来源于省住房和城乡建设厅《甘肃省城市建设统计年报》。(以下表同)

a)Data of urban construction comes from the "Urban Construction Statistical Annual Reporting System in Gansu Province" issued by the Provincial Department of Housing and Urban-Rural Development.The same applies to the relevant tables following.

21-3 分城市人口和建设用地情况（2020）
Conditions of Population and Land Used for Urban Construction by City (2020)

市（州）	Region	城区面积（平方公里）Urban Area (sq.km)	城区人口（万人）Urban Population (10 000 persons)	建成区面积（平方公里）Area of Built Districts (sp.km)	城市建设用地面积（平方公里）Area of Land Used for Urban Construction (sq.km)	本年征用土地面积（平方公里）Land Put in Requisition for State Construction Projects in Current year (sq.km)	城市人口密度（人/平方公里）Population Density of Urban Area (person/sq.km)
甘肃省	**Gansu**	**2004.76**	**536.78**	**901.43**	**919.26**	**16.52**	**3235**
兰州市	Lanzhou	342.38	196.04	329.10	332.35	2.80	7486
嘉峪关市	Jiayuguan	342.00	21.08	70.40	107.08		695
金昌市	Jinchang	52.30	15.65	45.83	45.83		3824
白银市	Baiyin	114.00	32.12	68.25	67.82	0.35	3015
天水市	Tianshui	73.00	64.72	60.00	60.00		9567
武威市	Wuwei	177.77	32.76	34.04	34.04	2.02	1931
张掖市	Zhangye	200.00	27.23	45.10	44.98	1.08	1454
平凉市	Pingliang	255.00	25.93	42.00	41.71	2.43	1204
华亭市	Huating	17.90	7.65	15.41	14.80	0.01	5117
酒泉市	Jiuquan	235.00	26.28	55.75	46.85		1559
玉门市	Yumen	15.00	3.28	12.42	11.95		3087
敦煌市	Dunhuang	19.86	6.78	15.58	15.39	0.22	4748
庆阳市	Qingyang	31.00	19.85	30.00	25.03	5.52	6706
定西市	Dingxi	35.90	19.06	26.00	24.94	1.42	5347
陇南市	Longnan	40.00	15.00	13.80	12.78		4275
临夏市	Linxia	38.05	17.99	24.00	21.90	0.67	6176
合作市	Hezuo	15.60	5.36	13.75	11.81		3500

21-4 分城市道路桥梁和排水污水处理情况 (2020)
Conditions of Road & Bridge and Drainage Sewage Treatment by City (2020)

市（州）	Region	道路长度（公里）Length of Paved Roads (year-end) (km)	道路面积（万平方米）Area of Paved Roads (year-end) (10 000 q.m)	桥梁数（座）Number of Bridges (unit)	道路照明灯盏数（盏）Number of Street Lights (unit)	排水管道长度（公里）Length of City Sewage Pipes (km)	污水排放量（万立方米）Sewage Discharge (10000 cu.m)	污水处理厂处理能力（万立方米/日）Daily Disposal Capacity of Sewage (10,000 cu.m/day)
甘肃省	**Gansu**	**5987**	**13130**			**8035**	**48396**	**159.1**
兰州市	Lanzhou	2265	5627			3172	23858	72.0
嘉峪关市	Jiayuguan	582	893			708	799	2.4
金昌市	Jinchang	177	498			115	1349	8.0
白银市	Baiyin	380	738			342	2156	8.6
天水市	Tianshui	382	764	52	45605	419	4511	20.0
武威市	Wuwei	198	633	15	15228	221	2002	9.0
张掖市	Zhangye	124	388	2	22535	477	2959	8.0
平凉市	Pingliang	242	722	35	20081	566	1902	8.5
华亭市	Huating	111	254	9	3625	177	378	1.4
酒泉市	Jiuquan	450	698	7	19993	411	2478	10.0
玉门市	Yumen	163	244	1	6117	184	373	2.0
敦煌市	Dunhuang	255	270	2	6409	106	445	3.0
庆阳市	Qingyang	179	354	3	8616	268	1296	4.0
定西市	Dingxi	115	297	15	7209	192	513	2.0
陇南市	Longnan	120	190	18	4920	174	959	3.5
临夏市	Linxia	193	378	30	30635	412	2048	5.5
合作市	Hezuo	50	183	21	2538	90	370	1.2

21-5 分城市公共供水情况（2020）
Basic Statistics on Public Tap Water Supply by City （2020）

市（州）	Region	综合生产能力（万立方米/日）Comprehensive Production Capacity (10,000 cu.m/day)	供水管道长度（公里）Length of Water Supply Pipelines (km)	用水人口（万人）Number of Residents with Access to Tap Water (10 000 persons)	人均日生活用水量（升）Per Capita Daily Consumption of Tap Water for Residential Use (liter)
甘肃省	**Gansu**	**341.72**	**6301.95**	**623.25**	**139.98**
兰州市	Lanzhou	159.40	1610.83	237.01	174.12
嘉峪关市	Jiayuguan	17.91	661.35	23.78	141.37
金昌市	Jinchang	10.00	257.56	15.66	139.77
白银市	Baiyin	39.10	335.49	34.37	146.34
天水市	Tianshui	19.00	257.00	69.60	71.60
武威市	Wuwei	20.00	242.00	34.31	129.72
张掖市	Zhangye	13.50	425.00	29.07	178.76
平凉市	Pingliang	5.50	410.30	30.70	82.62
华亭市	Huating	1.50	82.00	8.99	91.12
酒泉市	Jiuquan	21.20	363.75	38.98	100.62
玉门市	Yumen	1.70	163.87	4.63	106.51
敦煌市	Dunhuang	4.00	366.87	9.43	90.85
庆阳市	Qingyang	3.81	426.10	20.79	114.45
定西市	Dingxi	10.00	245.06	20.66	54.79
陇南市	Longnan	3.50	78.04	16.77	137.59
临夏市	Linxia	10.40	291.33	23.50	226.41
合作市	Hezuo	1.20	85.40	5.00	139.34

21-5 续表 continued

市（州）	Region	供水总量（万立方米）Total Annual Volume of Water Supply (10 000 cu.m)	#生产运营用水 Water for Production Operations Use	#公共服务用水 Water for Public Services Use	#居民家庭用水 Water for Households Use
甘肃省	**Gansu**	**54792.74**	**13793.78**	**7256.18**	**24337.31**
兰州市	Lanzhou	27112.86	9178.63	4302.79	10953.07
嘉峪关市	Jiayuguan	3624.93	305.79	336.27	890.79
金昌市	Jinchang	1718.85	343.59	109.95	451.35
白银市	Baiyin	2232.89	356.00	9.00	1826.89
天水市	Tianshui	3005.00	685.00	321.00	1498.00
武威市	Wuwei	2499.99	633.46	600.00	984.53
张掖市	Zhangye	2557.70	314.54	213.76	1683.00
平凉市	Pingliang	1401.60	186.01	149.42	756.17
华亭市	Huating	524.00	168.00	26.00	273.00
酒泉市	Jiuquan	2795.72	558.67	314.45	1116.30
玉门市	Yumen	390.00	62.00	90.00	90.00
敦煌市	Dunhuang	739.38	190.03	58.19	254.50
庆阳市	Qingyang	1449.00	183.50	213.50	635.00
定西市	Dingxi	732.82	138.56	110.55	301.71
陇南市	Longnan	1160.00	130.00	184.00	650.00
临夏市	Linxia	2560.00	360.00	28.00	1914.00
合作市	Hezuo	288.00		189.30	59.00

21-6 分城市燃气情况（2020）
Basic Statistics on Supply of Gas by City（2020）

市（州）	Region	人工煤气生产能力（万立方米/日）Production apacity of Gaswork Gas（10 000 cu.m/day）	液化石油气储气能力（吨）Cas Storage Capacity of Liquefied etroleum Gas(ton)	天然气储气能力（万立方米）Gas Storage Capacity of Natural Gas（10 000cu.m）	全年供气总量 Volume of Gas Supply		
					人工煤气（万立方米）Coal Gas（10 000cu.m）	液化石油气（吨）Liquefied Petroleum Gas（ton）	天然气（万立方米）Natural Gas（10 000 cu.m）
甘肃省	**Gansu**	**345.60**	**8650.80**	**313.74**	**2092.10**	**33979.27**	**254404.96**
兰州市	Lanzhou		1321.50	103.00		13639.06	173239.27
嘉峪关市	Jiayuguan	345.60	615.00	19.00	2092.10	1713.00	17023.79
金昌市	Jinchang		42.00	11.60		900.00	6555.00
白银市	Baiyin		1080.00	17.40		1088.00	12344.91
天水市	Tianshui		650.00	36.00		2085.00	9540.37
武威市	Wuwei		2598.00	0.80		2525.70	4916.12
张掖市	Zhangye		650.00	9.10		2656.90	5308.22
平凉市	Pingliang		50.00	7.80		112.50	1988.00
华亭市	Huating		85.00	1.60		279.00	268.40
酒泉市	Jiuquan		230.00	40.00		1953.42	2816.06
玉门市	Yumen		100.00	12.00		255.50	577.47
敦煌市	Dunhuang		90.90	50.00		1100.00	5500.08
庆阳市	Qingyang		195.00	0.52		1008.00	3907.00
定西市	Dingxi		116.20	0.02		2007.09	125.90
陇南市	Longnan		650.00	4.50		648.00	700.00
临夏市	Linxia		132.00			1598.00	7805.37
合作市	Hezuo		45.20	0.40		410.00	1789.00

21-6 续表 continued

市（州）	Region	供气管道长度（公里）Length of Gas Supply Pipelines（km）			用气人口（万人）Population with Access to Gas（10 000 persons）		
		人工煤气 Coal Gas	液化石油气 Liquefied Petroleum Gas	天然气 Natural Gas	人工煤气 Coal Gas	液化石油气 Liquefied Petroleum Gas	天然气 Natural Gas
甘肃省	**Gansu**	**276.00**	**110.00**	**4265.21**	**14.27**	**75.67**	**524.76**
兰州市	Lanzhou			1303.46		18.26	233.45
嘉峪关市	Jiayuguan	276.00		242.26	14.27	0.90	8.61
金昌市	Jinchang			125.68		4.36	12.34
白银市	Baiyin			607.70		1.36	32.50
天水市	Tianshui			236.00		8.43	54.45
武威市	Wuwei			160.00		1.01	32.30
张掖市	Zhangye			297.00		4.73	24.34
平凉市	Pingliang			84.80		0.08	26.10
华亭市	Huating			19.12		1.59	4.91
酒泉市	Jiuquan		110.00	201.50		12.41	26.57
玉门市	Yumen			63.00		1.01	3.62
敦煌市	Dunhuang			240.00		0.24	9.19
庆阳市	Qingyang			180.56		3.00	16.85
定西市	Dingxi			26.32		11.25	5.45
陇南市	Longnan			79.60		4.00	11.88
临夏市	Linxia			336.19		1.68	19.60
合作市	Hezuo			62.02		1.36	2.60

21-7 分城市集中供热情况（2020）
Basic Statistics on Centralized Heating by City （2020）

市（州）	Region	供热能力 Heating Capacity		供热总量 Quantity of Heat Supplied		管道长度（公里）Length of Heating Pipelines (km)	供热面积（万平方米）Area of Centralized Heating (10 000 sq.m)
		蒸汽（吨/小时）Steam (ton/hour)	热水（兆瓦）Hot Water (mega watts)	蒸汽（万吉焦）Steam (10 000 gigajoules)	热水（万吉焦）Hot Water (10 000 gigajoules)		
甘肃省	**Gansu**	**1100**	**19398**	**648**	**12319**	**6285**	**27868**
兰州市	Lanzhou		7164		3672	1286	9253
嘉峪关市	Jiayuguan		1526		909	1020	1911
金昌市	Jinchang	400	660	147	343	305	1275
白银市	Baiyin		1277		843	753	1749
天水市	Tianshui		1141		927	255	1668
武威市	Wuwei	700	735	501	400	455	2130
张掖市	Zhangye		1248		1088	605	2111
平凉市	Pingliang		1328		980	151	1902
华亭市	Huating		266		198	55	396
酒泉市	Jiuquan		1607		981	410	1490
玉门市	Yumen		192		115	169	251
敦煌市	Dunhuang		266		202	299	355
庆阳市	Qingyang		789		713	140	1535
定西市	Dingxi		602		410	192	963
陇南市	Longnan		58		58	29	115
临夏市	Linxia		348		336	83	495
合作市	Hezuo		191		145	79	260

21-8 分城市园林绿化情况（2020）
Basic Statistics on Landscaping by City（2020）

市（州）	Region	绿地面积（公顷）Area of Green Land (hectare)	公园绿地面积（公顷）Park Green Areas (hectare)	公园个数（个）Number of Parks (unit)	公园面积（公顷）Area of Parks (hectare)	建成区绿化覆盖率（%）Green Covered Area as % of Completed Area (%)
甘肃省	**Gansu**	**30253**	**9825**	**203**	**6066**	**36.28**
兰州市	Lanzhou	9720	3472	30	1948	33.13
嘉峪关市	Jiayuguan	2804	863	9	531	40.54
金昌市	Jinchang	1556	475	23	453	38.36
白银市	Baiyin	2208	397	21	398	36.34
天水市	Tianshui	2143	842	25	484	39.60
武威市	Wuwei	1137	363	7	363	36.41
张掖市	Zhangye	1728	663	7	217	36.37
平凉市	Pingliang	1477	397	12	324	39.59
华亭市	Huating	608	111	6	71	38.58
酒泉市	Jiuquan	2172	573	25	572	45.49
玉门市	Yumen	509	156	4	125	37.45
敦煌市	Dunhuang	588	170	9	67	38.75
庆阳市	Qingyang	1000	257	2	23	34.31
定西市	Dingxi	694	371	6	171	30.10
陇南市	Longnan	673	230	10	105	33.04
临夏市	Linxia	769	388	5	122	33.00
合作市	Hezuo	465	95	2	93	38.46

21-9 分城市市容环境卫生情况（2020）
Basic Statistics on Environmental Sanitation by City （2020）

市（州）	Region	道路清扫保洁面积（万平方米）Area under Cleaning Program (10 000 sq.m)	生活垃圾清运量（万吨）Volume of Garbage Disposal (10 000 tons)	生活垃圾无害化处理能力（吨/日）Harmless Disposal Capacity of Domestic Refuse (ton/day)	市容环卫专用车辆设备总数（辆）Number of Special Vehicles for Environmental Sanitation (unit)	公共厕所（座）Number of Public Lavatories (unit)	#三类以上 Third Grade and above
甘肃省	**Gansu**	**13580**	**272.55**	**9593**	**5624**	**2115**	**1849**
兰州市	Lanzhou	5066	105.32	3463	3262	704	702
嘉峪关市	Jiayuguan	1142	10.39	360	581	220	220
金昌市	Jinchang	656	6.39	250	101	74	71
白银市	Baiyin	927	12.65		134	103	31
天水市	Tianshui	831	19.61	1428	185	158	136
武威市	Wuwei	609	15.30	540	403	51	
张掖市	Zhangye	754	12.31	680	65	109	89
平凉市	Pingliang	635	12.01	500	126	141	141
华亭市	Huating	186	3.90	139	44	30	21
酒泉市	Jiuquan	673	17.52	480	57	155	155
玉门市	Yumen	240	2.03	130	24	49	49
敦煌市	Dunhuang	246	5.12	193	31	46	46
庆阳市	Qingyang	495	12.78	380	142	81	81
定西市	Dingxi	215	6.20	180	62	63	48
陇南市	Longnan	194	6.59	210	69	31	
临夏市	Linxia	551	18.62	500	304	59	59
合作市	Hezuo	160	5.82	159	34	41	

21-10 分城市市政公用设施水平（2020）
Level of Public Facilities in Cities by City （2020）

市（州）	Region	公共供水普及率(%) Coverage of Urban Population with Access to Public TapWater (%)	燃气普及率(%) Coverage Rate of Population with Access to Gas (%)	污水处理率(%) Disposal Rate of City Sewage (%)	人均城市道路面积（平方米）Per Capita Area of Paved Roads (sq.m)	人均公园绿地面积（平方米）Per Capita Public Green Areas (sq.m)
甘肃省	**Gansu**	**96.12**	**94.80**	**97.18**	**20.25**	**15.15**
兰州市	Lanzhou	92.47	98.20	96.35	21.95	13.55
嘉峪关市	Jiayuguan	100.00	100.00	98.50	37.57	36.28
金昌市	Jinchang	78.30	83.50	98.00	24.91	23.77
白银市	Baiyin	100.00	98.52	95.12	21.47	11.56
天水市	Tianshui	99.66	90.03	100.00	10.94	12.06
武威市	Wuwei	99.97	97.06	97.51	18.44	10.59
张掖市	Zhangye	100.00	100.00	96.62	13.35	22.80
平凉市	Pingliang	100.00	85.28	98.50	23.52	12.93
华亭市	Huating	98.14	70.96	96.80	27.74	12.11
酒泉市	Jiuquan	100.00	100.00	99.00	17.92	14.69
玉门市	Yumen	100.00	100.00	95.60	52.65	33.76
敦煌市	Dunhuang	100.00	100.00	98.02	28.59	18.03
庆阳市	Qingyang	100.00	95.48	99.07	17.01	12.37
定西市	Dingxi	98.43	79.56	95.69	14.17	17.69
陇南市	Longnan	98.07	92.87	98.19	11.11	13.42
临夏市	Linxia	100.00	90.55	97.93	16.07	16.51
合作市	Hezuo	91.58	72.53	95.95	33.45	17.47

主要统计指标解释

建城区面积 指市政区范围内经过征用的土地和实际建设发展起来的非农业生产建设地段，包括市区集中连片的部分以及分散在近郊区与城市有着密切联系，具有基本完善的市政公用设施的城市建设用地（如机场、污水处理厂、通讯电台）。

供水综合生产能力 指按供水设施取水、净化、送水、出厂输水干管等环节设计能力计算的综合生产能力。包括在原设计能力的基础上，经挖、革、改增加的生产能力。计算时，以四个环节中最薄弱的环节为主确定能力。

年末供水管道长度 指从送水泵至用户水表之间所有管道的长度。不包括新安装尚未使用、水厂内以及用户建筑物内的管道。

全年供水总量 指报告期供水企业（单位）供出的全部水量。包括有效供水量和损失水量。

生活用水量 包括公共服务用水和居民家庭用水。公共服务用水指为城市社会公共生活服务的用水。包括行政事业单位、部队营区和公共设施服务、社会服务业、批发零售贸易业、旅馆饮食业以及其他公共服务业等单位的用水。居民家庭用水指城市范围内所有居民家庭的日常生活用水。包括城市居民、农民家庭、公共供水站用水。

用水普及率 指报告期末城区用水人口数与城市人口总数的比率

人工煤气生产能力 指报告期末人工煤气生产厂制气、净化、输送等环节的综合生产能力，不包括备用设备能力。一般按设计能力计算，如果实际生产能力大于设计能力时，应按实际测定的生产能力计算。测定时应以制气、净化、输送三个环节中最薄弱的环节为主。

供气管道长度 指报告期末从气源厂压缩机的出口或门站出口至各类用户引入管之间的全部已经通气投入使用的管道长度。不包括煤气生产厂、输配站、液化气储存站、灌瓶站、储配站、气化站、混气站、供应站等厂（站）内的管道。

全年供气总量 指全年燃气企业（单位）向用户供应的燃气数量。包括销售量和损失量。

燃气普及率 指报告期末城区使用燃气的城市人口数与城市人口总数的比率。其中燃气包括人工煤气、天然气、液化石油气三种。

年末道路长度 指年末道路长度和与道路相通的桥梁、隧道的长度，按车行道中心线计算。在统计时只统计路面宽度在 3.5 米（含 3.5 米）以上的各种铺装道路，包括开放型工业区和住宅区道路在内。

城市园林绿地面积 指报告期末用作园林和绿化的各种绿地面积。包括公园绿地、生产绿地、防护绿地、附属绿地和其他绿地的面积。

公园绿地面积 城市中向公众开放的、以游憩为主要功能，有一定的游憩设施和服务设施，同时兼有健全生态、美化景观、防灾减灾等综合作用的绿化用地。包括综合公园、社区公园、专类公园、带状公园和街旁绿地。其中综合公园、专类公园和带状公园面积之和为公园面积。

清扫保洁面积 指报告期末对城市道路和公共场所（主要包括城市行车道、人行道、车行隧道、人行过街地下通道、道路附属绿地、地铁站、高架路、人行过街天桥、立交桥、广场、停车场及其他设施等）进行清扫保洁的面积。一天清扫多次的，按清扫保洁面积最大的一次计算。

市容环卫专用车辆 指用于环境卫生作业、监察的专用车辆和设备，包括用于道路清扫、冲洗、洒水、除雪、垃圾粪便清运、市容监察以及与其配套使用的车辆和设备。

22

民族自治地方

Ethnic Minority Autonomous Area

简要说明

一、本篇资料主要内容

本篇资料反映 2 个民族自治州、5 个民族自治县的经济社会发展情况。重点反映了民族自治地方农牧业的发展状况以及教育、卫生方面的情况。

二、本篇资料来源

本篇资料数据来源于省统计局相关处、省有关部门。

22-1 民族自治地方年末人口与人口自然变动情况
Total Population at Year-end and It's Natural Changes of Ethnic Minority Autonomous Areas

单位：万人、‰ (10 000 persons,‰)

年 份 地 区	year Region	常住人口 Total Population	按性别分 By Sex 男 Male	女 Female	按城乡分 By Urban and Rural 城镇人口 Urban	乡村人口 Rural	自然增长率 Natural Growth Rate
民族自治地方合计	**Total**						
2010		316.00	160.86	155.14	78.12	237.88	7.79
2011		316.64	161.17	155.48	82.25	234.39	7.63
2012		318.02	161.87	156.15	86.87	231.15	7.64
2013		318.02	161.94	156.08	90.72	227.30	7.64
2014		318.93	162.30	156.63	95.87	223.06	7.68
2015		319.54	161.33	158.20	101.79	217.75	7.69
2016		320.80	163.35	157.45	107.15	213.65	7.56
2017		322.71	164.33	158.38	113.44	209.27	7.65
2018		323.46	164.70	158.76	118.54	204.92	5.95
2019		324.37	165.26	159.11	121.24	203.13	5.91
2020		325.23	163.59	161.65	124.28	200.95	7.44
临夏回族自治州	Linxia	211.24	105.74	105.50	77.64	133.61	9.33
甘南藏族自治州	Gannan	69.18	35.14	34.05	29.24	39.94	5.51
张家川回族自治县	Zhangjiachuan	24.37	12.04	12.33	7.32	17.05	4.25
天祝藏族自治县	Tianzhu	15.06	7.71	7.35	6.98	8.08	-1.00
肃南裕固族自治县	Sunan	2.77	1.45	1.32	1.09	1.68	-2.18
肃北蒙古族自治县	Subei	1.51	0.91	0.60	0.99	0.52	1.30
阿克塞哈萨克族自治县	Akesai	1.10	0.60	0.50	1.02	0.08	4.39

注：根据第七次全国人口普查结果，修订了 2011—2019 年年末常住人口数。
a) According to the results of the Seventh National Census, the data of Permanent Population at Year-end from 2011 to 2019 were revised.

22-2 民族自治地方生产总值
Gross Regional Product of Ethnic Minority Autonomous Areas

单位：万元 (10 000 yuan)

年 份 地 区	year Region	生产总值 Gross Regional Product	第一产业 Primary Industry	第二产业 Secondary Industry	第三产业 Tertiary Industry	人均生产总值（元） Per Capita GDP (yuan)
民族自治地方合计	**Total**					
2018		6043325	973283	1183447	3886597	18245
2019		6443826	1120739	1210855	4112233	19394
2020		6874620	1310325	1245101	4319195	21168
临夏回族自治州	Linxia	3312763	536956	612886	2162922	15747
甘南藏族自治州	Gannan	2190616	440512	291514	1458590	31661
张家川回族自治县	Zhangjiachuan	309060	99458	22142	187461	12553
天祝藏族自治县	Tianzhu	488481	131543	109065	247872	32126
肃南裕固族自治县	Sunan	302471	78922	105994	117556	107833
肃北蒙古族自治县	Subei	169103	12314	73502	83286	111989
阿克塞哈萨克族自治县	Akesai	102126	10620	29998	61508	93266

注：1.2018 年数据根据第四次经济普查结果进行了修正。
2.2019 年数据为年报数
3.2020 年数据为快报数。
a) Data of 2018 are adjusted based on the results of the Fourth National Economic Census.
b) Data of 2019 are annual data.
c) Data of 2020 are preliminary data.

22-3 民族自治地方农牧业生产基本情况
Farming and Animal Husbandry Producting Basic Statistic of Ethnic Minority Autonomous Areas

指标	Item	2010	2015	2018	2019	2020
农林牧渔业增加值（亿元）	**Added Value of Agriculture,Forestry, Animal Husbandry and Fishery (100 million yuan)**	**48.83**	**80.28**	**100.23**	**117.32**	**135.97**
#农业	Agriculture	22.23	31.17	38.22	47.86	58.96
林业	Forestry	1.59	3.64	3.20	3.17	2.58
牧业	Animal Husbandry	24.13	42.09	53.63	60.74	68.76
渔业	Fishery	0.09	0.11	0.09	0.33	0.18
有效灌溉面积（千公顷）	**Irrigated Area (1 000 hectares)**	**72.74**	**73.22**	**75.09**	**80.82**	**86.72**
总播种面积（千公顷）	**Total Sown Area (1 000 hectares)**	**277.50**	**286.59**	**297.16**	**315.91**	**328.76**
#粮食作物	Sown Area of Grain Crops	214.66	208.04	209.36	212.68	221.26
主要农作物产量（万吨）	**Yield of Major Farm Crops(10 000 tons)**					
粮食	Grain Crops	70.60	98.28	97.03	99.61	103.99
油料	Oil-bearing	7.46	7.77	8.00	8.68	9.19
甜菜	Beetroots	0.22	0.21	0.14	0.34	0.35
畜牧业产品产量（万吨）	**Output of Livestock Products (10 000 tons)**					
猪肉产量	Pork	3.27	3.28	3.53	3.51	3.40
牛肉产量	Beef	5.95	6.98	8.03	8.37	8.68
羊肉产量	Mutton	4.26	5.48	6.95	7.11	7.37
牛奶产量	Cow Milk	17.41	16.52	14.58	15.68	18.17
羊毛产量	Wool	0.89	0.95	0.82	0.84	0.91
农业生产条件	**Agriculture Production Condition**					
农业机械总动力（万千瓦）	Total Power of Agricultural Machinery (10 000 kW)	151.60	224.77	178.85	167.63	192.95
农村用电量（万千瓦时）	Electricity Consumed in Rural Area (10 000 kWh)	46251.46	55127.90	61050.08	66821.52	70407.54
化肥施用量（万吨）	Chemical Fertilizer Consumption (10 000 tons)					
按实物量计算	Consumption of Chemical Fertilizer	11.52	12.36	12.14	11.61	11.38
按折纯量计算	Convert to Pure Amount	3.41	3.74	3.51	3.40	3.20

注：根据 2016 年新修订的《全国农业机械化管理统计报表制度》，2016 起农业机械总动力指标统计中删除了农用运输车、三轮汽车和低速载货汽车。

a) According to the newly revised "National Agricultural Mechanization Management Statistical Reporting System"in 2016,since 2016,the index of agricultural vehicles, three-wheeled vehicles and low-speed trucks were removed in the total power of agricultural machinery statistics.

22-4 民族自治地方农、林、牧、渔业增加值
Added Value of Farming,Forestry,Animal Husbandry and Fishery of Ethnic Minority Autonomous Area

单位：万元 (10 000 yuan)

地 县	Region and County	农、林、牧、渔业增加值 Added Value of Agriculture, Forestry, Animal Husbandry and Fishery	#农业 Agriculture	#林业 Forestry	#牧业 Animal Husbandry	#渔业 Fishery	农、林、牧、渔业总产值指数(上年=100) Indices (preceding year=100)
民族自治地方合计	**Total**						
2010		488341	222255	15942	241328	353	
2011		559853	234672	22511	291318	916	
2012		640486	268900	25992	330221	999	
2013		709880	289457	29810	370944	968	
2014		760498	303155	33186	398944	1032	
2015		802836	311723	36444	420939	1074	
2016		863383	325606	33780	460487	1142	
2017		906237	342223	35212	479667	1091	
2018		1002276	382161	32038	536284	925	
2019		1173219	478582	31710	607448	3237	
2020		1359694	589641	25771	687616	18[illegible]6	
临夏回族自治州	Linxia	555365	346427	6334	175152	1691	105.4
甘南藏族自治州	Gannan	462750	85931	15421	339117	43	104.5
张家川回族自治县	Zhangjiachuan	100100	74953	99	23587	74	105.4
天祝藏族自治县	Tianzhu	137911	59762	1635	72254	8	104.8
肃南裕固族自治县	Sunan	80235	19303	236	59789		105.1
肃北蒙古族自治县	Subei	12594	1920	240	10217		105.5
阿克塞哈萨克族自治县	Akesai	10739	1346	1806	7501		106.2

22-5 民族自治地方牲畜头数
Number of Domestic Animals of Ethnic Minority Autonomous Areas

年 份 Year	大牲畜年末数（百头）Large Animals (year-end) (100 heads)	牛 Cows	马 Horses	驴 Donkeys	骡 Mules	骆驼 Camels	羊年末数（百只）Sheep and Goats (year-end)(100 heads) 山羊 Goats	绵羊 Sheep	猪年末数（百头）Hogs (year-end) (100 heads)
1990	17009	13949	1379	932	628	121	7166	30920	4474
1991	16887	13864	1353	920	641	109	7179	29405	4575
1992	16994	13917	1359	940	684	94	7410	29754	4802
1993	16954	13862	1367	938	707	80	7578	29915	5048
1994	17022	13914	1368	929	738	73	7958	30472	5198
1995	17119	14016	1362	916	754	71	8204	30462	5333
1996	17126	13995	1366	910	786	69	8325	30559	5410
1997	16985	13878	1360	893	784	70	8555	30633	5542
1998	15522	13180	946	617	717	58	8107	30094	4256
1999	15418	13122	916	573	749	58	8172	28199	4393
2000	15356	13020	902	603	778	53	8444	28001	4648
2001	15137	12804	864	628	789	52	8555	27882	4797
2002	15235	12913	897	641	740	44	8581	28448	5200
2003	15330	13103	877	636	669	45	8491	29602	5464
2004	15619	13371	864	639	698	47	8414	30702	5839
2005	16435	14185	848	648	701	53	8988	32288	6146
2006	16971	14734	835	665	679	58	9368	34027	6232
2007	20006	18268	467	587	624	60	8846	35292	5084
2008	22395	20858	507	530	456	44	8888	42011	4666
2009	22242	20764	503	509	417	49	8673	43509	4575
2010	21491	20048	488	520	368	67	8137	43403	4474
2011	20701	19401	488	446	316	49	7917	43625	4370
2012	19965	18621	510	452	318	64	7550	44564	4523
2013	20055	18673	520	473	320	70	7888	44681	4626
2014	20671	19484	528	345	236	79	8703	47915	4642
2015	20303	19161	529	315	213	84	7288	49610	4432
2016	19935	18835	654	165	179	102	6756	48493	4226
2017	20449	19366	662	148	176	97	6257	46197	4467
2018	20485	19414	642	171	165	92	5626	44440	4361
2019	20694	19620	649	177	156	92	5643	45937	4104
2020	21223	20121	667	177	146	112	5863	47313	5128

注：2007—2017 年数据为农业普查衔接数。
a) Data of 2007 to 2017 was adjusted according to the National Agricultural Census.

22-6 民族自治地方固定资产投资增长情况（2020）
Growth Rate of Investment in Fixed Assets of Ethnic Minority Autonomous Areas（2020）

单位：%　　　　　　　　　　　　　　　　　　　　　　　　　　　　　　　　　　（%）

地 县	Region and County	固定资产投资 Investment in Fixed Assets	第一产业 Primary Industry	第二产业 Secondary Industry	第三产业 Tertiary Industry	新增固定资产 Newly Increased Fixed Assets
民族自治地方合计	**Total**	**6.29**	**13.80**	**–27.20**	**13.01**	**–30.63**
临夏回族自治州	Linxia	26.98	79.20	-58.82	51.07	-21.94
甘南藏族自治州	Gannan	-22.82	-42.93	-41.90	-20.27	-14.24
张家川回族自治县	Zhangjiachuan	10.30	10.15	-23.11	15.20	-98.05
天祝藏族自治县	Tianzhu	14.27	92.84	-20.69	16.50	-17.07
肃南裕固族自治县	Sunan	12.04	35.37	-39.68	48.31	-50.51
肃北蒙古族自治县	Subei	51.19	-76.90	91.23	23.62	-31.86
阿克塞哈萨克族自治县	Akesai	34.21		106.99	33.75	-89.41

22-7 民族自治地方社会消费品零售总额
Total Retail Sale of Consumer Goods of Ethnic Minority Autonomous Areas

单位：万元　　　　　　　　　　　　　　　　　　　　　　　　　　　　　　　（10 000 yuan）

地 区	Region and County	社会消费品零售总额 Total Retail Sales of Consumer Goods	餐费收入 Income from Meals	商品零售 Retail Trade
民族自治地方合计	**Total**			
2011		868181	183216	684965
2012		1003474	209091	794383
2013		1144324	233512	910812
2014		1443257	266321	1176935
2015		1562543	296192	1266351
2016		1723029	330246	1392783
2017		1862576	357037	1505539
2018		1963059	379220	1583839
2019		1964649	295437	1669212
2020		1922334	298544	1623790
临夏回族自治州	Linxia	1067351	147147	920204
甘南藏族自治州	Gannan	448607	108156	340451
张家川回族自治县	Zhangjiachuan	94493	7553	86940
天祝藏族自治县	Tianzhu	197526	20334	177191
肃南裕固族自治县	Sunan	54945	5706	49239
肃北蒙古族自治县	Subei	30489	3287	27202
阿克塞哈萨克族自治县	Akesai	28924	6360	22563

注：本表2018年、2019年数据依据第四次全国经济普查修订。

a）The data in this table for 2018 and 2019 are revised based on the Fourth National Economic Census.

22-8 民族自治地方城镇居民人均可支配收入（2020）
Per Capita Disposable Income of Urban Households of Ethnic Minority Autonomous Areas（2020）

单位：元 （yuan）

地县	Region and County	城镇居民人均可支配收入 Per Capita Disposable Income of Urban Households	工资性收入 Income of Wages and Salaries	经营净收入 Net Business Income	财产净收入 Net Income from Properties	转移净收入 Net Income from Transfers
临夏回族自治州	Linxia	23338	14466	3195	1175	4502
甘南藏族自治州	Gannan	27656	21701	3966	776	1212
张家川回族自治县	Zhangjiachuan	27701	17278	6860	2602	960
天祝藏族自治县	Tianzhu	27736	18266	2080	1039	6351
肃南裕固族自治县	Sunan	31197	25979	2961	1136	1121
肃北蒙古族自治县	Subei	41874	34234	4413	898	2329
阿克塞哈萨克族自治县	Akesai	43420	36773	3694	969	1984

22-9 民族自治地方财政金融情况
Government Finance and Financial of Ethnic Minority Autonomous Areas

单位：万元 （10 000 yuan）

指标	Item	2010	2015	2018	2019	2020
财 政	**Government Finance**					
一般公共预算收入	Public Government Budget Revenue	139453	366235	348855	374661	405289
一般公共预算支出	Public Government Budget Expenditure	2014808	3974701	5662787	5947324	6674153
金 融	**Financial**					
金融机构存款余额	Deposit Balance of Financial Institutions	3946959	9631042	11469618	12514686	14350438
金融机构贷款余额	Loan Balance of Financial Institutions	1844408	7066179	7976172	8383522	10127980
城乡居民储蓄存款	Saving Deposit Balance of Urban and Rural Residents	2189572	5629508	7276776	8106960	9327246

22-10 民族自治地方教育、卫生及文化情况
Basic Statistics on Education, Health and Culture of Ethnic Minority Autonomous Areas

指 标	Item	2010	2015	2018	2019	2020
教育	**Education**					
高等学校所数（所）	**Institutions of Higher Education(unit)**	**1**	**2**	**2**	**2**	**2**
专任教师数（人）	Number of Full-time Teachers(person)	403	575	715	731	781
在校学生数（人）	Number of Student Enrollment(person)	8087	11303	14142	14575	15517
中等学校所数（所）	**Number of Secondary Schools(unit)**	**7**	**6**	**22**	**22**	**20**
专任教师数（人）	Number of Full-time Teachers(person)	477	501	1159	1018	1033
在校学生数（人）	Number of Student Enrollment(person)	5819	2633	7534	6765	8910
普通中学数（所）	**Regular Secondary Schools(unit)**	**209**	**195**	**191**	**171**	**155**
专任教师数（人）	Number of Full-time Teachers(person)	12963	15738	15474	15445	13716
在校学生数（万人）	Number of Student Enrollment(10 000 persons)	22.52	17.56	17.77	16.82	16.7
小学校所数（所）	**Number of Primary School(unit)**	**1641**	**1357**	**1079**	**1021**	**953**
专任教师数（人）	Number of Full-time Teachers(person)	19080	21244	22454	20111	20772
在校学生数（万人）	Number of Student Enrollment(10 000 persons)	36.44	28.18	31.65	30.23	30.86
卫生	**Health**					
卫生机构数（个）	**Number of Health Institutions (unit)**	**1208**	**3590**	**3561**	**3344**	**3259**
#医院	Hospitals	47	53	67	103	100
卫生院	Health Centers	291	273	291	297	39
社区卫生服务中心（站）	Community Health Service Centers (stations)		43	35	38	295
疾病预防控制中心（防疫站）	Centers for Disease Control and Prevention		23	24	24	24

22-10 续表 continued

指 标	Item	2010	2015	2018	2019	2020
床位（张）	**Beds (unit)**	**9929**	**13451**	**16713**	**19025**	**18895**
# 医院	Hospitals	6166	9050	11735	13857	13768
卫生院	Health Centers	3155	3618	4023	4137	3978
社区卫生服务中心（站）	Community Health Service Centers (stations)		241	183	243	278
疾病预防控制中心（防疫站）	Disease Prevention and Control Centers					
卫生机构人员数（人）	**Medical institution Personnel (person)**	**11993**	**18982**	**19883**	**24183**	**26303**
卫生技术人员（人）	**Medical Technical Personnel (person)**	**10392**	**12726**	**14676**	**18386**	**19938**
# 医院	Hospitals		5451	7355	10399	11227
卫生院	Health Centers		3285	3535	4279	4447
社区卫生服务中心（站）	Community Health Service Centers (stations)		425	376	452	539
疾病预防控制中心（防疫站）	Centers for Disease Control and Prevention		640	661	682	697
文化	**Culture**					
文化事业	**Culture Institution**					
机构数（个）	Number of Institution (unit)	726	804	1001	2063	916
人员数（人）	Personnel(person)	3611	5119	6182	27152	7679
各类文化艺术事业单位数（个）	**Number of Culture and Art Institution (unit)**	**401**	**436**	**454**	**456**	**444**
# 文化馆、艺术馆	Cultural Centers and Art Station	23	23	24	24	23
公共图书馆	Public Libraries	23	23	24	24	23
博物馆	Museums	24	31	36	38	38
艺术表演场馆	Art Performance Places	3	3	4	3	2
艺术表演团体	Art Performance Troupes	16	17	24	21	24

23 兰州新区

Lanzhou New Area

简要说明

一、本篇资料主要内容

本篇资料反映兰州新区经济社会发展情况。重点反映了兰州新区人口变动、经济总量、投资、能源消耗、农业、财政等方面的基本情况。

二、本篇资料来源

本篇资料由兰州新区经发局搜集、加工整理。

1. 财政数据由兰州新区财政局提供。

23-1 兰州新区经济社会主要指标
Main Economic and Social Indicators of Lanzhou New Area

指 标	Item	2015	2018	2019	2020
年末常住人口(万人)	Household Registered Population at Year-end(10 000 persons)	17.36	24.52	26.69	29.30
法人单位数(个)	Number of Legal Entities (unit)	757	10[illegible]6	3972	4100
生产总值(亿元)	Gross Regional Product (100 million yuan)	123.15	171.81	201.64	235.89
第一产业	Primary Industry	1.44	1.35	1.58	1.85
第二产业	Secondary Industry	94.69	88.58	99.36	118.37
#工业	Industry	33.90	54.71	63.66	71.73
第三产业	Tertiary Industry	27.02	81.88	100.7	115.65
生产总值指数	Indices of Gross Regional Product	120.04	115.00	117.10	116.70
生产总值构成(%)	Composition of Gross Regional Product (%)				
第一产业	Primary Industry	1.17	0.79	0.78	0.79
第二产业	Secondary Industry	76.89	51.56	49.28	50.13
#工业	Industry	27.53	31.84	31.57	30.41
第三产业	Tertiary Industry	21.94	47.65	49.94	49.03
工业	**Industry**				
规模以上工业增加值(%)	Value-added of Industry above Designated Size (%)	20.00	1.70	26.17	21.70
规模以上工业企业经济效益	Economic Benefit of Industry Enterprises above Designated Size				
营业收入(亿元)	Revenue from Principal Business (100 million yuan)	143.75	249.74	318.60	323.92
利润总额(亿元)	Total Profits (100 million yuan)	10.15	-20.00	6.66	-0.64
能源	**Energy**				
全社会用电量(万千瓦时)	Whole Society Electricity Consumption(10 000kWh)	27753.98	54111.10	68194.08	87265.00
#工业用电量(万千瓦时)	Industry Electricity Consumption(10 000kWh)	9121.54	14900.90	21308.17	32914.00
能源消费总量(万吨标煤)	Total Energy Consumption (10 000 tons of SCE)	21.24	21.24	22.93	25.65
单位生产总值能耗(吨标煤/万元)	Energy Consumption per Unit of GRP(ton of SCE/10 000 yuan)	0.20	0.11	0.08	0.11

23-1 续表 continued

指 标	Item	2015	2018	2019	2020
固定资产投资增速（%）	**Growth Rate of Investment in Fixed Assets（%）**	9.49	19.50	13.12	18.73
项目投资	Project Investment	3.96	13.36	-0.85	13.18
房地产开发	Real Estate Development	68.70	49.26	64.46	31.03
#住宅	Residential Buildings	133.99	-10.81	190.23	143.83
按产业分	By Industry				
第一产业	Primary Industry	-32.11	382.56	288.96	51.96
第二产业	Secondary Industry	-24.66	-33.40	35.23	42.34
第三产业	Tertiary Industry	37.09	32.61	1.73	9.83
农业农村	**Agriculture and Rural**				
乡镇个数（个）	Number of Townships (unit)	3	3	3	3
行政村个数（个）	Administrative Village (unit)	54	54	54	54
农林牧渔业总产值（万元）	Gross Output Value of Agriculture,Forestry, Animal Husbandry and Fishery (10 000 yuan)		28977.99	33407.56	41783.83
化肥施用折纯量（吨）	Convert to Pure Amount of Chemical Fertilizers Consumption (ton)	2832	1149	1135	1509
农作物播种面积（公顷）	Sown Areas of Farm Crops (hectare)	6157.63	7617.26	7174.86	12179.90
主要农产品产量（吨）	Yield of Major Farm Crops (ton)				
粮食	Grain Crops	15210	17855	15104	15382
油料	Oil-bearing Crops	1866.77	1348.86	1296	5451.26
园林水果	Garden Fruits	2500.06	8810.13	11391	10969.75
肉类	Meat		8514.51	6108.79	6955.12
财政（亿元）	**Finance (100 million yuan)**				
一般公共预算收入	General Public Budget Revenue	9.18	15.21	17.64	19.75
税收收入	Total Tax Revenue	7.95	13.36	15.10	15.76
一般公共预算支出	General Public Budget Expenditure	31.93	40.43	43.06	48.48

《甘肃发展年鉴》 电子版说明

《甘肃发展年鉴》2021（电子版）是新型的阅读工具，它界面美观，便于携带，操作简便，功能实用。

《甘肃发展年鉴》2021（电子版）内容分为二部分：第一部分设特载、概况、国民经济、交通通信、财政金融、经济管理、社会事业、人民生活、地县及兰州新区概况等 9 个篇目；第二部分设综合，人口，国民经济核算，就业和工资，价格，人民生活，财政和金融业，资源和环境，能源，固定资产投资，对外经济贸易，农业，工业，建筑业，批发和零售业住宿、餐饮业和旅游业，运输和邮电，教育和科学技术，卫生、社会服务和社会保障，文化和体育，城市，民族自治地方，兰州新区等 23 个篇章。

系统要求：

中文 Windows 9X，Windows ME /2000 /XP；建议使用 IE 浏览器

使用方法：

1. 将《年鉴》光盘插入光驱，光盘自动运行进入主页，如不能自动启动，请进入光盘所在的驱动器，点击 Start.exe，即可启动。

2. 光盘启动后，会自动运行 FLASH，然后进入主页面，点击“浏览光盘”即可以进入光盘正文。

3. 光盘分为两帧，左边目录，右边正文。目录分为两级，点击目录可以进入正文，显示于光盘的右边。

4. 正文分 WEB 页和 EXCEL 两种格式的文档，点击左边目录上图标可以进行转换。

5. 点击主页面的“退出动画”即可退出光盘。

6. 如若目录无法打开，请详见光盘中的帮助文件（help.htm）。

Gansu development Yearbook 2021(electric version) is a new type reading tool. It has beautiful interface, and is easy to carry, easy to operate, functional and practical.

Gansu development Yearbook 2021 (electric version) has two parts. The first part contains Featured Articles, Survey, National Economy,, Transport and Communications, Government Finance and Financial, Economy & Management, Social Undertaking, People's Living Conditions, City & County and Lanzhou New Area Overview, total 9 chapters. The second part contains total 23 sections and chapters: General Survey; Population; National Accounts; Employment and Wages; Prices; People's Living Conditions; Government Finance and Financial Intermediation; Resources and Environment; Energy; Investment in Fixed Assets; Foreign Trade and Economic Cooperation; Agriculture; Industry; Construction; Wholesale and Retail Trades; Hotels, Catering Services and Tourism; Transport, Postal and Telecommunication Services; Education & Science and Technology; Public Health, Social Services and Social Security; Culture and Sports; City; Ethnic Minority Autonomous Area; Lanzhou New Area.

System Requirements

Windows 98, Windows Me, Windows 2000, Windows XP, Windows 2003

Microsoft Internet Explorer 6.0 and above version

How to Use

1. Insert Gansu Development Yearbook 2021 disc into your CD-ROM drive, the disc will be automatically started. If not, please click start 2021.exe to open the CD-ROM.

2. After the CD-ROM is started, it will automatically run FLASH, and then enter the main page, click on "Browse CD" to enter the CD-ROM text.

3. Disc is divided into two pictures, the left is the directory, the right is the text. Directory is divided into two levels, click on the directory you can enter the text, and displayed on the right side of the disc.

4. The main text is divided into WEB page and EXCEL two format documents, click on the icon on the left-hand directory to convert.

5. Click "Exit Animation" on the main page to exit the disc.

6. If the directory can't be opened, please see the help file (help.htm) of the disc.

中国统计出版社有限公司最新图书简目

（仅供参考，以实际出版为准）

统计资料

中国统计年鉴　中国统计摘要　中国第三产业统计年鉴
中国第三次全国农业普查综合资料　国际统计年鉴　金砖国家联合统计手册
中国-东盟国家统计手册　中国农村统计年鉴　中国县域统计年鉴
中国农产品价格调查年鉴　中国城市统计年鉴　中国价格统计年鉴
中国贸易外经统计年鉴　中国零售和餐饮连锁企业统计年鉴　中国商品交易市场统计年鉴
大中型批发零售和住宿餐饮企业统计年鉴　中国住户调查年鉴　中国工业统计年鉴
中国环境统计年鉴　中国能源统计年鉴　中国建筑业统计年鉴
中国房地产统计年鉴　中国投资领域统计年鉴　长江经济带发展统计年鉴
中国人口和就业统计年鉴　中国劳动统计年鉴　中国社会统计年鉴
中国科技统计年鉴　中国高技术产业统计年鉴　全国企业创新调查年鉴
中国文化及相关产业统计年鉴　中国妇女儿童状况统计资料　中国青年发展状况统计年鉴
中国基本单位统计年鉴　中国教育统计年鉴　中国教育经费统计年鉴
中国民族统计年鉴　中国残疾人事业统计年鉴　中国电力统计年鉴

省级综合统计年鉴系列

北京 天津 河北 山西 内蒙古 辽宁 吉林 黑龙江 上海 江苏 浙江 安徽 福建 江西 山东 河南 湖北 湖南 广东 广西 海南 重庆 四川 贵州 云南 西藏 陕西 甘肃 青海 宁夏 新疆 新疆生产建设兵团

市(县)级综合统计年鉴系列

滨海新区 石家庄 唐山 邯郸 邢台 保定 承德 沧州 衡水 太原 大同 晋城 晋中 长治 忻州 朔州 临汾 运城 阳泉 吕梁 呼和浩特 包头 鄂尔多斯 赤峰 大连 长春 四平 延吉 延边 哈尔滨 齐齐哈尔 黑龙江垦区 浦东新区 南京 无锡 徐州 常州 苏州 南通 淮安 盐城 扬州 镇江 宿迁 江阴 丹阳 海门 张家港 通州 如东 杭州 宁波 绍兴 台州 温州 金华 嘉兴 湖州 丽水 舟山 合肥 安庆 福州 厦门 漳州 宁德 龙岩 莆田 泉州 三明 南平 思明 南昌 上饶 抚州 赣州 九江 景德镇 宁都 济南 青岛 枣庄 潍坊 聊城 郑州 洛阳 三门峡 南阳 商丘 平顶山 信阳 济源 武汉 宜昌 十堰 荆州 荆门 咸宁 黄冈 长沙 广州 东莞 惠州 深圳 汕尾 珠海 南宁 桂林 柳州 防城港 贵港 梧州 玉林 钦州 海口 三亚 儋州 成都 贵阳 毕节 黔南 昆明 文山 德宏 西安 安康 延安 汉中 渭南 商洛 榆林 银川 兰州 庆阳 乌鲁木齐

调查年鉴系列

天津 内蒙古 上海 河南 湖北 湖南 广西 重庆 四川 云南 甘肃 宁夏 南宁 桂林 贵港 昆明

统计方法应用/实用手册

Python数据分析基础（第二版）　非参数统计（第五版）　现代金融投资统计分析（第四版）
国民经济核算初级教程（第二版）　国民经济核算教程（第五版）　概率统计基础
全国统计专业技术资格考试系列考试用书：统计业务知识（第四版修订版）　统计业务知识学习指导与习题
全国统计专业技术资格考试系列考试用书：统计相关知识（第四版）　统计相关知识学习指导与习题

统计通俗读物/统计科普图书

领导干部统计知识问答（第二版）　统计公文写作及会议办理实用手册　大数据在统计工作中的应用案例汇编
中国国民经济核算知识问答（修订版）　地区生产总值核算国际比较研究　新中国统计制度方法的发展与改革

重点图书

第七次全国人口普查年鉴　第四次全国经济普查地图集　中国经济普查年鉴2018
新编英汉汉英统计大词典　中国国民经济核算体系2016　国民经济行业分类注释
挑大学选专业2020—考研择校指南　挑大学选专业2020—高考志愿填报指南　中华医学统计百科全书